CHARLES BAUDELAIRE :
UNE MICRO-HISTOIRE

Published in the United States of America 1987
by Vanderbilt University Press
Nashville, Tennessee, U.S.A.

Library of Congress Cataloging-in-Publication Data

Poggenburg, Raymond P., 1926 —

Charles Baudelaire : une micro-histoire

Bibliography : 752

1. Baudelaire, Charles, 1821-1867. 2. Poets, French — 19 th century — Biography. I. Title.
   PQ2191.Z5P528 1987 841'.8 87-6194
   ISBN 0-8265-1224-0

CHARLES BAUDELAIRE:

UNE MICRO-HISTOIRE

by
Raymond P. Poggenburg

Vanderbilt University Press
Nashville, Tennessee U.S.A.
1987

Lettre-Préface

Mon cher ami,

J'ignore qui a inventé ce nous appelons aujourd'hui la chronologie, mais la première que je connaisse est celle que Louis Courtois a publiée dans les *Annales de la Société Jean-Jacques Rousseau* en 1923. Depuis lors, on en a vu paraître d'autres consacrées à divers auteurs célèbres, mais rien de comparable sur Baudelaire.

Pendant un temps, j'avais songé à entreprendre cette tâche ardue et de longue durée, lorsque vous vous êtes présenté, jeune et vigoureux, et j'ai été heureux de vous en confier la responsabilité. Je n'ai jamais regretté cette décision. Maintenant, vous êtes arrivé à une heureuse conclusion, dont je me réjouis avec vous.

Cet ouvrage, auquel vous vous êtes dévoué pendant si longtemps, sera accueilli avec joie par tous ceux qui s'intéressent sérieusement aux études baudelairiennes. Je vous félicite de ce bel accomplissement et je vous remercie, mon cher chronologiste, en mon nom et en celui de tous nos confrères.

W.T. Bandy

Nashville
le 26 février 1987.

AVANT-PROPOS

Je tiens, dès l'abord, à reconnaître ma dette envers ceux dont les travaux ont permis l'existence de ce livre. Ils sont la nombreuse compagnie des Baudelairistes qui, depuis un siècle, ne cessent de fournir des preuves de leur amour pour les créations de ce grand poète. Leurs écrits, l'une des plus réelles mesures de la valeur de cette poésie, ont été pour moi un précieux encouragement. Parmi eux, il faut évoquer en première place le souvenir de Jacques Crépet, qui nous a donné l'édition Conard des oeuvres complètes de Baudelaire. Ce travail monumental, encore un modèle dans son genre, constitue la base d'un autre, digne de lui, procuré grâce aux efforts de MM Claude Pichois et Jean Ziegler et publié chez Gallimard. Ces deux éditions portent la marque de la grande tradition de la recherche baudelairienne, faite de ferveur et de précision. Elles forment la base documentaire de mon travail. A ces trois noms je joins celui du Professeur W.T. Bandy, fondateur du Centre d'Etudes Baudelairiennes de la Vanderbilt University, compilateur de l'immense bibliographie critique sur le poète. Qu'il trouve ici l'expression de ma gratitude pour son aide et ses conseils, toujours prodigués avec tact, générosité et patience.

J'ai à remercier les doyens Robert Lagemann et Ernest Q. Campbell, de la Graduate School de la Vanderbilt University, ainsi que le doyen Jacque Voegeli, du College of Arts and Science de la même institution. Tous les trois m'ont apporté encouragement et aide matérielle. Le Professeur Larry S. Crist, Chairman du Département de français et italien, m'a accordé son appui et sa compréhension pour ce travail de longue haleine.

Le personnel du Vanderbilt University Computer Center, surtout Mmes Maria Perkins, Mary Marler et Judy Cunninghman, a été d'une obligeance et d'une cordialité parfaites envers moi dans mes efforts pour surmonter mon ignorance en matière d'ordinateur. MM James Petznick, Eddie Kerr et Richard Whitaker m'ont assisté en des moments difficiltes de mon travail, quant à la technique. MM Marshall Breeding et Alan Krantz, programmateurs, m'ont permis de résoudre des problèmes majeurs du traitement de mon texte.

Je suis reconnaissant à mon ami et collègue Claude Pichois de ses conseils pour la présentation du texte.

Au Professeur Robert Kopp, qui a eu la gentillesse de se porter volontaire pour la tâche ingrate de lire mon texte, j'exprime ma sincère reconnaissance. MM Raymond et Bernard Michel ont fait avec énergie et intelligence l'examen du libellé du texte, y enlevant force ambiguïtés et incorrections.

Mon collègue, le Professeur Luigi Monga, avec la grande amabilité qui est la sienne, a partagé pleinement avec moi sa considérable science de l'ordinateur. Je remercie les professeurs Yoshio Abé, James S. Patty et Graham Robb de leurs contributions inclues dans la chronologie.

INTRODUCTION

1. Nature de l'ouvrage

Cette micro-histoire se veut témoignage, aussi précis et objectif que possible, des faits datés de l'existence de Charles Baudelaire. Ce témoignage se fonde sur une lecture des documents que nous possédons sur ce poète. Dans notre texte, ces faits seront inscrits, en des phrases déclaratives et rangés en fonction de leur date.

Pourtant, ceci n'est pas une biographie, encore qu'elle pourra bien servir ceux qui pratiquent cet art difficile et délicat. A la différence d'une biographie, elle ne s'offre pas comme exprimant le point de vue personnel de son auteur. Celui-ci se rend compte parfaitement que la parfaite objectivité est un mythe. Pourtant, cette micro-histoire tentera d'être la présentation de renseignements et non d'opinion. Très évidemment, elle n'est pas non plus une étude de critique littéraire. Néanmoins, pour ceux qui cherchent une connaissance du fond de la poésie baudelairienne, elle permet de mieux connaître les détails de la vie du poète, qui souvent fournissent la matière de ses écrits. Elle n'est pas, enfin, une histoire générale du temps; les événements qu'elle enregistre sont ceux de la vie d'un homme, non pas ceux d'une ville ou d'une nation. En la lisant, un ami a remarqué qu'elle rappelait, toute proportion gardée, un travail d'archéologie, découvrant les vestiges du passé afin de nous aider à mieux imaginer sa forme réelle.

La micro-histoire est donc un *corpus* baudelairien. Elle s'offre aux chercheurs avec l'espoir qu'ils la regarderont comme une sorte de chantier, un projet en développement, et non comme un monument seulement. Si le voeu de son auteur a la bonne fortune d'être exaucé, elle sera utilisée par eux et, par la suite, corrigée et augmentée par leurs travaux.

2. Contenu de l'ouvrage

L'on trouvera dans cet ouvrage deux sortes de renseignements: le *fait premier*; le *fait dérivé*.

Le fait premier consiste en données plus ou moins fixes: naissances; morts; publications; activités financières comptabilisées, etc. Dans ces sortes de cas-là, un document exprimera, normalement sans trop d'ambiguïté, le ou les faits qu'il dévoile. D'ordinaire, les seules difficultés recontrées dans la lecture d'un tel document relèvent de la transmission du document sous forme imprimée, ou de l'authenticité de la source documentaire.

Le fait dérivé, moins certain, s'admet après raisonnement sur le texte documentaire. Toute conclusion faite ainsi aura forcément un caractère provisoire, car elle est sujette aux effets de l'évolution de la connaissance qu'a le lecteur du sujet du document. Cette évolution peut entraîner des changements de perception au cours de sa lecture même, et cela lorsqu'il s'agit d'un texte en apparence très simple. Pour qui vise l'exactitude du témoignage, cette variabilité dans la lecture présente un problème considérable.

Afin de réduire autant que possible les conséquences de ce phénomène, compagnon de toute acte de lecture, nous nous sommes imposé la définition suivante d'un *fait: un fait est un événement daté.* C'est ce principe qui nous a guidé dans le choix des matières à inclure dans cette chronologie.

3. Méthodologie de l'ouvrage

Face à l'énorme masse des documents sur l'existence de Baudelaire, l'on est vite saisi par la confusion. Comment juger tous ces éléments quant à leur exactitude, leur bien-fondé, leur bonne volonté même? Pour trancher cette question, du moins dans un premier temps, nous avons décidé d'accepter comme véritable – sans preuve évidente de fausseté – toute assertion faite par Baudelaire lui-même ou par ceux qui l'ont connu. L'on trouvera peut-être naïve, sinon injustifiable, une telle confiance. Pourtant, si l'on accepte comme provisoire toute inclusion de fait, une telle procédure paraîtra plus raisonnable. Le progrès de nos connaissances est, après tout, le résultat de l'illumination des rapports entre les faits. Toute question relative à la "vérité" d'une assertion pourra donc trouver éventuellement sa réponse.

Dans les paragraphes de la chronologie on remarquera que leurs éléments se suivent sans ordre formel imposé. Selon la logique de notre livre, l'inclusion d'un fait n'est justifiable que par l'existence de son adresse dans le temps, sa date. Assez souvent, le déroulement des événements à une date n'est pas clair. Inventer un ordre pour ce déroulement serait, croyons-nous, fausser leur présentation et détruire en même temps une partie au moins de leur puissance de documentation. Au lieu de nous inviter à trouver leur sens, ces événements subiraient la loi du récit d'un auteur. Toutefois, dans certains cas bien visibles, la plénitude des matières entraîne une narration quasi-normale, et la compréhension de cause à effet peut naître sans problème. Ces textes-là deviennent sur le coup plus "lisibles" que d'autres, eux restés plus fragmentaires. La leçon de ces différences dans la "lisibilité" des textes est en un sens celle du livre entier. Celui-ce représente le cumul des renseignements fiables connus qui, mis devant le lecteur, l'invite à créer sa propre compréhension. Si un ordre définitif de ces événements est un jour trouvé, ce sera par l'action qu'ils exerceront sur l'esprit du lecteur en l'amenant à les connaître.

La méthodologie du livre ne permet donc l'inclusion d'aucun élément sans date: heure, jour, année ou période d'années. Une telle règle proscrira évidemment un certain nombre de renseignements auxquels nous pouvons prêter foi mais qui sont indatables. Nous ne pourrons donc pas prétendre faire ici le recensement de tout ce qui est su sur Baudelaire. En outre il y a l'absence certaine de faits datés, restés inaperçus ou introuvés, le concernant.

Pour la première de ces questions, il est vrai que, pour entrer à la micro-histoire, un événement a besoin d'une date. Mais la porte restera toujours ouverte, et pour l'illustrer, nous nous permettons d'en appeler aux manes du chat de Baudelaire. Dans une lettre adressée à sa mère, le poète évoque un moment – indéterminé – du passé où il vivait avec Jeanne Duval. Leurs relations deviennent si difficiles que, pour se venger de lui, sa maîtresse chasse de leur logement le seul être qu'il aime: son chat. Mais à quel moment précis cette expulsion sans doute réelle et certaine- ment émouvante pour lui a-t-elle eu lieu? Nous devons admettre que ce petit animal a existé et qu'il a eu pour Baudelaire une importance exceptionnelle, selon sa propre déclaration. Le retrouverons-nous jamais? Et si nous le retrouvions, serait-il aussi intéressant que tous ses frères qui brillent ces jours-ci au firmament de la critique sémiotique baudelairienne? Nous ne connaîtrons probablement jamais la réponse à cette question, à moins que ses neuf vies mystiques lui permettent de survivre jusqu'à nos jours, et qu'une science du langage des bêtes nouvellement élaborée nous permette de converser avec lui au sujet de son maître d'antan. Toutefois ce félin a existé, et nous sommes informés de sa présence terrestre par Baudelaire lui-même, à qui, minet ou matou, il a procuré un peu de chaleur au milieu d'une vie souvent refroidie par la tristesse. Puisque nous ignorons le moment exact où il a vécu, la règle le chasse aussi impitoyablement de notre texte que s'il en avait été exilé par Jeanne Duval elle-même. Mais à la différence du bannissement sans appel opéré par Jeanne, celui, réglementaire, de la micro-histoire peut toujours être révoqué à la découverte d'un document qui lui ouvre une chatière. Dès lors, orgueil de la maison, il y aurait sa place.

La deuxième de nos questions ne mérite peut-être même pas d'être posée. La micro- histoire a-t-elle épuisé toutes les sources documentaires possibles, a-t-elle recensé tous les "faits" connus sur Baudelaire? Il n'est que trop évident qu'il existe, et qu'il continuera d'exister, bien des matières capables de nous instruire davantage sur notre sujet. Ces matières, qu'elles soient jusqu'ici absentes puisqu'omises par l'auteur ou qu'elles soient encore à découvrir, viendront se joindre à celles déjà en place, espérons-le. Par un accord commun entre auteur et éditeur, le contenu de la chronologie a été arrêté à l'été de 1985, afin de pouvoir terminer la préparation du texte pour son impression. La quête de telles matières n'a pas cessé, toutefois, et celles trouvées depuis ce moment auront leur place dans toute édition subséquente de ce livre.

Pour qui l'a visitée, même brièvement, l'immense mine du passé est loin d'avoir livré tout son trésor. Comme la fusion atomique, elle semble générer de la matière au lieu d'en détruire. Et ce minérai rapporté par la recherche historique n'étant pas inerte, il nous inspire de nouvelles visions du passé. Ce travail sera donc créateur de nouveaux travaux.

Ainsi la micro-histoire révèle à la fois sa virtualité et son état d'inachèvement.

4. Les Sources de l'ouvrage

Principale entre elles est la correspondance de Baudelaire, les lettres écrites par lui, puis celles qu'il a reçues, enfin celles de tiers où il est question de lui. Il y a ensuite les références à Baudelaire dans les écrits publiés et, à l'occasion, inédits, de ses contemporains. Enfin, dans les nombreuses études savantes consacrées à Baudelaire, nous avons pu trouver de précieuses informations que nous nous sommes efforcé de recueillir et de mettre à leur place dans la trame de notre texte. Pour ces études-là, nous sommes sans doute encore loin du compte, car la bibliographie baudelairienne est riche, parmi les plus riches de tous les auteurs français, pour ne pas dire mondiaux. Si nous avons pu identifier un certain nombre de ces études, éparpillées à travers le monde et le temps, cela a été bien souvent grâce à la remarquable bibliographie critique du Centre W.T. Bandy d'Etudes Baude-lairiennes, de la Vanderbilt University. Entrepris et tenu à jour par le Professeur Bandy, ce recensement de quelques 50.000 titres nous a apporté une aide capitale. Mon seul regret est de n'avoir pas jusqu'ici pu en tirer tous les profits qu'elle offre aux chercheurs car, comme l'histoire elle-même, elle ne cesse de nous ouvrir de nouvelles pistes à suivre.

5. L'Organisation de l'ouvrage

Elle comporte quatre parties: la Chronologie; les Références; la Bibliographie; l'Index chronologique.

La Chronologie exprime, aussi succinctement que possible, ce qui s'est passé à chaque moment de la vie de Baudelaire. *La chose est-elle arrivée? A quel moment est-elle arrivée?* Voilà les deux questions que nous nous sommes posées devant chacun des documents que nous avons examinés.

Les Références donnent la source de chaque élément de la Chronologie, par ordre de date et identifiée par un sigle renvoyant à la Bibliographie. Ainsi, il est facile de trouver l'endroit précis d'ou est tiré un renseignement et de contrôler la lecture qui a été faite du document qui en est la source. De ces sources, la grande majorité est publiée, donc accessible. Quelques-unes, encore inédites, se trouvent parmi celles identifiées par un "T" comme sigle.

La Bibliographie, rangée par ordre alphabétique des sigles, renvoie aux documents consultés. Le contenu de cette bibliographie est en quelque sorte un cumul de plus d'un siècle de travaux érudits. Les premiers d'entre eux ont nourri leurs successeurs, dont les apports ont permis les progrès de leurs descendants et ceci jusqu'à nos jours. "Digérés" et souvent perdus de vue, ces travaux ont bâti la charpente de nos connaissances baudelairiennes. Nous avons essayé autant que possible de reconnaître leurs découvertes marquantes en les citant. Un tel voeu, pourtant, est difficile à tenir, étant donné le nombre et la complexité des publications sur Baudelaire. Le lecteur curieux de connaître l'histoire de l'histoire du poète n'aurait qu'à consulter les éditions Conard et Gallimard. Exemples d'honnêteté, elles reconnaissent les travaux d'autrui et indiquent fidèlement l'apport des chercheurs baudelairiennes qu'elles utilisent.

L'Index chronologique se voudrait, à la différence des autres index, permanent. Il renvoie non à une page du livre (adresse temporaire) mais à la date (adresse permanente, sauf correction). Cet index a donc la chance de pouvoir se corriger et de se compléter sans devoir se refaire dans sa totalité s'il y a des éditions nouvelles du texte. De plus il représente, pensons-nous, un instrument de travail en lui-même, étant le schéma visible des rapports temporels de Baudelaire avec chacun des noms qu'il recense.

6. Remarques techniques

Certains problèmes doivent, pour le moment, rester sans solution. L'ordinateur ne peut pas accepter la présence d'un espace précédant certain signes (; ?), comme il est de coutume dans la typographie française. Ces espaces sont donc absents dans notre texte.

De même, la syllabation française étant différente de celle de l'anglais, certaines irrégularités ont pu surgir.

Nous avons adopté la convention, en ce qui concerne la correspondance de Baudelaire, de donner la référence au numéro de la page où commence le texte et non pas d'essayer d'indiquer avec exactitude les seules pages du document portant les renseignements signalés. Puisque ces lettres sont normalement brèves, le lecteur n'aura pas trop de difficulté à reconnaître le raisonnement qui a produit la référence.

Deux sigles, [T] et [I] méritent peut-être explication. Le premier indique que le *texte* a été lu; le deuxième que l'évidence du fait relevé se trouve à l'*intérieur* de la chronologie.

Enfin, dans les dates citées, le signe "[ ]" indique un élément apporté.

7. Conclusion

La micro-histoire est née sous le signe du *phénomène*. Car l'apparence de Baudelaire, chacun le sait, est toujours en train de changer ("Foin de ce Baudelaire, aux couleurs trompeuses!" s'écrie à moitié sérieusement un de ses contemporains).

Y a-t-il une réalité immuable, centrale, essentielle qui régente nos perceptions de Baudelaire et de sa poésie? Un sphinx trônant dans un ciel bleu de vérité nous regarde-t-il ironiquement changer? Allons-nous, après tout, percer le mystère de son énigme au moyen des pauvres "petits faits vrais" de nos textes? Le doute est permis. Cependant, ces minuscules lambeaux d'entendement sont peut-être ce que nous avons de plus utile pour comprendre l'étonnante unité, durable comme la pierre du sphinx réel, de la vie et de l'oeuvre de Baudelaire. Les circonstances de cette vie, cette *boue* qu'il s'est vanté d'avoir transmué en *or*, ce *gâteau plein de douceur* qu'il a maintes fois croqué, ces événements révèlent son univers d'où sont envolés ses vers ailés cherchant l'*Idéal*. Nous rapprocher des vraies conditions de cette vie, c'est pouvoir mieux comprendre le poète pour après, selon nos talents de lecteur, mieux comprendre ce qu'il a écrit. Chez Baudelaire, pour que l'Albatros plane en haut, il faut bien que le Chiffonnier fouille en bas. Si ce livre ne privilège pas le premier au dépens du second, c'est que nous croyons leur couple indissociable.

CHRONOLOGIE

1711-1799

19 III l 1711 - Naissance, à la Neuville-au-Pont, de Claude Beaudelaire [*sic*], grand'père paternel de Charles Baudelaire. Il est fils de François Beaudelaire [*sic*] et de Nicole Arnoux[1].

1 X me 1735 – Naissance de Jacques-Joseph Aupick, père de Jacques Aupick[1].

10 II ma 1758 – Mariage de Claude Beaudelaire [*sic*] avec Marie-Charlotte Dieu, veuve de François-Edmond Chaumont. De cette union naîtra Joseph-François, père de Charles Baudelaire[1].

1 IV d 1759 – Naissance, à Sainte-Menehould, de Pierre Pérignon[1].

7 VI j 1759 – Naissance de Joseph-François Baudelaire à la Neuville-au-Pont, canton de Sainte-Menehould, Marne. Il est fils et petit-fils de vignerons. Son parrain, Joseph Baudelaire, est le fils d'un cousin germain de son père et tonnelier de son métier. Son grand-père paternel est François Baudelaire[1].

8 VI v 1759 – Baptême de J.-F. Baudelaire[1].

[1773] – L'archévêque de Paris réforme les statuts de la communauté de Sainte-Barbe, afin que les maîtres d'étude puissent être considérés comme ayant accompli leurs études au séminaire. J.-F. Baudelaire a vraisemblablement profité de cette réforme, ce qui explique qu'il n'ait pas été tenu d'étudier pour être ordonné: il fut trois ans maître d'études à Sainte-Barbe[1].

[début IX 1775] – Au collège de Sainte-Menehould, le nom de J.-F. Baudelaire figure dans le programme d'un exercice pour la première classe. Il a pour condisciple Pierre Pérignon, futur tuteur de Caroline Archenbaut Defayis[1].

[automne 1775] – Pierre Pérignon est inscrit à la Faculté de Droit de Reims[1].

24 VI s 1777 – Pierre-François Pérignon, frère de Pierre, reçoit la tonsure à Sainte-Menehould. J.-F. Baudelaire, dont le nom est absent de la liste des tonsurés, aurait donc quitté le collège avant cette date[1].

12 VII s 1777 – J.-F. Baudelaire reçoit la tonsure[1].

1778 – Le *Recueil des distributions de prix du Concours général* des collèges de Paris note que J.-F. Baudelaire a remporté le 10e accessit de vers latins, le 3e de version latine et le 3e d'amplification française[1].

[été 1778] – Pierre Pérignon termine ses douze trimestres de scolarité à la Faculté de Droit de Reims[1].

[X 1778-été 1779] – J.-F. Baudelaire suit les cours de philosophie de l'Université de Paris. Il demeure vraisemblablement à Sainte-Barbe, tout en suivant les cours du collège du Plessis-Sorbonne[1].

1779 – Le *Recueil des distributions de prix du Concours général* des collèges de l'Université de Paris note que J.-F. Baudelaire a remporté le deuxième accessit d'amplification latine, le huitième de vers latins et le huitième de version grecque. Il a redoublé son année de rhétorique soit en raison de son manque de préparation dans son collège provincial soit de son désir de perfectionnement[1].

24 V j 1781 – L'évêque de Châlons accorde à J.-F. Baudelaire un démissoire pour se faire tonsurer par l'archévêque de Paris[1].

16 VI s 1781 – J.-F. Baudelaire est tonsuré à Saint-Nicolas du Chardonnet, par Philippe Taboureau, évêque *in partibus* de Cydon, sur l'autorisation de l'archevêque Christophe de Beaumont[1].

4 VIII s 1781 – J.-F. Baudelaire est nommé maître-ès-arts de l'Université de Paris[1].

[X 1781-été 1782] – J.-F. Baudelaire suit les cours de la Faculté de Théologie à Paris[1].

16 II me 1782 – Jacques-Joseph Aupick, père de Jacques Aupick, est porte-drapeau dans le régiment de Berwick[1].

V 1782 – L'évêque de Châlons-sur-Marne accorde à J.-F. Baudelaire un démissoire pour les quatre ordres mineurs du clergé[1].

[X 1782 – été 1783] – J.-F. Baudelaire suit les cours de la Faculté de Théologie à Paris[1].

27 XI me 1782 – J.-F. Baudelaire prend possession, par l'intermédiaire d'un procureur, du bénéfice de la chapelle Saint-Denis en l'église collégiale Notre-Dame de Bray-sur-Seine[1].

XII 1782 – L'évêque de Châlons-sur-Marne accorde à J.-F. Baudelaire un démissoire pour le sous-diaconat[1].

[XII 1782] – J.-F. Baudelaire reçoit, sans doute, le sous-diaconat à l'ordination de Noël à Paris[1].

[X 1783-été 1784] – J.-F. Baudelaire suit les cours de la Faculté de Théologie à Paris[1].

16 X j 1783 – La somme de 226,80 francs est payée à J.-F. Baudelaire, résidant à la communauté de Sainte-Barbe[1].

20 X l 1783 – Le *Livre de recette et de dépense* de la Communauté de Sainte-Barbe porte la trace d'une somme de 110 francs reçue de M. Pérignon[1].

XI-XII 1783 – Le nom de J.-F. Baudelaire est inscrit au registre des recettes et de dépenses de la communauté de Sainte-Barbe[1].

13 XII s 1783 – J.-F. Baudelaire reçoit à Sainte-Barbe la somme de 30 francs[1].

[XII ou début 1784] – A l'ordination de Noël à Paris, J.-F. Baudelaire reçoit sans doute le diaconat et la prêtrise[1].

X 1784 – A Sainte-Barbe, le registre des recettes et des dépenses indique la rétribution annuelle de J.-F. Baudelaire[1].

17 X d 1784 – A Sainte-Barbe, J.-F. Baudelaire reçoit la somme de 230 francs[1].

[fin VI ou début VII 1785] – J.-F. Baudelaire quitte Sainte-Barbe pour devenir précepteur des enfants d'Antoine-César de Choiseul-Praslin: Félix et Alphonse[1].

IX 1785 – J.-F. Baudelaire reverse au procureur de la communauté de Sainte-Barbe l'équivalent de trois mois de salaire et entre au service du duc de Choiseul-Praslin[1].

7 IX l 1785 – J.-F. Baudelaire signe un reçu de 1000 francs, empruntés à Louis Nicolas Picart. Il y est décrit comme "prêtre du diocèse de Châlons-sur-Marne"[1].

6 X j 1785 – Lors d'une assemblée générale de l'Université de Paris, J.-F. Baudelaire se voit accorder des lettres de nomination sur l'abbaye Saint-Pierre de Ferrières-en-Gâtinais, appartenant aux Bénédictins de Saint-Maur et située dans le diocèse de Sens. Ces lettres lui permettraient d'avoir le bénéfice associé à cette abbaye[1].

2 V ma 1786 – J.-F. Baudelaire, les ayant demandées pour constituer son dossier, reçoit ses lettres de nomination à un bénéfice accordées le 6 octobre précédent[1].

4 V j 1786 – J.-F. Baudelaire offre devant notaire au Châtelet de Paris, les preuves écrites de ses grades et diplômes. Ces preuves doivent lui permettre d'avoir éventuellement la jouissance de l'abbaye de Saint-Pierre de Ferrières-en-Gâtinais. Il habite rue du Bac[1].

23 VI v 1786 – Les pièces d'identité documentaires concernant J.-F. Baudelaire, à propos de son bénéfice, sont livrées à l'abbaye de Saint-Pierre de Ferrière-en-Gâtinais[1].

10 VII l 1786 – Le dossier des pièces documentaires concernant J.-F. Baudelaire est inscrit dans le registre des insinuations du diocèse de Sens[1].

28 II s 1789 – Date présumée de la naissance de Jacques Aupick, fils de Jacques-Joseph Aupick et d'Amélie Talbot, à Gravelines (Nord)[1].

22 V v 1789 – Marie Duval, grand'mère de Jeanne Duval, fait sa déclaration de grossesse à Nantes; elle est fille[1].

25 VII s 1789 – Naissance à Nantes de Jeanne-Marie-Marthe Duval, enfant naturelle, mère de Jeanne Duval. Son parrain est Jean Carié de Boischabot, sa marraine Marie Fontaine. Sa paroisse est celle de Sainte-Croix, dont le vicaire est Guibert[1].

12 XI v 1789 – Jacques-Joseph Aupick, père de Jacques Aupick, est chevalier de Saint-Louis[1].

[mi-1790] – Jacques Aupick arrive à Gravelines[1].

1791 – Fin de préceptorat de J.-F. Baudelaire chez les Choiseul-Praslin[1].

[env 9 III me 1791] – J.-F. Baudelaire refuse le titre de curé[1].

1 IV ma 1791 – Jacques-Joseph Aupick, père de Jacques Aupick, est nommé lieutenant au 88e de ligne, ancien régiment de Berwick[1].

9 V l 1791 – J.-F. Baudelaire est élu à la cure de Dommartin-sous-Hans[1].

[env 9 V l 1791] – J.-F. Baudelaire adresse aux paroissiens de Dommartin-sous-Hans une lettre où il refuse le titre de curé constitutionnel pour lequel il a été élu.

Il explique qu'il ne peut pas quitter le service de M. et de Mme de Praslin[1].

15 IX l 1791 – Jacques-Joseph Aupick, père de Jacques Aupick, est nommé capitaine au 88e de ligne[1].

1793 – L'*Almanach national de 1793* note que François Naigeon jeune, peintre, 29 ans, habite au no. 794, rue de Verneuil. Il est électeur, de la fontaine de Grenelle[1].

27 IX v 1793 – Naissance de Caroline Archenbaut-Defayis à Londres[1].

28 X l 1793 – On arrête Antoine-César de Choiseul-Praslin; il est incarcéré à la maison d'arrêt de la section du Bonnet-Rouge à Paris. Son épouse, Charlotte O'Brien de Thomond, est arrêtée en même temps que lui[1].

13 XI me 1793 – La Convention décrète que les autorités constituées peuvent dès maintenant recevoir l'abdication de leur autorité écclésiastique par les membres du clergé[1].

19 XI ma 1793 – J.-F. Baudelaire renonce à ses fonctions sacerdotales[1].

1 I me 1794 – Baptême de Caroline Archenbaut-Defayis à l'Église de Saint-Pancras à Londres[1].

14 I ma 1794 – On envoie de Saint-Denis au Comité d'instruction publique de la Convention la liste des abdicataires d'autorité cléricale de son ressort. On y trouve le nom de "Beaudelaire, ex-prêtre", demeurant à Auteuil et précepteur des enfants Choiseul-Praslin[1].

9 II l 1795 – Dans le procès verbal des déclarations faites pour la rectification de l'état civil de Condorcet, J.-F. Baudelaire témoigne que le défunt Pierre Simon s'appelait de son vrai nom Condorcet[1].

[env 9 Floréal an 6 (1797)] – J.-F. Baudelaire adresse une demande d'emploi à Ginguené, directeur général de l'instruction publique; le poste qu'il demande serait dans les bureaux de ce fonctionnaire[1].

7 V d 1797 – Mariage de Rosalie Janin et de J.-F. Baudelaire[1].

1799 – J.-F. Baudelaire figure sur l'*Almanach royal* comme secrétaire de la Commission administrative[1].

[début I 1799] – J.-F. Baudelaire paie au fils de Louis Nicolas Picart la somme de 740 francs comme solde de la dette contractée quatorze ans auparavant[1].

18◇◇◇183◇

23 XI d 1800 – Mort de Louise-Julie Foyot-Lacombe, mère de Caroline Archenbaut-Defayis. Elle meurt dans l'immeuble dont elle est propriétaire au 1247 de la rue de la Loi [rue Richelieu]. Il semble qu'elle se serait rendue deux jours auparavant dans un hôtel [un hôpital?] atteinte d'une maladie de poitrine. Caroline est maintenant orpheline[1].

1801 – J.-F. Baudelaire est "secrétaire de la commission administrative et contrôleur des dépenses du Sénat", selon une annonce de *L'Almanach impérial*. C'est la première fois que ce nom y figure[1].

29 IX ma 01 – Naissance, à Plessis-de-Roye, arrondissement de Compiègne, de Narcisse-Désiré Ancelle[1].

IX 02 – Aupick entre au Prytanée militaire au titre de fils d'officier mort pour la France[1].

[1803?] – La *Liste des diverses autorités du gouvernement de la République française...* donne le nom de Beaudelaire [*sic*] comme secrétaire de la Commission administrative et Contrôleur des dépenses du Sénat[1].

1804 – Naissance de Louis-Théodore Duccessois[1].

1805 – J.-F. Baudelaire nommé chef des bureaux de la Prêture[1].

18 I ma 05 – Naissance de Claude-Alphonse Baudelaire, demi-frère de Charles Baudelaire[1].

I 07 – Aupick est élève de l'Ecole militaire de la Flèche[1].

17 VIII l 07 – A la distribution des prix du Prytanée militaire, Aupick interprète le rôle principal d'une pièce écrite par Crouzet, directeur des études. Cette pièce, *Fortunas, ou le nouveau d'Assas à la prise de l'île sous Dantzick*, est éditée à Paris, par Leblanc[1].

VI 08 – L'Ecole militaire de Fontainebleau vient s'établir à Saint-Cyr. Aupick est parmi les seize élèves choisis selon leur âge et leur instruction pour être nommés à cette "Ecole impériale spéciale" (le Saint-Cyr d'aujourd'hui)[1].

10 VII d 08 – Comparution d'Aupick devant la commission militaire à Gravelines. En l'absence d'acte de naissance, des notables du lieu attestent l'avoir connu lui et ses parents[1].

19 VII ma 08 – On fait un acte de notoriété pour James Aupick, fils présumé d'un officier de Berwick-Irlandais tué à Hondschoote en 1793[1].

17 X l 08 – Aupick entre à Saint-Cyr[1].

[1809-13] – Signature de J.-F. Baudelaire dans l'album de M. Bruun-Neergard[1].

19 I j 09 – Naissance d'Edgar Poe à Boston[1].

24 III ma 09 – Aupick est nommé sous-lieutenant au 105e de ligne[1].

18 IV ma 09 – Le sous-lieutenant Aupick part de Saint-Cyr pour rejoindre le 105e bataillon de ligne en Allemagne. Il fait la campagne d'Autriche[1].

1811 – *L'Almanach impérial* mentionne M. Beaudelaire [*sic*] en tant que chef des Bureaux du Sénat[1].

2 III s 11 – Aupick est promu lieutenant[1].

1812 – Aupick combat en Autriche et en Espagne[1].

1812-1813 – Aupick est dans l'armée d'Espagne[1].

4 VII s 12 – Naissance, à Paris, d'Anne-Félicité Ducessois[1].

1813 – Aupick fait la campagne de Saxe[1].

12 IV l 13 – Aupick est capitaine adjudant-major au 141e régiment[1].

1814 – Aupick fait la campagne de France[1].

3 I l 14 – Aupick est promu adjudant-major, aux 11e voltigeurs de la garde[1].

24 IX s 14 – Aupick est muté au 46e de ligne, toujours comme adjudant-major[1].

22 XII j 14 – Mort de Rosalie Janin, âgée de 49 ans[1].

[1815-1817] – Aupick en demi-solde[1].

17 III v 15 – A Bourges, à la veille de sa mort, le duc d'Angoulême décore Aupick de la Légion d'honneur[1].

16 VI v 15 – Aupick est blessé à Fleurus[1].

25 VII ma 15 – Aupick demande à être réintégré dans l'armée, après sa destitution par les Bourbons[1].

14 IX j 15 – Aupick renouvelle sa demande de réintégration à l'armée[1].

IX 15 – Aupick est révoqué[1].

17 XI v 15 – Aupick, de Gravelines, écrit à la commission chargée d'examiner la conduite des officiers pendant les Cent Jours; il évoque sa décoration[1].

13 XII me 15 – J.-F. Baudelaire s'enquiert auprès de Larsonnier de la décision à prendre quant au paiement de Cruchet, artiste. Celui-ci a rétabli l'écusson de Bonaparte, à l'Odéon[1].

1816 – Un inspecteur général prend note du beau physique d'Aupick, mais observe qu'il ne connaît ni ses principes ni sa moralité[1].

13 VI j 16 – Aupick demande une longue permission pour aller voir son grand-oncle maternel Mathieu Talbot en Angleterre[1].

7 VII d 16 – A Larsonnier, J.-F. Baudelaire adresse le programme des changements à faire faire par Renaud, peintre, au tableau de la Salle de Réunion de la Chambre des Pairs[1].

1817 – J.-F. Baudelaire s'installe au 13, rue Hautefeuille[1].

II 17 – J.-F. Baudelaire touche pour la première fois sa pension, laquelle s'élève à la somme de 333 francs, 33 francs par mois[1].

5 III me 17 – Naissance, à Orléans, de Louis-Charles Barbara[1].

5 VIII ma 17 – Aupick est réintégré dans l'armée comme capitaine adjudant-major au 3e bataillon de la Légion du Gers[1].

1818 – La pension annuelle de J.-F. Baudelaire est de 4.000 francs, somme payée par trimestre[1].

7 IV ma 18 – Aupick demande la permission de fixer sa résidence à Paris. Il prétexte "des affaires de famille très urgentes et qui ne sont pas près de se terminer". Il habitera 18, rue Sainte-Anne, chez son oncle M. Wante. Ce dernier est directeur des pensions au Trésor Royal[1].

3 X s 18 – Aupick est nommé aide-de-camp provisoire du général Durrieu[1]. Admis dans le Corps d'état-major, il devient par la suite aide-de-camp des généraux Barbanègre, Fririon et Meynadier. Aupick fait la campagne d'Espagne sous les ordres du général Meynadier[2].

12 XII s 18 – Aupick est admis sur examen dans le corps d'état-major, nouvellement créé[1].

1819 – Aupick demande congé pour rendre visite à son beau-père. M. Baudard, malade à Gravelines. Aupick, orphelin, a été élevé par Baudard[1].

28 VI l 19 – Aupick devient aide de camp du général Barbanègre[1].

6 IX l 19 – Contrat de mariage entre J.-F. Baudelaire et Caroline Archenbaut-Defayis. Caroline reçoit des valeurs de son future époux jusqu'à un total de 2.000 francs de rente[1].

9 IX j 19 – Mariage de J.-F. Baudelaire et Caroline Archenbaut-Defayis, sous le régime de la communauté. La mariée apporte un trousseau évalué un millier de francs[1]. La cérémonie au domicile de la mariée, chez les Pérignon, au 6, rue Saint-Hyacinthe-Saint-Honoré, dans le 2e Arrondissement[2]. Le nouveau ménage s'installe au 13, rue Hautefeuille, en appartement[3].

19 I me 20 – Naissance, à Paris, d'Emile-Isidore Deroy[1].

8 IV s 20 – Naissance de Félix Tournachon [Nadar][1].

24 VI s 20 – Aupick devient aide-de-camp du général Fririon[1].

1821 – Aupick demande congé pour rendre visite à M. Baudard à Gravelines[1]. Cette même année, Baudard meurt en léguant la plupart de ses biens à Aupick. Le légataire refuse d'en prendre une si grande part, et insiste pour que la fille de Baudard en reçoive la moitié[2].

9 IV l 21 – Naissance de Charles Baudelaire à Paris[1].

11 IV me 21 – Enregistrement de l'acte de naissance de Baudelaire. Les témoins

en sont Jean Naigeon et Claude Ramey[1].

21 IV s 21 – Naissance, à Lyon, de Pierre Dupont[1].

7 VI j 21 – Baptême de Baudelaire à Saint-Sulpice. Le parrain est Pierre Pérignon, la marraine Louise Coudougnan, son épouse. Le prêtre officiant est Couturier. J.-F. Baudelaire prend ici la qualité de "peintre"[1].

21 VII s 21 – Aupick est aide-de-camp du général Meynadier[1].

IX-X 21 – Les *Confessions of an English Opium-Eater* paraissent dans le *London Magazine*[1].

4 XI d 21 – La Saint-Charles/Sainte-Caroline[1].

1822 – Parution en volume des *Confessions of an English Opium Eater*[1].

7 IV d 22 – Naissance d'Apollonie Sabatier[1].

9 IV ma 22 – B a un an[1].

11 V s 22 – Dans le *Constitutionnel*, A. Thiers fait un article sur Delacroix. B le citera au début de son étude de cet artiste dans son *Salon de 1846*, ainsi que dans son *Salon de 1859*[1].

7 VII d 22 – Mort d'E.T.A. Hoffmann[1].

4 XI l 22 – La Saint-Charles/Sainte-Caroline[1].

9 IV me 23 – B a deux ans[1].

17 VI ma 23 – Aupick est aide-de-camp du général prince de Hohenlohe-Bartenstein[1].

4 VII l 23 – Jour, selon le lieutenant-général Meynadier, où Aupick devient aide-de-camp du général prince de Hohenlohe[1].

23 VIII s 23 – La *BF* enregistre, de Jacques-André Naigeon, les *Mémoires historiques et philosophiques sur la vie et les ouvrages de Denis Diderot*[1].

24 IX me 23 – Ayant porté devant Cadiz la reddition de la place de Sant@na, Aupick est nommé chef de bataillon par le duc d'Angoulême[1].

4 XI ma 23 – La Saint-Charles/Sainte-Caroline[1].

20 XII l 23 – Aupick habite 12, rue de l'Abbaye[1].

1824 – Delacroix peint *Le Tasse dans la maison des fous*, tableau qui inspirera à Baudelaire le poème, *Sur Le Tasse en prison*[1]. L'*Almanach royal de 1824* annonce qu'Aupick est chef de bataillon, corps royal d'état-major[2].

24 II ma 24 – Naissance, à Peyriac-Minervois (Aude), de François-Hippolyte Babou[1].

9 IV v 24 – B a trois ans[1].

4 XI j 24 – La Saint-Charles/Sainte-Caroline[1].

1825 – Selon *L'Almanach de 1825*, Aupick est encore chef de bataillon et chevalier de la Légion d'Honneur[1].

16 III me 25 – Naissance d'Auguste Poulet-Malassis à Alençon, fils d'Auguste-Jean Zacharie Poulet-Malassis et Adeline-Augustine Rouillon[1].

9 IV s 25 – B a quatre ans[1].

23 V l 25 – Selon l'*Almanach de 1833*, Aupick est nommé officier de la Légion d'Honneur[1].

28 V s 25 – La *BF* enregistre la publication des *Tables synoptiques sur le droit romain*, par C.-A. Baudelaire[1].

4 XI v 25 – La Saint-Charles/Sainte-Caroline[1].

9 IV d 26 – B a cinq ans[1].

4 XI s 26 – La Saint-Charles/Sainte-Caroline[1].

26 XII ma 26 – Paiement du dernier terme de la pension de J.-F. Baudelaire[1].

1827 – Année présumée de la naissance de Jeanne Duval[1]. Louis-Théodore Ducessois devient imprimeur au 55, quai des Augustins[2].

10 II s 27 – Mort de J.-F. Baudelaire, rue Hautefeuille[1].

12 II l 27 – Inhumation de J.-F. Baudelaire au cimetière Montparnasse, dans une fosse temporaire dont la concession est de cinq ans[1]. Après les obsèques, un conseil de famille se réunit à la justice de paix du XIe arrondissement, pour aviser des mesures à prendre dans l'intérêt de Charles Baudelaire[2]. Mme Vve Baudelaire séjournera avec son fils pendant la belle saison dans une petite maison, évoquée dans le poème *Je n'ai pas oublié, voisine de la ville...* Cette maison, alors située 3 rue de Seine à Neuilly, près du Bois de Boulogne, fut détruite en 1929[3].

13 II ma 27 – Premier Conseil de Tutelle de Baudelaire. Les membres en sont: Paul Pérignon; Etienne Paul Duval; Claude Ramey; Jean Naigeon; Jean-Baptiste Julliot (subrogé tuteur); Charles Raynard Laure Félix, duc de Choiseul-Praslin. L'absence de Claude-Alphonse Baudelaire est à signaler[1].

22 II j 27 – Les biens inventoriés de J.-F. Baudelaire sont estimés à 14.500 francs environ[1].

9 IV l 27 – B a six ans[1].

11 VI l 27 – Le *Moniteur universel* annonce que l'Académie royale des Sciences a accordé une seconde mention honorable, *ex aequo*, à deux atlas statistiques, dont le *Nouvel Atlas du royaume de France*[1].

1 VIII me 27 – Le *Moniteur universel* rend compte du *Nouvel atlas du royaume de France*, par J. Aupick et V.M. Perrot[1].

10 VIII v 27 – Le maréchal prince de Hohenlohe fait un rapport élogieux sur Aupick. Il y est dit que sa fortune est nulle[1].

30 IX d 27 – Naissance de Marie Bruneau, dite Marie Daubrun, née Marie Mardel, à Saint-Jean-des-Vignes, Saône et Loire[1].

4 XI d 27 – La Saint-Charles/Sainte-Caroline[1].

26 XI l 27 – Le prince de Hohenlohe écrit une lettre de recommandation chaleureuse pour appuyer la promotion d'Aupick au grade de chef d'état-major dans un camp d'infanterie[1].

[fin 27-début 28] – Mme Vve Baudelaire habite 30, place Saint-André-des-Arts (actuellement 17, rue du Bac), chez son beau-fils, C.-A. Baudelaire[1].

1828 – Alfred de Musset adapte les *Confessions of an English Opium Eater*[1]. C.-A. Baudelaire, selon l'*Almanach royal*, est domicilié au 58, rue Saint-André-des-Arts[2].

[début III 28] – Date-limite de la conception d'une enfant par Mme Vve Baudelaire[1]

9 IV me 28 – B a sept ans[1].

13 IV d 28 – Marie Daubrun est légitimée[1].

2 VIII s 28 – Mme Pierre Pérignon, née Louise Coudougnan, décède. Elle lègue à B, son filleul, la somme de 3.000 francs, argent recueilli par Mme Aupick deux ans plus tard[1].

[X 28] – Mme Vve Baudelaire prend logement 17, rue du Bac. Aupick habite 45, rue de Bourbon (actuellement rue de Lille)[1].

4 X s 28 – La *BF* enregistre *Les Confessions d'un mangeur d'opium*, adaptées par A. de Musset[1].

17 X v 28 – Aupick, chef de bataillon, chevalier de Saint-Louis et officier de la Légion d'honneur, adresse à ses supérieurs militaires une demande d'autorisation de mariage avec Mme Vve Baudelaire; on écrit le nom: Bodelaire[1].

29 X me 28 – Aupick est nommé chevalier de Saint-Louis[1].

30 X j 28 – La demande d'autorisation de mariage d'Aupick est accordée par le prince de Hohenlohe, qui note qu'Aupick a des raisons d'intérêt pour terminer promptement cette affaire[1].

31 X v 28 – Deuxième Conseil de Tutelle de B. Les membres en sont: C.-A. Baudelaire; Pierre Paul Pérignon; Claude Ramey, tous du côté maternel; Jean Naigeon; Jean-Baptiste Julliot; Charles Raynard Laure Félix, duc de Choiseul-Praslin. Ce conseil nomme Aupick tuteur de B, aux côtés de Mme Vve Baudelaire. On prend acte également du mariage prochain des derniers nommés[1].

4 XI ma 28 – Me Labie reçoit le contrat de mariage entre Mme Vve Baudelaire et Jacques Aupick[1]. La Saint-Charles/Sainte-Caroline[2].

8 XI s 28 – A Saint-Thomas-d'Aquin, mariage entre le chef de bataillon Jacques Aupick et Caroline Archambault Du Fays. Témoins: Ancis-Antoine-Bernard Jaquotot; Marc-Antoine Dufour; Amédée Zédé; Jean Labie[1]. Ils vont d'abord vivre chez la mariée[2].

2 XII ma 28 – A Creil, Mme A accouche d'une fille mort-née[1].

1829 – *L'Almanach* annonce la promotion d'Aupick au grade de lieutenant-colonel, appartenant au corps royal d'état-major[1], ainsi que le fait que C.-A. Baudelaire habite au 30, rue Saint-André-des-Arts[2].

24 III ma 29 – Le prince de Hohenlohe écrit un nouveau rapport sur Aupick où, parmi ses autres qualités, est évoquée celle d'être *bon époux*. Il y est noté qu'il dispose de 5000 francs de rente[1].

1 IV me 29 – B signe le contrat de mariage de C.-A. Baudelaire, en présence des personnes suivantes: le marquis de Sémonville; le duc de Praslin; le comte Clément de Ris; Jean Naigeon; le vicomte Tirlet; Charles Panckoucke; Ramey, Lefebvre d'Aumale; d'autres[1].

9 IV v 29 – B a huit ans[1].

30 IV j 29 – C.-A. Baudelaire épouse Anne-Félicité Ducessois[1].

31 V d 29 – Mort du prince de Hohenlohe, maréchal de France.

1 VI l 29 – Aupick est mis en disponibilité[1].

11 VI j 29 – Ayant utilisé la succession de 12.000 francs du maréchal de Hohenlohe pour payer les frais des funérailles de ce militaire, Aupick écrit au ministre de la guerre pour revendiquer la responsabilité de cette acte[1].

6 VII l 29 – Troisième réunion du Conseil de famille de B. Membres présents: [ligne paternelle], C.-A. Baudelaire; Paul Pérignon, Claude Ramey; [ligne maternelle], Jean Naigeon, le duc de Choiseul-Praslin, Maturin Lefebvre d'Aumale[1].

X 29 – B est d'âge à entrer en huitième, à Paris[1].

4 XI me 29 – La Saint-Charles/Sainte-Caroline[1].

1830 – Publication, par Carpentier-Méricourt, de l'*Atlas de la cour royale de Paris, acc. de tableaux historiques et statistiques* de Jacques Aupick et A. Perrot. Indication donnée par le prospectus[1].

6 II s 30 – Naissance, et baptême à Saint-Etienne-du-Mont, de Charles-Alfred Baudelaire, premier fils de C.-A. Baudelaire et Anne-Félicité Ducessois[1].

12 II v 30 – Mort de Charles-Alfred Baudelaire[1].

23 III ma 30 – Aupick est nommé à l'état-major de la deuxième division de l'expédition d'Afrique[1].

30 III ma 30 – Mme A et son mari sont mis en possession de l'héritage de B[1].

I IV j 30 – Aupick donne à sa femme une procuration générale pour administrer leurs biens et ceux de la tutelle[1].

9 IV v 30 – B a neuf ans[1].

28 VII me 30 – Publication du premier volume de vers de Gautier: *Poésies*[1]. B en parlera dans son *Théophile Gautier*[2].

1 VII ma 30 – Aupick est mis une seconde fois en disponibilité[1].

[vers VIII 30] – Mme A reçoit, au nom de son fils, la somme de 3.000 francs, legs de Mme Paul Pérignon[1].

X 30 – B est d'âge à entrer en septième, à Paris[1].

2 X s 30 – Aupick est nommé lieutenant-colonel[1].

4 XI j 30 – La Saint-Charles/Sainte-Caroline[1].

1831

1831 – B reçoit les *Contes de Jacob à ses petits-enfants*, de Paul Lacroix, publiés cette année[1].

9 IV s 31 – B a dix ans[1].

[VII 31] – A l'école, B est second de sa classe en composition[1].

1 VII v 31 – Aupick est remis en disponibilité et revient habiter à Paris avec sa famille[1].

X 31 – B commence l'année académique, sans doute en sixième[1].

[fin X 31] – Mise en vente d'*Albertus, ou l'âme et le péché. Légende théologique*, par Théophile Gautier[1]. B en fera mention dans la première dédicace des *FM* et dans son *Théophile Gautier*[2].

20 XI d 31 – Une question de tarifs provoque la cessation du travail des canuts, à Lyon[1].

4 XI v 31 – La Saint-Charles/Sainte-Caroline[1].

21 XI l 31 – Les ouvriers de Lyon font insurrection, prenant le pouvoir dans cette ville[1].

22 XI ma 31 – A Lyon, des émeutes sanglantes[1].

23 XI ma 31 – Les troupes du gouvernement, commandées par le général Roguet, réussissent à s'échapper de Lyon[1].

25 XI j 31 – Aupick est envoyé à Lyon[1].

29 XI ma 31 – Le duc d'Orléans et le Maréchal Soult se joignent au général Roguet, à Trévoux. Aupick s'y trouve[1], ainsi que le maréchal Soult, ministre[2].

30 XI me 31 – Des proclamations gouvernementales et royales sont lues et affichées à Lyon[1].

1 XII j 31 – Les troupes gouvernementales occupent les environs de Lyon[1].

3 XII s 31 – Le duc d'Orléans fait son entrée à Lyon, sans résistance aucune[1].

7 XII me 31 – Aupick est nommé chef d'état-major de la septième division militaire à Lyon[1].

24 XII s 31 – La *BF* enregistre *Les Contes de Jacob à ses petits enfants*, de Paul Lacroix[1]. B recevra ce livre[2].

31 XII s 31 – La *BF* enregistre les *Rhapsodies*, par Pétrus Borel. B, dans son article sur *Madame Bovary*, en citera la préface, de mémoire[1].

1832

1832 – Ancelle épouse Louise-Julie Blondel[1].

9 I l 32 – B informe son demi-frère que son départ pour Lyon, en compagnie de sa mère, est prévu peut-être pour vendredi. Il va falloir que Claude-Alphonse vienne avant cette date s'il veut le voir[1].

[10 ou 11 I, ma ou me, 32] – Visite de C.-A. Baudelaire à son demi-frère[1].

[12-13 I j-v 32] – A 10h du matin, B et sa mère partent de Paris pour rejoindre Aupick à Lyon. Ils passent par Charenton, puis par Auxerre, traversant la Bourgogne[1].

16-17 I ma-me 32 – Arrivée à Lyon de B et sa mère[1].

[fin I 32] – On met Charles à la Pension Delorme; il suit les cours de sixième au Collège royal[1]. Son professeur est Charles Bobet[2]. Le proviseur du Collège royal est A. Bedel[3].

II 32 – Fin de la concession de cinq ans pour le tombeau de J.-F. Baudelaire au cimetière Montparnasse[1].

1 II me 32 – B entreprend pour son demi-frère la description de son voyage en diligence à Lyon. Il cite les noms des villes de Villeneuve-la-Guyard et de "Châlons" (Chalon-sur-Saône) Il envoie des salutations affectueuses à Anne-Félicité Baudelaire et à Théodore Ducessois[1].

3 III s 32 – B ajoute quelques détails à sa description du voyage jusqu'à Lyon, dans une lettre à son demi-frère[1].

15 III j 32 – Le *Courrier de Lyon* annonce le départ, la veille, d'unités d'infanterie, de cavalerie et d'artillerie pour Grenoble. Aupick se joindra à elles[1].

[env 23 III v 32] – Aupick part pour Grenoble, pour aider au désarmement de la Garde Nationale[1].

26 III l 32 – A Paris, le choléra éclate en plusieurs quartiers[1].

1 IV d 32 – B commence à rédiger une lettre à son beau-frère[1].

2 IV l 32 – De Lyon, B écrit à son demi-frère pour lui donner son adresse: 45, pl. d'Henri VI (actuellement place Carnot). Il raconte qu'Aupick s'ennuie à Grenoble, où il est depuis une semaine. B travaille son latin (version et analyse) à contre-coeur[1].

9 IV l 32 – B a onze ans[1].

11 IV me 32 – Ancelle commence à exercer à Neuilly les fonctions de notaire, succédant à Me Labie[1].

[env 25 IV me 32] – C.-A. Baudelaire envoie des "actes..." à Mme Aupick[1].

25 IV me 32 – A son beau-frère, B annonce qu'on va changer de domicile, pour aller au 4, rue d'Auvergne. Charles et sa mère ont préparé des cadeaux pour le retour de Grenoble d'Aupick. A l'école, Charles a accédé à une treizième place en thème[1].

[26 ou 27 IV j ou v 32] – Aupick part de Grenoble pour Lyon[1].

VI 32 – Mort de Jean Naigeon, membre du Conseil de famille de B[1].

[3 VII ma 32] – En pension à Lyon, B écrit à son demi-frère pour se plaindre du désordre et de la saleté de son milieu. Parmi les cinq Parisiens qui sont avec lui, il n'en aime que deux, dont le dernier a passé presque toute sa vie à Marseille. Pourtant, il a de meilleures places, surtout en grec[1]. En fait, il a été second dans toutes les matières et a eu le quatrième accessit d'excellence[2]. Mme A ajoute à cette lettre quelques mots pour dire son désarroi à la nouvelle de la mort de Jean Naigeon[3].

[env 3 VIII v 32] – La famille Aupick reçoit M. Chevassut et le frère de Mme Barthe[1]. Les fréquentations sociales de la famille Aupick sont limitées au monde militaire, selon B[2].

5 VIII d 32 – Charles fait sa première communion. Avec sa mère, il va à la campagne, à la station thermale de Charbonnières. Ils mangent des fruits et des pralines. Sa promenade à la campagne l'a empêché de faire un pensum de cinquante lignes mot à mot; cette punition lui avait été infligée pour avoir trop bavardé en classe. Il fait pourtant son thème pour le jour suivant[1].

6 VIII l 32 – B, qui habite son nouveau logement, se lève à 9h pour travailler ses leçons. Il écrit à son demi-frère qu'on compose pour les prix à son école. Il a des espérances en grec, aucune en géographie ancienne. A l'école, on oublie de lui demander ses cinquante lignes mot à mot en pensum (qu'il n'a pas faites). Il trouve son nouveau logement charmant[1].

7 VIII ma 32 – A son école, B compose pour le prix en thème[1]. Il recevra des livres de prix à sa pension et, au Collège royal, il aura un accessit[2].

23 VIII j 32 – Fin de l'année scolaire du Collège royal. B a un 4e accessit en thème. Son professeur est Bobet[1].

[avant le 9 IX s 32] – M. Labie, notaire à Neuilly, fait un séjour à Lyon. On lui montre, du haut d'une tour, la vue de la ville. Ensuite, il est reçu chez les Aupick, où il dîne avec M. Devallée, censeur du collège et M. Brun, professeur de la même institution[1].

6 [IX] j 32 – En pension malgré les vacances, B s'en plaint à son demi-frère. Leur société à Lyon est composée de militaires, de l'intendance et de la gendarmerie. Il trouve que leur logement est charmant et qu'il possède une très belle vue. Il raconte les résultats de son année scolaire[1].

11 IX ma 32 – C.-A. Baudelaire est nommé juge suppléant à Fontainebleau, par ordonnance[1].

26 IX me 32 – C.-A. Baudelaire entre en exercice à Fontainebleau, comme juge suppléant[1].

[env 1 X s 32] – B devient pensionnaire au Collège royal de Lyon. Il commencera, puis abandonnera, l'étude de l'anglais[1].

15 ou 16 X l ou ma 32 – B entre comme interne au Collège royal, en cinquième. Son professeur est Jean-Baptiste Brun[1].

4 XI d 32 – La Saint-Charles/Sainte-Caroline[1].

9 XI v 32 – C.-A. Baudelaire fait don d'un couteau à B, qui l'en remercie. Labie vient de partir après une visite à Lyon. B est content d'être au collège. Il se réjouit d'apprendre bientôt l'anglais. Il fait un devoir sur *Télémaque*[1].

15 XII s [32] – Au collège, jour de sortie de récompense pour les écoliers qui se conduisent bien; B en est. Il en profite avant son départ pour écrire à son demi-frère en lui décrivant une amitié nouée à l'école[1].

27 [XII] j 32 – A son demi-frère, B écrit pour donner la liste des places qu'il a eues en classe. Aupick le récompense de ses efforts à raison de cinq francs chaque fois qu'il arrive parmi les cinq premiers. B dit aussi avoir reçu force exemptions de ses professeurs, grâce à ses réussites scolaires. Il souhaite une bonne année à sa belle-soeur, à Théodore, aux Ducessois, à M. Boutron. Il veut qu'on le rappelle au bon souvenir des Olivier, des Orfila, des Tirlet et de M. Jean-Elzidor Naigeon, ainsi que de Laure et d'Eugénie Tirlet et de Paul et d'Alfred Pérignon. En s'en moquant, B cite un petit poème d'un de ses condisciples, où il est demandé trop librement des étrennes[1].

[30 XII d 32] – En réponse à la question de C.-A. Baudelaire sur le cadeau qu'il voudrait recevoir, B demande un ouvrage dans le genre des *Contes de Jacob à ses petits-enfants* par Paul Lacroix, qu'il a déjà reçu de son demi-frère. Il signe sa lettre: *Carlos*[1].

[env 1833] – Date d'un portrait miniature de B, dont le peintre n'est pas connu[1].

1833

1833 – Aupick fait un bref séjour à Compiègne comme chef d'état-major[1].

7 I l 33 – Soulacroix remplace Dutrey comme Recteur du Collège royal[1].

[env 12 I s 33] – C.-A. Baudelaire offre des livres pour étrennes à B[1].

[env 15 I ma 33] – Mme Anne-Félicité Baudelaire fait une fausse-couche[1].

15 I me 33 – B est privé de sortie au Collège royal[1].

31 I j 33 – B remercie C.-A. Baudelaire de lui avoir offert des livres. Il lui explique pourquoi il a été privé de sortie au collège. Ses places ont été assez médiocres[1].

9 III s 33 – La *BF* enregistre la publication du volume d'Auguste Barbier, *Il Pianto*. B en parlera dans son essai sur ce poète, dans *Réflexions sur quelques-uns de mes contemporains*[1].

[12 III ma 33] – Pendant sa classe d'histoire, B écrit à son demi-frère qu'il a été deuxième en grec. Il trouve la classe d'histoire fort ennuyeuse et y travaille mal. Mme A souffre d'un mal de gorge. B remarque le grand nombre d'incendies à Lyon et raconte que les saint-simoniens y vont porter du secours[1].

13 III me 33 – Au collège, un pion bat un élève, lequel doit passer à l'infirmerie à cause de ses blessures[1].

15 III v 33 – Jour de sortie au collège. B rentre chez lui. Le soir, au collège, on apprend que l'élève puni par le pion est à l'infirmerie, très souffrant. Les élèves chahutent le pion. B se range parmi les mutins[1].

[25 III l 33] – B décrit à son demi-frère l'incident du collège. L'élève, frappé par le pion, ne s'en remet toujours pas[1].

9 IV ma 33 – B a douze ans[1].

V 33 – Auguste Louis-Ange Nouzeilles, proviseur du Collège royal, quitte Lyon pour Orléans. Il est remplacé par Joseph-Alexandre Bedel[1].

17 V v [33] – Du Collège royal, B écrit à son demi-frère pour annoncer qu'il a eu une quatrième place en français. Il le gronde d'avoir négligé leur correspondance. B critique l'esprit républicain à Lyon et minimise les menaces de ceux qui s'opposent à Louis-Philippe. B apprend actuellement à danser. Il signe: *Carlos*[1].

24 VI l 33 – Naissance, à Neuilly, de Louise-Eugénie Ancelle[1].

30 VI d 33 – Sortie du Collège royal. B rentre chez lui, où il trouve une lettre de son demi-frère, que sa mère a oubliée de lui donner[1].

12 VII v 33 – A son demi-frère, Charles fait savoir qu'il est deuxième en thème. Bien qu'il n'ait pas travaillé beaucoup dans l'année, il fait maintenant un effort pour avoir de bons résultats à la fin de cette période scolaire. Au Collège royal, on forme un orchestre militaire composé d'élèves musiciens. B demande à son correspondant de lui faire la description de Fontainebleau, se décrivant comme amateur de géographie[1].

17 VII me 33 – Aupick écrit à un général de ses correspondants qu'il vient de recevoir l'ordre de se rendre aux manœuvres de Compiègne, en qualité de chef d'Etat-Major, disant que c'est le prince Royal qui l'a désigné. Il fait mention d'un "peu de chagrin au logis" mais dit qu'on s'y console puisqu'il n'est plus question d'aller à Alger[1].

17 VIII s 33 – La *BF* enregistre la publication des *Jeunes-France, romans goguenards*, par Théophile Gautier. B louera ce livre dans son *Théophile Gautier*[1].

31 VIII s 33 – Fin de l'année académique au Collège royal[1]. B a un accessit d'excellence (4e) et de thème (5e). Pendant ses vacances il jouera une comédie[2].

[automne 33] – Aupick fait cadeau à B d'un *phénakisticope*, sorte de lanterne magique[1].

26 X v 33 – La *BF* enregistre la publication, par Renduel, de la traduction de Loève-Veimars de *La Vie d'Hoffmann*. B aurait utilisé ce livre en écrivant *Edgar Poe, sa vie et ses ouvrages*[1].

28 X l 33 – B entre en quatrième au Collège royal[1]. Son professeur est Jean Alexandre Jérôme Lecomte[2]. Il commence à apprendre le dessin[3]. En anglais, son professeur est Joseph Jackson[4].

4 XI l 33 – La Saint-Charles/Sainte-Caroline[1].

6 XI me 33 – Naissance, à Fontainebleau, d'Edmond Baudelaire, fils de Claude-Alphonse Baudelaire et d'Anne-Félicité Baudelaire[1].

[avant le 16 XI s 33] – C.-A. Baudelaire envoie à son demi-frère une édition de Juvénal par l'entremise d'Aupick, en visite à Paris. Le jour où Aupick arrive à Lyon, B s'installe au Collège royal et le livre est oublié par sa mère[1].

16 XI s 33 – Aupick écrit à un général qu'il a retrouvé Mme A et son beau-fils en bonne santé. Il se dit satisfait de Charles, qui vient d'entrer en quatrième comme interne au Collège royal[1].

[avant le 22 XI v 33] – B se foule le pied, ce qui lui vaut un traitement par emplâtre, qu'il déteste, car cela l'empêche de danser[1].

22 XI v 33 – Charles se plaint à son demi-frère de s'être fait une entorse. Pendant les vacances, il a joué la comédie; il va encore jouer un proverbe. Charles a conscience de son infériorité académique vis-à-vis de Théodore Ducessois, frère de la femme de son demi-frère. Il raconte les nouvelles de la ville de Lyon (construction d'un pont sur la Saône, éclairage au gaz des boutiques, débordement du Rhône). B annonce les accessits qu'il a reçus à la fin de l'année scolaire. Il s'enquiert de la santé de sa belle-soeur[1].

23 XI s 33 – B remercie son demi-frère de l'édition de Juvénal qu'il a reçue avec du retard. Il observe que tous les autres cadeaux qu'il a reçus de lui ont été bien choisis. B fait la description du *phénakisticope* donné par Aupick. Il signe du nom: *Carlos* et ajoute un dessin à sa lettre[1].

1834

1 I me 34 – B écrit à C.-A. Baudelaire pour lui dire qu'il regrette Paris et les membres de sa famille et leurs amis (Mme C.-A. Baudelaire, Théodore, Mme Tirlet et son fils Eugène, Paul et Alfred Pérignon). Il s'attend à retourner à Paris, avant M. et Mme Aupick. B regrette les boulevards, les bonbons de chez Berthellemot et le magasin Giroux; il trouve Lyon morne et fade. Son moral n'est pas bon[1].

31 I s 34 – B est privé de sortie au Collège royal. Le Censeur fait à Mme A une lettre à ce propos[1].

[6 II j 34?] – Charles s'excuse auprès de sa mère d'avoir été privé de sortie. Il a du mal à apprendre l'anglais. Il demande qu'on lui apporte quelques-uns de ses livres, que veut lire Songeon, son ami: *Grandeur des Romains* [*Considérations sur les causes de la grandeur des Romains et de leur décadence*] de Montesquieu;

Convalescence du vieux conteur de Paul Lacroix; *Oeuvres choisies* de Gresset; deux volumes des *Voyages* de Levaillant[1].

[mi-II 34?] – Après des difficultés de travail et de conduite, Charles se voit priver de sortie au collège. Il explique à sa mère que les choses vont toutefois mieux et qu'il a eu en thème une onzième place et en histoire naturelle une quatrième. Alléguant la mauvaise santé de sa mère, il aimerait lui rendre visite par le biais d'une ruse innocente[1].

[avant le 25 II ma 34] – Les Aupick font savoir à Charles qu'ils ne voudront plus venir le voir au Collège, à moins qu'il n'améliore son travail scolaire[1].

25 II ma [34] – Dans une longue lettre, Charles implore ses parents de venir le voir malgré ses faiblesses. Il demande leurs conseils et promet de faire mieux à l'avenir[1].

26 II j 34 – Charles écrit à Claude-Alphonse une longue lettre demandant des conseils et de l'encouragement à travailler[1].

24 III l [34] – B reçoit de sa mère une lettre où il est question de son travail scolaire. Il y répond en lui envoyant des *satisfecit* qu'il vient de recevoir[1].

26 III me 34 – B sort du Collège royal pour les vacances de Pâques[1].

[IV 34] – Pendant l'insurrection de Lyon, Aupick fait montre d'une "activité remarquable"[1].

5 IV s 34 – On annonce, à Lyon, le procès des mutuellistes[1].

6 IV d 34 – Les ouvriers de Lyon défilent, au nombre de 5.000, en appelant à la révolte[1].

9 IV me 34 – A Lyon, l'insurrection éclate, provoquée par le procès des mutuel-listes, lequel devait se dérouler ce jour-là[1]. Au Collège, les classes ont lieu malgré l'agitation extérieure[2]. B a treize ans[3].

10 IV j 34 – La bataille à Lyon devient plus violente et fait suspendre les classes au Collège. Des hommes à la recherche d'armes approchent de l'école. Celle-ci manque d'être incendiée par un feu voisin. Tous les gens de l'école aident à éteindre ce feu menaçant. Un groupe d'insurgés pénètre dans l'école et la fouille, sans y trouver d'armes. Les étudiants couchent cette nuit dans leurs salles d'études, les dortoirs étant inhabitables[1].

11 IV v 34 – Des insurgés demandent qu'on leur livre les étudiants les plus âgés, pour les aider, mais on refuse cela. Devant le collège, les ouvriers se retranchent pour se battre. Les écoliers se réfugient dans leurs quartiers[1].

12 IV s 34 – L'insurrection est réprimée par les troupes gouvernementales et le conflit s'apaise. Soupçonné d'avoir aidé les révoltés, le Collège royal est menacé de représailles. Devant ses bâtiments a lieu une bataille violente. Après leur défaite, vingt insurgés sont fusillés sur place, sommairement, par les forces du gouvernement[1].

13 IV d 34 – Le Collège royal est fermé. On fait rentrer chez eux les élèves et l'on procède à la réparation des dégâts occasionnés par la bataille[1].

18 IV v 34 – L'on rouvre le Collège royal[1].

27-28 IV d-l 34 – Les élèves du Collège royal se révoltent; la raison en serait la sévérité excessive d'un des maîtres d'études. Il n'est pas exclu que cette insurrection soit d'inspiration politique. Quatorze étudiants seront expulsés[1].

29 IV ma 34 – Aupick est promu colonel[1]. Cette année-là il est aide-de-camp du général Aymard[2].

30 IV me [34] – B est privé de sortie au Collège royal[1].

2 V v [34] – Le soir, Charles écrit à sa mère pour dire qu'il est quatrième en version latine; il la supplie de venir le voir. Il va changer de maître d'étude; il éprouvera de la peine à quitter M. Fournier[1].

31 V s 34 – La *BF* enregistre la publication de *Titan*, de Jean-Paul Richter, dans l'adaptation de Philarète Chasles. B connaîtra ce livre[1].

14 VI s 34 – La *BF* enregistre la publication des *Reisebilder. Tableaux de voyage d'Henri Heine*, dans *Oeuvres d'Henri Heine*, éditées chez Renduel. B citera le premier titre en janvier 1852, lorsqu'il publiera son article, "L'Ecole païenne"[1].

[1834 ou 1835] – Charles envoie à sa mère par l'intermédiaire d'amis (dont Songeon), les résultats de son travail scolaire. Il a obtenu une quatrième place en version grecque. Ses amis lui avaient offert de venir auprès de sa mère pour lui présenter ses excuses[1].

1 IX l 34 – A la distribution des prix au Collège royal, B, dont le professeur est Lecomte, reçoit: un 2e accessit d'excellence; un 5e accessit de version latine; un 1er

accessit de version grecque; un 3e accessit de vers latins; un 1er accessit d'histoire naturelle[1].

27 IX s 34 – Charles entre en troisième au Collège royal[1]. Son professeur est Jean-Charles Carrol[2].

20 X l 34 – B écrit à son demi-frère qu'il aimerait avoir un nouveau fusil de chasse, mais que sa mère le lui refuse. C.-A. Baudelaire lui en a déjà donné un, qu'il entretient et qu'il utilise mais qui ne le satisfait pas[1]. Pourtant, il n'a jamais chassé de sa vie[2]. B annonce qu'en classe il a eu les accessits suivants: 1er de version grecque et d'anatomie; 3e de vers latins; 5e de version et d'excellence[3].

4 XI ma 34 – La Saint-Charles/Sainte-Caroline[1].

7 [XII] s [34] – Charles fait, pour son demi-frère, une description ironique de la manière dont on lui inflige au collège des pensums et des arrêts. Il lui envoie ses voeux pour la nouvelle année et déclare qu'il prend des résolutions encore plus fermes pour 1835[1].

21 XII d [34] – Mme A se rend au Collège royal pour voir son fils. Sa visite se termine mal et elle le traite d'ingrat. Le soir, il lui écrit pour se défendre et pour l'implorer de venir le voir le jour suivant[1].

27 [XII j 34] – Au soir, B écrit à son demi-frère. Il dit avoir travaillé passablement au Collège cet automne mais une tendance à être bavard lui vaut des pensums et des arrêts[1].

1835

17 I s 35 – La *BF* enregistre la publication du *Monde comme il est*, par Astolphe de Custine. B lira ce roman, qu'il citera le 3 IX 65, à Sainte-Beuve (en se trompant sur son titre, qu'il croit être *Le Monde tel qu'il est*). B voit en lui le précurseur des romans d'Eugène Sue[1].

9 IV j 35 – B a quatorze ans[1].

11 IV s 35 – Aupick est opéré du genou pour en extraire la balle qu'il a reçue à Fleurus en 1815. Le médecin est le Dr Choquet, chirurgien-major de la 1ère Division militaire[1].

[été 1835] – C.-A. Baudelaire offre de prendre chez lui à Fontainebleau Charles et sa mère, pour les protéger du choléra qui menace Lyon. Un ami d'Aupick s'offre pour donner à Charles des leçons de natation, mais la température de l'eau est trop basse, pour le moment[1].

[fin VII 35] – L'épidémie de choléra dans la vallée du Rhône est à son maximum[1]. Il n'y a qu'un seul cas à Lyon[2].

28 VIII v 35 – B termine ses études en troisième au Collège royal de Lyon[1]. Son professeur est Carrol. A la distribution des prix, il a obtenu: un 4e accessit de version latine; un 2e accessit de vers latins; un 4e accessit de version grecque; un 1er accessit d'arithmétique; le deuxième prix de dessin (figures)[2].

2 IX ma 35 – Le *Courrier de Lyon* annonce la distribution des prix au Collège royal. Charles reçoit le deuxième prix de dessin d'après nature; le sujet du concours est "Figures". Ses professeurs sont Depierre et Fontaine[1].

[fin VIII ou début IX 35] – Charles remercie son demi-frère de son offre de secours lors de l'épidémie de choléra. Il révèle que les prix académiques cette année ont dépendu du travail de toute l'année, d'où son insuccès. Mme A a pris, dit-il, la décision de l'envoyer faire son année de rhétorique à Paris[1].

14 IX l 35 – *L'Almanach de 1839* donnera cette date comme celle de la nomination d'Aupick comme commandeur de la Légion d'Honneur[1].

X-XI 35 – Le Révérend George Croly publie à Londres un conte, *The Young Enchanter from a papyrus of Herculaneum*; il paraît dans *Forget Me Not... for MDCCCXXXVI*, chez Ackermann, sans nom d'auteur[1].

26 X l 35 – B commence ses études en seconde au Collège royal Son professeur est Alexis-Urbain Legeay[1].

4 XI j 35 – La Saint-Charles/Sainte-Caroline[1].

28 XI s 35 – La *BF* enregistre la publication du premier volume de *Mademoiselle de Maupin. Double amour.* B y verra un "hymne à la Beauté", dans son *Théophile Gautier*[1].

27 XII d 35 – A son demi-frère, B écrit qu'il a eu de bonnes places au collège, qu'il apprend à patiner et qu'il est content de lui-même[1].

1836

1836 – B lit *René*, de Chateaubriand[1].

I 36 – Parution du deuxième volume de *Mademoiselle de Maupin*, de Théophile Gautier[1].

9 I s 36 – Aupick est nommé chef d'état-major de la première division militaire à Paris, sous les ordres du général comte Pajol[1].

[mi-février 36] – Le ménage Aupick quitte Lyon pour Paris[1]. Il habitera au 1, rue de Lille, au siège de l'Etat-major[2].

26 II v 36 – A Claude-Alphonse, Charles annonce leur retour à Paris. Ils descendent à l'Hôtel des Ministres, 36, rue de l'Université[1].

III 36 – Le *Magasin pittoresque* décrit le bruit fait dans la presse française par la publication d'un *hoax* [supercherie] américain. Il y est dit que Herschel, célèbre astronome, a pu voir des êtres vivants dans la lune. Cette affaire, remarquée peut-être par B, refera surface dix-neuf ans plus tard, au moment de la publication de *L'Aventure sans pareille d'un certain Hans Pfaall*, traduction de B[1].

1 III ma 36 – B entre comme pensionnaire en troisième au Collège Louis-le-Grand[1], son professeur de dessin est Jean-Alphonse Roehn[2]. Il est obligé de redescendre d'une classe parce que l'étude des mathématiques à Paris a commencé un an plus tôt qu'à Lyon[3].

9 IV s 36 – B a quinze ans[1].

14 VIII d 36 – Théophile Gautier publie un article, dans la *Chronique de Paris*, sur les *Contes d'Hoffmann*[1].

16 VIII ma 36 – B termine ses études en troisième au Collège Louis-le-Grand[1].

17 VIII me 36 – Au Collège Louis-le-Grand, en troisième, B dont le professeur est Roberge, reçoit: le 1er prix de vers latins; le 2e prix de version grecque; le 3e accessit de thème latin; le 3e accessit de thème grec. Au Concours général il a le 1er accessit de vers latins[1].

23 VIII ma 36 – Le colonel Aupick, chef d'état-major de la première division militaire, part pour Compiègne en compagnie du duc d'Orléans. *La Presse* annoncera son départ[1].

24 VIII me 36 – Annonce dans *La Presse* du départ d'Aupick pour Compiègne[1].

3 X l 36 – B en seconde, au Collège Louis-le-Grand[1]. Son professeur est Chardin[2].

Son professeur d'anglais est Charles J. Wilkin[3]

[année scolaire 1836-1837] – B demande à sa mère le *Cours de littérature latine* de Noël[1].

4 XI v 36 – La Saint-Charles/Sainte-Caroline[1].

XII 36 – Achille Chardin, professeur de B en classe de seconde, écrit que son élève montre "beaucoup de légèreté". Durozoir, professeur d'histoire, dit qu'il "travaille mollement". Riton, son maître d'études, pense qu'il "n'a pas de tenue dans le caractère"[1].

1837

1837 – B commence à écrire des poésies qui s'accumuleront jusqu'au printemps de 1857, moment où il les détruira à l'occasion de la publication des *Fleurs du Mal*[1].

[1837?] – B écrit à sa mère qu'il sera "en retenue", dimanche au collège. Il ne pourra donc pas se rendre chez elle comme prévu. B veut la prévenir pour qu'elle n'envoie pas Joseph le chercher. Le motif de cette punition est qu'il s'est permis de "dessiner de la plume à dessin". B demande à sa mère d'embrasser "papa" pour lui. Il espère que Mme A pourra le faire sortir du collège le jeudi ou le dimanche suivant[1].

10 III v 37 – Dans *La Presse*, Gautier loue le tableau de Delacroix: *La Bataille de Taillebourg*, fait sur commande pour la Galerie des Batailles à Versailles. B empruntera à cet article des phrases, en 1863, pour faire la critique de Delaroche[1].

22 III me [37] – Charles écrit à sa mère qu'il a eu une cinquième place en anglais et une dix-septième en thème grec; ces deux places lui font perdre deux prix, dit-il. Il parle de ses projets pour les vacances de Pâques et d'un voyage à Versailles, lequel sera peut-être empêché par la mauvaise santé d'Aupick. Il demande qu'on le fasse sortir de son école pour rentrer à la maison ou jeudi ou dimanche prochain[1].

24 III v [37] – Arrivée, probablement chez les Aupick, d'un certain François[1].

[printemps 37] – B passe ses vacances en famille. Aupick souffre d'une vieille blessure à la jambe. A la suite d'une intervention chirurgicale, la plaie s'est réouverte[1].

7 IV v 37 – B reçoit un deuxième accessit d'excellence en vers latins, à la distribution des prix au Collège Louis-le-Grand. Son poème s'intitule *Philopoemen aux Jeux néméens*[1].

9 IV d 37 – B a seize ans[1].

15 IV s 37 – La *BF* enregistre *Concours généraux de l'Université. Devoirs donnés aux élèves...textes et corrigés*, de N.A. Dubois, publié chez Delalain. On y note de B le deuxième prix de vers latins[1].

[23? IV d 37?] – Charles demande à sa mère des nouvelles de la famille. Il voudrait recevoir son exemplaire du *Cours de littérature latine* de François Noël. Après une période de découragement il fait enfin du bon travail en vers latins. Un ancien élève du collège, maintenant précepteur des enfants Rotschild [*sic*], a offert à Charles de lui prêter des livres de sa bibliothèque, pour l'aider dans ses études[1]

23 VI v 37 – Claude-Alphonse Baudelaire est nommé substitut du procureur à Fontainebleau[1].

[fin VI? 37] – A la suite d'une demande des étudiants de ne pas aller à la veillée, le proviseur les prive tous de sortie jusqu'à nouvel ordre. Charles travaille pour le concours, et Chardin, son professeur, se montre content de lui. Ecrivant à sa mère, B mentionne les noms de Gros et de Massoni. Ce dernier lui a donné récemment des nouvelles de la santé délicate d'Aupick. Pendant ses récréations, Charles lit en anglais *Simple Story* de Mrs. Elizabeth Inchbald[1].

[7 ou 8 VII v ou s 37?] – Charles est privé de sortie pour n'avoir pas composé en chimie. Il est mécontent de sa composition de la veille, car elle compte pour les prix. Les projets de la famille pour le lendemain sont donc compromis[1].

10 VII l – 15 VIII ma 37 – Période des compositions et du Concours Général. En version latine, le sujet est *Les Neuf Sources de Rome* et, en vers latins, *Eruption volcanique à Baïe*. Au concours du collège Louis-le-Grand, en vers latins, le sujet proposé est *L'Exilé*. Pour sa composition en vers latins, B choisit la devise: *Sal non fel*[1].

15 VII s 37 – Composition en vers latins[1].

[30?] VII [d] 37 – B répond à une lettre de sa mère. Il ne connaît pas encore ses places académiques et il aura toujours à composer en anglais. Il a acheté *Les Lettres péruviennes* de Mme de Graffigny et *Voyage sentimental* de Sterne[1].

5 VIII s 37 – Fin des compositions[1].

13 VIII d 37 – *La Presse* annonce que, dans quatre jours, Aupick, chef d'état-major du camp de Compiègne, se rendra dans cette ville[1].

[env 15 VIII me 37] – B écrit à sa mère lui demandant de venir chercher ses livres. Il lui annonce qu'il a eu le deuxième prix de vers latins au Concours et qu'il est par conséquent réconcilié avec le proviseur et le censeur[1].

16 VIII me 37 – Distribution des prix aux élèves des collèges de Paris et de Versailles, en présence du Roi et de beaucoup d'autres dignitaires. B y est reconnu pour son deuxième prix de vers latins au Concours Général[1].

17 VIII j 37 – Distribution des prix au Collège Louis-le-Grand. B entre en seconde, son professeur est Achille Chardin. Il reçoit: le 2e prix de thème latin; le 1er prix de vers latins; un 1er accessit de version latine; un 1er accessit de version grecque. Au Concours Général, il a un 8e accessit de version latine et le 2e prix de vers latins[1].

27 VIII d 37 – *Le Journal général de l'Instruction publique* décrit un banquet à Saint-Cloud, offert par le Roi à soixante-dix des lauréats des prix académiques de l'année. Charles a pu y être[1].

30 VIII me 37 – Aupick écrit à Pierre Lebrun pour le féliciter d'un discours sur les prix de la vertu, discours écrit par Lebrun et envoyé par lui à Aupick après avoir été prononcé au début du mois courant. Aupick évoque le souvenir de leur maître à Saint-Cyr, Crouzet, auteur de la pièce *Fortunas...*, où Aupick a interprété le rôle principal[1].

10 IX d 37 – *La Presse* signale qu'Aupick est chef d'état-major des deux divisions d'infanterie à Compiègne; il est sous le commandement du duc d'Orléans[1].

X 37 – Arrivée à Louis-le-Grand de Jacob-Wilhelm Rinn, professeur que B affectionnera[1].

2 X l 37 – B commence ses études de rhétorique au collège Louis-le-Grand[1]. Il aura pour maîtres de dessin Cogniet et Bourdon[2].

2 XI j [37] – Lors d'une promenade à cheval en compagnie d'Aupick, Charles a fait une chute et doit garder le lit. Il écrit à son demi-frère pour l'en avertir et pour lui souhaiter beaucoup de réussite dans sa nouvelle charge professionnelle[1].

4 XI s 37 – La Saint-Charles/Sainte-Caroline[1].

[6 XI l 37] – B est rentré au collège où on le met à l'infirmerie à cause de la contusion à son genou, suite de sa chute de cheval. Le soir, il décrit à sa mère son installation et la prie de venir le voir[1].

[7 XI ma 37] – Au collège, Charles compose en latin[1]. Mais on le retient au lit et on traite son genou blessé d'une manière, pour lui, risible[2].

[21 XI] ma [37] – Charles a eu une troisième place en vers latins. Le soir, il écrit pour demander à sa mère la somme de sept francs pour acheter les cinq volumes du *Nouvel Abrégé chronologique de l'histoire de France* par le président Hénault. Il autorise sa mère à acheter ce livre avec l'argent qu'on lui donne chaque semaine, puisqu'il est à l'infirmerie et n'en a pas besoin[1].

[env 5 XII ma 37] – Aupick se rend au collège pour voir Charles[1].

[5 XII ma 37] – Le matin, Mme A vient voir B au Collège. Il compose ce matin même en grec, mais mal. Toutefois, il informe sa mère qu'il a eu une deuxième place en version latine. Il a fini tous ses devoirs pour M. Rinn, professeur de rhétorique, et celui-ci ne venant que jeudi, il demande à sa mère de louer et de lui envoyer *Le Dernier Jour d'un condamné* de Victor Hugo[2]. Il la charge de remercier Aupick de la visite qu'il lui a faite[1].

7 XII j 37 – Le soir, M. Rinn, professeur de rhétorique au Collège rend visite à B à l'infirmerie pour l'entendre réciter ses devoirs[1].

[16 XII s 37] – Ayant reçu la visite du médecin, B écrit à sa mère pour lui annoncer qu'il rentrera en classe lundi. Il doit se reposer à l'infirmerie pendant les promenades et les récréations. Il voudrait passer la journée de dimanche chez les Aupick et en demande l'autorisation à sa mère[1].

18 XII l 37 – B rentre en classe après un séjour de six semaines à l'infirmerie du Collège[1].

1838

1838 – Mort de Claude Ramey, membre du Conseil de famille de B[1]. B lit les feuilletons de Gautier dans *La Presse*[2].

[1838-39] – Jeanne Duval devient la maîtresse de Nadar[1].

[I 38] – B demande à sa mère de l'envoyer chercher à la sortie du Collège le jour suivant. Elle a manqué de venir le voir ce jour même, d'où son retard à lui écrire, car il entendait lui faire part de cela lui-même. La santé d'Aupick est mauvaise. B souffre, de manière intermittente, de la jambe[1].

19 I v 38 – *L'Albatros* de Polydore Bounin paraît dans *Le Sémaphore de Marseille*[1].

[II? 38] – B annonce sa sortie du Collège pour le lendemain. Il a été premier en dessin et a reçu pour cela une exemption. De plus, on l'a fait passer dans la première division de cette matière à l'école. Il souffre toujours de sa jambe, par moment[1].

9 II s 38 – La *BF* enregistre la publication de la *Comédie de la mort*, par Théophile Gautier[1].

[5 III l 38] – B écrit à son demi-frère pour prendre de ses nouvelles. Il révèle qu'il est premier en classe de discours français. Mme A a dit à B que Claude-Alphonse possède un assez grand nombre de pièces de vers faits par leur père; B voudrait en lire quelques-uns[1].

9 IV l 38 – B a dix-sept ans[1].

11 IV me 38 – A la distribution des prix au collège, B reçoit le 1er Accessit d'Excellence de la classe de première[1].

19 IV j 38 – Le manuscrit du *Système de mon oncle*, par Auguste Lefranc, est remis à la commission de la censure[1].

10 V j 38 – Aupick reçoit l'autorisation d'aller prendre les eaux[1].

[seconde quinzaine de V 38] – Mis en retenue par Durozoir, son professeur d'histoire, B prie sa mère de venir le voir. Il ressent le besoin de la voir souvent, car elle est sur le point de partir[1].

[24 V j 38] – En retenue au collège de 12h30 à 13h30 jusqu'à nouvel ordre, B en avertit sa mère, pour empêcher qu'on vienne le voir. Cette punition générale avait été infligée à tous les élèves pour avoir critiqué un maître[1].

[Fin V 38] – Départ des Aupick pour Barèges. En voyage, Mme A écrit à son fils[1].

VI 38 – Selon Riton, son maître d'études, B montre toujours beaucoup de légèreté dans sa conduite[1].

5 VI ma 38 – Visite de M. Emon à Charles[1].

8 VI v 38 – La Commission de Censure autorise la représentation du *Système de mon oncle*, comédie-vaudeville en un acte dans laquelle Jeanne Duval est censée avoir joué[1]. Visite de M. Emon à Charles[2].

[env 10 VI d 38] – Charles écrit à sa mère pour la remercier de sa lettre, qu'il vient de recevoir. Il révèle, à sa demande, qu'il a eu une 14e place en version latine et lui raconte la complaisance de M. Rinn, un maître qu'il affectionne. Il lit ces jours-ci, et compose des vers, qu'il qualifie de *détestables*. Il trouve sans intérêt les conversations légères de ses condisciples et pense avec plaisir à ses vacances. Pour meubler son temps libre, il fera des exercices, des promenades, de l'équitation et aussi de l'anglais. Dans le journal, il a lu la nouvelle de la mort de Mme d'Abrantès; il a remarqué la présence à ses funérailles de Dumas et d'Hugo[1].

12 VI ma 38 – Visite de M. Emon chez Charles[1].

15 VI v 38 – Visite de M. Emon chez Charles. Ils discutent du magnétisme animal[1].

[env 19 VI ma 38?] – Mme Olivier va voir Charles au collège[1].

[19 VI] ma [38] – A sa mère, qui est en voyage, B demande des descriptions des beaux lieux par où elle passe. Il raconte les visites de Mme Olivier et de M. Emon, ainsi que la discussion sur le magnétisme animal qu'il a eue avec ce dernier. Un de ses condisciples au collège partage avec lui ses connaissances plus amples sur ce sujet que celles de Charles. Ce matin, il compose en discours français[1].

[27 VI me 38] – B écrit à sa mère qu'il est triste et qu'il ne trouve pas de plaisir dans son travail scolaire. Il a composé en discours français et en discours latin. Mme Jaquotot l'invite à passer la journée avec elle. Il pense lui dire qu'il est privé de sortie jusqu'à la fin de l'année. Jusque-là, toutes les lettres envoyées à Mme A ont été adressées à M. Coppenhague, habitant le même immeuble que les Aupick, pour lui être renvoyées au cours de son voyage[1].

29 VI v 38 – Ancelle est suppléant de juge de paix[1].

[2 VII l 38] – Charles exprime à sa mère son inquiétude au sujet du concours à venir. Malgré les visites d'Emon, il se sent seul, voudrait voir sa mère, avoir des nouvelles d'Aupick et se plaint de ne pas recevoir de lettres de Mme A[1].

5 VII j 38 – Dans *La Presse*, Théophile Gautier publie son article sur "*Les Caprices de Goya*". Cet article contient des éléments qui se retrouveront dans *Les Phares*. A cette époque, B lit ce journal[1].

9 VII l 38 – Le Théâtre du Panthéon donne le drame bourgeois en trois actes: *Sarah la Juive*[1].

11 VII me 38 – On prévient le proviseur du Collège Louis-le-Grand que le Roi

convie le Collège à visiter les galeries du Musée de Versailles le jour suivant[1].

12 VII j 38 – Les élèves et les maîtres du Collège Louis-le-Grand se rendent en visite à Versailles, à l'invitation du Roi. A partir d'une heure jusqu'à trois heures, l'on se promène dans toutes les salles du château et dans sa chapelle. Puis, on prend le goûter dans l'Orangerie. Le Roi vient et le groupe se promène à sa suite. Après avoir parcouru les Galeries Historiques, le Roi les fait entrer dans la salle de spectacle pour y voir une décoration. Louis-Philippe est accompagné par le duc d'Aumale et M. Salvandy, ministre de l'instruction publique. Après un court discours du Roi, fait dans la salle de spectacle, les élèves rentrent à Paris[1].

13 VII v 38 – *Le Charivari* donne une description satirique de la visite des élèves du Collège Louis-le-Grand à Versailles; Charles la lit[1].

[env 17 VII ma 38] – Jean-Jacques Levaillant, Viterne et Morin rendent visite à B au collège. Ces deux derniers sont des militaires, amis d'Aupick[1].

[17 VII ma 38] – Début des compositions pour le Concours général[1]. A Aupick, Charles annonce qu'il a été sixième en discours français, quatrième en discours latin, premier en vers latins. Les classes terminées, il lit continuellement. Charles décrit pour son beau-père la visite avec son collège à Versailles. Il parle des tableaux qu'il y a vus et ne considère comme remarquables que ceux de Vernet, de Scheffer et de Delacroix. Il remarque tout spécialement Regnault. Il cite la *Bataille de Taillebourg* de Delacroix. Son admiration pour ce dernier est due en partie aux louanges de Gautier parues dans *La Presse*. Puisqu'Aupick en a déjà suggéré la possibilité, B lui demande la permission de sortir chez M. Morin et de voir de cette manière M. Rinn chez M. Morin. Rinn a promis d'analyser longuement avec lui quelques ouvrages de littérature moderne[2].

3 VIII v [38] – A sa mère, Charles envoie des nouvelles pessimistes quant à ses chances de prix au Concours général. Il a parlé avec un certain M. Zinse, de retour de Barèges, qui y avait rencontré Mme A. Charles lit beaucoup d'ouvrages modernes. Il parle spécialement d'Eugène Sue, de Victor Hugo (poésies et drames) et de Sainte-Beuve (*Volupté*). Il mentionne un nommé Roubier et son ancien condisciple Alphonse Aymard, qui vient de réussir brillamment au concours d'entrée de Saint-Cyr[1].

10 VIII v 38 – Fin des compositions pour le Concours général[1].

[env 18 VIII sa 38] – Retour projeté de Mme A de Barèges[1].

20 VIII l 38 – Distribution des prix au Concours général[1].

21 VIII ma 38 – A la distribution des prix au Collège Louis-le-Grand, B, en classe de rhétorique et dont les professeurs sont Baudon-Desforges et Rinn, reçoit: le 5e accessit des nouveaux en discours latin; le 1er prix des nouveaux en discours français; le 1er prix des nouveaux en vers latins; le 2e accessit des nouveaux en version latine. En discours français et en vers latins, Charles est précédé par Emile Deschanel, futur sénateur et professeur de littérature française au Collège de France[1].

23 [VIII] j 38 – Fin de l'année académique au Collège Louis-le-Grand. Sur le point de partir pour la rejoindre à Barèges, Charles écrit à sa mère pour dire qu'au Concours général, il n'a pas eu de prix mais qu'il en a eu au collège. On lui a décerné comme prix les *Mélanges* [sic] de Villemain et le *Cours de Littérature française...Tableau du dix-huitième siècle*. Il part tout à l'heure pour Toulouse, où il descendra peut-être chez le général Durrieu, peut-être à l'auberge[1]. Avant de partir, Charles écrit à son demi-frère pour annoncer ses projets de voyage et pour raconter son insuccès au Concours[2].

[env 28 VIII me 38] – Charles arrive à Barèges[1]. Il y restera quinze jours avant de repartir avec les Aupick[2]. On y fait des excursions à pied et à cheval à Bagnerres-de-Bigorre, dans la vallée de Campan. Là, au bord du lac d'Escoubous, B trouve le sujet du poème: *Incompatibilité*[3]. Pendant le voyage de retour de Barèges, ils passent par Bagnères, Tarbes, Auch, Agen, Bordeaux, Royan, Rochefort, La Rochelle, Nantes, Blois et Orléans, avant de rentrer à Paris. B fait remarquer l'excellence des musées de Nantes[4]. De ce voyage, B rapporte le poème: *Incompatibilité*[5].

1 IX s 38 – Fin de l'autorisation d'Aupick d'être aux eaux[1].

27 IX j 38 – Dans *La Presse*, Gautier publie un article: "La Pipe d'opium"[1].

[entre le 27 IX s 38 et le 24 III d 39] – La pièce *Rose et Colas* se joue 45 fois au théâtre de la Porte-Saint-Antoine. A au moins une de ces représentations, celle du 17 XII 38, le rôle de la comtesse est tenu par "Berthe" [peut-être Jeanne Duval][1].

8 X l 38 – Début de l'année académique au Collège Louis-le-Grand[1].

16 X ma 38 – Charles rentre à Louis-le-Grand, en philosophie. Il a eu de la peine à passer; le proviseur voulait le faire redoubler[1].

[env 19 X v 38] – Mme A se rend au collège, voir son fils. Il la charge d'emporter pour lui un paquet de linge sale[1].

19 X v [38] – B avertit sa mère qu'il pourra sortir du collège dimanche à 8h30. Il se dit "enchanté" de tous ses professeurs, mais il déteste, avec ses condisciples, le maître d'études. B demande que sa mère embrasse "papa" pour lui, pensant que le genou d'Aupick va bien. Il termine avec cette phrase: "Voilà, j'espère, une lettre bien écrite"[1].

[23 X] ma [38] – De retour au collège depuis huit jours, Charles écrit à son demi-frère pour décrire leur voyage. Il a vu Mme Jaquotot et demande des nouvelles de M. Ducessois et de son imprimerie. Il voudrait aussi savoir ce que devient M. Boutron[1].

4 XI d 38 – La Saint-Charles/Sainte-Caroline[1].

XII 38 – Au collège, B est privé de sortie jusqu'à nouvel ordre pour mauvaise conduite à la salle de dessin[1].

2 XII d 38 – *L'Entr'acte* de ce matin-là annonce qu'on joue *Le Système de mon oncle* à la Porte-Saint-Antoine. Le rôle de Thérèse est joué par "Berthe", [peut-être Jeanne Duval][1].

[3? XII l 38] – Charles écrit à sa mère qu'il est privé de sortie; punition infligée pour avoir fait du bruit dans la salle de dessins. Il lui demande d'envoyer par Joseph [leur servant] un album contenant un dessin qu'il a promis à un camarade[1].

3 XII l 38 – La *Revue et gazette des théâtres* rend compte du *Système de mon oncle*, qualifié de "vaudeville de bon ton" mais l'on ne nomme pas Jeanne Duval, qui y joue, peut-être, Thérèse la bonne, sous le nom de "Berthe". Cette pièce est également annoncée par *l'Entr'acte*, qui en donne la distribution, et par le *Courrier des théâtres*[1].

17 XII l 38 – On donne au théâtre de la Porte Saint-Antoine *Le Système de mon oncle* et *Rose et Colas*. "Berthe" (sans doute Jeanne Duval) tient dans la première pièce le rôle de la bonne, Thérèse et dans la seconde celui de la comtesse. *L'Entr'acte* donne la distribution des deux pièces[1].

[31 XII l 38] – A son demi-frère, Charles envoie une lettre de voeux, pour le nouvel an. Il dit que la famille le trouve bien jeune et prie Claude-Alphonse de la convaincre qu'il est d'âge à commencer des études de droit. B signifie son intention d'aller pour la première fois visiter la Chambre des députés[1].

[Hiver 38-39] – Un soir, pendant qu'il étudie ses leçons au collège, B entend un musicien ambulant jouer de la vielle. Cela lui rappelle son ami, Henri Hignard, pour qui il écrit, ce même soir, un poème, *Tout à l'heure, je viens d'entendre...*[1].

1839

[env I 39] – M. Carrère, maître d'études, note une amélioration de la conduite de B[1].

26 I s 39 – La *BF* enregistre *Une Larme du diable*, par Théophile Gautier. B en parlera dans son *Théophile Gautier*[1].

26 II ma [39] – Charles demande à Aupick de lui trouver un répétiteur, avec qui il travaillerait ce qu'il n'étudie pas en classe: la religion et l'esthétique [ou la philosophie des arts]. Il voudrait aussi que ce répétiteur lui enseignât le grec, qui l'intéresse beaucoup et ne veut qu'un seul répétiteur: M. Lasègue[1].

[env 26 II ma 39] – De M. Massoni, Charles reçoit des nouvelles d'Aupick[1].

2 III j 39 – M. Carrère constate à nouveau une détérioration dans la conduite de Charles[1].

fin III 39 – Charles, selon ses professeurs, travaille sans résultats[1].

9 IV ma 39 – B a dix-huit ans[1].

18 IV j 39 – Le matin, B est expulsé de Louis-le-Grand. M. Piérot-Deseilligny, proviseur, informe Aupick des raisons du renvoi[1]. Charles, à qui on avait demandé de livrer un billet appartenant à un camarade, a avalé ce papier plutôt que de le rendre[2]. De retour à la maison, Charles compose pour le proviseur une lettre d'explication et d'excuses, avec une demande de réintégration au Collège. Cette lettre n'a peut-être pas été envoyée[3].

12 V d 39 – B fait partie de la liste des externes du Collège Saint-Louis, envoyée au ministre[1]. Le soir, Aupick aide à réprimer l'insurrection organisée par Blanqui et Barbès à Paris[2]. Mme Tirlet court chez les Aupick, pour avertir Charles et sa mère de cette insurrection. Aupick dort cette nuit au Carrousel[3].

14 V ma 39 – Sur une liste transmise par le Collège Louis-le-Grand au Ministre de l'Education, on trouve, à la fin, hors de l'ordre alphabétique, le nom de B. Il y est porté comme interne[1].

17 V v 39 – Le général Pajol propose la promotion d'Aupick au grade de maréchal de camp (aujourd'hui général de brigade), pour son attitude durant l'insurrection quatre jours plus tôt[1].

[seconde quinzaine de V 39] – Les Aupick partent pour Bourbonne-les-Bains, où Aupick fera une cure[1].

[env 18 V s 39] – Charles remercie son beau-frère des démarches qu'il a faites pour lui permettre de participer au Concours général[1].

5 VI me 39 – Début du paiement des frais de B à la Pension Lévêque et Bailly, 11, rue de l'Estrapade[1]. Là, il lie connaissance avec Le Vavasseur, Philippe de Chennevières, Ernest Prarond, Louis de la Gennevraye, Alexandre Privat d'Anglemont, Antonio Watripon, Jules Buisson et Auguste Dozon. Louis Ménard et Henri Hignard sont logés tout près[2].

[10? VI] l [39] – Le matin, Charles écrit à sa mère, qui est à Bourbonne-les-Bains avec son mari. Il exprime sa satisfaction à être si bien logé et si bien reçu chez les Lasègue. Il décrit les manières et le ton amusants de la pension. Elle est tenue par Mlle Céleste Théot, chez qui il prendra ses repas[1].

[env 11 VI ma 39] – Lettre manquante d'Aupick à B. Il l'encourage à bien travailler à l'école[1].

15 VI s 39 – La *BF* enregistre le roman de Balzac, *Illusions perdues* ou *Un Grand Homme de province à Paris*. B le mentionnera dans son *Edgar Poe, sa vie et ses ouvrages*[1].

[env 18 VI ma 39] – Après une période de quelques jours sans travailler, Charles essaye de reprendre son activité scolaire. Il répond à la lettre d'Aupick, décrivant les Lasègue et disant qu'il y a chez eux un enfant de treize à quatorze ans, neveu de Mme Fayard, auquel il donne parfois, le soir, une leçon d'anglais[1].

[début VII 39] – Charles reçoit d'Aupick une lettre qu'il considère comme la meilleure que celui-ci lui ait écrite[1]. Il se rend chez lui peut-être pour chercher son acte de naissance, il ne le trouve pas. Il bavarde avec Fanchette, femme de chambre des Aupick. Au collège, B compose en français. Il estime qu'il aura une sixième ou une septième place. En latin, il pense être douzième[2].

3 [VII] me [39] – Charles s'excuse de son silence auprès de sa mère. Les lettres qu'il lui envoie en les remettant à l'hôtel de la 1ère division militaire ne partent pas tout de suite. Sa participation au Concours est remise en question puisqu'il n'a pas composé en français la dernière fois[1].

[8 ou 15 VII] l [39] – Pressé, B écrit à Aupick pour demander son acte de naissance. On le lui réclame au collège, pour qu'il se présente au Concours. B pense que cela sera en dissertation française[1].

16 VII ma 39 – Charles écrit à sa mère qu'il est mal à l'aise chez les Lasègue. Il perçoit trop de différences entre les deux ménages. Sa famille lui manque; il souffre d'indolence, de maussaderie, d'ennui. Il ne se présentera pas au Concours que comme remplaçant d'un étudiant absent[1].

28 VII d 39 – B passe la journée avec Henri Hignard, qu'il vient de rencontrer. Ils se promènent ensemble sur les boulevards et aux Tuileries[1].

31 VII me 39 – Henri Hignard écrit à ses parents qu'il a passé la journée de dimanche dernier avec B, dont les parents sont à Bourbonne-les-Bains. Hignard remarque que B, devenu très beau, est sérieux, studieux et religieux[1].

12 VIII l 39 – A 4h B est reçu au baccalauréat[1]. Il dira plus tard à Asselineau que c'était par complaisance et à titre d'enfant idiot, grâce à la recommandation de Mlle Céleste Théot auprès de M. Patin, examinateur. Cette demoiselle tient, rue du Pot-de-Fer, une pension pour les étudiants dévots et catholiques[2]. Le *Moniteur universel* annonce la nomination d'Aupick comme maréchal de camp[3], grade correspondant à celui de général de brigade. A cette date, Aupick est mis en disponibilité[4].

[avant le 13 VIII ma 39] – Charles se rend à la maison familiale, où il voit Fanchette, la femme de chambre. Parmi les cartes déposées chez les Aupick il a vu celle de Lamartine[1].

[13 VIII ma 39] – B annonce à Aupick, qui est à Bourbonne, sa réussite au baccalauréat. Il félicite son beau-père de sa nomination au grade de maréchal de camp. Lasègue, répétiteur de B, quitte bientôt la Pension Bailly et B demande à Aupick s'il doit rentrer chez lui[1].

[après le 13 VIII ma 39] – B va chez Mme Olivier annoncer la promotion d'Aupick et sa réussite au baccalauréat[1].

23 [VIII] v [39] – Charles envoie à C.-A. Baudelaire des nouvelles du baccalauréat. Le jeune homme qu'il est ne sait pas quelle carrière choisir et demande des conseils à son aîné[1].

[env 26 VIII l 39] – Mme A revient de Bourbonne-les-Bains[1].

[env 1 IX d 39] – Retour d'Aupick de Bourbonne-les-Bains[1].

2 IX l 39 – Dans le *Siècle*, "Variétés sur les Français peints par eux-mêmes", signé "G. de N". [Gérard de Nerval]. Il s'agit du premier article décrit par B dans *Comment on paie ses dettes*.... Il l'attribue à Ourliac, sans doute à l'initiative de Gautier[1].

11 IX ma 39 – Le deuxième article intitulé *Variétés sur les Français peints par eux-mêmes* et signé par Nerval paraît dans *La Presse*[1].

2 XI s 39 – B s'inscrit à l'Ecole de Droit[1].

4 XI l 39 – La Saint-Charles/Sainte-Caroline[1].

[seconde quinzaine de XI 39] – B déjeune avec Paul Pérignon. Ils discutent les ambitions professionnelles de C.-A. Baudelaire[1].

[automne 39] – B contracte une affection vénérienne[1].

[avant le 20 XI me 39] – Charles souffre de courbatures, de maux de tête, d'insomnie[1].

[20 XI] me [39] – Le matin, B reçoit de son demi-frère une lettre l'envoyant chez M. Guérin. Là, B reçoit 50 francs, ainsi que des "avis" sur sa conduite. Bien qu'il ait eu l'autorisation de prendre 100 francs, B n'en a pris que 50, avec lesquels il a payé ses drogues, des livres et des spectacles[1]. B l'en remercie, disant aussi qu'il est reconnaissant de la leçon que Claude-Alphonse lui a fait donner par M. Guérin, pharmacien et conseiller municipal à Fontainebleau. B est presque guéri. Seuls subsistent des digestions difficiles et un léger écoulement indolore. Certaines de ses dettes ont été contractées chez le tailleur d'Aupick, chez qui il acheté des vêtements à crédit malgré les instructions de son beau-père[2].

[2 XII l 39] – B voit M. Ducessois, qui lui donne 50 francs. Ils causent longtemps et se promènent ensemble[1].

[3 XII] ma [39] – B fait part à son demi-frère de ses démarches de la veille dans le but de trouver de l'argent[1].

26-27 XII j-v 39 – *La Presse* cite *La Sentinelle de l'Armée*, annonçant qu'Aupick doit remplacer le lieutenant-général Dariulé, dans le commandement de la place de Paris[1].

1840

1840 – Liaison de B avec la juive Sarah, dite Louchette, qui lui inspire des poèmes

(*Je n'ai pas pour maîtresse...*; *Tu mettrais l'univers...*)[1]. Auguste Préault fait sa statue du Christ en croix; elle servira d'inspiration à B pour la 5e strophe du poème: *Le Reniement de Saint Pierre*[2]. Ancelle est conseiller municipal à Neuilly[3]. Date [sans doute fausse] donnée dans *Les Epaves* pour *A Une Malabaraise*[4]. Alphonse Esquiros publie, chez Le Gallois, *Les Vierges folles*, pamphlet en faveur des prostituées[5].

[1840] – B rencontre Privat d'Anglemont[1].

[vers 1840] – B rencontre Pierre Dupont chez Louis Ménard[1]. B copie son sonnet: *Vous avez, chère soeur, dont le coeur est poète...* dans l'album de Mme C.-A. Baudelaire. Une autre version en est donnée à Anthony Bruno, au dire de celui-ci[2].

15 I j 40 – B s'inscrit pour la deuxième fois à l'Ecole de Droit[1].

18 I s 40 – Aupick est nommé commandant de la deuxième brigade d'infanterie en garnison à Paris[1].

27 I l 40 – *La Presse* annonce la nomination du général Aupick au commandement de la deuxième brigade d'infanterie, laissé vacant par le départ du général Rumigny pour l'Afrique[1].

31 I v 40 – Aupick est reçu à la soirée du couple royal[1].

1 II s 40 – *La Presse* annonce qu'Aupick était parmi les invités à la réception du couple royal[1].

2 II d 40 – *La Presse* annonce qu'Aupick a été de nouveau reçu par les souverains[1].

[hiver 40] – Charles assiste à une représentation de *Marion Delorme*, de Victor Hugo[1].

[25 II ma 40] – B écrit à Victor Hugo pour lui exprimer sa sympathie et son admiration[1].

9 IV j 40 – B a dix-neuf ans[1].

15 IV me 40 – B prend sa troisième inscription à l'Ecole de Droit[1].

5 V ma 40 – En compagnie d'Eugène Piot, Théophile Gautier part pour l'Espagne. Il fera une série de poèmes [*España*], lesquels seront publiés dans divers journaux

pendant son voyage, et recueillis en volume en 1845 dans les *Poésies complètes de Théophile Gautier*. B parlera de ces poèmes dans la première dédicace des *FM* et dans son *Théophile Gautier*[1].

28 V j 40 – C.-A. Baudelaire est élu conseiller municipal à Fontainebleau[1].

11 VI j 40 – Aupick assiste à la réception du Roi et de la Reine[1].

12 VI v 40 – *La Presse* annonce la présence d'Aupick à la réception du couple royal[1].

15 VII me 40 – Fin de l'année universitaire à l'Ecole de Droit[1]. B y prendra sa quatrième et dernière inscription[2].

[VIII 40] – *Dimanche, Revue de la Semaine* publie une anecdote: "Les Réclames-Balzac", où sont racontés les éléments de *Comment on paie ses dettes...* de B, paru le 24 XI 1845[1].

[avant le 8 VIII s 40] – C.-A. Baudelaire demande à B l'intervention d'Aupick auprès du général Pajol, pour un jeune homme de sa connaissance qui a été refusé pour son service militaire[1].

[8 VIII s 40] – B transmet à son demi-frère la réponse d'Aupick: ce dernier s'en est occupé et le jeune homme devra passer un nouvel examen[1].

31 VIII l 40 – *La Presse* annonce que les deux brigades d'infanterie à Fontainebleau sont commandées par le général Oudinot, sous les ordres duquel se trouvent les deux maréchaux de camp Laborde et Aupick[1].

7 IX me 40 – *La Presse* annonce que le camp de Fontainebleau a été levé à la suite des émeutes des ouvriers parisiens[1].

12 IX s 40 – Aupick assiste à la soirée du couple royal[1].

13 IX d 40 – *La Presse* annonce la présence d'Aupick à la réception du couple royal[1].

12 X ma 40 – *La Presse* annonce la présence d'Aupick à la réception royale[1].

[1 XI d 40] – A son demi-frère, B annonce son intention d'aller le voir à Fontainebleau; il prendra sans doute le train, dit-il[1].

4 XI me 40 – La Saint-Charles/Sainte-Caroline[1].

[mi-XI 40] – B se rend à Fontainebleau chez son beau-frère. Là, il rencontre notamment MM Rigaut, Brun et un peintre, en dehors des membres de la famille[1].

4 XI me 40 – La Saint-Charles/Sainte-Caroline[1].

12 XII s 40 – *La Presse* annonce la présence d'Aupick à la réception royale en compagnie de l'ambassadeur de Naples, du chargé d'affaires du Mecklembourg, du maréchal duc de Reggio, du vice-amiral de Rosemel, du lieutenant-général Durosnel et du comte et de la comtesse de Montesquiou[1].

15 XII ma 40 – B assiste, avec Le Vavasseur, au retour de Sainte-Hélène des cendres de Napoléon. Le soir, ils vont chez Mme A, rue Sainte-Catherine-des-Marais[1].

[31 XII] j [40] – B remercie son demi-frère de son hospitalité lors de sa visite à Fontainebleau. Comme étrennes, il envoie à sa belle-soeur de la musique et, à Claude-Alphonse, un sonnet: *Il est de chastes mots...*, lequel illumine indirectement ses propres aventures galantes. Il espère que ce poème amusera sa belle-soeur[1].

1841

I 41 – Aupick refuse le commandement de l'Ecole de Saint-Cyr[1]. Le *Musée des familles* réimprime l'article de Gautier sur les *Contes d'Hoffmann*; cet écrit a déjà paru le 14 VIII 36[2].

[avant le 20 I me 41] – B voit son demi-frère, et lui révèle qu'il a besoin d'argent. Celui-ci le prie de "déposer entre ses mains fraternelles" le bilan de ses dettes[1].

[20 I] me [41] – Le soir, B fait pour son demi-frère le compte de ses dettes. Elles se montent à 2040 francs, à savoir: son tailleur, 735 francs; frais de vêtements divers, 660 francs; Ducessois, 215 francs; L. de Gennevraye, 380 francs; Nestor Songeon, 50 francs. B assure Claude-Alphonse de son intention d'être raisonnable et de payer ces dettes avec tout argent qu'on voudrait bien lui donner. La plus grande partie de la dette envers de la Gennevraye est due à des frais servant à "habiller une fille enlevée dans une MAISON [sic]"[1].

25 I l 41 – Claude-Alphonse répond à son demi-frère à propos des dettes de celui-ci. Il analyse le mémoire des chiffres à payer et gronde B pour sa négligence financière. La somme à payer est, selon lui, 3270 francs[1].

27 I me 41 – On révoque la nomination d'Aupick au commandement de l'Ecole de Saint-Cyr, en y nommant le maréchal de camp Caminale[1].

[1 II l 41] – *Le Corsaire* publie, anonymement, un sonnet satirique de B et de Le Vavasseur sur Jacques Ancelot et Casimir Delavigne, tous deux candidats à l'Académie Française. Ce poème, est intitulé *Un Soutien du Valet de Trèfle*; il est la première poésie imprimée que nous connaissions de B[1]. De chez Laurié, avoué, 2, rue Vivienne, B écrit pour reprocher à Claude-Alphonse une réponse dure et humiliante à sa demande d'argent. Il tient à payer lui-même ce qu'il doit à ses connaissances, mais demande à son correspondant de payer directement et sans attendre un tailleur et un chemisier. Eux ont besoin chacun le lendemain de 200 francs[2].

2 II ma 41 – Charles reçoit la visite de ses créanciers[1]. *La Presse* annonce la révocation de la nomination d'Aupick du 27 janvier[2].

3 II me 41 – Le matin, Claude-Alphonse reçoit la lettre de B. Il y répond en demandant les noms de tous ses créanciers et propose de les rembourses par des paiements échelonnés. Claude-Alphonse, en refusant de payer les dettes de B à l'insu d'Aupick, offre toutefois d'aller auprès de celui-ci pour lui expliquer les difficultés de son cadet[1].

25 II j 41 – Jacques Ancelot est élu à l'Académie Française[1].

1 III l 41 – Aupick prend le commandement de l'Ecole d'Etat-Major et quitte son domicile rue Sainte-Catherine-des-Marais[1]. Le ménage Aupick habite maintenant au 136, rue de Grenelle-Saint-Germain[2].

5 III v 41 – Aupick assiste à la soirée du couple royal[1].

6 III s 41 – *La Presse* annonce la présence d'Aupick à la soirée du couple royal[1].

8 III l 41 – *La Presse* annonce qu'Aupick vient d'être appelé au commandement de l'Ecole d'Etat-Major[1].

9 III ma 41 – Le *Moniteur universel* annonce qu'Aupick est appelé au commandement de l'Ecole d'Etat-Major. Moline de Saint-Yon le remplace au commandement de la Deuxième Brigage d'infanterie[1].

[fin III 41] – Le général Miot remet entre les mains d'Aupick le commandement de l'Ecole d'Etat-Major[1].

IV 41 – Au Salon, Delacroix expose deux toiles: *Naufrage de Don Juan; La Barque du Dante*. Elles serviront sans doute comme inspiration à B pour son poème: *Don Juan aux enfers*[1].

5 IV d 41 – *La Presse* annonce qu'Aupick a pris le commandement de l'Ecole d'Etat-Major[1].

9 IV v 41 – B a vingt ans[1].

19 IV l 41 – Aupick écrit à C.-A. Baudelaire. Il décrit l'état de démoralisation tant psychique que physique de B. Aupick envisage pour son beau-fils un long voyage en mer. Il désire réunir Claude-Alphonse, Paul Pérignon, Jean Labie et Edmond Blanc pour discuter cette question sans que B le sache. Aupick observe qu'Edmond Blanc est "si bien" pour B[1].

[25 IV l 41] – B arrive à Creil chez le colonel Marc-Antoine Dufour[1].

[env 27 IV me 41] – B annonce son départ en voyage à son demi-frère, reconnaissant qu'à Paris il avait mené mauvaise vie[1].

30 IV s 41 – C.-A. Baudelaire accuse réception d'un mot de B annonçant son départ. Il prodigue à son cadet force encouragements à une vie plus prudente[1].

[début V? 41] – De Creil, Charles écrit à sa mère pour se plaindre des manières provinciales des gens qui l'entourent, sauf pour une dame (qu'il ne nomme pas), qu'il estime. Il passe son temps aux champs. Mme Hainfray se montre pour lui d'une grande prévenance, qu'il trouve pourtant parfois excessive[1].

4 V ma 41 – Aupick fait connaître à Claude-Alphonse sa décision d'envoyer Charles en voyage. Les frais se monteront à 4.000 francs dont 3.000 pour le passage et 1.000 pour les menus frais. Puisqu'il a déjà emprunté 3.000 francs pour payer les dettes de Charles, Aupick ne veut pas en emprunter davantage. Il conseille donc un emprunt sur le bien de son beau-fils pour liquider ces frais. En fait, Aupick fera cet emprunt de son propre chef, persuadé que le conseil de famille l'approuvera. Mme A tient beaucoup à ce que son fils ne sache rien de cette convocation du conseil de famille. On donnera à Noguez, pour être remise au Capitaine Saliz, la somme de 1700 francs destinée à payer les frais personnels de B[1].

15 V v 41 – Date fixée, mais renvoyée, pour le départ du *Paquebot des mers du sud*[1].

[fin V 41] – Charles part pour Bordeaux[1].

1 VI me 41 – Le *Paquebot des mers du sud* quitte le quai pour s'ancrer en rivière jusqu'au 9 du mois, date de son départ[1].

[début VI 41] – Charles, à Bordeaux, reçoit une lettre triste de sa mère[1].

5 VI d 41 – Le *Mémorial bordelais* annonce que le capitaine Saliz lèvera le courrier à la poste à une heure de l'après-midi[1].

[env 8 VI ma 41] – A bord, B écrit à Gilbert Maublanc, avocat. Il joindra cette lettre à celle qu'il écrira à sa mère[1].

[9] VI me 41 – Pendant que le bateau quitte le port, mais avant que le pilote n'en soit parti, B écrit hâtivement à sa mère. Il la remercie d'un envoi de vêtements et fait l'éloge du capitaine Saliz. Charles voudrait donner à Louis Ducessois son exemplaire de *Robinson Crusoë*. Il a mis d'autres lettres dans celle adressée à Maublanc, qu'il remet au pilote. Au dire du capitaine Saliz, B s'adonne, pendant ce voyage, exclusivement à sa passion de la lecture. Il manifeste, selon cet officier, des attitudes peu propices à lui assurer l'approbation des autres voyageurs, marins ou commerçants. Il s'isole donc, de la compagnie à bord. Pourtant, ses rapports avec Saliz restent amicaux et le capitaine garde pour lui des sentiments presque paternels, bien qu'il déplore son comportement. Parmi les passagers, se trouve un certain M. Descombes[1].

11 VI v 41 – *L'Indicateur*, de Bordeaux, signale le départ de Royan du *Paquebot des mers du sud*[1]. Le *Mémorial bordelais* fait de même[2].

14 VI l 41 – Le conseil de famille de B autorise le remboursement à M. et Mme Aupick de la somme de 5.500 francs dépensée pour les frais de voyage de Charles[1]. Le revenu annuel des biens de celui-ci est de 1.800 francs[2].

28 VI l 41 – Mort du duc de Choiseul-Praslin[1].

5 VII l 41 – Date inscrite sur le poème: *Jour de pluie*, publié sous le nom d'Ernest Prarond dans le recueil:*Vers*, et attribué à B[1].

12 VII l 41 – La *Presse* nomme Aupick parmi ceux qui assistaient à la soirée royale[1].

8 VIII d 41 – Vers midi, une tempête se déclare. Dans l'après-midi, le temps se détériore et le bateau est obligé de naviguer presque toutes voiles dehors. A 5h, le bateau est pris dans un violent tourbillon et une tornade casse trois voiles et deux mâts, couchant le vaisseau sur le côté, à tribord. Le bateau garde une demi-heure cette position, puis se rétablit. A ce moment, on coupe la partie gênante de ce qui

a été endommagé; le bateau se remet en bonne position. La tempête s'éloigne et le bateau se stabilise jusqu'au lendemain matin, moment où revient le beau temps[1].

[env 9 VIII l 41] – Le *Paquebot des mers du sud* rencontre le navire américain *Thomas Perkins*, grâce auquel on apprend que le cyclone s'en va par le sud-est[1].

9 VIII l 41 – Après cette tempête, le capitaine Saliz remarque chez B une plus grande tristesse. Il l'attribue au fait que, pour B, ce voyage était sans but[1].

10 VIII ma 41 – P-M publie, dans la *Revue de l'Orne*, sa "Notice sur les *Contes de Bonaventure des Périers*"[1]. M. et Mme Aupick font la première démarche pour emprunter les 5.500 francs nécessaires pour subvenir aux frais du voyage de Charles[2].

12 VIII j 41 – Deuxième jour de la transaction d'emprunt pour couvrir les frais de voyage de Charles[1].

21 VIII s 41 – L'*Alcide* arrive à Saint-Denis, capitale de l'Ile Bourbon [l'Ile de la Réunion], chargé d'animaux. Il les débarque et commence à prendre du frêt pour la métropole[1].

1 IX me 41 – Escale forcée du *Paquebot des mers du sud* à Port-Louis, dans l'Ile Maurice[1]. Le capitaine Saliz observe que la tristesse de B ne fait que croître à son hôtel avec les autres passagers, qu'il ne fréquente que des "hommes de lettres inconnus". B exprime le désir de rentrer en France; Saliz refuse, selon les instructions qu'il a reçues d'Aupick. Il refuse en outre de remettre à B l'argent qui reste et qui était destiné à couvrir les frais du voyage. Pourtant, pour amener B à l'accompagner à l'Ile Bourbon, Saliz promet d'accéder à ses désirs, s'il persiste. B l'assure que sa famille approuverait se décision de revenir en France[2].

3 IX v 41 – Le *Mauricien* mentionne Baudelaire parmi les passagers qui débarquent du *Paquebot des mers du sud*. Huit personnes quittent le bateau: MM Nelly; Baritault, Descombes; deux domestiques et B[1]. De Paris, il n'y a aucune lettre pour B[2].

[entre le 1 IX me et le 18 IX s 41] – B fait la connaissance des Autard de Bragard. Il passe quelques matinées en compagnie d'un "Monsieur B"[1]. A l'Ile Maurice, B voit fouetter une négresse [une Malabare]. Il en parlera à Prarond[2].

7 IX ma 41- Le *Mauritius Price Current* donne le récit des événements survenus en mer au *Paquebot des mers du sud*[1].

11 IX s 41 – Le *Mauricien* annonce le départ projeté pour Bourbon du *Paquebot des mers du sud*[1].

18 IX s 41 – Le *Paquebot des mers du sud* quitte Port-Louis pour Saint-Denis, en route pour Calcutta[1].

19 IX d 41 – La *Feuille Hebdomadaire* annonce le départ du *Paquebot des mers du sud* de Port-Louis[1]. On trouve le nom de B dans la liste des passagers publiée par le *Cernéen*[2]. Le *Paquebot des mers du sud* arrive dans la rade de Saint-Denis[3]. Il n'y a aucune lettre de Paris pour B[4].

22 IX me 41 – La *Feuille Hebdomadaire* compte le *Paquebot des mers du sud* parmi les bateaux arrivés le 19 septembre à Saint-Denis[1].

25 IX s 41 – Le *Cernéen* mentionne B parmi les passagers à bord du *Paquebot des mers du sud* pour l'Ile Bourbon. D'autres passagers sont nommés: MM Delaruelle et Melly[1].

14 X j 41 – Le Capitaine Saliz écrit à Aupick au sujet de B. Il explique la décision de celui-ci de ne pas continuer le voyage à bord du *Paquebot des mers du sud*, mais fait sur le caractère du jeune homme un rapport assez bienveillant[1]. Le *Mauritius Price Current* donne des rectifications à son récit, paru une semaine avant, de l'orage en mer rencontré par le *Paquebot des mers du sud*[2].

15 X v 41 – La *Feuille Hebdomadaire* de Saint-Denis porte l'*Alcide* comme arrivant de Sydney[1].

16 X s 41 – Le *Supplément* à *L'Indicateur colonial* annonce que l'*Alcide* est en charge pour Bordeaux, avec comme capitaine Judet de Beauséjour. Il prendra des passagers[1].

19 X ma 41 – Le *Paquebot des mers du sud* quitte l'Ile Bourbon pour les Indes[1]. Le bateau a été réparé[2]. En partant, le capitaine Saliz remet à Judet de Beauséjour, capitaine de l'*Alcide*, la somme de 1500 francs, montant des frais de passage de B. A ce dernier, il donne ce qui reste de la somme de 1700 francs, "fortement écorné[s]" prévus pour ses frais à terre. Pourtant B, selon Saliz, a été "modéré dans ses dépenses"[3].

20 X me 41 – De l'Ile Bourbon, B envoie à M. Ad. Autard de Bragard des vers qu'il lui a promis (*Au pays parfumé...*). Le voyageur ne pense plus retourner à l'Ile Maurice et part pour Bordeaux à bord de l'*Alcide*. Il promet d'attendre les Bragard en France, où il espère les voir[1].

22 X v 41 – L'*Alcide* est mentionné dans la *Feuille Hebdomadaire* comme arrivant de Sydney[1].

23 X s 41 – L'*Indicateur Colonial* signale le départ imminent de B[1].

28 X j 41 – L'*Alcide* revient à Saint-Denis[1].

3 XI me 41 – L'*Alcide* est porté dans la *Feuille Hebdomadaire* comme arrivant de Sydney[1].

4 XI j 41 – Départ de l'*Alcide* après, pour B, un séjour de quarante-cinq jours à l'Ile Bourbon[1]. Là, il rencontre "Dorothée", belle et jeune prostituée dont le souvenir inspirera, en 1859, des vers: *Bien loin d'ici*, puis le poème en prose: *La Belle Dorothée*[2]. Le voyage de l'*Alcide*, de Bourbon à Bordeaux, est fatiguant pour Charles. Pendant la traversée, on subit accalmies ou gros temps[3]. La Saint-Charles/Sainte-Caroline[4].

10 XI me 41 – La *Feuille hebdomadaire* annonce le départ de l'*Alcide*, nommant un seul passager: B[1].

4 XII s 41 – 8 XII me 41 – Escale de l'*Alcide* au Cap[1].

7 XII ma 41 – *De Zuid Afrikaan* annonce, à Saint-Denis, l'arrivée de l'*Alcide* avec, à bord, "Baudelair et Dufour". Il y est spécifié que le bateau s'est arrêté au Cap pour se ravitailler en eau douce, en légumes et en fruits[1].

8 XII me 41 – Départ de l'*Alcide* du Cap, annoncé dans *The South African Commercial Advertiser*[1].

10 XII s 41 – Le *Government Gazette* annonce l'arrivée de l'*Alcide* à Saint-Denis, avec "Baudelair et Dufuer" à bord[1].

11 XII s 41 – *The South African Commercial Advertiser* note l'escale de l'*Alcide* au Cap[1].

1842

1842 – Date [fausse] du sonnet: *A Théodore de Banville*, donnée dans l'édition de 1868. Date-limite de la composition d'*A Une Mendiante rousse*, selon Victor Cousin[1]. Au dire de Banville, B s'installe chez Rosine Stoltz pour écrire son poème: *Une Martyre*[2]. La Bishop's Presse (Calcutta) fait imprimer le livre d'Henry Piddington, *A Fifth Memoir with reference to the Law of Storms in India; being researches about the Madras hurricane of the 16th May 1841 and the whirlwind of the Paquebot des mers du sud*[3]. Date apposée par B au texte à imprimer de *Sur Le Tasse en prison d'Eugène Delacroix*. Cet ajout se fait fin 1863 ou début 1864[4].

19 I ma 42 – Claude-Alphonse Baudelaire écrit à Aupick au sujet de B. Il veut qu'on l'accueille comme l'enfant prodigue et demande à être informé de son arrivée. Il espère retrouver avec Charles "la joie de la franche union"[1].

II 42 – Date d'*Elle est bien jeune encore*, poème du recueil: *Vers*[1].

12 II s 42 – La *BF* enregistre l'ouvrage de Pierre-Joseph Proudhon, *Avertissement aux proprétaires*. B le citera dans son essai sur Pierre Dupont[1].

16 II me [42] – L'*Alcide* revient à Bordeaux[1]. Le *Mémorial bordelais* et l'*Indicateur* signalent son arrivée[2]. B écrit à Aupick pour annoncer son retour et évoquer son manque d'argent. A sa mère il écrit qu'il a parlé d'elle à Amédée Zédé. Il n'a pas reçu de lettres de Paris pendant tout son voyage[3].

[17 II j 42] – Charles part de Bordeaux pour Paris[1].

[env 20 II d 42] – Charles arrive à Paris[1].

[fin II 42] – Charles est de retour à Paris[1], où il habite à l'Ecole d'Application, 136, rue de Grenelle-Saint-Germain. B se lie davantage d'amitié avec Ernest Prarond. Ils "vagabondaient" beaucoup ensemble, allant dîner au marchand de vin Duval, au coin de la rue Voltaire et de la place de l'Odéon, à la Tour d'argent [près du pont qui mène au quai de Béthune], souvent hors barrière, du côté de Plaisance, ou au Moulin de Montsouris, au delà du faubourg Saint-Jacques, dans un cabaret [peut-être celui de la mère Saguet][2].

III 42 – Date du poème: *Sur le Trou du cercueil*, signé Ernest Prarond et paru dans *Vers*[1].

[2 ou 3 III me ou j 42] – Convoqué par la commission de recensement, B, "étudiant en droit" et "en voyage" est représenté par Aupick lors du tirage au sort pour la conscription[1].

19 III s 42 – Création, à l'Odéon, des *Ressources de Quinola*, par Balzac. B observe le romancier, qui s'occupe de la direction de sa pièce et qui en joue tous les rôles, en même temps qu'il corrige les épreuves de ses livres[1].

[fin III ou début IV 42] – B écrit à Mme A au sujet de son logement quai de Béthune.

Il sort de chez son propriétaire, M. Place-Lafond, avec qui il vient de convenir d'un loyer assez élevé, 225 francs par an. B exprime l'intention de donner des leçons particulières, s'il n'a pas de quoi vivre. Il compte sur ses anciens professeurs pour lui trouver des élèves. B s'attend à ce qu'on demande à Mme A des renseignements sur lui de la part de son propriétaire et prie sa mère d'être prudente dans ses réponses. Il a passé une mauvaise nuit à cause d'une "ridicule sottise" qu'il dit avoir faite et il donne des instructions à propos de quelques meubles à faire nettoyer. B se dit impatient de voir son demi-frère[1]. M. Place-Lafond demeure 23, rue Louis-le-Grand[2].

[IV 42] – B quitte le domicile des Aupick 136, rue de Grenelle, pour l'Ile Saint-Louis. Son ami, Emile Deroy, l'y a précédé quelques mois plus tôt, et habite le numéro 24 du quai d'Orléans [aujourd'hui le 32][1].

[env IV 42-1843] – Edmond Albert présente à B Georges Mathieu [pseudonyme: Mathieu Dairnvaell][1].

9 IV s 42 – B a vingt-et-un ans[1].

[entre le 9 IV s 42 et le 27 V v 42] – Début de la liaison entre B et Jeanne Duval[1].

13 IV me 42 – Date d'un poème d'Ernest Prarond: *A Charles Baudelaire*. L'auteur y caractérise les vers de B comme faisant paraître beau le péché[1].

14 IV j 42 – Devant Ancelle, à Neuilly, B reconnaît avoir reçu son compte de tutelle. Il donne son adresse: 10, quai de Béthune[1]. Sa fortune est de 100.050 francs[2]. Il dispose de la somme de 18.000 francs, héritage de son père. Il est aussi propriétaire de quatre pièces de terre à Neuilly. Il a un revenu de 1800 francs par an[3].

[début de la seconde quinzaine de IV 42] – Bien que convoqué à l'Hôtel de Ville, B échappe à la conscription. Il en informe sa mère et s'excuse de ne pas être allé dîner chez elle avec "Jean-Jacques" [sans doute son cousin, Jean-Jacques Levaillant]. Le jour où il était attendu chez Mme A, il est resté jusqu'à six heures à Neuilly. Il a trouvé un cadeau pour sa mère (un tableau)[1].

[printemps ou été 42?] – B prie sa mère de croire à son affection mais lui demande de ne lui envoyer ni drogues ni sirops[1].

[vers le 20 IV me 42?] – B envoie à sa mère le cadeau déjà mentionné (un tableau) avec une lettre conseillant de ne pas l'encadrer[1].

[28 IV j 42] – L'on fait le compte de tutelle de Charles, de la période de février à avril[1]. B écrit à Mme A[2].

30 IV s 42 – B reçoit la somme de 18.055 francs[1].

V 42 – Dans la cinquième livraison de ses *Historiettes contemporaines*, Eugène Briffault raconte l'anecdote d'un homme qui prétend ne pas connaître Victor Hugo[1].

2 V l 42 – Préparation des listes de conscription de la classe de 1841, ainsi que des conseils de révision[1].

13 V v 42 – Aupick est nommé chef d'état-major général du camp d'opérations sur la Marne. L'annonce en est faite dans le *Moniteur universel*[1].

[28 V s 42] – Auguste Dozon se rend chez B, où il écrit pour son ami un poème intitulé *Le Livre*. Ce poème engage B à ne pas négliger la lecture d'un volume, [*Les Saisons*, d'Auguste Brizeux]. On trouve dans ce poème une description de femme dont les caractéristiques semblent bien être celles de Jeanne Duval[1]. Lettre perdue de B à sa mère[2]. Lui est installé au 10, quai de Béthune, au rez-de-chaussée [numéro actuel:22][3].

9 VI j 42 – B et Le Vavasseur se rendent chez Prarond. B parle d'un ami [Prusse d'...?] qui a beaucoup aimé une jeune fille de leur quartier, et dont il a donné une description exacte[1].

15 VI me 42 – Prarond passe un "bon bout de soirée" avec B au Café Voltaire. Sortant avec lui, Prarond le reconduit jusqu'à l'Ile Saint-Louis[1].

16 VI j 42 – Fin de la préparation des listes de la classe de 1841, ainsi que des conseils de révision[1].

été 42 – On transfert la Pension Bailly de la place de l'Estrapade et de la rue des Fossés-Saint-Jacques au numéro 41 de la rue Madame. Ernest Prarond est résident de cette pension[1].

26 VI s 42 – La *BF* enregistre la publication des deux derniers tomes des *Vies des plus excellents peintres*, par Vasari, traduites par Leclanché. Cet ouvrage est une des sources du *Mauvais Moine*[1].

[29 VI me 42] – Ayant reçu une lettre (manquante) de sa mère, B essaie de la réconforter en lui répondant qu'elle se fait des soucis inutiles à son égard[1].

30 VI j 42 – B se rend chez sa mère pour dîner avec elle, puis lui réciter des vers dans la soirée[1].

[été 42?] – A sa mère B annonce son intention de placer son argent à 5 pour cent, pour se débarrasser de tout notaire. Il l'assure qu'il n'a pas l'intention de se fier à un spéculateur plutôt qu'à Ancelle, pour ses affaires financières[1].

VII 42 – Dans son poème, *Le Divan*, publié dans *Les Cariatides*, Banville fait au sujet d'une certaine *Jeanne*, un poème évoquant l'image de Jeanne Duval[1].

11 VII l 42 – La Mairie du XIe Arrondissement délivre un extrait *in extenso* de l'acte de naissance de B[1].

[12 VII ma 42] – Obligé d'aller à la campagne, B informe sa mère qu'il ne peut dîner chez elle. Il lui demande de le recevoir seule si elle veut lui rendre la maison agréable. B a besoin de son acte de naissance et de son diplôme de bachelier[1].

13 VII me 42 – Mort du duc d'Orléans[1].

[13 ou 14 me ou j VII 42] – B se rend chez Mme A[1].

18 VII l 42 – B vend deux actions de la Banque de France, réalisant ainsi la somme de 6.500 francs environ[1].

[VIII 42] – Privat d'Anglemont présente B à Banville au Jardin du Luxembourg; ils vont souper dans un cabaret[1].

VIII 42 – Th. Gautier publie "Francisco Goya y Lucientes" dans *Le Cabinet de l'amateur et de l'antiquaire*[1].

[entre le 4 VIII d et le 13 VIII s 42] – B assiste, au théâtre des Variétés, à la représentation d'*Arlequin*, pantomime anglaise[1].

13 VIII s 42 – Le *Paquebot des mers du sud* revient à Bordeaux[1]. B demandera au capitaine Saliz des lettres qui l'attendaient à Calcutta et qui auraient pu lui être rapportées en France[2].

26 VIII v 42 – Le baron Jérôme Pichon achète l'hôtel Pimodan[1]. Antoine-Jean-Marie Arondel, âgé de 33 ans, y tient échoppe de curiosités et tableaux anciens, au bas de l'immeuble. B lui achetera des toiles d'authenticité douteuse et lui empruntera de l'argent à partir du 5 novembre 1843. Bien qu'il présente une

créance de 14.500 francs, à la mort du poète, Arondel n'en recevra que 1500, après un procès perdu[2].

IX 42 – *Le Cabinet de l'amateur et de l'antiquaire* imprime sous une forme développée l'article de Gautier "*Les Caprices* de Goya". La version originale de cette étude paraît en juillet, 1838. B la citera dans "Quelques Caricaturistes étrangers", en 1857[1].

20 IX ma 42 – Date de la préface des *Cariatides* de Th. de Banville[1].

26 IX l 42 – Date, dans *Vers*, d'un sonnet: *A Charles Baudelaire* ("Comme un torrent qui bat sa berge..."). Ce poème a été écrit sur une table d'auberge[1].

[3 X l 42] – Le soir, B se présente chez Mme Lenglet (amie de sa famille et femme d'un employé du Ministère de la Guerre). On refuse de le recevoir, sans lui donner les raisons de ce refus[1].

4 X ma 42 – A 7h du soir, B, très occupé, écrit à sa mère pour l'inviter chez lui le lendemain. Elle lui a adressé récemment des reproches auxquels il n'a pas répondu; il l'assure que son logement actuel est très convenable. B lui raconte le refus des Lenglet de le recevoir le soir précédent et lui en demande la raison[1].

5 X me 42 – Date du sonnet: *A Mon Ami C.B.* d'Ernest Prarond, dans *Vers*[1].

22 X s 42 – La *BF* enregistre la parution des *Cariatides* de Banville[1].

[env 25 X ma 42] – B écrit (lettre manquante) aux Noguez [famille d'un capitaine au long cours de Bordeaux?] pour demander qu'on lui renvoie les lettres qui seraient arrivées pour lui à Calcutta et qui seraient ramenées par le *Paquebot des mers du sud* en France[1]. B fait une demande d'argent à sa mère mais elle la refuse[2].

[automne 42] – Th. de Banville introduit B chez Louis d'Ulbach où, entouré de jeunes littérateurs plutôt séraphiques, le nouvel arrivé récite, pour les stimuler, un poème (non retrouvé): *Manon La Pierreuse*. Y assistent: Laurent Pichat; Henri Chevreau; Eugène Manuel; Pierre Dupont[1]. Séparation de Jeanne Duval d'avec celui qu'elle appelle son "frère" [son amant?]. Ils ne se reverront pas avant 1860[2].

[25 X ma 42] – Ayant suffisamment de fonds pour vivre chez lui encore quelques mois, B ne renouvelle pas sa demande d'argent à sa mère. Il voudrait savoir si elle ou le général Aupick auraient reçu avant lui des papiers qu'il attend, en provenance du *Paquebot des mers du sud*, venant de Calcutta et arrivé à Bordeaux en août[1].

XI 42 – Publication de *Gaspard de la nuit* d'Aloysius Bertrand[1].

4 XI v 42 – La Saint-Charles/Sainte-Caroline[1].

8 XI ma 42 – B emprunte 2500 francs, avec hypothèque sur ses terrains de Neuilly[1].

[avant le 11 XI v 42] – B rentre en possession d'argent sur lequel il ne comptait plus et avec lequel il achète un cadeau à sa mère[1].

11 XI v 42 – Aupick est nommé au commandement de la place de Paris[1]. Les Aupick quittent donc leur logement, 136, rue de Grenelle-Saint-Germain pour s'installer 7, place Vendôme[2].

[mi-XI 42] – Faute de pantalon et de chapeau, B ne peut pas aller chez sa mère. Ce matin, il envoie son cadeau à Mme A [des pendants d'oreilles], pour fêter sa nouvelle installation[1].

16 XI me 42 – Le *Moniteur universel* annonce qu'Aupick entre ce jour en fonction comme commandant de l'Ecole d'Application d'état major[1].

18 XI v 42 – Le *National* attaque la nomination d'Aupick. On l'y traite de courtisan[1].

24 XI j 42 – Aupick répond à l'attaque du *National*. Il évoque ses origines modestes, ses trente-cinq ans de service, etc[1].

[4 XII d 42] – B écrit à sa mère pour l'inviter à dîner[1].

[6 XII me 42] – B dîne avec sa mère chez lui[1].

[fin 42] – Jeanne Duval joue les utilités au Théâtre du Panthéon, église désaffectée de Saint-Benoît[1].

1843

1843 - Selon Dozon, date-limite de la composition du *Mauvais Moine*[1]. Selon Prarond, date-limite de la composition de *Les Yeux de Berthe*; *L'Albatros*; *L'Âme du vin*; *A Une Malabaraise*; *Une Charogne*; *Le Crépuscule du matin*; *Don Juan aux enfers*; *La Géante*; *Je n'ai pas oublié, voisine de la ville...*; *Je t'adore à l'égal de la voûte nocturne*; *La Servante au grand coeur dont vous étiez jalouse*; *Le Rebelle*; *Une Nuit que j'étais près d'une affreuse Juive*; *Le Vin de l'assassin*; *Le Vin des chiffonniers*[2]. Selon Privat d'Anglemont, date-limite de la composition de

J'aime ses grands yeux bleus...[3]. Mort de Catherine-Louise-Apolline Tirlet, née Pérignon[4].

[début 43] – Selon Prarond, B parle, au café Tabourey, de Louis [Aloysius] Bertrand. *Gaspard de la nuit* vient de paraître, avec une préface de Sainte-Beuve[1].

[11 II s 43] – Ecrivant à Ernest Prarond, B lui promet "ses paperasses" pour le lundi [il s'agit sans doute des copies des poèmes qui devront figurer dans le recueil: *Vers*]. B compte sur Prarond pour lui apprendre à paginer, à disposer et à corriger ce qu'il appelle ses "feuilles"[1].

[13 II l 43] – Le Vavasseur reçoit de B les manuscrits de quelques poèmes à insérer dans le volume collectif *Vers*. Ces pièces, selon Prarond, seront plus tard insérées dans les *FM*, dans la section "Spleen et Idéal". Lorsque Le Vavasseur fait des observations en vue de les corriger, B les retire plutôt que d'accepter des changements[1].

30 III j 43 – B emprunte 7.500 francs, avec hypothèque sur ses terrains de Neuilly[1].

9 IV d 43 – B a vingt-deux ans[1].

[19 IV me 43 – B écrit à Prarond, qui est à Abbeville, lui demandant de "songer à la chose la plus importante", et l'engageant en même temps à répondre à cette lettre. B s'attend à des changements dans sa vie et prévoit qu'il sera même obligé de retourner, malgré lui, dans son "Ile" (vraisemblablement l'île Saint-Louis, où il s'installera au mois de mai suivant). B habite un rez-de-chaussée, rue Vaneau[1].

[entre le 19 IV me 43 et le 22 V l 43] – B s'installe à l'Hôtel Pimodan, 17, quai d'Anjou[1]. Là, il fait la connaissance de Théophile Gautier et rencontre, peut-être, Balzac et Mme Sabatier. Là habitent aussi le peintre, Fernand Boissard de Boisdenier et Roger de Beauvoir[2].

V 43 – Ernest Prarond quitte la Pension Bailly, pour prendre une chambre à l'Hôtel de l'Empereur-Joseph, 11, rue de Tournon, s'installant ensuite au numéro 35 de cette même rue. De là il envoie à son père un exemplaire de *Vers*[1].

[22 V l 43] – B prie sa mère de venir l'aider à arranger son nouveau domicile, et promet de lui dire une chose qui lui fera peut-être plaisir[1].

[env 22 V l 43?] – Le matin, B règle la facture du tapissier avec 80 francs qu'il a reçus la veille au soir. Il n'a plus d'argent et en informe sa mère[1]

V ou VI 43 – Publication de *Vers* chez Herman Frères. On y trouve deux poèmes de Prarond:*Sonnet à mon ami C.B.*; *Sonnet à Charles Baudelaire*; et un de Dozon: *Le Livre.* Ces poèmes, ainsi que d'autres du même volume, célèbrent B[1].

[env VI 43] – B se présente chez Théophile Gautier pour lui remettre, de la part de deux amis absents, un volume de poésies, sans doute *Vers*[1].

3 VI s 43 – Au *Corsaire*, "A + B" [Jacques Chaudesaigues] fait une critique sévère mais sympathique de *Vers*[1].

11 VI d [43] – Dans l'après-midi, et de Neuilly, B apprend à sa mère qu'il a vendu ses terrains pour 70.000 francs. La vente a été réalisée ce matin même par Me Labie, notaire à Neuilly[1]. B laisse le produit de la vente, 31.000 francs, entre les mains de Me Labie, moyennant un intérêt de 5 pour cent. L'adresse de B est 15, quai d'Anjou[2].

27 VI ma 43 – B a 9.500 francs de dettes. Ses revenus sont d'environ 3.300 francs par an. Il s'arrange pour que sa mère devienne sa mandataire et qu'elle lui fasse payer ces revenus. Elle devra également s'occuper du placement d'une somme de 24.150 francs, de concert avec B et Ancelle[1]. L'emprunt de 5.000 francs à Labie est garanti par le prêt de 31.000 à ce dernier[2].

29 VI j 43 – B signe une procuration au nom de Charles-Hippolyte Denouville, propriétaire, pour que celui-ci puisse toucher le montant de l'adjudication des terrains vendus le 11 juin[1].

1 VII s 43 – Dans la *Revue des deux mondes*, Charles Labitte fait le compte rendu de *Vers*, l'appelant "un composite agréablement assaisonné de rêverie et d'ironie"[1].

6 VII v 43 – Charles Labitte amène Ernest Prarond chez Sainte-Beuve. Ils passent la journée ensemble[1].

7 VII s 43 – Sainte-Beuve écrit à Prarond pour le remercier d'un envoi de vers [des poèmes ou, peut-être, du volume: *Vers*][1].

10 VII ma 43 – Gautier publie son article: "Le Hachich", dans *La Presse*[1].

VIII 43 – Armand Durantin fait un compte rendu de *Vers*, dans *L'Echo de la littérature et des Beaux-Arts dans les deux mondes*[1].

7 VIII l 43 – *L'Audience* annonce l'ouverture, en septembre prochain, du théâtre du Panthéon[1].

29 VIII ma 43 – Echéance inattendue d'une lettre de change que B ne peut pas payer. Il s'efforce d'aller chercher de quoi la retirer, ce qui l'empêche d'aller dîner chez sa mère[1].

[31 VIII j 43] – B écrit à Mme A pour l'informer des événements financiers des derniers jours qui l'empêchent de venir dîner chez elle[1]. Réouverture du théâtre du Panthéon, annoncé dans *L'Audience*[2].

13 IX me 43 – Dans un acte officiel, Arondel se décrit comme "peintre d'histoire"[1].

[début de la seconde quinzaine de IX 43] – B est malade[1].

[env 17 IX d 43] – Le *Tintamarre* refuse un article satirique de B sur Louise Colet. On y trouve, dit-on, des détails offensants sur la vie privée de cette dame[1].

[env 25 IX l 43] – B demande à sa mère de remettre à sa bonne l'argent du mois d'octobre, comme promis. De toute façon, il acceptera ce qu'elle lui donnera. Comme il aura à régler son tailleur au moment où Ancelle lui remettra l'argent de Mme A, il souhaite être payé directement par sa mère au lieu de passer par l'entremise d'Ancelle[1].

[27 IX] me [43] – B invite Mme A à déjeuner chez lui pour lui faire une lecture de "quelque chose"[1].

X 43 – *Les Actrices galantes de Paris* est annoncé par Le Gallois. Rachel lui intente un procès à ce propos[1].

21 X s 43 – B reçoit le produit disponible des ventes de ses terrains, soit 24.150 francs, tous emprunts remboursés, plus des intérêts. Le montant est de 25.287,37 francs[1].

[fin X 43?] – B écrit à sa mère, l'informant qu'il lui envoie ce jour même quelqu'un pour préciser quel domicile il a choisi. Il accepte les conditions que sa mère a établies et l'autorise à les porter à la connaissance de son propriétaire, mais lui défend de parler de conseil judiciaire. Il envoie à Mme A la liste de ce qu'il a laissé chez M. Leroy, son ancien propriétaire, chez qui il ne tient pas à reparaître[1].

4 XI s 43 – La Saint-Charles/Sainte-Caroline[1].

5 XI d 43 – B signe un billet de 300 francs à l'ordre d'Arondel, valeur reçue en marchandises. Le billet porte l'adresse de l'Hôtel Pimodan, quai d'Anjou[1].

14 XI ma 43 – Albert de La Fizelière, directeur du *Bulletin de l'Ami des Arts*, accorde une longue entrevue à B. Ce dernier lui promet de donner à ce périodique "force nouvelles", assurant La Fizelière qu'il lui procurera des abonnements parmi ses connaissances. B s'attend à voir sa "nouvelle" publiée en janvier par cette revue, dont le rédacteur lui a formellement promis de le faire entrer à la rédaction de *L'Artiste*, revue qui devra devra être réorganisée par Jules Janin[1].

16 XI j 43 – B écrit à sa mère pour lui demander de prendre un abonnement au *Bulletin de l'Ami des Arts* et d'en faire prendre à ses amis, Paul Pérignon, Mme Edmond Blanc et autres. Il lui raconte son espoir d'être accepté comme membre de la rédaction de *L'Artiste*[1].

[avant le 24 XI v 43] – Prarond, d'Abbeville, informe B qu'il retarde son voyage à Paris[1].

24 XI v 43 – D'Abbeville, Prarond écrit à Le Vavasseur pour parler de ses projets littéraires. Il entend, entre autres, refaire "le drame de Baudelaire", [*Idéolus*] et indique qu'il est actuellement en correspondance avec B[1].

[26 XI] d [43] – Lettre à Mme A où B annonce qu'il doit aller le lendemain dans le quartier de sa mère[1].

[27 XI] l [43] – B passe chez sa mère pour dîner[1].

31 XI d 43 – Réclame dans *Le Tintamarre* pour *Mystères galans des théâtres de Paris*[1].

2 XII s 43 – La *BF* enregistre *Gaspard de la nuit*. Selon Prarond, B le lira et en sera fortement impressionné[1].

[entre le 3 XI v et le 9 XII s 43] – Le *Tintamarre* refuse un article de B[1].

7 XII j 43 – B signe une lettre de change à Arondel: 1500 francs, valeur reçue en tableaux. Son adresse est 17, quai d'Anjou[1].

8 XII v 43 – Perducet endosse la lettre de change pour 1500 francs du 7 décembre[1].

10 XII d 43 – Dans *La Presse*, Gautier parle de ses expériences avec le haschisch. C'est la quatrième partie de "Pochades, paradoxes et fantaisies"[1].

[fin 43?] – B remercie sa mère de son envoi de thé. Il lui adresse un manuscrit à lire qu'il a retiré le matin d'un journal (*La Démocratie pacifique*) où on l'a refusé "pour cause d'immoralité". On lui demande pourtant de soumettre un autre écrit à cette revue, tant son talent d'auteur a été apprécié[1].

23 XII s 43 – B signe une lettre de change pour Arondel: 1100 francs, valeur reçue en tableaux[1].

30 XII s 43 – La *BF* enregistre *La Bague d'Annibal*, par Barbey d'Aurevilly. L'auteur offrira plus tard à B un exemplaire sur grand papier, que B fera relier par Tripon[1].

[fin 43 ou début 44] – On expose le tableau de Delacroix: *Le Tasse en prison* dans les Galeries des Beaux-Arts, 20, bd Bonne-Nouvelle. Albert de La Fizelière en rend compte dans une note du *Bulletin de l'Ami des Arts*[1].

1844

1844 - *La Fontaine de Jouvence*, tableau de William Haussoulier, est exposé à Londres, à la Royal Academy[1]. Emile Deroy fait le portrait de B, en quelques séances à la Tour d'Argent, alors restaurant de mariniers, et d'après ce portrait, une lithographie[2]. A ces séances, au nombre de quatre, assistent Arondel, Léon Fauré, Nadar et Songeon[3]. Mascagna publie *Les Polkeuses*, poème de "Nick Polkmar"[4]. On y trouve le nom de "Fanfarnou", origine probable de celui de l'héroïne de *La Fanfarlo*[5]. Poulet-Malassis rédige le prospectus de la *Revue littéraire de l'Orne*, qui ne paraîtra pourtant pas[6]. Mme Sabatier rencontre Richard Wallace (qui se fait appeler Richard Jackson, nom de sa mère), commerçant en objets d'art à Paris[7].

[env 44] – Mme Sabatier devient maîtresse d'Auguste-Stello Clésinger[1].

[I 44?] – B réitère à sa mère sa demande de 30 francs. Il se dit occupé par un travail "bête et tristement payé"[1].

[I-II 44] – B fait au nom de Cousinet, restaurateur, un billet à ordre pour 190 francs[1].

1 I l 44 – Mme A envoie de l'argent à son fils. Il l'utilise pour payer un billet de 300 francs et pour faire des cadeaux[1].

3 I me 44 – Barrat endosse la lettre de change du 23 XII[1].

[5 I V 44] – B demande à sa mère une somme de 300 francs pour payer d'avance un nouveau tailleur. Mme A s'opposant à ce qu'il dépose une carte chez son mari, B renonce à cette action, qu'il considérait comme une tentative de conciliation. Il dit pouvoir placer des romans, dès le moment où il en aura écrit[1].

7-13 I d-d 44 – Le *Tintamarre* annonce la parution des *Mystères galans*[1].

12 I v 44 – Daniel Deray endosse la lettre de change du 23 XII[1].

14-20 I d-d 44 – Le *Tintamarre* annonce la publication prochaine des *Mystères galans*[1].

21 I l 44 – "L'Album" du *Tintamarre* annonce la parution d'un "Fragment d'une tragédie inédite de Mlle L. Colet, intitulée *Sappho, ou le Bas-bleu malheureux*" et donne de la publicité pour les *Mystères galans*[1].

21-27 I d-d 44 – Publicité pour les *Mystères galans* dans le *Tintamarre*[1].

23 I ma 44 – Le Roy Ladurie endosse la lettre de change du 23 XII[1].

27 I s 44 – La *BF* enregistre le volume de V. de Laprade, *Odes et poèmes*[1].

30 I ma 44 – La Banque de France endosse la lettre de change du 23 XII[1].

II 44 – Date portée par le manuscrit signé "Baudelaire-Dufays", de *Sur "le Tasse en prison" d'Eugène Delacroix*. La date n'est pas de la main de B[1].

3-10 II d-d 44 – Publicité pour les *Mystères galans* dans le *Tintamarre*[1].

10 II d 44 – La Banque de France endosse la lettre de change du 7 XII[1].

17-24 II d-d 44 – Publicité pour les *Mystères galans* dans le *Tintamarre*[1]. Publication, dans *Odes et poèmes*, d'*A Un Grand Arbre*, poème de V. de Laprade où paraît le vers: *L'Esprit calme des dieux habite dans les plantes*, utilisé en citation approximative par B dans sa lettre à Fernand Desnoyers en 1853-54[2].

24 II d 44 – Cousinet, restaurateur, endosse un billet de 190 francs de B, à Dehaynin, père et fils[1].

29 II j [44] – On envoie chez B un billet à payer, qu'il remet aussitôt à Mme A[1]. C'est probablement celui de 300 francs, signé le 5 novembre 1843 à l'ordre d'Arondel[2].

[fin II 44] – Les *Mystères galans* paraissent chez Cazel, Galerie de l'Odéon et 135, rue Saint-Jacques[1].

1 III v 44 – Date d'échéance d'un billet à ordre pour 190 francs à Cousinet, restaurateur[1].

2 III s 44 – La *BF* enregistre la publication des *Mystères galans*[1].

[env 2 III s 44] – Mme A envoie un émissaire au restaurateur de son fils, pour suggérer de ne pas accorder de longs crédits à Charles[1].

[3 III d 44] – B envoie ses excuses à sa mère pour n'être pas allé chez elle. Il est découragé, car il éprouve de la difficulté à remanier un "article". Il a besoin de 425 francs et attend d'elle également la somme convenue comme paiement mensuel, 275 francs. Il trouve de mauvais goût l'intervention de sa mère auprès du traiteur. B demande qu'on lui renvoie tous ses papiers[1]. Ce même jour, il apprend que Legallois, éditeur des *Mystères galans*, le prétend responsable des passages de cet ouvrage qui sont hostiles à MM Arondel et Pichon[2].

4 III l 44 – Arondel écrit à Pichon qu'il invitera B à déjeuner pour lui parler de l'affaire des *Mystères galans*. Pichon, dit-il, pourra compter sur lui pour convaincre B de faire des excuses publiques. Privat, selon Arondel, est également associé à cette affaire[1]. De son côté, B écrit à Pichon pour nier formellement être l'auteur des attaques parues dans les *Mystères galans*. Il se déclare hostile aux opinions exprimées, notamment à propos du manque de générosité de ces deux messieurs[2]. Dans *Le Corsaire*, on annonce la mise en vente des *Mystères des théâtres de Paris*. On y lit une critique de ce livre en le comparant aux *Mystères galans*. Ce dernier volume est décrit comme un ramas de "tous les ana [*sic*] des vieilles anecdotes rebattues"[3].

5 III ma 44 – Echéance d'un billet de change pour 1100 francs, signé à Arondel[1].

7 III j 44 -*L'Audience* annonce la publication des *Mystères galans*, avec la mention: "Plein de méchanceté et d'esprit"[1].

28 III j 44 – Dans *L'Artiste*, Gautier fait la critique de *La Résurrection du Christ*, d'Eugène Devéria, en le comparant défavorablement à la *Naissance de Henri IV*, exposée en 1827. B lira cette critique et y répondra dans son *Salon de 1845*[1].

[IV 44?] – Au Salon, B remarque de Tassaert les toiles: *Le Doute et la foi* et *L'Ange déchu*[1].

1 IV l 44 – Echéance d'une lettre de change signée à Arondel pour 1500 francs[1].

9 IV ma 44 – B a vingt-trois ans[1].

V 44 – Date attribuée par Banville à son poème: *La Fontaine de Jouvence*, qui sera publié dans *Les Stalactites* en 1846. Banville aura vu la toile du même titre par Haussoulier, dans l'atelier du peintre[1].

V ou VI 44 – En visite à Paris avec sa famille, Ernest Prarond rencontre B. Ils se promènent sur la place de la Bourse[1].

[début V 44] – B reçoit une lettre de Mme de Mirbel[1].

[env 10 V s 44?] – B informe Mme A qu'il a vu M. Ducessois ce jour même et que cet homme lui a fait des offres de service. B partira le soir pour Fontainebleau, où il restera trois ou quatre jours. De retour à Paris, il rendra visite à Mme de Mirbel[1].

16 [V v 44] – B, qui habite maintenant à l'hôtel, envoie à sa mère la note de sa dépense, la priant d'éviter questions et commentaires. Son mobilier restera dans son ancien domicile, jusqu'à ce qu'il ait l'argent pour le dégager. B demande les adresses de Mme de Mirbel et de M. Daigny[1].

[avant le 18 V l 44] – B se rend chez Mme de Mirbel, qui se montre charmante envers lui[1].

[18 V l 44] – B demande à sa mère de l'attendre mardi vers 2h; il désire lui parler et l'avertit de la visite qu'il a faite à Mme de Mirbel[1].

[env 10 VI l 44] – B reçoit une lettre de Mme A[1].

10 VI l 44 – B répond à la lettre de sa mère, disant qu'elle "se trompe de beaucoup". Il travaille toujours sur son "interminable" nouvelle [probablement *La Fanfarlo*][1].

28 VI v 44 – Le Conseil de discipline du 4e bataillon de la 9e Légion condamne B à 72 heures de prison, sans doute à cause de son peu d'attention à ses obligations de garde national[1].

30 VI d 44 – Gérard de Nerval publie, dans *L'Artiste*, la première partie de son *Voyage à Cythère*, source du poème, *Un Voyage à Cythère*[1].

[été 44] – Le matin, B écrit à sa mère pour protester contre le projet de lui imposer un conseil de famille. Le soir il ira chez Ancelle, qu'il espère amener chez Mme A en vue d'une discussion à trois. Edmond Blanc lui donne une "fort bonne" lettre d'introduction pour la *Revue de Paris*, où il va se présenter le matin même[1].

[avant le 13 VII s 44] – Mme A écrit à B, lui disant d'aller voir Mme de Mirbel[1].

[été 44?] – B se rend chez Ancelle, avec qui il discute ses problèmes financiers. La *Revue de Paris* accepte que B écrive pour elle un "livre de peinture"[1]. B remercie Mme A de sa lettre concernant Mme de Mirbel, et écrit qu'il ira voir cette dame le plus tôt possible[1].

14 VII d 44 – A 12h45 du matin, B entre à la maison d'arrêt de la Garde Nationale[1]. Là, il apprend qu'il est sous le coup de deux arrêts postérieurs à celui du 28 juin. Pour sortir de prison, il écrit au général Carbonnel, de l'état-major de la Garde Nationale, expliquant qu'une affaire urgente exige sa présence le lendemain.

[15 VII l 44] – B demande à sa mère d'appuyer elle-même cette lettre, malgré son caractère mensonger[2].

17 VII me 44 – B sort de la maison d'arrêt après trois jours où il aurait travaillé à son "livre de peinture"[1].

21 VII d 44 – "L'Album" du *Tintamarre* annonce la publication d'*Amour et morue*, poème attribué à Louise Colet mais qui, en réalité, serait dû à B[1].

VIII 44 – *Le Cabinet de l'amateur et de l'antiquaire* publie *Othello...* suite de quinze esquisses à l'eau-forte par Chasseriau. B en parlera dans son *Salon de 1845*[1].

[avant le 10 VIII s 44] – Mme A demande au Tribunal Civil de Première Instance de la Seine un jugement d'avant faire droit. Les griefs exposés contre B sont nombreux: goûts dépensiers et train de vie ayant motivé la décision de l'envoyer aux Indes; retour de la Réunion sans autorisation; mise en adjudication des terrains de Neuilly; endettement de 13.500 francs; poursuites contre sa mère pour une somme de 5.000 à 6.000 francs; souscription probable de billets au profit d'usuriers; endettement de 900 francs envers un restaurateur; revente pour 18 francs de deux tableaux achetés 400 francs[1].

10 VIII s 44 – La Première Chambre du Tribunal Civil de Première Instance de la Seine ordonne que le conseil de famille de B soit convoqué. B doit être interrogé dans la Chambre du Conseil[1], mais il ne comparaît pas[2]. A cette date, B est censé rembourser les 5500 francs empruntés en son nom trois ans auparavant par M. et Mme Aupick[3].

11 VIII d 44 – Suite de *Voyage à Cythère*, de Gérard de Nerval, dans *L'Artiste*[1].

21 VIII me 44 – Aupick est nommé chef d'état-major général du corps d'opérations de la Moselle[1].

24 VIII s 44 – Le conseil de famille de B approuve à l'unanimité la demande de conseil judiciaire faite par Mme A[1].

27 VIII ma 44 – Le Tribunal donne tort à B[1].

IX 44 – Date donnée par Théodore de Banville comme celle de son poème: *La Chanson du vin*. Il porte en épigraphe un vers de *L'Ame du vin* de B, ici appelé Baudelaire-Dufaÿs[1]. Ce poème sera publié en 1846, dans *Les Stalactites*[2].

7 IX d 44 – Le *Satan*, journal fondé par Pétrus Borel, fusionne avec le *Corsaire*[1].

8 IX l 44 – Dans *L'Artiste*, Paul Mantz fait un compte rendu indulgent de *Vers*[1].

[11 IX me 44] – Lettre de change. B reçoit d'Arondel la somme de 800 francs pour valeur reçue; l'échéance est fixée au 25 XII de cette année[1].

16 IX l 44 – Perducet endosse la lettre de change d'Arondel pour 800 francs[1].

21 IX s 44 – Le Tribunal pourvoit B d'un conseil judiciaire; c'est Ancelle[1].

[fin IX 44] – B demande à sa mère pourquoi il a reçu d'elle 40 francs au lieu de 150, de 160 ou de 180. Il s'est entendu avec Jérôme Pichon pour lui remettre directement son loyer, sans passer par l'intermédiaire du portier; Pichon demeure 2, rue Blanche, où Mme A pourra envoyer elle-même l'argent du loyer si elle veut[1].

X 44 – Ancelle fait les comptes de son nouveau pupille, B. Ses revenus sont de 2.629 francs par an, ses capitaux de 55.800 francs, Après placement d'une somme de 6.500 francs par Ancelle, les revenus de B lui permettent de recevoir chaque mois 200 francs[1].

5 X s 44 – La *BF* enregistre *Les Deux Anges*, de Pierre Dupont[1].

18 X l 44 – Date portée sur une page d'album retrouvé à Lyon. Cette page contient un poème dédié à Edouard Hanquet par Pierre Dupont, et décrit comme "essai de plume". Le verso de la feuille porte des vers de B, signés "B.D".: *Noble Femme au bras fort...*[1].

[fin X 44?] – B prie sa mère de ne pas oublier le paiement de son loyer. Aussi l'implore-t-il de cesser d'expliquer les détails de sa condition financière à tous ses créanciers. Son "aventure" auprès des gens d'argent a provoqué sans doute la création d'une circulaire à son sujet, envoyée chez tous les avoués et tous les notaires de Paris, dit-il[1].

31 X d 44 – La Banque de France endosse la lettre de change pour 800 francs d'Arondel[1].

4 XI l 44 – La Saint-Charles/Sainte-Caroline[1].

1 XII d 44 – Publication dans *L'Artiste* du sonnet: *A Madame Du Barry*, signé Privat d'Anglemont, mais écrit probablement par B[1].

3 XII me 44 – Dans la *Quotidienne*, "G.B". [Gustave Brunet] publie sa traduction, la première connue hors de l'Amérique, de *William Wilson*, par EAP. Intitulée *James Dixon, ou la funeste ressemblance*, elle est présentée comme un ouvrage original. Ce texte est une imitation, sinon une parodie de l'ouvrage. Brunet a apparemment utilisé la version du conte qui a paru, en 1840, dans *The Gift*[1].

4 XII me 44 – *James Dixon...* paraît dans la *Quotidienne*[1].

7 XII s 44 – Ancelle ayant établi par écrit la situation de fortune de B, ce dernier signe cette pièce après l'avoir approuvée. Depuis 1842, B a perdu ou dépensé 44.400 francs; ce qui reste produit un revenu de 2.629 francs par an[1].

12 XII j 44 – Le général Aupick écrit au général Carbonel[1]. Le *Moniteur universel* annonce la visite officielle d'Aupick à une maison d'arrêt militaire de Paris[2]. La fortune de B est de 55.000 francs-or[3].

[env 17 XII ma 44] – Nadar et ses amis font du "charivari" dans la rue de B. Ils frappent bruyamment à sa porte, provoquant ainsi une "clameur publique", mais le poète ne sort pas de chez lui[1].

[18 XII me 44] – Lettre perdue de Nadar à B. Nadar lui propose une entreprise littéraire; il s'agit d'un roman. B lui répond qu'il accepte avec enthousiasme cette suggestion mais qu'il craint cependant de subir des déceptions. Il allègue la difficulté de placer un roman à la *Démocratie Pacifique* et fait remarquer à Nadar que les salaires de rédaction ne sont pas ceux qu'imagine Nadar. B conseille à Nadar de se montrer prudent et de consulter Valois [peut-être un de leurs amis républicains] sur cette question. Au besoin, Nadar pourra également avoir recours au *Commerce*, journal de l'opposition. B demande si Leguillon [peut-être un de leurs amis, un étudiant créole] a participé au "charivari" de Nadar le soir précédent[1].

25 XII me 44 – Echéance d'une lettre de change tirée par Arondel, pour 800 francs[1]. Elle est renouvelée[2].

[fin 44 ou début 45] – B écrit à Sainte-Beuve. B ouvre sa lettre en évoquant une idée chère à Stendhal (la sympathie d'esprit qu'on peut avoir avec un petit nombre de personnes, peut-être jamais rencontrées), B donne au lundiste le texte de *Tous imberbes alors....* Il demande l'avis du critique sur ces vers[1].

XII 44 – I 45 – Le *Messager* publie "Les Petits Manèges d'une femme vertueuse", de Balzac. C'est la troisième partie du roman: *Béatrix* et l'intrigue semble être celle de *La Fanfarlo*[1].

1845

1845 – Les revenus de B gérés par Ancelle seront de 2400 francs[1]. Daumier vient se loger au 9, quai d'Anjou, dans l'Ile Saint-Louis[2]. P-M contribue une introduction au *Département de l'Orne archéologique et pittoresque*, Laigle, J.-F. Beuzelin, 1845-1851[3]. B rencontre Gautier pour la première fois[4]. Charpentier publie le *Voyage en Espagne* de Th. Gautier. Le livre contient l'étude sur Goya que B citera dans "Quelques Caricaturistes étrangers", et qui contient des éléments de son poème: *Les Phares*[5].

[env 1845] – B songe à donner à éditer des textes du *Pharsale* et d'Aristophane[1].

1 I me 45 – B connaît un grave revers littéraire quant au placement de ses ouvrages[1].

[début 45?] – B avertit sa mère de la prochaine visite d'Ancelle. Lui et B discuteront une idée de celui-ci qui lui assurera du repos, ce dont il a bien besoin actuellement. B a reçu de sa mère la somme de 20 francs; il prie pourtant Mme A de ne pas en parler à Ancelle, qui lui a fourni de quoi vivre jusqu'à la fin du mois et qui pourrait trouver singulier le fait que B ne lui en avait rien dit. Après la visite d'Ancelle, B écrit à sa mère pour la lui décrire et l'informer que son mobilier, pris en garantie pour un emprunt, est en danger d'être perdu. Il a suggéré que son créancier vienne voir Ancelle à ce sujet. Promettant d'avoir vendu trois livres à la fin du mois, B demande à sa mère 60 francs, qu'il pourra lui rendre avec les 1500 qu'il compte gagner. L'argent demandé lui permettra, dit-il, de se reposer. Quant aux livres en question ("De La Peinture moderne"; "De La Caricature"; "David, Guérin, Girodet"), il les a commencés il y a longtemps: le papier en est jaune. Il s'est créé de nouvelles relations littéraires: un libraire et *La Revue des deux mondes* depuis le jour de l'an. B ne veut pas aller chez sa mère; il y souffre trop, dit-il. Il la prie de venir le voir, au besoin, chez les Lenglet et lui demande de laisser son argent entre les mains de ce dernier, au ministère. Il a l'intention d'y passer ce même jour, trois fois[1].

18 I s 45 – Dans la "Correspondance" du *Tintamarre*, on promet à "M. Charles B..." de recommander ses réflexions au *Journal des débats*, "nappe quotidienne et politique"[1].

26 I d 45 – Aupick est membre du comité d'état-major[1].

1 II s 45 – La *BF* enregistre la publication du livre de Brierre de Boismont, *Des Hallucinations*, chez Baillière[1].

20 II j 45 – B fait à l'ordre d'Arondel une lettre de change pour 1.000 francs, valeur reçue en tableaux[1].

27 II j 45 – Sainte-Beuve est élu à l'Académie française, au fauteuil de Casimir Delavigne; il est reçu par Victor Hugo[1].

III 45 – Théodore de Banville rencontre la mendiante qu'il va célébrer dans son poème: *A Une Petite Chanteuse des rues* et qui va inspirer également le poème de B: *A Une Mendiante rousse*[1]. Date du poème: *A Charles Baudelaire*, par Théodore de Banville, paru dans *Les Stalactites*[2].

1 III s 45 – La *BF* enregistre *Les Trois Harmonies* de l'Abbé Constant. Le volume contient un poème intitulé *Correspondances*[1].

6 III l 45 – A Neuilly, B signe une lettre de change tirée par Arondel pour 6.500 francs; son échéance est le 20 novembre. L'adresse de B est 17, quai d'Anjou[1].

9 III j 45 – *L'Artiste* publie *Le Salon de 1759* de Diderot. B est impressionné par sa lecture[1].

15 III s 45 – Ouverture du Salon de 1845 au Musée Royal du Louvre[1].

[env 15 III s 45] – Au Salon, Asselineau voit B pour la première fois, en compagnie d'Emile Deroy, qui les présente l'un à l'autre. Ils se promènent ensemble dans les galeries et, à la sortie, se rendent tous les trois chez un marchand de vin de la rue du Carrousel. B commande du vin blanc, des biscuits et des pipes neuves. Après, ils dressent la liste des peintres dont ils parleront, car Asselineau fait, parallèlement à B, un ouvrage sur le Salon[1].

15-19 III s-me 45 – Dans les pages de *La France théâtrale*, Marie Daubrun est censurée après son engagement au Vaudeville pour "un petit air de grandeur"[1].

[env 16 III d 45] – Asselineau et B se retrouvent au Salon, cette fois-ci sans Deroy. Ils sortent ensemble, vont au café Lemblin et prennent du vin blanc et des biscuits. Ayant pris des notes sur les ouvrages exposés au Salon, B quitte Asselineau pour aller travailler chez lui, après avoir donné son adresse à ce nouvel ami[1].

19 III me 45 – Le *Journal des théâtres* publie le premier feuilleton du *Salon* d'Asselineau[1]. Dans la *Presse*, Gautier fait une critique défavorable du tableau: *La Religion, la philosophie, les sciences et les arts éclairant l'Europe.* B prendra la défense de cette oeuvre, de Victor Robert, dans *Le Salon de 1845*[2].

30 III d 45 – Un critique de *L'Artiste*, anonyme, trouve trop galant le tableau de Louis de Planet: *Vision de Sainte Thérèse brûlée d'une douleur spirituelle.* B en prendra la défense dans son *Salon de 1845*[1].

[début IV 45] – B envoie Auguste Vitu chez Mme A pour lui demander un peu d'argent. Il rejette l'idée de sa mère de remettre 100 francs à Lebois, son tailleur, qui tient de lui un billet à ordre payable en août. Il préfère que l'argent soit donné ou à Joissans [*sic*] ou à Meurice et veut savoir s'il y a eu à la maison de nouveaux scandales provoqués par ses créanciers[1].

9 IV me 45 – Le *Journal des théâtres* publie le deuxième feuilleton du *Salon* d'Asselineau[1]. B a 24 ans[2].

[mi-IV 45?] – En train de corriger les épreuves de *Salon de 1845*, B demande à sa mère de lui envoyer 30 francs; il se dit si harcelé qu'il ne peut pas sortir. Il regrette les tourments qu'il a infligés à sa mère à cause de ses créanciers et craint que le mal soit maintenant irréparable[1].

printemps 45 – La *Revue des deux mondes* publie *L'Ombre d'Eric*, roman de Paulin Limayrac, qui inspire à B un court poème humoristique[1].

23 IV me 45 – Le *Journal des théâtres* publie le troisième feuilleton du *Salon* d'Asselineau[1].

4 V d 45 – Publication du poème: *Avril. A Mme Joséphine de Fer....* dans *L'Artiste*, signé Privat d'Anglemont, mais à attribuer, peut-être, à B[1].

8 V j 45 – Date de composition de la préface du *Salon de 1845*[1].

9 V v 45 – L'imprimeur Dondey-Dupré déclare le tirage du *Salon de 1845*: 500

exemplaires[1].

14 V me 45 – Le *Journal des théâtres* publie le quatrième feuilleton du *Salon* d'Asselineau[1].

[seconde quinzaine de V 45] – Mise en vente du *Salon de 1845*[1]. B reçoit une ou deux lettres injurieuses venant d'artistes critiqués[2]. Au dos de la couverture du livre sont annoncés ses futurs ouvrages: (sous presse) *De La Peinture moderne*; (pour paraître prochainement) *De La Caricature* parallèlement à *David, Guérin et Girodet*[3].

15 V j 45 – Compte rendu anonyme du *Salon de 1845* dans la *Revue de Paris*. On lui reconnaît "un accent de sincérité, un cachet d'indépendance"[1].

16 V v 45 – A la demande de Perducet, Peaucellier, huissier, dresse un protêt à propos de la lettre de change du 29 II pour 1000 francs tirée sur B par Arondel[1].

[entre le 20 V ma et le 27 V ma 45] – B demande à Champfleury un article sur le *Salon de 1845*. Il veut être comparé à Diderot[1].

24 V s 45 – La *BF* enregistre la parution du *Salon de 1845*[1].

25 V d 45 – Publication dans *L'Artiste* du sonnet: *A Une Créole*, signé Baudelaire-Dufaÿs[1].

27 V ma 45 – Champfleury publie, dans le *Corsaire-Satan*, un article anonyme sur le *Salon de 1845*, où il loue l'ouvrage de B[1].

[fin V? 45] – Craignant d'être absent de chez lui et au cas où elle viendrait, B écrit à sa mère pour dire où il pourrait être. Il lui demande de remettre au porteur le paquet de livres renvoyés chez elle par Labitte [sans doute le *Salon de 1845*][1].

[été 45] – A un entr'acte de l'Odéon, B rencontre Asselineau. Il lui offre à boire et le ramène chez lui, à l'Hôtel Pimodan. Asselineau peut ainsi voir le portrait du poète par Emile Deroy, ainsi que la lithographie d'Hoffmann par Lemud. Ils discutent de poésie et B récite des vers, notamment *Je t'adore à l'égal de la voûte nocturne...* et *Cauchemar*. B voue une grande admiration à Banville et à son livre: *Les Cariatides*[1].

[été 45?] – A Champfleury, B avoue avoir fait, auprès de gens insolents (dont Delange, marchand de tableaux), une démarche absurde. Humilié pour son ami et pour lui-même, B a pu néanmoins sauver l'honneur et l'amour-propre de Champfleury[1].

1 VI d 45 – *La Silhouette* imprime, sans titre et sans nom d'auteur le *Sonnet burlesque*[1]. Arondel tire sur B une lettre de change de 1500 francs; échéance le 15 août[2]. *L'Artiste* publie "Souvenirs de l'Archipel" de Gérard de Nerval. Il y est question de l'Ile de Cérigo, nom moderne de l'Ile de Cythère[3].

2 VI l 45 – Arondel fait endosser par Boissard de Boisdenier la lettre de change du 1 VI pour 1500 francs[1].

4 VI me 45 – Boissard de Boisdenier fait endosser par Perducet la lettre de change pour 1500 francs du 1 VI[1].

14 VI s 45 – Le *Journal des théâtres* publie le cinquième et dernier feuilleton du *Salon* d'Asselineau[1].

20 VI v 45 – B lègue son portrait, par Deroy, à Jeanne Duval[1].

21 VI s 45 – Perducet endosse à la Banque de France la lettre de change du 2 VI pour 1500 francs[1].

29 VI d 45 – B parle avec Ancelle de la façon dont on disposerait de sa fortune s'il venait à mourir[1].

30 VI l 45 – B décide de se tuer. Il rédige pour Banville des notes relatives à ses manuscrits et envoie Jeanne Duval (qu'il appelle Lemer) chez Ancelle avec une lettre qui la désigne comme sa légataire universelle[1].

[VII 45?] - B demande à sa mère d'aller chez lui à l'hôtel Pimodan, prendre deux ouvrages: de Delacroix, une copie des *Femmes d'Alger*; une tête renversée de femme, sans doute de Delacroix aussi. B voudrait qu'elle envoie ces tableaux chez Delange, 6bis, rue de Trévise, pour les faire encadrer. Elle posssède le reçu de son portrait, qu'elle peut maintenant récupérer. B promet d'arranger le lendemain "ces affreuses affaires de billets"[1]

[début VII 45?] – Malade, enfermé chez Jeanne Duval dans la rue de la Femme-sans-tête, numéro 6, B supplie sa mère de venir le voir[1]. Privat d'Anglemont, "tout effaré", révèle à Charles Cousin la tentative de suicide de B. Cousin n'y croit pas, pensant que le coup de couteau, comme il dit, "était destiné à toucher un coeur autre que le sien"[2].

1 VII ma 45 – Gustave Le Vavasseur fait dans le *Journal d'Abbeville* le compte rendu du *Salon de 1845* par B. Il signe du nom *Civilis*[1].

4 VII v 45 – Ancelle écrit à Perducet qu'il cherchera à le voir à propos d'une créance sur B qu'il détient. Il suggère qu'il y aurait lieu pour Perducet de ne pas poursuivre B[1].

[6 VII d 45] – B envoie à Banville le manuscrit du poème, *A Théodore de Banville*, signé "B.D".. Il a reçu le compte rendu du *Salon de 1845* écrit par Le Vavasseur et le trouve "ravissant". B demande à Banville de faire taire Privat d'Anglemont, de qui il a très peur. Il envoie ses salutations à Vitu, à Dupont et à Senneville. La réponse à cette lettre doit être adressée chez Jeanne Duval, 6, rue de la Femme-sans-tête[1].

[mi-VII 45] – B quitte le domicile de Jeanne Duval pour s'installer provisoirement place Vendôme; il rencontre des difficultés avec Aupick, qui trouve inacceptable sa manière de vivre[1].

20 VII d 45 – Dans *La Silhouette*, Auguste Vitu fait la critique du *Salon de 1845*. Il y annonce que B va publier un livre sur la peinture moderne[1].

22-23 VII ma-me 45 – Dans *La France théâtrale*, Eugène Woestyn critique le manque de talent de Marie Daubrun dans *Les Fleurs animées*, après avoir traité avec dédain son jeu dans la représentation de *Mlle Lange*[1].

[mi-VII 45] – Se trouvant incapable de vivre avec sa famille place Vendôme, B fait savoir à sa mère qu'il quitte la maison[1].

VIII 45 – Echéance d'un billet détenu par Lebois, tailleur de B[1]. Le *Magasin pittoresque* publie la traduction d'EAP très libre et anonyme [par Gustave Brunet?]: *Une Lettre volée*[2].

[VIII 45?] – B explique à sa mère qu'un de ses amis l'a amené ce matin hors de Paris, voir d'autres de leurs amis. S'ils ne dînent pas chez ces gens, il dînera peut-être chez Mme Lenglet, après six heures. B espère que sa mère pardonnera à cette entorse à "la Règle"[1].

15 VIII v 45 – Echéance d'une lettre de change de 1500 francs, tirée le 1 VI sur B par Arondel[1].

24 VIII d 45 – *L'Artiste* publie *A Une Belle Dévote*, poème attribué à B mais non-signé[1].

31 VIII d – 6 IX d 45 – B mentionné dans la "Correspondance" du *Tintamarre*, pour un article qui lui vaudra 500 francs d'amende et trois mois de prison[1].

28 IX d 45 – *A Une Jeune Saltimbanque* paraît dans la *Silhouette* sous la signature de Al. Privat d'Anglemont. Ce poème, sans doute de B, rappelle *A Une Mendiante rousse*[1].

X 45 – Au verso de la couverture de l'*Agiotage, satire*, de Pierre Dupont, paraît l'annonce des *Lesbiennes*, de Baudelaire-Dufaÿs[1].

X 45-I 46 – Charles Fauvetti et l'abbé Constant publient, chez Le Gallois, *La Vérité sur toute chose*, petite revue à laquelle auraient pu collaborer Auguste Vitu et Alphonse Esquiros. Un de ses collaborateurs s'appelle: *Carolus*[1].

2 X j 45 – Le *Mercure des théâtres* signale la présence de Marie Daubrun à Montmartre. *La France théâtrale* note que "Mlle Maria" a changé de nom: elle s'appelle maintenant "d'Aubrun"[1].

7 X me 45 – Marie Daubrun joue Diane, principal rôle féminin, dans *Diane de Chivry*, au théâtre Montmartre. L'auteur en est Frédéric Soulié[1].

9 X j 45 – Le *Mercure des théâtres* donne une critique favorable sur le jeu de Marie Daubrun dans *Diane de Chivry*[1].

10 X v 45 – Un entrefilet du *Corsaire-Satan* remarque le succès de "Mlle Maria", qui joue Diane, dans *Diane de Chivry* au théâtre de Montmartre[1].

18 X s 45 – La *BF* enregistre *L'Agiotage*, satire de Pierre Dupont[1].

19 X d 45 – Marie Daubrun mentionnée dans le *Mercure des théâtres*[1].

23 X j 45 – Marie Daubrun mentionnée dans le *Mercure des théâtres*[1].

24 X v 45 – La *France théâtrale* note que "Mlle Maria" a pris le nom maintenant de "d'Aubrun"[1].

27 X l 45 – L'on crée, à l'Ambigu-Comique, *Les Mousquetaires*, de Dumas et Maquet (drame en cinq actes et douze tableaux)[1].

XI 45 – Amédée Pichot publie, dans la *Revue britannique*, sous le pseudonyme d'Alphonse Borghers, une traduction du *Gold Bug* d'E.A. Poe. Traduction plutôt fidèle, ce *Scarabée d'or* est la première traduction d'EAP qui porte son nom comme auteur du texte anglais[1]. B est inscrit comme étudiant libre à l'Ecole de droit[2].

2 XI d 45 – Marie Daubrun mentionnée dans le *Mercure des théâtres*[1].

3 XI l 45 – Marie Daubrun mentionnée dans le *Mercure des théâtres*[1].

4 XI ma 45 – Le *Corsaire-Satan* publie "Les *Contes Normands et Histoires baguenaudières*, par Jean de Falaise". C'est un article non-signé de B sur Philippe de Chennevières. Critiquant une tendance, dans ce livre, à pasticher les lettres de Mme de Scudéry, B fait cependant à son propos des comparaisons avec Balzac (pour *Un Souvenir de jeunesse d'un juré du Calvados*) et avec Hoffmann (pour *Le Diable aux Iles*)[1]. La Saint-Charles/Sainte-Caroline[2].

[5 XI me 45] – B écrit à Philippe de Chennevières à propos de l'article qu'il vient de publier sur lui. Il espère qu'il en sera content. B aura recommandé Chennevières à L. de Saint-Alme, qui a lu *Le Curé de Maubosc* et *Le Souvenir de jeunesse...* avec plaisir[1].

5 XI me 45 - Marie Daubrun mentionnée dans le *Mercure des théâtres*[1].

6 XI j 45 – Marie Daubrun mentionnée dans le *Mercure des théâtres*, comme ayant joué avec succès dans *La Grâce de Dieu*, de Dennery et Auguste Lemoine et dans *Le Client ou les Représailles*, d'Hippolyte Le Roux [rôle de Mme Jenny Caillard][1].

7 XI v 45 – *L'Almanach royal pour 1845* note qu'Aupick a été promu grand-officier de la Légion d'Honneur[1].

9 XI d 45 – Le *Mercure des théâtres* mentionne Marie Daubrun[1]. La *Silhouette* cite un mot de Courtois sur le "Balai ivre" de Delacroix[2].

13 XI j 45 – Le *Mercure des théâtres* mentionne Marie Daubrun[1].

16 XI d 45 – Le *Mercure des théâtres* mentionne les acteurs du théâtre de Montmartre, y compris "Mlle Marie d'Aubrun". On leur fait miroiter la possibilité de passer de la banlieue à des milieux parisiens plus brillants – la critique aidant[1]. Le *Moniteur universel* annonce la promotion d'Aupick au grade de grand-officier de la Légion d'Honneur[2].

20 XI j 45 – Echéance d'une lettre de change de 6.500 francs tirée sur B par Arondel[1].

24 XI l 45 – "Comment on paie ses dettes quand on a du génie" paraît dans le *Corsaire-Satan*. On y trouve des allusions de B à Ourliac, à Gautier, à Nerval aussi bien qu'à Balzac. Mention y est faite de *La Peau de chagrin*; des *Souffrances d'un inventeur* [la partie III des *Illusions perdues*]; de *Grandeur et décadence de César Birotteau*. Gautier y est décrit comme n'ayant pas d'idées[1]. Il y a également l'annonce d'une parodie de *Sappho* par Arsène Houssaye, parodie de B, Banville, Pierre Dupont et Houssaye lui-même[2].

25 XI ma 45 – Baudelaire et Banville publient ensemble dans le *Corsaire-Satan* un fragment de *Sappho*. Pierre Dupont et Auguste Vitu collaborent également à cet ouvrage, parodie d'un poème dramatique en préparation d'Arsène Houssaye, directeur de *L'Artiste*. Cette mystification a été organisée par Vitu. On y décoche en passant une flèche à Prarond, à propos de sa *Lucrèce*[1].

30 XI s 45 – On fait anonymement allusion dans la *Silhouette* à un dessin peut-être fait par B, représentant Courtois examinant un tableau de Delacroix au moyen d'un cornet acoustique[1].

8 XII l 45 – Marie Daubrun joue dans trois pièces, au théâtre de Montmartre. Elle tient les rôles de: Nini, dans *L'Amour dans tous les quartiers* (comédie-vaudeville en sept tableaux, de Clairville); Zaza, dans *Les Marocaines* (comédie-vaudeville en un acte, de Clairville et E. Damarin); Pauline, dans *Vieille Fille et vieux garçon* [texte non-retrouvé]. Ces pièces se jouent ensemble jusqu'à la fin du mois[1].

19 XII v 45 – Marie Daubrun joue le rôle de Mme de Marancey, au théâtre de Montmartre, dans *Une Position délicate* [comédie-vaudeville en un acte de Laurençot et Charles de Bernard][1].

22 XII l 45 – B assiste à la réunion du club des Hachichins, à l'Hôtel Lauzun[1].

fin XII 45 – Au théâtre de Montmartre, Daudé met en scène *Les Mousquetaires*, de Dumas et Maquet. Marie Daubrun y joue le rôle d'Henriette d'Angleterre; elle obtient "les honneurs de la soirée". Cette pièce se joue jusqu'en février[1].

[fin 45] – B se brouille avec Nadar pour ce qu'Asselineau appelle "une assez sotte affaire"[1]. *L'Ombre d'Eric*, roman de Paulin Limayrac, paraît en volume[2].

1846

1846 - Selon Henri Hignard, date-limite de la composition de *L'Albatros*[1]. B s'excuse auprès de Charles Richomme, membre de la rédaction du *Dimanche des enfants*, d'avoir laissé sans lendemain leur projet de collaboration. B parle de retirer à Richomme un manuscrit, peut-être celui du *Jeune Enchanteur*[2]. Richomme pourrait bien appartenir à la famille de la belle-soeur de B, Anne-Félicité Ducessois[3]. Pierre Dupont fait confidence à B de sa composition, *Le Chant des ouvriers*. Cette poésie, moins pastorale, plus citadine que celle des *Paysans, chants rustiques*, éblouit et attendrit B, qui y voit une force et une vérité depuis longtemps attendues[4]. Mosselman, amant de Mme Sabatier, demande à Clésinger de faire de sa maîtresse un moulage à vif[5]. B et Louis Ménard font la connaissance de Leconte de Lisle, nouvellement arrivé à Paris. B lui récite *La Barque de Don Juan* (*Don Juan aux enfers*)[6]. Pendant la première partie de cette année, B vit avec Emile Deroy, qui ne le quitte pas[7]. Marie Daubrun [d'Aubrun] habite au 19, rue de la-Tour-d'Auvergne[8]. Les revenus de B gérés par Ancelle seront cette année de 2400 francs[9].

1846-47 – Sous le nom de Baudelaire du Faïs, B est inscrit comme membre de la Société des Gens de Lettres, dans *L'Annuaire des lettres, des arts et des théâtres*[1]. Auguste Lireux le présente à cette Société[2].

[début 46] – Ayant pris une chambre au numéro 24, rue de Provence, B invite sa mère à venir chez lui avant deux heures. Passé cette heure il devra se rendre aux bureaux de *L'Esprit public*. Sa chambre coûte 30 francs par mois et il doit payer d'avance au moins une quinzaine[1].

2 I v 46 – Claude-Alphonse Baudelaire est nommé juge d'instruction à Fontainebleau[1].

3 I s 46 – La *BF* enregistre *La Vie de Sainte Thérèse* par Arnauld d'Andilly. B la citera dans son *Salon de 1846*[1].

4 I v 46 – *L'Artiste* publie le poème: *Vos Cheveux sont-ils blonds, vos prunelles humides?*. On prétend que ce sonnet a été écrit par Privat d'Anglemont sur l'album d'une dame inconnue[1].

4-8 I v-ma 46 – Marie Daubrun tient le rôle d'Henriette de France, dans *Les Mousquetaires*, au théâtre de Montmartre. Son jeu est loué, à partir du 8 janvier, dans *La France théâtrale*[1].

11 I d 46 – Ouverture de l'exposition de peinture au Bazar Bonne-Nouvelle[1]. Le *Mercure des théâtres* rend compte d'*Une Confidence*, de Charles Potron; cette comédie est jouée au théâtre de Montmartre. Marie Daubrun y tient un rôle[2].

[mi-I 46] – Au théâtre de Montmartre, Marie Daubrun joue dans *Une Position délicate* et dans *La Grâce de Dieu*[1].

11-16 I d-v 46 – Dans la *France théâtrale*, on accuse Marie Daubrun d'avoir joué d'une façon négligente[1].

17 I s 46 – *Sappho* est mentionné dans le *Corsaire-Satan*[1].

21 I me 46 – "Le Musée classique du Bazar Bonne-Nouvelle" paraît dans *Le Corsaire-Satan*[1].

22-25 I j-d 46 – *La France théâtrale* annonce que Marie Daubrun a bien joué le rôle de Sophie de Bussières dans *Marie-Jeanne*. Ce drame en cinq actes et six tableaux de Dennery et Mallian, se joue au théâtre de Montmartre. Le rôle principal féminin est tenu par Mlle Frantzi[1].

23 I v 46 – Dans le *Corsaire-Satan*, Philippe de Chennevières parle d'Eugène de Nortot, et dit qu'il fréquentait à Paris des artistes et des écrivains [dont B, peut-être][1].

25 I d 46 – Le *Mercure des théâtres* note que *Marie-Jeanne* convient mieux au talent de Marie Daubrun qu'une comédie légère[1].

25-29 I d-j 46 – Marie Daubrun joue dans *La Jeunesse d'Haydn*[1].

fin I 46 – La troupe du théâtre de Montmartre fait une tournée à Saint-Germain. Elle y donne trois représentations des *Mousquetaires* et en rapporte "une riche moisson de bouquets et d'écus"[1].

II 46 – B est inscrit comme élève à l'Ecole Royale des Chartes. Son adresse est 7, place Vendôme[1]. Son dossier restera vide, attestant qu'il ne suivra jamais les cours[2]. Deroy présente au jury du Salon son portrait de B; il est refusé[3]. Ce portrait est décrit comme étant de "Mr B.D"[4].

II ou III 46 – Première rencontre de B avec Delacroix[1].

1 II d 46 – Le *Mercure des théâtres* annonce que Marie Daubrun a été engagée par Hippolyte Coignard, du théâtre du Vaudeville. Elle est décrite comme "l'élève favorite" de Daudé, directeur du théâtre de Montmartre[1]. La *Revue des deux mondes* publie l'article de Théophile Gautier sur le Club des Haschichins[2].

3 II ma 46 – B publie dans le *Corsaire-Satan* une courte étude sur le *Prométhée délivré* de Louis Ménard (pseudonyme: L. De Senneville). B y fait allusion aux tableaux *Faust et Marguerite*, d'Ary Scheffer et *Rêve de bonheur*, de Papety. Il parle également d'Edgar Quinet, de Desaugiers [chansonnier du XVIIIe siècle] et

de l'*Encyclopédie*. B y traite aussi *Le Siècle*, épître à Chateaubriand par Bathild Bouniol. Son auteur s'en prend à la corruption de l'époque. B lui conseille de ne pas s'épuiser à lancer des anathèmes, tout en louant la facture de ses vers[1].

10 II ma 46 – *L'Entr'acte* note la représentation des *Fées de Paris*, par Bayard, au théâtre de Montmartre. Marie Daubrun y joue le rôle de Juliette[1].

12 II j 46 – Le *Mercure des théâtres* annonce qu'on joue *Les Fées de Paris* au théâtre de Montmartre[1].

15 II d 46 – Lettre d'Asselineau à Nadar, décrivant une rencontre avec B; ils semblent brouillés[1].

19 II j 46 – Marie Daubrun joue dans *Les Estudians*[1].

20 II v 46 – *L'Esprit public* publie *Le Jeune Enchanteur*, traduction inavouée de B. Une note anonyme l'accompagne[1]. B est payé trois sous la ligne[2]. Marie Daubrun joue dans *Les Estudians*[3].

21 II s 46 – *Le Jeune Enchanteur* dans *L'Esprit public*[1]. Marie Daubrun joue dans *Les Estudians*[2].

22 II d 46 – *Le Jeune Enchanteur* paraît dans *L'Esprit public*[1].

[21 ou 22 II s ou d 46] – Le matin, B demande à sa mère une trentaine de francs, argent dont il a absolument besoin avant midi. Il semble devoir déjà à Mme A la somme de 294 francs. Il avoue par ailleurs avoir emprunté 200 francs à Ancelle sur son revenu du mois de mars à venir. Il veut que, sur ce même revenu, on prélève également la trentaine de francs demandée. Il interroge sa mère sur la manière d'écrire le nom: Dufaÿs, d'après l'acte de naissance[1]. Mme A lui envoie 10 francs[2].

25 II me 46 – Théodore de Banville écrit, à Paris, la préface des *Stalactites*[1].

26 II j 46 – Selon le *Mercure des théâtres*, Marie Daubrun retrouve l'occasion de faire valoir ses "heureuses dispositions" dans le rôle de Dorothée, dans la *Pêche aux beaux-pères*. Cette comédie-vaudeville en deux actes est de Bayard et Sauvage[1].

[fin II 46] – Croyant qu'il peut maintenant vivre sur ses revenus d'auteur, B invite sa mère à venir chez lui pour parler de ses affaires financières[1]. Il reçoit le paiement de sa traduction, *Le Jeune Enchanteur*[2].

3 III ma 46 – B donne dans le *Corsaire-Satan* son *Choix de maximes consolantes*

sur l'amour[1].

[env 3 III ma 46] – B envoie à sa belle-soeur son *Choix de maximes consolantes sur l'amour*. Il promet d'envoyer bientôt à cette dame son *Catéchisme de la femme aimée*, pour sa lecture et pour son commentaire. Il qualifie son idée de l'amour comme romantique, prenant comme exemple l'*Antony*, d'Alexandre Dumas. Il lui demande d'être sa "providence" dans la carrière qui s'ouvre devant lui, où il espère marcher dans les traces d'un Pétrarque ou d'un Parny[1].

11 III me 46 – Publication par Paulier des *Stalactites* de Théodore de Banville. La couverture de cet ouvrage annonce que le *Salon de 1845* de B est en vente chez le même éditeur et que *Les Lesbiennes*, de B, paraîtront prochainement[1].

14 III s 46 – Champfleury mentionne le poème de Banville, *A Baudelaire-Dufaÿs*, dans le *Corsaire-Satan*[1].

[avant le 15 III d 46] – B prête à Mme A les feuilletons de l'*Esprit public*, où a paru sa traduction: *Le Jeune Enchanteur*, demandant qu'elle vienne le voir. Il a accepté d'écrire pour *L'Epoque*, pour *La Presse* et pour la *Revue nouvelle*; pour l'heure son *Salon* l'occupe[1].

[seconde quinzaine de III 46] – Mme A se rend chez B, laissant pour lui une lettre qu'il qualifie de bonne et douce. En lui répondant, il lui fait savoir qu'il est en train de rédiger son *Salon de 1846* pour *L'Esprit public*; Il demande à sa mère de venir, le lendemain, discuter avec lui d'un arrangement qu'il voudrait faire. B lui demande aussi de lui rapporter les feuilletons des *Conseils aux jeunes littérateurs*[1].

15-19 III d-j 46 – Dans la *France théâtrale*, Marie Daubrun est censurée pour avoir montré, pendant son engagement au Vaudeville, "un petit air de grandeur"[1].

16 III l 46 – Ouverture du Salon de 1846[1].

[env IV 46] – B visite la galerie de Durand-Ruel où il voit des tableaux de P. Rousseau[1].

[IV 46?] – B écrit à Emile Deroy, adressant sa lettre à M. Jaleau, coiffeur, 3, place Maubert. Il prie Deroy d'avertir une femme et il l'informe qu'un ami lui servira de caution. Après la proche publication de son "petit livre" (sans doute le *Salon de 1846*), B viendra voir et cette femme et Deroy. Il acceptera, s'il le faut, le taux d'intérêt de dix pour cent au lieu de huit. Une visite à d'Oroszko, médecin, a révélé à B que les symptomes de maladie vénérienne de Deroy n'indiquaient rien de sérieux pour la santé de son ami, et que celui-ci allait mieux[1]. B demande à sa mère d'aller retirer les objets qu'il a laissés au Mont-de-Piété. Il compte rembourser ses créanciers (Joissant, Paul Meurice, Blanchard, Siméon) avec l'argent qu'il gagnera en travaillant pour l'*Esprit public*, pour la *Revue nouvelle* et autres. En cas de retard, ses dettes seront payées par la Société des Gens de Lettres, laquelle lui avancera les sommes requises. Le *Salon de 1846* n'est pas encore terminé[2].

[IV ou V 46] – B fait une demande d'adhésion à la Société des Gens de Lettres. Elle sera appuyée par A. Lireux[1]. Il utilise le nom de Baudelaire de Faïs[2].

7 IV ma 46 – Dans *La Presse*, Théophile Gautier donne un feuilleton où il loue le peintre Vidal. B le lit mais ne partage pas cette opinion élogieuse[1].

9 IV j 46 – B a 25 ans[1].

[env 15 IV me 46] – Pendant une leçon d'escrime, B est approché par l'un de ses créanciers. Il le poursuit, à la pointe de l'épée, jusque dans l'escalier. Revenu dans la salle, le maître d'armes reproche à B, d'avoir *prodigué son antipathie*. C'est à ce moment précis qu'il se rend compte de l'utilité de la haine pour nous inciter à l'action. Il ne faut donc pas la gaspiller[1].

15 IV me 46 – L'*Esprit public* publie *Conseils aux jeunes littérateurs*, signés Baudelaire-Dufaÿs. B y évoque l'exemple de Mme de Warens pour qualifier l'esprit de ses remarques. Il prétend qu'il n'y a pas de guignon et fait l'éloge de l'énergie littéraire de Paul Féval et d'Eugène Sue. Il conseille cette espèce d'énergie à ceux qui feraient une littérature plus pure que la leur. Il prétend que l'écrivain doit chercher à faire beau et à vendre ses écrits, même à des prix modestes, sans se décourager. Il distingue Jules Janin adepte de *l'éreintage par la ligne courbe*, de Granier de Cassagnac, partisan de la ligne *droite*. En matière de composition B choisit comme modèle Eugène Delacroix, qui proscrit la nature; il rejette les procédés de Balzac et d'E. Ourliac, qui réclament trop d'énergie. Pour bien écrire, il faut un travail quotidien. La poésie occupe la place littéraire la plus haute; à preuve, le fait que certains lisent les feuilletons de Gautier uniquement parce qu'il est le poète de *La Comédie de la mort* (dont B n'apprécie pourtant pas toutes les beautés). A propos du désordre financier, B s'oppose à l'idée qu'il soit le compagnon nécessaire du génie; il cite, comme mauvais exemple, la pièce d'A. Dumas père, *Kean, ou Désordre et Génie*. B suppose que Goethe n'a pas eu de créanciers et loue les efforts d'Hoffmann pour mener une vie ordonnée. Pour maîtresse, un poète doit éviter également la femme honnête, le bas-bleu et l'actrice. Seules demeurent "les filles ou les femmes-bêtes, l'amour ou le pot-au-feu"[1].

22 IV me 46 – Aupick est lieutenant-général[1].

[env 28 IV s 46] – B demande à Mme A de faire patienter ses créanciers quelques jours; il les payera avec l'argent, dit-il, de son *Salon de 1846*, dont il corrige actuellement les épreuves. Il voudrait qu'elle lui envoie l'argent promis et dit qu'il sera occupé deux ou trois jours par son travail[1].

[fin IV 46] – B publie chez Charpentier le *Salon caricatural* en collaboration avec Banville et Vitu[1]. Le prologue en vers est écrit par B. Les illustrations sont de Raymond Pelez[2]. La *Revue indépendante* annonce la publication du *Salon de 1846*[3].

[début V 46?] – B demande à sa mère qu'elle fasse renvoyer toute demande d'argent chez lui, 33, rue Coquenard. Il attend de toucher 300 francs le lendemain[1].

[V 46] – De la rue Coquenard, B écrit à Julien Lemer pour lui demander d'écrire un article sur le *Salon de 1846*. Il précise l'orthographe de son nom, du Faÿs, ne voulant pas être pris pour Alexandre Dufai, critique théâtral du *Bulletin de l'Ami des arts*[1]. Le numéro-spécimen du *Mouvement*, journal que B. Saint-Edme a l'intention de lancer, annonce la publication de *Les Amours et la mort de Lucain*, de Baudelaire-Dufaÿs[2].

1 V v 46 – Date de composition de l'introduction du *Salon de 1846*[1].

7 V j 46 – Publication, par Michel Lévy, du *Salon de 1846*[1]. Dans la *Démocratie pacifique*, Charles Brunier rend compte du *Salon de 1846*. Il en critique la "crudité du style"[2].

[env 7 V j 46] – B envoie à Asselineau un exemplaire signé du *Salon de 1846*[1]. Champfleury reçoit également un exemplaire corrigé[2]. Celui envoyé à Pougens porte en autographe: "L'auteur"[3]. Poulet-Malassis recevra le même livre, avec envoi d'auteur[4]. L'exemplaire dédicacé "A Armand Barthet, Baudelaire-Defays" porte en outre cinq corrections autographes de B[5].

9 V s 46 – La *BF* enregistre la parution du *Salon caricatural*[1].

10 V d 46 – Dans la *Silhouette*, un article satirique [de Clément Caraguel] sur B et son *Salon*. Y figurent aussi les noms de Vitu, de Champfleury, de Fournier, de Weill. B y est décrit comme étant en relations avec Delacroix et l'on parle de ses dessins à la plume[1]. Mort d'Emile Deroy, 3, rue des Fossés-Saint-Jacques; son corps est porté à Saint-Etienne-du-Mont, puis inhumé au cimetière Montparnasse[2].

23 V s 46 – La *BF* enregistre le *Salon de 1846*[1]. La couverture de ce volume porte l'annonce du *Catéchisme de la femme aimée*, par le même auteur[2].

24-30 V d-s 46 – Dans un article du *Tintamarre* sur le *Salon de 1846*, B, qualifié de "rapin incompris", est "renvoyé à ses brosses...ou à son estaminet"[1].

24 V d 46 – La *Silhouette* publie, à propos du *Corsaire-Satan* l'article déjà paru le 10 V passé[1].

27 V me 46 – On adresse à B, ainsi qu'à d'autres, une invitation manuscrite à une soirée dansante donnée par Banville et Vitu le 1 juin[1].

26 V ma 46 – Dans le *Corsaire-Satan*, un dialogue imaginaire entre Courtois et B (non-nommé)[1].

30 V s 46 – Compte-rendu du *Salon de 1846* par Henri Murger dans le *Moniteur de la mode*. B y est comparé à Diderot, à Hoffmann, à Stendhal et à Heine[1].

31 V d 46 – Marc Fournier fait dans *L'Artiste* la louange du *Salon de 1846*[1].

[VI 46] – Marie D'Aubrun [*sic*] habite 19, rue de la Tour-d'Auvergne[1].

1 VI l 46 – A 8h, B assiste à une soirée dansante donnée par Banville et Vitu. Il y rencontre Barrière, Alfred Busquet, Michel Carré, Hippolyte Castille, Pierre Dupont, les fils d'Hugo, Lherminier, Armand du Mesnil, Songeon, Nadar, Victor Perrot, Auguste Supersac, Auguste Vacquerie et Jules Viard[1].

9 VI ma 46 – Un compte-rendu du *Salon de 1846*, signé P.H.V. paraît dans le *Journal d'Abbeville*[1].

11 VI j 46 – Signant "G.B.", Gustave Brunet publie, dans la *Quotidienne*, sa traduction assez libre des *Murders in the rue Morgue* d'EAP ["Un Meurtre sans exemple dans les fastes de la justice"]. Le nom de l'auteur du conte n'est pas mentionné[1].

12 VI v 46 – "Meurtre sans exemple..." dans la *Quotidienne*[1].

13 VI s 46 – "Meurtre sans exemple..." dans la *Quotidienne*[1].

15 VI l 46 – Dans *L'Epoque*, J.-J. Arnoux cite la critique défavorable de B sur Lassalle-Bordes[1].

16 VI ma 46 – B est porté membre de la Société des Gens de Lettres, sous le nom: Baudelaire-Dufaÿs; il habite 33, rue Coquenard[1].

21 VI d 46 – Il est fait allusion, dans la *Silhouette*, à B et à son travail pour le *Corsaire-Satan*[1]. Dans *Le Portefeuille, revue diplomatique*, paraît un entrefilet favorable au *Salon de 1846*[2].

VII 46 – Le *Magasin littéraire* publie à nouveau *Le Jeune Enchanteur*[1].

11 VII s 46 – La *BF* enregistre *L'Annuaire des lettres, des arts et des théâtres*, où B est inscrit ["Baudelaire du Fais"] comme membre de la Société des Gens de Lettres[1]. Il a été présenté à cette société par Auguste Lireux[2].

13 VII l 46 – Marie Daubrun paraît, au Théâtre du Vaudeville, dans *Mademoiselle Lange*, vaudeville en un acte, de Jacques Arago. Elle tient le rôle de Mlle Lange, actrice de la Comédie Française. Le *Constitutionnel* la dit "charmante"[1].

19 VII d 46 – Le *Corsaire-Satan* publie *Sonnet cavalier*, signé "Cl. P. d'A." [sic][1].

20-22 VII l-me 46 – *L'Echo* publie un extrait du *Salon de 1846*, accompagné d'une note d'Auguste Vitu[1].

24 VII v 46 – Marie Daubrun remplace Mme Doche, titulaire du rôle, et joue Mme Hermance de Ligny, jeune veuve, dans *Les fleurs animées*, vaudeville en un acte de Labie, Commerson et Xavier de Montépin[1].

11 VIII me 46 – A M. Coste, Aupick écrit: "Je ne pourrai oublier que j'aurai été favorisé des dieux!"[1].

13 VIII j 46 – La *Revue et gazette des théâtres* annonce que Marie Daubrun remplace Mme Doche dans le rôle d'Hélène dans le drame de Souvestre et Bourgeois, *Charlotte*[1].

23-27 VIII d-j 46 – La *France théâtrale* constate une amélioration dans le jeu de Marie Daubrun[1].

23 VIII d 46 – *L'Echo des théâtres. Littérature, Beaux-Arts, Théâtres, Musique et Mode* publie à nouveau "Comment on paie ses dettes quand on a du génie", signé Baudelaire-Dufays[1].

24 VIII l 46 – "Comment on paie ses dettes..." dans *L'Echo des théâtres...*[1].

25 VIII ma 46 – "Comment on paie ses dettes..." dans *L'Echo des théâtres...*[1].

26 VIII me 46 – "Comment on paie ses dettes..." dans *L'Echo des théâtres...*[1].

IX 46 – "O.N". ["Old Nick:" Emile-Daurand Forgues] publie, dans la *Revue britannique*, une traduction assez précise d'*Une Descente dans le Maelstrom* d'EAP. Le nom de l'auteur y figure[1].

6 IX d 46 – *L'Impénitent* [*Don Juan aux enfers*] paraît dans *L'Artiste*[1].

17 IX j 46 – *L'Echo...* reproduit *Conseils aux jeunes littérateurs*[1].

18 IX v 46 – *L'Echo...* reproduit *Conseils aux jeunes littérateurs*[1].

19 IX s 46 – *L'Echo...* reproduit *Conseils aux jeunes littérateurs*[1].

20 IX d 46 – Une "Causerie" attribuée à B paraît dans le *Tintamarre*[1].

21 IX l 46 – Feuilleton de Jules Janin sur Philibert Rouvière dans le *Journal des débats*. Janin félicite Rouvière d'avoir étudié le rôle d'Hamlet dans les oeuvres de Delacroix. B prendra note de cet article dans sa notice sur Rouvière, publiée en 1855[1].

26 IX s 46 – Marie Daubrun joue au Vaudeville le rôle de Claire dans *La Nouvelle Héloïse*, drame en trois actes de Michel Delaporte[1].

27 IX d 46 – B va au théâtre des Funambules voir *Pierrot valet de la mort*. Parmi les spectateurs se trouvent Gautier, Nerval, Murger, Banville, Privat d'Anglemont, Pierre Dupont, Préault et Fiorentino. Auguste Vitu rend compte de cette pantomime dans *L'Echo...*[1].

[X 46?] – B demande à Mme A d'écrire à Ancelle, pour que celui-ci lui avance 60 ou 70 francs. Il est malade, il a eu besoin de livres et il a dépensé l'argent qu'Ancelle lui avait donné pour acheter des livres, au lieu de l'utiliser pour des médicaments. Ses ulcères à la gorge et au larynx ont reparu. B demande à sa mère de chercher le portrait qu'il a d'elle et qu'il n'a pas retrouvé après son départ de chez elle place Vendôme[1].

1 X j 46 – Le *Mercure des théâtres* prétend que Marie Daubrun était, il y a quelques mois, la "merveille de Montmartre"[1]. B signe un reçu de 150 francs, payables au 1er janvier 1847, valeur reçue en marchandises[2].

1-4 X j-d 46 – La *France théâtrale* conseille à Marie Daubrun de moins exposer ses charmes sur scène. Elle joue dans *La Nouvelle Héloïse*[1].

4 X d 46 – Dans la *Semaine*, Hippolyte Castille attaque les ouvrages de Balzac,

pour cause d'immoralité. B lit cet article et la réponse du romancier[1].

10 X s 46 – *Automne,* un récit de Champfleury publié dans *Chien-Caillou,* est dédié à "M. Pierre de Fayis"[1].

11 X d 46 – Une "Causerie", écrite en partie par B, paraît dans le *Tintamarre*[1]. Dans la *Semaine,* Balzac se défend contre l'accusation d'immoralité portée par Hippolyte Castille une semaine plus tôt[2].

12 X l 46 – Sous le titre: *Une Sanglante Enigme,* "Old Nick" [Forgues] publie, dans *Le Commerce,* sa traduction du *Double Assassinat dans la rue Morgue.* C'est une très brève adaptation de l'ouvrage d'EAP, dont le nom est omis[1].

15 X j 46 – Article d'"Old Nick" [Forgues] sur E.A. Poe dans la *Revue des deux mondes.* C'est un compte-rendu critique de l'édition Wiley and Putnam des *Tales*[1].

18 X d 46 – Une "Causerie" attribuée à B paraît dans le *Tintamarre,* signée Joseph d'Estienne. Elle informe ses lecteurs de l'incident Balzac-H. Castille[1].

25 X d 46 – Une "Causerie" attribuée en partie à B paraît dans le *Tintamarre*[1].

XI 46 – Le nom de B ne figure plus sur la liste d'inscription à l'Ecole des Chartes[1].

4 XI me 46 – La Saint-Charles/Sainte-Caroline[1].

5 XI j 46 – Mort du père de Théodore de Banville[1]. *L'Echo...* publie *Vos Cheveux sont-ils blonds...*[2].

7 XI s 46 – Une "Causerie" attribuée à B paraît dans le *Tintamarre*[1].

14 XI s 46 – La *BF* enregistre la publication par Galignani à Paris des *Theatres of Paris,* de Charles Hervey. On y trouve des critiques sévères pour Marie Daubrun[1].

15 XI d 46 – *L'Echo...* publie le poème, *A Mme Joséphine de Ferrières,* signé Privat d'Anglemont[1].

22 XI d 46 – Une "Causerie", à laquelle B a peut-être collaboré, paraît dans le *Tintamarre*[1]. *L'Echo...* publie un second extrait du *Salon de 1846,* accompagné d'une seconde note d'Auguste Vitu[2].

30 XI l 46 – Date d'un chapitre de *Chien-Caillou,* de Champfleury; ce chapitre est dédié à Pierre de Fayis[1].

[XII 46?] – A Louis-Stanislas Godefroy, de la Société des Gens de lettres, B écrit pour le prier de remettre aux sociétaires sa demande d'adhésion. Lireux, dit-il, sera son avocat dans cette affaire. Alléguant des "besoins singuliers et pressants", B cherche à obtenir 200 francs de la Société. Il parle de *La Fanfarlo*, actuellement à l'imprimerie, pour lequel il devra recevoir 31 francs de la part de la Société (après déduction de la cotisation et des autres frais). Il compte pouvoir rembourser les 169 francs de cette avance avec l'argent qu'il aura pour un roman, *L'Homme aux Ruysdaëls*, à paraître prochainement à *L'Epoque*. B dit tenir à la disposition de Godefroy une nouvelle, *Le Prétendant malgache*[1].

XII 46 – Réimpression des *Stalactites* de Banville[1].

1 XII ma [46] – B signe à l'ordre de Porée [*sic*], son tailleur, un billet de 150 francs, payable le 1er janvier, en règlement de sa facture. Il donne l'adresse du 7, rue de Tournon[1].

13 XII me 46 – *A Une Indienne* [*A Une Malabaraise*] paraît dans *L'Artiste*, signé Pierre de Fayis[1]. Six vers en seront supprimés par la suite[2]. B habite 24, rue de Provence[3].

20 XII d 46 – Une "Causerie", à laquelle B a peut-être collaboré, paraît dans le *Tintamarre*[1].

21 XII l 46 – A l'examen de recrutement des élèves de l'Ecole des Chartes, B ne se présente pas[1].

24 XII j 46 – Le sonnet, *Vos Cheveux sont-ils blonds, vos prunelles humides* paraît dans le *Corsaire-Satan* sous le nom de Privat d'Anglemont[1].

27 XII d 46 – Une "Causerie", à laquelle B a peut-être collaboré, paraît dans le *Tintamarre*[1]. Marie Daubrun joue au Vaudeville le rôle de Léonie Verrières, jeune femme mariée depuis six mois, dans *L'Homme qui se cherche*, pièce de Decomberousse et Edmond Roche[2].

[31 XII j 46] – B assiste au bal des Variétés[1].

[vers 1847] – Courbet peint le portrait de B[1].

1847 - Fr. Villot fait une gravure d'après un dessin de Delacroix: "Tête à la Baudelaire"[1]. Mosselman met Mme Sabatier dans ses meubles, au 4, rue Frochot[2].

[I 47] – *La Fanfarlo* est publiée dans le *Bulletin de la Société des Gens de Lettres*.

Une note anonyme est consacrée à cet ouvrage.[1] B doit payer un billet à ordre de 150 francs à Porée[2].

[entre le 1 v et le 7 j I 47] – B voit Sainte-Beuve et lui parle des "choses les plus étranges" en littérature. B prétend que V. Hugo est un "âne de génie;" il raffole de Balzac[1].

23 I s 47 – La *BF* enregistre *Chien-Caillou*, de Champfleury. Inspiré par le graveur Rodolphe Bresdin, cet ouvrage porte sur la couverture l'annonce de la parution du *Catéchisme de la femme aimée* de B, ici "Pierre Dufays". On y trouve également l'annonce d'un grand volume in-quarto, de B : *Les Lesbiennes*[1].

27 I me 47 – Isabelle Meunier publie sa traduction du *Chat noir* dans la *Démocratie pacifique*. C'est sans doute avec la lecture de cette traduction ou des suivantes de Mme Meunier que B a fait la connaissance d'EAP[1].

31 I d 47 – Isabelle Meunier publie, dans la *Démocratie pacifique*, sa traduction: *L'Assassinat de la rue Morgue*[1].

1 III l 47 – Gustave Planche accuse Clésinger d'avoir fait un moulage de sa sculpture: *Femme piquée par un serpent*[1].

[III-IV 47] – On demande à B des articles sur l'histoire de la caricature et sur celle de la sculpture[1].

7 III d 47 – Une "Causerie", qui pourrait être en partie écrite par B, paraît dans le *Tintamarre*[1].

[13 III s 47] – B remercie Mme A de l'argent qu'elle lui a envoyé[1].

21 III d 47 – Une "Causerie", qui pourrait être en partie écrite par B, paraît dans le *Tintamarre*[1].

28 III d 47 – Une "Causerie", qui pourrait être en partie écrite par B, paraît dans *Le Tintamarre*[1]. Dans ses "Souvenirs de Paris", parus dans *L'Echo...*, B. Appert dévoile le fait qu'Ancelle et le maire de Neuilly, Labie, sont des habitués de ses dîners le samedi à Paris ou à Neuilly[2]. Aupick est appelé au commandement de l'Ecole polytechnique[3].

[IV 47] – Le jury du Salon refuse le portrait de B peint par Courbet[1]. On expose, au Salon, le buste en marbre de Mme Sabatier, sculpture de Clésinger[2], ainsi que, du même sculpteur, la *Femme piquée par un serpent*[3]. B reçoit une commande de deux articles importants, l'un sur une histoire de la caricature, l'autre sur une histoire de la sculpture, le tout représentant ensemble une somme de 600 francs[4].

4 IV d 47 – Le *Journal du dimanche* donne un dessin de Cham représentant la *Femme piquée...*[1]. Il est reproduit par *Le Charivari*[2].

9 IV v 47 – B a 26 ans[1].

10 IV s 47 – Gautier, dans *La Presse*, fait un article où il loue la sculpture de Clésinger[1]. Mort d'Elise Sergent, la "Reine Pomaré", à l'âge de 22 ans[2].

11 IV d 47 – Funérailles d'Elise Sergent à l'église de Saint-Louis-d'Antin. Elle est enterrée au cimetière Montmartre[1].

14 IV me 47 – Dans *La Démocratie pacifique*, L.R. D'Arhem [Louis Ménard?] cite le *Salon de 1846* de B[1].

22 IV j 47 – Aupick est promu lieutenant-général (aujourd'hui général de division)[1].

19 V l 47 – Le *Mémorial bordelais* publie une traduction anonyme de la *Purloined Letter* d'EAP [par Gustave Brunet?]. Son titre: "Une Lettre soustraite"[1]. Clésinger épouse, à Nohant, Solange Sand, fille de George Sand[2].

20 V ma 47 – "Une Lettre soustraite" dans le *Mémorial bordelais*[1].

21 V me 47 – "Une Lettre soustraite" dans le *Mémorial bordelais*[1].

29 V s 47 – Achille-Jacques Devéria fait une critique modérée, dans l'*Illustration*, de la *Femme piquée par un serpent*[1].

5 VI s 47 – La *BF* enregistre *Pauvre Trompette*, de Champfleury. Sur la couverture de cet ouvrage on lit l'annonce de la publication prochaine du *Catéchisme de la femme aimée*, par "Charles Dufays" [B][1].

27 VI d 47 – Marie Daubrun joue, à la Porte-Saint-Martin, le rôle de Thérèse, jeune veuve, dans la reprise de la pièce: *Les Deux forçats* ou *La Meunière du Puy-de-Dôme*, drame en trois actes de Boirie, Carmouche et Poujol[1].

3 VII s 47 – La *Démocratie pacifique* publie la traduction par Isabelle Meunier du "Colloque d'Eiros et Charmion" d'EAP[1].

[nuit du 17-18 VIII ma-me 47] – Assassinat de la duchesse de Choiseul-Praslin, chez elle, à Paris[1].

17 VIII l 47 – Dans le *Corsaire-Satan*, Banville fait un commentaire sur *Vers*, à l'occasion d'une critique qu'il publie sur *Fables*, de Prarond[1].

18 VIII ma 47 – Pour la première fois, Marie Daubrun joue un rôle important. Elle crée *La Belle aux cheveux d'or* lors d'une soirée de gala à la Porte-Saint-Martin[1].

24 VIII ma 47 – Suicide du duc de Choiseul-Praslin[1].

25 VIII me 47 – Autopsie du corps du duc de Choiseul-Praslin par Tardieu et Mathieu Orfila, Doyen de la Faculté de Médecine de Paris. On conclut à un suicide par empoisonnement[1].

28 VIII s 47 – Poulet-Malassis est bachelier de la Faculté de Lettres de Paris[1].

IX 47 – Date annoncée pour la publication de *Fantaisies d'automne* de Champfleury. Ce volume, que B mentionnera dans son article: "Les Contes de Champfleury", ne paraîtra pas[1].

7 IX ma 47 – La *Tribune dramatique* publie *Sonnet cavalier* dans un article où de La Fizelière annonce *La Closerie des lilas* par Privat d'Anglemont[1].

9 IX j 47 – Le sonnet: *A Mme Anna B....*, paraît dans le *Corsaire-Satan* sous le nom de Privat d'Anglemont[1].

24 IX v 47 – Première partie, dans la *Démocratie pacifique*, de la traduction par Isabelle Meunier d'*Une Descente au Maelstrom* par EAP[1].

25 IX s 47 – Deuxième partie, dans la *Démocratie pacifique* d'*Une Descente au Maelstrom* d'EAP, traduction d'Isabelle Meunier[1].

XI 47 – On retire de l'affiche *La Belle aux cheveux d'or*[1].

4 XI j 47 – La Saint-Charles/Sainte-Caroline[1].

14 XI d 47 – Champfleury publie *Les Chats* de B, dans son feuilleton: "Le Chat Trott", dans le *Corsaire-Satan*[1]. Ce poème paraîtra dans la première version, de quelques pages, des *Aventures de Mademoiselle Mariette*, et dans les versions suivantes[2].

16-17 XI ma-me 47 – Poulet-Malassis passe avec succès les examens de l'Ecole des Chartes[1].

18 XI j 47 – Poulet-Malassis est déclaré admissible à l'Ecole des Chartes; il est quatrième sur la liste[1].

20 XI s 47 – La *BF* enregistre la publication de *La Closerie des lilas*, livre de Privat d'Anglemont contenant deux poèmes attribués à B: *Chanson [Combien dureront nos amours?]* et *J'aime ses grands yeux bleus, sa chevelure ardente*[1]. On y trouve également le second tercet de *Vos Cheveux sont-ils blonds, vos lèvres humides,...* sans nom d'auteur[2].

25 XI j 47 – Poulet-Malassis remercie par lettre M. de Mas-Latrie, secrétaire de l'Ecole des Chartes, de son admission à cette école[1].

27 XI s 47 – La *BF* enregistre la publication par Amyot de l'ouvrage de Philarète Chasles, *Etudes sur l'Espagne*. B y trouvera référence à la pièce de Calderón, *El Magico prodigioso*, qu'il évoquera dans sa notice sur Pierre Dupont[1].

28 XI d 47 – Aupick est nommé commandant de l'Ecole Polytechnique[1]. Le ménage Aupick habitera au munéro 66, rue de Clichy, ayant quitté l'Hôtel de la Place[2].

29 XI l 47 – Après avoir vainement cherché de l'argent pendant deux ou trois jours, B, épuisé par la fatigue, le souci et la faim, cherche asile dans le premier hôtel venu, au 36, rue de Babylone[1].

[entre XII 47 et IV 48] – Date d'un portrait du général Aupick à cheval[1].

1 XII me 47 – Le *Cicerone parisien* annonce qu'on a, le mois passé, retiré de l'affiche, au théâtre de la Porte Saint-Martin, *La Belle aux cheveux d'or*[1].

[avant le 4 XII s 47] – Souffrant de fatigue et de faim, B va chez Ancelle chercher de l'argent. Ce dernier exige l'autorisation de Mme A avant d'en donner. B va chez sa mère et lui envoie un mot pendant qu'il reste en bas dans la voiture[1].

4 XII s 47 – Toujours rue de Babylone, B écrit à sa mère pour lui demander de quoi vivre pendant une vingtaine de jours. Il souffre affreusement de son oisiveté mais ne peut pas se corriger. Des gens qu'il a connus à l'Ile de France lui ont offert le poste de précepteur dans leur famille. Il a jusqu'au mois de février pour leur répondre. Il croit maintenant qu'il n'acceptera point de retourner aux tropiques. B projette de commencer en janvier des histoires de la caricature et de la sculpture (lesquelles lui sont demandées depuis huit mois, mais qu'il n'a pas faites). Il songe

également à écrire des romans, mais il vit dans le besoin, et déclare que depuis quelques mois il est victime d'"un état surnaturel". Ce qu'il désire le plus, c'est pouvoir disposer librement de sa fortune[1].

5 XII d [47] – B remercie sa mère de l'argent qu'elle lui a envoyé; il lui défend de révéler son adresse, et signe Baudelaire Defayis[1].

16 XII j 47 – Le matin, B écrit à Mme A pour lui donner rendez-vous le jour même, après 11h, dans le Grand Salon Carré du Louvre[1].

24 XII v 47 – La *Démocratie pacifique* publie la traduction par Isabelle Meunier du conte d'EAP: "Une Descente au Maelstrom"[1].

25 XII s 47 – "Une Descente au Maelstrom" dans la *Démocratie pacifique*[1].

1848

1848 – Dès cette année, Champfleury dit passer "12 à 15 heures par jour" en compagnie de B[1]. Catherine Crowe publie *The Night Side of Nature*[2]. Rédaction présumée par B de *De Quelques Préjugés contemporains*[3]. Poulet-Malassis publie un pamphlet: *La République à Vincennes*[4]. Aglaüs Bouvenne fait une eau-forte d'après un dessin auto-portrait de B[5]. Courbet peint son tableau: *Baudelaire à la pipe*[6].

[1848] – B écrit à un "Monsieur R◇◇◇" une lettre qu'il n'envoie pourtant pas. Il se réjouit d'être accusé d'ultra-libéralisme par ce dernier et il accepte volontiers d'être comparé à La Fayette, Lanjuinais [le comte Jean-Denis] et d'Argenson [le marquis Marc-René de Voyer][1]. Asselineau rencontre B le soir au Café Cusinier, dans le Quartier latin. B a la tête rasée[2].

[premiers mois de 48] – Epoque présumée de la composition d'*Invitation au voyage*[1].

[env 1 I s 48] – B promet à sa mère d'aller la voir immédiatement[1].

2 I d 48 – B s'excuse auprès de Mme A de ne pas être allé immédiatement chez elle, comme il l'avait promis. Il trouve ses vêtements malséants pour une visite chez elle, mais il s'attend à une prochaine amélioration de ses affaires, ce qui lui permettra de mieux s'habiller. Il compte la voir dans peu de jours[1].

18 I ma 48 – Un article de B sur les *Contes* de Champfleury paraît dans le *Corsaire-Satan*. B y remarque spécialement l'histoire de Rodolphe Bresdin, (*Chien-Caillou*),

M. le Maire de Classy-les-Bois (en comparant son auteur à Balzac pour sa connaissance de la province), *Carnaval, Pauvre Trompette, M. Prudhomme au Salon, Grandeur et décadence d'une sérinette, Une Religion au cinquième, Fuenzès, Simple Histoire d'un rentier, d'un lampiste et d'une horloge, Van Schaendel, père et fils.* B loue le style de ces contes et n'hésite pas à le comparer à Balzac. Il l'estime supérieur à Dumas et à Paul Féval. B évoque également, comme comparaison, *Les Contes normands* et *Les Histoires baguenaudières,* de Philippe de Chennevières[1].

22-23 I s-d 48 – Armand Barthet, offensé par certains propos de B, le provoque en duel. Les témoins de Barthet sont Mignot et Monselet. Ceux de B sont Trapadoux et Lebloys. Après avoir essayé d'arranger les choses à l'amiable, les témoins se retirent. Barthet insiste pour qu'on se batte; mais le duel n'a pas lieu[1].

8 II ma 48 – Marie Daubrun joue Adèle dans *Bruno-le-Fileur,* vaudeville en deux actes, écrit par les frères Cogniard. C'est la reprise de la pièce à la Porte-Saint-Martin[1].

19 II s 48 – Reprise de *Diane de Chivry,* drame en cinq actes de Frédéric Soulié à la Porte-Saint-Martin. Marie Daubrun joue le rôle de Diane, jeune Vendéenne[1], rôle qu'elle a tenu en décembre[2].

22 II ma 48 – Charles Toubin, Courbet, le musicien Promayet et B se promènent du début de l'après-midi, vers 3h, jusqu'au soir. A la place de la Concorde, ils assistent à la mort d'un émeutier tué par un garde municipal. Courbet et B vont aux bureaux de *La Presse* pour protester contre cet acte de barbarie[1].

23 II me 48 – Toubin, B, Promayet et Champfleury traversent la Seine à 1h de l'après-midi et vont au Café de la Rotonde, près de l'Ecole de Médecine, où ils rencontrent d'Abrantès. Ce dernier leur révèle qu'on se bat dans le quartier Saint-Denis; ils s'y dirigent sans attendre. De la place du Châtelet ils entendent la fusillade et arrivent au boulevard du Temple pour apprendre la démission de Guizot et la fin des hostilités. B parle de tout cela avec Toubin, avec qui il dîne à 9h du soir. B et Toubin reviennent ensuite au Café de la Rotonde, où ils retrouvent Courbet. Le tocsin sonne. Ils courent immédiatement à la place Saint-Sulpice, où les accueillent les coups de feu des gardes municipaux. Ils battent en retraite vers le Pont-Neuf, qu'occupe un bataillon de ligne. Toubin rentre chez lui à trois heures du matin[1].

24 II j 48 – Toubin rencontre B et Barthet, le matin, au carrefour de Buci. Ils sont armés de fusils de chasse et sont prêts à se battre derrière une barricade qui ne les couvre que jusqu'à la ceinture. Selon Jules Buisson, qui les y retrouve le même soir, B s'est servi d'un fusil volé chez un armurier[1]. Toubin prétend qu'à cette

date l'argent trimestriel de B était épuisé[2]. Pendant que son beau-fils prend part à l'insurrection, Aupick s'efforce de contenir ses élèves à l'Ecole Polytechnique. Ils n'obéissent pas à ses ordres et sortent pour se battre dans les rues[3].

[entre le 26 et le 28 II s-l 48] – B·assiste à la deuxième séance de la Société Républicaine Centrale qui se tient sous la présidence de Blanqui, lequel vient de rentrer en France[1].

26 II s 48 – Premier numéro du journal: *La Tribune nationale*[1]. A Carpentras, dans l'*Echo du Ventoux*, Champfleury publie en feuilleton *Le Chat Trott. Fragments.* Cette première partie du morceau contient l'anecdote sur B où il s'oppose à ce qu'on fasse empailler Trott[2].

27 II d 48 – Premier numéro du *Salut public*, auquel collabore B. Ce journal fut fondé avec 80 francs appartenant à Toubin et à son frère. Le premier numéro a été rédigé au café Turlot, qui faisait le coin de la rue de l'Ecole-de-Médecine et de la rue Hautefeuille. Ce périodique doit son nom à B, qui le baptise ainsi[1]. Champfleury, Courbet et Rodolphe Bresdin y collaborent[2].

28 II l 48 – Xavier Durrieu, dans le *Courrier français*, cite B parmi ceux qui sont inscrits sur les listes de la Société Républicaine Centrale, le club de Blanqui[1].

29 II ma 48 – *La Démocratie pacifique* annonce l'adhésion du lieutenant-général Aupick au gouvernement provisoire[1].

[III? 48] – Au Salon, Clésinger expose : *La Bacchante*, statue dont le modèle est Mme Sabatier[1].

1 III me 48 – *Le Moniteur* annonce qu'Aupick fait partie des officiers qui se rallient au gouvernement provisoire[1].

1 (ou 2) III me (ou j) 48 – Publication du deuxième (et dernier) numéro du *Salut public*[1]. Il y est suggéré que le théâtre de la Porte-Saint-Martin reprenne *L'Auberge des Adrets*[2].

2 III j 48 – Première représentation à la Porte-Saint-Martin de *Guillaume Tell*, drame en cinq actes de Virgile Boileau, où Marie Daubrun joue le rôle de Gertrude[1].

3 III v 48 – Le général Aupick est maintenu au commandement de l'Ecole Polytechnique par le gouvernement provisoire[1].

4 III s 48 – *La République française* fait mention de la représentation, au théâtre

de la Porte-Saint-Martin, de *Guillaume Tell*; Marie Daubrun y joue le rôle de Gertrude[1].

12 III d 48 – Deuxième numéro de la *Tribune nationale*[1].

15 III me 48 – Deuxième feuilleton de Champfleury dans l'*Echo du Ventoux* à Carpentras. On y trouve le poème de B: *Les Chats*[1].

23 III j 48 – Reprise à la Porte-Saint-Martin de *L'Auberge des Adrets*, drame en trois actes de Benjamin, Saint Amant et Paulyanthe, musique d'Adrien; ballets de Maximien. Marie Daubrun y joue le rôle de Clémentine, jeune fiancée[1]. *La République française* annonce ce spectacle[2].

28 III ma 48 – *L'Argus* publie un article de Nadar, où il se moque âprement de Champfleury. Celui-ci prie Toubin et B d'être ses témoins en duel et les envoie provoquer Nadar[1].

29 III me 48 – Toubin et B se présentent chez Nadar de très bonne heure, de la part de Champfleury. Nadar étant absent, ils lui donnent rendez-vous dans un café, où ils l'attendent toute la journée. Enfin, Toubin sort pour dîner, y laissant B. Nadar arrive au café, dit qu'il ne veut avoir affaire qu'avec Toubin et rentre chez lui, d'où il écrit à ce dernier. Il l'informe qu'il part pour la Pologne, se battre aux côtés des Polonais opprimés. A son retour, dit-il, il donnera satisfaction à Champfleury[1].

[IV 48] – Lors d'une réunion électorale, B pose à deux des orateurs (Houssaye et Esquiros) d'embarrassantes questions d'ordre technique sur le libre-échange, sur les intérêts des petits commerçants etc[1]. B demande 10 francs à sa mère, somme qu'il dit avoir perdue en revenant de Neuilly. Depuis trois jours il cherche le moyen d'obtenir d'elle une autorisation relative à ses affaires pendant qu'elle est absente. Il lui demande un rendez-vous chez elle quand Aupick n'y sera pas et la prévient qu'il partira de Paris peut-être avant elle[2]. Date-limite de la composition du portrait du général Aupick à cheval[3].

8 IV s 48 – Aupick rédige un avis aux élèves de l'Ecole Polytechnique, les avertissant que la rentrée est fixée pour le 15 avril. *La Patrie* l'imprimera[1]. Le gouvernement provisoire nomme Aupick "envoyé extraordinaire et ministre plénipotentiaire" à Constantinople[2].

9 IV d 48 – B a vingt-sept ans[1].

10 IV l 48 – Troisième numéro de la *Tribune nationale*. Il cite le nom de B comme

secrétaire de la rédaction[1]. On imprime, dans *La Patrie*, l'avis aux élèves de l'Ecole Polytechnique rédigé par Aupick. Ce journal annonce qu'Aupick assistera à la cérémonie de la rentrée[2].

13 IV j 48 – Aupick reçoit de Lamartine l'annonce de sa nomination comme ministre à Constantinople[1].

15 IV s 48 – Aupick est officiellement nommé Envoyé Extraordinaire et Ministre Plénipotentiaire à Constantinople[1]. Charras, sous-secrétaire de la guerre, approuve la nomination d'Aupick et le met à la disposition de Lamartine[2]. Aupick assiste à la rentrée de l'Ecole Polytechnique, ce qui est annoncé dans *La Patrie*[3].

[fin IV ou début V 48] – Depuis trois jours, B cherche à voir sa mère, sans Aupick. Il a perdu ce jour-là 20 francs rapportés de Neuilly; il voudrait que Mme A les lui prête, pour qu'il puisse en disposer immédiatement. Il a besoin de son autorisation pour Ancelle car il est possible qu'il parte avant elle [pour Châteauroux?][1].

[début V 48?] – B écrit à sa mère pour dire qu'il viendra lui faire ses adieux[1]. Il remarque que, quand il va chez elle, on le traite durement, à cause de Jeanne Duval[2].

12 V v 48 – Aupick est encore à Marseille, où il apprend la chute, à Constantinople, de Reschid Pascha[1].

15 V l 48 – Date mentionnée par B dans *Mon Coeur mis à nu*. Il évoque le souvenir du "goût de destruction" que ce jour lui a laissé, jour où l'émeute a envahi l'enceinte législative pour tenter de renverser le Gouvernement provisoire[1].

mi-V 48 – Les Aupick partent de Marseille à bord de la *Mouette*. Ils feront escale à Malte[1].

23 V ma 48 – La *Démocratie pacifique* publie la traduction par Isabelle Meunier du "Scarabée d'or" d'EAP[1].

25 V j 48 – Marie Daubrun crée, à la Porte-Saint-Martin, le rôle de la comtesse de Cayla, maîtresse de Louis XVIII, dans *Le Maréchal Ney*, drame historique en cinq actes et onze tableaux de Depeuty, Anicet-Bourgeois et Dennery[1]. "Le Scarabée d'or" traduit par Isabelle Meunier, dans la *Démocratie pacifique*[2].

27 V s 48 – "Le Scarabée d'or" dans la traduction d'Isabelle Meunier, est publié dans *La Démocratie pacifique*[1].

28 V d 48 – Dans la *Presse*, Champfleury parle des journaux à un sou publiés depuis le 26 février et vendus dans les rues de Paris. Il cite le *Salut public*, entre autres, et révèle que les rédacteurs d'un de ces journaux (peut-être celui-ci) l'ont vendu dans les cafés[1].

VI 48 – Dans la *Revue de Paris* (Bruxelles) Champfleury mentionne le *Salut public* au cours d'un article sur les journaux parus depuis la Révolution de février. B est cité comme un des rédacteurs[1].

[VI 48] – Aupick obtient une audience d'Othon, roi de Grèce. Il estime parfaitement satisfaisantes les ressources militaires de la République Française[1].

3 VI s 48 – La *BF* enregistre la publication de *Jérôme Paturot à la recherche de la meilleure des républiques*[1]. B lira ce livre[2].

4 VI d 48 – Le *Journal du Loiret* publie un conte d'Auguste Vitu où semblent être décrits les rapports entre B et Emile Deroy[1]. Proudhon siège à l'Assemblée nationale[2]. Premier numéro de *L'Aimable Faubourien, journal de la sainte canaille*[3]. La rédaction du journal, publié par P-M, comprend Alfred Delvau, Fillieux, Jules Choux, Cauville, Jarry, Joubert, Fouques, Dumay[4]. Ce premier numéro attaque Lepoittevin de Saint-Alme, "fondateur et rédacteur en chef du *Satan* et du *Corsaire-Satan*, feuilles entachées de légitimisme, boutiques de scandale..."[5].

6 VI ma 48 – Dernier numéro de la *Tribune nationale*[1].

8 VI j 48 – Deuxième numéro de *L'Aimable Faubourien, journal de la sainte canaille*[1].

11 VI d 48 – Troisième numéro de *L'Aimable Faubourien, journal de la sainte canaille*[1].

15 VI j 48 – Quatrième numéro de l'année de *L'Aimable Faubourien, journal de la sainte canaille*[1].

17-24 VI s-s 48 – Le *Journal du Loiret* publie la traduction par Isabelle Meunier du "Scarabée d'or" d'EAP, déjà publiée dans la *Démocratie pacifique*[1].

19 VI l 48 – A Athènes, Thouvenel écrit à Cuvillier-Fleury pour décrire le passage d'Aupick en route pour Constantinople. Il s'est forgé d'Aupick une excellente impression[1].

23 VI v 48 – Poulet-Malassis est arrêté, les armes à la main. Seule l'intervention d'Oudinot de la Faverie lui permet d'échapper à l'exécution. Il est enfermé au fort d'Ivry, puis envoyé à Brest sur les pontons[1].

23-28 VI v-me 48 – B déclare s'être battu pendant l'insurrection dans le camp des Insurgés[1].

29 VI j 48 – Aupick écrit à Bastide, Ministre des Affaires Etrangères, pour prévenir que la Russie menace d'accroître son influence en Turquie en raison du désordre des journées de juin[1].

VII 48 – Note de Jean Wallon sur le *Salut public* dans le *Bulletin de censure*[1].

5 VII me 48 – Proudhon, dans *Le Représentant du peuple*, demande qu'on rapporte le décret de déportation pris contre les Insurgés de juin[1].

8 VII s 48 – Proudhon, dans *Le Représentant du peuple*, engage les locataires et les fermiers à exiger une remise d'un tiers sur les loyers et les fermages[1].

15 VII s 48 – La première traduction d'EAP par B, *Révélation magnétique*, est publiée dans *La Liberté de penser*[1]. Aupick, en réponse à Bastide, à propos de la répression de l'insurrection à Paris, applaudit aux efforts des forces militaires pour faire triompher la République[2].

31 VII l 48 – Mort d'Edouard Ourliac[1].

9 VIII me 48 – Proudhon, à l'Assemblée Nationale, voit repousser sa proposition d'une remise sur les loyers et les fermages. Il avait fait à ce sujet une longue intervention[1].

16-18 VIII me-v 48 – Le gouvernement fait saisir, à trois reprises, le journal de Proudhon: *Le Représentant du peuple*[1].

20 VIII d 48 – Proudhon, dans *Le Représentant du peuple*, conseille aux partisans de la République de rester tranquilles, afin de ne pas donner de prétexte de répression aux forces des monarchistes[1].

21 VIII v 48 – B essaye d'entrer à la Chambre, pour y faire parvenir à Proudhon une lettre lui exprimant sa sympathie. B suggère que Proudhon est en danger. Puis, donnant comme adresse 18, av. de la République à Neuilly, B demande audience à Proudhon. Il se dit partisan de ses idées et, bien que Proudhon ne

le connaisse pas, trouve qu'il doit le recevoir. B propose de l'attendre au café restaurant qui se trouve au coin de la rue de Bourgogne[1].

[21 ou 22 VIII v ou s 48] – Ne recevant pas de réponse de sa lettre à Proudhon, B lui écrit de nouveau pour révéler qu'on veut l'assassiner pendant la prochaine émeute. B voudrait aussi parler avec Proudhon de certaines questions journalistiques, à propos du *Représentant du peuple*[1].

27 VIII j 48 – A Constantinople, Aupick présente ses lettres de créance au Sultan, après deux mois d'attente[1].

3 IX d 48 – Reprise, à la Porte-Saint-Martin, de *Charlotte*, drame en trois actes, précédé par *Fin d'un roman*, prologue, écrit par Emile Soûvestre et Eugène Bourgeois; Marie Daubrun joue le rôle d'Hélène[1].

27 IX me 48 – Des Pontons de Brest, Poulet-Malassis écrit à L. de La Sicotière pour affirmer ses vues républicaines et pour dire que son moral n'a pas été atteint en prison[1].

X 48 – B va à Châteauroux pour prendre la direction d'un journal conservateur[1]. Son voyage est payé, sans que B le sache, par sa mère, avec de l'argent qu'Ancelle remet au poète sans en indiquer la provenance[2].

10 X ma 48 – Première, à la Porte-Saint-Martin, du *Livre noir*, drame en cinq actes et six tableaux de Léon Gozlan; musique de Pilati. Marie Daubrun y tient le rôle de Mme de Valpin, mère du comte de Landreuil[1].

13 X v 48 – Aupick écrit à Thouvenel pour lui dire qu'il ne doit pas prendre à coeur les attaques de la presse[1].

19 X j 48 – De Châteauroux, B écrit à Philippe de Chennevières. Il cherche des articles à publier dans le *Représentant de l'Indre*. Il propose à Chennevières de publier la totalité de ses oeuvres. B produirait, s'il les avait, trois feuilletons entiers, et demande à Chennevières de bien vouloir remettre immédiatement tous ses écrits à Jeanne Duval[1].

20 X v 48 – Premier numéro du *Représentant de l'Indre*. On y attribue à B un morceau intitulé "Actuellement", ainsi que d'autres articles du journal[1].

XI 48 – *Le Vin de l'assassin* paraît dans *L'Echo des marchands de vin*[1]. On y trouve également l'annonce de la publication des *Limbes*, poésies de B, qui doivent paraître chez Lévy, en février[2]. Dans un article de la *Revue de Belgique* sur Banville, Retchezken cite *Les Chats* et voit en B un élu de la nouvelle école parisienne[3].

4 XI s 48 – La Saint-Charles/Sainte-Caroline[1].

[23 XI j 48] – Chez Ancelle à Neuilly, B signe deux billets à ordre pour Servais, encadreur du 15, rue Saint-Louis-en-l'Ile. Le premier, de 300 francs, est payable au 1er mars; le second, de 355 francs, tombe le 1er avril. Tous les deux sont en échange de valeur reçue en marchandises[1].

25 XI s 48 – Aupick écrit à Thouvenel pour lui dire que, si le général Cavaignac est élu, il lui écrira à son sujet[1].

XII 48 – Annonce de la parution des *Limbes* dans *L'Echo des marchands de vin*, inspirant à Jean Wallon un commentaire satirique dans le *Bulletin de censure*[1].

2 XII s 48 – La *BF* enregistre *La Chant des ouvriers*, par Pierre Dupont. B la lira[1].

6 XII me 48 – B apprend d'Ancelle que Mme A a payé son voyage dans l'Indre[1].

8 XII v 48 – B révèle à sa mère qu'il sait par Ancelle qu'elle lui a payé son voyage à Châteauroux, d'où il avoue n'avoir rien rapporté. Il dit qu'il va renoncer à Jeanne par "devoir littéraire". Etant donné que Mme A a d'elle-même offert l'argent de son voyage, B lui demande un supplément de 250 francs dont il aura besoin, car il lui faudra quitter son domicile le 1er janvier. Sa "rage de voyage [le] reprend perpétuellement"[1].

16 XII s 48 – Aupick, de Constantinople, écrit à Thouvenel en louant les qualités de Cavaignac, candidat présidentiel[1].

23 XII s 48 – A la requête de M. Druet des Vaux, Poulet-Malassis est libéré des pontons de Brest[1].

[fin 48] – Date du dépôt légal des *Veillées littéraires illustrées*, où paraît *La Fanfarlo*[1]. Les revenus de B gérés par Ancelle seront cette année de 2400 francs[2].

1849

1849 - Selon Asselineau, B aurait l'intention d'écrire des vaudevilles[1]. B fait, peut-être cette année-là, un croquis d'Auguste Blanqui sur une feuille qui porte, également, des vers traduits de l'anglais tirés de Gray et de Longfellow, vers qui paraissent dans le poème: *Le Guignon*[2].

1 I l 49 – B doit quitter son domicile[1].

16 I ma 49 – Se disant déçu par le vote des Français, Aupick écrit à Thouvenel pour lui faire part de ses sentiments. Il s'attendent tous les deux à être destitués de leurs postes[1].

27 I s 49 – La *BF* enregistre la publication du livre de Jean Wallon, *Revue critique des journaux publiés depuis la révolution de février jusqu'à la fin de décembre*, extrait du *Bulletin de censure*. B est mentionné plusieurs fois[1].

5 II l 49 – Delacroix mentionne B dans son *Journal*. Il qualifie les idées du poète de "modernes"[1], et dit que B lui a appris que Daumier a de la peine à finir ses dessins[2].

10 II s 49 – Marie Daubrun joue, à la Porte-Saint-Martin, le rôle de Dorothée, la femme frivole d'un banquier ruiné, dans *Le Pasteur ou l'Evangile et le foyer*, drame en cinq actes et six parties, écrit par Souvestre et Bourgeois[1].

15 II j 49 – Aupick félicite Thouvenel de sa nomination comme ministre à Athènes. Il révèle que le gouvernement français lui a exprimé sa satisfaction à propos de ses propres services à Constantinople[1].

24 II s 49 – Date fixée pour la publication, à Paris et à Leipzig, des *Limbes*, recueil de poésies de B. Il ne paraît pas[1]. Dans le feuilleton du *Messager des théâtres et des arts*, Champfleury remercie Jean Wallon d'avoir parlé du *Salut public* dans son livre: *Revue critique des journaux publiés à Paris depuis la Révolution de février jusqu'à la fin de décembre*[2].

1 III j 49 – B doit payer un billet à ordre de 300 francs, à Servais[1].

3 III s 49 – La *BF* enregistre la publication du *Chant des soldats*, de Pierre Dupont[1].

6 III me 49 – Aupick fait des confidences à Thouvenel à propos des problèmes qu'il a eus avec de Reculot, son premier secrétaire d'ambassade. Cet homme avait voulu être ministre et en voulait à Aupick de l'être. Il est en outre ennemi politique de Thouvenel. Aupick révèle que la santé de Mme A s'améliore, grâce à l'arrivée du printemps[1].

1 IV d 49 – *La Silhouette* publie à nouveau le *Sonnet burlesque*, en l'attribuant à Théophile Gautier[1]. B doit payer un billet à ordre de 300 francs, à Servais[2].

5 IV j 49 – Ecrivant à Thouvenel, Aupick annonce que la santé de Mme A est

parfaitement rétablie[1].

9 IV l 49 – B a 28 ans[1].

28 IV s 49 – La *BF* enregistre le *Chant des paysans*, par Pierre Dupont[1].

V 49 – Premier [et dernier?] numéro de *L'Aimable Faubourien, journal de la sainte canaille*, dans son deuxième avatar ("Comme le phénix, nous renaissons de nos cendres"). On y recommande un bulletin de vote comprenant, entre autres, les noms de ces candidats: Victor Considérant; Lammenais; Ledru-Rollin; Pierre Leroux; Madier de Montjau; Proudhon; Félix Pyat; Théophile Thoré[1].

4 V v 49 – Les ayant rencontrés depuis peu, Mme A invite la princesse Caradja et le prince à leur soirée, ce jour-là[1].

12 V s 49 – Du 30, rue Hautefeuille (peut-être de chez Courbet), B écrit une lettre au Président de la Commission chargée du choix des oeuvres d'art pour la Grande Loterie. Il demande une place pour Courbet, signant du nom de ce dernier et imitant son écriture[1].

15 VI ma 49 – Voulant des précisions sur le prince et la princesse Caradja, Aupick les demande à Thouvenel. Aupick désire avoir ces renseignements avant d'aider ce couple[1].

18 V v 49 – Dans le *Journal des débats*, Franz Liszt publie une analyse de *Tannhäuser*. B aurait pu la lire[1].

24 V j 49 – De Thérapia, Aupick écrit à Thouvenel une longue lettre sur la politique européenne. Il s'en prend à la gauche française (nommant Proudhon), déplore les excès de la droite et exprime son admiration pour le patriotisme des Anglais. Il verrait volontiers de cet esprit chez ses compatriotes[1].

1 VI j 49 – Dans la *Revue des deux mondes*, le comte Alexis de Saint-Priest fait un commentaire sur le livre de Capefigue, *La Société et les gouvernements de l'Europe depuis la chute de Louis-Philippe*.... Il s'oppose aux vues légitimistes de l'auteur[1].

3 VI d 49 – Marie Daubrun joue, au théâtre de l'Ambigu-Comique, le rôle de Louise, la fille du chouan Derouan, dans la reprise de *La Closerie des genets*, drame en cinq actes et huit tableaux de Frédéric Soulié, musique d'Amédée Artus[1].

23 VI s 49 – Marie Daubrun joue le rôle d'Adrienne de Cardoville, jeune fille très élégante et riche, dans *Le Juif-errant*, drame d'Eugène Sue en cinq actes et dix-sept

tableaux lors de la première représentation au théâtre de l'Ambigu-Comique[1].

27 VI v 49 – *La Constitution* (journal du Département du Loiret) annonce la publication de *La Fanfarlo*, qui n'y paraît pourtant pas[1].

28 VI s 49 – Nouvelle annonce de *La Fanfarlo* dans *La Constitution*[1].

29 VI d 49 – Nouvelle annonce de *La Fanfarlo* dans *La Constitution*[1]. Mme Maria Clemm déclare, par écrit, qu'EAP aurait nommé Rufus Griswold comme son exécuteur littéraire. Par la suite, elle s'en dédira[2].

30 VI d 49 – Nouvelle annonce de *La Fanfarlo* dans *La Constitution*[1].

7 VII s 49 – La *BF* enregistre que *La Fanfarlo* est publiée dans une livraison des *Veillées littéraires illustrées* de J. Bry et en édition stéréotypée chez C. Judas[1].

13 VII v 49 – B écrit à un destinataire inconnu, pour recommander un certain Schoman, musicien, qui a dû quitter Dresde à la suite des journées révolutionnaires. Se joignant à Gautier, qui l'aura déjà recommandé, B demande qu'on accueille ses écrits sur *Tannhäuser* et sur l'histoire de la musique. B évoque la commune admiration pour Wagner que partagent avec lui le destinataire de cette lettre et Schoman[1].

14 VII s 49 – La *BF* enregistre la publication de l'*Histoire de la Révolution de 1848* de Lamartine chez Perrot, à Paris. L'auteur fait l'éloge d'Aupick et évoque sa nomination comme ambassadeur à Constantinople.[1]

22 VIII me 49 – Kossuth, à Constantinople, demande à Aupick qu'on le laisse s'installer dans cette ville en compagnie de ses compatriotes exilés, qui veulent s'y embarquer pour "des lointains parages". Aupick appuie cette demande dans la limite de ses possibilités, en délivrant à certains d'entre eux des passeports français[1].

[fin VIII 49] – A Dijon, le journal socialiste: *Le Citoyen de la Côte d'Or* doit cesser de paraître, pour des raisons politiques. Langeron, son rédacteur-en-chef, devra s'exiler pour éviter la prison[1].

2 IX d 49 – *La Silhouette* publie les souvenirs de l'année 1844 d'Auguste Vitu sur B. D'après Vitu, B était en relation avec Banville et Deroy à cette époque[1].

20 IX j 49 – Kossuth écrit à Palmerston pour se plaindre du traitement des Turcs. Il fait allusion à la généreuse assistance de Sir Stratford Canning et d'Aupick[1].

[automne 49] – Selon Champfleury, B fait la connaissance d'Henry Monnier, à l'hôtel Pimodan[1].

26 IX me 49 – A Dijon, *Le Travail*, journal socialiste, reprend la lutte politique abandonnée par *Le Citoyen de la Côte d'Or*, forcé de suspendre sa publication. Son rédacteur-en-chef est Gédéon Flasselière[1].

27 IX j 49 – *La Silhouette* publie *A Une Jeune Saltimbanque*. Le poème est signé Privat d'Anglemont, bien qu'il puisse être attribué à B[1].

[X 49] – A ce moment, B a dépensé la totalité de ses revenus de l'année[1].

1 X l 49 – Marie Daubrun joue, au Théâtre Historique de Dumas, le rôle de la princesse de Condé, dans *La Guerre des femmes*, drame en cinq actes et dix tableaux, d'Alexandre Dumas et Maquet, musique de Verney[1].

7 X d 49 – Mort d'Edgar Allan Poe à Baltimore[1].

9 X ma 49 – Sous le pseudonyme *Ludwig*, et à la demande d'Horace Greeley, Rufus Griswold publie, dans le *Daily Tribune* (New-York), un article nécrologique sur EAP. Cet article est très critique à l'égard de la vie privée d'EAP[1].

13 X s 49 – N.P. Willis publie, dans le *Home Journal* (New-York), un article nécrologique sur EAP[1].

20 X s 49 – Dans le *Home Journal* (New-York), N.P. Willis écrit un article où il proteste contre celui publié onze jours plus tôt par *Ludwig*. Il dévoile l'identité de l'auteur ayant attaqué (feu) EAP: Rufus Griswold[1].

XI 49 – Le *Southern Literary Messenger* publie une notice nécrologique sur EAP, rédigée par John R. Thompson, à laquelle B empruntera quelques détails pour son essai "Edgar Allan Poe, Sa Vie et ses ouvrages"[1].

[env XI 49] – B fait faire par Palis, calligraphe, la copie de ses poèmes en vue de leur publication. Ces poèmes sont probablement ceux qui doivent avoir comme titre: *Les Limbes*, mais qui ne paraissent pas sous ce titre. B laisse un acompte de 11 ou 12 francs et, à son départ pour Dijon, doit à peu près 28 francs pour ce travail[1]. Avant son départ, il voit Ancelle, à qui il demande 300 francs au lieu des 200 habituels, comme son argent du mois prochain. Il a besoin du supplément pour payer son installation à Dijon[2].

4 XI d 49 – La Saint-Charles/Sainte-Caroline[1].

[env XI 49?] – B voit le Consul général des Etats-Unis, à qui il pose des questions sur l'état civil d'EAF. Ch. Yriarte racontera l'indignation de B à propos de l'accueil reçu chez cet homme[1].

[avant le 22 XI j 49] – B assiste à la répétition générale de *La Vie de Bohême*, pièce d'Henry Murger et Théodore Barrière. Cette pièce est "cuisinée" à partir des feuilletons du *Corsaire-Satan*. Y assistent également: Nadar; Banville; Champfleury; Vitu; Privat; Asselineau; Calino; Wallon; Lefranc; Desbrosses; Le Gothique; Bache ("le violoncelliste fou devenu comédien"); Pierre Dupont; Fauchery; Jean Journet; Jules de La Madelène; les frères Toubin; Léon Noël; d'autres[1].

22 XI j 49 – Louis-Napoléon écrit à Aupick, qui est à Constantinople, pour lui donner l'autorisation de rappeler la flotte française, comme le demande la Turquie[1]. Dans *Le Messager des théâtres et des arts*, Xavier Eyma fait la critique de *La Vie de Bohême*, pièce d'Henry Murger et Théodore Barriere, qui se joue au théâtre des Variétés[2].

29 XI j 49 – B reçoit la visite d'un créancier qui a recueilli des informations sur sa famille. Il s'agit de l'affaire Marc Trapadoux[1].

XII 49 – A Constantinople, Aupick accorde, aux exilés du groupe de Kossuth désirant s'engager dans la Légion étrangère, le bénéfice d'un passage gratuit sur les navires français quittant ce port[1].

[début XII 49] – Un créancier (sans doute Lurois) se rend chez Ancelle, prétendant que B doit payer une dette de 158 francs, dette dont il aurait répondu pour Marc Trapadoux, un de ses amis. Cet homme demande également que les 42 francs, que lui doit B, soient payés en même temps[1].

1 XII s 49 – La *BF* enregistre *Le Chant des transportés* par Pierre Dupont[1].

3 XII l 49 – Avec l'espoir d'y gagner de l'argent, B part seul pour Dijon[1].

[env 4 XII ma 49] – A Dijon, B souffre d'une aggravation de son infection syphilitique[1]. Une fois arrivé, B écrit à Ancelle pour décrire sa rencontre avec Madier de Montjau, qu'il appelle un "imbécile...ou plutôt un très vulgaire ambitieux"[2].

5 XII me 49 – A Constantinople, Aupick informe le général de la Hitte, son ministre, qu'il désapprouve l'attitude de Kossuth envers les Turcs; il trouve ses plaintes injustifiées. En effet, Kossuth se plaint d'être traité comme réfugié. Aupick a reçu de Kossuth une lettre, qu'il joint à celle-ci, le remerciant de s'être opposé à

l'extradition des réfugiés[1].

10 XII l 49 – *La Presse* annonce la publication prochaine de la *Veillée pittoresque*, où devrait figurer un écrit de B: *Les Derniers Buveurs*[1].

[entre le 4 XII ma et le 14 XII v 49] – Ancelle paie à Palis, copiste, 40 francs, prix de son travail de préparation du manuscrit du recueil de poésies de B: *Les Limbes*[1].

12 XII me 49 – Une lettre adressée à M. Guérard, directeur de l'Ecole des Chartes, accorde à P-M sa réintégration dans cette école[1].

14 XII v 49 – Ancelle envoie 200 francs à B, au lieu des 300 demandés[1].

17 XII l 49 – B reçoit les 200 francs d'Ancelle[1].

21 XII v 49 – A Dijon, Jules Viard succède à Gédéon Flasselière comme rédacteur-en-chef du *Travail*[1].

[fin XII 49?] – Un créancier écrit à Mme A. Il déclare, tout en louant B, que celui-ci lui doit 200 francs, omettant de dire que B aurait répondu de cette dette pour un ami, Marc Trapadoux[1].

[fin 49] – Les revenus de B gérés par Ancelle seront de 2400 francs[1].

1850

1850 – Asselineau déclare que B, qui habite un logement proche du boulevard Poissonnière, lui a montré le manuscrit des *Fleurs du mal* copié par Palis[1]. B fait, peut-être cette année-là, le croquis de Blanqui[2]. Mort du vicomte Harmand d'Abancourt, père naturel de Mme Sabatier[3].

[1850] – B fait de Champfleury et de lui-même des caricatures[1].

[1850-1855] – B indique, dans une note manuscrite, les principales publications et collaborations d'Antonio Watripon, qui a rédigé la *Lanterne du quartier Latin* / *Histoire des Ecoles* / *La Tunique de Nessus* / *Les Etudiants de Paris* dans le *Vote universel* / Maître François Villon[1].

I ou II 50 – Premier numéro de la *Veillée pittoresque*[1].

9 I me 50 – Le matin, Jeanne Duval arrive à Dijon, venant de Paris; elle parle à B de son entrevue avec Ancelle. Elle explique qu'Ancelle ne lui envoie que 200 francs au lieu de 500, pour les deux mois de décembre et janvier[1].

10 I j 50 – B écrit à Ancelle pour l'instruire de ses affaires. Il dit gagner 1200 francs par an en supplément de son revenu. Ses dettes se montent actuellement à 21.236,50 francs. Suivant la demande d'Ancelle, B joint à ce billet une protestation qui conteste une lettre de complaisance en faveur de Trapadoux. Pour la première fois, B mentionne deux de ses poèmes: *Les Tristesses de la lune* et *Le Tombeau vivant* [*Le Mauvais Moine*], copiés par Palis. Il se dit insatisfait du travail de ce copiste et critique ses fautes, ainsi que la reliure de ces feuilles[1].

12 I s 50 – B explique l'affaire Trapadoux à Ancelle. Selon un créancier de Trapadoux, il se serait porté garant d'une dette de son ami. Il se trouve maintenant poursuivi par le prêteur [sans doute René Lurois]. B nie avoir pris cette responsabilité et suggère à Ancelle le moyen de prendre au piège le prêteur, qu'il soupçonne d'avoir falsifié ses comptes[1].

20 I d 50 – Reprise, au Théâtre Historique, d'*Henri III et sa cour* d'Alexandre Dumas. Marie Daubrun joue le rôle de Catherine de Médicis[1].

II 50 – Wagner revient à Paris[1].

25 II v 50 – Louis-Napoléon Bonaparte écrit à Aupick pour lui recommander de continuer d'envoyer ses communications libres et franches, lesquelles sont utiles et justifient sa confiance[1].

III 50 – John M. Daniel fait, dans le *Southern Literary Messenger*, le compte-rendu de l'édition publiée chez Redfield des oeuvres d'EAP. B s'en servira pour son essai: *Edgar Allan Poe, Sa Vie et ses ouvrages*[1]. Dans *Graham's Magazine*, George Graham publie une lettre ouverte à N.P. Willis à propos de Rufus Griswold, qu'il traite de menteur et de calomniateur, à l'égard d'EAP[2].

[entre le 7 III j et le 19 V d 50] – Publication, dans *Le National*, quotidien, des *Nuits de Ramazan*, partie du *Voyage en Orient* de Gérard de Nerval[1].

20 III me 50 – Fin de la publication du journal socialiste, *Le Travail*, à Dijon. Jules Viard en est le rédacteur-en-chef[1].

23 III s 50 – Lors de la création de *Charlotte Corday*, pièce de Ponsard, l'acteur Bignon aurait utilisé l'expression: "entrer dans la peau du personnage" de la pièce. Dans la notice de B sur Pierre Dupont, cette formule sera soulignée[1].

25 III l 50 – Mort d'Augustin-Jean-Zacharie Poulet-Malassis, père de P-M[1].

30 III s 50 – Première, au Théâtre Historique, d'*Urbain Grandier*, drame en cinq

actes d'Alexandre Dumas et de Maquet. Marie Daubrun joue le rôle d'Estève, mère de Grandier[1]. Mme Vve Poulet-Malassis demande en son nom propre les brevets d'imprimeur et de libraire de son mari défunt[2].

9 IV ma 50 – B a vingt-neuf ans[1].

10 IV me 50 – P-M et sa soeur donnent leur consentement à la demande de brevets d'imprimeur et de libraire, faite au gouvernement, par leur mère. P-M est décrit comme élève de l'Ecole des Chartes, résidant à Paris, mais domicilié à Alençon[1]. Louis-Napoléon Bonaparte remercie Aupick d'une lettre détaillée sur "le véritable état des choses" à Constantinople; il l'encourage à en écrire d'autres[2]. Le Prince-Président répond favorablement aussi à la demande extraordinaire que lui a faite Aupick pour promouvoir Lefrançois, capitaine d'artillerie[3].

20 IV me 50 – La *Gazette des Tribunaux* annonce que Ducessois et Bonaventure, imprimeurs, seront poursuivis pour affaire politique jugée offensante vis à vis du pouvoir[1].

25 IV l 50 – Aupick fait part à Thouvenel des bruits qui courent, selon lesquels il serait remplacé par le Prince Murat. On dit d'Aupick qu'il serait ministre ou qu'il aurait un important commandement militaire. Il ne se sent pas qualifié pour un portefeuille ministériel et préférerait l'autre solution[1]. Aupick se félicite d'avoir fait avancer les carrières des officiers servant sous ses ordres en Turquie[2].

27 IV s 50 – Michel Lévy publie *La Religieuse de Toulouse*, par Jules Janin. B voudra qu'on en fasse une critique accablante dans le *Hibou philosophe*, journal projeté, probablement en février 1852[1].

28 IV s 50 – Eugène Sue, socialiste, est élu à Paris, face à Leclerc, conservateur[1].

30 IV me 50 – Le gouvernement accorde à Mme Poulet-Malassis les brevets d'imprimeur et de libraire de son mari défunt[1].

début V 50 – Aupick est décoré du Nichan Iftikhar par le Sultan de Turquie[1].

4 V d 50 – La *BF* enregistre la publication de l'*Essai sur la vie et l'oeuvre des Lenain, peintres laonnais*, de Champfleury, à Laon, chez Fleury[1].

5 V l 50 – Aupick indique à Thouvenel qu'il n'acceptera qu'une nomination à un commandement militaire[1].

[env 9 V j 50?] – P-M rencontre B pour la première fois; le poète se trouve en compagnie de Champfleury, chez Perrin, rue du Petit-Lion-Saint-Sulpice[1] [renseignement communiqué par M. Cl. Pichois].

10 V v 50 – De Neuilly, B fait savoir à Nerval qu'il ne pourra pas assister ce soir-là, comme prévu, à la répétition du *Chariot d'enfant*. Il lui sera également impossible de venir le lendemain à la répétition générale, pour laquelle il donnera à P-M le billet qu'il a reçu de Nerval; P-M en profitera pour y amener Champfleury. B demande à Nerval deux places d'orchestre pour lui et pour Jeanne; il voudrait qu'on les envoie au 95, avenue de la République, à Neuilly et qu'elles soient valables durant deux ou trois jours après leur réception[1].

[env 13 V l 50] – Nerval voit B en compagnie de P-M[1].

13 V l 50 – Création, à l'Odéon, du *Chariot d'enfant*, de Méry et Nerval; mise en scène de P. Bocage[1].

15 V me 50 – De Constantinople, Aupick écrit à Thouvenel pour décrire la stupeur de toutes les légations à la nouvelle de l'élection d'Eugène Sue à Paris. Aupick y voit le triomphe prochain des doctrines communistes en France et suggère qu'en présence d'un tel danger, la société puisse chercher son salut dans les mesures les plus extrêmes. Aupick raconte également le dépit de Canning lors de l'annonce de sa décoration[1].

[18 V] s [50] – B apprend à Nerval, par lettre, qu'il désire deux billets d'orchestre pour la représentation du lundi 20 du *Chariot d'enfant*, à l'usage de P-M. Ce dernier habite au 19, rue des Maçons [actuellement rue Champollion]. B voudrait présenter P-M à Nerval et demande à celui-ci de garder pour lui une reproduction des *Nuits du Ramazan*, en cours de publication au *National*. B demande qu'on remette les billets à Mademoiselle Caroline Dardart [peut-être Jeanne Duval], 46, rue Pigale [*sic*], qui les lui fera parvenir[1].

25 V s 50 – Fin de la publication du *Voyage en Orient* de Nerval, dans le *National*. B possédera de ce texte un tirage à part[1]. Aupick écrit à Thouvenel pour lui dire qu'on n'a pas abandonné le projet de le faire remplacer par Murat [c'est toutefois Lavalette qui aura la place][2].

VI 50 – Dans le *Magasin des familles* paraissent *L'Ame du vin* [intitulé *Le Vin des honnêtes gens*] et *Châtiment de l'orgueil*. Ils sont annoncés comme devant faire partie d'un volume de vers, *Les Limbes*. Ces poèmes sont accompagnés d'une note de Léo Lespès[1].

2 VI j 50 – *Le Chariot d'enfant*, de Nerval, disparaît de l'affiche[1].

3 VI l 50 – *La Presse* annonce la parution d'un article de B dans *Le Magasin des familles*, intitulé "L'Influence des images sur les esprits". Cet article n'a pas paru[1].

4 VI ma 50 – *La Presse* annonce que *La Semaine* donnera prochainement *La Fanfario* [*sic*] de B[1]. *La Semaine* annonce que ses abonnés recevront gratuitement tous les mois des textes littéraires tirés des *Veillées littéraires illustrées*, où figure *La Fanfarlo*[2].

8 VI s 50 – Annonce dans la *BF* de la publication par Prost des *Nuits du Ramazan* de Nerval, en tirage à part[1].

19 VI me 50 – *La Semaine* réitère son intention de distribuer gratuitement des textes littéraires; ils comprendraient vraisemblablement *La Fanfarlo*[1].

[été 50] – Au dire d'Alfred Delvau, B fréquente la "Laiterie du paradoxe", cabaret de la rue Saint-André-des-Arts, en compagnie de Delvau lui-même, Watripon, Melvil, Fouques, P-M, Bladé, Nadar et Privat d'Anglemont[1].

1 VII l 50 – A Constantinople, Aupick reçoit la visite de Lamartine, qui l'y avait nommé[1].

3 VII me 50 – Lamartine dîne avec Aupick et le personnel de la légation française, à Thérapia[1].

5 VII v 50 – Aupick informe son ministre, le général de la Hitte, de la visite de Lamartine[1].

[env VII 50] – B entre en contact avec Joseph Bouzeran. Il reçoit de ce dernier l'unique épreuve d'une brochure [peut-être *Essai d'unité linguistique raisonnée, ou de la philosophie du Verbe dans la Trinité catholique*][1].

13 VII s 50 – B publie *Lesbos* dans l'anthologie de Julien Lemer: *Les Poètes de l'amour*, recueil de vers français dont l'éditeur est Garnier. Le volume est annoncé à cette date dans la *BF*[1]. Il y figure également, sous le nom d'Henry Vermot, *A Une Belle Dévote*, poème attribué à B[2].

[env 14 VII d 50] – Ernest Christophe avertit B que P-M part pour Alençon le 10, et que son ami voudrait que B l'y accompagnât[1].

15 VII l [50] – B écrit à P-M pour dire qu'il ne pourra pas l'accompagner à Alençon parce qu'il a "une femme malade;" il allègue avoir du travail à faire pour Buloz et promet à son ami de venir le voir plus tard[1].

[env 18 VII j 50] – B voit P-M, avant le départ de ce dernier pour Alençon[1].

21 VII d 50 – *La Silhouette* publie un compte-rendu anonyme des *Poètes de l'amour*. B est mentionné[1].

29 VII l 50 – B invite Jean Wallon à déjeuner le vendredi, le 2 août, à 11 heures à l'Estaminet de Paris, au Palais-National, pour y voir "un homme singulier", [Lamartine?]. B joint à sa lettre un écrit, qu'il appelle "une triste plaisanterie" et un pauvre échange contre ce que Wallon lui a fait parvenir (un *chat* et *un saumon*). Toutefois, B a lu cet écrit, et en conseille la lecture à Wallon, ou (au mieux) son épilogue[1].

VII-VIII 50 – P-M est reçu dixième sur treize candidats aux examens de l'Ecole des Chartes[1].

2 VIII v 50 – B envoie à Jean Wallon l'épreuve d'une brochure de Joseph Bouzeran (peut-être *Essai d'unité linguistique raisonnée, ou de la philosophie du Verbe dans la Trinité catholique*, Agen, Noubel, 1847, 57 pages). B pense à faire un article sur Bouzeran après réception de son livre[1].

24 VIII s 50 – Philarète Chasles, dans le *Journal des débats*, qualifie Balzac de "visionnaire" ou de "voyant". B retiendra ces qualificatifs, qu'il utilisera dans son essai sur Théophile Gautier[1].

2 IX l 50 – Devant Me Balagny, on met en forme authentique l'obligation de M. et de Mme Jean Labie envers B. Ils ont été empêchés de rembourser cette somme (31.000 francs) à cause des bouleversements de la révolution de 1848. Ils offrent d'hypothéquer les terrains qu'ils ont achetés à B, afin de payer cette dette[1].

18 IX me 50 – B écrit à Jean Wallon qu'un "accident grave" l'oblige à remettre leur affaire au vendredi 20 septembre à 6h. En cas d'empêchement de Wallon, B lui laissera son "paquet" chez le concierge[1]. *La Presse* publie un compte-rendu par Nerval de la première de *Lohengrin*, joué à Weimar au mois d'août précédent[2].

19 IX j 50 – Deuxième publication du compte-rendu de Nerval de *Lohengrin* dans *La Presse*[1].

20 IX v 50 – B dîne avec Jean Wallon, ou tout au moins va chez lui pour y déposer un "paquet" relatif à leur affaire[1].

21 IX s 50 – Dans le *Mouvement des arts. L'Ordre*, Champfleury, à propos d'*Un Enterrement à Ornans* de Courbet, cite une remarque de B sur l'habit noir[1].

28 IX s 50 – La *BF* enregistre la parution du livre de Swedenborg, *Du Ciel et de ses merveilles, et de l'enfer, d'après ce qui a été entendu et vu par Emmanuel Swedenborg*, traduction Le Boys des Guays, à Saint-Amand (Cher)[1].

X 50 – Publication, dans *L'Artiste*, de *Sappho*, poème d'Arsène Houssaye parodié en 1845 par B, Vitu et Banville[3].

1 X ma 50 – Troisième article de Nerval sur les fêtes en l'honneur de Wagner à Weimar. Cette fois, Nerval écrit dans *L'Artiste*[1].

6 X [ou XI] d [ou me] 50 – Le soir, B invite Champfleury, pour qui il traduit une ballade et à qui il explique le *comique d'atelier*[1].

10 X j 50 – Hippolyte Babou fait, dans *La Patrie*, le compte-rendu des *Poètes de l'amour*, de Julien Lemer[1].

22 X ma 50 – Liszt se fait, dans *Le Journal des Débats*, l'écho du succès de *Lohengrin* à Weimar[1].

25 X v 50 – Reprise, à la Porte-Saint-Martin, de *François le champi*, comédie en trois actes et en prose de George Sand. Marie Daubrun joue le rôle de La Sévère[1]. Jules Allix s'enthousiasme dans la *Presse* (organe d'Emile de Girardin), à propos d'une soi-disante découverte sur les escargots. Ceux-ci doivent communiquer entre eux au moyen de boussoles sympathiques. B parlera de cette idée curieuse le 14 avril 1864, se moquant de l'accueil que lui réserve Girardin[2].

26 X d 50 – Suite, dans *La Presse*, de l'article de Jules Allix commencé la veille[1].

XI 50 – Baudelaire habite 95, avenue de la République, au dire de Vitu. Celui-ci se réfère à une lettre [manquante] de B en sa possession[1]. Maxime Du Camp et Flaubert, au cours de leur voyage en Orient, passent une soirée chez le général Aupick et la mère de B. Sans savoir que B est de leur famille, Du Camp fait la louange du poète[2]. *L'Artiste* publie *Sappho*, d'Arsène Houssaye, poème parodié en 1845 par B, Vitu et Banville[2].

4 XI l 50 – La Saint-Charles/Sainte-Caroline[1].

13 XI me 50 – De Neuilly, B écrit à P-M pour l'inviter chez lui le lendemain. Il compte le recevoir seul et attend de lui la lecture d'un manuscrit[1].

14 XI j 50 – B reçoit P-M chez lui, à Neuilly[1].

23 XI s 50 – La *BF* enregistre la publication de *L'Ennui*, par Brierre de Boismont, livre consacré à l'étude des rapports de cet état d'esprit avec le suicide, ainsi que de ses causes[1].

24 XI d 50 – Sous la direction du chef d'orchestre belge Seghers, la société Sainte-Cécile exécute à Paris l'ouverture de *Tannhäuser*[1].

XII 50 – Au Salon de 1850-51, on expose un portrait de Mme Sabatier, par Gustave Ricard[1].

1 XII d 50 – Première, à la Porte-Saint-Martin, de *La Baronne de Bergamotte*, de Saint Yves et Boniface. Marie Daubrun joue le rôle de Bergamotte, comédienne[1].

6 XII v 50 – Flaubert et Maxime Du Camp dînent à Constantinople chez les Aupick[1].

19 XII j 50 – P-M écrit qu'il n'a invité pour Noël que B, Watripon et Christophe[1].

25 XII me 50 – B passe Noël avec P-M, Watripon et Christophe, chez P-M[1].

29 XII d 50 – Eugène Pelletan attaque, dans *La Presse*, la plaquette *H.B.P.M.* [sur Henri Beyle] publiée sans nom d'auteur par Prosper Mérimée, chez Didot. B lit sans doute cet article[1].

[fin XII 50] – Les revenus de B gérés par Ancelle cette année seront de 2400 francs[1].

1851

1851 - Gorotwoth fait le portrait d'Aupick[1]. A Leipzig, F.A. Brockhaus publie *Lohengrin et Tannhäuser de Richard Wagner*[2].

[1851] – B est présenté à Mme Sabatier par Th. Gautier[1].

[1851-1852] – Du 25, rue des Marais-du-Temple, B envoie au président de la Société des Gens de lettres une demande de 85 francs. Il déclare ne rien devoir à la Société et que c'est là sa première demande. B promet de déposer dans quelques jours un roman prêt à être publié dans le *Bulletin* de la Société[1].

[I 51] – Mme A envoie à Ancelle de l'argent pour B[1].

[env 5 I d 51] – Lettre manquante de B à Sainte-Beuve, relative à la brochure de Mérimée: *H.B.P.M.*[1].

7 I [ma] 51 – Sainte-Beuve répond à B au sujet de la brochure de Mérimée[1].

9 [I] j 51 – B en colère écrit à sa mère pour la menacer de ne pas accepter l'argent qu'elle lui envoie, avec la volonté de l'offenser. Puisqu'ils sont brouillés, B estime qu'elle n'a pas à lui faire de cadeaux[1].

11 I s 51 – Marie Daubrun joue le rôle de La Grand'Rose, paysanne riche et belle femme dans *Claudie*, drame en trois actes de George Sand, lors de la première de cette pièce à la Porte-Saint-Martin[1].

25 I s 51 – La *BF* enregistre la publication à Rouen, par A. Lebrument, de *L'Essai historique, philosophique, et pittoresque sur les danses des morts* en deux volumes accompagné de 54 planches et de nombreuses vignettes. L'auteur en est Hyacinthe Langlois[1].

8 II s 51 – La *BF* enregistre, à Evreux, la publication par Costerousse des *Beautés de la ville du soleil et Mr Victor Grandin*, de Le Roy le Ménestrel. B, ayant trouvé ce livre par hasard, l'enverra à Nadar avec une lettre "surprenante" (manquante). Nadar a été, de 1844 à 1846, secrétaire de Grandin, député d'Elbeuf[1].

14 II v 51 – B écrit de la part de Feuchères à Champfleury pour lui apprendre que Wattier a trouvé un "document" sur les Lenain. C'est une estampe où ils sont fidèlement représentés[1].

18 II me 51 – Aupick se plaint à Thouvenel d'être un ambassadeur menacé de rappel[1].

20 II j 51 – Aupick est nommé ambassadeur auprès de S.M. Britannique en même temps que le comte Walewski nommé à Madrid[1].

[24 II l] 51 – Banquet commémoratif de la Révolution de Février. On y porte un toast à Pan, comme dieu tutélaire de cet événement. B interroge celui qui porte ce toast, apprend qu'il se considère comme un païen et le critique pour avoir trop et mal lu Henri Heine[1].

7 III v 51 – *Du Vin et du haschisch. I* paraît dans *Le Messager de l'Assemblée*[1].

8 III s 51 – *Du Vin et du haschisch. II* paraît dans *Le Messager de l'Assemblée*[1].

11 III ma 51 – *Du Vin et du haschisch. III* paraît dans *Le Messager de l'Assemblée*[1].

12 III me 51 – *Du Vin et du haschisch. IV* paraît dans *Le Messager de l'Assemblée*[1].

14 III v 51 – Aupick écrit au ministre pour accuser réception de la lettre annonçant sa nomination comme ambassadeur en Angleterre[1].

18 III ma 51 – Le *Messager de l'Assemblée* annonce le retour d'Aupick à Paris[1].

19 III me 51 – Le *Messager de l'Assemblée* dément le retour d'Aupick de Constantinople. Il attendra l'arrivée de Lavalette, son successeur[1].

20 III j 51 – Lettre manquante de B à P-M[1].

1 IV ma 51 – Le *Messager de l'Assemblée* annonce l'arrivée d'Aupick à bord du *Mentor*[1].

4 IV v 51 – De Londres, Charles Bataille écrit à Nadar; il envoie ses salutations à B et à P-M[1].

5 IV s 51 – Première de *Vol à la duchesse*, annoncée le 9 par le *Messager des théâtres*[1].

8 IV ma 51 – Marie Daubrun joue le rôle de la marquise de Villiers, femme élégante et gaie, lors de la première à la Porte-Saint-Martin, de *Vol à la duchesse*, drame en cinq actes et huit tableaux d'Eugène Grange et Xavier de Montépin[1]. Dans *La Presse*, Théophile Gautier fait une critique élogieuse du portrait de Mme Sabatier par Ricard. Ce portrait paraît au Salon de 1850-51[2].

9 IV me 51 – Le *Messager de l'Assemblée* publie sous le titre: *Les Limbes*, ces poèmes de B: *Pluviôse irrité...*; *Le Mauvais Moine*; *L'Idéal*; *Le Mort joyeux*; *Les Chats*; *La Mort des artistes*; *La Mort des amants*; *Le Tonneau de la haine*; *De Profundis clamavi*; *La Cloche fêlée*; *Les Hiboux*. Ils sont accompagnés d'une note anonyme, mais probablement écrite par B lui-même[1]. On y annonce la parution prochaine du livre chez Lévy[2]. Alfred Busquet, au cours d'un article dans le *Messager des théâtres* sur *Le Vol à la duchesse*, mentionne le nom de Marie Daubrun, qui y joue[3]. B a trente ans[4].

[IV 51] – Champfleury écrit à Philarète Chasles, pour lui décrire sa collaboration au *Messager de l'Assemblée*, fondé récemment. Il s'y dit mal payé mais il peut tout dire. Champfleury appelle B son "ami" et le dit "singulier et plein de talent" et note qu'il a publié dans ce périodique, dans le feuilleton "onze *sonnets* [*sic*]"[1].

12 IV s 51 – La *BF* enregistre la parution des *Etudes sur la littérature et les moeurs des Anglo-Américains au XIXe siècle*, par Philarète Chasles[1]. B s'y serait forgé son opinion des Etats-Unis[2].

18-20 IV v-d 51 – Albert de La Fizelière publie, dans le *Journal des faits*, des traductions de *The Black Cat* et de *The Fall of the House of Usher*. Elles sont dues à William Hughes[1].

20 IV d 51 – Champfleury cite B dans un article sur la pantomime anglaise, paru dans l'*Evénement*. Il tire cette citation d'un article inédit de son "ami B...d...l...r", intitulé "De La Caricature et généralement du comique dans les arts", qu'il dit "sous presse". B utilisera ce texte en rédigeant *De L'Essence du rire*[1].

21-22 IV l-m 51 – Sainte-Beuve publie, dans le *Constitutionnel*, son article sur Pierre Dupont et sur Hégésippe Moreau. Cet article est lu et cité par B dans sa notice sur Pierre Dupont[1].

26 IV s 51 – Audience d'adieu d'Aupick au Sultan de Turquie[1].

28 IV l 51 – Ancelle est élu maire de Neuilly[1].

30 IV me 51 – Aupick quitte Constantinople à bord de la *Vedette*[1].

1 V j 51 – Alexis de Gabriac, en remplaçant Aupick à Constantinople, envoie une lettre d'éloges au ministre à propos de l'ambassade d'Aupick[1].

25 V d 51 – Le sous-préfet de Fontainebleau informe le préfet de Seine-et-Marne qu'il juge répréhensible la conduite de C.-A. Baudelaire[1].

26 V l 51 – Le préfet de Seine-et-Marne porte plainte auprès du garde des Sceaux contre C.-A. Baudelaire, dont la conduite lui semble indigne des fonctions de juge d'instruction. Il est question surtout de l'indulgence montrée à Fontainebleau envers les prisonniers[1].

[env 3 VI ma 51] – B voit Delacroix. Il y a un mois celui-ci avait répondu favor-ablement au souhait de Champfleury, qui lui avait demandé un album. Delacroix n'ayant pas reçu d'écho de cette demande, charge B d'en parler à Champfleury[1].

3 VI ma 51 – Aupick arrive à Paris pendant la nuit, après avoir passé quatre jours à Lyon pour inspecter les nouvelles fortifications. En route, Aupick et Mme A avaient visité Athènes, Messine (après une tempête), Naples, Rome et Marseille, avant de s'arrêter quatre jours à Lyon. Mme A a été malade pendant et après le voyage[1]. B écrit à Champfleury pour lui rappeler qu'ayant demandé un album à Delacroix il y a un mois, il laisse maintenant tomber cette affaire en quenouille[2].

4 VI me 51 – Admis auprès du Prince-Président, Aupick refuse sa nomination à la

cour de Saint James. La raison de ce refus est son désir de ne pas sembler jouer le rôle d'espion par rapport aux princes d'Orléans, actuellement à Londres[1]. Arsène Houssaye fait, dans *L'Artiste*, référence à *La Vie orientale* [*Voyage en Orient*] de Gérard de Nerval. Il mentionne le gibet de l'Ile de Cythère[2].

7 VI s 51 – Ancelle apprend à B que sa mère est de retour de Constantinople et qu'elle loge à l'Hôtel du Danube. B invite sa mère à se rendre à Neuilly. Il promet de la recevoir seul [sans Jeanne Duval], au 95, avenue de la République, où il habite pour le moment[1].

8 VI d 51 – B reste enfermé chez lui à Neuilly[1].

9 VI l 51 – B reste enfermé chez lui à Neuilly[1].

12 VI j 51 – B écrit à Mme A pour lui donner rendez-vous le lundi à Neuilly. Il lui demande d'apporter la pipe et le tabac qu'elle a achetés pour lui à l'étranger[1].

13 VI v 51 – Transmission au procureur général de la plainte contre C.-A. Baudelaire[1]. B travaille à un écrit[2].

14 VI s 51 – B travaille à un écrit[1]. Le comte Walewski est nommé ambassadeur à Londres et le général Aupick à Madrid[2]. La *BF* enregistre les *Lettres et opuscules inédites du comte Joseph de Maistre, précédés d'une notice biographique par son fils, le comte Rodolphe de Maistre*, 2 vols in-8, chez Vaton[3]. B y fait la découverte de cet auteur[4].

[après le 14 VI s 51] – Dans une conversation entre Asselineau et Nadar, ce dernier suggère que Joseph de Maistre est un réactionnaire. Cela provoque de la part de B, qui est présent, une intervention irritée[1].

15 VI d 51 – B travaille à un écrit[1].

16 VI l 51 – Rencontre possible entre B et sa mère[1]. MM Tirlet et Pérignon témoignent en faveur de C.-A. Baudelaire auprès du procureur général[2].

18 VI me 51 – Aupick est nommé ambassadeur à Madrid[1].

21 VI s 51 – A onze heures, B reçoit de sa mère une lettre qui lui donne rendez-vous au Café Berthelemot, Jardin des Tuileries. Il y arrive avant midi et demie et, comme elle ne vient pas, lui écrit de venir le lendemain à la même heure, au même endroit[1].

22 VI d [51] – A cause du mauvais temps, B annule le rendez-vous avec sa mère. Il passe la nuit à Paris[1].

23 VI l 51 – B rentre à Neuilly, où il passe la journée dans sa chambre[1].

26 VI j 51 – Aupick décrit à Thouvenel son voyage de retour de Constantinople[1].

29 VI d 51 – Dans le *Messager de l'Assemblée*, A. Rispal remarque la difficulté de trouver chez les libraires les ouvrages de Joseph de Maistre. C'est à l'occasion de son compte rendu des *Lettres et opuscules*, publiées vers cette date[1].

30 VI l 51 – Mort de Jean Labie[1].

VII 51 – P-M est reçu douxième sur quatorze candidats aux examens de l'Ecole des Chartes. Peu après, il renonce à continuer ses études[1].

[VII 51] – Mme A achète à B un vêtement[1].

[VII-VIII 51] – B relit attentivement les *Chants et chansons* de Pierre Dupont[1].

9 VII me 51 – B doit terminer un article [sans doute sa notice sur Pierre Dupont] et voir son éditeur. Il s'excuse auprès de sa mère de ne pas avoir tenu sa promesse envers elle (il s'agit d'une action concernant l'amélioration de sa vie privée). Il promet de le faire ce soir, avant son départ pour Madrid. Il lui fait part de ses bonnes résolutions et évoque également ses problèmes financiers. Il fait allusion à la mauvaise santé de Mme A et dit qu'il ne compte pas rester dans son logement à Neuilly[1]. Avant de partir, Mme A répond à la lettre de son fils par ce qu'il appelle une "lettre charmante"[2].

[été 51?] – Au dire d'Alfred Delvau, B fréquente le cabaret du père Cense, à Fontenay-aux-Roses. Delvau décrira ce cabaret dans le *Rabelais* du 27 mai 1857, nommant parmi les habitués de cet établissement, Champfleury, Heynette de Kesler, Promayer [*sic*], J.-L. Debillemont et Léon Fuchs[1].

10 VII j 51 – Les Aupick partent pour Madrid[1]. B écrit à Armand Dutacq pour se présenter à lui. Il déclare vouloir placer dans *Le Pays* un ouvrage qui occupera quelques feuilletons: *Du Comique dans les arts et des caricaturistes*. Il le dit achevé. Il est en train de le recopier. B se recommande de Champfleury, de Solar et d'Esquiros. Dutacq pourra les consulter[2].

12 VII s 51 – La *BF* enregistre *Lettres sur l'art français en 185◇*, par Philippe de Chennevières, où B est comparé favorablement à Champfleury, à Thoré et à

Planche[1].

[mi-VII 51] – B emménage avec Jeanne Duval, 25, rue des Marais-du-Temple[1].

19 VII s 51 – Création, à la Porte-Saint-Martin, de *Salvator Rosa*, drame de Ferdinand Dugué, musique de Vaillard. Philibert Rouvière y joue. B envisagera un drame sur un sujet similaire[1].

28 VII l 51 – Les Aupick arrivent à Madrid, après un voyage au cours duquel ils ont été très cordialement reçus par les Espagnols. Pourtant, ils se trouvent sans domicile à cause de l'imprévoyance du baron de Bourgoing, qui avait abandonné le sien sans songer à le proposer à Aupick. Celui-ci va devoir attendre plusieurs semaines avant d'entrer en possession de la Casa Villhermosa, au Prado[1].

[fin VII 51] – B a l'occasion de consulter "des papiers de jeunesse de Balzac". Il se rend deux fois chez Mme Vve Balzac. Le Dr Nacquart, que B n'a pas vu depuis plus de vingt ans, lui a joué, auprès de Mme de Balzac un "abominable tour"[1].

29 VII ma 51 – Champfleury, offusqué, écrit à B pour lui reprocher de s'être rendu deux fois chez Mme Balzac à Beaujon. Champfleury a deviné que B a fait ces visites[1].

30 VII me 51 – Champfleury attend B chez lui, le matin, jusqu'à 8 h. Il voudrait une explication sur les deux visites de son ami chez Mme Vve Balzac[1].

VIII 51 – A Londres, Aurélien Scholl écrit *Spleen*, poème qu'il insérera dans l'*Eclair* du 24 octobre 1852[1].

5 VIII me 51 – A Madrid, Aupick présente à la reine Isabelle II ses lettres de créance[1].

11 VIII ma 51 – *La Sylphide* publie des extraits de la notice de B sur Pierre Dupont, jugée "remarquable"[1].

23 VIII s 51 – B assiste, au Théâtre du Gymnase, à la première de *Mercadet le faiseur* de Balzac[1].

26 VIII ma 51 – B écrit sur l'album de Mme Francine Ledoux: "A mesure que l'homme avance dans la vie...." Il cite à nouveau l'idée de Stendhal tirée de *De L'Amour*: la beauté est "la promesse du bonheur"[1].

28 VIII j 51 – B touche son argent du mois et dépense 200 francs en emplettes jugées

nécessaires: vêtements et meubles[1]. Après un mois de vie commune B trouve que son ménage avec Jeanne Duval ne lui procure pas la tranquillité attendue[2]. *Le Pays* commence la publication de *Mercadet le faiseur*, pièce de Balzac[3].

[fin VIII 51] – B publie une notice consacrée à Pierre Dupont à l'occasion de la vingtième livraison de ses *Chants et chansons*. Selon B, Dupont, à l'exemple d'Auguste Barbier, est grand en raison de la faculté qu'il a d'être au diapason de ses contemporains. Dans le mouvement actuel de *l'art pour l'art*, B voit une impudence académique. Il attribue le succès des chansons de Dupont à l'amour du poète pour l'humanité, à son goût infini de la République et, enfin, à la présence de la joie dans ses oeuvres. B considère Dupont comme le digne compagnon de Proudhon, son semblable en politique. C'est à Dupont que revient l'honneur d'avoir ouvert la porte à la poésie populaire[1]. B reçoit pour ce travail un salaire assez généreux. Avec cet argent, il paie à son tailleur 50 francs et 50 francs pour ses meubles. Il règle également d'anciennes dettes[2].

30 VIII s 51 – Après un silence de plus de six semaines, B écrit à sa mère pour lui demander 200 francs. Il a dépensé tout son argent du mois, à cause des frais d'installation rue des Marais-du-Temple. Le retard apporté dans la publication de son étude sur la caricature le laisse sans argent. Ses difficultés avec Jeanne l'amènent à prier sa mère de lui envoyer cet argent, non pas chez lui, mais plutôt par Mme Lenglet ou M. Olivier, qui sont les seules personnes qu'il voit avec plaisir, pour l'heure. B envoie à sa mère une de ses brochures [sans doute *Pierre Dupont*] et propose de lui faire parvenir le *Mercadet* de Balzac, en cours de publication au *Pays*. B exprime des doutes sur sa carrière littéraire. Il se juge trop raisonneur et trop lecteur pour pouvoir écrire sans arrières pensées, de façon directe. Il prévoit un destin difficile pour son livre de poésie, à cause des conditions faites à ce genre d'écrit en France. B a vu J.-J. Levaillant, qui lui demande de transmettre à Mme A son bon souvenir. L'épisode du Dr Nacquart le laisse perplexe; il évoque la prédiction du médecin qu'il mourra prématurément. Il affirme que Nacquart l'a également menacé de sévices[1].

1 IX l 51 – B doit rembourser l'argent qu'il a emprunté à Houssiaux, son libraire[1].

[11 IX j 51] – B reçoit la première feuille à corriger des *Excentriques* de Champfleury[1].

[12 IX v 51] – B va chez Lévy pour chercher la copie manuscrite des *Excentriques* de Champfleury, livre que ce dernier lui a demandé de corriger[1].

[env 13 IX v 51] – B fait une demande à un certain Duras, peut-être à propos d'une affaire relative à Champfleury. A cette date, la demande reste sans réponse[1].

[13 IX v 51] – B fait savoir à Champfleury qu'il n'a pas de réponse de Duras. Malgré l'absence de manuscrit, B corrige la première feuille des *Excentriques* (de Champfleury). Il avertit son ami qu'il y a beaucoup de fautes d'imprimerie. Il a pris également la liberté de corriger quelques tournures. Il ajoute à l'adresse de Champfleury la liste des termes à vérifier, avec un dictionnaire[1].

13 IX s 51 – Fin de la publication, au *Pays*, de *Mercadet*, de Balzac[1].

15 IX l 51 – Asselineau, dans *L'Artiste*, cite la conception de B, selon laquelle un artiste peut être jugé d'après son public. La remarque est faite à propos de Corot[1].

[env 15 IX l 51] – Ayant lu la remarque d'Asselineau le concernant dans *L'Artiste*, B va le chercher au Divan Lepelletier, mais ne l'y trouve pas[1].

27 IX s 51 – La *BF* enregistre la publication de *La République du peuple, almanach démocratique*, contenant *L'Ame du vin* de B. Le poème est accompagné d'une gravure de Damourette, gravée par Coste. Ce volume est rédigé par Arago, Carnot, Charras, Curnier, Durand Savoyat, Lastrade, Michel de Bourges, Sain, Schoelcher (tous représentants du peuple); par des anciens constituants: Th. Dufour et Sarrans jeune; et par d'autres: E. Caylus; Pierre Dupont; Léopold Duras, Forgues, Geniller, Alphonse Karr, Pierre Lachambaudie, A. Lombard-Morel, Gustave Mathieu, A. Morel, Mussot, Th. Pelloquet. Il est en vente au bureau du *National*[1].

X 51 – Fondation de la *Revue de Paris*, deuxième du titre[1].

1 X j 51 – Le garde des Sceaux demande au procureur-général une réponse immédiate concernant C.-A. Baudelaire ainsi que les charges pesant contre lui[1].

12 X l 51 – Décret Faucher, qui encourage les auteurs des pièces à but moral et éducatif[1].

[première quinzaine de X 51] – B va plusieurs fois chez Amédée Pichot; il apprend enfin que ce dernier n'est pas à Paris. B voulait trouver l'édition [de Redfield] des oeuvres d'EAP[1].

15 X me 51 – A un destinataire inconnu, B écrit pour demander qu'on fasse venir de Londres, au plus vite, l'édition [Redfield] des oeuvres d'EAP, de préférence celle avec une notice nécrologique, s'il y en a une[1]. Le procureur-général envoie au garde des Sceaux un réquisitoire sur C.-A. Baudelaire. Il recommande que celui-ci soit réduit à la fonction de simple juge[2].

27 X l 51 – Le *Moniteur* annonce le décret Faucher du 12 octobre[1].

XI 51 – B commence à penser qu'il faut se séparer de Jeanne Duval, qui lui cause de grands ennuis[1]. A Madrid, Aupick intervient pour obtenir une réparation en faveur du gouvernement espagnol, à la suite d'une manifestation violente aux Etats-Unis. Celle-ci était dirigée contre un consul d'Espagne et avait concernée l'affaire de Cuba[2].

[automne 51] – B frappe Jeanne avec une console, et la blesse[1].

4 XI ma 51 – La Saint-Charles/Sainte-Caroline[1].

6 XI j 51 – Premier numéro de la *Semaine théâtrale*, revue consacrée à la critique littéraire, musicale et artistique. Le directeur en est Charles Monselet[1].

11 XI ma 51 – C.-A. Baudelaire est réduit à la fonction de juge à Fontainebleau à la suite de la recommandation du procureur-général[1].

25 XI ma 51 – De Madrid, Aupick écrit à Thouvenel pour décrire sa vie dans cette ville. Il se plaint de la lenteur diplomatique des Espagnols[1].

26 XI me 51 – Première représentation du *Mariage de Victorine*, par George Sand. B en conseillera l'étude dans la revue qu'il projette de fonder: *Le Hibou philosophe*[1].

27 XI j 51 – B publie dans la *Semaine théâtrale* "Les Drames et les romans honnêtes"[1]. Il s'y moque de *La Ciguë* et de *Gabrielle*, pièces d'Emile Augier. B trouve leur moralité "bourgeoise" assez douteuse, puisqu'elle mène plutôt au vice qu'à la vertu (qualité qui est le but de l'auteur de ces ouvrages). B voit dans cette école une réaction contre le romantisme violent de *Mademoiselle de Maupin* de Gautier, ou de *Kean, ou Désordre et génie*, de Dumas père. Il s'élève contre l'emploi de termes religieux en des circonstances profanes, comme on en trouve chez les écrivains de cette école, ainsi que chez les "poètes abrutis par la volupté païenne". Il déplore l'esprit qui permet le succès de *Jérôme Paturot*..., et lui oppose les écrits de Pierre Leroux et de Proudhon. Il loue également Victor Hugo et Viollet-le-Duc et critique la réduction de l'art à la propagande. Aucune oeuvre belle ne pourra être moralement laide. Il cite l'auto-défense de Balzac, contre l'attaque d'Hippolyte Castille, dans *La Semaine* du mois d'octobre, 1846. Les écrits de Balzac sont taxés d'immoralité. B trouve que les ouvrages moral-isateurs de Berquin, de Montyon et d'Emile Augier rendront leurs émules vicieux et non vertueux. Il qualifie également le décret Faucher de "satanique" et déclare qu'il encouragera l'hypocrisie. B termine son article en disant qu'il a l'intention

d'analyser les tentatives de Balzac et de Diderot visant à rajeunir le théâtre[2].

2 XII ma 51 – Coup d'état. B essuie plusieurs coups de feu[1].

[première semaine de XII 51] – P-M quitte Paris, à la suite du coup d'état[1].

11 XII j 51 – Richard Lesclide note dans son journal que Monselet veut se mettre à la tête de la nouvelle école littéraire: Banville, Thomas, Champfleury, B[1].

19 XII v 51 – Première, à la Gaîté, de *La Fileuse*, drame en cinq actes de J. Barbier et Michel Carré. Marie Daubrun y joue le rôle d'Arabelle, femme légère, maîtresse d'un lord anglais[1].

21 XII d 51 – Dans le *Messager des théâtres*, A.-H. Monnier, faisant la critique de *La Fileuse*, mentionne le nom de Marie Daubrun[1].

31 XII me 51 – Les avances faites à B par sa mère auront atteint cette année-là un total de 1000 francs[2].

[fin 51] – B envoie des poésies à Théophile Gautier. Parmi elles, il préfère: *Les Deux Crépuscules*; *La Caravane* [*Bohémiens en voyage*]; *Le Reniement de saint Pierre*; *L'Artiste inconnu* [*Le Guignon*]; *L'Outre de la volupté* [*Les Métamorphoses du vampire*]; *La Fontaine de sang*; *Le Voyage à Cythère*. B a parlé avec Gérard de Nerval du sens d'*Un Voyage à Cythère*. Cet envoi de poésies est le second de B à Gautier, un des directeurs de la nouvelle *Revue de Paris*; B les lui soumet en vue d'une publication et lui demande de l'aider auprès de Maxime Du Camp, autre membre du comité de rédaction de cette revue. Si ces poésies sont acceptables, B promet d'en envoyer d'autres, plus *voyantes* encore[1]. Les revenus de B gérés par Ancelle seront de 2400 francs[2].

1852

1852 – On démolit les vieilles constructions de la place du Carrousel. Ce changement du milieu urbain inspirera plus tard à B la composition du poème: *Le Cygne*[1]. La maison natale de B est vendue à la Société Hachette[2]. Date-limite de la composition des douze poèmes: *A Une Mendiante rousse*; *Bohémiens en voyage*; *La Fontaine de sang*; *Le Guignon*; *Les Métamorphoses du vampire*; *La Mort des pauvres*; *La Musique*; *La Rançon*; *Le Vin des chiffonniers*; *Un Voyage à Cythère*; *A Celle qui est trop gaie*[3]. B envoie à Achille Ricourt un texte manuscrit, *L'Ivresse du chiffonnier* [*Le Vin du chiffonnier*][4]. Léon Noël fait une lithographie du portrait d'Aupick par Gorotwoth[5]. Première version du poème: *La Rançon*, lequel contient une strophe supprimée en 1857. Le manuscrit portera la note: "Socialisme mitigé"[6].

[début 52?] – B écrit une lettre d'amour passionné à "Madame Marie", 15, cité d'Orléans. Il lui renouvelle ses sentiments, l'assure de son respect et la prie de bien vouloir être son inspiratrice. Croyant comprendre qu'elle refuse de poser [sans doute pour un peintre], il la prie de reprendre ce travail[1]. Thouvenel est nommé directeur des Affaires politiques au Ministère [des Affaires étrangères]. Aupick rétablit leur correspondance, interrompue depuis Constantinople[2].

I 52 – Le *Bulletin de la Société des Gens de Lettres* publie *Héloïse, fragment autobiographique*, de Charles Barbara. B le lira[1].

4 I d 52 – Marie Daubrun demande à George Sand de jouer *Claudie* dans une représentation donnée à son bénéfice par le théâtre de la Gaîté[1].

8 I j 52 – La *Semaine théâtrale* annonce une "esquisse littéraire" d'Armand Baschet sur B. Elle n'est pas parue[1].

14 I me 52 – P-M note que B le mène chez Daumier, quai d'Anjou[1].

22 I j 52 – La *Semaine théâtrale* publie "L'Ecole païenne", article de B écrit à la demande de Charles Monselet, directeur du journal[1].

24 I s 52 – La *BF* enregistre la publication à Rouen, chez A. Lebrument, de l'*Essai...sur les danses des morts* par Eustache-Hyacinthe Langlois, publié en 1851[1].

30 I v 52 – B renvoie à Armand Dutacq les numéros du *Pays* contenant *Mercadet Le Faiseur* de Balzac, bien qu'il n'ait pas fini de les examiner. Il prépare en collaboration un article sur Balzac[1].

[env 1 II d 52] – B discute avec Champfleury et Armand Baschet la création d'un journal, dont le titre serait *Le Hibou philosophe*[1]. B rédige et envoie à Champfleury une note où il explique ses idées sur ce projet. Il conseille notamment des articles sur: Gautier; Sainte-Beuve; la *Revue des deux mondes*; Balzac auteur dramatique; "La Vie des coulisses;" "L'Esprit d'atelier;" Gustave Planche; Alexandre Dumas; Jules Janin; Eugène Sue; Paul Féval; les poèmes d'Arsène Houssaye et ceux d'Auguste Brizeux; les *Lettres et mélanges* de Joseph de Maistre; *Le Mariage de Victorine* de George Sand; *La Religieuse de Toulouse* de Jules Janin; la traduction d'Emerson, *Essais de philosophie américaine*, faite par Emile Montégut; Florian; Sedaine; Ourliac; toutes les "écoles du jour" (ce dernier article devrait être rédigé par les cinq collaborateurs collectivement. Il porterait sur Hugo, Gautier, Banville, Musset et autres). B voit en Sébastien Mercier et Bernardin de Saint-Pierre des précurseurs de leur siècle. Les libraires susceptibles de leur être utiles

sont: Furne; Houssiaux; Blanchard (Hetzel); Lecou; Michel Lévy; Giraud et Dagneau; Amyot, Charpentier, Baudry; Didier; Sandré; Hachette; Garnier; Gaume;
Cadot; Souverain; Potter[2]. Champfleury répond à B par un "Essai de contrat
et de règlement pour la rédaction du *Hibou philosophe*"[3]. Sur une maquette du
projet pour ce périodique projeté, Champfleury note le titre d'un article de B à
paraître: "De la caricature"[4].

1 II d 52 – *Les Deux Crépuscules* [*Le Crépuscule du matin* et *Le Crépuscule du
soir*] paraissent dans la *Semaine théâtrale*[1]. Neuvième et dernier numéro de ce
journal[2].

[env 3 II ma 52] – B voit Armand Baschet, avec qui il discute le projet de créer *Le
Hibou philosophe*[1].

3 II ma 52 – B écrit à Baschet à propos de leur projet de créer un journal. Il craint
que Baschet ne perde son enthousiasme, à la suite de conseils de prudence. B
l'invite chez lui pour s'entretenir de l'étude que Baschet doit faire sur Vigny, et lui
annonce qu'il pourra voir Champfleury en sortant[1]. Doivent collaborer à ce journal
Monselet, André Thomas, Nerval, Asselineau, Banville et Baschet lui-même[2].

[env 21 II s 52] – Maxime Du Camp accuse réception des dix-huit pages, copie de
l'article sur EAP, qui doivent paraître dans la *Revue de Paris*[1].

21 II s 52 – L'après-midi, B se rend chez Pillet, fils aîné, pour examiner les épreuves
de son étude sur EAP, à la demande de Maxime Du Camp. Celui-ci voudrait déjà
tirer ce qui est publiable[1].

22 II d 52 – B envoie à la *Revue de Paris* des détails sur les corrections à apporter
à son étude sur EAP. Il voudrait ajouter la date de la mort de l'écrivain[1]. Pour
son essai, B sera redevable à John M. Daniel et à John R. Thompson [*qu. v.*] de
bien des détails, et même de certaines vues d'ensemble[2].

23 II l 52 – B envoie à Louis-Stanislas Godefroy, agent central de la Société des
Gens de Lettres une demande de 60 francs, adressée au Président de celle-ci. Il
demande l'appui de Godefroy, tout en reconnaissant qu'il a des reproches à se faire
à son égard. Pour se défendre il dit qu'il ne doit à la Société que 42 francs, que
sa situation présente est bonne et qu'il lui envoie une "très curieuse nouvelle". Il
espère rembourser cet argent dès qu'il aura reçu celui que lui doit le *Pays*[1]. A la
réception de cette lettre, Francis Wey, vice-président de la Société, recommande
une allocation de 50 francs à B[2].

[III 52] – Jeanne étant devenue un obstacle à son bonheur, B se résout à se séparer d'elle et à ne la revoir jamais[1]. Ses difficultés conjugales le forcent de travailler la nuit[2].

1 III l 52 – La première partie d'*Edgar Allan Poe, Sa Vie et ses ouvrages* paraît dans la *Revue de Paris*[1]. B voit l'imprimeur de la *Revue des Deux Mondes*, qui lui prête pour huit jours un exemplaire de cette revue, où se trouve commenté par le comte Alexis de Saint-Priest *La Société et les gouvernements de l'Europe depuis la chute de Louis-Philippe*, livre écrit par Capefigue. B l'a emprunté pour Ancelle ou sur sa recommandation, à cause de ce commentaire[2]. Ce volume est paru avant, le 1 VI 49[3].

5 III v 52 – B demande à Ancelle son argent du mois, ne voulant pas attendre jusqu'au 15. Il n'est pas allé voter car, dit-il, le coup d'état du 2 décembre l'a "physiquement dépolitiqué". B déclare qu'un homme [Amic] a offert de lui avancer la somme de 22.000 francs sous des conditions bizarres, ainsi que la direction d'une honorable entreprise, une grande revue[1].

6 III s 52 – B prend chez Ancelle 200 francs, son argent mensuel, neuf jours avant la date convenue[1].

10 III me 52 – Dans une lettre à Champfleury, Armand Baschet envoie ses salutations à Monselet, à Schanne, à Silvestre et à B[1].

[env 17 III me 52] – B reçoit au Café Tabourey une lettre de P-M[1].

20 III [s 52] – A P-M, B accuse réception de la lettre reçue il y a quelques jours. Il lui donne de ses nouvelles et celles du pays. La politique ne l'intéresse plus, depuis le coup d'état. Amic, qui lui avait offert, ainsi qu'à Champfleury, la direction d'une grande revue qu'il voulait fonder, est maintenant très réticent à son égard[1].

[env 27 III s 52] – B va à la poste s'informer sur les possibilités d'envoyer une lettre à sa mère. Là, on lui donne une explication qu'il trouve incompréhensible sur le courrier entre Bayonne et Madrid[1].

27 III s 52 – L'après-midi, de 2h à 4h30, assis dans un café en face de la grande poste, B écrit à sa mère pour la première fois depuis sept mois. Elle lui a écrit quatre fois. Il lui envoie *Drames et romans honnêtes*, *L'Ecole païenne* et *Les Deux Crépuscules*. Jeanne lui cause des ennuis, raison pour laquelle il demande à sa mère de lui adresser ses lettres chez Mme Olivier. Un médecin (sans doute le Dr Pigeaire, de Neuilly), lui a proposé des traitements à prix réduit. Pour pouvoir faire ses traductions d'EAP, B se réfugie parfois à la Bibliothèque Impériale, parfois dans un café ou chez un marchand de vin. Ses dettes dans le quartier se montent

actuellement à 400 francs. Il voudrait acheter des livres et "un peu de toilette", et, pour ce faire, demande à Mme Aupick la somme de 1.000 francs. Cette somme devrait lui permettre d'arriver chez le médecin avec l'argent pour payer le premier mois du traitement, soit 150 francs[1].

[fin III 52] – Marie Daubrun est à Milan[1].

1 IV j 52 – La deuxième partie d'*Edgar Poe, Sa Vie et ses ouvrages* paraît dans la *Revue de Paris*[1].

[env 7 IV me 52] – B reçoit, à cause d'un malentendu innocent, une grosse somme d'argent de Mme A, plus qu'il n'aurait dû recevoir. Avec cet argent, il paie ses dettes[1]. B attend une réponse de sa mère[2].

7 IV me 52 – B quitte son logement 25, rue des Marais-du-Temple[1]. Il passe chez les Olivier pour chercher la lettre de sa mère contenant l'autorisation de prendre les 1.000 francs qu'il a demandés[2]. Gautier écrit à Champfleury qu'il est allé le voir avec B, mais qu'ils ne l'ont pas trouvé[3].

[printemps 52] – Après leur séparation, B va voir Jeanne deux ou trois fois par mois, pour lui apporter de l'argent[1].

[printemps 52?] – B signe un reçu pour 50 francs de la *Revue de Paris*, acompte sur *L'Illuminisme américain*[1].

8 IV j 52 – B reçoit du libraire Lecou la somme de 72,50 francs, paiement de l'article sur EAP[1].

9 IV v 52 – B a 31 ans[1]. Nadar publie une note sur B dans son *Journal pour rire*[2].

[deuxième semaine de IV 52] – B reçoit de sa mère l'autorisation de prendre 1100 francs, dont 500 doivent se trouver chez Ancelle. Il touche cette dernière somme[1].

17 IV s 52 – B se rend chez les Olivier. Mme Olivier lui fait part de ses scrupules, à propos des questions financières entre lui et sa mère. B l'écoute poliment. M. Olivier se joint à cette conversation et ajoute des réflexions désobligeantes pour B, lui reprochant ses positions religieuses mais aussi son impécuniosité préjudiciable à Aupick. Il s'agit des 600 francs confiés aux Olivier par Mme A et destinés à B, lesquels lui sont refusés, sous prétexte qu'il en a déjà pris 500 chez Ancelle. Cet argent sera renvoyé à Mme A par les Olivier. Ce jour même, B lit la préface, par Nicole, aux *Nouveaux Eléménts de géométrie* d'Antoine Arnauld. Il y trouve l'idée que les mérites supérieurs en moralité sont indispensablement liés avec la logique,

et que l'illogique d'Olivier suppose donc un manque de vertu réelle[1]. La traduction de *Bérénice* paraît dans *L'Illustration*[2].

18 IV d 52 – B écrit une lettre insultante à M. Olivier pour se venger des critiques de cet homme, mais il ne l'envoie pas[1].

19 IV l 52 – A Champfleury, B écrit pour se faire pardonner de lui avoir causé une dépense "abominable" pour son dîner. Il explique à son ami que son propre argent a été renvoyé à Madrid[1].

20 IV ma 52 – Cet après-midi, Amiel fait une note dans son journal intime à propos de l'article sur EAP et de la traduction de B de *Bérénice* dans *L'Illustration*[1].

V 52 – Véron fait publier un volume de vers intitulé *Les Limbes*, par Georges Durand[1]. La *Bibliothèque universelle de Genève* mentionne les *Tales* d'EAP[2].

2 V d 52 – Flaubert demande à Louise Colet si elle a lu l'essai de B sur EAP dans la *Revue de Paris*[1].

6 V j 52 – Marie Mattéi écrit à Théophile Gautier une lettre où se trouverait la source d'un vers du poème: *Le Vampire*[1].

8 V s 52 – B reçoit d'Antonio Watripon une demande de renseignements pour un article sur lui qui doit paraître dans le *Dictionnaire universel, Panthéon littéraire et encyclopédique illustré*, auquel collabore Watripon. Cette demande est urgente, car le livre en est à la lettre B. Le nom de B ne figurera d'ailleurs pas dans ce volume[1].

9 V d 52 – B écrit à Maxime Du Camp pour dire le grand plaisir que lui a procuré la lecture de "Joseph, fils de Jacob", légende arabe, traduite par le docteur Perron dans *Le Salmis de nouvelles*. Il cite Joseph De Maistre, à propos de l'Islamisme, référence sans doute aux *Soirées de Saint-Pétersbourg*[1]. B doit sortir pour aller chez Champfleury et prie quelqu'un [Jeanne?], de préparer à déjeuner. Il rentrera à 11h[2].

[env 10 V l 52] – A Antonio Watripon, B envoie une note donnant quelques détails biographiques sommaires et la liste des ses publications. Il compte publier prochainement à la *Revue de Paris, La Physiologie du rire*, ainsi que son *Salon des caricaturistes* et *Les Limbes*, poésies, chez Michel Lévy[1].

19 [V] me [52] – A midi, B écrit à Champfleury, qui est chez le Dr Pigeaire, à Neuilly. Retenu chez lui pour une affaire de créancier, B pense avoir à manquer de

parole à son ami pour la préface de la nouvelle édition des *Contes vieux et nouveaux* ou des *Aventures de Mlle Mariette*, à paraître au début de 1853[1]. Il craint que Champfleury ne soit mécontent de la préface qu'il prépare. Baschet vient de sortir de chez B, lui ayant montré une lettre d'un imprimeur. Par Baschet, B apprend que Champfleury rentrera à Paris le jeudi[2].

[env 19 V me 52] – Champfleury écrit à B, qui habite maintenant 11, boulevard Bonne-Nouvelle, pour l'avertir que si la préface n'est pas faite le jeudi matin, il la fera lui-même[1].

20 V j 52 – B va chez Du Camp et, après, tâche d'achever la préface demandée de Champfleury. Ce dernier est rentré de chez le Dr Pigeaire[1].

[fin V 52?] – B renvoie à Champfleury des épreuves corrigées. Champfleury a décommandé la préface promise[1].

25 V ma 52 – Dans ses "Notes intimes", [en manuscrit], Champfleury observe que B est le disciple de Jules Simon, dans le domaine de la rhétorique[1].

29 V s 52 – La *BF* enregistre la publication des *Physiognomies littéraires de ce temps* [sur Balzac] par Armand Baschet, avec notes de Champfleury[1]. B en recevra un exemplaire[2].

VI 52 – A Bruxelles, Marie Daubrun joue Estève dans la reprise d'*Urbain Grandier*[1].

[22 VI ma 52] – Lettre manquante à Mme A[1].

[été 52] – Maxime Du Camp prête 200 francs à B[1].

[VII 52?] – Fragment de lettre de B à Gautier. B se plaint de la chaleur du temps parisien[1].

5 VII l 52 – Sainte-Beuve annonce à B qu'il pourra le voir le lendemain[1].

6 VII ma 52 – B va à l'Institut voir Sainte-Beuve, qui en sort à 4h45[1].

[avant le 15 VII j 52] – B fait la connaissance de Charles Barbara, qui lui fait une impression favorable. Il recommande chaleureusement à Maxime Du Camp ce jeune écrivain pour collaborer à la *Revue à Paris*, surtout en raison de son oeuvre: "Héloïse, fragment autobiographique," parue dans le *Bulletin de la Société des gens de lettres*, en janvier[1].

15 VII j 52 – B écrit à Charles Barbara. Ne sachant pas son adresse, que Barbara a omis de donner lors de leur rencontre, il remet cette lettre à Alfred Busquet pour qu'elle soit expédiée à son destinataire. B encourage Barbara à soumettre une nouvelle à Maxime Du Camp, dont l'accueil sera chaleureux, lui assure-t-il[1].

29 VII j 52 – Dans le manuscrit de ses "Notes intimes", Champfleury dit que B est allé demander à Bellegarigue, rédacteur du *Moniteur de l'épicerie*, de l'admettre parmi ses collaborateurs. A la même époque B pense faire un livre qu'il compte appeler *Conversations de Charles Baudelaire avec les anges*. Ce projet ne se réalisera jamais[1].

VIII 52 – B quitte le boulevard Bonne-Nouvelle[1]. Il logera pendant quelques mois chez Abel Bonjour[2]. Ayant négligé d'avertir sa propriétaire de son départ il laisse donc courir son loyer. Il trouve désagréable de laisser en sa possession l'ensemble de ses livres et de ses papiers. Elle les retiendra jusqu'à ce qu'il paie le loyer d'un logement non-utilisé[3].

21 VIII s 52 – Nadar appelle B "notre premier critique d'art" dans un article sur Daumier dans le *Journal pour rire*[1].

[env 25 VIII me 52] – B remet une nouvelle à la Société des Gens de Lettres[1].

30 VIII l 52 – A cause d'un besoin d'argent "très urgent et très violent", B demande 60 francs à la Société des Gens de Lettres. Il mentionne la nouvelle qu'il leur a remise il y a quelques jours, qui devrait être "d'une dimension suffisante". D'après lui, il ne doit à la Société que 80 et quelques francs[1].

IX 52 – La *Revue britannique* publie, sous le titre de *L'Aéronaute hollandais*, la traduction par Amédée Pichot des *Unparalleled Adventures of One Hans Pfaall*. Il est possible que B se soit attendu à y voir paraître sa propre traduction de l'ouvrage d'EAP et qu'il considère cela comme un mauvais tour qu'on lui a joué[1]. A Saint-Pétersbourg, l'on donne, dans *Pantéon*, une version russe d'"Edgar Allan Poe, Sa Vie et ses ouvrages", sans la signature de B ni du traducteur[2].

11 IX s 52 – Marie Daubrun joue Elmire dans *Tartuffe*, à l'Odéon[1].

14 IX ma 52 – Maxime Du Camp conseille à B de "s'affranchir de" quelqu'un [Marie Daubrun?]. B médite, à ce propos, "sinon une tricherie, au moins [son] indépendance"[1].

16 IX j 52 – B promet de donner le manuscrit du *Puits et la pendule* à Maxime Du Camp dès qu'il aura trouvé un Monsieur Mann [William Wilberforce Mann].

Il voudrait consulter son édition d'EAP, afin de préciser quelques détails de sa propre traduction[1].

18 IX s 52 – George Sand écrit, dans la *Gazette de France*, un article sur "La Belle Mme Daubrun". Elle loue sa façon de réciter des vers, et lui reproche sa jeunesse[1].

[seconde quinzaine de IX 52] – B consulte l'édition Routledge des oeuvres d'EAP. Cette édition, illicite, contient de nombreuses fautes. Elle sera utilisée par B pour ses traductions du *Puits et la pendule*, de la *Philosophie de l'ameublement* et d'*Une Aventure dans les Montagnes rocheuses*[1].

X 52 – Le *Magasin des familles*, sous la direction de Léon Lespès, publie *La Philosophie de l'ameublement*[1].

1 X v 52 – *Le Puits et la pendule* paraît dans la *Revue de Paris*, ainsi que *Le Reniement de Saint Pierre* et *L'Homme et la mer*[1].

[début X 52?] – B demande à Sainte-Beuve son appui auprès de Véron, du *Constitutionnel*. Il voudrait également que le critique le fasse recommander par Philarète Chasles[1].

2 X s 52 – La *Revue de Paris* annonce *Le Puits et la pendule* d'EAP et *Le Reniement de Saint Pierre*[1]. B croit que la publication de ce dernier poème recèle un danger politique, et craint les poursuites éventuelles[2].

3 X d 52 – B apprend de Sainte-Beuve qu'il a été recommandé auprès du Dr Véron, propriétaire du *Constitutionnel*, par Nestor Roqueplan et par le critique lui-même. Sainte-Beuve et Philarète Chasles ne se voient plus du tout, selon le lundiste[1].

[avant le 13 X me 52] – B termine un séjour de quelques mois chez Abel Bonjour[1].

[env 13 X me 52] – B s'adresse au Consulat d'Amérique pour avoir l'autorisation de l'héritier d'EAP de publier des traductions de ses oeuvres[1]. B fait une note qui constate le manque de renseignements sur le contrat entre la France et les Etats-Unis à propos des conventions littéraires[2].

13 X me 52 – B habite au 60, rue Pigalle, mais tient à garder secrète son adresse. Son loyer mensuel est de 40 francs. Dans une lettre à l'éditeur Victor Lecou, il déclare qu'il est inutile d'obtenir l'autorisation de l'héritière d'EAP pour publier les *Histoires extraordinaires*. Il semble que Lecou ait refusé de publier cet ouvrage à cause des difficultés légales qui pourraient s'ensuivre. Ce même éditeur, pourtant, fait imprimer *La Case de l'Oncle Tom*, ce qui pourrait soulever les mêmes

problèmes. Selon B, on peut maintenant procéder sans hésiter à la publication de l'ouvrage d'EAP. Il demande une épreuve à la brosse du *Corbeau*, première traduction en français de ce poème[1]. Le contrat signé avec Lecou prévoit que son livre de traductions sera remis le 10 janvier[2].

[première quinzaine de X 52] – B raconte à Nestor Roqueplan les difficultés de publication de ses traductions par le *Constitutionnel*. Roqueplan conseille de les exposer franchement au Dr Véron, propriétaire du journal[1].

16 X s 52 – B écrit une lettre à Véron, mais la garde trois jours avant de l'envoyer[1].

[automne 52] – B propose à Nestor Roqueplan, directeur de l'Opéra, un scénario où se rencontreraient Don Juan et Catilina[1]. B sollicite et reçoit de Maxime Du Camp une lettre à Auguste Descauriet afin d'obtenir des renseignements sur les conventions littéraires entre la France et les Etats-Unis. Il ne s'en sert pas[2]

19 X ma 52 – B avertit Véron qu'il ne pourra pas délivrer son étude sur EAP à temps, parce que ses manuscrits sont restés en gage. Il se plaint d'avoir été joué par la *Revue britannique*. B voudrait emprunter 500 et quelques francs, et promet à Véron une nouvelle dans quatre ou cinq jours[1].

20 X me 52 – Première, au Second Théâtre Français, de *Richelieu*, drame de Félix Peillon, en cinq actes et en vers. Marie Daubrun joue le rôle de la duchesse de Chevreuse[1].

21 X j 52 – *La Presse* annonce que des lithographies inédites de Gavarni paraîtront prochainement dans *Paris*, avec textes descriptifs de littérateurs, B compris[1].

24 X s 52 – *L'Eclair* publie le poème d'Aurélien Scholl: *Spleen*, écrit il y a plus d'un an à Londres[1].

27 X me 52 – Banville donne, dans *Paris*, sous le pseudonyme de Jean Dupont, *Le Divan Lepeletier*, poème où B est qualifié de "farouche"[1].

28 X j 52 – Le *Journal des faits* publie la traduction par William L. Hughes du *Scarabée d'or* d'EAP[1].

29 X me 52 – Fondation du journal quotidien *Paris*[1].

XI 52 – Grigorev, dans *Moskvitjanin* (*Le Moscovite*), publie un compte rendu de la traduction russe de l'essai par B sur EAP, paru dans *Panteon*[1].

4 XI j 52 – La Saint-Charles/Sainte-Caroline[1].

20 XI s 52 – La *BF* enregistre la publication par Victor Lecou des *Illuminés*, de Gérard de Nerval[1]. Nerval y raconte la visite faite à Cazotte, peu après la publication du *Diable amoureux*, par un mystérieux personnage. Celui-ci, initié, est persuadé que Cazotte l'est aussi. B fera allusion à cette anecdote, cinq ans plus tard, dans ses "Notes nouvelles sur Edgar Poe"[2].

XII 52 – Parution de *De quelques Ecrivains nouveaux*, d'Ernest Prarond. Dans la préface, B est décrit comme un poète digne de l'attention de la critique. Prarond laisse entendre que B a délaissé la poésie et espère qu'il redeviendra poète[1].

9 XII j 52 – Dans une lettre anonyme, B envoie à Mme Sabatier *A Une Femme qui est trop gaie*. Il la supplie de ne montrer ce poème à personne[1].

11 XII s 52 – Traduction des *Souvenirs de M. A. Bedloe*, sous le titre d'*Une Aventure dans les Montagnes Rocheuses* dans l'*Illustration*[1]. La *BF* enregistre *L'Esprit des bêtes, ornithologie passionnelle*, de Toussenel[2].

19 XII d 52 – *Paris* note, en imprimant une lettre anonyme adressée à Théodore de Banville, l'intention de l'éditeur Houssiaux de publier un volume, "splendidement illustré" (*Les Poètes récents*). En feraient partie Pierre Dupont, Gustave Mathieu, Philoxène Boyer, Ernest Prarond, Gustave Le Vavasseur, B et d'autres. Houssiaux propose de publier 30 à 40 pages de chaque poète. La lettre est signée "D..."[1].

26 XII d 52 – Marie Daubrun joue le rôle de la Muse du théâtre dans *Le Feuilleton d'Aristophane*, comédie satirique de Philoxène Boyer et Théodore de Banville. La première représentation est donnée à l'Odéon[1].

fin 52 – Quittant Paris, P-M rentre à la maison paternelle[1]. Les revenus de B gérés par Ancelle seront de 2400 francs. Les avances faites à B par sa mère atteignent la somme de 500 francs[2].

1853 – B projette un drame, *La Fin de Don Juan*, qui ne sera pas achevé[1]. Dans *L'Eclair*, Henri Cantel dédie à B un "sonnet païen", *Les Lèvres*[2]. Les revenus de B gérés par Ancelle seront de 2400 francs cette année-là. Mme A avancera à son fils la somme de 460 francs[3].

[env. 1853] – B acquiert l'édition Redfield des oeuvres d'EAP[1].

[1853 ou 1854] – Nadar fait deux études-charges du visage de B pour le *Panthéon Nadar*[1].

[1853 – 1855?] – A un destinataire inconnu, B envoie la liste des éditions en anglais des oeuvres d'EAP: *Tales*, Wiley and Putnam; *Tales of the Grotesque and Arabesque*, chez Harpers; *The Raven and Other Poems* édité par Wiley and Putnam; *Eureka*, chez C.P. Putnam; *The Literati*, chez Redfield; *The Narrative of Arthur Gordon Pym*, chez Harper and Brothers, 1838[1].

2 I d 53 – B rencontre Philoxène Boyer, qu'il trouve "insensé". Il lui répète ce que Maxime Du Camp lui avait dit, probablement au sujet d'un duel avec Boyer, affaire que ce dernier mène très maladroitement. B suggère que Boyer aille en parler à Du Camp[1].

3 I l 53 – B félicite Maxime Du Camp de la seconde partie de son *Livre posthume, Mémoires d'un suicidé*, publié chez Lecou[1].

9 I d 53 – Reprise à l'Odéon de *Nouvelles d'Espagne*, comédie de Gustave Vaez en un acte et en prose. Marie Daubrun joue le rôle de Gabrielle, jeune fille qui sort du couvent[1]. P-M annonce, dans le *Journal d'Alençon*, que B prépare une édition des oeuvres d'EAP, qui paraîtra prochainement chez Lecou. P-M critique la partie philosophique d'*Edgar Poe, Sa Vie et ses ouvrages*, reprochant à l'auteur américain d'être morbide. Cet article de P-M sera donné à B par Christophe. En le lisant, B y verra (à tort) la prémonition de P-M lui annonçant une fin semblable à celle d'EAP. P-M assimile ce dernier à un psychopathe. Dans le même numéro de ce journal, P-M fait imprimer une traduction, sans signature, du *Corbeau* d'EAP. Cette traduction a pu être faite par L. de Wailly[2].

10 I l 53 – B va chez Lecou, touche son argent et livre le manuscrit des *Histoires extraordinaires*. Il se rend compte cependant que cet ouvrage est si mal composé qu'il faudra le remanier entièrement. A cause des hésitations de B, Lecou manquera la vente d'hiver, mais B paie les frais de composition qu'il a occasionnés[1].

15 I s 53 – *La BF* enregistre la publication des *Reisebilder*, d'Henri Heine. B citera cette oeuvre dans son *Ecole païenne*[1].

29 I s 53 – Dans *Paris*, Alfred Busquet publie les traductions de B: *Chansonnette (M'aimez-vous, dit Fanny...); Chansonnette (Dans le joyeux mois de mai...)*[1].

II 53 – Un chef de claque à l'Odéon prête 300 francs à B, pour payer une dette urgente. Ce prêt a été réalisé grâce au respect que portait le prêteur à l'associé du directeur du Théâtre du Boulevard, et avec qui B était lié[1].

1 II ma 53 – Théophile Gautier publie, dans la *Revue de Paris*, un poème pour Mme Sabatier: *J'aime ton nom d'Apollonie...*[1].

4 II v 53 – *Paris* publie la traduction par B du *Coeur révélateur*[1]. Elle est basée sur la Redfield Edition des oeuvres d'EAP[2].

6 II d 53 – Dans une lettre à Armand Dutacq, B dit avoir vu La Guéronnière, du *Pays*, le matin, à propos de quelques morceaux que cet homme avait acceptés de publier. Il mentionne *L'Homme des foules*, ainsi qu'une série de courtes nouvelles, dont *La Vie militaire*, qui doit être publiée dans deux ou trois mois[1].

7 ou 8 II l ou ma 53 – B doit donner à Dutacq *L'Homme des foules*, traduit d'EAP[1].

10 II j 53 – Aupick, à Madrid, refuse la nomination au poste d'ambassadeur à Constantinople[1].

19 II s 53 – Champfleury republie, sans titre et sans nom d'auteur, *Les Chats*, dans ses *Contes de printemps – Les Aventures de Mademoiselle Mariette*, livre annoncé à cette date dans la *BF*[1].

25 II v 53 – Dans *Paris*, Henry de la Madelène raconte que B a récité le "*Sonnet des chats*" au Divan Lepeletier[1].

26 II s 53 – *La BF* enregistre la publication des *Caractères et récits du temps*, contenant *Souffrances d'un houzard* de Paul de Molènes[1]. B essayera de tirer un drame de ce dernier écrit[2]. *La BF* enregistre également *La Presse parisienne*, publiée chez Krabbe, où Henry Izambard mentionne *Le Salut public*. Il nomme les membres de la rédaction, B, Champfleury et Toubin[3].

[env III 53] – B fait un distique parodiant la pièce de Ponsard: *L'Honneur et l'argent*[1]. Nestor Roqueplan, directeur de l'Opéra, propose à B l'idée d'écrire un livret d'un genre nouveau, pour être mis en musique par un "nouveau musicien en réputation". B croit que ce dernier pourrait être Meyerbeer. Mais, harcelé par la gêne et par les complications de sa vie, le poète ne saisit pas cette opportunité[2].

III 53 – B doit, à ce moment, avoir fourni pour la lecture un drame que lui a demandé un associé du directeur du Théâtre du Boulevard. B ne l'écrit pas[1]. Le catalogue Lecou porte cette notice: "*Contes extraordinaires* par Edgar Allan Poe, auteur américain, traduit par M. Charles Baudelaire (sous presse), 1 vol. Cet auteur est en même temps le Balzac et l'Hoffmann des Etats-Unis"[2].

1 III ma 53 – Traduction par B de "La Genèse d'un poème" et du *Corbeau*, dans *L'Artiste*[1]. En même temps, le *Journal d'Alençon* donne cette traduction en feuilleton[2]. Aupick est placé dans la 2e section, réserve, du cadre de l'état-major[3].

8 III ma 53 – Aupick est nommé sénateur. Il fixera son domicile principal à Honfleur, gardant un pied-à-terre au 91, rue du Cherche-Midi[1].

[11 ou 12 III j ou v 53] – Mort de Mathieu Orfila, chimiste célèbre et ami de la famille Aupick. Comme doyen de la Faculté de Médecine à Paris, il a fait avec Tardieu l'autopsie du corps du duc de Choiseul le 25 juillet 1847, après l'assassinat de la femme de celui-ci[1]. Le défunt habitait au numéro 45 de la rue Saint-André-des-Arts[2].

13 III d 53 – B voit Champfleury. Immédiatement après l'avoir quitté, B remet à un "homme en uniforme qui sert de concierge à l'hôpital" de l'argent destiné à Charles Barbara[1].

15 III ma 53 – B envoie à Champfleury une clef, rédigée pour *Les Aventures de Mademoiselle Mariette* et destinée à servir à une éventuelle édition anglaise de ce livre. La clef identifie Champfleury, Murger, Banville, Pierre Dupont, François Bonvin et B lui-même, "un des grands amis de l'auteur"[1]. Une note faite postérieurement et enrichie d'observations sur Dupont mentionne sur la liste le nom de Gustave Mathieu[2].

[seconde quinzaine de III 53] – B envoie à Ancelle, aux Olivier et au Ministère des Affaires Etrangères demander pour la date de retour des Aupick. Il lit, dans un journal français, un extrait d'un journal espagnol où l'on met en relief les activités charitables de Mme A à Madrid. Mme A, en passant à Paris, voit B, envers qui elle montre une "admirable indulgence"[1].

20 III d 53 – Le *Monde littéraire* annonce la publication prochaine de *Morale du joujou*[1].

25 III v 53 – Un billet échoit que B néglige de payer. Il sera poursuivi[1].

26 III s 53 – Du 60, rue Pigalle, B écrit à sa mère une longue lettre. Il voudrait récupérer ses livres et ses manuscrits qui sont en gage, payer le reliquat des frais d'imprimerie qu'il doit (peut-être chez Lecou), rendre au chef de claque à l'Odéon les 300 francs qu'il lui a empruntés, payer son loyer et un traiteur et liquider de nombreuses petites dettes. En outre, il veut offrir une aide financière à Jeanne Duval, qui est malade. Pour faire tout cela il aura besoin de 2400 francs et il propose, pour gagner cet argent, un projet non-littéraire. En vue de toutes ces obligations, il prie Mme A de lui envoyer autant d'argent qu'elle pourra. Il joint à sa lettre quelques échantillons d'un de ses livres et recommande à Mme A la lecture du numéro d'octobre de la *Revue de Paris*, où ont paru certains de ses écrits[1].

[printemps 53] – B a reçu plus de 200 francs de la *Revue de Paris* comme acompte sur la réimpression de ses salons et de son travail sur la caricature[1].

27 III d 53 – Nouvelle publication de la traduction de *Philosophie de l'ameublement* dans *Le Monde littéraire*. A cette occasion, B supprime une remarque légèrement critique pour EAP, comme dans les publications postérieures de ce texte[1]. Jules Viard annonce, dans cette même revue, que *Morale du joujou* y paraîtra prochainement et que Lecou publiera un volume d'ouvrages d'EAP traduits par B[2].

IV 53 – Date-limite pour la composition de ces poèmes: *Le Reniement de Saint Pierre*; *L'Homme et la mer*; *L'Ame du vin*; *Le Jet d'eau*; *Le Mort joyeux*; *Une Charogne*; *Les Litanies de Satan*; *Les Tribades* [*Les Femmes damnées*]; *Le Vin des chiffonniers*. Le recueil contenant ces textes, et s'arrêtant à cette date, a été constitué par un ami de B. Il contient également les onze sonnets publiés sous le titre: *Les Limbes*, en 1851, par le *Messager de l'Assemblée: Pluviôse irrité...*; *Le Mauvais Moine*; *L'Idéal*; *Le Mort joyeux*; *Les Chats* [v. supra]; *La Mort des artistes*; *La Mort des amants*; *Le Tonneau de la haine*; *De Profundis clamavi*; *La Cloche fêlée*; *Les Hiboux*[1].

[début IV 53] – Marie Daubrun accepte pour un mois un engagement à Calais[1].

1 IV v 53 – Date d'échéance d'un billet de 300 francs, prêt du chef de claque de l'Odéon[1].

3 IV d 53 – Le *Monde littéraire* annonce la publication prochaine de *Morale du joujou*[1]. O. Dermot publie, dans le *Tintamarre*, *A Ma Blanchisseuse*, peut-être un pastiche de B[2].

7 IV j 53 – B attend une lettre de sa mère avec de l'argent. Il faudrait qu'elle arrive à temps pour parer à une difficulté financière imminente, le jour suivant[1].

8 IV v 53 – B doit passer par une "nouvelle crise financière"[1].

9 IV s 53 – B a 32 ans[1].

15 IV v 53 – Le *Journal des débats* publie un article anonyme sur la traduction par B d'EAP (ainsi que sur d'autres ouvrages et auteurs, notamment Catherine Crowe). La comparaison implicite avec les traductions d'Amédée Pichot est favorable à B[1].

16 IV s 53 – La *BF* enregistre la publication des *Contes domestiques* de Champfleury[1]. B mentionnera "Les Deux Cabarets d'Auteuil" comme exemple de "Champfleury poète", lorsqu'il écrira *Puisque Réalisme il y a*[2].

17 IV d 53 – *Morale du joujou* dans le *Monde littéraire*[1].

[env 18 IV l 53] – Lettre manquante à Hippolyte Babou[1]. B se plaint à Babou de la façon dont il est traité par *Le Monde littéraire* et décide de refuser à la rédaction de cette revue de la "copie" sur laquelle elle compte. B fait état également des difficultés concernant des frais de voitures et de commissionnaire. Il prie son ami de ne plus lui adresser d'exemplaires de cette revue[2].

20 IV me 53 – B écrit à Charles Vincent pour refuser de figurer dans un recueil édité par Bry. Il a pris la résolution de ne jamais prêter son concours à un projet de ce dernier. Ce projet est sans doute *Chants et chansons de la Bohème*, qui paraîtra l'année suivante[1]. En réponse à la lettre de B, Hippolyte Babou déclare qu'il ne trouve pas convenable le procédé du poète, qui rompt avec le journal, *Le Monde littéraire*, auquel Babou est associé. Sur le plan personnel, les deux hommes restent amis[2]. A 6h du soir, B écrit à sa mère qu'il a donné 25 francs à sa propriétaire mais qu'elle en exige 40 de plus. Il demande cette somme à sa mère. Bien que ses livres et ses papiers soient à nouveau entre ses mains, il manque encore deux cahiers de notes. B vient de recevoir les quittances qu'il attend depuis 2h30. Il les enverra à sa mère, qui semble s'occuper encore de la gestion de ses affaires, en lui donnant une somme fixe par mois[3].

21 IV j 53 – Aupick quitte Madrid pour Paris[1].

[avant le 22 IV v 53] – B fait demander à Sainte-Beuve une audience pour Champfleury. Octave Lacroix, secrétaire du lundiste, lui fait savoir que ce dernier le verra avec plaisir. Champfleury va faire un voyage en Suisse et, sans doute, cherche-t-il à être recommandé à Lausanne, où Sainte-Beuve a donné des cours publics sur Port-Royal[1].

22 IV v 53 – A 8h30, B écrit à Champfleury pour l'avertir que Sainte-Beuve, qu'il a prévenu, le verra avec plaisir. B annonce à Champfleury que Boyer donnera sa deuxième leçon le soir même à l'Athénée, place Vendôme. Boyer doit parler de Chateaubriand, dont *Les Mémoires d'outre-tombe* viennent d'être publiées. Parlant du procès de Champfleury contre Bry, B lui révèle que Marc Trapadoux a trahi la confiance de Champfleury en rapportant l'une de ses confidences à Bry[1]. B écrit à Maxime Du Camp de la part de Philoxène Boyer. Il explique que Boyer, pris à l'improviste, n'a pu envoyer à personne de billets d'invitation pour sa conférence du mardi précédent. B prévient Du Camp de la seconde leçon de Boyer, qui aura lieu ce soir[2].

[IV 53?] – Guetté par des gardes commerciaux envoyés par ses créanciers, B se réfugie dans un petit hôtel "borgne et introuvable". Il écrit pour demander à sa mère 10 francs et la remercie de son envoi de 60 francs[1].

24 IV d 53 – B fait, à la Société des Gens de Lettres, une demande de 60 francs, ou d'une somme moindre. Il promet de livrer à la Société une nouvelle, pour couvrir cette avance[1].

25 IV l 53 – B a besoin de la somme de 60 francs[1].

V 53 – Le catalogue Lecou reprend l'annonce du mois de mars passé [*qu.v.*] concernant la traduction par B des "*Contes extraordinaires*" d'EAP[1].

1 V d 53 – *L'Artiste* publie *Le Corbeau* d'EAP, traduit par B[1].

3 V ma 53 – De Versailles, B écrit anonymement à Mme Sabatier. Il lui envoie le poème: *Réversibilité*, ici intitulé *A.A.*[1]. Il déguise son écriture[2].

8 V d 53 – Aupick nommé sénateur[1]. Lettre manquante à Mme A. B y développe ses plans, ses projets, ses travaux. Il laisse cette lettre à Versailles lorsqu'il quitte cette ville pour quelques jours[2].

[V 53?] – B envoie à Mme Sabatier le poème: *L'Aube spirituelle*. Il le fait encore anonymement[1].

9 V l 53 – B a quitté son logement pour aller vivre ailleurs un mois[1], peut-être à Versailles, dans un hôtel, avec Philoxène Boyer. Là, vivant à crédit, les deux amis ne parviennent pas à régler leur note. Ils se font éconduire de l'hôtel et échouent dans une maison close. B envoie à Mme Sabatier *Confession*. Ce jour-ci, B envoie à Asselineau une lettre "curieuse"[2].

11-14 V me-v 53 – B est absent de Versailles[1].

14 V s 53 – De Versailles, B ècrit à sa mère, promettant de venir la voir à 5h[1].

31 V ma 53 – *Paris* publie, en feuilleton, la nouvelle d'Henry de La Madelène: *Histoire des bottes de Samuel*, dont B est le héros[1].

VI 53 – A Fontainebleau, un arbre est dédié à B par C.F. Denecourt. L'annonce paraît à cette date dans le *Guide* de la forêt, dont c'est la huitième édition.[1]

1 VI me 53 – *Paris* continue la publication de l'*Histoire des bottes de Samuel*[1].

2 VI j 53 – *Paris* continue la publication de l'*Histoire des bottes de Samuel*[1].

3 VI v 53 – *Paris* continue la publication de l'*Histoire des bottes de Samuel*[1].

4 VI s 53 – *Paris* continue la publication de l'*Histoire des bottes de Samuel*[1].

5 VI d 53 – *Paris* continue la publication de l'*Histoire des bottes de Samuel*[1].

6 VI l 53 – *Paris* continue la publication de l'*Histoire des bottes de Samuel*[1].

7 VI ma 53 – *Paris* continue la publication de l'*Histoire des bottes de Samuel*[1].

8 VI me 53 – *Paris* termine la publication de l'*Histoire des bottes de Samuel*[1]. Aupick écrit à Victorin-Ferdinand Barrot, Ministre plénipotentiaire et envoyé extraordinaire de France à Naples, pour recommander Ernest Breton, jeune savant qui entreprend des recherches à Naples[1].

19 VI d 53 – B assiste à un déjeuner et un dîner offerts à Philoxène Boyer, chez Thomas, 18, rue de l'Ancienne-Comédie. Sa participation, qu'il omet de régler, est de 33,50 francs[1].

27 VI l 53 – B demande à Mme A un rendez-vous pour lui dire adieu avant qu'elle ne parte pour Barèges. A 5h, il passe chez Mme Trolley, soeur d'Ancelle, pour avoir la réponse de sa mère. Mme A lui a envoyé 21 francs; il l'en remercie[1].

[env 1 VII v 53] – A. Borghers [Amédée Pichot] publie *Nouvelles choisies d'Edgar Poe*, chez Hachette. C'est le premier recueil en langue française des oeuvres de cet écrivain[1].

1 VII v 53 – B remercie sa mère d'un envoi important d'argent inattendu; la somme a dépassé ses espérances. Cet argent doit être utilisé à payer son loyer à long terme et à couvrir des frais médicaux. Il voudrait publier quatre volumes de *fragments*, mais il n'a de contrat que pour un seul, avec Lecou, et il a déjà dépensé l'argent reçu à cette occasion[1].

15 VII v 53 – Lettre manquante, adressée à Mme A, à Barèges[1].

24 VII d 53 – Le *Tintamarre* annonce la parution du *Panthéon Nadar* et fait mention de B[1].

27 VII me 53 – Dans le *Pays*, Barbey d'Aurevilly fait un compte rendu de la traduction d'EAP de Borghers, révélant qu'on avait d'abord parlé de faire paraître celle de B. Celle-ci n'a pas été publiée et, d'après Barbey, ne le sera probablement pas avant longtemps[1].

29 VII v 53 – Dans ses notes inédites, Champfleury raconte que B est allé demander à Bellegarigue de publier ses écrits dans le journal de ce dernier, *Le Moniteur de l'épicerie*. Il rapporte également que B "tracassait" Veuillot afin d'écrire pour *L'Univers*[1].

[VIII 53] – Philippe de Chennevières rédige, au Crotoy, une préface anonyme des *Impressions et pensées d'Albert*, d'Ernest Prarond. Il compare défavorablement B avec les poètes qui l'ont précédé[1].

9 VIII me 53 – Mort, à Neuilly, d'Hoëné Wronski[1].

[env 10 VIII j 53] – Jules Verteuil, secrétaire du Théâtre français, à qui B avait emprunté quelques livres, écrit au poète pour les réclamer. B, offusqué par le ton de cette demande, répond plutôt vertement dans une lettre [manquante][1].

12 VIII v 53 – Eugène de Mirecourt rend visite à B, de la part de Jules Verteuil. Il assure le poète que Verteuil n'avait pas l'intention de l'offenser mais demande que B retire sa réponse. B lui fait une lettre qui exauce cette demande[1]. Verteuil écrit une lettre à B s'excusant du ton peut-être sec de la sienne[2].

18 VIII j 53 – B, demeurant au 60, rue Pigalle, signe deux lettres de change à Arondel: l'une pour 4900 francs, valeur reçue en tableaux et argent et intérêts; l'autre pour 10.000 francs, même valeur reçue. B signe Baudelaire-Dufaÿs[1].

21 VIII d 53 – Lettre manquante à un destinataire inconnu[1].

[IX – XI 57?] – B écrit à Mme Sabatier, disant qu'il lui présentera des "babioles" pour sa lecture. S'il ne la trouve pas, il les lui laissera, les ayant empruntées à un de ses amis. B signe "Tout à vous, de coeur"[1].

5 IX l 53 – Th. Gautier rend compte dans la *Presse* de la traduction d'EAP par Borghers[1].

7 IX me 53 – Le *Moniteur universel* publie la traduction par Alphonse Borghers du *Scarabée d'or* d'EAP. C'est un extrait de son livre qui a paru cette année chez Hachette: *Nouvelles choisies*, contenant deux contes seulement d'EAP[1].

10 IX s 53 – Dans l'*Athenaeum français*, Thalès Bernard fait le compte rendu de l'édition Hannay des oeuvres d'EAP. Il attribue la réputation, maintenant européenne, d'EAP aux traductions publiées par Mme Victor Meunier[1].

[avant le 13 IX ma 53] – Lettre manquante à Champfleury, où B lui envoie la lettre de "l'archéologue"[1].

13 IX ma 53 – Champfleury adresse un de ses livres à B, peut-être *Les Oies de Noël*[1].

18 IX d 53 – B réclame de l'argent à Nadar, demandant que son ami lui envoie "même la somme la plus vulgaire". Il décrit ses journées comme fatigantes[1].

19 IX l 53 – En quête d'argent, B va voir Nadar[1].

24 IX s 53 – Utilisant un papier à en-tête [*Publication◇de l'Histoire des artistes vivants*/Place Louvois No.2], titre appartenant à un livre de Th. Silvestre, B écrit à Ancelle. B demande au notaire d'emprunter à Mme Wronski des ouvrages de feu son mari: *La Réforme absolue du savoir humain*; *Le Secret politique de Napoléon...*; *Le Faux Napoléonisme*. Il voudrait aussi avoir un ouvrage de Wronski contenant ce qu'il appelle *La Théorie mathématique de l'économie politique*, ce qui n'est pas le vrai titre d'un ouvrage mais plutôt une partie d'un écrit publié en brochure. Tous les deux jours, B va place Louvois; il demande qu'Ancelle lui laisse un mot chez Mme Trolley, rue Rameau, s'il a besoin de lui[1]. La *BF* enregistre la publication par Blanchard des *Femmes d'Amérique* par A. Bellegarigue[2]. Barbey d'Aurevilly attaquera ce livre dans le *Pays* du 26 janvier 1855. B se souviendra de cela quand il écrira ses "Notes nouvelles sur Edgar Poe"[3].

[fin IX 53] – Retour des Aupick de Barèges[1].

[automne 53] – B emprunte 40 francs sur "de fort beaux effets", récemment achetés, dans un établissement rue Labruyère. Ces vêtements lui coûtent 120 francs[1].

1 X s 53 – Dans *Paris*, Edouard Martin rapporte qu'on lui a remis une brochure consacrée au "mouvement littéraire de la semaine", la parution du *Journal de la Cordonnerie*, "...qui paie...ses rédacteurs, son imprimeur et autres fournisseurs en marchandises". Selon Martin, les noms des rédacteurs de ce journal garantissent qu'il sera "très spirituel"[1].

7 X v 53 – Wagner arrive à Paris avec Liszt, son protecteur[1].

[après le 7 X v 53] – Adrien Tournachon, frère de Nadar, photographie Wagner[1].

15 X s 53 – La *Revue de Paris* publie la premiè e nouvelle de Charles Barbara, *Le Billet de mille francs*. B avait recommandé Barbara auprès de Maxime Du Camp[1]. La *BF* enregistre *Les Pauvres Saltimbanques* de Banville, édité par M. Lévy[2]. Banville en offrira un exemplaire à Marie Daubrun[3].

21 X v 53 – Wagner quitte Paris pour Zurich[1].

23 X d 53 – Charles Bataille envoie à B une lettre relative au paiement d'une dette. B écrira quelques mots à P-M sur ce billet[1].

31 X l 53 – B demande de l'argent à Mme A. Il a besoin de 200 francs. Pour achever son premier volume de traductions, il voudrait rester enfermé pendant tout le mois de novembre. Il lui arrive toutefois de perdre trois ou quatre heures par jour au restaurant, d'où son désir de prendre ses repas dans sa chambre. Il prie sa mère de donner au commissionnaire qui apporte cette lettre les 100 francs dont il a besoin immédiatement et dit qu'il va, dès son retour, se rendre aux bureaux du journal *Paris*, pour s'informer des projets d'impression de ses ouvrages[1].

[XI 53-I 54] – Marie Daubrun retourne à Calais pour un engagement. Elle y joue *La Femme à deux maris, Les Filles de marbre, On ne passe pas*, etc[1].

4 XI v 53 – La Saint-Charles/Sainte Caroline[1].

9 XI me 53 – B doit payer 40 francs de loyer[1].

13 XI d 53 – La première partie de la traduction de B du *Chat noir* paraît dans *Paris*[1].

14 XI l 53 – Les traductions par B du *Chat noir* (deuxième partie) et de *Morella* (première partie) dans *Paris*[1].

15 XI ma 53 – Charles Vincent annonce dans *L'Innovateur, journal des cordonniers bottiers* la collaboration prochaine de B. Sont aussi indiqués comme collaborateurs: Pierre Dupont; Fernand Desnoyers; Camille de Chancel; Louis Barré; Auguste Luchet; Benjamin Gastineau *et al*[1]. *Morella* (deuxième partie) paraît dans *Paris*[2]. La mère de Jeanne Duval meurt à Belleville[3].

16 XI me 53 – Dans *Chronique de France*, Paul Roger publie sa traduction du *Chat noir* d'EAP[1].

17 XI j 53 – B fait enterrer la mère de Jeanne à Belleville. Les frais se montent à 140 francs, mais il n'en a que 80. Le maire de Belleville répond pour lui du montant[1].

18 XI v 53 – Pour subvenir aux frais de l'enterrement du jeudi, B demande 60 francs à sa mère. Il n'en reçoit cependant que 50. B la supplie donc de lui envoyer le complément, comme il pensait qu'elle entendait faire. Il déplore les rapports entre

l'Eglise et le Gouvernement [à propos, sans doute, de cet enterrement]. Le matin de ce même jour, il envoie les 50 francs reçus de Mme A au maire de Belleville, lui promettant le paiement intégral. B dit être en rapports avec le *Moniteur* pour la publication des *HE* et le *Mousquetaire* pour celle de ses poésies[1].

19 [XI] s 53 – Mme A envoie 20 francs à son fils. B la remercie, et lui exprime sa reconnaissance pour les 10 francs supplémentaires. Toutefois, il ne peut lui garantir le remboursement des 50 francs à la fin du mois[1]. B lui envoie les traductions d'EAP parues dans *Paris*[2].

[env 20 XI d 53] – B est souffrant pendant une dizaine de jours. Il est soigné par sa propriétaire, Mme Gély[1].

XII 53 – B se réconcilie avec l'éditeur Lecou[1]. Il prend, rue Pigalle, un deuxième appartement, qui reste vide. Cet appartement doit lui coûter 60 francs par mois[1].

1 XII j 53 – A 10h30 du matin, B demande à Mme A 40 francs pour payer son loyer. Il avait décidé de donner cet argent à sa mère en paiement de la dette contractée lors de l'enterrement de la mère de Jeanne. Toutefois, il préfère finalement payer sa propriétaire, Mme Gély, envers qui il a de la reconnaissance. Mme A paie son loyer mensuel (40 francs) de façon régulière[1]. Charles Vincent annonce, dans *L'Innovateur, journal des cordonniers bottiers*, un article de B intitulé "La Cordonnerie pour dames"[2].

8 XII j 53 – Le journal quotidien, *Paris*, est supprimé par jugement correctionnel[1].

10 XII s 53 – B déclare à Mme A son intention de lui envoyer ce mois-ci une partie de l'argent qu'il lui doit. Mais il a besoin d'argent pour acheter du bois et pour payer un traiteur (40 francs). Il prie sa mère de l'aider autant qu'elle le peut à résoudre ses problèmes financiers. B lui demande de renvoyer par le commissionnaire les trois feuilletons des traductions d'EAP qui sont entre ses mains[1].

[env 15 XII s 53] – B reçoit de sa mère une lettre qu'il trouve cruelle et amère. Il lui doit 110 francs[1].

15 XII j 53 – B voit Champfleury, qui lui apprend que P-M sera de passage à Paris en janvier[1].

16 XII v 53 – B écrit à P-M pour lui demander suffisamment d'argent pour vivre quelques jours; B reconnaît devoir déjà 36 francs à P-M mais explique son besoin de fonds supplémentaires par le fait qu'il finit un travail. Il critique la traduction du *Corbeau* parue dans le *Journal d'Alençon* le printemps passé, la trouvant su-

perficielle; elle est peut-être de Léon de Wailly. B répond également aux critiques que P-M lui adresse ainsi qu'à EAP[1].

19-27 XII l-ma 53 – B est resté enfermé chez lui par nécessité pécuniaire. Il y retrouve cependant le goût du travail et le plaisir d'être chez lui[1].

24 XII d 53 – B reçoit de sa mère une lettre où elle fait des observations grammaticales sur l'oeuvre d'un écrivain (sans doute EAP) qu'elle n'a pas lue. En outre, elle conseille à son fils de porter des souliers de caoutchouc et ajoute des réflexions d'ordre religieux. Il n'ouvre cette lettre que deux jours plus tard[1].

26 XII l 53 – B voudrait avoir de sa mère l'autorisation de retirer 150 francs auprès d'Ancelle, bien qu'il soit mécontent de l'attitude de Mme A envers lui-même. Cet argent lui servirait à acheter des vêtements et de la nourriture et à payer l'exhumation et la réinhumation de la mère de Jeanne Duval. Cette femme, dit-il, lui a donné ses dernières ressources sans hésiter[1]. Pour apaiser sa mère, blessée par sa lettre, B rédige, peu de temps après, une nouvelle lettre, plus aimable. La maturité aidant, il avoue mieux comprendre sa mère. Toutefois, il lui demande de bien vouloir spécifier à Ancelle qu'il doit lui remettre 150 francs[2].

27 XII ma 53 – Mme A écrit à Ancelle, autorisant B à prendre de l'argent chez le notaire. B envoie à Ancelle un reçu pour 250 francs mais ne reçoit de lui que la somme de 150 francs. Ancelle lui envoie aussi ce que B appelle une "espèce de lettre de crédit" pour son propre tailleur. Il est réticent à l'idée de se présenter en un état aussi démuni, aux commis du tailleur d'Ancelle, mais il gardera néanmoins cette lettre[1].

30 XII v 53 – B sort pour retirer trois vêtements mis en gage mais s'aperçoit que deux sur trois d'entre eux ont été vendus. Il envoie racheter pour 20 francs le vêtement (un pantalon) restant en gage. Pendant son absence, le soir, Ancelle passe chez lui pour le convoquer le lendemain à Neuilly. Il dîne chez un ami, à sa propre demande[1].

31 XII s 53 – A 7h30 du matin, B envoie à Mme A deux demandes d'argent préparées pour Ancelle; elle doit en choisir une et détruire l'autre. Des 150 francs reçus d'Ancelle le 27 de ce mois, B en a dépensé 121 pour l'enterrement de la mère de Jeanne Duval. Il lui reste 29 francs, avec lesquels il paiera de menus frais[1]. A midi, il écrit de nouveau à sa mère, disant qu'il voudrait être laissé en paix pour travailler pendant quatre ou cinq jours. Elle lui a envoyé une autorisation pour 50 francs, au lieu de 150, comme il lui avait demandé. Il change le chiffre de 50 en 150, en ajoutant un "1" pour éviter, dit-il, des complications avec Ancelle. Il a déjà donné à ce dernier un reçu pour les 150 francs. Cette somme ne suffira

même pas, déclare-t-il, à acheter les étrennes qu'il doit absolument offrir à trois ou à quatre personnes[2]. Les avances faites à B par sa mère seront cette année d'un total de 460 francs[3]. La *BF* enregistre la publication chez Lecou de *Coups de plume sincères*, de Paulin Limayrac[4]. On y voit un commis voyageur lisant dans un wagon les contes d'EAP "...une des productions les plus originales que nous ait envoyées l'Amérique"[5].

[fin 53?] – Au cours d'un dîner chez Philoxène Boyer, B récite *Le Vin de l'assassin*. Tisserant, l'acteur, lui suggère d'en faire une pièce en deux actes, et dit que lui-même jouerait volontiers le premier rôle[1].

1854

1854 – Selon Asselineau, B se réfugie quelques mois chez Abel Bonjour[1]. Charles Bataille prétend que c'est Bonjour qui initie B à l'oeuvre d'EAP[2]. Dans *Les Théâtres et artistes dramatiques de Paris* de N. Gallois, on imprime un portrait de Marie Daubrun fait par Henry Emy, gravé par Didlot[3]. Albert de la Fizelière observe, dans le *Magasin des feuilletons*, qu'EAP ne pourra être bien traduit que par un auteur de langue anglaise; le sujet de cet article est William Hughes[4]. Ancelle est nommé délégué cantonal[5].

[hiver 53-54?] – A [Fernand?] Desnoyers, B écrit qu'il est malade, qu'il est sorti pour une heure et qu'il s'est senti envahi de nouveau par ses difficultés. Il prie Desnoyers de venir le voir ce soir[1].

[fin 53 ou début 54] – En réponse à une demande de Fernand Desnoyers, B lui envoie deux paires de poèmes intitulés: *Les Deux Crépuscules: Le Soir; Le Matin.* De chacun de ces poèmes il donne la forme rimée suivie de celle en prose. Il y joint une lettre où il expose ses idées sur la Nature. Ces textes paraîtront en juin 1855, dans le volume: *Hommage à C.F. Denecourt*[1].

[1853 ou 1854] – Nadar fait deux études-charges du visage de B pour le *Panthéon Nadar*[1].

1 I d 54 – Charles Vincent annonce à nouveau dans *L'Innovateur, Journal des cordonniers bottiers*, l'article de B "La Cordonnerie pour dames"[1]. Lettre manquante à un destinataire inconnu[2].

3 I ma 54 – Ayant reçu une lettre de sa mère, B écrit pour lui dire qu'il sort pour récupérer de l'argent qui lui est dû. Il emporte ses livres pour travailler au cabinet de lecture. B prie Mme A d'envoyer chez lui 40 francs, l'argent pour régler son loyer qu'il doit encore. Mme Gély, sa propriétaire, attend cet argent. Il n'a pas fait usage de la lettre de crédit qu'Ancelle lui avait donnée pour son tailleur[1].

[entre le 4 I et le 7 I me-s 54] – B entreprend des démarches auprès de la direction du *Moniteur* pour y arranger la publication des *Histoires extraordinaires*[1].

4 I me 54 – B envoie à sa mère la quittance du loyer qu'elle a payé pour lui la veille. Il promet de la revoir dans trois jours, après avoir conclu ses arrangements avec Julien Turgan, du *Moniteur*[1].

13 I v 54 – En rentrant chez lui le soir, B trouve un prospectus laissé par Champfleury. Il le lit, note ses impressions mais observe que son amitié pour Champfleury le rend incapable d'en faire une juste critique. B ne termine pas cette lettre avant de se coucher[1].

14 I s 54 – B reprend la lettre commencée, mais détruite, la veille, faisant quelques réflexions sur le projet de Champfleury, qui a trait à la publication de quelques romans de son ami. Il critique le style du romancier et lui reproche d'avoir à nouveau évoqué les compliments que Victor Hugo lui a adressés[1].

15 I d 54 – Charles Vincent annonce, encore une fois, dans *L'Innovateur, Journal des cordonniers bottiers*, "La Cordonnerie pour dames", article que B doit composer pour ce journal[1].

16 I l 54 – Eugène Pelletan, dans *Le Siècle*, consacre un article à la *Revue de Paris*. B est cité au passage[1].

[mi-I 54] – Tisserant écrit à B une lettre élogieuse, l'encourageant à écrire son drame: *L'Ivrogne*[1].

28 I s 54 – Répondant à la lettre de Tisserant, B lui demande un prêt de 40 ou de 25 francs. Il expose en détail ses idées sur la pièce projetée, *L'Ivrogne*, parlant aussi d'une chanson à y inclure: *Le Scieur de long*. Il sollicite les conseils de Tisserant sur la structure de la pièce, mais refusera toute collaboration secrète imposée par Alphonse Royer, directeur de l'Odéon. B attend la visite de l'acteur[1].

29 I d 54 – B donne à Tisserant des instructions sur la manière d'envoyer chez lui l'argent qu'il lui a demandé. Il dîne avec Rosier, chez qui il trouve, dédicacé à son intention, un livre de Jean Wallon, *Premières Etudes de philosophie*, publié en 1853 par Pillet fils aîné[1].

30 I l 54 – B remercie Jean Wallon de son livre. Il le trouve charmant et n'y relève qu'un seul calembour, sur le mot: *talent*. B prie Wallon de transmettre à sa mère sa respectueuse amitié ainsi qu'à Lazare Auge, disciple de Wronski, son père[1].

31 I ma 54 – En réponse à la lettre de B, Jean Wallon lui explique l'usage du mot:*talent* dans son livre. Il reproche à son ami de le délaisser, de ne rien publier et lui signale un de ses articles, attaque contre Victor Cousin, qui paraîtra prochainement dans *La Revue de Paris*. Wallon demande également à B son avis sur son livre (*Premières Etudes de philosophie*), disant que les idées de B lui sont précieuses[1]. B révèle à sa mère que Tisserant désire le voir composer un drame pour l'Odéon (*L'Ivrogne*). Il lui annonce qu'il en a déjà fait le scénario, mais qu'il lui reste à écrire la pièce entière. B demande à Mme A de remettre 40 francs au porteur de cette lettre. Dès le retour de ce dernier, B partira pour Neuilly[2].

II 54 – Aupick passe dans la 2e section (réserve) du cadre de l'état-major général[1].

1 II me 54 – Lettre (manquante) de B à Mme A, avec une quittance de 40 francs[1]. L'argent reçu par B au début du mois est employé à payer ses dettes[2]. Mme A autorise qu'on donne à B 200 francs[3].

[mardi gras 54] – B rentre au 60, rue Pigalle[1].

4 II s 54 – B écrit à Lazare Auge pour lui emprunter pendant trois ou quatre jours la partie mathématique de l'ouvrage de Hoëne Wronski: *Réforme du savoir humain*. B voudrait également avoir un livre de Wronski dont il a oublié le titre, mais qui contient "les formules de l'Economie politique". Il ne veut pas se servir de la lettre qu'il a pour Mme Wronski[1].

6 II l 54 – Alors qu'il se trouve chez Ancelle à Neuilly, B écrit à sa mère. Il dit avoir absolument besoin de 200 francs, et voudrait que Mme A autorise Ancelle à les lui donner. Il accepterait même 120 francs au lieu de la somme demandée. Il porte lui-même cette lettre dans le quartier où habite sa mère, pour avoir sa réponse sans attendre[1].

7 II ma 54 – B remercie P-M de l'envoi d'un livre [sans doute *La Pharsale* de Lucain] et l'assure de lui accorder le crédit qu'il demande. Il déclare être accaparé par une "insupportable occupation"[1]. B envoie à Mme Sabatier, sans le signer, *Le Flambeau vivant*. Il justifie son recours à l'anonymat par la crainte de lui déplaire[2].

15-16 II me-j 54 – B quitte la rue Pigalle pour le 61, rue Sainte-Anne, où il essaye de se cacher, à l'hôtel d'York [actuellement d'Etna][1].

16 II j 54 – B voue à Mme Sabatier un amour désintéressé, idéal et pénétré de respect. *Que diras-tu ce soir...* accompagne ce billet non-signé[1].

23 II j 54 – Toujours à l'Hôtel d'York, le matin, B adresse à sa mère une demande

de 40 francs, pour payer le loyer du mois de mars. Il se rend aux bureaux du *Moniteur*, d'où il reviendra avant 2h. Pensant que ses affaires s'amélioreraient, il avait loué un appartement qu'il n'a pourtant pas utilisé et qu'il a maintenant abandonné. B voudrait que sa mère vienne le voir, rue Sainte-Anne, à moins qu'elle ne soit en plein de son déménagement[1]. Ce jour-ci, B rentre au 60, rue Pigalle[2]. On exhume et réenterre le corps de la mère de Jeanne Duval, à Belleville[3].

2 III me 54 – Eugène Lavieille, peintre, écrit à Asselineau, son ami. Dans le post-scriptum, il envoie ses amitiés à B, ainsi qu'à Gardet, à Sasonoff et à Babou[1].

[env 8 III me 54] – B acquiert les *Poetical Works* d'EAP éditée par Hannay[1].

8 III me 54 – B envoie à Mme A les *Poetical Works* d'EAP. Il voudrait retirer des vêtements laissés en gage, ce qui coûterait 91 francs, et payer son loyer de 40 francs. Il aurait donc besoin de 150 francs pour payer ces frais et pour vivre quelques jours. Ces jours-ci, il reçoit Jeanne, le matin. Elle vient lui parler de ses grands chagrins. L'après-midi, il reste chez lui quand il peut, pour travailler à son drame, *L'Ivrogne*. Il se sent bousculé à la fois par le départ en province et par la fin de la saison à l'Odéon. Il porte lui-même cette lettre chez sa mère, par mesure d'économie. Il la prie d'envoyer le lendemain au plus tard l'autorisation afin de pouvoir retirer 150 francs auprès d'Ancelle[1].

9 III j 54 – Le matin, B va chez Ancelle pour avoir son argent du mois d'avril. Ancelle lui donne 75 francs. B attend sa mère chez lui pendant le reste de la journée, jusqu'à 8h du soir. Il ne destine ces 75 francs ni au loyer ni au rachat de ses vêtements[1].

[env 9 III j 54] – Mme A voit B et lui fait part de ses craintes à propos de ses comptes[1].

[env 10 III v 54] – B écrit à Sainte-Beuve pour lui demander d'intervenir auprès de la direction du *Moniteur* à propos de la publication des contes d'EAP[1].

11 III s 54 – P-M envoie dire à Champfleury qu'il a remis à B quelques brochures (dont une histoire de Mandrin) avant de partir pour Paris. Il recommande aussi la publication de la clef des *Aventures de Mlle Mariette*, proposée par B[1].

[env 11 III s 54] – Lurois, un des créanciers de B, se présente chez Mme A pour lui demander de l'argent. Elle en informe son fils[1].

13 III l 54 – A 11h15 du matin, B écrit à sa mère pour se plaindre des lenteurs d'Ancelle. Il voudrait toutefois que celui-ci s'efforce d'apaiser Lurois. B demande

à sa mère de renvoyer, après l'avoir lu, le volume de poésies d'EAP chez Capé, pour être relié[1].

15 III me 54 – L'article de Jean Wallon attaquant Victor Cousin paraît dans la *Revue de Paris*[1].

[env 15 III me 54?] – B écrit à Sainte-Beuve pour lui demander s'il a été blessé par sa dernièr lettre. Il se tourmente à cette pensée[1].

17 III v 54 – B demande à Eugène Pelletan de parler en sa faveur à de Tramont et à Tillot, du *Siècle*; celui-ci envisage actuellement la publication de quelques morceaux de ses traductions d'EAP. B fait cette demande à Pelletan à cause d'un article, paru il y a un mois, dans lequel il s'est vu mentionner par ce journaliste. Toutefois, il insiste pour que L. Desnoyers soit écarté de tout arrangement entre eux, le trouvant ennemi du beau. B indique que c'est à partir de 1847 qu'il a commencé à s'intéresser à EAP[1].

[env 20 III l 54] – B demande à Sainte-Beuve son appui auprès de Turgan et de Dalloz, du *Moniteur*[1].

20 III l 54 – Sainte-Beuve répond à B qu'il n'a que peu d'influence au *Moniteur*; il renonce donc à intervenir en faveur de B auprès de ces messieurs[1].

24 III s 54 – Philoxène Boyer invite B à venir le lendemain pendre la crémaillère à 6h chez Léontine, sa maîtresse, 28 bd du Temple[1].

25 III s 54 -B reçoit une lettre de sa mère lui reprochant implicitement de la négliger. B repousse l'accusation mais l'informe qu'il ne pourra pas l'obliger comme il voudrait[1].

31 III v 54 – Charles Vincent, dans *L'Innovateur, Journal des cordonniers bottiers*, annonce avec une légère variante dans le titre, un article de B, "Le Cordonnier pour dames"[1].

9 IV s 54 – B a 33 ans[1].

13 IV j 54 – B demande à sa mère de venir le voir le lendemain. Il lui rappelle son anniversaire, qui a eu lieu quelques jours plus tôt[1].

14 IV v 54 – Vers 9h30 du matin, B sort de chez lui pour faire "une chose indispensable"[1].

23 IV d 54 – Jules Viard mentionne B dans *Le Figaro* comme ayant été un des rédacteurs les plus assidus du *Corsaire-Satan*[1].

[fin IV 54] – Echéance d'une traite sur B de 4900 francs; cette traite est tirée par Arondel, valeur reçue en tableaux et argent et intérêts[1].

30 IV d 54 – Dans *Chronique de France*, Paul Roger publie sa traduction du *Coeur accusateur*[1].

[printemps 54?] – B informe Asselineau qu'il était venu l'inviter à venir dîner mais que son ami étant absent, il a accepté une invitation de rester prendre ce repas chez lui. Le lendemain, tous les deux sont invités chez Philoxène Boyer. B ne voudrait pas y aller et prie Asselineau de présenter ses excuses à Boyer, en laissant croire qu'il est malade[1]. B rencontre Mosselman pour la première fois[2].

[V 54] – Ayant vu un spectacle au théâtre de la Porte-Saint-Martin, B procure une entrée à Arondel. Il lui conseille d'y aller de bonne heure. Le billet a été donné par Marc Fournier, directeur du théâtre de la Porte-Saint-Martin; le programme est composé de jongleurs chinois que B trouve merveilleux, et d'un drame. Ce soir-là et le lendemain, B dîne avec de Tramont, pour discuter de la publication de quelques-unes de ses traductions d'EAP, dans *Le Siècle*. B sollicite l'aide d'Arondel pour l'emporter sur Perducet, détenteur des billets que lui a passés Arondel après l'établissement du conseil judiciaire[1].

8 V l 54 – B envoie à Mme Sabatier une lettre non-signée, avec des vers écrits , dit-il, il y a bien longtemps (*Hymne à la très chère...*). Il lui parle de Mosselman, avec qui il a eu un entretien. S'attendant à le haïr, il l'a trouvé tout à fait aimable[1].

[env 10 V me 54] – B quitte son rez-de-chaussée 60, rue Pigalle et s'installe à l'hôtel du Maroc, 57, rue de Seine. Il s'arrange pour avoir la pension complète à 140 francs par mois[1].

16 V ma 54 – B demande 1.000 francs à l'un des propriétaires du *Constitutionnel* comme avance sur la publication de ses écrits. On les lui refuse, à cause de l'état incomplet des manuscrits. Il doit le jour même donner une somme de 300 francs à Jeanne Duval, mais ne peut le faire[1].

18 V j 54 – Marie Daubrun quitte l'Odéon pour la Gaîté. B choisit alors Philibert Rouvière comme interprète principal de son drame, *L'Ivrogne*, puisque Rouvière joue à la Gaîté. B renonce ainsi à donner le rôle à Tisserant[1]. B envoie chez sa mère un commissionnaire avec une lettre narrant les événements des derniers jours[2].

20 V s 54 – La *BF* enregistre la publication par Lecou des *Contes d'automne* de Champfleury[1]. Là est cité le passage de B sur le Pierrot anglais, passage qui paraîtra dans *L'Essence du rire*. Ce volume contient également la "Lettre à Colombine", où se trouve *Le Bouquet du pauvre*, exemple choisi par B de "Champfleury poète", dans *Puisque Réalisme il y a*. On y trouve aussi la nouvelle: *Le Comédien Trianon*, écrit que B dira être parmi les meilleurs sur l'acteur Rouvière[2].

21 V d 54 – La première partie de la traduction de *Philosophie de l'ameublement* paraît dans le *Journal d'Alençon*[1].

28 V d 54 – La dernière partie de la traduction de *Philosophie de l'ameublement* paraît dans le *Journal d'Alençon*. Mme Poulet-Malassis l'imprime ensuite en plaquette, à vingt exemplaires mais B exige la destruction de l'édition, son nom y étant mal orthographié: *Beaudelaire*. Il n'en reste qu'un seul exemplaire, que P-M conserve pour lui-même[1].

1 VI j 54 – On reprend à la Gaîté *La Closerie des genêts* de Soulié. Marie Daubrun joue le rôle de Louise[1].

[avant le 3 VI s 54] – Barbey d'Aurevilly recommande, auprès de Dutacq et de Cohen, du *Pays*, les traductions d'EAP par B, qui les propose au journal[1].

3 VI s 54 – B a vu La Guéronnière à propos de la publication dans le *Pays* de ses traductions d'EAP. La Guéronnière parlera ce jour-là ou le lendemain à ce sujet à Millaud, à Césena et à Cohen. B écrit à Armand Dutacq pour lui demander son appui auprès de Joseph Cohen, rédacteur du *Pays*. B ferait volontiers publier dans ce journal sa traduction des *HE*. B déclare qu'Anténor Joly est opposé à cette publication malgré le fait que beaucoup de ces textes soient déjà entre les mains de Lefranc, lecteur des manuscrits au journal. Cela permettrait leur publication tout de suite. Il n'accepte pourtant pas qu'on les publie en feuilleton, demandant qu'on les mette en variétés ou en second feuilleton, afin d'en éviter la dispersion. Dans cette lettre, B déclare être "l'initiateur" d'EAP[1]. B doit recevoir de sa mère la somme de 40 francs[2]. Publication de *La Logique subjective de Hégel*, [sic] traduite par H. Sloman et H. Wallon, suivie de quelques remarques de H.S., chez Lagrange. Cet ouvrage se trouve mentionné sur une coupure des *HE* annotée par B, où il est proposé de le faire relier par Capé[3].

[3 VI? s 54] – Le soir, Barbey d'Aurevilly reçoit une lettre de B ou en voit une adressée à Dutacq dans laquelle B se dit blessé par ce que Barbey a écrit sur sa lenteur à faire paraître les traductions d'EAP. Barbey répond, disant que son grand désir de lire ces traductions l'y avait poussé, et non une volonté de blesser leur traducteur[1].

[7 VI?] me 54 – Barbey d'Aurevilly encourage B à aller voir Dutacq et Cohen, au *Pays*, pour parler de ses traductions d'EAP[1].

10 VI s 54 – B avait essayé d'emprunter 100 francs à Millaud, sur la publication des *Histoires extraordinaires*, lesquelles doivent paraître dans le *Pays*. Sur le point de les recevoir, B s'est vu refuser cette somme à cause de l'avis défavorable de M. Lefranc, lecteur au journal. Ce dernier ne considérait pas la publication de ces traductions comme décidée, Millaud se fâche et B demande à Dutacq d'intervenir auprès de celui-ci pour lui éviter les conséquences désagréables de ce malentendu[1]. La *BF* enregistre la publication de la nouvelle édition des *Pensées et impressions d'Albert*. On y trouve le poème: *Jour de pluie*[2]. La préface de ce livre, écrite par Philippe de Chennevières, qualifie la poésie de B de "malsaine"[3].

13 VI ma 54 – Lefranc, lecteur au *Pays*, se garde de conclure à propos de la publication des *Histoires extraordinaires par Edgar Poe* dans ce journal; il soumet ces écrits à Césena, de la Direction, pour examen, les trouvant "trop excentriques", peut-être, pour leurs abonnés[1].

[été 54] – Au hameau de Boulinvilliers, Maxime Du Camp prête 200 francs à B[1].

24 VI s 54 – B, à court d'argent, manque un rendez-vous avec Philoxène Boyer, qui l'a chargé d'une commission délicate auprès de Léontine, sa maîtresse. Malgré les efforts de B, à trois reprises, cette personne refuse d'entendre raison. Elle soupçonne que le cadeau que B voudrait lui remettre de la part de Boyer serve à effacer une indélicatesse, peut-être commise en compagnie d'Henriette de Bellune[1].

25 VI d 54 – B s'excuse auprès de Boyer d'avoir manqué leur rendez-vous du jour précédent. Il dit qu'il passera sans doute au café, après l'heure du dîner[1]. B demande à sa mère assez d'argent pour emmener chez le traiteur "une personne" qu'il a été obligé d'inviter à dîner. Il trouve la cuisine de son hôtel indigne de cette invitation. B craint de devoir livrer ses traductions pour 700 francs au lieu des 2000 qu'elles valent[2].

26 VI l 54 – Le *National Intelligencer* (Washington, D.C.) annonce que John R. Thompson, directeur du *Southern Literary Messenger*, est à Paris[1].

8 VII s 54 – La *BF* enregistre la publication, par le Père Evariste Régis Huc de son livre, *L'Empire chinois*, source du poème en prose, *L' Horloge*[1].

13 VII v 54 – Le *Pays* annonce la publication des *HE* pour le 26 juillet[1].

[env 15 VII s 54] – B reprend, au *Constitutionnel*, les manuscrits de ses traductions d'EAP[1].

15 VII s 54 – Annonce, dans le *Pays*, de la publication des *Histoires extraordinaires* pour le 26 juillet. B s'empresse d'en achever la traduction[1].

[avant le 21 VII v 54] – Début de la liaison de B avec Marie Daubrun. Elle joue toujours à la Gaîté, dans *La Closerie des genêts*[1].

21 VII v 54 – A sa mère, B se plaint d'être dérangé le matin par Arondel, d'avoir à souffrir de l'indolence d'Ancelle et des ennuis causés par Jeanne. Il la presse de venir chez lui malgré son aversion pour M. Lepage, son propriétaire. Celui-ci a eu pour lui de grands égards, dit-il, et il lui a remis 235 francs pour le récompenser. B travaille régulièrement, pour l'instant allant parfois le soir à 9h au *Pays*. Il va quelquefois à 11h à la Gaîté, où joue Marie Daubrun[1].

22 VII s 54 – B demande à Jules Verteuil deux places pour une représentation théâtrale à la Comédie Française. Il les voudrait pour sa "bonne Dame"[1].

[24 VII l 54?] – B demande 250 francs à Arsène Houssaye sur l'argent que lui doit le *Pays*[1].

24 VII l 54 – A 4h, l'on commence, sans avertir B, la publication des *HE* au *Pays*. L'édition destinée à la province est par conséquent truffée de fautes. Mais l'édition de Paris paraîtra le matin suivant et, dans la journée, B passe à l'imprimerie pour corriger des fautes graves[1].

25 VII ma 54 – Dédicace, dans le *Pays*, de la traduction des *Histoires extraordinaires* à Maria Clemm. Le premier morceau à paraître est *Les Souvenirs de M.A. Bedloe*, sous le titre: *Une Aventure dans les Montagnes Rocheuses*[1].

26 VII me 54 – Suite des *Souvenirs de M.A. Bedloe* dans le *Pays*[1].

27 VII j 54 – *Conversation d'Eiros avec Charmion* paraît dans le *Pays* sous le titre: *Entretien d'Eiros avec Charmion*[1].

[env 28 VII v 54] – B reçoit de sa mère une lettre où il est question d'une réconciliation avec Aupick[1].

28 VII v 54 – B, sans argent, demande à Fiorentino une loge pour *L'Etoile du Nord*, dont la musique est de Meyerbeer et le livret de Scribe; la pièce se joue à l'Opéra Comique[1]. B écrit à Godefroy, de la Société des Gens de Lettres, pour se renseigner sur l'interdiction de la reproduction de son oeuvre; il demande aussi une avance de

fonds[2]. Il raconte à sa mère que récemment il s'est caché dans son cabinet, alors qu'Arondel l'attendait dans sa chambre. M. Lepage, son propriétaire, a fini par éconduire Arondel. Harcelé par le travail, B craint que l'imprimeur n'aille trop vite pour lui et qu'il ne lui soit impossible de fournir à temps la copie nécessaire. Il demande à Mme A 40 francs[3]. Le *Pays* publie *L'Homme caméléopard* ou *Quatre bêtes en une*[4].

29 VII s 54 – Le *Pays* publie à nouveau la traduction de *La Genèse d'un poème*, accompagnée de celle du *Corbeau*, ainsi que celle du *Coeur révélateur* (sous le titre: *Plaidoyer d'un fou*)[1]. Marie Daubrun crée, à la Gaîté, le rôle de Margue, dans *Le Sanglier des Ardennes*[2].

30 VII d 54 – *Révélation magnétique* paraît dans le *Pays*[1].

31 VII l 54 – La première partie du *Chat noir* paraît dans le *Pays*[1].

1 VIII ma 54 – B écrit à Ancelle pour lui dire qu'il faudra renoncer à leur projet relatif à l'hôtel de Ville; B doit maintenant reprendre ses occupations et ne pourra donc pas lui donner suite. Il a envoyé chez Ancelle un reçu de 100 francs, mais n'en attend de lui que 50. Ancelle lui a donné de l'argent sur lequel il a prélevé les 100 francs qu'il a remis à Jeanne Duval. B révèle que Mme A est partie sans venir le voir, dépitée sans doute par ses arrangements financiers avec Arondel. L'exemplaire du Schiller appartenant à Ancelle est retrouvé, B le lui remettra[1]. La seconde partie du *Chat noir* paraît dans le *Pays*[2]. D'Alençon, P-M écrit à Asselineau et dit avoir tout récemment fréquenté assidûment le cabaret avec B et Hippolyte Castille. P-M s'étonne de l'interruption au *Pays* de la publication des traductions d'EAP et demande si Asselineau en connaît la raison. P-M se moque de la singularité de B, qui semble s'intéresser plus à la couleur de la couverture d'un volume à publier qu'au volume lui-même. P-M révèle le désir de B d'écrire pour le théâtre, d'où ses efforts pour "séduire les comédiens"[3].

2 VIII me 54 – Publication de *Bérénice* dans le *Pays*[1].

3 VIII j 54 – La première partie du *Puits et la pendule* paraît dans le *Pays*[1].

4 VIII v 54 – La seconde partie du *Puits et la pendule* paraît dans le *Pays*[1]. Dans une lettre à Max Buchon, Champfleury juge "remarquable" la préface de B sur EAP, que Buchon semble avoir lue. Champfleury exprime un doute sur la capacité de B de terminer l'édition de ce qu'il appelle ces "Contes cruels, algébriques et cauchemardants". Il pense qu'avec quelques romanciers comme Poe, on aurait une littérature "terrible", et il voit en Charles Barbara un élève de l'auteur américain[2].

5 VIII s 54 – B doit remettre à Arondel quelques centaines de francs.[1] *Puissance de la parole* et *Ombre* paraissent dans le *Pays*[2]. Suspension de la publication des *Histoires extraordinaires par Edgar Poe* dans le *Pays*[3].

[env 5 VIII s 54] – Lettre manquante à Mme A. B avertit sa mère de la suspension de la publication de ses traductions par le *Pays*. Il entend utiliser le temps libre que cela lui laisse, pour préparer un écrit à publier dans la *Revue de Paris*[1].

10 VIII j 54 – B reçoit du *Pays* les sommes de 90 francs et 110 francs[1].

11 VIII v 54 – B écrit à Louis Ulbach, directeur de la *Revue de Paris*, pour l'autoriser à remettre à E. Albert le début du manuscrit: *Du Rire et de la caricature*[1].

12 VIII s 54 – E. Albert doit remettre à Lepage le début du manuscrit de B: *Du Rire et de la caricature*[1].

13 VIII d 54 – Le matin, B reçoit d'Arondel une lettre qu'il trouve singulière[1].

14 VIII l 54 – B se plaint auprès de Mme A d'une lettre d'Arondel, qu'il lui envoie jointe à celle qu'il écrit, ainsi que d'une entrevue entre son créancier et Ancelle. Il voudrait aujourd'hui fêter l'anniversaire de Marie Daubrun et demande, pour ce faire, 20 francs à sa mère. 5 francs lui serviront d'ailleurs pour aller à Marly, où il a une affaire "d'argent" à régler. B a reçu 230 francs d'Ancelle, 240 du *Pays* comme acompte sur ses traductions, soit 470 francs au total. 100 francs ont été payés à M. Lepage, son propriétaire; il a donc dépensé 370 francs depuis le dernier envoi d'argent[1].

19 VIII s 54 – B reçoit du *Pays* la somme de 15 francs, supplément de droits pour la rédaction des *Histoires extraordinaires par Edgar Poe*[1].

22 VIII ma 54 – B ne vit plus à son hôtel. Il demande à sa mère 20 francs, reliquat de son argent du mois. A cette époque, il essaye de faire rentrer Marie Daubrun au théâtre de la Porte-Saint-Martin, malgré l'inimitié de Delphine Baron, femme du directeur Fournier. B envoie à Mme A les compliments de J.-J. Levaillant et de Maxime Du Camp[1].

[été 54] – B emprunte 200 francs à Maxime Du Camp[1].

23 VIII me 54 – B envoie Edmond Albert à M. Baron père, pour demander deux places pour *L'Eternel Schamyl*, drame de Paul Meurice. Il s'y rendra avec une dame [sans doute Marie Daubrun]. B demande la date du retour de Marc Fournier

au théâtre de la Porte-Saint-Martin et déclare qu'il voudrait bien travailler pour lui[1].

[env IX 54] – B va sept fois aux représentations des *Mousquetaires*, voir Ph. Rouvière dans le rôle de Mordaunt dans cette pièce que Dumas a adapté de son roman[1].

[IX-X 54?] – B explique à Philoxène Boyer que Rouvière ne peut pas satisfaire son "si flatteur désir"[1].

[début IX 54] – B espère régler la question de la représentation de *L'Ivrogne* à la Porte-Saint-Martin[1].

10 IX d 54 – Nouvelle publication de la traduction d'*Ombre* dans *Le Journal d'Alençon*[1].

[mi-IX 54?] – B demande à Barbey d'Aurevilly (lettre manquante) d'intervenir auprès de Dutacq, au *Pays*, pour faire reprendre la publication des HE[1].

13 IX me 54 – *La Barrique d'Amontillado* paraît dans le *Pays*[1].

14 IX j 54 – Le *Pays* publie à nouveau la traduction de *Philosophie de l'ameublement*, ainsi que *Le Démon de la perversité*[1].

17 IX d 54 – *Metzengerstein* est publié dans le *Pays*[1].

18 IX l 54 – La deuxième publication de la traduction de *Morella* paraît dans le *Pays*[1].

20 IX me 54 – Le *Pays* publie *Le Diable dans le beffroi* et la première partie de *La Vérité sur le cas de M. Valdémar* sous le titre: *Mort ou vivant?*[1]. La *BF* enregistre *L'Almanach de Jean Raisin*, publié chez Bry[2]. Alfred Delvau y donne les quatre premiers vers de *L'Ame du vin* comme épigraphe pour "Le Poème du vin"[3].

24 IX d 54 – B est mentionné dans le *Figaro* à l'occasion de la publication des souvenirs de Jules Viard sur L. de Saint-Alme[1].

26 IX ma 54 – On suspend de nouveau la publication des *Histoires extraordinaires* dans le *Pays*[1]. Le matin, B va chez Gautier pour lui demander d'écrire un article sur Philibert Rouvière. L'acteur joue à la Gaîté dans la reprise des *Mousquetaires*. Gautier n'étant pas chez lui, B écrit, ce même jour, à Paul de Saint-Victor. Il ne le connaît point mais lui demande tout de même de faire cet article sur Rouvière.

B se plaint de l'interruption de la publication de ses traductions d'EAP au *Pays* au profit de celle des oeuvres de Mme Clémentine Robert[2]. Ce journal publie la seconde partie de *La Vérité sur le cas de M. Valdémar*[3].

29 IX v 54 – Paul de Saint-Victor conseille à B de poursuivre la publication des oeuvres d'EAP malgré toutes les difficultés. Il promet d'aller voir Rouvière et dit qu'il tâchera de plaider la cause de B auprès de la direction du *Pays*[1].

1 X d 54 – Suite, dans le *Figaro*, des souvenirs de Jules Viard sur Lepoittevin de Saint-Alme[1].

[X 54] – B établit la liste des épreuves à acheter des *Histoires extraordinaires*. On les trouvera soit chez Breteau, marchand de journaux et libraire au Passage de l'Opéra, soit à l'administration du *Pays*, faubourg Montmartre. Il voudrait deux exemplaires d'épreuves de: *La Barrique d'Amontillado*; *Le Démon de la perversité*; *Philosophie de l'ameublement*; *Morella*; *Metzengerstein*; *Le Diable dans le beffroi*; *Mort ou vivant*[1].

[X 54?] – En réponse à une lettre (manquante) de B, Barbey d'Aurevilly écrit qu'il verra Dutacq au sujet de l'interruption de la publication au *Pays* des traductions d'EAP. Au *Pays*, la qualité de ces traductions (qualifiées de chef-d'oeuvre par Barbey) a laissé une très forte impression. On songe même à s'adjoindre B de façon permanente au journal[1].

4 [X] me 54 – B envoie Edmond Albert chez Dutacq, du *Pays*, pour prendre les copies de quatre de ses traductions (*Morella, Metzengerstein, Le Diable dans le beffroi, La Vérité sur le cas de M. Valdémar*). B raconte à Dutacq qu'Albert s'est rendu chez la veuve de Charles de Bernard pour chercher la correspondance de Balzac avec de Bernard. Elle refuse d'écrire à B en prétextant qu'elle serait trop attristée par l'évocation de souvenirs concernant son mari. De plus, Borel d'Hauterive, frère de Pétrus Borel, est mêlé à l'affaire[1].

8 X d 54 – Asselineau publie, dans *Le Satan*, *La Jambe*, nouvelle reprise dans son volume, *La Double Vie*[1].

13 X v 54 – D'un café, B écrit à Gustave Le Vavasseur, actuellement en province. B a entendu quelqu'un parler de lui, ce qui l'a poussé à envoyer ce mot pour se rappeler au souvenir de cet ami, à qui il demande de prier pour lui[1]. B demande à Théophile Gautier une critique favorable sur Marie Daubrun, qui débutera lundi dans *Les Oiseaux de proie*, à la Gaîté[2].

14 X s 54 – B demande à Paul de Saint-Victor de rendre compte favorablement

de la prestation de Marie Daubrun. Il annonce qu'il fera la traduction des poésies d'EAP, dont il enverra un exemplaire à Paul de Saint-Victor[1].

[env 14 X s 54] – Paul de Saint-Victor répond que, selon la demande de B, il écrira une critique favorable sur le jeu de Marie Daubrun à la Gaîté[1]. Le même correspondant conseille à B de se prémunir contre l'interruption de la publication de ses traductions au *Pays*, en leur fournissant sans attendre une forte partie de son manuscrit[2].

15 X d 54 – Suite, dans le *Figaro*, des souvenirs de Jules Viard sur Lepoittevin de Saint-Alme[1].

16 X l 54 – Première représentation des *Oiseaux de proie* à la Gaîté avec Marie Daubrun dans le rôle de la Duchesse[1].

[env 17 X ma 54] – Nadar se marie[1].

17 X ma 54 – B prie Nadar de lui prêter un peu d'argent. Sachant que son ami vient de se marier, B s'excuse de le déranger à un moment qui est peut-être inconvenant[1].

22 X d 54 – Avant midi, B reçoit une lettre de Mme A où elle se plaint de sa santé; de plus, elle éprouve de la difficulté à trouver les épreuves des *Histoires extraordinaires* que lui demande son fils[1]. A midi et demie, B écrit à sa mère pour dire qu'il est très inquiet de la savoir malade. Elle devra cependant aller le lendemain, à midi, chez Mme Trolley pour un rendez-vous avec lui. B redoute l'"abominable embarras" auquel il va avoir à faire face quelques heures d'ici. Il se rend justement chez Mme Trolley pour lui demander d'avertir Ancelle de ce qui lui arrive. Il demande à sa mère de faire acheter, sur une note qu'il lui a déjà remise, douze exemplaires du *Pays*. Ce sont les six numéros du mois passé où ont paru ses traductions d'EAP; il voudrait deux exemplaires de chacun de ces numéros[2]. Ayant reçu une lettre de Paul de Saint-Victor, B le remercie de sa critique bienveillante sur Marie Daubrun. Il ne se fait pas d'illusions sur le talent de Marie, trouvant qu'elle en a épisodiquement. B prétend que seul Rouvière jouera *L'Ivrogne*, et déclare que Vigny et Louise Colet désirent lui faire jouer leurs pièces. Il admet que Lhéritier, prote du *Pays*, est un homme bon, aimable et charmant mais se plaint vivement des difficultés qu'il rencontre avec lui: l'argent, les interruptions dans les publications de ses traductions d'EAP[3].

[env 22 X d 54] – B emprunte de l'argent à Mme Trolley. Cet argent sera mis à la disposition de cette dame par Ancelle, mais seulement après un délai suffisamment long pour qu'elle se souvienne de l'avoir trop longtemps attendu. Entre temps, B, voyant que cet argent reste inutilisé, le reprendra lui-même et le dépensera[1].

23 X l 54 – B va à midi chez Mme Trolley pour y rencontrer sa mère. Il a vu son tailleur, mais ne peut ni lui donner de l'argent, ni lui rendre ses vêtements. Il semble que B a mis ces vêtements en gage[1]. Paul de Saint-Victor écrit dans le *Pays* un article élogieux sur Philibert Rouvière[2]. Il y fait mention de Marie Daubrun, qui joue dans *Les Oiseaux de proie*[3].

28 X s 54 – La *BF* enregistre la publication, à Versailles, des *Souvenirs sur le Prytanée de Saint-Cyr*, par Lefol, où est rapportée la vive impression devant le jeu d'Aupick dans le rôle de Fortunas, en 1807, lorsqu'ils étaient condisciples[1].

[XI 54] – Adolphe Le Maréchal présente B à Hostein, directeur du théâtre de la Gaîté[1].

[XI-XII 54] – Courbet annonce à Bruyas qu'il a fait le dessin pour *L'Atelier du peintre* et l'a transposé sur le canevas[1].

4 XI s 54 – La Saint-Charles/Sainte-Caroline[1].

[avant le 8 XI me 54] – Adolphe Le Maréchal mène B chez Hostein[1]. Ils discutent longuement du théâtre et de la pièce, de B: *L'Ivrogne*. Hostein promet à B de monter sa pièce lorsqu'elle sera prête et l'assure de la participation de Rouvière. B lui parle d'*Est-il bon? Est-il méchant?* de Diderot, disant qu'il faudrait représenter cette pièce. Hostein le prie de la lui envoyer pour lecture[2]. B habite au 57, rue de Seine[3].

8 XI me 54 – B envoie à Hostein la pièce de Diderot: *Est-il bon? Est-il méchant?*. Il lui suggère de mettre en scène cet ouvrage, recommandant pour le rôle principal l'acteur Rouvière. B mentionne en même temps *L'Ivrogne*, sa propre pièce. Son adresse est 57, rue de Seine[1].

11 XI s 54 – Hostein refuse la suggestion de B de monter *Est-il bon? Est-il méchant?*, mais offre ses bons offices pour aider B à faire représenter *L'Ivrogne*[1].

14 XI ma 54 – B demande 60 francs à la Société des Gens de Lettres, bien qu'il lui doive déjà 80 francs. Il accepterait une somme voisine, et promet de leur donner dans huit jours une nouvelle ou un article. Francis Wey décide d'attendre la réception de l'écrit promis avant de donner de l'argent[1].

15 XI me 54 – *Le Vin des chiffonniers* paraît dans la revue *Jean Raisin*[1].

[début XII 54] – B songe à se mettre en ménage avec Marie Daubrun[1].

1 ou 2 XII v ou s 54 – B rencontre Ancelle, qui se rend chez Mme A. B lui demande d'expliquer à Mme A la raison de l'emprunt fait à Mme Trolley. Il discute avec le notaire de la nécessité d'établir un compte définitif de ses affaires, lui réclame une nouvelle lettre de crédit pour son tailleur et le charge d'une commission auprès de sa mère[1].

3 XII d 54 – B doit payer une dette qu'il appelle très grave et très urgente[1].

[avant le 4 XII l 54] – B discute avec sa mère de la possibilité de lever son conseil judiciaire[1].

4 XII l [54] – B remercie sa mère d'un prêt inattendu de 100 francs. Mais les choses vont mal et il a besoin de vêtements. Il lui demande donc la somme de 350 francs, comme le mois précédent. Mme Trolley demande l'argent qu'il lui a emprunté; ses ennuis avec le *Pays* ne finissent pas; son propriétaire refuse de lui donner le compte de ses dettes envers lui. B annonce qu'il rentrera "dans le concubinage" à partir du 9 janvier, ou chez Jeanne ou chez une autre, [sans doute Marie Daubrun, avec qui il habite actuellement] mais il ne révèle pas le nom de l'autre femme. Il reconnaît l'impossibilité légale de faire lever son conseil judiciaire. En terminant, il prie sa mère de lui faire envoyer par Ancelle 60 francs, dont il a besoin. A 9h du soir B doit livrer un feuilleton, qu'il commence [probablement *Petite Discussion avec une momie*][1].

7 XII j 54 – Barbey d'Aurevilly écrit dans le *Pays* un article sur Charles Monselet. B le lit et en parle avec Monselet. Il essaie de convaincre ce dernier qu'il doit en être heureux, malgré le ton critique de cet article[1].

8 XII v 54 – Mme A vient chez B et l'autorise à demander 300 francs à Ancelle. B écrit au notaire en présence de sa mère, pour l'avertir de cette permission et lui renvoie sa lettre de crédit de 100 francs ainsi que le reçu pour les 300 francs de sa mère[1].

9 XII s 54 – B touche 300 francs chez Ancelle, à Neuilly[1].

11 XII l 54 – La première partie de *Petite Discussion avec une momie* paraît dans le *Pays*[1].

12 XII l 54 – Fin de *Petite Discussion avec une momie* dans le *Pays*[1]. Suspension de la publication des *Histoires extraordinaires par Edgar Poe* dans ce journal[2].

20 XII me 54 – B demande à Barbey d'Aurevilly plusieurs de ses livres (*La Bague [d'Annibal]*; *Le [Du] Dandysme [et de Georges Brummell]*; *Germaine*; *La Vieille Maîtresse* [*sic*]; *L'Ensorcelée*) pour en prêter à une dame [Mme Sabatier]. Il demande également la liste des ouvrages de Barbey, avec les noms des libraires les ayant publiés. B a lu l'article de Barbey sur Monselet dans le *Pays* et l'a trouvé "avantageux" pour Monselet, comme il le lui a dit[1].

[env 20 XII me 54] – Barbey d'Aurevilly envoie à B un exemplaire de *Du Dandysme et de G. Brummell*. Il promet de lui donner le reste de ses ouvrages dès qu'il les aura rassemblés. Barbey fait pour B la description de son oeuvre publiée et non-publiée, l'appelant un ami de deux jours qui en valent dix. B annotera cette lettre, révélant qu'il doit voir de manière urgente Dutacq, Ducamp [*sic*], Hostein. Il faudra qu'il fasse des visites à Albert, à Lafont et qu'il se mette en contact avec les personnes suivantes: P-M, Courbet, Delange [?], Buloz et De Gonet[1].

23 XII s 54 – B reçoit du *Pays* la somme de 42,50 francs en paiement des feuilletons du mois de décembre[1].

26 XII ma 54 – Mort d'Edmond, fils de Claude-Alphonse Baudelaire, à Fontainebleau, à l'âge de 21 ans[1].

28 XII j 54 – B est prié de se rendre aux obsèques d'Edmond Baudelaire[1]. De Paris, Aupick adresse à C.-A. Baudelaire une sympathique lettre de condoléances à l'occasion de la mort d'Edmond[2].

29 XII v 54 – B écrit à son demi-frère une lettre de condoléances; il promet d'aller le voir dans quelques jours. La lettre le convoquant à Fontainebleau pour 3h est arrivée à 22h, après son départ la veille de chez lui. Cela explique son absence aux obsèques de son neveu[1].

[fin 54] – Marie Daubrun rompt brusquement son engagement à la Gaîté. Elle part en tournée en Italie[1]. Elle quitte ce théâtre en mauvais termes avec Hostein, qui la menace d'un procès[2]. Les revenus de B gérés par Ancelle seront cette année de 2400 francs[3].

[vers 1855] – Constantin Guys achève sa *Femme turque au parasol*[1]. Traviès fait une lithographie du Divan Le Peletier où paraissent B, Champfleury, Gautier, Carjat, Véron et autres[2]. B offre à Ph. Boyer un exemplaire de *Theocritae quae extant...*, Glasguae, R. et F. Foulès, publié en 1746[3].

1855

1855 – Selon Asselineau, B travaille beaucoup cette année-là; il fait un feuilleton par jour des *Histoires extraordinaires*. Ces feuilletons, dit Asselineau, collés sur papier et corrigés, deviendront les premières épreuves lorsque Lévy en fera l'édition[1]. B commence la rédaction de *Fusées*[2]. Nadar photographie B assis dans un fauteuil Louis XIII[3]. On expose à Paris la *Composition architecturale* de Henry Edward Kendall, qui aurait pu inspirer *Rêve parisien*[4].

I 55 – Courbet commence à peindre *L'Atelier du peintre*. Il annonce qu'on y verra derrière B "une négresse qui se regarde dans une glace avec beaucoup de coquetterie". Courbet recouvrira cette figure de femme[1].

1 I l 55 – La revue *Jean Raisin* imprime, sans le nom du poète, *Le Carillon* et *Ma Femme est morte*[1].

7 I d 55 – B prie Armand Dutacq de remettre les 250 francs qui lui sont dûs par le *Pays* à Mme Lepage, sa logeuse[1].

9 I ma 55 – A cette date-là, B avait prévu de quitter son hôtel pour vivre en "concubinage". Pourtant, puisque Marie Daubrun est partie, ce n'est ni avec elle ni avec Jeanne Duval qu'il s'installera[1].

12 I v 55 – B envoie Edmond Albert chez Dutacq, pensant qu'il pourrait travailler pour lui à son projet de création d'une librairie[1].

13 I s [55] – B demande à Dutacq de faire envoyer par Albert les 25 francs que celui-là lui a promis à leur dernière rencontre. Il menace de retirer les *Histoires extraordinaires*, à moitié imprimées, pour les livrer à Dutacq, si le *Pays* n'accélère pas les délais d'impression[1].

15 I l 55 – La *Revue de Paris* publie, sans nom d'auteur, *"Que diras-tu, pauvre âme solitaire..."*, inclus dans le roman de Charles Barbara, *L'Assassinat du Pont-Rouge*[1].

16 I ma 55 – B apprend que Champfleury est malade.[1]

17 I me 55 – B découvre l'adresse de Champfleury malade. Il vit chez Mme Huriez, sa soeur[1].

18 I j 55 – Toujours au 57, rue de Seine, à 7h du matin, B écrit à Félix Solar pour demander 20 francs; il doit déjà à Solar la somme de 40 francs[1]. B écrit à Emile Montégut, le priant de s'occuper de son affaire avec Buloz, celle qui concerne la publication d'un assez grand nombre de ses poèmes. B voudrait éviter de traiter avec Victor de Mars, de la *Revue des Deux Mondes*, à cause de son indécision[2].

B fait savoir à Mme Huriez, soeur de Champfleury, qu'il ne pourra pas venir voir son ami malade, se disant lui-même souffrant. Il demande des nouvelles de Champfleury[3].

21 I d 55 – Le *Pays* publie *Manuscrit trouvé dans une bouteille*, première partie[1].

22 I l 55 – Dans le *Pays* sont publiés la fin de *Manuscrit trouvé dans une bouteille* et le début de *Colloque entre Monos et Una*, sous le titre du *Colloque de Monos et d'Una*[1].

23 I m 55 – La fin de *Colloque entre Monos et Una* et le début du *Roi Peste* paraissent dans le *Pays*[1].

26 I v 55 – Gérard de Nerval est trouvé pendu à un soupirail, rue de la Vieille-Lanterne[1]. Le *Pays* publie la deuxième partie du *Roi Peste*[2]. Demande de transmission des brevets d'imprimeur et de libraire de Mme Vve Poulet-Malassis à Auguste Poulet-Malassis et à E. de Broise, son beau-frère[3]. Dans le *Pays*, Barbey d'Aurevilly attaque le livre d'A. Bellegarigue, *Les Femmes d'Amérique*. B se souviendra de cet article lorsqu'il écrira ses "Notes nouvelles sur Edgar Poe"[4].

[env 26 I v 55] – P-M revient à Alençon, où il prend avec E. de Broise la direction de l'imprimerie familiale[1].

27 I s 55 – Le *Pays* publie la fin du *Roi Peste* et le début de *L'Homme des foules*[1].

28 I d 55 – Réimpression de la traduction de *Bérénice* dans le *Journal d'Alençon*[1]. Le *Pays* publie la fin de *L'Homme des foules*, *Le Portrait ovale* et le début de *L'Ile de la fée*[2].

29 I s 55 – B signe un reçu de 500 francs qu'il prend chez Ancelle. C'est le complément des 1500 francs que Mme A consent à lui octroyer[1].

31 I me 55 – Le *Pays* publie la première partie du *Canard au ballon*[1].

II 55 – Date du manuscrit de *L'Aube spirituelle*[1].

2 II v 55 – La deuxième partie du *Canard au ballon* paraît dans le *Pays*[1].

3 II s 55 – B envoie à Dutacq, chef de la Société Générale de Librairie, la table des matières pour la publication en volume des *Histoires extraordinaires par Edgar Poe*. Il a commencé la mise en ordre des feuilletons. B a donné une délégation sur le *Pays* pour la somme de 150 francs à M. Lecerf, un de ses créanciers. Il promet

d'aller remettre au *Pays* l'argent pour couvrir cette délégation[1]. Le *Pays* publie la dernière partie du *Canard au ballon* et la première partie de *Ligeia*[2].

4 II d 55 – La fin de *Ligeia* paraît dans le *Pays*[1].

5 II l 55 – La première partie d'*Une Descente dans le Maelstrom* paraît dans le *Pays*[1].

6 II ma 55 – La deuxième partie d'*Une Descente dans le Maelstrom* paraît dans le *Pays*[1].

7 II me 55 – La fin d'*Une Descente dans le Maelstrom*, et la première partie de *La Chute de la maison Usher* paraissent dans le *Pays*[1].

9 II v 55 – La deuxième partie de *La Chute de la maison d'Usher* paraît dans le *Pays*[1].

13 II ma 55 – La fin de *La Chute de la maison d'Usher* paraît dans le *Pays*[1].

14 II me 55 – *William Wilson*, première partie, paraît dans le *Pays*[1].

15 II j 55 – La deuxième partie de *William Wilson* paraît dans le *Pays*[1].

16 II v 55 – P-M obtient l'autorisation d'éditer, malgré quelques difficultés dues à son passé républicain[1].

18 II d 55 – La troisième partie de *William Wilson* paraît dans le *Pays*[1]. Dans *Le Figaro*, Gustave Bourdin dresse le portrait de 31 avocats qui plaident au Palais. Dans ce groupe de textes courts et d'un ton souvent badin, celui consacré à Chaix d'Est-Ange est de loin le plus important. Cet avocat, qui a plaidé contre Balzac (au dire de Bourdin) est appelé ironiquement "l'avocat des gens de lettres"[1].

19 II l 55 – La fin de *William Wilson* et la première partie de *Lionnerie* (intitulée *Etre un lion, conte moral*) paraissent dans le *Pays*[1].

22 II j 55 – Le *Pays* publie la fin de *Lionnerie*, *Silence* et la première partie du *Masque de la mort rouge*[1].

23 II v 55 – Le *Pays* commence la publication de *Hop-Frog* et termine celle du *Masque de la mort rouge*[1].

24 II s 55 – La deuxième partie de *Hop-Frog* paraît dans le *Pays*[1].

25 II d 55 – La fin de *Hop-Frog* est publiée dans le *Pays*. La première partie du *Double Assassinat dans la rue Morgue* y paraît, également, sous le titre de *Facultés divinitoires d'Auguste Dupin. I*[1].

26 II l 55 – La deuxième partie du *Double Assassinat...* paraît dans le *Pays*[1].

III 55 – Courbet annonce à Bruyas qu'il a presque terminé *L'Atelier du peintre*[1].

1 III j 55 – La troisième partie du *Double Assassinat...* paraît dans le *Pays*[1].

2 III v 55 – La quatrième partie du *Double Assassinat...* paraît dans le *Pays*[1].

3 III s 55 – La cinquième partie du *Double Assassinat...* paraît dans le *Pays*[1].

[env 3 III s 55] – B quitte l'hôtel du Maroc, 57, rue de Seine[1].

5 III l 55 – La sixième partie du *Double Assassinat...* paraît dans le *Pays*[1]. B commence un mois difficile, où il devra changer six fois d'hôtel et finira par s'installer à l'imprimerie du *Pays*[2].

6 III ma 55 – La septième partie du *Double Assassinat...* paraît dans le *Pays*[1].

7 III me 55 – La fin du *Double Assassinat...* paraît dans le *Pays* ainsi que la première partie de *La Lettre volée*, sous le titre de *Facultés divinatoires d'Auguste Dupin II*[1]. Aupick achète la "maison joujou" à Honfleur[2].

8 III j 55 – La deuxième partie de *La Lettre volée* paraît dans le *Pays*[1].

12 III l 55 – La troisième partie de *La Lettre volée* paraît dans le *Pays*[1].

14 III me 55 – Publication de la dernière partie de *La Lettre volée* et de la première partie d'*Aventure sans pareille d'un certain Hans Pfaall* dans le *Pays*[1].

15 III j 55 – La deuxième partie d'*Aventure sans pareille...* paraît dans le *Pays*[1].

17 III s 55 – B donne à Ancelle son exemplaire de *Du Dandysme et de G. Brummell*, par Barbey d'Aurevilly. L'ex-dono est daté[1].

18 III d 55 – Dans *Le Figaro*, Gustave Bourdin écrit un article: "M. Pinard, substitut". Il y fait le portrait de ce "jeune magistrat"[1].

20 III ma 55 – La troisième partie d'*Aventure sans pareille...* paraît dans le *Pays*[1].

22 III j 55 – La quatrième partie d'*Aventure sans pareille*... paraît dans le *Pays*[1].

27 III ma 55 – La cinquième partie d'*Aventure sans pareille*... paraît dans le *Pays*[1].

30 III v 55 – Les héritiers de Jean Labie remboursent la somme de 7.000 francs sur la dette de 31.000 qu'ils ont envers B[1].

31 III s 55 – La sixième partie d'*Aventure sans pareille*... paraît dans le *Pays*[1].

IV 55 – Fondation de la *Revue anecdotique*, qui a pour but de ressusciter la "nouvelle à la main" du dix-huitième siècle[1].

1 IV d 55 – Septième partie d'*Aventure sans pareille*... paraît dans le *Pays*[1].

[entre le 30 III v et le 2 IV l 55] – B demande à Ancelle un prêt de 1000 francs mais, après avoir semblé donner son consentement, le notaire le lui refuse. B veut déménager[1].

2 IV l 55 – La huitième partie d'*Aventure sans pareille*... paraît dans le *Pays*[1].

5 IV j 55 – Le matin, B reçoit 100 francs d'Ancelle, au lieu des 350 demandés. Il écrit à sa mère pour l'en avertir et lui fait savoir que dans trois jours il aura quitté son logement provisoire au *Pays*, où il se trouve depuis un certain temps. Parmi tous ses dérangements, il est contraint de composer des vers, ce qu'il juge être "l'occupation la plus fatigante qui soit"[1].

6 IV v 55 – Richard Redgrave voit, dans une salle d'exposition, *L'Atelier du peintre* de Courbet. Il en fait une critique impitoyable[1].

[7 IV s 55] – B apprend à Victor de Mars, secrétaire de la *Revue des deux mondes*, qu'il prépare un épilogue pour les *Fleurs du mal*, adressé à une dame [Marie Daubrun?]. Il le promet à de Mars pour le 9 ou le 10 du mois courant et le décrit comme "un joli feu de monstruosités"[1]. L'argument de cet épilogue est celui de l'*Héautontimoroumenos*[2].

8 IV d 55 – Son travail terminé, B quitte l'imprimerie du *Pays*[1].

9 IV l 55 – B a 34 ans[1].

9 ou 10 IV l ou ma 55 – B doit donner à Victor de Mars l'épilogue des *FM*[1].

14 IV s 55 – La neuvième partie d'*Aventure sans pareille*... paraît dans le *Pays*[1].

15 IV d 55 – Edouard Houssaye décrit dans *L'Artiste* le tableau de Courbet, *L'Atelier du peintre*, où B paraît à côté d'une femme de couleur[1].

[env 15 IV d 55] – B demande à Courbet de supprimer l'image de la femme de couleur à côté de la sienne dans le tableau: *L'Atelier du peintre*[1].

17 IV ma 55 – La dixième partie d'*Aventure sans pareille...* paraît dans le *Pays*[1].

20 IV v 55 – Le *Pays* publie la fin d'*Aventure sans pareille...*[1].

6 V d 55 – A la séance général de la Société des Gens de lettres, la mort de Nerval est évoquée. Louis Veuillot en parlera, ironiquement, un mois plus tard, dans un article de *L'Univers* où il attaque l'alcoolisme, qui est pour lui la cause du suicide de Nerval[1].

15 V ma 55 – Ouverture de l'Exposition Universelle au Nouveau Palais des Beaux-Arts[1].

19 V d 55 – Publication, dans *The Musical World* (Londres) de la traduction en anglais par John Bridgeman d'*Oper und Drama* de Richard Wagner[1].

[avant le 26 V d 55] – B termine la deuxième partie, sur Ingres, de *L'Exposition Universelle de 1855. Beaux-Arts*[1].

25 V s 55 – *Méthode de critique* [*Exposition universelle de 1855. I*] paraît dans le *Pays*[1].

30 V me 55 – Sans prévenir de son arrivée, B se rend chez François Buloz, directeur de la *Revue des deux mondes*. Il s'est brouillé avec Dutacq, du *Pays*, et désire que Buloz l'aide dans ses affaires, car il est actuellement sans éditeur[1]

1 VI v 55 – La *Revue des deux mondes* publie sous le titre, jusqu'alors inédit, des *Fleurs du Mal*, 18 poèmes de B: *Au Lecteur*; *Réversibilité*; *Le Tonneau de la haine*; *La Confession*; *L'Aube spirituelle*; *La Volupté* [*La Destruction*]; *Voyage à Cythère*; *A La Belle aux cheveux d'or*; *L'Irréparable*; *L'Invitation au voyage*; *Moesta et errabunda*; *La Cloche* [*La Cloche fêlée*]; *L'Ennemi*; *La Vie antérieure*; *Le Spleen* [*De profundis clamavi*]; *Remords posthume*; *Le Guignon*; *La Béatrice* [*Le Vampire*]; *L'Amour et le crane*. L'épigraphe en est empruntée à Agrippina d'Aubigné (*Les Tragiques*). Emile Montégut les accompagne d'une note prudente, inspirée sans doute par les hésitations de Buloz à propos de la publication de ces poèmes[1].

[env 1 VI v 55] – Louis Ménard fait une parodie des vers de B, la montrant au poète ainsi qu'à Victor Cousin. Il envisage d'envoyer cette parodie, sous le pseudonyme de Courbet, au directeur de la *Revue des deux mondes* pour y être publiée[1].

2 VI s 55 – *Hommage à C.F. Denecourt – Fontainebleau, Paysages, Légendes, Souvenirs, Fantaisies* publié chez Hachette est annoncé par la *BF*. Deux poèmes en prose de B: *Le Crépuscule du soir; La Solitude* y paraissent en première version, accompagnés des *Deux Crépuscules* et d'une lettre à Fernand Desnoyers[1].

3 VI d 55 – *Delacroix* [*Exposition universelle de 1855. III*] paraît dans le *Pays*[1]. Dans *L'Univers*, Louis Veuillot se déchaîne contre l'alcoolisme, responsable, selon lui, du suicide de Nerval[1]. B lit cet article et le cite, sans en donner le titre ni l'auteur, dans *Edgar Poe, Sa Vie et ses oeuvres*[2].

[env 5 VI ma 55] – B envoie à Delacroix l'article qu'il lui à consacré dans le *Pays*[1].

9 VI s 55 – B écrit à Auguste Vitu, du *Pays*, pour savoir s'il doit se présenter aux bureaux du journal le lendemain pour revoir les épreuves des articles donnés et pour remettre le texte de son quatrième article [peut-être celui sur Ingres]. Il révèle qu'il a eu de la difficulté à écrire sa critique sur Ingres[1].

[entre le 9 et le 11 VI s-l 55] – Victor Hugo écrit *Cérigo*, poème inspiré par celui de B: *Un Voyage à Cythère*[1].

10 VI d 55 – De Champrosay, Delacroix écrit à B qu'il a beaucoup aimé son article. Il demande qu'on lui envoie les autres articles parus dans le *Pays*[1]. Ce journal refuse désormais de publier les ouvrages de B[2].

12 VI ma 55 – P-M écrit à Asselineau qu'il a lu dans la *Revue des deux mondes* les poèmes de B et envoie ses félicitations au poète[1].

13 VI me 55 – B habite à l'hôtel de Normandie, rue Neuve-des-Bons-Enfants[1]. Il écrit à Buloz pour proposer sa collaboration à la *Revue des deux mondes*, lui promettant d'écrire des romans à y publier. Il voudrait que Buloz le dispense de donner à la revue le "cadeau littéraire" coutumier et demande une avance, ne serait-ce que le prix d'un seul feuilleton, pour subvenir à ses besoins immédiats. Il pense devoir mettre un mois à corriger les épreuves, s'il réussit à vendre à Hachette ou à Lévy ses *Histoires extraordinaires par Edgar Poe*. A 6h, B arrive à la *Revue des deux mondes* pour discuter de sa proposition de collaboration[2].

16 VI s 55 – La *BF* enregistre la publication de l'*Histoire de Neuilly et de ses châteaux* par l'abbé Bellanger. On y remarque que cet auteur est mort. B en fera un court compte-rendu, pour plaire à Ancelle, qui se trouve remercié par l'auteur,

dans sa préface, de toute l'aide qu'il lui a apportée. B y loue le mouvement historiographique qu'il appelle *provincial*, en particulier cet effort à propos de l'histoire de Neuilly. Il juge "excellent" ce livre[1].

[env 20 VI me 55] – Le matin, B se rend chez Philoxène Boyer pour lui présenter ses excuses de l'avoir manqué lors de sa récente visite. Il évoque ses affaires actuelles et annonce que sa traduction d'EAP va être vendue. B aura peut-être besoin de Boyer pour se documenter à propos des tendances actuelles du théâtre, sujet d'un article qu'il songe à écrire[1].

23 VI s 55 – Dans *L'Athenaeum français* Hippolyte Babou mentionne *Les Fleurs du Mal* parues dans la *Revue des deux mondes*[1].

24 VI d 55 – Auguste Villemot écrit un article, dans le *Figaro*, sur les comédiens anglais qui jouent *Macbeth* au Théâtre-Italien[1].

28 VI j 55 – Ouverture du Pavillon du Réalisme au 7, av Montaigne[1].

29 VI v 55 – B demande 100 francs à la Société des Gens de Lettres. Il reconnaît sa dette de 180 francs envers elle mais l'assure qu'un marché heureux lui permettra prochainement de rembourser cet argent[1].

[fin VI 55?] – B écrit à Philoxène Boyer pour lui dire que sa vie est un "orage permanent...et varié", ce qui explique ses rares visites. Il demande à son ami des catalogues de librairie indiquant les publications des divers ouvrages de théâtre étrangers publiés en France, de Schiller ou de Calderon, par exemple. Il s'intéresse surtout au théâtre asiatique. B envoie à Boyer les salutations d'Asselineau[1].

4 VII me 55 – P-M, écrivant à Asselineau, le prie de dire à B qu'il attend de recevoir les poésies d'EAP, dont il se moque. C'est parce que B est un "rédacteur de la *Revue des deux mondes*", qu'il n'ose l'approcher. Il le salue néanmoins[1].

6 VII v 55 – B écrit à Emile-François Templier, associé chez Hachette. Il tient à choisir l'ouvrage qui acquittera la créance dont Templier est détenteur[1].

7 VII s 55 – Dans *L'Athenaeum français* Hippolyte Babou fait la critique de *Hommage à C.F. Denecourt*.... Il observe que les vers de B ne prononcent pas "une seule fois le grand mot Nature"[1].

8 VII d 55 – *De L'Essence du rire et généralement du comique dans les arts plastiques* paraît dans le *Portefeuille*, avec une note expliquant que l'article est tiré de

Peintres, statuaires et caricaturistes, ouvrage que B devra faire paraître prochaine-ment chez Lévy[1].

10 VII ma 55 – B écrit à Templier à propos de sa préface sur la vie d'EAP. Il la trouve insuffisante et désirerait la transformer, ayant trouvé beaucoup de documents nouveaux[1].

[été 55?] – B écrit à sa mère à propos de l'envoi d'un paquet qu'il aurait aimé recevoir d'elle. Elle est à Honfleur avec Aupick[1].

15 VII d 55 – On annonce, dans le *Portefeuille*, la parution prochaine du *Scarabée d'or*, qui n'y paraîtra pourtant pas[1].

19 VII d 55 – B, qui demeure 27, rue de Seine, vient de lire un article [d'Auguste Vitu?]. Il demande à son correspondant ses écrits sur la typographie, sur la reliure, sur la bijouterie et sur le mobilier[1].

21 VII s 55 – *The American* (Paris) mentionne l'arrivée de M. Daniel la semaine précédente[1].

26 VII j 55 – Dans le *Journal des arts*, Guyot de Fère approuve, ironiquement, la critique de B sur les femmes des tableaux de Delacroix; il prétend que le langage excentrique du poète convient à l'art excentrique du peintre[1].

28 VII v 55 – La *BF* enregistre la publication par Charles Asselineau de sa *Notice sur Lazare Bruandet peintre de l'école française (1753-18◇3)*[1]. Elle paraît à Alençon, chez P-M et à Paris chez Dumoulin. Cet écrit suscite chez B un distique: *D'Un Esprit biscornu...*] où il se moque du choix de ce sujet[2]. Asselineau envoie à B un exemplaire de ce livre[3].

[début VIII 55] – Après une tournée en Italie qui a duré tout l'hiver, Marie Daubrun revient à Nice, d'où elle écrit à B[1].

3 VIII v 55 – Un contrat est signé entre B et Michel Lévy frères pour la publication des *Histoires extraordinaires* et des *Nouvelles Histoires extraordinaires*[1].

[env 7 VIII ma 55] – Lettre manquante de B à Philibert Rouvière. B lui demandait d'intervenir auprès de Vaez, l'un des directeurs de l'Odéon en faveur de Marie Daubrun[1].

8 VIII j 55 – Lettre du comédien Rouvière qui se dit charmé que ce soit B qui rédige sa notice biographique[1].

11 VIII s 55 – La *BF* enregistre la publication par Baillière du livre de Brierre de Boismont, *Du Suicide et de la folie-suicide*[1].

12 VIII d 55 – *M. Ingres. (Exposition universelle de 1855. II)* paraît, accompagné d'une note d'Arthur Ponroy, dans le *Portefeuille*, après avoir été refusé par le *Pays*[1]. De Nohant, George Sand écrit à G. Vaez une lettre louant le talent de Marie Daubrun[2].

13 VIII l 55 – A 10h du matin, B rencontre Vaez. Il lui dit que Marie Daubrun accepte avec joie de jouer un rôle dans *Maître Favilla* de George Sand. Cependant, Vaez refuse d'augmenter même légèrement le traitement de l'actrice. A 2h de l'après-midi, B apprend de Narrey, autre directeur adjoint de l'Odéon, que le contrat est rompu[1].

14 VIII ma 55 – B adresse à George Sand une demande pour intervenir dans l'affaire Vaez-Narrey-Daubrun[1].

16 VIII j 55 – George Sand promet d'intervenir en faveur de Marie Daubrun, afin qu'on lui restitue le rôle dans la pièce: *Maître Favilla*[1]. Lettre manquante de B à Marie Daubrun[2].

17 VIII v 55 – B reçoit la lettre de George Sand et en avertit Marie Daubrun[1].

19 VIII d 55 – B remercie George Sand de l'aide qu'elle apporte à Marie Daubrun auprès de Vaez[1].

23 VIII j 55 – De Nohant, dans une lettre à G. Vaez, G. Sand redit son admiration pour la beauté et pour la qualité de voix de Marie Daubrun. Malgré cette intervention, c'est Mme Laurent qui jouera dans *Maître Favilla*[1].

29 VIII d 55 – *Morale du joujou* paraît à nouveau dans le *Portefeuille*[1]. B remercie George Sand et déclare avoir écrit à Marie Daubrun pour lui dire ce qui s'est passé. Il demande à Sand de le tenir au courant de l'affaire. B est au 27, rue de Seine[2].

2 IX d 55 – Dans *L'Artiste*, Champfleury publie "Sur M. Courbet. Lettre à Mme Sand". Il y défend l'école dite "réaliste" et essaye d'empêcher l'insuccès d'une exposition des tableaux de Courbet, qui avaient été refusés par le jury de l'Exposition Universelle de Paris. On trouve, parmi les toiles exposés par Courbet, *L'Atelier du peintre*, où figure B avec Jeanne Duval, son inspiratrice. C'est contre les implications de ce tableau que B écrira *Puisque Réalisme il y a*[1].

15 IX s 55 – A l'Odéon, George Sand crée *Maître Favilla*. Rouvière s'y taille un

gros succès et G. Sand lui dédie la pièce[1].

[automne 55] – Début de la liaison entre Marie Daubrun et Théodore de Banville; ils vivent ensemble. Banville écrit son *Histoire d'une comédienne*[1].

23 IX d 55 – Dans son *Salon de 1855*, Nadar parle du *Salon de 1846* de B, "un des plus beaux livres d'art qui aient été écrits". Cet article, publié dans *Le Figaro*, cite des extraits du *Salon de 1846* relatifs à Delacroix[1].

24 IX l 55 – Dans le *Journal des débats*, J. Janin critique le jeu de Rouvière dans *Maître Favilla*, de G. Sand. B se moquera de ce jugement dans sa notice sur ce comédien[1].

28 IX v [55] – Lettre de Banville à Nadar. Il l'invite le samedi à dîner, de la part de P-M. Seraient présents: P-M; Banville; Nadar; B[1].

29 IX s [55] – B dîne avec P-M, Banville et Nadar[1].

[seconde quinzaine de IX 55] – Dans la *Revue anecdotique* paraît un récit sur un banquier qui perd son fils et l'enterre dans un cerceuil en sapin, par économie. Cette anecdote pourrait avoir servi de source au début de *L'Imprévu*, publié dix ans plus tard[1].

2 X ma 55 – B reçoit une lettre de Michel Lévy qui lui reproche la lenteur des envois des *Histoires extraordinaires par Edgar Poe*, ainsi que ses nombreuses corrections, entraînant des dépenses pour l'imprimerie[1].

4 X j 55 – Lettre à Mme A où B demande la permission de prendre 200 francs chez Ancelle. Il risque de payer les frais occasionnés par ses retards à l'imprimerie de Lévy. Mme A a déjà décidé avant ce moment de ne plus avoir de relations directes avec son fils[1].

8 X l 55 – B désire changer de logement[1].

23 X ma 55 – Mort d'Amand Lenglet[1].

24 X me 55 – Aupick écrit à son ami Thouvenel que sa santé, ainsi que celle de Mme A, est mauvaise. Sa femme sent pourtant ses forces revenir[1].

[XI-XII 55] – B voit beaucoup Ancelle, dans le but de discuter de ses affaires[1].

4 XI d 55 – Dans le *Figaro*, Louis Goudall attaque les poèmes de B publiés quatre mois plus tôt dans la *Revue des deux mondes*[1]. La Saint-Charles/Sainte-Caroline[2].

18 XI d 55 – La maison Michel Lévy frères annonce, dans le *Figaro*, une nouvelle collection "des meilleurs ouvrages contemporains", comprenant ceux d'EAP. La parution des *Histoires extraordinaires* est imminente[1].

23 XI v 55 – B demande à Paul de Saint-Victor de lui envoyer "les deux petites poésies de Victor Hugo"[1].

26 XI l 55 – A Charles Barbara, B fait savoir qu'il a parlé de lui à Michel Lévy. Ce dernier recevra Barbara volontiers, pour discuter de la publication de ses ouvrages[1].

14 XII v 55 – Aupick écrit à F. Barrot à propos de la Maison Joujou[1].

19 XII me 55 – Sur le point de déménager, B retrouve et relit un grand nombre de lettres de sa mère[1].

20 XII j 55 – Le matin chez Ancelle, B écrit une lettre à Mme A, pour lui demander 1500 francs. Depuis un an, elle refuse de le voir, ce qu'il trouve anormal. Il retient un logement depuis deux mois et demie mais, faute d'argent, il ne l'occupe pas. B a horreur de demander de l'argent au gouvernement, pour résoudre ses difficultés financières. Malgré ses "terreurs" B dîne à son restaurant habituel. Là, il apprend qu'on veut nommer Delacroix au Sénat et observe qu'Aupick serait obligé de siéger auprès de cet artiste "homme bien obscur"[1]. Mme A, bien que se sentant profondément blessée par son fils, autorise Ancelle à lui donner l'argent réclamé. Elle se dit pourtant peu disposée à renouer des relations avec lui[2].

21 XII v 55 – Le matin, B écrit à Ancelle pour expliquer ce qu'il faudra dire à Mme A si elle refuse de lui donner les 1500 francs qu'il demande. A 4h il rencontre le notaire place de la Bourse, chez Panis, régisseur d'annonces. B a passé la journée à mettre en ordre ses affaires en vue de son déménagement. Il demande à Ancelle un livret des musées royaux du temps de Louis-Philippe; B voudrait se documenter sur les collections *Standish* et *Espagnol*. Au lieu d'un lit d'acajou qu'il trouve "affreux", B voudrait acheter un lit de fer[1].

22 XII s 55 – B quitte le 27, rue de Seine pour s'installer 18, rue d'Angoulême[1]. Il vit avec Jeanne Duval, qui a pris le nom de Mme Lemer. Leur appartement n'est pas entièrement aménagé et B a quitté son logis précédent dans le plus grand désordre. Il songe presque aussitôt à faire venir son tailleur, à qui il destine la plupart de l'argent de sa mère (540 francs) qu'il doit encore toucher. Il cite un

projet, sans le décrire, qui entraînerait le concours de Piétri, préfet de police et de Morny, président du Corps législatif. B signe pour Ancelle un reçu de 460 francs sur une avance de 1500[2].

24 XII l 55 – B écrit à Ancelle pour annoncer la visite de Jeanne Duval, à qui le notaire devra donner de l'argent. Une moitié de son appartement est installée et il est en train de se plonger dans une quantité de lectures nécessaires à la préface qu'il prépare à ce moment-là[1].

[25 XII ma 55] – Sur demande écrite de B, Jeanne Duval touche chez Ancelle la somme de 500 francs, pour laquelle elle lui donne un reçu signé de B. Il y joint un mot pour le notaire, avec la promesse d'aller le voir dans trois ou quatre jours[1].

[fin 55 ou début 56] – Date possible de la publication de *Philibert Rouvière*, dans la 61e notice de la *Nouvelle Galerie des artistes dramatiques vivants, contenant [80] portraits en pied des principaux artistes dramatiques de Paris peints et gravés par Ch. Geoffrey*. A la Librairie théâtrale[1].

[fin 55?] – B se présente chez Charles Barbara à la recherche de 5 francs. Il lui demande d'apporter cet argent quand il viendra à dîner et promet d'aller dans deux jours avec Barbara voir Michel Lévy. Puis, ayant attendu Asselineau jusqu'à près de 7h30, B va chez cet ami, prend sa clef et se couche, exténué, dans son lit. Il fait envoyer chez Asselineau un paquet dont il prie son ami de mettre le contenu à un bon Mont-de-Piété; il espère en tirer 50 francs. Il fait cela pour payer sa propriétaire. B est en train de lire du Furetière [sans doute le *Roman bourgeois*], édité en 1854 avec une notice d'Asselineau[1]. B a comme projet d'écrire une étude sur Courbet[2].

30 XII d 55 – Louis Goudall fait allusion à B dans le *Figaro*. Dans ce même journal, paraît une publicité pour les *Histoires extraordinaires par Edgar Poe*[1].

[fin 55] – Les revenus de B gérés par Ancelle seront de 2200 francs[1].

1856

1856 – La maison natale de B est frappée d'expropriation et détruite lors du percement du boulevard Saint-Germain. Elle occupait l'angle sud de la rue des Deux-Portes et de la rue Hautefeuille[1]. Jules Mirès acquiert, à 50.000 francs le mètre carré, quarante hectares de terrains en bordure de la Jolyette, qu'il revend aussitôt à ses actionnaires[2].

[vers 1856] – H. Daumier peint sa toile: *Les Deux Buveurs*, qui serait peut-être inspirée par un passage du *Vin du chiffonnier* ("Et sous le firmament, comme un dais suspendu,/S'enivre des splendeurs de sa propre vertu".)[1].

3 I j 56 – B promet à Asselineau de renvoyer bientôt son exemplaire du *Roman bourgeois* de Furetière. Il lui demande de faire trouver par Bilquin la monographie de Monselet sur Rétif de la Bretonne [publiée en 1854][1].

9 I me 56 – Le matin, B voit Ancelle. Ensuite, il écrit à Mme A pour la remercier des 1500 francs qu'elle lui accorde et pour lui dire qu'il vit assez tranquillement, ce qui lui permet de travailler. Après lecture d'une lettre d'elle où il s'agit de C.-A. Baudelaire, B exprime à sa mère des sentiments peu bienveillants à l'égard de son demi-frère[1]. Il envoie à Mme A sa notice sur Rouvière et un "abominable" article sur lui-même [peut-être celui de Goudall]. Cet envoi n'arrive pas à son destinataire[2].

12 I s 56 – Prarond rencontre C.-A. Baudelaire par hasard, à Fontainebleau. Il remarque que le demi-frère de B lui ressemble bien qu'il soit plus grand et plus nerveux[1].

19 I s 56 – B éprouve un choc, un chagrin assez grave pour l'empêcher de penser. Pour se distraire, il commence la lecture du *Monde des oiseaux*, d'A. Toussenel. Cela lui rend sa tranquillité en accaparant son attention[1]. La *BF* enregistre *L'Histoire des artistes vivants*, par Théophile Silvestre. Elle contient un rapprochement entre Delacroix et Weber, lequel n'est peut-être pas sans rapport avec *Les Phares* de B[2].

21 I l 56 – B remercie Alphonse Toussenel de l'envoi du *Monde des oiseaux*. Il a préféré le chapitre sur le faucon et les oiseaux qui chassent pour l'homme. Tout en qualifiant Toussenel de poète, B critique ses idées progressistes et fouriéristes, son républicanisme et son opinion défavorable sur De Maistre. B ajoute ses propres idées philosophiques ou morales à cette appréciation de Toussenel, disant que les bêtes malfaisantes et dégoûtantes sont peut-être la forme physique des pensées mauvaises de l'homme, d'où la Nature pourrait participer du péché originel[1].

26 I s 56 – B travaille à la rédaction d'*Edgar Poe, Sa Vie et ses oeuvres*. Il évoque la mort, il y a exactement un an, de Gérard de Nerval. Pour se documenter sur EAP B se sert, entre autres, de l'édition par James Hannay des *Poetical Works* de l'auteur américain, publiée à Londres en 1853 par Addey[1].

28 I l 56 – B reçoit 50 francs de Michel Lévy[1].

II 56 – Nadar écrit, dans le *Journal amusant*, que la préface des *Histoires extraordinaires* écrite par B, est aussi curieuse et intéressante que le livre lui-même[1].

10 II d 56 – Dans le *Tintamarre*, paraît une poésie "réaliste" d'E. Simon, *Pour Joseph Citrouillard*, laquelle est peut-être un pastiche de B[1].

25 II l 56 – Publication dans le *Pays* d'une partie de la préface des *HE*: *Edgar Poe, Sa Vie et ses oeuvres*, avec en tête une note anonyme et la traduction par B de *To My Mother*, poème d'EAP[1].

26 II ma 56 – De province Barbey d'Aurevilly écrit à B qu'il a lu dans le *Pays* la préface des *Histoires extraordinaires* Il demande un exemplaire de ce livre et promet son appui auprès des dirigeants de ce journal, auquel il collabore. Barbey voudrait envoyer à B un exemplaire des *Reliquiae* d'Eugénie de Guérin, qu'il vient d'éditer avec Trébutien[1].

28 II j 56 – B reçoit 50 francs de Michel Lévy[1].

III 56 – A. de Belloy, dans la *Revue française*, exprime l'avis que la préface des *HE* dépasse en intérêt les contes qu'elle introduit[1].

[III 56] – B corrige au crayon un exemplaire du premier tirage des *HE*, avant de l'envoyer à Emile Deschanel[1].

9 III d 56 – Une réclame pour les *HE* paraît dans le *Figaro*[1].

10-12 III l-me 56 – Mise en vente des *HE* parues chez Michel Lévy. On y trouve le texte complet d'*Edgar Poe, Sa Vie et ses oeuvres*, ainsi que la traduction par B du poème d'EAP: *To My Mother*. Le titre de ce dernier poème est omis[1].

13 III j 56 – B décrit pour Asselineau, dans une lettre composée à 5h du matin, un rêve érotique qu'il a eu. Sa "femme" [sans doute Jeanne Duval], l'a réveillé[1].

[env 15 III s 56] – B demande à Barbey d'Aurevilly d'écrire un mot favorable sur les *HE*, en lui annonçant l'envoi d'un exemplaire de cet ouvrage.[1] B envoie à Emile Deschanel un exemplaire avec la dédicace: "Témoignage d'amitié"[2]; à Victor de Mars, avec la même dédicace[3]; à Monselet: "A mon ami Ch. Monselet"[4]; à P-M, avec envoi, pour s'excuser des fautes nombreuses se trouvant dans cette édition[5].

15 III s 56 – A la demande de Calmann Lévy, B rappelle à Vacquerie la promesse d'écrire un mot favorable aux *HE* et à sa préface[1]. Il annonce à Mme A l'envoi d'un des premiers exemplaires des *HE*. Ancelle en a reçu un, également[2].

18 III ma 56 – B envoie deux exemplaires des *HE* à Maxime Du Camp, en lui demandant de faire la critique de ce livre. Il a entendu dire que Du Camp ve-

nait d'écrire un roman "superbe", *L'Eunuque noir*. B offre de faire donner des exemplaires de son livre à Louis Ulbach et à Laurent-Pichat, s'ils n'en ont pas[1].

19 III me 56 – B envoie à Sainte-Beuve les *HE*, en lui demandant d'en faire une critique favorable dans *L'Athenaeum français* ou ailleurs. B offre d'avertir L. Lalanne, directeur de la dernière revue, des intentions de Sainte-Beuve, si le lundiste acceptait de faire cette critique. B exprime le désir qu'EAP devienne en France "un grand homme". Il a besoin de l'appui de la critique de Sainte-Beuve, d'autant plus qu'il a promis déjà à Michel Lévy de l'obtenir[1].

22 III s 56 – B s'excuse auprès de Charles Barbara de ne pas lui avoir envoyé un exemplaire des *HE*. Bien que ces exemplaires aient été difficiles à avoir, il en avait pris un pour Barbara, que Dutacq, averti par Barbey d'Aurevilly, a recueilli. A Dutacq, B a raconté les hésitations de Cohen, du *Pays*, à propos de la publication des ouvrages de Barbara; Dutacq a répondu que Barbara devrait venir apporter ses nouvelles chez lui, au *Constitutionnel*, vue la qualité de ses écrits (ses *Histoires émouvantes* viennent de paraître chez Lévy)[1].

24 III l 56 – B reçoit de Sainte-Beuve l'assurance de l'appui critique qu'il lui demande. Le lundiste voudrait recevoir le texte de *Colloque entre Monos et Una*[1].

25 III l 56 – Barbey d'Aurevilly accuse réception des *HE*, envoyées par B. Il promet à B un exemplaire des *Reliquiae* d'Eugénie de Guérin édité par lui et Trébutien[1].

26 III me 56 – B remercie Sainte-Beuve de sa promesse d'une critique favorable des *HE*. Lalanne en a reçu un exemplaire. B indique les oeuvres d'EAP qu'il traduira éventuellement, ainsi que le plan des volumes à venir. Il annonce qu'il publiera quelques-unes de ses propres poésies après les traductions[1].

27 III j 56 – Barbey d'Aurevilly prie Trébutien d'envoyer à B leur édition d'Eugénie de Guérin, *Reliquiae*. Il fait l'éloge de B comme auteur, tout en reconnaissant les différences entre eux à propos des questions religieuses[1]. Léon Cartier parle des *HE*, sans mentionner le nom de B, dans le *Figaro*[2]. Delacroix, dans son journal, annonce son intention d'emporter à la campagne son exemplaire de ce livre[3].

30 III d 56 – Le *Tintamarre* publie à nouveau *A Ma Blanchisseuse*, d'O. Dermont[1].

1 IV ma 56 – Une notice bibliographique est publiée anonymement [de la main, vraisemblablement, de Maxime du Camp] à la *Revue de Paris*. Il comprend des éloges pour la notice "importante" sur EAP, et pour le talent "fougueux et un peu incohérent" de B, lequel s'adapte bien à sa tâche de traducteur. La *Revue des deux mondes* publie également une notice bibliographique. On y remarque que B

a su rendre l'état "un peu chaotique" de la pensée d'EAP et qu'il a réussi, dans sa préface, à révéler dans son sujet "une intelligence très vive"[1].

6 IV d 56 – Delacroix, ayant lu les *HE* envoyées par B, commente, dans son journal, la comparaison entre l'écrivain américain et lui-même, comparaison suggérée par le traducteur[1].

9 IV me 56 – B a 35 ans[1].

10 IV j 56 – Le *Figaro* publie un extrait des *HE*, *La Vérité sur le cas de M. Valdémar* sous le titre de *Mort ou vivant?*[1]. Adolphe Legendre fait dans le même journal un compte-rendu des *HE*, avec la remarque faite en passant que B publiera dans une revue anglaise une série d'articles écrits en anglais[2].

12 IV s 56 – La *BF* enregistre la publication des *HE*. Le volume contient un inédit, *Le Scarabée d'or*[1]. *L'Assemblée nationale* publie un compte-rendu des *HE* par A. de Pontmartin, article que B trouvera mauvais[2]. B envoie à sa mère des articles sur lui, parus dans les journaux et en annonce d'autres à paraître. Il trouve sa seconde préface difficile à écrire[3].

[env 12 IV s 56] – Michel Lévy, indécis à propos de la publication des poésies de B, lit l'article de Goudall. L'éreintement du poète l'incite à les faire paraître[1].

14 IV l 56 – B reçoit 50 francs de Michel Lévy[1].

14-21 IV l-l 56 – Les héritiers de Jean Labie remboursent la somme de 5.500 francs, ramenant ainsi à 18.500 francs leur dette envers B[1].

15 IV ma 56 – La *Revue anecdotique* donne un compte-rendu des *HE*, baptisant EAP "l'Hoffmann du roman américain"[1].

20 IV d 56 – Philarète Chasles rend compte des *HE* dans le *Journal des débats* et loue le talent de B[1]. Chasles y fait également l'éloge de *The Song of Hiawatha*[2].

26 IV s 56 – P-M et De Broise informent le Préfet de l'Oise de leur intention de publier le *Journal d'Alençon* deux fois par semaine à partir du 1er mai[1]. Fin de la publication, dans le *Musical World* (Londres), de la traduction en anglais d'*Oper und Drama*, par Wagner[2].

30 IV me 56 – B écrit à un destinataire anonyme pour demander quelques actions sur les terrains de la Joliette. Ces actions coûtaient 200 francs[1]. Jules Mirès, propriétaire du *Pays* acquiert cette année, au prix de 50 francs le mètre carré,

quarante hectares de terrains en bordure de la Joliette, qu'il s'empresse de revendre 200 francs à ses actionnaires[2].

[fin IV 56] – B remercie Philarète Chasles de son article sur les *HE*, paru le 20 avril[1].

V 56 – Dans la *Revue française*, Victor Fournel fait un compte-rendu des *HE*[1].

1 V j 56 – Le *Bulletin international du libraire* enregistre la publication des *HE*[1].

[env 8 V j 56] – B écrit à Dutacq, administrateur du *Pays*; il accepte les conditions proposées pour la publication d'*AGP*[1].

8 V j 56 – Après avoir conclu un accord avec le directeur du *Pays*, B écrit à Ancelle pour dire qu'il commence la traduction d'un long ouvrage: *Les Aventures d'Arthur Gordon Pym* pour ce journal. Il insiste sur sa demande de 150 francs pour pouvoir travailler jusqu'à ce qu'il ait composé quelques feuilletons. Il compte que ce travail lui rapportera 1500 francs[1].

9 V v 56 – Première, à la Gaîté, des *Aventures de Mandrin*, mélodrame de Louis Judicis et Alphonse Arnault en cinq actes et dix tableaux[1].

10 V s 56 – Dans *L'Athenaeum français*, Thalès Bernard loue la traduction des *HE* de B, mais reproche au poète son "amour des choses excessives"[1]. La *BF* enregistre la 61e notice de la *Nouvelle Galerie des artistes vivants...*, où se trouve *Philibert Rouvière*, par B[2].

11 V d 56 – Louis Goudall attaque Champfleury, Hippolyte Castille et B dans le *Figaro*[1].

13 V ma 56 – B écrit dans ses notes qu'il doit prendre chez M. Lévy des exemplaires des *HE*, écrire à W.W. Mann, à N.P. Willis, à Maria Clemm et à Mad. Dumay (sans doute la secrétaire de Mirès)[1].

14 V me 56 – De retour à Paris, Barbey d'Aurevilly informe B qu'il le verra avec plaisir. Il est au 16, rue Oudinot, chez la Comtesse de Bachelier, une amie. Il évoque la mort d'Ourliac dans cette rue. Barbey est mécontent que B n'ait pas répondu à propos de son envoi des *Reliquiae* d'Eugénie de Guérin; il aurait voulu connaître son opinion. Barbey va au *Pays* leur proposer son article sur les *HE*[1].

15 V j 56 – Le *Bulletin international du libraire* annonce la réimpression des *Chants et chansons de Pierre Dupont*, accompagnés d'une notice de B[1].

[env 26 V l 56] – B voit Barbey d'Aurevilly, qui le charge de transmettre ses compliments à Paul de Saint-Victor[1].

26 V l 56 – B écrit à Paul de Saint-Victor à propos d'une désagréable mission dont lui, B, l'a chargé et dont il voudrait également charger Mirès. Il révèle à de Saint-Victor que Michel Lévy lui a demandé un troisième volume, qu'il lui donnera[1].

27 V ma 56 – B a une entrevue d'affaires avec une personne inconnue[1].

3 VI ma 56 – Le matin, Barbey d'Aurevilly demande à B de lui apporter son exemplaire des *HE* pour qu'il copie quelques lignes de la préface[1].

[4-5 VI me-j 56] – Deuxième tirage des *HE*, à 3.000 exemplaires[1], avec le texte d'*Edgar Poe, Sa Vie et ses oeuvres*[2].

6 VI v 56 – Le matin, B est chez Barbey d'Aurevilly. Il écrit à sa mère pour annoncer son déménagement de la rue d'Angoulême-du-Temple, disant qu'il aura une adresse permanente bientôt. Puisqu'on vient de réimprimer ces 3.000 exemplaires des *HE*, il pense toucher de l'argent. Mais il a besoin de 25 francs pour ses courses et ses menus frais. Il signale à sa mère la prochaine publication de l'article que Barbey d'Aurevilly va lui consacrer dans le *Pays*. B souffre de ce que sa mère lui interdise de la voir; il la prie de lui accorder une entrevue aujourd'hui, chez Mme Trolley. B fait porter cette lettre à Mme A par la domestique de Barbey[1].

7 VI s 56 – B voit Mirès, à qui il demande de l'argent. Mirès le renvoie à Dutacq. Il fait savoir à ce dernier qu'il compte montrer sa traduction d'*AGP* à Amédée Renée, publiciste originaire de Caen, avant de la remettre définitivement à Cohen, comme il a promis. Il semble vouloir que Dutacq écrive à Mirès pour décider celui-ci à faire une avance ou un prêt d'argent[1]. La *BF* enregistre la publication de la seconde édition, chez Hachette, des *Aventures de Mlle Mariette*, par Champfleury[2].

8 VI d 56 – Une note de Charles Monselet sur B paraît dans la *Gazette de la France*. Il critique l'excès d'intelligence et de curiosité de B[1].

[9 VI l 56] – B emménage à l'hôtel Voltaire, 19, quai Voltaire[1].

10 VI ma 56 – Barbey d'Aurevilly donne un compte-rendu des *HE* dans le *Pays*[1].

14 VI s 56 – La *BF* enregistre les *Contes posthumes d'Hoffmann*, publiés chez Lévy, où Champfleury annonce que B donnera dans cette même collection "une traduction très remarquable d'Edgar Poe, trouvée depuis de longues années…"[1]. Dans ce volume, Champfleury appelle B son "excellent ami"[2].

28 VI v 56 – On accorde, aux héritiers de Jean Labie, une prorogation à propos de leur dette de 18.500 francs envers B[1].

29 VI s 56 – Amédée Achard fait allusion aux *HE* dans *L'Assemblée nationale*[1].

3 VII j 56 – B signe pour Michel Lévy un reçu de 20 francs[1].

[env 5 VII s 56] – A la suite d'une querelle entre eux, Mirès, du *Pays*, réclame à B la somme de 500 francs, qu'il prétend avoir prêtée au poète[1].

5 VII s 56 – B écrit à sa mère qu'il a fini *AGP* et l'a vendu 2500 francs au *Moniteur*. Il voudrait recevoir d'Ancelle une avance de 200 francs[1].

9 VII me 56 – *La Iberia* (Madrid) donne un compte-rendu favorable des *HE* et de la notice de B[1].

11 VII v 56 – Aupick achète à Honfleur une partie du jardin de l'Hospice avoisinant[1]. Mort d'Armand Dutacq, administrateur du *Pays*, à 46 ans[2].

15 VII ma 56 – Charles Elvève, dans *L'Effronté*, défend la mémoire d'un ami mort, citant le mot de B sur la nécessité d'interdire les cimetières aux chiens. A. Dureau le soutient dans cette opinion[1].

21 VII l 56 – B a avec Ancelle une "scène vive" à propos d'une demande de 100 francs qu'il lui fait[1].

22 VII ma 56 – B annonce à Mme A son emménagement à l'hôtel Voltaire, 19, quai Voltaire. Il lui demande l'autorisation de prendre chez Ancelle les 100 francs qu'il désire, à moins qu'elle ne les lui donne elle-même. B lui explique qu'en raison d'une impression très fine du texte, à laquelle il ne s'attendait pas, il ne reçoit que 1900 francs, au lieu de 2500, pour les *HE*. Il projette d'offrir à la *Revue des deux mondes* un roman sur "l'amour conjugal" ou sur la question de la peine de mort[1].

23 VII me 56 – Le matin, B attend l'arrivée d'un paquet de livres envoyé de New-York [sans doute les oeuvres d'EAP][1].

26 VII s 56 – Mosselman devient veuf[1].

27 VII d 56 – J. Rousseau fait, dans le *Figaro*, un compte-rendu des *HE* où il désigne B comme un "Antony attardé"[1].

3 VIII d 56 – Philibert Audebrand, dans la *Gazette de Paris,* fait allusion à un croquis du père Courtois par B, où le sujet est pourvu d'un cornet acoustique[1].

9 VIII s 56 – La *BF* enregistre *Du Suicide et de la folie-suicide* par Brierre de Boismont, publié chez Baillière. B le citera dans *Fusées*[1].

12 VIII ma 56 – Edouard Thierry fait, dans le *Moniteur universel,* un compte-rendu des *HE*[1].

[env 27 VIII me 56] – Après quinze jours de querelles, qu'il avoue avoir provoquées lui-même, B et Jeanne Duval se séparent. La douleur morale causée par cette rupture cause au poète des souffrances physiques telles qu'il a de la difficulté à travailler. Pendant ce temps, il rencontre Michel Lévy qui, voyant son abattement, ne lui demande pas de continuer à fournir de la copie. Sachant qu'Ancelle passera par Bordeaux en voyage de vacances, B lui écrit pour demander que le notaire pourvoie aux besoins matériels de Jeanne, mais la réponse d'Ancelle est plutôt négative. Craignant que sa mère ne soit malade, B lui écrit pour avoir de ses nouvelles. Il apprend qu'elle est en bonne santé mais qu'elle est à Honfleur[1].

IX 56 – B intervient auprès de Daumier pour obtenir de lui un frontispice destiné aux *Odes funambulesques* de Banville[1].

1 IX l 56 – On accorde la prorogation demandée aux héritiers de Jean Labie, à propos de leur dette de 18.500 francs envers B[1].

[avant le 11 IX j 56] – B reçoit de sa mère une lettre qui lui fait de la peine[1].

11 IX j 56 – Surchargé de travail, B écrit à sa mère, à Honfleur. Il doit 200 francs à sa propriétaire, qui les lui demande pour le jour suivant; B pense pouvoir l'apaiser avec 150. Il souffre encore beaucoup de la rupture d'avec Jeanne Duval[1].

13 IX v 56 – A 9h30 du matin, B remercie sa mère de l'envoi de l'argent demandé ainsi que de sa lettre sympathique[1].

14 IX d 56 – Mme A quitte Honfleur[1].

28 IX d 56 – Gaston de Saint-Valry fait, dans la *Gazette de Paris,* un compte-rendu favorable des *HE*[1].

X 56 – *The North American Review,* dans un article sans signature [mais écrit par E. Vale Smith], observe que la réputation d'EAP en Angleterre et en Europe est due à "a series of literary impositions"[1].

7 X ma 56 – Banville écrit à P-M que Marie Daubrun s'afflige de son silence à son égard[1].

9 X v 56 – D'Honfleur, Aupick écrit à un correspondant pour décrire leur vie à la "Maison-joujou". Il y peint leur bonheur d'y vivre[1].

15 X me 56 – Dans la *Revue française*, Victor Fournel loue la vigueur des traductions d'EAP par B[1].

[21 X ma 56] – B signe avec Michel Lévy frères un contrat pour la publication d'*AGP*, premier tirage de 6000 exemplaires[1].

25 X s 56 – La *BF* enregistre la publication du *Cabinet noir*, de Charles Rabou[1].

XI 56 – P-M et De Broise s'installent 4, rue de Buci, à Paris[1].

[début XI 56] – B reçoit de Mme A une lettre sévère[1].

2 XI d 56 – R. de Breilh attaque, dans *Diogène*, l'excentricité de B[1].

3 XI l 56 – Le soir, B va chez Asselineau pour lui offrir des cigares, à l'occasion de leur fête commune le jour suivant (la Saint Charles)[1].

[env 4 XI ma 56] – Mme A envoie chez B un huissier du Sénat, M. Tony, qui a acheté une créance sur lui et qui s'installe chez lui pour bavarder pendant trois heures[1].

4 XI ma 56 – A l'occasion de leur fête, B écrit à sa mère. Il est en excellente santé morale et travaille sur la préface des *Nouvelles Histoires extraordinaires*. B pense toujours à Jeanne Duval mais refuse d'aller la voir, bien qu'elle soit malade[1]. Le matin, il envoie à Asselineau un mot pour lui demander de remettre au commissionnaire un franc, une paire de chaussettes, un mouchoir et une chemise[2].

9 XI d 56 – Dans une lettre ouverte à Champfleury publiée dans le *Figaro*, Fernand Desnoyers cite B parmi les nouveaux poètes de valeur[1].

10 XI l 56 – A Alençon, P-M compose, met en pages, tire à 26 exemplaires et plie une brochure in-16 carré, de 44 pages. C'est *H.B.P.M.*, contrefaçon de l'essai de Mérimée sur Stendhal[1].

12 XI me 56 – B demande 250 francs à Godefroy, de la Société des Gens de Lettres, pour lui permettre d'achever la préface des *NHE*. Lévy les rendra, dit-il, à

Godefroy, mais l'éditeur refuse de lui faire une avance. B doit personnellement 50 francs à Godefroy, et il propose de n'emprunter que 200 francs à la Société en en rendant 250[1]. Cuvillier-Fleury rend compte des *HE* dans le *Journal des débats*[2].

13 ou 14 XI j ou v 56 – B voit Godefroy au sujet d'un prêt de 200 francs[1].

13 XI j 56 – Edmond Duranty, du *Figaro*, classe B parmi les "vampires littéraires". B se voit ainsi qualifié à cause de son attachement à traduire EAP. Duranty voit cependant que B a, de tous les *traînards romantiques*, "le plus de tournure"[1].

[avant le 14 XI v 56] – Paul Meurice offre à B des places pour sa pièce, *L'Avocat des pauvres*, créée à cette date à la Gaîté. B les refuse[1].

14 XI v 56 – A Paul Meurice, B demande deux places pour sa pièce, *L'Avocat des pauvres*. Il ira porter à Meurice un exemplaire des *NHE*, en le remerciant[1].

26 XI me 56 – B demande 100 francs à sa mère. Il lui parle d'aller en Angleterre au printemps prochain, chargé d'une mission relative aux arts[1]. De Broise se démet de son brevet de lithographe et de libraire à Alençon en faveur de P-M[2].

[XII 56?] – B écrit à Asselineau. Il lui demande de venir en hâte l'aider de ses conseils pour la rédaction d'un contrat dans lequel intervenait P-M[1].

4 XII j 56 – Le matin, B reçoit une lettre de Corbeil, où s'impriment les *NHE*. Il écrit à P-M pour révéler qu'il est "au plus mal" avec Lévy et qu'il attend le contrat de P-M pour les *FM*[1]. François Ponsard est reçu à l'Académie française. Il fait allusion, dans son discours de réception, à Shakespeare, qu'il appelle familièrement "le vieux *Williams*". Cela suscite chez B une vive réaction, qui s'exprimera, cinq ans plus tard, à la fin de son *Richard Wagner et Tannhäuser à Paris*[2].

[env 5 XII v 56] – Au cours d'une querelle avec M. Lévy au sujet de la publication de ses poésies, B prétend qu'il pourra compter pour cela sur P-M[1].

9 XII ma 56 – B remercie P-M pour quelques billets de complaisance, surtout celui de 200 francs, qui est arrivé à un moment opportun. Il accepte les termes proposés par son ami, qui devient dès maintenant son éditeur: il y aura des *FM* mille exemplaires à cinq sols chacun. B entend arranger les diverses parties des *FM* avec P-M; il accorde de l'importance à cette tâche. Il demande à P-M de mettre de côté pour lui tout ce qu'il pourra trouver sur Choderlos de Laclos, ou de lui. B suggère comme titre de son volume de critique ou *Miroir de l'art* ou *Cabinet esthétique*. Toujours à l'Hôtel Voltaire, B s'impatiente de ne pouvoir en déménager, plaisantant sur le nom du philosophe pour se moquer des opinions

affichées sur sa poésie par MM Havin et Plée, deux de ses bêtes noires. B est loin de partager l'avis favorable qu'ils ont sur la poésie de Voltaire. B demande à P-M de "guérir" Asselineau des "superstitions grossières" qu'il a à propos de lui, B[1].

11 XII j 56 – B renvoie à P-M son reçu pour les 200 francs envoyés sur les 500 convenus comme prix de 1000 exemplaires des *FM* et de 1000 exemplaires de son livre de critique. Il a déposé le billet de complaisance de P-M chez Tenré, ancien camarade de collège[1].

15 XII l 56 – La *Revue de Paris* donne la dernière partie de *Madame Bovary*, avec en tête la protestation de Gustave Flaubert contre les coupures qui y ont été opérées à la demande de Maxime Du Camp et de Laurent-Pichat[1]. Mme Dupuy, libraire au 24, rue Saint-Sulpice, certifie en compagnie de trois autres personnes de sa profession que De Broise a la compétence nécessaire pour obtenir le brevet de libraire à Paris[2].

18 XII j 56 – P-M, écrivant à Asselineau, annonce qu'il donnera à B 500 francs pour un tirage de 1.000 exemplaires chacun des *FM* et du *Cabinet esthétique*. Il n'estime pas cette affaire "merveilleuse" mais croit qu'ils s'en tireront[1].

21 XII d 56 – Des fragments de *La Tentation de Saint Antoine* paraissent dans *L'Artiste*[1].

24 XII me 56 – B signe un billet à ordre pour 200 francs à Cousinet, restaurateur[1].

[env 25 XII j 56] – Mme A écrit à B pour dire de ne jamais plus lui demander d'argent. Il ne lui répond pas; elle lui en veut de ce silence[1].

27 XII s 56 – Ayant reçu ces jours-ci une bonne lettre de sa mère, B lui répond que son livre n'a pas paru, mais qu'il n'est pas malade. Il travaille la nuit, se couche le jour et on peut le trouver chez lui tous les jours entre 11h et 3h. Il a mis longtemps pour composer la préface des *NHE*, à cause de ses soucis financiers[1].

[env 29 XII l 56] – Banville parle à Daumier de son projet de frontispice pour les *Odes funambulesques*. Daumier se dit disposé à le faire et demande à voir les épreuves du livre[1].

[XII 56?] – B écrit à Asselineau pour lui demander des conseils à propos du contrat à établir avec P-M pour la publication de ses livres[1].

30 XII ma 56 – Un contrat est signé entre B et Poulet-Malassis pour la publication des *FM* et d'un livre de critique appelé *Bric-à-brac esthétique* (*Curiosités*

esthétiques)[1]. A 2h05, B écrit à Mme A pour s'excuser de ne pas pouvoir être chez lui quand elle y viendra. Il lui donne rendez-vous pour le jour suivant[2].

31 XII me 56 – B voit sa mère[1]. Les revenus de B gérés par Ancelle seront de 2100 francs[2].

1857

1857 – Les revenus de B gérés par Ancelle seront de 2100 francs. Mme A avancera à son fils la somme totale de 7.313 francs[1].

[1857 ou 1858] – Delacroix convoque B pour lui adresser des reproches sur *Quelques Caricaturistes français*, à propos des critiques qu'il a émises sur Charlet[1].

I 57 – B commence à tenir le journal de ses dépenses[1].

[I 57] – Ancelle donne à B 430 francs et paie pour lui la somme de 120 francs[1].

11 I d 57 – De nouveaux fragments de *La Tentation de Saint Antoine* paraissent dans *L'Artiste*[1].

12 I l 57 – Banville écrit à P-M pour le remercier de l'envoi d'un service de table. Marie Daubrun, en ménage avec Banville, ajoute un post-scriptum[1].

15 I j 57 – Date à laquelle le *Moniteur* doit payer les *AGP*. Le nouveau logement de B doit être prêt à cette date[1].

20 I ma 57 – Date à laquelle B devrait remettre les *FM* à l'imprimeur, conformément à son contrat avec P-M[1].

24 I s 57 – B attend la visite de De Broise, beau-frère de P-M, mais il ne vient pas[1].

26 I l 57 – Une épreuve en pages des "Notes nouvelles sur Edgar Poe" est composée. B l'annote, avec les noms d'Ancelle, de Perrin [?] et de Michel [Lévy]. Il y est peut-être question de publication à Lyon par Perrin[1].

29 I j 57 – Le soir, B envoie à P-M la dédicace des *FM* adressée à Gautier. Il demande trois jours, dont un pour travailler, afin de mettre de l'ordre dans ce qu'il appelle son "Dictionnaire" (les *FM*). B enverra à P-M les *NHE*[1]. B reçoit de Michel Lévy 150 francs, acompte sur le troisième tirage du premier volume des *HE*[2]. Philarète Chasles loue *The Song of Hiawatha* dans le *Journal des débats*[3].

29 I j 57 – Procès de *Madame Bovary*[1].

31 I s 57 – B commence la mise en ordre des *FM*[1].

[fin I 57] – B va deux fois à Corbeil pour faire avancer l'impression des *NHE*. Il ne rentre à Paris qu'à 10h du soir[1].

II 57 – Date de la préface des *Odes funambulesques* de Théodore de Banville. Banville, en l'écrivant, parle de B comme d'un élu, l'associant à Victor Hugo, à Théophile Gautier, à Lamartine, à Musset, et à Barbier. Pour prouver que l'esprit poétique se trouve là où la poésie est la plus inattendue, Banville observe que Proudhon et Veuillot, "implacables adversaires de la poésie et des poètes", produisent malgré eux des exemples de lyrisme. Proudhon, qui "n'a jamais lu un vers", s'est rencontré, presque idée pour idée, avec *Les Litanies de Satan* de B. Veuillot aurait écrit, sans le savoir, une page digne de Burns[1]. Delacroix, dans son journal, mentionne avoir eu une conversation sur Thiers avec un "Monsieur C.B".[1]

1 II d 57 – La quatrième et dernière publication de fragments de *La Tentation de Saint Antoine* paraît dans *L'Artiste*. On a maintenant pu lire à peu près les trois quarts du volume[1]. P-M se plaint à Asselineau de ce que B ait manqué la date du 15 janvier pour la remise du manuscrit des *FM*[2].

3 II ma 57 – Emile Deschamps demande, dans une lettre à Asselineau, à être rappelé au bon souvenir de Banville, de Boyer, et de B[1].

4 II me 57 – B livre le manuscrit des *FM* à Mme Dupuy, correspondante parisien de P-M[1]. P-M ne le recevra qu'après quelques jours[2].

5 II j 5[7] – B reçoit de Michel Lévy frères 50 francs, acompte sur la troisième édition du premier volume des *HE*[1].

6 II v 57 – B remet à P-M le manuscrit des *FM*[1].

7 II s 57 – Jugement, "à regret", en faveur de Flaubert dans le procès de *Madame Bovary*[1]. La *BF* enregistre l'*Histoire anecdotique et critique des 159 journaux parus en l'an de grâce 1856*. Firmin Maillard, son auteur, y cite une phrase de Fernand Desnoyers sur la valeur poétique de B[2].

8 II d 57 – Dans le *Moniteur*, les *Lettres d'un mineur en Australie* arrivent à leur terme. B, toujours au 19, quai Voltaire, fait savoir à sa mère qu'il a terminé 10 des 18 feuilletons d'*AGP*, qui doivent suivre le feuilleton de Fauchery. Il en attend la

publication d'un jour à l'autre. B, qui doit payer tout de suite la somme de 2.000 francs, voudrait emprunter 500 francs à Ancelle pour une semaine. Il demande à Mme A de faire agir Ancelle dans ce sens. Puisqu'il recevra 2400 francs comme prix de son travail pour le *Moniteur* et comme paiement de certains articles, il n'aura que 400 francs pour vivre ce mois-ci. Enrhumé et sans linge, il demande à sa mère de lui envoyer quatre grands mouchoirs[1].

9 II l 57 – A 3h, B répond à une lettre de refus de Mme A. Il se plaint d'Ancelle, qu'il accuse d'avoir ruiné sa fortune et fait perdre son temps. Pourtant, sa mère lui avait envoyé 50 francs et des mouchoirs. B dit ne rien comprendre aux critiques de sa lettre et rend sa mère comme responsable des dettes qu'il a faites, en raison des procédés financiers qu'elle a utilisés avec lui[1]. Il faudra qu'il se débarrasse aujourd'hui de deux ou trois dettes importantes, et il va demander un premier acompte au *Moniteur* (qui le lui refusera, l'ouvrage n'étant pas achevé)[2].

10 II ma 57 – Ayant reçu une lettre de P-M, qui se plaint de n'avoir reçu le manuscrit des *FM* que bien tard, B lui répond qu'il l'a livré le 4 à Mme Dupuy. B avertit P-M qu'il attend les placards de la moitié de *Spleen et Idéal* ainsi que les manuscrits des poèmes qu'il n'a pas l'intention de publier en volume. Il en demande une épreuve en double pour fournir des citations aux journaux avant la mise en vente. B recommande à P-M de ne pas être "avare de blancs et de composer la dédicace dans un certain style solennel". Il n'aime pas beaucoup le *huit* (caractère d'imprimerie), dont il n'apprécie pas la typographie; il le trouve bien petit et peu grave[1]. B revient tout de suite à cette question, demandant à P-M des spécimens de vers imprimés en *huit* et en *neuf*[2].

11 II me 57 – B écrit à François Buloz qu'il a trop d'ennuis pour entendre parler de devoirs envers lui. Il lui envoie les *Notes nouvelles sur Edgar Poe*, préface des *NHE*, invitant Buloz à y prendre des pages à publier. Il lui promet que Michel Lévy, propriétaire du texte, ne lui demandera pas d'argent pour cette publication[1].

12 II j 57 – Dans l'*Indépendance belge* Emile Deschanel qualifie B de "brillant traducteur"[1].

13 II v 57 – De chez Asselineau, B écrit à Mme A de ne pas venir chez lui pendant quelques jours. Il s'enferme pour travailler. Il est très pressé, car il n'a que jusqu'au 18 pour finir *AGP*, afin d'être payé par le *Moniteur* pour ce travail[1].

16 II l 57 – B approuve le *huit* comme caractère d'imprimerie; c'est *l'alençonnais*. L'exemple envoyé par P-M pour son examen est le livre de Charles Marchand, *Alençonnaises, nouvelles, poésies diverses*. B demande à P-M de trouver deux ou trois dictionnaires de rimes pour aider à la correction des épreuves. B déclare qu'il

n'a jamais possédé pareil dictionnaire. Il rappelle à P-M qu'il doit rapporter le manuscrit des poèmes "sacrifiés" (ceux destinés à ne pas paraître dans le volume)[1].

18 II me 57 – B doit avoir terminé *AGP*[1].

19 II j 57 – L'*Alliance littéraire* signale un compte-rendu des oeuvres d'EAP (l'édition Redfield) dans "les deux derniers numéros de la *North American Review*"[1].

20 II v 57 – A 6h du matin, B écrit à Ancelle qu'il lui rendra visite ce soir à 5h pour prendre le reste de son argent du mois de mars. Il se dit "talonné outre mesure" par le *Moniteur*, auquel il faut remettre tous les soirs à 5h "une masse énorme de matière". B corrige en même temps les épreuves des *FM* et celles d'*AGP*[1].

21 II s 57 – La *BF* enregistre le livre de Théophile Silvestre: *Histoire des artistes vivants*, publiée chez Blanchard[1]. L'auteur y fait allusion à la subtilité de la critique baudelairienne[2].

25 II me 57 – *AGP* commence à paraître dans le *Moniteur*[1].

[entre le 25 II me et le 18 IV s 57] – Julien Turgan écrit à B une lettre de reproches, disant qu'il avait répondu de lui au *Moniteur*, où il est un des directeurs, et que B ne lui a pas fourni les quinze colonnes d'*AGP* qu'il voulait y publier en feuilleton[1].

26 II j 57 – *AGP* paraît dans le *Moniteur*[1].

27 II v 57 – *AGP* au *Moniteur*[1].

28 II s 57 – *AGP* au *Moniteur*[1].

[env III 57] – Nouveau tirage des *NHE*. B corrige les fautes de la première édition de cet ouvrage[1].

[III 57] – B envoie à Mme Poulet-Malassis le troisième tirage de la nouvelle édition des *HE* avec dédicace "témoignage de Respect affectueux"[1]. Mme Sabatier reçoit de B un exemplaire du même ouvrage, dédicacé et relié somptueusement[2].

[printemps 57] – B détruit des masses de poésies écrites depuis 1837[1].

III 57 – Léon Cladel arrive à Paris, âgé de 22 ans[1]. A. de Bellay rend compte des *HE* dans la *Revue française*[2].

1 III d 57 – B finit la correction des placards pour P-M et lui écrit une lettre, qu'il n'envoie pas[1]. Banville, dans *Polichinelle à Paris*, publie à nouveau son idée (*v.* II 57), que Proudhon, dans un de ses écrits, a exprimé, sans le vouloir, des idées qui ressemblent beaucoup à celles des *Litanies de Satan* de B. L'opinion de Banville n'est pas signée[2].

4 III me 57 – *AGP* dans le *Moniteur*[1].

5 III j 57 – J. Habans fait allusion, dans le *Figaro* aux *HE*[1].

6 III v 57 – *AGP* dans le *Moniteur*[1].

[avant le 7 III s 57] – Julien Turgan conseille à B de chercher l'appui de Prosper Mérimée, au cas où lui ou un de ses amis aurait besoin d'être protégé à cause d'un livre dont la publication entraînerait une réaction gouvernementale. Il donne comme exemples les *Liaisons dangereuses* et *Le Compère Mathieu*[1].

7 III s 57 – Bien qu'il ait corrigé ses épreuves des *FM*, B attendra jusqu'à lundi pour les envoyer à P-M, qui pourra tout de même continuer la mise en pages de l'ouvrage. Il insiste sur la qualité du papier à utiliser dans l'édition, se plaignant de celui, transparent, dont il a vu P-M se servir déjà. B se demande si Michel Lévy ou Godefroy pourraient s'offusquer de ce que P-M réimprime, dans son journal à Alençon, des parties des *NHE*, dont il joint un exemplaire à sa lettre. Suivant les conseils de Julien Turgan, B recommande à P-M de rechercher l'appui de Mérimée au cas où ses publications dangereuses (*Le Compère Mathieu*; *Les Liaisons dangereuses*) le mettraient en mauvaise posture auprès du gouvernement. Le titre suggéré par P-M pour son volume de critique lui déplaît. Il y trouve le style d'Asselineau *modeste et raisonnable*. Pour trouver un titre à son gré (*mystérieux et pétard*), B consultera Gautier[1]. B demande à Michel Lévy d'envoyer les *HE* à plusieurs personnes, à savoir: Sasonoff, Du Camp, Laurent-Pichat, Sainte-Beuve, Chasles, de Pontmartin, Deschanel (ainsi, peut-être, qu'à l'*Indépendance belge*), Oger, Morel (directeur de la *Revue française*). Il a un mot à dire à Lévy à propos de Chasles[2]. *AGP* au *Moniteur*[3].

[env 7 III s 57] – B va à la Poste, rue Jean-Jacques Rousseau, pour demander le renouvellement de l'autorisation du service postal d'envoyer ses épreuves corrigées à Alençon[1].

8 III d 57 – Mise en vente des *NHE*, publiées par Michel Lévy avec, en guise de préface, les *Notes nouvelles sur Edgar Poe* (inédites)[1]. B voit Gautier au *Moniteur* et discute avec lui la dédicace des *FM*. Il y était allé pour déposer un exemplaire des *NHE* à l'intention de Sainte-Beuve[2]. Cet exemplaire est dédicacé "au très cher

maître et ami Sainte-Beuve souvenir (?)"[3]. Il revoit encore les placards des *FM* avant de les envoyer à P-M[4].

[env 8 III d 57] – B envoie à Paul Chenavard un exemplaire dédicacé des *NHE*[1]. Philippe de Chennevières reçoit le même ouvrage dédicacé: "A mon ami Philippe de Chenevières"[2].

9 III l 57 – B envoie à P-M trois placards, deux pièces à intercaler, sa première feuille corrigée et la nouvelle dédicace des *FM*. Il a adopté le titre: *Curiosités esthétiques* pour son volume de critique. B n'a plus que six feuilletons à faire mais ils doivent être prêts à 11h du matin, ce qui produit chez lui une agitation nerveuse[1]. B écrit à Sainte-Beuve pour s'excuser de la dédicace impertinente sur le volume qu'il lui a envoyé. B lui rappelle qu'il avait promis de faire sur les *NHE* un article et informe Sainte-Beuve que l'écrit d'EAP qu'il recherche est *Conversation d'Eiros avec Charmion*. Il lui annonce qu'on vient de faire un nouveau tirage corrigé des *HE*, promettant de lui faire envoyer ce volume[2].

[env 10 III] ma [57] – B envoie les *NHE* à Adolphe Gaiffe avec la promesse de lui faire parvenir bientôt un exemplaire avec quelques fautes de moins, des *HE*[1].

11 III me 57 – Sainte-Beuve conseille à B de demander à Edouard Thierry un article sur les *NHE*[1]. *AGP* au *Moniteur*[2].

12 III j 57 – *AGP* au *Moniteur*[1].

13 III v 57 – *AGP* au *Moniteur*[1].

14 III s 57 – Barbey d'Aurevilly écrit à B pour lui demander si leur édition des *Odes funambulesques* correspond à celle qu'on met actuellement en vente. Il a besoin de ce renseignement pour faire dans le *Pays* un article sur ce livre[1]. La *BF* enregistre la deuxième tirage des *HE*[2].

15 III d 57 – Fâché, B écrit à De Broise pour se défendre de ses accusations. B répond que P-M a offert de lui fournir le livre en placards, mais c'est la mauvaise qualité de ces épreuves qui entraîne tant de corrections, donc des surcharges, ce ne sont pas ses propres velléités d'auteur, comme le prétend De Broise; De Broise est qualifié de négligent par B[1]. B est attaqué dans *Le Réalisme* à propos de ses traductions d'EAP[2]. Champfleury publie, dans la *Revue des deux mondes*, *Les Sensations de Josquin*. B les lit et les apprécie[3].

[16 ou 17 III l ou ma 57] – B envoie à P-M dès corrections et des changements à apporter sur la page de titre des *FM*. Il veut la feuille déjà corrigée. A propos du titre, les *FM*, B observe que c'est un "titre-calembour"[1].

17 III ma 57 – B envoie la première feuille à P-M avec bon à tirer, sauf pour l'arrangement de la dédicace, interrogeant P-M là-dessus mais laissant la décision au goût de celui-ci. Pour le titre, il le voudrait en italiques, conseillant en général plus d'élégance dans la composition typographique. Pour la première fois aujourd'hui il n'a pas réussi à achever son feuilleton pour le *Moniteur*. B raconte à P-M les hésitations de Barbey d'Aurevilly à propos des *Odes funambulesques*, malgré les flatteries qu'il a faites à P-M à ce sujet[1]. *AGP* au *Moniteur*[2].

18 III me 57 – B écrit à P-M pour le calmer à propos des problèmes de choix de caractères d'imprimerie pour le titre et la dédicace des *FM*. B offre de payer lui-même le surcroît de frais que cela entraînerait. Il souligne que sa ponctuation marque non seulement le sens, mais aussi la déclamation de ses vers. Il insiste sur le fait qu'il veut faire une étude sur Laclos et non sur Crébillon fils. B promet de renvoyer ce soir les deuxième et troisième feuillets des *FM*[1]. B accuse réception de la deuxième feuille et d'un "gros paquet" envoyés par P-M mais il trouve encore des changements à y faire (guillemets renversés, choix d'un caractère élégant pour la dédicace, égalité d'interlignes). Il corrige toujours sa traduction d'EAP et rencontre des difficultés avec les détails maritimes et ornithologiques de cet ouvrage. Les *Curiosités esthétiques* ne sont pas encore prêtes; il leur manque trois articles: *Caricaturistes; Opium; Peintres raisonneurs*[2].

19 III j 57 – P-M écrit à B pour répéter son désir que le poète écrive un article sur Crébillon fils. Il a tiré, sans le consentement de B, la première feuille des *FM*; tout cela sera à refaire. B travaille la nuit pour finir la correction d'un placard et renvoie deux feuilles à P-M[1].

[20 III v 57] – B refuse encore une fois de faire une étude sur Crébillon fils. Cette étude serait la préface d'une édition des oeuvres de l'auteur que P-M aurait voulu publier. B conseille à son ami de la demander à Monselet ou à Babou. Il offre encore de payer les frais d'imprimerie causés par ses exigences et propose de montrer à P-M l'édition anglaise des poésies d'EAP, pour qu'il en puisse prendre la dédicace comme modèle typographique[1].

[21 III s 57] – B n'accepte pas les cartons des *FM* envoyés par P-M; il veut qu'on en refasse les feuilles. B promet de rembourser P-M de ce travail supplémentaire. Il reconnaît que la dédicace est mieux imprimée maintenant. Le matin, il reçoit de P-M une lettre lui apprenant que les deux premières feuilles envoyées ne sont pas arrivées chez l'éditeur. B accepte l'offre de P-M de venir passer quinze jours à Alençon; mais pour cela il attendra la livraison complète des *Curiosités esthétiques*[1].

21 III s 57 – *AGP* au *Moniteur*[1]. L'article de Barbey d'Aurevilly sur les *Odes funambulesques* paraît dans le *Pays*, avec des louanges pour l'éditeur mais non pour Banville[2].

[env 23 III l 57] – Jean Wallon fait savoir à B qu'il a lu avec grand plaisir sa préface sur EAP dans les *NHE*. Il critique vivement l'esthétique réaliste de Champfleury et se laisse aller à une longue digression sur la sienne[1].

23 III l 57 – B répond à Jean Wallon. Il le remercie de ses louanges et de quelques idées qu'il saura utiliser dans ses propres écrits. B défend Champfleury et renvoie Wallon à la lecture des *Sensations de Josquin* dans la *Revue des deux mondes* du 15 mars pour preuve de ses arguments. Il accepte une invitation de Mme Wallon pour le 29[1].

24 III ma [57] – B avertit P-M que la quatrième feuille des *FM* est corrigée, avec bon à tirer et placards corrigés. Avant de renvoyer cette feuille, B aura besoin de recevoir: la première feuille, recomposée, avec la feuille qui a servi à la composer; l'affirmation que P-M a reçu toutes ses lettres; le renvoi des 2e et 3e feuilles avec bon à tirer et l'assurance que P-M ne les a pas tirées sans autorisation; l'assurance que le système de guillemets est maintenant arrangé. B lui rappelle qu'il n'a pas eu l'épreuve en double, à l'usage de *L'Artiste*, de la *Revue française*, ou de la *Revue des deux mondes*. B dit qu'il reçoit régulièrement l'argent de ses feuilletons[1].

28 III s 57 – B fait la critique du catalogue projeté d'ouvrages à publier par P-M sur le XVIIIe siècle. Il s'érige contre l'inclusion des noms de: Sedaine; de Bièvre; Gilbert; J.-B. Rousseau; Le Sage. Il remarque l'absence de: *Paul et Virginie*; Buffon, *Oeuvres choisies*; Rétif de la Bretonne; Marmontel, *Les Incas*; Montesquieu, *Les Lettres persanes* et *Le Temple de Gnide*. Il relève les noms qu'il estime importants: Fréron; Grosley; le *Jansénisme*, surtout pour les miracles du diacre Pâris]; Nicolet; Audinot; Chevrier, *Mélanges et raretés*; Uleyspiegel; Frédéric II; de Brosses; Sénac de Meilhan; Marivaux. B vient d'acheter "la bonne édition" des *Liaisons dangereuses* et Joseph-Marie Quérard et Charles-Léopold Louandre ont promis de lui procurer des notes sur Laclos en le présentant à un descendant de cet auteur. B exprime l'avis que ce catalogue ne serait pas pour plaire à Veuillot ou à Barbey d'Aurevilly, s'il leur tombait entre les mains[1]. *Les Tragiques* d'Agrippa d'Aubigné, éditées par Ludovic Lalanne, sont annoncées par la *BF*[2]. C'est cet ouvrage qui servira de modèle pour la typographie de l'épigraphe des *FM*[3].

29 III d 57 – B va chez Jean Wallon, invité par Mme Wallon[1]. *AGP* au *Moniteur*[2].

[env 29 III d 57] – B offre à Mme Wallon un exemplaire des *NHE* avec la dédicace: "...témoignage de respectueuse amitié"[1].

30 III l 57 – P-M envoie à B une lettre de reproches à propos de sa lenteur à envoyer à Alençon les matières corrigées des *FM*. Mercredi, lui répond B, il recevra la quatrième feuille des *FM* et non pas la troisième; jeudi il aura la cinquième et vendredi ses placards. B veut tout relire et désire avoir le plus tôt possible la première feuille pour la vérifier. Aux menaces de P-M de tout tirer sans attendre, B répond que cela l'obligerait simplement à rembourser son imprimeur pour toutes ses dépenses[1].

31 III ma 57 – B envoie à P-M la lettre écrite le jour avant[1]. *AGP* au *Moniteur*[2].

[IV 57] – Peu avant sa mort, Aupick voit le général Husson, qu'il charge de recommander C.-A. Baudelaire auprès du ministre de la Justice[1].

1 IV me 57 – Un quatrain anonyme sur les *FM* paraît dans la *Revue anecdotique*: "Foin de ce Baudelaire aux trompeuses couleurs!..."[1].

[1 ou 2 IV me ou j 57] – B envoie à P-M la feuille de titre, ainsi qu'une autre et lui en demande accusé de réception. Il promet les placards pour le lendemain et y joindra une lettre relative à la possibilité pour P-M de publier *Le Roman de la momie* de Th. Gautier. Cet ouvrage est en train de paraître au *Moniteur universel* et Gautier a demandé à B de s'informer de la question auprès de P-M[1].

2 IV j 57 – B écrit à P-M à propos de ses placards[1]. *AGP* au *Moniteur*[2].

4 IV s 57 – Dans une lettre à P-M, B signale de nouvelles fautes sur les feuilles mal composées. Il tient à ce que celles-ci soient parfaitement correctes. Les retards de P-M lui ont valu, dit-il, des retards au *Moniteur*; il pense ne plus pouvoir collaborer à ce journal par la suite[1]. Dans une seconde lettre, B attire son attention sur des fautes typographiques nouvellement découvertes. Il lisait, ce jour, *Les Oubliés et les dédaignés...* de Monselet, où il relève également une faute en l'ouvrant[2]. *AGP* au *Moniteur*[3].

5 IV d 57 – *AGP* au *Moniteur*[1].

6 IV l 57 – B écrit à P-M au sujet de ses prospectus, et lui renvoie ses placards[1].

7 IV ma 57 – *AGP* au *Moniteur*[1]. Edouard Thierry fait, dans le *Moniteur universel*, un compte-rendu des *NHE*[2].

8 IV me 57 – B en est à son dernier jour de travail pour le *Moniteur*[1].

9 IV j 57 – B a 36 ans[1].

14 IV ma 57 – P-M reçoit la nouvelle épreuve de la sixième feuille des *FM*[1]. *AGP* au *Moniteur*[2].

15 IV me 57 – Dans *Triboulet*, Alfred Delvau mentionne B dans un article sur la Brasserie des Martyrs[1]. Mort à Paris de Nicolas

14 IV ma 57 – P-M reçoit la nouvelle épreuve de la sixième feuille des *FM*[1]. *AGP* au *Moniteur*[2].

15 IV me 57 – Dans *Triboulet*, Alfred Delvau mentionne B dans un article sur la Brasserie des Martyrs[1]. Mort à Paris de Nicolas Perducet, à l'âge de 94 ans[2].

16 IV j 57 – *AGP* au *Moniteur*[1]. La *Revue anecdotique* publie un poème satirique sur B ainsi qu'un article sur ses vers parus à la *Revue française*[2]. Mariage de Philoxène Boyer[3]. Edmond Texier, dans le *Courrier de Paris*, remarque la beauté des éditions P-M et signale qu'elles servent à faire connaître des jeunes écrivains[4].

[16 IV j 57] – B écrit à P-M pour dire qu'il arrivera le lendemain à la fin de son travail à l'imprimerie du *Moniteur*. Il projette un voyage à Alençon à la fin du mois, pour remettre à P-M les *CE* achevées. De là, il propose d'aller à Lyon [sans doute pour étudier des tableaux, dont il parlerait dans son article projeté, sous le titre de "L'Art philosophique"]. Après ce voyage, il reviendra à Alençon. B signale à P-M l'article d'Edmond Texier élogieux à son sujet dans le *Courrier de Paris*, un nouveau journal[1].

[env 16 IV j 57] – Au *Moniteur*, B voit Turgan, qui a une bonne opinion de P-M. L'influence de B sur cet homme lui permet de faire supprimer, dans l'article de Thierry de ce jour-là, la critique des *Odes funambulesques*, qui viennent de paraître chez P-M[1].

17 IV v 57 – *AGP* au *Moniteur*[1]. Fin du travail de B à l'imprimerie du *Moniteur*[2].

18 IV s 57 – Le dernier feuilleton d'*AGP* au *Moniteur*[1]. B songe à aller à Alençon, pour s'y installer afin de travailler à l'imprimerie de P-M comme il a fait au *Moniteur*. Mais il a des empêchements et ne peut pas partir[2]. Il va passer cinq jours à se reposer[3].

20 IV l 57 – Insertion de neuf poèmes de B dans la *Revue française: La Beauté; La Géante; Le Flambeau vivant; Harmonie du soir; Le Flacon; Le Poison; Tout entière; Avec ses vêtements ondoyants et nacrés...; Je te donne ces vers...*[1].

[env 22 IV me 57] – B écrit à P-M qu'il a calculé l'espace qu'occuperont ses vers sur la page et qu'il se rend compte du petit nombre de pages qui composeront le volume des *FM*. Il ne veut d'ailleurs pas en composer de nouveaux, car il pense que les derniers poèmes sur la mort constituent une excellente fin. Toutefois, il songe à ajouter un morceau dans la section appelée "Fleurs du Mal". B met à la poste la matière de la huitième feuille. Il relève en passant une faute typographique dans les *Odes funambulesques* de Banville, dont il a un exemplaire[1].

23 IV j 57 – B, après avoir passé cinq jours à se reposer, a dépensé tout son argent[1].

24 IV v 57 – B rencontre Fowler, libraire à la galerie Montpensier, Palais Royal. Il apprend que ce dernier n'a pas reçu un livre que B lui a envoyé il y a quelques jours. Fowler l'avertit en outre de ce qu'il a envoyé peu avant à B des brochures et des livres anglais. Cet envoi est arrivé d'abord chez lui, par un facteur autre que le facteur habituel; celui-ci fait remarquer à Fowler qu'il y a à la grande-poste divers envois pour B, dont on ne connaît pas l'adresse. B écrit au Directeur des Postes, de la rue Jean-Jacques Rousseau, pour demander comment ce facteur aurait connu ses rapports avec Fowler. Il prie ce fonctionnaire de s'occuper de l'envoi destiné à Fowler, ainsi que tout autre envoi qui l'attend lui–même, donnant l'adresse du 19, quai Voltaire[1].

25 IV s 57 – Une lettre de P-M blesse vivement B, qui révèle qu'il comptait demander à son éditeur de publier ses *poèmes nocturnes* [les futurs *Petits Poèmes en prose*: c'est la première mention de ces écrits]. Il proteste que P–M a déjà reçu la sixième feuille des *FM*, qu'il réclame à tort. B change un vers d'un des poèmes intitulés *Spleen* ("l'ennui, fruit de la morne incuriosité"). B reprend la question de la publication par P-M du *Roman de la momie* de Th. Gautier; il discute des conditions offertes par Hachette et révèle à P-M que Gautier s'intéresse à lui à cause de la typographie soignée de l'éditeur alençonnais. Il invite P-M à se mettre lui-même en relations avec Gautier pour cette affaire. B reconnaît être l'obligé de Th. Gautier[1].

26 IV d 57 – B met à la poste les placards de P-M[1]. Dans les *Chroniqueurs de Paris*, Nestor Roqueplan nomme B parmi ceux qu'il juge avoir un "talent vrai"[2].

27 IV l 57 – Le matin, B reçoit une lettre conciliante de P-M. En y répondant, il promet d'envoyer ce soir tous ses placards, soigneusement remaniés. B compte pouvoir se mettre à préparer les *CE*. Il a l'intention d'y ajouter deux morceaux nouveaux: "Peintres raisonneurs;" "Excitations artificielles". Il peut voyager gratuitement en chemin de fer, ce qui facilitera sa visite à Alençon, qu'il prévoit pour dans quinze jours, la renvoyant ainsi au delà de la date prévue auparavant. B travaille sur les trois dernières parties des *FM*: *La Révolte*; *Le Vin*; *La Mort*. Ce soir, il compte envoyer à P-M la fin de la partie: *Spleen et idéal*. A propos du

Roman de la momie, B conseille un tirage plus fort que celui envisagé par P-M. Il vient de parcourir les bonnes feuilles des *Cariatides*, de Banville, où il dit trouver des fautes "cruelles"[1]. Le général Aupick meurt à Paris, dans son appartement 91, rue du Cherche-Midi[2].

29 IV me 57 – Le *Moniteur universel* annonce la mort d'Aupick[1]. P-M annonce, à la Préfecture de l'Orne, qu'il est sur le point de mettre sous presse les *FM*. Le tirage en sera, dit-il, de 1100 exemplaires, in-12, sur raisin[2].

30 IV j 57 – Le *Moniteur universel* annonce pour 10h30 la réunion du convoi du général Aupick chez lui, rue du Cherche-Midi[1]. Selon le désir du défunt, aucun panégyrique n'est prononcé. On l'enterre au cimetière de Montparnasse. Un grand nombre de sénateurs et de militaires assistent aux obsèques, ce que dira le *Moniteur* du jour suivant[2]. B y rencontre Emon, qui se conduit de façon impolie à son égard[3]. Il y trouve également Jaquotot, qui faillit plus tard devenir son notaire[4]. B ne sera pas nommé dans le testament d'Aupick[5]. Mme A enverra, comme don à la ville de Gravelines, la balle extraite après sa mort du genou d'Aupick[6]. J. Habans fait, dans le *Figaro*, un article malicieux sur les poèmes de B publiés dans la *Revue française*[7].

[env 1 V v 57] – Mme A envisage avec son fils l'idée qu'il pourrait venir vivre auprès d'elle. Mais elle se décide, après réflexion, contre cet arrangement, trouvant inacceptable, même déshonorante la façon de vivre de B. Elle lui fait part de sa décision et lui défend de la remettre en cause. B répond qu'il n'en a pas l'intention[1].

1 V v 57 – Le *Correspondant* annonce la parution des *NHE* en les attaquant[1]. Le *Moniteur universel* décrit les obsèques du général Aupick[2].

2 V s 57 – B passe la journée à corriger la première épreuve des *FM*. Il y a beaucoup de fautes et B supplie P-M de ne pas en faire autant sur les suivantes[1]. Dans *Triboulet*, Amédée Achard fait allusion à *La Géante* de B[2].

4 V l 57 – Dans la *Comédie parisienne*, Albéric Second donne le texte de *La Géante* et s'en égaye[1].

6 V me 57 – B voit Théophile Gautier, avec qui il discute encore une fois de la publication du *Roman de la momie* chez P-M. En outre, Gautier songe maintenant à demander à P-M de publier *Emaux et camées*. Gautier promet également de faire accepter des vers de B par *L'Artiste*. Dans une lettre, B se plaint auprès de P-M d'une attaque de Lorédan Larchey dans la *Revue anecdotique*. Son éditeur, dit-il, aura la neuvième feuille des *FM* dès ce soir[1].

7 V j 57 – Au Sénat, on déplore la perte d'Aupick. Le *Moniteur universel* en rendra compte le jour suivant[1].

8 V v 57 – Le *Moniteur universel* rapporte les discours déplorant la perte du général Aupick[1].

10 V d 57 – L'*Artiste* publie trois poèmes de B: *Héautontimoroumenos; L'Irrémédiable; Franciscae meae laudes*[1].

11 V l 57 – Article au *Moniteur* par Sainte-Beuve, sur Musset. Le lundiste trouve chez ce dernier une recherche constante de la passion en elle-même. B cite ce texte dans ses notes sur *Les Liaisons dangereuses*[1].

12 V ma 57 – Le *Constitutionnel* donne le sommaire de l'*Artiste* du 10 mai, faisant allusion à B[1].

[env 14 V j 57] – B envoie à P-M une petite brochure de Barbey d'Aurevilly [peut-être ou le *Memorandum* ou *Deux Rythmes oubliés*][1].

14 V j 57 – Le matin, B reçoit de P-M la neuvième feuille des *FM*. Il s'efforce de mettre au point une trentaine de vers qu'il juge insatisfaisants et, à 4h, écrit à son éditeur que la note sur *La Révolte* ne lui plaît pas; il s'étonne que P-M ne lui ait pas fait de reproches à ce sujet[1].

16 V s 57 – B avertit P-M qu'il aura fini ses corrections dans une heure et que l'éditeur va pouvoir venir à Paris. B a reçu la huitième feuille des *FM*; il en avait besoin pour corriger la neuvième. B esquisse pour son éditeur la fin de la table, nommant les sept derniers poèmes du recueil; il réclame à P-M la couverture et la table achevée du livre[1].

17 V d 57 – Jean Rousseau attaque, dans le *Figaro*, les poèmes de B publiés dans la *Revue française*[1].

19 V ma 57 – B va chez sa mère[1].

20 V me 57 – B s'occupe des réparations nécessaires au paroissien [livre de prières] de deuil de Mme A. En attendant qu'elles soient terminées, il lui en envoie un autre. Il compte la voir ce soir-là[1]. Alfred Delvau publie, dans le *Rabelais*, son essai sur "La Laiterie du paradoxe", donnant le texte de *L'Ame du vin* de B et décrivant le groupe de jeunes écrivains qui se réunissait dans ce cabaret [v. été 1850][2].

[seconde quinzaine de V 57?] – Echange de lettres entre P-M et B, qui s'inquiète de son état mental. Son éditeur prend à tort cette confession, comme une plaisanterie. Ensuite, B recommande à P-M de venir à Paris sans s'inquiéter de la dernière feuille des *FM*. Il lui envoie *Le Vin des chiffonniers*, après l'avoir recopié[1]. Vers la même date, P-M lui envoie un morceau de placard que B trouve "inintelligible"[2].

23 V s 57 – Le *Rabelais* annonce la publication "à partir d'aujourd'hui" d'écrits par Murger, Monselet, Amédée Rolland, Charles Bataille, Nadar, Aurélien Scholl, Gustave Mathieu, Alfred Delvau et des *Contes d'Edgard Poe* [sic], traduits par B[1].

25 V l 57 – Le *Bulletin des lois* annonce le décret qui fixe la pension de Mme Vve Aupick à 6000 francs par an. Elle a 2000 francs de revenus en sus de cette somme[1].

[env 26 V s 57] – B va chez sa mère, qui écrit en sa présence une lettre de reconnaissance à Achille Fould, ministre d'Etat, pour la part qu'il a eue dans la décision de lui octroyer une pension[1].

27 V me 57 – Au *Rabelais*, on répète la liste de publications à venir, y compris les *Contes d'Edgard Poe* en traduction de B. On ajoute le nom de Jules Richard. Alfred Delvau, dans le même numéro, décrit le cabaret du père Cense et cite B comme un de ses habitués, avec Champfleury, Heynette de Kesler, Promayet, J.-J. Debillemont et Léon Fuchs. Ce cabaret est situé à la sortie de Fontenay-aux-Roses[1].

30 V s 57 – Le *Rabelais* annonce pour la première fois les *Variétés et curiosités esthétiques* de B et déclare à nouveau son intention de publier les *Contes d'Edgard Poe*, traduits par B. On voit ajouter à la liste de ces publications à venir celles d'Alfred Busquet et d'Antoine Fauchery[1].

[fin V 57?] – Gustave Rouland, ministre de l'Instruction publique, alloue des fonds à des membres de la Société des Gens de Lettres. B y voit un encouragement pour sa demande auprès de ce ministère[1].

[env 1 VI l 57] – B ajoute aux *Femmes damnées* cinq strophes, dans lesquelles il jette l'anathème sur ces deux pécheresses[1]. La mère de B semble remarquer chez lui un changement d'attitude envers elle et lui en fait compliment[2].

3 VI me 57 – B sort de chez le relieur et écrit à sa mère. Il a attendu Valère, le domestique de celle-ci, qui lui a appris que la vente de son mobilier et d'autres objets personnels avait rapporté 32.000 francs à sa mère. B dit trouver dans la mort d'Aupick "un rappel à l'ordre". Il vient de lire dans le *Bulletin des lois* le décret du 25 mai relatif à la pension de Mme Vve Aupick[1]. Elle va disposer

d'un revenu annuel de 11.000 francs, composé d'une pension de 6.000 francs et de 5.000 francs de rentes. Les indemnités littéraires de B seront de 200 francs[2]. Le *Rabelais* annonce encore qu'il publiera *Variétés et curiosités esthétiques* par M. Ch. Baudelaire[3].

[entre le 3 VI me et le 9 VII j 57] – Suivant les instructions de sa mère[1], B se rend sur la tombe d'Aupick au cimetière Montparnasse. Il en trouve la fosse vide et apprend qu'il y a eu un transfert. Ayant retrouvé la tombe du général, il met des fleurs sur la nouvelle sépulture[2].

4 VI j 57 – B adresse une demande d'argent à Gustave Rouland, ministre de l'Instruction Publique; cette allocation serait prise sur les fonds des Sciences et des Lettres. Il y joint la liste de ses publications et mentionne comme projet un écrit intitulé *Aperçu historique sur le Conspirateur et le Favori*[1]. On réimprime, dans le *Figaro*, la parodie du poème de B, *Franciscae meae laudes*: *Margotae meae laudes* faite par A. Legendre[2]. Mme A répond à la lettre de son fils du jour précédent[3].

[env 5 VI j 57] – B reçoit de Mme A une réponse à sa lettre du 3 juin[1].

6 VI s 57 – B écrit à P-M pour lui reprocher son silence et pour se plaindre de l'absence des bonnes épreuves après correction. Il demande à P-M s'il a reçu la table des matières corrigée[1]. Dans le *Rabelais*, Alfred Delvau attribue à Privat d'Anglemont le poème: *A Mme Du Barry*, que l'on croit être de B[2]. La *BF* enregistre les *Nouvelles Histoires extraordinaires*[3].

10 VI me 57 – Le *Rabelais* annonce à nouveau qu'il publiera "Variétés et curiosités esthétiques", par M. Ch. Baudelaire[1].

11 VI j 57 – Dans le *Figaro*, le nom de B figure dans une fantaisie appelée "Commerce de nouveautés littéraires" suivie de la mention:"fourniture de Tentures et Ameublements"[1].

12 VI v 57 – Date du dépôt légal des *FM* à la Préfecture de l'Orne[1].

13 VI s 57 – *Morale du joujou* paraît à nouveau dans le *Rabelais*. Le morceau est décrit comme extrait de *Variétés et curiosités esthétiques* publiées par P-M et De Broise, ouvrage "sous presse"[1]. B envoie à Eugène De Broise la liste de presse des *FM*: Th. Gautier; Guillaume Guizot; Sainte-Beuve; Edouard Thierry; Dalloz; Barbey d'Aurevilly; Ph. Boyer; A. De Pontmartin; L. Veuillot; P. Limayrac; Ph. Chasles; Ratisbonne; Leconte de Lisle; Ch. Asselineau; Sasanoff; Morel; Buloz; Lacaussade; A. Fould; M. Pelletier; G. Rouland; G. Rouland fils; H. de Larozerie;

N.P. Willis; H.W. Longfellow; A. Tennyson; R. Browning; De Quincey; V. Hugo. B entend changer et agrandir l'affiche annonçant son livre et demandera à M. Fowler, libraire anglais, quels journaux de son pays pourraient lui fournir de la publicité pour son ouvrage. B promet d'écrire à Gautier à propos de la publication par P-M d'*Emaux et camées*[2]. B a reçu 20 exemplaires des *FM* pour lui: 16 sur papier vulgaire, 4 sur grand papier[3]. Recevront des exemplaires sur grand papier: Mme A; Asselineau; Delacroix; Dumas père ("l'immortel auteur d'*Antony*"); Champfleury; Achille Fould; Mérimée; Paul de Saint-Victor; Edouard Thierry; Walewski; Pince-bourde. Il fera envoyer un exemplaire à Sainte-Beuve ("amitié fidèle"); à Chaix d'Est-Ange; à Nadar ("A mon ami Nadar"); à A. Lemaréchal[4]. Celui de Mme Sabatier sera complété d'un dessin, qu'elle-même ou un autre y aura placé, celui de Jeanne Duval par B. Sur ce dessin Mme Sabatier écrira: "Son idéal"[5]. Armand Dumesnil recevra un exemplaire ('témoignage d'amitié")[6]. Celui d'Auguste Préault portera les mots: "A mon ami Auguste Préault"[7]. Emile Deschamps en reçoit un également[8]. Celui de Th. Gautier porte un ex-dono admiratif[9]. Murger ayant reçu un exemplaire, il adresse à B l'invitation d'en envoyer un à la *Revue des deux mondes*[10]. L'exemplaire de V. Hugo porte seulement cette dédicace: "A M. Victor Hugo/C.B"[11], et s'accompagne d'une lettre qu'Hugo jugera *noble*[12]. A Alençon, les deux exemplaires des *FM* déposés à la Préfecture de l'Orne sont enregistrés[13]. Philoxène Boyer reçoit un exemplaire des *FM* avec la dédicace: "à mon ami Philoxène Boyer,/Ch. Baudelaire"[14].

14 VI d 57 – Jean Rousseau, journaliste belge fixé à Paris, attaque B dans le *Figaro* pour manque de respect envers Victor Hugo[1].

15 VI l 57 – Ayant reçu une réponse à sa lettre du 13 juin, B demande à P-M de renvoyer à l'employé Victor la nomenclature des volumes qu'il doit dédicacer à l'imprimerie. P-M demande à B de faire envoyer à Alençon par Gautier des épreuves d'*Emaux et camées*. Gautier attend toujours la visite de Thérond, graveur qui doit fournir le frontispice du volume en question. B se moque amicalement de son ami qui s'est foulé le pied[1].

[env 15 VI l 57] – Victor, employé d'imprimerie, remet à B les exemplaires des *FM* destinés à être distribués. B les dédicace à l'imprimerie[1]. Lettre manquante de B à la mère d'Asselineau, ajoutée à un exemplaire de la première édition des *FM*[2].

[entre le 15 et le 20 VI l-s 57] – B dit qu'il adresse à Louis Veuillot un exemplaire des *HE*, lui promettant aussi un troisième volume. Veuillot, qui avait demandé quelques-uns de ses oeuvres à B, a déjà un exemplaire des *FM*[1].

16 VI ma 57 – B reçoit 200 francs du gouvernement, pour les *NHE*, après l'intervention de Gustave Rouland en sa faveur[1]. Mme A fait dire à C.-A. Baude-

laire qu'elle est contente de B, quant à leurs rapports affectifs mais qu'elle désespère de le voir s'amender un jour. Elle souhaite l'appeler auprès d'elle lorsque les Emon seront absents d'Honfleur. B sera choqué par cette invitation parce qu'il en déduira que sa présence à Honfleur dépend, en quelque sorte, des Emon. Il ne saura pas quoi répondre à Mme A[2].

22 VI l 57 – Mort de Mme Autard de Bragard à bord d'un bateau en route pour la France[1].

25 VI j 57 – Mise en vente des *FM*, à trois francs l'exemplaire [1]. La couverture porte un prix plus élevé: 5 francs. Il sera modifié[2]. Dans *Polichinelle*, Pierre Dupont attaque avec bonhomie un groupe de poètes modernes, qu'il accuse de stérilité. B y est compris[3].

28 VI d 57 – Jean Rousseau mentionne, dans le *Figaro*, le portrait de B par Courbet exposé au Salon de 1857[1].

30 VI me 57 – Eugène Cauvin demande à P-M un exemplaire des *FM*[1].

VII 57 – A. Watripon défend les *FM* dans le *Présent*[1].

1 VII j 57 – Le *Bulletin international du libraire* annonce la publication des *NHE*[1].

4 VII s 57 – Lanier écrit à P-M pour l'avertir que le bruit se répand qu'on saisira les *FM*. On en a porté un exemplaire au baron d'Ideville, qui veut se les procurer à cause de leur prochaine saisie. D'Ideville en est informé à cause de ses relations gouvernementales[1].

5 VII d 57 – Le *Figaro* publie, en première page, un article de Gustave Bourdin attaquant B[1].

6 VII l 57 – La *BF* enregistre les *NHE*[1]. Dans une critique, parue anonymement mais en réalité de A. de Pontmartin, le *Journal de Bruxelles* prévoit l'intervention de la justice dans l'affaire des *FM*[2]. Leconte de Lisle apprend la saisie des *FM* mais attendra cinq jours avant d'en avertir Watteville, qui préviendra B[3].

7 VII ma 57 – Le Procureur Général reçoit une lettre du ministre de l'Intérieur au sujet des *FM*. Poèmes critiqués: *Abel et Caïn*; *Litanies de Satan*; *Le Vin de l'assassin*; *Les Femmes damnées*; *Les Métamorphoses du vampire*; *Les Bijoux*[1]. La Direction de la Sureté publique saisit le Parquet du délit d'outrages à la morale publique commis par l'auteur des *FM*[2].

8 VII me 57 – Le matin, P-M apprend que Lanier, dépositaire des livres publiés par P-M et De Broise, ne consent pas à utiliser son personnel pour la diffusion des *FM*. P-M sait que Dentu a pris deux douzaines d'exemplaires. Il prévoit son arrivée à Paris quelques jours plus tard[1].

[avant le 9 VII j 57] – B fait rectifier au paroissien [livre de prières] de sa mère quelques petits défauts laissés par les ouvriers[1]. B reçoit une lettre de Mme A dans laquelle elle s'inquiète à son sujet. A cette lettre elle en joint une d'un certain M. Durand, que B dit ne pas connaître[2].

9 VII j 57 – B écrit à sa mère pour la rassurer. Il est d'accord avec le conseil de Mme Orfila lui suggérant de se distraire. Après des hésitations, B a décidé d'envoyer les *FM* à Mme A. Parlant de son livre, il dit avoir retranché un tiers du texte avant de l'avoir fait imprimer. Il réaffirme sa conviction que les arts poursuivent un but étranger à la morale, la beauté littéraire lui suffit. Il croit pouvoir jouir d'une immortalité littéraire égale à celle de Hugo, de Gautier et voire de Byron. B déconseille à sa mère de faire lire son oeuvre à Mme Emon; il accepte, par contre, qu'il soit lu par M. Cardinne, le curé. B pense que la situation électorale de Paris empêchera que l'on ne poursuive les *FM*, contrairement aux bruits répandus. Il doit terminer les *CE*, les *Poèmes nocturnes*, qu'il croit pouvoir faire paraître dans la *Revue des deux mondes*. Egalement à achever: les *Confessions du mangeur d'opium*, en préparation pour le *Moniteur*. B n'a vu Ancelle que deux fois depuis le départ de Mme A pour Honfleur. Il renvoie à sa mère la lettre d'un M. Durand[1]. *Les Chroniqueurs de Paris* font écho à l'article sur B paru dans la *Revue anecdotique* du 16 avril[2].

[env 9 VII j 57] – B rencontre Julien Turgan, qui l'assure qu'il y aura un article sur les *FM* au *Moniteur*. Sédixier, du *Rabelais*, envoie demander un exemplaire des *FM*, pour en rendre compte[1]. *Les Chroniqueurs parisiens* font écho à l'article sur B, paru dans la *Revue anecdotique* du 16 avril[2].

11 VII s 57 – La *BF* enregistre la parution des *FM*[1]. B voit Lanier et Victor, employés de l'imprimerie. Ils se croient déshonorés par les poursuites qu'on intente aux *FM* et accordent à l'inspecteur général de la presse, pour le séduire, la remise de librairie. B dit à Lanier qu'ils doivent considérer comme un sacrifice les 50 exemplaires qu'on lui laisse et conseille que Lanier les distribue au plus vite chez les débitants qui n'en ont pas encore. Mais Lanier craint que l'inspecteur général, en achetant son exemplaire, n'ait vérifié le nombre d'exemplaires restants[2]. B envoie à P-M l'ordre de cacher tous les exemplaires; son éditeur doit en avoir 900 en feuilles chez lui. Il y en a 100 chez Lanier; B en a sauvé 50. C'est M. de Watteville qui lui a enfin appris les détails de l'action du gouvernement, par l'intermédiaire de Leconte de Lisle; ce dernier a attendu cinq jours avant de les communiquer à Watteville.

B croit que l'article de Gustave Bourdin est responsable de ses difficultés. Il en veut à P-M de n' avoir pas lancé plus tôt et plus sérieusement le livre. B promet à P-M une "lettre officielle" d'instructions, antidatée, dont l'éditeur pourra détruire l'enveloppe. B a laissé 50 exemplaires des *FM* en circulation pour "nourrir le cerbère justice"[3].

[11 VII s 57?] – A 7h du soir, B écrit à Gautier pour lui demander audience le jour suivant[1].

12 VII d 57 – Mme A répond à la lettre de B du 9[1]. B demande à Alfred Delvau, rédacteur du *Rabelais*, de ne pas publier tout de suite un article de critique craignant qu'il soit défavorable aux *FM*, afin de ne pas attirer sur elles l'attention du gouvernement[2]. B prie Edouard Thierry d'écrire un article sur les *FM*, à condition qu'il soit fait immédiatement[3]. B veut savoir si l'argent qu'a reçu sa mère lui a suffi. N'ayant pas de réponse à sa lettre du 9, il lui demande aussi si elle est en colère contre lui[4]. Elle a déjà répondu à cette lettre, le jour même; leurs lettres se sont donc croisées[5]. Nouvelle attaque contre les *FM* par J. Habans, dans le *Figaro*[6]. Jules Noriac, dans le même journal, affirme le génie du poète[7]. Dans *La Chronique*, Félix Platel, sous le pseudonyme d'Etienne Poll, attaque les *FM* mais juge cependant B comme l'un des "meilleurs poètes"[8].

13 VII l 57 – Mme A répond à la lettre du 12 de B[1]. P-M écrit à un de ses correspondants parisiens que les exemplaires des *FM* sont en sûreté et qu'il lui envoie franco par chemin de fer 200 exemplaires en feuilles. Il prie cette personne de les garder pour lui jusqu'à son prochain voyage, entre le 20 et le 25 juillet, moment où il les fera brocher et s'occupera de leur placement[2]. Flaubert écrit à B une lettre louant les *FM*. Asselineau accompagne B au *Moniteur*, où ils attendent le retour de Turgan de chez Fould, ministre, avec le visa d'imprimer l'article d'Edouard Thierry[3].

[env 13 VII l 57] – E.-L. Colombey écrit à P-M (?) à propos de la saisie des *FM*[1].

14 VII ma 57 – Un article élogieux d'Edouard Thierry paraît dans le *Moniteur* sur les *FM*[1]. Emile Deschamps, qui a reçu un exemplaire du volume, assure B de sa vive sympathie[2]. Après l'avoir reçu d'Asselineau, B offre à Thierry le dernier exemplaire sur papier fort. Il le remercie d'avoir parlé de l'immense tristesse qui est d'après lui la seule moralité du livre[3]. Le volume est dédicacé: "A Edouard Thierry/Amitié reconnaissante"[4]. Le *Pays* donne la consigne de ne pas publier de défense de B[5].

[VII-VIII 57] – B rencontre Gaston de Saint-Valry, et lui exprime sa satisfaction quant aux sentiments d'Emile Deschamps sur les *FM*[1].

15 VII me 57 – Un article de Louis Estienne sur EAP paraît dans la *Revue contemporaine*. Il loue la traduction de B, avec cependant quelques réserves[1]. Le *Journal de Bruxelles* publie un article signé Z.Z.Z.[Armand de Pontmartin?], réaction indignée contre les *FM*[2]. B découpera et annotera cet article[3]. Dans le *Rabelais*, A. Delvau décrit deux femmes au café Leblon comme "deux Fleurs du Mal qui se respirent"[4].

[après le 15 VII me 57] – B voit L. Veuillot, qui lui conseille d'évoquer le caractère licencieux de l'oeuvre de Béranger, actuel objet de l'adulation publique, pour se défendre contre les poursuites des *FM*[1].

16 VII j 57 – A Alençon, les exemplaires des *FM* sont saisis à cinq heures du soir[1]. Mme A, écrivant aux C.-A. Baudelaire, déclare que les Emon lui sont d'un grand secours en ce moment difficile de sa vie. Mais elle profitera de leur absence pour inviter B à passer quelque temps avec elle[2].

17 VII v 57 – Le Parquet fait savoir qu'il est d'accord avec le ministre de l'Intérieur sur les *FM* et requiert la saisie de l'édition[1]. B assiste, vêtu de noir, aux obsèques de Béranger; il annonce qu'il porte le deuil des *FM*[2].

18 VII s 57 – Barbey d'Aurevilly avise B d'un article qu'il a écrit sur lui[1]. Le *Courrier de la librairie* annonce la parution des *FM*[2].

19 VII d 57 – Alexandre Schanne donne, dans le *Figaro*, un article sur B et Lepoittevin de Saint-Alme, du *Corsaire-Satan*[1].

[env 20 VII l 57] – B écrit à Achille Fould pour le remercier de la part qu'il a prise dans l'affaire de la pension de sa mère et pour lui demander sa protection. Il se dit "fier d'avoir produit un livre qui ne respire que la terreur et l'horreur du Mal"[1]. Avant le procès des *FM*, Champfleury rencontre B et lui prédit qu'on l'accusera de "réalisme". Le poète se montre mécontent de cette idée[2].

20 VII l 57 – B demande à P-M quand il sera à Paris et le prie de le renseigner sur la saisie des *FM* à Alençon. A Paris, il n'y a pas encore eu de saisie. B décrit le conflit entre deux ministres à propos de son livre: Fould est pour lui, Abbatucci contre. Il conseille à son éditeur de rester sur place[1]. Sainte-Beuve envoie des louanges, tempérés de réserves, pour le volume des *FM* qu'il a reçu de B[2].

22 VII me 57 – Dans le *Rabelais* "Mein herr omnes" observe que "M. B◇◇◇ porte sa croix; d'honneur!"[1].

23 VII j 57 – F. Dulamon défend la moralité des *FM*, dans le *Présent*[1]. Henri

Cantel écrit à B une lettre où il exprime son admiration et son affection pour le poète[2].

[entre le 24 VII v et le 27 VII l 57] – B comparaît devant son juge d'instruction et subit un interrogatoire de trois heures. Le magistrat est bienveillant[1].

[25 VII] s [57] – Barbey d'Aurevilly envoie à B son article sur les *FM*, que le *Pays* n'a pas pu imprimer. Il espère que cet écrit sera utile pour la défense de B[1]. Billault, le ministre de l'Intérieur, a défendu que l'on fasse paraître l'article de Barbey et, en fait, qu'on parle de B[2].

25 VII s 57 – Dans le *Rabelais*, paraît une caricature de Durandeau, gravée par Pothey: on l'intitulera plus tard "Les Nuits de M. Baudelaire. "Panurge", dans ce journal, se plaint de ce que son article sur les *FM*, "de [son ami] Baudelaire", sente déjà le roussi, et qu'il ne puisse être imprimé [sans doute à cause de l'opposition du rédacteur]. Panurge va donc se retirer pour philosopher en silence[1].

27 VII l 57 – B reçoit une lettre de sa mère se plaignant des retards qu'il met à lui répondre. B lui apprend qu'il est toujours l'objet d'une discorde entre deux ministres: Fould, toujours pour lui; Abbatucci et Billaut, contre lui. Il enrage de ce que Billault, ministre de l'Intérieur, ait interdit au *Pays* de parler de lui. B fera tirer en placards l'article de Barbey d'Aurevilly, l'envoyant à Fould, à Piétri, à Billaut, à Camusat-Busserolles (son juge d'instruction) et à son avocat, Chaix d'Est-Ange fils. B cherche le moyen d'intéresser la princesse Mathilde à ses difficultés légales. Les *FM* se vendent secrètement, à double prix, ce qui fait croire à B qu'il fera fortune[1].

[fin VII 57] – B envoie à Piétri, préfet de police, un exemplaire dédicacé des *FM*[1].

[fin VII ou début VIII 57] – En lui envoyant un exemplaire des *FM*, B recommande à Chaix d'Est-Ange fils, son avocat, de parler pour sa défense des "monstruosités" de la *Chute d'un ange* et de citer les "bonnes ordures" de Béranger, à savoir: *Le Bon Dieu; Margot; Jeanneton* ou *Jeannette*[1].

[entre VIII et X 57] – Dates entre lesquelles B a composé *Les Veuves*, poème en prose[1].

1 VIII s 57 – Le *Bulletin international du libraire* annonce la parution des *FM*[1].

4 VIII ma 57 – A Bruxelles, l'*Indépendance belge* donne des détails sur la saisie et le procès à venir, et déclare que "MM Sainte-Beuve et Mérimée se sont beaucoup remués en faveur du jeune auteur poursuivi"[1].

6 VIII j 57 – B recommande Ernest Lebloys auprès de Maxime Du Camp; Lebloys voudrait travailler pour la *Revue de Paris*[1]. A Bruxelles, le *Télégraphe* rend compte des poursuites contre B[2].

[env 6 VIII j 57] – Dans le *Présent*, "Max" (Jules Vallès) regrette la saisie des *FM*. Vallès mentionne qu'il a vu B récemment en compagnie de Charles Barbara[1].

12 VIII me 57 – Alfred Delvau, dans *Rabelais*, établit la biographie de Courbet. Il nomme, parmi les habitués de la Brasserie Andler outre Courbet: B; Français (paysagiste); Staal (illustrateur); Adrien Guignet; Anastasi; Baron (peintre); Traviès; Bodmer; Mouilleron; Promayet (musicien); Smithon (graveur anglais). L'origine de ces rencontres remonte à "il y a quelques années"[1].

13 VIII j 57 – B voit ses juges, qu'il trouve "abominablement laids". Ce sont: Dupaty; Pinard; Delesvaux; De Ponton d'Amécourt; Nacquart[1]. Emile Deschamps écrit des vers où il défend B (*Sur les Fleurs du Mal – A quelques censeurs*)[2]. *L'Etoile belge* décrit les poursuites des *FM*[3].

14 VIII v 57 – Flaubert vient d'apprendre que B est poursuivi. Il est indigné et veut connaître les détails de l'affaire[1]. A Lyon, dans le *Salut public*, Armand Fraisse défend B, "un vrai poète"[2].

16 VIII d 57 – A un correspondant, peut-être Chaix d'Est-Ange fils, B promet de donner tout ce qu'il a demandé, sans doute des documents relatifs au procès. Il le prie de lire d'un bout à l'autre son interrogatoire et lui transmet deux articles favorables, de Goepp et de Dulamon[1]. Le marquis de Custine envoie au sujet du procès une lettre de sympathie à B[2]. Philibert Audebrand, sous le pseudonyme d'Henri Plassan critique, dans la *Gazette de Paris*, l'oeuvre et l'attitude de B dans les *FM*, mais ne souhaite cependant pas sa condamnation[3]. Dans la *Revue littéraire*, Edouard Goepp décerne aux *FM* des éloges sans réserves[4]. Dans le *Présent*, Antonio Watripon fait un article sur l'art pour l'art, qui semble inspiré par le procès des *FM*[5].

17 VIII l 57 – B voit Chaix d'Est-Ange ou Louis-Nicolas Rapetti à 2h[1]. Barbey d'Aurevilly demande à B de lui envoyer les placards des articles justificatifs, qu'il donnera ensuite à son ami Brücker. Ce dernier les montrera à Pinard, son ami, pour l'influencer en faveur de B[2]. Brücker recevra ce document[3]. Mme Vve Dondey-Duprey imprime les *Articles justificatifs pour Charles Baudelaire, auteur des Fleurs du mal* contenant une note de B et des articles d'Edouard Thierry, de Frédérick Dulamon, de Barbey d'Aurevilly et de Charles Asselineau[4]. Montalembert, président en exercice à la séance publique des cinq Académies, attaque les tendances réalistes de la littérature du jour[5].

18 VIII ma 57 – Le matin, B écrit à Sainte-Beuve pour demander quelque chose qu'il décrit comme "de bien grave, de bien lourd". Sur la suggestion de Chaix d'Est-Ange, il voudrait s'entretenir avec avec lui quelques minutes au sujet de cette demande. B attend pour ce matin même la livraison des brochures de ses *Articles justificatifs*, où il explique son point de vue dans le procès engagé contre lui. Il en apportera un exemplaire à Sainte-Beuve. B fait allusion, dans cette lettre, à *La Princesse Brambilla*, d'E.T.A. Hoffmann[1]. B écrit à Mme Sabatier, joignant à sa lettre un exemplaire sur hollande des *FM*, spécialement relié. Pour la première fois, il signe de son nom. Il se dit fidèle et lui demande d'essayer de l'aider auprès de ses juges; il lui donne leurs noms. Il révèle que tous les vers des *FM* entre la page 85 et la page 105 sont inspirés par elle, et que Sainte-Beuve trouve que le meilleur poème du volume est *A Celle qui est trop gaie*[2].

[env 18 VIII ma 57] – B envoie à Ancelle un exemplaire des *Articles justificatifs*, dédicacé: "à Monsieur Ancelle"[1]. Oscar Vallée, avocat général auprès de la cour impériale, en reçoit un exemplaire, avec envoi d'auteur[2].

19 VIII me 57 – Mme Sabatier écrit à B pour dire qu'elle l'aime[1]. Sainte-Beuve envoie à B des notes pouvant servir à sa défense dans le procès[2]. Mme Sabatier veut s'adresser au président Bellyme, pour lui demander d'intervenir en faveur de B. Elle n'y réussit pas puisqu'on est à la veille de l'audience[3].

20 VIII j 57 – La Sixième Chambre correctionnelle condamne B à 300 francs d'amende, ses éditeurs à 100 francs d'amende chacun et ordonne la supression de six pièces du recueil[1]. Lors de l'audience, Ancelle se fait remarquer en entrant "de force", selon B[2]. Emile Deschamps écrit à B une lettre accusant réception des *Articles justificatifs*; il y joint ses vers sur les *FM*[3]. A Bruxelles, Emile Deschanel prend, dans l'*Indépendance belge*, la défense de B, "grand styliste et traducteur"[4].

[après le 20 VIII j 57] – Le marquis de Custine écrit à Barbey d'Aurevilly une lettre, dans laquelle il proteste contre la condamnation des *FM*. Il y voit le vice "affreusement caractérisé" et compare l'ouvrage à l'Evangile à cause de cette peinture franche de l'iniquité. Barbey remettra cette lettre à B[1]. B offre à Chaix d'Est-Ange fils, son avocat, un autre exemplaire des *FM* relié par Lortic, dédié au "Défenseur des *Fleurs du Mal*"[2]. Paul Auguez, converti au magnétisme chrétien, écrit à B à propos du procès des *FM*[3]. Devant P-M et Asselineau, B s'étonne que Pinard, ayant requis contre lui, ne l'invite pas à dîner[4]. P-M écrit à Asselineau qu'il mettrait en terre l'édition des *FM* plutôt que de la publier avec des cartons [recomposition des poèmes pour suivre les conséquences de la décision de justice – la disparition des poèmes condamnés entraînerait des changements de composition dans ceux dont les textes y touchent][5].

[env 20 VIII j 57] – Emile Deschamps voit Gaston de Saint-Valry, et lui exprime son admiration pour B[1].

21 VIII v 57 – Emile Deschamps écrit à B pour protester contre la condamnation des *FM* et pour lui exprimer l'admiration que lui porte Gaston de Saint-Valry[1]. La *Gazette des tribunaux* publie le jugement sur les *FM*[2], ainsi que la *Gazette du Palais* et le *Constitutionnel*[3]. Paulin Limayrac, critique littéraire du dernier journal, avait écrit un article contre les *FM*. Il l'a retiré en apprenant que le volume serait poursuivi[4]. Hippolyte Babou écrit à P-M pour l'informer de l'arrêt du Tribunal et pour révéler que leur meilleur défenseur avait été Pinard, avocat impérial[5].

22 VIII s 57 – Dans le *Rabelais*, Alfred Delvau encourage B, (son "ami"), le mettant parmi les "jeunes" du jour qui ne sont pas à négliger: Banville; Monselet; Henry de la Madelène. Il publie le texte d'*Elévation* comme exemple de la beauté du vers baudelairien[1].

[entre le 22 VIII s et le 17 X s 57] – On tire la quatrième et dernière couverture des *FM*[1].

[env 23 VIII d 57] – B écrit à Emile Deschamps pour lui proposer de faire insérer dans le *Présent* son poème: *A Quelques Censeurs...*[1].

23 VIII d 57 – Flaubert écrit à B qu'il a reçu les articles sur le procès. Il a beaucoup aimé celui d'Asselineau, flatteur pour lui. Flaubert conseille, comme d'autres, l'usage de l'exemple de Béranger par B comme moyen de défense[1]. La *Chronique* publie l'arrêt du Tribunal correctionnel[2]. Un article paraît, dans l'*Etoile belge*, sur la condamnation des *FM*[3]. On publie à nouveau dans le *Voleur* l'article de Jean Rousseau déjà paru le 28 juin dans le *Figaro*. Il y est fait mention du portrait de B par Courbet[4].

24 VIII l 57 – B envoie à Mme Sabatier une statue de Jules César dont il n'y a que trois exemplaires[1]. Le *Présent* publie six poèmes en prose sous le titre de *Poèmes nocturnes*: *Le Crépuscule du soir*; *La Solitude*; *Les Projets*; *L'Horloge*; *La Chevelure*; *L'Invitation au voyage*[2].

25 VIII ma 57 – Avant 5h, B écrit à Flaubert pour l'informer de l'issue de son procès. L'article qu'il prépare sur *Madame Bovary* en sera retardé à cause des ennuis provoqués par cette affaire[1]. Barbey d'Aurevilly écrit à Trébutien une lettre critiquant la plaidoirie de Chaix d'Est-Ange fils[2]. A. de Custine écrit à Barbey d'Aurevilly pour lui parler en termes élogieux de son article sur B. Il tient à ce qu'il le remercie d'avoir pensé à lui[3].

26 VIII me 57 – Léon de Salornay défend dans le *Rabelais* les intentions littéraires de B[1].

27 VIII j 57 – Emile Deschamps autorise B à publier ses vers sur les *FM* pour se défendre des accusations portées contre lui. Il lui envoie son *Macbeth* et son *Roméo*, tous deux prêts à être repris par l'Odéon[1]. Charles Force, comte de Montalembert, écrit d'Evian, en Suisse, à Dufresne pour demander un exemplaire des *FM*[2].

[env 29 VIII s 57] – Mme de la Rochejaquelein demande à Mérimée des renseignements sur le procès des *FM*[1].

29 VIII s 57 – Mérimée écrit à Abbatucci qu'il n'a fait aucune démarche pour sauver B et qu'il juge les *FM* comme un livre "très médiocre et nullement dangereux"[1]. Il écrit également à Mme de la Rochejaquelein à propos de B, qu'il ne connaît pas mais qu'il croit être "niais et honnête"[2]. Dans le *Nord*, Henry de Pène considère les *FM* comme "un des recueils les plus notables qui aient paru depuis quelques années", tout en exprimant quelques réserves sur ce livre[3]. La *BF* enregistre la publication des *Articles justificatifs*[4]. J. Le Fils, dans *Rabelais*, répète ce qu'il a entendu dire: que pendant le procès des *FM*, on a lancé un mot imprudent, lequel mot pourra attirer l'attention du parquet sur un autre livre publié il y a "au moins vingt ans par un de nos feuilletonnistes"[5].

30 VIII d 57 – Hugo remercie B de l'envoi des *FM*, ainsi que de sa "noble lettre"[1]. B va chez Mme Sabatier, qui lui accorde des preuves sensuelles de son affection[2]. Dans *Polichinelle*, Antonio Watripon fait le compte-rendu des *FM*; il les trouve anti-réalistes; il cite *Le Vin des chiffonniers*[3].

31 VIII l 57 – B, qui a reçu deux lettres de Mme Sabatier, lui écrit après avoir détruit de nombreux essais de lettres. Il ne fait pas confiance aux femmes et il a horreur de la passion. De plus, il devraient craindre de blesser Mosselmann, qui est amoureux d'elle. B va lui-même déposer sa lettre rue J.-J. Rousseau, sans doute à la poste restante. Il lui demande de chercher un moyen pour la voir[1]. Elle répondra qu'il ne l'aime pas[2].

[fin VIII 57] – A 6h B voit Pinard, son juge et Vaisse, procureur général à la Cour de Paris. Il veut s'entendre avec P-M sur un appel éventuel. S'ils se soumettaient tout de suite au jugement, il y aurait remise d'amendes[1]. P-M apprend de son beau-frère De Broise qu'on les a ridiculement défendus lors du procès. P-M regrette pour B que les *Femmes damnées* soient assimilées pour l'heure à des photographies obscènes. Il déclare qu'il ne consentira jamais à la mutilation du livre. B ne lui a pas envoyé ses *Articles justificatifs*[2].

[IX-XI 57?] – B écrit à Mme Sabatier, l'informant qu'il lui donnera des "babioles" à lire. S'il ne la retrouve pas, il les lui laissera, les ayant empruntés à un de ses amis. Il signe: "Tout à vous, de coeur"[1].

IX 57 – Louis Ménard, dans la *Revue philosophique et religieuse*, conseille à B de ne pas se tenir tellement à l'écart de la vie ordinaire; il dit que cela le guérira d'être resté dans l'état d'un lycéen de 1828[1].

1 IX ma 57 – Nouvelle publication dans le *Présent* de *De L'Essence du rire...*, ainsi que le poème d'Emile Deschamps: *A Quelques Censeurs...*, défendant les *FM*[1]. Dans la *Revue française*, Charles Asselineau prend la défense de B[2]. *Les Contemporains* font une allusion méprisante aux *FM*[3].

[après le 31 VIII l 57] – Mme Sabatier écrit à B pour lui déclarer qu'il ne l'aime pas. Elle tient pourtant à le rencontrer, comme convenu[1].

2 IX me 57 – Emile Deschamps envoie de nouveaux éloges à B. Il semble avoir corrigé les épreuves du poème paru le 1er septembre dans le *Présent*[1].

[2 IX me 57?] – Rencontre entre B et Mme Sabatier[1].

4 IX v 57 – *L'Echo de Flandres* (Gand) donne un compte rendu des *FM*[1].

[4 IX] v [57] – B se rend chez Mme Sabatier pour prouver qu'il est toujours très affecté par tout ce qui l'afflige. Il ne la trouve pas chez elle et dîne donc en compagnie de Mosselman et d'un Russe[1].

[6 IX] d [57] – Baudelaire écrit à Mme Sabatier pour lui dire qu'il est passé vendredi[1].

8 IX ma 57 – De chez Rouvière, B écrit à Mme Sabatier qu'il n'a pu trouver que deux stalles de balcon pour la première représentation du *Roi Lear*. Il propose à Mosselman d'en partager une. Il conseille à Mme Sabatier de s'adresser à Gautier, qui aura certainement une loge offerte par la direction du théâtre du Cirque[1]. Dans *Les Contemporains*, Chambert approuve la condamnation des *FM*. Il confirme également la poursuite probable de *Mademoiselle de Maupin*[2]. Jules Vallès, signant "Max", fait allusion dans le *Présent* à la "grave et sainte chanson" de B sur le vin[3].

[env 10 IX j 57] – Privat d'Anglemont entre à l'hôpital de la Charité, rue Jacob[1].

10 IX j 57 – B envoie à Mme Sabatier les billets pour *Le Roi Lear*. Il n'ira que si elle s'y rend. Dans ce cas, il ne sait pas s'il doit aller chercher Mosselman. La

représentation est avancée d'un jour. Il ne rentre chez lui que tard ce soir-là[1]. J. Habans publie une remarque dans le *Figaro* sur la poétique de B[2].

12 IX s 57 – Alfred Delvau, dans *Rabelais*, fait l'éloge du *Panthéon Nadar*. Il note, "à l'arrière-garde" de la "formidable armée" des figures glorieuses, B. Toutefois, ce dernier est placé parmi ceux qui "ne sont plus que des promesses"[1].

13 IX d 57 – A cause de ses affaires, B prévient Mme Sabatier qu'il ne pourra dîner ce soir chez elle. Il vient d'apprendre les suites injustes de quelques mésaventures. Il promet toutefois de passer ce soir chez elle pour la saluer, elle, et leurs amis[1].

14 IX l 57 – Mme Sabatier écrit à B une lettre où l'indignation se mêle aux reproches. Elle croit que B l'abandonne pour Jeanne Duval[1].

15 IX ma 57 – Le *Bulletin international du libraire* enregistre la publication des *Articles justificatifs* ainsi que du résultat du procès des *FM*[1].

19 IX s 57 – Armand de Pontmartin attaque B dans le *Spectateur*. Il le baptise le poète de "l'orgie"[1].

20 IX d 57 – A. Legendre fait allusion à B dans le *Figaro*[1].

21 IX l 57 – Armand Fraisse mentionne les *FM* dans le *Salut public* (Lyon)[1]. Le *Rabelais* annonce les obsèques de Gustave Planche[2].

24 IX j 57 – B achète un encrier, qu'il envoie à Mme Sabatier anonymement[1]. Dans la *Fronde*, Henry de la Madelène rapporte que Ponsard est choqué par le succès d'ouvrages tels que les *FM*[2].

25 IX v 57 – B informe Mme Sabatier qu'il est l'éxpéditeur de l'encrier. A la réfléxion, il trouve cet objet laid et s'excuse[1]. Mort du marquis de Custine, âgé de 67 ans[2].

26 IX s 57 – Barbey d'Aurevilly, en voyage vers l'Espagne, écrit à B de Saint-Jean-de-Luz. Il a envie d'écrire un article sur un livre de B et le consulte sur le choix de l'ouvrage. Barbey demande également des renseignements sur les événements de Paris. Pour lui, observe-t-il, B est plus poète que Banville[1].

27 IX d 57 – Dans le *Figaro*, Villemessant fait allusion à B collaborateur du *Corsaire*[1].

28 IX l 57 – La *BF* enregistre la publication des *Poésies* de Banville, par P-M et

De Broise[1]. Ce volume contient la deuxième édition des *Stalactites*[2].

29 IX ma 57 – Dans le *Moniteur*, Gautier loue une représentation de *Tannhäuser* donnée à Wiesbaden. Il espère que l'oeuvre se jouera à Paris[1].

30 IX me 57 – Ernest Reyer, dans le *Courrier artistique*, loue, comme Gautier, la représentation de *Tannhäuser* à Wiesbaden[1].

[automne 57] – Passage des Panoramas, chez un marchand, B tombe sur un tableau de son père. Il n'a pas suffisamment d'argent pour l'acheter ni même pour verser des arrhes[1]

X 57 – B soupe à côté des frères Goncourt au Café Riche[1].

[X 57] – Mort de Charles Abbatucci, Garde des Sceaux, qui avait été à Saint Cyr le condisciple d'Aupick. Lors du procès des *FM*, il a critiqué la moralité du volume[1].

1 X j 57 – Le *Présent* publie, en indiquant que c'est un extrait, *Quelques Caricaturistes français*[1]. Barbey d'Aurevilly rappelle à B qu'il lui a demandé un livre sur lequel il pourrait faire un article critique. Il demande également que B aille au bureau du *Pays* pour poser des questions à Basset à propos de son article sur *Madame Bovary*, qui n'est pas encore paru. B a parlé à Barbey d'un journal qui paie 200 francs par article et où B travaille. Barbey voudrait que B réussît à faire accepter l'un de ses articles[2].

2 X v 57 – Ancelle fait la déclaration de succession d'Aupick. Tous frais réglés, Mme A peut placer quelques 30.000 francs[1].

3 X s 57 – Dans *Rabelais*, Armand Sédixier remarque que Privat d'Anglemont est à l'hôpital de la Charité, rue Jacob, depuis trois semaines. Il note qu'Hégésippe Moreau y est mort. Cela l'amène à constater que l'hôpital est seulement un mouroir pour les gens de lettres. Les millionnaires, eux, vont ailleurs[1].

[env 7 X me 57] – Barbey d'Aurevilly revient à Paris[1].

9 X v 57 – B écrit à P-M, à qui il reproche d'avoir retranché d'une centaine d'exemplaires les pages interdites des *FM*. B a reçu des plaintes à ce sujet. Il considère P-M comme seul responsable et demande que son éditeur ne fasse plus de cartons sans le consulter. Il déclare qu'il sera peut-être nécessaire d'indemniser quelques personnes "qui sont tombées dans le piège" (en achetant des exemplaires mutilés). B joint à sa lettre un billet à ordre pour 300 francs[1].

10 X s 57 – P-M endosse à J. Lindet le billet à ordre de B pour 300 francs[1].

12 X l 57 – De Tours, le colonel de La Combe écrit à B pour protester contre la critique de Charlet dans *Quelques Caricaturistes français*[1].

14 X j 57 – S. Ruffin, dans *Rabelais*, fait le compte rendu des *Oubliés et dédaignés*, de Monselet. Il parle de l'éreintement de B par Henri Plassan dans la *Gazette de Paris*. Ruffin reproche à Monselet de ne pas avoir, dans son livre, parlé de l'éditeur Bry, à qui on doit la publication de *La Fanfarlo*, ainsi que des ouvrages d'autres jeunes auteurs[1].

15 X v 57 – *Quelques Caricaturistes étrangers* paraît dans le *Présent*[1]. Laurent Pichat donne un compte-rendu des *FM* dans la *Revue de Paris*, en les attaquant[2].

16 X v [57] – Barbey d'Aurevilly, de retour à Paris, essaye vainement de trouver B chez lui et chez Cousinet, restaurateur, rue du Bac[1].

17 X s 57 – Barbey d'Aurevilly écrit à B pour lui demander les poèmes de Leconte de Lisle, pour lesquels il projette d'écrire un article la semaine prochaine[1].

18 X d 57 – Un article critique de B sur *Madame Bovary* paraît dans l'*Artiste*. Il consacre à la *Tentation de Saint Antoine* un court commentaire, promettant d'y revenir[1]. B faillit être poursuivi à cause de cet article; il sera remarqué à nouveau au parquet[2].

[env 19 X l 57] – Flaubert remercie B de son article sur *Madame Bovary* et loue sa pénétration critique[1].

20 X ma 57 – Henri d'Audigier loue *Quelques Caricaturistes français* dans la *Patrie*[1].

23 X v 57 – Le général Husson, collègue d'Aupick au Sénat, écrit au ministre de la Justice pour recommander C.-A. Baudelaire, comme Aupick l'avait chargé de le faire peu avant sa mort[1].

24 X s 57 – Prosper Samson fait, dans le *Rabelais*, une comparaison entre un crime à Londres et *L'Attentat de la rue Morgue* [sic], d'EAP. Il remarque aussi la publication du "savant article" de B ["Quelques Caricaturistes français"] dans le *Présent* et la critique qu'en fait Henry d'Audigier dans la *Patrie*[1].

25 X d 57 – J.-M. Courmier, dans *Chronique* classe B parmi les "oseurs de la poésie française"[1].

27 X ma 57 – B pense à adresser à l'Impératrice une supplique de réduction ou de suppression de son amende[1].

XI 57 – Prarond conseille à Kuntz de Rouvaire l'inclusion de vers de B dans son projet d'anthologie: *Les Poètes d'hier et ceux de demain*[1].

1 XI d 57 – J.-M. Cormier, dans *Chronique*, conte une anecdote sur B et Villemessant[1].

4 XI me 57 – Dernier numéro du *Rabelais*[1]. La Saint-Charles/Sainte-Caroline[2].

5 XI j 57 – B signe quatre billets à ordre pour Cousinet, de 200 francs chacun[1].

[env 5 XI j 57] – Cousinet fait endosser à Valentin aîné un billet à ordre de B pour 200 francs[1].

6 XI v 57 – B demande à l'Impératrice que son amende soit supprimée ou réduite. (Elle sera finalement ramenée à 50 francs)[1].

10 XI ma 57 – P-M écrit à Asselineau en se plaignant de l'attitude de B. Celui-ci conseille la réimpression en cartons des *FM*, malgré la décision de justice à ce sujet. P-M pense que s'il suivait les idées de B, cela les exposerait à de nouvelles poursuites et répandrait dans Paris la méfiance et le soupçon contre eux[1]. Le *Gaulois* annonce que le *Présent* s'appelle maintenant la *Revue européenne*, et cite B parmi ses collaborateurs les plus remarquables[2].

11 XI me 57 – Mort d'Abbatucci, ministre de la Justice[1].

[env 15 XI d 57] – B établit à l'intention de Rapetti une liste des revues où étaient paru des poèmes des *FM* avant leur publication sous forme de volume. Cette liste n'est pas complète mais elle comporte les périodiques suivantes: *Revue de Paris*; *Revue des deux mondes*; *Revue française*; *L'Artiste*; *Messager de l'Assemblée*; *Le Magasin des familles*. B nomme également le volume, *Les Poètes de l'amour*[1].

15 XI d 57 – Le *Présent* publie les poèmes suivants: *Hymne*; *La Rançon*; *Paysage parisien* (*Paysage*); *A Une Malabaraise*; *Une Gravure de Mortimer* (*Une Gravure fantastique*)[1]; B n'a pas pu pénétrer chez M. Rapetti depuis qu'il y a déposé sa demande à l'Impératrice. Il demande à le voir à 4h. Sinon, il désire que Rapetti envoie cette requête à l'Administration des Beaux-Arts, chez le concierge rue de Valois. B compte sur Rapetti pour le recommander auprès de Damas-Hinard, secrétaire des commandements de l'Impératrice et auprès de Piétri[2].

16 XI l 57 – Désignation de P.H.E. De Royer, successeur d'Abbatucci, défunt ministre de la Justice[1].

17 XI ma 57 – B est sur le point de se rendre chez Mme Sabatier, lorsqu'un messager lui demande de se présenter au Ministre. Il en est ennuyé, car il travaille actuellement d'une façon continue, ce dont il se dit rarement capable. Il envoie chez Mme Sabatier *L'Ensorcelée* et *La* [sic] *Vieille Maîtresse*, de Barbey d'Aurevilly[1].

19 XI j 57 – Damas-Hinard, secrétaire de Commandements de l'Impératrice, transmet la supplique de B au ministre de la Justice[1].

21 XI s 57 – Le ministre de la Justice enregistre la supplique de B et la dirige sur la Division criminelle[1].

22 XI d 57 – Eugène Furpille, dans *Chronique*, défend B et les *FM*, qualifiant le poète de "savant linguiste"[1].

25 XI me 57 – La Division criminelle, ayant reçu la supplique de B, demande au Parquet des renseignements sur le procès des *FM*[1].

27 XI v 57 – B s'excuse auprès de Fowler, libraire anglais à Paris, de ne pas avoir réglé son compte. Pour sa défense, il argue des deux saisis du mois, de sa maladie et d'un vol d'argent[1]. Gustave Chaix d'Est-Ange, père de l'avocat de B au procès des *FM*, devient procureur général impérial[2]. Il est nommé par De Royer, nouveau ministre de la Justice qui succède à Abbatucci[3].

28 XI s 57 – B se rend, le soir, chez Fowler, libraire[1]. La *BF* enregistre la publication du *Goya*, de Laurent Matheron[2].

[fin XI ou début XII 57] – Flaubert et B discutent de *Madame Bovary*[1].

XII 57 – Charles Dollfus et Auguste Nefftzer fondent la *Revue germanique*[1].

[XII 57] – Cousinet fait endosser par Valentin aîné un billet à ordre de B pour 200 francs, signé le 5 novembre passé[1]. B donne à Tenré un billet de 500 francs que lui a fait "un imbécile" (Etienne Mellier); ce billet, impayé, soulève chez Tenré l'intention de poursuivre B. Afin d'éviter cela, B va chez Tenré, pour lui offrir de le rembourser mais Tenré trouve que le délai est trop long. Il accepterait un billet de P-M, mais B lui répond que cela ne sera pas possible, car il ne s'est pas encore acquitté de toutes ses obligations envers P-M[2].

9 XII me 57 – B envoie les premières pages des *Paradis artificiels* à Julien Turgan.

Le texte français sera plus long que l'anglais; il comptera dix ou douze feuilletons. Par manque de temps, il n'a pu aller chercher un exemplaire des *FM* pour Turgan Les dernières feuilles sont actuellement en train d'être brochées[1].

10 XII j 57 – Gustave Bourdin se moque, dans le *Figaro*, d'*Un Hémisphère dans une chevelure*[1].

12 XII s 57 – Le Procureur-Général Chaix d'Est-Ange recommande au Garde des Sceaux la réduction de l'amende de B de 300 à 100 francs[1].

15 XII me 57 – Un billet à ordre de 200 francs de B à Cousinet, signé le 5 novembre, et endossé par Cousinet pour Valentin (sans date), est endossé par Valentin chez Lecuyer et Cie[1].

16 XII me 57 – J. Lindet endosse chez Pechin Gourdin et Cie un billet à ordre de B de 300 francs à P-M , du 9 octobre passé[1].

17 XII j 57 – D'Alençon, B écrit à Ancelle, chez qui il est allé deux fois sans le trouver et l'informe qu'il a fini par prendre de l'argent chez Blanché, à qui Ancelle avait cédé son étude à Neuilly. B dit qu'il se soumettra, à son retour, à une réduction mensuelle de revenus. Ancelle lui a "joué un bon tour avec la voiture"; B l'a longuement attendu avec quelqu'un[1].

18 XII v 57 – Pechin Gourdin et Cie endosse à la Banque de France le billet à ordre du 9 octobre de B à P-M pour 300 francs[1].

[env 20 XII d 57] – B se met brusquement à travailler à sa traduction d'*AGP* pour le *Moniteur*. Toutefois, on fait passer avant *Germain*, d'Edmond About et un second feuilleton[1].

25 XII me 57 – Tombé dans une de ses "affreuses langueurs", B ne peut même pas corriger ses épreuves. Il reproche à sa mère son attitude critique envers les *FM*, mais lui envoie son propre exemplaire sur Hollande; B a donné à Fould celui qu'il destinait à Mme A[1]. B fait des achats chez Maury, bijoutier de la rue d'Aguesseau. Il prend: un collier en ambre fin, trois rangs de grosses perles, une monture en argent doré (250 francs); une paire de boucles d'oreilles en ambre (25 francs); des brisures à crochets (5 francs). B signera une créance pour les payer et en réglera la plus grande partie[2].

26 XII s 57 – Lettre manquante à Mme A[1].

[fin XII 57] – B trouve dans une boutique deux éventails de style empire. L'un d'eux est décoré du tableau de Guérin *Thésée et Hippolyte*. B songe à les offrir à Mme Sabatier mais lorsqu'il revient pour les acheter, il n'y sont plus[1].

27 XII d 57 – Monselet fait allusion aux *FM* dans le *Figaro*[1].

29 XII ma 57 – B reçoit, le matin, une réponse chaleureuse de Mme A à sa lettre du 25 décembre. Il y répond, inquiet de ce que sa mère n'ait pas accusé réception de deux paquets qu'il lui a envoyés[1].

30 XII me 57 – Depuis un mois, B souffre d'un abattement physique et moral quasi total. Il souffre de la colique. C'est, d'après lui, le véritable esprit de spleen. Il pense à trouver, à Honfleur, ou au Havre, un maître d'escrime pour s'exercer ainsi qu'au Havre une maison de bains pour s'y faire traiter. B suggère à sa mère qu'ils essayent "d'être heureux l'un par l'autre". Il raconte avoir trouvé chez un marchand de tableaux une toile de son père. Il soutient que quoique J.-F. Baudelaire ait été un "détestable artiste", ses oeuvres gardent une valeur morale[1]. B dit à P-M avoir reçu sa lettre par Asselineau. P-M ne veut pas accepter un billet à ordre de B envoyé pour couvrir un billet de 500 francs d'E. Mellier, non-payé chez Tenré. B essaye de le faire changer d'avis et lui dit de remettre son billet directement à un banquier. Il croit devoir à P-M 750 ou 800 francs. Rien n'est encore décidé avec Lévy pour une deuxième édition des *FM*. B voudrait toujours faire imprimer ce volume chez P-M et il remplacerait les pièces condamnées par six pièces beaucoup plus belles[2].

31 XII j 57 – B demande à Armand Du Mesnil de l'aider auprès de Gustave Rouland. Il va entreprendre une deuxième démarche au Ministère de l'Instruction Publique, en demandant cette fois-ci 250 francs, dont il a besoin pour le 5 janvier. B veut être introduit par une lettre de recommandation pour préparer cette demande. Il envoie mille amitiés à Fromentin[1]. Les avances consenties par sa mère à B atteindront cette année-là un total de 7.313 francs[2]. Cousinet fait endosser à Valentin aîné un billet à ordre de B pour 200 francs, signé le 5 novembre passé[3].

[fin 57] – B fait le canevas des *Curiosités esthétiques*. Il y prévoit une dédicace à Champfleury, suivie des *Salons* de 1845 et 1846; *Le Musée du Bazar Bonne-Nouvelle; Méthode de critique (1855); Ingres en 1855; Delacroix en 1855; De L'Essence du rire; Quelques Caricaturistes français et étrangers; Morale du joujou; L'Ecole païenne; L'Ecole vertueuse (Les Drames et les romans honnêtes); Le Haschisch et la volonté; Alfred Rethel, Janmot et Chenavard, ou l'idée dans l'Art; L'Intime et le féerique (Angleterre); Musées perdus et musées à créer, lettre esthétique à S.M. Napoléon III*[1].

[fin 57?] – B envoie un mot à Monselet disant que "l'Imbécile De Broise *se repent*" et que lui, B sera très heureux d'obtenir un article de Monselet [sans doute sur les *FM* ou un autre écrit][1].

1858 – P-M et De Broise s'installent dans un entresol au 9, rue des Beaux-Arts[1]. Mme Sabatier envoie à B une lettre le taquinant à propos de son oisiveté et le poussant à achever son "drame"[2]. Date de la caricature, "Baudelaire à la charogne", reprise du *Panthéon Nadar*[3]. Havard publie *Les 365. Annuaire de la littérature et des auteurs contemporains...* d'Emile Chevalet. Ce livre contient une allusion à B[4]. A Madrid, Nicasio Landa publie *Historias extraordinarias* d'Edgar A. Poe avec un prologue "critico-biografico"[5]. Cézanne lit B[6]. Les revenus de B gérés par Ancelle seront de 2100 francs. Ses indemnités littéraires seront de 100 francs[7].

[1857 ou 1858] – Delacroix convoque B pour lui adresser des reproches, à propos de ce qu'il a écrit sur Charlet dans *Quelques Caricaturistes français*[1].

[1857-1858?] – B écrit à Gautier qu'il désire lui dire quelques mots, chez lui ou aux bureaux de *L'Artiste*[1].

I 58 – Dans la *Revue contemporaine*, J.-J. Weiss attaque B au nom de la moralité[1]. Wagner regagne Paris, pour discuter avec Emile Ollivier l'application des clauses de ses contrats allemands s'il venait faire interpréter sa musique en France[2].

3 I d 58 – B écrit à Mme Sabatier qu'il passera cette journée à préparer son départ pour Honfleur; il fera un détour à Alençon. B la prie de l'excuser de ne pouvoir venir chez elle ce soir. Il envoie ses amitiés à Théophile Gautier, à Mosselman et à Flaubert[1].

5 I ma 58 – B doit payer la somme de 250 francs[1]. Valentin endosse pour Lecuyer et Cie un billet à ordre de B pour 200 francs à Cousinet, signé le 5 novembre passé[2]. Dans *Correspondance littéraire* Gustave Masson loue la poésie d'EAP, mais prétend qu'il faut la lire en anglais[3].

7 I j 58 – Le ministre de l'Intérieur refuse d'appuyer la demande de B concernant l'amende à payer pour les *FM*[1].

8 I v 58 – J.-J. Weiss, professeur de littérature à la Faculté d'Aix-en-Provence, demande à un correspondant de bien examiner ce qu'il vient d'écrire sur B ("De la littérature brutale"), pour la *Revue contemporaine*. Il se demande s'il n'a pas été trop vif et s'il n'a pas outrepassé ses droits[1].

[avant le 9 I s 58] – B envoie à Banville ses bons souhaits[1].

9 I s 58 – Banville écrit à B pour lui exprimer à son tour ses meilleurs sentiments. Il fait allusion aux circonstances qui les ont séparés (sans doute sa liaison avec Marie Daubrun)[1].

10 I d 58 – Pierre Dupont salue les *FM* dans *Polichinelle*[1].

[env 10 I d 58] – Mosselmann croit apercevoir B. Son apparence est telle qu'il ne le reconnaît pas. Sachant cela, Mme Sabatier s'inquiète et écrit à B (lettre manquante)[1].

11 I l 58 – Toujours à Paris, B écrit à sa mère pour lui parler de son installation à Honfleur. Sa jambe est enflée. Il prend de l'opium pour supprimer ses douleurs malgré les "recettes pharmaceutiques" conseillées par sa mère. Il révèle à Mme A que les deux poèmes des *FM* la concernant sont: *Je n'ai pas oublié...* et *La Servante au grand coeur...*[1]. A 3h, quand il rentre, il trouve un mot de Mme Sabatier demandant des billets pour le théâtre du Cirque. Il lui répond que Billion, directeur de ce théâtre, n'en donne que très peu à ses comédiens, d'où la difficulté d'en avoir[2]. Il envoie un mot à quelqu'un [Servaux?] de l'Instruction publique, pour lui rappeler leur conversation au sujet d'un octroi de fonds[3].

12 I ma 58 – B remercie Mme Sabatier de ses conseils littéraires, bien qu'il trouve qu'elle ait tort dans le cas présent. Il souffre toujours de la jambe[1].

13 I me 58 – La Division criminelle accepte la recommandation de Chaix d'Est-Ange sur la réduction d'amende de B[1].

14 I j 58 – Date de l'attentat d'Orsini, qui aurait pu inspirer à B l'idée de son morceau: *La Conspiration*[1]. Le directeur des Affaires Criminelles et des Grâces réclame un supplément d'enquête sur la réduction d'amende de B[2].

[seconde quinzaine de I 58] – Wagner vient à Paris pour essayer d'y arranger une représentation de *Tannhäuser*. Logé au 4, rue de Matignon, il fait entendre sa partition à Carvalho, directeur du Théâtre-Lyrique. Wagner ne rencontre aucun écho à ses efforts[1].

[env 15 I v 58] – Sur une feuille de "demande d'indemnités littéraires" on note que B en a déposé une de 500 francs[1].

15 I v 58 – Dernier numéro de la *Revue de Paris*, supprimée par le gouvernement[1]. Dans la *Revue des deux mondes*, Emile Montégut publie "Les Confidences d'un hypochondriaque", portrait censé représenter B[2].

16 I s 58 – A un correspondant du ministère, peut-être Armand Du Mesnil, B demande de soumettre à la signature du ministre sa demande d'argent d'indemnité[1].

18 I l 58 – B reçoit, grâce à Gustave Rouland, une indemnité de 100 francs du Ministère de l'Instruction publique[1]. Il rappelle à sa mère sa lettre du 11 janvier, à laquelle elle n'a pas répondu. B demande si elle est malade ou s'il lui a déplu[2].

[env 19 I ma 58] – B reçoit de sa mère une lettre où elle lui reproche sa froideur, mais dans laquelle elle joint un peu d'argent[1].

20 I me 58 – La jambe de B est guérie. Il remercie sa mère de sa générosité, mais lui demande de s'expliquer en ce qui concerne sa gêne financière. Dans le *Moniteur* du jour, il a lu le décret supprimant la *Revue de Paris* et le *Spectateur*. Il craint que le régime actuel n'instaure une période de répression à l'égard de la presse[1]. B exprime sa sympathie pour Maxime Du Camp, promettant de lui prouver qu'il n'oublie pas les services passés[2]. Mme A répond à la lettre de B du 18[3]. De Royer, Garde des Sceaux, réduit l'amende de B de 300 à 50 francs[4].

21 I j 58 – Mme A reçoit la lettre de B du 20[1].

[env 21 I j 58] – B fait cinq ou six visites chez Jaquotot, notaire, qu'il n'a pas vu depuis vingt ans, pour parler de ses relations financières avec Mme A[1].

22 I v 58 – B écrit à Mme Sabatier qu'il viendra la voir seulement quand il sera joyeux et quand il aura fait des choses importantes[1]. B achète chez Maury, bijoutier de la rue d'Aguesseau, deux boucles d'oreilles agrandies, à un prix de 5 francs. Il signe une créance pour les payer. B réglera la plus grande partie de tout ce qu'il doit à ce marchand[2]. Mme A répond à la lettre de B du 20[3].

25 I l 58 – Le directeur des Affaires Criminelles et des Grâces avise Damas-Hinard que l'amende infligée à B a été réduite à 50 francs[1]. Dans une lettre à J.-J. Weiss, Hippolyte Taine exprime son admiration pour les oeuvres de B et de Flaubert[2].

27 ou 28 I me ou j 58 – Mme A écrit à B une lettre qui lui plaît beaucoup; elle l'attend à Honfleur[1].

28 I j 58 – Lecuyer endosse à la Banque de France, un billet à ordre de B à Cousinet pour 200 francs, signé le 5 novembre passé[1].

30 I d 58 – Dans le *Monde illustré*, Marcelin fait des caricatures, notamment une de B intitulée "Charles Baudelaire respirant un bouquet des *Fleurs du Mal*"[1].

[II 58] - -Mme A écrit à C.-A. Baudelaire pour vanter les beautés des *FM* et des traductions d'EAP par B. Elle prédit la gloire à son fils[1].

[début II 58] – B est obligé de se cacher pendant six jours, de peur d'être arrêté à cause de ses dettes[1]. Au Concert de Paris, Arban fait entendre l'ouverture de *Tannhäuser*[2].

[1 II l 58] – Remise en vente par P-M des *FM*. Elles ont une couverture datée de 1858[1]. Elles contiennent intégralement les pièces condamnées[2].

4 II j 58 – La décision du Garde des Sceaux est annoncée, réduisant à 50 francs l'amende de B[1].

[env 5 II v 58] – B s'entend avec Jaquotot pour que celui-ci le représente auprès d'Ancelle et de sa mère pour toutes ses affaires[1]. Il a eu avec ce notaire des conversations à ce sujet[2].

7 II d 58 – Rentré de Paris, Wagner écrit à Fischer qu'il n'a rien pu faire pour assurer la représentation de *Tannhäuser* dans cette ville[1].

[première quinzaine de II 58] – Pincebourde propose à B l'idée de publier en Belgique une édition complète des *FM*. B consulte P-M, qui trouve que cela nuirait à la vente d'une deuxième édition française de ce livre[1].

[env 17 II me 58] – Lettre manquante. B demande à Delacroix de permettre à P-M de publier ce qu'il a écrit sur l'art[1].

17 II me 58 – Delacroix répond à B que ses propres articles ne sont pas en état d'être publiés, comme le veut P-M. Théophile Silvestre lui a déjà demandé le droit de les publier et a reçu la même réponse. Delacroix remercie encore B de l'envoi des *FM*[1].

[env 18 II j 58] – B fait part à Asselineau du refus de Delacroix de publier quelques-uns de ses articles chez P-M. Asselineau n'attache pas beaucoup d'importance à ce refus. Il pense que P-M ne gagnerait pas grand-chose à les publier[1].

19 II v 58 – L'après-midi, alors qu'il est en train de corriger la cinquième feuille d'*AGP*. B écrit à sa mère. Il se plaint d'être obligé de se remettre à travailler aux *FM*. Mme A s'est forgé une meilleure idée de ce livre. B est allé se plaindre au minstre d'Etat d'un article de Weiss sur lui dans la *Revue contemporaine* du mois dernier; puis il a emprunté à cette même revue de l'argent sur le paiement futur du *Haschisch*, un écrit toujours inachevé. B termine cette lettre à 4h30[1]. B envoie

une demande d'argent urgente à P-M; c'est la date-limite pour échapper à ce qu'il qualifie de "drame". Il y joint un reçu de 350 francs. B avise son éditeur que Delacroix ne veut pas remanier ses notes. B a lu les *Lettres d'Italie* de De Brosses, mais ne les a pas aimées. Il rejettera la suggestion de Pincebourde de faire une deuxième édition (belge) des *FM* si P-M s'y oppose[2].

[env 19 II v 58] – Ayant traité avec Alphonse de Calonne pour le *Haschisch*, B envoie à ce publiciste une note contenant la liste des écrits qu'il pourrait fournir à la *Revue contemporaine*. A part le premier, il propose un article sur les peintres "philosophes" (Janmot, Chenavard, A. Rethel), deux sur des musées "disparus" et "à créer" ainsi qu'une analyse minutieuse d'*Eureka*. B n'a pas encore reçu le livre du Dr Moreau, *Du Haschisch et de l'aliénation mentale*, publié en 1845[1].

20 II s 58 – B déclare à Jaquotot qu'il ressent plus fortement ses responsabilités envers sa mère. Il voudrait toucher toute une année de rentes et aller vivre à Honfleur auprès d'elle, après avoir payé ses dettes pressantes. P-M et la *Revue contemporaine* lui fourniront de l'argent supplémentaire, pense-t-il[1].

[peu après le 20 II s 58] – Ancelle conseille à Mme A Jaquotot pour remettre à B les 2500 francs qu'il demande[1].

21 II d 58 – Bien que P-M accepte l'idée d'une édition belge des *FM*, B ne le fera pas, croyant que ce serait une sottise. Il accueille avec reconnaissance les regrets de P-M de ne pouvoir envoyer l'argent qu'il lui a demandé[1]. Jaquotot envoie chez Mme A la lettre que B lui a écrite hier[2].

[env 22 II s 58] – B envoie à un de ses créanciers 40 francs sur les 70 qu'il lui doit. Cet homme lui renvoie un reçu pour la somme totale[1].

[22-23 II l-ma 58] – Doutant du succès de sa tentative auprès de sa mère pour obtenir l'argent, B cherche à en avoir par emprunt usuraire. On lui demande 800 francs par an sur un emprunt de 2500[1].

23 II ma 58 – Mme A écrit à B pour lui proposer de s'entendre avec Ancelle à propos de l'emprunt de 2500 francs[1]. Ce même jour, B reçoit de Mme A une lettre où elle lui propose de mettre au courant Ancelle quant à sa demande d'argent[2].

24 II me 58 – B reçoit de sa mùne lettre qui lui cause une telle joie qu'il est incapable d'y répondre pendant deux jours[1].

[env 23 II ma 58] – Mme A décide de ne pas suivre les conseils d'Ancelle, proposant Jaquotot comme intermédiaire. Elle désire qu'Ancelle le fasse lui-même, sans dire à B qu'il s'agit de son argent. Ainsi B sera reconnaissant à Ancelle. Il pensera que le notaire aura obtenu de Mme A un don de son propre argent. Elle demande à Jaquotot de s'entendre à ce sujet avec Ancelle[1].

25 II j 58 – B va remercier Jaquotot d'avoir arrangé l'affaire de telle façon, croit-il, qu'Ancelle et Mme A vont maintenant lui donner les 2500 francs qu'il désire[1]. Ancelle se rend à l'hôtel Voltaire; il déclare à Denneval, le propriétaire, que B ne paiera pas sa note. Ancelle lui révèle qu'il avait lui-même donné 500 francs au poète pour le faire. Il prie Denneval de ne rien dire à B de cette visite, et essaye de savoir par l'hôtelier si B reçoit des femmes, s'il rentre tard, etc[2]. Denneval avait déjà accepté que B lui donne 800 francs, le reste de la somme devant être payée le plus tard possible[3].

26 II v 58 – B s'étonne auprès d'un créancier d'avoir reçu un acquit de 70 francs alors qu'initialement le montant était de 40 francs. Il promet de lui apporter le solde dans le courant de la semaine[1]. A un créancier qui le fait poursuivre [peut-être Cousinet], B explique qu'il est pris à l'improviste, qu'il y a quelques jours il a été saisi et qu'il est actuellement sous le coup d'une contrainte par corps. B demande à cette personne de prier M. Labitte de suspendre les poursuites pendant au moins deux mois[2]. Ayant reçu l'approbation de sa mère en ce qui concerne la possibilité de toucher dès maintenant l'ensemble de son revenu annuel, B écrit à l'usurier qu'il avait consulté pour l'informer qu'il n'aura pas besoin de ses services. Le soir B annonce à sa mère qu'il a besoin de 3000 francs et qu'à Honfleur, Ancelle lui enverra 50 francs par mois jusqu'à expiration de la dette. A Paris, c'est Me Marin qui se chargera des affaires de B et non plus Ancelle[3].

27 II s 58 – Le matin, B reçoit de sa mère un mot lui refusant l'argent qu'il attendait. Elle lui fait savoir qu'Ancelle viendra lui donner des fonds. Il veut toujours aller à Honfleur, car il espère changer la décision de Mme A et en même temps annuler leur contrat avec Ancelle. Aussi ne veut-il pas accepter l'argent apporté par ce notaire[1]. Vers midi il apprend la visite d'Ancelle à son propriétaire Denneval. Il s'empresse d'informer sa mère, sous la dictée de Denneval, de la démarche du notaire. A 2h30, B, toujours sur la même lettre et toujours sous la dictée de Denneval, fait part à Mme A de sa résolution d'aller souffleter Ancelle chez lui; cet après-midi, devant ses "femmes" et ses enfants[2]. A 4h, il fait savoir à sa mère que, sur les prières de Denneval, il a consenti à ne pas aller à Neuilly et qu'il attendra pour prendre sa revanche. Cependant, il veut des excuses et exige d'Ancelle une "réparation éclatante"[3]. A 5h, B écrit à Mme A pour dire qu'il est navré de l'avoir chagrinée et qu'il cherche des témoins dans le cas où l'affaire avec Ancelle aboutirait à un duel[4]. Ensuite, il raconte à Mme A qu'Ancelle lui avait donné, cachetée, une lettre de recommandation il y a quelques mois. B l'a ouverte, l'a lue et l'a renvoyée, disant à Ancelle que l'usage était de donner des lettres non

cachetées. La lettre d'Ancelle déconseillait ce que B voulait de son destinataire[5]. Dans une dernière lettre B explique à sa mère la séquence de ses missives pendant cette journée. Il a déjà demandé conseil à deux personnes et a décidé de ne pas provoquer Ancelle. Toutefois, il lui fera part de ce qu'il pense de sa conduite. B juge Ancelle déloyal, indélicat et sans honneur. Il tient à obtenir des excuses[6]. La journée finit pour B par une fièvre et une névralgie qui dureront toute la nuit[7]. Mme A répond à Jaquotot au sujet de B[8].

28 II d 58 – B dit à sa mère qu'il se croit innocent dans sa querelle qui l'oppose à Ancelle. Il ne veut plus demander d'argent au notaire; il en trouvera ailleurs. Ancelle est allé voir Chaix d'Est-Ange, dit B, "seulement pour faire connaissance"[1]. Vers cette date, B défend à son concierge de laisser monter Ancelle chez lui. Jaquotot qui vient pour le voir, est pris pour l'autre notaire; on ne lui permet pas de monter[2]. Mme A répond à la lettre de B du 26[3].

1 III l 58 – Mme A écrit à B. Elle l'accuse de la tenir coupable dans l'affaire d'Ancelle. Elle a écrit à ce dernier[1].

2 III ma 58 – Lettre manquante à Mme A. B analyse avec Jaquotot la liste de ses dettes; pour les payer, il compte avoir 3900 francs, dont 3000 de Mme A et 900 d'une autre source[1].

[env 2 III ma 58] – Mme A fait savoir à B qu'elle craint qu'on vienne chez elle saisir de ses effets à elle, pour payer les dettes de son fils[1].

3 III me 58 – Craignant qu'un rendez-vous avec Jaquotot ne soit un piège pour le faire parler à Ancelle, B envoie à l'avance un commissionnaire pour voir. Chez Jaquotot, un arrangement est conclu entre eux: il acceptera Jaquotot comme notaire et se soumettra à une sorte de surveillance de la part de ce dernier. B envoie à Mme A un reçu pour 3000 francs[1]. Jaquotot écrit à Mme A. Il explique que B est plus calme, maintenant, au sujet d'Ancelle mais qu'il tient à ne plus avoir de rapports avec lui, à cause de l'incident avec Denneval. A ce dernier il doit 2000 francs, dont 800 sont pour des objets d'art en souffrance à l'hôtel ainsi que pour ses effets; il lui faudra payer cette dernière somme pour les emporter. B dit pouvoir obtenir un délai suffisant pour payer les 200 francs de dettes qu'il a ailleurs[2]. Valentin endosse à Lecuyer et Cie un billet à ordre pour 200 francs de B à Cousinet, signé le 5 novembre passé[3].

4 III j 58 – Dans une lettre à sa mère, B se réjouit d'être débarrassé d'Ancelle. Il a reçu de lui une lettre qu'il décrit comme pleine de réticences et d'embarras. A midi il va chez Jaquotot mais le notaire n'est pas chez lui[1].

5 III v [58] – Le matin, B apprend à sa mère qu'il ne se mêle pas à l'affaire Ancelle-Jaquotot, qu'il a ménagé Ancelle en lui donnant de fausses raisons pour son changement de notaire. B est en train de corriger ses épreuves, pour apaiser l'imprimeur; il a reçu des lettres de Lévy qu'il qualifie d'"insolentes". Il déclare que depuis quatorze mois il tient le journal de ses dépenses[1]. B va chez Jaquotot à midi. En sortant, il écrit à Mme A que, d'après ce notaire, il a au moins 30.000 francs de dettes. B croit être la victime de la stupidité d'Ancelle[2].

6 III s 58 – Au lieu d'emprunter à Mme A ou à Ancelle, B propose maintenant de vendre un titre de rente pour obtenir ses 3000 francs. Il ne permettra pas à Jaquotot de demander à Ancelle l'autorisation de le faire. B écrit à sa mère de chez Jaquotot. Elle lui répond le même jour[1].

7 III d 58 – Le matin, B reçoit 700 francs de P-M. Avec cet argent, il doit retirer un titre de P-M pour lequel son éditeur et lui pourraient être poursuivis. Il doit payer les frais de leur procès du mois d'août passé. B s'empare momentanément de l'argent et l'utilise pour des besoins personnels. Il demande la somme à Ancelle; il en a maintenant grand besoin. B reçoit de Mme A sa lettre du 6 mars, juste avant de lui écrire[1] Il écrit à P-M pour dire qu'il lui a envoyé trois billets de 350 francs chacun, dont deux seulement ont été employés, qu'il a donc donné 700 francs à son ami et qu'il en reste 350 à toucher. P-M doit encore 250 francs à B pour les ouvrages de ce dernier qu'il a publiés. Au total, P-M lui doit donc 600 francs. Quoique P-M lui ait permis de traiter pour une édition belge des *FM*, B l'informe qu'il ne fera rien sans le consulter[2].

8 III l 58 – B écrit à Ancelle une lettre "convenable" et les deux hommes se réconcilient[1]. Il annonce à sa mère que ses dettes les plus urgentes sont réglées. B a été chez Ancelle, puis chez un agent de change, après quoi il est rentré à Neuilly pour y ramener Ancelle et pour signer le titre. Tout de suite après, Ancelle et lui sont entrés dans le Café de Foy, où ils ont trouvé Michel Lévy. Ancelle tenait à parler à Lévy mais, au lieu de le présenter à l'éditeur, B a pris son chapeau et s'est enfui[2].

9 III ma 58 – B écrit à sa mère pour décrire sa réconciliation avec Ancelle. Il se fait faire des habits[1]. Lecuyer endosse à la Banque de France un billet à ordre de B à Cousinet pour 200 francs, signé le 5 novembre passé[2].

10 III me 58 – Jaquotot doit recevoir 700 francs pour retirer le titre de P-M et pour payer les frais du procès des *FM*[1].

11 III j 58 – B accompagne Ancelle au bureau de transferts pour arranger la vente d'un titre de rente de 3000 francs. Ancelle remet l'argent ainsi que le bordereau à

Jaquotot[1].

13 III s 58 – Le baron de Lacrosse prononce, devant le Sénat, un *Eloge de M. le général Aupick*[1]. Exécution d'Orsini[2].

[env 13 III j 58] – Lahure publie l'*Eloge du général Aupick*, prononcé par le baron de Lacrosse[1].

19 III v 58 – B fait savoir à Mme A que, mis à part le travail, ses affaires vont bien. Il part pour Corbeil, où depuis une semaine, l'éditeur l'attend pour finir la préparation d'*AGP*[1].

[env 20 III s 58] – B se fixe à Corbeil pour surveiller l'impression d'*AGP*[1]. Pendant qu'il y est, il reçoit de Paris une lettre qui l'oblige à écrire à Jaquotot. Il prie le notaire (lettre manquante) de s'occuper d'une affaire pour lui, à Paris[2].

27 III d 58 – Dans le *Journal inutile*, une caricature de Durandeau, parue le 25 juillet 1857 sous un titre différent, est publiée à nouveau, transformée en satire contre B[1].

I IV j 58 – A Corbeil, B annonce à Mme A que tout son travail sera fini dans un ou deux jours. Il n'est pas satisfait de son dernier ouvrage. La vie errante, sans domicile lui déplaît; il trouve désagréable le milieu où il vit en ce moment[1]. Dans le *Figaro*, Edmond Duranty soutient que B est un poète malade, mais avoue aimer *Le Beau Navire*[2].

6 IV ma 58 – De retour de Corbeil, B se met immédiatement à travailler sur les *PA*[1].

9 IV v 58 – B a 37 ans[1].

[vers le 10 IV s 58] -B reçoit une visite de Jaquotot, envoyé par Mme A pour le convaincre de déposer sa carte chez Emon. B trouve cette action inutile, fait savoir à sa mère qu'il se considère comme parfaitement capable de se conduire convenablement avec ce monsieur[1].

12 IV l 58 – B va au Ministère de l'Intérieur où il discute la question de la saisie des 270 exemplaires des *FM*; il n'obtient pas satisfaction[1].

13 IV ma 58 – B, qui travaille aux *PA*, voudrait les terminer avant l'arrivée de P-M. Ils auraient à arranger une délégation, ce qui lui procurera l'argent pour aller à Honfleur. *AGP* est au brochage. B demande à P-M s'il a obtenu une réduction de

leur amende après le procès[1]. On enregistre, au Ministère de l'Intérieur, un reçu de P-M et De Broise pour la somme de 130 francs[2].

[env 13 IV ma 58] – B envoie à Ancelle un exemplaire dédicacé d'*AGP*: "A mon ami N. Ancelle"[1]. Charles Monselet reçoit le même volume dédicacé "A mon ami Ch. Monselet"[2]. P-M le reçoit avec envoi d'auteur[3].

25 IV d 58 – B passe au moins une partie de la journée avec Mme Sabatier[1].

26 IV l 58 – B signe à Cousinet un billet à ordre de 500 francs, valeur reçue en marchandises; il est payable le 15 août prochain[1].

29 IV j 58 – Jean Rousseau fait allusion dans le *Figaro* au mot *guignon*, en citant B, qui emploie cette expression dans son essai sur EAP[1].

V 58 – Dans la *Revue française*, Asselineau publie un article favorable à la traduction d'*AGP* de B[1]. *L'Assassinat du Pont-Rouge* de Ch. Barbara est adapté à la scène par Ch. Delys et joué au théâtre de la Gaieté[2].

1 V s 58 – En sortant de chez Mme Sabatier B monte en voiture en compagnie de Mme Nieri, une amie de la Présidente. Quand elle descend, elle paie elle-même le cocher, prenant de cours B[1].

2 V d 58 – B envoie *AGP* à Mme Sabatier, en lui disant"... je vous embrasse comme un très ancien camarade que j'aimerai toujours "[1].

[4 V ma 58] – Barbey d'Aurevilly écrit à 6h du matin pour lui demander de lui prêter les *HE*. Il en a besoin pour un article qui paraîtra prochainement: "Le Roi des Bohêmes"[1].

7 V v 58 – Mme A écrit à C.-A. Baudelaire une lettre reconnaissant à son fils "un talent incontestable". Elle déclare que les *FM* ont de grandes beautés[1].

[env 10 V l 58] – B envoie des livres anglais à Mme A[1].

[12 ou 13 V me ou j 58] – B écrit à Barbey d'Aurevilly pour protester contre le titre de l'article sur EAP: "Le Roi des Bohêmes"[1].

13 V j 58 -Mise en vente, par Michel Lévy, des *AGP*. En réponse aux reproches de sa mère sur son absence d'Honfleur, B déclare qu'il a dû rester à Paris pour discuter avec le *Moniteur* de la publication des *PA*. Il veut 1000 francs, mais le journal les lui refuse, trouvant l'ouvrage bizarre. B reçoit aussi beaucoup de visites de gens

de la *Revue contemporaine*; on veut de lui un article pour lequel il a déjà été payé. Il a essayé sans succès de voir Mérimée. Celui-ci est en voyage, mais revient ce jour même[1]. Cette lettre n'est pas signée. Elle est sans doute incomplète[2].

14 V v 58 – B, qui a un besoin immédiat d'argent, écrit à P-M pour lui en demander. Il semble avoir escompté un billet à ordre d'Etienne Mellier chez Tenré. Mellier n'honore pas son billet et B doit se tirer d'affaire comme il peut. Il traverse "une crise de froid, de tristesse et de coliques". B offre à P-M des lettres autographes de Delacroix, de Sainte-Beuve, de Custine et de George Sand; la lettre de cette dernière est "cruellement annotée". Il lui a envoyé *AGP* mais ne sait pas si son éditeur l'a reçu. B se demande toujours ce qui se passe à Alençon à propos des 270 exemplaires des *FM* qui y ont été saisis[1]. Barbey d'Aurevilly écrit à B une lettre défendant son article "Le Roi des Bohêmes[...]", sur EAP, à paraître dans le *Réveil*[2].

15 V l 58 – "Le Roi des Bohêmes", étude sur EAP de Barbey d'Aurevilly, paraît dans le *Réveil*. L'auteur reproche à B d'avoir fait de la mort d'EAP "une imprécation contre l'Amérique toute entière". Il se déclare opposé à l'idée de la valeur primordiale de la création artistique. Dans le même journal, Louis Veuillot publie un article: "La Poésie à l'heure qu'il est", où il fait allusion aux *FM*, disant qu'elles sont les *Contes d'Espagne et d'Italie* de l'époque actuelle. Il suggère ainsi qu'elles ont comme but de combattre le classicisme moderne. Veuillot y discerne une décadence par rapport à l'ère romantique[1].

[env 15 V v 58] – B annote, d'une manière peu bienveillante, les articles de Veuillot et de Barbey d'Aurevilly parus au *Réveil*[1].

16 V d 58 – B demande à P-M le billet à ordre demandé dans la lettre du 14 mai. Au lieu de l'envoyer, P-M semble attendre une avance, peut-être sur les *PA*. B veut connaître le résultat du procès à Alençon au sujet des exemplaires saisis des *FM*. Il dit qu'on s'arrangera pour le contrat après la publication des *CE*, ouvrage dont il pense livrer le manuscrit le 15 juin[1]. Il écrit à un destinataire anonyme de se débarrasser tout de suite de sa cuisinière; B n'en donne pas les raisons. La mère du destinataire lui demande de trouver une autre cuisinière par l'entremise de son hôtel[2].

18 V ma 58 – B écrit à Sainte-Beuve qu'il viendra le voir cet après-midi-là après 4h. Il sait que le critique remplit ses "fonctions" ce jour-là mais espère qu'il sera libre après 4h[1].

19 V me 58 – B demande à P-M un billet de 600 francs payable à Honfleur. Un récent incident le porte à croire que les *CE* se vendront bien. Il est obligé

d'abandonner "l'*Opium*" au profit du *Haschisch* pour quelques jours. Cependant il compte terminer "l'*Opium*" à la fin du mois[1].

21 V v 58 – B va voir M. Améro [peut-être de la *Revue contemporaine*] pour lui faire part du retard du "*Haschisch*" et pour lui dire qu'il n'est pas encore prêt à être imprimé. Il promet de le remettre quinze jours à l'avance[1].

26 V me 58 – Calonne, qui n'a pas reçu l'article promis pour la *Revue contemporaine*, écrit à B une lettre indignée[1].

27 V j 58 – B s'excuse auprès de Calonne du retard de son article, l'attribuant à un malentendu dont il est "désolé"[1].

28 V v 58 – Lecuyer endosse à Baudrier, banquier, un billet à ordre de B à Cousinet pour 200 francs, signé le 5 novembre passé. Ce billet reste impayé, un protêt sera dressé[1].

29 V s 58 – Les *Mémoires de Lauzun*, ouvrage imprimé par P-M, sont saisis pour outrage à la morale et aux bonnes moeurs[1].

6 VI d 58 – Jean Rousseau, dans le *Figaro*, accuse B d'attaquer le Romantisme[1].

7 VI l 58 – Leclerc, huissier, dresse un protêt contre un billet à ordre de 200 francs, impayé, de B, à la demande de Baudrier. Cela fait passer le montant de la dette de B à 206,85 francs[1].

9 VI me 58 – B avertit sa mère qu'on viendra chez elle à Honfleur réclamer 600 francs. Elle doit ou renvoyer l'homme à Paris ou lui dire d'attendre que B lui envoie l'argent dans cette ville. La santé de B est mauvaise; il fait très chaud à Paris; il se croit brouillé avec la direction de la *Revue européenne*, en raison du contrat qu'il doit conclure prochainement avec la *Revue contemporaine*. Ce contrat comprendra douze feuilletons par an, au prix de 3000 francs. B se plaint des attaques parues contre lui-même et contre EAP. Il promet de se réconcilier, s'il le faut, avec Emon[1]. B écrit à Villemessant, directeur du *Figaro*, une lettre ouverte. Il se dit reconnaissant envers les maîtres de l'Ecole Romantique. Il se défend des sentiments de mépris qu'on lui attribue à l'égard du Victor Hugo des *Contemplations*[2].

10 VI j 58 – A Honfleur, on réclame 600 francs à B[1].

11 VI v 58 – La dette de B semble avoir été payée à Honfleur par Mme A. B proteste, disant qu'elle n'a pas compris ses instructions. Il est inquiet de ce qu'elle

dit d'Emon, avec qui il veut maintenant éviter tout contact[1]. B prétexte son état maladif pour expliquer à Calonne les raisons du retard de son article. Il prend Babou à témoin de sa mauvaise santé[2].

12 VI s 58 – La publication d'*AGP* est annoncée à la *BF*[1].

13 VI d 58 – Jean Rousseau lance une nouvelle attaque contre B dans le *Figaro*. On y imprime en même temps la lettre de B du 9 juin[1].

14 VI l 58 – Publication de l'article de Sainte-Beuve sur *Fanny*. B lit cet article sur Feydeau; il en arrive à souhaiter un écrit comparable sur lui ou sur EAP. Il déclare à Sainte-Beuve qu'il l'aime encore plus qu'il n'aime ses livres[1]. B écrit à Feydeau qu'il a lu et relu *Fanny*; il est enthousiasmé et a pris dix pages de notes, en analysant le livre[2].

15 VI ma 58 – A la lettre de B, Feydeau répond qu'ils doivent tenir tête aux hypocrites, qu'il faut reserrer les rangs[1].

20 VI s 58 – B écrit ou à Cousinet ou à Me Charles Levaux, demandant à faire un règlement avec Cousinet[1].

2 VII v 52 – B dit à Ancelle que, le mois dernier, leurs comptes étaient réglés. Il demande si toutefois il a dépassé de plus de 2818 francs son revenu actuel, depuis juillet 1857[1].

3 VII s 58 – B demande à Calonne de lui procurer un permis de sortir des livres des bibliothèques. Il cherche *L'Histoire des assassins* de J. de Hammer. Il pense qu'il ira le lendemain porter son article à Calonne[1].

4 VII d 58 – B voit Ancelle[1].

[5 VII l 58] – Dans un fragment de lettre à Asselineau, B souhaite que le dérangement qu'il cause à son ami serve au moins à quelque chose[1].

7 VII me 58 – Procès contre P-M, éditeur des *Mémoires de Lauzun*, Ce livre bénéficie d'un non-lieu et sa vente se poursuit librement[1].

9 VII j 58 – Le *Figaro* offre en prime 270 portraits-charges, dont celui de B. Ils formeront le *Panthéon Nadar*[1].

10 VII s 58 – Le *Journal amusant* publie une gravure de Darjou, d'après un dessin de Nadar, où un père indigné s'emporte de ce que sa fille ait entre les mains un

exemplaire des *FM* [1].

13 [VII] d 58 – B n'accepte pas les excuses de Mme A et dit que c'est lui qui doit se faire pardonner. Il a eu des soucis d'argent, mais il s'en tirera sans rien emprunter, et ne veut pas qu'elle demande de l'argent aux Jaquotot. B avoue que son article a été retardé parce qu'il voulait le remanier[1].

15 VII j 58 – Durandeau publie dans le *Journal inutile* une caricature ("Oh! C'est beau, de l'air!") qui, plus tard, deviendra *Les Nuits de M. Baudelaire*[1].

[env 26 VII ma 58] – B annote les épreuves de la préface de *La Double Vie* de Charles Asselineau[1].

27 VII me 58 – La *BF* enregistre la publication des *Confidences d'un hypochondriaque*, d'Emile Montégut[1]. Cet ouvrage dresse le portrait d'un être qui s'ennuie. Ce pourrait être B[2].

VIII 58 – La *Revue suisse* critique les *FM*[1]. Le catalogue de P-M et De Broise indique que l'édition des *FM* est épuisée[2].

[VIII 58] – Isidore Salles, au ministère de l'Intérieur, accueille favorablement la demande d'indemnité littéraire de B de 400 francs[1].

14 VIII s 58 – B demande une audience à Sainte-Beuve[1].

15 VIII d 58 – Dans la *Revue contemporaine*, Hervé publie une note sur *AGP*[1]. Echéance d'un billet à ordre de B à Cousinet pour 500 francs[2].

16 VIII l 58 – B donne à Cousinet une délégation sur le prix de ses articles à la *Revue contemporaine*[1].

[env 17 VIII ma 58] – B a avec Edouard Gardet une conversation à propos des peintures françaises de l'Ermitage, à Pétersbourg[1].

17 VIII ma 58 – B promet le reste du "*Haschisch*" à Calonne pour le lendemain ou surlendemain. Il recommande à l'éditeur Edouard Gardet, un de ses bons amis, qui a été élève à l'Ecole des Chartes et qui revient de Pétersbourg. B vient de lire la note d'Hervé sur *AGP* à la *Revue contemporaine*; il l'approuve[1].

20 VIII v 58 – Paul Boiteau prétend que la *Philosophie du Salon de 1857*, de Castagnary, est supérieure au *Salon de 1846* de B. Cette opinion paraît dans la *Revue française*[1].

22 VIII d 58 – B demande à sa mère de lui écrire, car il est inquiet à son sujet. Il dit ne pas avoir reçu la "décoration", mais en être bien content, vues les dernières nominations[1].

[env 23 VIII l 58] – Mme A répond à la lettre du 22 (lettre manquante)[1].

28 VIII s 58 – Date de la forme finale de la préface de *La Double Vie* de Charles Asselineau. Avec Banville, Leconte de Lisle et Philoxène Boyer, B est désigné comme l'un des poètes importants de sa génération[1].

[1 ou 8 IX me 58?] -B annonce à Ducessois qu'il sera au bureau de l'*Artiste* le soir à 6h. Il veut l'adresse de son demi-frère[1].

1 IX me 58 – Dans *La Epoca* (Madrid), Pedro Alarcon publie un article sur EAP[1].

2 IX j 58 – B envoie à de Calonne de la copie du "*Haschisch*", en le priant de la lire. Comme c'est la première fois qu'il travaille pour de Calonne, il désire connaître les impressions du publiciste sur son travail[1].

8 IX me 58 – B écrit à de Calonne qu'il espère finir le "*Haschisch*" ce soir-là. Il a beaucoup ajouté et remanié. La nouvelle partie commence à la page 35. B explique que le mauvais temps l'a empêché de lui envoyer le manuscrit le matin[1].

10 IX v 58 – Le catalogue de la librairie Poulet-Malassis et De Broise annonce pour cette date la publication de *La Double Vie* d'Asselineau[1].

18 IX s 58 – La *BF* enregistre la publication de *La Double Vie* d'Asselineau, chez P-M et De Broise et de *La Foire aux artistes*, d'Aurélien Scholl chez les mêmes éditeurs, où B est cité comme l'un des habitués du Divan Lepeletier[1]

19 IX d 58 – *Duellum* paraît dans l'*Artiste*[1].

20 IX l 58 – B écrit à Asselineau que de Calonne veut un article critique ou une nouvelle d'Hippolyte Babou. S'il n'accède pas à la demande de Calonne, Babou risque d'être délaissé par la *Revue française*[1].

26 IX d 58 – L'*Artiste* publie à nouveau "Quelques Caricaturistes étrangers". Le texte paru dans le *Présent* le 15 octobre 1857 est sensiblement différent de celui-ci[1].

29 IX me 58 – B écrit à Paul Mantz, critique d'art et secrétaire de la rédaction à l'*Artiste*, qu'il est pris pour cinq jours par son travail à la *Revue contemporaine*. Il n'a fini qu'une moitié de l'article sur Gautier mais il le terminera le mardi prochain.

B tient à écrire l'article sur *La Double Vie* d'Asselineau, et dit que la deuxième partie des "*Caricaturistes*" est encore à l'imprimerie. D'après lui, c'est la partie la plus amusante[1].

30 IX v 58 – *De l'Idéal artificiel – Le Haschisch* paraît dans la *Revue contemporaine*[1].

X 58 – Ernest Hello fait allusion à B et à EAP, dans son article: "Du Genre fantastique", dans la *Revue française*[1].

[X-XI 58] – Théophile Gautier part pour la Russie[1].

1 X v 58 – La *Gazette des Tribunaux* publie l'histoire de la guérisseuse, Alina Deldir, la "Sultane". Il s'agit d'un projet de roman de B qu'il aurait intitulé *La Foire aux décorations*[1].

4 X l 58 – B informe de Calonne qu'il n'est pas sûr d'avoir fini le soir la copie d'*Un Mangeur d'opium*. Il est certain de pouvoir remplir trois feuilles, mais de Calonne n'en veut que deux. B ne veut pas en faire deux parties, car il s'agit d'un seul ouvrage. Il voudrait savoir, au cas où il livrerait l'écrit pour le 6, s'il serait publié le 15. B pense qu'il est gêné dans son expression littéraire par les idées de Calonne sur les convenances, leur attibuant le manque de vigueur de ce morceau. Il rappelle à de Calonne qu'il a demandé une avance d'argent pour pouvoir emménager [rue Beautreillis, avec Jeanne][1].

[5 X ma 58] – B voit de Calonne, le matin, de bonne heure[1].

12 X ma 58 – B signe un contrat avec la *Revue contemporaine*, s'engageant à livrer douze feuilletons par an[1].

19 X ma 58 – B écrit à Mme A pour lui annoncer qu'il part le lendemain pour le Havre[1].

21 X j 58 – Dans *Chronique parisienne*, on compare un fait divers ("Le drame de Bolzano") au conte d'EAP: *Sur Le Cas de M. Valdémar* [*sic*][1].

23 X s 58 – B a envoyé un premier paquet de livres à sa mère. Il attend l'envoi chez lui de 300 francs avant le 31 octobre. B annonce qu'il quittera son logement après cette date et qu'il couchera chez des amis. Chez Castel, il a trouvé un billet acquitté. Il l'envoie à sa mère[1].

24 X d 58 – L'*Artiste* publie la première partie de "Quelques Caricaturistes

français", dont un extrait est déjà paru dans le *Présent* du 1er octobre 1857[1].

27 X me 58 – B a reçu 300 francs de Mme A et s'en dit affligé. Il lui dit de ne pas adresser son courrier rue Beautreillis avant le 31 octobre. Il lui envoie le reçu de Blanché[1].

[env 28 X j 58] – Mme A répond (lettre manquante) à la lettre du 27[1].

29 X v 58 – B, émerveillé des soins déployés pour lui par Mme A, la dissuade de son intention de lui fournir une soupape. Cette moderne invention est censée dégager une chambre de la fumée. B envisagerait de ne fumer qu'au jardin, et aux repas. Il prépare une nouvelle caisse destinée à être envoyée à Honfleur[1].

31 X d 58 – Au lieu de déménager, B reste à l'hôtel, louant sa chambre à la journée. Il détaille à sa mère le contenu de ses envois à Honfleur. B a de plus en plus de difficulté à se servir de sa main droite, bien que cette infirmité graduelle ne lui cause aucune souffrance[1]. La deuxième partie de "Quelques Caricaturistes français" paraît dans l'*Artiste*[2]. Dans le *Gaulois*, on se demande si le pseudonyme: Jacques Reynaud n'appartiendrait pas à B. Celui-ci y est nommé avec une cinquantaine d'autres personnes soupçonnées de porter ce pseudonyme[3].

[env 1 XI l 58] – B prie P-M de ne pas perdre le projet de dessin pour le portrait d'EAP; il l'a fait lui-même pour guider l'artiste [Manet] qui doit faire ce frontispice pour une plaquette de ses oeuvres sur EAP. B a envoyé des autographes de choix à P-M, ainsi que certains qui n'ont qu'une portée *cocasse*[1].

[XI 58] – Manet exécute à la demande de B un portrait d'EAP. Ce portrait devra paraître éventuellement comme frontispice d'une édition des oeuvres de l'auteur américain. L'artiste le grave lui-même, peu après[1].

1 XI l 58 – Un article anonyme de la *Revue anecdotique* note que B et Flaubert ne sont pas mentionnés dans le *Dictionnaire des contemporains* de Vapereau[1].

2 XI ma 58 – Le soir, B voit Sainte-Beuve. Ce dernier lui fait part de son désir de publier quelques-unes de ses oeuvres chez P-M[1].

3 XI me 58 – B écrit à P-M, lui promettant de lui donner assez d'argent pour tenir tête à la femme de Cousinet et à l'huissier. Il se remet à travailler sur "L'Opium". Il voudrait que P-M remette à un de ses amis les "images allemandes" [de Rethel] et parle d'une "traduction littérale"[1].

4 XI j 58 – La Saint-Charles/Sainte-Caroline[1].

[env 5 XI v 58] – B envoie *Le Possédé* à P-M, voulant absolument que son éditeur le fasse imprimer dans son journal. Il commence à croire qu'il fera vingt poèmes au lieu des six attendus[1].

[entre le 5 et le 10 XI v-me 58] – B s'absente de son quartier pour quelques jours[1].

6 XI s 58 – La *BF* enregistre le troisième tirage des *HE*[1].

10 XI me 58 – B apprend à de Calonne qu'il a commencé son article sur les peintres et qu'il projette une étude sur Janmot. Les *PPP* sont commencés. B se qualifie de "catholique incorrigible" et dit que sa poésie est d'une "impersonnalité volontaire"[1]. A minuit, B revient chez lui après une absence de quelques jours; il trouve une lettre de P-M ayant trait au *Possédé*. P-M émet des réserves à propos de certaines "obscénités" et pense qu'il ne serait pas convenable de le publier dans *Le Journal d'Alençon*[2].

11 XI j 58 – B fait savoir à P-M qu'il comprend mal son interprétation du *Possédé*. Il juge offensantes les observations de l'éditeur. Cependant, il ne lui garde pas rancune, car il est habitué aux critiques de P-M vis à vis de ses amis[1].

12 XI v 58 – B reçoit de P-M une lettre l'assurant de son amitié[1].

13 XI s 58 – B remercie P-M de ses marques d'amitiés. Il lui conseille la lecture de *L'Ensorcelée* de Barbey d'Aurevilly, qu'il a relu récemment[1].

15 XI s 58 – Le *Journal des débats* publie un article de Taine mentionnant favorablement EAP[1].

17 XI me 58 – B prévient sa mère qu'il lui a envoyé *L'Ensorcelée*, de Barbey d'Aurevilly[1].

[18?] XI s 58 – B explique à sa mère ce qu'il a à faire avant de partir s'installer chez elle à Honfleur : quatre jours à Paris de visites et d'affaires littéraires; deux jours pour un voyage aller-retour à Alençon; un jour à Paris pour faire préparer l'envoi de trois caisses nouvelles; un jour au Havre. Les inquiétudes de Mme A préoccuppent B au point qu'il signe de son nom: "Ch. Baudelaire" comme s'il écrivait à une étrangère[1].

20 XI l 58 – La *BF* enregistre le recueil de Léon Magnier, intitulé *Fleurs du bien*. L'auteur préface son livre avec deux quatrains du même titre, dans lesquels il critique l'esprit des *FM*[1].

26 XI v 58 – A. de Calonne demande au gouvernement une augmentation de la subvention pour sa *Revue contemporaine*. A la même date on dresse un rapport accablant pour ses activités professionnelles et privées[1].

27 XI s 58 – La *BF* enregistre *L'Amour*, par Michelet[1]. B le lira[2].

30 XI ma 58 – B écrit à P-M pour lui demander quel jour l'éditeur compte venir à Paris, car il va bientôt s'en aller pour de bon[1].

[XII 58 – II 59] – Le Louvre ayant acquis quelques tableaux espagnols appartenant au maréchal Soult, B se propose de leur consacrer un article[1]

7 XII ma 58 – A 9h du soir, B écrit à P-M de son domicile, au 22, rue Beautreillis. Il essaye de convaincre l'éditeur de lui faire une avance. Pour ajouter encore une garantie aux billets qu'il propose de lui donner, B dit qu'ils seront payables à Honfleur, chez sa mère. Cela le forcerait à les payer, vu sa répulsion à être poursuivi à Honfleur[1].

9 XII j 58 – B attend depuis le matin une réponse de P-M. A 6h30 du soir il lui écrit pour s'informer de sa décision, afin qu'il puisse aller voir de Calonne[1]. Deux articulets sur B paraissent dans le *Figaro*: l'un de Charles Monselet, l'autre d'Alfred Demi[2].

10 XII v 58 – B remercie P-M de l'argent qu'il a envoyé. Pour expliquer sa position vis-à-vis de Calonne, B envoie à P-M la liste de ses comptes avec ce publiciste. Il n'est pas allé voir de Calonne, comme il avait l'intention de faire[1].

11 XII s 58 – Le soir, B expédie à P-M son contrat avec de Calonne. Il désire que son ami l'aide à quitter Paris et promet de lui faire envoyer par de Calonne un mot de confirmation de ses comptes[1]. B envoie à sa mère *L'Amour* de Michelet (qu'il dit n'avoir pas lu), *Fanny*, de Feydeau et *Sonnets humoristiques* de Joséphin Soulary[2].

12 XII d 58 – B voit de Calonne au sujet de l'argent qu'il lui doit et achève son déménagement de l'hôtel Voltaire[1].

[entre le 12 XII d et le 30 XII j 58] – B passe douze jours à Alençon. Cette période se divise en deux séjours[2].

[15 XII me 58] – Le matin, B envoie à Mme de Calonne *AGP* et un volume de traductions de contes russes. Celui-ci, traduit par X. Marmier, contient: *Au Bord de la Néva...* et *Un Héros de notre temps*, de Lermontov; *Le Manteau*, de Gogol;

La Pharmacienne, de Sollohoub. B annonce à de Calonne son départ pour Alençon avec P-M le lendemain. Il attend l'envoi de Calonne de son billet aller et retour. B charge Calonne de transmettre à MM Czartoriski ses réserves sur leur procès contre P-M et De Broise, dans l'affaire des *Mémoires de Lauzun*[1].

16 XII j 58 – Bonaventure Soulas mentionne B dans le *Figaro*[1].

19 XII d 58 – Dans *Chronique parisienne*, Jules Lecomte compare Henri Rivière à EAP[1].

[hiver 58-59] – Manet peint son *Buveur d'absinthe*, dont B aurait pu lui inspirer le sujet[1].

25 XII s 58 – La *BF* enregistre la deuxième édition des *NHE*[1].

30 XII j 58 – De retour à Paris, B demande à P-M d'établir deux traites adressées à Chaussepied, et retenues l'une sur la *Revue contemporaine*, l'autre sur les traductions d'EAP. Tenré hésite à souscrire à leurs billets à cause des poursuites engagées contre P-M au sujet des *Mémoires de Lauzun*. B a vu Sasonoff et racontera à P-M leur entrevue[1]. Hippolyte Babou, dans la *Revue française*, accuse Sainte-Beuve d'avoir gardé le silence sur les *FM*, tandis qu'il a loué *Fanny*, de Feydeau[2].

31 XII v 58 – B repart le matin pour Alençon et adresse en route à Mme A une lettre, écrite au buffet de la gare de Chartres[1]. Il compte être de retour à Paris le lundi 3 janvier. *Le Squelette* [*Danse macabre*] est composé en chemin de fer pendant le voyage de B à Alençon[2].

[1858-1859?] – A Le Maréchal, un dimanche, B fait savoir qu'il bénéficie d'un renouvellement du billet de quinze jours. Cela doit le rassurer. Ile Saint-Louis, B tient compagnie à la femme de Daumier dont le mari, gravement malade, a failli mourir. B passera après dîner au Divan Lepelletier, pour chercher Le Maréchal[1].

[vers 1859] – Manet fait le portrait gravé de B, qui ne le retient pas comme frontispice aux *FM*. Il préfère celui de Bracquemond[1].

1859

1859 – B rédige les premières notes de *Mon Coeur mis à nu*[1]. Mise en chantier par Eugène Crépet de son entreprise de publication: *Les Poètes français*. Elle aboutira en 1861, ses frais étant payés par Crépet lui-même, avec la publication des trois premiers volumes[2]. Ancelle est membre du conseil d'arrondissement de Saint-Denis[3]. Les revenus de B gérés par Ancelle seront de 2100 francs; ses indemnités littéraires seront de 300 francs[4].

[1859?] – A Nadar, B envoie une fantaisie [*Clergeon aux enfers*], où il imagine Nestor Songeon, leur vieil ami, qui entre chez Pluton et se comporte d'une façon peu amène envers Proserpine[1].

[début 59?] – Lettre (manquante) à Armand Du Mesnil[1].

[début 59] – Manet ne parvient pas à faire accepter à B son portrait d'EAP[1].

[1859-1860] – A Eugène Crépet, B demande de chercher la *Barcarolle*, par Pierre Dupont, n'ayant pas pu trouver cette chanson lui-même. Il a hâte de finir la notice sur Dupont; elle est la dernière[1].

[1859-1861] – B recommande Eugène Lavieille à de Calonne et à Edouard Goepp, de la *Revue européenne*. B veut pour cet artiste une publicité favorable à la vente de ses oeuvres, le 21 du mois[1].

I 59 – Le gouvernement refuse à de Calonne toute subvention, à la suite d'un rapport défavorable sur ses activités de rédacteur de la *Revue contemporaine*. Ce subside est accordé à la *Revue européenne*[1]. P-M et De Broise publient la deuxième édition d'*Emaux et camées*, contenant en frontispice le portrait de Théophile Gautier par E. Thérond. Ce portrait sera utilisé pour la plaquette de B: *Théophile Gautier*[2].

1 I s 59 – B envoie un sonnet non identifié [*Sisina?*] à de Calonne ainsi que *Danse macabre* (sous le titre du *Squelette*). B voudrait qu'on les imprimât dans le numéro du 15 janvier de la *Revue contemporaine*. Il promet d'envoyer d'autres poèmes quand il sera à Honfleur[1].

2 I d 59 – Tony Revillon fait allusion, dans le *Figaro* à "l'homme des foules" d'EAP[1].

3 I l 59 – B revient à Paris après un séjour à Alençon[1].

4 I ma 59 – B vend ses bibelots personnels pour subvenir à des besoins d'argent pressants[1].

6 I j 59 – Dîner de la Société des Gens de Lettres. B y assiste. Les convives sont: Monselet; Eugène Woestyn; Champfleury; F. Desnoyers; G. Flaubert; Ph. Aude-brand; Nadar; Banville; Ph. Boyer; Ed. Plouvier; H. Murger; Dumas fils; Th. Barrière; Ernest Capendu; Ernest Blum; Lambert Thiboust; Hector Crémieux; A. Privat d'Anglemont; Paul Féval; Louis Lurine; J. Janin; Méry; d'Ennery; Villemessant; Jouvin; Bourdin; Villemot; Th. Gautier[1].

8 I s 59 – B promet à de Calonne une étude sur les *Peintres idéalistes* (*L'Art philosophique*). Il propose de lui donner ensuite une série de nouvelles d'une nature "surprenante"[1].

9 I d 59 – *L'Artiste* publie le compte rendu de B sur *La Double Vie* d'Asselineau[1]. Lemercier de Neuville rend compte dans la *Causerie*, de la réunion de la Société des Gens de Lettres d'il y a trois jours[2]. B signe un arrêté de compte pour Ancelle, où il reconnaît en faveur du notaire un reliquat de 448,96 francs[3].

10 I l 59 – B cherche à escompter un "billet de librairie" de neuf mois. Deux banques l'ont refusé à cause de son échéance lointaine. Il écrit à Polydore Millaud, de *La Presse*, le priant d'escompter ce billet souscrit par P-M. Il demande en même temps une place parmi les romanciers de ce journal[1]. B porte cette lettre chez Millaud. Ensuite, B discute avec P-M du procès des *Mémoires de Lauzun*, qui devient une menace pour la fiabilité de sa maison d'éditions. P-M endosse le billet de B, en échange du droit sur les revenus du poète qui viennent de lui, de Michel Lévy et de Calonne. B retourne chez Millaud avec une deuxième lettre et le billet endossé par P-M. En faisant cela, il tient à démontrer le sérieux dudit effet, car Jamet, de *La Presse* a émis un doute sur lui, lors de sa première visite. B demande aussi à Millaud des conseils quant au placement de l'argent destiné à payer ce billet (au cas où ces fonds-là seraient trouvés avant la date d'échéance). En dépit de tous les efforts de B, Millaud n'accepte pas de le recevoir, lui faisant dire par Cohen de s'adresser à une tierce personne, inconnue du poète[2]. A un destinataire inconnu, B écrit à propos d'une question d'argent ayant rapport avec P-M, Michel Lévy et de Calonne. Il dit être domicilié à Honfleur mais habiter Paris. B évoque la visite de P-M à Paris, où il a parlé à B de sa "terrible" échéance[3]. Le soir, ayant arrangé autrement que par Millaud l'affaire du billet, B écrit sèchement à ce publiciste pour l'en informer et pour se plaindre du refus qu'il a essuyé chez lui[4]. La *Revue française* publie la première partie de *Lucien S.*, nouvelle de Ch. Asselineau[5].

[env 10 I l 59] – P-M vient à Paris, où il voit B[1].

[mi-I 59?] – A Auguste de Chatillon, B remet 20 francs, acompte sur ce qu'il lui doit. A Edouard Goepp il envoie un livre à lire en trois jours, pour en faire le compte rendu; B le ferait mais il va à Honfleur. Pour la troisième fois, B va acheter des gravures[1].

[seconde quinzaine de I 59?] – A un destinataire non-nommé [P-M?], B annonce que sa note est faite et qu'elle "passera" le 15. B croit cette note satisfaisante. Il recommande au destinataire de bien soigner son emballage, donnant l'adresse de Mme A à Honfleur[1].

16 I d 59 – Théodore Pelloquet attaque Gautier, dans la *Gazette de Paris*. B citera cet article publié en deux parties, dans son *Théophile Gautier*[1].

20 I j 59 – *Le Goût du Néant* et *Le Possédé* paraissent dans la *Revue française*[1], ainsi que la deuxième et dernière partie de *Lucien S.*, d'Asselineau[2].

[env 22 I s 59] – Avant de partir à Honfleur, B fait quelques visites au ministère. Il y voit Auguste de Chatillon, qui se montre charmant[1]. Quelques amis de B intercèdent en sa faveur auprès de Gustave Rouland, ministre de l'Instruction publique. Le poète essaye d'obtenir une indemnité littéraire pour ses traductions d'EAP[2].

22 I s 59 – On décide d'accorder à B une indemnité littéraire de 300 francs pour ses traductions d'EAP; c'est Chatillon qui l'en avertira[1].

23 I d 59 – Deuxième partie de l'article de Théodore Pelloquet dans la *Gazette de Paris*, attaquant Gautier et attirant l'attention de B[1].

25 I ma 59 – On avertit B officiellement de l'octroi de fonds pour ses traductions[1].

26 I me 59 – Les poursuites engagées par le Baron Pichon et le prince Czartoriska à propos des *Mémoires de Lauzun*, entraînent la condamnation de P-M, De Broise et Lacour (auteur du livre) par la Sixième Chambre du Tribunal correctionnel de la Seine, présidée par M. Berthelin[1]. B reçoit une lettre relative à l'octroi de 300 francs pour sa traduction des *NHE*[2]. Dans le *Pays*, Barbey d'Aurevilly publie un article sur *Emaux et camées*. Il en parlera à B[3].

27 I j 59 – D'Honfleur, B remercie Gustave Rouland, ministre de l'Instruction publique, de l'indemnité littéraire qui lui a été accordée pour ses traductions d'EAP. Il s'excuse en même temps de son refus de collaborer à la *Revue européenne*, rivale de celle de Calonne et protégée par Rouland. B allègue sa loyauté envers de Calonne[1]. B remercie Auguste de Chatillon de son intervention auprès du ministère[2]. Lettre manquante à Gustave Rouland fils[3].

31 I l 59 – Edouard Houssaye demande à B s'il est bien décidé à faire l'étude sur Gautier. Si B ne la donne pas cette semaine, Houssaye la fera faire par un autre[1].

[fin I ou 1 II ma 59] – B écrit à un tailleur pour dire qu'il a laissé sa note chez une personne (Ancelle) qui pourra éventuellement la payer[1].

[début II 59] – Lettre manquante à Théodore Ducessois. B lui écrit, croyant que Gautier est revenu de Russie, pour dire qu'il tient à ce que ce dernier puisse lire les épreuves de l'étude qu'il lui a consacrée[1].

1 II ma 59 – B apprend à Asselineau qu'il est installé à Honfleur. Il le félicite à propos de *Lucien S.*, qu'il a lu à Honfleur dans la *Revue française*. B doit de l'argent à leur tailleur mais ne pourra pas le payer avant le mois de mars, vu ce qu'il doit à Ancelle. Ce dernier possède d'ailleurs la facture de cet homme. B s'enquiert de la femme de Lelioux, qui est peut-être morte; il ne connaît pas l'issue du procès de P-M. B envoie ses amitiés à Sasonoff, à Babou, à de La Madelène et à Gardet[1]. B promet à de Calonne que "l'Opium" sera prêt le 15 et demande des nouvelles épreuves de *Danse macabre*[2]. Henri Cantel publie un poème dédié à B, dans la *Revue française: Le Mal et le beau*[3]. B s'informe auprès de P-M de l'issue du procès contre *Les Mémoires de Lauzun*. Il avertit P-M qu'il vient de rappeler au souvenir de Calonne la petite note sur *Emaux et camées*; cette lettre est perdue[4]. Premier numéro de la *Revue européenne*[5]. Son directeur est Auguste Lacaussade, ancien secrétaire de Sainte-Beuve et ancien collaborateur de la *Revue contemporaine*, périodique qu'il essayera vainement de concurrencer[6].

[II-III 59] – B fait la connaissance d'Eugène Boudin à Honfleur. Boudin et Courbet, en visite chez lui, rencontrent B, qui les invite à dîner chez sa mère. Le tableau de Courbet, *Bouquet d'asters*, paraît être dédié à B en souvenir de cette occasion[1]. Pendant son séjour à Honfleur, B se rend à l'atelier de Boudin où il voit plusieurs centaines d'études au pastel "improvisées en face de la mer et du ciel"[2].

[début II 59] -B écrit à Théodore Ducessois pour dire qu'il voudrait que les épreuves de son étude sur Théophile Gautier soient communiquées à Gautier lui-même. Suite à cette demande, on attendra le retour de Russie de Gautier, retour prévu pour le 1er avril[1].

[env 4 II v 59] – B envoie à Barbey d'Aurevilly, en manuscrit, trois poèmes: *L'Albatros; Le Voyage; Sisina*. Mme Cousinet, femme du restaurateur de la rue du Bac, demande des nouvelles de B à Barbey. Ce dernier lui suggère qu'elle désire le voir pour des raisons personnelles[1]. Au verso du manuscrit autographe de *Sisina*, B fait une liste de titres: *L'Héautontimoroumenos; Dorothée; Spleen; Sept* (fait); *Trinquons, Satan*◈; *Ni remords ni regrets; L'Entreteneur; La Femme sauvage; Damnation; Le Goinfre; Orgueil; La Chevelure* (fait); *L'Albatros* (fait); un poème avec retours de vers, ou refrain varié. Le recto du manuscrit porte l'inscription: "C'est la dame qui boit de l'eau de Van Swiéten à la santé d'Orsini"[2]. A la demande de B, P-M lui envoie (lettre manquante) les nouvelles de son procès: 100 francs d'amende. P-M évoque le courage de sa mère face à cette déconvenue[3].

4 II v 59 – Barbey d'Aurevilly répond à la lettre de B en disant que *L'Albatros, Le Voyage* et *Sisina* sont "magnifiques"[1]. B répond à P-M pour demander l'envoi des

considérants (raisons légales de sa condamnation). Il le félicite du courage de sa mère, disant que la sienne aurait été plutôt du côté de ses adversaires, s'il avait été en procès. B demande des renseignements sur la *Revue européenne* et prie P-M de lui envoyer le deuxième de ses articles (non-retrouvé) sur EAP. B annonce à P-M sa composition du *Voyage*, qu'il appelle *Les Voyageurs*[2].

5 II s 59 – La *BF* enregistre la publication par Michel Lévy de la deuxième édition des *Odes funambulesques*. Dans la préface on compare B et Proudhon, parallèle fondé sur *Les Litanies de Satan*. On annonce également la publication par Lévy des *Souvenirs des Funambules*, et de la réédition des *Contes d'automne*, par Champfleury. Ce livre contient une citation de *De La Caricature...*[1].

9 II [me 59] – Calonne expédie à B les épreuves de *Danse macabre*, en lui réclamant "l'*Opium*"[1].

10 II j 59 – Ernest Christophe avertit B qu'il lui enverra d'ici deux jours l'esquisse d'une statuette ainsi qu'une épreuve de sa *Comédie humaine*. Cette dernière sculpture inspirera *Le Masque*, poème de B[1]. Dans la *Revue française*, *L'Arbre noir*, poème en prose d'Hippolyte Babou[2].

[env 10 II j 59] – B ayant écrit à Asselineau qu'il a aimé sa nouvelle, *Lucien S.*. Asselineau lui répond en lui annonçant l'issue du procès de P-M à propos des *Mémoires de Lauzun*: 500 francs d'amende pour les éditeurs et trois mois de prison pour Louis Lacour. P-M fait appel. Grâce aux efforts d'Asselineau et d'autres amis de Banville, ce poète aura une pension de 1200 francs du gouvernement. On essaye d'obtenir un supplément pour lui, de quatre ou de cinq cents francs. Asselineau envoie à B les amitiés de Gardet, de Babou et de Wallon; il parle de Jules de La Madelène (qui est malade) et de Sasonoff (qu'il n'a pas vu)[1]. Banville, malade, est à Nice où il est soigné par Marie Daubrun[2].

11 II v 59 – B remercie Théophile Silvestre de l'envoi d'un discours sur l'art anglais, extrait du *Journal of the Society of Arts and of the Institutions in Union*. Son titre: "Les Arts, les Artistes, et l'Industrie en Angleterre depuis la dernière moitié du XVIIIe siècle jusqu'à ce jour"[1]. B envoie le document à P-M et en demande un autre exemplaire à Silvestre[2]. B exprime à de Calonne son chagrin à l'idée de supprimer de *Danse macabre* la dédicace à Ernest Christophe. Il envoie au publiciste des corrections à ce poème[3].

[env 12 II s 59] – B informe Ernest Christophe que "sa note" est faite et qu'elle paraîtra le 15. Il demande que Christophe envoie la statuette chez sa mère à Honfleur[1]. La Librairie Nouvelle, A. Bourdilliat, publie *La Vie en détail. Le 1◊1e régiment*, de Jules Noriac. B y est cité aux pages 79, 26-97, 124[2].

13 II d 59 – B écrit à P-M pour le rassurer sur le remboursement de son prêt, disant qu'il se trouve lui-même créancier d'une somme de 700 francs. Il demande si P-M a pris à la poste d'Alençon sa lettre pour Du Mesnil, car l'affaire est grave. P-M a envoyé à B des gravures de La Mésangère[1].

15 II ma 59 – Edouard Houssaye promet d'envoyer à B l'article sur Gautier dès qu'il sera composé[1]. Une "note" de Baudelaire sur Christophe doit être publiée[2].

16 II me 59 – Craignant de dépenser 1035 francs appartenant à P-M, B les confie à sa mère. Il a reçu une épreuve de *Danse macabre* mais il doit toujours remettre "l'*Opium*" remanié à de Calonne. B informe P-M qu'il se propose d'éditer une brochure de son article sur Gautier, avec un portrait par Bracquemond. Il demande à son ami l'envoi du troisième texte de La Mésangère [sans doute du *Journal des dames et de la mode*] et souligne l'utilité de ces textes-là, autant que celle de leurs images, pour son travail en prose[1]. Sans doute plus tard, B citera l'oeuvre de La Mésangère comme document attestant l'existence chez les "petites vieilles" de sacs brodés de rébus[2].

[env 20 II d 59] – Impression à Honfleur d'un placard contenant *Sisina, Le Voyage* et *L'Albatros*[1].

20 II d 59 – B écrit à Asselineau pour demander si *Danse macabre* a paru avec la dédicace à Ernest Christophe. Il charge Asselineau de quelques commissions dont l'une est de lui procurer des gravures de Méryon. Il envoie dire à Henry de la Madelène qu'il écrit actuellement des "impiétés voltairiennes...en style lyrique"[1]. Hippolyte Babou fait dans la *Revue française* un article intitulé "De l'amitié littéraire", où il reproche à Sainte-Beuve de n'avoir pas pris ouvertement la défense de B au moment du procès des *FM*[2].

21 II l 59 – B écrit à Sainte-Beuve. Il décline toute responsabilité dans l'attaque de Babou contre le lundiste. Il annonce avoir écrit de nouveaux poèmes. B dit avoir donné à P-M la longue lettre écrite par Sainte-Beuve à l'époque du procès des *FM*. Elle servirait comme préface de la deuxième édition[1].

22 II ma 59 – Barbey d'Aurevilly rend compte, dans le *Pays*, de *Chateaubriand et son temps*, ouvrage du comte de Marcellus. B lit cet article[1].

23 II me 59 – En réponse à la lettre de B du 21 février, Sainte-Beuve avoue qu'il se considère comme "bassement insulté" par Babou. Il autorise B à imprimer sa lettre sur le procès des *FM*[1]. B envoie, par l'intermédiaire de Mme Sabatier, la plaquette du *Voyage* à Maxime Du Camp, à qui le poème est dédié. Il demande à Du Camp la permission de publier son poème avec cette dédicace[2].

24 II j 59 – B se plaint auprès d'Asselineau de n'avoir pas de nouvelles de Ducessois au sujet des épreuves de son étude sur Gautier. B envoie le placard du *Voyage* à Asselineau[1]. Sainte-Beuve recevra également ce placard[2], ainsi que P-M. Pour ce dernier B évoque le souvenir de la révolution de 1848[3]. B répond à Eugène Pellerin, qui lui a écrit plutôt vivement à Paris et dont la lettre a été ouverte et lue par Jeanne Duval, avant d'être réexpédiée. B lui doit de l'argent, et promet de le lui rembourser lors de son passage à Paris en mars[4]. A de Calonne, B envoie le placard du *Voyage*[5]. B remercie Sainte-Beuve d'une lettre rassurante. Il trouve excessive la sensibilité du critique, vue sa belle situation. B vient de lire l'article de Barbey d'Aurevilly sur Chateaubriand[6].

[env 25 II v 59] – B fait connaître à Henri Cantel son opinion favorable sur *L'Arbre noir*, poème en prose d'Hippolyte Babou. Il ne connaît pas l'adresse de Babou. Il lui envoie par l'intermédiaire de Cantel un message de P-M qui se dit fort impressionné par ce poème (en bien ou en mal, il ne le sait pas). B demande à Cantel l'envoi de ses poèmes quand ils seront publiés[1].

[25 ou 26 II v ou d 59] – Asselineau apprend à B qu'on parle à l'imprimerie Ducessois de retarder la publication de son article sur Gautier jusqu'au retour de Russie de ce dernier. Ce n'est pas le moment de demander des gravures de Méryon, comme voulait faire B. Asselineau classe *Le Voyage* et *L'Albatros* parmi les plus beaux poèmes que B ait écrits. Il suggère une strophe supplémentaire pour *L'Albatros*. Il qualifie *L'Albatros* de "diamant". Asselineau dit que Morel, de la *Revue française*, est prêt à imprimer tous les ouvrages de B que celui-ci lui enverra. Il envoie à B les amitiés de Wallon, de Babou, de Gardet et de Théodore Ducessois[1].

27 II d 59 – Après réception de la lettre d'Asselineau, B écrit à Théophile Gautier fils pour demander l'autorisation d'imprimer l'étude sur son père. Il a appris de Mlle Grisi que Gautier aurait aimé recevoir l'étude à Saint-Pétersbourg[1]. Le *Figaro* rapporte une anecdote dont le sujet semble être un drame de B, qui sera joué prochainement à l'Odéon[2].

28 II l 59 – B informe Sainte-Beuve qu'il a donné à P-M la lettre que le critique réclame sur le procès des *FM*[1]. B décrit à P-M la querelle entre Babou et Sainte-Beuve. Il n'a pas eu de nouvelles des 1035 francs de son éditeur; il n'a pas non plus reçu les 100 francs que lui doit l'*Artiste* pour son árticle[2]. Le général Husson, sénateur et collègue de feu le général Aupick, renouvelle la demande de faire nommer C.-A. Baudelaire juge d'instruction à Fontainebleau. C.-A. Baudelaire, selon lui, aurait été évincé de cette fonction par des intrigues[3].

[1 ou 2 III ma ou me 59] -A Honfleur, peu avant son départ pour Paris, B met à la poste une lettre pour Philoxène Boyer[1].

[4 III] v [59] – A Paris, B rencontre Arsène Houssaye, avec qui il résoud la question de l'impression du *Théophile Gautier*, sans aborder celle de son prix. Il écrit à Philoxène Boyer pour lui raconter cela, promet de le voir et lui demande encore ses notes sur le théâtre anglais; il voudrait les avoir le lundi matin[1].

4 ou 5 III v ou s 59 – B va à Paris, où il loge rue Beautreillis, chez Jeanne Duval[1].

[début III 59?] – A Simonis Empis, directeur de la Comédie Française, B demande deux bonnes places [peut-être pour *Rêves d'amour* par Scribe et Biéville][1].

5 III s 59 – Sainte-Beuve accuse réception des deux poèmes de B [*Danse macabre* et, peut-être, *Le Voyage*]. Le lundiste recommande à B de ne plus s'inquiéter de l'attaque de Babou[1].

[7 III l 59] – B doit recevoir des épreuves [peut-être de la traduction de *La Genèse d'un poème* d'EAP], aux bureaux de la *Revue française*. Il espère y trouver également les "Notes anglaises" qu'il a demandées à Philoxène Boyer[1].

10 III j 59 – Traduction par B d'*Eléonora* dans la *Revue française*[1].

11 III v 59 – Calonne accuse réception des vers que lui envoie B, mais il voudrait avoir "l'*Opium*" avant qu'on oublie complètement "le *Haschisch*"[1].

12 III s 59 – B reçoit de l'imprimerie Bonaventure et Ducessois, 55, quai des Augustins, 100 francs pour son article sur Gautier[1].

13 III d 59 – *Théophile Gautier* paraît dans l'*Artiste*[1]. On en avait envoyé les épreuves, à la demande de B, à Victor Hugo à Guernesey[2].

15 III ma 59 – *Danse macabre* paraît dans la *Revue contemporaine*[1]. Edouard Houssaye autorise Delâtre, imprimeur de la rue Saint-Jacques, à donner à B un exemplaire des oeuvres de Méryon[2]. Duranty mentionne B, sans l'attaquer, dans le *Courrier de Paris*[2].

17 III j 59 – Victor de Laprade est élu à l'Académie française, au fauteuil de Musset, de qui il fait l'éloge. B prend note de ces louanges et songera à mettre en tête du texte de son *Théophile Gautier* à publier en plaquette, une épigraphe visant ce poète "pédant et vertueux"[1].

20 III d 59 – Traduction d'*Un Evénement à Jérusalem* dans la *Revue française*[1].

25 III v 59 – B envoie à P-M un billet que son éditeur devrait recevoir le soir à

6h[1].

[env 25 III v 59] – Maxime Du Camp envoie chercher chez Mme Sabatier l'adresse de B. Il voudrait le remercier de l'envoi de "très beaux vers" [sans doute *Le Voyage*][1].

26 III s 59 – B demande si P-M a reçu le billet envoyé chez lui la veille au soir. La lettre qu'il a reçue de P-M ce matin l'inquiète; il s'oppose à la proposition de De Broise concernant un tirage réduit de la brochure sur Gautier. Cet écrit a causé un "scandale" chez le libraire Techener[1].. B écrit à la Société des Gens de Lettres qu'un "malheureux" accident le retient à Paris et demande 300 francs pour pouvoir retourner à Honfleur[2].

27 III d 59 – Gautier rentre de son voyage en Russie et se présente le soir même chez Mme Sabatier[1].

[printemps 59] – Delacroix fait son tableau: *Ovide chez les Scythes*, dont on trouve un écho dans le poème de B: *Horreur sympathique*. La toile est exposée au Salon de 1859[1].

IV 59 – Duranty écrit "La Caractéristique des oeuvres de M. Champfleury", essai qui porte en épigraphe une phrase de B, y critiqué cependant pour ses tendances peu naturalistes[1]. Cette étude sera publiée par P-M en 1861[2]. Au dire d'Antonin Proust, B et Manet se trouvent chez lui au moment où ils apprennent que le tableau: *Le Buveur d'absinthe* est refusé par le jury du Salon. Manet attribue cet échec à l'opposition de Couture, son ancien maître. Delacroix, pourtant, a approuvé ce tableau[3].

1 IV v 59 – B demande à Jean Morel d'envoyer des numéros de la *Revue française* à Maxime Du Camp et à Elisa Guerri. Il voudrait que Morel lui procurât une carte pour visiter le Salon[1].

5 IV ma 59 – Jeanne Duval est victime d'une attaque de paralysie. On la transporte à la Maison de santé Dubois, rue du Faubourg-Saint-Denis[1]. Elle se dit âgée de 32 ans[2]. A son entrée à l'hospice, elle déclare être née à Saint-Domingue, en 1827[3].

[env 6 IV me 59?] – B a avec de Calonne un entretien à propos du *Voyage*, au sujet duquel le publiciste trouve à rédire. B refuse de lui promettre de nouveaux vers, l'assure qu'il fournira comme convenu "l'opium" et lui promet pour le mois de juin deux nouvelles, assez longues, qui seraient payées comptant et directement à P-M[1].

7 IV j 59 – A cause des hésitations du directeur de la *Revue contemporaine*, B donne

Le Voyage à la *Revue française*; il promet cependant "l'*Opium*" et les "*Peintres*" à de Calonne pour la première quinzaine de mai[1].

9 IV s 59 – B a 38 ans[1].

10 IV d 59 – *Sisina, Le Voyage* et *L'Albatros* paraissent dans la *Revue française*[1].

12 IV ma 59 – Date à laquelle B doit avoir livré 15 feuilles à la *Revue contemporaine*[1].

14 IV s 59 – La *BF* enregistre la deuxième édition, cette fois chez Hachette, de *L'Assassinat du Pont-Rouge*, de Charles Barbara, contenant *Que diras-tu ce soir...* et un éloge de la poésie de B[1].

15 IV v 59 – Victor Hugo écrit à Paul Meurice pour lui demander de donner une lettre à B[1]. Ouverture de l'Exposition de 1859 au Palais des Beaux-Arts, avenue Montaigne. B s'y rend immédiatement après l'inauguration[2].

[mi-IV 59?] – B écrit à Isidore Salles, chef de la division de l'Imprimerie et de la Librairie au ministère de l'Intérieur. Il voudrait savoir s'il pourra compter sur lui pour appuyer sa demande de subvention [il recevra 250 francs][1].

15 ou 16 IV v ou s 59 – B doit venir à Paris après un court séjour à Honfleur, sans doute pour assister au Salon[1].

[entre le 15 IV v et le 29 IV v 59] – B visite le Salon de 1859 une seule fois. Il cherche les nouveautés mais en trouve bien peu. Pour se documenter, il prend le catalogue, espérant ainsi exciter sa mémoire au moment où il aura à écrire sur les artistes aux noms vieillis ou inconnus[1].

19 IV ma 59 – Dans *Chronique parisienne*, Paul d'Ivoi cite du *Messager de Paris* une remarque sur "l'excellente" *Revue française*. Les écrivains de cette revue, dont B, y sont loués[1].

20 IV me 59 – La *Revue française* publie la *Genèse d'un poème*, d'EAP, ainsi que la traduction du *Corbeau*, avec *La Méthode de composition* [*The Philosophy of Composition*]. C'est la troisième fois que paraît la traduction de ce poème. Ces textes sont précédés par un "préambule" de B[1].

21 IV j 59 – B recommande le peintre, Jules Garipuy, à Théophile Gautier[1].

[env 21-29 IV j-v 59] – B lit un compte-rendu d'Alexandre Dumas du Salon de

1859, publié dans l'*Indépendance belge*, dont il a trouvé un exemplaire par hasard, dans un wagon de chemin de fer[1].

[24 ou 25 IV d ou l 59] – B est de retour à Honfleur[1].

27 IV me 59 – Un article de Barbey d'Aurevilly sur Mistral paraît dans le *Pays*. B le lit[1].

29 IV v 59 – D'Honfleur, B envoie à P-M ses instructions pour l'impression de son étude sur Gautier. Pour son "opium" enfin terminé, il choisit le titre: *L'Opium et le haschisch* avec comme sous-titre: *L'Idéal artificiel*. B a terminé le travail qu'il rédige sur le Salon de 1859. Il envoie à P-M un billet de 160 francs, signé du nom de Mme A et lui demande d'en verser 150 à la Maison de santé Dubois, au nom de Jeanne Duval et avant le 3 mai. B déclare avoir fait de nouveaux poèmes; il a relu *Grandeur et décadence des Romains*; *Discours sur l'histoire universelle* et *Les Natchez*. Sa mère a payé une traite de P-M dont le montant dépassait les 1035 francs que B lui avait donnés. B trouve insensé l'article de Barbey d'Aurevilly sur Mistral, paru dans le *Pays*. Il remercie P-M de son envoi d'ouvrages de La Mésangère sur les modes révolutionnaires[1].

30 IV s 59 – La *BF* enregistre *L'Année littéraire et dramatique* de Vapereau, publiée chez Hachette, qui contient un court compte-rendu d'*AGP*[1].

1 V d 59 – B tient à ce que la brochure sur Gautier paraisse avec un portrait en frontispice. B doit à de Calonne 500 francs, moins les 45 qui lui sont dûs pour *Danse macabre*. Il relit le manuscrit de *L'Opium et le haschisch*. B conseille à P-M d'éviter la publication de brochures politiques[1].

3 V ma 59 – B doit verser 150 francs à la Maison de santé Dubois pour le traitement de Jeanne Duval[1]. Celle-ci fait savoir à B que l'argent tarde à arriver[2].

4 V me 59 – B demande à P-M de confirmer à la direction de la Maison de santé Dubois que l'argent destiné au paiement du traitement de Jeanne Duval a été envoyé à temps. Jeanne n'est pas en état de sortir et B est sans argent[1]. Mme A refuse de prêter à B l'argent qu'il croit devoir envoyer à Jeanne. Il y a eu une scène "abominable" à la suite de sa demande d'argent à sa mère[2].

[4-8 V me-d 59] – B est au lit, profondément désolé de sa querelle avec Mme A. Il souffre d'une névralgie et se plaint d'embarras gastriques et intestinaux[1].

7 V s 59 – La *BF* enregistre la publication des *Impressions et visions* d'Henri Cantel, où l'on voit la marque de l'admiration du poète pour B[1]. Le même jour,

on enregistre la publication par Lévy des *Sensations de Josquin*, de Champfleury[2]. Un exemplaire porte une note manuscrite de B: "Le Cabinet noir par Ch. Rabou" [Charles-Félix-Henri Rabou][3].

8 V d 59 – B avise P-M que Jeanne Duval, en niant avoir reçu l'argent pour son traitement, tente ainsi de se faire donner deux fois cette somme. Il approuve la publication par P-M d'une traduction, faite par Théophile Gautier fils, d'un ouvrage du général Schoenhals: *Campagnes d'Italie de 1848 et de 1849*. B conseille à P-M de profiter du mois qu'il passera en prison pour faire traiter sa syphilis[1].

14 V s 59 – Mme A est partie pour un court voyage, laissant B sans argent. Il écrit à Nadar pour demander 20 francs, dont il a besoin afin de passer une journée au Havre. B avertit Nadar que Moreau, marchand de tableaux de la rue Lafitte, possède les deux *Maya* de Goya. B voudrait que son ami en fasse une copie photographique en double, avec une épreuve pour lui. Il voudrait s'en servir pour une étude sur le peintre espagnol. Le poète reconnaît la valeur de ces oeuvres et conseille à Nadar de les acheter au prix demandé (2400 francs). B entretient Nadar de l'illustration des traductions d'EAP, des *FM* et des *Curiosités esthétiques*; il lui demande aussi des renseignements sur Rethel[1].

[env 15 V d 59] – Nadar répond à B qu'il n'a pas assez d'argent pour acheter les toiles de Goya[1].

16 V l 59 – B remercie Nadar des 20 francs envoyés à sa demande ainsi que de ses aimables paroles à son égard. Il envoie des poèmes à Nadar. B demande un exemplaire des poésies de Ceslaw Karski. Il possède quelques gravures de Rethel (*La Danse des morts en 1848, La Bonne Mort, L'Invasion du choléra*). Le choix d'un artiste pour le frontispice de son étude sur Gautier se porte maintenant sur Nanteuil ou sur Penguilly. Il discute du Salon de 1859 et termine sa lettre par des observations politiques, indiquant sa profonde désillusion à l'égard du régime impérial[1].

19 V j 59 – Jeanne Duval sort de la Maison de santé Dubois[1].

20 V v 59 – *La Chevelure* paraît dans la *Revue française*[1].

[fin V/ 59] – B envoie à Jean Morel *Fantômes parisiens* (*Les Sept Vieillards*), qu'il désigne comme "le premier numéro d'une nouvelle série" [les futurs *Tableaux parisiens*]. Il remercie Morel d'avoir imprimé *La Chevelure* sans fautes[1].

[env 1 VI v 59] – B doit aller à Paris[1].

[env 9 VI j 59] – A Paris, Morel reçoit de B la première partie de son *Salon de 1859*. P-M, de passage à Paris pour quatre jours, voit Morel et apprend cette nouvelle[1].

10 VI v 59 – *La Revue française* imprime la première partie du *Salon de 1859*. Dans cette revue, le titre en est *Lettre à M. le Directeur de la Revue française sur le Salon de 1859*. Morel écrit une note au sujet de cet écrit[1].

11 VI s 59 – Alphonse Duchesne se moque dans le *Figaro* du poème de B: *La Chevelure*[1].

13 VI l 59 – D'Honfleur, B annonce à P-M que son drame avance et qu'il vient d'écrire une nouvelle: *Pile ou face* (*"La Conspiration"*). Il demande à son éditeur de renouveler un billet pour le 19 juin[1].

[entre le 13 VI l et le 29 VI me 59] – B va à Paris[1].

[entre le 15 et le 17 VI me-v 59] – P-M, condamné pour avoir publié *Les Mémoires de Lauzun*, informe B de son incarcération. Il reporte à trois mois plus tard l'échéance d'une traite de B s'élevant à 400 francs[1].

[entre le 15 VI me et le 25 VI s 59] – P-M envoie à B une traite de 490 francs[1].

19 ou 20 VI d ou l 59] – Un billet de 160 francs doit être payé[1]. Ce billet est tiré sur le compte de Mme A[2].

20 VI l 59 – La deuxième partie du *Salon de 1859* paraît dans la *Revue française*[1].

[été 59] – Marie Daubrun revient à Paris[1].

27 VI l 59 – Delacroix écrit à B pour le remercier de son article dans le *Salon de 1859*. Il dit que B le traite comme on traite "les grands morts". Il envoie cette lettre aux bureaux de la *Revue française*, à l'attention de Jean Morel, afin d'être remise à B. Dans son mot à Morel, Delacroix parle chaudement de la critique par B de ses oeuvres[1]. Armand Du Mesnil félicite B de son *Salon de 1859*, qui lui a été communiqué par H. Valmore; Valmore le loue[2].

29 VI me 59 – A Paris, B donne à Mme A l'adresse de la *Revue française*: 5, rue de Lodi, où il recevra son courrier. Il fait expédier par Ancelle 160 francs à sa mère pour payer un billet qui échoit à Honfleur le 30 juin ou le 1er juillet. Il dîne avec Ancelle. Depuis qu'il est à Paris, B a déménagé deux fois. Il n'a pas reçu les 600 francs qu'il attend de la *Revue française*[1].

[fin VI 59] – B consulte *The Night Side of Nature* de Catherine Crowe[1].

[fin VI ou début VII 59] – Libéré de prison, P-M passe quelques jours à Paris[1]. Date d'échéance d'un billet de 160 francs[2].

[fin VI ou début V 59?] – Le matin, de l'Hôtel de Dieppe, B écrit à Paul Meurice pour demander le prêt de 50 francs, afin de rester quelques jours à Paris. Il est obligé de voir des personnes qui sont absentes de la capitale, d'où son besoin d'argent[1].

1 VII v 59 – La troisième partie du *Salon de 1859* paraît dans la *Revue française*[1].

2 VII s 59 – La *BF* enregistre la publication par P-M de la lettre-préface de Victor Hugo pour le *Théophile Gautier* de B, ainsi que celle de *L'Histoire anecdotique et critique de la presse parisienne* de Firmin Maillard, contenant une description de B, avec des allusions à ses activités de journaliste[1].

4 VII l [59] – B paie 520 francs à Marin, avoué, en lui écrivant pour dire qu'il est à Paris 22, rue d'Amsterdam. Le soir, B part à Alençon[1].

[début VII 59?] – Le matin, B souscrit un billet payable chez Hippolyte Marin. Il écrit à ce dernier pour l'en informer[1].

6 VII me 59 – A Alençon, B et P-M rédigent ensemble une lettre à Firmin Maillard. Léouzon Leduc, sujet d'un article dans l'*Histoire anecdotique et critique de la presse parisienne* qu'édite actuellement P-M, vient d'écrire à l'éditeur pour se plaindre. Il estime cet article faux et blessant pour sa réputation d'écrivain, et il demande qu'on l'enlève du livre. P-M conseille à Firmin Maillard d'accéder à cette requête de Leduc. Prenant à son tour la plume, B ajoute des remarques sur la différence entre sa propre réalité et la légende qu'on a bâtie autour de son personnage. Il remercie Maillard d'avoir écrit sur lui, dans ce volume, des choses flatteuses. Cependant il regrette la présence d'une anecdote où il est dit qu'il aime manger de la cervelle d'enfant. C'est une invention qu'il attribue à son ami Forey, élève de Delacroix. B conteste également l'idée qu'on peut ruiner sa santé par la débauche, mais il reconnaît que *les ardeurs de la chair* n'ont jamais donné d'originalité à qui que ce soit. B raconte qu'on lui a montré, une fois, un homme, "M. Beaudelaire", d'apparence répugnante. Il croit depuis à une confusion entre lui et cet homme, idée blessante pour sa vanité. B se déclare être un moins répugnant personnage que celui dépeint par le *Figaro*[1].

9 VII s 59 – Charles Bataille accuse Henri Cantel dans le *Figaro* d'avoir voulu imiter "les noires préoccupations" de B en faisant sur celui-ci un poème [*Le Mal*

et le beau], paru à la *Revue française* le 1er février[1].

14 VII j 59 – Mort de Pétrus Borel[1].

19 VII ma 59 – Mort de Privat d'Anglemont[1].

[env 20 VII me 59] – B essaie d'intercéder auprès du Ministère pour sauver la *Revue française*[1].

20 VII me 59 – B reçoit deux lettres de sa mère en allant au bureau de la *Revue française*. Il voudrait régler la question de son drame, *Le Marquis du 1er Houzards*, avant de quitter Paris. B paye environ mille francs de dettes pour l'heure. Il a reçu une somme supérieure, pourtant, à ce qu'il doit payer. Mais il dépense trop, 20 ou 30 francs par jour. B annonce à Mme A l'échec de la *Revue française* et dit qu'il tâchera de prendre des engagements avec une revue suisse (la *Revue internationale*)[1]. La quatrième partie du *Salon de 1859* paraît dans le dernier numéro de la *Revue française*[2].

21 VII j 59 – B signe pour E. Crépet un reçu de 50 francs, acompte sur sept notices littéraires[1].

22 VII v 59 – Obsèques de Privat d'Anglemont[1].

23 VII s 59 – La *BF* enregistre les *Chroniques contemporaines*, de Paul de Molènes[1]. L'auteur y écrit sur Aïsha, fiancée de Mahomet, des lignes auxquelles songera B en 1863. A ce moment-là, il discutera avec Gervais Charpentier, de la *Revue nationale*, des changements opérés par Charpentier dans les textes des *Tentations* et de *Dorothée* lors de leur publication dans ladite revue[2].

24 VII d 59 – D'Honfleur, B écrit à un destinataire non-identifié. Il parle d'une *dame* qui ouvrirait son courrier[1].

30 VII s 59 – La *BF* enregistre la publication par Lévy de la quatrième édition des *Aventures de Mlle Mariette*, de Champfleury[1].

31 VII d 59 – B a rendez-vous avec Delacroix mais ne peut pas s'y rendre[1].

[fin VII 59?] – B avise Eugène Crépet que sur les sept notices biographiques promises, trois sont faites: sur Barbier, sur Gautier et sur Borel[1].

VIII 59 – Zacharie Astruc voit dans l'atelier de Courbet le portrait de B[1].

[début VIII 59] – B prend une chambre à l'hôtel de Dieppe, 22, rue d'Amsterdam. Il y restera presque continuellement jusqu'à son voyage en Belgique[1].

1 VIII l 59 – Le baron Félix Platel fait allusion à l'*homme des foules* d'EAP, dans un article de la *Revue internationale* (Genève)[1].

4 VIII j 59 – B annonce à Eugène Crépet qu'il a fini ses sept préfaces et demande à être payé. Il est poursuivi pour le double de la somme qu'il recevra de Crépet en paiement de ce travail[1].

5 VIII v 59 – A la Gaîté, Marie Daubrun débute dans le rôle d'Hélène Morales dans *Pirates de la savane*[1].

[env 7 VIII d 59?] – B porte lui-même un mot à Paul Meurice. Il demande un prêt, disant qu'il s'absente de Paris pendant cinq ou six jours et qu'il renverra cet argent sans doute d'Alençon. B n'a pas trouvé chez sa mère la lettre de Victor Hugo; pour l'obtenir, il aura donc à compter sur "les rebuts de la poste"[1].

7 VIII d 59 – B a appris que P-M est poursuivi et lui écrit qu'il s'est lui-même brouillé avec Michel Lévy à propos d'*Eureka*, qu'il est en train de traduire. Il espère que P-M soignera l'impression du *Gautier*[1]. B, qui a reçu l'épreuve du *Théophile Gautier*, promet à son éditeur de ne pas la garder plus d'un jour. Il cherche la lettre que Victor Hugo lui avait envoyée à l'*Artiste*, et qu'on n'a pas fait suivre à Honfleur. B assure P-M qu'il enverra à temps les 400 francs qu'il lui réclame[2].

9 VIII ma 59 – B reçoit de Gide et Crépet la somme de 110 francs, accompte sur les sept notices littéraires[1]. Dans le *Figaro*, Alphonse Duchesne cite Privat d'Anglemont comme auteur d'*A Mme Du Barry*, poème attribué à B. Il dit de Privat "cet homme des foules"[2].

13 VIII s 59 – Dans le *Figaro*, A. de la Fizelière cite un sonnet: *Un Livre n'aurait pas suffi...* de 1847, inédit et signé Privat d'Anglemont[1].

[env 15 VIII l 59] – B demande à Eugène Crépet le nom d'un bon copiste, rapide et intelligent[1].

18 VIII j 59 – Victor Hugo déclare qu'il ne rentrera en France que lorsque la liberté sera rétablie. Il répond ainsi dédaigneusement à l'amnistie décrétée par l'Empire en faveur de ses adversaires politiques. B copiera cette déclaration à la main[1].

[env 25 VIII j 59] – B envoie à Eugène Crépet des textes, deux fois lus et corrigés, des

Notices littéraires, qu'il propose toutefois de retoucher encore un peu. Il demande à Crépet de faire composer ces notices en placards. B n'a pas indiqué quels seraient les vers de H. Moreau et d'A. Barbier qui devront être imprimés; il redit à Crépet de penser à la réimpression de la *Tentation* de Barbier[1].

27 VIII s 59 – B dit à P-M que Jacques Babinet fera peut-être une préface d'*Eureka*. Il demande s'il doit acheter les deux tableaux de Goya au prix de 1200 francs, de la part de son ami. B envoie à ce dernier 2500 francs en billets à escompter. Il lui demande 400 francs pour le 3 septembre, argent qui doit être envoyé à Honfleur avec une lettre explicative[1].

[entre le 28 VIII d et le 2 IX ma 59] – B voit Moreau, marchand de tableaux, et discute avec lui l'achat de deux toiles de Goya. Le marchand demande 1200 francs et trois jours pour y réfléchir[1].

30 VIII ma 59 – Claude-Alphonse Baudelaire demande au Ministre de la Justice s'il peut accepter la fonction de membre du Comité consultatif de la Caisse des Assurances mutuelles agricoles[1].

IX 59 – Le gouvernement français donne son appui financier à la *Revue européenne*, pour qu'elle concurrencie la *Revue contemporaine*. Calonne ne montre pas assez de docilité politique, ce qui lui attire cette manoeuvre hostile[1]. Wagner revient à Paris, accueilli par ses amis français: Auguste de Gaspérini; Léon Leroy; la famille Emile Ollivier; Champfleury. Il prépare ses concerts des mois de janvier et février prochains. Pour annoncer ces concerts, il fait imprimer une brochure: *Concert de Richard Wagner*[2].

[début IX 59] – P-M envoie 100 francs à B[1].

[env IX 59] – P-M, qui est dans une situation difficile vis-à-vis de sa famille, demande à B de retirer de chez de Calonne autant d'argent que possible. Il vient de savoir par Hippolyte Babou que de Calonne a accepté, mais qu'il n'a pas encore payé, deux traites tirées sur la *Revue contemporaine*. P-M reçoit une dépêche lui apprenant que de Calonne est parti sans acquitter les délégations qu'il a acceptées. P-M envoie un billet de 800 francs à B qui doit le faire escompter à Paris. Il espère qu'avec d'autres billets il réunira la somme requise. P-M conseille à B d'aller demander au père de Monselet d'escompter un billet qu'il lui enverra le lendemain[1].

1 IX j 59 – Philippe Burty, écrivant dans la *Gazette des Beaux-Arts*, cite B à propos des caricaturistes français[1].

[1 ou 2/ IX j ou v 59] – B fait savoir à P-M l'arrivée à Paris de de Rode, qui lui donne 400 francs. Cette somme, bien moindre que celle que B attendait, servira à régler le billet de P-M, si l'éditeur insiste. Pourtant, B aimerait en utiliser 100 francs. Sinon, il payera ce billet en entier chez Pincebourde[1].

2 IX v 59 – Le matin, B reçoit de Calonne une lettre qu'il laisse cachetée, car il sent qu'elle contient un message désagréable [il n'a pas livré le manuscrit d'*Un Mangeur d'Opium*]. Pour faire patienter de Calonne, il lui envoie des vers, très remaniés [sans doute *Sonnet d'automne, Chant d'automne* et *Le Masque*][1].

3 IX s 59 – Le Ministre de la Justice répond négativement à la demande de Claude-Alphonse Baudelaire; on considère que son acceptation serait un "abaissement volontaire"[1].

4 IX d 59 – Echéance d'un billet de 400 francs, ou de 430 francs, que B paie par envoi d'argent, peut-être en espèces, pour P-M. Il reçoit de Carlos de Rode la somme de 400 francs[1].

5 IX l 59 – A la demande de B, P-M envoie à Mme A la somme de 440 francs, pour payer une traite tirée sur B qui sera présentée le 10 du mois chez elle[1]. Elle accusera réception de cette somme[2].

7 IX me 59 – L. Reynard, ami d'Alfred Delvau, demande à B un quart d'heure d'entrevue. Il a écrit des études inspirées par B et désire que le poète l'aide à trouver un éditeur[1].

9 IX v 59 – Début de Marie Daubrun à Nice, où elle joue[1].

10 IX s 59 – B signe pour Calmann Lévy un reçu de 40 francs[1].

[env 15 IX j 59] – B se fait faire de "fort beaux habits"[1].

15 IX j 59 – La *Revue contemporaine* publie: *Fantômes parisiens; Les Sept Vieillards. II; Les Petites Vieilles*[1]. Wagner arrive à Paris[2].

17 et 18 IX s et d 59 – B voit Delacroix et lui demande un dessin pour P-M. Le peintre refuse, et dit qu'il fera une peinture au lieu d'un dessin[1].

19 IX l 59 – B écrit à P-M qu'il n'a ni conclu ses affaires avec Hostein, ni reçu la lettre de Victor Hugo[1].

20 IX ma 59 – Dans le *Figaro*, A. Duchesne qualifie B d'inventeur de la "littérature

charogne"[1]. Alfred Delvau fait, dans le même journal une remarque facétieuse sur l'ivrognerie d'EAP[2].

[automne 59] – B se rapproche de Marie Daubrun, qui lui inspire à cette époque *Chant d'automne*[1].

[22 ou 23 IX j ou v 59] – B envoie à P-M un télégramme que P-M juge "terrible"[1].

[23?] IX v 59 – B écrit à Victor Hugo pour redemander la lettre écrite au mois d'avril passé et qu'il n'a pas reçue; il voudrait l'imprimer dans son étude sur Gautier. B voudrait être protégé par Hugo et joint à sa lettre *Fantômes parisiens*[1].

24 IX s 59 – La *BF* enregistre la publication par P-M des *14 Stations du Salon*, par Zacharie Astruc; l'auteur raconte qu'il a rencontré B sur la voie des Cheneaux, près de Sceaux[1].

25 IX d 59 – B nie avoir détourné de l'argent appartenant à P-M. Il lui promet les 600 francs qu'il attend de la *Revue internationale*, ou bien un millier de francs de la part de Calonne, ou bien la moitié de la somme qu'il espère tirer de son drame chez Hostein. Sa dette vis à vis de P-M se monte à 3300 francs. B a essayé, par ses démarches au Ministère, de sauver la *Revue française* mais son directeur, Morel, a refusé d'aller voir les gens à qui B avait parlé. Il demande à P-M de lui envoyer sans tarder deux billets de 410 francs chacun, à faire escompter chez Gélis ou chez Tenré[1].

26 IX l 59 – P-M envoie les deux billets de 410 francs à B. Il possède encore deux billets de 500 francs du poète[1]. B signe pour Eugène Crépet un reçu de 40 francs, "à valoir sur [ses] notices littéraires"[2].

27 IX ma 59 – B fait savoir à P-M que Didot et Gélis lui ont donné 400 francs sur le billet de l'éditeur. Pour éviter de payer un billet de 1500 francs chez Tenré, B a dû lui donner l'autre billet de 400 francs qu'il tient de P-M. Il demande à ce dernier de lui apporter 1500 francs avant l'échéance du billet. Il désire recevoir cette somme à son hôtel, envoi affranchi, pour éviter les frais postaux. B donnera 1100 francs à Tenré et 1500 francs à Pincebourde; il discutera avec P-M la manière d'avoir de De Rode les dernières centaines de francs qui leur manquent. B n'a pu obtenir de la *Revue française* ni une épreuve ni le manuscrit de son *Salon de 1859*[1]. On expédie à Victor Hugo le numéro de la *Revue contemporaine* qui contient *Les Sept Vieillards* et *Les Petites Vieilles*[2].

[27 ou 28 IX ma ou me 59?] – B envoie [à René Pincebourde?] 1500 francs, pour régler un billet de P-M dû le jour suivant[1].

28 IX me 59 – P-M doit envoyer 1100 francs à B[1].

29 IX j 59 – Lors de la distribution du courrier, B reste chez lui pour attendre l'argent de P-M[1]. Il écrit à Mme Paul Meurice pour accepter son aide. Il joint une autre lettre à la sienne, et la prie de l'utiliser si elle veut. Peut-être s'agit-il d'une aide de sa part en ce qui concerne Jeanne Duval. Il espère également qu'on mettra de côté pour lui un exemplaire de la *Légende des siècles*[2]. P-M, Saint-Albin, Lacombe, Chennevières, Dussieux et Hamel dînent ensemble et discutent de B, ainsi que "de Dieu, du Pape, de Mirabeau..."[3].

30 IX v 59 – P-M fait savoir à B qu'il lui enverra l'épreuve du *Gautier* cette semaine-là. Il prête toute son attention à l'impression de ce livre. Courbet veut bien céder à P-M le portrait de B pour 500 francs; l'éditeur l'achètera si Courbet lui accorde crédit jusqu'au mois de novembre[1].

X 59 – La *Revue internationale mensuelle de Genève* commence la publication d'*Eureka*[1]. Cette version contient de nombreuses fautes[2].

1 X s 59 – B attend toujours la lettre de Victor Hugo. Il a arraché à Morel, de la *Revue française*, *L'Ange du bizarre* pour le donner à de Calonne. B est en train de traduire *Eureka*. Lévy a refusé de discuter l'impression en librairie de cet ouvrage avant qu'il ne paraisse dans la *Revue internationale*. B envoie à P-M une avance prélevée sur sa traduction d'*Eureka*. B a reçu une lettre d'un certain Boutailler qui semble vouloir se battre avec lui; il envoie cette lettre à P-M. B dit qu'il préfère aux *Contemplations* de Victor Hugo sa *Légende des siècles*. Il conseille à P-M d'imprimer les deux volumes d'Emile Montégut. P-M ne suivra pas ce conseil[1]. B va à la "Grande Fête du Réalisme"[2].

[2?] [X d 59] – Delacroix s'excuse auprès de B de ne pouvoir le recevoir en compagnie de P-M à l'heure convenue. Ils doivent lui apporter des dessins. Il propose de remettre cette visite à la semaine suivante[1].

6 X j 59 – Victor Hugo écrit à B de Hauteville House; il dit que le poète a fait naître "un frisson nouveau"[1].

[9?] [X d 59] – B prie Paul Meurice de demander à Vacquerie si Hugo a bien reçu les épreuves de son *Gautier* et ses vers; il a souligné dans son *Salon de 1859* les passages ayant un rapport avec Victor Hugo, en l'envoyant chez Meurice[1].

[env 10 X l 59] – B envoie à P-M une copie de la lettre d'Hugo. Il remercie Hugo de sa lettre[1].

10 X l 59 – Date à laquelle B compte quitter Paris[1]. Il écrit à sa mère qu'il travaille beaucoup malgré tout, mais qu'il n'arrive pas à terminer son drame. B a envoyé à sa mère: un numéro de la *Revue contemporaine*; *La Légende des siècles*; *La Défection de Marmont*, de Rapetti; *Essai sur l'époque actuelle*, de Montégut; *Les Payens innocents*, d'Hippolyte Babou; le *Balzac* de Gautier; une épreuve (sans doute de son *Gautier*)[2]. Du café-restaurant du Départ, gare Montparnasse, P-M écrit à B. Il voudrait savoir l'adresse de Delacroix. B l'écrit sur cette lettre et la lui renvoie[3].

[env 10 X l 59] – B écrit à Victor Hugo pour le remercier de la lettre-préface du *Théophile Gautier*. Il lui parle de *La Légende des siècles*, "merveilleusement". Il copie la lettre d'Hugo, gardant la ponctuation de l'autographe, et l'envoie à P-M. Se moquant légèrement d'Hugo, de qui il parodie le style en écrivant, B encourage P-M à "donner un violent coup de poing dans le plexus solaire de De Broise... pour la correction des épreuves et le Progrès de la Typographie"[1].

[12 X me 59] – B demande à sa mère si elle a reçu sa lettre et la *Revue contemporaine* du 1er octobre[1].

14 X v 59 – Disparition du Divan Le Peletier[1].

[env 15 X v 59] – B retrouve une lettre de sa mère qu'on avait envoyée au bureau de la *Revue française*. Il écrit à Mme A qu'il joue maintenant le rôle de "papa et tuteur" auprès de Jeanne Duval. B loue les facultés poétiques de Victor Hugo[1].

18 X me 59 – Victor Hugo remercie B de sa lettre sur *La Légende des siècles*[1].

[19 X me 59] – A 5h, n'ayant pas reçu d'épreuves à corriger, B les demande à P-M. B promet de ne pas oublier de demander à de Calonne un billet de complaisance pour son éditeur, disant que Tenré et Gélis leur restent comme escompteurs. B est intéressé par la suggestion de faire encadrer le nom d'Hugo en page de titre du *Théophile Gautier*. Il est aussi d'accord pour un récapitulatif de ses oeuvres au dos du volume. Il prie P-M de lui envoyer toutes les épreuves à la fois[1].

20 X j 59 – Le *Figaro* annonce la disparition du Divan Le Peletier le 14 de ce mois. A cette occasion, Charles Monselet publie ses souvenirs de ce café[1].

[env 20 X j 59] – B fait une demande à Paul Meurice, sans doute de places pour sa pièce[1] *Le Roi de Bohème et ses sept châteaux*. Il voudrait y amener une dame[2].

29 X s 59 – *L'Almanach parisien* pour 1860 publie *Danse macabre*. Le volume est enregistré à cette date par la *BF*[1].

30 X d 59 – *Chant d'automne* paraît dans la *Revue contemporaine*[1].

31 X l [59] – B promet à Eugène Crépet les notices sur Moreau et sur Dupont pour 4h au plus tard. Il semble penser à une traduction de *Bertram*, de Maturin, qu'il offrirait à Crépet[1].

XI 59 – Parution des *Amis de la nature* de Champfleury, qui porte en tête l'essai d'Edmond Duranty ayant pour épigraphe une phrase de B: "Je ne sais pas de sentiment plus embarrassant que l'admiration"[1]. Dans la préface, Duranty fait un portrait de B, mais ne le nomme pas[2]. Mort de Jules de La Madelène[3].

[entre le 1 XI ma et le 15 XI j 59] – B note la liste de ses ouvrages contenus dans les quatre numéros de la *Revue française*. Cette revue, dont la publication est maintenant terminée, était en vente à la librairie Aubry, rue Dauphine. On y trouve *Eléonora*, *Un Evénement à Jérusalem*, *La Genèse d'un poème* et *Le Corbeau*, avec le commentaire de B et d'EAP sur ce poème[1]. Il renvoie à P-M une épreuve du *Théophile Gautier*, avec des réflexions sur le cas de Morel, de qui P-M peut tout obtenir, à cause de sa terreur d'être mis en faillite[2].

[XI 59?] – En train de préparer les *PA*, B découvre sur les quais un exemplaire de *L'Anglais mangeur d'opium*, version française du livre de De Quincey, faite par Alfred De Musset. B ne reconnaît pas le nom de l'auteur français (qui signe "A.D.M".) et trouve peu attrayante cette présentation du livre anglais[1]. D'Honfleur, B écrit à P-M à propos d'une mise en vente. Il recommande à son éditeur de soigner les libraires[2].

[début XI 59] – B demande à Ponson du Terrail de lui venir en aide dans une affaire concernant Marie Daubrun et son théâtre[1]. B écrit à Eugène Crépet pour l'assurer qu'il a terminé un article [la notice sur Hégésippe Moreau?] modéré. Il le lui portera ce soir, avec la notice sur Pierre Dupont[2].

1 XI ma 59 – B envoie du thé à sa mère; il lui demande *Bertram*, le texte anglais et la traduction de Nodier et Taylor[1]. Il remet l'épreuve du *Gautier* à P-M et l'avertit que Morel cède à Aubry la collection de la *Revue française*[2]. B se plaint de ce que la mise en pages de son étude sur Gautier avance si lentement. Il est toujours en pourparlers avec P-M au sujet d'*Eureka* et il se brouillerait volontiers avec Lévy s'il pouvait ainsi obtenir de l'éditeur le retour des trois premiers volumes de traductions[3]. La *Revue anecdotique* loue le *Gautier* de B[4]. Fin des représentations des *Pirates de la savane*, au théâtre de la Gaîté. Marie Daubrun joue le rôle d'Hélène Morales[5].

3 XI j 59 – A Genève, Carlos de Rode obtient 600 francs de dommages-intérêts

contre l'imprimeur de la *Revue internationale*. Jugement prononcé pour le retard apporté dans l'impression de la deuxième livraison de la revue. *Eureka* y avait paru[1].

4 XI v 59 – La Saint-Charles/Sainte-Caroline[1].

5 XI s 59 – Mort de Jules de La Madelène, à Carpentras[1].

6 XI d 59 – De Cravant (Yonne), Ponson du Terrail fait savoir à B qu'il sera à Paris prochainement et qu'il verra Anicet, afin d'être agréable à Marie Daubrun[1].

7 XI l 59 – Armand Fraisse écrit, dans le *Salut public* de Lyon, un article sur *La Légende des siècles*. B le lira[1].

[première semaine de XI 59] – Mise en vente de *Théophile Gautier*. B en dédicace plusieurs exemplaires qu'il envoie, pour celui de Mme A "à ma chère mère"[1]; pour Barbey il signe "C.B."[2], pour Emile Deschanel "A mon ami Emile Deschanel"[3], pour Fiorentino, "Vieille amitié"[4], pour Nadar, "A mon ami Nadar"[5] et enfin pour Mme Sabatier, "A Mme Sabatier"[6].

12 XI s 59 – Alfred Delvau loue dans le *Journal amusant* le talent poétique de B en se moquant toutefois légèrement de lui[1].

[15 XI ma] 59 – Un créancier a envoyé une traite à Honfleur pour être authentifiée chez Mme A; celle-ci n'a pas pris l'adresse de cet homme, ce qui irrite B. Il envoie à sa mère son accord pour que la traite soit remise au banquier dépositaire. Il a également envoyé à sa mère la brochure sur Gautier, mais non les numéros de la *Revue internationale* contenant *Eureka*; il pense qu'elle ne comprendrait rien à cette oeuvre[1]. Delacroix est parti sans reparler de la peinture promise à P-M. B demande à ce dernier si les 250 francs tirés sur les *Curiosités esthétiques* sont compris dans les 1500 francs payables à Honfleur. Il donne la liste de ses ouvrages terminés ou à peu près terminés: *Curiosités esthétiques* (sauf "Espagnols", "Allemands" et "Guys"); *Opium* et *Haschisch*; *Fleurs du mal* (excepté quatre ou cinq poèmes); *Notices littéraires*[2].

16 XI me 59 – P-M envoie à B des détails sur leur projet de contrat. B lui doit 440 francs indépendamment des 250 francs qu'il doit à la librairie Poulet-Malassis et De Broise. P-M propose de faire à B un billet de 1500 francs, payable le 15 février. Il demande à B de faire escompter des billets pour lui; il ne veut comme escompteur ni Boyer ni Christophe ni Asselineau. P-M a fait escompter un billet de B pour 500 francs. Ce billet échoit le 15 décembre; il promet d'envoyer cette somme à Honfleur avant l'échéance du billet. B doit à P-M un total de 690 francs,

sa dette à la librairie mise à part[1].

19 XI s 59 – La *BF* enregistre la publication par P-M des *Tréteaux* de Monselet, livre qui contiennent une remarque sur la saisie des *FM*[1].

24 XI j 59 – D'Honfleur [?], B fait savoir à de Calonne qu'il aura fini son "Opium" à la fin du mois[1]. Victor Hugo, ayant reçu de B un exemplaire du *Théophile Gautier*, demande à Paul Meurice d'en remercier l'auteur[2].

26 XI s 59 – La *BF* enregistre la publication du *Théophile Gautier* chez Poulet-Malassis et De Broise. La couverture annonce la deuxième édition des *FM*, des *PA* (de *L'Opium* et du *Haschisch*), des *CE* et, en préparation, des *Notices littéraires* et de *Machiavel et Condorcet, dialogue philosophique*, le tout devant paraître chez Poulet-Malassis et De Broise. Michel Lévy doit imprimer les trois traductions d'EAP ainsi qu'*Eureka*, pour le moment en préparation[1]. B écrit à Mme A pour lui promettre les 1000 francs payables le 12 décembre. Il en a déjà trouvé 700. B a également l'argent pour payer un billet le 1er décembre. Il avait apporté six serviettes à Paris, mais l'une d'entre elles a été volée à son hôtel[2].

27 XI d 59 – B envoie 500 francs à Mme A pour payer un billet qui échoit à Honfleur le 1er décembre[1].

[29 XI ma 59] – B envoie à De Broise la liste du service de presse du *Théophile Gautier*, annonçant la parution le lendemain ou le surlendemain d'une note de Zimmer dans le *Constitutionnel*. Le rédacteur en chef de ce journal, Grandguillot, doit en recevoir un exemplaire. B n'a pas reçu les exemplaires sur fil de son livre. Il en désire pour Gautier, qui se plaint et pour Du Camp, ainsi que pour lui-même[1].

30 XI me 59 – *Sonnet d'automne, Chant d'automne* et *Le Masque* paraissent dans la *Revue contemporaine*[1]. *Chant d'automne* est dédié à Marie Daubrun[2]. B demande à Hippolyte Desbordes-Valmore l'autorisation de citer des vers de sa mère, dans le but d'établir une notice sur elle dans *Les Poètes français*, de Crépet et Gide. B craint que Charpentier, éditeur des oeuvres de Mme Desbordes-Valmore, s'y oppose. Il demande à H. Valmore d'intercéder en sa faveur auprès de Charpentier. Il voudrait également que Valmore recommande Crépet auprès de Paul de Musset, à propos de la citation de vers du père de celui-ci [Valmore dira que Charpentier n'a pas émis la moindre réserve][3].

[fin XI 59] – Marie Daubrun accepte un engagement dans la troupe Thibaud, qui part pour Nice. Elle amène avec elle Théodore de Banville, malade, pour l'y soigner[1].

[fin XI ou début XII 59] – B envoie des vers recopiés à P-M. Il lui demande de rapporter *Eureka*. B écrit à Delacroix pour savoir si le tableau, promis à P-M, est prêt. Ni Gautier ni Du Camp n'ont encore reçu le *Théophile Gautier*[1].

1 XII j 59 – Nouvelle publication de la notice sur Rouvière dans l'*Artiste*[1]. B doit payer un billet de 500 francs qui échoit à Honfleur[2].

4 XII d 59 – P-M envoie à Demandre des autographes et y joint l'exemplaire d'épreuves du *Théophile Gautier*, qu'il qualifie de "vraie curiosité bibliographique"[1].

5 ou 6 XII l ou ma 59 – B reçoit la visite de P-M, de retour d'Alençon[1].

7 XII me 59 – B envoie *Le Cygne* à Victor Hugo en explicitant le poème. Il s'excuse des fautes d'imprimerie glissées dans l'extrait d'*Eureka* publié dans la *Revue internationale*, promettant à Hugo un exemplaire de l'édition, quand elle paraîtra. B est poussé à faire ces remarques à cause d'un article d'Edmond Delière sur *La Légende des siècles*, paru dans cette revue à côté d'*Eureka*. Il pense que c'est pour cette raison que Hugo aurait lu l'extrait de l'ouvrage d'EAP[1].

8 XII j 59 – B prend la défense de P-M contre Mme A, qui trouvait qu'il "sentait l'usure". Il veut rester à Paris pour refaire le plan de son drame, pour essayer de signer un contrat avec le Cirque et pour tâcher d'emprunter 3.000 francs. B rappelle à Mme A qu'il est, pour Jeanne Duval, "tuteur et soeur de charité"[1]. La troupe Thibaud arrive à Nice avec Banville et Marie Daubrun[2].

9 XII v 59 – Thomas De Quincey meurt à Edimbourg[1]. B recevra cette nouvelle alors qu'il rédige les *PA*[2].

10 XII s [59] – P-M annonce à Mme A l'envoi de 500 francs pour payer un billet de B[1]. B envoie 800 francs à sa mère, en lui promettant les 200 autres pour le lendemain. B a souscrit un total de 1550,75 francs en billets pour Christophe et pour Boyer; ces billets échoient à Paris[2]. Leur montant respectif est: Boyer, 800 francs; Christophe, 750,75 francs[3].

[11 XII d 59] – De Paris, B écrit à Troussel afin de calmer sa mère[1].

[11 XII d 59?] – Il envoie à P-M un billet pour l'aider à payer un autre billet de 1320 francs à Honfleur. B espère avoir chez de Calonne un billet de plus de 300 francs. Il préférerait que P-M paie les 500 francs d'Honfleur sans compter sur lui ou sur de Calonne, si cela était possible[1].

12 XII l 59 – B doit payer une traite de 1000 francs à Honfleur. Elle a été tirée sur son compte par P-M[1].

13 XII ma 59 – Delacroix écrit à B pour lui dire que ses occupations ne lui permettent pas, du moins pour le moment, de faire la peinture promise à P-M. Il a lu le *Théophile Gautier* de B, et l'approuve[1]. B envoie à P-M un billet de Calonne qui représente le prix de "l'Opium" et un peu plus. Il espère que de Calonne achetera des études sur Guys et sur les peintres allemands, anglais et espagnols. De Rode ne payera désormais que numéro par numéro. B demande à P-M d'envoyer 820 francs à Gélis ou à Pincebourde; il a peur que Gélis ne le poursuive. B a acheté et commandé des dessins à Guys, pour lui ainsi que pour P-M. Il est en train de travailler; en janvier il pourra livrer tous les ouvrages promis à P-M, excepté les *FM*[2]. B copie à la main et envoie à Victor Hugo le passage du *Salon de 1859* qui a trait à ses dessins. Il met en cause dans sa lettre le talent de Méryon[3].

[13 ou 14 XII ma ou me 59] – B écrit à P-M pour exprimer à son ami sa reconnaissance pour l'avoir soutenu dans les difficiles circonstances actuelles et l'assure de son propre dévouement[1].

[env 13 XII ma 59] – B remercie Champfleury d'avoir acheté pour lui des dessins de Guys. Il a appris cet acte de son ami lorsqu'il est entré par hasard dans une boutique de la Place Pigalle; le marchand a dit les avoir vendus à Champfleury pour lui[1].

14 XII me 59 – Le matin, B va chez Gélis pour dire qu'il doit retarder de quelques heures le paiement des 820 francs qu'il lui doit[1]. B refuse de supprimer dans les *PA* les citations de De Quincey, comme le voudrait de Calonne[2]. Mme A écrit à B qu'elle a payé un billet de 1500 francs[3].

15 XII j 59 – B remercie sa mère pour l'offre d'un prêt de 200 francs, qu'il trouve trop généreux. Il prévoit la publication de la première partie des *PA* pour le 31 décembre (ils ne paraîtront que le 15 janvier). B pense qu'il sera obligé de faire un procès à Michel Lévy pour obtenir la réimpression de ses notices sur EAP. Il promet de rapporter d'Honfleur des aquarelles de Guys et des gouaches de Greuze[1]. B conseille à sa mère d'aller au bureau du chemin de fer à Honfleur réclamer les 500 francs envoyés par P-M le 10 décembre; P-M est en voyage présentement[2]. C'est la date d'échéance de deux billets de 410 francs chacun[3]. A 10h30, B écrit à P-M pour dire que Mme A n'a pas accusé réception des 500 francs que ce dernier lui a envoyés. Calonne refuse *A Une Madone* et B lui offre *Le Cygne* et *Le Squelette laboureur*. Parmi ses projets B mentionne les titres suivants: *Dorothée*, *La Femme sauvage*, *Le Rêve* et "une lettre-préface à Veuillot". Quand il aura fini ces textes, dit-il, les *FM* seront prêtes. B envoie à de Calonne la table des matières des

Notices littéraires[4]. Le soir, B va chez de Calonne pour discuter la traduction de De Quincey[5]. Il montre la lettre de P-M à de Calonne comme preuve de sa bonne foi dans l'affaire d'un billet souscrit par ce dernier. B envoie à de Calonne des vers pour être imprimés avec *Le Cygne* et lui parle de *Dorothée*, d'*Une Femme sauvage* et du *Rêve*.[6]. B donne le détail à Pincebourde des dettes à payer (1640 francs) à Gélis et à Tenré, indiquant que P-M s'en est occupé en demandant à son domestique d'envoyer cet argent, lui ayant dû partir précipitamment[7]. B écrit à son copiste pour demander qu'il lui rapporte son manuscrit au cas où il n'aurait pas le temps de le finir ce jour-là, pour qu'il puisse l'apporter lui-même chez de Calonne le soir ou le lendemain[8].

16 XII v 59 – Le matin, B envoie chez de Calonne le reste du manuscrit corrigé des *PA*, avec une liste de titres possibles[1]. A De Rode, B promet de ne pas être en retard cette fois-là pour lui donner sa copie. B lui a envoyé des vers; il demande l'épreuve d'*Eureka* ainsi que celle des errata[2]. B invite à dîner P-M pour lui donner le manuscrit des *Notices littéraires*. Guys s'est fâché lorsqu'il a appris que B voulait faire de lui le sujet d'un écrit[3].

17 XII s 59 – Voyage à Honfleur[1]. Un employé de la *Revue contemporaine* est venu demander de la copie à B. Ce dernier écrit à de Calonne pour expliquer la division des *PA* en deux parties et pour dire que la copie voulue lui parviendra ce soir-là. B rejette les titres suggérés par de Calonne pour les *PA*[2]. B a pour 5000 francs de dettes; de Calonne lui a donné 1600 francs. Lors de son retour à Honfleur, B écrit à Jeanne Duval pour expliquer qu'il a dû partir sans la voir et pour lui envoyer un reçu de 40 francs, payable chez Ancelle[3].

18 XII d 59 – Dans *La Causerie*, Jules Levieux loue le *Théophile Gautier* de B[1]. Victor Hugo répond à la lettre de B sur *Le Cygne*[2].

[19 XII l 59] – B invite P-M à venir chez lui le mercredi pour parler de ses quatre volumes, du contrat, de leurs difficultés financières, de la lettre-préface à Veuillot, des *FM*, de l'affaire Michel Lévy et des dessins de Guys. Il veut jouer "deux mauvais tours" à la *Revue internationale*[1]. Dans *Chronique parisienne*, Jules Lecomte fait un rapprochement entre Henri Heine et EAP[2].

[20 XII ma 59] – B adresse un ultimatum à De Rode: s'il désire changer des vers ou ne pas lui envoyer d'épreuves, B croit qu'il vaudrait mieux ne pas imprimer ses poèmes[1].

[env 20 XII ma 59] – B dit à de Calonne qu'il renonce à publier chez lui *A Une Madone*, *Le Squelette*, *Le Cygne*; il voudrait avoir les épreuves d'*Un Mangeur d'opium*[1].

21 XII me 59 – P-M se rend chez B; ils s'entendent sur la publication d'un volume par mois à partir de février[1]. A Paul Meurice, B écrit pour demander le renvoi d'un carton de dessins par Guys. Il vient d'en recevoir "un paquet nouveau" et désire les montrer le soir à de Calonne et à P-M. B s'enquiert également des gravures de Méryon, que Delâtre aurait dû envoyer à Meurice pour être montrées à Victor Hugo[2].

23 XII v 59 – B dit à P-M qu'il dîne ce soir chez Guys. B prendra de l'argent chez P-M afin de donner à Guys les 60 francs qu'il lui doit[1].

24 XII s 59 – B se rend chez P-M à 9h pour lui apporter le paquet de *Notices littéraires*[1].

25 XII d 59 – Séjas fait l'éloge de B dans le *Journal de l'Office de Publicité* (Bruxelles)[1].

26 XII l 59 – B corrige les épreuves des *PA*[1].

27 XII ma 59 – B termine la correction des épreuves des *PA*. Il a fait un si grand nombre de corrections que les ouvriers ne peuvent pas les imprimer à temps pour la prochaine livraison de la *Revue contemporaine*[1].

28 XII me 59 – B apprend à sa mère qu'il lui a envoyé un dessin de Guys: *La Femme turque au parasol*. Bracquemond fera les décorations pour les *FM*; les fleurons, les culs-de-lampe et le frontispice sont déjà commandés. B est toujours en pourparlers avec Hostein au sujet de sa pièce, pour laquelle il a fait un nouveau plan. B accepte les 200 francs offerts par sa mère; il en a besoin pour acheter du linge et des étrennes. B dit qu'il a écrit "un tas" de vers, mais qu'il s'arrête pour suivre des chemins plus fructueux. Il compte partir immédiatement pour Honfleur[1].

29 XII j 59 – Rendant compte des *Sonnets humoristiques* de Joséphin Soulary, Armand Fraisse déclare avoir lu vingt fois les *FM*[1].

31 XII s 59 – Le *Bulletin international du livre* annonce la publication de *Théophile Gautier*[1].

[fin 59] – Barbey d'Aurevilly demande à B de l'inviter à dîner. Il voudrait examiner les oeuvres de Constantin Guys que possède B[1]. Première rencontre de B avec Villiers de l'Isle-Adam, à *La Causerie* de Victor Cochinat. Ils vont peut-être à la Brasserie des Martyrs, où Villiers, selon ses propres dires, boit trop. De retour à Saint-Brieuc, il écrit à B une lettre admirative et reconnaissante pour l'amitié que

son aîné lui voue[2].

[fin XII 59?] – B écrit, peut-être à Asselineau, pour demander que son correspondant cherche dans ses papiers les titres suivants de ses oeuvres: dans l'*Artiste* – *Duellum* et *Biographie de Rouvière*; dans la *Revue contemporaine* – "*Haschisch*", *Danse macabre, Sonnet d'automne, Chant d'automne, Le Masque*; dans la *Revue française* - *La Chevelure, Salon de 1859*. Il désire aussi *L'Almanach de 1860* [*L'Almanach parisien de 1860*], de Fernand Desnoyers et "d'autres morceaux" tels que *L'Essence du rire, Caricaturistes français et étrangers, Morale du joujou* etc. B doit réunir tous ses articles et tous ses vers pour les quatre volumes à paraître chez P-M[1].

[fin 59 ou début 60] – B écrit à de Calonne pour lui expliquer pourquoi il tarde à lui remettre la copie [pour *Eureka*]. Il allègue "une besogne d'astronomie" et l'angoisse causée par les tendances de Calonne à tout vouloir changer dans les textes que B lui soumet[1].

[1859-1860] – A Eugène Crépet, B demande de chercher pour lui *La Barcarolle* de Pierre Dupont. Il en a besoin pour finir sa notice sur ce chansonnier[1].

[1859-1861] – B recommande à Alphonse de Calonne, de la *Revue contemporaine*, et à Edouard Goepp, de la *Revue européenne*, le peintre Eugène Lavieille. Il espère que ces deux revues accorderont à cet artiste une publicité favorable à la vente des ouvrages de cet artiste, le 21 du mois[1].

1860

1860 – B dessine son autoportrait. P-M pense qu'il est le plus ressemblant de tous ceux qu'il connaît déjà[1]. C. Coligny donne, dans *La Causerie*, une parodie d'un poème de Banville où il mentionne B[2]. Mort d'Alfred Pérignon[3]. Eugène Crépet épouse, en premières noces, Mlle Garcia, nièce de la Malibran et de Pauline Viardot[4]. Les revenus de B gérés par Ancelle seront de 2100 francs, ses indemnités littéraires de 1300 francs[5].

[vers 1860] – Manet fait un dessin de frontispice pour les *FM*[1]. B dessine deux autoportraits[2]. Nadar fait une caricature de B[3].

I 60 – La *Revue internationale* signale la mort de De Quincey et annonce la publication d'*Un Mangeur d'opium*[1].

[début I 60?] – B répond à une lettre de P-M et l'informe que des courses l'empêchent de lui envoyer des textes préparés à son intention. Il promet d'écrire tout de suite à Bichet, de la *Revue contemporaine*, pour demander l'envoi à P-M des numéros contenant *Un Mangeur d'opium*. B se plaint des différends qui l'opposent à de Calonne au sujet de la publication de ce texte[1].

1 I d 60 – B doit payer à Honfleur un billet de 317,25 francs. Denneval, le détenteur de ce billet, l'a donné à Marquet. L'huissier attend huit jours avant de se présenter chez Mme A[1]. B signe un nouveau contrat avec P-M pour la seconde édition des *FM*, ainsi que pour les *PA*, les *Curiosités esthétiques* et les "opinions littéraires" [*L'Art romantique*][2].

[env 2 I l 60] – P-M voit B et lui parle de son désir de commander à Bracquemond le frontispice des *FM*. Il lui présente le projet: un arbre squelette et les sept péchés capitaux[1].

2 I l 60 – P-M écrit à Bracquemond pour lui apprendre que B est au courant de leur projet de frontispice [1]. B rédige une lettre (manquante) à de Calonne[2].

4 I me 60 – Lettre (manquante) à de Calonne[1].

5 I j [60] – Le matin, B s'aperçoit que de Calonne a essayé de supprimer le début de sa traduction de De Quincey. A minuit, B l'informe qu'il refuse d'accepter ses remaniements et menace de rompre avec lui s'il persiste[1]. De Calonne lui répond sur un ton de conciliation et d'excuse, par une lettre que B croit être écrite sous l'influence de sa femme[2].

[5 I j 60] – A P-M, B annonce qu'il part le lundi. Il rappelle à son éditeur qu'il doit penser à C. Guys et dit qu'il présume que P-M aura lundi son [oeuvre de] Delacroix[1].

[7 I s 60] – B envoie à Mme A un mémorandum de ce qui reste à faire avant son départ pour Honfleur: toucher 800 francs; corriger la deuxième partie de l'*Opium*; s'occuper de son drame; arranger avec P-M la date de paiement de leurs billets; tâcher d'obtenir des épreuves d'*Eureka*; commander des vêtements; faire restaurer le portrait de son père et les deux Greuze. P-M réclame la préface des *FM* et la dédicace des *PA*. B recopie le contrat pour les quatre volumes, qui lui a été envoyé par P-M. Il promet à sa mère de lui apporter les oeuvres de Shakespeare[1].

8 I d 60 – B prévient de Calonne qu'il lui est impossible de faire face à un billet à payer; il déclare qu'il remboursera le publiciste avec des ouvrages à venir. Le soir, B informe P-M qu'il a vu Méryon. B se réconcilie avec Guys[1].

[9 I l 60] – B surveille à l'imprimerie l'impression de la deuxième partie de son

Opium[1].

[avant le 10 I ma 60] – B lance à C. Guys une invitation que l'artiste va devoir refuser, malgré son désir d'accepter. Il doit s'occuper d'un Anglais[1].

[env 10 I ma 60] – B envoie à P-M une liste de titres envisageables pour les *PA*, en soulignant ceux qu'il trouve bons. Il voudrait avoir l'opinion de P-M sur la dédicace. Par contre il n'apprécie pas le titre proposé par son éditeur: *Opinions littéraires*. B annonce qu'il joindra au dernier volume une dédicace à Champfleury d'un ton "mélancolique et impertinent"[1]. Dans une deuxième lettre, B promet à P-M: de lui envoyer ses *Notices littéraires* même sans les avoir relues; de recopier pour lui leur traité; d'écrire à Bichet pour lui demander d'envoyer à P-M le *Haschisch* et le premier numéro de l'*Opium*. B est en train de préparer sa dédicace des *PA*, toujours sans titre; il prie P-M d'en choisir un meilleur, plus agréable. B est conscient de toutes ses échéances de billets; la dernière est pour le 20 mars. Revenant à la question du titre des *PA*, B déclare que le "plus vrai" est *Paradis artificiel*[2].

[env 12 I j 60] – P-M écrit à B pour le mettre en garde contre de Calonne[1].

13 I v 60 – B fait savoir à P-M qu'il regrette le délai exigé par son éditeur. Il remercie celui-ci de ses renseignements sur de Calonne et lui recommande un remède (l'iodure de potassium) contre la syphilis[1]. B fait part à sa mère de sa querelle avec la *Revue internationale*, et l'informe que la publication d'*Eureka* sera interrompue. Un huissier, Lecomte, s'est présenté chez sa mère à Honfleur. Marin, le notaire, lui a envoyé la liste des billets échus dans cette ville[2]. B est victime d'une sorte de "congestion cérébrale". Une vieille femme le soigne. Un peu plus tard, il subit une autre crise qui dure quelques heures. Il ne perd cependant jamais la raison[3]. P-M envoie à Bracquemond un calque du squelette, de Rouff, reproduit dans l'ouvrage de Langlois, comme exemple à suivre pour le frontispice des *FM*[4].

15 I d 60 – La *Revue contemporaine* publie la première partie d'*Un Mangeur d'opium*[1]. B donne à sa mère des explications sur un billet qu'elle doit payer à Honfleur. Il retouche la deuxième partie des *PA*[2]. Charles Haentjens fait, dans les *Nouvelles de Paris*, l'éloge d'EAP[3]. Pierre-Paul Comba publie, dans *Passepartout* (Nice) un dessin représentant Marie Daubrun[4]. La *Revue des deux mondes* publie "Les Commentaires d'un soldat" de Paul de Molènes. B le lit[5].

[seconde quinzaine de II 60] – La *Revue anecdotique* informe ses lecteurs que B compose des poèmes en l'honneur de Wagner[1].

17 I ma 60 – Mme A paie le billet Denneval-Marquet à Honfleur. Lecomte signe

pour elle un reçu de 337,59 francs, représentant les frais d'un billet contesté, souscrit par B à Denneval[1].

19 I j 60 – A Bruxelles, Philoxène Boyer fait une conférence sur *La Pein-ture flamande et son influence sur les autres écoles*; la salle est presque vide[1]. *L'Indépendance belge* qualifie B d'"une des plumes les plus brillantes de ce temps"[2]..

[env 20 I v 60] – Mme A prodigue à B des conseils relatifs à ses finances et à sa santé. Elle se plaint des ennuis causés par le billet qu'elle a eu à payer à Honfleur. B la remercie d'avoir payé. Il travaille à la deuxième partie de son *Opium*, comme il appelle les *PA*[1].

22 I d 60 – Dans la *Causerie* paraissent: *A Une Madone*; *Le Cygne*; *Le Squelette laboureur*[1].

25 I me 60 – Premier concert Wagner aux Italiens[1].

26 I j 60 – E. Bourguignon fait une allusion dans le *Figaro* aux *FM*[1].

27 I v 60 – Champfleury compose sa brochure: *Richard Wagner*[1].

[28 I s 60?] – A l'imprimerie de la *Revue contemporaine*, "Un Mangeur d'opium" subit ce que B appelle "de nouveaux malheurs" [remaniements non-autorisés][1].

[29 I] d [60?] – Le matin, B écrit à P-M que son absence est motivée par la nécessité de veiller à la publication de son article [*Un Mangeur d'opium*] à l'imprimerie de la *Revue Contemporaine*[1].

30 I l 60 – Louise-Eugénie Ancelle épouse le capitaine Ferdinand Oreille, fils naturel du duc de Berry et de Virginie Oreille[1].

31 I ma 60 – La *Revue contemporaine* publie la suite d'*Un Mangeur d'opium*[1].

1 II me 60 – Deuxième concert Wagner aux Italiens[1]. Suite, dans la *Revue des deux mondes*, des "Commentaires d'un soldat", de Paul de Molènes[2].

4 II s 60 – A un destinataire inconnu, B envoie une lettre pour Arthur de la Guéronnière. Il remercie cette personne de l'avoir aidé dans ses affaires[1]. B écrit à P-M qu'il est étonné que les *PA* ne soient pas encore prêts. Il s'est brouillé cinq fois avec de Calonne. B dit avoir donné à la *Presse*: "M. Guys, Peintre de moeurs;" "L'Art enseignant;" "Dandysme littéraire"[2].

7 II ma 60 – B reçoit une indemnité de 300 francs pour ses articles de critique d'art[1].

8 II me 60 – Troisième concert Wagner aux Italiens[1].

9 II j 60 – Berlioz publie, dans le *Journal des débats*, son feuilleton sur le premier concert de Wagner au Théâtre-Italien. B le citera dans "Richard Wagner et *Tannhäuser* à Paris"[1].

10 II v 60 – P-M demande à Bracquemond des nouvelles du frontispice des *FM*[1].

[env 10 II v 60?] – B envoie à de Calonne le manuscrit d'*Obsession*, en lui demandant s'il tient absolument à avoir son article, pour lequel il est en retard. Ne recevant pas de réponse, B ne le termine pas[1].

[env 10 II v 60] – B envoie à P-M *Obsession* avec, en épigraphe, une citation d'Eschyle, ainsi que le contrat pour ses quatre volumes et 2000 francs. Il a lui-même besoin de 970 francs, qu'il demande à son éditeur. B n'a pas encore reçu les 400 francs que De Rode lui doit pour *Eureka*. B dit avoir entendu des oeuvres de Wagner[1].

[12 II d?] 60 – De Calonne réclame à B l'article promis[1].

[13 II l?] 60 – B fait savoir à de Calonne que l'article ["Expositions rétrospectives"?] n'est pas terminé mais qu'il l'achéverait s'il restait un délai suffisant pour le faire imprimer[1].

15 II me 60 – La *Revue anecdotique* annonce que B prépare des poèmes sur Wagner[1]. Echéance d'un billet à ordre de P-M s'élevant à la somme de 1500 francs[2]. Suite, dans la *Revue des deux mondes*, des *Commentaires d'un soldat*, de Paul de Molènes[3].

16 II j 60 – B avertit P-M qu'il s'est brouillé avec de Calonne et Mme A. Il doit 10.000 francs à sa mère. B soupçonne Zacharie Astruc d'avoir rapporté à de Calonne ce qu'il avait dit sur ce publiciste au Café du Chemin de fer. Méryon complique une affaire où B doit fournir le texte d'un album; l'artiste désire des notes précises sur les gravures, au lieu du commentaire poétique envisagé par B. Champfleury et Duranty ont trouvé Guys insupportable, quand B le leur a présenté. B a assisté à une vente de gravures en couleurs. Là, il a vu une de belle de Debucourt, qui montre Lafayette; il la compare pour son style avec l'art de Reynolds. Il n'ose plus parler de Wagner; on s'est trop moqué de lui. Il a entendu dire que le *Salut public*, de Lyon, a parlé des *FM*[1].

[env 16 II j 60] – B demande à Philoxène Boyer une "note-catalogue" des différents écrits sur la Vénus de Milo. Guys, qui fait un travail sur ce sujet, s'en servira[1].

17 II v 60 – B écrit à Wagner pour lui dire le plaisir que sa musique lui a procuré[1]. B deviendra l'un des familiers des mercredis de ce compositeur[2]. La traduction de l'*Ange du bizarre* paraît dans la *Presse*[3]. P-M réclame à Bracquemond le frontispice des *FM*[4].

[mi-II 60] – Lettre manquante à Armand Fraisse, à Lyon. B lui demande les articles qui ont paru dans le *Salut public* (Lyon)[1].

18 II s 60 – B remercie Armand Fraisse de sa lettre et de l'envoi de ses articles du *Salut public*. Il demande des renseignements sur Tisseur et Janmot, tous deux artistes lyonnais et déclare qu'il fera un travail sur Kaulbach, Rethel, Chenavard et Janmot; il voudrait avoir des documents sur eux. Avec Fraisse, qui voudrait faire un article sur EAP, B discute les théories critiques de cet auteur[1].

19 II d 60 – B fait savoir à Ernest Feydeau que, bien que très occupé, il trouvera le temps de lire *Catherine d'Overmeire*, par amitié[1].

20 II l 60 – Sainte-Beuve donne au *Moniteur universel* son étude: "La Morale en l'art". Il s'y défend de l'accusation d'Hippolyte Babou selon laquelle il n'aurait pas défendu B lors du procès des *FM*[1].

21 II me 60 – Funérailles de Mme Tournachon, mère de Nadar[1].

22 II me 60 – Joséphin Soulary écrit de Lyon à B qu'il le considère comme le premier poète de l'époque[1]. Le *Siècle* annonce la mort de Mme Tournachon[2].

[env 23 II j 60] – B lit l'annonce des funérailles de Mme Tournachon dans la table nécrologique du *Siècle*, publiée le 23 et le jour précédent[1].

23 II j 60 – Méryon envoie à B un cahier contenant ses gravures *Vues de Paris* [*sic*], en témoignage de reconnaissance pour les éloges de son oeuvre contenus dans le *Salon de 1859*. Il n'a pas encore fini les notes qu'il avait promises à B[1]. B remercie Joséphin Soulary de ses *Sonnets humoristiques*, qu'il dit avoir lus trois fois. Il décerne à Soulary des éloges appuyés pour ce volume, en ajoutant des observations sur des détails à y corriger[2]. Le soir, B écrit à P-M qu'il a été obligé de faire escompter un billet de 1013 francs chez Gélis et Didot. Il lui envoie une délégation pour 400 francs qu'il destinait à sa mère. Cette délégation était tirée sur la *Revue internationale* mais à la suite de la querelle entre B et De Rode, directeur de cette revue, il est probable que la délégation ne sera pas payée. B

demande à P-M d'expédier le lendemain 400 francs, chez lui ou chez Christophe, pour qu'il aille chez Gélis essayer de retirer tous leurs billets[3].

24 II v 60 – B doit passer chez Gélis[1]. De Lyon, Joséphin Soulary remercie B pour sa lettre du jour précédent, demande l'envoi de la deuxième édition des *FM* en préparation et joint à sa lettre un poème: *Sur les Fleurs du Mal de Ch. Baudelaire*. Ces vers, dit-il, ne sont pas prêts à être imprimés[2].

[env 25 II s 60] – B informe Méryon que Nadar a bien voulu souscrire aux *Vues de Paris* [sic][1]. B écrit à Armand Fraisse pour justifier ses jugements littéraires sur Alfred de Musset[2].

25 II s 60 – Echéance du billet d'Asselineau de 800 francs[1]. Dans la *Correspondance littéraire*, Ludovic Lalanne mentionne la querelle entre Babou et Sainte-Beuve[2]. Méryon envoie à Nadar un exemplaire des *Vues de Paris* [sic] sur chine. Il promet d'apporter à B des notes pour l'aider dans son travail qui doit accompagner cette suite[3].

26 II d 60 – Pour éviter de discuter avec Feydeau de son dernier ouvrage, *Catherine Overmeire*, B n'assiste pas au dîner de Mme Sabatier[1].

27 II l 60 – Après une attente de 24 jours, B envoie chercher 500 francs qui lui sont dus, sans réussir à les obtenir[1].

28 II ma 60 – B s'excuse auprès de Nadar, de n'avoir pas assisté aux obsèques de sa mère, Mme Tournachon; il n'a pas reçu de faire-part[1]. B écrit à Champfleury à propos d'un projet de celui-ci: *Le Bulletin des romanciers*[2]. Il apprend à sa mère qu'il quitte définitivement la *Revue contemporaine* pour la *Presse*. B signale à Mme A des articles que Fraisse et Sainte-Beuve ont écrits sur lui et lui envoie *Vues de Paris* [sic][3]. Echéance de deux billets, l'un de Christophe pour 750 francs, l'autre de Duranty pour 800 francs[4]. B signe une note pour des vêtements achetés chez Châlon, tailleur de la rue d'Amboise[5]. B envoie ses remerciements à Joséphin Soulary pour les "excellents vers" qu'il lui a envoyés le 24. Il espère que les *Sonnets humoristiques* "se réimprimeront toujours" et mentionne une référence à Soulary dans l'article de Sainte-Beuve du 20 février[6].

[28 II ma 60] – Lettre manquante de B à Wagner[1].

[env 29 II me 60] – Lettre manquante de P-M à B[1].

29 II me 60 – B raconte à P-M ses difficultés avec la *Revue internationale*, laquelle ne lui paie que 620 francs pour 63 pages de texte. On y perd ses feuillets et

on imprime ses épreuves sans attendre la correction. Il a envie de donner la fin d'*Eureka* à P-M au lieu de la laisser chez De Rode. B déclare avoir écrit vingt-six nouveaux poèmes pour la deuxième édition des *FM*. S'il ne termine pas les trois dernières pièces restées à Honfleur, il les sacrifiera[1]. La *Revue anecdotique* annonce que B prépare quelques morceaux de poésie en l'honneur de Wagner ["l'auteur de *Lohengrin*"][2].

[III-IV 60] – B et Wagner rencontrent Nadar rue Saint-Lazare.   Après les présentations, Nadar s'entretient avec B, oubliant la présence de Wagner[1].

1 III j 60 – Un billet de 200 francs échoit à Honfleur[1].

3 III s 60 – B reçoit une lettre de Mme Sabatier[1].

4 III d 60 – B remercie Mme A d'avoir payé le billet échu à Honfleur. Il n'a pas travaillé depuis quatre jours[1]. B avertit Mme Sabatier qu'il ne pourra venir chez elle. Il est si découragé qu'il a même refusé une invitation de Wagner[2]. B promet à Mme Sabatier de venir la voir la semaine suivante et de lui apporter *Vues de Paris* [*sic*] de Méryon, qu'il lui a promises. B mentionne, parmi ses gravures, *Le Stryge*. B a rencontré Feydeau, avec qui il a parlé de *Catherine Overmeire*. Il a également vu Heilbuth, ami de Mme Sabatier, qu'il trouve ennuyeux[3].

5 III l 60 – B invite Christophe à dîner. Ils discutent d'affaires financières[1]. Dans *Le Figaro*, "Pierre et Jean" racontent comment Sainte-Beuve a attendu deux ans pour se venger d'Hippolyte Babou, en écrivant son article "La Morale et l'art"[2].

9 III v 60 – B demande à P-M de souscrire un billet de Calonne pour 360 francs. Il veut savoir si son ami voudrait éditer l'album de Méryon auquel il ajoutera un texte[1]. Dans l'*Indépendance belge*, Henri de Pène note que Wagner, le "musicien de l'avenir", commence à recevoir dans son appartement rue Newton[2]. B est présent à ces "mercredis"[3].

10 III s 60 – *Passepartout* (Nice) publie des stances de Banville qui avaient été dites par Marie Daubrun[1].

[11 III d 60] – B informe P-M qu'il n'a pas le droit de choisir un éditeur pour le volume des gravures de Méryon. Ce dernier rejette maintenant l'idée de joindre à sa suite des textes poétiques de B; P-M devra traiter directement avec l'artiste. Pourtant, B a consenti à écrire pour cet album une sorte de guide artistique, non-signé. A son éditeur, B suggère de prendre Daumier, qui est disponible à ce moment, pour faire les illustrations d'éditions de *La Pharsale* et d'Aristophane[1]. A Nice, Marie Daubrun joue Marguerite Laroque, dans *Le Roman d'un jeune homme pauvre*[2].

12 III l 60 – B donne le sonnet: *Rêve d'un curieux* à Nadar, qui n'y comprend rien[1]. P-M réclame encore une fois à Bracquemond le frontispice des *FM*[2].

13 III ma 60 – B envoie des poèmes à P-M. Il a laissé à Honfleur la préface et les ébauches de trois poèmes pour la deuxième édition des *FM*. Il voudrait faire une réclame retentissante pour cette édition et offre de la payer en partie lui-même. B avoue que *Rêve parisien* n'a pas beaucoup de rapport avec Guys, à qui il est dédié. Duranty a apporté à B son roman: *Le Malheur d'Henriette Gérard*[1]. L'on joue *Tannhäuser* à Paris pour la première fois[2]. A Nice, Marie Daubrun joue dans *Un Cheveu blanc*, d'Octave Feuillet[3].

[env 14 III me 60?] – Le matin, B écrit à Crépet pour lui dire que P-M a peut-être l'intention d'éditer la collection d'eaux-fortes de Méryon. C'est une pure invention de B, dans le but de gagner du temps[1].

[mi-III 60?] – B répond aux critiques de Calonne sur *Rêve parisien*. Il n'y veut rien changer et en demande une deuxième épreuve. A cette lettre est joint *Semper eadem*[1].

[mi-III? 60] – B écrit à P-M, adressant sa lettre chez Crépet, pour lui dire qu'il avait laissé espérer à Crépet l'éventualité de la publication des gravures de Méryon mais que ce n'était qu'une ruse pour lui permettre de "traîner en longueur". Si l'on joue l'épithalame de *Lohengrin* le soir au Casino, B ira chercher P-M à la librairie pour l'y amener, avant 6h[1].

[mi-III 60?] – B envoie *L'Amour du mensonge* [ici intitulé *Le Décor*] à P-M. L'héroïne de ce poème est connue de P-M. B reçoit le matin de De Broise une épreuve, très mal faite, des *PA*. *Lohengrin* a été repris au Casino[1].

[env 15 III ma 60] – Ayant reçu de sa mère une lettre aimable, B promet de lui expliquer le lendemain l'affaire du châle qu'elle lui avait envoyé et qu'il a mis en gage pour 250 francs. B lui envoie du thé pour la dédommager d'une édition de Shakespeare qu'il lui a donnée mais qu'il trouve indigne d'elle[1].

15 III j 60 – Anatole Claveau écrit, dans la *Revue contemporaine*, un article sur A. Rivière et EAP[1].

20 III ma 60 – Echéance d'un billet de 100 francs[1].

25 III d 60 – Parution d'une note anonyme sur B, dans la *Correspondance*

littéraire[1]. P-M a reçu d'Alençon un premier essai du frontispice des *FM* par Bracquemond. P-M ne l'accepte pas et recommande à l'artiste la consultation d'une gravure de Langlois[2].

26 III l 60 – B défend à sa mère de payer les deux billets qui vont échoir le lendemain et le surlendemain à Honfleur. Il lui envoie le placard de la première de ses *Notices littéraires*. Les *PA* sont sous presse. B n'a touché ni les 400 francs ni les 500 francs qu'il attend depuis deux mois mais il espère recevoir de l'argent de la *Presse*, qui paie ses auteurs toujours à l'avance[1].

27 III ma 60 – Echéance d'un billet à Honfleur[1].

28 III me 60 – Un billet de 300 francs échoit à Honfleur[1].

[30 III v 60] – Le matin, B écrit à sa mère que le billet du 1er avril devra être payé à Paris; celui du 12 avril est payable à Honfleur. Il compte avoir le soir à 6h le moyen de payer le billet échu à Honfleur le 28 mars[1].

[env 31 III s 60] – B voit Méryon et l'assure que Nadar n'a pas été offensé par la boutade contenue dans la lettre [du 25 II, *q.v.*] que l'artiste lui avait écrite[1].

31 III s 60 – Méryon remercie Nadar de s'être proposé pour faire son portrait. Cependant, il refuse[1]. Méryon a entendu l'éloge que B a fait de Nadar[2]. B reçoit 300 francs d'indemnité littéraire du Ministère de la Maison de l'Empereur et des Beaux-Arts pour sa "Méthode Critique"[3]. Le baron Félix Platel fait, dans la *Revue internationale*, des observations peu agréables sur B et sur EAP[4]. Cette même revue publie les "Notes sur Gérard de Nerval", de Champfleury[5]. Lettre manquante à Mme A[6].

[fin III 60] – Wagner quitte Paris pour Bruxelles, Karlsruhe et Vienne[1].

[fin III 60?] – A un destinataire inconnu [P-M?] B envoie le texte du sonnet: *Le Rêve d'un curieux*. Il semble indiquer que ces vers sont nouveaux. Le destinataire a déjà reçu de lui: *A Une Madone*; *Le Cygne*; *Le Squelette laboureur*; *Obsession*; *Un Fantôme* (4 sonnets); *Le Rêve d'un curieux* [avec le texte de ce sonnet]; *Rêve parisien*. B ajoute à cette lettre la phrase "mais quand?", indiquant par là qu'il se demande à quel moment ces poèmes paraîtront[1].

1 IV d 60 – Un billet de 300 francs échoit à Paris, à l'Hôtel de Dieppe[1].

[2 IV l 60?] – B reçoit 100 francs de sa mère. Il lui écrit qu'il a reçu ce matin 300 francs; il en envoie 100 à Troussel et donne 200 à son hôtelier[1].

[4 IV me 60] – B accepte l'offre de sa mère de payer 200 francs sur le billet qui échoit le 12 de ce mois; il lui envoie un reçu des 100 francs qu'elle lui a donnés deux jours auparavant. Il entend arranger un contrat avec le *Constitutionnel*. B assure Mme A que, passé le 12 avril, il n'y aura plus de billets à échoir à Honfleur. B a laissé chez sa mère quantité de manuscrits de poèmes devant entrer dans la nouvelle édition des *FM*. Il les finira quand il y sera[1].

7 IV s 60 – La *BF* annonce que Bourdilliat publie *Les Chansons populaires de province*, avec des notices de Champfleury et une préface dédiée à B[1].

9 IV l 60 – B a 39 ans[1].

[env 10 IV ma 60] – B, qui n'a pas reçu d'épreuves de ses *Notices littéraires*, s'en plaint à Eugène Crépet. Il accepte de faire des corrections, pour être agréable à Crépet. Au cas où il y aurait des changements à faire pendant l'absence de B, Philoxène Boyer s'en occuperait[1].

12 IV j 60 – Echéance à Honfleur d'un billet de 300 francs[1].

[14 IV] s [60] – B dit à Michel Lévy qu'il a un besoin immédiat de 200 francs, comme prêt ou à titre d'avance sur la réimpression de ses traductions[1]. Il apprend à sa mère que De Rode ne veut pas payer les 400 francs d'*Eureka* et n'imprimera pas la fin du manuscrit. B pense lui intenter un procès. Malgré sa vie agitée, B travaille[2].

14 IV s 60 – Paul Mahalin, dans *Diogène*, annonce la parution prochaine des *PA*, des *FM* et d'*Eureka*. Il prédit un grand succès pour ce dernier livre[1]. La *BF* annonce qu'Hachette publie la deuxième édition de *L'Assassinat du Pont-Rouge* de Charles Barbara, contenant *Que diras-tu ce soir,...* non signé, ainsi qu'un éloge du poète[2].

[15 IV d 60] – B va chez Michel Lévy pour demander 200 francs[1].

[19 IV j 60] – B avertit P-M qu'il sera obligé d'aller à Honfleur, prendre les manuscrits de six poèmes (*Danse macabre, Sonnet d'automne, Chant d'automne, Paysage parisien, D'Après Mortimer, Duellum*). Il ne partira pas avant d'avoir honoré, par Christophe et Duranty, des billets d'un montant de 2400 francs, lesquels échoient le 10 mai. B dit que Jousset, maître de l'Hôtel de Dieppe, acceptera de s'occuper pour eux du paiement de ces billets pour eux. Il mentionne indirectement l'article de Champfleury ("Notes sur Gérard de Nerval") qu'a publié la *Revue internationale* le 31 mars[1]. Ereintement, dans le *Pays*, par Barbey d'Aurevilly du poète Amédée Pommier et du littérateur Xavier Aubryet[2].

19 IV j 60 – B informe sa mère qu'il vient d'écrire une lettre de reproches (manquante) à Cousinet, restaurateur, qui a fait présenter un billet à Honfleur pour paiement[1].

[19 IV j 60?] – Lettre manquante de Mme A. Elle fait à B des reproches à propos de ses affaires financières[1].

[20 IV v 60] – Sans réponse de Cousinet, B conseille à sa mère de conserver les 300 francs afin de payer son billet, plutôt que de les gaspiller à payer celui du 12 avril. Pour couvrir celui-ci, B compte sur l'argent qu'il aura du *Constitutionnel*. B promet d'obéir à sa mère à propos de C.-A. Baudelaire, récemment frappé d'apoplexie. B accuse son conseil judiciaire d'être responsable de ses déconvenues financières[1].

[env 20 IV v 60] – B fait savoir à P-M qu'il trouve "généralement beau" le livre de Ferrari, *L'Histoire de la raison d'Etat*. Il a aimé surtout la préface et le chapitre sur Machiavel. Il a eu ce livre chez Michel Lévy, où il vient de paraître. B n'est pas satisfait du dessin de Bracquemond pour l'illustration des *FM*. Il joint à sa lettre une épreuve des *PA*[1].

21 IV d 60 – Pendant la journée, B relit deux fois une épreuve des *PA*. Le soir, il va pour la mettre à la poste, mais trouve qu'elle contient des fautes qu'il n'a pas vues le matin[1].

22 IV d 60 – B a reçu de P-M une lettre qu'il n'a pas comprise. Il lui envoie toutefois le billet demandé. Son éditeur lui propose d'ajouter aux *PA* une notice pharmaceutique d'un ton scientifique et incluant une publicité pour un pharmacien. En retour, ce pharmacien s'engagera à prendre et à vendre chez lui 200 exemplaires du livre. B rédigera cette note avec le directeur de la maison pharmaceutique Dorvault, qu'il connaît depuis longtemps mais il attendra de P-M confirmation de cet arrangement. B mettra cette note à la fin du volume, pour mieux en dissimuler le caractère commercial. Il donnera au successeur de la maison Dorvault l'adresse de P-M, pour qu'ils s'entendent sur la question de la livraison des volumes. B se plaint à P-M de ce qu'il reçoit des épreuves d'imprimerie n'ayant pas été corrigées "en première" (c'est-à-dire sans avoir été nettoyées de leurs fautes grossières avant qu'on ne les lui envoie), ce qui augmente la difficulté des corrections surtout lorsqu'il est fatigué. A cause des rapports des *PA* avec l'Angleterre, B voudrait qu'on fasse la réclame de ses quatre volumes à Londres et à Edimbourg. Pincebourde, au moment de chaque publication, devra en offrir un extrait à trois ou quatre journaux (français), à publier gratuitement. Son manque de fonds empêche B d'envoyer à P-M le livre de Ferrari, *La Raison d'état*. B regrette maintenant de ne pas avoir pris Penguilly pour illustrer les *FM*[1].

[22 IV d 60] – B demande à sa mère de lui envoyer les 100 francs à Honfleur destinés à payer Cousinet, si elle les a toujours. Il les dépensera lui-même à Paris et se chargera d'y payer les 300 francs qu'il doit au restaurateur. Le théâtre du Cirque étudie son plan pour un drame: *Le Marquis du 1er Houzards*[1].

[23 IV l 60] – B se défend auprès de P-M d'avoir commis une faute en utilisant la phrase latine *mundus muliebris*. Il accepte pourtant d'autres corrections apportées par P-M au texte des *PA*. B demande une deuxième épreuve de ce livre pour vérifier avec Sasonoff, Fowler ou un autre sa note "nécrologique" sur de Quincey. Il écrira à Guys pour se renseigner sur les journaux anglais susceptibles de s'intéresser à la littérature française, et par là même à faire de la publicité pour son livre[1].

[env 23 IV l 60] – Lettre manquante de B à Guys[1].

[24 IV ma 60] – B rédige la note-réclame pour la pharmacie Dorvault. On abandonnera plus tard l'idée de l'insérer dans les *PA*[1].

[25 IV me 60] – B remercie sa mère de l'envoi des 100 francs demandé trois jours plus tôt. Elle y a ajouté 20 francs, qu'il accepte pour ses besoins personnels. Les *PA* comprendront treize feuilles; B en a corrigé onze[1].

27 IV v 60 – Les documents sous les yeux, B travaille à sa note biographique sur De Quincey. Faute d'une réponse de Dorvault, son pharmacien, quant à la note-réclame, B ne la retiendra pas dans son livre. Il a pourtant envoyé à cet homme des indications à intégrer à ses propres idées pour la rédaction. B demande à P-M les dernières feuilles des *PA*. Il a vu un libraire anglais [Fowler], avec qui il a discuté de la liste des journaux anglais susceptibles de figurer sur le service de presse pour les *PA*. Guys, à qui il avait demandé le renseignement, ne lui a pas répondu[1].

28 IV s 60 – A 9h45, B ordonne à de Calonne de suspendre la publication de ses vers, le publiciste s'étant permis de les *retoucher*. B promet de rembourser l'avance qu'il a reçue par une nouvelle ou par un travail sur les beaux-arts[1]. De Calonne répond en disant qu'il trouve cette lettre impertinente[2]. B lui écrit de nouveau pour confirmer son opposition aux remaniements du publiciste quant à la façon d'imprimer ses vers[3].

29 IV d 60 – Victor Hugo remercie B d'avoir vanté ses dessins dans le *Salon de 1859*[1], et lui en envoie un[2]. B trouve spirituel le commentaire fait par Hugo sur Méryon, le copie et l'envoie à cet artiste[3]. B va à l'imprimerie Dubuisson, rue Coq-Héron, pour y retoucher des vers à paraître dans la *Revue contemporaine*[4].

[fin IV 60] – B fait un travail sur la musique de Wagner. Il conseille à sa mère de ne plus donner d'argent à ses créanciers[1]. Adolphe Le Maréchal écrit à B (lettre manquante) pour savoir s'il peut lui rembourser une dette ancienne. B exprime à Lemaréchal son regret de ne pouvoir s'acquitter, faute d'argent. Il l'invite pourtant à venir le voir. B espère recevoir des fonds du *Constitutionnel* pour pouvoir aller à Honfleur et à Fontainebleau, où C.-A. Baudelaire vient de tomber sérieusement malade[2], frappé d'apoplexie[3].

[V 60?] – B voit Guys, avec qui il discute de la publication d'une belle édition des oeuvres d'EAP, projet envisagé par B et Ernest Bouju. Ensuite, il écrit à Bouju, lui proposant de la présenter à Guys. B est d'avis que Guys pourrait essayer de dessiner deux ou trois esquisses d'une éventuelle illustration des oeuvres d'EAP[1].

1 V ma 60 – B renvoie trois feuilles (deux notes et la couverture) des *PA* à P-M. Dorvault, le pharmacien, tient à relire la forme finale de la note pharmaceutique avec lui. B donne à P-M le bon à tirer pour la onzième feuille[1]. Duranty signe pour B un billet de 1600 francs[2].

[2 V me 60] – B craint des poursuites à propos de la publicité pharmaceutique et le fait savoir à P-M. Il dit qu'une prédiction de tireuse de cartes, touchant à la rencontre d'"une fille très grande, très mince, très brune..." s'est réalisée. Il fait une allusion à une autre prédiction de la même personne. Les *PA* seront dédiés à J.G.F.[1].

[3 V j 60] – Duranty va chez B à 8h[1]. B obtient de lui un billet de complaisance qu'il envoie à P-M, qui lui a écrit. Il doit faire face à une "affaire effroyable" avec de Calonne à propos des corrections faites par de Calonne à ses vers. B demande l'avis de P-M au sujet de la note nécrologique sur De Quincey[2]. Peut-être se rend-il aussi chez E. Crépet, à la recherche d'argent[3].

[4 V v 60] – B réclame à P-M l'épreuve de la dernière feuille et la note nécrologique des *PA*. Il est content que P-M ait retranché du volume la note pharmaceutique. B s'est renseigné sur les journaux anglais qui doivent s'intéresser aux *PA*. Il voit Ernest Christophe, qui l'informe qu'il sera absent de Paris le premier août[1].

6 V d 60 – Dans le *Figaro*, Tony Revillon, sous le pseudonyme de Clément de Chaintré, critique les innovations linguistiques de certains auteurs dont B[1].

7 V l 60 – A Alençon, on escompte un billet de Duranty à P-M de 1600 francs; ce billet doit en payer un qui viendra à échéance le 23 mai[1].

[env 8 V ma 60?] – B se met à travailler à sa notice sur Victor Hugo[1].

[9 V me 60?] – B promet de donner le lundi à Eugène Crépet sa notice sur Victor Hugo; il l'a commencée la veille. B a besoin de 200 francs. Si le paiement de la notice sur Hugo n'atteint pas cette somme, il en fera une autre sur un sujet moderne. B demande à Crépet de lui envoyer tous les écrits d'Hugo qu'il possède, pour qu'il puisse les lire pendant vingt-quatre heures. Il va informer Hugo que c'est lui qui rédige la notice pour l'anthologie de Crépet[1].

10 V j 60 – Date d'échéance de deux billets, l'un de 1000 francs, l'autre de 400, rue des Beaux-Arts chez P-M et De Broise. Pour les payer, B fait escompter un billet de P-M chez Gélis, puis un autre de Duranty à Alençon[1]. Gustave Masson, dans *Correspondance littéraire*, baptise EAP et Hawthorne les premiers écrivains d'Amérique[2].

[11 V v 60?] – Eugène Crépet indique (lettre manquante) à B qu'il trouve trop courtes ses premières notices littéraires [elles devaient atteindre 16 pages chacune]. Il propose à B de choisir un nouveau sujet, afin de remplir l'espace prévu. Crépet demande à B le manuscrit de l'étude sur V. Hugo. Selon B, les 100 francs proposés par Crépet sont insuffisants. Il lui réclame donc 200 francs à verser lors de la remise du manuscrit. B n'est pas disposé à écrire une étude de plus de 10 pages. Il rappelle à Crépet que c'est lui qui avait imposé ces conditions. B exprime son désir d'annoncer à Hugo qu'il rédigera lui-même la notice le concernant. Bien qu'il ne compte pas aborder les questions d'ordre politique, il reconnaît que s'il était obligé de donner son avis, il se placerait du côté d'Hugo plutôt que de celui du "Bonaparte du coup d'état". B se rend compte de sa dette à l'égard de Crépet (260 francs) et suggère qu'elle pourrait être soldée éventuellement par une traduction de Maturin[1].

12 V s 60 – B recommande à Paul de Molènes, en garnison à Maubeuge, le poète Albert Glatigny, qui songe à se faire lancier. B a aimé les "Commentaires d'un soldat" de de Molènes; il lui promet un exemplaire des *PA*[1].

[env 12 V s 60] – P-M recommande Glatigny à Bracquemond, arguant du fait que le jeune poète a trouvé le moyen d'intéresser B et Banville ainsi que d'autres écrivains de la génération précédent[1].

[13 V d 60?] – B essaie vainement d'escompter un billet; c'est le jour de l'Ascension[1]. Il envoie un mot à Eugène Crépet, disant qu'il attend toujours la réponse à sa dernière lettre. B promet de remettre le lendemain à Crépet le travail qu'il est en train de finir[2].

14 V l 60 – Paul de Molènes répond à B qu'il fera tout ce qu'il pourra pour Glatigny. Il invite B à prendre chez Michel Lévy un exemplaire de son livre qui

sortira bientôt: *Aventures du temps passé*[1]. B signe pour Crépet un reçu de 500 francs, "à compte [*sic*] sur ses notices critiques"[2].

[mi-V 60?] – B transcrit (lettre manquante) pour Méryon les termes d'une lettre de Victor Hugo. Ce dernier remercie B de l'avoir associé aux éloges faits à l'artiste dans le *Salon de 1859*[1].

[env 15-20 V ma-d 60] – B écrit à Crépet que bien qu'il soit malade, il tient à lui apporter sa notice sur Victor Hugo. Il n'a pas encore reçu la réponse à sa lettre[1].

[mi-V 60] – B demande à P-M de recopier un billet pour 1110 francs lequel a été mal rédigé. B veut envoyer des exemplaires des *PA* à Gaïffe, secrétaire de la *Presse*, à Maxime Du Camp, à Paul de Saint-Victor et à Grandguillot, directeur du *Constitutionnel*[1]. Jules Janin reçoit son exemplaire des *PA*[2]. B écrit à [Joseph?] Méry. Il note que les nouvelles recrues peuvent suivre au régiment des cours préparant au concours de l'école militaire de Saint-Cyr. B semble faire allusion au désir de Glatigny d'être soldat et il demande jusqu'à quel âge ceux-ci peuvent se présenter à ce concours[3]. Lettre manquante à Victor Hugo, au sujet des *Poètes français* d'Eugène Crépet[4].

15 V ma 60 – B promet son appui pour un projet de Philoxène Boyer. En revanche, il demande l'aide de Boyer afin de persuader Eugène Crépet de ne pas lui imposer de corrections ridicules. B vient d'éviter une querelle avec de Calonne. Crépet est d'avis que le nom de Pétrus Borel est indigne de figurer dans le recueil qu'il prépare[1]. La *Revue contemporaine* publie *Rêve parisien*, *L'Amour du mensonge*, *Le Rêve d'un curieux*, *Semper eadem* et *Obsession*[2]. *Rêve parisien* portait une dédicace (biffée) à Constantin Guys; *Le Rêve d'un curieux* était dédié à Félix Nadar; cette dédicace était également biffée[3]. P-M avertit Duranty qu'il envoie 768 francs, pour payer un billet de 820 signé par B et qui échoit le 23 mai. B doit compléter cette somme jusqu'à concurrence des 820[4]. Alphonse Legros envoie à B une première épreuve de son eau-forte: "Le Savant endormi"[5].

18 V v 60 – B réussit à faire escompter le billet de 1110 francs qui lui avait été deux fois refusé. Il se résigne à ne pas donner d'exemplaires des *PA* à ses amis, sauf à Janin et à Grandguillot. B a reçu de P-M un exemplaire sur papier de chine; il demande s'il en aura sur hollande. Il signale à P-M une coquille à la page 14 des *PA*[1]. Ayant reçu une lettre de sa mère, B lui répond que sur les 6000 francs de ses dettes, 4000 ont été payés. Il dit avoir reçu seulement 60 exemplaires d'auteur des *PA* au lieu des 130 dont il avait besoin. B recommande à sa mère la lecture des *Pensées et les lettres* de Joubert, qu'il vient de lire et qu'il va lui apporter[2].

19 V s 60 – P-M s'enquiert auprès de Bracquemond de l'eau-forte qui doit servir

de frontispice aux *FM*[1].

20 V d 60 – Echéance d'un billet de 1013 francs[1]. B a reçu les 400 francs de De Rode; il accuse réception des exemplaires des *PA* sur fil envoyés par P-M. B pense à faire une édition de grand luxe de ses traductions d'EAP[2]. Il reçoit 60 francs d'Eugène Crépet[3].

[env 20 V d 60] – B prie René Pincebourde de lui envoyer tous les exemplaires des *PA* sur fil qui lui reviennent, ainsi que celui sur chine. Doivent recevoir leur exemplaire: Goepp (*Revue européenne*); Solar, Dalloz (*Le Moniteur*); de Wailly (*L'Illustration*); *Le Correspondant*; *L'Union*; *La Gazette de France*; Sainte-Beuve, Deschanel[1].

21 V l 60 – B signe un reçu pour Eugène Crépet, de 90 francs, à valoir sur ses "notices littéraires" ou ses "traductions de poètes anglais"[1].

21 [V] l [60] – Barbey d'Aurevilly écrit à B pour lui rappeler un rendez-vous la veille au soir chez des dames. Ils sont tous inquiets à son sujet et espèrent le voir le jour même[1].

23 V me 60 – Date d'échéance d'un billet de 820 francs de B, signé par Duranty[1]. Alfred Guichon demande à B des renseignements sur ses traductions d'EAP[2].

25 V s 60 – B reçoit la lettre de Guichon, qui avait été déposée pour lui à la Librairie P-M et De Broise[1].

26 V s 60 – B répond à Guichon en lui indiquant le moyen de trouver ses traductions d'EAP[1].

27 V d [60] – B demande à Pincebourde quatre ou cinq exemplaires des *PA*[1].

[28 V?] l [60?] – B recommande à sa mère les hôtels de la rue Tronchet, plutôt que l'hôtel du Louvre, qui est médiocre et très cher[1].

[29 ou 31 V ma ou j 60] – B doit partir pour Honfleur[1].

[fin V 60] – Mise en vente des *PA*[1]. B en envoie un exemplaire à une dame, dédié à sa "chère Aline;" et un autre à Asselineau: "A Mon ami Ch. Asselineau"[2]. Il offre à Mme Desgranges ce volume[3]. Ernest Feydeau reçoit un exemplaire qu'il annote et qu'il rend à B[4]. A Leconte de Lisle il envoie un exemplaire dédié: "A mon ami Leconte de Lisle"[5]. Celui de Désiré Nisard porte la dédicace: "Hommage à M. D. Nisard"[6]. Jules Janin reçoit le sien sur hollande, comme prévu[7]. B envoie à

Alfred Guichardet un exemplaire des *PA*. Guichardet, rencontrant B, l'en remercie et observe qu'Alfred de Musset s'est déjà occupé de cet ouvrage de De Quincey il y a au moins trente ans [8].

[VI 60] – Avec l'aide du Ministère de l'Intérieur, B prépare une annonce, qu'il espère faire paraître dans près de 300 journaux, pour les *PA*[1].

[VI ou VII 60?] – B écrit à Adolphe Le Maréchal pour s'excuser de ne pouvoir se rendre chez lui: il est trop mal habillé et craint que la mère de Le Maréchal ne l'invite à déjeuner. B veut rencontrer Le Maréchal au Café Restaurant de la Gare, rue d'Amsterdam, à n'importe quelle heure sauf entre 11 heures et 13 heures puisqu'il est à ce moment-là au *Moniteur*[1].

[début VI 60] – P-M donne à Duranty un bon pour un exemplaire des *PA*[1].

1 VI v 60 – Albert Glatigny fait l'éloge des *PA* dans *L'Orphéon*. Il y est annoncé que B est un des rédacteurs de ce périodique et qu'il va traduire la *Pharsale* de Lucain[1]. "La Guerre d'Italie en 1859" de Paul de Molènes paraît dans la *Revue des deux mondes*; B a pu la lire[2].

2 VI s 60 – Le *Journal de la librairie* annonce la publication des *PA*. Il y était également annoncé que P-M publie de Babou *Lettres satiriques et critiques*, avec une étude, dédiée à B, sur *La Double Vie* d'Asselineau, *Le Reniement de Saint-Pierre* y est mentionné. On y trouve également des remarques sur *Fanny*, de Feydeau, et les *FM*[1].

5 VI ma 60 – Joséphin Soulary envoie à B un poème sur le haschisch; il l'a composé en même temps que B préparait les *PA*[1].

11 VI l 60 – A Nice, Suchet fils publie *Nice française*, de Théodore de Banville; il contient *Le Vingt avril*, poème que Marie Daubrun a récité au théâtre français[1].

14 VI j 60 – Premier des trois articles d'Emile Deschanel sur "Les Excitans" [sic] dans le *Journal des débats*[1].

15 VI v 60 – Dans la *Revue des deux mondes*, Charles de Mazade définit B comme un "poète à part"[1].

16 VI s 60 – La *BF* enregistre la publication par P-M d'*Un Aventurier littéraire*, livre d'Edouard Goepp[1]. A. de Calonne y est mis en cause. La couverture de ce volume porte l'annonce des *PA* par B[2].

17 VI d 60 – Dans le *Figaro*, Alphonse Duchesne annonce la traduction par Edmond Roche de *Tannhäuser*, et prétend que B aurait voulu avoir cet honneur[1].

19 VI ma 60 – Barbey d'Aurevilly publie, dans le *Pays*, un second article critiquant Amédée Pommier et Xavier Aubryet[1].

[env 19 VI ma 60] – En visite chez Victor Hugo à Guernesey, Hetzel remet à ce dernier, de la part de B, un livre [probablement les *PA*]. Une lettre de B, y est jointe; il demande à Hugo, pour le compte d'un libraire, l'autorisation de choisir quelques-unes de ses oeuvres pour en faire une anthologie[1]. L'exemplaire des *PA* envoyé à Hugo porte la dédicace: "Témoignage d'admiration et de dévouement"[2].

[VI 60?] – B dédicace un exemplaire des *PA*: "A ma chère Jane"[1].

[été 60] – Manet montre à B sa grande toile: *La Musique aux Tuileries*. B ne l'aime pas[1].

[env 23 VI s 60] – P-M remet 4700 francs à B, afin que celui-ci paie ses dettes pour lui puis part pour une station thermale. B les acquitte toutes, sauf celle de 1620 francs, dont la date d'échéance est la plus éloignée[1].

23 VI s 60 – Dans l'*Indépendance belge*, Henry de Pène écrit sur les *PA*, trouvant en B "un vrai poète" même s'il a le tort de se considérer comme "le charnier des coupables éclairé par la lune"[1].

[25 VI] l [60] – Flaubert écrit à B pour le remercier de l'envoi des *PA* et pour lui donner son avis sur ce livre[1].

26 VI ma 60 – En réponse à la lettre de Flaubert, B propose d'aller lui rendre visite en passant vers Honfleur. B parle de la *Tentation de Saint-Antoine*, qu'il voudrait lire en entier et de *Novembre*, qu'il ne connaît pas. B demande des nouvelles de *Salammbô*, qu'il appelle *Carthage*. B écrit à Dalloz, co-directeur avec Turgan au *Moniteur*. B a envoyé à ce journal quatre exemplaires des *PA*. Il a l'impression que les gens du *Moniteur* croyaient qu'il leur portait malheur en raison de la défense des *FM* lors du procès de ce livre. Il affirme connaître certains de ses collaborateurs, Gustave Claudin, Reynard et Saint-Beuve. Il serait content que ce dernier accepte de faire le compte rendu de son livre[1].

[27 VI me 60] – Paul Dalloz répond (lettre manquante) à la demande de B d'un article sur les *PA*. Il caractérise ce livre comme "digne de Sainte-Beuve" et conseille à B d'aller demander un article au lundiste[1].

[dernière semaine de VI 60] – B se rend chez Sainte-Beuve, rue Montparnasse. Sur le chemin, il remarque une boutique de pains d'épice et en achète un pour le critique. Sainte-Beuve n'étant pas chez lui, il lui laisse ce cadeau[1].

28 VI j 60 – Le *Journal des débats* publie le deuxième article de Deschanel sur "Les Excitans" [*sic*][1].

30 VI s 60 – Le *Bulletin international du libraire* annonce la publication des *PA* et en même temps en rend compte en soulignant que le travail de B "mérite d'être très remarqué"[1].

[fin VI 60?] – B envoie à Mme A un article sur lui, remarquant qu'il y en a eu d'autres, bienveillants, mais trop bêtes pour être envoyés. Il compte sur "un immense bonheur" ce mois-ci, et demande si quelqu'un à Honfleur reçoit *La Revue des deux mondes*[1]. B rencontre Feydeau, à qui il a donné un exemplaire des *PA*. Feydeau l'ayant annoté copieusement B reprend l'exemplaire. Ses corrections et réflexions, "horriblement nombreuses et amusantes", lui seront utiles. Il les retranscrira sur son propre exemplaire[2].

[début VII 60?] – B transmet à P-M une lettre de Pincebourde avec le détail des exemplaires des *PA* remis à l'auteur. B trouve ce compte inexact, y ajoutant le nom de Piogey, qui a reçu un exemplaire en chine; il ne comprend pas l'allusion au *Monsieur du Mans*. B vient de rencontrer Caen, un libraire, à qui il demande qu'on envoie un exemplaire. Il offre à P-M d'échanger l'exemplaire de Feydeau, très annoté par celui-ci, contre des exemplaires courants. B travaille sur les *FM*, et promet d'envoyer à son éditeur dans "très peu de jours" tous ces poèmes, y compris l'épilogue adressé à la ville de Paris. Il reconnaît avoir reçu 24 exemplaires des *PA*, dont 19 de l'édition courante. B observe que de Lescure, de la *Gazette de France*, est émerveillé par le livre et que Barbey d'Aurevilly en est content. Pourtant, ce dernier, hésite à faire une critique des écrits d'avant-garde (dont les *PA*). On s'est moqué de ce que Barbey a écrit récemment à propos de Pommier et d'Aubryet au *Pays*. En terminant, B fait allusion à l'édition de grand luxe d'EAP, ainsi qu'à son essai sur Wagner. Dans une autre lettre, non-terminée, B reproche à P-M ne pas s'occuper assez de sa librairie. Il demande un supplément de dix exemplaires des *PA* et observe que Pincebourde a omis d'en envoyer à *La Revue britannique*, au *Correspondant*, à *L'Union*, à *La Gazette* et à *L'Opinion nationale*. A côté de ces omissions, il y a, dit-il, des *prodigalités niaises*. B prie P-M d'écrire, entre autres, à de Lescure, à de Wailly et à Barbey d'Aurevilly[1].

[début VII 60] – B loue un petit appartement à Neuilly et y fait transporter ses effets[1].

[1 VII d 60] – B écrit à Sainte-Beuve pour le prier de faire le compte rendu des *PA* dans le *Moniteur*[1]. La *Revue européenne* publie un compte rendu anonyme, attaquant les *PA*; B y est qualifié de "talentueux", mais aussi d'égaré[2].

3 VII ma 60 – Sainte-Beuve avertit B qu'il n'a pas le temps de faire le compte rendu des *PA*[1]. Flaubert écrit à B qu'il le verra avec plaisir et qu'il lui lira *Novembre* s'il vient lui rendre visite[2]. Barbey d'Aurevilly publie dans le *Pays* un article sur Lacordaire[3].

6 VII v 60 – B informe Gustave Claudin, du *Moniteur*, que Sainte-Beuve ne pourra pas faire le compte rendu des *PA*. Il ajoute que l'opinion de Deschanel, à ce propos, dans le *Journal des débats*, lui paraît singulière. B se trompe, pourtant, sur l'auteur de ces remarques, qui sont à attribuer à un critique anonyme de *La Revue européenne*[1].

[vers le 6 VII v 60] – Comme post-scriptum à une autre lettre, B envoie à P-M le brouillon d'une préface qu'il a écrite, en demandant son avis. Il promet d'être à Alençon pour le 15 août, date où l'on commencera l'impression de la deuxième édition des *FM*, qui comprendra ou non les cinq poèmes auxquels il travaille en ce moment (*Dorothée, A Une Petite Maîtresse, Un Rêve, Une Ame perdue, Epilogue* (ode à Paris vu du haut de Montmartre). Dans l'*Etat des Fleurs du Mal* que fait B pour P-M, B note les titres des 32 poèmes complètement achevés[1].

[première semaine de VII 60?] – B voit Feydeau. Il lui rend son exemplaire des *PA*, déjà très annoté. B aurait voulu garder ce livre, mais il n'a pas d'autre exemplaire à donner à Feydeau[1].

8 VII d 60 – Dans le *Figaro*, Alphonse Duchesne déclare que les jeunes ne se réclament pas de Banville, de Bouilhet et de B, malgré le talent incontesté de ces écrivains[1].

[env 9 VII l 60] – B passe deux soirées avec Louis Veuillot, trouvant sa compagnie agréable[1].

[9 VII l] [60?] – Toujours à l'hôtel de Dieppe, B demande l'appui de Barbey d'Aurevilly pour les *PA*. Il a lu l'article de d'Aurevilly sur Lacordaire. B apprend à Barbey qu'il a passé deux soirées avec Louis Veuillot et qu'il renonce à se venger de lui[1].

[env 12 VII j 60] – B achète à la Librairie Nouvelle quelques exemplaires des *PA*[1].

12 VII j 60 – Alfred Guichon remercie B de ses renseignements sur EAP, grâce

auxquels il a pu trouver plusieurs écrits de cet écrivain. Il a lu les *PA*, qu'il trouve intéressants et où il relève avec plaisir les passages traitant d'EAP, dont il voudrait avoir le portrait[1]. B signale à P-M plusieurs articles sur les *PA*: celui du *Bulletin international du livre*; de la *Revue européenne*; du *Journal des débats*. B suggère à P-M d'écrire à Léon de Wailly pour obtenir un article dans l'*Illustration*. Les *PA*, selon B, ne sont exposés nulle part chez les libraires; il ne les voit en vente qu'en trois ou quatre endroits. B a reçu 1000 francs du *Constitutionnel*, en échange de certains de ses écrits. B envoie à P-M deux billets à faire escompter; leur total n'atteint pas au 2510 francs nécessaires; B lui enverra un surplus, sur ses 1800 francs. B a l'intention de faire trois séjours en province: chez son demi-frère à Fontainebleau; chez Flaubert à Croisset; chez sa mère à Honfleur. Il parle de la santé de C.-A. Baudelaire bien que ses voeux aillent à celle d'un autre [peut-être Jeanne Duval][2]. B parle d'une préface aux *FM*, "d'un majestueux dédain"; il promet de la lui montrer lorsqu'il sera chez lui, ainsi que les pièces du recueil qu'il n'aura pas encore vues[3]. B répond à la lettre du 5 juin de Joséphin Soulary, lui demandant de faire en sorte qu'Armand Fraisse écrive un article sur les *PA*. B songe à Perrin, éditeur lyonnais, pour son édition illustrée d'EAP; il demande à Soulary le prix par feuille de cet imprimeur[4]. Troisième article d'Emile Deschanel sur "Les Excitans" [sic] dans le *Journal des débats*[5].

13 VII v 60 – B répond à Alfred Guichon à propos d'EAP, disant que Guichon a eu tort d'acheter les textes de la *Revue française* (*Un Evénement à Jérusalem*; *Eléonora*; *La Genèse d'un poème*) et *L'Ange du bizarre*, paru dans la *Presse*. B trouve ces ouvrages mal imprimés. Il espère publier chez Michel Lévy une belle édition de 800 pages des oeuvres d'EAP, moins *Eureka*. Comme portraits d'EAP, B cite ceux placés en tête des éditions Redfield (de Sartain) et de Samson, Low (de J. Cooper). Il observe en passant que Rufus Griswold s'est bien mal acquitté de sa charge d'exécuteur littéraire d'EAP. B exprime le désir d'inclure ces deux portraits dans son projet d'édition des oeuvres de l'écrivain américain[1].

[env 14 VII s 60] – B reçoit de P-M une lettre définissant ses oeuvres comme aristocratiques. P-M trouve que B est gai[1].

14 VII s 60 – A 10h du matin, B écrit à P-M pour dire qu'il ne pourra pas subvenir, comme le voudrait son éditeur, à tous les escomptes de billets avant son départ, à cause des petites dépenses qu'il doit payer. Sur 5260 francs de billets à escompter (frais: 120 francs) ils disposent seulement de 4220 francs. Il compte sur les volumes qu'il livrera bientôt pour se décharger des escomptes. Un de ses anciens billets a été escompté au Mans; il n'en sait ni le montant ni l'échéance et les demande à P-M. B demande à P-M d'envoyer à Mme A, "grande liseuse de morale", les *Lettres* et les *Pensées* de Joubert, qu'il n'a pu trouver à Paris, ni chez Ladrange, ni chez Didier. De la préface des *FM* B a fait trois essais, qu'il propose d'étudier avec

P-M. Il n'est pas content du dessin de frontispice de Bracquemond[1]. *La France littéraire, artistique, scientifique* de Lyon publie un compte rendu par Louis de Laincel des *PA*[2]. La *BF* enregistre la publication chez Michel Lévy des *Aventures du temps passé* de Paul de Molènes. B a pu le lire[3].

[14 VII s 60] – B écrit à Duranty pour demander combien d'argent ce dernier a reçu de P-M et pour savoir le montant du billet à payer [il s'agit de 1640 francs][1].

16 VII l 60 – Alfred Guichon remercie B de sa lettre du 13 juillet[1].

[16 VII l 60] – B va chez Gélis et Didot, s'enquérir des billets à y payer[1].

17 VII ma 60 – Dans la *Gazette de France*, M. de Lescure loue les *PA*[1].

19 VII j 60 – Victor Hugo écrit à Hetzel. Il lui indique les ouvrages qu'il voudrait voir publiés dans l'anthologie suggérée par B[1].

21 VII s 60 – B demande à P-M de remettre son départ pour Granville au 31 juillet, affirmant qu'il sera chez son éditeur le 29 du mois. Il trouve "remarquable" *Le Malheur d'Henriette Gérard*, de Duranty[1].

[après le 21 VII v 60] – P-M communique à Duranty l'opinion favorable de B sur son roman: *Le Malheur d'Henriette Gérard*[1]. Charles Reade, romancier anglais, demande à sa traductrice, Marie-Adèle Roch, de lui trouver un éditeur français pour la traduction de son roman (*It's Never Too Late to Mend*). Mme Roch s'adresse à son frère, le peintre Jean-Marc Baud, pour qu'il s'informe auprès de B des conditions de publications des traductions. La réponse de ce dernier lui fera abandonner ce projet[2].

27 VII v 60 – B perd toute la journée à chercher un permis de voyage gratuit en chemin de fer. Il tente de l'obtenir grâce à ses rapports avec le *Moniteur* et la *Revue contemporaine*, mais n'y parvient pas[1].

28 VIII v 60 – La *BF* enregistre la publication du *Malheur d'Henriette Gérard*[1].

[28 VII] s [60] – B avertit P-M qu'il ne pourra pas aller le lendemain à Alençon, comme prévu. Il lui demande d'envoyer de l'argent chez Duranty. Pour l'heure, il travaille à un article sur Wagner, ainsi qu'au *Marquis du 1er Houzards*[1].

[été 60] – Mosselman et Mme Sabatier se séparent; elle refuse une pension de 6000 francs et va habiter un petit rez-de-chaussée au 10, rue de la Faisanderie[1].

[31 VII?] ma 60 – B demande à de Calonne un rendez-vous entre 5 et 6 heures. Bichet lui a communiqué les informations dont il a besoin pour écrire l'article sur Wagner[1].

31 VII ma 60 – La *Revue anecdotique* publie un article anonyme louant les *PA*[1].

[fin VII 60] – B fait savoir à Gautier que Duranty voudrait lui commander une comédie pour marionnettes[1].

[VIII 60] – B rencontre Ferrari, auteur de *L'Histoire de la raison d'état*, à Paris lors d'un congé du parlement italien. B le trouve plus intéressé par la vente de son livre que par la question de l'unification de l'Italie. B lui recommande de briguer le poste du ministre de l'empereur du Maroc. Cela provoque l'hilarité de Ferrari[1].

1 VIII me 60 – Gustave Claudin, dans le *Moniteur*, juge "magnifique" l'introduction aux *PA*[1]. Echéance de trois billets, de 1600 francs, de 1500 francs, de.1010 francs[2].

4 VIII s 60 – La *BF* annonce la publication chez Lévy des *Commentaires d'un soldat*, de Paul de Molènes[1].

[4 VIII] s [60] – Lettre manquante, où B confesse à sa mère qu'il a détourné 1620 francs appartenant à P-M. Il devra maintenant trouver cette somme pour payer une dette de son éditeur. Pour éviter le choc que cette nouvelle causera à Mme A, B écrit une lettre [manquante] à Cardinne, curé d'Honfleur, pour qu'il vienne la réconforter B s'excuse auprès de sa mère d'une lettre qui a dû la peiner. Il souffre de l'estomac et ne parvient pas à dormir[1].

[env 5 VIII d 60] – B remarque une amélioration de l'écriture de C.-A. Baudelaire dans une lettre. Il en déduit que l'état de son beau-frère s'est amélioré, après son attaque d'apoplexie[1].

[5 VIII] d [60] – Le matin, B écrit à Mme A pour la supplier de ne pas lui enlever son affection maternelle[1].

[5 ou 6 VIII d ou l 60] – Lettres manquantes de Mme A à B et à Ancelle. Elle prie le notaire d'allouer à B les 1620 francs dont il a besoin pour payer le billet qui doit échoir le 9[1].

6 VIII l 60 – B écrit à Ancelle une lettre (manquante) pour lui dire qu'ayant reçu de Mme A l'autorisation de tirer sur son compte l'argent qu'il lui faut, ils devront aller ensemble à la Banque, à la Bourse ou chez un agent de change[1].

7 VIII ma 60 – Entre 1h et 5h de l'après-midi, B écrit à sa mère. Il attend Ancelle pour avoir ses 1620 francs mais celui-ci n'arrive pas. A 7h, B va a Neuilly mais Ancelle est sorti. Il l'attend jusqu'à 10h30 avant de rentrer à Paris[1]. A 11h du soir, il écrit à sa mère pour lui faire part de ces péripéties[2].

8 VIII me 60 – A 7h du matin, B va chez Ancelle en quête de son argent; il faudrait payer sa dette le lendemain[1]. Armand Fraisse fait, dans le *Salut public* de Lyon un compte rendu des *PA*[2].

9 VIII j 60 – De Lyon, Armand Fraisse envoie à B le compte rendu des *PA* qu'il a publié. Il lui demande s'il a suivi dans les journaux un procès récent à Saint-Cyr-au-Mont-d'Or, où a eu lieu un triple assassinat de femmes. Fraisse y voit une illustration de l'esprit de perversité analysé par EAP. Fraisse demande à B où se procurer l'extrait gras du haschisch, pour en faire l'expérience. Fraisse offre d'envoyer à B l'article de Louis de Laincel sur les *PA*, paru dans *La France littéraire, artistique, scientifique* de Lyon; Fraisse y voit "la plus parfaite nullité"[1].

[10 VIII v 60] – B apprend à Eugène Crépet qu'il vient d'être gravement malade mais qu'il sera dans quelques jours à sa disposition. La lettre de Victor Hugo au sujet des vers qui peuvent être cités dans l'anthologie proposée par Crépet l'attend chez Hetzel et il promet d'aller la chercher pour Crépet[1].

12 VIII d 60 – B dit à P-M qu'il vient de traverser une période d'atonie mais que maintenant il travaille convenablement. B lui envoie l'article d'Armand Fraisse et celui de Gustave Claudin, sur les *PA*. B a 32 nouveaux poèmes à ajouter aux *FM*, dit-il. Il demande à P-M de lui faire un billet de 500 francs, payable dans un mois[1]. B écrit pour remercier Joséphin Soulary des efforts qu'il a déployés auprès d'Armand Fraisse à propos de l'article sur les *PA*. Il réitère ses questions sur l'imprimerie Perrin[2].

[env 12 VIII d 60] – B remercie Armand Fraisse de sa lettre contenant aussi son article sur les *PA*, article qu'il remettra immédiatement à P-M. B réaffirme ses principes d'écrivain: la nécessité d'"exprimer avec beauté n'importe quoi". Il qualifie de "charlatan obscène" Jean-Jacques Rousseau et George Sand leur reprochant de se livrer dans leurs écrits à des confidences trop ultimes. B engage Fraisse à ne tenter aucune expérience avec le haschisch ou l'opium; il estime la première de ces drogues comme la plus dangereuse. B promet de lire dans la *Gazette des Tribunaux* l'article que recommande Fraisse. Il annonce son intention de partir bientôt pour Honfleur, pour Rouen et pour Alençon afin d'y faire de courts séjours[1].

13 VIII l 60 – B envoie à P-M, qui est à Granville en vacances, *L'Histoire de la raison d'état* de Ferrari[1].

[13 VIII l 60?] – Barbey d'Aurevilly s'excuse de ne pas avoir pu se rendre à un rendez-vous de B. Il devait voir une Anglaise de passage à Paris[1].

[env 13 VIII l 60?] – B voit Sainte-Beuve[1].

[13? VIII l 60] – B demande 300 francs à de Calonne. Il dit ne plus rien devoir au *Constitutionnel.* B voudrait se présenter au Chemin de fer de l'ouest en se recommandant du publiciste, pour demander un billet de passage gratuit. B informe de Calonne qu'il a vu Sainte-Beuve[1].

14 VIII ma 60 – B attend avec impatience la réponse de P-M à ses lettres, car il voudrait partir le 15 pour Honfleur. Mais P-M ne reçoit pas de courrier à Granville, où il est en vacances. Voyant que P-M ne répond pas, B s'efforce de trouver ailleurs [chez de Calonne] les fonds qu'il avait demandés à son éditeur. Il en trouve une partie[1].

[env 15 VIII me 60] – Joséphin Soulary fait savoir à B que les frais de l'imprimerie Perrin à Lyon sont assez élevés. B avait songé à y faire éditer les *PA*[1].

[15?] VIII me 60 – B écrit (lettre manquante) à la veuve Duriez pour demander si P-M a quitté Granville[1].

15 VIII me 60 – B écrit à P-M, qui est de retour à Alençon. Il ne leur reste à payer que 300 francs en échéances. B tient à les payer sur l'argent qu'il attend de Grandguillot, du *Constitutionnel.* B a l'intention de passer d'abord à Honfleur (d'où il enverra à P-M des morceaux à publier dans les *FM*), puis à Rouen, pour voir Flaubert et enfin à Alençon, avant de regagner Paris. Il n'a encore pu obtenir un permis pour voyager gratuitement en chemin de fer. P-M n'a toujours pas répondu au sujet de la préface des *FM*[1]. B signe une note pour des vêtements achetés chez Châlon, tailleur de la rue d'Amboise. Le total de ses dépenses (redingote, pantalon de soie, etc) sera de 555 francs[2].

16 VIII j 60 – A la réception, le matin, d'une lettre de son éditeur, B lui apprend qu'il a trouvé leurs 300 francs chez de Calonne. Comme il manque encore de l'argent, il voudrait que P-M lui donnât un billet pour une somme inférieure, mais pour un délai supérieur à un mois. L'argent de Calonne sera réclamé par l'un de ses créanciers. B révèle qu'il a terminé et livré au *Constitutionnel* son essai sur Guys, écrit payé d'avance[1].

17 VIII v 60 – B voit Deschanel, qui l'informe que lorsqu'il écrivait ses pages sur "les Excitants", il y avait glissé une page entière sur les *FM*. De Sacy l'avait biffée, en pensant que le *Journal des débats* ne pourrait pas parler d'un livre "flétri par

les tribunaux"[1].

[env 18 VIII s 60] – Lettre manquante de P-M à B, lui envoyant 300 francs[1]. Cet argent sera "volé" à B de ses créanciers[2].

18 VIII s 60 – Après avoir vu Pincebourde le matin, pour un problème d'argent, B écrit à P-M pour le remercier de l'envoi du billet. Il informe P-M que le ministre de l'Intérieur refuse d'estampiller les *PA*, ce qui fait que l'on ne pourra pas faire vendre cet ouvrage dans les gares de chemin de fer. Selon B, cette décision ministérielle résulte d'une remarque sur Armand de Pontmartin contenue dans sa note nécrologique sur De Quincey. Il y est question, à propos de ce dernier, d'une "grande folie de la morale"[1]. La *BF* annonce qu'Hachette publie *De Québec à Lima*, du vicomte de Basterot, qui trouve "étonnantes" les traductions d'EAP par B[2].

[env 18 VIII s 60] – B envoie à Jules de Saint-Félix un exemplaire de la première édition des *FM*, espérant que ce dernier, en sa qualité de fonctionnaire, pourra faire revenir le gouvernement sur son refus de donner l'estampille aux *PA*[1].

[env 20 VIII l 60] – B voit Bracquemond qui lui remet le deuxième état du frontispice des *FM*. B l'accepte sans le critiquer mais écrit à P-M pour lui exprimer son insatisfaction. Il l'envoie, annoté des deux côtés, à son éditeur. Au recto, il se déclare étonné que P-M ait laissé au graveur entière liberté pour le faire. B, au contraire, voudrait que Bracquemond copiât une gravure de Langlois. B voit Buloz, avec qui il se réconcilie et qui promet à B de publier plusieurs pièces inédites des *FM* avant leur parution en volume . Au verso de cette épreuve, B donne "l'ordre définitif des matières" des *FM*. Il conseille, pour les corrections de la seconde édition, qu'on aille chercher chez Castel deux exemplaires brochés de la première[1].

[env 21 VIII ma 60] – Mme A écrit à B au sujet de Becker et d'Andler, deux de ses créanciers; ils auraient commis un affront envers le poète, sans doute à propos d'une affaire financière[1].

[21 VIII ma 60] – Répondant à sa mère, B définit Becker comme "un voleur" et Andler comme "un drôle", disant qu'il leur a payé un total de 600 francs récemment en leur donnant les 300 francs de Calonne et les 300 de P-M. Il dit que le *Constitutionnel* est furieux contre lui. Le montant de ses dettes est actuellement de 40.000 francs; elles étaient à l'origine de 20.000[1].

[21 VIII ma 60?] – B a rendez-vous avec Barbey d'Aurevilly[1].

[22 ou 23 VIII me ou j 60] – B se rend aux bureaux du *Constitutionnel*, à la recherche d'argent[1].

24 VIII v 60 – P-M déclare, dans une lettre à Champfleury, que, comme tous les jeunes, ils ont aimé les excès. C'est ainsi que B portait des cravates rouges, des blouses bleues et des bagues de fer sur des gants améthystes[1].

25 VIII s 60 – Dans *Diogène*, Henry Delange cite (fictivement) B, qui demande si Blois est dans le département du "Lot-et-Charogne"[1].

[env 28 VIII ma 60] – Barbey d'Aurevilly demande à P-M deux exemplaires des *PA*; il voudrait faire un article à leur sujet[1].

28 VIII ma 60 – Barbey d'Aurevilly publie un chaleureux article sur les *PA*, dans le *Pays*. Il mentionne *L'Ivrogne*[1].

[fin VIII 60] – P-M revient à la charge à propos du frontispice de Bracquemond pour les *FM*. Ecrivant à B, il évoque aussi sa philosophie de l'histoire, laquelle traduit, selon B, ses idées de vieux révolutionnaire de 1848. P-M croit qu'à la suite de profondes modifications sociales les conflits dans le monde disparaîtront. Répondant à cette lettre, B s'oppose toujours au frontispice allégorique proposé par Bracquemond. Il suggère à P-M de couper simplement dans son texte la gravure de Langlois et d'en demander la copie à Bracquemond, sans qu'il n'y ajoute rien. B voit dans l'image en question le symbole littéraire par excellence, puisqu'il pense que toute littérature dérive du péché. B s'attend à ce que son étude sur Guys et celle sur "L'Art philosophique" soient bientôt publiées. Commentant les idées philosophiques de P-M, B les contredit et leur préfère celle de "l'harmonie éternelle par la lutte éternelle". B raconte avoir vu Ferrari à Paris. Comme exemples de la stupidité de l'esprit parisien actuel à propos de la politique italienne, B cite des mots de Paul Meurice, de Louis Jourdan, de Gustave Mathieu et de Léon Plée[1].

29 VIII me 60 – P-M fait savoir à Bracquemond qu'on a décidé de ne pas retenir son eau-forte comme frontispice des *FM*[1].

30 VIII j [60] – Le matin, B reçoit de P-M une lettre décourageante, avec des recommandations réitérées pour le 15 octobre (où il y aura pour 5.311 francs d'échéances de billets à payer). Essayant d'encourager son éditeur, B lui écrit pour dire qu'il a tous les poèmes inédits des *FM*, sauf la préface, *Danse macabre*, *Sonnets* [*sic*] *d'automne*, *Chant d'automne* (ces derniers dans la *Revue contemporaine*). Dans l'*Artiste*, il faudra chercher *Duellum*, dans le *Présent*, *D'Après Mortimer* et *Paysage parisien*. Il demande le concours de Paul Perret et de Suzanne Melvil-Bloncourt, sans doute collaborateurs du *Présent*. [Le numéro du *Présent* dont il parle est du 15 octobre 1857 et contient, avec les titres déjà notés, *La Rançon*,

Hymne et *A Une Malabaraise*][1].

30 VIII j 60 – Edouard Poulet-Malassis, frère cadet d'Auguste, entre comme partenaire dans la Société Poulet-Malassis et De Broise[1].

1 IX s 60 – Lettre manquante de B à A. Houssaye pour demander un numéro de l'*Artiste*. B voudrait y recopier le texte de *Duellum*[1].

[début IX 60] – Sur recommandation de Melvil-Bloncourt, B demande à Eugène d'Auriac, fonctionnaire à la Bibliothèque impériale, la communication des numéros du *Présent* à une personne chargée d'y copier ses écrits[1]. Puis B écrit à P-M (lettre manquante). Il rencontre Gélis, à la maison Didot, Gélis et Cie. Celui-ci lui demande des nouvelles de la situation financière de P-M. B lui répond que les affaires de ce dernier sont florissantes et que sa société va se transformer en accueillant un troisième collaborateur, (Edouard, frère de P-M). Gélis se montre curieux des transactions financières de la Maison P-M et De Broise, particulièrement dans le domaine des billets à ordre, ce qui pousse B à avertir P-M pour qu'il ne fasse rien qui lui nuise auprès de Gélis. B offre à P-M de s'occuper de cette affaire. L'autre solution serait que P-M parle lui-même à Gélis sans rien en dire à De Broise, pour le moment. B écrit à P-M à 2h30 pour dire ces choses[2].

2 IX d 60 – Dans le *Figaro*, Etienne Maurice publie un "Vaudeville turc en trois journées, mêlé d'orientales", qui a pour titre *Une Conspiration sous Abdul-Théo*. B y figure comme "Baudelaire-Asem, derviche-tourneur"[1].

7 IX v 60 – B rencontre Bracquemond et lui explique ses idées sur le frontispice allégorique des *FM*; il prie l'artiste de copier le squelette de la gravure de Langlois. A 7h du soir, B reçoit de Bichet une réclamation [sans doute pour le paiement d'un billet][1].

[env 8 IX s 60] – B lit une note relative à la nouvelle organisation de la maison P-M et De Broise. B discute avec Gélis du projet de financement du théâtre de marionnettes envisagé par Duranty. Gélis estimant qu'une telle affaire n'est pas à sa mesure propose une autre maison, plus modeste que la sienne. Pourtant, lorsqu'il apprend que le projet de Duranty pourrait aboutir à un théâtre plus important que prévu, il retire son offre. Duranty n'est d'ailleurs jamais allé voir Gélis à ce sujet[1].

8 IX s 60 – Ecrivant à P-M, B s'étonne que son éditeur prenne une si petite part à la réorganisation de la librairie, alors que De Broise et Edouard s'y adonnent complètement. B propose de voir Gélis avant l'arrivée de P-M, afin de le sonder et pour savoir s'il serait disposé à prendre en main le projet de financement de

la librairie. Alfred Delvau a informé B que P-M pense à monter une collection de livres à prix réduits. B se prononce pour des livres de meilleure qualité mais plus chers. Il voudrait également que P-M créât une boutique. Chez un "affreux marchand", B a découvert un dessin à la plume de Delacroix[1]. Dans *Diogène*, Ernest Adam prétend qu'au Café Riche, B raconte des histoires "aussi effrayantes que celles d'Edgar Allan Poe"[2].

13 IX j 60 – Le procureur général informe le garde des Sceaux de la maladie sérieuse de Claude-Alphonse Baudelaire[1].

14 IX v [60] – N'ayant pas reçu de réponse d'Arsène Houssaye, B lui envoie le matin un de ses amis pour recopier quelques-uns de ses vers dans l'*Artiste*, non pas *Duellum*, comme il avait dit dans sa première lettre, mais "autre chose"[1].

27 IX j 60 – B fait pour P-M le bilan de ses dettes envers lui: un total de 5.611 francs. Il lui envoie trois billets, deux de 1000 francs, un de 920 francs, en demandant à son ami de lui envoyer 920 francs dont 200 sont destinés à payer un billet d'Hostein et 500 un de Grandguillot. B se servira des 200 francs restants pour payer les frais de son installation à Neuilly[1]. Le soir, à 6h30, B écrit à P-M pour demander pourquoi son éditeur voudrait qu'il se porte garant d'un billet de 2920 francs payable à Alençon; il désire que P-M demande à Gélis de le faire[2].

30 IX d 60 – B a peut-être rendez-vous avec P-M au Café de la Gare[1]. Dell'Bricht, dans la *Revue bibliographique*, remarque que les traductions d'EAP par B se vendent à un rythme soutenu chez Lévy[2].

[avant X 60] – A Eugène Crépet, B écrit pour dire qu'il ira chez Gide aujourd'hui à 4h, qu'il a oublié l'adresse de Leconte de Lisle mais que Crépet pourra la trouver chez Pincebourde[1].

X 60 – Première représentation de *Rédemption* d'Octave Feuillet; B est censé y avoir assisté en compagnie d'Emile Blondet [pseudonyme de Paul Mahalin][1]. Achille Bourdilliat publie les *Quatre Poèmes d'opéra* de Richard Wagner: *Le Vaisseau fantôme*; *Tannhäuser*; *Lohengrin*; *Tristan et Iseut*, traduits par Challemel-Lacour et précédés d'une *Lettre sur la musique*. Cet ouvrage servira à B pour rédiger son *Richard Wagner et Tannhäuser à Paris*[2].

[X 60] – On reparle de la possibilité pour B d'être décoré, celui-ci préférerait un équivalent monétaire à toute décoration[1].

1 X l 60 – B doit retirer 500 francs au *Constitutionnel*. Il en utilisera 300 pour payer le billet qui échoit le 5 octobre[1].

5 X v 60 – Echéance d'un billet de 500 francs[1].

6 X d 60 – Dans *Diogène*, de Jallais et Avenel déclarent que B est domicilié à la Morgue[1].

8 X l [60] – B annonce à Mme A que les *FM* sont sous presse, qu'il travaille de nouveau le plan du *Marquis du 1er houzards* et qu'elle verra le 15 des poèmes de lui dans l'*Artiste*[1].

[env 10 X me 60] – Mme A décrit à B les dépenses qu'elle devra engager à Honfleur à la suite des éboulements de la falaise[1].

11 X j 60 – B écrit à Mme A qu'il attribue toutes ses difficultés financières au conseil judiciaire, car ses dettes se multiplient sans qu'il puisse les liquider, par le fait du cumul des intérêts. S'il ne se suicide pas, c'est à cause de Mme A et de Jeanne, qu'il ne veut pas laisser seules. S'il meurt avant sa mère, il tient à faire donner une rente à Jeanne. B a parlé avec le frère de Jeanne à ce sujet: il espère que cet homme lui viendrait en aide, si besoin était. B a envoyé les *PA* à "l'excellent" abbé Cardinne, confesseur de Mme A. Buloz lui offre d'entrer comme collaborateur à la *Revue des deux mondes*, dans l'hypothèse où B quitterait de Calonne. B doit, depuis plusieurs années, la somme de 15.000 francs à Arondel, son créancier depuis l'époque où il vivait à l'hôtel Pimodan; il doit sans cesse emprunter pour payer cette dette, ainsi que d'autres[1]. Duranty demande que B le reçoive le lendemain; il voudrait avoir sur lui des renseignements biographiques. Ecrivant sur cette même lettre, B répond qu'il ne pourra pas le faire avant le 16 du mois[2].

[automne 60] – Composition de *Fin de la journée*, seul poème inédit de la deuxième édition des *FM*[1].

12 et 13 X v et s 60 – Modification des statuts de la société P-M et De Broise[1].

13 X s 60 – B a rendez-vous à 11h du soir avec Hostein, mais le directeur du théâtre du Cirque oublie de s'y rendre[1].

[14 X d 60] – B avertit sa mère qu'il arrivera au Havre le lundi à midi. Il voudrait discuter avec elle de ses affaires[1].

[env 14 X d 60] – B écrit au bureau de l'*Artiste* pour demander qu'on lui fasse parvenir à Honfleur le numéro contenant ses poèmes[1].

[env 15 X l 60] – La *Revue anecdotique* annonce que P-M a loué une boutique au coin du passage Mirès et de la rue Richelieu[1].

15 X l 60 – B arrive à Honfleur[1]. Il demande de l'argent à Mme A, mais elle ne peut rien lui donner à cause des frais occasionnés par l'éboulement qui s'est produit dans son jardin[2]. Dans l'*Artiste* paraissent onze poèmes de B: *Horreur sympathique*; *Les Aveugles*; *Alchimie de la douleur*; *A Une Passante*; *Un Fantôme* [suite des sonnets: *Les Ténèbres*; *Le Parfum*; *Le Cadre*; *Le Portrait*]; *Chanson d'après-midi*; *Hymne à la beauté*; *L'Horloge* [3]. Echéance de trois billets s'élevant à un total de 5.3111 francs[4]. La *BF* annonce la publication des *Dessous de Paris* d'Alfred Delvau; l'auteur mentionne *Une Charogne*[5].

18 [X j 60] – B demande 500 francs à Grandguillot[1]. B prie P-M d'envoyer un exemplaire des *PA* à Camille Doucet. Il a reçu d'Hostein une lettre l'engageant à continuer son travail sur *Le Marquis du 1er houzards*. B doit 23.000 francs à sa mère. Il rentrera d'Honfleur avec 400 francs seulement, alors qu'il comptait sur 3.000 dont 1.000 étaient destinés à P-M. En réponse à une question antérieure de P-M, B identifie M. de la Chapelle non à un capitaine de frégate mais plutôt à un vieux professeur de rhétorique, dévot et malheureux[2].

19 X v 60 – A Honfleur, B rédige des notes biographiques pour Duranty. Ce dernier les utilisera pour faire sur B un article devant paraître dans *La France nouvelle*, projet littéraire biographique et critique qui échouera[1].

20 X s 60 – Une liste humoristique dressée par Henri Couvez dans *Diogène*, prédit que B sera de l'Académie française en 1880[1].

21 X d 60 – B quitte Honfleur pour Paris[1].

25 X j 60 – Dans la *Revue de l'instruction publique*, Arthur Arnould fait un compte rendu des *PA* et donne son opinion sur les *FM* et les traductions d'EAP[1]. Dans un article du *Figaro*, Alphonse Daudet soutient que B est prêt à vendre son âme au Diable. Encourent le même reproche: Gautier, About, La [danseuse] Rigolboche, Ernest Blum [vaudevilliste], [le petit] Duchesne [journaliste au *Figaro*][2].

27 X s 60 – *Le Squelette laboureur* paraît dans l'*Almanach parisien pour 1861*[1]. Edité par Pick, ce volume est annoncé à cette date par la *BF* et contient, également, la réimpression du "Divan Lepelletier" de Charles Monselet[2].

[X-XI 60] – B reçoit d'Arsène Houssaye la somme de 260 francs. Bien qu'il ait remis le manuscrit de son étude sur Guys à Grandguillot, du *Constitutionnel*, B suggère de le donner à Houssaye, pour l'*Artiste*, au cas où Granduillot refuserait de le publier. B envoie à Houssaye un reçu pour l'argent prêté. B propose à Houssaye quatre notices critiques, sur Hugo, Wagner, Barbey d'Aurevilly et Paul de Molènes[1].

XI 60 – Théodore de Banville dédie son livre, *La Mer de Nice*, à Marie Daubrun, qui est actuellement en Belgique[1].

[début XI 60] – P-M reçoit de Duranty des textes pour *La France nouvelle*. Ce projet littéraire de biographie et de critique devra être établi sous la direction de Champfleury et édité par P-M. P-M exprime à Champfleury son opinion à propos de ces textes: bien que la partie biographique soit bien faite et en général accept-able, la partie critique lui semble entachée d'un réalisme littéraire trop agressif pour plaire au public[1].

2 XI v 60 – Chez E. Crépet, B dessine une femme, non-identifiée[1].

3 XI s 60 – B envoie une jardinière en bois et en cuivre à sa mère pour sa fête. Ayant reçu d'Ancelle 350 francs au lieu des 900 escomptés, mais 300 francs "tout à fait inespérés", il a donné 650 francs à son hôtelier, à qui il en doit 900. B envoie à sa mère un très long article [peut-être celui d'Arthur Arnould paru le 25 octobre]. B songe à trouver un collaborateur pour son projet de pièce de théâtre[1]. La *BF* annonce la publication de *Gazetiers et gazettes*.... J.-F. Vaudin y évoque la légendaire excentricité de B[2].

[env 3 XI s 60] – B fait à quelqu'un [peut-être à Ange-Jean-Robert Eustache] des propositions en vue d'une collaboration théâtrale[1].

4 XI d 60 – La Saint-Charles/Sainte-Caroline[1].

4 ou 5 XI d ou l 60 – B reçoit Ferdinand Foucque, qui voudrait être recommandé auprès d'Eugène Crépet[1].

6 XI ma 60 – Première de *La Considération* de Camille Doucet; B demandera à Doucet deux places pour cette pièce[1].

[6 XI ma 60] – B écrit à de Calonne qu'il voudrait retoucher son article ("Peintres philosophiques"). Il vit dans le plus grand désordre en raison de son installation au 4, rue Louis-Philippe à Neuilly. Tout cela va retarder au 15 du mois la livraison de son étude[1].

8 XI j 60 – Le matin, B voit Paul Dhormoys, qui offe d'employer Ferdinand Foucque soit à la *Revue européenne* soit au *Monde illustré*. B demande à Eugène Crépet de transmettre à Dhormoys l'adresse de Foucque. Babou et P-M la connaissent. B considère Foucque comme un "esprit remarquable". B prie Crépet de lui envoyer toutes les bonnes feuilles de ses écrits qui sont en sa possession. B est en train de travailler à son étude sur Victor Hugo, pour Crépet[1].

[env 8 XI j 60] – B demande à Bourdilliat de donner à Foucque l'adresse de Paul Dhormoys. B pense toujours faire imprimer chez Bourdilliat un livre sur Wagner et une édition d'EAP[1].

9 XI v 60 – Edouard Poulet-Malassis, frère cadet de P-M, se retire de la société P-M et De Broise[1].

10 XI s 60 – Charpentier fonde la *Revue nationale* pour succéder au *Magasin de librairie*[1]. B doit avoir terminé son étude sur Victor Hugo pour Crépet[2].

13 XI ma 60 – Champfleury explique à Duranty pourquoi P-M et lui ont abandonné le projet de la *La France nouvelle*. Il rend à Duranty le manuscrit de sa notice biographique sur B, lui conseillant de le laisser pendant six mois ou un an[1].

[env 13 XI ma 60] – Malgré les conseils de Champfleury, Duranty adresse à P-M une réclamation à propos de sa notice sur B, qui ne sera pas imprimée par cet éditeur. P-M lui répond que ce texte est *inimprimable*. Il refuse, en outre, de renouveler le second billet à ordre de Duranty, comme celui-ci le lui demande. P-M a peur de compromettre son crédit renaissant; il pense que les largesses dont il a fait preuve tout au long de l'année ont failli le faire sombrer[1].

15 XI j 60 – Octroi de 200 francs d'indemnité littéraire à B pour les *FM*[1]. Il reçoit également 500 francs pour les *Curiosités esthétiques*[1].

17 XI s 60 – La *BF* annonce que la Librairie Nouvelle publie *Les Vignes folles* de Glatigny, qui contient *L'Impassible*, dédié à B[1].

[env 20 XI ma 60] – B fait savoir à Rigaud, correcteur d'épreuves chez Simon-Raçon, qu'il trouve de nombreuses fautes dans les épreuves des *FM*[1]. Trois lettres manquantes à de Calonne, à Crépet et à Grandguillot. B les avertit qu'il lui faudra encore un délai de 15 jours[2].

[20 XI] ma [60] – B attend pour 4h la visite de Robert Stoepel, musicien américain. Le soir, il le voit et discute avec lui le prix d'une traduction de Longfellow. Cette traduction ferait partie d'un récital en français d'*Hiawatha*, avec une musique de Stoepel. B, hésitant déjà à cause des frais de cette entreprise, espère pourtant recevoir 1500 francs pour ses traductions; il a déjà livré deux. Stoepel s'est adressé d'abord, pour ce projet, à Méry, puis à Emile Deschamps, à Henry Blaze, à Philoxène Boyer et enfin à Banville, qui lui a recommandé B. Vitu et les frères Escudier ont déconseillé à Stoepel la collaboration de B. B envisagerait la représentation de cette oeuvre à la Salle des Italiens. Pour la composition musicale, il songe à Emile Douay et, comme artistes chanteurs, à Gustave-Hippolyte Roger, à Charles Battaille et à Mlle Lauters. Mlle Judith serait chargée de la déclamation. Après avoir vu Stoepel, B décrit à P-M ses rapports avec le musicien, afin que son éditeur puisse traiter à sa place. Stoepel dispose de 7.000 francs pour la création d'*Hiawatha*, somme jugée insuffisante par B[1].

24 XI s 60 – Jules Desaux est nommé chef de la Division du Cabinet et des Etablissements scientifiques et littéraires[1].

[après le 24 XI s 60] – B se rend chez Camille Doucet. Il désire l'entretenir d'une indemnité littéraire qui lui serait allouée ainsi qu'à Constantin Guys, soit 500 francs à chacun. Doucet l'informe qu'il ne s'occupe plus des indemnités littéraires et lui conseille de s'adresser à Jules Desaux. Ils parlent de la pièce de Doucet: *La Considération*, pour laquelle B voudrait avoir deux places. B enverra un commissionnaire chez Doucet pour les chercher[1].

29 XI j 60 – Le garde des Sceaux rend compte au procureur général de la dépêche envoyée le 13 septembre et évoquant les difficultés suscitées par la maladie de C.-A. Baudelaire dans l'exercice de ses fonctions[1].

30 XI v 60 – Le procureur général fait remarquer au ministre de la Justice que C.-A. Baudelaire ne peut s'occuper d'un travail suivi, en raison de son mauvais état de santé[1]. Echéance d'un billet de 360 francs au nom Châlon, tailleur[2].

[début XII 60] – Wagner envoie à B son propre exemplaire de *Quatre Poèmes d'opéra*[1].

3 XII [l 60] – B apprend à de Calonne que le lendemain soir il aura réglé son affaire avec Stoepel, à son désavantage, d'ailleurs. Il demande au publiciste de bien vouloir payer le premier des deux billets qui tombent le 5 du mois; on renouvellera le second. B propose à de Calonne un article sur Chateaubriand, selon lui le "père du dandysme". Il compte sur la publication par Sainte-Beuve de son *Chateaubriand et son groupe littéraire* pour favoriser la vente de l'article proposé. De Calonne refuse de payer quoi que ce soit tant que B ne lui a pas donné de manuscrit[1].

[4 XII? ma 60] – B rédige une déclaration formelle à l'intention de Stoepel, stipulant son refus de voir figurer son nom sur le livret d'*Hiawatha*. Ce livret avait été rédigé à la demande de l'Américain. B allègue les conditions impossibles imposées à la version française du poème américain. Dans le cas où Stoepel se servirait de l'abrégé du poème fait par B, il doit en garder la forme intacte[1].

4 ou 5 XII ma ou me 60 – B remet à Gélis un billet de Calonne de 370 francs et 100 francs en espèces pour payer un billet qui doit échoir chez lui le 5. Gélis ne le

payera pas, car ce billet sera présenté à Alençon, chez P-M[1].

5 [XII me] 60 – P-M demande à B s'il doit lui procurer une délégation de ses droits au *Constitutionnel*. Dans cette même lettre, B apprend qu'Hetzel est intéressé par l'achat des droits de quelques-uns de ses ouvrages. B refuse cette suggestion de P-M, alléguant des raisons personnelles. Il veut continuer à avoir de bons rapports avec son éditeur. Puisque Wagner vient de lui envoyer ses *Quatre Poèmes d'opéra* le travail de B sur ce compositeur sera facilité. Cela rend donc logique la délégation de droits proposées par P-M. B passe cette journée à faire des visites d'affaires. Il a donné jusqu'ici huit bons à tirer à Simon-Raçon pour les *FM*, sans en recevoir d'épreuves. Stoepel est parti sans dire adieu mais il a envoyé à B une lettre (manquante)[1]. On présente un billet à payer chez P-M, à Alençon. Croyant que B l'a déjà réglé, P-M refuse de l'honorer[2].

6 ou 7 XII j ou v 60 – B tâche d'aller chez P-M[1].

[7 XII v 60] – B fait savoir à sa mère qu'une chance inespérée lui permettra de s'installer le 15 à Neuilly[1].

[env 10 XII ma 60] – Protêt probable du billet non-payé le 5 chez P-M[1].

[15 XII] s [60] – B déménage de son hôtel rue d'Amsterdam pour prendre un logement à Neuilly, 4, rue Louis-Philippe, où Jeanne Duval, hémiplégique, l'attend[1].

15 XII s 60 – La *BF* enregistre la publication chez Bourdilliat des *Quatre Poèmes d'opéra* de Wagner[1]. Wagner en enverra un exemplaire à B[2].

[20 XII j 60] – P-M ayant expliqué à B pourquoi il n'a pas payé le billet à Honfleur [billet protesté], B lui répond. Il trouve inquiétant que Gélis ne veuille pas dès maintenant fournir de capitaux pour le projet de librairie de P-M[1].

[env 21 XII v 60] – Méryon écrit à B à propos de sa collaboration aux *Vues de Paris*, suite de gravures. Cette lettre reste sans réponse[1].

21 XII v 60 – B écrit à Bichet que, sauf pour le paiement de 18 francs de frais, leur affaire [celle du billet protesté à Alençon], est arrangée. Il enverra 470 francs à P-M, qui les expédiera au banquier d'Alençon le soir[1]. Méryon essaie trois fois de voir B à son hôtel, sans y réussir. Il croit que B lui en veut, sans doute à cause de son entêtement quant aux notes concernant la suite de gravures[2].

30 XII d 60 – Guys demande la permission de venir voir B au 4, rue Louis-Philippe, à Neuilly, pour une affaire[1].

1861

1861 – Dillet publie à nouveau la critique des *FM* de Louis de Laincel, dans *Essai de critique en province*[1]. William Reymond, dans ses *Etudes sur la littérature du Second Empire français depuis le Coup d'Etat du Deux Décembre*, publiées à Berlin par Charisius, juge "excessive" la poésie de B[2]. Alphonse Legros dédie à B une suite d'*Esquisses à l'eau-forte* parue chez Cadart: "A mon ami Baudelaire"[3]. Legros fait une suite de planches (interrompue et non-publiée) pour illustrer les *HE*[4]. Liszt dédicace à B un exemplaire de *Des Bohémiens et de leur musique en Hongrie*[5]. Alphonse Pauly fait, dans la *Revue artistique et littéraire*, la critique des *Fleurs du bien* de Léon Magnier[6]. Date présumée du manuscrit du *Couvercle*, trouvé dans les papiers de Lacaussade[7] Manet travaille sur sa peinture: *Lola de Valence*[8]. G. Brunet, dans l'article sur De Quincey paru dans la *Biographie universelle*, éditée par Michaud, mentionne la traduction de B, mais sans nommer le traducteur[9]. Catulle Mendès demande à Wagner de collaborer à la *Revue fantaisiste*, qu'il dirige et à laquelle collabore B[10].

[1861] – Rodolphe Bresdin grave *Le Bon Samaritain* . B possède une épreuve[1].

[1861-1862] – B reproche à Eugène Crépet d'avoir voulu autrefois modérer ses sentiments à l'égard de Laprade, Le Vavasseur et Hégésippe Moreau. Pourtant B lui avait fait des promesses dans ce sens[1]. B laisse un mot chez lui pour Ph. Burty, étant obligé de sortir. La lettre de Victor Hugo reste introuvable; B l'aurait oubliée à Alençon ou à Honfleur, ou l'aurait mal rangée. B informe Burty qu'il a retranscrit les lignes concernant le graveur Méryon, pour les envoyer à l'artiste[2].

[1861-1863?] – B envoie un mot à Duranty pour lui rendre [quelque argent?] et regrette que "la misère persiste", pour expliquer sa manière de le faire[1].

[vers 1861] – Carjat photographie B en buste, avec une large cravate; puis, sans doute le même jour, à mi-corps. Nadar reproduit cette photographie[1]. Charles Giraud fait une caricature de B[2].

[1861?] – B envoie à P-M la recette d'un médicament contre les rhumes. Il est composé de lichen d'Islande et de sucre blanc. B mentionne l'opinion de Paul Duplessis sur ce traitement, sans autre précision[1].

[début 61] – B rédige la page XI du *Carnet*. Il a des dettes et des besoins d'argent qui se montent à 1600 francs; pourtant, 1200 lui suffiraient. B doit payer à Ravisé 500 francs, à P-M 150, à Torlot 200, à Jousset 200; il a besoin de 200 francs pour Jeanne et pour lui. Parmi ses dettes urgentes figurent celles de Ravisé, de Jousset, de Ducreux, de P-M et de Bohné. Jeanne Duval a un besoin immédiat d'argent, elle aussi. B compte toucher chez Texier, chez Lacaussade et chez Desaux un total de 900 ou de 1500 francs. Angel [Ange-Jean-Robert Eustache], Mme A, de Saux et le Casino doivent recevoir des lettres de lui[1]. B dépose à Jules de Saux, auprès du ministère de l'Instruction publique, une demande de 500 francs pour lui et de 500 pour Guys. Il accompagne cette demande d'un millier de dessins de Guys. De Saux reçoit très aimablement B et promet de le tenir au courant d'ici quelques jours[2].

[début I 61] – B envoie un sonnet à Arsène Houssaye pour qu'il soit publié par la revue de ce dernier, *L'Artiste*. Il se recommande auprès d'Houssaye afin qu'il publie certains de ses écrits dans *La Presse*. Houssaye vient d'en devenir le copropriétaire et le codirecteur. B reconnaît être incapable pourtant, d'écrire de longs romans en feuilleton, domaine privilégié, selon sa nouvelle direction, du journal[1].

1 I me 61 – Installé au 4, rue Louis-Philippe à Neuilly, B apprend à sa mère qu'il ne compte pas y rester. Il lui révèle que les *FM* sont achevées et qu'on est en train de faire la couverture du volume, ainsi que son portrait par Bracquemond. Mme A répondra à cette lettre[1]. *Recueillement* paraît dans la *Revue européenne*[2].

[2 ou 3 I l ou ma 61] – Lettre manquante de Mme A à B[1].

4 I v 61 – Souverain refuse d'escompter un billet de B, bien qu'il ait promis de le faire; il déclare que puisque B fait escompter des billets chez Schwartz, il doit aussi lui porter ce billet. B va chez Schwartz qui, moyennant 25 francs de frais, escompte deux billets de 500 francs[1].

[env 5 I s 61] – B va chez Lemercier, escompteur, où il compte avoir 500 francs. On lui demande la permission de prélever sur cette somme 200 ou 300 francs pour réduire une dette de 472 francs qu'il a envers Jean Morel. Cette dette remonte à 1859 et B la croyait payée. Il refuse tout prélèvement, renouvelle le billet de sa propre signature et en avertit Morel[1].

[5 I s 61] – A Neuilly, B accuse réception de la dernière feuille des *FM* envoyée par P-M. B tâche de faire escompter un billet de 350 francs. Pour ce faire, il hésite entre Gélis, Schwartz, Tenré et Jouhannaud (qui ne le connaît pas). B entretient P-M de ses problèmes concernant l'ancienne dette envers Jean Morel. B a remis à De Broise un total de 1860 francs, que ce dernier garde pour lui afin de payer les billets qui vont échoir le 10 janvier. B a eu avec De Broise une longue conversation à propos de la situation de la maison P-M et De Broise; B, malgré les difficultés actuelles, la trouve bonne[1].

5 I s 61 – Dans *Diogène*, Elie Faure remarque que P-M et De Broise sont installés

dans leurs nouveaux magasins, rue de Richelieu. Il parle des médaillons qui se trouvent dans leurs bureaux et cite B parmi les écrivains représentés. Pour Faure il s'agit des "principales célébrités de...[la] littérature contemporaine"[1].

[5 I s 61] – Lettre manquante à Jean Morel à propos du renouvellement d'un billet à ordre pour 500[1].

[env 5 I s 61] – B met sa mère au courant de ses difficultés à Neuilly avec le prétendu frère de Jeanne Duval. Cet homme refuse de contribuer à ses besoins, passe tout son temps chez elle, ne travaille plus, empêche B et Jeanne de vivre ensemble. Jeanne, très affaiblie, n'a aucune influence sur lui. Il manque à B 2140 francs sur les 4000 qu'il aura à payer le 10 janvier. Mme A répondra à cette lettre[1].

6 I d 61 – B reçoit 420 francs de Lemercier, ayant pris un nouvel engagement pour sa vieille dette envers Morel, dette dont Lemercier détient le billet. B essaie de faire escompter un billet de 350 francs chez Jouhannaud, qui refuse de le faire. B garde le billet pour le donner à un autre escompteur[1].

[env 7 I l 61] – B envoie à P-M une feuille d'imprimerie corrigée; elle contient le titre, faux-titre et table des matières des *FM*[1].

7 I l 61 – Le matin, B voit Bracquemond, qui lui parle du découragement de De Broise au sujet des affaires de la librairie. B apprend à P-M que De Broise possède maintenant 2280 francs des 4000 qu'il leur faudra dans trois jours. De Broise voudrait chercher de l'argent d'abord chez Gélis; B lui conseille plutôt d'aller chez Janet avant de voir Gélis. La mère de P-M est maintenant au courant des dettes de B; il propose que ses dettes envers son éditeur soient comptées parmi celles de la maison et réduites par une série de cessions successives. Il demande si P-M a reçu les feuilles de titre, faux-titre et table des matières des *FM*. B n'est pas satisfait du choix des caractères pour cette édition; ils lui paraissent trop petits[1].

9 I me 61 – B envoie à Bourdilliat un exemplaire de la première édition des *FM*, ["A M. Bourdilliat/Témoignage d'amitié/ C.B".], avec mention des pièces supprimées. Il fait allusion à l'épigramme, par Robert Pons de Verdun, sur "la bonne-mauvaise édition"[1]. Il va quérir de l'argent chez Michel Lévy[2]. Dans la *Gazette de France*, Ulrich Guttinguer, écrivant à propos du *Presbytère* de Nicolas Martin, prétend qu'il cherche depuis longtemps les *FM*, épuisées chez l'éditeur et introuvables. Il voudrait que B en publiât une deuxième édition[3].

[10 ou 11 I j ou v 61] – B quitte son logement à Neuilly, incapable de régler ses différends avec celui qui se dit frère de Jeanne[1].

10 I j 61 – Date d'échéances de billets pour un un total de 4000 francs[1]. Fondation de la revue *Le Papillon*[2]. B écrit à Jules Desaux, par l'intermédiaire de Camille Doucet, à propos de ses indemnités littéraires et de celles de Guys. Il vante tellement Guys qu'il va jusqu'à prétendre qu'il mérite encore plus l'indemnité que lui. B joint une note sur Guys destinée à Doucet. Il y prétend que Guys, artiste et homme de lettres, est mieux connu à Londres qu'à Paris. B a vu les dessins de Guys sur la campagne de Crimée, au jour le jour. Il révèle que Guys collabore depuis 1842 à la *Illustrated London News*, et que la mort de Herbert Ingram supprime cette source de revenu à l'artiste. Il trouve que Guys est l'égal, sur le plan artistique, de Gavarni, d'Eugène Lami et d'Horace Vernet. B ajoute qu'il a fait sur Guys "un très vaste et très complet travail", qui paraîtra prochainement dans le *Constitutionnel*[3].

11 I v [61] – A 6h du soir, de retour à l'hôtel de Dieppe, B écrit à sa mère qu'il lui est arrivé une chose dont il ne veut pas lui parler maintenant[1].

12 I s [61] – Crépet demande à B s'il pourra compter sur lui pour publier l'étude critique sur Victor Hugo[1].

[entre le 11 et le 13 I v-d 61] – B voit l'imprimeur Gide. Celui-ci n'attache pas d'importance au fait que B n'ait pas encore remis la notice critique sur Victor Hugo. Ce retard ne causera aucun embarras sérieux à l'imprimerie[1].

[seconde quinzaine de I 61?] – B écrit à un destinataire inconnu qu'il est de nouveau rue d'Amsterdam et qu'il pourra le voir dans trois ou quatre jours[1].

15 I ma 61 – *Les Sept Vieillards* paraissent dans l'*Artiste*[1]. B reçoit une lettre "désolée" de P-M[2]. *La Revue anecdotique* mentionne les médaillons des auteurs édités par P-M et De Broise[3]. La *Gazette des Beaux-Arts* parle du portrait de B par Lafont [sic], qui se trouve chez P-M et De Broise[4].

16 I me 61 – B, qui a remis à De Broise tout l'argent des billets, lui doit encore 230 francs. Il révèle à P-M que le frère de Jeanne Duval a insisté pour qu'il fasse une délégation sur sa fortune personnelle afin d'assurer les besoins de sa soeur. B dit avoir dépensé 129 francs en frais d'escompte[1]. B doit aller vendredi chez Bracquemond à Passy pour y faire graver son portrait, qui doit paraître, avec d'autres portraits (Balzac, Nerval, Wagner, Courbet) en frontispice du volume de Champfleury: *Grandes Figures d'hier et d'aujourd'hui*. B demande si Bracquemond pourrait venir chez lui, tant il est harassé par ses affaires[2]. B écrit à Jules Desaux pour l'avertir de sa lettre du 10 janvier à Camille Doucet. Il annonce à Desaux qu'il viendra le voir et lui recommande chaleureusement Constantin Guys, parlant de la note qu'il a remise à Doucet au sujet de l'artiste. B promet à Desaux

de lui donner de plus amples renseignements sur Guys, lors de leur rencontre[3].

17 I j 61 – B demande à Eugène Crépet un délai pour parfaire sa notice critique sur Victor Hugo[1].

[env 17 I j 61] – B dresse la liste des envois des *FM*. Pour lui-même, il voudrait 20 exemplaires, demandant à P-M combien d'entre eux seraient sur chine ou sur fil. Le service de presse est destiné à Paris, à la Belgique et à l'Angleterre, pour une partie, il est accompagné par une lettre de B: *Revue des deux mondes* (Buloz); *Revue européenne* (Lacaussade, Gustave Rouland); *Le Monde illustré* (Gozlan); *Le Moniteur* (Sainte-Beuve); *Journal des débats* (Deschanel, Cuvillier-Fleury); *La Presse* (Paul de Saint-Victor, Arsène Houssaye); *Le Pays* (Barbey d'Aurevilly); *Le Salut public* [Lyon] (Armand Fraisse); *Le Nord* (Jules Janin); pour une autre il ne comporte pas de lettre: *Revue contemporaine* (de Calonne); *Revue britannique*; *Le Correspondant* (B ne sait qui y désigner); *L'Illustration* (de Wailly, peut-être); *Le Constitutionnel* (Grandguillot, – A. Vitu écrirait une note, pense-t-il); *Le Siècle* (Taxile Delord); *La Patrie* (Edouard Fournier); *L'Opinion nationale* (Levallois); *L'Union* (A. de Pontmartin); *Gazette de France* (Guttinguer); *Revue anecdotique* (L. Larchey); *Revue de Genève*; *Le Figaro* (Ch. Monselet); *Journal amusant* (Nadar); *L'Artiste* (A. de la Fizelière). Est envoyé aussi un exemplaire avec une lettre à "De Ronsard" en raison des relations de Victor-Charles *Dronsard*, du ministère de l'Intérieur, avec 200 journaux. Le service de presse destiné à l'Angleterre comprend: *The Times*; *Thackeray's Cornhill Magazine* (avec une lettre); *The Examiner*; *The Spectator*; *The Athenaeum*; *The Literary Gazette*; *The Press*; *Frazer's Magazine* [sic]; *Blackwood's Magazine*; *Westminster Review*; *Edinburgh Review*; *Quarterly Review*. B prie P-M d'envoyer de sa part un exemplaire à Banville, à Gautier et à Leconte de Lisle. B a trouvé quelqu'un pour s'occuper de la distribution aux journaux de Londres. Il voudrait avoir communication de toute note qu'écrirait P-M sur l'édition, pour la faire passer dans une centaine de journaux de province[1]. P-M annote cette liste: il refuse à B les exemplaires sur papier fort, disant que B pourrait en tirer lui-même, à ses frais; il biffe, le jugeant inutile, le nom de Cuvillier-Fleury; la *Presse* ne doit recevoir qu'un seul exemplaire; pour Delord et Fournier, il faut avoir leur promesse d'écrire un article avant de donner quoi que ce soit; pour l'*Indépendance belge*, P-M suggère L. Ulbach; il croit inutile de rien demander au *Figaro*; tous les envois à Londres sont déconseillés par P-M qui refuse de les prendre à sa charge; enfin, P-M s'oppose au désir de B d'envoyer des exemplaires à Banville, à Gautier et à Leconte de Lisle, pensant que B pourrait le faire lui-même, avec ses exemplaires d'auteur[2].

18 I v 61 – Bracquemond passe la journée chez B à dessiner sur le vernis le portrait à graver; on ne se sert pas de photographie[1].

19 I s 61 – P-M demande à B s'il a fini sa correction d'épreuves[1].

[env 20 I d 61] – P-M demande à Bracquemond de faire des retouches au portrait de B[1].

[20 I d 61] – B dit à P-M qu'il a fini la correction des épreuves des *FM*. Dans la dernière bonne feuille il a relevé des fautes[1].

[fin I 61] – B fait tirer à ses propres frais quelques exemplaires sur papier vélin fort des *FM*[1]. Le tirage du volume est de 1500 exemplaires, dont 60 exemplaires de presse[2].

28 I l 61 – Mort d'Henry Murger[1].

31 I j 61 – La *Revue anecdotique* fait allusion au portrait de B par Lafond, qui se trouve chez P-M et De Broise[1].

[fin I ou début II 61] – B rédige, pour Eugène De Broise, une note sur son portrait par Bracquemond. Ce portrait est destiné à paraître dans *L'Artiste*, mais pas avant le 1er novembre 1862[1].

[II 61] – B écrit à Crépet pour lui dire de garder les 90 francs convenus, sans doute pour payer un écrit [la notice critique sur V. Hugo?]. Les *FM* ont occupé le temps de B à un point tel qu'il n'a pas pu veiller à son affaire avec Crépet[1]. Des exemplaires des *FM* sont envoyés à: Leconte de Lisle, "A Leconte de Lisle, vieille amitié"[2]; à Joséphin Soulary, "Témoignage d'admiration et d'amitié"[3]; "A Edmond Texier", avec les textes inédits indiqués dans la table des matières[4]; à Marie Daubrun[5]. A De Broise, B envoie une note explicative du portrait à remettre à l'*Artiste*[6]. L'exemplaire de Mme A est annoté par B pour indiquer que les poèmes nouveaux sont "faits pour le cadre". L'abbé Cardinne brûlera son exemplaire, malgré le fait que B y décèle une inspiration "catholique"[7]. B écrit à Crépet, disant qu'il a été malade tous les matins et occupé tous les après-midi. Cela l'a empêché de finir un travail pour Crépet. Il lui demande de ne pas disposer des 90 francs en faveur d'un autre; il a toujours besoin de la totalité de la somme. B déclare son intention d'aller voir Crépet le lendemain ou le lundi[8].

[II ou III 61] – B commence une lettre à Mme A, l'abandonne, puis la reprend le 1er avril. Dans la première partie de cette lettre, il réaffirme son affection croissante à son égard. Quant à lui, il exprime ses désirs de sécurité, de gloire et de satisfaction personnelle[1].

[première semaine de II 61] – Mise en vente de la seconde édition des *FM* au prix de 3 francs[1].

[début II 61] – B rencontre De Saux, du ministère[1].

1 II v 61 – Lorédan Larchey annonce les *FM* dans la *Revue anecdotique*[1]. *Danse macabre* paraît dans l'*Artiste*[2].

3 II d 61 – Charles Boverat, dans la *Causerie*, inclue B parmi les collaborateurs du *Corsaire-Satan* à l'époque où Murger y écrivait. Charles de Puyramant y évoque également les nouveaux locaux de la Librairie Poulet-Malassis et De Broise. Il parle d'une fresque où sont représentés tous les auteurs de la maison, dont B. Il annonce, lui aussi, les *FM*[1]. La Société des Jeunes Artistes fait entendre à Paris *La Marche des fiançailles* de *Lohengrin*[2].

8 II v 61 – De Calonne écrit à B à propos d'une dette de 1300 francs. Il prie B de la régler aussitôt que possible, le cas étant urgent[1]. Le soir, B attend avec impatience une réponse d'Armand Du Mesnil, pour une question d'argent[2].

9 II v 61 – Se servant du dos de la lettre qu'il vient de recevoir de Calonne, B écrit à Armand Du Mesnil. Il nie devoir payer la dette de 1300 francs à de Calonne, disant qu'il la couvrira par des manuscrits à publier: *M. Constantin G, – et généralement les peintres de moeurs*; *Les Peintres philosophes, ou l'art enseignant*; *Le Dandysme dans les lettres* (Chateaubriand, de Maistre, de Custine, Ferrari, Paul de Molènes, d'Aurevilly. - Analyse d'une faculté unique, particulière, des décadences); *Poèmes nocturnes* (essais de poésie lyrique en prose, dans le genre de *Gaspard de la Nuit*). Tout cela aboutira à un ensemble de six feuilles sans tenir compte des poèmes en prose, d'une longueur indéfinie. De Calonne sera payé avec ces textes, dit B et prie Du Mesnil de montrer [probablement à Gustave Rouland] cette lettre et de le sauver [sans doute en convaincant ainsi Rouland de lui octroyer des fonds][1]. Cette lettre sera transmise à Lacaussade, éditeur de la *Revue européenne*, pour qu'il réfléchisse sur la possibilité d'engager B comme collaborateur[2]. La *BF* annonce la deuxième édition des *FM*[3].

[env 9 II s 61] – Lettre manquante de Bourdilliat à B, dans laquelle il exprime des réticences quant à la publication des oeuvres de B, peut-être à cause de la concurrence avec Michel Lévy ou par suite des déclarations de quelqu'un [peut-être A. Weill] qui s'y oppose[1].

10 II d 61 – B remercie Bourdilliat de ses "offres gracieuses", disant qu'il lui apportera son étude sur Wagner. B tient toujours à une édition de luxe des oeuvres d'EAP. B, qui a emprunté 50 francs à Bourdilliat, promet de les lui rendre dans quelques jours[1]. Dans le *Constitutionnel*, Henri Desroches [pseudonyme de la vi-

comtesse de Saint-Mars], fait une critique admirative des *FM*[2].

12 II ma 61 – A Londres, Stoepel fait représenter *Hiawatha* à Covent Garden, puis retourne aux Etats-Unis[1].

15 II v 61 – Parution du premier numéro de la *Revue fantaisiste*, dirigée par Catulle Mendès[1]. Dans la *Revue anecdotique* Lorédan Larchey parle de "petit événement littéraire" à propos de la publication des *FM*; il les juge favorablement et loue le frontispice de Bracquemond[2]. Wagner écrit à B pour l'inviter à une répétition le mardi soir de *Tannhäuser*. Il le remercie également de sa sollicitude et lui affirme qu'il a pris toutes mesures pour éviter l'échec de son opéra[3].

17 II d 61 – Jules Drack, sous le pseudonyme d'A. Vermorel, critique les *FM* dans *La Jeune France*. B est défini comme le poète "le plus populaire de cette école malsaine". Cette critique s'accompagne d'une attaque, aussi sévère, contre *Les Vignes folles* par Albert Glatigny[1]. Mirès est arrêté par la Justice dans l'affaire du trust de la Caisse générale des chemins de fer[2]. La Société des Jeunes Artistes fait entendre, à Paris, une mélodie de Wagner[3].

18 II l 61 – A 17h, à la suite de l'intervention d'Armand Du Mesnil, B voit Lacaussade, directeur de la *Revue européenne*. Ils discutent de la participation de B à cette revue[1].

[18 ou 19 II l ou ma 61] – B écrit à de Calonne au sujet de sa dette de 1300 francs envers lui. Il pense la liquider avec des manuscrits[1]. B va voir Constantin Guys pour avoir des croquis à montrer à Jules Desaux, du Ministère. B en choisit un assez grand nombre, sur la Guerre de Crimée et sur la Révolution de Février, mais Guys insiste pour les nettoyer avant qu'ils ne soient présentés à Desaux[2].

19 II me 61 – B écrit à Desaux pour justifier son retard à lui apporter les échantillons du travail de Guys. Il prie Desaux de montrer au Ministre la demande d'indemnité qu'il a faite lui-même et il joint à sa lettre un exemplaire de la deuxième édition des *FM*. En outre, B refait pour Desaux sa note sur Guys, insistant sur la "grande naissance" de cet artiste, qui cherche même une place modeste au ministère de l'Intérieur pour vivre[1].

20 II me 61 – B se rend chez de Calonne pour lui parler, mais celui-ci est trop occupé pour le voir et n'a pas encore reçu sa lettre envoyée tout récemment. De plus, de Calonne pense que les obligations financières de B envers lui ne pourront plus être soldées par une remise de manuscrits à publier, que les choses sont allées trop loin pour cela. Il écrit à B pour le lui dire, en le priant de venir le voir ce jour-ci. Il faudra que cette dette soit payée dans deux jours. B enverra cette

lettre, comme la précédente qu'il a reçue de Calonne, à Armand Du Mesnil. Ce dernier la transmettra aussitôt à Lacaussade en le priant de venir en aide au poète, l'assimilant aux rédacteurs de la *Revue européenne*[1]. B se rend chez de Calonne pour expliquer comment il compte honorer sa dette[2]. Mort d'Eugène Scribe. On conseillera à B de se présenter à son fauteuil devenu vacant à l'Académie[3].

[21 II] j [61] – Le soir, B décrit pour Armand Du Mesnil la visite qu'il vient de faire à de Calonne. Ce dernier n'accepte toujours pas l'idée d'être payé en manuscrits; il tient à recevoir ses 1300 francs[1].

22 II v 61 – Le Procureur Général, Chaix d'Est-Ange, fait savoir au Garde des Sceaux qu'il a examiné les *FM* et qu'il n'y a pas trouvé matière à poursuite[1]. B apprend à Bellaguet qu'il n'a pas reçu la subvention de 500 francs demandée au mois de janvier; il dit qu'il voudrait quitter la *Revue contemporaine* pour la *Revue européenne*[2]. La dette de 1300 francs envers de Calonne devrait être acquittée[3].

[env 22 II v 61] – Bellaguet rédige une note favorable à la demande de subvention faite par B[1].

[III 61] – Mme A écrit plusieurs fois (lettres manquantes) à B, pour dire que Ducreux, un prêteur, lui a demandé de payer un billet pour son fils. Elle révèle que l'abbé Cardinne a brûlé l'exemplaire des *FM* que B lui avait envoyé à sa propre demande[1].

[début III 61] – Après avoir laissé un billet chez lui la veille (lettre manquante), B fait savoir à Lacaussade que *La Voix* et *Le Calumet de la paix* ont paru, qu'il l'a su ce matin et qu'il en est fâché, car il espérait donner ces poèmes à Lacaussade pour être publiés dans la *Revue européenne*. Le copiste de B est en train de terminer son étude sur Guys. De Calonne décommande deux articles sur les livres de B. Ce dernier a revu une fois de plus *Tannhäuser*. Il invite Lacaussade à venir voir son album de dessins de Guys[1].

III 61 – Une note d'Amédée Pichot sur les *FM* paraît dans la *Revue britannique*. Au "fantasmagorique" B des *FM* il préfère les *Poèmes et paysages* d'A. Lacaussade[1].

2 III s 61 – Dans l'*Illustration*, Léon de Wailly juge les *FM*, les trouve excessives, mais originales[1]. La *BF* annonce qu'on réimprime *Paris inconnu* de Privat d'Anglemont, on y lit *Sonnet. A Mme Anna B.*; *Vos Yeux sont-ils blonds, vos prunelles humides...*; *Avril*; *A Yvonne Pen-Moore*; *A Mme DuBarry*; ces poèmes seront attribués à B[2].

3 III d 61 – Dans *Moustique*, E.A. Deshorties fait l'éloge d'EAP[1].

[première semaine de III 61] – Les ayant gardés pendant un mois, B trouve enfin le courage d'envoyer à leurs destinataires les exemplaires des *FM* qu'il a reçus à cette fin[1].

10 III d 61 – Le matin, B va chez Wagner. Leur entretien porte sur Leconte de Lisle. B, Léon Leroy et Wagner se retrouvent le soir chez Tortoni[1]. Dans le *Papillon*, Emile Belcour loue les *FM*, soulignant leur caractère artistique peu commun[2]. *Le Journal de Honfleur* publie *Violette*, poème attribué à "Charles B...", mais écrit par Albert Sorel[3].

[env 10 III d 61] – B assiste à une des répétitions générales des concerts Wagner à l'Opéra. A la fin de cette répétition, il observe Paul Scudo, critique et adversaire de Wagner, qui se plante devant le bureau de contrôle au point de gêner la sortie de la foule. Là, Scudo exprime son opinion sur le compositeur allemand, en riant "comme un maniaque"[1].

12 III ma 61 – Henry Rochefort fait allusion, dans *Le Charivari*, au *Cas de M. Valdémar*[1].

13 III me 61 – Représentation de *Tannhäuser* à l'Opéra. Wagner retire son oeuvre après trois représentations[1].

15 III j 61 – Charles Bataille conteste, dans la *Revue fantaisiste*, le jugement favorable de B sur *Tannhäuser*[1].

17 III s 61 – Dans le *Journal amusant*, Alfred Delvau définit B comme "un fleuriste...pour cimetières"[1].

[env 18 III d 61] – B voit Sainte-Beuve, qui trouve que P-M a tort de rester à Alençon alors que les affaires de sa librairie exigent sa présence à Paris. P-M est en province pour veiller à l'impression du livre de Hatin, *L'Histoire politique et littéraire de la Presse en France...*[1]. B voit De Broise, à qui il demande pourquoi son portrait n'a pas paru à l'*Artiste* et pourquoi il n'a pas reçu d'épreuves de ce portrait retouché[2].

18 III l 61 – B compose l'essai, "Richard Wagner et *Tannhäuser* à Paris"[1]. Deuxième représentation de *Tannhäuser* à l'Opéra[2]. Dans la *Presse*, Paul de Saint-Victor écrit un article hostile à Wagner[3].

[env 18 III l 61] – B voit Sainte-Beuve. Ils parlent de P-M, que le lundiste trouve "fou" de rester à Alençon[1].

[après le 18 III l 61] – B revoit *Tannhäuser*[1].

19 III ma 61 – Dans la *France littéraire*, Louis de Laincel attaque les *FM* en les comparant défavorablement aux poésies élégiaques de Mlle Fleurentin[1].

[env 20 III me 61] – B demande à Aimé Blaisot, secrétaire de la *Revue européenne*, l'envoi de deux jeux d'épreuve de son article sur Wagner; il en gardera un et fera ses corrections sur l'autre[1]. B demande également à Blaisot de lui envoyer le manuscrit de l'article[2]. B parle à Hetzel de l'escompte de billets que celui-ci tient de B et de P-M. Hetzel se dit inquiet à propos des affaires de la maison Malassis, il estime qu'elle risque de connaître des difficultés. On lui a parlé d'effets restés en souffrance. Hetzel a vu suspendre ses paiements par son banquier: il se sert maintenant, une fois par mois, du Comptoir d'escompte et prendrait volontiers les billets de P-M, malgré le fait que ce comptoir ait refusé une première fois, le banquier d'Hetzel les ayant finalement acceptés. Hetzel offre à B de faire escompter de leurs billets en Belgique mais B croit que la maison belge à laquelle il s'adresserait vient de faire faillite, à la suite de l'affaire Mirès. Hetzel offre de publier les *Réflexions sur quelques-uns de mes contemporains*, ainsi que les *Curiosités esthétiques*, d'ici quelques mois. Il voudrait toutefois changer le titre du dernier ouvrage, présentant "un bouillon". Après une discussion avec De Broise, B et Hetzel décident d'aller voir d'autres escompteurs: Lemercier, que B ira voir; Schwartz, que verra l'autre. Cela devra être fait avant qu'ils ne retournent chez Hetzel. B rédige une note à l'intention de P-M, qu'il remet à Eugène De Broise. Il informe P-M qu'à la fin du mois, au plus tard au 10 avril, Hetzel présentera leurs billets pour paiement. Ce dernier ne veut pas courir le risque de ne pouvoir payer à temps une dette personnelle, par le fait qu'on refuse d'escompter des billets de B et de P-M, le laissant à court d'argent. P-M écrit à B, qui lui répond qu'il sera nécessaire que P-M emprunte sur ses ressources personnelles de quoi payer, le 25 mars, 1850 francs en billets échéant à cette date. La "navette", dit B, sera impossible pour répondre à ce besoin. Si P-M lui-même ne peut faire accepter ses billets par Gélis ou chez Lemercier, il pourra peut-être les y faire passer par un autre. En tout cas B, qui se trouve actuellement poursuivi pour un total de 1900 francs, ne pourra rien faire lui-même. Quant à ses activités littéraires, B, qui avait craint une "espèce de maladie à la Gérard [de Nerval]", réussit pourtant depuis quatre ou cinq jours à écrire. Il s'attend à ce que sa dette, bien que grossissante, soit payée par une édition de luxe des oeuvres d'EAP et par ses propres écrits sur le théâtre. B remarque que *L'Artiste* n'a publié ni son portrait par Bracquemond ni la note qu'il a rédigée pour l'accompagner[3].

20-22 III me-v 61 – De 10h du matin à 10h du soir, B travaille à l'imprimerie d'E. Panckoucke. Il y "improvise" son étude sur Wagner[1]. Cela l'éloigne de ses idées de suicide qui le poursuivent depuis deux mois[2].

21 III j 61 – Wagner écrit à la hâte à B pour dire qu'il est normalement chez lui après 8h du soir ou jusqu'à 1h de l'après-midi; son adresse est 3, rue d'Aumale[1].

22 III v 61 – En sortant de l'imprimerie, B rencontre De Broise, qui l'accable de reproches pendant un quart d'heure. Sur les 1900 francs que B doit rembourser, il en a déjà versé 500[1].

24 III d 61 – Troisième et dernière représentation de *Tannhäuser* à l'Opéra[1].

25 III l 61 – Echéance de trois billets: 1000 francs chez Tenré; 500 francs chez Schwartz; 350 francs chez Gélis[1]. A 17h B va chez Hetzel pour lui demander d'attendre jusqu'au lendemain son argent. B n'a pas encore reçu les billets promis par P-M[2]. Dans la *Correspondance littéraire*, Laurent Pichat donne une critique des *FM*; il reconnaît le talent de B mais souhaite qu'il montre plus d'intérêt pour le Progrès et l'Utilité[3]. "Olympe" [Audouard] attaque Richard Wagner, dans le *Papillon*[4].

[fin III 61] – B voit A. Vacquerie, qui lui vante le personnage de Zorzo, brigand mercenaire, de sa pièce *Les Funérailles de l'honneur*[1].

29 III v 61 – A 17h, B écrit à sa mère qu'il a été malade et qu'il n'a pas vu Jeanne Duval. Il a envoyé à Mme A le numéro de la *Revue contemporaine* contenant *La Voix* et *Le Calumet de paix*. B avoue que depuis deux ans il s'occupe souvent de musique[1].

[29 III] v [61] – Paul Meurice fait savoir à B qu'il a une place dans la loge de sa femme, pour la première des *Funérailles de l'honneur* au théâtre de la Porte-Saint-Martin le lendemain. Il l'invite également à dîner avant la représentation[1].

[30 III s 61?] – B répond à l'invitation de Meurice en donnant un prétexte "absolument invincible" de ne pouvoir s'y rendre; il compte pourtant voir cette pièce[1].

[env 31 III d 61] – B assiste à une représentation des *Funérailles de l'honneur*. Philibert Rouvière y joue[1].

31 III d 61 – Jeanne Duval vient voir B pour lui dire que, pendant qu'elle était dans un hospice, son frère (qui l'y a fait mettre), a vendu une partie de son mobilier; elle devra en vendre le reste pour acquitter ses dettes[1].

[fin III 61] – B écrit à Ducreux, créancier, pour lui demander de ne plus tourmenter Mme A au sujet d'une dette[1].

[fin III ou début IV 61] – B conseille à Wagner (lettre manquante) de répondre aux critiques d'Olympe Audouard dans *Le Papillon*. Wagner refuse, et dit qu'il aura la possibilité de demander à'a Victor Cochinat, de la *Causerie*, de publier quelques-uns de ses écrits. Il révèle à B qu'il n'a gagné que 700 francs pour son opéra alors qu'il lui a coûté 300.000 francs. Wagner est reconnaissant de l'appui de la jeunesse dans laquelle il inclue B. Par contre Aubert et Joseph d'Ortigue font preuve d'incompréhension. Catulle Mendès a reçu la promesse de Wagner qui publiera *Lettres sur la musique* dans la *Revue fantaisiste*. Wagner considère B et Léon Leroy comme ses amis[1].

[première semaine de IV 61] – *Les Funérailles de l'honneur* d'Auguste Vacquerie disparaissent de l'affiche, au théâtre de la Porte-Saint-Martin. B en parlera dans *Richard Wagner et Tannhäuser à Paris*, déplorant que le public n'accepte pas cette pièce[1].

1 IV l 61 – La *Revue européenne* publie "Richard Wagner et *Tannhäuser* à Paris"[1]. Ayant reçu une lettre (manquante) de sa mère, B y répond en reprenant la lettre ébauchée quelques semaines auparavant. Il lui décrit le piteux état qui est le sien depuis trois mois, sa tentation de mettre fin à ses jours. Il est retenu par le désir de régler ses dettes envers elle, la volonté d'achever la publication de ses oeuvres et surtout le besoin pressant de terminer en trois jours son essai sur Wagner. De plus, il trouve une raison de vivre dans *Mon Coeur mis à nu*, ouvrage où il compte "entasser toutes [ses] colères". B propose à sa mère de prendre la moitié de son capital pour payer ses dettes, réduisant ensuite ses revenus de moitié. Il lui demande la somme de 200 francs, car il se trouve sans argent en ce début de mois. Il est poursuivi pour un total de 2000 francs de billets à ordre[2].

2 IV ma 61 – B a une entrevue avec Dentu à propos de son étude sur Wagner. Il promet à cet éditeur de lui donner ce texte le jeudi, accompagné d'un supplément, sur lequel il travaille encore[1].

[3 IV me 61] – B remercie sa mère pour les 300 francs qu'elle lui a envoyés et lui fait parvenir l'article sur Wagner paru dans la *Revue européenne*. Le supplément à cet article n'est pas encore achevé et on le lui réclame. Il consent à ne pas exiger d'excuses de l'abbé Cardinne, qui a brûlé les *FM*.[1] Un arrêté du ministère alloue à B la somme de 300 francs[2].

[4 IV j 61] – Leconte de Lisle demande à B un exemplaire de la deuxième édition des *FM*, pour en écrire un article dans la *Revue européenne*[1]. B félicite Auguste Vacquerie de sa pièce, *Les Funérailles de l'honneur*. B, fortement impressionné par cette pièce, déclare son intention de la revoir, pour "étudier une fois de plus tout le mécanisme moral de la chose"[2]. B écrit à E. Crépet pour lui dire qu'il a suivi son conseil à propos de Dentu et de sa brochure sur Wagner. B accepte le délai offert par Crépet [à propos des notices littéraires?] et promet d'être discret[3].

6 IV l 61 – Dernière date possible de l'avertissement de l'octroi de 300 francs par le ministère de l'Etat[1].

7 IV d 61 – Dans la *Causerie*, Charles Boverat annonce la publication des *FM*[1].

8 IV l 61 – Date portée par "Encore quelques mots", supplément à *Richard Wagner et Tannhäuser à Paris*[1].

[9 IV] ma [61] – De chez Ernest Reyer, B écrit à P-M pour lui demander un petit délai pour les premiers 300 francs. Reyer lui a offert deux fauteuils pour l'opéra, *La Statue*, dont il a composé la musique[1].

9 IV ma 61 – B a 40 ans[1].

10 IV me 61 – Victor Hugo remercie B de l'envoi de la deuxième édition des *FM*[1]. Un billet de 1100 francs échoit chez Hetzel[2].

[10 IV?] me [61?] – Le soir, écrivant à Reyer, B lui demande de ne pas l'oublier pour le lendemain [à propos d'une demande de places pour *La Statue*]. Pour les "meubles", il tient quitte Reyer, déclarant qu'il en inventera qui seront pourtant inférieurs à ceux du compositeur[1].

11 IV j 61 – B a pu assister à une représentation de la *Statue*[1].

13 IV s 61 – La *BF* annonce la publication par P-M d'une réédition de *La Vie et pensées de Joseph Delorme*, de Sainte-Beuve[1].

14 IV d 61 – La *Presse théâtrale et musicale* commence la livraison d'extraits de *Richard Wagner et Tannhäuser à Paris*[1].

15 IV l 61 – Wagner apprend à B qu'il a été plusieurs fois chez lui, sans le trouver. Il éprouve une immense satisfaction à propos de l'article de B et tient à le lui dire de vive voix[1].

[env 15 IV l 61] – Wagner voit B et le félicite d'avoir si bien compris *Tannhäuser*[1].

17 IV me 61 – Leconte de Lisle écrit à Laprade qu'il prépare un article sur B[1].

21 IV d 61 – La *Presse théâtrale et musicale* donne sa deuxième livraison (sur trois) d'extraits de *Richard Wagner et Tannhäuser à Paris*[1].

27 IV s 61 – La *BF* annonce la publication de la *Biographie universelle ancienne et moderne* de Gustave Brunet; on y fait allusion à B[1].

29 IV l 61 – B recommande Rodolphe Bresdin à Théophile Gautier[1].

[fin IV 61] – Publication en plaquette par Dentu, au prix d'un franc, de *Richard Wagner et Tannhäuser à Paris*[1]. Rencontrant Villiers de l'Isle-Adam pour la première fois, B reste quelque temps en sa compagnie avec d'autres amis. Villiers, selon son propre aveu, boit trop, ce qui n'empêche pas B de lui envoyer un exemplaire de *Richard Wagner...* ainsi que la deuxième édition des *FM*. Villiers répond par une lettre chaleureuse où il lui exprime son admiration[2].

[fin IV ou début V 61] – B est saisi. On s'empare de l'album de dessins de Guys qui pourtant ne lui appartient pas. Le banquier, Gélis, demande à B ce qu'il compte faire pour se tirer d'affaire[1].

[V? 61] – De jeunes peintres (Fantin-Latour, A. Legros, Emile-Auguste Carolus-Duran, Félix Bracquemond) et des écrivains (B, Champfleury, Duranty) se rendent chez Manet, et lui expriment leur admiration pour sa toile: *Le Guitarerro*[1].

[V 61] – Villiers de l'Isle-Adam rencontre Wagner chez B[1]. B envoie à Flaubert *Richard Wagner...*, dédié "A mon ami Gustave Flaubert"[2].

[début V 61] – La princesse de Metternich, femme de l'ambassadeur d'Autriche, demande à Nadar la plaquette de B sur Wagner. Il y est question d'elle. Sans commenter ce qu'écrit B, elle rend le livre, non-coupé, à Nadar[1]. B remarquera ce silence[2].

1 V me 61 – Ouverture du Salon de 1861[1]. Catulle Mendès loue, dans la *Revue fantaisiste*, l'article de B sur Wagner[2]. Dans l'*Artiste*, Valery Vernier regrette qu'on néglige la deuxième édition des *FM*, car il estime que B est "à l'avant-garde des progrès de l'art"[3].

[env 1 V me 61] – A Paul de Saint-Victor, B envoie un exemplaire du *Richard Wagner...*, demandant une simple annonce dans la *Presse*. Il est conscient que de Saint-Victor n'aime pas la musique de Wagner [v. 18 III l 61]. Mais B profite de cette occasion pour prier de Saint-Victor de mentionner la deuxième édition des *FM* ainsi que les *PA* dans ses articles. Pour lui, il met de côté un exemplaire sur grand papier et sur le point d'être broché des *FM*. B recommande à de Saint-Victor la visite du Salon pour les dessins de Rodolphe Bresdin[1].

2 V j 61 – Dans le *Figaro*, Alphonse Duchesne reconnaît la grandeur de l'art de B mais trouve ses sujets blâmables[1]. B tombe "sérieusement malade": réapparition de son ancienne infection syphilitique[2]. B envoie 30 francs à Gélis, somme destinée à compléter le paiement du premier billet que de Calonne doit régler pour lui. B propose de liquider cette dette envers Gélis par des remboursements mensuels, de montants inégaux (50, 100, 200 francs), en raison de ses revenus irréguliers. Il demande à Gélis d'essayer de faire rembourser à de Calonne les frais et intérêts occasionnés par cette affaire[3].

3 V v 61 – Echéance des deux derniers billets que de Calonne doit payer pour B. B compte sur la promesse de Gélis qui doit s'occuper du paiement[1].

4 V s 61 – La *BF* enregistre la publication de *Richard Wagner et Tannhäuser à Paris*[1].

5 V d 61 – La *Presse Théatrale et musicale* donne sa troisième et dernière livraison du *Richard Wagner...*, en en omettant la postface[1]. La *Jeune France* signale, sans commentaire, la brochure sur Wagner[2].

[6 V l 61] – B révèle à P-M qu'il a détourné pour son propre compte 800 francs appartenant à l'éditeur. Cet argent était chez Gélis, en billets. Celui-ci a donné un peu plus de 200 francs, lorsque B lui avait apporté l'argent de P-M; mais, anxieux, il a tout dépensé. Pour combler ce trou, B donnera à P-M l'argent de "la revue" du 15 et du 22; il informera Dentu et Lacaussade de ce retournement. S'il n'était pas malade, B ferait un procès à Stoepel. En attendant, il espère avoir l'aide de la Société des Gens de Lettres[1]. Dans une longue lettre à Mme A, B propose de venir la voir à Paris et lui expose son intention de lui emprunter 10.000 francs afin de liquider ses dettes les plus pressantes. Il fait état de difficultés causées par sa maladie, la santé de Jeanne Duval, et l'affaire Stoepel. Il déclare n'avoir donné que 7 francs à Jeanne depuis son départ de Neuilly[2].

[7 V ma 61] – Auguste Vacquerie écrit à B pour le remercier de sa lettre sur *Les Funérailles de l'honneur*; il le félicite de son étude sur Wagner[1]. B voit P-M, dont il recherchait la visite à la suite de leurs problèmes financiers. Il en informe sa mère et lui dit également que sa santé s'améliore[2]. B envoie à P-M une lettre pour Lacaussade, disant que celui-là a droit à l'argent de ses articles; il la joint à un exemplaire de *Richard Wagner...*, dédicacé[3].

8 V me 61 – B remercie Mme A de son envoi de 500 francs. Il espère pouvoir obliger Stoepel à payer sa dette en demandant l'intervention de l'ambassade des

Etats-Unis[1].

10 V v 61 – Paul Verlaine écrit *Aspiration,* imitation/pastiche d'*Elévation,* de B[1].

[env 10 V v 61] – B rencontre Mme Wagner: elle lui apprend que Liszt a apprécié la brochure sur son mari et voudrait rencontrer son auteur. B se rend chez ce compositeur mais ne le trouve pas. Il lui laisse un mot pour lui dire qu'il reviendra avant le 20[1].

11 V [s 61] – De Calonne informe B qu'il est saisi à cause de lui: il a signé un billet de 300 francs à sa place. Les reçus que B lui a donnés n'ont pas été faits à son nom, ce qui l'empêche de s'en servir pour effectuer ce paiement. Il demande à B de s'en occuper au plus vite chez Gélis, pour que de Calonne fasse payer les frais et retirer le billet. Il promet d'attendre B le lendemain et le lundi pour résoudre leur problème[1].

12 V d 61 – Charles Valette approuve, dans la *Causerie,* le jugement de B sur Wagner[1]. Dans la *Presse théâtrale et musicale,* Robert Hyenne déclare partager l'opinion de B sur Wagner et trouve son étude "remarquable"[2]. Dans le *Figaro,* Firmin Maillard annonce une vente dans laquelle figurent des autographes de B[3].

[env 13 V ma 61] – B apprend à Lacaussade qu'à la suite de ses dettes envers de Calonne, il est saisi, l'informant qu'on a même confisqué tous les dessins de Guys, qui pourtant ne lui appartiennent pas. Il trouve comique que Mme de Calonne eût demandé au huissier qu'on le mette à Clichy. Il demande à Lacaussade une avance sur le paiement de l'article sur Guys et voudrait que ce publiciste annonçât dans son journal la parution de sa brochure sur Wagner[1].

14 V ma 61 – Mort d'Ange-Jean-Robert Eustache[1], avec qui B voulait collaborer dans le domaine théâtral[2].

15 V me 61 – Dans la *Revue fantaisiste,* Charles Revert loue l'article sur Wagner. Dans le même numéro paraît *Madrigal triste*[1]. Duranty fait imprimer une affiche où il annonce le concours de B, ainsi que d'autres, pour son théâtre de marionnettes. Cette affiche ne sera pas utilisée[2].

17 V v 61 – Dans *Diogène,* une critique enthousiaste paraît sur les *FM,* écrite par Ernest d'Hervilly[1].

18 V s 61 – B signe avec Eugène Crépet un contrat lui permettant de publier ses *Notices littéraires* dans la *Revue fantaisiste,* en donnant à Crépet un pourcentage d'un tiers sur leur paiement[1].

19 V d 61 – Dans *Diogène*, Jules Claretie fait une allusion satirique au Diable qui lit les *FM*[1]. Dans le *Figaro*, Lemercier de Neuville donne une recette satirique d'un "Salmis de cadavres à la Baudelaire"[2]. Dans le *Charivari*, Albert Wolff suggère, en badinant, un tableau pour le Salon de 1863 avec notamment B en aide-de-camp de Wagner[3]. B assiste à l'inauguration du Théâtre des marionnettes de Duranty aux Tuileries, à l'invitation de celui-ci[4].

21 V ma 61 – Ancelle, qui a rendu visite à B, ne veut pas lui donner d'argent. B l'a amené dîner. B dit avoir fini le travail pour Stoepel, travail pour lequel il n'a pas un contrat. Jeanne Duval a fui Neuilly[1].

[24 V v 61] – P-M doit absolument recevoir 1000 francs de B le soir[1]. B passe un contrat avec P-M et De Broise, en leur cédant le droit exclusif de reproduction de ses travaux littéraires parus et à paraître jusqu'à l'amortissement de sa dette envers eux (5000 francs)[2].

[env 20-25 V l-s 61] – Ecrivant à P-M, B accuse Eugène Crépet de l'avoir traité de haut. Il menace de retirer tout ce qu'il a écrit si Crépet ne lui permet pas de publier ses *Notices littéraires* avant leur parution dans l'anthologie éditée par Crépet[1].

25 V s 61 – Dans la *Correspondance littéraire*, Laurent-Pichat donne un compte rendu défavorable des *FM*[1].

[env 25 V s 61?] – Optimiste quant à la résolution de ses problèmes financiers, B écrit à Mme A. Il doute pourtant qu'Ancelle consente à l'affaire des 300 francs et à l'augmentation de 1.000[1].

26 V d 61 – Dans la *Causerie*, Charles Valette fait une critique ambiguë de la deuxième édition des *FM*. Il rapporte que B a assisté à l'inauguration du Théâtre de marionnettes de Duranty, aux Tuileries[1].

[27 V l 61] – B avoue à sa mère qu'il a demandé 500 francs à Ancelle, pour les donner à P-M. Il envoie à Mme A deux plateaux qu'il a achetés pour elle. B vient de comparaître devant le comité de la Société des Gens de Lettres pour déposer dans l'affaire Stoepel. B voudrait que la Société fît un procès à Stoepel qui n'a pas voulu rétribuer sa traduction de Longfellow[1].

28 V ma 61 – B écrit à Frédéric Thomas, auteur, avocat et chroniqueur de la Société des Gens de Lettres. Il le met au courant de l'affaire Stoepel[1].

30 V j 61 – B écrit à Mme A pour dire qu'il lui a envoyé 500 francs[1]. Dans une

critique des *Vignes folles* de Glatigny, *La Revue anecdotique* désigne B et Karski comme les chefs du groupe auquel appartient A. Glatigny, dont on critique les *Vignes folles*[2].

31 V v 61 – Mme A reçoit les 500 francs que lui envoie B[1].

VI 61 – Dans la *Bibliographie catholique*, Amédée Gabourd fait un compte rendu des *FM*, recommandant à B d'écouter les conseils de la sagesse et de la raison[1].

[VI 61?] – B informe E. Crépet qu'il n'aura plus qu'à corriger son article sur Dupont, les notices sur Borel et sur Levavasseur n'en ayant pas besoin[1].

[VI ou été 61?] – B répond à Eugène Crépet qu'il avait souhaité revoir toutes les citations de la poésie [de Victor Hugo?] (et peut-être d'en ajouter une) [dans' son étude sur ce poète?]. B a besoin d'exemplaires des *Contemplations* et de *La Légende des siècles*. Il autorise Crépet à supprimer la "note à ajouter" s'il la trouve superflue[1].

[env VI 61] – B donne à Paul de Saint-Victor un exemplaire de la deuxième édition des *FM* avec une dédicace: "témoignage d'amitié", en indiquant dans une note les noms des poèmes supprimés en 1857. B répertorie dans la table des matières toutes les pièces nouvelles et déclare que toutes les anciennes ont été remaniées[1].

1 VI s 61 – Dans la *Revue fantaisiste*, Albert Glatigny publie ses *Nostalgies galantes* où sont reproduits deux vers de *Chanson d'après-midi*[1]. La *BF* annonce qu'Ernest Feydeau publie *Sylvie*, roman dont le héros, Schanfara, est censé être une représentation satirique de B[2].

2 VI d 61 – Dans la *Causerie*, Albert de la Fizelière loue l'étude de B sur Wagner[1]. Dans l'*Actualité*, Charles de Lorbac corrobore le jugement de B sur Wagner. Dans le même journal, une lettre à de Lorbac demande de ce dernier son appui afin d'assurer une quatrième représentation de *Tannhäuser*. Il serait souhaitable que B et Champfleury participent au projet[2]. Dans *Moustique*, Léon Dubourg cite B parmi ceux qui ont assisté à la première représentation du théâtre de Polichinelle (de Duranty, aux Tuileries)[3]. Rencontre de B et d'Eugène Crépet. Celui-ci lui conseille de changer le texte de sa notice sur Levavasseur (v. *infra*). Aux termes de l'accord, signé par B, Crépet recevra un tiers du prix de la publication des notices littéraires par la *Revue fantaisiste*[4].

3 VI l 61 – Crépet envoie à B les épreuves des notices sur Borel et sur Levavasseur. Il redemande que B change les cinq premières lignes concernant Levavasseur afin de ne pas le blesser (il s'agit d'une description du sujet de l'article "presque nu,

se tenant dangereusement en équilibre sur un échafaudage de chaises"). Crépet observe que B doit lui remettre une partie de la somme reçue pour ce qu'il a publié dans la *Revue fantaisiste*, comme convenu entre eux, craignant que B ne trouve d'autres usages pour cet argent, sous la pression des événements[1].

[env 4 VI ma 61] – B envoie à P-M la lettre de Crépet, dont il se sert pour écrire la sienne, pleines de reproches à l'égard de Crépet, qu'il accuse de manquer de parole. B soupçonne en outre Crépet d'être capable de détourner cet argent à son profit[1]. B informe Crépet qu'il s'est remis le matin à écrire sa notice sur Victor Hugo. Il a essayé d'avoir des épreuves des notices sur Barbier, sur Gautier et sur Leconte de Lisle mais il n'en a pas trouvé d'acceptables chez Claye, l'imprimeur. B voudrait avoir une bonne épreuve des notices sur Moreau et sur Marceline Desbordes-Valmore avant que Crépet ne les fasse décomposer. Il croit toujours inutile de faire composer la notice sur Dupont ou celles sur Levavasseur et Borel, car Crépet y trouverait sûrement de quoi être choqué[2].

6 VI j 61 – A l'imprimerie on composte une deuxième épreuve des *Poètes français* abondamment corrigée par B[1].

9 VI d 61 – Dans *Diogène*, Jules Pelpel donne "une recette pour devenir poète", citant comme exemples Hugo, Lamartine et B[1].

[env 10 VI l 61] – B, bien qu'il ait consenti à supprimer pour Crépet tout ce qui, dans ses notices, puisse paraître "trop âpre et [qui puisse] blesser les gens", prie cet éditeur de ne plus protester quant au caractère trop intime de sa description de Levavasseur. Il propose d'ajouter une note au texte de la notice sur Marceline Desbordes-Valmore et demande que Crépet remette au porteur de sa lettre un volume des poésies de Pierre Dupont, dont il a besoin pour compléter une citation[1].

[env 15 VI s 61] – B envoie une caisse chez sa mère à Honfleur[1].

15 VI d 61 – La *Revue fantaisiste* publie la notice de B sur Victor Hugo, première de la série: "Réflexions sur quelques-uns de mes contemporains"[1]. Pour ce travail, B reçoit 300 francs; il en laisse 100 chez P-M pour être remis à Crépet selon leur contrat du 18 mai[2]. Louis Martinet fonde le *Courrier artistique*, auquel B soumettra son article sur Daumier, celui-ci sera refusé par Martinet[3].

16 VI d 61 – Dans la *Causerie*, Charles Valette donne un compte rendu de *Sylvie*, roman d'Ernest Feydeau. Il se demande où l'auteur a bien pu trouver le modèle d'un poète comme Anselme[1].

[env 19 VI me 61] – B reçoit d'Eugène Crépet une lettre disant qu'il manque des épreuves corrigées des notices littéraires. B, inquiet, essaye de voir Mme Crépet (qui est absente) et va ensuite chez Claye, l'imprimeur, où l'on n'a rien reçu[1].

19 VI me 61 – B apprend à sa mère qu'il a vu Jaquotot deux fois et qu'il a remis à ce dernier les 100 francs d'une dette qu'il avait déjà payée, l'argent n'étant pas parvenu à son destinataire. Il informe sa mère de l'envoi d'une caisse à Honfleur[1]. B fait savoir à Crépet que P-M garde pour lui les 100 francs qu'il lui doit, que toutes les notices littéraires sont chez lui, remaniées mais qu'il voudrait lire les quatre dernières après correction, avant de quitter Paris[2].

21 VI v 61 – B annonce à sa mère que presque toutes ses affaires à Paris sont terminées[1].

[été 61] – B rédige la page IX du *Carnet*, dressant la liste de ceux à qui il propose de remettre un peu d'argent: M. de P., Cadart, Hardi, Martin, Bohné, Goepp, Lejosne, Duranty, Cladel, Guys, Porée. Il voudrait donner 300 francs à Jeanne Duval, 300 à sa mère, 360 à Lemercier, 143 à Ducreux, 300 à P-M, 600 à Jousset[1]. P-M envisage une troisième édition des *FM*, de luxe. Il engage Bracquemond et Soutain pour en faire les illustrations et espère montrer cette édition à l'Exposition de Londres de 1862. P-M écrira trois fois à Bracquemond au sujet des illustrations de ce livre[2].

29 VI s 61 – La *BF* annonce la publication, par Hachette, de la deuxième édition du *Dictionnaire des contemporains* de Gustave Vapereau. On y lit un article sur B[1].

31 VI d 61 – *Diogène* publie des sonnets qui semblent être des pastiches de B[1].

[VII 61?] – B propose à Martinet un article sur Daumier, en lui remettant un texte écrit sur feuillets sans double. Martinet trouve que cet écrit risque d'attirer la désapprobation des autorités (Napoléon III et Walewski, en l'occurrence) et le refuse. B lui répond qu'il faut donc le supprimer mais qu'il se considère comme *infaillible* et qu'il trouve Martinet trop timide. Il prie Martinet de garder ses feuillets pour lui[1]. B envoie à P-M une liste d'épigraphes latines pour les *FM*. Il lui parle des illustrations de ce volume[2].

VII 61 – Paulin Limayrac, avec qui B est en de bons termes, devient rédacteur-en-chef du *Pays*[1].

1 VII l 61 – La notice de B sur Marceline Desbordes-Valmore paraît dans la *Revue fantaisiste*[1].

9 VII ma 61 – B envoie à Louis Bellaguet une lettre de félicitations pour sa nomination, au mois de juin, au poste d'inspecteur de l'enseignement primaire. Il lui demande de ne pas oublier, avant de quitter le ministère, l'indemnité demandée pour Guys. Pourtant, ce n'est pas à Louis Bellaguet, mais à son cousin germain, Frédéric, que cette nomination a été décernée[1].

10 VII me 61 – Ayant reçu de Mme A une lettre (manquante), B lui explique pourquoi il arrivera plus tard que prévu à Honfleur: argent à recevoir; désordre dans l'impression des épreuves de "Réflexions sur quelques-uns de mes contemporains;" discussion avec un ministre à propos d'une mission à Londres (pour cela il faudrait que B restât à la *Revue européenne* au lieu de la quitter pour la *Revue des deux mondes*); nécessité d'être présent lors de la restauration des deux Greuzes, du Boilly et d'autres dessins, travail presque achevé même si les surfaces ne sont pas encore sèches; attention qu'il porte au frontispice proposé pour l'édition illustrée, à 25 francs, des *FM*. B envoie à sa mère "une petite marionnette" [peut-être une version primitive du frontispice en squelette de Bracquemond, pour les *FM*], disant qu'il ne comprend rien au procédé par lequel la photographie, utilisée pour produire cette image, se fond à la gravure, qu'elle est censée permettre. B trouve insolite ce que lui dit Mme A à propos de Mme Bâton. Révélant à sa mère son intention de se porter candidat à l'Académie française, il suggère l'idée que son conseil judiciaire risque de lui nuire[1].

11 VII j 61 – B répond à l'auteur d'un article sur son essai: "Richard Wagner et *Tannhäuser* à Paris". Cet écrivain, non-identifié, est connu de B et lui est *redevable*. B ressent une impression pénible à la lecture de propos malveillants envers le compositeur allemand[1].

15 VII l 61 – La *Revue fantaisiste* publie les études de B sur Auguste Barbier, Théophile Gautier et Petrus Borel[1]. Dans le *Journal des baigneurs* (Dieppe), Charles Coligny affirme que Delacroix ne sait pas bien peindre les femmes[2].

18 VII j 61 – Dans le *Journal des baigneurs* (Dieppe), Eugène Gervais répond à l'article de Charles Coligny. Il cite B, qu'il appelle "un critique infiniment subtil". S'il veut être mieux renseigné, Gervais lui conseille la lecture de la critique baudelairienne[1].

19 VII v 61 – Catulle Mendès est condamné à un mois de prison et à 500 francs d'amende pour sa comédie: *Roman d'une nuit*. B assiste à l'audience, en compagnie de Méry, Léon Gozlan, Flaubert, Banville, Boyer. Tous sont habillés très convenablement. Le procès a lieu à la IXe chambre correctionnelle[1].

23 VII ma 61 – B voit Catulle Mendès. Il lui demande s'il peut emprunter sur une

somme de 1500 francs que lui doit la *Revue fantaisiste* pour ses notices littéraires;
il reçoit une réponse affirmative[1].

[env 25 VII j 61] – Répondant à la lettre de B où il expose ses projets académiques,
Mme A essaye de l'en dissuader (lettre manquante). B fait envoyer à Honfleur une
seconde caisse[1].

25 VII j 61 – B demande à sa mère de lui prêter 500 francs sur l'argent qu'il attend
de la *Revue fantaisiste*. Il doit payer trois billets s'élevant au total de 700 francs et
il n'en a que 200. Un choix s'impose pour lui maintenant, aller à Londres en mission
gouvernementale pour la *Revue européenne* ou faire un travail pour la *Revue des
deux mondes*. Il préfère le dernier mais dit qu'il ferait le voyage en Angleterre à
ses propres frais. B s'abonne à un établissement de douches à eau froide; il se
trouve en très bonne santé, "admirablement bien". Il informe sa mére de l'envoi
d'une seconde caisse à Honfleur, contenant les tableaux qu'il a fait restaurer: un
de Greuze, un de Boilly et le portrait de son père[1]. Le *Figaro* publie une anecdote
sur B et Barbey d'Aurevilly, rapportée par Théophile Gautier[2].

[env 26 VII v 61] – B rencontre Lenglet, qui désire se rendre chez Mme A à la
mi-août[1].

27 VII s 61 – B remercie sa mère de l'argent qu'elle lui a envoyé à sa demande et la
prie de ne pas ouvrir les caisses qu'il a expédiées: elles contiennent des oeuvres d'art
fragiles. A Honfleur, elles seraient à l'abri des huissiers[1]. Franz Liszt redemande
à sa fille deux exemplaires de *Richard Wagner et Tannhäuser à Paris*[2]. Echéance
d'un billet de 300 francs[3].

[env 30 VII ma 61] – L'imprimeur de la *Revue fantaisiste* communique à B la
neuvième feuille d'*Aux Amours éternelles*, de Léon Cladel et dédié à B[1].

30 VII ma 61 – Echéance d'un billet de 400 francs[1].

[30 ou 31 VII ma ou me 61] – B propose à Léon Cladel de revoir avec lui les épreuves
d'*Aux Amours éternelles*, pour en corriger les fautes de style[1].

[VIII 61?] – B rencontre Champfleury, qui lui demande comment il pourrait avoir
un exemplaire des *Poètes français*. B écrit à Crépet pour dire qu'il a répondu de
sa bonne volonté dans cette affaire et lui donne l'adresse de Champfleury, pour
qu'il lui fasse parvenir le volume[1].

[VIII 61] – B rédige la page VIII du *Carnet*. Il devra écrire à Goepp, à Porée, à
Ancelle, à Vitu, à Rosier et à Mendès. Il a presque terminé ses études sur Delacroix

et sur Guys; il pense que cinq jours seront nécessaires pour les achever. D'autres projets ("Peintres de mode", "Les Dandys", "Eureka", les "Poèmes-en-prose", ses "Réflexions" et un drame) sont moins avancés. Il compte écrire des nouvelles pour Buloz, Texier, Limayrac, Houssaye et Grandguillot[1].

1 VIII j 61 – Cladel, très heureux de la lettre de B, attend ses épreuves [d'*Aux Amours éternelles*] pour le mercredi prochain. B est en train de corriger la deuxième partie des *Martyrs ridicules*, de Cladel; ce dernier lui demande de la remettre au porteur, si le travail est terminé[1]. Les notices sur Banville et sur Levavasseur paraissent dans la *Revue fantaisiste*. On y lit également un article d'Henri Cantel sur H. Babou au cours duquel B est mentionné[2]. Dans la *Revue des deux mondes*, Armand de Pontmartin qualifie l'imagination de B de "malade". Cependant, il refuse les termes d'impie et d'immoral[3].

2 VIII v 61 – Dans *Diogène*, Jules Pelpel fait une allusion humoristique aux "poésies pestilentielles" de B[1].

[6 VIII ma 61] – Ayant appris d'Aimé Blaisot que la *Revue européenne* attache une grande valeur à ses manuscrits, B l'informe qu'il lui apportera dans deux jours son étude sur Guys, relue et remaniée quatre fois[1].

7 VIII me 61 – Léon Cladel reçoit les épreuves de son livre: *Aux Amours éternelles*; il les corrige avec B[1].

[env 8 VIII j 61] – B écrit à Delacroix pour se renseigner sur sa technique de peinture murale. Il veut se documenter en vue d'une étude sur les peintures murales de Saint-Sulpice[1]. Delacroix ne répondra pas à cette lettre avant le 8 octobre, ne connaissant pas l'adresse de B[2].

14 VIII me 61 – Dans la *Revue des deux mondes*, Armand de Pontmartin écrit que les vrais poètes de la société moderne sont de Laprade, Joseph Autran, Edouard Grenier. Pour lui, la littérature contemporaine ne peut prendre en compte des écrivains tels que Leconte de Lisle ou B[1].

15 VIII j 61 – La *Revue fantaisiste* termine la publication de *Réflexions sur quelques-uns de mes contemporains* avec les notices sur Dupont et sur Leconte de Lisle. Dans le même numéro paraît la nouvelle de Léon Cladel: *Aux Amours éternelles*, dédiée à B[1].

17 VIII s 61 – Aimé Blaisot réclame l'article sur Guys, promis le 6 août pour le 8 du mois[1].

[env 17 VIII s 61] – B avoue à Lacaussade, directeur de la *Revue européenne*, qu'il n'a pas fini son étude sur Guys. Il promet de l'apporter le lendemain ou le surlendemain. En attendant, il offre à Lacaussade des sonnets: *Prière d'un païen*; *Le Rebelle*; *L'Avertisseur*; *Epigraphe pour un livre condamné*[1].

[21 VIII me 61] – B demande à Lacaussade un délai de quelques heures pour la livraison de son étude sur Guys. Il envoie à Lacaussade *Aux Amours éternelles*, en lui recommandant Léon Cladel[1].

25 VIII d 61 – Au *Figaro*, Théophile Silvestre qualifie de "métalliques" les phrases de B[1].

27 [VIII] ma [61] – B n'ose pas prendre le risque d'attendre les 500 francs promis par Catulle Mendès, préférant porter un billet de P-M chez un escompteur. Il propose à son éditeur d'aller le lendemain chez Tenré, Gélis et Schwartz avec un ou deux billets de P-M pour couvrir cette somme. Ayant à toucher de son propre chef un reliquat de 1000 francs, B pense ainsi pouvoir rembourser à l'avance ce ou ces billets de P-M. B attend la visite de Léon Cladel à 3h et d'une autre personne à 7h. Il demande à P-M s'il a abandonné l'idée d'une troisième édition des *FM*[1].

28 VIII me 61 – B passe chez P-M le matin pour prendre un billet de 300 francs ou deux de 500, afin de les porter chez des escompteurs. Il rend à P-M l'ouvrage de l'Abbé de Montfaucon de Villars, *Le Comte de Gabalis*[1].

[IX-début X 61] – B rédige la première page du *Carnet*. Il répète les noms de Dentu, Lacaussade, Ravisé, Texier ainsi que ceux de Calonne, Neuville et Torlot. Il ajoute ceux de Buloz, Blaisot et Pourtonet. Toutes ces notations semblent avoir un rapport avec ses dettes. B a besoin de 2500 francs, dont 600 pour Jousset, 300 pour Jeanne Duval, 500 pour payer des billets, 300 pour Mme A et 300 pour P-M. Chez Jousset se trouvent des lettres qu'il attend. Sur cette page du *Carnet*, les noms de Hood, Guys, Cladel et Mendès sont inscrits. B envisage d'écrire sur le dandysme et sur les peintures de moeurs (ou de modes). En mentionnant Guys, il semble faire allusion à ses poèmes en prose[1].

1 IX d 61 – B envoie à Mme A 200 francs qu'il a obtenus de la *Revue fantaisiste*, cette petite somme lui ayant été octroyée en raison de ses difficultés. Catulle Mendès, son éditeur, est revenu tout récemment de Bordeaux [où il cherchait sans doute des fonds pour renflouer ce périodique]. B souffre d'"un coup d'air" mais il est tout de même obligé d'aller faire des recherches au Louvre, au Musée des dessins. Il envoie à sa mère deux numéros de revues: l'un, la *Revue des deux mondes*, contient l'article de Pontmartin "Les Poètes et la poésie en France en 1861;" l'autre, la *Revue fantaisiste* ses notices sur Leconte de Lisle et Pierre

Dupont[1]. Dans la *Causerie*, Eugène Moret reproche à B de ne pas se prendre au sérieux[2]. La *Revue fantaisiste* annonce la parution prochaine de "Dandys, dilettantes et virtuoses", de B[3].

2 IX l 61 – B voit Rapetti, principal employé aux archives de l'Empire, chargé de classer les documents napoléoniens. Il informe B que Mme A a droit aux sept volumes de la Correspondance de Napoléon Ier. Il faut qu'elle réclame ceux qui lui manquent. B pense que la chose est importante[1].

[mi-IX 61] – B touche, de son propre chef, un reliquat de 1000 francs[1].

14 IX s 61 – La *BF* annonce la publication chez Pagnerre de *L'Histoire dramatique et littéraire de l'année* de Jules Janin. L'auteur y observe que les *PA* sont "écrits en belle prose"[1].

15 IX d 61 – La *Revue européenne* publie *La Prière d'un païen, Le Rebelle, L'Avertisseur* et *Epigraphe pour un livre condamné*[1]. La *Revue fantaisiste* donne "Peintures murales d'Eugène Delacroix à Saint-Sulpice"[2].

18 IX me 61 – Wagner informe Gasperini du retard de son opéra *Tristan und Isolde*, à Vienne. Il le prie d'informer Champfleury et B de ne pas se déplacer, comme ils en avaient l'intention[1].

29 IX d 61 – P-M avertit Crépet qu'il est propriétaire de l'étude de B sur Banville; il rappelle à Crépet que s'il voulait la réimprimer, il faudrait traiter avec lui[1]. Dans la *Causerie*, Emile France se moque de Catulle Mendès, le classant dans la même catégorie qu'Asselineau, Banville et B[2].

3 X j 61 – Jour considéré comme important dans le *Carnet*[1]. Mariage de Charles Barbara avec Marie Emilie Scherry, fille naturelle d'Eugène Scherry. Il a 44 ans, elle 21[2].

6 X ma 61 – Dans le *Tintamarre*, Jules Le Sire attaque divers écrits, notamment les *FM*[1].

8 X ma 61 – E. Delacroix remercie vivement B de son article "Peintures murales d'Eugène Delacroix à Saint-Sulpice". Ne connaissant pas l'adresse de B, il envoie cette lettre aux bureaux de la *Revue fantaisiste*; Delacroix est à Champrosay[1].

15 X me 61 – Dans la *Revue fantaisiste*, B publie sa préface aux *Martyrs ridicules* de Léon Cladel[1]. Dans ce même numéro paraît "Les Oubliés du XIXe siècle" de Fortuné Calmels. Il y est question d'Aloysius Bertrand[2].

20 X d 61 – Dans le *Figaro*, A. Legendre rapporte une anecdote sur B, Champfleury et une dame qui semble casser la vaisselle de ceux qui l'invitent[1].

24 X j 61 – Emile Deschamps écrit à Asselineau une lettre dans laquelle il loue l'art de B [à propos, vraisemblablement, de sa préface aux *Martyrs ridicules*][1].

25 X v 61 – A Marly-le-Roy, Asselineau fait la préface du *Paradis des gens de lettres*. B est mentionné deux fois[1].

26 X s 61 – La Bibliothèque Impériale reçoit *Les Aventures de Mlle Mariette* de Champfleury. Dans la première édition du livre paraît *Les Chats*, anonyme et sans titre[1].

31 X j 61 – Dans le *Figaro*, Aurélien Scholl cite une anecdote sur B et les parentes de Philibert Rouvière, auxquelles le poète aurait raconté la fin choquante de *L'Ivrogne*[1].

[XI 61-II 62] – B fréquente Austin's Railway Hotel, 26, rue d'Amsterdam[1].

[XI-XII 61] – B retire un châle en cachemire, cadeau de sa mère, au Mont-de-Piété. Il en avait obtenu 300 francs. Il pense le vendre pour 1000 francs mais trouve que les prix des châles sont trop bas pour l'heure. Il le remet en gages mais ne reçoit que 100 francs cette fois-ci[1].

[XI 61] – B fait une visite à la *Revue des deux mondes*, où il est bien reçu. Ensuite, il se brouille avec Buloz, à qui il écrit une lettre coléreuse[1]. B écrit à Mario Uchard pour dire le plaisir qu'il a eu à lire son roman *Raymon*. Il fait de cet ouvrage une critique rapide mais pénétrante, en comparant sa deuxième partie à une conception de Godwin. Pour lui, ce "compliment est vif"[2].

1 XI v 61 – La *Revue fantaisiste* publie les poèmes en prose: *Le Crépuscule du soir*; *La Solitude*; *Les Projets*; *L'Horloge*; *La Chevelure*; *L'Invitation au voyage*; *Les Foules*; *Les Veuves*; *Le Vieux Saltimbanque*[1]. La *Revue européenne* donne *Recueillement* et annonce la publication prochaine de *Dandys, dilettantes et virtuoses*[2].

5 XI ma 61 – Répondant à un correspondant anonyme, B s'excuse de n'avoir pas lu les compositions en prose envoyées par cette personne. Quant aux poèmes qui les ont accompagnées, B les trouve loin d'être prêts à imprimer[1].

6 XI me 61 – B donne à Legros une lettre de recommandation à porter chez Rouvière. Legros voudrait faire le portrait de l'acteur en costume de théâtre.

Comme oeuvres de Legros, B cite à Rouvière *L'Angélus*, *L'Ex-voto* et *La Vocation de Saint-Antoine*[1]. On rédige sur P-M une note concernant sa demande de brevet de libraire pour remplacer De Broise. Dans les rangs du gouvernement on n'oublie pas son passé révolutionnaire et sa condamnation pour diffamation mais on remarque qu'il n'a plus refait parler de lui. On note qu'il dirige le *Journal d'Alençon*, journal pro-gouvernemental[2].

7 XI j 61 – B promet à Lacaussade que son article sur Guys sera prêt avant le 15, et il le remercie de l'envoi de ses livres, *Poèmes et paysages* et *Les Epaves*[1].

10 XI d 61 – Dans *Diogène*, Louis Noël compare *Albertus* de Théophile Gautier aux *FM* en déclarant que les excès de celui-là font de celles-ci "une pâle imitation"[1].

13 XI me 61 – Dans une lettre (manquante) Mme A accuse son fils de la négliger. B assure sa mère de son affection. Pour expliquer son silence, il dit qu'il est très occupé[1].

15 XI v 61 – Dans le dernier numéro de la *Revue fantaisiste* on publie à nouveau *Eléonora*. Dans ce même numéro H. Babou cite "Edmond Garrulus" qui qualifie B de *flâneur*[1].

21 XI j 61 – Mort de Lacordaire. Un deuxième fauteuil est donc vacant à l'Académie française[1].

22 XI v 61 – Mort de Jean-Francis Guichardet à l'hôpital Necker; Guichardet est ami de B, de Nadar, de Privat d'Anglemont. B écrira son nom dans le *Carnet*[1].

24 XI d 61 – Dans *Diogène*, Jules Claretie, sous le pseudonyme de Jules de Lussan, accuse B de manquer de souffle et déclare qu'il est le disciple de Petrus Borel. Claretie suggère en outre que B a imité Petoefi en écrivant *Le Vin de l'assassin*[1]. *L'Actualité* publie quelques morceaux de la préface des *Martyrs ridicules*[2].

25 XI l 61 – Dans le *Correspondant*, Victor de Laprade publie une satire politique: "Les Muses de l'Etat". B la lit et en parlera à Laprade dans sa lettre du 23 décembre à propos de sa candidature à l'Académie. Laprade se verra destituer de sa chaire de professeur à Lyon à la suite de cet article[1].

30 XI s 61 – Lorédan Larchey publie, dans la *Revue anecdotique*, un article non-signé sur la préface de B des *Martyrs ridicules*[1]. La *BF* enregistre *Raymon*, de Mario Uchard[2].

[env 30 XI s 61] – B livre à l'*Illustration* son étude sur Guys[1].

[fin XI 61] – B rédige le premier plat du cartonnage, face intérieure, du *Carnet*. On y lit une liste de journaux où le poète compte trouver bon accueil: l'*Illustration*; le *Pays*; la *Presse*; la *Revue européenne*; la *Revue des deux mondes*. On y lit les noms suivants: Paul Barroilhet, baryton; Emile Renié, collaborateur du *Boulevard*; Mad. Dunan, 4, passage Marly, près de la Porte de Champerret. A Paris, B doit voir de Calonne, Gélis et Neuville, tous ses créanciers. Une liste indique les noms de: Torlot, Goepp, Lacaussade, Dentu, Raviset [*sic*], Texier, Rozier, De Saux[1].

[début XII 61] – B rédige la page XVII du *Carnet*. Durant le mois il compte utiliser quatre jours à la rédaction de ses poèmes en prose, quatre jours au travail des "Peintres", quatre jours à écrire son étude sur le dandysme et cinq jours à *Eureka*. Il espère recevoir de sa mère 100 francs, de Calonne 200 et d'Houssaye 200. La *Revue des deux mondes* doit lui fournir 400 francs, le Ministère 300. Il espère avoir de l'argent pour Ravisé [*sic*], Jeanne, Torlot, Jousset, et pour lui-même[1].

[XII 61] – B écrit à Jules Rozier pour lui dire que Lydis Sauvage et Edmond About voudraient se mettre en rapport avec lui. Il parle à Rozier d'un dessin "détestable" [peut-être de son père], qu'il semblait faire restaurer[1]. B écrit deux lettres à Edmond Dentu se rapportant à la *Revue européenne* et à son étude sur Wagner, parue dans cette revue puis, en brochure, chez Dentu[2].

[XII 61?] – B envoie un mot à Léon Cladel (à la troisième personne) pour le prier de continuer à corriger les fautes d'impression sur les exemplaires de ses ouvrages destinés à ses amis[1]. Il écrit à Asselineau pour savoir s'il peut se présenter chez Emile Augier en visite académique sans "[se] manquer à soi-même". Il demande si Augier est lié avec Ponsard et interroge Asselineau sur la possibilité de prier Janin de "dire quelques mots" sur son affaire[2].

XII 61-I 62 – "A francia költészet 1861-ben" ["La Poésie française en 1861"] paraît dans *Szépirodalmi Figyëlo* [*Observateur des belles-lettres*, Belgrade]. Le poète Jànos Arany y traduit les remarques d'Armand de Pontmartin sur la poésie de B et de Leconte de Lisle[1].

[XII 61-I 62] – B rédige les feuillets XIX et XXII du *Carnet*. Parmi ses affaires pressantes: la blanchisserie; Ducreux, Bohné [créanciers]. Au sujet de lithographies, il note: la rue Neuve Vivienne; l'Institut; le quai Voltaire; le passage Choiseul; Leclère; Delarue; Daziaro; la Cour du Dragon; Cadart; la rue Bonaparte. A propos de sa candidature à l'Académie, il entend écrire à De Laprade, Patin, Vigny, Sainte-Beuve, Blaze de Bury, Sandeau. Les noms ayant un rapport à ses dettes sont: Ducreux; Ravisé [*sic*]; Bohné. Ses affaires littéraires sont avec: Houssaye, Dumesnil[?]; VÉRON [*sic*], ses relations avec le gouvernement: De Saux; Dumesnil [?][1]. Il compte distribuer des exemplaires d'*Eureka*, écrire à Flaubert et à Amédée

Pichot, voir Houssaye, faire des visites [académiques?], à propos desquelles il verra
Larchey et Carjat. Il compte payer: à P-M, 600 francs; à Dentu, 600 francs; à
Torlot, 360 francs; à Jousset 600 francs; à Raviset, 500 francs. Pour lui-même il
a besoin de 1000 francs. Il prend note de ses dettes envers: Cousinet, 110 francs;
Porée [*sic*], 107 francs; Ducreux, 153 francs; Martin, 53 francs; Hardi, 51 francs;
Cladel, 80 francs; Guys, 80 francs[2].

[XII 61-15 X ma 63] – B rédige la page II du *Carnet*. Il espère avoir la somme de
9000 francs en 20 jours. Doivent rapporter: ses poèmes en prose, 4000 francs; ses
études sur Duranty (400 francs), sur Villemain (1200 francs), sur les peintres (1200
francs), sur les Dandies (1200 francs). *Eureka* doit lui rapporter 1000 francs. Pour
Guérin, B note les adresses d'Eugène Boursier (marchand de vins, 42, rue Notre-
Dame de Lorette) et de Dorlin, huissier (62, faubourg Montmartre). En haut du
feuillet se trouve l'adresse de P-M à Bruxelles: 15bis, rue Traversière[1].

1 XII d 61 – Leconte de Lisle publie un article bienveillant sur B dans la *Revue
européenne*[1]. Le dessinateur Carjat fonde le *Boulevard*. Le numéro spécimen de ce
journal reproduit la caricature de Durandeau: *Les Nuits de Monsieur Baudelaire*.
B est nommé parmi les collaborateurs de ce journal. Dans ce numéro, Théodore
de Banville rédige un article pour corriger l'image de B suggérée par la caricature
de Durandeau[2].

2 XII l 61 – B autorise Dentu à prendre chez P-M où à l'*Illustration* 300 francs
comme avance sur son étude, toujours à paraître, au sujet de Guys[1].

4 XII me 61 – La Saint-Charles/Sainte-Caroline[1].

[env 7 XII s 61] – B rédige le feuillet XVII du *Carnet*. Pendant ce mois-ci, il
compte passer quatre jours à travailler sur ses poèmes en prose, quatre jours sur
"Peintres", quatre jours sur son étude du dandysme et cinq jours sur *Eureka*. De sa
mère il espère avoir 100 francs, de Calonne 200, d'Houssaye 200. Avec cet argent
il compte payer à Torlot et à Jousset 200 francs chacun et à donner 100 francs
à Jeanne. De la *Revue des deux mondes*, il attend 400 francs, du Ministère, 300;
cet argent servira à payer Raviset et lui-même. Il redonne les noms de ceux qui
doivent recevoir de l'argent: Jeanne, Torlot, Jousset, Ravisé, Malassis, lui-même.
A côté, il nomme ceux chez qui il espère en avoir: sa mère, *Véron, Houssaye, Buloz,
De Saux*, Villiers de l'Isle-Adam[1].

8 XII d 61 – Pour Alexis Rodet, dans la *Presse théâtrale et musicale*, B est "un
illustre"[1].

11 XII me 61 – Conseillé par Sainte-Beuve, B écrit à Abel Villemain, Secrétaire

Perpétuel de l'Académie française, pour poser sa candidature au fauteuil de Scribe. Il y aura, pense B, dix-sept candidats, parmi lesquels il peut nommer: Dufaure; De Carné; De Broglie; Morlot; Léon Gozlan; Jules Lacroix; Cuvillier-Fleury; Octave Feuillet (son ami); Camille Doucet. Théophile Gautier a refusé de se porter candidat[1].

12 XII j 61 – Dernier numéro de la *Revue européenne*[1]. Alphonse Duchesne et Alfred Delvau écrivent dans le *Figaro* un articulet qui critique les excès poétiques de B. Néanmoins il est élevé à un haut rang littéraire. Dans le même journal, "Junius" [pseudonyme de Duchesne et de Delvau] critique le choix des sujets de B mais reconnaît son génie[2].

[env 12 XII j 61] – B voit de Calonne. Ce dernier lui annonce d'un ton arrogant qu'il réduit à 100 francs la feuille le travail de ses collaborateurs de la revue. De Calonne vient de racheter la *Revue contemporaine* et même de recevoir une subvention ministérielle de 140.000 francs, contrecarrant ainsi tous les efforts du gouvernement pour la supprimer. B s'insurge contre la décision de Calonne. Il rit et lui souhaite bonne chance[1]. B rédige le feuillet XXI du *Carnet*. Il compte rendre des visites à: Torlot, Houssaye, P-M, Ancelle, De Saux, Jules Janin, Gélis, Boniface, Pichot. Il entend envoyer des exemplaires de ses ouvrages à: Texier, Banville, Véron, Torlot, Ducreux, Asselineau, Mme A. Ses projets littéraires: *La Rencontre*; *La Dégringolade*; *Véritable service dans des formes exceptionnelles*; un drame, sans titre[2].

13 XII v 61 – Vente, à l'Hôtel Drouot, d'objets d'art et de tableaux appartenants à Mme Sabatier[1].

14 XII s 61 – Gustave Rouland, ministre de l'Instruction publique, révoque de sa fonction de professeur à Lyon, de Laprade. Cette décision fait suite à la publication d'une satire politique jugée offensante pour le gouvernement[1].

15 XII d 61 – La *Revue anecdotique* dénonce la caricature de B faite par Durandeau au *Boulevard*, déclarant que la propreté personnelle du poète ne devrait pas être mise en question[1]. Ce même jour, la *Revue anecdotique* passe sous la direction de P-M, qui établit ses bureaux au 27, rue Neuve-Bréda[2]. Dans la *Causerie*, Emile France se moque de la *Revue fantaisiste*, où accourent "Mussetistes, baudelairiens, banvillesques..."[3].

[env 15 XII d 61] – B fait sa visite académique à Henri Patin, professeur de littérature latine à la Sorbonne. Patin est aimable à son égard. B apprend de Patin que Vigny est maintenant en meilleure santé[1].

[env 16 XII l 61] – B écrit à Alfred de Vigny, et lui demande la permission de lui faire sa visite académique. Peut-être s'y rend-il le même jour[1]. Pendant leur entretien de trois heures, Vigny essaie de dissuader B de se porter candidat. Parmi les thèmes abordés, le "livre bouffon" que B pense écrire sur les visites académiques. Vigny l'informe que Victor Hugo en a déjà caressé le projet mais qu'il l'a abandonné dès son élection. Vigny reconnaît que B connaît l'anglais, "les grandes Indes" [à 17 ans *sic*], EAP (travail pour lequel Vigny souligne l'importance littéraire de B). Vigny trouve B très érudit, et remarque en lui l'aspect "distingué et souffrant de l'homme studieux et laborieux". Bien que pessimiste sur les possibilités d'élection de B à l'Académie, Vigny lui conseille de continuer ses visites afin d'y gagner "trente occasions d'observations très curieuses, sur ces invalides lettrés". Rentré chez lui, B écrit à Vigny qu'il est "tout étourdi" de sa bonté. Il lui envoie: *Richard Wagner et Tannhäuser à Paris* ["Hommage à M. le Comte Alfred de Vigny / Témoignage d'admiration et de Sympathie. / C.B".]; *Théophile Gautier* ["Hommage à M. le Cte Alfred de Vigny C.B".]; *Les PA* ["A M. Alfred de Vigny, témoignage de sympathie et d'admiration C.B".]; les *FM* [sur vélin fort, "à M. le Comte Alfred de Vigny / Témoignage d'admiration et de/ Sympathie. / C.B".]. B y joint un vieux numéro d'une revue [peut-être le *Présent*] contenant de ses poèmes en prose; il remarque que Jules Janin et Sainte-Beuve "y ont trouvé quelque ragoût". Enfin, B donne à Vigny une édition en anglais des poésies d'EAP.[2].

[après le 16 XII l 61] – B, en vue de sa candidature, se rend chez Lamartine. Son hôte lui fait un compliment que B trouve "monstrueux" et "colossal", lui demande des nouvelles de sa mère et essaie de le détourner de sa candidature. Apprenant que celle-ci est posée officiellement, Lamartine lui conseille d'aller jusqu'au bout (le mal étant fait). B trouve Lamartine "un peu catin" mais s'excuse en reconnaissant que c'est un homme du monde. L'accueil réservé à B par Villemain le fait enrager. Villemain dénie aux *PA* toutes préoccupations morales et prétend qu'il s'agit plutôt de "toxicologie". B qualifie sa viste chez Viennet de *comique*[1].

[mi?-XII 61] – Mme A se rend en visite à Paris. Elle n'y voit pas B. A son retour à Honfleur, elle y trouve l'ennui et en fait part à B. Elle envoie à son fils une page écrite par Mme Bâton à propos de C.-A. Baudelaire. Mme A informe B que sa santé est meilleure, sa digestion s'améliorant[1]. B écrit à Asselineau pour lui demander s'il pourrait obtenir l'appui d'Augier. B demande à Asselineau si Augier est lié à Ponsard et se demande s'il pourrait prier Janin de dire "quelques mots de [son] affaire"[2].

19 XII j 61 – Dans le *Figaro*, Aurélien Scholl signale la candidature académique de B[1].

[env 20 XII v 61] – B reçoit de sa mère une lettre (manquante) où elle se plaint d'être délaissée[1]. B écrit à Arsène Houssaye qu'il a des écrits prêts à publier dans *L'Artiste* et qu'il a pris des notes sur sa candidature à l'Académie. Il raconte qu'on lui a dit que plusieurs académiciens, scandalisés par sa candidature, ont résolu de ne pas le recevoir; il trouve cela fantastique. Pour les poèmes en prose, il dit avoir enfin trouvé un titre qui lui plaît: *LA LUEUR ET LA FUMÉE sic.* Il s'attend à avoir pour Houssaye un minimum de quarante, un maximum de cinquante poèmes en prose à publier. Douze d'entre eux sont faits: *L'Etranger; Le Désespoir de la vieille; Le Confiteor de l'artiste; La Femme sauvage; Eros, Plutos et la Gloire; La Belle Dorothée; Souper avec Satan; Un Joueur généreux; La Chambre double; La Fin du monde; Le Nouveau Mithridate; Du Haut des Buttes Chaumont.* B offre à Houssaye trois estampes japonaises[2].

21 XII s 61 – P-M est condamné à 500 francs d'amende pour sa publication de *L'Empereur Napoléon et le roi Guillaume*; les exemplaires de cet ouvrage sont saisis[1]. La *BF* annonce la parution des *Martyrs ridicules* de Léon Cladel, avec une préface de B[2].

22 XII d 61 – "Un Travailleur" donne, dans *Le Travail*, une anecdote sur B et l'Académie française, faisant l'éloge de Scribe[1].

[env 23 XII l 61] – B rencontre Paul Chenavard, à qui il demande son appui auprès de Laprade, pour sa candidature. Chenavard essaie de le détourner de celle-ci[1].

23 XII l 61 – B écrit à Victor de Laprade, à Lyon, pour se présenter comme candidat à l'Académie. Il plaint Laprade d'avoir été révoqué par le gouvernement de son poste de professeur. Il reconnaît que Laprade est royaliste, donc opposé à ses propres vues politiques mais déclare qu'ils ont en commun leur catholicisme. B est découragé par sa candidature. Il poursuivra toutefois ses visites. Il a surtout l'intention de voir Msgr Dupanloup, évêque d'Orléans. En priant Laprade d'accepter cette lettre à la place d'une visite, B évoque leur état commun de poète. B voudrait également que Laprade transmît l'expression de son amitié à Soulary et à Fraisse, s'il les voit. Il mentionne aussi le nom de Janmot, peintre, sur qui il espère depuis longtemps faire une étude, intitulée les "Peintres qui pensent"[1]. Sainte-Beuve écrit à Achille Ricourt, pour lui recommander Louise Deschamps, inspiratrice de Feydeau pour la composition de son roman: *Catherine d'Overmeire*[2]. Dans le *Siècle*, Edmond Texier salue en B "un poète audacieux" dont l'élection à l'Académie française ferait éclater en mille pièces les vitres du Palais Mazarin[3].

24 XII ma 61 – B reçoit de Vigny un mot le priant de revenir le voir dans dix jours; pendant ce temps Vigny aura eu l'occasion de parler à quelques membres de l'Académie française à propos de sa candidature[1]. Dans le *Charivari*, Albert Wolff loue la préface des *Martyrs ridicules*[2].

25 XII me 61 – Michel Masson, de la Société des Gens de Lettres, avertit B qu'il leur doit 406,50 francs, ainsi que la cotisation de 6 francs. La dernière échéance de cette dette tombera au plus tard le 15 décembre 1862[1]. B écrit à sa mère pour répondre à la lettre où elle l'accusait de la négliger. Il lui renvoie la page écrite par Mme Bâton au sujet de C.-A. Baudelaire. B explique à Mme A sa froideur envers celui-ci. Elle résulte de son manque d'admiration pour son beau-frère. B prétend que sa candidature académique est motivée par des raisons pécuniaires; il aimerait toucher l'émolument des Académiciens. Il raconte que Lamartine a voulu le détourner, que Mérimée évite de le recevoir, que Villemain l'a mal reçu et que sa visite chez Viennet a été comique. B promet de se venger de Villemain par un écrit. Il demande à sa mère d'écrire un mot en sa faveur à Pierre Lebrun, académicien et ancien condisciple d'Aupick à Saint-Cyr et qui a siégé avec lui au Sénat. Il dit qu'il n'ira même pas en visite chez les Académiciens non-littéraires tels que Thiers, Guizot et autres. Jeanne Duval, toujours malade, a besoin d'être consolée et soutenue. B, pour résoudre un besoin pressant d'argent, demande à sa mère de lui envoyer de ses objets inutiles, pour qu'il puisse les mettre en gage[2]. B envoie à Arsène Houssaye des poèmes en prose qu'il entend lui dédier. B reconnaît qu'Houssaye lui-même s'est attaqué à ce genre. Il songe à un titre tel que *Le Promeneur solitaire* ou *Le Rôdeur parisien*. B voudrait éviter d'avoir l'air, dans ces morceaux, de "montrer le plan d'une chose à mettre en vers". Sachant qu'Houssaye lui-même pourrait être candidat à l'Académie, B le prie toutefois d'annoncer sa propre candidature pour lui dans *La Presse* et dans *L'Artiste*. Les disparitions de la *Revue fantaisiste* et la *Revue européenne* ont été dures pour B et il demande à Houssaye une lettre garantissant la publication de ses poèmes en prose; il s'en servira pour chercher à avoir une délégation sur le prix de ces écrits. B ne voit pas dans ses poèmes en prose une oeuvre finie ou unifiée. Il pense qu'Hetzel pourrait s'intéresser à leur publication comme matière écrite d'un volume "romantique à images". Au début, dit B, il a essayé d'imiter *Gaspard de la nuit*, d'Aloysius Bertrand, mais il a dû abandonner ce pastiche afin d'être lui-même[3].

[env Noël 61] – B écrit à Jules De Saux, le priant d'expédier tout paiement que lui voudrait octroyer ce ministre, à titre d'encouragement des auteurs[1].

27 XII v 61 – B envoie à Michel Masson un bon pour 100 francs, payable le 15 juillet suivant. Le reste de ses paiements devra être fait en billets payables avant le 15 décembre, 1862[1].

[28 XII s 61?] – B remercie sa mère de son mandat[1].

29 XII d 61 – Dans le *Tintamarre*, B est le gagnant d'un "laissez-passer pour l'Académie signé Boileau", à l'occasion d'une loterie humoristique organisée par le

directeur de la revue[1]. Le *Figaro* cite une anecdote sur B, Nerval et un marchand de vins qui se suicide[2].

[30 XII l 61] – B a affaire avec Torlot, un de ses créanciers[1].

30 XII l 61 – B demande 1000 francs au ministère. Cette requête est adressée à Jules De Saux, chef de division, à titre "d'encouragement et secours...aux hommes de lettres". Pour se justifier, B cite son travail sur un drame politique qu'on pourrait juger *patriotique*[1]. A Edmond Texier, du *Siècle*, B écrit à propos de l'impression de son étude sur Guys, en suggérant la possibilité d'en faire une brochure. B remercie Texier de son article du 23 décembre, qu'on vient de lui apporter[2]. B fait savoir à Armand Du Mesnil qu'il a écrit à De Saux, bureau des établissements scientifiques et littéraires au ministère de l'Instruction publique. B se plaint de la disparition à la fois de la *Revue fantaisiste* et de la *Revue européenne*. Cela l'a "mis sur la paille". Il trouve que sa candidature académique va "horriblement mal", mais que cela est naturel. Seul Vigny, un poète, a su ne pas la juger ridicule. B décrit sa rencontre récente de Calonne, dont il qualifie l'arrogance de "magnifique"[3].

[fin XII 61] – B rédige le feuillet XX du *Carnet*. Il prend note des billets à payer, celui de Michel Masson compris (pour la Société des Gens de Lettres, de 406 francs). B compte le payer en deux fois, 200 francs le 15 juillet, 206 francs le 15 décembre. Il pense à acheter des etrennes et reconnaît qu'il a des paiements urgents à faire à Jousset, à Torlot et à Jeanne Duval[1].

31 XII ma 61 – La *Revue anecdotique* annonce que B, ainsi que Chasles, Mazères et de Carné sont candidats à l'Académie française, au fauteuil de Scribe[1].

[31 XII ma 61] – B doit voir Jousset, créancier[1].

[fin XII 61 ou début I 62] – B invite P-M à dîner à son hôtel, ne pouvant pas sortir lui-même. Edmond Texier renvoie de semaine en semaine la publication du *Guys*, mais les poèmes en prose, vendus à Arsène Houssaye, vont paraître pour moitié à *L'Artiste*, et pour moitié à *La Presse*. B compte avoir les 600 francs pour P-M fin février. Ses activités littéraires l'empêchent pour le moment de poursuivre ses démarches académiques. Il connaît grâce à Rozier le point de vue de Jean Wallon, laissant entendre que beaucoup d'académiciens ne vont pas le recevoir, considérant sa candidature comme un outrage. Cela l'étonne[1].

1862

1862 – P-M publie une édition illustrée des oeuvres de Champfleury. Duranty fait une étude de cet auteur. Elle porte en épigraphe cette phrase attribuée à B:

"Je ne sais pas de sentiment plus embarrassant que l'admiration"[1]. P-M publie *Le Paradis des gens de lettres*, d'Asselineau. Il contient une référence aux *FM*, "ce coup de fouet", et déclare que B "a été sacré à Hauteville-House"[2]. Jules Brisson et Félix Ribeyre citent B parmi les collaborateurs du *Pamphlet*, dans leur ouvrage: *Les Grands Journaux de France*[3]. Dans *La Critique française*, C. Bernel mentionne B dans un écrit sur *Les Poètes français*[4]. Manet travaille à sa peinture: *Lola de Valence*[5]. Il fait également une eau-forte: *Baudelaire au chapeau*[6]. Barbey d'Aurevilly fait réimprimer son article sur B paru dans les *Articles justificatifs...*; dans *Les Oeuvres et les hommes. III. Les Poètes*, chez Amyot[7]. P-M édite *Les Améthystes* de Banville, ouvrage dédié à Marie Daubrun[8]. L'annonce d'une traduction par B du *Banquet de Trimalcion* de Pétrone figure sur la couverture des volumes de la collection "Bibliothèque singulière" de P-M[9]. Dans son *Histoire dramatique*, publiée par Pagnerre, Jules Janin rédige la critique de la deuxième édition des *FM*[10]. Legros exécute une copie de *L'Atelier du peintre*, de Courbet[11].

[1862-1863?] – B dépose sa carte de visite à l'intention de Louis Marcelin, l'informant qu'il n'a pas de nouvelles de son étude sur Guys [indiquant peut-être son désir d'offrir au directeur de *La Vie parisienne* l'occasion de publier cet écrit]. B promet d'apporter à Marcelin quelques poèmes en prose à publier, "choisis dans la masse"[1].

[1862] – Manet peint, sans doute à la demande de B, le portrait de femme connu sous le nom de *La Maîtresse de Baudelaire*. Ce portrait représente, sans doute, Jeanne Duval[1].

[1862-1865] – B dresse deux listes de livres à distribuer gracieusement[1] l'une à l'intention des membres de l'Académie française et à ses amis, l'autre à l'intention de personnes susceptibles de lui être utiles dans le monde du journalisme. Sur la liste des académiciens figurent: Sainte-Beuve; Victor Hugo; Lamartine; Mérimée; Legouvé; Sandeau; Ponsard; Emile Augier; De Sacy; Vitet. Parmi les amis il nomme: Babou; Champfleury; P-M; Flaubert; Delange; Chenavard; Mme Meurice; Pelletier; Le Josne; Fromentin; Du Mesnil; Leconte de Lisle; G. Rouland; Maxime Du Camp; Reyer; Préault; Manet; Féval; Gozlan; Thierry; Daumier; Gavarni; Noriac; Hostein; Fournier; Browning; Tennyson; Rossetti; Whistler; Joly; Dubois; Neyt; Soulary; Rops; Dulamon; Deschamps; Vitu; Asselineau; Pinard; Hetzel. Dans la seconde, il indique les revues et les journaux où il peut avoir l'appui de gens qu'il connaît: au *Moniteur* (Lavoix, Gautier, Deschanel); aux *Débats* (Janin, Cuvillier-Fleury, Chasles, Taine); au *Constitutionnel* (Sainte-Beuve, Vitu, Roqueplan); à la *Presse* (A. Houssaye, De Mouÿ, de Saint-Victor); au *Siècle* (Jourdan, Texier); à l'*Opinion nationale* (Levallois); au *Pays* (Barbey d'Aurevilly); à *La France* (Banville); à la *Gazette de France* (de Pontmartin – [avec un point d'interrogation]); à la *Nation* (sans nom); au *Monde* (Veuillot);

au *Temps* (Nefftzer); au *Salut public* de Lyon (Fraisse); au *Spectator* de Londres (Swinburne); à l'*Atheneum* (personne); à l'*Illustration* (Texier); au *Monde illustré* (Yriarte, Monselet); au *Figaro* (Jouvin, Dechesne, Jules Claretie); à la *Revue des deux mondes* (E. Montégut, Buloz); à la *Revue de Paris* (Henry de La Madelène); à la *Revue contemporaine* (de Calonne); à la *Revue britannique* (Pichot); à la *Revue germanique* (Ch. Dollfus); à la *Revue nationale* (G. Charpentier, Asselineau); à la *Revue française* (personne); à la *Vie parisienne* (L. Marcelin); à l'*Indépendance belge* (G. Frédérix, Janin, P. Véron, Thoré); à l'*Evénement* (E. Zola)[1].

[début 62] – B rédige le feuillet XXIV du *Carnet*. On y lit le nom d'un M. de Persan, rue du Lac Saint-Mandé. B compte écrire trente-six pages sur Villemain, quatre pages de poésies et trente-neuf pages de poèmes en prose. Il a déjà livré à Houssaye vingt-sept pages de ces derniers[1].

[I-II 62?] – B fournit un renseignement sur une confiture de viande à Alfred de Vigny. Elle est vendue par Guerre, pâtissier anglais à Paris. B pense que cette préparation pourra être utile à Vigny, qui souffre de l'estomac[1].

[I 62] – B prie Edmond Laumonier, copiste, de demander à son cousin, copiste lui aussi, d'aller chercher aux bureaux de la *Presse* le feuilleton de *L'Ange du bizarre*, qu'il voudrait avoir pour lundi. Selon B, le travail du cousin de Laumonier concernant les poèmes en prose était tellement fautif, qu'il a dû les corriger lui-même[1]. B rédige le feuillet 22 du *Carnet*[2].

[I 62?] – B écrit à Edmond Laumonier pour lui rappeler qu'il faudra recopier intégralement un texte déjà imprimé. La disposition typographique ne permet pas de corriger autrement[1].

1 I me 62 – Un articulet de B paraît, anonyme, dans la *Revue anecdotique*. Le sujet en est l'exposition Martinet. On y trouve également le récit de la visite académique de B à Villemain[1]. Mme A envoie à B 200 francs; c'est une somme qu'il lui a déjà rendue et qu'elle lui redonne[2].

4 I s 62 – La *BF* enregistre *Les Tourniquets*, publiés chez P-M, où Lemercier de Neuville décrit un tableau vivant, satirique, dans lequel figure B, "étudiant une charogne"[1].

5 I d 62 – Dans *Le Boulevard*, Emile Palissot se livre à un commentaire bouffon sur la candidature académique de B. Charles Bataille, tout en admettant le talent du poète, déclare qu'il est trop jeune pour un pareil honneur. Banville y publie des sixains; B les enverra à Vigny comme preuve de l'excellence littéraire de ce journal[1].

9 I j 62 – Louis Goudall fait, dans *Le Figaro*, la critique des *Martyrs ridicules* de Léon Cladel, préface de B. Il laisse entendre que ce dernier porte malheur aux journaux auxquels il collabore, ainsi qu'à ce livre[1].

12 I d 62 –*Le Boulevard* publie les poèmes de B: *La Prière d'un païen*; *Le Rebelle*; *Recueillement*; *Le Couvercle* [inédit]; *L'Avertisseur*; *Epigraphe pour un livre condamné*; *Le Coucher du soleil romantique* [inédit][1]. B envoie ce numéro à A. de Vigny et à Mme A[2].

[env 15 I me 62] – B envoie à sa mère deux feuilletons qui l'ont amusé. Sa santé est bonne, il attend la publication par *L'Illustration* de son étude sur Guys et il se propose de faire une visite académique à Guizot, dont il connaît le fils[1].

15 I me 62 – La *Revue anecdotique* décrit la visite académique de B à Villemain[1].

17 I v 62 – Dans *Le Charivari*, Pierre Véron commente les visites faites par B en vue de son élection[1].

19 I d 62 – B rappelle à De Saux sa demande de subvention[1]. Dans *Diogène*, Jules Claretie prédit que B ne sera pas élu à l'Académie, bien qu'il fasse maintenant école[2]. Au *Boulevard*, Banville publie encore des sixains que B enverra à Vigny[3].

20 I l 62 – Sainte-Beuve entretient les lecteurs du *Constitutionnel* des "Prochaines Elections à l'Académie." Il fait mention de ce qu'il appelle "la folie Baudelaire"[1].

21 I ma 62 – Dans *Le Temps*, Legault, inspiré par Sainte-Beuve, donne la liste de tous les candidats à l'Académie avec leurs titres littéraires[1].

23 I j 62 – Dans *Fusées...*, B écrit "...aujourd'hui... j'ai senti passer sur moi le vent de l'aile de l'imbécillité [*sic*]"[1].

[env 24 I v 62] – B remercie Sainte-Beuve de son article dans le *Constitutionnel*. Il voudrait faire imprimer cet article en brochure. B dit avoir distribué aux Académiciens quinze exemplaires de ses oeuvres. Il pense maintenant opter pour le fauteuil de Lacordaire et demande l'avis de Sainte-Beuve, affirmant qu'il ne fera rien sans ses conseils. B envoie à sa mère, avide de "nouveautés", "Des Prochaines Elections à l'Académie". En terminant sa lettre, B fait allusion à sa tonsure et à ses cheveux blancs; malgré ces signes de l'âge, il voudrait parler à Sainte-Beuve en petit garçon[1].

[24 I v 62] – B demande à Flaubert son appui auprès de Jules Sandeau pour sa candidature. Il qualifie la prose de Sainte-Beuve d'"article de chef-d'oeuvre, un pamphlet, à mourir de rire"[1].

25 I s 62 – Dans la *Revue nationale et étrangère*, Alfred Blot écrit sur les *Martyrs ridicules* une critique moralisatrice, rejetant le jugement de B, exprimé dans la préface à cet ouvrage, selon lequel ce livre est une satire[1]. Dans le *Papillon*, Eliacim Jourdain dédie à B un sonnet: *Le Désespéré*[2]. Flaubert reçoit la lettre de B demandant son appui auprès de Jules Sandeau[3]. Gerbé de Thoré, procureur impérial à Fontainebleau, rédige sur C.-A. Baudelaire un rapport à l'occasion de sa demande de mise à la retraite. Ce rapport souligne l'énergie et la fidélité de Claude-Alphonse dans l'exercice de ses fonctions. Il y évoque le sacrifice de sa fortune personnelle (300.000 francs) pour sauver l'honneur de son beau-frère (frère de sa femme) industriel malheureux, qui subit le contre-coup de l'appauvrissement de l'Etat. Les revenus personnels de C.-A. Baudelaire sont actuellement de 800 francs environ[4].

26 I d 62 – B écrit à Vigny qu'il a eu de la peine à joindre certains des Académiciens: Sandeau, De Sacy, Ponsard, Saint-Marc Girardin, Legouvé. Il donne à Vigny le résumé de sa lettre à Villemain. Il lui demande son opinion à propos de sa candidature au fauteuil de Lacordaire. Il espère avoir quelques voix de littérateurs, maintenant que Philarète Chasles s'est retiré[1]. Flaubert écrit à Sandeau pour lui demander de soutenir B. Flaubert dit qu'il aimerait bien voir B "assis entre Villemain et Nisard!"[2]. Le *Temps* offre en prime à ses nouveaux abonnés certains livres gratuits, dont les *HE*, les *NHE* et *AGP*. Alfred Nefftzer y déclare partager le jugement de Sainte-Beuve sur B[3]. Sainte-Beuve accuse réception de la lettre de B à propos de son article publié le 20. Il remarque qu'il était inquiet d'avoir été peut-être cruel pour B. Il lui déconseille de se porter candidat au fauteuil de Lacordaire[4]. Dans le *Boulevard*, Banville cite avec enthousiasme les deuxième et troisième strophes de *Danse macabre*[5]. Dans *Diogène*, Jules Claretie annonce que puisque le bruit court qu'Auguste Barbier se présente comme candidat académique, B n'a qu'à se retirer[6].

[env 27 I l 62] – B annonce à Villemain sa candidature pour le fauteuil Lacordaire[1].

27 I l 62 – Alfred de Vigny informe B que, depuis le 30 décembre, il est souffrant mais que pendant ce temps il a lu et relu les *FM*, qui le "charment". Il ne reproche à B que leur titre, qu'il trouve indigne ainsi que la présence intermittente de "je ne sais quelles émanations du cimetière d'Hamlet". Il invite B à venir le voir dans deux jours au 6, rue des Ecuries d'Artois. Vigny croit que B pense simplement à poser sa candidature académique, et le lui déconseille. Il trouve que B ne se prend pas assez au sérieux, qu'il laisse paraître son nom dans des publications légères[1]. Dans le *Siècle*, Edmond Texier approuve le jugement favorable de B par Sainte-Beuve dans son article sur l'élection académique[2]. Dans le *Corsaire*, Franz

Beaulieu attribue à Sainte-Beuve le désir de faire une niche à l'Académie avec son article[3]. B reçoit la lettre de Sainte-Beuve déconseillant sa candidature[4].

[entre le 27 et le 30 I l-j 62] – La *Revue anecdotique* publie, sans nom d'auteur, l'article de B: "Une Réforme à l'Académie". Inspiré par l'article de Sainte-Beuve du 20 janvier ("Des Prochaines Elections à l'Académie"), B reprend les arguments du lundiste, qui déplore le grand nombre de non-littéraires sous la Coupole. B y ajoute une anecdote [à attribuer sans doute à Vigny], où Nodier supplie Vigny de se présenter comme candidat, afin de déjouer les efforts des hommes politiques d'occuper un fauteuil "dû à quelque pauvre homme de lettres". B considère avoir été bien traité dans l'article de Sainte-Beuve, qu'il qualifie de gai, sage et ironique[1]. B décrit son articulet comme une "analyse, telle quelle,' de l'article de Sainte-Beuve[2].

29 I me 62 – B se rend chez Alfred de Vigny. La visite dure trois heures. Vigny lui dit qu'il apprécie beaucoup sa poésie. B lui enverrait maintenant ses écrits en prose[1].

[env 29 I me 62] – B livre au *Monde illustré* les manuscrits de quatre morceaux: trois traductions d'EAP (*Le Joueur d'échecs de Maelzel, L'Ange du bizarre, Le Système du docteur Goudron et du professeur Plume* et un quatrième écrit[1].

[entre le 29 et le 30 I me-j 62] – B envoie à Vigny l'article de Sainte-Beuve sur les élections académiques, ainsi que les deux sixains de Banville parus au *Boulevard*. B ne peut pas retrouver d'exemplaires du *Corbeau* et de la *Méthode de composition* d'EAP, que Vigny lui a demandés. B recommande à Vigny deux marchands de vin où il pourra se procurer de l'ale anglaise: Gough, rue de Rivoli; la Taverne Saint Austin, rue d'Amsterdam[1].

[env 31 I v 62] – Le Vavasseur s'offusque de la phrase *presque nu* de la notice faite sur lui par B, après en avoir lu une épreuve communiquée par Crépet. Celui-ci, n'ayant pas réussi à faire changer d'avis B, demande à Philippe de Chennevières d'intercéder auprès de Le Vavasseur, ce qu'il fait[1].

31 I v 62 – B remercie Flaubert de l'avoir recommandé auprès de Sandeau. Il révèle que Du Camp croit que sa candidature académique l'a déshonoré. [Cette lettre montre les signes de la maladie mentale de B][1]. Philippe de Chennevières écrit à Crépet à propos de la notice de B sur Le Vavasseur: ce dernier, interrogé par Chennevières au sujet de la phrase *presque nu* du texte baudelairien, veut bien accepter que sa légèreté soit équilibrée par la gravité de l'épigraphe, se voyant ainsi dispensé de négocier la disparition des vocables incriminées[2]. Jules Sandeau écrit à Flaubert pour expliquer que la soudaineté de la candidature de B l'a pris au

dépourvu, d'où son impossibilité à la soutenir[3].

II 62 – Jongkind publie chez Cadart ses *Vues de Hollande*. Il en offre un exemplaire à B, dédicacé[1].

[II 62] – B et Ludovic Halévy se rencontrent chez Michel Lévy. Ils parlent d'Edouard Ourliac. Halévy avoue qu'il a lu et admiré *Suzanne*, de cet auteur, mais qu'il n'a pas lu les *FM*. B lui répond: "Mais, Monsieur, j'écrivais en ce temps-là"[1].

1 II s 62 – Wagner quitte définitivement Paris[1]. Dans l'*Artiste*, Pierre Dax [Arsène Houssaye] raconte la visite de B chez Villemain[2].

[II 62?] – A Edmond Laumonier, B demande de prier son cousin de chercher dans la collection de *La Presse* le feuilleton contenant *L'Ange du bizarre*, et de le recopier. Il est très pressé, et il en aura besoin pour le lundi. B se plaint des fautes faites par ce cousin dans la copie des *PPP*, erreurs qu'il a dû corriger à la main[1].

[env 1 II s 62] – B se rend chez Jules Sandeau en visite académique. Il est bien reçu par Sandeau et son épouse[1].

[2 II d [62] – Flaubert envoie à B la lettre qu'il a reçue de Sandeau au sujet de sa candidature académique. Flaubert n'a pas lu l'article de Sainte-Beuve sur ces élections. Il espère voir B dans quinze jours pour discuter longuement de tout cela[1].

2 II d 62 – La *Chronique parisienne*, faisant écho à l'article de Sainte-Beuve sur l'Académie, écrit qu'il n'existe pas de section littéraire pour l'oeuvre de B. Il faudrait en inventer une nouvelle, la "section des cadavres"[1]. Dans un compte-rendu du *Temps*, des *Martyrs ridicules*, Charles Dollfus déclare que la candidature de B ferait éclater la Coupole de l'Institut[2].

[env 2 II d 62] – B écrit à Londres pour commander un exemplaire de l'édition courante du quatrième volume des oeuvres d'EAP. Il espère pouvoir gagner immédiatement 200 francs pour une étude à ce sujet et il a absolument besoin de cet ouvrage[1].

[env 3 II l 62] – B envoie à Sainte-Beuve "un petit paquet de sonnets"[1].

3 II l 62 – Sainte-Beuve écrit à P-M pour le remercier d'avoir publié dans la *Revue anecdotique* "Une Réforme à l'Académie". Il prie P-M de bien vouloir remercier l'auteur anonyme de sa bienveillance envers lui[1]. A Flaubert, B fait savoir que Sandeau a été charmant lors de sa visite; pourtant, il a reproché à B de

s'être présenté à l'improviste, car le temps lui manquera pour prévenir les autres Académiciens de cette candidature. Sandeau espère néanmoins arracher quelques voix des protestants pour B, au fauteuil de Lacordaire. B rend à Flaubert la lettre de Sandeau, avec un exemplaire d'un petit journal que Flaubert trouvera peut-être amusant. Il compte voir Flaubert bientôt. Le soir, B va voir Sainte-Beuve mais ne le trouve pas. Rentré chez lui, il fait savoir au critique qu'il continue ses visites académiques, ajoutant aux noms de ceux qu'il a vus, celui de Legouvé. Il n'a pu voir Ponsard, de Sacy et Saint-Marc Girardin. B signale à Sainte-Beuve son article, paru anonymement, dans la *Revue anecdotique*. Il vient de lire l'article de Sainte-Beuve sur Pontmartin, dans le *Constitutionnel* de ce jour. B, qui n'aime pas Pontmartin, le qualifie comme "un grand haïsseur de littérature". Il raconte également l'histoire sur Pontmartin où l'on prétend que son père s'est enrichi en achetant des biens d'émigrés. B informe Sainte-Beuve qu'il lui a envoyé des sonnets[2].

6 II j 62 – Les élections commencent à l'Académie. Au premier tour le prince de Broglie est élu, mais le fauteuil de Scribe est toujours âprement convoîté[1].

[env 6 II j 62] – B reçoit l'avis que l'exemplaire du quatrième volume des oeuvres d'EAP est arrivé de Londres mais qu'il est retenu ou par la douane ou par le ministère[1].

9 II d 62 – B reçoit de Sainte-Beuve le conseil d'abandonner sa candidature académique[1].

10 II l 62 – B envoie à Villemain une lettre de renonciation à sa candidature académique au fauteuil de Lacordaire[1]. Dans la *Revue nationale et étrangère* Horace de Lagardie commente l'article de Sainte-Beuve sur les candidatures académiques actuelles; il cite Sainte-Beuve sur B[2].

[10 II] l [62] – A 6h, B écrit à sa mère pour demander qu'elle lui envoie immédiatement le quatrième volume des oeuvres d'EAP. Il explique que c'est pour faire une traduction du *Joueur d'échecs de Maelzel*. Trouvant que sa tentative académique a donné des résultats médiocres, B reste confiant, il pense être élu tôt ou tard[1].

12 II me 62 – Ayant reçu de Jules De Saux une lettre bienveillante, mais qui lui interdit toute nouvelle demande de fonds, B écrit à De Saux pour dire qu'il ne travaille pour aucun journal depuis quatre mois, d'où son besoin d'argent. Il voudrait donc que De Saux accueillît favorablement sa demande de subvention auprès du gouvernement[1]. Les Goncourt critiquent les gens qui préfèrent B et Delacroix à des maîtres "plus sains"[2].

15 II s 62 – Sainte-Beuve écrit à B pour lui décrire l'impression favorable qu'a produite chez les Académiciens sa lettre de désistement[1]. P-M, dans la *Revue anecdotique*, sans signer son article, explique ainsi les raisons du désistement de B: d'abord parce qu'il ne s'était présenté que pour prendre rang, surtout parce qu'il voulait éviter les résultats d'un vote blanc des opposants à la candidature du prince de Broglie, ce qui aurait compromis sa propre candidature[2].

[15-17 II s-l 62] – B demande à Taxile Delord d'annoncer dans le *Siècle* qu'il a abandonné sa candidature[1].

16 II d 62 – Dans le *Boulevard*, Lemercier de Neuville fait une allusion satirique à la lettre de désistement de B[1].

[env 17 II l 62] – Rencontre de B avec Flaubert[1]. B va chez lui et lit quelques chapitres de *Salammbô*, qu'il trouve admirable, et qui produit chez lui "un sentiment d'envie fortifiante"[2]. B rencontre Edmond Texier, qui lui annonce que Mme Montherot se trouve actuellement à Honfleur, chez Mme A. B s'inquiète, pensant qu'elle occupe sa chambre, là où sont ses livres et ses gravures. Texier le rassure, disant que Mme Montherot est une femme "trop nulle" pour les vouloir remuer[3].

17 II l 62 – B envoie à Amédée Achard une lettre à propos d'Henry de La Madelène. Il donne l'adresse de La Madelène à Paris et le prévient que celui-ci est parfois absent de Paris[1].

18 II ma 62 – De Saux présente à Walewski une note recommandant qu'on renouvelle l'allocation d'une indemnité littéraire de 300 francs à B; Walewski ajourne cette demande[1].

[20 II j 62] – Un billet signé par P-M doit être payé ou relancé[1].

20 II j 62 – Election, à l'Académie française, d'Albert de Broglie au fauteuil de Lacordaire[1].

28 II v 62 – Un billet signé par P-M doit être ou payé ou relancé[1].

III 62 – Paul de Molènes meurt à la suite d'une chute de cheval[1].

1 III s 62 – *La Voix, Le Gouffre*, et *La Lune offensée* paraissent dans l'*Artiste*[1].

[4 III] v [62] – A Paris, B écrit à Philoxène Boyer, disant qu'il ne restera peut-être que deux ou trois jours. Il vient de rencontrer Arsène Houssaye, avec qui il a résolu la question de l'impression d'un écrit [peut-être de lui, peut-être de Boyer]; il n'a pas parlé du prix[1].

6 III j 62 – Dans le *Figaro*, Aurélien Scholl donne un récit satirique de la visite académique de B à Villemain[1].

8 III s 62 – Claude-Alphonse Baudelaire prend sa retraite[1]. La *BF* enregistre la publication du volume: *Lettres de Junius*, de Duchesne et Delvau, où paraît un articulet à propos de B déjà publié le 12 décembre 1861[2].

[deuxième semaine de III 62?] – Jeanne Duval a de gros ennuis de santé. B juge la servante de Jeanne intrigante et insolente et voudrait la congédier. Jeanne refuse, et lui ordonne de sortir lui-même. S'il le fait, ce sera pour chercher encore de l'argent à donner à Jeanne[1].

9 III d 62 – Dans *Sans-Gêne*, Alphonse Neveu écrit un article sur B[1].

13 III j 62 – Bracquemond informe Champfleury qu'il vient de faire pour la cinquième fois un "squelette-arbre" mais qu'il n'en est pas encore satisfait[1].

14 III v 62 – B rend visite à Jongkind, peut-être en compagnie de P-M. Là ils examinent le travail de ce peintre. B s'intéresse à un tableau "avec ... deux vaches". Jongkind fait cadeau à B de son *Cahier de Six Eaux-fortes - Vues de Hollande*, qu'il dédicace au poète[1].

15 III s 62 – La *Revue anecdotique* publie sans signature d'auteur la notice de B sur la mort de Paul de Molènes[1]. P-M se rend chez Jongkind pour lui offrir des arrhes de cinquante pour cent sur un tableau. L'artiste, tout de suite après le départ de P-M, écrit à B pour lui demander de le recommander auprès de ses amis, de faire sur lui des articles critiques et en l'appuyant de lui permettre la réalisation de son désir d'exposer un de ses tableaux ["avec les deux vaches"] chez Martinet, boulevard des Italiens[2]. La *BF* enregistre le quatrième tirage des *HE*[3].

[env 15 III s 62] – Jeanne Duval écrit à Mme A (lettre manquante) pour se plaindre de l'avarice de B, qu'elle accuse de ne pas lui donner assez d'argent[1].

[env 16 III d 62] – Mme A, dans une lettre, conseille à B de faire preuve d'honnêteté dans ses rapports pécuniaires avec Jeanne. Elle évoque le mécontement de Mme Baton, vieille personne seule, mais riche. Elle avertit B de la présence à Honfleur de Mme de Montherot, qui occupe sa chambre[1].

17 III l 62 – B explique à sa mère qu'il tient à donner de l'argent à Jeanne Duval

malgré sa mauvaise conduite. Il lui parle de l'argent qu'il avait envoyé à la maison de Santé Dubois, et qui avait été détourné par Jeanne. Il révèle que Jeanne a même essayé de vendre certains de ses desssins à P-M et qu'elle refuse de se priver de sa servante; il fait allusion à l'homme censé être le frère de Jeanne et décrit comme "monstrueux" un fait qui le concerne. Parlant de sa candidature, B croit maintenant qu'elle ne lui a pas fait tort mais révèle son intention de se venger "publiquement" de Villemain lui reprochant la manière dont il l'a traité[1].

18 III ma 62 – Claude-Alphonse est officiellement admis à la retraite. Ses maux sont nombreux: diabète, hémorragie cérébrale, hémiplégie du côté gauche[1].

19 III me 62 – B écrit à Jules De Saux pour proposer d'aller lui-même voir le Ministre au sujet du subside qu'il demande. B pense à demander dans cette affaire l'appui de Sainte-Beuve et de Mérimée mais estime maintenant qu'ils ne feront rien pour l'aider[1].

22 III s 62 – Dans le *Sénonais* (Sens), Mallarmé juge que *Les Odes funambulesques* et les *FM* sont "les derniers chefs d'oeuvre du siècle"[1].

24 III l 62 – Jules Claretie raconte, dans *Diogène*, que B aurait volontiers échangé trente-huit voix académiques contre celle de Msgr Dupanloup[1].

[env 29 III l 62] – B reçoit, gratuitement, *Les Mémoires d'outre-tombe* de Chateaubriand; il les a demandés pour sa mère[1]. B est tenu à fournir 1000 francs à Ancelle, afin que ce dernier effectue une conversion de ses rentes[2].

29 III s 62 – B écrit (lettre manquante) à Jeanne Duval à propos de ce qu'elle avait dit sur lui à Mme A. Puis, il envoie à sa mère une demande de 500 francs, prêt sur l'argent que doivent lui procurer ses publications à la *Presse* ce mois-ci. Il dit avoir livré à la *Presse* trois articles, dont celui sur Villemain. Il compte placer dans ce journal les *PPP*, "Dandies littéraires" et "Peintres philosophiques". Le retard du *Monde illustré* et de l'*L'Illustration* dans la publication de ses écrits l'ennuie. B offre d'envoyer à sa mère *Les Mémoires d'outre-tombe* de Chateaubriand et lui demande si elle veut avoir des stores chinois; il en a trouvé à 5 francs pièce[1]. La *BF* enregistre la publication d'*Histoire de Murger...par trois buveurs d'eau*, de Nadar, de L. Noël et d'A. Lelioux. On y parle de B[2]. La *BF* enregistre également ce jour la *Nouvelle Biographie générale* publiée par Firmin-Didot et sous la direction d'Hoefer, il y paraît un article sur EAP, de Brunet[3].

30 III d 62 – Mme A envoie (lettre manquante) à B l'argent demandé le jour d'avant disant, pourtant, qu'elle ne veut ni les *Mémoires d'outre-tombe* ni les stores chinois (craignant peut-être d'avoir à payer ceux-ci). Elle reproche à son fils d'être trop

imprévoyant dans la conduite de ses finances[1].

31 III l 62 – B remercie Mme A de l'envoi du mandat qui lui permet de payer Jousset, son hôtelier. Il attend toujours ses épreuves à corriger[1].

[fin III ou début IV 62?] – Ayant reçu une lettre (manquante) de P-M, B informe son éditeur qu'il aura droit à 400 francs pour son travail à *L'Illustration* ainsi qu'à 600 francs qu'il attend du ministère. P-M avait exprimé à B sa mauvaise humeur, provoquée par le refus d'une banque d'Alençon d'escompter de ses billets. Selon B le refus de cette banque résulte de la perte de crédit de la maison après le retrait de De Broise. B accepte les signes de la mauvaise humeur de P-M et lui confie qu'il souffre suffisamment de ce qui est arrivé et qu'il ne garde souvenir que des services rendus par P-M[1].

IV 62 – Les Goncourt nomment B "le saint Vincent de Paul des croûtes trouvées..."[1].

1 IV ma 62 – Dans un article du *Courrier artistique*, Asselineau cite un jugement émis par B dans son article du mois de janvier passé au sujet de l'Exposition Martinet[1].

[1 IV ma 62] – B doit payer 260 francs à Torlot[1].

3 IV j 62 – On octroie à B 300 francs "à titre éventuel" comme indemnité littéraire[1]. Octave Feuillet est élu à l'Académie française, au fauteuil de Scribe[2].

4 IV v 62 – Michel Lévy publie *Les Jeudis de Mme Charbonneau...* d'Armand de Pontmartin. Cette satire des moeurs littéraires fait grande impression[1].

[entre le 4 IV v et le 15 V j 62] – B va chez Arsène Houssaye, sans le trouver, à la recherche de la somme de 55 francs. Il attend qu'Houssaye fasse imprimer son article sur Villemain ainsi que les *PPP*. Faisant part de cela à P-M, B lui envoie un exemplaire des *Jeudis de Mme Charbonneau...* d'A. de Pontmartin. Il conseille à P-M d'en imprimer, dans la *Revue anecdotique*, une partie parue dans la première édition, et publiée dans un petit journal dont B a oublié le titre. Cette partie est désobligeante à l'égard de Buloz et elle n'a pas été inclue dans l'édition de librairie publiée par Lévy. Buloz et Pontmartin sont maintenant réconciliés. B désirerait les brouiller à nouveau, en publiant cette partie supprimée ainsi que d'autres, tout aussi offensantes pour Buloz, et dont on ne sait rien. B tient ces renseignements de Mme Sandeau[1].

9 IV me 62 – Eugène Lefébure écrit à Mallarmé pour lui demander de tâcher de

savoir si B croit au Diable[1]. B a 41 ans[2].

12 IV s 62 – P-M demande une réduction de son amende. Elle est rejetée. On la maintient, prétextant qu'"il n'a cessé d'éditer des ouvrages et des brochures hostiles au gouvernement" depuis l'obtention de ses brevets de libraire, il y a 18 mois[1].

13 IV d 62 – Le *Boulevard* publie une note anonyme annonçant la parution probable d'un article de B sur *Les Misérables* de Victor Hugo[1].

14 IV l 62 – Mort de Claude-Alphonse Baudelaire à la suite d'une hémorragie cérébrale accompagnée d'hémiplégie[1]. B reçoit cette nouvelle alors qu'il travaille à l'imprimerie[2].

19 IV s 62 – La *BF* enregistre la publication par P-M des *Poésies parisiennes*, d'Emmanuel des Essarts, qui cite en épigraphe une phrase du *Salon de 1846*: "Il y a [donc] une beauté et un héroïsme moderne". Le titre du volume semble être inspiré par une autre phrase du même écrit: "La vie parisienne est féconde en sujets poétiques et merveilleux". On y trouve, citées en épigraphe du poème *Aux Petits Poètes*, quelques lignes de la préface des *Martyrs ridicules*[1].

20 IV d 62 – Publication par le *Boulevard*, de l'étude de B sur la première partie des *Misérables*. Dans la même revue, Charles Bataille appelle P-M "le Charles IX de la librairie" et observe que B lui confie tous ses ouvrages[1].

22 IV ma 62 – Le conseil municipal de Fontainebleau offre à Mme Vve Claude-Alphonse Baudelaire un emplacement pour trois tombes au cimetière communal (par superposition, concession à perpétuité). La municipalité récompense ainsi les services rendus durant trente ans par C.-A. Baudelaire, en tant que conseiller municipal[1].

24 IV j 62 – Victor Hugo remercie B de son étude sur *Les Misérables*, en déclarant qu'ils sont tous les deux dévoués à "l'Idéal" et qu'il espère que B continuera ce travail critique sur son roman[1].

[25 IV v 62] – Date à laquelle B doit essayer de trouver 400 francs pour P-M[1].

[seconde quinzaine de IV 62] – La *Revue anecdotique* publie "L'Eau-forte est à la mode", de B, sans titre et sans signature. Le titre est au sommaire de la revue; c'est la première version de "Peintres et aquafortistes". B parle des eaux-fortes de Whistler exposées à la Galerie Martinet tout récemment, et de la vente des collections de Méryon. Il loue les eaux-fortes de Legros et mentionne celles de

Bonvin. B trouve *charmant* et *candide* Jongkind et nomme Jeanron, Ribot et Manet, dont les eaux-fortes sont également exposées chez Martinet. B remarque plus particulièrement le désir de John Brown de se joindre au mouvement des aquafortistes[1].

27 IV d 62 – Le *Figaro* publie un poème satirique de Jules Viard sur la candidature de B[1]. Dans sa "Chronique parisienne" du *Boulevard*, Charles Bataille fait allusion à B[2].

29 IV ma 62 – Victor Hugo charge Paul Meurice de dix lettres pour des destinataires à Paris, dont une pour B[1].

V 62 – Fondation de la Société des Aquafortistes. Cadart en est le Président[1].

3 V s 62 – La *BF* enregistre la publication par P-M de *Paris pendant la Révolution*[1].

4 V d 62 – Dans le *Boulevard*, Jacques Brochart mentionne B[1].

11 [V] d 62 – B envoie à sa belle-soeur une lettre de condoléances pour la mort de son mari. Il déclare qu'Ancelle est responsable de leur absence aux obsèques à Fontainebleau: les tergiversations du notaire ayant fait remettre de jour en jour leur départ[1].

[12 V l 62] – B rend en compagnie d'Ancelle une visite de condoléances à sa belle-soeur[1]. Au cours de cette journée pénible, il a à subir trois fois le rappel du conseil judiciaire, car il a besoin d'Ancelle pour signer les documents officiels relatifs à la succession de son demi-frère[2].

[15 V j 62] – Date où B doit avoir trouvé 600 francs pour P-M[1].

15 V j 62 – Le matin, B se rend chez Arsène Houssaye. Il lui demande de lui donner de l'argent en billets de complaisance. Houssaye s'emporte. Ils ont alors une discussion dépassant nettement le cadre limité des problèmes financiers. Plus tard, dans la journée, B écrit à Houssaye, qualifiant leur rencontre d'explication "décisive". Houssaye accuse la jeunesse d'ingratitude. Il cite Banville, qui l'accuse d'être un médiocre administrateur de la Comédie Française. B prend la défense de Banville, et affirme que les problèmes de la Comédie Française sont dûs à la struture administrative de ce théâtre. Ceci est valable pour tous ses administrateurs. De plus, Houssaye est froissé par l'hésitation de Crépet à l'inclure dans son anthologie poétique. B prétend qu'au début il a lui-même proposé le nom d'Houssaye, Il a été jusqu'à écrire un article sur lui. Crépet l'a refusé parce qu'il contenait certaines critiques. Boyer et lui l'ont défendu auprès de Crépet qui n'a rien voulu savoir. Il

a changé d'avis depuis. B prévoit une rupture entre eux[1].

[20 V ma 62] – B écrit à Jules Rozier, peintre, lui demandant de penser à son dessin. Il se dit intimidé par Rozier et le prie de le prévenir s'il décide à venir le voir. Il s'agit de la restauration d'un dessin. B envoie ses compliments à Mme Rozier[1].

[env 24 V s 62] – B reçoit deux lettres de Mme A (manquantes). Elle lui dit que, puisqu'il n'est pas trop absorbé par ses affaires, il ferait bien de se rendre à Honfleur[1].

24 V s [62] – B fait savoir à sa mère qu'il n'a envie de voir personne à Honfleur, ni le maire, ni le curé, ni M. Emon. Il garde pour sa mère l'édition de Chateaubriand des *Mémoires d'outre-tombe*[1].

25 V d 62 – Dans le *Papillon*, Emmanuel des Essarts se déclare d'accord avec l'analyse des *Martyrs ridicules* par B. Il y voit une leçon de morale indirectement transmise[1].

[env 31 V s 62] – B donne congé à son hôtel. Il paie comptant, au jour le jour. Mme A lui écrit, proposant de lui envoyer 500 francs pour qu'il s'achète des vêtements. Elle recommande qu'il les prenne dans une maison de confection, prêts à porter. Pour lui faire parvenir cet argent, elle s'adressera à Ancelle[1].

31 V s 62 – B accepte avec reconnaissance la suggestion de Mme A de lui envoyer 500 francs et en demande 100 de plus, qu'il espère rembourser avec des sommes à retirer avant son départ pour Honfleur. Il compte consacrer 300 francs à son tailleur, rejetant l'idée de vêtements tout faits et 200 francs en menus frais: gages, envoi de caisses, petites dettes, voyage. Il prévoit de nombreuses visites: deux à Fontainebleau, une à Argenteuil [pour y voir Rozier à propos de la restauration de son dessin]. B prie sa mère de ne pas révéler à Ancelle l'usage donné à cet argent, l'achat de vêtements, de peur que le notaire ne le traîne dans des maisons de confection. Il voudrait aussi que Mme A dise à Ancelle qu'il n'a pas sollicité cet argent. B informe sa mère qu'il aura de quoi payer tous ses frais d'ici la fin de l'année, avec l'argent qu'il recevra pour ses écrits. Il compte laisser dormir ses revenus, pour les capitaliser. Il a besoin de 6000 francs par an pour vivre[1].

[seconde quinzaine de V 62] – La *Revue anecdotique* commence à publier *Les Jeudis de Mme Charbonneau*, d'Armand de Pontmartin. C'est B qui a suggéré cela, afin de précipiter la brouille entre Pontmartin et Buloz; celui-ci étant présenté défavorablement. En fait, cette publication réussira à provoquer la désapprobation de Sainte-Beuve, qui trouvera déloyale l'attitude de Pontmartin envers Buloz[1].

[VI 62] – B envoie à Mme A la nouvelle édition des *Misérables* de Victor Hugo et deux articles à ce propos: l'un de Barbey d'Aurevilly, l'autre de lui[1].

1 VI d 62 – Le *Boulevard* publie un article de Méry indiquant que B a assisté à la soirée de Carjat[1].

[5 VI j 62] – B doit payer 300 francs à Dentu[1].

[env 6 VI v 62] – B envoie à Ancelle l'autorisation de Mme A pour les 500 francs. Il prend une chambre d'hôtel dans un nouveau quartier, qu'il décommandera et payera[1].

6 VI v 62 – B remercie Mme A de son autorisation. Il n'a pas renoncé à son projet d'aller à Honfleur[1].

[env 6 VI v 62] – B va seul à Versailles, aux Trianons. Il se souvient d'avoir fait au même endroit une promenade avec sa mère, il y a des années[1].

8 VI d 62 – Dans *Diogène*, Eugène Verner signale qu'on vient d'inventer un nouveau système d'éclairage à Paris: *l'éclairage aux yeux de femme*. Les yeux de Mme Georgette, par exemple, seront cloués sur les boulevards. Ceux de B seraient sur la place du Carrousel[1].

[première quinzaine de VI 62] – La *Revue anecdotique* termine sa publication des cinq extraits des *Jeudis de Mme Charbonneau*, d'Armand de Pontmartin[1].

15 VI d 62 – Banville observe, dans le *Boulevard*, qu'Hippolyte Philibert, auteur d'*Iambes d'aujourd'hui* est le seul parmi tous les jeunes à ne pas imiter B, Musset et Leconte de Lisle[1].

16 VI l 62 – Mort, à Paris, d'Antoine-Bernard Jaquotot[1].

[env 16 VI l 62] – Dans une lettre (lettre manquante), Mme A demande à B ce qui le pousse à retarder son départ pour Honfleur[1].

17 VI ma 62 – B, prêt à partir pour Honfleur, est retenu. Il se plaint à sa mère des lenteurs de son tailleur et annonce qu'il va faire ses malles[1].

21 VI s 62 – B reçoit 500 francs de sa mère[1].

[été 62] – B amène Jeanne Duval à l'atelier de Manet, rue Guyot. Le peintre brosse en une séance la toile du tableau: *La Maîtresse de Baudelaire*. Ce portrait est d'abord connu sous les noms de *Créole couchée* et *Femme à la crinoline*. Il existe, sur le même sujet, une aquarelle[1].

[été 62?] – B s'excuse [auprès d'Edouard Houssaye?] de ne pouvoir accepter son "excellent invitation". Il doit achever "d'énormes choses" pour le frère du destinataire de ce mot[1].

28 VI s 62 – La *BF* enregistre la publication du roman de Duranty: *La Cause du beau Guillaume*[1].

[env 28 VI s 62] – Duranty envoie à B un exemplaire de son roman: *La Cause du beau Guillaume*, annoncé à cette date par la *BF*[1].

[après le 28 VI s 62] – B songe à faire deux articles: "Les Dessins de Victor Hugo;" un article critique sur *La Cause du beau Guillaume*, de Duranty[1].

[après VI 62] – Swinburne écrit "Ernest Clouët", qu'il envoie au *Spectator* (Londres). Ce périodique le fait composer sans l'imprimer. Il s'agit d'un article "critique" sur un poète inexistant et dont le caractère ressemble fort à celui de B. Le portrait est sans doute inspiré par un article de Pétrus Borel daté du 15 juillet 1861 [*qu. v*]. On décèle chez Swinburne l'influence des *FM*[1].

1 VII ma 62 – B et P-M signent un nouveau contrat sur la reproduction des oeuvres de B, qui cède à P-M le droit de toucher jusqu'à 5000 francs, garantissant ainsi une dette de même montant qu'il a envers son éditeur. Ce contrat restera en vigueur pendant quatre ans, à moins que P-M ne rentre dans ses fonds avant, auquel cas B retrouvera ses droits d'auteur. Cet accord porte sur tous les ouvrages de B, publiés ou à publier[1]. La *Revue anecdotique* observe que B est "aussi bon vivant que quiconque mais [qu']en vertu de la loi des contraires, sa poésie n'est pas couleur de rose"[2].

12 VII s 62 – La première partie du *Joueur d'échecs de Maelzel* paraît dans le *Monde illustré*[1].

13 VII d 62 – Dans *Le Boulevard*, Etienne Carjat raconte une anecdote sur B: un oiseau a une patte cassée, B demande à une servante de le soigner. Elle refuse. Il l'assure pourtant que le chat prendra plus de plaisir à manger un oiseau qui a ses deux pattes[1].

15 VII ma 62 – Echéance d'un billet de 100 francs, payable à la Société des Gens de Lettres. B le paie immédiatement[1].

[15 VII ma 62] – B doit payer 500 francs à Jousset[1].

17 VII j 62 – Dans le *Journal des baigneurs* (Dieppe), "A. de V". donne une liste des écrits publiés par *L'Artiste* en 1861. Parmi les auteurs des "articles et poésies" figure B. Celui-ci est aussi porté sur la liste des collaborateurs de l'année en cours, sous la même rubrique[1].

19 VII s 62 – La deuxième partie du *Joueur d'échecs de Maelzel* paraît dans le *Monde illustré*[1]. Evoquant la "barbarie" de l'administration, B prie quelqu'un [Camille Doucet?] d'aider Jules Rozier à résoudre une affaire avec le gouvernement[2].

24 VII j 62 – Aurélien Scholl donne, dans le *Figaro*, une anecdote sur Alcide Dusolier et Barbey d'Aurevilly. Dusolier écrira dans la *Revue anecdotique* du 1er août qu'elle est inspirée par B, en y ripostant[1]. Dans le *Boulevard*, la notice sur Théodore de Banville paraît, accompagnée d'une note anonyme sur *Les Poètes français*[2].

26 VII s 62 – La troisième partie du *Joueur d'échecs de Maelzel* est publiée par le *Monde illustré*[1].

31 VII j 62 – Au nom de Raymond Matigny sont endossées les traites de 4.900 et 10.000 francs tirées sur le compte de B par Arondel le 12 août 1853[1]. La *Revue anecdotique* publie une note anonyme sur Barbey d'Aurevilly; elle contient une allusion à B[2].

2 VIII s 62 – La quatrième partie du *Joueur d'échecs de Maelzel* paraît dans le *Monde illustré*[1]. La *BF* enregistre la publication par Hachette du quatrième volume des *Poètes français. Recueil des chefs d'oeuvre de la poésie française depuis les origines jusqu'à nos jours, avec une notice littéraire sur chaque poète: par MM Charles Asselineau, Hippolyte Rabou [Babou], Charles Baudelaire, Théodore de Banville, Philoxène Boyer, Edouard Fournier etc*[2]. Ce volume est le seul de l'anthologie qui a eu du succès; il traite de la poésie depuis Lamartine. On y trouve de B sept notices littéraires, sur: Hugo, Marceline Desbordes-Valmore, Gautier, Banville, Pierre Dupont, Leconte de Lisle et Gustave Le Vavasseur; sept poèmes: *L'Albatros, Réversibilité, Le Crépuscule du matin; La Cloche fêlée, Le Guignon, Les Hiboux, Les Petites Vieilles*. Ces poèmes sont précédés par une notice sur B de Théophile Gautier. Dans le même volume figure la notice d'Hippolyte Babou sur Sainte-Beuve. Il y est suggéré que B a trouvé "la monade" des *FM* dans le poème du lundiste: *Rendez-vous* ou bien dans celui intitulé *La Veillée*. Philippe de Chennevières, dans sa notice sur Ernest Prarond, mentionne les premiers sonnets de B, qui ont paru à l'époque de la publication de *Vers*[3].

4 VIII l 62 – B remercie Théophile Gautier de sa notice sur lui dans l'anthologie de Crépet, disant que c'est la première fois de sa vie qu'il se trouve traité selon ses désirs. Il prie Gautier d'écrire de façon favorable sur la Société des Aqua-fortistes [Bracquemond, Manet, Ribot, Jongkind et Legros][1].

[été 62?] – B répond négativement à l'invitation d'un "cher monsieur" anonyme [Edouard Houssaye?]. Il invoque un important travail à achever et qui devrait être prêt dès le retour du frère de son correspondant anonyme[1].

10 VIII d 62 – Dans le *Figaro*, Alphonse Duchesne rapporte un dialogue entre Monselet et B. Monselet désire remplacer par "une rose" les détails crus des oeuvres de B[1]. Dans le *Boulevard*, Philothée O'Neddy cite un passage de la notice de B sur Petrus Borel[2].

[10] VIII d 62 – B avise sa mère qu'il compte partir pour Honfleur vers la fin du mois. Il se dit dégoûté de la vie littéraire parisienne, ne voyant avec plaisir que Barbey d'Aurevilly, Flaubert, Sainte-Beuve. Il ne peut discuter de peinture qu'avec Gautier. Il apportera à Mme A l'ouvrage de Sébastien Mercier: [*Second Tableau de*] *Paris pendant la Révolution (1789-1798), ou le Nouveau Paris*, sur lequel il fait ce qu'il appelle "un gros travail". Il l'informe que son exemplaire (celui qu'il a cherché pour elle), des *Mémoires d'outre-tombe* demeure entre les mains du ministère de l'Intérieur [ce qui signifie que c'est une contrefaçon belge]. B revient sur son jugement favorable donné dans son article sur *Les Misérables*, et juge ce roman "immonde et inepte". Il n'a que vingt jours, dit-il, pour s'arranger avec la *Presse*, le *Journal des débats*, le *Monde illustré* et la *Revue britannique* pour payer ses dettes pendant son séjour à Honfleur[1].

11 VIII l 62 – B passe une journée chez sa belle-soeur à Fontainebleau. Il regarde cela comme "une cruelle corvée"[1].

15 VIII v 62 – Dans la *Revue anecdotique*, Alcide Dusolier proteste contre une anecdote racontée par Aurélien Scholl sur lui et Barbey d'Aurevilly. Cette anecdote, méchante au dire de Dusolier, a été inventée par B[1].

16 VIII s 62 – Le *Monde illustré* publie sur les *Tablettes d'un rimeur*, oeuvre de Hortensius de Saint-Albin, une critique d'Achille Arnaud. Ce dernier cite B parmi les chefs de la poésie moderne[1]. Mort en Algérie d'Edouard Poulet-Malassis, frère de P-M. Il avait 29 ans et était caporal zouave. Il s'est éteint à l'hôpital militaire de Batna[2].

[env 17 VIII d 62] – Albert Glatigny part de chez lui pour s'établir à Paris, où il fera la connaissance de B[1].

18 VIII l 62 – B informe Arsène Houssaye que, s'il ne trouve pas d'aide financière le jour même, il sera sans logement. Il espère voir certains de ses écrits publiés dans la section "Variétés" de la *Presse*, écrits [sans doute des poèmes en prose] que possède déjà Houssaye. B voudrait y ajouter deux titres nouveaux: *Fusées et Suggestions; Soixante-six Suggestions*. Ce sont vraisemblablement des matières qui entreront dans les *Journaux intimes*. La somme de 250 francs ferait "patienter [son] homme pendant quelques jours". Ayant écrit cette lettre, B va voir Houssaye[1]. Hetzel écrit à Houssaye insistant sur la nécessité de publier tout de suite ces poèmes en prose ("...cet étrange classique des choses qui ne sont pas classiques")[2].

24 VIII d 62 – Le *Boulevard* publie de nouveau la notice de B sur Banville, accompagnée d'une note de Crépet sur *Les Poètes français*[1].

26 VIII ma 62 – La *Presse* publie les neuf premiers poèmes en prose de B, avec une dédicace à Arsène Houssaye: *L'Etranger; Le Désespoir de la vieille; Le Confiteor de l'artiste; Un Plaisant; La Chambre double; Chacun la sienne; Le Fou et la Vénus; Le Chien et le flacon; Le Mauvais Vitrier*. Ces pièces paraissent en feuilleton[1].

27 VIII me 62 – Dans la *Presse*, cinq poèmes en prose: *A Une Heure du matin; La Femme sauvage et la petite maîtresse; Les Foules; Les Veuves; Le Vieux Saltimbanque*[1].

28 VIII j 62 – P-M avise Bracquemond qu'il est en liquidation et qu'il va sans doute être mis en faillite. Le matin, il a reçu la nouvelle de la mort de son frère, en Afrique[1]. P-M s'arrange, dit-on, pour faire une vente fictive de sa maison d'édition à Lécrivain et Toubon (chez qui il se réfugie, peut-être). Il reste en tout cas introuvable, surtout pour l'imprimeur Poupart-Davyl, qui réclame en vain la somme de 15.000 francs qui lui est due[2].

29 VIII v 62 – P-M va chez Bracquemond, où il laisse quelques caisses, "épaves" de son mobilier[1].

31 VIII d 62 – Dans le *Boulevard*, Théodore de Banville constate que la publication des poèmes en prose est un "un véritable événement littéraire"[1]. Dans *Diogène*, Jules Claretie loue B à propos des *Poètes français*[2]. Aurélien Scholl répond, dans la *Revue anecdotique* à l'accusation d'Alcide Dusolier, disant que l'anecdote méchante publiée il y a un mois dans le *Figaro* et attribuée à B ne vient pas forcément de ce dernier[3].

[VIII-IX 62?] – B apprend à Michel Lévy qu'il ajouterait à la troisième édition des *FM* dix ou douze pièces et une préface. Faute d'une préface, l'on pourrait utiliser la notice sur B de Gautier, parue dans les *Poètes français*[1]. B écrit à P-M pour dire qu'il n'est pas certain que la propriété littéraire des *FM* et des *PA* vaillent actuellement 5000 francs. Pourtant, la dette de B envers P-M pourra se solder par la valeur future des *FM* seules. B propose de donner à un seul éditeur la propriété de ses cinq volumes (*Réflexions sur mes contemporains*, 2 vol.; *Les FM*; *PA, Opium et Haschisch; Poèmes en prose*). B songe à Michel Lévy, malgré son refus de publier les *Contemporains*. Lévy pourra être utile plus tard, au moment de négocier avec Hachette pour l'édition illustrée des oeuvres d'EAP. B autorise P-M à montrer à Lévy sa note. Si Lévy n'est pas intéressé, il ne voit qu'Hetzel ou Didier qui soient susceptibles de l'être. Il demande 800 francs par volume[2]. Ecrivant à Lévy, B dit que dans la troisième édition des *FM*, il ajoutera dix ou quinze pièces et une grande préface pour expliquer sa méthode. Il dit qu'il y enseignera comment écrire de la poésie, appelant cela une "sérieuse bouffonnerie". S'il n'a pas le courage d'écrire cette préface, il y mettra "l'excellent article" de Gautier sur les *FM*, dans le quatrième volume des *Poètes français*[3].

I IX l 62 – Leconte de Lisle annonce à sa soeur que P-M est introuvable; il craint pour leurs intérêts, car l'éditeur dispose d'un stock de ses livres[1].

2 IX ma 62 – On enregistre la faillite de P-M. Il y a un actif de 33.438,49 francs. On mentionne la propriété littéraire des oeuvres de B et les fleurons de Bracquemond pour le projet d'édition illustrée des *FM*[1].

[début IX 62] – B écrit (lettre manquante) à Hachette pour demander un exemplaire du quatrième volume des *Poètes français*. Hachette envoie cette lettre à Crépet, qui est à Villers-sur-mer[1].

6 IX s 62 – Un article d'Algernon Swinburne sur les *FM* paraît, anonymement, dans le *Spectator* (Londres). B enverra à Swinburne un exemplaire de *Richard Wagner et Tannhäuser à Paris*, avec la dédicace: "Mr. Algernon C. Swinburne/Bon souvenir et mille remerciements, CB" [1].

[env 6 IX s 62] – B achète le quatrième volume des *Poètes français*; il en garde le reçu, ayant l'intention de le présenter à Crépet[1].

7 IX d 62 – En recevant la demande de B pour ce quatrième volume de son anthologie, Crépet fait savoir au poète qu'il ne l'acceptera pas tant que B ne lui rendra son exemplaire des poésies de Victor Hugo. Ce livre, emprunté par B il y a deux ans, avait été réclamé récemment et vainement par Crépet[1].

9 IX ma 62 – B apprend à Crépet son achat du quatrième volume, disant qu'il en gardera le reçu et qu'il enverra chercher son livre à Honfleur[1].

[env 11 IX j 62] – B rencontre Eusèbe de Salles, qui lui donne un livre [peut-être *Sakontala à Paris*] pour Asselineau[1].

[13 IX] s [62] – P-M, qui est en faillite, s'enfuit à Montrouge. B lui écrit pour savoir ce qu'il devra répondre aux questions sur la comptabilité de l'éditeur[1].

13-20 IX s-s 62 – Villiers de l'Isle-Adam fait un séjour (imposé par sa famille) à l'Abbaye de Solesmes. Là, il informe un des moines que B y ferait peut-être une retraite. Ce religieux l'assure que B y serait reçu car, dit-il, on y reçoit "même les galériens". Villiers rapportera cette conversation à B, qui l'évoquera le Jour de l'an 1863 devant Hippolyte Lejosne, en le priant de la raconter à Barbey d'Aurevilly[1].

[avant le 14 IX d 62] – B rencontre Manet, en visitant son atelier[1].

[13 IX s 62] – Répondant à P-M à propos de leurs comptes, B déclare qu'il a reçu 1200 francs pour 4 volumes et non pas 1500 pour 5. S'il a reçu 1500 francs, il est censé en devoir 900. Il encourage P-M à négocier avec Hetzel pour la vente de ses droits d'auteur. Il reconnaît finalement devoir à P-M deux volumes et 1300 francs[1]. La *BF* enregistre la publication du volume de Berlioz: *A Travers Chants*[2]. On y trouve le feuilleton écrit par cet auteur sur le premier concert Wagner[3].

14 IX d 62 – Le *Boulevard* publie "Peintres et aquafortistes", de B. C'est la forme définitive de "L'Eau-forte est à la mode"[1]. Crépet, de retour à Paris, écrit à B une lettre assez âpre sur le prêt de ses volumes de poésies de Victor Hugo. Crépet ne pense pas être le débiteur de B et prend dans sa lettre un ton aussi sarcastique que celui du poète. Crépet fait savoir à B que les deux tomes dont il s'agit sont ceux des *Contemplations*. C'est de ce moment que cesseront leurs relations[2].

[après le 14 IX d 62] – Whistler écrit à Fantin-Latour pour le remercier de lui avoir envoyé l'article de B publié dans *Le Boulevard*: "Peintres et aquafortistes". Il trouve qu'on fait mieux ce genre d'article à Londres et dit que B, bien qu'il écrive beaucoup de choses poétiques sur la Tamise, omet de parler des eaux-fortes[1].

[19 ou 26 IX?] v [62?] – B reçoit une lettre de P-M, toujours à Montrouge. B lui fait savoir que Lemercier, créancier, a promis de ne pas présenter au syndic de P-M un billet qu'il détient. B revendique la responsabilité du billet mais ne comprend pas l'intention de Lemercier, à moins qu'il ne veuille présenter le billet pour en tirer ce qu'il peut, en se rabattant ensuite sur B pour payer la différence. B invite P-M à venir dîner avec lui, pour discuter la vente de ses droits d'auteur à Lévy[1].

[env 20 IX s 62?] – B écrit à Asselineau pour lui annoncer que Rozier sort de chez lui. B et Rozier seront chez Asselineau le 25, dans l'après-midi[1].

[env 21 IX d 62] – Raymond Matigny écrit (lettre manquante) à B, sans doute pour l'informer qu'il a remplacé Arondel comme créancier[1].

21 IX d 62 – B répond à Raymond Matigny qu'il ne le connaît pas et qu'il n'a pas le temps de lui écrire[1].

22 IX l 62 – Des bureaux de la *Presse*, B écrit à sa mère pour expliquer son absence d'Honfleur; ses multiples affaires l'empêchent de s'y rendre. Il a des difficultés avec la publication de ses poèmes en prose publiés par la *Presse* et redoute la parution envisagée d'autres poèmes, en quinze feuilletons croit-il. Mme C.-A. Baudelaire, qu'il a vue, a chanté les louanges de Mme A[1].

[env 22 IX l 62] – Apportant les deux feuilletons des poèmes en prose remaniés pour la troisième fois, B se rend aux bureaux de *La Presse*. Là, il voit Catrin, de mauvaise humeur, qui lui transmet les feuilletons corrigés par Houssaye et qui sont en contradiction avec les siens. B propose à Catrin de supprimer toutes les pièces sujettes à de nouveaux remaniements, puisqu'il a déjà deux fois plus de matières qu'il n'en faut et que tout est bien corrigé. S'il fallait supprimer quelques-uns de ces morceaux, B choisirait: *Les Tentations*; *L'Horloge*; *Un Hémisphère dans une chevelure*[1].

24 IX me 62 – La *Presse* publie les poèmes en prose suivants: *Le Gâteau*; *L'Horloge*; *Un Hémisphère dans une chevelure [La Chevelure]*; *Parfum exotique*; *L'Invitation au voyage*; *Le Joujou du pauvre*; *Les Dons des Fées*. On annonce la suite prochainement[1]. Dans ce troisième texte publié de *L'Horloge*, B remplace le chat par une femme, nommée Féline[2]. On compose un quatrième feuilleton des poèmes en prose, jamais imprimé mais corrigé par B. Il contient: *Les Tentations*; *Le Crépuscule du soir*; *La Solitude*; *La Belle Dorothée*; *Les Projets*; *Les Yeux des pauvres*[3].

[25 IX j 62?] – Visite de B et Rozier chez Asselineau [pour une séance de pose?][1].

25 IX j 62 – Mort du père de Manet[1].

[27 IX s 62?] – Raymond Matigny répond (lettre manquante) à B [expliquant qu'il est son créancier, à la place d'Arondel?][1].

[fin IX 62] – De Guetary, Whistler écrit à Fantin-Latour à propos du numéro du *Boulevard* contenant "Peintres et aquafortistes" de B. Fantin-Latour le lui a envoyé. Whistler trouve que la critique de B sur les eaux-fortes porte plutôt sur les thèmes des ouvrages que sur les eaux-fortes elles-mêmes[1]. Ayant fait un séjour d'une semaine à Solesmes, Villiers de l'Isle-Adam écrit à B pour lui décrire l'abbé, Dom Guéranger, de façon admirative. Villiers expose à B un beau sujet de poème (ou de poème en prose), selon lui. Un petit diable rend service à un vieil abbé; comme récompense, il demande qu'on bâtisse un clocher, car il aime le son des cloches. Villiers a pu achever, dit-il, la rédaction de *Samuèle* [écrit qui devait constituer la troisième partie d'*Isis*]. Il recommande à B la lecture de *La Mystique*, de Görres et *La Vie de Jésus* du Dr Sepp[2].

[avant X 62] – Gravure faite par Manet de sa peinture: *Lola de Valence*[1].

1 X me 62 – L'*Artiste* publie à nouveau l'article de Banville, déjà paru dans le *Boulevard*, sur les poèmes en prose de B, ainsi qu'un de ces derniers: *L'Horloge*[1].

3 X v 62 – B promet à Raymond Matigny qu'il ira le voir le mardi ou le mercredi pour l'entretenir de sa situation. Matigny lui répond le même jour[1].

8 X me 62 – A 3h, B écrit à Arsène Houssaye pour expliquer comment il lui est arrivé de donner à la *Presse* pour inédits des poèmes en prose déjà parus à la *Revue fantaisiste*. Pour se disculper il dit que cette revue n'avait qu'un très petit tirage et qu'il avait complètement remanié ces écrits[1].

9 X j 62 – Dans un article du *Figaro*, Jules Vallès affirme que B et ses amis fumaient réellement de l'opium[1].

[9 ou 10 X j ou v 62] – B transmet à Arsène Houssaye le numéro de la *Revue fantaisiste* contenant ses poèmes en prose[1].

[10 X v 62] – Paul Verlaine compose *Un Soir d'octobre*, poème à résonances baudelairiennes[1].

[env 10 X v 62] – Paul Verlaine compose *Torquato Tasso* poème inspiré par celui de B: *Sur le Tasse en prison*[1].

11 X s 62 – La BF enregistre *L'Almanach parisien pour 1863*, qui contient *Recueillement* et *Le Coucher du soleil romantique*[1].

12 X d 62 – Dans le *Boulevard*, Glatigny dédie à Rops des vers à l'accent baudelairien[1].

16 X j 62 – B voit Arsène Houssaye, à qui il montre le manuscrit des *Petits Poèmes en prose*[1].

[env 16 X j 62?] – B a vu Asselineau. Il lui a raconté des choses dont il est presque fâché d'avoir parlé [ce qui s'est passé aux bureaux de *La Presse* au sujet de ses poèmes en prose?]. Ensuite, il lui écrit pour le prier de "se servir" de Gautier et d'Houssaye s'il peut le faire sans attiser la haine contre lui. Actuellement, il est sans "abri"[1].

18 X s 62 – Dans le *Monde illustré*, Charles Yriarte cite B à propos d'un dessin d'Edmond Morin[1].

22 X me 62 – B écrit à Raymond Matigny, promettant de lui attribuer le revenu de son premier trimestre de 1863. Il lui déclare qu'il doit payer 6000 francs dans l'affaire de la faillite de P-M[1].

23 X j 62 – Lettre (manquante) de Raymond Matigny à B[1]. Dans le *Charivari*, Léon Leroy imagine qu'aux enchères, *Les Petits Poèmes en prose* atteindraient un million[2].

26 X d 62 – Dans le *Figaro*, Albert Wolff prétend que B, chef d'école, est le spécialiste des préfaces [remarque inspirée par celle aux *Martyrs ridicules*][1].

27 X l 62 – Gautier parle, dans le *Moniteur*, des *PA* et de la Société des Aquafortistes[1].

1 XI v 62 – *L'Artiste* fait allusion, dans une note accompagnant un portrait de B par Bracquemond, à la notice de Gautier sur le poète[1].

2 XI s 62 – Dans le *Figaro*, Albert Wolff suggère une distribution pour *Le More de Venise*, pièce de Vigny. B y jouerait le Doge[1].

4 XI l 62 – La Saint-Charles/Sainte-Caroline[1].

9 XI s 62 – Dans le *Boulevard*, Ernest d'Hervilly dédie à B son poème: *Le Petit Oranger: ballade parisienne*[1].

12 XI me 62 – P-M est arrêté sur plainte de l'imprimeur Poupart-Davyl, son créancier. Il est incarcéré à Clichy pour dettes[1].

15 XI s 62 – La *Revue anecdotique* cesse de paraître. René Pincebourde achète les presses et s'en sert pour imprimer *La Petite Revue*[1]. Dans la *Revue indépendante*, Louis Laincel publie un poème satirique contre Sainte-Beuve et les collaborateurs des *Poètes français*, B compris[2]. *Critique française* signale la publication par

L'Artiste de trois gravures "remarquables" de Hébert, notamment le *Portrait de Charles Baudelaire*[3].

16 XI d 62 – Charles Bataille donne, dans le *Boulevard*, un sonnet "non-baudelairien", dédié [peut-être] à Elisa Guerri[1]. Le soir, B rencontre Hetzel, qui l'informe que P-M est à Clichy, ce que B savait déjà[2].

17 XI l 62 – B écrit à Amédée Achard, à propos d'Henry de La Madelène[1].

18 XI ma 62 – B s'excuse auprès de P-M de ne pas être allé le voir en prison. Envoyé par un ami, il s'est présenté chez les Poupart. Là une dame, fille ou soeur de Poupart, lui a tenu des propos malséants sur P-M[1].

[seconde quinzaine de XI 62?] – Visite de B à P-M en prison. Il lui montre un dessin qui lui plaît, et qu'il lui offrira à sa sortie de prison. B se rend à la préfecture après avoir vu son éditeur, sans doute en qualité de témoin dans l'affaire Poupart-Davyl[1].

19 XI me 62 – Dans leur *Journal*, les Goncourts mentionnent dédaigneusement B[1].

20 XI ma 62 – Villemessant, dans le *Figaro*, publie une anecdote sur B[1].

23 XI s [62] – B écrit à Hetzel pour recommander Catulle Mendès. Il voudrait qu'Hetzel publie *Les Amours frivoles* [sans doute le premier titre de *Philoméla, livre lyrique* de Mendès, que l'éditeur publiera en 1863][1]. Walewski devient Ministre d'Etat[2].

25 XI s 62 – Dans le *Charivari*, Léon Leroy dépeint B sans le nommer; il lui reproche de manquer de qualités réelles[1].

29 XI s 62 – La *BF* enregistre *Le Théâtre des marionnettes du Jardin des Tuileries*[1].

XII 62 – Flaubert écrit à Sainte-Beuve pour se défendre de l'accusation de corrompre les gens par ses écrits. B et Leconte de Lisle, tout comme lui, sont de bons exemples d'écrivains qui cherchent la grandeur et dont l'oeuvre découragera les imitateurs[1].

[XII 62] – P-M est transféré de Clichy à la maison d'arrêt des Madelonnettes[1].

[env 4 XII j 62] – B se rend aux bureaux du *Pays*, où il est mal reçu par Auguste Chevalier, député qu'il surnomme "cet illustre inconnu"[1]. Chevalier prétend que la publication de l'étude de B sur Guys, depuis longtemps promise, ne dépend plus des promesses faites par Grandguillot, par Bodoz et par Anchald; ces promesses, selon lui, ne signifient absolument rien[2].

[avant le 4 XII j 62] – Marie Escudier demande à B pourquoi il ne reste plus aux bureaux du *Pays*. Escudier aimerait avoir un exemplaire de *Richard Wagner et Tannhäuser à Paris*[1].

4 XII j 62 – B, froissé de la peu aimable réception d'Auguste Chevalier au *Pays*, écrit à Marie Escudier, de ce journal. Il va déposer son article sur *Salammbô*, dit-il, chez Michel Lévy (où ce roman vient de paraître). Si la rédaction du *Pays* s'y intéresse, elle n'a qu'à aller l'y chercher. B se plaint du fait que le *Pays* n'ait pas encore publié *Le Peintre de la vie moderne*, bien que cet écrit ait été "si souvent reçu" et même payé. Il propose de le laisser un temps entre les mains de Ribau, secrétaire du journal, jusqu'à ce qu'il soit demandé ailleurs. Il invite Escudier à montrer sa lettre à Chevalier ou à Inchald, car Chevalier n'a pas suivi les instructions quant à la publication. Il remercie toutefois Escudier de sa bienveillance envers lui et lui promet (au lieu de *Richard Wagner et Tannhäuser à Paris*, qui lui manque) un exemplaire de ses oeuvres critiques complètes, à paraître l'année suivante[1].

[env 6 XII s 62] – B voit Paul Chenay, graveur et beau-frère de Victor Hugo. Cet artiste est chargé de graver à l'eau-forte un album des dessins d'Hugo, avec un portrait de ce dernier. B propose à Chenay d'accepter un portrait par Legros d'Hugo mais Chenay explique qu'il en a déjà fait un lui-même. Chenay suggère que Legros communique à Hugo une bonne épreuve de son portrait, afin qu'elle soit retenue par un éditeur du poète pour une édition à venir. Encore faut-il qu'Hugo accepte[1]. B s'achète de nouveaux vêtements[2].

6 XII s 62 – B écrit à Alphonse Legros pour décrire sa conversation avec Chenay. Il conseille à Legros d'envoyer son portrait d'Hugo à Guernesey, dans le cas où Meurice n'aurait pas déjà envoyé une épreuve. Il avertit Legros que Victor Hugo exige que ses portraits soient avenants, et qu'il en a repoussé qui lui donnaient un visage qu'il trouvait trop farouche. B pense que Legros a la possibilité de gagner 300 francs si son portrait est accepté[1]. La *BF* enregistre *Salammbô*, de Flaubert. Le romancier en offrira un exemplaire sur grand papier à B, qui le fera relier par Tripon[2].

[après le 6 XII s 62] – B voit Mme Paul Meurice à propos du portrait de Victor Hugo par Legros. Elle lui demande des nouvelles de P-M, dont les malheureuses infortunes provoquent chez elle une sympathie allant jusqu'aux larmes[1].

8 VII l 62 – P-M charge Asselineau d'annoncer à B qu'il le fera assigner comme témoin à charge, à la suite de la la conversation qu'il a eue avec les Poupart-Davyl

à son propos[1].

[env 12 XII ѵ 62?] – B voit Champfleury et La Fizelière, qui lui disent qu'on ne peut rendre visite à P-M, car on l'a transféré dans une autre prison[1].

[env 13 XII s 62] – B envoie à sa mère trois livres: Ch.-G. Leroy, *Lettres sur les animaux*; Diderot, *Le Neveu de Rameau*; *Les Poètes français*[1]. P-M suggère à B que quelqu'un dirige ses affaires. Il se plaint de ce que B ne lui envoie pas de nouvelles du monde littéraire. Il demande s'il est vrai que Flaubert va recevoir 30.000 francs pour *Salammbô*[2]. De sa mère, B reçoit un lettre où elle lui demande ses 500 francs, avancés le 21 juin. Elle lui décrit les ennuis causés par l'éboulement de la falaise devant sa maison d'Honfleur[3].

13 XII s 62 – Répondant à P-M, B lui fait part de la "belle proposition" d'Hetzel [2000 francs] à propos de la publication des *FM* et des *PPP*. Lévy, quant à lui, ne s'est pas encore décidé. La proposition d'Hetzel est insuffisante et est loin d'atteindre les souhaits de B. B repousse la suggestion de P-M de trouver quelqu'un pour diriger ses affaires. Il préfère apprendre à le faire lui-même. Lévy est furieux d'apprendre que B négocie dans le même temps avec Hetzel. Il dit qu'Hetzel prend le "dessus du panier". Il veut tout ou rien. Pourtant, Lévy n'offre à B qu'une petite rente irrégulière, produit de la vente de ses oeuvres. Elle serait insuffisante de toute façon pour les besoins de B. Prenant pour P-M l'exemple de la pièce d'Emile Augier, *Le Fils de Giboyer*, il voit en elle l'exemple d'une nouveauté littéraire dont on parle beaucoup et qui est à la mode mais dont il ne se soucie pas. Il évoque le grand succès de *Salammbô*, dont une édition de deux mille exemplaires a été épuisée en deux jours. Flaubert aurait reçu 12.000 ou 13.000 francs et non pas 30.000. Encore faut-il compter avec *Madame Bovary*, dont le contrat vient de se terminer chez Lévy. B pense que *Salammbô* est une belle oeuvre mais non exempte de défauts. Il se moque de la réaction excessive de Babou à propos de ce livre et le qualifie de "taquin". B, dont la santé est précaire, dit avec sérieux que pour être guéri il aurait besoin d'un médecin du génie de Mesmer, de Cagliostro ou du [miraculeux] tombeau [du diâcre] Pâris. Il lui raconte, avec envie, la sympathie de Mme Paul Meurice à son égard[1]. B répond à Mme A que les choses vont mal pour lui, qu'il doit 5.000 francs dans l'affaire de la faillite de P-M et que les *FM* et les *PA* sont "abandonnés aux hasards du rabais". Il lui a envoyé les *Poètes français* pour qu'elle lise ce que Gautier a dit sur lui. Il dément la nouvelle qu'avaient transmise ses "espions" soutenant qu'il est gai ces jours-ci et déclare que sa santé est déplorable, tout comme son moral. B dit qu'il est plongé dans une "grandissime affaire" [peut-être la proposition qu'il prenne la direction d'un grand théâtre subventionné], affaire qu'il n'espère pas pouvoir mener à bien[2].

[20 XII l 62] – B doit payer 200 francs à Jousset[1].

21 XII d 62 – Dans le *Boulevard*, Albert Glatigny dédie à B *Maritorne*, stances à une fille d'auberge[1].

[fin 62] – Par l'entremise de Mme Paul Meurice, B envoie à Delâtre, imprimeur, une lettre où il dit attendre les épreuves d'un portrait de Victor Hugo. B demande à Delâtre de lui fournir cette épreuve pour qu'il la fasse approuver par Hugo en vue d'une éventuelle publication. Le portrait gravé par Chenay ou celui par Legros conviendrait[1]. A Mme Meurice, qui part pour Bruxelles, B écrit sur une épreuve d'un portrait de Victor Hugo, imprimée par Delâtre. B lui fait savoir qu'il attend les épreuves des portraits promises par Delâtre. Mme Meurice pourra les apporter à Bruxelles pour les soumettre à Hugo[2].

27 XII s 62 – La *BF* enregistre le livre des Goncourt: *La Femme au dix-huitième siècle*, chez Firmin-Didot frères, fils et Cie. B l'utilisera pour prendre des notes sur le XVIIIe siècle, en vue d'élargir son essai sur C. Guys[1].

28 XII d 62 – *Les Plaintes d'un Icare*, poème de B, paraît dans le *Boulevard*[1].

31 XII me 62 – Les avances faites par Mme A à B cette année représentent un total de 500 francs[1].

1863

1863 – J. Cressonnois compose des illustrations musicales pour *Harmonie du soir* et *L'Invitation au voyage*[1]. Nouvelle édition chez Lévy des *Aventures de Mlle Mariette*, de Champfleury[2]. Hachette publie, posthume, *Le Marquis du 1er Houzards* de Paul de Molènes[3]. Cham fait la caricature (non-utilisée) du tableau de Manet, *Lola de Valence*[4]. Legros quitte Paris pour habiter Londreshi[5]. Fantin-Latour fait un portrait au crayon de B, pour servir au tableau: *Hommage à Delacroix*[6]. Carjat photographie B devant des gravures; l'une d'elles semble être de Daumier[7]. Hachette réimprime le quatrième volume des *Poètes français* contenant des vers de B. Il manque la dernière strophe des *Petites Vieilles*. L'introduction du volume est faite par Sainte-Beuve[8]. Champfleury écrit la première partie de son étude sur B. Celle-ci paraîtra dans *Souvenirs et portraits de jeunesse*[9]. Robert Stoepel publie sa symphonie: *Hiawatha*[10].

[1863?] – B s'excuse auprès du commandant Lejosne, de n'avoir pas honoré un rendez-vous chez lui un soir, il prétexte une course indispensable à faire à la campagne, il n'a donc pu se présenter devant Mme Lejosne[1].

[vers 1863-64] -Guys fait son dessin *Deux Filles*, lequel appartiendra à B[1]

1 I j 63 – B informe le commandant Hippolyte Lejosne qu'il ne pourra pas se rendre

chez lui pour fêter le jour de l'an; B le prie de faire ses excuses à Mme Lejosne. Il envoie ses amitiés à Silvestre et à Barbey d'Aurevilly ("ce cher vieux mauvais sujet"), demandant qu'il raconte à Lejosne l'anecdote sur lui [B] et le moine de Solesmes. Celui-ci, en apprenant de Villiers de l'Isle-Adam que B ferait peut-être une retraite chez eux, répond qu'on le recevrait, car on y recevait "même des galériens", référence sans doute à Raymond Brucker, qui y était à ce moment-là[1].

2 I v 63 – B demande un prêt à Mario Uchard, du *Monde illustré*, jusqu'au 15 du mois. Il se dit écartelé entre Dentu et Michel Lévy à propos des *PPP* et d'*Eureka*. Il donne à Uchard la liste des écrits qu'il voudrait placer au *Monde illustré*: *Le Mystère de Marie Roget*; *Le Cottage de M. Landor*; *Le Domaine d'Arnheim*; *Les Poèmes en prose* (presque finis); *Le Peintre de la vie moderne* (achevé); *L'Esprit et le style de M. Villemain*; *Le Dandysme littéraire*; *La Peinture didactique, écoles allemandes et lyonnaises*[1].

3 I s 63 – La *BF* enregistre *Dominique*, de Fromentin. Cet auteur en enverra un exemplaire à B avec l'inscription " A Monsieur Baudelaire"[1]. Le matin, B reçoit de Mme A un envoi d'argent dont le montant l'étonne. Pourtant, au lieu de le rendre, comme il pense le faire d'abord, il court payer une dette de 50 francs à un libraire [Poupart?]. Le motif en est qu'il se croit appelé à déposer contre cet homme devant un juge. Il veut ainsi éviter la possibilité que ce libraire le présente comme son obligé à ce moment-là. Ensuite, il répond à la lettre de sa mère, la remerciant et s'excusant de ne pas lui avoir écrit le jour de l'an. Il aurait voulu lui faire un cadeau mais il n'avait·pas d'argent. B continue à essayer de vendre globalement tous ses droits d'auteur, afin d'obtenir une assez grosse somme d'argent. Il le fait contre l'avis d'amis qui les estiment à une valeur supérieure aux 23.000 francs qu'il en demande. Ne rencontrant pas de succès, B se voit forcé maintenant de placer séparément ces cinq volumes. Il compte voir sa mère le 15 ou le 20 du mois courant, à Honfleur. B remarque que lui et Mme A ne se sont pas vus depuis quinze mois, qu'il a les cheveux tous gris; il la prie de ne pas rire de ses fatuités de vieillard[2].

4 I d 63 – B signe pour Manet une reconnaissance de dette de 1000 francs[1].

6 I ma 63 – B, qui a dîné chez Asselineau, envoie de chez ce dernier à P-M, en prison, des nouvelles de leurs amis. Il mentionne Gautier, de Nieuwerkerke, Delacroix, Monselet, F. Desnoyers. Le soir, B voit Dentu, qui lui demande de lui fournir sans interruption ses poèmes en prose à imprimer. Il trouve le soir-même, dans un café, un exemplaire du *Nord* qui annonce *Le Mystère de Marie Roget* mais qui transforme son nom en Charles de Beaudelaire[1].

7 I me 63 – B apprend à Mario Uchard qu'il ne pourra rien lui donner à publier au *Monde illustré* avant le 20 ou le 25 du mois, Dentu lui ayant demandé déjà

ses poèmes en prose. Pourtant, Uchard en a, de ses poèmes en prose ainsi que son étude sur Guys; cela lui permettrait d'en publier un ou deux feuilletons. B remercie Uchard pour l'annonce, vue hier soir, du *Mystère de Marie Roget* mais signale qu'on y a estropié son nom[1].

8 I j 63 – Dans le *Figaro*, Armand Silvestre oppose les manières d'écrire de B et de Flaubert. Silvestre trouve la prose de B supérieure à celle de Flaubert[1].

11 I d 63 – Après la fermeture de la librairie de P-M, on annonce dans le *Boulevard* que les exemplaires soldés des *FM*, des *PA* et du *Théophile Gautier* sont en vente chez Lécrivain et Toubon, ce qui, , compte tenu de leur valeur, incite le public à les acheter. Dans ce même journal, Etienne Carjat recommande ces livres à ses lecteurs[1]. B traite avec quelqu'un la question de la vente de deux des volumes, parmi les cinq des oeuvres complètes, pour la somme de 1000 francs. Cette somme ne suffit pas à ses besoins[2].

[début I 63?] – B envoie à Etienne Carjat, pour être publié dans le *Boulevard*, le manuscrit de *L'Imprévu*. Le poème y est divisé en trois parties et offre des variantes par rapport aux éditions ultérieures[1].

[13 I ma 63] – B cède à Hetzel, pour 1200 francs en effets, le droit exclusif de publication des *PPP* et des *FM*. Cet éditeur s'engage à publier aux mêmes conditions le premier volume de nouvelles que lui proposerait B, ainsi que d'autres volumes intitulés, provisoirement, *Mon Coeur mis à nu*[1].

15 I j 63 – Dans *Critique française*, Albéric Clergier perçoit chez B et chez Courbet "l'ostentation de l'horrible"[1].

16 I s 64 – La *BF* enregistre le livre de Zacharie Astruc *Mémoire pour servir à l'identification du théâtre Le Globe*[1]. Astruc l'enverra à B, avec la dédicace: "Hommage à mon très cher maître Baudelaire"[2]. La *BF* enregistre qu'Hetzel publie *Philoméla* de Catulle Mendès; le volume contient *Pantéleia*, poème dédié à B[3].

17 I s 63 – La *BF* enregistre la publication par Faure du recueil d'Albert Mérat et Léon Valade, *Avril, mai, juin*. André Cappelle, dans la préface de ce volume, estime que Banville et B sont les deux poètes principaux de l'époque actuelle; il exprime pourtant des réserves quant à leur envergure poétique. Cette préface est signée: Andrieux. Un sonnet d'Albert Mérat, *A Charles Baudelaire*, y critique le goût de ce poète pour les "breuvages visqueux et [les] cadavres verts".[1] Ce même jour, la *BF* enregistre la troisième édition des *NHE*[2].

18 I d 63 – Allusion à B de Carjat, dans le *Boulevard*[1].

22 I j 63 – B, en répétant à Raymond Matigny qu'il fera un effort pour le payer en avril, demande que ce créancier aille lui-même quérir chez Ancelle l'argent qui lui est dû, au cas où B serait hors de Paris[1].

23 I v 63 – Avant de partir pour Bruxelles, P-M écrit à Bracquemond pour lui recommander de profiter de son exemple, et de ne pas faire du commerce[1].

25 I d 63 – *L'Imprévu*, poème de B, dédié à Barbey d'Aurevilly, paraît dans le *Boulevard*[1].

II 63 – La Galerie Martinet expose *La Musique aux Tuileries*, tableau de Manet qui fait scandale[1].

1 II d 63 – Le *Boulevard* publie *Examen de minuit*, de B[1].

8 II d 63 – Dans le *Boulevard*, Fortuné Calmels appelle B le "chantre de cette odyssée tragique de l'homme luttant contre un destin inéluctable"[1]. Ce même journal publie à nouveau la réclame pour des exemplaires soldés du poète[2]. Dans le *Tintamarre*, Commerson cite deux vers absurdes, en jurant qu'ils ne sont pas de B. Mercier décrit comme "risquée" la candidature de B et Rossignol imagine le titre d'une chanson: *Le Fromage qui remue*, dont les paroles seraient de B et la musique de Wagner[3].

[15 II d 63] – Le matin, B annule une affaire avec Mario Uchard: il s'agissait de signer une délégation ou bien de recevoir un transfert de fonds. Constant [prêteur sur gages?] refuse au dernier moment de signer, craignant de ne pas être remboursé[1].

[16 II l 63] – B informe Uchard de l'annulation de leur affaire de la veille. Il continuera toutefois à travailler sur son manuscrit [la traduction du *Mystère de Marie Roget*] pour Uchard[1]. Pour faire cette traduction, B se sert d'une édition allemande [sans doute *The Select Works of Edgar Allan Poe, with Memoir*, Leipzig, A. Dürr, "Collection of American Authors", 2 vol., 1854-1858]. Les caractères en sont si fins que B commet plusieurs erreurs de lecture[2].

[env 18 II me 63] – B voit Ernest de Chatillon, sculpteur. Il lui demande une épreuve d'un cachet qu'a fait cet artiste, qui envisage de céder la propriété du modèle. B conseille à Chatillon de tâcher plutôt d'en placer quelques exemplaires chez ses amis au prix de 30 francs[1].

[18 II me 63] – B demande à Asselineau de souscrire à la reproduction du cachet de Chatillon[1]. Le soir, B trouve chez lui une lettre d'Uchard, non-datée[2].

19 II j 63 – B apprend à Uchard qu'il s'apprête à partir pour Honfleur et qu'il ne pourra donc pas le voir demain. B travaille toujours sur la traduction du *Mystère de Marie Roget*[1].

20 II v 63 – B se rend chez sa mère à Honfleur[1].

21 II s 63 – Le *Monde illustré* publie à nouveau la première partie de *L'Ange du bizarre*[1]. B revient d'Honfleur[2].

22 II d 63 – B voit Mario Uchard[1].

27 II v 63 – Champfleury suggère à B de faire la connaissance de Mme Frédérique O'Connell, femme peintre allemande. Elle voudrait discuter avec B des ouvrages d'EAP et des siens[1].

[27 ou 28 II v ou s 63] – Lettre (manquante) de B à Mme O'Connell. Il répond à cette dame d'une manière équivoque [selon Champfleury], à propos de leur rencontre. Champfleury promet à cette personne de lui amener B. Celui-ci, afin d'éviter de froisser Champfleury et cette dame, avait voulu écrire à Mme O'Connell pour que sa lettre puisse être lue par d'autres[1].

[1 ou 2 III d ou l 63] – Champfleury écrit de nouveau à B au sujet d'une visite chez Mme O'Connell. B refuse encore cette invitation dans une lettre dont Champfleury ne perçoit pas la signification, celui-ci persiste à tenter de faire participer B à cette soirée[1].

III 63 – A la Galerie Martinet, on expose *La Chanteuse des rues* de Manet. Ce tableau sert d'inspiration au poème de B: *Les Promesses d'un visage*[1].

6 III v 63 – Ayant découvert le sens réel de la lettre de refus envoyée par B à Mme O'Connell, Champfleury accuse le poète d'avoir joué "les fort premiers rôles de sphynx [*sic*]" en ce qui concerne cette invitation. Il prie B de trouver une excuse qui le déchargerait de la responsabilité d'amener B chez cette dame. B le fera[1]. B, invitant Champfleury à venir déjeuner chez lui, explique son refus en disant qu'il déteste les "femmes philosophantes". B avait pris des renseignements sur Mme O'Connell avant de répondre à Champfleury, qu'il accuse d'avoir compromis sa dignité en frquentant ces gens. B trouve "mauvaise" cette société de demi-monde[2].

[7 III v 63] – Champfleury ne s'occupe plus de la visite par B chez Mme O'Connell. Il ne viendra pas déjeuner et se défend de l'accusation de B quant à la société qu'il fréquente[1]. P-M écrit à Asselineau pour décrire les circonstances financières qui l'ont amené en prison[2].

7 III s 63 – Champfleury refuse pour la deuxième fois l'invitation de B pour le dîner de dimanche, alléguant qu'il a du travail. La brouille causée par cette affaire durera jusqu'en mai 1865[1].

9 III l 63 – Lettre (perdue) d'Hetzel à B à propos du *Spleen de Paris*. Hetzel invite B à venir le voir le 20[1].

11 III s 63 – La *BF* enregistre la publication par Barbier des *Contes de Saint-Saintin*, de Philippe de Chennevières[1]. B en recevra un exemplaire[2].

[14 III s 63] – B écrit à Auguste de Chatillon "de tout [son] coeur". Il l'invite à déjeuner le lendemain chez lui en compagnie de Manet, pour qu'il fasse la connaissance de ce dernier. B déclare qu'il ne pourra pas payer à de Chatillon ce qu'il lui doit avant d'avoir traversé "un Sahara de débine de quinze jours"[1]. Le *Journal amusant* publie un article ("bête et méchant" selon Nadar) sur la "Réception de Charles Baudelaire à l'Académie en 1901". L'auteur en est Louis Leroy[2].

14 III s 63 – La *BF* enregistre la réimpression des *Nouveaux Lundis* de Sainte-Beuve. On y publie "Des Prochaines Elections à l'Académie", où B est mentionné[1].

15 III d 63 – A 11h, B reçoit à déjeuner chez lui de Chatillon et Manet[1].

20 III v 63 – Le soir, B reçoit la lettre écrite le 9 par Hetzel. B tient à garder le manuscrit du *Spleen de Paris*, qu'il retouche encore. Il songe à faire offrir par Hetzel de ses poèmes en prose à Buloz, pour qu'on les imprime en revue en même temps qu'on compose le volume chez Hetzel. B envisage la lecture de ses poèmes chez un ami[1].

21 III s 63 – B se rend chez Hetzel[1]. La *BF* enregistre la publication par Dentu de *L'Année comique* de Pierre Véron, comprenant "La Candidature de Baudelaire vue par un boulevardier", récit humoristique des visites académiques du poète[2].

[printemps 63] – A Paris, Whistler et Fantin-Latour conduisent Swinburne chez Manet[1].

26 III j 63 – De Londres, le chevalier de Chatelain écrit à B. Il vient de lire la traduction de B des contes d'EAP, qu'il a eue par l'intermédiaire de Mallarmé. Il

demande si B voudrait bien échanger les *HE* et les *NHE* contre sa propre traduction (2ème édition) des *Beautés de la poésie anglaise*, où se trouvent sa traduction des *Bells* et du *Raven*. Il envoie aussi à B la copie de sa traduction des *Bells* d'EAP[1]. En sortant de chez Guerton, B écrit à P-M qu'il a l'autorisation d'aller voir son éditeur en prison. B révèle que Poupart-Davyl regrette d'avoir fait poursuivre P-M. Le poète demande à son ami s'il doit consulter son syndic afin d'arranger l'affaire des clichés exécutés pour l'édition de luxe des *FM*[2].

28 III s 63 – Mme Manet mère écrit (lettre manquante) à B pour l'inviter à venir chez elle. Elle exprime sa reconnaissance pour la bonne opinion qu'a B de son fils. B, en lui répondant, la remercie de son invitation et réitère ses sentiments amicaux envers Edouard Manet[1].

29 III d 63 – Entre 11h et 3h, B se rend à la maison d'arrêt des Madelonnettes pour y voir P-M[1]. Whistler arrive à Paris chez Fantin-Latour; il apporte son tableau: *La Fille blanche*; il ne reste qu'un jour dans la capitale[2].

5 IV s 63 – Dans un article sur Méry dans le *Boulevard*, Banville fait allusion à B[1].

9 IV j 63 – B a 42 ans[1]. Arondel est appelé "le Héros des grandes époques" par André Lafont, dans le *Figaro*[2].

11 IV j 63 – B attire l'attention des frères Goncourt, pour avoir employé un mot bizarre: *gamahucher*[1].

18 IV s 63 – La *BF* enregistre la publication par Lévy des *Nouvelles Semaines littéraires* d'Armand de Pontmartin, avec son étude sur B[1].

19 IV d 63 – Dans le *Figaro*, Armand de Pontmartin dénonce chez B la manie d'une poésie d'exception[1].

22 IV me 63 – Après plus de cinq mois de détention préventive, P-M est traduit devant la 8e Chambre correctionnelle et condamné à un mois de prison[1]. Il écrira à Louis de la Sicotière que ses amis ont assisté en masse à son jugement[2]. Alcide Dusolier écrira à Champfleury qu'il a été condamné pour "négligence dans la tenue de ses livres". Pourtant, Poupart-Davyl avait porté plainte contre P-M pour détournement d'actif[3].

[env 22 IV me 63] – B paie à P-M 200 francs sur la créance de 5.000 que détient l'éditeur. L'écrivain remet à l'éditeur la somme de 180 francs en acompte sur cette créance[1].

[24-27 IV v-l 63] – Fantin-Latour charge Whistler de dire à Swinburne que B a lu avec grand plaisir son article dans le *Spectator*. B a aussi beaucoup aimé le poème de Swinburne: *August*. B a demandé l'adresse de Swinburne à Legros, qui est à Londres[1].

V 63 – Fondation du *Nain jaune*, journal dirigé par Aurélien Scholl[1].

[entre le 1 V v et le 28 V j 63] – Swinburne compose la version manuscrite de *The Chaotic School*, texte qui ne sera jamais publié de son vivant. La comparaison qu'il établit entre Robert Browning, Gautier et B est défavorable au premier. Swinburne prétend que Browning est incapable d'écrire des sonnets aussi beaux que ceux des deux maîtres français[1].

10 V d 63 – Jules Pelpel annonce dans *Diogène* que P-M a été condamné à un mois de prison pour "un petit délit très véniel"[1]. Dans le *Figaro*, Alfred Vigreux écrit qu'EAP a été la victime des excitants. C'est la lecture de B qui lui a révélé ce fait[2].

11 V l 63 – B demande à Nestor Roqueplan de faire une critique favorable de Louise Deschamps, qui débute à l'Odéon dans le rôle d'Andromaque. Il ajoute que Sainte-Beuve s'intéresse, lui aussi, à cette actrice. Dans le même but, B écrit pour demander l'appui de Paul de Saint-Victor, de Fiorentino, de Monselet. Dans la dernière de ces lettres, il ne donne pas le nom de l'actrice[1]. Aucun de ces messieurs ne donnera suite par écrit à la demande de B[2].

15 V v 63 – Ouverture du "Salon des Refusés" au Palais des Champs-Elysées. Elle est facilitée par Napoléon III, qui le visitera. Y exposent de leurs oeuvres: Manet; Jongkind; Whistler; Fantin-Latour; Pissaro; Cazin; Bracquemond; Henry Cros; Jean-Paul Laurens; Chintreuil; Legros; Vollon; Harpignies. Manet y expose son *Déjeuner sur l'herbe*. Le salon a un très grand succès[1]. Le soir, en sortant de cette exposition, Fantin-Latour écrit à Whistler, pour dire que son ami anglais est célèbre, que son tableau (*La Dame blanche*), est très bien placé, et que cette toile remporte "un succès de distinction". Fantin déclare que B trouve *charmant* ce tableau[2].

16 V s 63 – Dans le *Monde illustré*, Yriarte annonce la remise de la représentation d'*Andromaque*[1], laquelle a lieu le jour même[2]. Félicien Rops arrive à Paris; sa présence sera annoncée par le *Boulevard*[3]. Aurélien Scholl devient rédacteur en chef du *Nain jaune*[4].

[20 V me 63?] – De Londres, Whistler écrit à Fantin-Latour. Il lui demande des nouvelles et de lui et de ce que disent les journaux à propos de son tableau: *La*

Fille blanche. Il envoie ses compliments à B, et le remercie de la sympathie qu'il a exprimée pour ce tableau. Il espère enfin rencontrer B pendant sa prochaine visite. Il en profitera pour lui offrir quelques-unes de ses meilleures épreuves d'eaux-fortes. Il trouve que B dans le passé a parlé avec justesse de ses ouvrages[1].

23 V s 63 – La *BF* enregistre la publication des *Caprices d'un régulier*, de Paul de Molènes[1].

24 V d 63 – P-M sort de prison[1]. Dans le *Figaro*, Monselet, signant "Monsieur de Cupidon", parle du *Déjeuner sur l'herbe* (appelé ici *Le Bain*). Il décrit le peintre comme l'épigone de Goya et de B. Manet vient de se voir refuser ses tableaux par le jury du Salon[2]. Le *Boulevard* annonce la présence de Rops à Paris depuis huit jours[3].

30 V s 63 – Henri Rochefort, dans *Le Nain jaune*, remarque que le principal lion dans un tableau de M. Guillemet: *Sainte Blandine dans la fosse aux lions*, ressemble à B "à étonner un photographe". Le sujet de son article est le Salon de 1863[1].

31 V d 63 – Dans le *Figaro*, "Monsieur de Cupidon" [Ch. Monselet] donne une lettre de Michel Lévy annonçant, parmi d'autres ouvrages, la traduction de B d'*Eureka*[1].

[fin V ou début VI 63] – B propose à Ancelle l'idée d'échanger avec quelqu'un une somme de plusieurs milliers de francs contre l'autorisation de toucher ses droits d'auteur. Ceux-ci ne sont payés qu'en petites sommes à des intervalles de plusieurs mois. Ancelle rejette cette suggestion, trouvant que B y perdrait en payant d'avance un intérêt de cette façon. B trouve que ce conseil serait bon pour un auteur riche, qui peut attendre pour avoir de l'argent mais non pour lui, qui est pressé. A la demande de Namslauer, un banquier que B a découvert, B établit le compte de tous ses revenus littéraires, attestés par ses libraires. Namslauer accepte de discuter avec B un arrangement – assez bon, selon B - selon lequel il recevrait de 10.000 à 20.000 francs pour ses droits d'auteur. Il énumère les valeurs sur lesquelles il désirerait faire des emprunts: ses contrats avec Lévy (pour cinq volumes de traductions d'EAP – *HE, NHE, AGP* et, à paraître, *Eur* et *HGS*); avec Hetzel (une 3ème édition des *FM* et, encore inachevé, *Spleen de Paris*)[1].

1 VI l 63 – B abandonne à Lévy ses droits sur les traductions à venir, des *HGS* et d'*Eur*[1]. Dans la *Gazette des Beaux-Arts*, Philippe Burty note que Gautier, Paul Mantz et B ont tous appelé l'attention du public sur Méryon[2]. Mort de Charles Armellini, jurisconsulte italien célèbre, à 86 ans. Exilé à Bruxelles depuis 1849, ses funérailles sont suivies, selon les journaux, par un grand cortège de libre-penseurs.

B lit ces rapports et s'en amuse; il les citera le 3 septembre 1865, dans une lettre à Catulle Mendès[3].

[env 3 VI me 63] – Comme étrennes ("affreusement en retard"), B envoie à sa mère un jouet et l'article que Swinburne lui a consacré dans le *Spectator*[1]. Il reçoit en réponse (lettre manquante) des remerciements et la nouvelle qu'elle a fait redécorer son boudoir[2].

3 VI me 63 – B demande à Mme A de lui faire parvenir trois volumes des oeuvres d'EAP. Il déclare qu'il est guéri et qu'il a pu se remettre au travail. B annonce qu'il voudrait demander à Ancelle, avec l'appui de Mme A, la somme de 1.000 francs. Il raconte à sa mère ses tentatives concernant la délégation de ses droits d'auteur, auprès d'Ancelle et Namslauer. *Le Mystère de Marie Roget* est presque traduit; il n'en manque que quelques pages. B compte mettre seulement dix jours à traduire *Eureka*. Il travaille en ce moment sur les *HGS*. Il est "obsédé" par quelques nouvelles qu'il voudrait écrire et par *Mon Coeur mis à nu*, qui est devenu "la vraie passion de [son] cerveau". Il espère parvenir à "autre chose que les fameuses *Confessions* de Jean-Jacques". B espère en outre devenir directeur d'un théâtre [l'Odéon?]. Il compte sur l'influence de Fould et sur l'appui de Pelletier, de Sainte-Beuve et de Mérimée. Hetzel a déjà envisagé de publier *Mon Coeur mis à nu*, bien que cet écrit soit toujours à à l'état de notes. Prétextant la lenteur d'Ancelle, B prie sa mère de lui envoyer 500 francs[1].

4 VI j 63 – Mme A envoie 500 francs à son fils (lettre manquante). Elle lui fait également parvenir trois volumes des oeuvres d'EAP et des lettres de son père, qu'il trouve "charmantes". Elle repousse la suggestion de prendre de l'argent chez Ancelle et trouve irréalisable son idée de vendre ses droits d'auteur. Mme A informe B de son intention de vendre sa voiture. Elle lui exprime ses réserves sur *Mon Coeur mis à nu* et son peu d'espoir de le voir diriger un grand théâtre parisien. Elle admire tellement l'art d'EAP que son fils pense qu'elle méconnaît ses propres travaux[1].

5 VI v 63 – B remercie sa mère de ses 500 francs, des volumes d'EAP et des lettres de son père. Il vient de recevoir les épreuves de *Spleen de Paris*. B explique qu'il essaye, en s'appuyant sur ses relations politiques, de régler la question de la direction d'un théâtre, il l'obtiendra peut-être ainsi d'ici trois ans. Il envisage *Mon Coeur mis à nu* comme un "livre de rancunes", dont l'impression l'obligera à se mettre à l'abri, hors de France[1].

10 VI me 63 – La *Revue nationale et étrangère* publie deux poèmes en prose: *Les Tentations, ou Eros, Plutus et la Gloire; La Belle Dorothée*[1].

14 VI d 63 – Le *Boulevard* donne une anecdote sur B, qui aurait refusé d'accepter comme hommage d'auteur un exemplaire des *Histoires de village* d'Alexandre Weill. Elle est signée "Nobody" [P-M?][1]. Le même journal publie les poèmes en prose: *Les Bienfaits de la lune*; *Laquelle est la vraie?*[2].

[18 VI j 63] – B écrit à Théophile Gautier fils, secrétaire de la rédaction de la *Revue nationale et étrangère*. Il voudrait une délégation sur le prix des trois traductions d'EAP (*Le Mystère de Marie Roget, Le Cottage Landor, Le Domaine d'Arnheim*), pour la transmettre aussitôt à Lécrivain et Toubon. B doit à Lécrivain 625 francs, que ce créancier attendait la veille. Il demande aussi les placards de ses traductions à paraître dans cette revue le 10 août[1]. Gautier reconnaît comme bonne puis transmet la délégation demandée. Cette publication ne se fera pourtant pas à cette revue[2].

20 VI s 63 – B se plaint auprès de Gervais Charpentier, éditeur de la *Revue nationale et étrangère*, des changements dans ses poèmes en prose: *Dorothée* et *Les Tentations*, effectués après le bon à tirer. Il repousse toute idée d'immoralité à propos de ces écrits et insiste pour qu'aucun détail de ses poèmes ne soit pas supprimé. B préfère qu'on supprime le morceau entier plutôt que d'en enlever la plus petite partie[1].

[21 ou 22 VI d ou l 63] – B écrit à P-M qu'il n'a pas le temps de le voir et que Lécrivain a dû recevoir la délégation envoyée il y a trois jours[1].

21 VI d 63 – Dans le *Figaro*, Charles Monselet compare B à Louis Jourdan, à cause de l'aspect gris ébouriffé de leurs chevelures[1].

23 VI ma 63 – Duruy remplace Rouland comme ministre de l'Instruction publique[1].

4 VII s 63 – La *BF* enregistre la publication de *Mlle de la Quintinie* de G. Sand. En lisant la préface, B est choqué par l'idée selon laquelle les Chrétiens peuvent ne pas croire à l'enfer[1].

[env 6 VII l 63] – B discute de ses affaires financières avec Arondel[1].

6 VII l 63 – En réponse à Raymond Matigny, créancier qui l'importune, B menace de s'en aller fort loin si celui-ci ne le laisse pas tranquille. Pour expliquer "l'espèce de spéculation" qu'il a entreprise, B renvoie Matigny à Arondel[1].

7 VII ma 63 – B annonce à Michel Lévy qu'il a fini *Eureka* et qu'il enverra prochainement les derniers chapitres des *HGS*. Il proteste contre une erreur d'impression dans les *NHE*, lesquelles ont paru en réimpression en 1862 chez Lévy. B demande

à ce dernier un relevé de son compte, car il a besoin d'argent pour un voyage à l'étranger. Il propose de venir voir Lévy à son domicile, il estime qu'il évitera ainsi de le rencontrer dans le cadre de son travail où Lévy se montre plus sauvage[1].

11 VII s 63 – Dans le *Nain jaune*, Marc Pontin imagine une scène d'un drame montrant B et Villemain en visite chez la comtesse de Crapuzot[1].

13 VII l 63 – Son pourvoi en grâce ayant été rejeté, P-M doit se constituer prisonnier pour faire son mois de prison[1].

19 VII d 63 – Dans le *Journal des baigneurs* (Dieppe), Charles Coligny se demande ce qu'est devenue l'oeuvre promise par Flaubert, *La Tentation de Saint-Antoine*. Il cite B, à propos de ce livre, disant que le poète a voulu "faire école de lycanthropie comme Flaubert école d'immoralité archéologique", voyant en B un élève de Pétrus Borel. Coligny trouve que les opinions de B sont trop choquantes pour sa "belle lectrice française"[1].

29 VII me 63 – Dans le *Nain jaune*, Tony Revillon avoue que B lui a toujours paru être un *gentleman*[1].

[début VIII 63] – B écrit (lettre manquante), au Cercle Artistique et littéraire de Bruxelles. Il se propose comme conférencier. Vervoort, président de la Chambre des députés belge et président du Cercle artistique et littéraire de Bruxelles, répond à B. Il a pris acte de l'offre de B de donner des conférences à Bruxelles en novembre[1].

3 VIII l 63 – B demande au maréchal Vaillant, Ministre des Beaux-Arts, l'octroi d'une subvention gouvernementale pour aller en Belgique. Il invoque sa parenté avec Aupick et avec "le voyageur Levaillant" et se recommande de Théophile Gautier[1]. Le même jour il sollicite une entrevue auprès de Victor Duruy, ministre de l'Instruction publique. Il explique qu'en Belgique il donnera dans des cercles étrangers des conférences publiques sur la peinture et la littérature française[2].

6 VIII j 63 – Le Ministère de la Maison de l'Empereur et des Beaux-Arts enregistre la demande de B adressée au maréchal Vaillant[1].

7 VIII v 63 – B fournit à Victor Duruy une explication détaillée de sa demande de fonds: il voudrait visiter les riches galeries particulières de Belgique et faire ensuite un livre sur ce qu'il a vu. B a besoin de 600 ou de 700 francs, au cas où il n'aurait rien pu gagner en Belgique par son travail de conférencier[1].

[7] VIII s 63 – B avertit P-M que son départ pour la Belgique l'empêche de donner

suite à la demande de son éditeur [peut-être au sujet d'un billet de 600 francs]. Il conseille à son ami d'aller chez Lemercier et Tenré pour essayer de régler cette affaire. A Bruxelles, il compte descendre à l'Hôtel du Grand Miroir[1].

10 VIII l [63] – A la réception d'une lettre (manquante) de Mme A, B apprend à celle-ci le renvoi de son importante affaire avec Namslauer, banquier. B trouve "coquins" les gens avec qui il traitait et, "coquin pour coquin", il préfère Michel Lévy. B apprend à sa mère l'arrivée de la lettre de Vervoort, du Cercle artistique et littéraire de Bruxelles. Répondant à ce que dit Mme A à propos de Mme Vve C.-A. Baudelaire, B observe que cette femme a le caractère faible, comme tout être humain. B compte toujours partir sans tarder pour Bruxelles[1].

13 VIII j 63 – Mort d'Eugène Delacroix[1].

14 VIII v 63 – Le ministre des Beaux-Arts transmet au ministre de l'Instruction publique la demande d'indemnité de B[1].

[env 15 VIII s 63] – B apprend la nouvelle de la mort de Delacroix. Pendant deux heures il est sous le coup du choc produit par cette perte. Puis, il se rend chez l'artiste, dont le cercueil a été déjà fermé et cause encore deux heures avec Jenny, sa vieille servante[1].

15 VIII s 63 – B passe chez Arthur Stevens, qu'il ne trouve pas. Il lui laisse un mot annonçant son départ imminent pour la Belgique. B craint que sa rencontre avec Bérardi, de l'*Indépendance belge*, ne soit empruntée et "bizarre" s'il n'a pas vu Stevens avant de partir pour Bruxelles. Il espère donc avoir une réponse de l'ami de Stevens, et il prie ce dernier de la garder pour lui[1]. Dans le *Nain jaune*, Alexandre Flan prétend que B a "la verve triste"[2]. La *BF* enregistre *Pérégrinations en Orient*, d'Eusèbe de Salles. B a songé à ce livre le 20 juin passé, à propos d'Aïsha, fiancée de Mahomet; cette fille n'ayant que sept ans au moment de ses fiancailles[3].

16 VIII d 63 – B écrit à un correspondant anonyme, annonçant son brusque départ pour Bruxelles. Il espère s'entendre avec Bérardi sur une question d'un grand intérêt littéraire[1].

[env 16 VIII d 63] – B reçoit de Bérardi, de l'*Indépendance belge* une longue lettre (manquante), pour expliquer son refus du *Peintre de la vie moderne* et le *Spleen de Paris*[1].

17 VIII l 63 – B suit l'enterrement de Delacroix. Y assiste également Fantin-Latour qui, indigné par le manque d'intérêt de ses contemporains pour Delacroix, décide de peindre un tableau d'hommages[1]. Paul Granier de Cassagnac, dans

Diogène, décrit B, déguisé en ours, allant avec Flaubert à la recherche du trésor de Salammbô[2].

[VIII 63?] – B laisse, [à Gervais Charpentier?], sa carte avec une note informant le destinataire que B n'aura pas besoin de s'absenter, en raison d'une longue lettre de Bérardi. Il était venu demander des épreuves de ses poèmes en prose: [*Une Mort héroïque* et *Le Désir de peindre?*] mais, cette personne étant absente, il promet de revenir le jeudi[1].

19 VIII me 63 – B écrit à Bérardi pour lui proposer *Le Mystère de Marie Roget* et *Habitations imaginaires*. Il lui demande de renvoyer les placards des ouvrages refusés (des poèmes en prose et *Le Peintre de la vie moderne*, que B lui a fait parvenir[1]. Louis Leroy prétend, dans le *Nain jaune*, que B adore la peinture de Manet[2].

21 VIII v 63 – B fait savoir à Théophile Gautier qu'il aurait aimé écrire l'article sur la mort de Delacroix, publié dans le *Moniteur* par Adolphe Bazin. Il tutoie Gautier, et signe du nom: *Baldelario*[1]. Le Ministère de l'Instruction publique prépare la minute de refus d'indemnité demandée par B. Le ministre, ou l'un de ses proches collaborateurs, s'y est opposé en raison du manque de crédits alloués aux missions scientifiques et littéraires. Mais la minute encourage B à demander une subvention[2].

24 VIII l 63 – La lettre de refus d'indemnité est envoyée chez B[1].

25 VIII ma 63 – Retour à Paris de Michel Lévy. B l'attend pour le voir[1].

26 VIII me 63 – B se plaint auprès de Victor Duruy des lenteurs "barbares et sans-gêne" de l'administration. Après une longue attente, il vient de recevoir le refus de sa demande d'indemnité[1].

28 VIII v 63 – La demande faite au maréchal Vaillant est renvoyée à l'Instruction publique par le ministère de la Maison de l'Empereur et des Beaux-Arts[1].

[fin VIII 63] – B voit P-M, à qui il voudrait demander de lui trouver le programme de la peinture de Delacroix: *Apollon vainqueur du serpent Python*, ainsi que la liste des travaux littéraires de Delacroix qui ont paru dans *La Revue des deux mondes* et dans l'*Artiste* des années 1831-1839, au moment où cette revue était dirigée par Achille Ricourt. Mais les "voltiges (inutiles)" [sans doute causées par une fixation sur ses difficultés financières] de P-M ont empêché B de lui poser ces questions. Il les pose donc par écrit, invitant P-M à joindre ses propres réflexion à ces renseignements, pour l'aider à rédiger son article sur Delacroix. B voudrait aussi que son éditeur conclue négocie en son nom un accord avec Vervoort, à Bruxelles, sur les conférences à y donner[1].

30 VIII d 63 – B passe la journée aux bureaux d'un journal [sans doute l'*Opinion nationale*]. Là il reçoit une lettre (manquante) de sa mère et une invitation de sa belle-soeur. Son travail l'empêche de répondre à l'une et de se rendre à l'autre[1].

31 VIII l 63 – En lui écrivant des bureaux de l'*Opinion nationale*, B fait savoir à sa mère qu'il la recevra à Paris avec joie mais qu'elle le trouvera toujours triste, inquiet et grognon. Il ne peut pas lui rendre d'argent mais compte qu'une douzaine de conférences à Bruxelles lui rapporteront 200 francs chacune et que cela lui permettra de la rembourser. Son départ à Bruxelles est remis parce qu'il n'a pas pu s'entendre avec l'*Indépendance belge*. B annonce à sa mère qu'il a réussi à bien travailler récemment [à son article nécrologique sur Delacroix][1].

IX 63 – Dans la *Belgique*, A. Couvez publie un article mentionnant B: "La Poétique de la France au XIXe siècle"[1].

[début IX 63?] – B fait savoir à Edmond Laumonier qu'il attend le retour de Michel Lévy pour conclure une affaire avec celui-ci. Cela permettra à Laumonier et à lui de régler la leur[1].

2 IX me 63 – La première partie de "L'Oeuvre et la vie d'Eugène Delacroix", de B, paraît dans l'*Opinion nationale*[1].

5 IX s 63 – Michel Lévy revient à Paris. B le voit mais la conclusion de leur affaire (la vente de ses droits d'auteur sur les traductions d'EAP à Lévy) est repoussée de jour en jour[1].

6 IX d 63 – B reçoit de Mme A une lettre (manquante) bien triste; il n'en a pas reçu d'elle expliquant sa décision de venir à Paris[1]. Dans le *Figaro*, Jules Claretie fait une allusion à B, reconnaissant tacitement son importance dans le monde des poètes[2].

[deuxième semaine de IX 63] – Présence à Paris de Mme A[1].

8 IX ma 63 – Arrivée à Paris d'une personne qu'attend B pour la conclusion d'une affaire[1].

[10 IX j 63?] – B espère voir à Paris Mme A, mais ses occupations l'en empêchent[1].

[11 IX v 63?] – B écrit à sa mère, qui est à Paris, pour lui expliquer pourquoi il n'a pas pu la voir. Un journal lui a proposé un travail "très amusant et très dangereux" dans le style d'un Voltaire ou d'un Swift[1].

[12 IX s 63?] – B se rend chez sa mère à Paris, à 6h ou à 8h[1].

13 IX d 63 – Dans le *Papillon*, Emmanuel des Essarts cite B à propos de Paul de Molènes[1].

14 IX l 63 – L'*Opinion nationale* donne la deuxième partie de *L'Oeuvre et la vie d'Eugène Delacroix* de B[1].

[env 15 IX ma 63] – B discute avec Michel Lévy la vente de ses droits d'auteur sur les traductions d'EAP; Lévy demande huit jours de réflexion. Les conditions fixées par B sont: un contrat pour cinq ans; des paiements, soit pour les tirages effectués, soit pour une somme globale représentant la totalité possible des tirages. Pincebourde informe B que P-M entend partir pour Bruxelles le 15[1].

15 IX ma 63 – B informe P-M de ses discussions avec Lévy, et lui fait savoir qu'il voudrait le charger d'une note destinée à Vervoort, à Bruxelles, énumérant les titres des conférences qu'il voudrait y faire. B souhait recevoir 200 francs par conférence, garantis par contrat avant son départ de Paris. B espère que ces conférences qui auront lieu à partir de fin octobre, inciteront Lacroix et Verboeckhoven à publier certaines de ses oeuvres. Cette possibilité le fait hésiter à en céder les droits à Lévy, et il demande l'avis de P-M[1].

16 IX me 63 – Date du feuillet 100 du *Carnet*. S'y trouvent les indications suivantes: Guéroult 19h; Arondel; *Babinet*; Marcelin; Laumonier; *Delacroix* [article sur]; *Ameublement* [*Philosophie d'*]; *Arnheim* [*Domaine d'*]; *Landor* [*Cottage*]; *M. Rouget* [*Mystère de*]. B essaye de calculer pour chacun de ces titres ou noms de personnes le nombre d'heures de travail nécessaire. Pour écrire les poèmes en prose envisagés, il compte un total de 12 heures. Il a l'intention de rédiger pour Michel Lévy une note relative à l'aliénation de ses droits d'auteur, à ses préfaces (compte de Calmann), et à l'argent qu'il redoit à Lévy[1].

18 IX v 63 – Mort d'Alfred de Vigny[1].

19 IX s 63 – Le *Monde illustré* publie un article de Champfleury, "Les Rêveurs et les râleurs"[1].

[19 ou 20? s ou d IX 63] – B envoie à P-M une liste de citations d'un article de Champfleury, ["Les Rêveurs et les râleurs", dans le *Monde illustré*], où se trouvent de grossières fautes de français. Il espère que son affaire avec Michel Lévy sera terminée à la fin de la semaine. B garde un livre de P-M, de Théophile Silvestre, *L'Histoire des artistes vivants*. Il donne rendez-vous à son éditeur au café de Bade, boulevard des Italiens[1].

[env 26 IX s 63] – P-M part pour Bruxelles, apportant à Vervoort la liste des titres des conférences proposées par B et l'autorisation de traiter au nom de B les conditions financières de ces conférences[1].

30 IX me 63 -B signe pour Arthur Stevens un billet à ordre pour 1000 francs, échéance fin décembre suivant[1].

X 63 – La Société d'Aquafortistes publie *Lola de Valence*, par Manet, eau-forte gravée par l'artiste, avec des vers de B au bas de l'ouvrage[1].

1 X j 63 – Dans le *Figaro*, Léo Lespès raconte que le matin B lui a dit qu'on se tue pour avoir manqué l'omnibus[1].

[env 6 X ma 63] – B remet à Lévy le compte des ventes des trois premiers volumes de ses traductions d'EAP, accompagné d'une lettre (manquante)[1].

[X 63?] – B écrit à Edmond Laumonier pour s'excuser de l'avoir fait venir chez lui pour rien: le compte des droit sur les ventes qu'il s'agit de faire copier établi par Laumonier n'a pas encore été établi par la maison Lévy[1].

6 X ma 63 – B écrit à Jacques Bàbinet, physicien et astronome, pour lui reparler du projet de préface d'*Eureka*. B lui demande s'il s'en chargerait, et quel serait le prix d'un tel travail. B voit Manet, qui lui montre la photographie de B prise par Carjat. Manet apporte cette photo chez Bracquemond et B la trouve si réussie qu'il écrit à Carjat pour lui en demander quelques épreuves. Il informe également Carjat que Manet part le soir pour la Hollande, d'où il ramènera sa *femme* [sic], dont la beauté, la bonté et les qualités artistiques étonnent B[1]. B écrit à Lévy pour renvoyer en janvier la décision de lui donner un de ses livres à imprimer. B aperçoit Hetzel et va chez Lévy, peut-être à 5h[2].

8 X j 63 – B avoue à Hetzel qu'il manque encore trente des cent morceaux de *Spleen de Paris*. Il compte les envoyer à Hetzel d'Honfleur, où il espère partir le 16 du mois. B doit à Hetzel 1200 francs; il ne peut lui livrer les volumes qu'il attend que dix mois après la date convenue. B lui promet toutefois de lui faire parvenir la deuxième édition des *FM*, avec les pièces inédites intercalées, laquelle doit servir pour en faire la troisième édition. Avant de partir pour Bruxelles, B promet d'aller voir Hetzel, pour obtenir des renseignements sur cette ville[1].

[avant le 10 X s 63] – Nadar se prépare à aller à Londres pour y faire des conférences sur ses aventures d'aéronaute. Il demande à B de lui fournir des lettres d'introduction auprès de ses connaissances anglaises[1].

10 X s 63 – B écrit à Nadar, qui est sur le point de partir

pour Londres. En guise de recommandations, B lui confie deux lettres, l'une pour Whistler, l'autre pour Swinburne. Il prie Nadar d'envoyer celle-ci par la poste, s'il ne s'en sert pas. B remercie Swinburne, dans cette lettre, de son article sur lui dans le *Spectator*; B y a perçu une grande compréhension de sa poésie, il y a trouvé comme un écho de celle que Wagner lui a reconnue, au sujet de sa musique, à la lecture de *Richard Wagner et Tannhäuser à Paris*. B se dit pourtant moins *moraliste* que ne le pense Swinburne, insistant sur la présence de cette qualité chez le lecteur plutôt que chez l'auteur. Il prie Swinburne de lui envoyer ce qu'il publie[1]. Nadar oubliera de poster cette lettre et la ramènera à Paris, ainsi que celle adressée à Whistler. A ce dernier, B parle d'une conversation qu'ils ont eue à propos de la possibilité pour B de faire des conférences à Londres. B lui demande des conseils sur cette question, le priant de les faire transmettre par Nadar. Il prie Whistler de présenter ses amitiés à Legros et lui demande de montrer à Nadar ses "merveilleuses eaux-fortes"[2]. Deux poèmes en prose paraissent dans la *Revue nationale et étrangère*: *Une Mort héroïque*; *Désir de peindre*[3].

11 X d 63 – Dans *Diogène*, Paul Granier de Cassagnac juge "médiocres..., littérateurs fanés" Maxime Du Camp, Edmond Texier et B[1].

[env 15 X j 63] – B rend visite à Ancelle, qu'il ne trouve pas chez lui. Il doit lui demander de l'argent. Mme A discute avec Ancelle des affaires financières de son fils; Ancelle suggère qu'on donne à B la somme de 1300 francs[1].

16 X v 63 – Théophile Gautier écrit à P-M à Bruxelles; il voudrait empêcher la publication dans *Le Parnasse satyrique du XIXe siècle* de quelques-unes de ses poésies trop libertines[1].

[env 26 X l 63] – Mme A quitte Paris pour rentrer à Honfleur, sans B, qui avait envisagé de l'accompagner[1].

26 X l 63 – Ecrivant à Asselineau, P-M révèle que B lui a fait ce qu'il appelle "une nouvelle farce" en lui faisant escompter un billet de 600 francs que le poète aurait dû payer lui-même[1].

27 X ma 63 – B demande à Laumonier de chiffrer le travail fait pour lui. Michel Lévy s'occupera de le payer[1]. Raymond Matigny écrit à Arondel qu'il attend

depuis le mercredi ou le jeudi précédent la lettre promise par son correpondant. Il en a besoin pour en "finir avec" B, qui est un de ses débiteurs[2].

[28 X] me [63] – B fait savoir à sa mère qu'il abandonne à Lévy ses droits d'auteur des traductions d'EAP pour 2.000 francs, à contre coeur. Cet argent sera payable dans une dizaine de jours[1].

[fin X ou début XI 63] – Lettre (manquante) à Vervoort, où B lui demande le prix de chacune de ses conférences à donner à Bruxelles[1].

[XI 63] – A la demande de Michel Lévy, B rédige une note-réclame pour *Eureka*. Il dit à Lévy qu'il verra Babinet le mercredi et qu'ensuite il préparera la liste de service de presse pour ce volume. B refuse une invitation de Lévy pour ce jour-là, prétextant le travail sur les *HGS*, qu'il est en train de terminer[1].

XI 63 – B écrit la *Note du traducteur* d'*Eureka*. Il y fait une remarque à propos du sens de la phrase: *Vie éternelle*, présente dans la préface ainsi que dans les dernières pages du livre. Il explique que c'est au sens panthéiste qu'il faut la prendre, et non au sens religieux[1].

[1 XI d 63] – B signe avec MM Michel Lévy frères un contrat. Pour 2.000 francs il vend les droits sur ses traductions d'EAP et de toutes les Notice et Préfaces qui y sont jointes[1].

[env 3 XI ma 63?] – B envoie à une dame de ses amies des vers "sans papillon". Celle-ci, pour prouver que sa sensibilité correspond à la sienne, lui offre "des fleurs sans vers", en l'invitant à en porter une le soir à sa boutonnière. B compose un quatrain: "Je vis, et ton bouquet..." et le transcrit sur la lettre même. Il répond ainsi à l'idée

exprimée par l'inspiratrice de ces vers, que *...toujours la Nature embellit la Beauté*. Pour B, ce vers d'Emile de Planard, exprime une idée erronée[1].

3 XI ma 63 – Au directeur du *Pays*, B demande le renvoi du manuscrit de son étude sur Guys, non encore publiée par ce journal. B voudrait s'en servir pour une lecture publique à Bruxelles[2].

4 XI me 63 – La Saint-Charles/Sainte-Caroline[1].

7 XI d 63 – La *Presse* publie un article d'E. de Girardin sur les journalistes belges. B en tirera une citation pour *Mon Coeur mis à nu*[1]. Dans le *Monde illustré*, Jules

Lecomte fait une allusion à B[1]. La *BF* enregistre *Le Capitaine Fracasse*. B le lira et l'enverra à Mme A. Il y trouve "des beautés étonnantes"[2].

10 XI ma 63 - B rencontre Villemessant, qui lui dit qu'il fait composer pour le publier "Le Peintre de la vie moderne"[1].

12 XI j 63 - B écrit à Gustave Bourdin, du *Figaro*, pour lui demander d'envoyer la majeure partie des épreuves de son étude sur Guys; il voudrait les relire à son aise. B prie Bourdin d'annoncer cette étude dans le journal, en guise de réclame, dans le numéro précédant la publication. B tient à ce qu'on garde le secret de l'identité de Guys, comme le veut cet artiste lui-même. B est toujours en train d'établir le texte des *HGS* et, sans doute, de corriger les épreuves d'*Eureka*[1]. Raymond Matigny, écrivant à Arondel, prétend être en relations avec un ami [peut-être Pellerin] lié depuis le collège avec B. Il informe Arondel que cet "ami" s'engage à forcer B de payer ce qu'il doit "par une pression immanquable"[2].

14 XI s 63 – Parution du premier numéro de la *Petite Revue*, fondée par René Pincebourde[1].

[env 15 XI l 63?] – Visite chez B de Raymond Matigny et d'un "ami" de B pour lui faire payer sa dette à Arondel, dont s'occupe Matigny[1].

22 XI d 63 – La *Revue nationale* termine la publication de "L'Oeuvre et la vie d'Eugène Delacroix", de B[1]. Dans le *Tintamarre*, Léon Rossignol donne une lettre burlesque signée "Baudelaire, le Concierge de la porte principale du palais de l'Institut"[2].

[troisième semaine de XI 63] – A Bruxelles, on connaît l'arrivée de B, soit par des annonces parues dans les journaux, soit par des conversations[1].

23 XI l 63 – Paul Chenavard remercie B des louanges qu'il lui décerne dans l'article nécrologique sur Delacroix mais lui reproche "une niche" [la remarque sur le cerveau lyonnais et embrumé du peintre][1].

[avant le 25 XI me 63] – Mme A écrit (lettre manquante) à B. Elle lui demande s'il garde pour elle une partie des 2.000 francs qu'il reçoit de Lévy ou s'il en dispose autrement. Elle lui révèle qu'Emon pense que B séjournera longtemps en Belgique[1].

25 XI me 63 – B fait savoir à sa mère que Lévy va partager ses 2.000 francs entre ses créanciers. Il promet à Mme A un exemplaire d'*Eureka*, bien que la lecture de ce livre soit soporifique pour elle, comme pour la grande majorité de ses lecteurs.

B ne compte passer que six semaines à Bruxelles, le temps de gagner de l'argent avec ses conférences et de prendre des contacts dans le monde des éditeurs. Il fait remarquer à Mme A que son article nécrologique sur Delacroix a soulevé "beaucoup de colères et d'approbations". Il envoie à sa mère le feuilleton du *Figaro* contenant "Le Peintre de la vie moderne", disant qu'il y attache une certaine importance; l'annonce de cette étude, écrite par Gustave Bourdin et paraissant dans le même numéro, lui déplaît[1]. B remercie vivement Paul Chenavard de son petit mot. Il est donc enclin à lui faire de nouveaux envois et lui promet une étude sur Chenavard qui sera une niche à statue [référence au reproche de Chenavard du 23 XI 63][1].

[env 25 XI me 63] – Mise en vente chez Michel Lévy de la traduction de B d'*Eureka*[1]. B envoie des exemplaires du volume à: Gustave Flaubert ("A mon ami Gustave Flaubert"), à Leconte de Lisle[2]; à Paul Meurice ("témoignage d'amitié")[3]; à P-M, avec autographe[4]; à Jules Rozier ("A mon ami Jules Rozier")[5]. Sur la liste des envois établie par B, Lévy raye les noms de ceux qu'il considère comme inutiles, y compris Victor Hugo[6].

[entre le 25 XI me 63 et IV 64] – Envoi d'*Eureka* à Théophile Gautier, fils[1].

26 XI j 63 – Le *Figaro* publie le premier feuilleton du "Peintre de la vie moderne", de B, avec une notice de Gustave Bourdin, qui le mécontente[1].

28 XI s 63 – Parution du deuxième feuilleton du "Peintre de de la vie moderne", de B, dans le *Figaro*. La *Petite Revue* donne un extrait de l'article nécrologique sur Delacroix[1]. Gavarni remercie B de l'envoi d'un exemplaire d'*Eureka*[2]. Dans le *Nain jaune*, A. Scholl se moque du *Figaro*, qui, en publiant des poèmes en prose de B, revient sur les positions qu'il avait précédemment défendues[3]. Les Goncourt décrivent B travaillant dans sa chambre d'hôtel "près d'un chemin de fer", porte ouverte sur le corridor, de façon à être aperçu par les passants. Il a les cheveux longs et blancs[4].

30 XI l 63 – Lettre (manquante) du directeur du *Pays* semblant reprocher B d'avoir donné au *Figaro* son étude sur Guys, après l'avoir confiée à son journal[1].

[env XII 63] – B dîne avec Henri Cazalis et lui fait savoir que le mariage de Catulle Mendès est rompu[1].

1 XII ma 63 – Dans la *Revue nouvelle*, Villiers de l'Isle-Adam fait la critique de *Philoméla*, de Catulle Mendès. Il observe que la poésie de B est plus intéressante que les sujets qu'il choisit[1].

2 XII me 63 – B répond aux reproches implicites contenus dans la lettre du directeur

du *Pays*. Il s'en défend en disant que le journal avait gardé deux ans le manuscrit de l'étude sur Guys. Il s'engage à rendre au *Pays* l'avance reçue sous la forme d'un autre manuscrit, et peut-être même de deux, qu'il donnera dans trois à six mois. Il en indique même les titres: les *Raffinés* et les *Dandies* (Chateaubriand, de Custine, Liszt, Paul de Molènes, Barbey d'Aurevilly etc). Il cite également *La Peinture didactique* (Chenavard, Janmot, Kaulbach, Alfred de Rethel)[1].

[env 3 XII j 63] – Ayant reçu de Raymond Matigny une demande du paiement de la dette qu'il a envers Arondel, B va consulter Ancelle, après quoi il rencontre Matigny de nouveau[1].

3 XII j 63 – Parution du troisième et dernier feuilleton dans le *Figaro* du "Peintre de la vie moderne", de B[1]. Raymond Matigny apprend à Arondel qu'il a vu B, qui a vu Ancelle. B a déclaré à Ancelle que puisque la dette d'Arondel est antérieure à l'établissement de son conseil judiciaire, il faudrait qu'on la paie. Selon B, Ancelle consultera à ce sujet Mme A[1].

[env 5 XII s 63] – Ayant reçu une lettre (manquante) de Mme A avec des recommandations pour sa santé, B l'en remercie. Il pense avoir été assez dur pour les femmes dans son "Peintre de la vie moderne" ainsi que dans l'article nécrologique sur Delacroix[1].

5 XII s 63 – La *Petite Revue* annonce que Villiers de l'Isle-Adam a chanté *Ma Femme est morte* de B, sur une musique de sa propre composition, au banquet de la *Revue nouvelle*[1]. La *BF* enregistre la publication d'*Eureka*[2].

7 XII l 63 – Une saisie est opérée chez B. [Lors de cette saisie?] Dorlin, l'huissier, informe B que Lécrivain n'aura rien à craindre avant le samedi[1].

8 XII ma [63] – La situation financière de B et Lécrivain est critique [B pense qu'on peut l'attaquer pour recouvrir ce que B doit ailleurs]. B a délégué ses droits à Lécrivain sur ses traductions d'EAP. B essaie de résoudre leurs difficultés en envoyant à Michel Lévy des fragments [sans doute des *HGS*] qui alimenteront son compte chez l'éditeur et serviront à payer ses créanciers. B a pensé au moyen de réduire les frais de cette affaire, afin d'alléger la charge de P-M. Il rapporte à Lécrivain l'information transmise par Dorlin, l'huissier, et selon laquelle Lécrivain ne sera pas inquiété avec le samedi[1].

9 XII me 63 – Mallarmé lit B[1].

10 XII j 63 – La *Petite Revue* annonce la publication d'*Eureka*, oeuvre "purement scientifique"[1]. Trois poèmes en prose paraissent dans la *Revue nationale et*

étrangère: *Le Thyrse; Les Fenêtres; Déjà*[2].

11 XII v 63 – B entre en contact avec Lécrivain, à propos de leurs problèmes financiers[1].

12 XII s 63 – Dans le *Nain jaune*, Paul Mahalin redonne l'anecdote sur B, Champfleury et la dame qui casse de la vaisselle Le *Monde illustré* annonce que B, leur collaborateur, vient de publier *Eureka*[1]. Le même jour, Lécrivain doit avoir trouvé le moyen de résoudre les problèmes financiers dans lesquels lui et B sont plongés[2].

13 XII d 63 – Dernier numéro du *Papillon*[1].

14 XII l 63 – Le directeur du *Pays* répond à la lettre de B du 2 décembre[1].

17 XII j 63 – B écrit à Victor Hugo pour lui demander de parler favorablement de ses ouvrages à Lacroix et Verboeckhoven, maison d'édition belge, en vue de les y faire publier. B fait pour Hugo la liste des conférences qu'il compte faire à Bruxelles: *De l'essence du rire; Eugène Delacroix, son oeuvre, ses idées et ses moeurs; Le Peintre de la vie moderne; Edgar Poe, sa vie et ses oeuvres; Victor Hugo; Théophile Gautier; Th. de Banville et Leconte de Lisle; Richard Wagner*[1].

20 XII d 63 – B signe une reconnaissance de dette de 1709 francs pour Jousset, souscrivant quatre billets payables à des dates diverses[1].

22 XII ma 63 – A un destinataire non-identifié [peut-être Emile de la Bédollière, du *Siècle*] B fait savoir qu'il a terminé la traduction du dernier volume d'EAP [*HGS*]. Il lui réserve *Les Paysages et habitations imaginaires* (i.e. *Le Domaine d'Arnheim, Le Cottage Landor, Philosophie de l'ameublement*)[1]. Victor Hugo écrit à Paul Meurice, disant qu'il vient de recevoir de B une lettre (manquante) demandant son appui auprès de Lacroix. Hugo a l'intention de d'aider B, bien qu'il estime qu'il [lui] est "à peu près ennemi". Il prie Meurice de transmettre sa réponse à B, après l'avoir lue[2].

23 XII me 63 – Date à laquelle Michel Lévy doit remettre 625 francs à Lécrivain, de la part de B; il ne le fait pas[1].

26 XII s 63 – B dépose sa montre en or au Mont-de-Piété; il reçoit 40 francs[1].

27 XII d 63 – Dans le *Tintamarre*, Léon Rossignol s'égaie au dépens de Banville, de B et de Mendès [qu'il appelle "petit toutou"][1].

[env 28 XII l 63] – Michel Lévy impose comme condition de remboursement des créanciers de B, que celui-ci renonce à écrire les préfaces de ses ouvrages et qu'il permette à d'autres d'en corriger les épreuves. B signe un accord sur ces points[1].

28 XII l 63 – B explique à Lécrivain qu'il le croyait déjà payé par Lévy, puisqu'il a consenti à toutes les conditions exigées par celui-ci avant de rembourser les créanciers de B. B pense que tout sera en ordre le 1er janvier[1].

[env 31 XII j 63] – B reçoit d'Hugo une réponse positive à sa demande d'appui (lettre manquante) auprès de Lacroix et Verboeckhoven, à Bruxelles[1].

31 XII j 63 – B écrit à Mme A à propos de l'intention d'Hugo d'intercéder pour lui auprès de Lacroix; pourtant, la lettre de B est arrivée quatre jours après le départ de Lacroix de chez Hugo[1]. Les avances faites cette année par Mme A se montent à 700 francs[2].

[fin 63] – Echéance d'un billet à ordre d'Alfred Stevens, de 1.000 francs[1].

[fin 63?] – B demande à Aurélien Scholl la permission de publier ailleurs qu'au *Nain jaune* "deux ou trois misérables feuilletons" qu'il a écrits. Ceux-ci ne pourront pas être imprimés avant un long délai et B voudrait les faire paraître dès maintenant[1].

1864

1864 – Nouvelle édition des *Cariatides* de Banville, chez Tardieu[1]. Paulier publie la quatrième série des *Oeuvres et les hommes*, de Barbey d'Aurevilly[2]. Chez Dentu, Amédée Cantaloube publie son *Eugène Delacroix, l'homme et l'artiste*.... Pour lui, B est l'admirateur de Delacroix le plus intéressant[3]. Castagnary, dans la *Nouvelle Revue de Paris*, fait allusion au tableau de Courbet où figure B "notes à la main;" ce tableau a été commencé et abandonné[4]. Michel Lévy publie *Typographes et gens de lettres* de Joseph Décembre et Edouard Alonnier. Les conceptions féminines de B, Banville et Barillot sont critiquées même si d'autre part on reconnaît en eux les "chefs de l'école romantique"[5]. Publication de *Dix mois de révolution. Sylves politiques* d'Ernest Prarond[6].

[1864-1865] – B dresse la liste de ses oeuvres d'art. Il y a deux Greuze; le portrait de son père par le baron Regnault; cinq ouvrages de Legros [sans doute *Esquisses à l'eau-forte*], y compris des chats à l'intention de Manet; deux paysages, une esquisse et une eau-forte (chacun ayant comme sujet une procession); un Boilly (*L'Arrivée de la diligence*), également à l'intention de Manet; deux tableaux et quatre dessins de Guys, dont l'un est destiné à Lejosne; un Jongkind; trois eaux-fortes de Méryon; une gouache de J.-F. Baudelaire [peut-être une "femme couchée voyant deux figures nues en rêve"); deux gravures d'un sujet de marine; deux

Manet; un médaillon représentant Robespierre; une gravure ayant Marat comme sujet; une marine; une photographie; un portrait de P-M; la copie d'un Goya. Quelques-uns de ces ouvrages sont détenus par Cabasson, Servais, Jacquinet et Renard; chez Capé se trouvent plusieurs de ses livres[1]. Sur la suggestion de Charles Neyt, B envoie à Bernard Neyt, son père, des "élucubrations", ne sachant pas si cet envoi choquera les convictions ou la pudeur du destinataire. Si cela est, B en rejette la responsabilité sur son fils[2]. A 5h, de l'Hermitage [un café bruxellois], B envoie un sonnet à P-M: *Mon cher, je suis venu chez vous...*, n'ayant pas trouvé son ami chez lui[3]. B envoie un commissionnaire chercher M. Burnier, à l'hôtel du Grand Lion, rue du Singe, pour demander à quelle heure il viendra chez B[4].

[1864-1866?] – Manet grave le portrait de B d'après une photographie de Nadar. Il y ajoute un motif portant le nom du poète, un couple assorti d'une femme et d'un squelette et une femme nue avec des bêtes (serpents, chauves-souris). Cette gravure devait servir comme ébauche de frontispice pour les oeuvres complètes projetées[1].

[fin 63 ou début 64] – En sortant de l'église, B trouve chez lui le texte, copié par A. de la Fizelière sur un album, de *Sur le Tasse à l'hôpital des fous de M. Delacroix exposé dans les galeries des Beaux-Arts* et signé Baudelaire-Dufaÿs. Ce texte est daté de février 1844. B corrige la signature, mettant "Charles Baudelaire" et envoie ce texte à de Calonne. B pense qu'on pourra l'imprimer, bien que ce soit un écrit de jeunesse, mais il tient à ce qu'on indique la date de la composition[1].

I 64 – Henri Cazalis essaye d'arranger les choses pour qu'on fasse devant B la lecture de *L'Azur*, poème de Mallarmé. Mme Lejosne devait s'occuper de cette rencontre mais elle ne pourra pas le faire à cause de la mort de son père[1].

1 I v 64 – Un homme (non-identifié) est venu chez B lors en son absence. Ce monsieur désire que B le présente à Gautier. De retour chez lui B adresse à cet homme un mot qui l'encourage à aller voir Gautier "bravement" et lui indique qu'une recommandation est inutile[1].

[env 7 I j 64] – A Ancelle, Matigny fait savoir que, lassé des promesses de B, il compte faire poursuivre celui-ci jusquà ce qu'il obtienne satisfaction. Matigny a fait protester deux traites de 14.900 francs chacun[1].

[7 I j 64] – Matigny informe Arondel de sa décision de faire poursuivre B pour non-paiement de dette. Il encourage Arondel à lui faire parvenir toute lettre d'Ancelle reçue par lui à ce sujet, et promet de forcer ce dernier à payer[1]. Mme A écrit (lettre manquante) à B, lui envoyant quelques timbres-poste [et, peut-être, un pâté]. L'envoi du pâté mystifie B, mais il comprend que les timbres doivent lui servir d'argent de poche, pour acheter du tabac, par exemple. Pourtant, il trouve trop compliqué le procédé d'échanger ces timbres contre du tabac. Mme A est inquiète pour B et lui demande des explications[2].

8 I v 64 – B écrit à Mme A pour la remercier de ses envois, expliquant ses difficultés à utiliser ses timbres, tout en exprimant sa gratitude pour son attention[1].

[env 10? I d 64] – B offre à Edouard Le Barbier, directeur de la *Revue libérale*, des poèmes en prose à imprimer. Lorsque Le Barbier a fait composer quatre des neuf poèmes choisis (dont *Le Joueur généreux* et *Les Vocations*), il les renvoie à B en suggérant des corrections sur le ton des poèmes en ce qui concerne la religion et la description du corps féminin. Le Barbier estime que leur revue, qui en est à ses débuts, doit craindre la censure du gouvernement si les pièces ne sont pas édulcorées. B rejette sans ménagement ces suggestions[1].

19 I ma 64 – Edouard Le Barbier écrit à Hippolyte Taine pour se plaindre de la réaction de B face à ses suggestions. Malgré cela, il fait "grand cas" du poète[1].

[env 16 I s 64] – Courbet commence une peinture satirique qui doit montrer l'état de la poésie moderne. Ce tableau, qui montre B "notes à la main", est détruit par accident[1].

30 I s 64 – Chez Cadart et Luquet paraît le premier numéro d'un hebdomadaire, l'*Union des arts, nouvelles des beaux-arts, des lettres et des théâtres*, dont le directeur est Albert de la Fizelière. On y annonce la collaboration de "plusieurs auteurs spéciaux et connus", entre autres, Philippe Burty, Champfleury, les Goncourt, Jules Janin et B. Ce dernier n'y apportera pourtant pas sa collaboration[1].

1 II l 64 – Dans la *Revue nouvelle*, Amédée Guilllemin se dit déçu par sa lecture d'*Eureka*[1].

4 XII j 64 – B envoie à Gavarni l'adresse de Constantin Guys, 11 rue Grange-Batelière. Gavarni l'a remercié (lettre manquante) de l'envoi d'*Eureka*. B promet de lui faire d'autres envois, y compris ses écrits sur lui[1].

6 II s 64 - On enregistre à Paris le contrat entre P-M et De Broise et B, lequel contrat donne à ces derniers les droits de publication des oeuvres du poète[1].

7 II d 64 – Quatre poèmes en prose paraissent dans le *Figaro: La Corde – A Edouard Manet; Le Crépuscule du soir; Le Joueur généreux; Enivrez-vous.* Ils sont accompagnés d'une analyse, signée Gustave Bourdin mais sans doute inspirée par

B, des intentions du *Spleen de Paris*. C'est la première fois qu'on voit imprimer ce titre[1].

[env 12 II v 64] – Raymond Matigny informe B qu'il va être poursuivi pour dettes envers Arondel[1].

12 II v 64 – B invite Raymond Matigny à faire ce qu'il voudra pour les poursuites, rejetant toute idée de culpabilité personnelle dans cette affaire. B promet d'envoyer à Ancelle la lettre de Matigny mais ne croit pas que le notaire puisse s'occuper du paiement de cette dette avant un an ou deux[1].

14 II d 64 – Le *Figaro* publie deux poèmes en prose: *Les Vocations*; *Un Cheval de race*. Ce dernier poème est suivi de la mention: "Sera continué", ce qui n'arrivera pas[1].

[env 14 II d 64] – Villemessant explique à B la suspension de la publication de ses poèmes en prose par le *Figaro*: ils ennuient tout le monde[1].

15 II l 64 – Parution du premier numéro de la *Nouvelle Revue de Paris*[1]. On commence la vente des oeuvres de l'atelier de Delacroix; cette vente durera deux semaines et atteindra la somme de 360.000 francs[2].

19 II v 64 – Whistler écrit à Fantin-Latour pour annoncer son arrivée à Paris au moment du Salon. Il propose d'y être le 15 mars, avec ses tableaux[1].

21 II d 64 – Théophile Silvestre expose, dans *Eugène Delacroix, d'après des documents nouveaux*, son opinion sur cet artiste qu'il appuie en citant *Les Chats* de B[1].

22 II l 64 – B informe Albert Collignon de la *Revue nouvelle* qu'il ne pourra pas lui envoyer de poèmes en prose pendant dix jours, car il est trop occupé. Il lui enverra pourtant trois sonnets: *Sur le Tasse en prison*; *Bien loin d'ici*; *Le Gouffre*. B prévient Collignon qu'un de ses amis a vu *Le Gouffre* imprimé dans l'*Artiste* en 1862. B dit avoir fait une soixantaine de poèmes en prose pour le *Spleen de Paris*, mais désire les transformer et les remanier[1]. Le soir, B écrit à A. de la Fizelière pour demander la copie qu'il a faite de *Sur le Tasse en prison*. B trouve "incroyable" l'article d'Horace de Viel Castel, paru le soir même dans *La France*: "Vente des tableaux, esquisses et études d'Eugène Delacroix"[2].

23 II ma 64 – B demande à de Calonne s'il a publié les trois sonnets laissés chez lui il y a quelque temps: *Sur Le Tasse en prison*; *Bien loin d'ici*; *Le Gouffre*. B promet de lui remettre prochainement trois feuilles d'un ouvrage dont il est assez

content [sans doute des poèmes en prose][1]. Lettre (manquante) à de la Fizelière[2].

[24 II me 64] – B adresse à Albert Collignon le texte manuscrit de *Sur le Tasse en prison*. Collignon, après s'en être servi pour l'impression, le lui rend[1].

25 II j 64 – Dans le *Figaro*, Théophile Silvestre, écrivant sous le pseudonyme d'Eugène Rambler, révèle que l'allure originale de B, quoique innocente et pleine de dignité, effarouchait Delacroix[1].

27 II s 64 – Date d'un portrait par "f.A". de B; il porte en dédicace: "A Mr Auguste Malassis..."[1].

[env 29 II l 64] – B rédige "Eugène Delacroix, son oeuvre, ses idées, ses moeurs"[1].

[III 64] – B remercie, tardivement, Ph. de Chennevières de l'envoi de ses *Contes de Saint-Santin*. Il demande à son correspondant, fonctionnaire au Louvre, de veiller à ce que soient bien placés au Salon les tableaux de Fantin-Latour (*Hommage à feu Eugène Delacroix, Tannhäuser au Vénusberg*) et de Manet (*Episode d'une course de taureaux, Christ ressuscitant, assisté par les anges*)[1]. Au moment où les porteurs envoyés par Manet ont remis ses tableaux au Salon, Chennevières a demandé à les voir sur le champ [vraisemblablement pour exaucer la prière de B][2].

1 III ma 64 – Dans la *Revue nouvelle* paraissent les poèmes en prose de B: *Les Yeux de Berthe; Le Gouffre; Sur "le Tasse en prison" d'Eugène Delacroix; Bien loin d'ici*[1]. Fin de la vente des oeuvres de l'atelier de Delacroix[2].

[2 III me 64] – Mme A écrit (lettre manquante) à B. Inquiétée par la suspension de ses poèmes dans le *Figaro*, elle lui en demande l'explication[1].

3 III j 64 – Répondant à sa mère qu'il est dans "une hideuse léthargie", B rapporte la remarque de Villemessant, les lecteurs du *Figaro*, ayant trouvé ennuyeux ses poèmes[1].

5 III s 64 – Dans le *Nain jaune*, Charles Valette offre à ses lecteurs des anecdotes sur B[1]. La *BF* enregistre la publication par Hachette de la *Physiologie des écrivains et des artistes...* d'Emile Deschanel. B y est cité à propos de Delacroix[2].

19 III s 64 – De Bruxelles, P-M offre à un correspondant non-identifié [peut-être Bouju ou Pincebourde, de la *Revue anecdotique*] d'échanger ses droits de publication sur l'oeuvre de B contre la liquidation de leur compte. P-M en veut à B d'avoir vendu irrégulièrement ce qui ne lui appartenait pas et de l'avoir fait pendant la

faillite de P-M. Il invite son correspondant à se rendre chez Aubin-Antoine Sauvan [officier de cavalerie en retraite], qui tient entre ses mains le contrat avec B[1].

[env 22 III ma 64] – Swinburne dépose sa carte chez B, absent[1].

22 III ma 64 – Ecrivant à Fantin-Latour, B lui demande l'adresse de Swinburne à Paris. Comme l'année passée, le poète anglais a oublié de laisser son adresse quand il a constaté l'absence de B. Nadar, qui a omis de poster à Londres la lettre que B lui a confiée pour Swinburne, la détient toujours. B invite Swinburne à aller la chercher[1].

[env 22 III ma 64?] – Théophile Gautier communique à B les épreuves de l'article de sa fille, Judith, à paraître dans le *Moniteur*, sur *Eureka*. B est étonné par la correction de cette analyse[1].

28 III l 64 – Dans le *Moniteur*, Judith Walter [Judith Gautier] rend compte d'*Eureka*[1].

29 III ma 64 – Le *Moniteur* continue la publication du compte-rendu de Judith Walter [Gautier] d'*Eureka*[1]. P-M défend à Hetzel et à Lévy, par ministère d'huissier, d'éditer les oeuvres de B[2].

30 III me 64 – B assiste à un banquet en l'honneur de Daumier, chez Champeaux; Asselineau et Champfleury s'y trouvent également[1].

[fin III 64] – Parution du *Parnasse satyrique du XIXe siècle*, édité par P-M à Bruxelles. Ce recueil d'ouvrages badins, en deux volumes, contient les pièces condamnées des *FM*. B s'en dira "passablement irrité pour avoir vu [son] nom prostitué dans des livres pour lesquels [il n'a] aucun goût"[1].

[entre le 30 III me et le 14 IV j 64] – B fait un séjour à Versailles[1].

IV 64 – Henri Cazalis et Emmanuel Des Essarts dînent chez Mme Lejosne avec B. On lit de Mallarmé les poèmes: *Les Fenêtres* et *L'Azur* et B y prête "une très fine attention"[1]. La *Revue française* publie la critique de *Philoméla* de Catulle Mendès, faite par J.-E. Alaux; ce dernier cite B sur la qualité des vers de Mendès[2]. Dans le *Musée des familles*, Jules Verne publie sur EAP une étude où il loue les traductions de B[3].

[IV 64] – B demande à Leconte de Lisle s'il doit s'informer du prix de ses vers à la *Revue nouvelle*; il voudrait aussi savoir quel tarif demander[1]. B parle avec Dentu du livre qu'il se propose d'écrire sur la Belgique; Dentu promet de publier tout ce qu'il fera à ce sujet[2].

1 IV v 64 – B et Babou se rendent chez Champfleury[1].

[début IV 64] – B informe Manet qu'il doit changer l'emplacement de la blessure du Christ dans son tableau exposé au Salon, le *Christ ressuscitant*...; cette blessure doit être du côté droit[1].

[env 1 IV v 64] – Lettre (manquante) de Goudchaux, commis d'Hetzel, à propos de la démarche légale de P-M, interdisant la publication des oeuvres de B. Goudchaux voudrait connaître la signification de l'action de P-M le 29 mars, leur interdisant ainsi qu'à Lévy d'éditer les oeuvres de B. P-M prétend qu'il dispose de ce droit et se réfère à un contrat pour se justifier. B ne répondra à cette lettre qu'au 8 mai[1].

2 IV s 64 – Dans le *Nain jaune*, Alfred Vigreux décrit la visite de B et de Babou chez Champfleury le 1er avril[1].

3 IV d 64 – La *Figaro* rend compte du banquet Daumier, en mentionnant la présence de B[1].

[env 3 IV d 64] – B subit l'interrogatoire de Michel Lévy, mis en colère par l'interdiction d'éditer ses oeuvres. B s'inquiète des développements de l'affaire ne sachant pas que le syndic de P-M l'a autorisé à conserver le titre dont il se prévaut pour établir ses droits sur les oeuvres de B. B, pour sa part, pensait que les acomptes versés le dispenseraient de l'exclusivité de la publication. Il craint un procès où l'on pourrait lui reprocher d'avoir attaqué son ami au moment même où lui-même avait fait faillite. B essaye de voir P-M au sujet de cette affaire mais l'éditeur ne consent pas à le voir. Ils se rencontrent, pourtant, et P-M avoue avoir voulu tourmenter B par ses actions. Dans un soudain revirement, il offre de détruire l'acte attestant les prêts qu'il avait consentis à B mais ce dernier refuse, "n'aimant pas les extrêmes"[1].

4 IV l 64 – Au *Moniteur*, Gautier signale les efforts faits pour organiser, le 23 avril, un Banquet Shakespeare et une manifestation dramatique au théâtre de la Porte-Saint-Martin[1].

[env 7 IV j 64] – Henri Cazalis montre à B des vers de Stéphane Mallarmé; B les écoute sans désapprobation[1].

9 IV s 64 – B a 43 ans[1]. Il écrit à Judith Gautier, la remerciant pour son compte-rendu d'*Eureka*. Il se dit étonné par sa compréhension de cette oeuvre[2].

11 IV l 64 – Les Goncourt, dans leur *Journal*, appellent Mme Sabatier "une vivandière de faunes"[1]. Mallarmé envoie à Albert Collignon le premier état de sa *Symphonie littéraire*, annonçant en même temps qu'il a l'intention de faire un article sur B et sur le "Spleen à Paris"[2]. Dans le *Nain jaune*, Albert Wolff fait une remarque sur le tableau: *Hommage à Delacroix*[3]. Un comité d'amis et d'admirateurs de V. Hugo est constitué. Il doit organiser un "Banquet Shakespeare" et en offrir la présidence à Hugo[4].

[env 11 IV l 64] – A Versailles, B compose sa lettre-article, qu'il enverra au *Figaro*: "L'Anniversaire de la naissance de Shakespeare", protestant contre les intentions politiques et commerciales de cette célébration, laquelle semble exclure ceux qui auraient le droit à y être associés: Philarète Chasles; Emile Deschamps; Philoxène Boyer; et lui-même. Il trouve déplacée la présence de: Guizot; Villemain; Biéville; Legouvé; Saint-Marc Girardin; Jules Favre. Pourraient être présents: Gautier; Auguste Barbier et Berlioz [des deux derniers il dit ne rien savoir]. B trouve malhonnête la confusion établie entre les questions littéraires et sociales, qui aboutit à prêter des idées socialistes à Shakespeare, et le mélange intolérable d'éléments religieux et politiques, représenté par;Havin et Renan. En réalité, la raison véritable de cette cérémonie serait de faire de la publicité au livre d'Hugo, *William Shakespeare*, et de soutenir une certaine politique envers le Danemark. Elle ne correspond pas à la volonté d'honorer un grand poète[1].

14 IV j 64 – "Anniversaire de la naissance de Shakespeare" paraît, anonyme, au *Figaro*[1].

15 IV v 64 – Date prévue pour la mise en vente de *William Shakespeare*, de Victor Hugo[1]. A 2h, B reçoit d'Auguste Vacquerie le circulaire annonçant le Banquet Shakespeare. Comme il ne connaît pas l'adresse de Vacquerie, il lui répond chez Pagnerre, éditeur, qu'il regrette de ne pouvoir être présent, des affaires – dont un procès - l'appelant à Bruxelles[2]. B demande à Albert Collignon le paiement des trois sonnets publiés dans la *Revue nouvelle*; il acceptera la proposition de Collignon sur la somme à recevoir[3].

16 IV s 64 – Interdiction gouvernementale du Banquet Shakespeare[1]. La *BF* enregistre la publication par Lévy d'*Eugène Delacroix*, de Théophile Silvestre. L'auteur cite *Les Chats* et une opinion de B sur Delacroix, à propos du tableau: *Le Lion et la tortue*[2].

17 IV d 64 – Dans le *Hanneton*, Pasquin décrit un Mont-de-Piété littéraire satirique. L'on y prêterait "un exemplaire des *Fleurs du Mal* où ne seraient chantées que les délices de la viande fraîche et de l'amour platonique"[1]. Les *Ecoles de France* condamne l'anonyme "délateur" qui attaque Hugo à propos du Banquet Shakespeare[2].

La *Gazette des courses* publie un article favorable à Victor Hugo[3].

18 IV l 64 – Victor Hugo accepte la demande qui lui a été faite d'être présidant d'honneur du Banquet Shakespeare (la réunion est déjà interdite)[1].

[mi-IV 64] – Emile De Mot, secrétaire du Cercle littéraire et artistique de Bruxelles, écrit plusieurs lettres (manquantes) à B; la dernière d'entre elles lui cause "un embarras de pudeur insurmontable". B ne sait pas comment seront rémunérées ses conférences à Bruxelles[1].

19 IV l 64 – La *Gazette des courses* publie un article favorable à Victor Hugo[1].

[20 IV ma 64] – Arthur Stevens écrit à B une "excellente" lettre (manquante) où il est question des conférences au Cercle littéraire et artistique[1].

[env 20 IV ma 64] – B voit les oeuvres d'art qui vont être exposées dans la vente de la collection d'Eugène Piot[1].

21 IV me 64 – Répondant à Arthur Stevens, B le remercie de sa bonne lettre, explique son silence envers De Mot et prie Stevens d'aller voir ce monsieur pour conclure avec lui les conditions financières de ses lectures à Bruxelles; B acceptera cet accord négocié par l'entremise de Stevens[1]. Mme Victor Hugo, de passage à Paris, informe par lettre son mari que B n'a pu supporter l'idée du fauteuil vide symbolique au Banquet Shakespeare; ce fauteuil devait symboliser l'absence d'Hugo et l'honneur qu'on lui faisait[2]. B rédige son article sur la vente de la collection d'Eugène Piot. Il admire le sérieux et la sincérité de ce collectionneur, obligé de vendre ses trésors pour des raisons de santé. B est surtout impressionné par les bronzes de cette collection et remarque spécialement le masque de Michel-Ange, "où est si profondément exprimée la tristesse de ce glorieux génie"[3].

[env 23 IV s 64] – Raymond Matigny écrit à B plusieurs lettres et lui rend plusieurs visites. Le créancier voudrait pousser B à s'occuper de la vieille dette envers Arondel et va jusqu'à le menacer d'un procès. Matigny se montre curieux de toutes les activités de B et demande qu'il lui en rende compte. De plus, il assure B que, si le poète va en Belgique, il le fera surveiller par ses correspondants[1].

23 IV s 64 – B écrit à Raymond Matigny pour le menacer de renvoyer à Ancelle toute communication à propos de leurs affaires, si ce créancier ne cesse de l'ennuyer[1]. La *Vie parisienne* imprime une partie du "Peintre de la vie moderne"[2]. Date projetée pour le Banquet Shakespeare, festivité interdite par le gouvernement[3].

[troisième semaine de IV 64] – B envoie une caisse à Honfleur[1].

24 IV d 64 – A cinq heures de l'après-midi, B part de Paris pour Bruxelles, où il parvient à onze heures du soir. Dès son arrivée à l'hôtel, B demande qu'on lui donne une grande chambre, où il puisse marcher, avec une grande table pour travailler[1]. Le *Figaro* publie "La Vente de la collection de M.E. Piot"[2].

[fin IV 64?] – B, ayant manqué à un rendez-vous, envoie ses excuses. Nouvellement arrivé à Bruxelles, Il a passé la journée de la veille à errer dans cette ville où il trouve tout "beau et excitant"[1].

[entre le 24 IV et le 31 XII 64] – B est photographié par Neyt[1].

25 IV l 64 – Mallarmé révèle à Henri Cazalis qu'il a fait des poèmes en prose sur Banville, sur Gautier et sur B[1].

26 IV ma 64 – Le *Petit Journal*, de Moïse Millaud, reproduit, sans nom de traducteur et à l'insu de B, *Double Assassinat dans la rue Morgue*. Cette publication se poursuivra jusqu'au 6 mai[1]. Alfred Stevens demande à Lucas de lui envoyer une lithographie: *Le Wagon de deuxième classe*, par Daumier. Il en entendu parler de B[2].

27 IV me 64 – Dans le *Nain jaune*, Alcide Dusolier appelle B un "Boileau hystérique" mais déclare que, malgré ses excentricités, il est un bon poète[1]. *Double Assassinat...* dans le *Petit Journal*[2].

28 IV j 64 – *Double Assassinat...* dans le *Petit Journal*[1].

29 IV v 64 – L'*Etoile belge* annonce la conférence de B sur Delacroix[1]. *Double Assassinat...* dans le *Petit Journal*[2].

30 IV s 64 – Date fixée pour la conférence de B sur Delacroix; elle est remise au 2 mai[1]. B invite Albert Lacroix et Gustave Frédérix à y assister[2]. Lacroix ne pourra pas le faire, étant à Paris[3]. *Double Assassinat...* dans le *Petit Journal*[4]. B signe un billet à ordre à Jousset de 600 francs, payable le 31 mai chez Marin, rue de Richelieu[5].

1 V d 64 – L'*Indépendance belge* annonce la remise de la conférence sur Delacroix[1]. *Double Assassinat...* dans le *Petit Journal*[2].

[après le 1 V d 64] – A Bruxelles, B construit un montage photographique en trois parties: deux portraits de Berthe, sa maîtresse, faits par lui; la copie autographe des *Yeux de Berthe*; le germe du poème en prose: *La Soupe et les nuages*. La dédicace en est: "à une horrible petite / folle, souvenir d'un grand fou qui cherchait une fille à adopter, et / qui n'avait étudié / ni le caractère de / Berthe, ni la loi / sur l'adoption./Bruxelles. 1864"[1].

[début V? 64] – Albert Collignon répond à la lettre de B du 15 avril où le poète avait demandé le paiement des vers insérés dans la *Revue nouvelle* en mars. Collignon fait une offre à B[1].

2 V l 64 – Conférence de B sur Delacroix à la Maison du Roi, située sur la Grand'Place[1]; elle a lieu à 8h du soir[2]. B apprend des gens du Cercle littéraire et artistique que leurs fonds sont épuisés; il accepte donc un cachet de 50 francs pour sa lecture, au lieu de 100 ou de 200[3]. *Double Assassinat...* dans le *Petit Journal*[4].

[env 2 V l 64] – Lettre (manquante) de Mme A à B[1].

3 V ma 64 – Le soir, B lit une "note charmante" sur sa conférence, publiée par Gustave Frédérix dans l'*Indépendance belge*[1]. *Double Assassinat...* dans le *Petit Journal*[2].

4 V me [64] – B envoie des remerciements à G. Frédérix pour sa note d'hier[1]. Il part à Uccle [dans la banlieue bruxelloise] pour y passer deux jours chez des dames [Mme et Mlle Stevens ou Mme et Mlle Collart, qui y possédaient des maisons de campagne][2]. *Double Assassinat...* dans le *Petit Journal*[3].

5 V j 64 – Le soir, B rentre d'Uccle pour trouver une lettre de sa mère. Elle l'informe qu'elle ira à Paris et lui offre 50 francs. Elle s'inquiète des problèmes financiers de B avec Ancelle[1]. *Double Assassinat...* dans le *Petit Journal*[2].

6 V v 64 – B sollicite, du Cercle artistique et littéraire, le droit de donner trois lectures gratuitement, afin de pouvoir attirer sur lui l'attention de Lacroix, raison qu'il se garde de divulguer. Il fait écrire aux Cercles d'Anvers, de Bruges, de Liége et de Gand pour les avertir de sa présence à Bruxelles[1].

6 V [v 64] – B envoie à Mme A la note sur sa conférence par Frédérix; il lui dit qu'on décrit sa conférence comme un succès énorme mais il n'en croit rien, étant donné l'avarice et la bêtise des Belges. Il lui envoie le récipissé pour l'envoi d'une caisse de Paris à Honfleur, ne sachant pas si elle l'a reçue. B accepte l'offre de sa mère de 50 francs[1]. *Double Assassinat...* dans le *Petit Journal*[2].

[env 6 V v 64] – B voit P-M. Ils parlent du manque de succès des conférences de B, après un début enthousiaste. B achète les *NHE* et *AGP*[1].

7 V s 64 – B demande 50 francs à Ancelle; c'est l'argent qu'Ancelle aurait dû remettre à la maison Taconnet [maison de nouveautés, 14, place du Havre, près de l'hôtel de Dieppe]. B a payé lui-même la somme. Il dépeint ses conférences comme un succès[1]. B écrit à Michel Lévy pour se plaindre de sa "chute inopinée" à Bruxelles. Il prie Lévy d'attendre son retour à Paris, pour qu'il puisse surveiller l'impression des *HGS*[2].

[env 8 V d 64] – L'on signale à B la présence à Bruxelles d'Hetzel, en vacances avec sa femme et son fils. B lui écrit pour s'excuser de n'avoir jamais répondu à Goudchaux, commis d'Hetzel, à propos de l'interdiction de publier ses oeuvres requise par P-M. B avoue à Hetzel qu'il a vendu trois fois ses droits d'auteur: à P-M, à Lévy, et à lui-même. B et P-M sont de nouveau réconciliés. B invite Hetzel à assister à la conférence qu'il va faire sur Gautier[1].

[env 10 V ma 64] – B écrit à Michel Lévy à propos de la correction des épreuves du *Mystère de Marie Roget*[1]. Il demande à Ancelle d'envoyer 50 francs à Jeanne qui, il le croit, devient aveugle. Il donne à Ancelle le nom de Jeanne Prosper, 17, rue Soffroi, Batignolles. B gardera pour Jousset l'argent qu'il va recevoir pour ses lectures à Bruxelles[2].

[11 V me 64] – B envoie à Eugène Verboeckhoven et à Mme Léopold Collart ainsi que, peut-être, à Albert Lacroix, des invitations pour sa conférence sur Gautier[1]. L'*Indépendance belge* annonce cette conférence et une deuxième, sur Gautier également[2]. Dans le *Nain jaune*, Albert Wolff se moque de B et des *FM*, au cours d'un article sur le tableau: *Hommage à Delacroix*, par Fantin-Latour[3].

[env 12 V j 64] – B annote un exemplaire des *PA*, pour préparer ses conférences sur *Les Excitants*. Il écrit également une sorte d'exorde pour précéder la conférence[1].

12 V j 64 – B fait sa première conférence sur *Les Excitants*, laquelle n'est pas annoncée par les journaux[1].

[troisième semaine de V 64] – B voit plusieurs fois Gustave Frédérix. Noël Parfait avait parlé de B à ce journaliste[1].

15 V d 64 – Le *Journal des beaux-arts et de la littérature* décerne des éloges à B pour sa conférence, disant que ses dons d'orateur sont limités mais que cela ne fait qu'améliorer l'impression produite par sa lecture. On le décrit comme "classique", partisan des prosodies et des rhétoriques, remarquant qu'il est contre le "réalisme" au sens étroit du terme. Cet article est signé "H"[1]. A Paris, dans *Critique française*, Maurice attaque la poésie de B, citant en exemple *Une Charogne*[2].

17 V ma 64 – P-M écrit à Bracquemond pour annoncer que les conférences de B ont été un "vrai et sérieux succès". Il prétend que le poète en tire grande satisfaction[1]. B reçoit de Lévy une des feuilles des *HGS*[2].

[18 V me 64] – B renvoie à Lévy la première feuille corrigée des *HGS*. Il lui demande le premier volume des *HE*, pour le cas où il ferait une conférence sur EAP. B envoie un nouvel article-réclame à Lévy[1].

20 V v 64 – l'*Indépendance belge* et l'*Etoile belge* annoncent la deuxième conférence sur *Les Excitants*[1].

21 V s 64 – La deuxième conférence sur *Les Excitants* a lieu à 8h30 du soir[1].

[env 21 V s 64] – B envoie une invitation à Camille Picqué et à Charles-Marie Kertbeny pour sa dernière conférence sur *Les Excitants*[1].

22 V d 64 – Dans le *Bilboquet* (Spa), Léon Dommartin publie un article, basé sur les notes d'un auditeur ["C.C".], à propos des conférences de B à Bruxelles. Il défend B contre le qualificatif d'Alcide Dusolier, qui l'a appelé un "Boileau hystérique"[1]. L'*Indépendance belge* annonce la troisième conférence sur *Les Excitants* pour 8h30 au Cercle littéraire et artistique[2].

23 V l 64 – Pendant sa troisième conférence sur *Les Excitants*, B est saisi par le trac; au point que l'audition de son discours est pénible[1]. Après, il part pour voir Rops à Namur[2]. L'*Etoile belge* annonce cette troisième conférence sur *Les Excitants*[3].

24 V ma 64 – Le Cercle artistique et littéraire fait remettre par huissier 100 francs à B, prix de ses lectures. Cette somme ne suffit pas tout à fait à payer sa note d'hôtel. Cet envoi s'accompagne d'une lettre pour expliquer que les fonds du Cercle sont taris, qu'on gardera bon souvenir de B et qu'on l'indemnisera l'année suivante[1]. La deuxième feuille à corriger du *Mystère de Marie Roget* arrive à l'hôtel de B[2].

25 V me 64 – Dans le *Nain jaune*, Gaston du Thil fait un poème satirique sur B[1].

[env 27 V v 64] – Manet écrit à B une lettre (manquante) "affectueuse"[1].

27 V v 64 – B donne à Jousset un bon pour 600 francs, payables fin juin. Il explique à Ancelle qu'il aurait dû régler cette somme au moyen des 500 attendus pour ses conférences, mais que cette ressource fait défaut. Pourtant, il compte faire remettre à Jousset, par sommes de 100 ou de 150 ce total de 500, en demandant cet argent à ses débiteurs à Paris. B prie Ancelle de compléter, avec l'envoi de

100 francs à Jousset, la somme nécessaire pour payer ce dernier; il joint à sa lettre un reçu pour l'argent demandé[1]. B envoie des remerciements à Manet, il exprime des sentiments peu flatteurs pour les Belges et révèle qu'il passe pour un espion français[2].

29 V d 64 – Dans le *Bilboquet* (Spa), Léon Dommartin continue sa défense de B[1].

[env 31 V ma 64] – B revient de Namur, où il a vu Rops[1].

31 V ma 64 – B demande à Noël Parfait s'il a reçu la première feuille corrigée des *HGS*. B, lui, n'a pas reçu la deuxième épreuve corrigée de la première feuille. Il voudrait voir tout l'ouvrage à la fois pour bien le corriger. B révèle à Parfait qu'il a dû traduire *Le Mystère de Marie Roget* d'après une édition allemande; à Bruxelles il ne dispose que du texte anglais. C'est la raison pour laquelle il ne peut pas facilement corriger ses épreuves, car l'ouvrage est d'une telle complexité qu'il lui faudrait l'avoir dans son intégralité pour bien s'acquitter de ce travail. B, inquiet de ce problème de la correction d'épreuves, déclare que, en l'absence d'une réponse de Parfait, il ira en faire la lecture à Paris[1]. P-M écrit à Bracquemond pour dire que B semble s'établir à Bruxelles[2].

[début VI 64] – B envoie à Noël Parfait, avec la première épreuve de la deuxième feuille corrigée, un manuscrit intercalaire représentant "une lacune dans *Marie Roget* et commençant vers la fin de la deuxième feuille"[1].

1? VI me 64 – Le soir, pour se distraire des ennuis qu'il rencontre avec les épreuves du *Mystère de Marie Roget*, B se "livre à l'ale et au porto". Dans cet état, et à propos de ce livre, il écrit à Michel Lévy une lettre qu'il estime lui-même un peu vive. B explique la nature particulière de ce travail, qui exige une exactitude minutieuse que son presbytisme rend difficile, provoquant parfois des contresens dans la restitution du texte anglais. Demandant à Lévy de refaire la première feuille de *Marie Roget*, si elle est tirée, il promet de payer lui-même ce travail. B déclare qu'il ne tire vanité que d'une seule vertu, "... l'amour du métier", d'où le besoin qu'il éprouve de corriger ses secondes épreuves. B remercie Lévy d'avoir placé des réclames dans *L'Entr'acte* [celles-ci n'ont pas été retrouvées]. Il parle à cet éditeur d'une série de *Lettres belges* [*Pauvre Belgique*], signées Charles de Féyis, à paraître dans le *Figaro*[1].

1 VI me 64 – Dans la *Gazette des beaux-arts*, Léon Lagrange critique le tableau de Fantin-Latour: *Hommage à Delacroix*[1].

[début VI 64] – B reçoit d'Honfleur l'édition américaine des oeuvres d'EAP[1].

[2? VI j 64] – B délègue à Noël Parfait le soin de relire ses épreuves et d'en donner le bon à tirer. Grâce à l'envoi par sa mère de l'édition américaine des oeuvres d'EAP, B peut maintenant avoir un bon texte sous les yeux. Il demande que les bonnes feuilles de *Marie Roget* soient transmises à Pauchet, secrétaire de l'*Opinion nationale*. Ce dernier l'a payé pour cet ouvrage, qu'il doit imprimer dans son journal[1].

4 VI s 64 – La *Petite Revue* décrit le tableau de Fantin-Latour: *Hommage à Eugène Delacroix*, où figure B[1]. Bertall, du *Journal amusant*, publie une caricature d'après le Baudelaire de Fantin-Latour[2]. Dans la *Vie parisienne*, Monselet annonce la publication du *Parnasse satyrique du XIXe siècle* (Rome, A l'Enseigne des Sept Péchés Capitaux [Bruxelles, Poulet-Malassis], 1864?). On y trouve les sept poèmes condamnés des *FM* ainsi que *Chanson* [*Combien dureront nos amours?*] et *Monselet Paillard. Vers destinés à son portrait*[3].

[env 5 VI d 64?] – B avertit Noël Parfait qu'il n'a pas encore reçu la première feuille de *Marie Roget*, où il y a deux contresens. B dit qu'il voudrait éviter d'avoir les épreuves du texte toutes ensemble[1].

[env 8 VI me 64] – B reçoit d'Ancelle une longue et bonne lettre (manquante). Ancelle promet de payer Jousset mais pas avant le mois d'août. Puis, B reçoit de Jousset une lettre qu'il laisse cachetée; craignant de savoir ce qu'Ancelle lui aurait dit, il écrira à Jousset avant de l'ouvrir[1].

9 VI j 64 – P-M écrit à Asselineau qu'il s'est réconcilié avec B[1].

[env 10 VI v 64] – B demande à Ancelle si Jousset est venu chercher les 100 francs auxquels il avait droit. Il n'ose toujours pas décacheter la lettre qu'il a reçue de ce créancier. B ne sait si la promesse de donner satisfaction à Jousset veut dire qu'il payera la somme demandée de 100 francs. Il attribue à la "bande de Victor Hugo" le bruit qui court selon lequel il fait partie de la police française, et promet de se venger de cette calomnie. B recommande à Ancelle la lecture de la brochure de Montalembert: *Le Pape et la Pologne*[1].

[avant le 11 VI s 64] – B entreprend son premier voyage à Anvers. Il trouve que la ville est superbe mais que la population est plus grossière encore qu'à Bruxelles[1].

[env 11 VI s 64] – B fait une commission à Gustave Frédérix, à la demande de Noël Parfait. Il retourne à ce dernier la première feuille de *Marie Roget* avec la correction de trois contresens, mais il craint que ces fautes ne se répercutent dans la suite de l'ouvrage[1]. B reçoit de Mme A une lettre (manquante) qui lui demande la permission d'utiliser sa chambre à Honfleur pour loger sa belle-soeur qui vient lui rendre visite; sa mère voudrait que B y soit pour la voir[2].

11 VI s 64 – B informe Noël Parfait qu'il s'inquiète des conséquences des fautes de composition de *Marie Roget*, raison pour laquelle il ne peut s'installer dans d'autres villes belges car il se sent obliger de revenir à Bruxelles pour s'enquérir des épreuves. Il amasse des notes de voyage pour son livre[1]. Après avoir réfléchi, B répond à la lettre du mois de mai d'Albert Collignon. Ayant besoin d'aller à Namur pour "étudier de [*sic*] certaines choses", il a besoin de 50 francs, dont il envoie un reçu à Collignon; il attendra la réponse avant de se mettre en route. C'est la deuxième fois qu'il adresse un tel reçu à Collignon, qui n'a rien envoyé la première fois[2]. B répond à sa mère qu'on pourra utiliser sa chambre à Honfleur mais qu'il ne s'y rendra pas car il a besoin de repos. Il est en mauvaise santé depuis son arrivée à Bruxelles. B attribue l'inimitié des partisans de Victor Hugo – y compris Lacroix – à son article sur l'anniversaire de la naissance de Shakespeare. Lacroix, que B voudrait amener à publier certains de ses livres, a été cité dans l'article où il soutenait que l'unique raison de cette manifestation soi-disant poétique était en vérité le lancement du livre de Hugo. De ce fait, Lacroix aurait été peu enclin à s'intéresser à B, qu'il considérerait comme un adversaire. B demande à sa mère son opinion sur le roman de Théophile Gautier: *Le Capitaine Fracasse*. Il y trouve des "beautés étonnantes". B prie sa mère de lui envoyer de l'argent si elle peut le faire sans grever son budget[3]. B écrit à P-M pour lui donner rendez-vous le lundi soir à 8h30 à son hôtel; ils iront ensemble chez Prosper Crabbe, à qui B le présentera. Ce jour-ci, B passe cinq heures en compagnie de deux dames [ou Mme et Mlle Stevens, femme et fille de Joseph Stevens ou Mme et Mlle Collart]. On a "jasé" sur Arthur Stevens[4]. La *BF* enregistre qu'Achille Chardin publie chez Delalain son *Choix de matières et pièces de vers latins*; on y trouve *L'Exilé* de B[5].

12 VI d 64 – B a rendez-vous avec P-M[1].

13 VI l 64 – P-M vient prendre B à son hôtel pour se rendre avec lui chez Prosper Crabbe, agent de change qui habite au 52bis, rue Neuve. Là B prononce une conférence littéraire qu'il a organisée lui-même. Sur trente invités, dix seulement sont présents. Seuls, Van Praet et Bérardi se sont excusés par lettre. Dans les trois grands salons illuminés pour la circonstance, les quelques convives font triste mine, si bien que B interrompt son discours pour boire et manger. Ses amis en sont honteux et consternés, B seul rit[1].

14 VI ma 64 – Dans l'*Evénement*, Adrien Marx prétend que B a pour devise politique "Le Pape et le bourreau" et que pour lui les révolutions conduisent aux massacre des innocents[1].

[14? VI me 64] – B demande à P-M si l'on tire, pour le format faisant trente-six pages par feuille, deux feuilles à la fois. Grâce à la réponse, B saura si Lévy a envoyé toutes les feuilles à corriger [du *Mystère de Marie Roget*] qu'il attend. B fait allusion à Arthur Stevens et à Rops[1].

[mi-VI 64] – B discute avec Lacroix la question de livres bons à "ressusciter". B lui suggère *Melmoth the Wanderer*, de Maturin[1].

15 VI me 64 – B envoie un télégramme à Noël Parfait au sujet des *HGS*. Il paie d'avance une réponse qu'il ne reçoit pas[1]. Il reçoit une lettre de sa mère avec 200 francs[2]. Louis Leroy fait sur B et Manet un article satirique dans le *Charivari*[3]. Dans l'*Indépendance belge*, Théophile Thoré publie un article sur le Salon de 1864[4]. Antoine Arnould, dans l'*Intermédiaire des chercheurs et des curieux*, pose des questions sur EAP, notamment sur les traductions de B[5]. Dans le même journal, G. Vandenberg demande des renseignements sur certains articles de B: "Delacroix à l'exposition universelle;" "Ingres;" "Méthode de critique"[6].

16 [VI] j [64] – B a une entrevue avec Verboeckhoven, que lui a ménagée un des actionnaires de la maison Lacroix et Verboeckhoven. Dans les bureaux de l'entreprise, où il se rend pour voir Verboeckhoven, il rencontre Lacroix, qu'il feint de ne pas connaître par dépit de ne pas avoir reçu de réponse à ses six invitations à ses conférences. Bien qu'il ait vu Verboeckhoven, B croit toujours qu'il faut convaincre Lacroix, dont le rôle est primordial dans cette affaire. En sortant de là, B écrit à sa mère pour la remercier de son envoi de 200 francs, reçu hier; il payera 100 francs à son hôtel, 50 francs à un cordonnier qui le "tracasse" pour cet argent et il en gardera 50 pour ses menus frais. Il lui raconte sa visite chez Lacroix et Verboeckhoven. B se plaint toujours d'insomnies et de maux d'estomac[1]. A midi, B écrit à Noël Parfait pour demander des épreuves de *Marie Roget*. Il voudrait qu'on en termine avec l'impression, disant qu'il n'a lu que sa deuxième feuille. B se demande si Michel Lévy aimerait publier son "petit livre sur la Belgique"[2].

16 VI j 64 – Le *Figaro* donne une anecdote selon laquelle B effare Verteuil par une histoire de supplices chez les Japonais[1]. Théophile Thoré, sous la signature de Burger, cite B à propos de Manet et Goya, dans l'*Indépendance belge*[2].

[env 16 VI j 64] – Ayant reçu de B des remerciements pour les 200 francs qu'elle lui a envoyés, Mme A lui exprime (lettre manquante) ses soucis à propos de ses dépenses à Bruxelles[1].

[17 VI v 64] – A 5h, B laisse pour P-M, au café de Bruxelles, le poème: "Mon cher je suis venu chez vous..." mais l'éditeur est parti pour un mois[1].

17 VI v 64 – A 6h du soir, B écrit à sa mère qu'il ne voit plus personne, qu'il se

lève de bonne heure, qu'il travaille bien, malgré un état nerveux insupportable[1].

18 VI s 64 – B fait savoir à Simon-Raçon qu'il a déjà envoyé la première épreuve de la deuxième feuille de *Marie Roget*, avec un manuscrit intercalaire correspondant à une lacune dans le texte. Il a déjà renvoyé à Noël Parfait la deuxième épreuve de la première feuille et voudrait voir tout l'ouvrage à la fois[1].

[env 20 VI l 64] – De la Taverne du Globe, B écrit à Théophile Thoré pour rappeler leurs anciennes discussions et pour le remercier d'avoir pris la défense de Manet. B nie que cet artiste ait été influencé par Goya. Puis, B porte cette lettre à Bérardi, afin qu'il la remette à Thoré[1]. Thoré viendra voir B, sans doute à la suite de la lettre[2].

23 VI j 64 – B apprend que Lacroix et Verboeckhoven refusent de publier ses vers mais qu'ils lui demandent, en revanche, un roman[1].

25 VI s 64 – Dans son feuilleton de l'*Indépendance belge* (édition du soir), Théophile Thoré corrige ses remarques du 16 juin sur Manet, adoptant, d'une manière générale, les vues de B à ce sujet[1]. La *BF* enregistre les *Chroniques et légendes des rues de Paris*, paru chez Dentu, Edouard Fournier y cite *Le Cygne*, avec un commentaire[2].

26 VI d 64 – L'article de Thoré de la veille paraît encore dans l'*Indépendance belge*[1]. Mallarmé écrit à Albert Collignon pour demander le renvoi du manuscrit de ses *Trois Poèmes en prose*, qu'il lui avait prêté. Un de ces poèmes a B comme sujet[2]. Dans le *Figaro*, Jules Claretie raconte une anecdote sur B et Louis Ménard[3].

[fin VI 64] – Echéance d'un billet pour 600 francs, payable à Jousset[1].

[fin VI 64?] – Théophile Thoré vient voir B, qui éprouve du plaisir à le voir; ils ne se sont pas vus depuis environ vingt ans mais B lit tout ce qu'il écrit sur l'art. Thoré raconte qu'il est allé une fois en voyage avec Proudhon mais que les manières "rustiques" de celui-ci ont fini par le lui rendre insupportable[1].

[VI ou VII 64] – P-M envoie à B une lettre du vicomte de Spoelberch de Lovenjoul. Celui-ci essaye de se procurer les *Salons* de 1845 et de 1846, ainsi que les articles sur l'Exposition de 1855, parus dans *Le Pays* et *Le Portefeuille*. B en avertit Jules Rosez, disant qu'on devrait attendre la publication de tous ses articles critiques, en deux volumes, cette année[1].

2 VII s 64 – La *Vie parisienne* publie *Les Yeux des pauvres* de B, sans signature d'auteur[1]. Par l'intermédiaire de Glatigny, la *Semaine de Cusset et de Vichy*

publie *Les Vocations*[2].

7 VII j 64 – B doit 155 francs à son hôtel[1].

9 VII s 64 – La *BF* enregistre la publication par Faure de *Nos Gens de lettres*, d'Alcide Dusolier, qui reprend son article sur B[1].

11 VII l 64 – Dissolution de la Chambre des Représentants à Bruxelles. Début d'une période d'intense activité politique, à cause des nouvelles élections[1].

14 VII j [64] – B annonce à Ancelle qu'il a déjà écrit la partie de *Pauvre Belgique* notamment qui a trait aux moeurs (moeurs, politique, clergé, libre-penseurs) et qu'il veut visiter Anvers, Bruges, Namur, Liége, Gand, pour continuer l'étude du pays. Il croit qu'il est mal reçu des Belges en raison de sa sympathie pour les Jésuites. B remarque la situation extraordinaire du gouvernement, qui n'a pas d'appui dans le parlement; il ne croit pourtant pas que les Belges trop bêtes pour cela, aillent se battre pour des idées. B a étudié en Belgique, les questions de la charité, des dotations, de l'éducation, du cens électoral, d'Anvers, des cimetières. Il compte traiter de l'affaire Proudhon: ce dernier a dû quitter la Belgique en raison d'une manifestation d'hostilité à son égard, organisée par L.-J. Defré, représentant que B a rencontré à Bruxelles. Pour pouvoir faire ses voyages d'étude B compte sur Ancelle, qui doit lui envoyer 150 francs, son argent mensuel[1].

15 VII v 64 – Dans l'*Intermédiaire des chercheurs et des curieux*, Asselineau répond aux questions d'Antoine Arnould sur EAP[1]. Dans le *Charivari*, Louis Leroy fait un dialogue satirique contre B, Champfleury et les De Broglie, père et fils qui soutiennent Manet au Salon[2]. Mort, à Passy, d'Anne-Gabrielle Lesueur, dame Orfila, veuve du célèbre chimiste[3] et amie de Mme A. Les journaux lui font force "oraisons funèbres", que lit B. Il n'ose rien en dire à sa mère[4].

18 VII l 64 – B demande à Simon-Raçon s'il a bien reçu la deuxième épreuve de la troisième feuille de *Marie Roget*. Depuis deux ou trois semaines, B n'a pas eu de nouvelles de sa traduction. Il rappelle à son correspondant que Pauchet attend ce texte et déclare qu'il voudrait que *Marie Roget* soit publié chez ce dernier (à l'*Opinion nationale*) comme réclame aux *HGS*[1].

21 VII j 64 – B écrit à un inconnu [Alfred Cadart?] qu'il reviendra à Paris probablement fin août, quand il aura trouvé de l'argent. Pour l'heure, il compte retrouver les cahiers d'eaux-fortes appartenant au destinataire de cette lettre. Si B avait eu le temps il aurait demandé à cette personne de les garder pour lui[1].

[été 64] – B met en gage à Bruxelles des objets personnels au Mont-de-Piété[1].

22 VII v 64 – Mort, à l'hôpital Saint-Louis, d'Antonio Watripon[1].

30 VII s 64 – Dans le *Nain jaune*, on annonce la publication prochaine des *Poètes contemporains* de Leconte de Lisle[1].

31 VII d 64 – B annonce à sa mère qu'il a pris toutes ses notes sur la Belgique et a rédigé cinq chapitres de son livre. Pour effectuer les voyages nécessaires à l'achèvement de ce livre, il demande 150 francs à Mme A. Sa note d'hôtel s'élève à 154 francs et il a besoin des objets qu'il a laissés au Mont-de-Piété. B n'a aucune réponse du *Monde illustré*, de la *Vie parisienne* ou de l'*Opinion nationale*, auxquels il a envoyé des articles. Un de ses amis [Hetzel?] qui passe par Bruxelles se chargera de présenter au *Figaro* le projet de publication de ses lettres sur la Belgique[1]. B renouvelle pour un mois un billet de Jousset de 600 francs[2]. Asselineau, dans le *Courrier artistique*, raconte sur B une anecdote. Le poète rend visite à un ami journaliste, qui se plaint d'avoir à écrire un travail sans importance. B lui déclare qu'il faut attacher de l'importance à tout ce qu'on fait: "C'est le seul moyen de ne jamais s'ennuyer"[3].

[première semaine de VIII? 64] – B lit une longue histoire de la Belgique [sans doute celle de Mgr Namèche, *Histoire nationale*]. Il assiste à une réunion électorale, où il peut huer [l'éditeur] Lacroix, un des candidats[1].

1 VIII l 64 – Dans la *Nouvelle Revue de Paris*, Armand Renaud parle des *HGS*, mais sans nommer B[1].

3 VIII me 64 – B reçoit un avis de la poste; une *lettre chargée* [d'argent] l'attend[1]. Dans le *Nain jaune*, Charles Bataille fait un article sur les conférences de B[2].

4 VIII j 64 – Après quelques difficultés à la Poste, B retire sa lettre chargée contenant 50 francs envoyés par sa mère[1]

7 VIII d 64 – Dans le *Figaro*, Jules Claretie donne des anecdotes sur B en Belgique[1].

8 VIII l [64] – B remercie Mme A de l'argent envoyé, et lui dit que ses dépenses journalières sont de 7 francs; il craint toutefois qu'elle ne se prive pour lui venir en aide. B est heureux que sa belle-soeur soit à Honfleur pour s'occuper de Mme A car il ne pourrait pas bien le faire lui-même, en raison de son état d'esprit et de santé. Il reconnaît à Mme C.-A. Baudelaire des qualités d'esprit et de souplesse, qui lui permettent d'apporter un réconfort à Mme A. Il informe Mme A qu'il a fini la correction de six des huit feuilles des *HGS*[1]. Dans le *Journal littéraire*, Hippolyte Philibert critique l'article de Dusolier paru dans le *Nain jaune* du 27 avril[2].

10 VIII me 64 – B termine sa lettre commencée le 8. Depuis qu'il est à Bruxelles, B a reçu un total de 600 francs. Il propose d'écrire (lettres manquantes) à son agent littéraire [Lemer?] et à un ami. Il priera le premier de s'occuper de la vente de ses livres à Paris, le second de faire payer le prix de ses articles à la *Vie parisienne* à un de ses créanciers qu'il redoute [Arondel? Matigny?][1].

13 VIII s 64 – La *Vie parisienne* publie *Les Projets*[1].

14 [VIII] d [64] – Le matin, B remercie sa mère d'un nouvel envoi d'argent qui dépasse ses espérances. Il a pu ainsi retirer ses trois objets du Mont-de-Piété. La cuisinière de P-M lui plaît et il prendrait volontiers pension chez son éditeur, s'il n'habitait pas aussi loin de chez lui. B a l'intention de se mettre aux lavements froids au laudanum. Hetzel, de retour de Paris, lui dit qu'on accueille avec plaisir, au *Figaro*, la proposition de publier ses écrits sur la Belgique. Toutefois, les conditions que mettrait ce journal lui sont inconnues[1].

20 VIII s 64 – Arondel écrit à B pour lui rappeler les promesses faites à Matigny à propos des créances que ce dernier a été chargé de faire payer de B[1].

[env 22 VIII? l 64] – B visite Malines[1]. Il écrit à sa mère qu'il aime bien la tranquillité, les carillons, les clochers, les béguines de cette ville. Il y vivrait volontiers. Il y achète de vieilles faïences de Delft[2].

[22 VIII l] 64 – Lettre (manquante) de Mme A à B. Elle propose de le soigner en Belgique mais il lui déconseille le voyage, puisqu'il est guéri[1].

[env 25 VIII j 64] – Lettre (manquante) d'Arondel à B. Ancelle a reçu une demande d'argent de Matigny[1]. Arondel a emprunté 24000 francs à Matigny sur un billet de B[2].

26 VIII v 64 – B répond à Arondel qu'il n'a rien compris à sa lettre ni à ses recommandations. Il avait compté, dit-il, sur son affaire avec Lacroix pour payer Matigny mais cela n'est maintenant plus possible. B signale à Arondel qu'il y a de bonnes affaires possibles en Belgique, dans le bois sculpté et les belles faïences[1]. B écrit à sa mère qu'il attend impatiemment ses lettres, bien qu'elles soient remplies de reproches et de sermons[2].

[env 30 VIII ma 64] – B rencontre Nadar, qui l'invite à monter en ballon avec lui quand il viendra à Bruxelles. Nadar encourage B à "s'accrocher" à Bruxelles. B voit O'Connell et lui propose d'être son remplaçant lors de l'asension. Il le recommandera à Nadar, car il sera absent de la ville à la date prévue. B frappe un Belge dans la rue, sans être provoqué le moins du monde. Il tente de courir après sa victime pour lui présenter des excuses, mais ne le retrouve pas[1].

30 VIII ma 64 – B écrit à O'Connell qu'il l'a recommandé à Nadar pour l'ascension[1]. Il écrit à Nadar qu'en raison de ses projets d'excursion en province il ne pourra donner suite à son invitation de l'accompagner en ballon. Il lui raconte ses sentiments envers Arthur Stevens, qu'il juge ennuyeux. O'Connell lui paraît amusant et digne d'une recommandation[2].

31 VIII me 64 – B informe Lévy qu'il attend la sixième feuille de *Marie Roget*, et qu'il a reçu par erreur les quatrième et cinquième, déjà corrigées. Il a vu dans le *Petit Journal* de Moïse Millaud, *Le Double Assassinat dans la rue Morgue*, mais son nom de traducteur n'y figure pas. Lévy a-t-il autorisé cette publication? B est ennuyé par ces plagiats, et affirme avoir vu des fragments de ses oeuvres dans les journaux allemands à Bruxelles. B suggère que Lévy pense à Pauchet (de l'*Opinion nationale*) pour publier *Marie Roget* et à Yriarte (du *Monde illustré*) pour *Docteur Goudron et professeur Plume*. Il connaît la traduction par Forgues du *Double Assassinat...*[1].

2 IX v 64 – B annonce à Ancelle qu'il repousse son départ de Bruxelles de quinze jours à la fois pour des raisons de santé et parce qu'il désire attendre la mise en vente de ses livres à Paris avant de s'y rendre. Il propose d'écrire à Villemessant (lettre manquante) pour demander qu'on attende son retour avant de publier ses lettres sur la Belgique. B signale à Ancelle le début d'un congrès catholique à Malines, mentionnant un discours de Mgr Dupanloup sur l'instruction publique. B joint à sa lettre celle d'Arondel reçue il y a quelques jours, ainsi qu'une somme de 50 francs, en priant Ancelle d'y joindre 150, afin de donner à Jousset les 200 qui auraient dû lui être réglés la veille[1].

[première semaine de IX 64?] – B envoie le compte rendu de la conférence catholique de Malines à Ancelle, sans lui indiquer qu'il est l'expéditeur. B n'a pas partagé l'enthousiasme d'Ancelle pour le père Félix mais, par contre, le discours du père Hermann lui a paru "très remarquable et très curieux"[1].

10 IX s 64 – La *Vie parisienne* donne un article de Champfleury sur la publication des oeuvres d'Henri Monnier. L'auteur y décrit la première rencontre de B avec Monnier à l'Hôtel Pimodan[1].

15 IX j 64 – Dans le *Bonnet de coton*, Alexis Cardon dédie "A La Morgue" à B[1].

17 IX s 64 – La *Petite Revue* observe qu'*Enoch Arden*, de Tennyson, va avoir un retentissement semblable à celui qu'ont eu les *FM* en France[1].

23 IX v 64 – B doit 468 francs à son hôtel[1]. B commence à fêter les journées de la Révolution belge de 1830[2].

IX 64 – Un soir, B rencontre Nadar en compagnie d'Hetzel[1].

24 IX s 64 – Début d'une période de sept jours passée par Georges Barral en compagnie de B[1].

25 IX d 64 – Barral et B sont ensemble[1].

26 IX l 64 – B déjeune en compagnie de Barral; ils vont ensemble au Jardin Botanique où a lieu l'ascension du ballon de Nadar. Au dernier moment, B, qui doit prendre part à cette expédition, est obligé de descendre du ballon pour l'alléger[1]. Alfred Stevens demande à Lucas un exemplaire de l'estampe de Daumier: *Wagon de 2e classe*; il en a entendu parler par B[2].

27 IX ma 64 – Barral, qui est parti en ballon avec Nadar, revient à Bruxelles après un atterrissage entre Ypres et la mer. La femme et le fils de Nadar, Bérardi, Jean Rousseau et B viennent à la gare attendre les aéronautes. Barral déjeune avec B à l'hôtel du Grand Miroir[1].

28 IX me 64 – B visite Waterloo en compagnie de Barral[1].

29 IX j 64 – B assiste, avec Barral, au banquet donné par Nadar. Les convives se promènent ensuite dans la ville et terminent la soirée dans un café[1].

30 IX v 64 – B et Barral, après une promenade dans le vieux Bruxelles, déjeunent à l'hôtel du Grand Miroir[1]. Echéance d'un billet de 600 francs chez Jousset[2].

[X 64] – De Tournon, Mallarmé envoie à Villiers et à Mendès un exemplaire de *La Fanfarlo*, qu'ils lisent avec plaisir[1].

X 64 – Mendès écrit à Mallarmé en saluant le caractère unique de sa poésie. Il assure Mallarmé que l'originalité de ses vers ne sera pas affectée par sa lecture de B. Villiers ajoute à cette lettre un mot pour Mallarmé, le remerciant de l'envoi de *La Fanfarlo* dont il a tiré profit[1]. Des Essarts fait savoir à Mallarmé que Taine aime la poésie de B[2]. A Bruxelles, place du Trône, on organise une "Exposition internationale des beaux-arts". Le Cercle artistique et littéraire obtient que Courbet y envoie un tableau, refusé au dernier Salon de Paris, toile inspirée par *Femmes damnés* de B [*Vénus et Psyché*][3].

[début X 64] – Lettre (perdue) de B à Louis Marcelin, de la *Vie parisienne*[1].

1 X s 64 – La *Vie parisienne* publie pour la première fois le sonnet: *Sur Les Débuts d'Amina Boschetti au théâtre de la Monnaie, à Bruxelles*. Ce poème paraît dans une chronique de Jules Claretie, sur "Les Fêtes de Bruxelles". B demande à Claretie de ne pas révéler son nom[1]. Dans l'*Union des arts*, Banville mentionne le frontispice pour les *FM*[2].

9 X d 64 – B a reçu un paquet de Louis Marcelin [sans doute le texte, en copie manuscrite, des *Habitations imaginaires* (*Le Domaine d'Arnheim, Le Cottage Landor, Philosophie de l'ameublement*)] et une lettre (manquante) demandant des coupures dans le texte. Marcelin demande que B lui envoie des vers à publier et lui parle du *Sonnet* [*Sur les débuts d'Amina Boschetti...*]. B écrit à Marcelin pour dire que le paquet a probablement croisé sa lettre et l'informe que Lévy – ou Parfait – lui fournira les épreuves de ces textes, afin qu'il juge des coupures à y effectuer. B tient à ce que les coupures ne détruisent pas l'équilibre entre les parties morales et pittoresques. Quant au sonnet en question, B n'y comprend rien; il nie avoir envoyé à Marcelin de poésies, ignorant le désir du directeur de revue d'en recevoir. Il avoue qu'il a composé un mauvais sonnet sur la Boschetti, vers qu'il a détruits après les avoir montrés seulement à deux personnes, mais ne voit pas comment Marcelin en aurait eu vent, à moins que quelqu'un en eût pris copie[1].

13 X j 64 – B souffre chaque jour d'une fièvre qui l'empêche de dormir. Il écrit à Ancelle une longue lettre où il explique son besoin d'avoir 979 francs pour payer toutes ses dettes et tous ses frais à Bruxelles. B songe, pour liquider ses obligations envers Ancelle, à aller vivre à Honfleur en y touchant seulement 50 francs par mois jusqu'à anéantissement de sa dette envers le notaire (ou plutôt envers sa mère). B informe Ancelle qu'il reste chaste à Bruxelles, en raison de ses ennuis de santé. Il promet de lui apporter un livre qu'il trouve "digne d'être lu", sur l'Empire [*Napoléon III... par un non-diplomate*][1].

15 X s 64 – Emile Deschanel parle de B comme un de ses anciens camarades de collège, dans un article du *Journal des débats*, "Les Villonistes". Il y publie des vers de la jeunesse de B: *N'est-ce pas qu'il est doux...*" et rapproche du *Grand Testament* de Villon les vers de B: *La Mendiante rousse et Un Voyage à Cythère*[1]. B doit donner à son hôtelier l'argent qu'il lui a promis (679 francs)[2].

17 X l 64 – B reçoit 200 francs d'Ancelle; il en donne 180 à son hôtelier[1].

[env 23 X d 64] – B reçoit d'Ancelle un engagement à payer; il le garde pour la "dernière extrémité", s'il était tourmenté par les gens de son hôtel, à qui il doit toujours 288 francs depuis un mois, plus 259 francs de frais postérieurs soit 547 francs au total[1].

23 X d 64 – B remercie Ancelle de son envoi d'argent. Il explique son budget et fait mention d'une promesse du notaire de lui donner 600 francs[1].

27 X j 64 – B écrit à Noël Parfait pour dire qu'il n'a reçu ni la deuxième épreuve de la neuvième feuille ni la fin de *Marie Roget*. Il demande si Lévy compte lui enlever le droit de corriger ses épreuves. B attend également de Simon Raçon la dixième feuille de *Philosophie de l'ameublement* et la deuxième épreuve de la neuvième feuille. A leur réception, ils pourront penser à Marcelin, pour placer cet écrit à la *Vie parisienne*. Il en est de même pour Pauchet, de l'*Opinion nationale* (qui s'occupe du *Marie Roget*) et d'Yriarte (pour le *Système du docteur Goudron et du professeur Plume*). B envoie à Parfait les salutations de Gustave et d'Edmond Frédérix[1].

31 X l 64 – A minuit, B écrit à P-M pour accepter un "bizarre travail" proposé par son éditeur; c'est la traduction d'un texte latin. B voudrait qu'on lui confie, en revanche, la traduction du *Satyricon* de Pétrone et un travail critique sur Laclos[1].

[fin X 64] – Echéance d'un billet de 600 francs dûs à Jousset[1]. Hetzel attend que B ait fini les *FM* et le *Spleen de Paris*[2].

1 XI ma 64 – B écrit à sa mère (lettre manquante) pour la prier de ne pas faire allusion dans ses lettres à la maladresse d'Ancelle[1]. B doit 517 francs à son hôtelier[2]. L'*Artiste* publie trois poèmes en prose: *Une Mort héroïque*; *La Fausse Monnaie*; *La Corde*[3]. Ce dernier ne porte pas encore sa dédicace à Edouard Manet[4].

[3 XI j 64] – B explique à Mme A les affaires relatives à la publication de ses ouvrages. La lettre doit arriver le jour de leur fête[1]. A Henry de La Madelène, qui vient de prendre la direction de *La Nouvelle Revue de Paris*, B offre quelques poèmes en prose à publier. Il lui demande de voir si Julien Lemer pourrait prendre en charge ses affaires littéraires. Adrien [Tournachon?] vient d'offrir à B la brochure de La Madelène: *Eugène Delacroix à l'Exposition du boulevard des Italiens*, A. Lainé, éd., 1864. En le lisant, B remarque que l'auteur voue une grande admiration à Delacroix. B envoie ses amitiés à leurs amis Manet, Lejosne et Bracquemond[2].

4 XI v 64 – B demande à une dame [Mme Victor Hugo?] de présenter ses excuses à son mari et à son fils. Il ne peut en effet accepter leur invitation pour le soir, car il est 4h, il n'est pas habillé et un travail lui est parvenu ce matin même de Paris[1]. Tout cela l'empêche d'accepter leur invitation pour ce soir[2]. La Saint-Charles/Sainte-Caroline[3].

8 XI ma [64] – B, inquiet au sujet de sa mère, lui demande de ses nouvelles[1]. B

écrit à Henry de La Madelène qu'il n'a pas obtenu de réponse à sa lettre du 4[2].

[9 ou 10 XI me ou j 64] – Henry de La Madelène invite B à envoyer des poèmes en prose à la *Nouvelle Revue de Paris*. Il a vu Lemer, qui se tient à la disposition de B et attend une lettre expliquant les volontés du poète[1].

[10 ou 11 XI j ou v 64] – A l'invitation d'Henry de La Madelène, B envoie six poèmes en prose à publier, demandant de voir les épreuves avant l'impression. Deux de ces morceaux sont inédits: *Le Port* et *Le Miroir*[1].

13 XI d [64] – Le soir, B demande à Ancelle de lui envoyer 600 francs avant le dimanche suivant, pour qu'il puisse payer sa note d'hôtel et partir pour Paris. Parlant de religion, B dit qu'il méprise le *Coran*, qu'il va chercher une religion (Thibétaine ou Japonaise) qu'il abjurera au moment de sa mort, pour montrer son dégoût de la sottise universelle[1].

13 XI d 64 – P-M écrit à Spoelberch de Lovenjoul à propos de *L'Anglais mangeur d'opium*, de De Quincey, traduit par Alfred De Musset. Il explique que ce livre est rare, mais qu'il a trouvé un exemplaire (Lovenjoul est à sa recherche) appartenant à Hedouin (pseudonyme Karcher). P-M transmet à Lovenjoul le jugement de B, qui estime que Musset a donné une traduction très insuffisante de l'ouvrage que B a trouvé sur les quais[1].

[13 XI d 64] – Henry de La Madelène fait adresser à B le dernier numéro de la *Nouvelle Revue de Paris*[1].

14 XI l 64 – Mme A écrit à Ancelle pour exprimer son étonnement à propos de l'argent dépensé par B à Bruxelles. Elle reconnaît l'originalité littéraire de son fils, mais regrette qu'il ne puisse se faire davantage d'admirateurs[1].

[env 16 XI me 64] – Lettre (manquante) d'Ancelle, avec un envoi de 600 francs[1].

16 XI me 64 – B dîne chez P-M[1]. Dans le *Nain jaune*, Paul Mahalin fait des remarques sur les préoccupations métaphysiques de B[2].

17 XI j 64 – B s'absente de son hôtel toute la journée; il assiste aux funérailles de M. l'abbé Louis-Joseph Dupont, libre-penseur[1]. P-M écrit à Bracquemond que B s'ennuie à Bruxelles mais se porte bien. Il révèle aussi que le poète, qui doit quelques centaines de francs à son hôtel, prétend que cela l'empêche de quitter la ville pour regagner Paris[2].

[env 18 XI v 64] – Ancelle envoie (lettre manquante) des fonds à B, en lui parlant de l'instruction publique belge. Il lui prodigue de "bonnes paroles". Il demande à B de lui apporter un livre dont ce dernier dit qu'il "n'est le merveille que relativement"[1].

18 XI v 64 – B remercie Ancelle pour son envoi de 600 francs; il a fallu qu'il aille lui-même à la Poste pour le retirer. Il promet à Ancelle d'être à Paris le mercredi soir ou le jeudi[1].

19 XI s 64 – Ancelle répond à la lettre de B du 18. Il envoie en même temps une réponse à Mme A pour sa lettre du 14[1].

20 XI d 64 – Sur le point de rentrer à Paris, B éprouve ce qu'il appelle "une peur de chien" de revoir cette ville. Il écrit à Paris des lettres à Lemer, à ses amis, aux journaux[1].

[env 20 XI d 64] – B demande à Henry de La Madelène (lettre manquante) des épreuves à corriger des six poèmes en prose à paraître dans *La Nouvelle Revue de Paris*[1].

24 XI j 64 – Dans le *Figaro*, Jules Claretie rapporte l'anecdote du quatrain écrit par un Belge. Ces vers auraient fait enrager le poète, au point qu'il les cite aux conducteurs d'autobus[1].

30 XI me 64 – B se plaint des lenteurs d'impression des *HGS* et demande à Michel Lévy s'il estime souhaitable d'ajouter la note jointe à la présente lettre. Il s'agit de "L'Avis du traducteur", où B affirme qu'il a accompli sa mission de présentation de l'oeuvre d'EAP au public français. Il espère aussi qu'il a pu donner en même temps une vue d'ensemble de la poésie de l'écrivain américain, ainsi que de sa critique littéraire[1].

[fin XI? 64] – B envoie à Ancelle un faire-part des obsèques de l'abbé Louis-Joseph Dupont, mort en libre-penseur. B a assisté à la cérémonie le 15 novembre. Il confie le document à Ancelle pour l'ajouter à sa collection de "curiosités"[1].

[fin XI 64] – Henry de La Madelène explique à B qu'il est impossible de lui envoyer d'épreuves à corriger de ses poèmes en prose, car l'intervalle entre le jeudi, jour de tirage de la *Nouvelle Revue de Paris*, et le dimanche, jour de sa mise en vente, est trop bref pour permettre leur envoi à Bruxelles[1].

1 XII v 64 – Dans le *Figaro*, Jules Claretie rapporte l'opinion de B sur la peinture philosophique vantée par M. Jobbé-Duval[1].

2 XII v 64 – B demande à Michel Lévy des nouvelles de l'impression des *HGS*, il

pressent que l'éditeur veut l'achever sans tenir compte de ses conseils. Il donne des précisions sur les corrections qui restent à apporter[1].

3 XII s 64 – La *Petite Revue* annonce la vente de livres d'occasion du fonds de la librairie Poulet-Malassis. Les *PA* en font partie[1].

[env 5 XII l 64] – Emmanuel Des Essarts demande à Mallarmé les poésies de B que celui-ci lui avait prêtées naguère[1].

11 XII d 64 – Dans le *Tintamarre*, Léon Rossignol mentionne B[1].

[mi-XII 64?] – B demande à P-M le prêt de deux ouvrages: *La France impériale par un non-diplomate* [*Napoléon, l'empereur et son gouvernement. Etudes parisiennes par un non-diplomate*] et les *Pensées et lettres de Joubert*[1].

[hiver 64-65] – B fréquente le Cercle artistique et littéraire, en compagnie des artistes et des écrivains qui y tiennent leurs assises[1].

17 XII s 64 – Dans la *Petite Revue*, René Pincebourde fait l'éloge des *PPP*, et signale en même temps que B prépare *Pauvre Belgique*[1].

[env 18 XII s 64] – B passe du temps à Namur avec Rops[1]. Ancelle écrit à B (lettre manquante) pour lui dire son étonnement que B ait semblé utiliser deux fois son propre engagement de payer ses dettes. Ancelle ne comprend pas pourquoi B n'est pas venu à Paris comme prévu le mois passé et encourage B à écrire à sa mère. Il repose sa question sur l'ouvrage anonyme: *Napoléon, l'empereur et son gouvernement*[2].

18 XII d 64 – B, de retour de Namur, trouve la lettre d'Ancelle et nie avoir utilisé deux fois l'engagement d'Ancelle de payer ses dettes. Il n'est pas rentré à Paris car il redoute de ne pas disposer d'assez d'argent pour rembourser ses créanciers. Il promet à Ancelle le livre demandé. B suggère au notaire la lecture du *Dialogue aux enfers entre Machiavel et Montesquieu...* de Maurice Joly et l'*Histoire de la Guerre de Crimée* [*L'Invasion de la Crimée, origine et histoire de la guerre...*] d'Alexander William Kinglake. Les deux ouvrages sont écrits par des opposants à l'Empire français; B fera passer les trois livres en France en contrebande[1]. Dans le *Tintamarre*, Léon Rossignol mentionne B[2].

25 XII d 64 – *La Nouvelle Revue de Paris* publie six poèmes en prose: *Les Yeux des pauvres*; *Les Projets*; *Le Port*; *Le Miroir*; *La Solitude*; *La Fausse Monnaie*. *Le Port* et *Le Miroir* sont inédits[1]. Dans le *Figaro*, Jean Rousseau donne une anecdote sur B et Mme Stoltz[2].

26 XII l 64 – B reçoit un avis d'échéance pour le dégagement d'une montre à Paris, rue Joubert[1].

28 XII me 64 – Alexandre Weill fait au Cercle artistique et littéraire une conférence sur "Les Origines de la science moderne"[1].

29 XII j 64 – B charge Ancelle de trois missions: renouveler l'engagement sur sa montre à Paris, rue Joubert; aller voir Jacquinet, marchand de tableaux, pour lui dire de ne pas vendre des objets de valeur lui appartenant; se rendre chez Mad. Desoye, 22, rue de Rivoli, pour l'informer qu'il reviendra prendre un pupitre en laque qu'il lui a donné à réparer. B demande 100 francs à Ancelle pour distribuer des étrennes aux domestiques des familles où il est reçu souvent. Quant aux livres désirés par Ancelle, B promet de les lui envoyer en janvier, par des voies détournées, pour échapper à la pointilleuse surveillance exercée actuellement sur les livres de contrebande. Il ajoute à sa lettre la liste des objets déposés chez Jacquinet: *une marine* (gravure à nettoyer); une photographie (modèle de femme nue); une sepia de Guys, vieux grognard à la colonne Vendôme; un portrait d'homme au crayon noir; une sépia, dans le genre Girodet (femme nue dans une grotte); deux petits dessins, crayon et lavis, de Guys (sans doute des scènes de prostitution aux barrières, ou des voitures élégantes dans le bois de Boulogne), ces pièces à monter sur bristol[1]. Lejosne et Fioupou dînent chez les Manet; Bracquemond se joint à eux. Lejosne décrit cette réunion à B[2].

[fin XII 64] – Lettre (manquante) d'Ancelle. Le notaire n'a pas compris la peur de B de regagner Paris sans argent. Il entretient B du prétendu suicide d'Emile Montégut et du mariage d'Alexandre Dumas fils[1].

[fin 64] – Jules Janin cite *Bien loin d'ici* dans l'*Almanach de la littérature, du théâtre et des beaux-arts*[1]. Depuis qu'il est à Bruxelles [huit mois], B a reçu d'Ancelle une somme de 500 francs[2].

31 XII s 64 – Les avances faites à B par sa mère cette année s'élèvent à un total de 3700 francs[1].

1865

1865 – B est photographié par Nadar, par Carjat et par Neyt[1]. B dessine "Buloz à la recherche d'Aurevilly"[2]. Manet fait le portrait de B d'après une photographie prise par Nadar. Il en fait la gravure lui-même[3].

[1864 ou 1865] – Nadar photographie B[1].

[fin 64 ou début 65] – B fait la liste des envois éventuels des *HGS*; il l'expédie à

Calmann. Recevront des exemplaires accompagnés d'une lettre: Hetzel; *Deschanel* [les noms en italiques sont soulignés dans le manuscrit]; Babou; Banville; Asselineau; D'Aurevilly; Monselet; *Fraisse*; Jouvin; Taine; Gautier; Chasles; Sainte-Beuve; Roqueplan; Houssaye; De Calonne; Buloz; Pichot; Charpentier; Yriarte; Vitu; Deschamps. Recevront des exemplaires sans lettre: Lavoix; Cuvillier-Fleury; De Mouÿ; Levallois; Pontmartin; Schérer; Dollfuss; Marcelin; Frédérix; Joly; Nadar; Véron. Recevront des bons pour exemplaires: ANCELLE [sic]; *[Sa] mère*; Mme MEURICE [sic]; MANET [sic]; LEJOSNE [sic]; *Flaubert*; Leconte de Lisle; *Gavarni*; Champfleury; *Du Camp*; Féval; *Gozlan*; *Chenavard*; Rops; Fromentin; Reyer; *Malassis*; *Neyt*; Dulamon[1].

[début I 65] – Mme A fait savoir à B (lettre manquante) qu'elle a été sérieusement malade mais qu'elle est guérie. Sa santé est maintenant excellente[1].

[I 65] – Ancelle à Paris exécute les directives de B au sujet de ses objets d'art en dépôt; il les emporte et les garde chez lui[1].

1 I d 65 – B écrit à Mme A pour dire qu'il ne peut plus travailler de façon régulière[1]. Il rappelle à Ancelle sa lettre du 29 décembre et renouvelle ses instructions. Il ajoute une lettre pour le directeur du Mont-de-Piété de la rue Joubert à Paris. B déclare à ce dernier qu'il a peur que sa *grande reconnaissance* [la liste de ses possessions en dépôt?] ne soit égarée ou volée. Il précise qu'elle vise une montre en or, "à répétition" et qu'il voudrait la renouveler[2]. *L'Autographe* publie en fac-similé le manuscrit de l'*Epigraphe pour un livre condamné*[3]. A 8h, B reçoit un avis de la poste. Une lettre d'Ancelle contenant 200 francs l'attend[4]. Dans le *Tintamarre*, Léon Rossignol publie un article satirique dans lequel une dame remet à chacun des membres de l'Institut un exemplaire des *FM*, de la part de Louise Colet[5]. A une réunion d'amis chez les Lejosne, on parle de B, en regrettant son absence[6].

[env 1 I d 65] – Dans une lettre (manquante) à Lejosne, B lui demande d'aller négocier la publication de *Marie Roget* avec la direction de l'*Opinion nationale* et de s'enquérir de la situation financière de la *Nouvelle Revue de Paris*[1]. Un ami parisien de B lui fait savoir qu'Emile Montégut s'est pendu. B communique cette information à Ancelle (lettre manquante)[2].

2 I l 65 – B remercie Ancelle de son envoi d'argent (200 francs). Il lui explique aussi pourquoi il n'est pas retourné dans la capitale et dément la nouvelle du suicide de Montégut. Il signale un article de lui paru très récemment dans la *Revue des deux mondes* sur *La Recherche du bonheur*[1].

3 I ma 65 – B souhaite à Mme Paul Meurice une bonne et heureuse année. Il lui

fait part de ses difficultés avec les Belges: ils prennent au sérieux toute boutade faite pour les étonner. On le dit agent de police, parricide, correcteur d'épreuves d'ouvrages infâmes, pédéraste. Il demande à sa correspondante de prier pour lui et lui exprime sa grande affection[1]. Lejosne se rend, au nom de B, aux bureaux de l'*Opinion nationale*. Il y apprend que Malespine, rédacteur, s'oppose à la publication de *Marie Roget*. Le soir, Lejosne gagne l'appui de Magnancourt, qui essaye de faire changer d'avis Malespine[2].

4 I me 65 – Lejosne avertit B que les feuilles imprimées de *Marie Roget* sont chez Noël Parfait, qui les tient à sa disposition. Lejosne transmet aussi les salutations du Dr Mabira[1]. Alexandre Weill fait sa seconde conférence sur les origines de la science moderne, au Cercle artistique et littéraire de Bruxelles[2].

[env 5 I j 65] – Mme Paul Meurice répond à la lettre de B du 3 janvier. Sa lettre, longue et affectueuse, l'encourage à revenir à Paris où l'attendent tous ses amis, parmi eux trois femmes (l'une d'elles est une *Japonaise du pays latin*), Manet et Bracquemond[1].

7 I s 65 – Le premier feuilleton du *Système du Docteur Goudron et du Professeur Plume* paraît dans le *Monde illustré*[1].

11 I ma 65 – Alexandre Weill fait une conférence d'inspiration anti-matérialiste au Cercle Artistique et littéraire de Bruxelles[1].

14 I v 65 – La *BF* signale la parution du cinquième tirage des *HE*[1]. Elle annonce également la publication d'*Elën*, de Villiers de l'Isle-Adam[2]. B recevra un exemplaire, avec envoi d'auteur[3].

[mi-I 65] – B écrit à Henry de La Madelène pour demander le paiement des poèmes en prose parus le 25 décembre dans *La Nouvelle Revue de Paris*[1].

17 I s 65 – Le deuxième feuilleton du *Système du Docteur Goudron et du Professeur Plume* paraît dans le *Monde illustré*[1].

18 I d 65 – Au Cercle Artistique et littéraire de Bruxelles, Alexandre Weill prend la parole sur "Job, Prométhée, Alceste et Faust"[1].

19 I l 65 – Dans le *Figaro*, Jean Rousseau mentionne les conférences de B à Bruxelles[1].

[env 20 I v 65] – B écrit au commandant Lejosne qu'il craint que la session des Chambres ne pousse Guéroult à abandonner la publication de *Marie Roget*, remplacée par les nouvelles politiques. Reconnaissant qu'il a été lui-même indolent, il dit qu'il n'a pas eu d'épreuves de Guéroult et prie Lesjosne d'envoyer Mme Lejosne auprès du publiciste pour intercéder en sa faveur[1].

20 I v 65 – Dans le *Constitutionnel*, Sainte-Beuve écrit un article où il mentionne B[1]. Mort, à Besançon, de Pierre-Joseph Proudhon[2].

21 I s 65 – Dans la *Petite Revue*, P-M raconte la conférence de B au Cercle Artistique et littéraire durant laquelle il scandalisa l'auditoire féminin par des observations un peu grivoises[1]. Le *Monde illustré* publie le troisième feuilleton du *Système du Docteur Goudron et du Professeur Plume*[2]. Soirée musicale chez Manet, à laquelle assistent notamment de La Madelène, Fioupou, Stevens, Bracquemond, Lejosne, Fantin-Latour. On y parle de B[3].

22 I d 65 – Le commandant Lejosne informe B que l'*Opinion nationale* ne publiera pas *Marie Roget* et demande ce qu'il devra faire des feuilles imprimées déjà[1].

24 I ma 65 – B voit P-M, à qui il annonce son intention de connaître "encore plus à fond" la Belgique. P-M lui parle de Bracquemond, à propos d'Ingres[1]. Il écrit à Lejosne (lettre manquante) pour le prier de remettre à Villemessant les feuilles imprimées du *Mystère de Marie Roget*[2].

[env 25 I me 65] – Lejosne remet à Villemessant les feuilles imprimées de *Marie Roget*. Ce dernier semble disposé à les faire paraître soit dans le *Figaro* soit dans le *Grand Journal*[1]. Henry de La Madelène explique à B que la *Nouvelle Revue de Paris* traverse de grandes difficultés et qu'il ne pourra pas lui envoyer d'argent avant le 20 février. Il invite B à y faire publier ses poèmes en prose, s'il accepte de courir le risque de voir sombrer ce périodique[2].

25 I me 65 – Lejosne voit Noël Parfait au sujet de la publication des *HGS*, dont on est en train de tirer les dernières pages[1].

26 I j 65 – P-M avertit Bracquemond que B a reçu de Manet et de Lejosne "deux propositions aimables" mais qu'il se garde encore de les accepter[1].

27 I v 65 – B demande à Ancelle une réponse à sa lettre du 2 janvier, ainsi que leur compte annuel[1]. Il écrit à Charles Hugo pour s'excuser de ne pas se rendre à son invitation pour 6 heures le soir. L'occasion devait permettre à B de faire la connaissance de François Hugo, frère de Charles[2]. B répond à la lettre d'Henry de La Madelène, l'autorisant à publier les poèmes en prose qu'il possède déjà et annonçant qu'il lui en enverra d'autres. B voudrait que de La Madelène envoie à Marcelin les fragments du *Domaine d'Arnheim*, du *Cottage Landor* et de *La*

Philosophie de l'ameublement[3].

28 I s 65 – Le quatrième feuilleton du *Système du Docteur Goudron et du Professeur Plume* paraît dans le *Monde illustré*[1].

[env 29 I d 65] – Lettre (manquante) de B à Lejosne. Il voudrait s'informer de l'avancement de la publication des *HGS*. B est malade: il souffre de fièvre et de diarrhée[1].

30 I l 65 – Lejosne apprend à B que Manet a retiré ses tableaux de l'Exposition Martinet et a démissionné de la Société [sans doute des Aquafortistes]. Lejosne n'a pas encore eu de réponse de Villemessant, à qui il a demandé de publier *Marie Roget*. Noël Parfait a reçu toutes les épreuves de ce conte et a fait les corrections exigées par B; il refuse, d'ailleurs, d'envoyer ces épreuves à Bruxelles[1].

[fin I 65] – Echéance d'un billet de 600 francs, payable à Jousset[1]. Mme A écrit (lettre manquante) à B pour dire qu'elle s'ennuie, même à Paris, où elle propose de se rendre malgré le mauvais temps de cette saison[2].

[II 65] – Mallarmé écrit à Eugène Lefébure en louant *Elën* de Villiers de l'Isle-Adam. Il rapproche son style de celui de B, chez qui, dit-il, l'on éprouve "une sensation à chacun des mots..."[1]. Date-limite de l'exécution du portrait présumé de Jeanne Duval par Manet[2].

II 65 – On expose le portrait supposé de Jeanne Duval par Manet à la Galerie Martinet[1]. Pendant quinze jours, B souffre d'une "violente névralgie à la tête, ou rhumatisme aigu[2].

[première semaine de II 65] – B "passe en revue" un ensemble de lettres fort curieuses, de Proudhon, destinées à des amis belges[1].

1 II me 65 – Mallarmé publie *Symphonie littéraire* dans l'*Artiste*. Une partie de cette étude a trait à B[1]. B s'enrhume[2]. Dans la *Revue*, L. d'Arlincourt définit l'idéalisme par opposition à l'effet produit par le poème de B: *Une Charogne*[3].

3 II v 65 – Lejosne écrit à B pour annoncer que Villemessant a refusé de publier *Marie Roget* au *Figaro*, le trouvant trop sérieux pour ses lecteurs. Il a repris les épreuves du livre et demande à B la marche à suivre[1]. B demande à Julien Lemer d'être son agent littéraire. Il voudrait vendre les droits des *PA*, de *Pauvre Belgique* et de deux volumes de *Réflexions sur quelques-uns de mes contemporains* mais pour une période limitée. Hetzel et Lévy ne sont pas disposés à les prendre, pense-t-il. Il croit que Dentu et Charpentier ne lui assureraient pas une "popularité" suffisante.

Il ne reste donc que Didier, Amyot et Hachette comme maisons d'éditions possibles. B promet d'envoyer à Lemer, dans quelques jours, deux ou trois articles de revue et des poèmes en prose. Il prétend avoir en chantier, pour les terminer à Honfleur, une série de nouvelles "toutes apparentées entre elles;" et *Mon Coeur mis à nu*[2]. Ecrivant à Mme Paul Meurice, B s'excuse de son retard à répondre à sa lettre du 5 janvier environ. Il allègue sa propension à abuser de l'indulgence de ses amis. B est reconnaissant de la façon dont Mme Meurice a accueilli le récit de ses "folies" commises à Bruxelles. B lui explique que ses difficultés à vivre à Bruxelles seraient aussi fortes s'il vivait à Paris, ce qui justifie son absence actuelle de la capitale. Il lui raconte de petites anecdotes sur sa vie bruxelloise: par exemple, on s'étonne de ce qu'il n'ait pas de livre de messe au culte. Il est d'avis qu'on s'intéresse démesurément à la valeur pécuniaire des oeuvres d'art en Belgique. Il déclare que son séjour dans ce pays a détruit son goût pour l'art de Rubens. Sa relative pauvreté a eu l'effet de restreindre ses plaisirs (il a dû apprendre à vivre de rien, tant dans la recherche du plaisir qu'en matière d'activités culturelles). B envoie ses salutations à Manet, à Fantin-Latour et à Paul Meurice. Charles Hugo l'a chargé de lui transmettre ses bons souvenirs[3]. A 5h, B écrit à sa mère. Son rhume l'empêche de travailler. Le poète est étonné par le projet de Mme A d'aller à Paris avec le mauvais temps qu'il fait. Il annonce la disparition de la *Nouvelle Revue de Paris*[4] et la perte pour lui de 300 francs en raison de la faillite de ce périodique[5].

4 II s 65 – Lettre (manquante) dans laquelle B demande à Lejosne de remettre à Lemer les épreuves de *Marie Roget*. A nouveau, il prie Ancelle de répondre à sa lettre du 2 janvier. Il lui envoie une lettre de Proudhon[1].

[env 7 II ma 65] – Lettre (manquante) de Mme A à B. Elle regrette de ne pas avoir donné 14.000 francs pour payer les dettes de B sept ans auparavant, ce qui leur aurait permis de passer ensemble des jours heureux. Elle cite une "théorie du guignon" qu'il dira connaître parfaitement. Elle trouve que son fils n'a d'amitié pour personne. Elle hésite à se distraire à Honfleur avec ses propres amis, en raison de sa tristesse. Répondant à une question de B, Mme A informe B du nombre de caisses contenant de ses possessions à Honfleur[1].

8 II me 65 – Arrivée de la lettre (manquante) d'Ancelle. Il a exécuté les commissions de B et lui indique le montant de ses frais. B, en recevant cette lettre, est victime d'un malaise, il mettra plus d'une heure à la lire. Répondant au notaire, B lui envoie de nouveau la liste pour Jacquinet, recopiée, des objets en souffrance à retirer de chez lui, ainsi qu'un reçu pour 200 francs. C'est la somme qu'il demande à Ancelle, contrairement à sa résolution de n'utiliser qu'une partie de ses droits mensuels. En hiver, la vie à Bruxelles coûte plus cher qu'en été, il a besoin d'argent. Depuis huit jours, B a de terribles ennuis de santé: rhume, névralgie, rhumatisme,

dérangements d'estomac et d'intestin[1].

10 II v 65 – P-M écrit à Asselineau, lui demandant d'être son intermédiaire auprès de Banville. P-M voudrait que Banville écrive pour lui l'introduction d'une édition d'un choix de poèmes de Ronsard qu'il projette. P-M informe Asselineau que B, plus heureux que lui-même, a pu retrouver le numéro de *La Revue de Paris* contenant des fragments d'un récit de voyage d'Asselineau. B en dit beaucoup de bien à P-M; le poète y goûte surtout l'anecdote d'un mendiant distingué, qui fait payer à Asselineau "tant par jour"[1].

[env 10 II v 65] – B demande à Manet (lettre manquante) d'aller voir de sa part Lemer et Marcelin dans le but de lui trouver un agent littéraire à Paris[1].

11 II s 65 – B avoue à sa mère son regret d'avoir aliéné ses droits d'auteur. Il n'ose plus descendre dans la rue, à cause de sa santé, mais sa fièvre a disparu. Il raconte à Mme A ses affaires littéraires à Paris et parle de la fortune de ses oeuvres, qu'il voit comme assurée. Il reconnaît que sa plus grande difficulté est de concevoir et d'exprimer ses idées, qu'il n'a pas la facilité des médiocres, et que cela nuit à la vie pratique. Il ne pense pas que 14.000 francs auraient payé ses dettes il y a quatorze ans mais lui accorde quils auraient eu une vie plus tranquille. Il travaille de façon intermittente à ses poèmes en prose. B estime avoir envers trois ou quatre personnes à Paris une dette d'amitié, en tenant compte des gages qu'il en a reçu. Sa fièvre l'a quitté, mais il souffre toujours de maux de tête[1]. Ancelle envoie (lettre manquante) 300 francs à B[2]. La *BF* annonce que Lévy publie des *Essais sur l'histoire littéraire française*, par Jean-Jacques Weiss, avec un chapitre sur B[3].

12 II d 65 – B remercie Ancelle de son envoi d'argent. Sa santé s'est améliorée. Il n'avait pas mangé tant et aussi bien depuis longtemps, à tel point que l'abondance de nourriture lui a occasionné, ce matin, une migraine. B raconte à Ancelle la visite de Thoré chez lui et lui parle de Proudhon et de Victor Hugo. Il reconnaît aux deux derniers la qualité du génie mais les trouve en même temps sots. B fait allusion aux fils du roi Léopold qui reçoivent une rente de l'empereur des Français mais estime que Napoléon III prérère la gloire à l'argent. Il attend avec impatience de lire *La Vie de César*, écrite par l'Empereur, pour savoir si l'auteur est vraiment un homme de lettres[1]. L'*Indépendance belge* donne l'article de Jules Janin, "Henri Heine et la jeunesse des poètes"[2].

13 II l 65 – Le soir, Manet va chez Lemer et chez Marcelin, de la part de B. Lemer lui recommande Amyot ou Faure pour éditer les ouvrages du poète. Lemer n'a pas encore reçu le manuscrit de *Marie Roget*; il l'attend, ainsi que les autres promis par B, avant de lui écrire. Marcelin ne veut en publier des extraits (d'*Habitations*

[*imaginaires*] qu'à titre de publicité, sans les payer, puisque ces textes vont être édités en livre[1].

[env 13 II l 65] – B rédige les deux projets d'une "Lettre à Jules Janin", inspirée par l'article de ce dernier[1]. Mme Meurice raconte à B la soirée du 21 janvier chez les Manet. Elle lui signale que Lacroix et Verboeckhoven vont publier une traduction du *Melmoth*, de Maturin, faite par Mlle Judith, du Théâtre français[2].

14 II ma 65 – Manet fait connaître à B les intentions de Marcelin, de la *Vie parisienne*. Ce directeur de revue voudrait bien publier des fragments des *Habitations imaginaires* mais à titre de réclame et sans les payer. Il met B au courant des projets de Lacroix pour la traduction du *Melmoth* par Mlle Judith, et prétend que Lévy, voulant concurrencer Lacroix, en commanderait une peut-être à B, s'il s'y intéressait. Manet informe B qu'il n'a pas détruit l'esquisse d'une certaine Adèle [nom qui revient plusieurs fois dans le *Carnet*]. Bracquemond, qui viendra probablement à Bruxelles, fait demander par Manet à B de lui procurer des gravures de mode du Directoire ou de la République, s'il en trouve[1]. Pour la première fois depuis dix jours, B sort; il boit et mange trop et rentre, souffrant, chez lui[2].

15 II me 65 – B écrit à Lévy pour suggérer de devancer Lacroix dans la publication d'une nouvelle édition du *Melmoth*, mais sans proposer lui-même d'en faire la traduction. B annonce qu'il prépare une réponse à l'article de Janin sur Henri Heine et la jeunesse des poètes[1]. B informe Mme A de ses affaires littéraires. Il a bien réfléchi à toutes les idées qu'elle lui a suggérées au sujet de son intention de prendre un agent littéraire[2]. A 5h, B écrit à Lemer de tâcher de vendre *Marie Roget* et *Habitations imaginaires* à l'*Univers illustré*, au *Journal littéraire*, à la *Presse*, au *Pays* ou au *Constitutionnel*. B doit 200 francs au *Pays* et 500 au *Constitutionnel*; il voudrait annuler ses dettes en envoyant des articles à ces périodiques. B publierait volontiers sa réponse à Janin dans le *Figaro*. Il ignore les relations entre Janin et ce journal[3]. B écrit à Marcelin pour demander qu'il donne à Lemer les *Habitations imaginaires*. Il promet à Marcelin des poèmes en prose qui conviendraient à ses lectrices. B en a écrit une trentaine, mais il les trouve mal adaptés à sa clientèle[4].

[16 II j 65] – B écrit à Lejosne (lettre manquante), que sa propre lettre du 4 a dû s'égarer[1].

17 II v 65 – Lejosne remet à Lemer les feuilles de *Marie Roget*[1].

18 II s 65 – A Mme Paul Meurice, B explique qu'il a lui-même donné à Lacroix l'idée de rééditer *Melmoth*, de Maturin, il y a huit mois. Il observe que cet éditeur aurait dû lui offrir le travail de traduction au lieu de le donner à Mlle Judith. Pourtant, l'idée de la traduction lui fait peur, car elle risque d'être une perte de temps. Il

assure que ses traductions lui en ont fait perdre et que ses détracteurs affirment que sa poésie n'est qu'une imitation de celle d'EAP, alors qu'il n'a découvert cette poésie que dix ans après ses propres créations poétiques. B présente Maturin comme un *vieux romantique* et affirme qu'il est nécessaire d'être romantique soi-même pour le bien traduire, d'où l'incapacité de Mlle Judith à accomplir ce travail. C'est pour cette raison qu'il n'envisagera jamais de collaborer avec elle. B trouve qu'en général, les traductions commandées par Lacroix et Verboeckhoven sont inférieures et "faites à l'économie". Il cite en exemple le livre de Kinglake, *Histoire de la guerre en Crimée*, qu'il a brièvement examiné et où il a trouvé des contresens[1].

[env 20 II l 65] – B va chez P-M pour lui montrer la lettre de Mme Meurice, qu'il trouve amusante, et pour lui demander son avis sur l'affaire de la traduction du *Melmoth*. Comme il est absent, il dîne avec Fanny, la maîtresse de P-M[1].

20 II l 65 – L'*Etoile belge* publie une "Correspondance particulière", signée "A.Z". (le socialiste Louis Blanc), hostile au cardinal Wiseman, mort le 15 février à Londres. B enverra cet article à Ancelle[1].

21 II ma 65 – Lévy annonce à B que les *HGS* vont paraître[1]. Lejosne se rend chez Lemer, à la Librairie Centrale, 24, bd. des Italiens, pour lui parler des affaires de B[2].

22 II me 65 – Le *Bien public* (Bruxelles) proteste au sujet des attaques de Louis Blanc contre feu le cardinal Wiseman[1].

23 II j 65 – Le *Journal de Bruxelles* reproduit la protestation parue dans le *Bien public* de la veille[1].

[env 25 II s 65] – B envoie à Ancelle le numéro de l'*Etoile belge* qui contient *La Correspondance sur Wiseman*, par A.Z. [Louis Blanc][1].

25 II s 65 – B demande 150 francs à Ancelle pour payer sa note d'hôtel. Ancelle n'a toujours pas répondu au sujet des objets en gage chez Jacquinet et du pupitre chez Mad. Desoye. B demande à Ancelle s'il a reçu son envoi de la *Correspondance sur Wiseman*[1]. Dans la *Petite Revue*, "E.R". [P-M], raconte une anecdote à propos de Proudhon en Belgique[2].

27 II l 65 – B fait un dessin à la plume de Jeanne Duval[1].

28 II ma 65 – P-M écrit à Banville, à propos de leurs projets de publication des ouvrages de ce poète. P-M raconte qu'il a dîné avec B, qui étudie "la Belgique constitutionnelle". Ils ont parlé de Banville, d'Asselineau et "même du méchant

Asselineau"[1].

[III 65] – Date du feuillet XXIV de *Mon Coeur mis à nu*[1].

[env 1 III me 65] – Ecrivant à "Monsieur E.R". [Rouillon, pseudonyme de P-M et nom de sa mère], B rectifie l'anecdote publiée il y a quelques jours dans la *Petite Revue*. Il révèle qu'il est le citoyen en question qui dîne avec Proudhon et qu'il a raconté cette anecdote à P-M il y a bien longtemps. Celui-ci l'a publiée comme si elle était d'actualité[1].

[première semaine de III 65?] – Mme A envoie assez d'argent à Ancelle pour que B couvre sa note d'hôtel[1].

[env 9 III j 65] – B reçoit une lettre de Michel Lévy (manquante) répétant que les *HGS* vont paraître. Lévy avait compris que B dans sa lettre, s'offrait à traduire *Melmoth*[1].

9 III j 65 – B essaie de faire retarder la publication par Lévy des *HGS*, au cas où Lemer placerait *Marie Roget* et les trois morceaux composant les *Habitations imaginaires*. B accepterait peut-être maintenant de faire pour Lévy la traduction du *Melmoth*, il vient de relire celle "détestable" de 1820 [l'une des deux, sans doute, qui ont paru en 1821]. B envisage la publication de cet ouvrage, traduit par lui, avec une introduction de Flaubert ou de Barbey d'Aurevilly. Il dit avoir terminé sa réponse à Jules Janin, mais ne l'enverra pas aux journaux. Il mentionne également deux autres écrits en préparation: une réfutation de la préface de *Jules César* et une étude sur Chateaubriand pour le venger des insultes de la jeunesse littéraire actuelle[1]. A sa mère, B parle de trois articles qu'il a l'intention d'ajouter à *Réflexions sur mes contemporains*: l'étude sur Chateaubriand; "Peinture didactique;" "Les *Fleurs du mal* jugées par l'auteur lui-même". Il continue à travailler sur ses poèmes en prose malgré une douleur sourde au-dessus du sourcil droit. Il espère que ces ouvrages seront plus singuliers et plus "volontaires" encore que les *FM*. B la remercie d'avoir payé sa dette envers Ancelle. La *Nouvelle Revue de Paris* lui doit encore 100 francs[2]. L'*Epoque* offre à ses lecteurs des livres en prime, notamment les *HGS*, les *NHE* et *AGP*[3].

11 III s 65 – La *Petite Revue* publie la lettre de P-M au sujet de Proudhon[1].

[env 15 III me 65] – B utilise la liste de distribution des *HGS* envoyée à Calmann fin 1864 ou début 1865. Lettres (manquantes) à: Asselineau, Babou, Barbey d'Aurevilly, Buloz, Gervais Charpentier, Chasles, Deschanel, Armand Fraisse, Théophile Gautier, Hetzel, Arsène Houssaye, Jouvin, Calmann-Lévy, Monselet, Amédée Pichot, Nestor Roqueplan, Taine, Yriarte; toutes sont accompagnées d'un exemplaire des *HGS*[1].

15 III me 65 – Lévy annonce la publication des *HGS*. B lui demande trois exemplaires du livre pour lui et un pour Mme A[1]. B accompagne l'exemplaire d'Alphonse de Calonne d'un mot le priant de le promouvoir dans sa *Revue contemporaine*[2]. Il envoie à Banville un bon pour un exemplaire, en le priant d'en parler "n'importe où"[3]. Dans une note jointe à l'exemplaire destiné à Sainte-Beuve, B lui dit qu'il parle quelquefois du critique avec Clément Müller, de Liège, et que P-M et lui lisent, le soir après dîner, *Joseph Delorme*[4]. P-M reçoit son exemplaire avec envoi d'auteur[5].

16 III j 65 – Mise en vente des *HGS* chez Michel Lévy. *Le Mystère de Marie Roget* et *Domaine d'Arnheim* y sont publiés pour la première fois[1].

[19 III d 65] – Lettre (manquante) de B à Calmann. Il y réitère la demande, faite il y a trois jours, de quatre exemplaires des *HGS*[1]. A la Galerie Martinet, exposition Manet. Le peintre y envoie un portrait de femme (sans doute Jeanne Duval) intitulé *La Maîtresse de Baudelaire*[2].

20 III l 65 – Lettre de Sainte-Beuve à B[1].

[env 21 III ma 65] – Manet écrit à B (lettre manquante) à propos des toiles qu'il a envoyées au Salon et dont il n'a pas de nouvelles[1].

22 III me 65 – B n'a pas reçu d'exemplaires d'*HGS*, ni de réponse aux lettres qu'il a envoyées aux destinataires de ses livres. Dans une lettre à Ancelle, il juge Lévy trop avare pour les leur envoyer et demande au notaire d'en retirer cinq exemplaires chez l'éditeur et de predre les frais d'affranchissement à sa charge. B ajoute un mot pour Michel Rouquet, emballeur, au sujet d'un billet de 280 ou de 290 francs, payable chez Ancelle le 25 ou le 26 octobre prochain; il prie Rouquet de ne présenter le billet pour paiement qu'après sa rentrée en France[1]. Il compte recevoir d'Ancelle la somme de 254 francs prélevée sur son argent mensuel. Il renonce maintenant à écrire la réfutation de la préface de la *Vie de Jules César* [bien qu'il l'ait décrite comme déjà terminée]. B demande à Ancelle une copie de la lettre de Custine sur la condamnation des *FM*. Il joint à la lettre au notaire une lettre pour Lévy, et l'article de la *Petite Revue* sur Proudhon[2]. Il explique à Lévy qu'Ancelle se chargera de l'envoi de ses livres, et lui révèle en même temps qu'il a envoyé des bons pour un volume à Manet, à Lejosne et à Mme Meurice. B recommande à Lévy de ne pas oublier l'envoi d'exemplaires à Gustave Frédérix et à Victor Joly à Bruxelles[3]. Il joint enfin à sa lettre à Ancelle un bon pour les *HGS*[4].

[env 23 III j 65] – B écrit à Manet (lettre manquante). Il réconforte le peintre inquiet du sort de ses tableaux: *Jésus insulté par les soldats* et *Olympia*, oeuvres actuellement présentées au jury du Salon[1]. B recommande Manet à Gautier, en joignant sa lettre à celle qu'il envoie à l'artiste. Ce dernier ne s'en servira pas[2].

25 III s 65 – La *BF* enregistre la publication des *HGS*[1]. Mme A écrit (lettre manquante) à B pour obtenir de ses nouvelles. Elle s'inquiète des opinions de son fils sur la *Vie de Jules César* par Napoléon III, et craint qu'il ne les exprime publiquement dans son projet de réfutation de la préface du livre[2].

26 III d 65 – B informe sa mère que sa santé est bonne, qu'il n'a pas terminé son article sur le livre de Napoléon III mais qu'il compte l'incorporer à *Pauvre Belgique*[1]. Il écrit à Noël Parfait, le priant d'intervenir auprès de Michel Lévy pour lui faire obtenir des exemplaires de son livre. B lui demande aussi de voir si la distribution du volume a été faite selon ses instructions. Il répète la liste déjà donnée le 15 mars ou avant et ajoute que ceux qui doivent recevoir des exemplaires sans lettre sont: Lavoix, Cuvillier-Fleury, De Mouÿ, Levallois, Pontmartin, Nefftzer ou Schérer, Dollfuss ou Arnould, Marcelin, Frédérix, Joly[2].

27 III l 65 – Sainte-Beuve remercie B de l'envoi le 15 mars des *HGS*[1].

[env 29 III me 65] – Lettre (manquante) de B à Emile Deschanel. Il s'enquiert de son article du *Journal des débats*, sur la jeunesse de B[1].

29 III me 65 – Emile Deschanel apprend à B que son article a paru le 15 octobre 1864, qu'il sera à Bruxelles le 6 avril pour faire une conférence et qu'il pourra le voir un moment. Deschanel remercie B de l'envoi des *HGS*[1].

[env 30 III j 65] – Lettre (manquante) de B à Taine. Il prie le critique de faire un article sur EAP et demande s'il a reçu les autres volumes de l'auteur américain qu'il lui a fait adresser. B charge Taine d'une commission pour Flaubert[1].

30 III j 65 – Taine répond que sa mauvaise santé et ses multiples occupations l'empêchent de faire l'article sur EAP désiré par B. Mais il a reçu les *HGS*, dont il a lu déjà la moitié et qu'il trouve admirable. Le seul autre volume qu'il a reçu, *Eureka*, ne lui plaît pas autant; il le compare à la philosophie de Balzac dans *Séraphita* et à celle d'Hugo dans les *Contemplations*. Il promet de faire auprès de Flaubert la commission demandée par B[1]. B remercie Sainte-Beuve de sa lettre; il est touché d'être appelé "mon enfant" par le lundiste. B prend la défense de Dumas contre les moqueries des Belges et dit qu'il a aimé *La Dame de Montsoreau* et *Balsamo*. B vient de lire le discours d'Emile Ollivier sur les libertés politiques, ainsi qu'une "admirable ode mélancolique" de P.B. Shelley [*Stanzas*

written in dejection, near Naples]. Relisant sa propre lettre, B la trouve "gamine et enfantine;" il ne l'enverra que le 4 mai[2].

[env 31 III v 65] – Lettre (manquante) de B à Armand Fraisse. Il lui envoie les *HGS* en lui demandant tous les articles qu'il a faits sur les *FM* depuis leur publication[1].

31 III v 65 – De Lyon, Armand Fraisse écrit pour remercier B de l'envoi des *HGS*. Il explique que ses articles sur les *FM* sont maintenant dans les volumes reliés du *Salut public* et qu'il ne peut donc pas les envoyer au poète; il offre pourtant de les faire copier pour B s'il le désire. A propos d'*Eureka*, qu'il a lu, il dit, à sa grande honte, qu'il n'y a rien compris; Il félicite pourtant B d'avoir mené à bien cette terrible traduction. Fraisse promet d'écrire un article sur les *HGS* [mais on n'en trouve cependant aucune trace...][1]. Dans l'*Epoque*, paraît une critique chaleureuse des *HGS*, ainsi que de la traduction, signée de Camille Guinhaut[2].

[fin III 65] – B reçoit une lettre (manquante) de Manet[1].

[IV 65] – P-M abandonne la publication d'ouvrages érotiques, dit-il, et vend ceux qu'il possède pour 6.000 francs, à terme. Il dit avoir gagné 8.000 francs en deux ans[1].

1 IV s 65 – Dans la *Revue moderne*, début d'un article d'Arthur Arnould sur les traductions de B des quatre premiers volumes d'EAP[1].

5 IV me 65 – Le *Nord* publie une critique des *HGS*[1].

6 IV j 65 – Emile Deschanel fait une conférence sur Shakespeare au Cercle artistique et littéraire. Très connu de ses auditeurs, il obtient un vif succès[1]. B va le voir après son discours[2].

8 IV s 65 – Dans le *Monde illustré*, Philippe Dauriac donne un compte-rendu des *HGS*[1]. B dicte à Arthur Stevens sa traduction du *Pont des soupirs* de Thomas Hood[2]. Dans *La Petite Revue*, Charles Jolyet rappelle, d'après une note de Jules Claretie, la liberté de la traduction de Musset dans *L'Anglais mangeur d'opium*[3].

9 IV d 65 – B a 44 ans[1].

11 IV ma 65 – H. Lavoix rend compte des *HGS* dans le *Moniteur universel*[1]. Banville demande à P-M de dire à B qu'il fera un article sur les *HGS* dès qu'il trouvera un endroit pour le publier[2].

18 IV ma 65 – B demande à Ancelle les 150 francs du mois de mai; il voudrait

acheter du linge et un portefeuille[1].

20 IV j 65 – Gustave Frédérix rend compte des *HGS* dans l'*Indépendance belge*. B annotera cet article, disant que Frédérix ne s'est pas donné beaucoup de peine, car il a utilisé les phrases mêmes de B en citation[1]. Emile Zola, parlant des *PA* dans *L'Evénement illustré*, écrit que B a fini par "croire à la réalité de ses rêveries et...[que] l'homme a commencé alors à souffrir des curiosités de l'artiste"[2].

22 IV s 65 – *La Petite Revue* publie une lettre du 15 juin 1858, d'Ernest Feydeau à B, sans révéler le nom du destinataire[1].

[env 22 IV s 65] – B envoie à P-M le *Sonnet pour s'excuser de ne pas accompagner un ami à Namur*[1].

24 IV l 65 – B remercie Gustave Frédérix de ses louanges pour les *HGS*, en espérant que ce critique se montrera aussi indulgent pour un autre livre de lui [*Pauvre Belgique*, sans doute][1]. Dans un article sur Monselet dans *Le Constitutionnel*, Sainte-Beuve fait l'éloge des poèmes en prose de B[2].

29 IV s 65 – Dans *La Petite Revue*, P-M publie [anonymenent] un article où l'on trouve les *Vers laissés chez un ami absent...* et *Sonnet pour s'excuser de ne pas accompagner...* de B[1].

[début V 65] – B promet à son hôtelière de la payer le samedi[1].

4 V j 65 – B réclame de l'argent à sa mère, pour aller à Paris et à Honfleur. On lui offre 1500 francs pour publier ses oeuvres (moins le volume sur la Belgique) mais cette somme ne suffira pas à rembourser ses créancier parisiens. Avec ses derniers vingt francs, il a dû payer les documents concernant une procuration dont Ancelle avait besoin, en raison de ses difficultés avec les Belges. Il s'agissait d'une créance de B se rapportant à la vente par Labie des terrains de Neuilly[1]. B envoie à Sainte-Beuve la lettre qu'il a écrite le 30 mars. Il félicite le critique de sa nomination au Sénat. B a écrit soixante des cent des poèmes en prose qu'il a projetés. Il a lu l'article de Sainte-Beuve sur Monselet dans le *Constitutionnel*[2].

[début V?] 65 – Lettre (manquante) de B à Manet. Le poète exprime le désir de recevoir une lettre de Mme Meurice[1].

5 V v 65 – Mme A répond par une "demi-offre" à la demande de B, faite le 4, car elle veut connaître le chiffre exact de ses besoins. Elle lui conseille de profiter de l'élection de Sainte-Beuve au Sénat pour se faire pousser littérairement par le lundiste[1].

7 V d 65 – Le matin, B reçoit de Mme A une lettre mais divers problèmes l'empêchent d'y répondre. Invité à dîner chez les Hugo le soir, il doit emprunter une chemise afin de s'habiller convenablement. Les fils Hugo le sermonnent à propos de l'Education internationale[1].

8 V l 65 – Répondant à la "demi-offre" de sa mère, B suggère la somme de 500 francs, qu'il pourrait laisser comme acompte à son hôtel, où il doit maintenant 1150 francs. Cela lui permettrait de passer huit jours, à Paris et à Honfleur. Il décrit à Mme A l'ennui qu'il a éprouvé au dîner chez les Hugo, dont la femme et les fils sont insupportables[1].

[8 V l 65] – Manet informe B du mauvais accueil de ses tableaux au Salon de 1865. Il envoie au poète la *rapsodie* [*sic*] de Frantz Liszt [les *Rhapsodies hongroises?*][1].

10 V me 65 – Mme A, en réponse à la lettre du 8 mai de B, envoie 200 francs à son fils[1].

11 V j 65 – Le matin, B reçoit la visite d'un Belge, M. Chorner, qui lui remet une lettre de Manet et un morceau de musique [les *Rhapsodies hongroises* de Liszt?]. Chorner lui révèle que Rops a répandu la nouvelle du projet de B de revenir à Paris malgré les réticences du poète à le rendre public. B demande à Chorner ses impressions sur la peinture de Manet; selon Chorner, la toile *Olympia* est bien supérieure à *Jésus insulté par les soldats*, exposé en même temps[1]. Le même matin, B reçoit 200 francs de sa mère, dont il en dépense immédiatement 60 pour l'achat d'objets personnels indispensables. La propriétaire de l'hôtel voudrait récupér les 140 francs restants, mais B le persuade de patienter, car il attend un autre envoi d'argent. Le soir, il écrit à Mme A pour la remercier de son envoi et lui demande si elle peut lui en envoyer davantage[2].

12 V v 65 – Le matin, B reçoit une courte lettre (manquante) de Mme B, accompagnée d'une somme de 500 francs. B doit faire confectionner des chemises, travail lent en Belgique, qui exige cinq à six jours[1]. Le Tribunal Correctionnel de la Seine condamne P-M à un an de prison et à 500 francs d'amende, pour ses activités d'éditeur clandestin[2]. Antoine Sauvan est condamné en même temps pour avoir favorisé la diffusion d'oeuvres libertines en France[3].

13 V s 65 – La *Petite Revue* republie *A Mademoiselle Amina Boschetti*, par B[1].

14 V d 65 – Mme Victor Hugo écrit à Julie Chenay pour décrire la visite de B. Elle le trouve maniéré et paradoxal[1].

[19-20 V v-s 65] – B demande à Mme Schepmans, couturière, de lui envoyer une ouvrière pour raccommoder des chemises et pour y mettre des cols neufs[1].

23 V ma 65 – Dans l'*Indépendance belge*, Pierre Véron accuse B de *thérésisisme*, c'est-à-dire qu'il attire l'attention par la brutalité des moyens qu'il emploie[1].

24 V me [65] – Champfleury propose à B d'écrire des vers pour accompagner un médaillon qu'il fait graver par Pascal. Ce médaillon, avec la poésie de B, devrait entrer dans son *Histoire de la caricature moderne*[1].

[env 24 V me 65] – A la demande de Manet, Mme Meurice écrit à B une longue lettre, amicale et caline. Le train-train de sa vie parisienne ne peut intéresser B, très informé des événements parisiens. Elle n'a fait qu'une seule visite au Salon, en raison d'un anthrax bénin, dont les symptomes, trop peu dramatiques, n'attirent l'attention de personne. On la laisse donc seule avec sa fièvre. Elle lui rappelle la première visite qu'il lui a rendue, où il l'a trouvée assise dans son petit jardin et elle insinue subtilement que son mari la délaisse un peu pour d'autres distractions féminines. Elle rêve parfois de dîner en tête à tête avec lui, ou avec d'autres. Elle l'encourage à revenir lui tenir compagnie. Elle défend la peinture de Manet contre les insultes de son entourage, et souhaiterait obtenir le renfort de B[1].

24 V me 65 – B répond à Mme Meurice en se gaussant de l'idée que la maladie puisse susciter l'amitié ou l'intérêt des gens. Il affirme, en badinant, que la religion de Mme Meurice s'apparente à celle de Rogeard, Michelet, Benjamin Gastineau, Mario Proth, Garibaldi et l'abbé Chatel, qui presque tous font preuve d'une espèce d'anti-cléricalisme républicain. En réponse aux coquetteries épistolaires de sa correspondante, il affirme délicatement qu'il se plaît à la rencontrer de façon amicale. Manet a un grand talent et ne doit pas céder au découragement: qu'elle le lui dise, et qu'il ne se soucie pas des critiques. B raconte à Mme Meurice son récent dîner chez les Hugo, où il a été sermonné pendant deux heures par les fils de Hugo et par sa femme, à propos de l'éducation internationale. C'est la nouvelle manie du groupe Hugo. Quant à la valeur de cette formation intellectuelle, B estime qu'elle n'est pas nécessaire à naissance des grands hommes, opinion qui le fait passer pour fou chez les Hugo. B raconte aussi que chez un homme célèbre il a subi un "sermon" en guise de conversation. Il lui a demandé en fin de compte s'il se sentait "assez fort pour aimer un merdeux qui ne pense pas comme [lui]"[1].

25 V j 65 – B envoie à Champfleury *A Honoré Daumier*, accompagnant ces vers d'une lettre d'explication[1]. Dans l'*Indépendance belge*, Pierre Véron, sous le nom de Jeanne de Paris, fait allusion à B[2].

26 V v 65 – B propose à Champfleury un changement dans ses vers: *A Honoré Daumier*. Il explique cette correction et cite, à son propos, des vers du VI chant

de *L'Enéide*[1].

27 V s 65 – Lettre (manquante) de Mme A à B. Elle lui demande s'il a modifié ses projets de venir à Paris et Honfleur. Elle se plaint de se sentir vieillir. La visite de Mme Bâton la fatigue[1].

29 V l 65 – B reçoit la lettre envoyée par sa mère le 27[1]. Dans son étude sur *La Lettre volée* d'EAP, dans le *Journal littéraire*, Charles Joliet qualifie de "remarquable" la traduction de B[2].

30 V ma 65 – B demande 150 francs à Ancelle, afin de quitter Bruxelles pour Paris et pour Honfleur. Il voudrait rapporter "deux grands tableaux" en France[1]. B écrit à sa mère qu'il partira dès que l'ouvrière lui aura rendu son linge. Affaibli par une série de purgations, B souffre de désordres intestinaux. Il travaille donc "doucement" à ses poèmes en prose[2].

[VI 65?] – A Bruxelles, Pincebourde tente de convaincre B de lui confier la publication d'un livre. Devant le refus du poète, Pincebourde menace d'exercer une contrainte, [peut-être a-t-il l'intention, qu'il ne dévoile pas, d'acheter à P-M le créance de 5000 francs qui le rendrait propriétaire des droits d'auteur de B][1].

1 VI j 65 – Parution de la deuxième partie de l'article d'Arthur Arnould sur EAP, dans la *Revue moderne*[1]. Les Goncourt se félicitent d'un mot qu'ils ont trouvé sur B: ils le décrivent comme un "Béranger à Charenton"[2].

2 VI v 65 – Le Tribunal correctionnel de la Seine condamne Gay, libraire éditeur à Paris, pour la mise en vente du *Parnasse satirique du XIXe siècle*, à quatre mois d'emprisonnement, 500 francs d'amende et à la mise au pilon des exemplaires du livre. Y figurent les six pièces condamnées des *FM*[1]. La *Petite Revue* mentionne, comme étant en la possession d'Asselineau, le portrait de B par Deroy[2].

2 [VI] v [65] – B demande à Ancelle s'il a reçu sa lettre du 20 mai et le prie de lui remettre 150 francs pour ses frais de voyage à Paris et à Honfleur[1]. Mme A (lettre manquante) s'inquiète de la santé de B[2].

3 VI s 65 – La *BF* enregistre la publication chez Dentu de *Mon Syllabus contre le XIXe siècle*, par Alexandre Weill[1].

3 VI s [65] – B regrette d'avoir causé des inquiétudes à sa mère en lui parlant de ses ennuis de santé. Il va bien, il ne faut donc pas attribuer une importance exagérée à ses souffrances[1].

4 VI d 65 – Parution d'un article de "Vincent" [Victor Joly] dans le *Sancho*, à Bruxelles, sur le procès de P-M[1]. Dans le *Figaro*, Jules Claretie mentionne *Pauvre Belgique*, et affirme que les Belges, bien qu'ils aient été sensibles à la critique de leur pays, semblent avoir été domptés par B[2].

[env 6 VI ma 65] – Pendant trois heures, B écoute Victor Joly, journaliste, qui déclame sur l'immoralité d'un ouvrage cité dans le réquisitoire du procès de P-M. Joly, qui croit à tort que ce livre est de Mérimée, et qui ignore que P-M est mis en cause, ne demande même pas à B pourquoi il est si bien renseigné sur cette affaire. En fait, Joly confond *Hic, haec, hoc* de Fortuné Mesuré avec *Hic et Hec ou l'art de varier les plaisirs de l'amour*, de Mirabeau. B signale à P-M l'article de Victor Joly sur son procès, et narre sa rencontre avec le journaliste[1].

7 VI me 65 – Dans l'*Epoque*, Jean Ravenel qualifie l'*Olympia* de Manet d'une "Peinture de l'école de Baudelaire exécutée largement par un élève de Goya"[1].

10 VI s 65 – Eugène Lefébure écrit à Mallarmé pour lui demander s'il a lu les *HGS*[1].

12 VI l 65 – Sainte-Beuve considère B comme un "chef de file" dans son article "De La Poésie en 1865", paru dans le *Constitutionnel*[1].

15 VI ma 65 – Dans l'*Artiste*, Charles Coligny rapproche B et Mallarmé en se moquant des deux à la fois[1]. Dans le *Figaro*, "Légion" prétend que B, écoeuré par les dénouements anodins des romans du jour, publiera un long ouvrage "immoral"[2].

[15 ou 22 V?] j [65?] – A un correspondant anonyme ["mon cher ami" donc peut-être P-M], B écrit qu'il est aux bureaux de l'*Indépendance belge* pour rencontrer Bérardi à propos d'une chose à faire. Un M. Alaux [dont il n'est pas certain du nom] l'assure que c'est chose facile[1].

21 VI me 65 – L'*Indépendance belge* publie les *Bons Chiens*, accompagné d'une note anonyme[1].

24 VI s 65 – La *Vie parisienne* donne un fragment de la traduction du *Cottage Landor*, à titre de publicité pour le volume qui la contient[1]. La *Petite Revue* publie le *Sonnet burlesque* sur Vacquerie et Meurice, signé "Ch.B"[2].

[env 25 VI d 65] – Pincebourde voudrait acheter à P-M une créance sur B et P-M avertit le poète (lettre manquante). Pincebourde se vengererait alors de B en en exigeant le paiement. La créance, d'un montant de 5.000 francs, représente les droits d'édition des oeuvres de B, qui a déjà réglé 200 francs au moment du procès et 180 francs par l'entremise de Lécrivain. P-M, qui est dans une situation financière difficile, ne peut pas refuser de rendre cette créance s'il ne reçoit pas un acompte de B[1].

[env 26 VI l 65] – B promet de demander de l'argent à sa mère, afin de rembourser P-M, tout en lui faisant observer qu'il a déjà payé une partie de la dette. Il remarque aussi que P-M l'a augmentée d'un montant de 900 francs, représentant deux billets, l'un de Tenré, l'autre de Lemercier. Il rappelle à P-M la signature d'un engagement personnel à tout payer [peut-être une référence à la lettre du 7 août 1863]. Neyt révèle à B la publication par P-M de son *Sonnet burlesque*. Bien qu'il trouve son éditeur incorrigible, B l'invite à monter chez *eux* s'il passe par *leur* quartier[1].

28 VI me 65 – B demande à Ancelle son argent du mois de juillet. Il lui envoie le numéro de l'*Indépendance belge* qui contient *Les Bons Chiens*[1].

[VII 65] – Mallarmé répond à Lefébure qu'il n'a pas assez d'argent pour acheter les *HGS*[1].

1 VII s 65 – Dernière partie de l'article d'Arthur Arnould sur EAP, dans la *Revue moderne*[1]. Fin de la prorogation de la dette envers B des héritiers de Jean Labie[2]. Dans la *Petite Revue*, Pincebourde annonce, sans signer, que B et Banville ont écrit le *Sonnet burlesque* paru le 24 juin[3]. La *BF* enregistre la publication du *Catalogue de l'Histoire de la France. Tome IX*, de la Bibliothèque Impériale. On y signale *Théophile Gautier*, de B[4].

[env 1 VII s?] 65 – P-M entretient B de leurs affaires, et l'engage à aller voir Hetzel quand il sera à Paris. Cet éditeur, qui a acheté à B ses droits d'auteur [bien que le poète les ait déjà vendus à P-M], doit rendre à P-M les 5.000 francs qu'ils lui ont coûtés avant d'en tirer d'autres bénéfices[1].

1 VII s [65] – A 6h30 du soir, B fait savoir à Ancelle qu'il n'a pas eu de réponse à sa lettre du 28 juin et qu'il a donc emprunté une petite somme d'argent. B voudrait avoir ses 150 francs[1].

3 VII l 65 – P-M offre à Hetzel la possibilité d'acquérir son contrat avec B; il joint la copie à sa lettre. Il explique les circonstances de cette affaire et informe Hetzel qu'on lui propose l'achat de ce contrat pour 2.000 francs, avant le 10 du mois courant. P-M évoque le fait qu'en cas de décès de sa mère, B disposerait d'une assez belle fortune[1].

4 VII ma 65 – B écrit à Julien Lemer pour annoncer sa prochaine arrivée à Paris.

Il a besoin de 2000 francs pour empêcher P-M de vendre une de ses créances à Pincebourde[1].

[nuit du 4-5 VII ma-me 65] – Le soir, B arrive à Paris[1]. B passe cette nuit (ou celle du 9) chez Catulle Mendès, rue Douai, après l'avoir rencontré à la Gare du Nord[2].

[entre le 4 me et le 15 s VII 65] – B voit Asselineau et Banville et passe une demi-journée avec eux[1].

[entre le 5 et le 6 VII me-j 65] – B voit Mme Meurice. Il apprend aussi le départ de Bracquemond pour Bruxelles[1].

5 VII me 65 – B fait dire à Hetzel qu'il viendra le voir pour lui expliquer la délégation par deux fois de ses droits sur les mêmes oeuvres, à lui et à P-M[1]. Il prie Auguste Vitu de lui procurer une passe de chemin de fer pour Honfleur[2].

[6 VII j 65] – B avise Lemer que, moyennant un remboursement de 1200 francs, Hetzel le délie de son contrat, et envoie l'acte à Ancelle, en espèrant que le notaire y découvrira un vice de forme qui permettra un recours[1]. B adresse à Charles-Joseph Coindard, secrétaire général de la Compagnie de l'Ouest, une demande de passe pour Honfleur[2]. Il renouvelle celle qu'il a faite à Vitu[3].

7 VII v 65 – B voit Julien Lemer au sujet de l'impression de ses oeuvres chez Garnier[1]. Le soir, il part pour Honfleur. En arrivant, il entretient sa mère de l'affaire avec P-M et Pincebourde (l'achat de sa créance par ce dernier). Elle promet de lui donner 2000 francs, qu'elle empruntera à Ancelle[2].

[env 7 VII v 65?] – B remet à Gervais Charpentier, gérant de la *Revue nationale et étrangère*, un "paquet" de poèmes en prose: *Perte d'auréole*; *Mademoiselle Bistouri*; *Any Where out of the world*; *Assommons les pauvres*; *Les Bienfaits de la lune*; *Laquelle est la vraie?*; *La Soupe et les nuages*; *Le Galant Tireur*; *Le Tir et le cimetière*; *Portraits de maîtresses*; *Les Bons Chiens*[1].

8 VII s 65 – B demande à P-M d'attendre le 11 du mois pour vendre à Pincebourde la créance en question[1]. Dans la *Petite Revue*, Pincebourde publie une seconde fois l'article sur B et Banville auteurs du sonnet sur Vacquerie[2]. B explique à Ancelle l'affaire Pincebourde-P-M: l'hostilité de Pincebourde tient au refus de B de lui laisser publier ses oeuvres. Il l'informe aussi de la décision de sa mère d'emprunter 2000 francs au notaire[3]. La *Petite Revue* publie *Le Jet d'eau*[4].

9 VII d 65 – Le matin, B quitte Honfleur et arrive le soir à Paris. Il descend à l'Hôtel du Chemin de fer du Nord, peut-être après avoir passé la nuit chez Catulle

Mendès[1].

[entre le 10 et le 14 VII l-v 65] – B voit Julien Lemer, qui lui apprend que Garnier est absent de Paris[1].

10 VII l 65 – Expiration du délai fixé à P-M par Pincebourde pour l'achat de la créance de B[1]. Après l'accord intervenu entre Ancelle et B sur le versement de 2.000 francs, B prie le notaire d'envoyer l'acte au correspondant parisien de P-M, liquidant ainsi la dette[2].

11 VII ma 65 – B demande à Sainte-Beuve de l'appuyer auprès son appui à B auprès des Garnier et lui donne le tome IV des *Nouveaux Lundis*, publié chez Michel Lévy frères. B reprochera par la suite à Sainte-Beuve d'avoir omis de parler du *Monde tel qu'il est* d'Astolphe de Custine[1]. B voit Banville et Asselineau[2]. Massenet de Marancour assure B que Faure, éditeur, accepterait volontiers de publier *Pauvre Belgique*[3].

13 VII j 65 – Dans le *Figaro*, Hippolyte Babou publie un article satirique, dans lequel il décrit l'état d'abrutissement du poète, causé par son séjour en Belgique[1].

15 VII s 65 – B reçoit une passe en chemin de fer. Il part pour Bruxelles et y arrive à minuit[1].

[mi-VII 65?] – B fait pour Hetzel un règlement de compte. Il joint au détail des comptes établis pour Hetzel une lettre[1].

16 [VII] d [65] – De retour à Bruxelles, B propose à Ancelle, comme intermédiaires possibles pour la remise des 2000 francs à P-M, le nom des trois Caroly[1]. Dans le *Figaro* la suite de la fantaisie de Babou sur B en Belgique[2].

[entre le 16 d et le 31 l VII 65] – B se croit dans l'obligation de rendre visite à Victor Hugo. Cela le jette dans ce qu'il appelle "des aventures baroques"[1].

[17] VII l [65] – B sort de chez Prosper Crabbe, qui a accepté de servir d'intermédiaire entre Ancelle et P-M. Il donne les instructions pour qu'Ancelle envoie à Prosper Crabbe les 2.000 francs de P-M et un double de l'acte, qui permettra le collationnement[1]. Victor Fournel parle des oeuvres d'EAP, dans le *Journal de Bruxelles*[2].

[env 20 VII j 65] – Lettre (manquante) de Miquel Rouquet à B[1].

20 VII j 65 – P-M donne quitus à B de l'acte du 1 juillet 1862[1]. Martroye, notaire

à Bruxelles, envoie à Ancelle un reçu pour 2.000 francs. B envoie à Ancelle une note pressante de Miquel Rouquet, emballeur, à qui il doit de l'argent[2].

22 VII s 65 – Lettre (manquante) de B à Manet; B reconnaît avoir contracté envers l'artiste une dette de 500 francs, lors de son passage à Paris[1].

23 VI s 66 – La *BF* enregistre la publication, par Prarond, au Quartier des Quatre Nations, d'*Airs de flûte sur des motifs graves*; il y fait allusion à B[1]. [env 25 VII ma 65] – Mme A reproche à B (lettre manquante) son silence épistolier[1].

26 VII me 65 – B tente de se justifier de sa négligence auprès de sa mère. Il essaye maintenant de vendre six de ses volumes pour 4800 francs[1].

29 VII s 65 – Dans *Gringoire*, Félix Jahyer définit B comme un "amateur de clinquant"[1].

5 VIII s 65 – Dans *Gringoire*, Ambroise Lassimonie signale le goût de B pour l'absinthe et raconte que les jeunes écrivains aiment en prendre avec lui[1]. La *BF* enregistre une nouvelle édition [la quatrième?] des *NHE*[2].

7 VIII l 65 – Julien Lemer se rend à la maison Garnier, mais ne conclut rien avec elle. Hippolyte Garnier semble disposé à publier les oeuvres de B. Les Garnier ont consulté Sainte-Beuve sur cette question. Lemer en avise B[1].

9 VIII me 65 – Le matin, B reçoit la lettre de Lemer. Encouragé, il envisage de donner 1200 francs à Hetzel et 500 francs à Manet lorsqu'il aura reçu de l'argent des frères Garnier. B voudrait effectuer ces deux remboursements avant même de payer ses dettes bruxelloises. Il informe Lemer qu'il songe à transformer le titre de *Pauvre Belgique* en *Une Capitale ridicule*. La bonne nouvelle de l'intérêt des Garnier pour ses oeuvres lui a rendu ses forces, et il a pu travailler à ses poèmes en prose. B explique à Lemer l'ordre de publication de ses ouvrages: dans la troisième édition des *FM*, B propose d'insérer les lettres qu'il a reçues au sujet des deux éditions précédentes (lettres de Gautier, de Sainte-Beuve, d'Ed. Thierry, d'Asselineau, de d'Aurevilly, de Custine, de Deschamps et autres). Elles prendront place en fin de volume, comme l'a fait Sainte-Beuve dans *Vie, poésies et pensées de Joseph Delorme*. B envisage pour cette édition une préface de Th. Gautier. En terminant sa lettre, B envoie ses salutations à Manet[1]. B demande 50 francs à Ancelle pour aller à Paris et à Honfleur. Il prie le notaire de rechercher dans ses papiers les articles d'Armand Fraisse parus dans le *Salut public*, les *Articles justificatifs* et des lettres de Custine, de Flaubert notamment[2].

10 VIII j 65 – Hippolyte Babou décrit dans le *Figaro* un dîner de B en compagnie

de Victor Joly à Bruxelles[1].

12 VIII s 65 – Date à laquelle Julien Lemer espère avoir conclu un accord avec les Garnier pour publier des oeuvres de B[1].

[avant le 13 VIII s 65] – Le soir, aux bureaux du *Globe*, B participe à une discussion où il s'efforce de prouver que Joseph de Maistre est supérieur à Voltaire[1].

13 VIII s 65 – Ecrivant à Ancelle, B lui rappelle sa demande de 50 francs. Il a grand besoin de cet argent[1]. Dans *L'Etoile belge*, on attaque B, Babou et P-M et on prend la défense de la Belgique contre les critiques publiées par Babou dans le *Figaro*[2]. B annotera l'exemplaire de ce journal, critiquant sévèrement la Belgique, ainsi que les peintres Alfred Stevens et Verwée[3].

19 VIII s 65 – Dans l'*Epoque*, Jules Richard cite le nom de B à propos des décorations de l'année. Il lui donne un rang inférieur à Taine et à Littré, qui ont été choisis par Duruy pour recevoir cet honneur[1].

22 VIII me 65 – Catulle Mendès invite B à faire partie des *Lectures poétiques*, projet qui réunirait Leconte de Lisle, Joséphin Soulary, Louis Ménard, Philoxène Boyer, Théophile Gautier, quelques jeunes et Mendès lui-même. Mendès demande à B de lui envoyer des vers inédits, pour en faire une lecture publique à Paris[1].

27 VIII d 65 – La *Rive gauche*, organe "gauchiste", annonce un pamphlet d'Auguste Rogeard (*Pauvre France*), à paraître le 10 septembre. Ce titre a peut-être inspiré celui de *Pauvre Belgique*, de B[1].

28 VIII l 65 – B se promène à Bruxelles le soir, "à travers une Kermesse de rues". Dans plusieurs d'entre elles il croit reconnaître, "suspendus en l'air", des symptômes du choléra. Cette éventualité d'un fléau s'abattant sur les Belges le remplit d'aise. Il remarque un nombre d'écussons dont certains dédiés *à l'union*, *à l'amitié, à la fidélité* etc; l'un d'entre eux est dédié *à la Police*, ce qui l'étonne[1].

30 VIII me 65 – P-M dit à Asselineau qu'il ne voit presque plus B, qui a cessé ses visites quotidiennes[1].

[fin VIII ou début IX 65] – B demande à Manet de s'occuper de ses affaires littéraires à Paris avec Lemer et les Garnier. Il lui règlera les 500 francs qu'il lui doit dès qu'il le pourra et conseille à Manet de se rendre acquéreur du portrait de B par Courbet [ce portrait appartient actuellement à P-M]. En l'absence du peintre, en voyage en Espagne, c'est Suzanne Manet qui reçoit la lettre[1].

IX 65 – P-M remarque chez B le début d'un affaiblissement mental, précédant son attaque de paralysie qui le saisira six mois plus tard[1].

1 IX v 65 – Villiers de l'Isle-Adam écrit à Soulary pour l'inviter à participer aux *Lectures poétiques*. Villiers prédit que la collaboration de B, de Flaubert et de Bouilhet sera "impayable"[1].

[2 IX d 65] – Mme A écrit à B (lettre manquante) pour lui demander de ses nouvelles. Elle lui dit que Mme Ancelle a prouvé qu'elle a l'âme sensible, et lui fait part du conseil d'Ancelle de tout laisser à Bruxelles pour rentrer à Paris[1].

3 IX d 65 – B demande à Sainte-Beuve s'il a été consulté pour la publication de ses oeuvres chez Garnier. B a fort goûté son étude sur Deleyre et trouve "lumineux" le travail sur Lacordaire. Il estime aussi que Sainte-Beuve aurait dû parler du *Le Monde tel qu'il est*, de Custine. Il a relu l'article sur *Salammbô* et la réplique de Flaubert[1]. B écrit à sa mère pour repousser la suggestion d'Ancelle de laisser à Bruxelles livres et manuscrits pour payer ses dettes et revenir à Paris[2]. B écrit à Catulle Mendès à propos des lectures publiques de ses poésies. Il offre de lire soit des poésies anglaises soit une étude critique qu'il a rédigée sur les *FM*. B a lu tous les poèmes de Mendès et en connaît certains par coeur[3].

4 IX l 65 – Sainte-Beuve répond immédiatement à B qu'il a déjà parlé en sa faveur à Hippolyte Garnier, mais que ces éditeurs hésitent à entreprendre la publication des oeuvres complètes de B, sans doute à cause des risques financiers qu'ils pourraient encourir. Jules Troubat, dans un post-scriptum, exprime son regret de ne pas avoir vu B lors de son récent passage à Paris[1].

5 IX ma 65 – Du Château de Vassé, et en l'absence de son mari, qui voyage en Espagne, Suzanne Manet répond à B. Elle suggère que B recherche quelqu'un d'autre pour s'occuper de ses affaires à Paris. Elle le remercie de songer à payer sa dette envers Manet, qui connaît actuellement des difficultés financières[1].

[env 5 IX ma 65] – Mendès répond à la lettre de B du 3 septembre. Il explique que cinq ou six poètes sont fondateurs des conférences poétiques mais qu'on n'envisage pas d'en présenter autant par *lecture poétique*, comme le croyait B. Mendès dit du mal d'Amat, comme directeur de la *Revue française*, prétendant qu'il a trompé Leconte de Lisle et qu'il lui doit de l'argent qu'il n'aura jamais[1].

9 IX s 65 – La *Petite Revue* publie à nouveau *Sur Les Fleurs du mal*, poème d'Emile Deschamps[1].

14 IX j 65 – A son retour d'Espagne, Manet, dans une lettre à B, décrit son

voyage et dit combien il a apprécié les tableaux de Vélasquez et de Goya à Madrid. Comme il doit rester en province pour se reposer des fatigues d'un voyage rapide, mais difficile, il ne pourra pas s'occuper des affaires de B à Paris avant la fin du mois. Il n'est pas davantage question pour lui d'acquérir le portrait de B par Courbet mais Lejosne peut-être le fera[1].

16 IX s 65 – Dans une lettre à P-M, Sainte-Beuve lui demande de serrer la main à B[1].

18 IX l 65 – Jules Richard annonce dans l'*Epoque* qu'un nommé Rogeard a été expulsé du territoire belge pour avoir fait une brochure intitulée *Pauvre France*[1].

24 IX d 65 – Dans le *Figaro*, Emile Zola fait un article intitulé "Les Veuves", qui rappelle assez le sujet de B[1].

27 IX me 65 – Lettre (manquante) de B à Julien Lemer. B l'enverra non-cachetée à Lejosne en le priant de la lire et de la remettre à Lemer pour lui. Cette lettre traite de son affaire avec la maison Garnier[1].

[env 28 IX j 65] – B rencontre Alfred Stevens, qui le renseigne sur le fait que Mme Lejosne est malade[1].

28 IX j 65 – B envoie à Lejosne la lettre destinée à Lemer, et lui demande un prêt de 500 ou 600 francs. Il rendra cet argent dès qu'il aura perçu celui des Garnier pour la publication de ses oeuvres[1].

29 IX v 65 – A Paris, Lejosne remet à Lemer la lettre de B du 27[1].

30 IX s 65 – Répondant à B, Lejosne se dit navré de ne pas pouvoir accéder à sa demande d'un prêt, allégiant des frais d'éducation d'un fils à Saint-Cyr. Lemer lui a dit que les frères Garnier ont décidé de ne pas éditer *Pauvre Belgique*, de peur de nuire à leurs affaires en Belgique. Pour le reste des oeuvres de B, Auguste reste tiède mais Hippolyte serait disposé de les publier pour 4.000 francs[1]. Le *Nain jaune* publie un sonnet "à la façon de Baudelaire par deux de ses admirateurs"[2].

[fin IX 65] – Sainte-Beuve demande à B (lettre manquante) de s'informer auprès de P-M du prix des romans de Sade et de Nerciat[1].

X 65 – Peu avant le départ de Victor Hugo de Belgique, B le rencontre. Selon Hugo, B lui remet l'article qu'il a fait en 1859 sur *La Légende des siècles* [mais c'est plutôt la notice pour les *Poètes français*]. B assure Hugo de leur solidarité d'artistes[1].

Publication chez Dentu de l'*Histoire de la caricature moderne* de Champfleury. Elle contient *Vers pour le portrait de M. Honoré Daumier*, de B[2].

[env 1 X d 65] – B reçoit de Miquel Rouquet une lettre "suppliante" (manquante), à propos d'un billet de 280 ou de 290 francs payable le 25 ou 26 de ce mois[1].

1 X d 65 – La lettre de Lejosne, du 30 septembre, arrive au courrier du matin. B reçoit la visite de Jansson, agent de police, qui lui demande son acte de naissance afin que soient remplies les formalités d'usage pour le séjour des etrangers en Belgique. Est-ce une visite de routine ou un "signe de malveillance", se demande B. Arthur Stevens lui a déclaré qu'on a bien raison de surveiller les étrangers[1]. B demande à Ancelle l'envoi de l'acte de naissance, et réitère sa demande d'une avance de 100 francs. Il le prie d'honorer le billet à ordre que lui présentera Miquel Rouquet à la fin du mois, en utilisant son argent d'octobre et de novembre, et les 110 francs qui lui restent dûs sur septembre[2]. B s'adresse à P-M pour connaître le prix de *Justine*, de Sade, des *Aphrodites* et du *Diable au corps* de Nerciat. Il voudrait aussi connaître l'avis de l'éditeur sur "d'autres saloperies" de Mirabeau et de Rétif de la Bretonne. Ces renseignements sont destinés à Sainte-Beuve (mais B ne le nomme pas)[3]. Dans la *Parisienne*, Eugène Minot compare B au père Baluchon, poète-chiffonnier, comparaison défavorable à B[4].

[env 3 X ma 65?] – Julien Lemer, qui est le seul à savoir que B a signé avec Hetzel un contrat pour la publication de ses oeuvres, conseille au poète (lettre manquante) d'aller demander à cet éditeur de le libérer de cette obligation. Cela permettrait à B d'envisager la publication par les Garnier de ses poésies et de ses poèmes en prose par les Garnier, sans y ajouter d'autres écrits. Un tel arrangement aiderait les Garnier à donner une suite favorable à la publication de B[1].

3 X ma 65 – Julien Lemer apprend à B que les Garnier ne sont toujourspas décidés à publier ses oeuvres, et lui demande de patienter. Lemer se montre favorable à la publication de l'ensemble des oeuvres de B, et est devenu hostile à la publication séparée des *FM*. Lemer demande à B de lui envoyer un ou deux exemplaires de *La Convention de Gastein...*, d'Alph. Dechamps. C'est un pamphlet politique sur l'annexion de la Belgique par la France. Lemer demande également à B de prendre pour lui chez Rosez, libraire, les six volumes des *Mémoires* de Casanova[1].

[4 ou 5 X me ou j 65] – B envoie à Lemer, par Prosper Crabbe qui part pour Paris, une note (manquante) relative à la brochure de Dechamps et les *Mémoires* de Casanova. Crabbe omet de faire parvenir cette note à Lemer[1].

9 IX l 65 – En rentrant du Luxembourg, P-M voit B[1].

12 X j 65 – La police bruxelloise demande par écrit l'acte de naissance de B[1].

13 X s 65 – L'annonce par le journal d'un nouveau tirage de la brochure de Dechamps, *La Convention de Gastein...*, incite B à écrire à Lemer, qui la lui a demandée. Il prie Lemer de s'occuper de la vente de *Pauvre Belgique* et lui promet l'envoi prochain d'une analyse détaillée de ce livre, d'une note relative aux *FM* et d'un paquet "considérable" de poèmes en prose. Il y joindra une lettre pour Yriarte ou pour de Calonne. B souhaite que Lemer fasse part à de Calonne d'une demande d'argent. B a préparé un exemplaire des *FM* avec pièces intercalaires, exemplaire encore incomplet, car certaines de ces pièces se trouvent à Honfleur (par exemple les lettres, *v.* 9 VIII 65)[1]. B envoie à Ancelle la demande officielle de son acte de naissance et écrit au verso pour lui prouver l'urgence de l'affaire[2].

14 X d 65 – *A Une Malabaraise* paraît dans la *Petite Revue*[1].

16 X l 65 – B demande à P-M de faire corriger par Pincebourde les fautes d'impression dans *A Une Malabaraise*, paru le 14 dans la *Petite Revue*[1].

17 X ma 65 – Mariage, à Saint-Josse-ten-Noode, près Bruxelles, d'Alice Lehaene avec Charles Hugo. La nouvelle Mme Hugo est bonne pianiste et jouera pour B, à sa demande, de la musique de Wagner[1].

19 X j 65 – Mort de Philibert Rouvière[1].

[entre le 19 j et le 28 s X 65] – B rédige une note nécrologique sur Philibert Rouvière, pour la *Petite Revue* du 10 octobre[1].

[env 20-25 X v-me 65] – B demande à Charles Hugo un exemplaire des *Chansons des rues et des bois* et le prie de le rappeler au souvenir de son père[1].

21 X s 65 – René Pincebourde, dans la *Petite Revue*, publie la version d'*A Une Malabaraise* après correction des fautes d'impression, comme l'avait demandé B[1].

23 X l 65 – Hippolyte Garnier est de passage à Bruxelles; B fait tout ce qu'il peut pour l'éviter[1].

[25 ou 26 X me ou j 65] – Echéance d'un billet de B de 280 ou de 290,00 francs, chez Ancelle, à l'ordre de Miquel Rouquet[1].

[env 25 X j 65] – Ancelle envoie à B son acte de naissance avec une lettre (manquante) dont B trouve le ton "excellent". Ancelle, pourtant, s'alarme de la situation de B et craint ses demandes fréquentes de fonds[1]. Manet, de retour à Paris, apprend à B qu'il a eu le choléra mais qu'il s'en est tiré. Il a essayé sans succès de rencontrer Lemer[2].

25 X j 65 – Hippolyte Garnier part pour Paris; B charge Alfred Stevens de prévenir Lemer[1].

26 X j 65 – B annonce à Ancelle qu'il a reçu un permis officiel de séjour à Bruxelles. Il joint à sa lettre un reçu pour une somme d'argent qu'il demande au notaire, probablement 200 francs, somme qu'il a promise à son hôtelière pour dimanche[1].

28 X s 65 – Le matin, B se rend à la poste pour retirer les 200 francs demandés à Ancelle. L'argent n'est pas arrivé, et B a une explication désagréable avec son hôtelière. B retournera trois fois à la poste, aux heures du courrier, pendant la même journée. B écrit à Manet: la nouvelle qu'il a contracté le choléra lui a donné "le frisson". Il l'assure qu'il n'existe pas dix personnes en France pour lesquelles il aurait une réaction semblable si elles étaient atteintes du même mal. B explique ses affaires avec Lemer et les Garnier et justifie ses retards par les névralgies qui l'ont repris dès le début du mois. Il est conscient que ses livres sont toujours très demandés dans les librairies, ce qui l'incite à penser qu'il est un piètre homme d'affaires, puisqu'il n'arrive pas à les faire rééditer. B affirme que Victor Hugo lui a "un peu fait la cour", et ne peut pas se passer de lui. Il soupçonne cependant Hugo de vouloir l'enrôler dans une tentative de sauvetage du genre humain, à laquelle B refuse de s'associer; mais Hugo n'a pas conscience de ce refus. Hugo a invité B à venir "passer quelque temps dans son île". B prie Manet de ne communiquer ses remarques ni à Mme Meurice ni à Julien Lemer. B a été froissé que Bracquemond ne soit pas venu le voir lors de son passage à Bruxelles. Il a envie d'avoir quatre ou cinq oeuvres de Deveria, en lithographie de Bracquemond, qui seront en vente chez lui en janvier; il offre de les acheter, de les échanger ou même de les obtenir en cadeau, comme le voudrait Bracquemond[3]. B publie, dans la *Petite Revue*, une note nécrologique sur Philibert Rouvière. P-M, présentant cette note, écrit de B qu'il est "un écrivain à qui parler des originaux du temps convient mieux qu'à personne"[4]. La *BF* enregistre la réédition, par Hachette, de l'anthologie de Julien Lemer, *Les Poètes de l'amour. A Une Belle Dévote* et *Lesbos* y figurent[5].

29 X d 65 – B a une nouvelle discussion désagréable avec son hôtelière à propos d'argent. A 7h du soir il en fait part à Ancelle et lui demande s'il a reçu sa lettre du 26[1].

[env 1 XI me 65] – Un directeur de journal parisien offre 300 ou 400 francs pour des "fragments" de poèmes en prose. B ne lui répond même pas[1].

[avant le 2 XI j 65] – B commence pour Lemer le sommaire de *Pauvre Belgique*[1].

[env 2 XI v 65] – Lettre (manquante) de Mme A à B. Elle l'accuse de la négliger[1].

2 XI j 65 – Dans un article sur Barbey d'Aurevilly, paru dans *L'Art*, Verlaine mentionne B, et vante chez le poète le style clair, simple et sévère[1].

3 XI v 65 – B informe sa mère de ses affaires littéraires à Paris et de l'invitation qu'il a reçue de Victor Hugo de lui rendre visite à Guernesey. Il qualifie d'"horriblement lourd" le dernier volume d'Hugo [*Chansons des rues et des bois*], et l'offre à lire à sa mère. Il l'assure qu'il pense beaucoup à elle et qu'il désire réellement se rendre chez elle[1]. *L'Entr'acte* cite un passage de l'article de Charles Coligny sur Rouvière, dans lequel Coligny fait allusion à l'esquisse que B a tracé de cet acteur dans *L'Artiste* "il y a six ans"[2].

4 XI s 65 – La *BF* enregistre la publication chez Dentu de l'*Histoire de la caricature moderne* de Champfleury. Elle contient *Vers pour le portrait d'Honoré Daumier*, de B[1], ainsi que des remarques du poète sur Mayeux et Traviès et un passage sur B et Monnier[2]. La *Petite Revue* annonce la publication prochaine de deux poèmes de B[3]. Dans le *Nain jaune*, Castagnary cite B parmi les "jeunes"[4]. La Saint-Charles/Sainte-Caroline[5].

8 XI me 65 – Le *Moniteur* insère le jugement du 2 juin du tribunal correctionnel de la Seine contre le *Parnasse satirique du XIXe siècle*. Ce volume contient les six pièces condamnées de la première édition des *FM*[1].

9 XI j 65 – Dans *L'Art*, Xavier de Ricard répond à Castagnary que B n'est plus jeune, mais qu'il est néanmoins un des maîtres de la littérature contemporaine[1].

[12 XI d 65] – Lettre (manquante) de Mme A à B. Elle s'enquiert de ses affaires littéraires à Paris, disant qu'elle voudrait connaître la vérité et craint que ces oeuvres ne se vendent jamais[1].

13 XI l 65 – B annonce à sa mère qu'il a presque terminé *Pauvre Belgique*, mais qu'il craint que son séjour en Belgique ne l'oblige à dépenser les 4.000 francs qu'il espère de la publication de l'ouvrage par les Garnier. B, triste, et qui se sent oublié, écrit le mot "spleen" pour décrire sa condition[1]. Il remercie Champfleury de l'envoi du second volume de *L'Histoire de la caricature moderne*. Il lui demande de lui procurer l'article de Barbey d'Aurevilly sur *Les Chansons des rues et des bois* et le prie de décrire à Julien Lemer le triste état mental et matériel dans lequel il se trouve actuellement, pour tenter ainsi de convaincre Lemer de lui donner des nouvelles de ses affaires. Il souhaite que Champfleury lui fasse envoyer par Troubat l'article de Sainte-Beuve sur Proudhon. Il lui décrit le plaisir qu'il a éprouvé à la lecture de son volume sur la caricature, qui a fait renaître en lui une foule de

souvenirs de l'ancien temps. B informe Lejosne qu'il ne dort plus, ne travaille plus, ne voit plus personne, et le prie de lui écrire, même s'il n'a rien à lui dire. Il s'enquiert de la publication de l'article de Barbey d'Aurevilly sur *Les Chansons des rues et des bois* comme il vient de la faire auprès de Champfleury. B adresse ses salutations au docteur [Stéphen le Gaulmier?] et à Massia, amis des Lejosne[3].

14 XI ma 65 – Victor Hugo écrit à son fils François-Victor, pour lui demander la raison du silence du *Sancho* et de B sur la publication des *Chansons des rues et des bois*[1].

15 XI me 65 – Le *Nain jaune* publie l'article de Barbey d'Aurevilly attaquant les *Chansons des rues et des bois*. Lejosne envoie (lettre manquante) l'article à B le jour même de sa publication[1].

16 XI j 65 – B remercie Lejosne de sa lettre. Il trouve "exécrable" l'article de Barbey [trop indulgent] sur les *Chansons des rues et des bois* et s'étonne que Ganesco, directeur du *Nain jaune*, ait trouvé bon de l'adoucir par un "chapeau"[1]. Parution du premier article de Verlaine sur B, dans *L'Art*. L'auteur affirme que B décrit l'homme moderne[2].

20 XI l 65 – Deuxième article de Verlaine sur B, dans *L'Art*. Il déclare l'art indispensable à la morale[1].

21 XI ma 65 – Dans *L'Evénement*, Alfred Delvau reproche à Champfleury de ne pas avoir cherché la collaboration de B pour son livre sur la caricature moderne[1].

26 XI d 65 – B commence à classer ses notes et à dresser une table des matières de *Pauvre Belgique*[1]. Mme Victor Hugo, répondant à la lettre du 14 de son mari, décrit B comme "un peu malade d'esprit". Elle dit qu'il "déterre et ressuscite des talents ignorés" plutôt que de célébrer les noms déjà illustres. Elle explique ainsi le silence de B sur les *Chansons des rues et des bois*. Mme Hugo dit également à son mari que B est leur "hôte habituel", avec Gustave Frédérix[2].

30 XI d 65 – B demande à Ancelle de quoi payer le port d'un cadeau pour Mme A. Le *Monde illustré* lui a renvoyé un manuscrit [sans doute des poèmes en prose], pour être "retouché". B voudrait 150 francs, dont 140 sont destinés à payer son hôtelière. Il recommande à Ancelle les articles sur Proudhon que Sainte-Beuve publie à la *Revue contemporaine*[1]. Léon Dierx, dans *L'Art*, fait allusion aux *FM*. Dans le même journal, Edmond Lepelletier les mentionne aussi[2].

[XII 65] – B reprend la lecture de la *Pharsale* de Lucain[1]. Il prend actuellement des pilules composées de belladone, d'opium, de valériane et de digitale, pour combattre ses névralgies[2]. Celles-ci sont revenues depuis le mois de février[3].

[début XII 65] – Lejosne écrit à B (lettre manquante). Il transmet au poète l'invitation de Lemer de lui envoyer le plan et des fragments de *Pauvre Belgique*. B ne répond pas, il est en mauvaise santé[1].

1 XII v 65 – Dans une lettre adressée au directeur de la *Gazette des Beaux-Arts*, Jean-Marc Baud, peintre, cite l'éloge que B a fait de son oeuvre dans le *Salon de 1859*[1]. Ancelle envoie 151 francs à B, avec une lettre (manquante) qui conseille au poète de ne pas trop rester seul. Ancelle parle à B des articles d'Henry Rochefort, hostiles à l'Empire et des écrits de Pierre Lanfrey, journaliste anticlérical[2].

[env 4 XII l 65] – Lettre (manquante) de Mme A à B. Elle estime nécessaire qu'il jouisse d'une rente et sa lettre donne l'impression que l'obligation d'écrire à son fils lui pèse. B attendra plus de deux semaines avant de lui répondre[1].

[env 6-8 XII me-s 65] – B reçoit la visite de Massenet de Marancour qui l'informe des progrès de Lemer dans ses démarches auprès des Garnier. Lemer essayera d'avoir 5.000 ou 6.000 francs au lieu des 4.000 prévus. C'est pour B le début d'une période de névralgies[1].

[env 7 XII j 65] – Début d'un affaiblissement général de la santé de B[1].

11 XII l 65 – B trouve bon un article d'E. Bouchery sur la Belgique, publié dans la *Patrie*[1].

16 XII s 65 – La *Petite Revue* publie *La Rançon* et *Hymne*, sous la rubrique: "Poésies oubliées..."[1]. Léonard Bouilly, dans *Gringoire*, critique les disciples de Balzac, B compris, pour avoir dépassé les limites du réalisme[2]. La *BF* enregistre la publication de la troisième édition du *Dictionnaire des contemporains*, de Gustave Vapereau. On y redonne la notice, déjà parue, sur B[3].

17 XII d 65 – Ivan de Woestyne publie, dans le *Figaro*, un article sur le Roi des Belges, Léopold; B le trouve bon[1].

21 XII j 65 – B demande à Ancelle de dégager sa montre au Mont-de-Piété de la rue Joubert. Il voudrait obtenir d'Ancelle 100 francs pour acheter des cadeaux et joint à sa lettre un reçu de 150 francs, dont 50 serviront à régler l'emprunt sur sa montre et les frais afférents. B a assisté à l'entrée du nouveau Roi; il observe que la musique à cette occasion a été celle des Bouffes-Parisiens: *C'est le Roi barbu qui s'avance*, d'Offenbach (mais personne ne l'a remarqué). B recommande à Ancelle la lecture d'un livre récent, si le notaire veut se "mettre un peu de rage au coeur".

C'est *Une Cure du docteur Pontalais*, par Robert Halt. B trouve cette conversion d'un saint à l'athéisme par un jeune médecin "digne de la femme Sand"[1]. Ancelle envoie à B la somme de 101 francs[2].

22 XII v 65 – B se purge pour essayer de calmer ses nerfs, et reçoit un visiteur [qu'il qualifie d'"imbécile"], ce qui entraîne le retour de sa névralgie. Pour se soulager, il songe à faire usage de l'opium, solution qui lui a toujours fait horreur. Il commence la rédaction d'une lettre à sa mère, pour lui conter sa journée[1].

23 XII s 65 – Continuant sa lettre à Mme A, B explique que ses oeuvres pourraient lui assurer une rente, s'il s'y prenait mieux pour les vendre. Dans ce domaine, il lui parle de ses affaires à Paris et l'assure qu'il pense souvent à elle. B voudrait que sa mère se fasse photographier, mais de bonne manière, de façon que la photographie, par son flou, ressemble à un dessin. B informe sa mère qu'il lui enverra, pour ses étrennes, deux "bagatelles" qu'il a achetées il y a assez longtemps[1]. Troisième article de Verlaine sur B dans *L'Art*, il dit qu'il est passé maître en versification[2]. La *BF* enregistre la publication par Michel Lévy des *Commentaires d'un soldat* de Paul de Molènes. B a lu ce texte en 1860, dans la *Revue des deux mondes*[3].

24 XII d 65 – B passe au bureau du chemin de fer pour voir si Ancelle a pu lui envoyer sa montre retirée du Mont-de-Piété; il va également à la poste pour chercher l'argent qu'il a demandé au notaire[1].

25 XII l 65 – B répond à la réclamation de Jousset au sujet du remboursements de billets, dont Jousset dit avoir tant remboursé déjà. Il invite son créancier à lui demander un billet de 350 francs payable le 15 avril prochain, chez Ancelle, pour couvrir partiellement cette dette, afin d'assurer sans tarder à Jousset un règlement même partiel. Au cas où B recevra de l'argent avant cette date, il promet d'en donner à Jousset[1]. B assiste à la messe, où l'on remarque qu'il est sans missel[2].

[env 25 XII l 65] – Lettres (manquantes) d'Ancelle et de Mme A à B. Ancelle envoie l'argent demandé; Mme A voudrait refuser les bibelots que B a achetés pour elle (des burettes et une jardinière en faïence)[1].

26 XII ma 65 – Le matin, B cherche un emballeur pour les cadeaux destinés à sa mère. Il remercie Ancelle des 100 francs qu'il lui avait demandés pour régler l'envoi des cadeaux. B utilise maintenant l'opium, la digitale, la belladone et la quinine pour combattres ses troubles nerveux. Mais en raison de l'usage qu'il a fait de ce drogue, il est obligé de prendre une dose d'opium supérieure à la normale. B prie à nouveau Ancelle de dégager sa montre, le délai légal ayant expiré. Il lui suggère de rencontrer Lemer au sujet des ouvrages à placer. B trouve "ineptes" tous les articles publiés sur la Belgique dans les journaux français, excepté celui

de Bouchery dans *La Patrie* du 11 décembre[1].

27 XII me 65 – B envoie à Mme A les burettes et la jardinière en faïence. Il a fait visser le couvercle des caisses, de peur qu'Aimée, la servante de Mme A, ne cause des dégâts lors de leur ouverture. B se dit bien fatigué, malgré les nouvelles prescriptions de son médecin[1].

30 XII s 65 – B promet d'envoyer prochainement à Lemer l'argument de *Pauvre Belgique*, qu'il appelle à cette occasion *La Belgique déshabillée*[1]. Il remarque un portrait de Sainte-Beuve dans l'*Illustration*[2]. *L'Art* publie la suite de l'article de Verlaine du 2 novembre[3].

31 XII d 65 – Les avances faites cette année par Mme A à B représentent un total de 700 francs[1].

[fin XII 65] – Lettre (manquante) de Mme A à B. Elle parle de sa santé difficile [des douleurs dans les jambes etc]. Mme A croit que B devrait tirer plus de revenus de ses traductions d'EAP, mais oublie qu'il en a déjà vendu les droits à Michel Lévy[1].

[fin 65 ou début 66] – Mme Victor Hugo écrit à B pour l'assurer de leur "dévouement absolu" dans ces circonstances difficiles[1].

[1865-1866] – B prie P-M de venir le voir à "La Coupe" [un café bruxellois] et d'y convoquer leur ami Lécrivain[1].

1866

1866 – Dans le *Nouveau Parnasse satirique*, P-M déclare que le sonnet: *A Mme Du Barry* est de Gérard de Nerval[1]. Eugène Rostand publie, dans *La Seconde Page*, un poème: *Les Fleurs du Mal*, où il traite avec sympathie B[2]. Swinburne, dans *Notes on Poems and Reviews*, révèle qu'il a reçu de B *Richard Wagner et Tannhäuser* peu après avoir écrit *Laus Veneris*. Il prétend que B traduit mieux que lui la conception de la Vénus médiévale qu'il a voulu rendre dans son poème[3]. W.M. Rossetti, dans *W.M. Swinburne's Poems and Ballades. A Criticism* (Londres, Hotten), soutient que B a une mauvaise influence sur Swinburne[4]. A Metz, F. Blanc publie *L'Art et la vie, première partie* d'A.M. Collignon, contenant des jugements clairvoyants sur B et EAP[7]. Delvau publie chez Bachelin-Deflorenne *Henry Murger et la bohème*, avec une référence à B[8]. La Librairie Contemporaine publie les *Contes étranges* de Nathaniel Hawthorne avec une introduction d'Emile Montégut; B y est cité sans qu'on le nomme, sur la sensation d'isolement ressentie par les intellectuels alors que disparaissent successivement les artistes et poètes qu'ils admirent[1].

[début I 66] – Glatigny dîne chez P-M avec B et Gilles Naza, directeur du théâtre

Molière à Bruxelles[1].

1 I l 66 – A l'occasion de la nouvelle année, B reçoit les voeux (lettres manquantes) de Rops et d'un ami qu'il ne nomme pas. Bien qu'il ait pris la résolution de ne pas répondre aux voeux cette année, en guise de protestation contre la coutume, il se croit contraint de remercier ces deux correspondants. Il envoie sa carte à Rops, avec ses voeux pour Mme Rops et pour le beau frère de l'artiste, le magistrat Polet de Faveaux. B demande à Rops ce qu'il est advenu de l'ouvrage: *Danse macabre*[1]. Dans sa lettre à Mme A, B exprime les soucis qu'il éprouve pour la santé de sa mère, mais annonce que la sienne s'est améliorée. Il énumère les clauses envisagées pour la vente de ses ouvrages: 800 francs par tirage de 2.000 exemplaires et par titre, et, ensuite, nouveau contrat ou liberté pour l'auteur et l'éditeur[2]. B écrit à Ancelle pour lui rappeler qu'il a laisssé des objets au Mont-de-Piété et lui demande s'il s'obstine à voir Julien Lemer avant d'accéder à sa requête, ce qui lui permettrait de payer ces transactions. Il envoie ses voeux du jour de l'an à Mme Ancelle[3].

2 I ma 66 – Ecrivant à Sainte-Beuve, B vante le portrait du lundiste qu'il a vu dans l'*Illustration*. Il compare Sainte-Beuve à Socrate, en se moquant de Baillarger et de Lélut qui, en tant qu'aliénistes, déclarent que ce philosophe était fou. B évoque les articles du critique sur Proudhon, écrivain qu'il a beaucoup lu (mais à qui il reproche de ne pas être un Dandy). B révèle à Sainte-Beuve que Mme Adèle Hugo, lorsqu'elle est "seule et malgré ses fils", entend volontiers l'éloge de ses qualités poétiques. B envoie à Sainte-Beuve un sonnet: *Cette Nuit, je songeais que Philis revenue*..., en demandant si le lundiste en connaît l'auteur. Le morceau a paru dans un *Parnasse satirique*... et ni lui ni Saint-Victor ni P-M n'ont pu l'identifier[1].

3 I me 66 – B écrit à Ancelle qu'il sera inutile d'aller voir Lemer car il a déjà chargé deux personnes de le faire. A nouveau, il demande au notaire de s'occuper immédiatement du retrait de ses biens engagés au Mont-de-Piété[1].

5 I v 66 – Sainte-Beuve répond à B, remettant en cause Proudhon et l'idée du progrès en littérature. Il trouve l'article de Verlaine sur B flatteur et dit que si B était à Paris, il serait un oracle pour la jeunesse littéraire. Le critique se lamente, pourtant, de la naïveté de cette jeunesse qu'il trouve néanmoins "très littéraire par le fond de leur nature". Sainte-Beuve fait demander à P-M par B le titre d'une "petite ordure" de l'abbé de Voisenon, ouvrage qui est absent de l'édition de ses oeuvres complètes consultée par le critique. Quant au sonnet que B lui a soumis, il n'a pu identifier son auteur. Sainte-Beuve remercie B d'avoir parlé parfois de lui à Mme Victor Hugo, sa seule vraie amie, selon lui, dans le milieu hugolien[1].

[6 I s 66] – Après quatre heures passées à attendre sa montre à l'entrepôt, B est repris par les migraines. Il trouve en rentrant la lettre de Sainte-Beuve du

5 janvier. B transmet à P-M la demande du lundiste à propos de l'ouvrage de l'abbé Voisenon et prie son éditeur de lui renvoyer ses poèmes en prose qu'il a en sa possession[1].

7 I d 66 – Ancelle envoie à B la somme de 50,20 francs[1].

[7 I d 66?] – Première crise de B. Le soir, à jeun, il se met à se rouler par terre et à tomber, comme un homme ivre. Puis, il est victime des sueurs froides et des vomissements. Il sombre alors dans une longue stupeur. Son médecin, qu'il consultera, diagnostiquera de l'"hystérie"[1].

[deuxième semaine de I 66?] – Ancelle se rend aux bureaux de la maison Garnier. Il y voit Auguste Garnier et lui parle de la publication des oeuvres de B. Garnier dit vouloir traiter directement avec B[1].

[env 11 I j 66] – P-M envoie à Sainte-Beuve des livres érotiques ainsi que des pamphlets dirigés contre l'Empire, dont *Les Propos de Labienus*, d'E. Rogeard[1]. Lettres (manquantes) à B de Mme A et d'Ancelle. Sa mère lui reproche de n'avoir pas répondu à la longue lettre du notaire, tandis que celui-ci l'entretient de ce qu'il a appris en se rendant à la maison Garnier. Cette dernière a pris la décision de ne pas publier *Pauvre Belgique*, de peur de nuire à leurs affaires en Belgique[2].

11 I j 66 – A la demande de Sainte-Beuve, Troubat écrit à P-M et le sermonne d'avoir envoyé au lundiste, par la voie du ministère, des pamphlets contre l'Empire. Le critique craint d'être politiquement compromis[1].

12 I v 66 – B, troublé par l'annonce de la mauvaise santé de sa mère, confie à Ancelle son intention d'écrire secrètement (lettre manquante) au médecin de Mme A, le docteur Lacroix. Il voudrait avoir de plus amples renseignements. B redoute de traiter directement avec les frères Garnier, comme ils le veulent; il demande à Ancelle de leur dire qu'il est en train de finir *Spleen et Réflexions sur quelques-uns de mes contemporains*[1]. Il informe sa mère qu'il voudrait envoyer Ancelle chez Lemer, pour lui parler afin que dernier ne soit pas froissé par l'intervention d'un tiers dans leur affaire. B propose également de donner à Ancelle le plan de *Pauvre Belgique*, la note relative à ses cinq volumes à publier et les lettres de Lemer et de Sainte-Beuve. De cette manière, Ancelle pourra le représenter à Paris en disposant d'un maximum d'informations sur ses affaires. B communique à Adèle Hugo deux passages [légèrement modifiés] d'une lettre de Sainte-Beuve. Ecrivant à ce dernier, B repousse sa suggestion de revenir à Paris comme "poète consultant" de la nouvelle génération[2].

14 I s 66 – Echéance d'un billet à ordre de 300 francs chez Jousset. B signe pour

lui un autre billet, payable le 15 avril chez Ancelle[1].

[env 14 I d 66] – Lettre (manquante) de Sainte-Beuve à B. Le lundiste y parle de la revue *L'Art*, que B ne connaît pas[1].

15 I l 66 – B commence une lettre de remerciements à Sainte-Beuve pour celles qu'il lui a envoyées. Son médecin ne lui permet ni étude ni lecture. Un autre qu'il a consulté le juge *hystérique*, mot qui selon B, sert à cacher son ignorance des vraies causes de sa maladie. B parle de son propre travail poétique, le comparant à celui de Sainte-Beuve. Il espère parvenir dans ses poèmes à égaler Joseph Delorme. B a relu les *Poésies complètes* de Sainte-Beuve, parues chez Lévy en 1863 et espère faire une étude de Sainte-Beuve poète. B apprécie particulièrement parmi ces poèmes: *Sonnet à Mad[ame] G.* [Mme Grimblot, dame que B a connu et à qui il avait souvent entendu Mme De Mirbel faire la morale]; *Tu te révoltes*; *Dans ce cabriolet*; *En revenant du convoi*; *La voilà*; *Le Joueur d'orgue*. Les récits qui lui ont plu sont: *Doudun*; *Marèze*; *La Veillée*; *Ramon*; *M. Jean*. Il compare Sainte-Beuve à Chénier pour ses élégies analytiques. B s'étonne que Sainte-Beuve désire avoir le suffrage de Thiers, de Berryer, de Thierry et de Villemain (ce dernier étant le sujet d'un long poème: *A M. Villemain*. B dit connaître par coeur: *Dans l'Ile Saint-Louis*; *La Croix de la vallée*; *Rose*; *Stances de Kirke White*; *La Plaine*. B remarque une ressemblance entre un vers de Sainte-Beuve et une phrase de Paul de Molènes dans son roman: *L'Ecueil de Lovelace*. Cette lettre est interrompue par des vertiges et des chutes, B ne l'enverra que le 5 février[1].

[env 15 I l 66] – Catulle Mendès écrit à B que leur demande [sans doute de subvention] n'a pas abouti. Ils vont tenter de publier un recueil [le *Parnasse contemporain*] et voudraient avoir des sonnets de B, en nombre suffisant pour remplir une livraison entière de 16 pages, à raison de deux poèmes par page. Mendès joint à sa lettre la somme de 100 francs, qu'il lui prête[1].

18 I j 66 – B remercie Ancelle d'être allé voir les frères Garnier de sa part. Il lui envoie le plan de *Pauvre Belgique*, demandant qu'il le remette à Lemer. B songe à offrir son livre, peut-être à ce dernier, peut-être à Dentu mais il exigera un contrat avant de continuer son travail. Sa santé est mauvaise: il ne peut pas se lever, de peur de tomber et ne peut plus fumer sans dégoût. B demande à Ancelle 100 francs[1].

19 I v 66 – B fait savoir à Catulle Mendès qu'il acceptera de publier quelques-uns de ses vers dans le *Parnasse contemporain*. Il accepte également les 100 francs que Mendès a offerts de lui prêter. B insiste pourtant, quant aux poèmes, sur le droit de les imprimer dans une nouvelle édition des *FM*. Il dit qu'il enverra à Mendès un volume [*Les Epaves*] et nie avoir collaboré avec P-M pour cet ouvrage. B voudrait

que Mendès le renseigne sur la revue *L'Art*, dont lui a parlé Sainte-Beuve et qu'il ne connaît pas. B conseille à Mendès de demander des vers à Philoxène Boyer. Ce dernier fait des poésies que B juge "superbes", quoique leur auteur ne s'en sépare pas facilement[1].

[env 19 I v 66] – Mendès répond que *L'Art* n'existe plus. Il décrit à B la fondation du *Parnasse contemporain* et accepte l'offre de B d'y publier de ses vers, le priant toutefois d'attendre un certain temps avant de les envoyer à l'impression. Mendès voudrait que B y joigne d'autres morceaux inédits[1].

[20 I s 66] – Le Dr Léon Marcq se rend à l'hôtel de B pour l'y soigner. Le poète lui décrit de façon détaillée les symptomes dont il souffre[1].

[entre le 20 I s et le 2 VII l 66] – B donne au Dr Léon Marcq le manuscrit original du *Rêve d'un curieux*[1].

21 I d 66 – B autorise Catulle Mendès à choisir parmi les poèmes imprimés dans la *Revue nouvelle*, la *Revue fantaisiste* et le *Boulevard* ceux qui lui plaisent. Il lui envoie un paquet d'extraits de ces revues. B demande à Mendès de lui envoyer des épreuves de tout ce qu'il imprimera. Il fait savoir à son correspondant qu'il aura besoin du prêt promis de 100 francs pour payer ses médicaments. B donne la liste des poèmes publiés dans ces trois revues. En réponse à la demande de Mendès il lui suggère le titre général de *Sylves*[1].

[env 22 I l 66] – Mendès accuse réception des vers envoyés par B. L'ensemble de 400 vers permettra de composer une feuille[1]. Chez le médecin, B est victime d'une crise nerveuse. Le Dr Marcq lui demande sans cesse s'il suit ses ordonnances mais B n'ose pas lui dire qu'il manque de l'argent pour acheter les médicaments[2].

22 [I] l [66] – B fait savoir à Ancelle que l'aggravation de sa maladie l'a empêché de finir un lourd travail de classification. Il envoie au notaire le plan de *Pauvre Belgique* (16 feuillets), ainsi que deux lettres de Lemer, une de Sainte-Beuve et un reçu pour 100 francs qu'il lui demande[1].

[23 I s 66] – Toujours malade et malgré ses crises, en train d'écrire son poème *Le Monstre*, B s'adresse à P-M pour obtenir des renseignements sur certains mots et phrases: *Giraumont; Clavicules de Salomon; Cas*[1].

24 I me 66 – Sainte-Beuve écrit à Lemerre, à propos d'une édition des poètes de la Pléiade. Il mentionne le nom de B [leur "bon ami"], "un poète de la Pléiade aussi"[1].

26 [I] v [66] – Rops s'excuse de n'avoir pas fini le frontispice des *FM* et invite P-M à venir dîner chez lui le 4 février, en amenant B, si possible[1]. B avertit Mendès que *Le Monstre* a maintenant 15 ou 16 couplets. Il croit que la crudité du poème sera contrebalancée par son "air archaïque"[2].

28 I d 66 – Ancelle envoie à B la somme de 100 francs[1].

[env 29 I v 66] – Lettre (manquante) d'Ancelle à Lécrivain.   B la lira et l'approuvera[1].

29 I v 66 – B apprend à Ancelle que sa santé est meilleure mais qu'il doit rester couché sur le dos. Ancelle recevra la visite de Lécrivain qui, envoyé par B, lui parlera du contrat à faire passer chez les Garnier. Ces derniers semblent préférer un contrat à terme, pour dix ans. Le Docteur Marcq ne vient plus voir B, qui n'ose plus faire payer ses médicaments par l'hôtel[1].

[env 30 I ma 66] – Lettre (manquante) d'Ancelle à B, racontant la visite du notaire chez les Garnier. Il donne le chiffre des tirages proposé par ces éditeurs, le délai pour chaque tirage (3 ans). Ancelle conseille à B de quitter son hôtel [et de payer sa note après son départ...?]. Ancelle suggère en outre que B accepte d'être aidé dans ses affaires par Ch. Nisard. B lit cette lettre à Lécrivain, qui la trouve bien précise de la part des Garnier pour une affaire qui vient seulement d'être entamée. Il prétend que tous ces arrangements seraient normaux dans une affaire conclue[1]. Ancelle avertit B qu'il a retranché des morceaux dans ses "notes" [le plan de *Pauvre Belgique*], pour en adoucir le langage, trop brutal pour lui[2].

30 I ma 66 – A 6h, B répond à Ancelle. Il trouve trop faibles les tirages proposés par les Garnier. B voudrait conserver le droit de corriger ses épreuves. Il cite Sainte-Beuve pour attester la valeur de ses poèmes en prose. B souligne le fait que, selon lui, *Pauvre Belgique* doit paraître seulement en volume. Il accepte la suggestion d'Ancelle de se faire aider dans ses affaires par Charles Nisard, ami des Ancelle. B a envoyé chez Lemer le manuscrit de *Réflexions sur quelques-uns de mes contemporains*. Une lithographie faite par Rops lui semble convenir comme frontispice de la nouvelle édition des *FM*; Rops la vendrait pour 100 francs mais B craint que les Garnier ne connaissent pas cet artiste, étant trop peu cultivés pour cela. Il mentionne également les ornements faits par Bracquemond pour leur grande édition des *FM* qui sont à Paris[1]. L'*Indépendance belge* annonce que Sainte-Beuve a subi une opération[2].

2 II v 66 – Lécrivain part pour Paris, où il verra Ancelle de la part de B[1].

3 II s 66 – B s'excuse de ne pas aller le lendemain chez Rops à Namur. Sa condition

physique lui fait craindre le voyage en chemin de fer. Il promet de poursuivre le projet de faire accepter la lithographie de Rops comme frontispice des *FM*. Il demande à cet artiste de mettre de côté pour lui quelques-uns de ses "croquis parisiens"[1].

[env 5 II l 66] – Lettre (manquante) d'Asselineau à B. Asselineau offre de consulter un médecin parisien pour B, si celui-ci voulait lui décrire sa maladie et le traitement qu'il reçoit, car l'état de santé de son ami l'inquiète[1].

5 II l 66 – B envoie à Sainte-Beuve la lettre qu'il avait commencée le 15 janvier. Inquiété par la nouvelle lue dans l'*Indépendance belge*, il demande une lettre de Troubat pour le rassurer sur l'opération qu'a subie le lundiste. B voudrait en outre recevoir un numéro de *L'Art* et des renseignements sur *Le Parnasse contemporain*[1]. A la demande d'Asselineau, B lui envoie la description détaillée de son état de santé et des traitements qu'il suit; il ne peut pas se promener ainsi que le recommande son médecin. B envoie ses salutations à Banville, à Manet et à Champfleury[2].

[env 6 II ma 66] – Asselineau porte la lettre de B chez le Dr Piogey, pour le consulter. Il en sort pessimiste[1]. Lettre (manquante) de Mme A. Elle reproche à B de causer des frayeurs à ses amis avec sa santé. Elle propose que B voie ses cousins à elle [sans doute les Levaillant][2].

6 II ma 66 – B, répondant à sa mère, l'assure qu'il ne souffre pas, excepté pendant ses crises, et lui demande de consulter de sa part le Dr Lacroix, à Honfleur. Pour ce faire, il lui envoie une chronologie détaillée de sa maladie, ainsi qu'une description de ses traitements[1]. B renvoie à Ancelle une note attaquant Victor Hugo, écrite par Charles Nisard; il trouve mal-placées ces critiques. B ajoute un mot pour Hippolyte Garnier, à employer au cas où l'on ne retiendrait pas Lemer comme éditeur. En tout cas, il tient maintenant à ce que Lemer ne perde pas son bénéfice dans cette affaire, car il y a travaillé assez longtemps[2].

[entre le 6 ma et le 16 v II 66] – Lettre (manquante) d'Asselineau à B[1].

[env 7 II me 66] – P-M pose à B quelques questions à propos des *Epaves*, qu'il est en train d'imprimer et dont B corrige les épreuves[1].

[7 II me 66] – La santé de B commence à s'améliorer[1]. B répond à P-M à propos des *Epaves*. Il consulte un dictionnaire anglais-français de Thunot et Clifton, abrégé de Boyer, [celui qu'il utilise pour faire ses traductions d'EAP][1].

[env 8 II j 66] – Lettre (manquante) de Mme A à B, contenant 50 francs. Elle lui offre des secours financiers et lui demande le montant global de ses dettes à

Bruxelles. Elle suggère d'écrire elle-même à Ancelle. Elle lui donne des nouvelles plutôt pessimistes de sa propre santé, mais s'inquiète aussi de la sienne[1].

9 II v 66 – B visite une exposition de dessins. Le jour est pluvieux. A l'intérieur, il ressent les premiers symptomes de sa maladie et est obligé de sortir précipitamment[1].

10 II s [66] – Le matin, B reçoit de sa mère une lettre contenant de l'argent; pour la retirer, il est obligé d'aller à la poste. Répondant à ses questions sur sa santé, il dit que son médecin le croit plutôt *hystérique* que malade et lui conseille de faire un effort pour surmonter lui-même ses difficultés physiques. Bien qu'il doive songer à se faire traiter par des bains froids, B ne peut pas aller dans une piscine publique pour suivre ce traitement. Pour la cinquième fois, il se croit guéri; il craint toutefois de travailler[1].

11 II d 66 – B attend vainement la visite de Lécrivain, qui est toujours à Paris[1].

[env 11 II d 66] – Lettre (manquante) de Mme A avec une offre d'argent[1].

12 II l 66 – B informe sa mère que sa santé est meilleure et qu'il reprend appétit pour la première fois depuis quelques semaines; il recommence aussi à fumer. B propose de consulter son ancien répétiteur, Charles Lasègue, actuellement médecin à Paris. Lasègue soigne "les fous et les hystériques". B se dit insatisfait de la manière dont Lemer a fait représenter ses affaires à Ancelle, et voudrait recevoir de la maison Garnier la somme de 15.000 francs contre le droit de publier ses oeuvres pendant 5 ans[1].

14 II me 66 – Lécrivain revient à Bruxelles[1]. B demande à nouveau à Jules Troubat des nouvelles de l'opération de Sainte-Beuve. Il prie Troubat aussi de lui envoyer un exemplaire de la revue: *L'Art*[2]. B envoie à P-M une lettre (manquante) dont l'adresse est écrite en vers (*Monsieur Auguste Malassis...*)[3].

[15 II j 66] – Lécrivain, de retour de Paris, informe B qu'il a causé quatre fois avec Lemer à propos de ses affaires; il n'a pas voulu voir Ancelle, pourtant, craignant que le notaire soit choqué par sa participation à ces arrangements. Lécrivain pense que les Garnier ne traiteront ni avec Lemer ni avec Ancelle mais qu'il exigeront de le faire directement avec B. De plus, Lécrivain trouve que les sommes proposées par les Garnier ont été plutôt inventées par Lemer, qui n'est pas encore parvenu à un accord avec ces derniers. Les Garnier cherchent volontairement à faire traîner les choses pour conduire B à accepter leur offre. Lécrivain explique à B que les Garnier préfèrent acheter les oeuvres pour une somme forfaitaire, plutôt que de garantir des revenus pour une période donnée. Cela effraye le poète. En somme, les discussions avec les Garnier n'ont nullement abouti[1].

15 II j 66 – Dictant sa lettre à Troubat, Sainte-Beuve répond à la question de B sur son état post opératoire et le rassure sur sa santé qui est bonne. Il a parlé plusieurs fois de B au docteur Piogey, qui recommande un régime "assez exact". En post-scriptum, Troubat promet de faire envoyer à B le numéro de *L'Art* qui le concerne. Il va également s'informer du *Parnasse contemporain*, pour répondre à la demande de B. Troubat évoque le souvenir de leurs longues conversations des hivers de 1863 et de 1864, dans un café, à Montmartre, près du Casino-Cadet[1].

[env 15 II v 66] – A la requête de B, Jules Troubat se rend chez l'éditeur Lemerre, croyant pourtant qu'il est Julien *Lemer*. Ils discutent de l'oeuvre de B, Lemerre ressentant pour elle autant d'enthousiasme que Troubat. Lemerre promet d'envoyer à B les numéros de *L'Art* qu'il a demandés [et le fera][1]. Lettre (manquante) de Mme A à B, accompagnée de 100 francs. Elle lui offre davantage, s'il en a besoin. Mme A n'a pas reçu sa lettre du 12 février[2]. Mme Victor Hugo envoie chez B son propre médecin, le Dr Jottrant. Il prescrit un régime ferrugineux[3].

16 II v 66 – B accuse réception à sa mère des 100 francs. Il les donne à sa propriétaire. Il partage avec Mme A l'opinion de Lécrivain sur ses affaires avec les Garnier. B pense que que sa dette envers Mme A se monte actuellement à 30.000 francs, ce qui le désole[1]. B écrit à P-M en lui citant un mot gentil pour l'éditeur de Sainte-Beuve, à propos de son envoi de l'ouvrage de Voisenon demandé par le lundiste[2]. Le soir, rue Scribe à Paris, Emile Deschanel fait une conférence sur Banville et Baudelaire, devant une salle comble[3]. Ancelle y assiste[4]. B explique à Ancelle que Lécrivain n'est pas allé le voir, de peur de l'offenser. Lécrivain croit que les Garnier refuseront de traiter avec lui ou avec Lemer et qu'Ancelle commettrait une erreur en les informant que B a besoin d'argent (cela les encouragerait à prendre plus de temps pour conclure l'affaire). B pense toujours qu'Ancelle pourrait faire une visite à H. Garnier pour lui porter la note qu'il a rédigée dans ce but. Ancelle pourrait dire à Garnier que B est malade et qu'il irait le voir en mars, à Paris. B parle de la valeur pécuniaire de ses oeuvres, il estime que les *FM* se vendront longtemps. Il regrette fort d'avoir aliéné pour de se faibles droits ses traductions d'EAP, qui auraient pu lui assurer une rente, petite mais suffisante[5].

[env 16 II v 66] – Lettre (manquante) de Mme A à B. Elle propose de trouver de lui donner de l'argent en abandonnant son jardin et en congédiant sa servante, Aimée. Elle s'inquiète des effets qu'auront sur sur lui ses médicaments (opium, belladone)[1].

17 II s 66 – B refuse l'offre de Mme A. Il attend d'avoir un contrat pour la publication de ses oeuvres et sur lequel il pourra emprunter de l'argent. B a appris

par les journaux qu'une conférence a eu lieu sur lui à Paris mais il n'en sait pas davantage. Répondant à sa mère à propos de ses médicaments et de leur effet, B essaie de la calmer. Il lui demande en revanche des nouvelles de sa propre santé[1]. Dans le *Temps*, Henry de la Madelène rend compte de la conférence de Deschanel sur B et Banville; il se moque de ses allures de bourgeois effarouché[2]. P-M lit cet article et le montre à B[3].

[env 18 II d 66] -Lettre (manquante) d'Ancelle à B. Le notaire annonce que les Garnier refusent ses livres. Le notaire prétend que, selon Hippolyte Garnier, cet éditeur n'a pas vu Lemer depuis un an. Ancelle suggère à B qu'il s'adresse à Hetzel. Ancelle joint à sa lettre celle des Garnier, que B trouve "pleine d'erreurs et de bêtises". Le notaire révèle qu'il est allé à la conférence de Deschanel et la commente ce qui aménera une réponse pleine de dérision de la part de B[1].

18 II d 66 – B écrit à Henry de la Madelène pour le remercier de son article sur la conférence de Deschanel. Il est heureux que l'auditoire ait semblé comprendre ses poèmes et il s'étonne que Deschanel ait accolé les *FM* et les *Odes funambulesques*. B trouve aussi étrange que Deschanel ait trouvé bon de présenter la poésie de Banville seulement à travers ce dernier recueil qui selon B est impropre à en donner une idée complète[1]. B demande 100 francs à Ancelle, car il vient d'avoir une scène désagréable avec son hôtelière à qui il faudrait donner de l'argent. Les 100 francs demandés devraient être pris sur son argent d'avril, déjà réduit à 140 francs par des emprunts antérieurs[2]. B joint à sa lettre à Ancelle une note pour Dentu, donnant le plan de *Pauvre Belgique*. Il se souvient du souhait exprimé deux ans plus tôt par cet éditeur désirant connaître tout ce qu'il écrivait sur la Belgique. B voit son livre comme une défense d'un idéal vraiment français, par opposition aux valeurs belges ou américaines qui sont actuellement en vogue. B affirme détenir les droits de tous ses livres, sans exception [cette lettre ne sera sans doute pas réexpédiée par Ancelle][3]. Après le refus des Garnier, B commence à songer à d'autres éditeurs pour ses ouvrages, à Lévy, à Hachette, à Faure, à Amyot (pis-aller), à Didier (pis-aller) ainsi qu'à Dentu. Si l'on traite avec ce dernier, ce devrait être sans abandonner la propriété littéraire. B ne comprend pas qu'Ancelle se soit rendu à la conférence de Deschanel sur lui; il se moque des opinions littéraires du notaire mais ajoute des remarques sur la valeur et le sens des *FM*. Il dit s'y être mis tout entier, malgré les apparences peut-être déroutantes du livre. B ajoute pour Ancelle une liste des auteurs du XIXe siècle qu'il estime vraiment importants: Chateaubriand; Balzac; Stendhal; Mérimée; Vigny; Flaubert; Banville; Gautier; Leconte de Lisle[4]. La nuit, B écrit encore à Ancelle pour dire qu'il y aurait peut-être avantage à renouer avec Lévy, à cause de la puissance de sa librairie[5].

[env 18 II d 66] – Troubat écrit (lettre manquante) à B pour dire que Lemerrre voudrait ou réimprimer les *FM* ou publier ses oeuvres[1].

19 II l 66 – Lécrivain se rend chez B, qui lui montre les deux lettres, d'Ancelle et des Garnier, qu'il a reçues au sujet de ses négociations avec ces derniers. Lécrivain pense que Lemer a cherché à saboter les négociations pour pouvoir ensuite prendre à son compte cette affaire. B, après le départ de Lécrivain, fait part à Ancelle de cette analyse. Il raconte au notaire l'histoire de son contrat avec Hetzel, pour répondre à sa suggestion de renouer avec cet éditeur. B pense maintenant que Lemer a présenté aux Garnier son affaire comme si elle dépendait de lui-même (et non comme l'aurait fait un agent littéraire), ce qui les aurait découragés. B fait remarquer à Ancelle que la lettre attribuée aux Garnier est en réalité écrite par quelque commis. B joint à sa lettre à Ancelle celle de Jules Troubat et engage le notaire à aller voir Alphonse Lemerre, pour s'informer de ses intentions quant à la publication de ses oeuvres. B ne connaît pas Lemerre[1]. B écrit à Troubat pour demander des renseignements sur A. Lemerre. B est assez satisfait de son *Spleen de Paris*, où il trouve les mêmes qualités que dans les *FM*, mais avec "beaucoup plus de liberté, et de détail, et de raillerie"[2].

20 II ma 66 – Jules Troubat écrit à B pour avouer qu'il a confondu Julien Lemer et Alphonse Lemerre et lui envoyer le prospectus du *Parnasse contemporain* que Lemerre lui a donné pour B[1]. B attend vainement une lettre d'Ancelle[2]. Lettre (manquante) de Mme A. Cette lettre plaît à B, car sa mère semble rassurée (sa santé médiocre s'est améliorée)[3].

21 II me 66 – Lettre (manquante) de Rops à B. L'artiste met en tête de sa lettre un "bassin de Diable qui rayonne au soleil", où B voit une allusion à des vers du *Monstre*, qu'il cite. Il prend cette allusion non comme un compliment mais comme une satire dirigée contre sa *vertu* diminuée. B prie Rops de faire le frontispice et l'affiche pour la nouvelle édition des *FM*. B exprime le souhait que Rops, qui est à Paris, lui rapporte de ses dessins, ses eaux-fortes, comme souvenirs de la capitale. B critique certains des éléments de l'oeuvre de Rops qu'il trouve par trop romantiques. Il envoie ses salutations à Mme Rops et au beau-père de l'artiste. En post-scriptum, il suggère à Rops le sujet d'un frontispice possible pour les *FM*: "La Coquette maigre" [allusion à *Danse macabre*]. Il décrit le sentiment que lui inspire cette eau-forte comme "Très effrayant, mais très pomponné, affreux, mais plein de coquetteries". Il a trouvé excellent le frontispice de Rops pour les *Epaves*, mais inférieur au dessin qu'il en a d'abord fait et qu'on a montré à B. B a trouvé que ce dernier était plus lumineux[1]. B prie Ancelle d'abandonner toutes les affaires dont il l'a chargé; il a décidé d'aller lui-même à Paris le 15 mars pour s'occuper du placement de ses livres. Il a entamé les 100 francs qu'il gardait pour sa propriétaire[2]. B informe Jousset qu'il ne peut pas le payer; il mentionne sa maladie et ce qu'il appelle la trahison de son agent littéraire [Lemer]. B fait savoir à sa mère qu'il va bien mais qu'il souffre de quelques retours de fièvre et d'une névralgie persistante[3].

[entre le 23 v et le 27 ma II 66] – De Bucharest, Ange Pechméja [Français vivant en exil] écrit à B une lettre de sympathie. Elle est dictée par une "marque d'attention" dont B l'avait honoré, par l'intermédiaire de P-M. Pechméja trouve que les *FM* à la relecture sont l'oeuvre contemporaine qui a la plus puissante unité d'effet. Egal pour sa technique à Gautier et à Hugo, la poésie de B soulève en outre des analogies avec l'art visuel. Puis, Pechméja raconte à B un coup d'état digne d'un opera-comique qui vient de se passer à Bucharest; cet événement est intervenu pendant le temps qu'il écrivait cette lettre[1].

[env 25 II d 66] – Arrivée d'une lettre (manquante) de Mme A à B, contenant 100 francs. B, repris par un "rhumatisme à la tête", n'y répond pas aussitôt[1]. Lettre (manquante) de Mme A. Elle parle, à tort, d'un article sur lui de Deschanel[2].

26 II l 66 – Par l'intermédiaire de Mme Ancelle, B remercie Ancelle de tout ce qu'il a fait pour lui, en accusant réception des 100 francs envoyés par le notaire. Il joint à sa lettre un document ayant trait au baron de Ponnat, athée belge[1]. Dans une lettre à sa mère B attribue l'insuccès de l'affaire Garnier à la maladresse, peut-être voulue, de Lemer ainsi qu'à l'impatience d'Ancelle. Il reproche également à ce dernier son ignorance des us et coutumes du monde littéraire parisien. Dentu n'a pas encore répondu à Ancelle à propos de la publication de *Pauvre Belgique*. L'hôtel ne donne plus de notes à B; il est donc obligé de calculer lui-même ce qu'il leur doit. Ses dépenses sont d'à peu près 200 francs par mois; il croit devoir actuellement 1800 francs[2].

[fin II ou début III 66] – P-M publie *Les Epaves de Charles Baudelaire* [Amsterdam, à l'Enseigne du coq]. Il y a 260 exemplaires, dont 10 sur chine. Un "Avertissement de l'éditeur" apprend au public que ces pièces n'ont pas été jugées dignes d'entrer dans l'édition définitive des *FM* par leur auteur. P-M se prévaut de l'exclusivité intégrale accordée par B. Il explique le frontispice de Félicien Rops. En fait, B lui-même fournit des notes pour ce volume. On en tire en même temps à Bruxelles, on trouve l'édition originale chez tous les libraires, sans avertissement, sans frontispice [ou explication], et avec une couverture annonçant des "...livres français défendus en France"[1]. B en prend quelques exemplaires et les envoie à Paris[2]. Il fait la liste de presse qui comprend 48 exemplaires: Asselineau, Vitu, Gavarni, Ancelle, Yriarte, Mendès, Chenavard, Gozlan, Delange, de Calonne, Banville, Du Camp, Reyer, Rouland, Marcelin, Leconte de Lisle, Janin, Roqueplan, Pelletier, Villemessant, Flaubert, Fromentin, Dulamon, Pinard, Armand Fraisse, Champfleury, Du Mesnil, Mérimée, Chaix d'Est-Ange, Houssaye, Manet, Soulary, Thoré, Dentu, Monselet, Nadar, Hetzel + Lévy [*sic*], Faure, d'Aurevilly, Flahaut, Chasles, Sainte-Beuve, D'Estampes, Gautier, Troubat, Lejosne, Mme Meurice, Marancour[3].

III 66 – Prarond envoie à B ses *Airs de flûte sur des motifs graves*. Le nom du destinataire paraît, imprimé, sur la page du titre, avec ceux de: Chennevières; Moland; Sainte-Beuve; Banville; Le Vavasseur; du Boulet; J. Buisson; Monselet; Champfleury; Gautier; Wallon; Nadar; Janin[1]. Champfleury remercie Prarond de son envoi d'*Airs de flûte sur des motifs graves*. Il regrette pourtant que l'auteur n'ait pas inclu une pièce de vers sur B, "car il [B] est bien du temps et a continué sa route en poète"[2]. Toutefois, l'un des poèmes dédiés à Le Vavasseur fait allusion à B, dont la voix "lente et grave" pouvait mettre en valeur les faibles beautés de leurs vers de jeunesse[3].

[début III 66] – Lettre (manquante) de Mme A. Elle lui reproche de rester en Belgique ce qu'elle juge imprudent et l'accuse de vouloir demeurer loin d'elle[1].

3 III s 66 - La *BF* enregistre la publication par Faure des *Portraits après décès* de Monselet[1].

4 III d 66 – Avec Hugo et Musset, B est mentionné comme exemple de la vitalité de l'art moderne, dans une critique de la peinture de Courbet au *Figaro*, écrite par Albert de la Fizelière[1].

5 III l 66 – B envoie à sa mère deux numéros de *L'Art*, contenant l'article sur lui de Verlaine; il n'a pas reçu le premier article de la série. B se rend compte du fait que "l'école Baudelaire existe". Depuis quelques jours il supprime le vin le matin, ne prenant que de la viande froide et un peu de thé à l'anglaise[1]. B écrit à Jules Troubat pour lui dire qu'il a bien reçu les numéros de *L'Art*; il demande l'adresse de Léon de Marancour. B pense que Lemer l'a trahi auprès des Garnier; il désire maintenant publier des extraits de ses oeuvres critiques, en "brochures mignonnes"[2].

8 III j 66 – Victor Hugo demande à sa femme s'il doit faire envoyer à B un exemplaire des *Travailleurs de la mer*, étant donné le silence du poète à propos de la publication des *Chansons des rues et des bois*[1].

10 III s 66 – Troubat envoie à B l'adresse de Marancour. Il promet qu'ils dîneront avec Sainte-Beuve quand le poète sera à Paris. Troubat regrette de ne pouvoir aider B auprès de ses éditeurs; il a pourtant obtenu que Calonne envoie à B tous les numéros de la *Revue contemporaine* contenant les articles de Sainte-Beuve sur Proudhon[1]. Dans *Gringoire*, Eugène Chancy estime que Lamartine, Hugo et Musset sont des poètes supérieurs à B, à Banville et à Gautier[2].

11 III d 66 – Le *Figaro* publie pour la première fois *Un Cabaret folâtre*, de B. Le poème paraît dans un article sur B et Monselet de Jules Claretie[1]. Paul Foucher publie dans l'*Indépendance belge* une note non-signée sur les *Travailleurs de la mer*

de Victor Hugo, son beau-frère B dîne chez les Hugo; on y fait la lecture de cette note de Foucher, hostile aux *Travailleurs de la mer*. B rédige pour Mme Hugo une réponse à destinée à Foucher, qui prétend qu'on retarde la publication du roman afin d'éviter la concurrence avec *La Contagion*, pièce d'Emile Augier. La première de cette pièce est annoncée pour le 14 mars, à l'Odéon[2].

12 III l 66 – Mme Hugo répond à son mari à propos de l'envoi des *Travailleurs de la mer* à B, disant qu'il devrait avoir son exemplaire[1].

14 III me 66 – Hugo envoie à sa femme un exemplaire avec frontispice des *Travailleurs de la mer*, pour être remis à B[1].

15 III j 66 – Dans le *Figaro*, Jacques Sincère fait des remarques au sujet du couplet de B (*Un Cabaret folâtre*), paru dans ce même journal. Il affirme que l'enseigne décrite par B existe[1].

[env 15 III j 66] – B se rend à Namur, chez les Rops. Au cours d'une visite à l'église Saint-Loup, il est victime d'une attaque de sa maladie; on le ramène à Bruxelles[1].

17 III s 66 – Eugène Lefébure fait part à Mallarmé de sa tristesse à la nouvelle de l'attaque de B à Namur[1].

18 III d 66 – Un ami [Asselineau] offre à B l'argent nécessaire pour le faire rentrer à Paris. Le poète refuse, se croyant capable d'y retourner sans secours financier[1].

[env 20 III ma 66] – B est frappé par une crise[1]. Il ne peut se lever le matin et se trouve incapable de bouger, sauf pour les mouvements de l'avant bras gauche[2].

20 III ma [66] – B offre d'envoyer à sa mère, dans peu de jours, un exemplaire des *Travailleurs de la mer*; c'est la dernière lettre écrite de sa main[1]. Une nouvelle crise survient, le laissant invalide[2].

[env 21 III me 66] – B passe la nuit à lire *Les Travailleurs de la mer*, en prenant des notes sur ce livre. Le jour suivant, il se rend chez Mme Hugo et lui parle avec enthousiasme de l'ouvrage. B annonce son intention de faire sur ce roman un article critique, basé sur ces notes[1].

[23-30 III v-v 66] – Lettre (manquante), dictée par B et envoyée à Ange Pechméja, pour le remercier d'avoir écrit en février[1]. Le poète veut dicter à Arthur Stevens, qui le veille, l'article sur *Les Travailleurs de la mer*; Stevens l'en dissuade[2].

23 III v [66] – B dicte à son médecin une lettre destinée à Mme A. Il voudrait

qu'elle fasse envoyer de l'argent à sa propriétaire, par l'intermédiaire d'Ancelle[1].

[env 24 III s 66] – Lettre (manquante) de Mme A à B, où elle demande l'adresse de son médecin[1].

26 III l 66 – Dans une lettre à sa mère, B repousse la suggestion qu'Ancelle vienne le chercher à Bruxelles. Il annonce que ses amis et les médecins lui conseillent de lâcher toute activité littéraire et de "vivre la vie des champs"[1]. Mme A avance de l'argent à son fils. Avec l'envoi qu'elle fera le 12 avril prochain, B disposera de 2500 francs[2].

[env 27 III ma 66] – Lettre de Mendès à B, jointe à l'envoi des épreuves de ses poèmes. On voudrait les épreuves corrigées dès que possible et on lui promet qu'il recevra le samedi matin ou le dimanche 100 francs ainsi que six exemplaires du *Parnasse contemporain*. Mendès propose le titre de *Nouvelles Fleurs du Mal*[1].

27 III ma [66] – Lettre de Manet, qui demande des nouvelles de B. Il informe son ami qu'il a envoyé deux tableaux au Salon de 1866: *Le Fifre* et *L'Acteur tragique* [qu'il définit comme "un portrait de *Rouvière* dans le rôle d'*Hamlet*"; ces deux peintures seront rejetées par le Jury]. Manet envoie à B les salutations de Mme Meurice, dont le portrait par Bracquemond va figurer au Salon[1].

28 III me 66 – Le matin, B reçoit les épreuves envoyées par Mendès; il les corrige avec Millot et, le soir, les renvoie à Paris[1].

29 III j 66 – A Millot, B dicte une lettre pour Ernest Prarond, le remerciant de l'envoi de son livre: *Airs de flûte*..., avec une dédicace "charmant[e]". Après une lecture partielle du livre, B relève des vers et des rimes fautifs, tout en y trouvant des poèmes méritoires[1]. Répondant à Mendès, B le remercie de la nouvelle de la prochaine publication de ses poèmes dans le *Parnasse contemporain*. Il approuve le titre *Nouvelles Fleurs du Mal* suggéré par Mendès et ajoute des corrections à porter sur le manuscrit de *Bien loin d'ici*[2]. Banville reçoit des nouvelles de l'état de B, dans une lettre (manquante) de Glatigny, en tournée à Bruxelles[3].

[env 30 III v 66] – Lettre (manquante) de Mme A offrant 1000 francs pour payer la note d'hôtel de B. Lettre (manquante) d'Ancelle, annonçant son arrivée[1]. Ancelle envoie 1000 francs à Mme Lepage, propriétaire de l'Hôtel du Grand Miroir[2].

30 III v 66 – B dicte une lettre à Ancelle avec des instructions concernant Dentu. Il voudrait que ce dernier reçoive le plan de *Pauvre Belgique* seulement dans le cas où il s'y intéresse sérieusement. Il ne consent pas à ce que cet éditeur soit informé de son mauvais état de santé. B prie Ancelle d'envoyer à Mme Lepage 1.000 francs,

comme Mme A l'a proposé[1]. Il fait écrire à cette dernière pour s'enquérir de sa santé[2]. La paralysie du côté droit se déclare, ainsi que l'hémiplégie, l'aphasie et le ramollissment du cerveau. P-M écrit à Ancelle pour l'en avertir[3].

31 III s 66 – P-M annonce à Bracquemond que la situation de B est très grave, qu'il est en danger et qu'il envoie un télégramme pour en informer Ancelle[1]. Arthur Stevens apprend de Mme Victor Hugo que Charles, fils de celle-ci, vient de rendre visite à B, qu'il trouve "trop mal pour le laisser seul"[2]. Ancelle envoie 100,80 francs à B[3]. Publication de la cinquième livraison du *Parnasse contemporain*, avec quinze poèmes de B, paraissant sous le titre: *Nouvelles Fleurs du Mal: Epigraphe pour un livre condamné; L'Examen de minuit; Madrigal triste; A Une Malabaraise; L'Avertisseur; Hymne; La Voix; Le Rebelle; Le Jet d'eau; Les Yeux de Berthe; La Rançon; Bien loin d'ici; Recueillement; Le Gouffre; Les Plaintes d'un Icare*[4].

[30 ou 31 III v ou s? 66] – B dicte, peut-être à Ancelle, une lettre à P-M. Les termes en sont désobligeants, ce que P-M attribuera à l'état de son ami[1].

[env 31 III s 66] – Mme Victor Hugo écrit à son mari pour dire que B est "perdu"[1].

IV 66 – Ancelle envoie à Mme Lepage, l'hôtelière de B, la somme de 246,01 francs[1].

[entre début IV et fin VI 66] – Albert de la Fizelière écrit à P-M pour s'informer de la santé de B, émettant sur le poète un jugement littéraire favorable. Il lui demande des renseignements bibliographiques [dont il se servira pour les publier en volume en 1868][1].

[début IV 66] – Ancelle arrive à Bruxelles. Les médecins ne croient pas que B soit capable de guérir, à moins d'un miracle[1].

1 IV d 66 – Dans le *Figaro*, Charles Yriarte loue le grand talent littéraire de B tout en s'étonnant que le poète se soit présenté comme candidat à l'Académie française[1].

[env 2 IV l 66] – Lettre de P-M à Bracquemond donnant des nouvelles de B[1]

3 IV ma 66 – B est transporté de l'hôtel du Grand Miroir dans une maison religieuse, l'Institut Saint-Jean et Sainte-Elisabeth. On diagnostique une apoplexie[1]. Arthur Stevens, qui a transporté B à l'hospice, informe la famille du poète des événements, va chercher des médecins et écrit à Alfred Stevens pour lui dire ce qu'il a fait[2].

[4 IV me 66?] – Lettre (manquante) de P-M à Asselineau, sur la santé de B[1].

5 IV j 66 – Asselineau écrit à P-M pour le remercier des nouvelles sur la santé de B, impatiemment attendues à Paris[1].

6 IV v 66 – Le *Charivari* annonce, sous la signature de Ch. Joliet, que B a été frappé de paralysie[1]. P-M a perdu tout espoir de guérison pour B[2]. Dans la *Presse*, E. Bauer annonce l'attaque paralytique[3].

7 IV s 66 – La *Petite Revue* annonce l'entrée de B dans une maison de santé bruxelloise[1]. Jules Claretie, dans l'*Avenir national*, révèle l'attaque "apoplectique" de B[2]. Les médecins constatent que le poète souffre d'une aphasie motrice[3]. Il confond les mots pour exprimer les idées les plus simples[4].

8 IV d 66 – B a complètement perdu l'usage de la parole[1].

9 IV l 66 – B a 45 ans[1]. P-M écrit à Troubat pour décrire la condition de santé difficile de B. Il passe tous les jours deux heures auprès de lui et tient Asselineau au courant des changements dans son état. P-M conseille à Troubat de ne pas révéler aux journaux les mauvaises nouvelles qu'il apporte, afin de protéger Mme A contre l'effet des articles qui la choqueraient[1].

10 IV ma 66 – Mme A appelle en consultation le docteur Jean Crocq, professeur d'anatomie générale à l'Université de Bruxelles[1]. Jules Troubat, à la réception de la lettre de P-M sur B, lui répond en blâmant l'attitude de la société face aux infortunes des écrivains. Il évoque les souffrances de Balzac, de Musset et de Murger, qui meurt "de tout" en ce moment, dans une maison de santé[2].

11 IV me 66 – Victor Hugo demande à Alfred Stevens des nouvelles de leur ami B[1]. Le soir, la fausse nouvelle de la mort de B arrive à Paris[2]. Le *Nain jaune* donne, sous le nom de G. de Montmagny, l'anecdote sur B et le banquier qui admire sa franchise[3]. Ancelle écrit à P-M pour parler d'une lettre dictée (manquante) au dernier destinée au notaire. Cette lettre est sévère pour Ancelle[4].

12 IV j 66 – Mme A envoie de l'argent à B qui, avec la somme déjà envoyée le 26 mars, représente un total de 2500 francs. Mme A envoie 1380 francs à Mme Lepage[1]. Dans *L'Evénement*, Georges Maillard annonce que B est entré en maison de santé[2].

13 IV v 66 – G. Guillemot révèle, dans le *Charivari*, que la nouvelle de la mort de B est arrivée le mercredi soir à Paris[1].

[env 13 IV v 66] – Jeanne Duval écrit à B pour lui demander de l'argent sans délai[1].

14 IV v 66 – Georges Maillard, dans *L'Evénement*, publie la fausse nouvelle de la mort de B[1]. P-M annonce à Champfleury que B est "au [plus] bas depuis six jours" et observe que depuis deux jours le poète ne peut plus parler. Cette nuit-là, l'éditeur reçoit une dépêche de Mme A, qui arrive à Bruxelles accompagnée d'Aimée, sa servante. Elle descend à l'Hôtel du Grand Miroir[2]. La *Petite Revue* annonce que *Richard Wagner et Tannhäuser à Paris* est soldé à 50 centimes[3].

[entre le 14 s et le 30 l IV 66] – On essaye avec succès sur B un traitement par l'électricité. On l'interrompt pourtant, craignant "l'excitation et les violences." Des amis parisiens de B expriment le désir de se cotiser pour payer son retour à la capitale, et l'y faire soigner. P-M et Stevens obtiennent pour lui un compartiment en chemin de fer à prix réduit; mais B refuse de partir[1]. Le Dr Lasègue, consulté par lettre, déconseille que Mme A vive avec B, dans l'intérêt du malade[2].

16 IV l 66 – Glatigny écrit à Mallarmé, mentionnant les bruits qui courent sur la mort de B[1]. Dans l'*Union*, E. Gallois annonce la mort de B[2], ainsi que la *Gazette de France*[3]. L'*Indépendance belge* dément cette fausse nouvelle[4].

17 IV ma 66 – Glatigny avertit Mallarmé que B n'est pas mort[1]. Dans *L'Evénement*, une lettre de Banville à Villemessant annonce que B est toujours vivant[2]. Henry de La Madelène dément, dans le *Temps*, la fausse nouvelle de la mort de B[3].

18 IV j 66 – E. Bauer rectifie, dans la *Presse*, la fausse nouvelle, comme Jules Claretie dans *L'Avenir national*[1]. Parution du premier article d'Henry de La Madelène sur B, dans *Le Nain jaune*[2].

19 IV j 66 – Malade lui-même, Emile Deschamps demande à Nadar des nouvelles de B[1]. B quitte l'Institut Saint-Jean et Sainte-Elisabeth; il a payé la somme de 100 francs pour son séjour[2]. Pendant son séjour, la supérieure se scandalisait et se plaignait des jurons de B; elle en déduisait qu'il manquait de religion alors qu'il s'agissant plutôt de souffrance et d'impatience d'être mal compris[3]. Ancelle envoie à L'Institut la somme de 150 francs[4]. Dans le *Charivari* paraît le démenti de G. Guillemot sur la mort de B, ainsi que de Gallois dans l'*Union*; cette rectification paraît aussi dans le *Messager des théâtres et des arts*[5].

21 IV s 66 – La *Petite Revue* annonce que la santé de B s'est améliorée, mais que sa carrière littéraire est sans doute achevée[1]. Parution du deuxième article d'Henry de la Madelène sur B, dans le *Nain jaune*[2]. Yriarte publie, dans le *Monde illustré*, un article sur B, préparé avant le démenti de la nouvelle de sa mort, mais publié tout de même[3]. Germain Picard, dans la *Foule*, commente les remarques sur B provoquées par la fausse nouvelle de sa mort[4]. Le *Siècle* dément la nouvelle à son

tour[5].

22 IV d 66 – Dans le *Hanneton*, Amédée Blondeau donne une anecdote sur B et un médecin marseillais[1]. Emile Blondet, dans la *Lune*, raconte une anecdote sur le poète[2]. Charles Yriarte, signant le "Marquis de Villemer," cite une lettre reçue de Bruxelles donnant des nouvelles de la santé de B[3].

[env 23 IV l 66] – Lettre d'Asselineau à P-M, disant qu'Asselineau recevrait très volontiers les *Epaves*. Asselineau consultera le lendemain le Dr Piogey[1].

27 IV s 66 – Louis Artan écrit d'Etterbeek à Léon Dommartin pour décrire l'état de B. Il révèle également que le poète habite maintenant l'Hôtel du Grand Miroir avec sa mère et qu'il y est soigné par le Dr Marcq[1].

28 IV s 66 – Pierre Véron, dans le *Monde illustré*, déclare qu'EAP est aussi important qu'Hoffman. Zampa, dans *Gringoire*, annonce que B va de mieux en mieux et qu'il a quitté la maison de santé pour rentrer dans sa famille. George Maillard publie, dans *L'Evénement*, un sonnet daté "A la morgue," qu'il attribue à B[1].

29 IV d 66 – Eugène Lefébure demande à Mallarmé des nouvelles de B[1].

[env 30 IV l 66] – De l'Hôtel du Grand Miroir, Mme A écrit à Ancelle pour décrire l'état de B. Elle raconte à son fils *des choses* [sic] de sa jeunesse, qu'il écoute attentivement, en les comprenant. Pourtant, il ne peut pas lui répondre, ce qui le fait enrager. Il sort avec elle et Stevens en voiture ou à pied. Mme A refuse de s'en aller de Bruxelles, comme le veulent les médecins; elle propose de garder B comme un petit enfant. Elle raconte que P-M "pleurait à chaudes larmes" en pensant à l'état de B, ce qui la fait penser qu'il a une belle âme[1].

30 IV l 66 – Le matin, le Dr Oscar Max est appelé au chevet de B. Ce médecin diagnostique "une méningite du côté gauche et une hémiplégie avec aphasie conséquente"[1].

[fin IV 66] – Dans une lettre à Henry Cazalis, Mallarmé confesse la douleur que lui cause la pensée du mauvais état de santé de B[1].

V 66 – Mme Lejosne écrit à Des Essarts "les plus tristes choses" sur l'état de B. Des Essarts indique à Mallarmé un article qu'il a écrit sur B[1].

[V 66] – Lettre d'Asselineau à P-M. Il a dîné la veille chez Ancelle, avec Mme C.-A. Baudelaire. Ce mois-là, Asselineau voit M. et Mme Ancelle plusieurs fois. Ancelle croit préférable de ramener B à Paris[1].

[2 V me 66] – Lettre d'Asselineau à P-M sur le placement des oeuvres de B en vue de leur publication[1].

4 V v 66 – Ange Pechméja écrit à P-M pour répondre à la lettre de B. Il se réjouit de savoir que la nouvelle de la mort du poète est fausse et désire être informé de l'état de santé du malade[1]. Dans l'*Avenir national*, Alphonse Duchesne donne le bulletin de santé de B[2].

5 V s 66 – Ernest Lebloys avise Nadar qu'il lui a laissé un mot; il affirme avoir été approuvé par B alors que ce dernier était en pleine possession de ses facultés[1]. La *Petite Revue* annonce que les médecins de B ont diagnostiqué une lésion du cerveau. Dans le même numéro, on donne le sonnet de Vacquerie dont *Sonnet burlesque* est une parodie[2].

7 V l 66 – Dans *L'Evénement*, Georges Maillard cite une lettre de Bruxelles d'Emile Brun au sujet de l'état de santé de B[1].

8 V ma 66 – Dans la *Presse*, E. Bauer donne un rapport sur la santé de B[1].

11 V v 66 – Swinburne, dans le *Report of the Anniversary Dinner of the Royal Literary Fund*, appelle B "one of the most exquisite, most delicate, most perfect poets of the century." Le dîner a lieu à cette date[1].

12 V s 66 – P-M écrit à Bracquemond au sujet de l'état de santé de B: il va "physiquement de mieux en mieux," mais son intelligence a disparu[1].

13 V d 66 – Dans la *Lune*, Emile Blondet écrit sur B un article d'une impitoyable cruauté[1].

19 V s 66 – La *BF* enregistre la publication de *Primavères*, publié chez Jouast. Charles Séguy y imite *Les Phares*[1].

23 V me 66 – P-M apprend à Champfleury qu'on ramenera sans doute B en France dans une quinzaine de jours. La paralysie du poète a presque disparu et sa santé physique est bonne. Il mange, digère, dort et se promène[1].

25 V v [66] -Lettre d'Asselineau à P-M. Il a reçu le paquet d'exemplaires des *Epaves* et il en fera la distribution. Banville a déjà reçu le sien mais de ce dernier Asselineau tient de mauvaises nouvelles sur la santé de B[1].

27 V d 66 – P-M annonce à Bracquemond le départ imminent de B pour Honfleur. Il remarque qu'on parle maintenant de publier les oeuvres complètes du poète[1].

Dans le *Figaro*, Banville attaque le réalisme dans la peinture en citant la strophe sur l'Himalaya où figure le nom de B[2].

VI 66 – La *Bibliographie de la Belgique* enregistre la publication des *Epaves*[1].

[début VI 66] – Lettre d'Asselineau à P-M. Le Dr Blanche offre d'envoyer un domestique à Bruxelles ou à Honfleur pour s'occuper de B[1].

1 VI v 66 – Sous le titre de *Petits Poèmes lycanthropes*, la *Revue du XIXe siècle* publie deux poèmes en prose de B: *La Fausse Monnaie*; *Le Joueur généreux*[1].

2 VI s 66 – Dans le *Nouvel Illustré*, Monselet annonce qu'on a l'intention de ramener B à Paris[1].

[env 7 VI j 66] – P-M fait faire à B une promenade. Ils font un tour à la campagne ["dans la verdure"] et descendent pour déjeuner dans un "petit cabinet." B manifeste le plaisir de vivre et le contentement mais n'arrive à prononcer aucune parole[1].

7 VI j 66 – P-M décrit pour Asselineau sa promenade en compagnie de B[1].

9 VI s 66 – G. Bourdin mentionne B, dans *L'Evénement*[1].

12 VI ma 66 – Dans *L'Evénement*, Alphonse Duchesne annonce le retour en France de B[1].

13 VI me 66 – P-M écrit à Nadar, lui rappelant la lettre de B de l'année passée où il disait que P-M devait vendre le portrait du poète par Courbet. Nadar a répondu qu'il était disposé de l'acheter. P-M se voit obligé de le vendre le plus tôt possible et le cédera à Nadar, s'il le veut. P-M décrit à Nadar l'état de santé de B, sa maladie résultant d'une lésion du cerveau dans un des lobes du côté gauche; l'hémiplégie qui l'a frappé en même temps est à peu près dissipée. On parle de le ramener en France à la fin de la semaine[1]. Dans le *Nain jaune*, A. Scholl raconte une anecdote sur B et Villemain[2].

14 VI j 66 – Dans *L'Evénement*, Adrien Marx écrit sur B un article intitulé "Une Figure étrange." qui paraîtra également cette même année dans ses *Indiscrétions parisiennes*[1]. De Paris, Anthony B. North Peat écrit au *Morning Star* (Londres) pour annoncer que B n'est pas mort. Il donne du poète une description essentiellement anecdotique[2].

16 VI s 66 – Anthony North-Peat annonce dans le *Morning Star* (Londres) que B

est toujours en vie et qu'il rentre à Paris[1].

21 VI j 66 – P-M écrit à Champfleury pour lui demander "quelques notes sur le Baudelaire de l'hôtel Pimodan" qu'il n'a pas connu. P-M lui avoue qu'il a rencontré B en sa compagnie, chez Perrin, rue du Petit-Lion-Saint-Sulpice, en 1850, pour la première fois[1].

22 VI v 66 – Le *Cernéen* (Ile Maurice) publie la lettre de B à M. Autard de Bragard, accompagnée d'un commentaire[1].

[entre le 11 et le 15 VII ma-s 65] – Sainte-Beuve promet 24 VI d 66 – Dans l'*Avenir national*, Alphonse Duchesne donne des nouvelles sur l'état de santé de B[1]. *L'Evénement* annonce que la santé de B s'améliore, qu'il ne parle pas encore mais qu'il peut fumer le cigare au soleil[2].

27 VI me 66 – Victor Hugo écrit à Banville au sujet de B[1]. Le *Nain jaune* publie l'anecdote d'A. Scholl sur B, les parentes de Rouvière et l'*Ivrogne*[2].

30 VI s 66 – Le *Parnasse contemporain*, dans une livraison composée de sonnets, publie *Le Couvercle* de B[1]. La *BF* enregistre la publication, chez Hachette, de l'it Histoire des lycées et collèges de Paris, de Victor Chauvin. B est cité parmi les lauréats du concours général[2].

VII 66 – *Every Sunday* (Londres) annonce de l'aphasie de B, l'attribuant à sa sensibilité littéraire qui le rend moins résistant à une telle maladie[1].

[1 ou 2 VII d ou l 66] – Accompagné par sa mère et Arthur Stevens, B est ramené à Paris en chemin de fer. Asselineau les attend sur le quai de la gare[1].

1-4 VII d-me 66 – Asselineau passe presque toute ces journées avec B[1]. Le poète demeure dans un hôtel voisin de l'embarcadère du chemin de fer du Nord[2].

4 VII me 66 – B entre à la maison de santé du Dr Duval, rue du Dôme, rond-point de l'arc de Triomphe. Les traitements qu'on lui fait subir, avec le régime hydrothérapique, amènent des résultats favorables. Sur les murs, deux tableaux de Manet et une copie d'un Goya [le portrait de la duchesse d'Albe]. B peut, un temps, écrire sur une ardoise puis perd cette capacité[1].

[env 5 VII j 66] – Mme A retourne à Honfleur[1].

5 VII j 66 – Lettre d'Asselineau à P-M. Il trouve B parfaitement lucide, excepté lorsque Mme A ou Aimée l'exaspèrent[1].

7 VII s 66 – On donne, anonymement, dans la *Petite Revue*, l'anecdote sur les douze habits noirs de B[1].

10 VII ma 66 – Dans le *Nouvel Illustré*, Charles Monselet donne un bulletin de santé détaillé de B[1].

11 VII me 66 – Lettre de Mme A à P-M, suggérant que B serait désireux de recevoir les visites de Sainte-Beuve, Maxime du Camp, Henry de la Madelène, Banville, Hetzel et Leconte de Lisle[1]. Champfleury écrit à Mme Paul Meurice pour lui parler de la condition du poète, entré depuis quelques jours dans la maison de santé Duval. Champfleury révèle que B est très sensible aux fleurs et à la musique et suggère que Mme Meurice se rende rue du Dôme pour y jouer du piano devant B[2].

12 VII j 66 – Sainte-Beuve écrit pour dire à Mme A qu'il ira voir B prochainement[1].

15 VII [d 66] – Mme A écrit à Hetzel pour lui demander d'aller voir B qui, bien qu'incapable de parler, comprend ce qu'on lui dit[1].

18 VII me 66 – Mme A écrit à Banville pour lui demander de rendre visite à B[1].

19 VII j 66 – Dans le *Figaro*, Mairobert décrit la condition pitoyable de B[1].

21 VII s 66 – La *Petite Revue* rend compte de l'amélioration de la santé de B. Le Dr Vragny aide à le soigner[1].

22 VII d 66 – Le Dr Charles Lasègue corrobore le diagnostic des médecins bruxellois sur B[1].

23 VII l 66 – Mme A donne soixante pilules à B, qui doit en prendre une par jour[1].

31 VII ma 66 – Dans le *Nouvel Illustré*, Monselet raconte la visite de B chez Villemain, lors de sa candidature académique; Monselet dit qu'il tient cette histoire du poète lui-même[1].

[env 5 VIII d 66] – Lettre (manquante) d'Asselineau à Mme A[1].

5 VIII d 66 – Dans *L'Evénement*, Gustave Bourdin signale le retour de B à Paris et souhaite son rétablissement[1]. Dans le *Hanneton*, Eugène Vermersch fait une étude sur B[2].

6 VIII l 66 – Mme A écrit à Asselineau pour décrire la visite de M. Emon à B[1].

12 VIII d 66 – Le *Figaro* donne "Le Poète Baudelaire," extrait des *Mémoires de Champfleury*[1].

15 VIII me 66 – Lettre de Champfleury à P-M. Mme Meurice, qui vient de partir pour le bord de la mer, a essayé avec succès de distraire B en jouant pour lui au piano le *Tannhäuser* de Wagner, à sa demande[1].

18 VIII s 66 – Dans le *Monde illustré*, Pierre Véron annonce que B "sombre dans la paralysie"[1].

23 VIII j 66 – Dans le *Figaro*, Jules Claretie loue la traduction de De Quincey par B[1].

24 VIII v 66 – Ancelle reçoit la croix de la Légion d'honneur[1].

25 VIII s 66 – Mérimée écrit à Banville au sujet de la demande de subside pour B. Il avoue avoir été en relation avec le poète et reconnaît "l'originalité de son caractère." Mérimée espère que son témoignage aidera B à obtenir le subside[1]. Dans la *Petite Revue* Pincebourde raconte sur B l'anecdote où il morigène quelqu'un d'avoir estropié son nom[2]. B est mentionné par Philippe Dauriac, dans le *Monde illustré*[3]. Pour Emile Zola, dans *L'Evénement*, B est "un pauvre et étrange esprit"[4]. La *BF* enregistre la publication par Didot de la *Bibliographie historique et critique de la presse périodique française* d'Eugène Hatin. On y trouve une référence au *Salut public*[5].

26 VIII d 66 – Dans la *Lune*, Emile Blondet donne un sonnet "à la façon de Baudelaire"[1].

[env 27 VIII l 66] – Asselineau écrit à P-M pour lui décrire la condition de B[1].

27 VIII l 66 – Pétition au ministre de l'Instruction publique en faveur de B. Les signataires en sont: Champfleury; Banville; Leconte de Lisle; Asselineau. Elle est apostillée par Sainte-Beuve, Jules Sandeau et Mérimée[1]. Sandeau, en l'apostillant, appelle B "un vrai poète...malheureux"[2]. Banville révèle à Asselineau que Mérimée a renvoyé directement à Duruy, le ministre de l'Instruction publique, la pétition en faveur de B. Il aurait dû la rendre à Banville, qui voulait y faire ajouter la signature de Gautier[3].

[env 29 VIII me 66?] – Le Dr Duval informe Mme A que B peut maintenant dire "Bonjour, monsieur – bonsoir, monsieur"[1].

30 VIII j 66] – D'Honfleur, Mme A fait part à Asselineau de l'amélioration de santé

de B. Ancelle venant de partir pour la Suisse pour un séjour de douze jours, Mme A demande à Asselineau de la tenir au courant des nouvelles de son fils[1].

11 VIII ma 66 – Retour d'Ancelle à Paris[1].

19 IX me 66 – Dans le *Nouvel Illustré*, Monselet fait un commentaire sur *L'Eloge du maquillage*, de B[1].

30 IX s 66 – La *BF* enregistre la publication du *Grand Dictionnaire universel du 19e siècle*, de Pierre Larousse. On y mentionne B[1].

X 66 – Les amis de B obtiennent du ministre de l'Instruction publique une subvention aux dépenses de la pension et des soins médicaux du poète. Une première somme de 500 francs est octroyée[1]. Mme A avance au crédit de son fils la somme de 600 francs[2].

6 X s 66 – Mme A écrit à Asselineau pour s'informer de l'état de B[1].

13 X s 66 – Dans le *Nain jaune*, Eugène Ceyras fait une allusion à B comme collaborateur de l'*Almanach parisien*[1].

[première quinzaine de X 66] – Champfleury se rend en visite chez B pour lui annoncer l'octroi de fonds en sa faveur par le ministre. En apprenant la part de Mérimée dans cette demande, B se montre étonné et prononce même le nom de ce dernier. Champfleury trouve pourtant que le somme de 500 francs est "assez misérable"[1].

14 X l 66 – Charles Barbara publie un chapitre de l'*Assassinat du Pont Rouge* dans *L'Evénement*[1]. Champfleury écrit à Banville pour dire le succès de la pétition au ministre en faveur de B. Il décrit sa visite au poète et déclare que B recouvre certaines de ses facultés ce qui atteste l'amélioration de son état. Il recommande que Banville encourage Asselineau, quand il ira voir leur ami, à lui faire prononcer quelques noms[2].

16 X ma 66 – Manet écrit à Nadar de venir le chercher à son atelier, pour qu'ils aillent ensemble prendre B[1].

19 X v 66 – Manet et B dînent chez Nadar[1].

21 X d 66 – J.M. Eça de Queiroz donne, dans la *Gazette de Portugal*, un article sur B, Flaubert et EAP[1].

27 X s 66 – Mme A écrit à P-M pour dire que B va mieux et qu'il a même pu prononcer quelques mots[1]. La *BF* enregistre le *Parnasse contemporain*, publié chez Lemerre[2]. La *Petite Revue* publie *Les Bons Chiens* à nouveau, d'après l'*Indépendance belge*, accompagnés d'une note de P-M[3].

30 X ma 66 – G. Levavasseur envoie à Pincebourde un sonnet, *Maraud, chien à Baudelaire, poète*. Il lui demande de l'insérer dans la *Petite Revue*. Le poème évoque le nom d'un animal qui aurait appartenu à B du temps où il voyait souvent Le Vavasseur[1].

4 XI d 66 – Le *Grand Journal* publie à nouveau *Les Bons Chiens*[1]. La Saint-Charles/Sainte-Caroline[2].

7 XI me 66 – Dans le *Nain jaune*, Barbey d'Aurevilly donne les noms des "disciples" de B: Léon Dierx; Xavier de Ricard; Henri Winter; Armand Renaud, Ernest Le Fébure; Robert Luzarche. il estime que B a été influencé par Victor Hugo, Gautier, EAP et Sainte-Beuve et voit en Verlaine "un Baudelaire puritain"[1].

10 XI s 66 – Suite de l'article de Barbey d'Aurevilly dans le *Nain jaune* du 7 novembre[1].

14 XI me 66 – J. Saint-Martin appelle "avortement" le *Parnasse contemporain*, bien qu'il en respecte les anciens collaborateurs. Il qualifie B d'"aigle dans un vol de colombes"[1].

[env 17 XI s 66] – Nadar amène B au Grand Gymnase, dirigé par Eugène Paz[1].

17 XI s 66 – Eugène Paz, directeur du Grand Gymnase, écrit à Nadar pour lui dire qu'il prendrait volontiers B comme élève, ayant déjà traité des cas pareils avec succès[1]. Dans le *Monde illustré*, Charles Yriarte surnomme B "l'Isaïe des Parnassiens"[2].

[XII 66] – *Le Coucher du soleil romantique* paraît dans *Mélanges tirés d'une petite bibliothèque romantique*, d'Asselineau[1].

9 XII d 66 – Lettre (manquante) d'Asselineau à Mme A. Elle apporte "un bonjour" de Charles à sa mère[1].

12 XII me 66 – Mme A écrit à Asselineau pour le remercier de sa lettre du dimanche passé et pour lui dire que le médecin de Charles lui a appris à prononcer de petites phrases, comme "la lune est belle"[1].

22 XII s 66 – La *BF* enregistre la parution de l'*Almanach parisien pour 1867*, dans lequel est publié *Madrigal triste*. Le poème porte la dédicace: *A L.L...*[1]. Fernand Desnoyers y fait paraître une étude: "Ceux qui seront les peintres," dont le titre contient une allusion au *Salon de 1845*[2].

23 XII d 66 – Eça de Queiroz, dans la *Gazetta de Portugal*, publie son "Misticismo humoristico," inspiré par les poèmes du *Parnasse contemporain*[1].

24 XII l 66 – B déjeune en compagnie de Théophile Silvestre, qui l'emmène ensuite chez lui. Vers 6h du soir, B tient à rentrer rue du Dôme. Silvestre le fait raser puis reconduire en voiture[1].

25 XII ma 66 – La *Revue de poche* publie à nouveau l'*Ecole païenne*, accompagné d'une lettre de Monselet[1]. B dîne avec Mme Lejosne, H. Lejosne, le Dr Mabira, Massé [ou Manet] et Théophile Silvestre[2].

30 XII l 66 – Dans une lettre à Mallarmé, Eugène Lefébure remarque que la poésie de Verlaine est imitée de celle de B[1].

31 XII ma – Mme A a avancé à B cette année la somme globale de 2.500 francs[1].

1867

1867 – L'*Année littéraire...* de G. Vapereau annonce, à tort, la mort de B[1]. Dentu publie *Edouard Manet* d'Emile Zola; on y trouve des critiques de B[2].

[I ou II 67] – Par Ancelle, Mme A fait remettre à B une petite note d'elle; Ancelle lui apprend que le poète la lit sans difficulté[1].

I 67 – Dans la *Revue du XIXe siècle*, Emile Zola prétend qu'il n'y a pas de parenté artistique entre B et Manet[1]. En compagnie d'Asselineau, Michel Lévy rend visite à B; il discutent une nouvelle édition à publier des *FM*[2]. Mme A avance à son fils la somme de 650 francs[3].

[début I 67] – Lettres (manquantes) d'Ancelle à Mme A et d'Asselineau à Ancelle[1].

1 I ma 67 – La *Revue du XIXe siècle* publie *La Fin de la journée*[1]. La *Petite Revue anecdotique* rend compte des *Mélanges tirés d'une petite bibliothèque romantique* d'Asselineau, contenant *Le Coucher du soleil romantique*[2].

5 I s 67 – Lettre de Mme A à Asselineau. Ce dernier et Ancelle envisagent le départ de B de la maison de santé Duval mais Mme A ne se sent pas capable de

participer à une telle décision et délègue à ses deux amis cette responsabilité[1]. Dans la *Vogue*, Théodore de Grave qualifie B de "pauvre et cher poète"[2].

6 I d 67 – Dans le *Districto d'Evora* (Alemtejo), J.M. Eço de Queiroz parle de B[1].

10 I j 67 – Mort d'Alfred Mosselman[1].

15 I ma 67 – Dans un article sur EAP dans *Imparcial* (Madrid), Juan Prieto fait allusion à B[1].

21 I l 67 – Lettre de Jules Troubat à P-M. Il a vu B une seule fois, et raconte que le poète, qui a la mémoire solide, lui a montré les choses en lesquelles il trouve du plaisir: une édition d'EAP en anglais; les poésies de Sainte-Beuve; un petit livre sur Goya. Les noms de Wagner et Manet le font sourire d'allégresse. Champfleury vient parfois rendre visite à B. On a fait dîner B chez Nadar, où Troubat l'a rencontré[1].

24 I j 67 – Dans le *Figaro*, H. de Sandemoy déplore l'influence de B sur la jeunesse littéraire[1].

1 II v 67 – La *Petite Revue anecdotique* réannonce les *Mélanges tirés d'une petite bibliothèque romantique* d'Asselineau[1].

[env 12 II ma 67] – Asselineau donne à P-M des nouvelles sur la santé de B[1].

12 II ma 67 – P-M répond à la lettre du 21 janvier de Jules Troubat. Il explique que B a perdu la mémoire du langage et des signes figuratifs. P-M ne sait pas jusqu'à quel point s'étend l'incompréhension du malade, mais il est très pessimiste[1].

[env 12 II ma 67] – Lettre (manquante) d'Asselineau à Mme A. Il indique que l'état de B est stationnaire et informe Mme A que son fils désirerait vivement se rendre chez elle à Honfleur[1].

13 II me 67 – Lettre de Mme A à Asselineau. Elle apprend avec plaisir que Charles voudrait venir chez elle à Honfleur mais croit qu'il serait plus sage d'attendre le beau temps[1].

15 II v 67 – Lettre (manquante) d'Ancelle à Mme A. Le notaire offre d'amener B à Honfleur, avec Asselineau, pour éviter ce déplacement à Mme A[1].

24 II d 67 – Lettre (manquante) de Mme A à Ancelle. Sans nouvelles du projet d'amener B à Honfleur, elle écrit au notaire une lettre pressante pour en demander;

elle s'inquiète aussi du fait qu'Ancelle pourrait être indiposé et incapable de faire un tel voyage[1].

25 II l 67 – Lettre de Mme A à Asselineau. Elle partage avec lui ses inquiétudes sur le silence du notaire à propos du voyage de B à Honfleur, car elle n'a pas de nouvelles depuis dix jours[1].

28 III j 67 – Dans la *Revue cosmopolite*, Fortuné Calmels donne une longue étude sur B[1].

31 III d 67 – Date que B marque sur son calendrier et à laquelle il espère être guéri[1].

9 IV ma 67 – B a 46 ans[1].

14 IV d 67 – Dans *Paris-Magazine*, Arthur Arnould signale à Vapereau que B est encore vivant[1].

18 IV j 67 – Dans un article du *Hanneton* sur Champfleury, E. Vermersch désigne B comme un poète "d'un mérite énorme"[1].

28 IV d 67 – Dans la *Lune*, Emile Blondet répète l'anecdote sur B, Champfleury et la dame qui casse la vaisselle de son hôte[1].

V 67 – Nadar demande à B s'il croit en Dieu. Le poète lui répond "avec un cri d'extase" en indiquant à son ami "le ciel empourpré à ce moment où se couchait le soleil"[1].

14 V ma 67 – Mallarmé annonce à Cazalis qu'il s'est libéré de l'influence littéraire de B[1].

17 V v 67 – Dans une lettre à Lefébure, Mallarmé cite *Bohémiens en voyage*[1].

18 V s 67 – Lettre de Mme A à Asselineau, elle lui annonce son départ pour Paris[1].

19 V d 67 – Dans la *Pensée nouvelle*, André Lefébure trouve que la plus grande gloire de B aura été d'avoir traduit EAP[1].

21 V ma 67 – Mme A part pour Paris, où elle descend au 10, boulevard du Roi de Rome, afin d'être près de son fils[1].

[env 5 VI me 67] – Mme A retourne à Honfleur[1].

7 VI v 67 – P-M vient prendre B pour faire une promenade. Ils déjeunent dans un cabaret de campagne. B se montre content de sortir, mais exprime par des gestes son regret de ne pouvoir parler[1].

23 VI d 67 – La *Lune* publie à nouveau l'anecdote donnée par Emile Blondet sur B et Weill, ainsi que le refus par B des *Histoires de village* de Weill, que l'auteur lui offre[1].

[été 67] – B tient à Champfleury des discours mimés sur ses goûts littéraires[1].

17 VII me 67 – Champfleury se marie. Après, il s'installe 29, rue de Bruxelles[1].

20 VII s 67 – Lettre de Mme A à Asselineau. Elle vient d'arriver à Paris et désire le voir. B voudrait recevoir la visite de Manet[1].

27 VII s 67 – Dans *La Rue*, Edmond Duranty note que tous les petits poètes imitent Musset, Hugo, Banville et B[1].

13 VIII ma 67 – P-M explique à Asselineau les détails de ses rapports financiers avec B[1].

[mi-VIII 67] – Asselineau partage avec P-M ses soucis sur le déclin physique de B, qui ne veut plus quitter son lit. Il est attristé, même à la vue de ses amis. Sa mère ne quitte pas son chevet[1].

23 VIII v 67 – Dans le *Figaro*, Jules Claretie compare les traductions de De Quincey par Musset et par B, préférant la dernière[1].

[dernière semaine de VIII 67] – Lettre d'Asselineau à P-M, pour dire que l'état de B s'aggrave visiblement[1].

31 VIII s 67 – Nadar fait savoir à Villemessant que B agonise. Il offre d'écrire dans le *Figaro* la vérité sur le poète. Cet article paraîtra le 10 septembre[1]. Vers 11h du matin, B meurt à la maison de santé Duval, après une agonie longue, mais douce et sans souffrance[2]. Avec *Les Bons Chiens*, la *Revue nationale* commence la publication de la dernière série des *PPP*[3]. Asselineau rédige une note pour la presse au sujet de son ami mort[4]. Le soir, Asselineau et Nadar composent un faire-part portant ce texte: "M. Charles Baudelaire, auteur des *Fleurs du Mal* et des *Paradis artificiels*, le traducteur d'Edgar Poe, est mort ce matin. - Le service aura lieu à l'église Saint-Honoré de Passy (place de l'Hippodrome) à 11h très-précises, lundi 2 septembre". Ces faire-part ont été envoyés aux amis du poète[5].

1 IX d 67 -Lettre d'Asselineau à P-M annonçant la mort de B. On attend l'arrivée d'Ancelle, qui se trouve dans une station thermale[1]. A l'arrivée du notaire, lui et Asselineau font, devant Pierre Klein, adjoint au maire de Neuilly, la déclaration de la mort de B. On attribue à Mme l'âge de 70 ans au lieu de 74[2].

2 IX l 67 – A llh du matin[1], a lieu un service religieux pour B à l'église de Saint-Honoré d'Eylau. Le poète est inhumé au Cimetière Montparnasse. Banville et Asselineau prononcent des discours devant une centaine d'amis ou d'hommes de lettres[2]. Il fait du vent et le cercueil de B est couvert de feuilles détachées des arbres. Il est inhumé dans la même tombe que le général Aupick[3]. A la sortie du cimetière, Verlaine écrit pour l'*International* un éloge de la poésie de B. Parmi ceux qui assistent aux obsèques de B, Verlaine nomme: Ernest d'Hervilly; Armand Gouzien; Eugène Vermersch; Asselineau; Banville; Bracquemond; Champfleury; le Dr Piogey; Arsène Houssaye[4].

3 IX ma 67 – Le *Figaro* rapporte le fait qu'Alfred d'Aunay a vu le corps de B[1]. A. Vitu, dans l'*Etendard*, révèle que l'assistance à la chapelle comprenait: Jean Wallon; Banville; Asselineau; Champfleury; Monselet; Nadar; Veuillot; A. Houssaye; Th. Silvestre; A. Stevens; le Dr Piogey; Vitu lui-même. Ancelle conduit le cortège. Vitu remarque également la présence, entre beaucoup d'autres hommes de lettres et artistes, de: Houssaye fils; Manet; Bracquemond; Pothey; Fantin-Latour; Verlaine; Calmann-Lévy; Ducessois; Lemerre[2]. Des articles nécrologiques paraissent dans: *L'Avenir national*, d'A. Desonnaz; dans le *Précurseur* (Anvers); dans la *Liberté*, par Georges Sauton; dans l'*Univers*, par Louis Veuillot[3]. Victor Noir, dans le *Journal de Paris*, donne une notice. Dans la *Revue de Poche*, l'*Indépendance belge*, le *Pays* et le *Constitutionnel* paraissent des articles anonymes. C'est dans le *Constitutionnel* qu'est publiée l'annonce de la famille[4].

SIGLES ET BIBLIOGRAPHIE

[AB] Pichois, Claude. *Album Baudelaire. Iconographie réunie et commentée.* Nouvelle Revue Française, Gallimard: 1974. 315 pages + index.

[Adam A] Charles Baudelaire. *Les Fleurs du mal. Bribes. Poèmes divers. Amoenitates Belgicae.* Ed. Antoine Adam. Garnier: 1959. xxix-490 pages.

[Adhémar A] Adhémar, Jean. "Baudelaire et les frères Stevens, sa modernité." *Gazette des Beaux-Arts* 51 (fév 1958): 123-126.

[Adhémar B] Adhémar, Jean. *Honoré Daumier.* Tisné: [1954]. 147 pages.

[AGP] Poe, Edgar Allan. *Aventures d'Arthur Gordon Pym par Edgar Poe.* Ed. Jacques Crépet. Editions Louis Conard: 1934. 324 pages.

[Anonyme A] "Sur un livre dévergondé." *L'Intransigeant* (déc 1929).

[Anonyme B] "Envois d'auteurs à Victor Hugo," *Nouvelles Littéraires* (21 mars 1931).

[AR] Baudelaire, Charles. *Quelques-uns de mes contemporains. L'Art romantique.* Ed. Jacques Crépet. Editions Louis Conard: 1925. 599 pages.

[Auzas] Auzas, Auguste. "Lettres de Mme Vve Aupick à Charles Asselineau." *Mercure de France* 99 (16 sept 1912): 225-257.

[Badesco A] Badesco, Luc. "Baudelaire et la revue *Jean Raisin.* La première publication du *Vin du chiffonnier.*" *Revue des sciences humaines* fasc. 85 (janv-mars 1957): 55-85.

[Badesco B] Badesco, Luc. *La Génération de 1860. La Jeunesse des deux rives.* Ed. A.-G. Nizet, 1971. 2 vols.

[Bailly-Herzberg]   Bailly-Herzberg, Janine. *L'Eau-forte de peintre au XIX siècle: La Société des Aquafortistes 1862-1867*. Laget, 1972. 2 vols.

[BJ]   Bandy, W.T.. *Baudelaire Judged by his Contemporaries, 1845-1867*. New York: Publications of the Institute of French Studies, 1933. 188 pages.

[Bandy et Mouquet]   Bandy, W.T. et Jules Mouquet. *Baudelaire en 1848. La Tribune nationale*. Emile-Paul frères, 1946. 340 pages.

[Bandy A]   Bandy, W.T.. "Baudelaire ou Privat d'Anglemont?" *Le Figaro* (9 novembre 1929).

[Bandy B]   Bandy, W.T.. "The *Revue anecdotique* and Baudelaire." *Romanic Review* 29 (fév 1938): 68-73.

[Bandy C]   Bandy, W.T.. "Petite Addition à la bibliographie baudelairienne. Une édition non-signalée de *La Fanfarlo*." *Bulletin du Bibliophile et du bibliothécaire* No. 4 (1950): 198-200.

[Bandy D]   Bandy, W.T.. "Baudelaire et Croly: La vérité sur *Le Jeune Enchanteur*." *Mercure de France* 308 (1 février 1950): 233-247.

[Bandy E]   Bandy, W.T.. "New Light on Baudelaire and Poe." *Yale French Studies*. No. 10 (Fall-Winter 1952): 65-69.

[Bandy F]   Bandy, W.T.. "Editions originales et éditions critiques des *Histoires extraordinaires*." *Bulletin du bibliophile et du bibliothécaire* No. 4 (1953): 184-194.

[Bandy G]   Bandy, W.T., [Compte rendu de] Crépet, Jacques et Claude Pichois, éds. *Correspondance générale*. T. III-VI. Editions Louis Conard, 1948-1953. *Revue d'Histoire Littéraire de la France* LV (janv-mars 1955): 91-93.

[Bandy I]   Bandy, W.T.. "Les Morts, les pauvres morts." *Revue des sciences humaines* Nouv. Sér. Fasc. 127 (juill-sept 1967): 477-480.

[Bandy J]   Bandy, W.T.. "L'Universalité de Baudelaire." in *Baudelaire. Actes du Colloque de Nice*. Minard, 1968. 25-30.

[Bandy K]   Charles Baudelaire. *Edgar Allan Poe: sa vie et ses ouvrages*. (Edited by W.T. Bandy). Toronto and Buffalo: U. of Toronto Press, 1973. 128 pages.

[Bandy L]   Bandy, W.T.. "Baudelaire, Busquet and English Glees." /it French Studies XXIX (janvier 1975):42-56.

[Banville]   Banville, Théodore de. *Odes funambulesques. Occidentales. Idylles prussiennes*. Charpentier, 1878. 462 pages.

[Barral]   Barral, Georges. "Entretiens avec Baudelaire", *Le Petit Bleu* [Bruxelles] 243(31 avril 1901).

[BAP]   Pichois, Claude. *Baudelaire à Paris*. Hachette, 1967. 166 pages.

[BDC]   Bandy, W.T. et Claude Pichois. *Baudelaire devant ses contemporains*. Paris, Union Générale d'Edition, 1967, 377 pages.

[Besançon A]   Besançon, Raoul. "La Mort de M. Baudelaire." *Revue palladienne* (fév-mars 1949): 273-281; (avril-mars 1949): 362-372; (juin-juill 1949): 415-422.

[Besançon B]   Besançon, Raoul. "Baudelaire et la Bataille de *Tannhäuser*." *Revue palladienne* (mars-avril 1951): 123-133; (juin-juill 1951): 168-174; 2e dizaine, Nos. 7-8 (1952): 266-270.

[BET]   Pichois, Claude. *Baudelaire. Etudes et témoignages*. Neuchatel: La Baconnière, 1967. 271 pages.

[Billy A]   Billy, André. "Sainte-Beuve et Baudelaire." *Revue de Paris* 59 (janv 1952): 10-25.

[Billy C]   Billy, André. *Les Frères Goncourt*. Flammarion, 1954.

[Blanc]   Blanc, Paul. *A Propos de deux lettres inédites de Baude-
                            laire*. Nîmes, 1979. 53 pages.

[Blin A]   Blin, Georges. "Sur Un Inédit de Baudelaire." *Esprit*
                            19 (fév 1951): 161-168.

[Blin B]   Blin, Georges. "Baudelaire et Alexandre Weill." *Revue
                            d'histoire littéraire de la France* LIII (janv 1963): 28-45.

[Boisson]   Boisson, Marius. *Les Compagnons de la vie de Bohème*.
                            Tallandier, 1929. 246 pages.

[Bonnerot]   Bonnerot, Jean. "Lettres inédites de Laprade et Leconte
                            de Lisle." *Revue d'Histoire Littéraire de la France* 50
                            (1950): 316-323.

[Bopp]   Bopp, Léon. "Amiel. *Journal intime*: pages inédites."
                            Revue de Paris 64 (février 1957): 40-41.

[Bornecque A]   Bornecque, J.-H.. "Sur Une Traite sans espoir." *Poésie
                            française* (31 mars 1958): 5-8.

[Bornecque B]   Bornecque, J.-H.. "Du Rêve d'un bourgeois au *Rêve
                            d'un curieux*" *Bulletin du bibliophile et du bibliothécaire*
                            No.1 (1961): 57-63.

[Bornecque C]   Bornecque, J.-H..   *Les Années d'apprentissage
                            d'Alphonse Daudet*. Nizet, 1951. 539 pages.

[Boureau]   Boureau, Yvon. "L'Etat-civil de Marie Daubrun." *Re-
                            vue d'Histoire littéraire de la France* LVIII (janv-mars
                            1958): 59-61.

[Boyé A]   Boyé, Maurice-Pierre. "Le Divan... de Théodore de
                            Banville." *Points et contrepoints* (sept 1946): 25-31.

[Boyé B]   Boyé, Maurice. *Esquisses romantiques*. Debresse, 1937.

[BP A]   Bandy, W.T. et Claude Pichois. "Du Nouveau sur la
                            jeunesse de Baudelaire." *Revue d'Histoire littéraire de
                            la France* LXIII (janv-mars 1965): 70-77.

[BP B]   Bandy, W.T. et Claude Pichois. "Un Inédit: 'Hiawatha.
                Légende indienne,' adaptation de Charles Baudelaire."
                in *Etudes baudelairiennes. II.* Neuchatel: A La Ba-
                connière, 1971, pages 7-68.

[Calot]   Calot, Franz. "Poulet-Malassis, Lorédan Larchey et la
                Revue anecdotique." *Bulletin du bibliophile et du bib-
                liothécaire* (mars et avril 1940): 33-41; 91-99.

[Carriat]   Carriat, Amédée. "En Marge d'une exposition [sur
                Baudelaire, à la Bibliothèque Nationale]." *Mémoires de
                la société des sciences naturelles et archéologiques de la
                Creuse* 33 (1958): 314-317.

[CatBN57]   *Charles Baudelaire. Exposition organisée pour le cente-
                naire des Fleurs du Mal.* Paris [Bibliothèque Nationale]:
                1957. 124 pages.

[CatHetzel]   *De Balzac à Jules Verne. Un grand éditeur au XIXe
                siècle. P.-J. Hetzel.* Paris [Bibliothèque Nationale]:
                1966. 92 pages.

[CatNadar]   *Nadar.* Paris [Bibliothèque Nationale]: 1965. 99 pages.

[CatPM]   *Un Imprimeur sur le Parnasse. Auguste Poulet-
                Malassis.* Catalogue de l'Exposition pour le Centième
                Anniversaire des *Fleurs du Mal.* Alençon: Librairie
                Alençonnaise, 1957. 113 pages.

[CatWTB]   *Baudelaire. An Exhibition commemorating the Centen-
                nial of Les Fleurs du Mal.* Madison (Wisconsin, USA):
                1957. 32 pages.

[Caussy]   Caussy, Fernand. "La Jeunesse de Baudelaire." *Annales
                romantiques* 8 (nov 1911): 376-382.

[C.C.]   "C.C.". *Le Cramérien* 1(avril 1972).

[CE]   Baudelaire, Charles. *Oeuvres complètes. Quelques-uns
                de mes contemporains. Curiosités esthétiques.* Notice,
                notes et éclaircissements de Jacques Crépet. Editions
                Louis Conard, 1923. 542 pages.

[CG I]   Baudelaire, Charles. *Oeuvres complètes. Correspon-dance générale. I. 1833-1856.* Recueillie, classée et an-notée par Jacques Crépet. Editions Louis Conard, 1947. 424 pages.

[CG II]   Baudelaire, Charles. *Oeuvres complètes. Correspon-dance générale. II. 1857-1859.* Recueillie, classée et annotée par Jacques Crépet. Editions Louis Conard, 1947. 409 pages.

[CG III]   Baudelaire, Charles. *Oeuvres complètes. Correspon-dance générale. III. 1860-septembre 1861.* Recueillie, classée et annotée par Jacques Crépet. Editions Louis Conard, 1948. 352 pages.

[CG IV]   Baudelaire, Charles. *Oeuvres complètes. Correspon-dance générale. IV. Novembre 1861-1864.* Recueillie, classée et annotée par Jacques Crépet. Editions Louis Conard, 1948. 350 pages.

[CG V]   Baudelaire, Charles. *Oeuvres complètes. Correspon-dance générale. V. 1865-1866.* Recueillie, annotée et classée par Jacques Crépet. Editions Louis Conard, 1949. 317 pages.

[CG VI]   Baudelaire, Charles. *Correspondance générale. VI. Compléments et Index.* Recueillie, classée et annotée par Jacques Crépet Ht Claude Pichois. Editions Louis Conard, 1953. 343 pages.

[CPl I]   Baudelaire, Charles. *Correspondance. (Janvier 1832-février 1860).* Texte établi, présenté et annoté par Claude Pichois avec la collaboration de Jean Ziegler. Gallimard, Bibliothèque de la Pléiade, 1973. Tome I:1114 pages.

[CPl II]   Baudelaire, Charles. *Correspondance. (mars 1860-mars 1866).* Texte établi, présenté et annoté par Claude Pi-chois avec la collaboration de Jean Ziegler. Gallimard, Bibliothèque de la Pléiade, 1973. Tome II: 1149 pages.

[Champfleury A]   Champfleury [Jules Fleury].   *Contes posthumes* d'*Hoffmann traduits par Champfleury*. Michel Lévy Frères, 1856. 324 pages.

[Champfleury B]   Champfleury [Jules Fleury]. *Catalogue des livres rares et curieux composant la bibliothèque de Champfleury.* Sapin, 1890. 166 pages.

[Champfleury C]   Champfleury [Jules Fleury]. *Souvenirs et portraits de jeunesse.*

[Champfleury D]   *Catalogue des Eaux-fortes, lithographies, caricatures, vignettes romantiques, dessins et aquarelles, formant la collection Champfleury.* Avec une préface de Paul Eudel. Léon Sapin, 1891. 128 pages.

[Chapelan]   Sainte-Beuve, C.-A.. *Pensées et maximes.* Publiées par M. Chapelan. Grasset, 1954.

[Charlier]   Charlier, Gustave. *Passages.* Bruxelles, La Renaissance du livre, 1947. 182 pages.

[Clapton]   Clapton, G.T.. "Baudelaire and Catherine Crowe." *Modern Language Review.* 25 (juill 1930): 286-305.

[CML]   Baudelaire, Charles. *Oeuvres complètes de Charles Baudelaire.* Edition présentée dans l'ordre chronologique et établie sur les textes authentiques avec des variantes inédites et une annotation originale. Club du Meilleur Livre, 1955.

[Contades]   Contades, Gérard de. "Auguste Poulet-Malassis." *Le Livre.* 5 (10 mars 1884): 73-86.

[Couturier]   Couturier, Claude. "Lettres de Mme Aupick à Théodore de Banville." *Mercure de France* 123 (1 sept 1917): 34-43.

[Crépet A]   Crépet, Jacques. "Charles Baudelaire et Jeanne Duval. Lettre ouverte à Léon Deschamps." *La Plume.* X (15 avril 1898): 242-244.

[Crépet B]   Crépet, Jacques. "Les Derniers Jours de Baudelaire."

Bulletin du bibliophile et du bibliothécaire (fév-mars 1925): 74-84; (mars 1925): 155-160; (avril 1925): 198-206.

[Crépet C] Crépet, Jacques. "Baudelairiana." *Bulletin du bibliophile et du bibliothécaire* (1939): 451.

[Crépet D] Crépet, Jacques. "Baudelaire et Mérimée." *Candide* (19 juill et 20 sept 1934).

[Crépet E] Crépet, Jacques. "Quelques Lettres inédites de Baudelaire." *Candide* (8 et 15 août 1935).

[Crépet F] Crépet, Jacques, "Miettes baudelairiennes." *Mercure de France* 262 (15 sept 1935): 514-538.

[Crépet G] Crépet, Jacques. "Une Femme à enterrer." *Nouvelles littéraires* (29 sept 1936).

[Crépet H] Crépet, Jacques. "Quelques Documents inédits sur Baudelaire." *Mercure de France* 274 (15 mars 1937): 629-636.

[Crépet I] Crépet, Jacques. *Baudelaire et les Mystères galans des théâtres de Paris*. Gallimard, 1938. xxx + 261 pages.

[Crépet J] Crépet, Jacques. "A Propos de *Fanny*." *Bulletin du bibliophile et du bibliothécaire* (20 mai 1938): 198-208.

[Crépet K] Crépet, Jacques. "Documents baudelairiens." *Mercure de France* 290 (1 mars 1939): 460-465.

[Crépet L] Crépet, Jacques. "Baudelairiana." *Bulletin du bibliophile et du bibliothécaire* (août-septembre 1939): 348-368.

[Crépet M] Crépet, Jacques. "Lettres adressées ou relatives à Baudelaire." *Bulletin du bibliophile et du bibliothécaire* (20 déc 1939): 447-455.

[Crépet N] Crépet, Jacques. "Baudelairiana." *Bulletin du bibliophile et du bibliothécaire* (1933): 451.

[Crépet O] Crépet, Jacques. "Baudelairiana." *Bulletin du biblio-phile et du bibliothécaire* (Série de guerre 1940-1945): 10-17; 26-52; 86-90; 134-144; 200-216.

[Crépet P] Crépet, Jacques. "Miettes baudelairiennes." *Mercure de France* 294 (1 fév 1940): 321-335.

[Crépet Q] Crépet, Jacques. "Baudelairiana." *Bulletin du biblio-phile et du bibliothécaire* (janv 1946): 34-45; (fév 1946): 58-67; (mars 1946): 123-127.

[Crépet R] Crépet, Jacques. "Dix Lettres inédites de Charles Baudelaire." *Fontaine.* (fév 1946): 262-277.

[Crépet S] Crépet, Jacques. "Baudelaire, Fin Manoeuvrier." *La Nef.* 5 (juin 1948): 3-21.

[Crépet T] Crépet, Jacques. "Petites Enigmes baudelairiennes." *Mercure de France* 315 (juill 1952): 432-447.

[Crépet U] Crépet, Jacques et Claude Pichois. *Baudelaire et As-selineau, textes recueillis et commentés par....* Nizet, 1953. 254 pages.

[Crépet V] Crépet, Jacques. *Propos sur Baudelaire, rassemblés et annotés par Claude Pichois.* Mercure de France, 1957. 230 pages.

[Crouzet] Crouzet, Marcel. *Un Méconnu du Réalisme. Duranty (1833-1880). L'Homme. Le Critique. Le Romancier.* Nizet, 1964. 787 pages.

[da Cal] Guerra da Cal, E.. "Eça de Queiroz, Baudelaire et *Le Parnasse contemporain. Revue de Littérature comparée* 35 (juill-sept 1961): 401-420.

[Daireaux] Daireaux, Max. *Villiers de l'Isle-Adam, l'homme et l'oeuvre; avec des documents inédits.* Desclée, de Brouwer et Cie, [1936]. 457 pages.

[Daudet] Daudet, Alphonse. "L'Anti-chambre du diable." *Le Fi-garo* (25 octobre 1860).

[de Lacretelle]   De Lacretelle, Pierre. "Un Escroc de grande allure sous le Second Empire." *Revue hebdomadaire* (13 janv 1934).

[Delacroix A]   Delacroix, Eugène. *Journal d'Eugène Delacroix. Tome III*. Plon, 1893. 490 pages.

[Delacroix B]   Delacroix, Eugène.   *Correspondance générale*.   Ed. André Joubin. Plon, 1935-38. 5 vol.

[Delesalle A]   Delesalle, Jean-François, "Miettes baudelairiennes." *Revue d'Histoire littéraire de la France*. 63 (1963): 113-117.

[Delesalle B]   Delesalle, Jean-François. "La Trace de quelques documents baudelairiens." *Bulletin baudelairien* 4 (9 avril 1969): 7-11.

[Delvau]   Delvau, Alfred. "La Laiterie du paradoxe." *Le Rabelais* (20 mai 1857).

[DICO]   Pichois, Claude et François Ruchon. *Baudelaire. Documents iconographiques*. Genève, Pierre Cailler, 1960. 219 pages + 228 ill.

[Du Camp]   Du Camp, Maxime. *Souvenirs littéraires 1850-1880*. Hachette, 1906. 3e éd. T. 1: 406 pages; T. 2: 400 pages.

[Dufay A]   Dufay, Pierre.   "Des Buveurs d'eau à la 'Vie de Bohème'." *Mercure de France* 155 (1 av 1922): 44-45.

[Dufay B]   Dufay, Pierre. "Emile Deschamps et Baudelaire." *Revue du Berry et du Centre*. (juill 1928).

[Dufay C]   Dufay, Pierre. *Autour de Baudelaire: Poulet-Malassis, l'éditeur et l'ami*. Cabinet du livre, 1931. 260 pages.

[Dufay D]   Dufay, Pierre. "Un Restaurant de Baudelaire: la mère Perrin." *Mercure de France* 273 (15 janv 1937): 437-439.

[Dufay E]   Dufay, Pierre. "Un Ami de Baudelaire: M. Ancelle, beau-père d'un fils du duc de Berry." *Mercure de France*

(15 oct 1934): 421-425.

[Duflo]   Duflo, Pierre. "Baudelaire et Constantin Guys. Trois
                   lettres inédites."   *Revue d'Histoire littéraire de la
                   France*. 83ème année, No.4 (juill-août 1983): 599-603.

[D'Unienville]   D'Unienville, Alix, "Baudelaire aux Iles."   *Revue de
                   Paris* LXXI (nov 1964): 96-102.

[EJC]   Crépet, Jacques et Eugène. *Charles Baudelaire. Etude
                   biographique d'Eugène Crépet revue et mise à jour par
                   Jacques Crépet, suivie des Baudelairiana d'Asselineau*.
                   Messein, 1919. xii + 466 pages.

[Englekirk]   Englekirk, J.E. *Edgar Allan Poe in Hispanic Literature*.
                   New York: Instituto de las Españas, 1934.

[Eur]   Baudelaire, Charles. *La Genèse d'un poème. Le Cor-
                   beau. Méthode de composition par Edgar Poe*. Editions
                   Louis Conard, 1936. 322 pages.

[Ferran]   Ferran, André. "Charles Baudelaire: autour du voyage
                   en Belgique." *L'Archer* (nov 1931): 303-309.

[Feuillerat A]   Feuillerat, Albert. *Baudelaire et la Belle aux cheveux
                   d'or*. New Haven (USA): Yale University Press, 1941.
                   97 pages.

[Feuillerat B]   "Baudelaire est-il allé dans l'Inde?" *French Review* 17
                   (March 1944): 249-254.

[Finch]   Finch, Ilse. *Etude chronologique de la vie de Gustave
                   Flaubert (1821-1880)*. [Dissertation de PhD, University
                   of Chicago, 1948 , ms. de 190 pages].

[Finot]   Finot, André. *Maxime Du Camp*. [s.l.], 1949. 79 pages.

[Flaubert A]   Flaubert, Gustave. *Madame Bovary*. Charpentier, 1923.
                   468 pages.

[Flaubert B]   Flaubert, Gustave. *Correspondance. II. (juillet 1851
                   - décembre 1858)*. Edition établie, présentée et an-

notée par Jean Bruneau.   Gallimard, Bibliothèque de la Pléiade, 1980. 1534 pages.

[Flavien A]   "F.F." [Jean Flavien]. "Jeanne". *Le Cramérien* 5(1 juin 1970).

[Flavien B]   [Jean Flavien]. "J.-F. Baudelaire". *Le Cramérien* 6(1 août 1970).

[Flavien C]   "F." [Jean Flavien].   "La Critique catholique et les *Fleurs du Mal*". *Le Cramérien* 4 et 5(31 juill 1971).

[FM]   Baudelaire, Charles. *Les Fleurs du Mal. Les Epaves*. Notice, notes et éclaircissements de Jacques Crépet. Editions Louis Conard, 1922. 520 pages.

[FM42]   Baudelaire, Charles. *Les Fleurs du Mal. Texte de la seconde édition suivi des pièces supprimées en 1857 et des additions de 1868.* Ed. Jacques Crépet et Georges Blin. Librairie José Corti, 1942. 630 pages.

[FM59]   Baudelaire, Charles. *Les Fleurs du Mal.* Ed. Jean Pommier et Claude Pichois. Club des Libraires de France, 1959.

[Fodor]   Fodor, Istvan. "Baudelaire en Hongrie." in *Etudes baudelairiennes. II*. Neuchatel, A La Baconnière, 1971. p. 145-159.

[Foucque]   Foucque, H.. "Baudelaire aux Iles Maurice et Bourbon." *La Grande Revue* 132 (mai 1930): 390-407.

[Fuchs]   Fuchs, Paul. "Sur Une Feuille d'album: un inédit de Baudelaire." *Le Figaro* (7 fév 1925).

[Gautier]   Gautier, Félix-François. "Documents sur Baudelaire." *Mercure de France*: 53 (15 janv et 1 fév 1905)190-204; 329-346.

[Gendreau-Pichois]   Gendreau, Georges et Claude Pichois, "Autour d'un billet inédit de Charles Baudelaire." *Revue d'Histoire littéraire de la France*. LVII (1957): 574-578.

[Girard]　　　　　　　Girard, Georges. "Un Ennemi de Baudelaire: le général Aupick." *La Revue de la semaine* (19 mai 1922): 264-286.

[Gomulicki]　　　　　Gomulicki, Juliusz Wiktor. *Baudelaire à Hoene Wronski. Na marginesie niezanego listu Baudelaire à 1854.* Warszawa, Muzeum Literatury ina Adama Mickiewicza, 1983. 30 pages.

[Gonthier]　　　　　Gonthier, Pierre-Henri. *Paul Cézanne.* Tisné, 1962.

[Gosling]　　　　　Gosling, Nigel. *Nadar.* New-York: Alfred A. Knopf, 1976.

[Greaves]　　　　　Greaves, Roger. *Nadar, ou le paradoxe vital.* Flammarion, 1980. 413 pages + index.

[Grossmann]　　　Grossmann, Joan Delaney. *Edgar Allan Poe in Russia. A study in legend and literary influence.* Würzburg: Jal-Verlag, 1973, (Colloquium Slavicum, 3).

[Guilhermoz]　　　R.D., "Curiosités", *Mercure de France* I(nov 1890), pages 415-446.

[Guiral et Pichois]　Guiral, Pierre et Claude Pichois. "*L'Albatros* de Polydore Bounin", *Revue d'Histoire Littéraire de la France* LVII(oct-déc 1957), pages 570-574.

[Hamilton]　　　　Hamilton, George Heard. *Manet and His Critics.* New Haven, Yale University Press, 1954. 295 pages.

[Hamrick]　　　　Hamrick, Lois Cassandra. *The Role of Gautier in the art criticism of Baudelaire.* [Thèse de PhD, Vanderbilt University, 1975: ms de 335 pages, dactylographié].

[HE]　　　　　　Baudelaire, Charles. *Histoires extraordinaires par Edgar Poe.* Editions Louis Conard, 1932. 498 pages.

[Hemmings]　　　Hemmings, Frederick William John. *Baudelaire the damned.* New-York, Scribners, c1982, xi+251 pages. b

[Hemmings-Niess]　Emile Zola. *Salons.* Ed. F.W. Hemmings et R.J. Niess.

Genève, Droz, 1959.

[HGS]   Baudelaire, Charles. *Histoires grotesques et sérieuses par Edgar Poe*. Editions Louis Conard, 1937. 379 pages.

[Hugo]   Hugo, Victor. *Correspondance. 1836-1882*. Calmann-Lévy, 1898. 2 vols, vol. 2.

[Hyslop]   Hyslop, Lois Boe. "Baudelaire et Eugène Crépet: un document inédit." *Bulletin baudelairien* 4 (9 avril 1969): 13.

[I]   Référence *interne*, fournie par l'évidence de la chronologie.

[Jasinski]   Jasinski, René. *Les Années d'apprentissage de Théophile Gautier*. Vuibert, 1929.

[Jean-Aubry]   Jean-Aubry, Georges. *Un Paysage littéraire. Baudelaire et Honfleur*. Maison du livre, 1917. 63 pages.

[JI]   Baudelaire, Charles. *Journaux intimes. Fusées. Mon Coeur mis à nu. Carnet.*. Ed. Jacques Crépet et Georges Blin. Librairie José Corti, 1949. 475 pages.

[Job-Lazare]   Job-Lazare [Emile Kuhn]. *Albert Glatigny, Sa Vie, son oeuvre*. Avec un portrait à l'eau-forte, dessiné et gravé par A. Esnault. A.H. Bécus, 1878. 221 pages.

[Julia]   Baudelaire." *Bulletin baudelairien* 15 (été 1979-hiver 1980): 2-15.

[Kameya]   Kameya, Nori. *Un Conteur inconnu: Louis-Charles Barbara*. [Thèse pour le Doctorat-ès-lettres présentée à l'Université de Nice.] 1983, T.1: *Etude*; T.2: *Anthologie et documents, contenant les textes du* Major Whittington *et de* L'Assassinat du Pont-Rouge.

[Kopp]   Baudelaire, Charles. *Petits Poëmes en prose*. Ed. critique par Robert Kopp. Librairie José Corti, 1969. 432 pages.

[Kunel A]   Kunel, Maurice. *Cinq Journées avec Charles Baude-laire*. Liège, Ed. de "Vigie 30" 1932. 128 pages.

[Kunel B]   Kunel, Maurice. *Baudelaire en Belgique*. Liége: Soledi, 1944. 208 pages.

[Lacambre]   Le Réalisme *[par] Champfleury. Textes choisis et présentés par Geneviève et Jean Lacambre*. Hermann (Coll. Savoir), 1973. 235 pages.

[La Fizelière]   La Fizelière, A. et Georges Decaux. *Essais de bibliographie contemporaine. I. Charles Baudelaire*. A La Librairie de l'Académie des Bibliophiles, 1868. 70 pages.

[Georges Lang]   Lang, Georges Emmanuel, "Charles Baudelaire et sa mère." *Le Figaro* (5 mars 1922).

[Cecil Lang]   [Cecil Lang] Swinburne, Algernon. *The Swinburne Letters*. Edited by Cecil Y. Lang, New Haven, Yale University Press, 1959. 6 vol. + index.

[Leakey]   Leakey, Félix. "Baudelaire et Kendall." *Revue de littérature comparée* (janv-mars 1956): 53-63.

[Le Dantec A]   Lé Dantec, Yves-Gérard (éd.). *Baudelaire. Oeuvres.* Gallimard, Bibliothèque de la Pléiade, 1951. 1549 pages.

[Le Dantec B]   Le Dantec, Yves-Gérard. *Baudelaire et la "Très-belle." dialogue d'amour avec Apollonie Sabatier (1852-1860)*. Les Belles Lectures, 1952. 62 pages.

[Le Dantec C]   Le Dantec, Yves-Gérard. "Une Liste énigmatique des poèmes de Charles Baudelaire." *Mercure de France* 329 (janv 1957): 177-179.

[Lefranc]   Lefranc, Jules. "Deux Lettres inédites du général Aupick." *Revue Palladienne* (mars-avril 1948): 20-21.

[Léger A]   Léger, Charles. "Baudelaire et Courbet." *Mercure de France* 290 (15 mars 1939): 721-727.

[Léger B]   Léger, Charles. *Courbet Et Son Temps*. Les Editions

Universelles, 1948. 205 pages.

[Lemonnier]   Lemonnier, Léon. *Les Traducteurs d'Edgar Poe en France de 1845 à 1875: Charles Baudelaire.* Presses Universitaires, 1928. 214 pages.

[Léon S...]   Léon S..., [Léon de la Sicotière?] *Intermédiaire des Chercheurs et des curieux* XCII (10 août 1929): 648-649.

[Lepage]   Lepage, Auguste. *Les Boutiques de l'esprit.* Olmer, 1879.

[Leroy]   Leroy, Maxime. *Les Premiers Amis français de Wagner.* Albin Michel, 1925. 247 pages.

[Lesclide]   Lesclide, Richard. "*Journal intime.* Fragments publiés par Maurice-Pierre Boyé." *Quo Vadis* XI (janv 1948): 21-54.

[Lettere]   Baudelaire, Charles. *Lettere. Volume terzo 1862-1866.* Edizione di Claude Pichois con la collaborazione di Jean Ziegler. Bologna: Capelli Editore, 1983.

[Le Vavasseur]   Le Vavavasseur, Gustave, Ernest Prarond, A. Argonne [Auguste Dozon]. *Vers.* Herman Frères, 1843. 222 pages.

[Lods A]   Lods, Armand. "Collaboration de Baudelaire au *Rabelais.*" *Intermédiaire des chercheurs et des curieux* 92 (10 déc 1929): 912.

[Lods B]   Lods, Armand. "Baudelaire à la *Revue Nationale.* " *Intermédiaire des chercheurs et des curieux* 93 (10 sept 1930): 703-704.

[Lods C]   Lods, Armand. "Baudelaire à la *Semaine théâtrale.*" *Intermédiaire des chercheurs et des curieux* 96 (15 juin 1933): 515-516.

[Lovenjoul]   Lovenjoul, Charles Spoelberch de. *Histoire des oeuvres de Théophile Gautier.* Charpentier, 1887. T. 1: 495 pages.; T. 2: 608 pages.

[Mallarmé]   Mallarmé, Stéphane. *Oeuvres complètes*. Texte établi et annoté par Henri Mondor et G. Jean-Aubry. Gallimard, Bibliothèque de la Pléiade, 1945. 1653 pages.

[Manet 83]   *Manet 1832-1883*. Catalogue of the Manet Exposition, Paris and New York. Paris + New York: Ed. de la Réunion des Musées Nationaux, 1983. 548 pages.

[Marsan]   Marsan, Jules. "L'Editeur des *Fleurs du Mal* en Belgique." *L'Archer* 7e année (sept-oct 1936): 228-259.

[Marsan A]   *Collection Jules Marsan. Manuscrits et autographes*. Vente à Hôtel George V, le 17 juin 1975. Catalogue préparé par Cl. Guérin et Marc Loliée.

[Martineau]   Martineau, René. *Promenades biographiques*. Librairie de France, 1920.

[Maurice]   Maurice, Etienne [pseud. d'Alcide Dusolier], "Une Conspiration sous Abdul-Théo." *Le Figaro* (2 sept 1860).

[Mayne]   Mayne, Jonathan. *The Mirror of art. Critical studies by Charles Baudelaire*. Translated and Edited with Notes and Illustrations by Jonathan Mayne. Garden City, N.Y. (USA): Doubleday Anchor Books, 1956. 370 pages.

[McIntosh]   McIntosh, Malcolm. "Baudelaire's Caricature essays." *Modern Language Notes*. 71 (nov 1956): 503-507.

[McRae]   McRae, Christopher. *Baudelaire De Mars 185 à décembre 1852*. [Dissertation de PhD, Vanderbilt University, 1979: ms de 211 pages.]

[Mendès]   Mendés, Catulle. *La Légende du* Parnasse contemporain. Bruxelles, Brancart, 1884. 303 pages.

[Mercié]   Mercié, Jean-Luc. *Victor Hugo et Julie Chenay, documents inédits*. Minard, 1966.

[Michaud]   Michaud, Joseph-François. *Biographie Universelle, ancienne et moderne....* Paris, Michaud, 1811-1862.

[Monselet]   Monselet, Charles. *Le Petit Paris*. Dentu, 1879. 327 pages.

[Montauzan]   "Une Lettre inédite de Baudelaire." [communiquée par Marie-José Montauzan, petite-nièce d'Armand Fraisse], *Les Cahiers obliques*. No. 1 (janv-mars 1980): 4-6.

[Montel]   Montel, François, "Les Derniers Jours de Baudelaire." *Le Figaro* (14 fév 1925).

[Moss]   Moss, Armand. *Baudelaire et Madame Sabatier*. Nizet, 1978, 239 pages.

[Mouquet]   Mouquet, Jules (v. Bandy, W.T. et Jules Mouquet)

[Mouquet A]   Mouquet Jules. *Charles Baudelaire. Oeuvres en collaboration: Idéolus. Le Salon caricatural. Causeries du Tintamarre*. Mercure de France, 1932. 224 pages.

[Mouquet B]   Mouquet, Jules. *Charles Baudelaire. Vers latins avec trois poèmes en fac-similé suivis de compositions latines de Sainte-Beuve et Alfred de Musset*. Mercure de France, 1933. 155 pages.

[Mouquet C]   Mouquet, Jules. "Baudelaire, le constance et l'invitation au voyage." *Mercure de France* 250 (1 mars 1934): 305-312.

[Mouquet D]   Mouquet, Jules. "Baudelaire quai de Béthune." *Mercure de France*. 305 (1 avril 1949): 758-763.

[M.R.-L.R.]   'Menues Vérités, menues erreurs." *Le Cramérien*. Nos. 4-5 (31 juill 1971).

[Nadar]   Tournachon, Félix. *Charles Baudelaire Intime*. Blaizot, 1911. 143 pages.

[Nerval]   Nerval, Gérard de. *Oeuvres....* texte établi, annoté et présenté par Albert Béguin et Jean Richer. Gallimard, Bibliothèque de la Pléiade, 1952. 1391 pages.

[Newman]   Newman, Ernest. *The Wagner Operas*. New-York:

Knopf, 1949. 724 pages.

[NHE]   Baudelaire, Charles (tr.). *Nouvelles Histoires extraor-
          dinaires par Edgar Poe*. Editions Louis Conard, 1933.
          506 pages.

[Nicolson] Nicolson, Benedict. *Courbet: The Studio of the painter*.
          London, Allen Lane, 1976[?]. 98 pages.

[North Peat] *Gossip from Paris during the Second Empire. Corre-
          spondence (1864-1869) of Anthony B. North Peat... se-
          lected and arranged by A.R. Waller*. New York: D. Ap-
          pleton and Co., 1903. 347 pages.

[Nouvion] Nouvion, Georges de. "La Famille de Baudelaire." *Bul-
          letin de la Société historique du VIe Arrondissement de
          Paris* (juill 1901): 139-174.

[NWS]   Swinburne, Algernon Charles. *New Writings by Swin-
          burne* or *Miscellaneous nova et curiosa*. Being a medley
          of poems, critical essays, hoaxes and burlesques. Edited
          by Cecil Y. Lang. Syracuse (New York: USA): 1964.
          253 pages + index.

[OC61]   Baudelaire, Charles. *Oeuvres complètes*. texte établi et
          annoté par Y.-G. Le Dantec; édition révisée, complétée
          et présentée par Claude Pichois. Gallimard, Bib-
          liothèque de la Pléiade, 1961. 1877 pages.

[OCPl I] Baudelaire, Charles. *Oeuvres complètes*. texte établi,
          présenté et annoté par Claude Pichois. Gallimard, Bib-
          liothèque de la Pléiade, 1975. Tome I: 1603 pages.

[OCPl II] Baudelaire, Charles. *Oeuvres complètes*. texte établi,
          présenté et annoté par Claude Pichois. Gallimard, Bib-
          liothèque de la Pléiade, 1976. Tome II: 1691 pages.

[Ollivier] Olliver, Daniel (éd.): *Correspondance de Liszt et de sa
          fille*. Publiée par Daniel Ollivier. Bernard Grasset,
          1936. 288 pages.

[OP I]   Baudelaire, Charles. *Juvenalia. Oeuvres posthumes.*

Reliquiae. I. Editions Louis Conard, 1939. 608 pages.

[OP II]   Baudelaire, Charles. *Juvenilia. Oeuvres posthumes. Reliquiae. II.* Editions Louis Conard, 1952. 312 pages.

[OP III]   [OP III] Baudelaire, Charles. *Juvenilia. Oeuvres posthumes. Reliquiae. III.* Editions Louis Conard, 1952. 441 pages.

[PA]   Baudelaire, Charles. *Les Paradis artificiels. La Fanfarlo.* Editions Louis Conard, 1928. 382 pages.

[Parturier]   Parturier, Maurice. "Les Marionnettes de Duranty." *Bulletin du bibliophile et du bibliothécaire* No.3 (1950): 111-125.

[Parturier et Privat]   Parturier, Maurice et Daniel Privat, "Duranty et Baudelaire." *Bulletin du bibliophile et du bibliothécaire* (1953): 1-13.

[Patin]   Patin, Jacques. "Lettres de Banville à Poulet-Malassis." *Le Figaro littéraire* (19 mai 1928).

[Patty]   Patty, James S.. "Hippolyte Babou et Les *Fleurs du Mal.*" *Tennessee Studies in Literature*

[Pellow]   Pellow, David. *Charles Baudelaire. The Formative Years.* Nashville (Tennessee, USA), [Thèse de PhD, Vanderbilt University, 1971], 180 pages dactylograpphiées.

[Pelpel]   Pelpel, Jules. "Chronique." *Diogène* (10 mai 1863).

[Peltier]   Peltier, Paul. "Musset et Baudelaire. A propos des *Confessions d'un mangeur d'opium.*" *Revue d'Histoire littéraire de la France.* 25 (16 déc 1918): 637-648.

[Pia]   Pia, Pascal. "Propos baudelairiens." in *Etudes baudelairiennes. II.* Neuchatel: A La Baconnière, 1971. p. 77-80.

[Pichois et Crépet]   Pichois, Claude. "Baudelaire à Honfleur: une visite à la Maison joujou," *Figaro littéraire* (12 avril 1952).

[Pichois A]   Pichois, Claude. "Autour des *Paradis artificiels*: Baude-
                laire, Musset et De Quincey." *Le Goéland* (avril-juin
                1952).

[Pichois B]   Pichois, Claude. "Quand l'acteur Bignon 'entra dans la
                peau de son personnage'." *Le Français moderne* (juillet
                1952): 173-174.

[Pichois C]   Pichois, Claude. "A Propos d'un poème de Baudelaire
                Les Yeux de Berthe. Du nouveau sur Jeanne Duval?"
                Revue d'Histoire littéraire de la France (avril-juin 1955):
                191-205.

[Pichois D]   Pichois, Claude. "La Première Poésie de Baudelaire."
                Mercure de France No.1106 (1 oct 1955): 286-291.

[Pichois E]   Pichois, Claude. "Une Lettre inédite de Baudelaire à
                Arthur Stevens." *Le Livre et l'Estampe* [Bruxelles] No.3
                (1 juin 1955): 5-9.

[Pichois F]   Pichois, Claude. "Le Beau-père de Baudelaire." *Mer-
                cure de France* 324 (1 juin 1955): 261-281; (1 juill 1955):
                472-490.

[Pichois G]   Pichois, Claude. "Le Demi-frère du poète des *Fleurs du
                mal*. Claude-Alphonse Baudelaire, magistrat." *Pouvoir
                judiciaire* No.108 (fév 1956): 4-5.

[Pichois H]   Pichois, Claude. "Autour de la *Fanfarlo*: Baudelaire,
                Balzac et Marie Daubrun." *Mercure de France* CC-
                CXXVIII (1956): 604-636.

[Pichois I]   Pichois, Claude. "Le Père de Baudelaire fut-il
                janséniste?" *Revue d'Histoire littéraire de la France*.
                LVII (1957): 565-568.

[Pichois J]   Baudelaire, Charles. *La Fanfarlo*. Texte établi, présenté
                et annoté par Claude Pichois. Monaco: Editions du
                Rocher, 1957. 129 pages.

[Pichois K]   Pichois, Claude. "Sur Le Prétendu Voyage aux Indes."
                Revue d'Histoire littéraire de la France. LVII (1957):

568-570.

[Pichois L]   Pichois, Claude, [Compte rendu de Lucie Horner. *Baudelaire Critique de Delacroix*], *Revue d'Histoire littéraire de la France.* LVIII No.1 (janv-mars 1958): 92-94.

[Pichois M]   Pichois, Claude. [CR d'Enid Starkie. *Baudelaire*]. *Revue d'Histoire littéraire de la France* LVIII no.1 (janv-mars 1958), pages 89-92.

[Pichois M1]   Pichois, Claude. "Comme un soupir étouffé de Wagner." *Le Divan* (av-juin 1958): 327-334.

[Pichois N]   Pichois, Claude. "Documents Nouveaux sur Charles Baudelaire." *Mercure de France* (fév 1961): 259-276.

[Pichois O]   Pichois, Claude, "La Jeunesse de Baudelaire vue par Ernest Prarond." *Etudes littéraires* [Québec] I, No.1 (1968): 113-125.

[Pichois P]   Pichois, Claude. "Louise Deschamps et *Catherine Overmeire.*" *Bulletin baudelairien* T. 8, No.1 (31 août 1972): 3-5.

[Pichois Q]   Pichois, Claude, "Le Seul Moyen de ne jamais s'ennuyer." *Bulletin baudelairien* 9 (été 1973): 23.

[Pincebourde]   *Charles Baudelaire. Souvenirs. Correspondance. Bibliographie suivie de pièces inédites.* René Pincebourde, 1872. 205 pages.

[Plan]   Plan, pages.pages.. "Lettres de Poulet-Malassis." *Mercure de France* 246 (15 sept 1933): 695-698.

[Pommier A]   Pommier, Jean. "Baudelaire et Banville." *Revue d'histoire littéraire de la France.* 37 (oct 1930): 514-541.

[Pommier B]   Pommier, Jean. *Dans Les Chemins de Baudelaire.* Librairie José Corti, 1945. 384 pages.

[Pommier-Pichois]   Pommier, Jean et Claude Pichois, "Baudelaire et Renan à l'ombre de Saint-Sulpice." *Mercure de France* 334 (sept 1958): 164-168.

[Porché] Porché, François. *Baudelaire. Histoire d'une âme.* Paris, Flammarion, [1945], 452 pages.

[PPP] Baudelaire, Charles. *Petits Poèmes en prose. (Le Spleen de Paris). Le Jeune Enchanteur.* Editions Louis Conard, 1926. 363 pages.

[Prarond] Prarond, Ernest et Jules Buisson, "Lettres à Eugène Crépet sur la jeunesse de Baudelaire." *Mercure de France* 322 (1 sept 1954): 5-31.

[Prévost] Prévost, Jean. *Baudelaire. Essai sur l'inspiration et la création poétiques.* Mercure de France, 1953. 382 pages.

[Privat] Privat d'Anglemont, Alexandre. *Paris Inconnu. Précédé d'une étude par Alfred Delvau.* Delahays, 1861. 283 pages.

[Proust] Proust, Antonin *Edouard Manet Souvenirs.* H. Laurens, 1913. iv-184 pages.

[Provence A] Provence, Marcel. "Poète et comédienne au service de la France: Théodore de Banville et Marie Daubrun à Nice l'année de l'annexion." *Mercure de France* 235 (1932): 513-544.

[Provence B] Provence, Marcel. *La Comédienne Marie Daubrun.* [s.l.n.d.], 35 pages. [C'est la version écrite d'une conférence faite le 7 mai 1942].

[Quinn] Quinn, Arthur Hobson. *Edgar Allan Poe. A Critical Biography.* New-York: D. Appleton-Century Co., 1941. 804 pages.

[Raynaud A] Raynaud, Ernest. "Les Parents de Baudelaire." *Mercure de France* 150 (15 août 1921): 106-131.

[Raynaud B] Raynaud, Ernest. *Charles Baudelaire. Etude biographique et critique suivie d'un essai bibliographique et d'iconographie baudelairiennes.* Garnier, 1922. iii-407 pages.

[Rebeyrol] Rebeyrol, Philippe. "Baudelaire et Manet." *Les Temps modernes.* 5 (oct 1949): 707-725.

[Richardson] Joanna Richardson. *Théophile Gautier. His Life and Times.* London, Max Reinhardt, 1958. 335 pages.

[Richer] Richer, Jean, "Lettres de Baudelaire à Poulet-Malassis, à Charles Asselineau." *Le Cramérien* No. 6 (nov 1975).

[Robb] Robb, Graham M.. "Baudelaire à l'Hôtel Corneille: du nouveau sur *La Fanfarlo.*" in *Mélanges de littérature en hommage à Albert Kies.* Bruxelles: Facultés Universitaires Saint-Louis, 1984. p. 97-107.

[Rousselot] Rousselot, Marcel. *L'Affaire du duc de Praslin et la magistrature* [Thèse complémentaire pour le Doctorat-es-lettres], Librairie du Recueil Sirey, 1937. 88 pages.

[Ruff A] Ruff, Marcel. "Notules baudelairiennes." *Revue d'histoire littéraire de la France.* 51 (oct 1951): 483-488.

[Ruff B] Ruff, Marcel. *L'Esprit du mal et l'esthétique baudelairienne.* Colin, 1955. 491 pages.

[Ruff C] Ruff, Marcel. *Baudelaire, L'Homme et l'oeuvre.* Hatier-Boivin, 1955. 212 pages.

[Ruff C1] [Ruff C1] Ruff, Marcel A.. "Deux Inédits." *Bulletin du bibliophile et du bibliothécaire* 4 (9 avril 1969): 2-6.

[Ruff D] Ruff, Marcel. "Baudelaire, Fils d'un prêtre." *La Quinzaine littéraire* No.73 (16-31 mai 1969): 5-6.

[Sagnes] Sagnes, Guy. "Baudelaire, Armand du Mesnil et la pétition de 1866. Lettres inédites." *Revue d'Histoire littéraire de la France.* LVII (av-juin 1967): 296-309.

[Sainte-Beuve] Sainte-Beuve, Charles-Augustin. *Causeries du lundi.* Paris, Garnier, 1857-62. 3e édition, 13 tomes, T. IX.

[Scholl] Scholl, Aurélien. *La Foire aux artistes*. Poulet-Malassis et De Broise, 1858.

[Simond] Simond, Charles (éd.). *La Vie parisienne au XIXe siècle. Paris de 1800 à 1900 d'après les estampes et les mémoires du temps*. Plon, 1900. 2 vol.

[Souffrin A] Souffrin-Le Breton, Eileen M. Les Stalactites *de Théodore de Banville*. édition critique. Didier, 1942. 458 pages.

[Souffrin B] Souffrin-Le Breton, Eileen M.. "Une Pétition en faveur de Baudelaire avec une lettre inédite de Banville." *Le Bayou* Nos. 85-86 (1961): 324-327.

[Sprietsma] Sprietsma, Cargill. *Louis Bertrand dit Aloysius Bertrand 1807-1841. Une Vie romantique*. Champion, 1926. 249 pages.

[Starkie 58] Starkie, Enid. *Baudelaire*. New-York, New Directions, 1958. 622 pages.

[Suffel] Suffel, Jacques. "Deux Lettres inédites de Baudelaire." *Le Figaro littéraire* (13 sept 1958).

[T] *Texte vu*

[Tabarant A] Tabarant, A. *Manet. Histoire catalographique*. Ed. Montaigne, 1931. 594 pages.

[Tabarant B] Tabarant, A. *La Vie artistique au temps de Baudelaire*…. Mercure de France, 1942. 514 pages.

[Tabarant C] Tabarant, A. *Manet et ses oeuvres*. Gallimard, 1947. 622 pages.

[Taine] Taine, Hippolyte. *Taine, sa Vie et sa correspondance*. Tome II: "Le Critique et le philosophe. 1853-1870." Hachette, 1904.

[Toubin] Toubin, Charles. "Un Témoin de la Bohème littéraire." [présenté par Charles Dornier], *Revue de France* (mars

504   *CHARLES BAUDELAIRE: UNE MICRO-HISTOIRE*

1925): 68-89; (oct 1926): 740-752.

[Union List of Serials]   Gregory, Winifred (ed.). *Union List of Serials in Libraries of the United States and Canada.* New-York: H.W. Wilson, 1927, 1588 pages.

[Urruty]   Urruty, Jean. *Le Voyage de Baudelaire aux Mascareignes.* Port Louis (Ile Maurice): [Edition hors commerce], 1968, 204 pages.

[Van Roosbroeck]   Van Roosbroeck, Gustave. "The Source of Baudelaire's prose poem *L'Horloge. Romanic Review* XX (oct-déc 1929): 356-359.

[Vapereau]   Vapereau, Gustave. *Dictionnaire universel des contemporains, contenant toutes les personnes notables de la France et des pays étrangers.* Hachette, 1865. 1862 pages.

[Verlaine 59]   Verlaine, Paul. *Oeuvres complètes.* Club du Meilleur Livre, 1959.

[Verlaine 72]   Verlaine, Paul. *Oeuvres en prose complètes.* Gallimard, Bibliothèque de la Pléiade, 1972. 1549 pages.

[Villemessant]   Villemessant, Honoré de, [anecdote sans titre], *Le Figaro* (20 nov 1862).

[Villiers]   Villiers de l'Isle-Adam, Jean-Marie. *Correspondance générale de Villiers de l'Isle-Adam et documents inédits.* [Ed. recueillie, classée et présentée par Joseph Bollery], Mercure de France, 1962, Tome I: 1846-1880.   288 pages.Tome II: 1881-1889. 332 pages.

[Wallace A]   Wallace, James K. *Baudelaire and Prarond: The Question of the Vers retrouvés.* [Dissertation de PhD, Vanderbilt University, 1971, ms.   dactylographié de 256 pages.]

[Wallace B]   Wallace, James K.. "La Violette d'Honfleur était-elle une fleur du mal?" *Revue d'Histoire Littéraire de la France.* (mars-avril 1969): 245-251.

[Wallace C]   Wallace, James K.. "Aux Sources de l'essai sur Wagner." *Bulletin baudelairien* Tome 5, No.2 (9 avril 1970): 11-15.

[Wallace D]   Wallace, James K.. "Quatre Tercets d'Ernest Prarond à Baudelaire." *Bulletin baudelairien* Tome 6, No.2 (9 avril 1971): 19-20.

[Wallon]   Wallon, Jean. *La Presse de 1848 ou revue critique des journaux publiés à Paris depuis la Révolution de Février jusqu'à la fin de décembre.* Pillet fils aîné, 1849. 138 pages.

[Ziegler A]   Ziegler, Jean. *Charles Asselineau. Salon de 1845.* Présenté par Jean Ziegler. Nashville, TN (USA): Pub. du Centre d'Etudes Baudelairiennes W.T. Bandy, No.2, 1976. 29 pages.

[Ziegler B]   Ziegler, Jean. "Baudelairiana: Mme Sabatier (1822-1890). Quelques notes biographiques." *Bulletin du bibliophile et du bibliothécaire* III-IV (1977): 366-382.

[Ziegler C]   Ziegler, Jean. "Emile Deroy (1820-1846) et l'esthétique de Baudelaire." *Gazette des Beaux-Arts.* (mai-juin 1976): 153-160.

[Ziegler D]   Ziegler, Jean. "Essai biographique sur Privat d'Anglemont." in *Etudes baudelairiennes. VIII.* Neuchatel, A La Baconnière, 1976. p. 219-252.

[Zola]   Zola, Emile. *Correspondance.* Ed. B.H. Bakker. Montréal, Presses de l'Université, Paris, Editions du CNRS, c1978-.

REFERENCES

1711-1799

19 III l 1711 [1]Ruff B 460;

1 X me 1735 [1]Nouvion 159;

10 II ma 1758 [1]Ruff B 461;

1 IV d 1759 [1]Ruff B 147;

7 VI j 1759 [1]Ruff B 461; [2]Julia;

8 VI v 1759 [1]Ruff B 461;

[1773] [1]Julia;

[début IX 1775] [1]Julia;

[automne 1775] [1]Julia;

24 VI s 1777 [1]Julia;

12 VII s 1777 [1]Ruff B 464;

1778 [1]Julia;

[été 1778] [1]Julia;

[X 1778 - été 1779] [1]Julia;

1779 [1]Julia;

24 V j 1781 [1]Julia;

16 VI s 1781 [1]Julia;

4 VIII s 1781 [1]Julia;

[1781 - été 1782] [1]Julia;

16 II me 1782 [1]Nouvion 159;

V 1782 [1]Julia;

[X 1782 - été 1783] [1]Julia;

27 XI me 1782 [1]Julia;

XII 1782 [1]Julia;

[XII 1782] [1]Julia;

[X 1783 - été 1784] [1]Julia;

16 X j 1783 [1]Ruff B 461;

20 X l 1783 [1]Ruff B 461;

XI - XII 1783 [1]Julia;

13 XII s 1783 [1]Ruff B 461;

[XII 1783 ou début 1784] [1]Julia;

X 1784 [1]Julia;

17 X d 1784 [1]Julia;

[fin VI ou début VII 1785] [1]Julia;

IX 1785 [1]Julia;

7 IX l 1785 [1]Ruff D;

6 X j 1785 [1]Julia;

2 V ma 1786 [1]Julia;

4 V j 1786 [1]Julia;

23 VI v 1786 [1]Julia;

10 VII l 1786 [1]Julia;

28 II s 1789 [1]Nouvion 159, Girard 266;

22 V v 1789 [1]Crépet V 154;

25 VII s 1789 [1]Crépet V 154;

12 XI v 1789 [1]Nouvion 159;

[mi-1790] [1]Pichois F 262n;

1791 [1]CPl I lxxii;

[env 9 III me 1791] [1]Ruff B 463;

1 IV ma 1791 [1]Nouvion 159;

9 V l 1791 [1]Ruff B 143;

[env 9 V l 1791] [1]Julia;

15 IX l 1791 [1]Nouvion 159;

1793 [1]T 373;

27 IV v 1793 [1]Ruff B 463;

28 X l 1793 [1]Julia;

13 XI me 1793 [1]Julia;

19 XI ma 1793 [1]CPl I xxvi;

1 I me 1794 [1]Ruff B 463;

14 I ma 1794 [1]Julia;

9 II l 1795 [1]Nouvion 144;

[env 9 Floréal an 6 (env 29 IV me 1797)] [1]Ruff B 462;

7 V d 1797 [1]Ruff B 145;

1799 [1]Ruff B 419;

[début I 1799] [1]Ruff D;

1800-1829

23 XI d 1800 [1]Ruff B 463, CPl I 983;

1801 [1]Nouvion 146;

29 IX ma 01 [1]Dufay E;

IX 02 [1]Pichois F;

[1803?] [1]T 14;

1804 [1]CPl II 999;

1805 [1]Nouvion 146;

18 I ma 05 [1]CPl I xxvii;

I 07 [1]Nouvion 160;

17 VIII l 07 [1]Pichois F 264;

VI 08 [1]Pichois F 265;

10 VII d 08 [1]Girard 266;

19 VII ma 08 [1]CatBN57 13;

17 X l 08 [1]Nouvion 160;

[1809-13] Cat. Rossignol 103, 1955, No. 312;

19 I j 09 [1]Quinn 30;

24 III ma 09 [1]Nouvion 109;

18 IV ma 09 [1]Nouvion 160, Girard 268;

1811 [1]T 110;

2 III s 11 [1]Nouvion 160;

1812 [1]Pichois F 265;

1812-13 [1]Nouvion 160;

4 VII s 12 [1]CPl I lxiv;

1813 [1]Pichois F 265;

12 IV l 13 [1]Nouvion 160;

1814 [1]Nouvion 160;

3 I l 14 [1]Nouvion 160;

24 IX s 14 [1]Nouvion 160;

22 XII j 14 [1]CPl I lxiv;

[1815-1817] [1]CPl I 984;

17 III v 15 [1]Pichois F 264, Nouvion 160;

16 VI v 15 [1]Girard 268;

25 VII ma 15 [1]Pichois F 266;

14 IV j 15 [1]Pichois F 266;

IX 15 [1]Nouvion 160;

17 XI v 15 [1]Pichois F 266;

13 XII me 15 [1]Flavien;

1816 [1]Girard 269;

13 VI j 16 [1]Pichois F 262;

[7 VII d 16?] [1]Flavien;

1817 [1]Barroux 222;

II 17 [1]Nouvion 148-49;

5 III me 17 [1]Kameya;

5 VIII ma 17 [1]Pichois F 267, Nouvion 160, CPl I 984;

1818 [1]Nouvion 149;

7 IV ma 18 [1]Pichois F 267;

3 X s 18 [1]Nouvion 160; [2]CPl I 984;

12 XII s 18 [1]Pichois F 267, Nouvion 160;

1819 [1]Girard 267;

28 VI l 19 [1]Nouvion 160;

6 IX l 19 [1]Ruff B 147;

9 IX j 19 [1]Nouvion 149; [2]Barroux 222; [3]Nouvion 150;

19 I me 20 [1]Ziegler A;

8 IV s 20 [1]Greaves 20;

24 VI s 20 [1]Nouvion 161;

1821 [1]Girard 267; [2]Pichois F 262;

9 IV l 21 [1]Nouvion 139;

11 IV me 21 [1]Nouvion 140;

21 IV s 21 [1]CPl II 29;

7 VI j 21 [1]Nouvion 140;

21 VII s 21 [1]Nouvion 161;

IX-X 21 [1]CPl I xxvi;

4 XI d 21 [1]I;

1822 [1]CPl I xxvi;

7 IV d 22 [1]Dufay C 170;

9 IV ma 22 [1]I;

11 V s 22 [1]OCPl II 427, 633, 1297;

7 VII d 22 [1]Names;

4 XI l 22 [1]I;

17 VI ma 23 [1]Nouvion 161;

4 VII l 23 [1]Pichois F 267;

23 VIII s 23 [1]T;

24 IX me 23 [1]Pichois F 267, Nouvion 161;

4 XI ma 23 [1]I;

20 XII l 23 [1]Pichois F 269;

1824 [1]CatBN57 56; [2]T 562;

9 IV v 24 [1]I;

4 XI j 24 [1]I;

1825 [1]T 518;

16 III me 25 [1]Dufay C 16;

9 IV s 25 [1]I;

23 V l 25 [1]T 248;

28 V s 25 [1]T;

4 XI v 25 [1]I;

9 IV d 26 [1]I;

4 XI s 26 [1]I;

26 XII ma 26 [1]Nouvion 149;

1827 [1]Crépet V 242; [2]CPl II 999;

10 II s 27 [1]Nouvion 153, CPl II 988;

12 II l 27 [1]Nouvion 153; [2]CG II 121n, CPl I xxviii;

13 II ma 27 [1]Barroux 222;

22 II j 27 [1]Nouvion 154;

9 IV l 27 [1]I;

11 VI l 27 [1]T 940;

1 VIII me 27 [1]Pichois F 268;

10 VIII v 27 [1]Pichois F 268;

30 IX d 27 [1]Boureau;

4 XI d 27 [1]I;

26 XI l 27 [1]Pichois F 268;

[fin 27-début 28] [1]Pichois F 269, Nouvion 155;

1828 [1]Peltier; [2]Nouvion 154;

[début III 28] [1]Flavien;

9 IV me 28 [1]I;

13 IV d 28 [1]Boureau;

2 VIII s 28 [1]CPl I lxiv, n.;

[X 28] [1]Pichois F 269;

4 X s 28 [1]T;

17 X v 28 [1]Girard 265, Pichois F 269-270;

29 X me 28 [1]Nouvion 161;

3 X j 28 [1]Pichois F 269;

31 X v 28 [1]Barroux 225;

4 XI ma 28 [1]CPl I lxv; [2]I;

8 XI s 28 [1]Nouvion 156; [2]Pichois F;

2 XII ma 28 [1]CPl I xxviii;

1829 [1]T 570; [2]Nouvion 154;

24 III ma 29 [1]Pichois F 268, Girard 272;

1 IV me 29 [1]CPl I lxiv;

9 IV v 29 [1]I;

30 IV j 29 [1]CPl I xxvi;

31 V d 29 [1]Girard 272;

1 VI l 29 [1]Raynaud 69, Nouvion 161;

11 VI j 29 [1]CatBN57 13-14;

6 VII l 29 [1]CPl I lxxxi;

X 29 [1]Pellow 169;

4 XI me 29 [1]I;

1830

1830 [1]Catalogue de la Bibliothèque Nationale de l'Histoire de France, T. VII, 336a;

6 II s 30 [1]CPl I xxvi;

12 II v 30 [1]CPl I xxvi;

23 III ma 30 [1]Girard 273, Nouvion 161;

30 III ma 30 [1]CPl I lxv;

1 IV j 30 [1]CPl I lxv;

9 IV v 30 [1]I;

28 VII me 30 [1]T;

[1]Hamrick 27; [2]T;

1 VII ma 30 [1]Raynaud 69;

[vers VIII 30] [1]CPl I lxiv n.;

X 30 [1]Pellow 169;

2 X s 30 [1]Nouvion 161;

4 XI j 30 [1]I;

1831

1831 [1]CPl I 14, 698;

9 IV s 31 [1]I;

[VI 31] [1]CPl I 6;

1 VII v 31 [1]Girard 273, Nouvion 161;

X 31 [1]Pellow;

[fin X 31] [1]Lovenjoul I:30-42; [2]T;

4 XI v 31 [1]I;

20 XI d 31 [1]Nouvion 161;

21 XI l 31 [1]Pellow 50;

22 XI ma 31 [1]Nouvion 161;

23 XI ma 31 [1]Pellow 50;

25 XI j 31 [1]Nouvion 161;

29 XI ma 31 [1]Pellow 51; [2]Nouvion 161;

30 XI me 31 [1]Pellow 51;

1 XII j 31 [1]Pellow 51;

3 XII s 31 [1]Pellow 51;

7 XII me 31 [1]Nouvion 161;

24 XII s 31 [1]T; [2]CPl I 14, 698;

31 XII s 31 [1]T, OCPl II 84;

1832

1832 [1]Dufay E;

9 I l 32 [1]CPl I 3;

[10 ou 11 I ma ou me 32] [1]CPl I 3;

[12-13 I j-v 32] [1]CPl I 693;

16-17 I ma-me 32 [1]CPl I 693;

[fin I 32] [1]Pellow 52; [2]Pellow 84; [3]Nouvion 161;

II 32 [1]Bandy I;

1 II me 32 [1]CPl I 5;

[3 III s 32] [1]CPl I 5;

15 III j 32 [1]CPl I 694;

[env 23 III v 32] [1]CPl I 6;

26 III l 32 [1]CPl I 694;

1 IV d 32 ^{1}CPl I 6;

2 IV l 32 ^{1}CPl I 6;

9 IV l 32 ^{1}I;

11 IV me 32 ^{1}Dufay E;

[env 25 IV me 32] ^{1}CPl I 7;

25 IV me 32 ^{1}CPl I 7;

[26 ou 27 IV j ou v 32] ^{1}CPl I 7;

VI 32 ^{1}CPl I lxxxi, 695;

[3 VII ma 32] ^{1}CPl I 8; ^{2}CPl I 21; ^{3}CPl I 695;

[env 3 VIII v 32] ^{1}CPl I 9;

5 VIII d 32 ^{1}CPl I 8;

6 VIII l 32 ^{1}CPl I 8;

7 VIII ma 32 ^{1}CPl I 8; ^{2}CPl I 9;

23 VIII 32 ^{1}Pellow 162, Nouvion 169;

[avant le 9 IX s 32] ^{1}CPl I 10;

[6 IX] j 32 ^{1}CPl I 2;

11 IX ma 32 ^{1}Nouvion 157;

26 IX me 32 ^{1}Nouvion 152;

[env le 1 X s 32] ^{1}CPl I 23;

15 ou 16 X l ou ma 32 ^{1}Pellow 85, Nouvion 162;

4 XI d 32 ^{1}I;

9 XI v 32 ^{1}CPl I 11;

[15 XII] s 32 ^{1}CPl I 11;

27 [XII] j 32 ^{1}CPl I 12;

[30 XII d 32] ^{1}CPl I 14;

1833

[env 1833] ^{1}CML II pl. 60;

1833 ^{1}Girard 275;

7 I l 33 ^{1}Pellow 84;

[env 12 I s 33] ^{1}CPl I 14;

[env 15 I ma 33]

^{1}CPl I 15;

15 I me 33 ^{1}CPl I 14;

31 I j 33 ^{1}CPl I 15;

9 III s 33 ^{1}T, OCPl II 144;

[13 III ma 33] ^{1}CPl I 15;

13 III me 33 ^{1}CPl I 16;

15 III v 33 ^{1}CPl I 16;

[25 III l 33] ^{1}CPl I 16;

9 IV ma 33 [1]I;

V 33 [1]Pellow 83;

17 V v [33] [1]CPl I 17;

24 VI l 33 [1]Dufay E;

30 VI d 33 [1]CPl I 19;

12 VII v 33 [1]CPl I 19;

17 VII me 33 [1]Cat. Charavay No. 719, nov. 1965;

17 VIII s 33 [1]T;

31 VIII s 33 [1]Pellow 169; [2]CPl I 20, Nouvion 163;

[automne 33] [1]CPl I 21;

26 X v 33 [1]T, OCPl II 1207;

28 X l 33 [1]Pellow 169; [2]Pellow 86; [3]Pellow 140; [4]Pellow 154;

4 XI l 33 [1]I;

6 XI me 33 [1]CG I 4n;

[avant le 16 XI s 33] [1]CPl I 21;

16 XI s 33 [1]CatBN57 14;

[avant le 22 XI v 33] [1]CPl I 20;

22 XI v 33 [1]CPl I 20;

23 XI s 33 [1]CPl I 23;

1834

1 I me 34 [1]CPl I 21, 22;

31 I s 34 [1]CPl I 23;

[6 II j 34?] [1]CPl I 23, 703 n.;

[mi-II 34?] [1]CPl I 25;

[avant le 25 II ma 34] [1]CPl I 25;

25 II ma [34] [1]CPl I 25, 27;

26 II j 34 [1]CPl I 27-29;

24 III l [34] [1]CPl I 29;

26 III me 34 [1]CPl I 29;

[IV 34] [1]Girard 274;

5 IV s 34 [1]Pellow 61;

6 IV d 34 [1]Pellow 61;

9 IV me 34 [1]Pellow 61; [2]Pellow 62; [3]I;

10 IV j 34 [1]Pellow 63-66;

11 IV v 34 [1]Pellow 66-67;

12 IV s 34 [1]Pellow 69;

13 IV d 34 [1]Pellow 70;

18 IV v 34 [1]Pellow 70;

27-28 IV d-l 34 [1]Pellow 70;

29 IV ma 34 [1]Nouvion 163; [2]Pichois F 273;

30 IV me [34] [1]CPl I 30;

2 V v [34] [1]CPl I 30;

31 V s 34 [1]T, OCPl II 318, 1233;

14 VI s 34 [1]T;

[1834 ou 1835] [1]CPl I 30, 31;

1 IX l 34 [1]Nouvion 163;

27 IX s 34 [1]Pellow 269; [2]Pellow 86;

20 X l 34 [1]CPl I 31; [2]CPl I 35; [3]CPl I 31;

4 XI ma 34 [1]I;

7 [XII] s [34] [1]CPl I 32;

21 XII d [34] [1]CPl I 32;

27 [XII j 34] [1]CPl I 33;

1835

17 I s 35 [1]CPl II 527;

9 IV j 35 [1]I;

11 IV s 35 [1]CPl I 708;

[été 1835] [1]CPl I 34;

[fin VII 35] [1]CPl I 705; [2]CPl I 34;

28 VIII v 35 [1]Pellow 169; [2]Nouvion 163;

2 IX ma 35 [1]Pellow 145n.;

[fin VIII ou début IX 35] [1]CPl I 34;

14 IX l 35 [1]T 619;

X-XI 35 [1]Bandy D;

26 X l 35 [1]Pellow 86;

4 XI j 35 [1]I;

28 XI s 35 [1]T;

27 XII d 35 [1]CPl I 35, 36;

1836

1836 [1]CG I 63;

I 36 [1]Jasinski 300;

9 I s 36 [1]Nouvion 163;

[mi-février 36] [1]CPl I 37; [2]CPl I xxvi;

26 II v 36 [1]CPl I 36, 37;

III 36 [1]OCPl II 1225;

1 III ma 36 [1]Mouquet B 14; [2]CPl I 713; [3]CPl I xxvii;

9 IV s 36 [1]I;

14 VIII d 36 [1]Lovenjoul I, 93;

16 VIII ma 36 [1]Pellow 169;

17 VIII me 36 [1]Nouvion 164;

23 VIII ma 36 ^{1}T;

24 VIII me 36 ^{1}T;

3 X l 36 ^{1}Pellow 169; ^{2}Pellow 169; ^{3}Pellow 157;

[année scolaire 1836-1837] ^{1}CPl I 39;

4 XI v 36 ^{1}I;

XII 36 ^{1}Mouquet B 16;

1837

1837 ^{1}OCPl I 1253, CPl II 344;

[1837?] ^{1}CPl I 37;

10 III v 37 ^{1}Hamrick 33;

22 III ma [37] ^{1}CPl I 38;

24 III v [37] ^{1}CPl I 38;

[printemps 37] ^{1}CPl I 39;

7 IV v 37 ^{1}Mouquet B 15;

9 IV d 37 ^{1}I;

15 IV s 37 ^{1}T;

23? [IV d 37?] ^{1}CPl I 39, 40;

23 VI v 37 ^{1}Nouvion 157;

[fin VII? 37] ^{1}CPl I 40, 709;

[7 ou 8 VII v ou s 37?] ^{1}CPl I 41;

10 VII l - 15 VIII ma 37 ^{1}CPl I 708-709, 1272-1273;

15 VII s 37 ^{1}CPl I 709;

[30] VII [d] 37 ^{1}CPl I 42;

5 VIII s 37 ^{1}CPl I 709;

13 VIII d 37 ^{1}T;

[env 15 VIII ma 37] ^{1}CPl I 42;

16 VIII me ^{1}Pellow 93;

17 VIII j 37 ^{1}Nouvion 163;

27 VIII d 37 ^{1}Pellow 93;

30 VIII me 37 ^{1}Pichois F 265;

10 IX d 37 ^{1}T;

X 37 ^{1}Pellow 114;

2 X l 37 ^{1}Pellow 169; ^{2}Pellow 141;

2 XI j [37] ^{1}CPl I 43;

4 XI s 37 ^{1}I;

[6 XI l 37] ^{1}CPl I 46;

7 XI ma 37 ^{1}CPl I 44; ^{2}CPl I 46;

[21 XI] ma [37] ^{1}CPl I 47, 711;

[env 5 XII ma 37] ^{1}CPl I 48;

[5 XII ma 37] ^{1}CPl I 48;

7 XII j 37 [1]CPl I 48;

[16 XII s 37] [1]CPl I 48;

18 XII l 37 [1]CPl I 48;

1838

1838 [1]CPl I lxxxi; [2]CPl I 57;

[1838-39] [1]OCPl II 1009;

[I 38] [1]CPl I 49;

19 I V 38 [1]Guiral et Pichois 572;

[II 38?] [1]CPl I 50;

9 II s 38 [1]T;

5 III l 38 [1]CPl I 50;

9 IV l 38 [1]I;

11 IV me 38 [1]Mouquet B 15;

19 IV j 38 [1]Pichois C 193;

10 V j 38 [1]CPl I 713;

[seconde quinzaine de V 38] [1]CPl I 51;

[24 V j 38] [1]CPl I 51;

[fin V 38] [1]CPl I 51;

VI 38 [1]Mouquet B 189;

5 VI ma 38 [1]CPl I 53;

8 VI v 38 [1]Pichois C 193; [2]CPl I 53;

[env 10 VI d 38] [1]CPl I 51;

12 VI ma 38 [1]CPl I 53;

15 VI v 38 [1]CPl I 53;

[env 19 VI ma 38?] [1]CPl I 51;

[19 VI] ma [38] [1]CPl I 53;

[27 VI me 38] [1]CPl I 55;

29 VI v 38 [1]Dufay E;

[2 VII l 38] [1]CPl I 57;

5 VII j 38 [1]OCPl II 1362;

9 VII l 38 [1]Pichois C 203;

11 VII me 38 [1]CPl I 716;

12 VII j 38 [1]CPl I 57, 716;

13 VII v 38 [1]T;

[env 17 VII ma 38] [1]CPl I 57, 716;

[17 VII j 38] [1]CPl I 716; [2]CPl I 57, 716;

3 VIII v [38] [1]CPl I 60;

10 VIII v 38 [1]CPl I 716;

[env 18 VIII sa 38] [1]CPl I 60;

20 VIII l 38 [1]CPl I 720;

21 VIII ma 38 [1]Nouvion 164;

23 [VIII] j 38 [1]CPl I 62; [2]CPl I 63;

[env 28 VIII me 38] [1]CPl I 62; [2]CPl I 63; [3]CPl I xxvii; [4]CPl I 64; [5]CPl I 63, CML I 2;

1 IX s 38 [1]CPl I 713;

27 IX j 38 [1]Hamrick 35;

[entre le 27 IX s 38 et le 24 III d 39] [1]Pichois C 197;

8 X l 38 [1]CPl I 713;

16 X ma 38 [1]CPl I 64;

[env 19 X v 38] [1]CPl I 63;

19 X v 38 [1]CPl I 63;

[23] X ma [38] [1]CPl I 64;

XII 38 [1]Pellow 119;

2 XII d 38 [1]Pichois C 197;

[3? XII l 38] [1]CPl I 65;

3 XII l 38 [1]Pichois C 194, 197;

17 XII l 38 [1]Pichois C 197;

[31 XII l 38] [1]CPl I 66;

[hiver 38-39] [1]OP I 378;

1839

[env I 39] [1]Pellow 119;

26 I s 39 [1]Hamrick 35;

26 II ma [39] [1]CPl I 66;

[env 26 II ma 39] [1]CPl I 66;

2 III j 39 [1]Pellow 119;

fin III 39 [1]Pellow 119;

9 IV ma 39 [1]I;

18 IV j 39 [1]Mouquet B 20; [2]CPl I 725; [3]CPl I 68, 725;

12 V d 39 [1]Pellow 123; [2]Girard 275; [3]CPl I 69;

14 V ma 39 [1]Pellow 123;

17 V v 39 [1]Girard 274;

[seconde quinzaine de V 39] [1]CPl I 724;

[env 18 V s 39] [1]CPl I 69;

5 VI me 39 [1]CG I 10; [2]Porché 42;

[10? VI] l [39] [1]CPl I 170;

[env 11 VI ma 39] [1]CPl I 72;

15 VI s 39 [1]T, OCPl II 1213;

[env 18 VI ma 39] [1]CPl I 72;

[début V? II 39] [1]CPl I 74; [2]CPl I 74;

3 [VII] me [39] [1]CPl I 73;

16 VII ma 39 [1]CPl I 74;

28 VII d 39 [1]Mouquet B 20;

31 VII me 39 [1]Mouquet B 20;

12 VIII l 39 [1]CG I 8; [2]Pommier-Pichois; [3]T; [4]Nouvion 165;

[avant le 13 VIII ma 39] [1]CPl I 77;

[13 VIII ma 39] [1]CG I 8;

[après le 13 VIII ma 39] [1]CPl I 78;

23 [VIII] v [39] [1]CPl I 78;

[env 26 VIII l 39] [1]CPl I 78;

[env 1 IX d 39] [1]CPl I 78;

2 IX l 39 [1]OCPl II 1032;

11 IX ma 39 [1]OCPl II 1082;

2 XI s 39 [1]CPl I 726-727;

4 XI l 39 [1]I;

[seconde quinzaine de XI 39] [1]CPl I 80;

[automne 39] [1]CPl I xxviii;

[avant le 20 XI me 39] [1]CPl I 79;

[20 XI] me [39] [1]CPl I 79, 80; [2]CPl I 81, 727;

[2 XII l 39] [1]CPl I 81;

[3 XII] ma [39] [1]CPl I 81;

26-27 XII j-v 39 [1]T;

1840

1840 [1]OC61 xvii; [2]FM1959 488; [3]Dufay E; [4]T; [5]CML II 65;

[1840] [1]Ziegler D;

[vers 1840] [1]CPl II 999; [2]OCPl I 1229;

15 I j 40 [1]CPl I xxviii;

18 I s 40 [1]Nouvion 169;

27 I l 40 [1]T;

31 I v 40 [1]1 II 40;

1 II s 40 [1]T;

2 II d 40 [1]T;

[hiver 40] [1]CPl I 81;

[25 II ma 40] [1]CPl I 81;

9 IV j 40 [1]I;

15 IV me 40 [1]CPl I xxviii;

5 V ma 40 [1]Hamrick cite J. Richardson, p. 42 et Lovenjoul I, xxvi;

28 V j 40 [1]CPl I 727;

11 VI j 40 [1]12 VI 40;

12 VI v 40 [1]T;

15 VII me 40 [1]CPl I 730; [2]CPl I xxviii;

[VIII 40] [1]OCPl II 1080;

[avant le 8 VIII s 40] [1]CPl I 82;

[8 VIII s 40] [1]CPl I 82;

31 VIII l 40 [1]T;

7 IX me 40 [1]T;

[12 IX s 40] [1]I;

13 IX d 40 [1]T;

12 X ma 40 [1]T;

[1 XI d 40] [1]CPl I 83;

4 XI me 40 [1]I;

[mi-XI 40] [1]CPl I 83;

12 XII s 40 [1]T;

15 XII ma 40 [1]CPl I 729;

[31 XII] j [40] [1]CPl I 83;

1841

I 41 [1]Girard 279; [2]Hamrick 30-31;

[avant le 20 I me 41] [1]CPl I 731;

[20 I] me [41] [1]CPl I 85;

25 I l 41 [1]CPl I 732;

27 I me 41 [1]v. 2 II ma 41;

[1 II l 41] [1]Pichois D; [2]CPl I 86;

2 II ma 41 [1]CPl I 733; [2]T;

3 II me 41 [1]CPl I 733;

25 II j 41 [1]CatBN57 17;

1 III l 41 [1]CG I 13n, Nouvion, 169; [2]Mouquet D;

5 III v 41 [1]T;

6 III s 41 [1]T;

8 III l 41 [1]T;

9 III ma 41 [1]T;

[fin III 41] [1]I (v. 5 IV 41);5 IV 41;

IV 41 [1]OCPl I 867;

5 IV d 41 [1]T;

9 IV v 41 [1]I;

19 IV l 41 [1]CPl I 736;

[25 IV l 41] [1]CPl 736, CPl II 988;

[env 27 IV me 41] [1]CPl I 87;

30 IV s 41 [1]CPl I 734;

[début V 41] [1]CPl I 87;

4 V ma 41 [1]Lang, Crépet H, CPl I 736, EJC 221;

15 V v 41 [1]CPl I 736;

[fin V 41] [1]CPl I 738;

1 VI me 41 [1]CPl I 738 cite Hérisson;

[début VI 41] [1]CPl I 88;

5 VI d 41 [1]T;

[env 8 VI ma 41] [1]CPl I 88;

[9] VI me 41 [1]CPl I 88, EJC 221, Urruty 22;

11 VI v 41 [1]T;

14 VI l 41 [1]CPl I lxv; [2]CPl I lxviii;

28 VI l 41 [1]Raynaud B 121;

5 VII l 41 [1]T;

12 VII l 41 [1]T;

8 VIII d 41 [1]Urruty 36-37;

[env 9 VIII l 41] [1]Urruty 37;

9 VIII l 41 [1]EJC 221;

10 VIII ma 41 [1]Dufay C 17; [2]CPl I lxxxiv;

12 VIII j 41 [1]CPl I lxxxiv;

21 VIII s 41 [1]Foucque;

1 IX me 41 [1]Foucque; [2]EJC 221;

3 IX v 41 [1]CPl I 91;

[entre le 1 IX me et le 18 IX s 41] [1]CPl I 89; [2]BET 15;

7 IX ma 41 [1]Urruty 34-35;

11 IX s 41 [1]Urruty 63;

18 IX s 41 [1]Foucque;

19 IX d 41 [2]Foucque; [2]Feuillerat B; [3]Foucque; [4]CPl I 91;

22 IX me 41 [1]Foucque;

25 IX s 41 [1]Foucque;

14 X j 41 [1]EJC 221; [2]Urruty 41;

15 X v 41 [1]Foucque;

16 X s 41 [1]Hérisson;

19 X ma 41 [1]Foucque; [2]Urruty 41; [3]EJC 221;

25 IX l 41 [1]Urruty 64;

20 X me 41 [1]CPl I 89;

22 X v 41 [1]Foucque;

23 X s 41 [1]Foucque;

28 X j 41 [1]Foucque;

3 XI me 41 [2]Foucque;

4 XI j 41 [1]Foucque; [2]CPl I 634; [3]CPl I 190; [4]I; [5]CPl I 90;

4-8 XII s-me 41 [1]Mouquet C;

7 XII ma 41 [1]Urruty 73;

8 XII me 41 [1]Mouquet C;

10 XII s 41 [1]Urruty 83;

11 XII s 41 [1]Mouquet C;

1842

1842 [1]FM42 227; [2]FM42 493; [3]Urruty 34; [4]OCPl I 1150;

19 I ma 42 [1]Crépet L 362;

II 42 [1]T;

12 II s 42 [1]T, OCPl II 34;

16 II me 42 [1]Hérisson 293; [2]T; [3]CPl I 91;

[17 II j 42] [1]CPl I 90;

[env 20 II d 42] [1]CPl I 90;

[fin II 42] [1]CPl I 740; [2]Mouquet D; [3]BET 15-16;

III 42 [1]T;

[2 ou 3 III me ou j 42] [1]Pichois K;

19 III s 42 [1]OCPl II 268, 1211;

[fin III ou début IV 42] [1]CPl I 92; [2]Mouquet D;

[IV 42] [1]CPl I lxvii;

[env IV 42-1843] [1]Pichois L;

9 IV s 42 [1]I;

[entre le 9 IV s et le 27 V v 42] [1]BAP 18;

13 IV me 42 [1]Wallace B;

14 IV j 42 [1]CPl I 742; [2]CPl I 115; [3]CPl I lxviii;

[début de la seconde quinzaine de IV 42] [1]CPl I 93;

[printemps ou été 42] [1]CPl I 94;

[vers le 20 IV me 42] [1]CPl I 93;

28 IV j 42 [1]CPl I 740;

30 IV s 42 [1]CPl I 745;

V 42 [1]Delesalle;

2 V l 42 [1]CG I 18n;

13 V v 42 [1]T 1097;

28 V s 42 [1]LAB 137-139; [2]CPl I 94; [3]Prarond 24, BAP 15;

15 VI me 42 [1]Wallace A 15;

16 VI j 42 [1]CG I 18n;

[été 42?] [1]Pichois 114;

26 VI s 42 [1]T, Prévost 160;

29 VI me 42 [1]CPl I 94;

30 VI j 42 [1]CPl I 94;

[été 42] [1]CPl I 95;

VII 42 [1]Pommier B 201-202;

11 VI l 42 [1]CatBN57 12;

[12 VII ma 42] [1]CPl I 95;

13 VII me 42 [1]Vapereau;

[13 ou 14 VII me ou j 42] [1]CPl I 95;

18 VII l 42 [1]CPl I lxix;

[VIII 42] [1]Banville 76-79;

VIII 42 [1]Hamrick 39;

[entre le 4 VIII et le 13 VIII s 42] [1]Mayne 147;

13 VIII s 42 [1]Hérisson 665; [2]CPl I 96;

26 VIII v 42 [1]OCPl II 1533; [2]CPl II 982;

IX 42 [1]OCPl II 1364;

20 IX ma 42 [1]T;

26 IX l 42 [1]T, Wallace A 210;

[3 X l 42] [1]CPl I 96;

4 X ma 42 [1]CPl I 96;

5 X me 42 [1]T;

22 X s 42 [1]T;

[env 25 X ma 42] [1]CPl I 436, 745; [2]CPl I 96;

[automne 42] [1]BDC 147; [2]CPl II 232;

[25 X ma 42] [1]CPl I 96;

XI 42 [1]Sprietsma 229;

4 XI v 42 [1]I;

8 XI ma 42 [1]CPl I lxix;

[avant le 11 XI v 42] [1]Nouvion 169; [2]CG I 25n;

[mi-XI 42] [1]CPl I 97;

16 XI me 42 [1]T;

18 XI v 42 [1]Pichois F 271;

24 XI j 42 [1]Pichois F 271;

[4 XII d 42] [1]CPl I 47;

[6 XII me 42] [1]CPl I 97;

[fin 42] [1]Ruff C 37;

1843

1843 [1]FM42 227; [2]FM42 227; [3]OP I 418; [4]CPl II 1025;

[début 43] [1]Wallace A 17;

[11 II s 43] [1]CPl I 97;

[13 II l 43] [1]CPl I 97;

30 III j 43 [1]CPl I lxix;

9 IV d 43 [1]I;

[19 IV me 43] [1]CPl I 98;

[entre le 19 IV me et le 22 V l 43] [1]CG I 27; [2]OC61 xix;

V 43 [1]Pichois O 114;

22 V l 43 [1]CPl I 98;

[env 22 V l 43] [1]CPl I 98;

V ou VI 43 [1]T;

[env VI 43] [1]OC61 679;

3 VI s 43 [1]Pichois O 114;

11 VI d [43] [1]CPl I 98; [2]CPl I xix; [3]CPl I 748;

27 V ma 43 [1]CPl I 99; [2]CPl I lxix;

29 VI j 43 [1]CPl I 749;

1 VII s 43 [1]Wallace A 25;

6 VII v 43 [1]BET 33;

7 VII s 43 [1]BET 33;

10 VIII ma 43 [1]Lovenjoul I:255;

VIII 43 [1]Wallace A 29;

7 VIII l 43 [1]T;

29 VIII ma 43 [1]CPl I 100;

[31 VIII j 43] [1]CPl I 100; [2]T;

13 IX me 43 [1]CPl II 981;

[début de la seconde quinzaine de IX 43] [1]CPl I 100;

[env 17 IX d 43] [1]Crépet I xxi;

[env 25 IX l 43] [1]CPl I 100;

[27 IX] me [43] [1]CPl I 101;

X 43 [1]OCPl II 1533;

21 X s 43 [1]CPl I lxix;

[fin X 43?] [1]CPl I 101;

4 XI s 43 [1]I;

5 XI d 43 [1]CatBN47 21;

14 XI ma 43 [1]CPl I 102;

16 XI j 43 [1]CPl I 102;

[avant le 24 XI v 43] [1]Wallace A 31;

24 XI v 43 [1]Wallace A 31;

[26 XI] d [43] [1]CPl I 102;

[27 XI] l [43] [1]CPl I 102;

31 XI d 43 [1]T;

2 XII s 43 [1]T, BET 19;

[entre le 3 XI v et le 9 XII s 43] [1]Crépet I xxi;

7 XII j 43 [1]CPl I 103;

8 XII v 43 [1]CPl I 751;

10 XII d 43 [1]Hamrick 41;

[fin 43?] [1]CPl I 103;

23 XII s 43 [1]CPl I 103;

30 XII s 43 [1]T, OCPl II 1220;

[fin 43 ou début 44] [1]T;

1844

1844 [1]Mayne 9; [2]CatBN57 105; [3]Ziegler C 155; [4]Bandy-Mouquet 7; [5]Dufay C 78; [6]Ziegler 369;

[env 44] [1]Ziegler B 370;

[I 44?] [1]CPl I 105;

[I-II 44] [1]CPl I 105;

1 I l 44 [1]CPl I 104;

3 I me 44 [1]CPl I 752;

[5 I v 44] [1]CPl I 104;

7-13 I d-d 44 [1]T;

12 I v 44 [1]CPl I 742;

14-20 I d-d 44 [1]T;

21 I l 44 [1]T;

21-27 I d-d 44 [1]T;

23 I ma 44 [1]CPl I 752;

27 I s 44 [1]T;

30 I ma 44 [1]CPl I 752;

II 44 [1]OCPl I 1150;

3-10 II d-d 44 [1]T;

10 II d 44 [1]CPl I 752;

17-24 II d-d 44 [1]T;

24 II d 44 [1]CPl I 753;

29 II j [44] [1]CPl I 105; [2]CatBN57 21;

[fin II 44] [1]OCPl II 1533;

1 III v 44 [1]CPl I 105;

2 III s 44 [1]T;

[env 2 III s 44] [1]CPl I 105;

[3 III d 44] [1]CPl I 105; [2]CPl I 106;

4 III l 44 [1]OCPl II 1533-1544; [2]CPl I 106; [3]T;

5 III ma 44 [1]CPl I 103;

7 III jj 44 [1]T;

28 III j 44 [1]OCPl II 1271;

[IV 44?] [1]OCPl II 383, 1278;

1 IV l 44 [1]CPl I 103;

9 IV ma 44 [1]I;

V 44 [1]OCPl II 1270;

V ou VI 44 [1]Pichois P 121;

[début V 44] [1]CPl I 107;

[env 10 V s 44?] [1]CPl I 107;

16 [V v 44?] [1]CPl I 131;

[avant le 18 V l 44] [1]CPl I 82;

[18 V l 44] [1]CPl I 107;

[env 10 VI l 44] [1]CPl I 107;

10 VI l 44 [1]CPl I 107;

28 VI v 44 [1]CG I 48n;

30 VI d 44 [1]T;

[été 44?] [1]CPl I 108;

[avant le 13 VII s 44] [1]CPl I 111;

[été 44] [1]CPl I 108; [2]CPl I 111;

14 VII d 44 [1]CPl I 112, 757n; [2]CPl I 112;

[15 VII l 44] [1]CPl I 112;

17 VII me 44 [1]CPl I 112;

21 VII d 44 [1]T;

VIII 44 [1]OCPl II 1272;

[avant le 10 VIII s 44] [1]CPl I 756;

10 VIII s 44 [1]CPl I 756; [2]CPl I 755; [3]CPl I lxxxiv;

11 III d 44 [1]OC61 1555;

21 VIII me 44 [1]Girard 280;

24 VIII s 44 [1]CG I 43n;

27 VIII ma 44 [1]CG I 43n;

IX 44 [1]FM42 483; [2]T;

7 IX d 44 [1]Ruff B 202;

8 IX l 44 [1]Wallace A 28;

[11 IX me 44] [1]CPl I 114;

16 IX l 44 [1]CPl I 758;

21 IX s 44 [1]CG I 43n;

[fin IX 44?] [1]CPl I 114;

X 44 [1]CPl I lxxi;

5 X s 44 [1]T;

18 X l 44 [1]OP I 383-384;

[fin X 44] [1]CPl I 114;

31 X d 44 [1]CPl I 758;

4 XI l 44 [1]T;

1 XII d 44 [1]OP I 418;

3 XII me 44 [1]Bandy K xiii;

4 XII me 44 [1]Bandy K xiii;

7 XII s 44 [1]CPl I 115;

12 XII j 44 [1]AB 61;

[env 17 XII ma 44] [1]CPl I 115;

[18 XII me 44] [1]CPl I 115;

25 XII me 44 [1]CPl I 758;

[fin 44 ou début 45] [1]CPl I 116;

XII 44-I 45 [1]Pichois J 19;

1845

1845 [1]CPl I lxxiv; [2]CPl II 996; [3]Dufay C 18; [4]Moss 229-231; [5]OCPl II 1362.

[env 1845] [1]CPl II 8;

1 I me 45 [1]CPl I 119;

[début 45] [1]CPl I 119;

18 I s 45 [1]T;

26 I d 45 [1]Nouvion 169;

1 II s 45 [1]T;

20 II j 45 [1]CatBN57 21;

III 45 [1]Banville B 89; [2]T;

1 III s 45 [1]T;

6 III l 45 [1]CPl I 121;

9 III j 45 [1]OCPl II 1250;

15 III s 45 [1]CE 467;

[env 15 III s 45] [1]Crépet U 167;

15-19 III s-me 45 [1]Pichois H 635;

[env 16 III d 45] [1]Crépet U 167;

19 III me 45 [1]Ziegler A 5; [2]OCPl II 1272;

30 III d 45 [1]OCPl II 1273;

[début IV 45] [1]CPl I 122;

9 IV me 45 [1]Ziegler A 15; [2]I;

[mi-IV 45?] [1]CPl I 122;

printemps 45 [1]OC61 1592;

23 IV me 45 [1]Ziegler A 5;

4 V d 45 [1]T;

8 V j 45 [1]T;

9 V v 45 [1]OCPl II 1265;

14 V me 45 [1]Ziegler A 5;

[seconde quinzaine de V 45] [1]Tabarant B 89; [2]CE 467; [3]T;

15 V j 45 [1]T;

16 V v 45 [1]CPl I 123;

[entre le 20 et le 27 V ma-ma 45] [1]CPl I 123;

24 V s 45 [1]CE 465;

25 V d 45 [1]OP I 422;

27 V ma 45 [1]T;

[fin V 45?] [1]CPl I 123;

[été 45] [1]Crépet 169;

[été 45?] [1]CPl I 128;

1 VI d 45 [1]T; [2]CPl I 124; [3]T;

2 VI l 45 [1]CPl I 764;

4 VI me 45 [1]CPl I 764;

14 VI s 45 [1]Ziegler A 5;

20 VI v 45 [1]CatBN57 105;

21 VI s 45 [1]CPl I 764;

29 VI d 45 [1]CPl I 124;

30 VI l 45 [1]CPl I 124;

[VII 45?] [1]CPl I 128;

[début VII 45?] [1]CPl I 126; [2]Pincebourde 15;

1 VII ma 45 [1]BP A;

4 VII v 45 [1]CPl I 765;

[6 VII d 45] [1]CPl I 127, BP A;

[mi-VII 45] [1]CPl I 768;

20 VII d 45 [1]T;

22-23 VII ma-me 45 [1]Pichois H 635;

[mi-VII 45] [1]CPl I 129;

VIII 45 [1]CG I 66; [2]Bandy K xiii;

[VIII 45?] [1]CPl I 128, 767;

15 VIII v 45 [1]CPl I 124;

24 VIII d 45 [1]OP I 421;

28 IX d 45 [1]Bandy A 1;

31 VIII-6 IX d-d 45 [1]T;

X 45 [1]CatBN57 52;

X 45-I 46 [1]Pichois L 169;

2 X j 45 [1]Pichois H 634;

7 X me 45 [1]Pichois H 610;

9 X j 45 [1]Pichois H 634;

10 X v 45 [1]Pichois H 609n;

18 X s 45 [1]T;

19 X d 45 [1]Pichois H 634;

23 X j 45 [1]Pichois H 634;

24 X v 45 [1]Pichois H 634;

27 X l 45 [1]Pichois H 611;

XI 45 [1]Bandy K xiii; [2]Guilhermoz;

2 XI d 45 [1]Pichois H 634;

3 XI l 45 [1]Pichois H 634;

4 XI ma 45 [1]OCPl II 1078; [2]I;

[5 XI me 45] [1]CPl I 132; [2]Pichois H 634;

6 XI j 45 [1]Pichois H 610, 134;

7 XI v 45 [1]T 678;

9 XI d 45 [1]Pichois H 634; [2]T;

13 XI j 45 [1]Pichois H 634;

16 XI d 45 [1]Pichois H 610; [2]T;

20 XI j 45 [1]CPl I 121;

24 XI l 45 [1]OCPl II 1080; [2]AB 67;

25 XI ma 45 [1]Pommier A 522; [2]OCPl II 1079;

30 XI s 45 [1]T; [2]I;

8 XII l 45 [1]Pichois H 610-611;

22 XII l 45 [1]Ziegler E 53n;

fin XII 45 [1]Pichois H 611;

[fin 45] [1]Crépet U 171; [2]OC61 1592;

1846

1846 [1]FM42 227; [2]CPl I 152; [3]CPl II 999; [4]CPl II 1000; [5]Ziegler B 373; [6]BDC 153; [7]Champfleury C 134; [8]Pichois H 607n; [9]CPl I lxxiv;

1846-47 [1]BJ 162; [2]CG I 79n;

[début 46] [1]CPl I 133;

2 I v 46 [1]Nouvion 157;

3 I s 46 [1]T, OCPl II 371;

4 I v 46 [1]OP I 423;

4-8 I v-ma 46 [1]Pichois H 635;

11 I d 46 [1]CE 481; [2]Pichois H 611;

[mi-I 46] [1]Pichois H 635;

11-16 I d-v 46 [1]Pichois H 635;

17 I s 46 [1]OP I 391;

21 I me 46 [1]T;

22-25 I j-d 46 [1]Pichois H 612, 635;

25 I d 46 [1]Pichois H 613;

25-29 I d-j 46 [1]Pichois H 635;

fin I 46 [1]Pichois H 613n;

II 46 [1]CatBN57 22; [2]CPl I 769; [3]CPl I 775; [4]Ziegler C 154;

II ou III 46 [1]Moss 39;

1 II d 46 [1]Pichois H 613; [2]Hamrick 49;

3 II ma 46 [1]OCPl II 9-12;

10 II ma 46 [1]Pichois H 611;

12 II j 46 [1]Pichois H 611;

15 II d 46 [1]B.N. N.A. fr. 14260 BN;

19 II j 46 [1]Pichois H 635;

20 II v 46 [1]CG I 77; [2]Pichois H 635;

21 II s 46 [1]T; [2]Pichois H 635;

22 II d 46 [1]T;

22 I d 46 [1]T;

[21 ou 22 II s ou d 46] [1]CPl I 133; [2]CPl I 773;

25 II me 46 [1]T;

26 II j 46 [1]Pichois H 613;

[fin II 46] [1]CPl I 134; [2]PPP 356;

3 III ma 46 [1]OP II 147;

[env 3 III ma 46] [1]CPl I 134-135;

11 III me 46 [1]T;

14 III s 46 [1]T;

[avant le 15 III d 46] [1]CPl I 135;

[seconde quinzaine de III 46] [1]CPl I 137;

15-19 III d-j 46 [1]Pichois H 635;

16 III l 46 [1]CE 475;

[env IV 46] [1]CML I 292;

[IV 46] [1]CPl I 136; [2]CPl I 137;

[IV ou V 46] [1]CPl I 136; [2]BJ 162;

7 IV ma 46 [1]CML 1 266;

9 IV j 46 [1]I;

[env 15 IV me 46] [1]OCPl II 16;

15 IV me 46 [1]OCPl II 1086;

22 IV me 46 [1]Nouvion 169;

[env 28 IV s 46] [1]CPl I 138;

[fin IV 46] [1]OP II 159; [2]CatBN57 25; [3]T;

[début V 46?] [1]CPl I 138;

[V 46] [1]CPl I 138; [2]CML I 6;

1 V v 46 [1]T;

7 V j 46 [1]CPl I 777; [2]T;

[env 7 V j 46] [1]Cat. de la Vente As-selineau, 1875, no. 67; [2]T; [3]Cat. de la Vente du Dr P.P..., 11 déc 1929, no. 297; [4]Cat. de la Vente Malassis, 1878, no. 72; [5]Cat. Ed. Loewy No. 154, 1968-1969, pièce 50;

9 V s 46 [1]OP I 159;

10 V d 46 [1]BJ 14; [2]Ziegler C 54;

23 V s 46 [1]CE 474; [2]CML I 1158;

24-30 V d-s 46 [1]T;

24 V d 46 [1]BJ 14;

26 V ma 46 [1]Robb;

27 V me 46 [1]BET 29;

30 V s 46 [1]Dufay A;

31 V d 46 [1]T;

[VI 46] [1]Pichois I;

1 VI l 46 [1]BET 29;

9 VI ma 46 [1]BP A;

11 VI j 46 [1]Bandy K xiv;

12 VI v 46 [1]Bandy K xiv;

13 VI s 46 [1]Bandy G" xiv;

15 VI l 46 [1]T;

16 VI ma 46 [1]CPl I 776;

21 VI d 46 [1]T; [2]OCPl I 1567;

VII 46 [1]T;

11 VII s 46 [1]T; [2]CG I 79n;

13 VII l 46 [1]Feuillerat A 81;

19 VII d 46 [1]T;

20-22 VII l-me 46 [1]BJ 15;

24 VII v 46 [1]Feuillerat A 81-82;

11 VIII me 46 [1]Pichois F 264;

13 VIII j 46 [1]Pichois O;

23-27 VIII d-j 46 [1]Pichois H 636;

23 VIII d 46 [1]OP I 492;

24 VIII l 46 [1]OP I 492;

25 VIII ma 46 [1]OP I 492;

26 VIII me 46 [1]OP I 492;

IX 46 [1]Bandy K xiv;

6 IX d 46 [1]T;

17 IX j 46 [1]OCPl II 1086;

18 IX v 46 [1]OCPl II 1086;

19 IX s 46 [1]OCPl II 1086;

20 IX d 46 [1]T;

21 IX l 46 [1]OCPl II 1114;

26 IX s 46 [1]Feuillerat A 82;

27 IX d 46 [1]BJ 16;

[X 46?] [1]CPl I 139;

I IX j 46 [1]Pichois F 608; [2]Cat. Charavay No. 692, mai 1955, pièce 25.453;

1-4 X j-d 46 [1]Pichois F 636;

4 X d 46 [1]OCPl I 1184;

10 X s 46 [1]T;

11 X d 46 [1]T; [2]OCPl II 1184;

12 X l 46f [1]Bandy K xiv;

15 X j 46 [1]Bandy K xv;

18 X d 46 [1]T;

25 X d 46 [1]T;

XI 46 [1]Guilhermoz;

4 XI me 46 [1]I;

5 XI j 46 [1]Boyé; [2]OCPl I 1265;

7 XI s 46 [1]T;

14 XI s 46 [1]T, Feuillerat A 81;

15 XI d 46 [1]T;

22 XI d 46 [1]T; [2]T;

30 XI l 46 [1]T;

[XII 46?] [1]CPl I 140;

XII 46 [1]Souffrin 14;

1 XII ma [46] [1]Bornecque A;

13 XII me 46 [1]T; [2]FM59 496; [3]CML I 6;

20 XII d 46 [1]T;

21 XII l 46 [1]CPl I 769;

24 XII j 46 [1]T;

27 XII d 46 [1]T; [2]Feuillerat A 82;

[31 XII j 46] [1]CML I 315;

[vers 1847] [1]CatBN57 106;

1847

1847 [1]CatBN47 106; [2]Ziegler? 270;

[I 47] [1]OCPl I 1413; [2]Bornecque;

[entre le 1 v et le 7 j I 47] [1]Chapelan;

23 I s 47 [1]T;

27 I me 47 [1]Lemonnier 191, Bandy K xv;

31 I d 47 [1]Bandy K xiv;

1 III l 47 [1]DICO 136;

[III-IV 47] [1]CPl I 142;

7 III d 47 [1]T;

13 III s 47 [1]CPl I 141;

21 III d 47 [1]T;

28 III d 47 [1]T; [2]T; [3]Nouvion 169;

[IV 47] [1]CatBN57 106; [2]DICO 140; [3]DICO 136; [4]CPl I 142;

4 IV d 47 [1]T; [2]T;

9 IV v 47 [1]I;

10 IV s 47 [1]DICO 136; [2]OCPl I 1267;

11 IV d 47 [1]Ziegler E 32n;

14 IV me 47 [1]Pichois L;

22 IV j 47 [1]Pichois F;

19 V l 47 [1]Bandy K xv-xvi; [2]Ziegler B 375;

20 V ma 47 [1]Bandy K xv-xvi;

21 V me 47 [1]Bandy K xv-xvi;

29 V s 47 [1]DICO 136;

5 VI s 47 [1]OCPl II 1410;

27 VI d 47 [1]Feuillerat A 83;

3 VII s 47 [1]Bandy K xvi;

[nuit du 17-18 VIII ma-me 47] [1]Michaud;

17 VIII l 47 [1]Wallace A 29, 35;

18 VIII ma 47 [1]Feuillerat A 19;

24 VIII ma 47 [1]Michaud;

25 VIII me 47 [1]Rousselet 35;

28 VIII s 47 [1]Dufay C 18;

IX 47 [1]OCPl II 1089;

7 IX ma 47 [1]OCPl I 1266;

9 IX j 47 [1]OP I 425;

24 IX v 47 [1]T;

25 IX s 47 [1]T;

XI 47 [1]I (*v.* 1 XII me 47);

4 XI j 47 [1]I;

14 XI d 47 [1]T; [2]T;

16-17 XI ma-me 47 [1]Dufay C 18-19;

18 XI j 47 [1]Dufay C 19;

20 XI s 47 [1]Bandy et Mouquet 82; [2]OP I 424;

25 XI j 47 [1]Dufay C 19;

27 XI s 47 [1]T, OCPl I 1093;

28 XI d 47 [1]Bandy et Mouquet 73, Pichois F 273; [2]CPl I 781;

29 XI l 47 [1]CPl I 142;

[entre XII 47 et IV 48] [1]CatBN57 28;

1 XII me 47 [1]T;

[avant le 4 XII s 47] [1]CPl I 141;

4 XII s 47 [1]CPl I 142;

5 XII d [47] [1]CPl I 147;

16 XII j 47 [1]CPl I 148;

24 XII v 47 [1]Bandy K xvi;

25 XII s 47 [1]Bandy K xvi;

1848

1848 [1]Lettre inédite de Champfleury à E. Crépet; [2]Clapton 287; [3]OP II 151; [4]CG II 284n; [5]CatBN57 106; [6]CML II pl. 61;

[1848] [1]CPl I 155; [2]Crépet U 172;

[premiers mois de 1848] [1]Ruff A;

[env 1 I s 48] [1]CPl I 148;

2 I d 48 [1]CPl I 148;

18 I ma 48 [1]OCPl II 21, 1088;

22-23 I s-d 48 [1]BDC 165-167, CPl I 791;

8 II ma 48 [1]Feuillerat A 83-84;

19 II s 48 [1]Pichois H 611;

22 II ma 48 [1]Toubin, cité Bandy et Mouquet 9;

23 II me 48 [1]Toubin, cité Bandy et Mouquet 10;

24 II j 48 [1]BDC 100-101; [2]Toubin, cité Bandy et Mouquet 11; [3]Girard 282;

[entre le 26 et le 28 II s-l 48] [1]Bandy et Mouquet 14-15;

26 II s 48 [1]Bandy et Mouquet 17; [2]T;

27 II d 48 [1]Toubin, cité OP I 530; [2]Toubin, cité BDC 103;

28 II l 48 [1]T;

29 II ma 48 [1]T;

[III? 48] [1]Ziegler B 374;

1 III me 48 [1]Bandy et Mouquet 74-75;

1 (ou 2) III me (ou j) 48 [1]OP I 534; [2]OP I 207;

2 III j 48 [1]Feuillerat A 84;

3 III v 48 [1]Nouvion 169;

4 III s 48 [1]T;

12 III v 48 [1]Bandy et Mouquet 24;

15 III me 48 [1]T;

23 III j 48 [1]Feuillerat A 84; [2]T;

28 III ma 48 [1]Greaves 101;

29 III me 48 [1]Greaves 101-102, Toubin;

[IV 48] [1]Toubin, cité Bandy et Mouquet 21-22; [2]CPl I 148; [3]CatBN57 28;

8 IV s 48 [1]T; [2]CPl I 781-782;

9 IV d 48 [1]I;

10 IV l 48 [1]Bandy et Mouquet 23; [2]T;

13 IV j 48 [1]Pichois F 275;

15 IV s 48 [1]Nouvion 169; [2]Pichois F 275; [3]T;

[fin IV ou début V 48] [1]CPl I 149;

[début V 48?] [1]CPl I 149; [2]CPl I 153;

12 V v 48 [1]Pichois F 276;

15 V l 58 [1]JI 56, 334;

mi-V 48 [1]Pichois F 276;

23 V ma 48 [1]Bandy K xvi;

25 V j 48 [1]Feuillerat A 84; [2]Bandy K xvi;

27 V s 48 [1]Bandy K xvi;

28 V d 48 [1]OCPl II 1555;

VI 48 [1]T;

[VI 48] [1]Pichois F 277;

3 VI s 48 [1]T; [2]CML I 457;

4 VI d 48 [1]CML I 1164; [2]CPl I 783; [3]T; [4]Dufay C 21; [5]T;

6 VI ma 48 [1]Bandy et Mouquet 26;

8 VI j 48 [1]T;

11 VI d 48 [1]T;

15 V I l 48 [1]T;

17-24 VI s-s 48 [1]Bandy K xvi;

29 VI l 48 [1]Pichois F 277;

23 VI v 48 [1]Dufay C 21, CatBN57 18;

23-28 VI v-me 48 [1]CML I 7;

29 VI j 48 [1]Pichois F 277;

VII 48 [1]BJ 16;

5 VII me 48 [1]CPl I 783;

8 VII s 48 [1]CPl I 783;

15 VII s 48 [1]T; [2]Pichois F 277;

31 VII l 48 [1]Boyé B 70;

9 VIII me 48 [1]CPl I 783;

16-18 VIII me-v 48 [1]CPl I 783;

20 VIII d 48 [1]CPl I 783;

21 VIII v 48 [1]CPl I 150;

[21 ou 22 VIII v ou s 48] [1]CPl I 151;

27 VIII j 48 [1]Pichois F 476;

3 IX d 48 [1]Feuillerat A 84;

27 IX me 48 [1]CatPM 18;

X 48 [1]Bandy et Mouquet 48; [2]CPl I 153;

10 X ma 48 [1]Feuillerat A 85;

13 X v 48 [1]Pichois F 279;

19 X j 48 [1]CPl I 152;

20 X v 48 [1]Bandy et Mouquet 48-53;

XI 48 [1]FM42 229; [2]T; [3]T;

4 XI s 48 [1]I;

[23 XI j 48] [1]CPl I 152, 153, CG VI 97n;

25 XI s 48 [1]Pichois F 278;

XII 48 [1]BJ 16;

2 XII s 48 [1]T, CML I 428;

6 XII me 48 [1]CPl I 153;

8 XII v 48 [1]CPl I 153;

16 XII s 48 [1]Pichois F 278;

23 XII s 48 [1]Contades 75;

[Pichois Fin 48] [1]Pichois J 38; [2]CPl I lxxiv;

1849

1849 [1]OP I 481; [2]T; [3]DICO 174;

1 I l 49 [1]CPl I 153;

16 I ma 49 [1]Pichois F 279;

27 I s 49 [1]T;

5 II l 49 [1]AR 444; [2]CE 506;

10 II s 49 [1]Feuillerat A 85;

15 II j 49 [1]Pichois F 280;

24 II s 49 [1]FM 300; [2]OCPl II 1555;

1 III j 49 [1]CPl I 152;

3 III s 49 [1]T;

6 III me 49 [1]Pichois F 281, 472n;

1 IV d 49 [1]T; [2]CPl I 153;

5 IV j 49 [1]Pichois F 472n;

9 IV l 49 [1]I;

28 IV s 49 [1]T;

V 49 [1]T;

4 V v 49 [1]Pichois F 472n;

12 V s 49 [1]CG I 111;

15 VI ma 49 [1]Pichois F 472n;

18 V v 49 [1]OCPl II 1455;

24 V j 49 [1]Pichois F 475-477;

1 VI j 49 [1]CG I 151, CPl I 809;

3 VI d 49 [1]Feuillerat A 85;

23 VI s 49 [1]Feuillerat A 85;

27 VI v 49 [1]Pichois I 41;

28 VI s 49 [1]Pichois I 41;

29 VI d 49 [1]Pichois I 41; [2]OCPl II 1229;

30 VI d 49 [1]Pichois I 41;

7 VII s 49 [1]Bandy D, T;

13 VII v 49 [1]CPl I 157;

14 VII s 49 [1]T, Pichois F 274;

22 VIII me 49 [1]Pichois F 473;

[fin VIII 49] [1]CPl I 788;

2 IX d 49 [1]T;

20 IX j 49 [1]Pichois F 474;

[automne 49] [1]BDC 67-69;

26 IX me 49 [1]CPl I 788;

27 IX j 49 [1]Bandy A;

[X 49] [1]CPl I 158;

1 X l 49 [1]Feuillerat A 85;

7 X d 49 [1]Quinn 641;

9 X ma 49 [1]OCPl II 1228;

13 X s 49 [1]OCPl II 1228;

20 X s 49 [1]OCPl II 1228;

[env XI 49] [1]CPl I 158; [2]CPl I 158;

[env XI 49?] [1]OCPl II 1210;

4 XI d 49 [1]I;

[avant le 22 XI j 49] [1]Greaves 129;

22 XI j 49 [1]Pichois F 474-475; [2]T;

29 XI j 49 [1]CPl I 163;

XII 49 [1]Pichois F 473;

[début XII 49] [1]CPl I 163;

1 XII s 49 [1]T;

3 XII l 49 [1]CPl I 158;

[env 4 XII ma 49] [1]CPl II 150; [2]CPl I 157;

5 XII me 49 [1]Pichois F 474;

10 XII l 49 [1]Starkie58 209;

[entre le 4 et le 14 XII ma et v 49] [1]CPl I 158;

12 XII me 49 [1]Dufay C 25;

14 XII v 49 [1]CPl I 158;

17 XII l 49 [1]CPl I 158;

21 XII v 49 [1]CPl I 788;

[fin XII 49?] [1]CPl I 163;

[fin 49] [1]CPl I lxxiv;

1850

1850 [1]Crépet U 36; [2]DICO 177; [3]Ziegler B 367;

[1850] [1]CatBN57 31;

[1850-1855] [1]CPl I 816;

I ou II 50 [1]T;

9 I me 50 [1]CPl I 158;

10 I j 50 [1]CPl I 158;

12 I s 50 [1]CPl I 163;

20 I d 50 [1]Feuillerat A 86;

II 50 [1]OCPl II 1456;

25 II v 50 [1]Pichois F 475;

III 50 [1]Bandy E 67; [2]OCPl II 1228;

[entre le 7 III j et le 19 V d 50] [1]CPl I 792;

20 III me 50 [1]CPl I 789;

23 III s 50 [1]Pichois B;

25 III l 50 [1]CatPM 19;

30 III s 50 [1]Feuillerat A 86; [2]CatPM 19;

9 IV ma 50 [1]I;

10 IV me 50 [1]CatPM 19; [2]Pichois F 475; [3]Pichois F 482;

20 IV me 50 [1]Pia 77;

25 IV l 50 [1]Pichois F 478; [2]Pichois F 482;

27 IV s 50 [1]T, OCPl II 50, 1102;

28 IV s 50 [1]Pichois F 477;

30 IV me 50 [1]CatPM 19;

début V 50 [1]Pichois F 479;

4 V d 50 [1]T, Champfleury B 149;

5 V l 50 [1]Pichois F 478;

[env 9 V j 50?] [1]*Bulletin Pierre Berès*, no. 74-75, août-septembre 1964 [renseignement communiqué par M. Claude Pichois];

10 V v 50 [1]CPl I 164, 792;

[env 13 V l 50] [1]CPl I 165;

13 V l 50 [1]CPl I 791;

15 V me 50 [1]Pichois 477-479;

[18 V] s [50] [1]CPl I 165;

25 V s 50 [1]CPl I 792; [2]Pichois F 479;

VI 50 [1]T;

2 VI j 50 [1]CPl I 790;

3 VI l 50 [1]Starkie58 109;

4 VI ma 50 [1]Starkie58 210; [2]Pichois I 41;

8 VI s 50 [1]CPl I 792;

19 VI me 50 [1]Pichois I 41;

[été 50] [1]Delvau;

1 VII l 50 [1]Pichois F 480;

3 VII me 50 [1]Pichois F 480;

5 VII v 50 [1]Pichois F 480;

[env VII 50] [1]CPl I 166, 794;

13 VII s 50 [1]FM42 229; [2]OP I 421;

[env 14 VI d 50] [1]CPl I 165;

15 VII l [50] [1]CPl I 165;

[env 18 VII j 50] [1]CPl I 792;

21 VII d 50 [1]T;

29 VII l 50 [1]CPl I 166;

VII-VIII 50 [1]Dufay A 25;

2 VIII v 50 [1]CPl I 166; 794;

24 VIII s 50 [1]OCPl II 1135;

2 IX l 50 [1]CPl I lxxii;

18 IX me 50 [1]Besançon B 171;

19 IX j 50 [1]Besançon B 171;

20 IX v 50 [1]CG I 166;

2 IX s 50 [1]T;

28 IX s 50 [1]T;

X 50 [1]T;

1 X ma 50 [1]OCPl II 1455;

6 X [ou XI] d [ou me] 50 [1]CPl I 167;

10 X j 50 [1]T;

22 X ma 50 [1]Besançon B 171;

25 X v 50 [1]Feuillerat A 85; [2]OCPl II 1185;

26 X d 50 [1]OCPl II 1185;

XI 50 [1]Pincebourde 118; [2]Du Camp II:57-58; [3]T;

4 XI l 50 [1]I;

13 XI me 50 [1]CPl I 167;

14 XI j 50 [1]CPl I 167;

23 XI s 50 [1]T, FM42 258;

24 XI d 50 [1]OCPl II 1455;

XII 50 [1]DICO 140, Fichier BAAJD;

1 XII d 50 [1]Feuillerat A 86;

6 XII v 50 [1]Hemmings 119;

19 XII j 50 [1]Adam A IIIn;

25 XII me 50 [1]Adam A IIIn;

29 XII d 50 [1]LAB 327n;

[fin XII 50] [1]CPl I lxxiv;

1851

1851 [1]CatBN57 14; [2]OCPl II 1461;

[1851] [1]Ziegler B 375;

[1851-1852] [1]CPl I 183;

[I 51] [1]CPl I 168;

[env 5 I d 51] [1]CPl I 167;

7 I [ma] 51 [1]Crépet Q 41;

9 [I] j 51 [1]CPl I 168;

11 I s 51 [1]Feuillerat A 86;

25 I s 51 [1]T;

8 II s 51 [1]Bornecque B;

14 II v 51 [1]CPl I 169;

18 II me 51 [1]Pichois F 481;

21 II j 51 [1]Nouvion 169;

[24 II l] 51 [1]OCPl II 44, Simond II:407;

7 III v 51 [1]T;

8 III s 51 [1]T;

11 III ma 51 T;

12 III me 51 [1]T;

14 III v 51 [1]Pichois F 481;

18 III ma 51 T;

19 III me 51 [1]McCrae 12;

20 III j 51 [1]CG VI 86;

1 IV ma 51 [1]T;

4 IV v 51 [1]B.N., N.a.fr. 24261 f243;

5 IV s 51 T;

8 IV ma 51 [1]Feuillerat A 87; [2]DICO 141-142;

9 IV me 51 [1]T; [2]T; [3]T; [4]I;

[IV 51] [1]McCrae 112 cite Troubat;

11 IV v 51 12 IV s 51 [1]T; [2]OCPl II 1208;

18-20 IV v-d 51 [1]T;

20 IV d 51 [1]T;

21-22 IV l-m 51 [1]OCPl II 1092;

26 IV s 51 [1]Pichois F 481;

28 IV l 51 [1]Dufay E;

30 IV me 51 [1]Pichois F 481;

1 V j 51 [1]Pichois F 482;

25 V d 51 [1]Pichois G;

26 V l 51 [1]Pichois G.

[env 3 VI ma 51] [1]CPl I 169;

3 VI ma 51 [1]Pichois F 483; [2]CPl I 169;

4 VI me 51 [1]Pichois F 483-484; [2]T;

7 VI s 51 [1]CPl I 170;

8 VI d 51 [1]CPl I 170;

9 VI l 51 [1]CPl I 170;

12 VI j 51 [1]CPl I 171;

13 VI v 51 [1]Pichois G; [2]CPl I 171;

14 VI s 51 [1]CPl I 171; [2]Nouvion 169; [3]T; [4]CPl I 810n;

[après le 14 IV s 51] [1]Crépet U 173-174;

15 VI d 51 [1]CPl I 171;

16 VI l 51 [1]CPl I 171; [2]Pichois G;

18 VI me 51 [1]Pichois F 486;

21 VI s 51 [1]CPl I 171;

22 VI d [51] [1]CPl I 171;

23 VI l 51 [1]CPl I 171;

26 VI j 51 [1]Pichois F 483;

29 VI d 51 [1]OCPl II 1105;

30 VI l 51 [1]CPl I lxxii;

VII 51 [1]Dufay D;

[VII 51] [1]CPl I 195;

[VII-VIII 51] [1]OCPl II 26;

9 VII me 51 [1]CPl I 173; [2]CPl I 175;

[été 51?] [1]T; [2]CPl I 174;

10 VII j 51 [1]CPl I 173;

12 VII s 51 [1]T;

[mi-VII 51] [1]CPl I 190;

19 VII s 51 [1]McCrae 21, OCPl II 63, 1114;

28 VII l 51 [1]Pichois F 486;

[fin VII 51] [1]CPl I 175, OCPl II 1098;

29 V II ma 51 [1]OCPl II 1098;

30 VII me 51 [1]OCPl II 1098;

VIII 51 [1]T;

5 VIII me 51 [1]Pichois F 487;

11 VIII ma 51 [1]OCPl II 1091;

23 VIII s 51 [1]CG I 143n;

26 VIII ma 51 [1]CatBN57 38;

28 VIII j 51 [1]CPl I 175; [2]CPl I 190; [3]CPl I 807;

[fin VIII 51] ^{1}CPl I 190;

30 VIII s 51 ^{1}CPl I 175;

1 IX l 51 ^{1}CPl I 175;

[11 IX j 51] ^{1}CPl I 179;

[12 IX v 51] ^{1}CPl I 179;

[env 13 IX v 51] ^{1}CPl I 179;

[13 IX v 51] ^{1}CPl I 179, 801;

13 IX s 51 ^{1}CPl I 807;

15 IX l 51 ^{1}T;

[env 15 IX l 51] ^{1}Crépet U 173;

27 IX s 51 ^{1}T;

X 51 ^{1}*Union List of Serials*;

1 X j 51 ^{1}Pichois G;

12 X l 51 ^{1}OCPl II 1098;

[première quinzaine de X 51] ^{1}CPl I 179;

15 X me 51 ^{1}CPl I 179; ^{2}Pichois G;

27 X l 51 ^{1}OCPl II 1098;

XI 51 ^{1}CPl I 190; ^{2}Pichois F 489;

4 XI ma 51 ^{1}I;

[automne 51] ^{1}CPl I 193;

6 XI j 51 ^{1}T;

11 XI ma 51 ^{1}Pichois G;

25 XI ma 51 ^{1}Pichois F 486-487;

26 XI me 51 ^{1}OCPl II 1105;

27 XI j 51 ^{1}T; ^{2}OCPl II 38, 1095;

2 XII ma 51 ^{1}OP II 89;

[première semaine de XII 51] ^{1}CPl I 810;

11 XII j 51 ^{1}Lesclide;

19 XII v 51 ^{1}Feuillerat A 87;

21 XII d 51 ^{1}T;

31 XII me 51 ^{1}CPl I lxxiv;

[fin 51] ^{1}CPl I 180, 803; ^{2}CPl I lxxiv;

1852

1852 ^{1}CatBN57 58; ^{2}Barroux 222; ^{3}FM42 227-228; ^{4}CPl I 184; ^{5}CatBN57 14; ^{6}FM59 496;

[début 52?] ^{1}CPl I 180; ^{2}Pichois F 489;

I 52 ^{1}CPl I 201;

4 I d 52 ^{1}CatBN57 41;

8 I j 52 ^{1}T;

14 I me 52 ^{1}Adhémar A 44-45;

22 I j 52 ^{1}OCPl II 1098;

24 I s 52 [1]T, CatBN57 69;

30 I v 52 [1]CPl I 185;

[env 1 II d 52] [1]CPl I 185; [2]OCPl II 50, 1102; [3]Crépet F; [4]OCPl II 1103;

1 II d 52 [1]T; [2]OCPl II 1102;

[env 3 II ma 52] [1]CPl I 185;

3 II ma 52 [1]CPl I 185; [2]OP I 536;

[env 21 II s 52] [1]LAB 141;

21 II s 52 [1]LAB 141-142;

22 II d 52 [1]CPl I 186; [2]Bandy K xXIIi;

23 II l 52 [1]CPl I 187; [2]CPl I 809;

28 II s 52 [1]T;

[III 52] [1]CPl I 188; [2]CPl I 191;

[printemps 52?] [1]CPl I 200;

1 III l 52 [1]T; [2]CPl I 187; [3]I;

5 III v 52 [1]CPl I 188;

6 III s 52 [1]CPl I 188;

10 III me 52 [1]Coll. Spoelberch de Lovenjoul D643, f. 15-16;

[env 17 III me 52] [1]CPl I 189;

20 III [s 52] [1]CPl I 189;

[env 27 III s 52] [1]CPl I 190;

27 III s 52 [1]CPl I 190;

[fin III 52] [1]CPl II 995;

1 IV j 52 [1]T;

[env 7 IV me 52] [1]CPl I 210; [2]CPl I 190;

7 IV me 52 [1]CPl I 190; [2]CPl I 190; [3]Cat. Charavay No. 78, 1891;

8 IV j 52 [1]CPl I 196;

9 IV v 52 [1]T;

[deuxième semaine de IV 52] [1]CPl I 196;

17 IV s 52 [1]CPl I 196; [2]T;

18 IV d 52 [1]CPl I 196;

19 IV l 52 [1]CPl I 198;

20 IV m 52 [1]Bopp;

V 52 [1]Ruff C 81; [2]T;

6 V j 52 [1]OC61 1515;

8 V s 52 [1]LAB 407;

9 V d 52 [1]CPl I 198; [2]CPl I 814;

[env 10 V l 52] [1]CPl I 199;

19 [V] me [52] [1]CPl I 817; [2]CPl I 200;

[env 19 V me 52] [1]Crépet M 452;

20 V j 52 [1]CPl I 200;

[fin V 52?] [1]CPl I 200;

25 V ma 52 [1]T;

29 V s 52 [1]T; [2]CPl I 807;

VI 52 [1]Feuillerat A 87;

4 VI v 52 [22 VI ma 52] [1]CPl I 201;

[été 52] [1]CPl II 999;

[VII 52?] [1]CPl I 201;

5 VII l 52 [1]Crépet Q 42;

6 VII ma 52 [1]Crépet Q 42;

[avant le 15 VII j 52] [1]CPl I 201;

15 VII j 52 [1]CPl I 201;

29 VII j 52 [1]T;

VIII 52 [1]CPl I 817; [2]Crépet U 179; [3]CPl I 210;

21 VIII s 52 [1]T;

[env 25 VIII me 52] [1]CPl I 200;

30 VIII l 52 [1]CPl I 200;

IX 52 [1]Bandy K xiii; [2]Bandy K xxix, Grossman;

11 IX s 52 [1]Feuillerat A 87;

14 IX ma 52 [1]CPl I 202;

16 IX j 52 [1]CPl I 202;

18 IX s 52 [1]FM42 255n, Provence B 10;

[seconde quinzaine de IX 52] [1]Bandy K xxxvi;

X 52 [1]T;

1 X v 52 [1]T;

[début X 52?] [1]LAB 328;

2 X s 52 [1]T; [2]CPl I 210;

3 X d 52 [1]LAB 328;

[avant le 13 X me 52] [1]Crépet U 179;

[env 13 X me 52] [1]CPl I 203; [2]CPl I 821;

13 X me 52 [1]CPl I 203, 850; [2]CPl I 204;

[première quinzaine de X 52] [1]CPl I 204;

16 X s 52 [1]CPl I 204;

[automne 52] [1]EJC 294; [2]CPl I 821;

19 X ma 52 [1]CPl I 204;

20 X me 52 [1]Feuillerat A 87;

21 X j 52 [1]Starkie58 222;

24 X s 52 [1]T II:189;

27 X me 52 [1]BJ 18;

28 X j 52 [1]CPl I 838;

29 X me 52 [1];

4 XI j 52 [1]I;

XI 52 [1]Grossmann;

20 XI s 52 [1]T; [2]OCPl II 1237;

XII 52 [1]T;

9 XII j 52 [1]CPl I 205;

11 XII s 52 [1]HE 387; [2]T;

19 XII d 52 [1]T;

26 XII d 52 [1]Feuillerat A 88;

fin 52 [1]CPl I lxxiv; [2]CPl I lxxiv;

1853

1853 [1]OCPl I 1460; [2]LAB 75; [3]CPl I lxxiv;

[env 1853] [1]CPl I 846;

[1853 ou 1854] [1]CML II 63-64;

[1853-1855] [1]CPl I 251;

2 I d 53 [1]CPl I 207;

3 I l 53 [1]CPl I 207;

9 I d 53 [1]Feuillerat A 88; [2]OP I 566, Eur 301, CPl I 238, CPl II 841;

10 I l 53 [1]CPl I 210;

15 I s 53 [1]T;

29 I s 53 [1]Bandy L;

II 53 [1]CPl I 210;

4 II v 53 [1]T; [2]Bandy K xxxvii;

6 II d 53 [1]CPl I 207;

7 ou 8 II l ou ma 53 [1]CPl I 207;

19 II s 53 [1]CML I 9;

25 II v 53 [1]T;

26 II s 53 [1]T; [2]OP I 479; [3]BJ 164;

[env III 53] [1]OCPl II 1544; [2]CPl I 210;

III 53 [1]CPl I 210; [2]HE 358;

1 III me 53 [1]T; [2]Dufay C 30; [3]Nouvion 170;

8 III ma 53 [1]Nouvion 170;

[11 ou 12 III j ou v 53] [1]Vapereau, Rousselet 35; [2]Lepage 223;

13 III d 53 [1]CPl I 208;

15 III ma 53 [1]CPl I 208; [2]CPl I 826-827;

[seconde quinzaine de III 53] [1]CPl I 210;

20 III d 53 [1]T;

25 III v 53 [1]CPl I 210;

26 III s 53 [1]CPl I 210;

[printemps 53] [1]CPl I 210;

27 III d 53 [1]OCPl II 1217; [2]T;

IV 53 [1]OCPl I 807;

[début IV 53] [1]Feuillerat A 88;

1 IV v 53 [1]CPl I 210;

3 I d 53 [1]T; [2]T;

7 IV j 53 [1]CPl I 210;

8 IV v 53 [1]CPl I 210;

9 IV s 53 [1]I;

15 IV v 53 [1]Bandy K 121;

16 IV s 53 [1]T; [2]T;

17 IV d 53 [1]T;

[env 18 IV l 53] [1]CPl I 217; [2]LAB 24;

20 IV me 53 [1]CPl I 218, 830; [2]LAB 24; [3]CPl I 218;

21 IV j 53 [1]CPl I 984;

[avant le 22 IV v 53] [1]CPl I 220;

22 IV v 53 [1]CPl I 220, 831; [2]CPl I 221;

[IV 53?] [1]CPl I 221;

24 IV d 53 [1]CPl I 222;

25 IV l 53 [1]CPl I 222;

V 53 [1]HE 358;

1 V d 53 [1]T;

3 V ma 53 [1]CPl I 223; [2]CPl I 832;

8 V d 53 [1]Lefranc; [2]CPl I 224;

[V 53?] [1]CPl I 224;

9 IV l 53 [1]CPl I 218; [2]CPl I 224, 833;

11-14 V me-v 53 [1]CPl I 226;

14 V s 53 [1]CPl I 227;

31 V ma 53 [1]T;

1 VI me 53 [1]T;

2 VI j 53 [1]T;

3 VI v 53 [1]T;

4 VI s 53 [1]T;

5 VI d 53 [1]T;

6 VI l 53 [1]T;

7 VI ma 53 [1]T;

8 VI me 53 [1]T; [2]Lefranc;

19 VI d 53 [1]CPl I 831;

27 VI l 53 [1]CPl I 227;

[env 1 VII v 53] [1]HE 359;

1 VII v 53 [1]CPl I 228;

15 VII v 53 [1]CPl I 228;

24 VII d 53 [1]T;

27 VII me 53 [1]T;

29 VII v 53 [1]OCPl II 1239;

[VIII 53] [1]T;

9 VIII me 53 [1]CPl I 836;

[env 10 VIII j 53] [1]CPl I 836;

12 VIII V 53 [1]CPl I 229, Gautier 198; [2]LAB 380;

18 VIII j 53 [1]CPl I 229;

21 VIII d 53 [1]CPl I 230;

5 IX l 53 [1]Starkie58 223;

7 IX me 53 [1]T;

10 IX s 53 [1]Bandy K 120;

[avant le 13 IX ma 53] [1]LAB 80;

18 IX ma 53 [1]LAB 80;

18 IX d 53 [1]CPl I 230;

19 IX l 53 [1]CPl I 230;

24 IX s 53 [1]CPl I 231; [2]T; [3]OCPl II 1239-1240;

[fin IX 53] [1]CPl I 228;

[automne 53] [1]CPl I 243;

1 X s 53 [1]T;

7 X v 53 [1]Gosling 43;

[après le 7 X v 53] [1]Gosling 43;

15 X s 53 [1]CPl I 819; [2]T; [3]Provence B 8;

21 X v 53 [1]Gosling 43;

23 X d 53 [1]CPl I 232;

31 X l 53 [1]CPl I 232;

[XI 53-I 54] [1]Feuillerat A 89;

4 XI v 53 [1]I;

9 XI me 53 [1]CPl I 232;

13 XI d 53 [1]T;

14 XI l 53 [1]T;

15 XI ma 53 [1]Crépet T 439; [2]T; [3]Crépet G;

16 XI me 53 [1]T;

17 XI j 53 [1]CPl I 839;

18 XI v 53 [1]CPl I 235;

19 [XI] s 53; [1]CPl I 235; [2]CPl I 839;

[env 20 XI d 53] [1]CPl I 236;

XII 53 [1]CPl I 243; [2]CPl I 268;

1 XII j 53 [1]CPl I 236; [2]Crépet T 440;

8 XII j 53 [1]CPl I 838;

10 XII s 53 [1]CPl I 237;

[env 15 XII s 53] [1]CPl I 240;

15 XII j 53 [1]CPl I 238;

16 XII v 53 [1]CPl I 238, 841;

24 XII d 53 [1]CPl I 240;

26 XII l 53 [1]CPl I 240; [2]CPl I 243;

19-27 XII l-ma 53 [1]CPl I 243;

27 XII ma 53 [1]CPl I 243;

30 XII v 53 [1]CPl I 243;

31 XII s 53 [1]CPl I 243; [2]CPl I 247; [3]CPl I lxxiv; [4]T; [5]CPl II 899;

[fin 53?] [1]Crépet U 184;

1854

1854 [1]Crépet U 179; [2]BJ 136; [3]CatBN57 42; [4]T; [5]Dufay E;

[hiver 53-54] [1]CPl I 250;

[fin 53 ou début 54] [1]CPl I 248, 843;

[1853 ou 1854] [1]CML II 63-64;

1 I d 54 [1]Crépet T 440; [2]CPl I 253;

3 I ma 54 [1]CPl I 253;

[entre le 4 et le 7 I me-s 54] [1]CPl I 254;

4 I me 54 [1]CPl I 846;

13 I v 54 [1]CPl I 255;

14 I s 54 [1]CPl I 253;

15 I d 54 [1]Crépet T 440;

16 I l 54 [1]CPl I 854;

[mi-I 54] [1]LAB 369;

28 I s 54 [1]CPl I 256;

29 I d 54 [1]CPl I 262;

30 I l 54 [1]CPl I 262;

31 I ma 54 [1]LAB 401; [2]CPl I 263;

II 54 [1]Girard 283;

1 II me 54 [1]CPl I 263; [2]CPl I 265; [3]CPl I 269;

[mardi gras 54] [1]CPl I 269;

4 II s 54 [1]Gomuliki 19;

6 II l 54 [1]CPl I 264;

7 II ma 54 [1]CPl I 265; [2]CPl I 266;

15-16 II me-j 54 [1]CPl I 268;

16 II j 54 [1]CPl I 267;

[1]23 II j 54 [1]CPl I 268; [2]CPl I 269; [3]CPl I 839;

2 III me 54 [1]CPl I 1069;

[env 8 III me 54] [1]CPl I 852;

8 III me 54 [1]CPl I 269;

9 III j 54 [1]CPl I 271;

[env 9 III j 54] [1]CPl I 269;

[env 10 III v 54] [1]CPl I 271;

11 III s 54 [1]OP III 242, CPl I 827;

[env 11 III s 54] [1]CPl I 271;

13 III l 54 [1]CPl I 272;

15 III me 54 [1]LAB 402n;

[env 15 III me 54?] [1]CPl I 274;

17 III v 54 [1]CPl I 273;

[env 20 III l 54] [1]LAB 329;

20 III l 54 [1]LAB 329;

24 III s 54 [1]LAB 67;

25 III s 54 [1]CPl I 274;

31 III v 54 [1]Crépet T 440;

9 IV s 54 [1]I;

13 IV j 54 [1]CPl I 274;

14 IV v 54 [1]CPl I 274;

23 IV d 54 [1]T;

[fn IV 54] [1]CPl I 229;

30 IV d 54 [1]T;

[printemps 54?] [1]CPl I 275;

[V 54] [1]CPl I 277;

8 V l 54 [1]CPl I 275;

[env 10 V me 54] [1]CPl I 278;

16 IV ma 54 [1]CPl I 278;

18 V j 54 [1]Feuillerat A 38; [2]CPl I 278;

20 V s 54 [1]T; [2]OCPl II 58, 63, 243;

21 V d 54 [1]OCPl II 1217;

28 V d 54 [1]OCPl II 1217;

1 VI j 54 [1]Feuillerat A 89;

[avant le 3 V s 54] [1]LAB 29;

3 VI s 54 [1]CPl I 279; [2]CPl II 278; [3]OCPl II 1220;

[3 VI? s 54] [1]LAB 28;

[7 VI?] me 54 [1]LAB 29;

10 VI s 54 [1]CPl I 280; [2]T; [3]T;

13 VI ma 54 [1]CPl I 858;

[été 54] [1]CPl II 999;

24 VI s 54 [1]CPl I 282;

25 VI d 54 [1]CPl I 282; [2]CPl I 281;

26 VI l 54 [1]T;

8 VII s 54 [1]Van Roosbroeck II:329-330;

13 VII v 54 [1]CPl I 800;

[env 15 VII s 54] [1]CPl I 281;

15 VIi s 54 [1]CPl I 282;

[avant le 21 VII v 54] [1]Feuillerat A 35;

21 VII v 54 [1]CPl I 282;

22 VII s 54 [1]CPl I 284;

[24 VII l 54] [1]CPl I 284;

24 VII l 54 [1]CPl I 285, 1219;

25 VII ma 54 [1]T;

26 VII me 54 [1]T;

27 VII j 54 [1]T;

[env 28 VII v 54] [1]CPl I 285;

28 VII v 54 [1]CPl I 285; [2]CPl I 285; [3]CPl I 285; [4]T;

29 VII s 54 [1]T; [2]Feuillerat A 89;

30 VII d 54 [1]T;

31 VII l 54 [1]T;

1 VIII ma 54 [1]CPl I 286; [2]T; [3]Richer;

2 VIII me 54 [1]T;

3 VIII j 54 [1]T;

4 VIII v 54 [1]T; [2]Kameya I:57;

5 VIII s 54 [1]CPl I 286; [2]T; [3]HE 368n;

[env 5 VIII s 54] [1]CPl 288;

10 VIII j 54 [1]CPl I 287;

11 VIII v 54 [1]CPl I 287;

12 VIII s 54 [1]CPl I 288;

13 VIII d 54 [1]CPl I 288;

14 VIII l 54 [1]CPl I 288;

19 VIII s 54 [1]CPl I 289;

22 VIII ma 54 [1]CPl I 289;

[été 54] [1]CPl II 999;

23 VIII me 54 [1]CPl I 290;

[env IX 54] [1]CPl I 291;

[IX-X 54?] [1]CPl I 292;

[début IX 54] [1]CPl I 289;

10 IX d 54 [1]NHE 491;

[mi-IX 54?] [1]CPl I 297;

13 IX me 54 [1]T;

14 IX j 54 [1]T;

17 IX d 54 [1]T;

18 IX l 54 [1]T;

20 IX me 54 [1]T; [2]T; [3]T;

24 IX d 54 [1]T;

26 IX ma 54 [1]T; [2]CPl I 291; [3]T;

29 IX v 54 [1]LAB 351;

1 X d 54 [1]T;

[X 54] [1]CG VI 91;

[X 54?] [1]LAB 30;

4 [X] me 54 [1]CPl I 292;

8 X d 54 [1]CPl I 893;

13 X v 54 [1]CPl I 293; [2]CPl I 293;

14 X s 54 [1]CPl I 293;

[env 14 X s 54] [1]CG I 304n; [2]LAB 352;

15 X d 54 [1]T;

16 X l 54 [1]CPl I 858;

[env 17 X ma 54] [1]CPl I 869;

17 X ma 54 [1]CPl I 294;

22 X d 54 [1]CPl I 294; [2]CPl I 294; [3]CPl I 296;

[env 22 X d 54] [1]CPl I 300;

23 X l 54 [1]CPl I 294; [2]AR 524; [3]CPl I 868;

28 X s 54 [1]Pichois F 264;

[XI 54] [1]CPl II 1014;

[XI-XII 54] [1]Nicolson;

4 XI s 54 [1]I;

[avant le 8 XI me 54] [1]CPl I 876; [2]CPl I 298;

8 XI me 54 [1]CPl I 298;

11 XI s 54 [1]LAB 179;

14 XI ma 54 [1]CPl I 300, 871;

15 XI me 54 [1]Badesco A 28;

[début XII 54] [1]Feuillerat A 54;

1 ou 2 XII v ou s 54 [1]CPl I 300;

3 XII d 54 [1]CPl I 300;

[avant le 4 XII l 54] [1]CPl I 300;

4 XII l [54] [1]CPl I 300;

7 XII j 54 [1]CPl I 305;

8 XII v 54 [1]CPl I 304;

9 XII s 54 [1]CPl I 304;

11 XII l 54 [1]T;

12 XII l 54 [1]T; [2]HE 368n;

20 XII me 54 [1]CPl I 305;

[env 20 XII me 54] [1]LAB 33;

23 XII s 54 [1]CPl I 305;

26 XII ma 54 [1]CPl II 987;

28 XII j 54 [1]CPl I 874; [2]Pichois G;

29 XII v 54 [1]CPl I 306;

[fin 54] [1]CPl I 878; [2]CPl I 884; [3]CPl I lxxiv;

[vers 1855] [1]CatBN57 81; [2]BAP 162; [3]CatBN57 41;

1855

1855 [1]Crépet T 102-103; [2]JI 182; [3]CML II pl.66; [4]Leakey;

I 55 [1]CatBN57 107;

1 I l 55 [1]T;

7 I d 55 [1]CPl I 306;

9 I ma 55 [1]CPl I 300;

12 I v 55 [1]CPl I 307;

13 I s [55] [1]CPl I 307;

15 I l 55 [1]FM42 230;

16 I ma 55 [1]CPl I 308;

17 I me 55 [1]CPl I 308;

18 I j 55 [1]CPl I 308; [2]CPl I 309; [3]CPl I 308;

21 I d 55 [1]T;

22 I l 55 [1]T;

23 I m 55 [1]T;

26 I v 55 [1]Nerval 22; [2]T; [3]CatPM 19; [4]OCPl II 1239-1240;

[env 26 I v 55] [1]CatPM 19;

27 I s 55 [1]T;

28 I d 55 [1]HE 377; [2]T;

29 I s 55 [1]CPl I 310;

31 I me 55 [1]HE 228;

2 II v 55 [1]T;

3 II s 55 [1]CPl I 310; [2]T;

4 II d 55 [1]T;

5 II l 55 [1]T;

6 II ma 55 [1]T;

7 II me 55 [1]HE 399;

9 II v 55 [1]T;

13 II ma 55 [1]T;

14 II me 55 [1]T;

15 II j 55 [1]T;

16 II v 55 [1]CatBN57 53;

18 II d 55 [1]T; [2]T;

19 II l 55 [1]T;

22 II j 55 [1]T;

23 II v 55 [1]T;

24 II s 55 [1]T;

25 II d 55 [1]T;

26 II l 55 [1]T;

III 55 [1]Nicolson 16;

1 III j 55 [1]T;

2 III v 55 [1]T;

3 III s 55 [1]T;

[env 3 III s 55] [1]CPl I 877;

5 III l 55 [1]T; [2]CPl I 310;

6 III ma 55 [1]T;

7 III me 55 [1]HE 389; [2]Jean-Aubry 14;

8 III j 55 [1]T;

12 III l 55 [1]T;

14 III me 55 [1]T;

15 III j 55 [1]T;

17 III s 55 [1]LAB 33;

18 III d 55 [1]T;

20 III ma 55 [1]T;

22 III j 55 [1]T;

27 III ma 55; T;

30 III v 55 [1]CPl I lxxii;

31 III s 55 [1]T;

IV 55 [1]Bandy B;

1 IV d 55 [1]T;

[entre le 30 III v et le 2 IV l 55] [1]CPl I 310;

2 IV l 55 [1]T;

5 IV j 55 [1]CPl I 310;

6 IV v 55 [1]cité Nicolson 81-82;

[7 IV s 55] [1]CPl I 312; [2]FM42 228;

8 IV s 55 [1]CPl I 310;

9 IV l 55 [1]I;

9 ou 10 IV l ou ma 55 [1]CPl I 312;

14 IV s 55 [1]T;

15 IV d 55 [1]DICO 32;

[env 15 IV d 55] [1]DICO 32;

17 IV ma 55 [1]T;

20 IV v 55 [1]T;

6 V d 55 [1]OCPl II 1231;

15 V ma 55 [1]CE 483;

19 V d 55 [1]Wallace C;

[avant le 26 V d 55] [1]OCPl II 1110;

25 V s 55 [1]CE 482;

30 V me 55 [1]CPl I 313;

1 VI v 55 [1]CPl I 808;

[env 1 VI v 55] [1]OCPl I 1226;

2 VI s 55 [1]T;

3 VI d 55 [1]OCPl II 1231;

[env 5 VI ma 55] [1]CPl I 312;

9 VI s 55 [1]CPl I 313;

[entre le 9 et le 11 VI s-l 55] [1]Hugo-Massin

10 VI d 55 [1]LAB 114; [2]CPl I 313;

12 VI ma 55 [1]CatBN57 54;

13 VI me 55 [1]CML I 11; [2]CPl I 313;

16 VI s 55 [1]OCPl II 1108;

[env 20 VI me 55] [1]CPl I 315;

23 VI s 55 [1]T;

25 VI d 55 [1]T;

28 VI j 55 [1]Léger B 57;

29 VI v 55 [1]CPl I 316;

[fin VI 55?] [1]CPl I 317;

4 VII me 55 [1]Richer;

6 VII v 55 [1]CPl I 317;

7 VII s 55 [1]T;

8 VII d 55 [1]CE 452-453;

10 VII ma 55 [1]CPl I 317;

[été 55?] [1]CPl I 318;

15 VII d 55 [1]HE 433;

19 VII d 55 CPl I 318;

21 VII s 55 [1]T;

26 VII j 55 [1]T;

28 VII v 55 [1]T; [2]OCPl I 1241; [3]LAB 15;

[début VIII 55] [1]Feuillerat A 63;

3 VIII v 55 [1]CPl I 319;

[env 7 VIII ma 55] [1]CPl I 320;

8 VIII j 55 [1]LAB 319;

11 VIII s 55 [1]T;

12 VIII d 55 [1]CE 482; [2]CPl I 884;

13 VIII l 55 [1]CPl I 320;

14 VIII ma 55 [1]CPl I 320;

16 VIII j 55 [1]LAB 353; [2]CPl I 322;

17 VIII v 55 [1]CPl I 322;

19 VIII d 55 [1]CPl I 322;

23 VIII j 55 [1]CPl I 884;

29 VIII d 55 [1]AR 477; [2]CPl I 322;

2 IX d 55 [1]CPl I 1109, OCPl II 1110;

15 IX s 55 [1]CPl I 884;

[automne 55] [1]Feuillerat A 66;

23 IX d 55 [1]T;

24 IX l 55 [1]OCPl II 1115;

28 IX v [55] [1]B.N. N.a. fr. 24261 ff.4-5;

29 IX s [55] [1]B.N. N.a. fr. 24261 ff.4-5;

[seconde quinzaine de IX 55] [1]OCPl I 1156;

2 X ma 55 [1]CPl I 323;

4 X j 55 [1]CPl I 323;

8 X l 55 [1]CPl I 323;

23 X ma 55 [1]CPl II 1016;

24 X me 55 [1]Pichois E;

[XI-XII 55] [1]CPl I 325;

4 XI d 55 [1]T; [2]I;

15 XI j 55 [1]OCPl II 1367;

18 XI d 55 [1]Bandy F 184;

23 XI v 55 [1]CPl I 324;

26 XI l 55 [1]CPl I 325;

14 XII v 55 [1]Lefranc;

19 XII me 55 [1]CPl I 325;

20 XII j 55 [1]CPl I 330; [2]CPl I 887;

21 XII v 55 [1]CPl I 330;

22 XII s 55 [1]CPl I 330; [2]CPl I 331;

24 XII l 55 [1]CPl I 331;

[25 XII ma 55] [1]CPl I 331, 332;

[fin 55 ou début 56] [1]OCPl II 1112;

[fin 55?] [1]CPl I 332, 333; [2]OP I 579;

30 XII d 55 [1]T;

[fin 55] [1]CPl I lxxiv;

1856

1856 [1]Barroux; [2]De Lacretelle;

[XII 55 ou I 56] [1]T;

[vers 1856] [1]Adhémar A 50, 121;

3 I j 56 [1]CPl I 333;

9 I me 56 [1]CPl I 334; [2]CPl I 335;

12 I s 56 [1]Prarond 9;

19 I s 56 [1]CPl I 335; [2]T, OCPl I 854;

21 I l 56 [1]CPl I 335;

26 I s 56 [1]Bandy K xxxviii;

28 I l 56 [1]CPl I 338;

II 56 [1]T;

10 II d 56 [1]T;

25 II l 56 [1]T;

26 II ma 56 [1]LAB 34;

27 II me 56 [1]Vapereau;

28 II j 56 [1]CPl I 338;

III 56 [1]Bandy K 120;

[III 56] [1]OCPl II 1226;

9 III d 56 [1]T;

10-12 III l-me 56 [1]T, OCPl II 1225;

13 III j 56 [1]CPl I 338; [2]CPl I 338;

[env 15 III s 56] [1]CPl I 342; [2]CatBN57 33; [3]CatBN57 34; [4]Cat. de la vente Monselet 1871, No.161; [5]Cat. de la vente Poulet-Malassis 1878, No.397, HE 373n;

15 III s 56 [1]CPl I 341; [2]CPl I 341;

18 III ma 56 [1]CPl I 342;

19 III me 56 CPl I 343;

22 III s 56 [1]CPl I 343;

24 III l 56 [1]LAB 330

25 III l 56 [1]LAB 37;

26 III me 56 [1]CPl I 344;

27 III j 56 [1]LAB 39; [2]T; [3]Delacroix III:136;

30 III d 56 [1]T;

1 IV ma 56 [1]BJ 23, HE 375;

6 IV d 56 [1]Delacroix III:138;

9 IV me 56 [1]I;

10 IV j 56 [1]T; [2]BJ 23-24;

12 IV s 56 [1]HE 373; [2]OCPl II 1236; [3]CPl I 345;

[env 12 IV s 56] [1]CPl I 897;

14 IV l 56 [1]CPl I 347;

14-21 IV l-l 56 [1]CPl I lxxii;

15 IV ma 56 [1]BJ 22;

20 IV d 56 [1]BJ 24; [2]BP B 54;

26 IV s 56 [1]CatPM 20;

30 IV me 56 [1]CPl I 347; [2]De Lacretelle 234;

[fin IV 56] [1]CPl I 347;

V 56 [1]BJ 24;

1 V j 56 [1]T;

[env 8 V j 56] [1]CPl I 348, 899;

8 V j 56 [1]CPl I 348;

9 V v 56 [1]*Larousse du XIXe siècle* 1056;

10 V s 56 [1]T; [2]T;

11 V d 56 [1]T;

13 V ma 56 [1]OCPl I 1477;

14 V me 56 [1]LAB 41;

15 V j 56 T;

[env 26 V l 56] [1]CPl I 348;

26 V l 56 [1]CPl I 348;

27 V ma 56 [1]CPl I 348;

3 VI ma 56 [1]LAB 42;

[4-5 VI me-j 56] [1]CPl I 349; [2]OCPl II 1225;

6 VI v 56 [1]CPl I 349;

7 VI s 56 [1]CPl I 351; [2]T;

8 VI d 56 [1]BJ 25;

[9 VI l 56] [1]CPl I 350;

10 VI ma 56 [1]BJ 26;

14 VI s 56 [1]T; [2]T:177;

28 VI v 56 [1]CPl I lxxii;

29 VI s 56 [1]T;

3 VII j 56 [1]CPl I 352;

[env 5 VII s 56] [1]CPl I 352;

5 VII s 56 [1]CPl I 352;

9 VII me 56 [1]Englekirk 17;

11 VII v 56 [1]Jean-Aubry 14; [2]CPl II 1000;

15 VII ma 56 [1]T;

21 VII l 56 [1]CPl I 353;

22 VII ma 56 [1]CPl I 353;

23 VII me 56 [1]CPl I 353;

26 VII s 56 [1]Ziegler B 270;

27 VII d 56 [1]T;

3 VIII d 56 [1]T;

9 VIII ma 56 [1]T, OCPl II 1366;

12 VIII ma 56 [1]BJ 24;

[env 27 VIII me 56] [1]CPl I 353;

IX 56 [1]Feuillerat A 67;

1 IX l 56 [1]CPl I lxxii;

[avant le 11 IX j 56] [1]CPl I 355;

11 IX j 56 [1]CPl I 355;

13 IX v 56 [1]CPl I 358;

14 IX s 56 [1]CPl I 358;

28 IX d 56 [1]BJ 27;

X 56 [1]Bandy K 128;

7 X ma 56 [1]Patin;

9 X v 56 [1]Pichois et Crépet;

15 X me 56 [1]T;

[21 X ma 56] [1]CPl I 358;

25 X s 56 [1]T;

XI 56 [1]Calot 97;

[début XI 56] [1]CPl I 362;

2 XI d 56 [1]BJ 27;

3 XI l 56 [1]CPl I 361;

[env 4 XI ma 56] [1]CPl I 359;

4 XI ma 56 [1]CPl I 359; [2]CPl I 361; [3]I;

9 XI d 56 [1]T;

10 XI l 56 [1]Dufay C 36;

12 XI me 56 [1]CPl I 361; [2]HE 383-384;

13 ou 14 XI j ou v 56 [1]CPl I 361;

13 XI j 56 [1]T;

[avant le 14 XI v 56] [1]CPl I 362;

14 XI v 56 [1]CPl I 362;

26 XI me 56 [1]CPl I 362; [2]CatPM 20;

[XII 56?] [1]CPl I 367;

4 XII j 56 [1]CPl I 363; [2]OCPl II 1469;

[env 5 XII v 56] [1]CPl I 363;

9 XII ma 56 [1]CPl I 363;

11 XII j 56 [1]CPl I 365;

15 XII l 56 [1]OCPl II 1121; [2]CPl I 910;

18 XII j 56 [1]Richer;

21 XII d 56 [1]OCPl II 1123;

24 XII me 56 [1]CPl I 366;

[env 25 XII j 56] [1]CPl I 369;

27 XII s 56 [1]CPl I 366;

[env 29 XII l 56] [1]Patin;

[XII 56?] [1]Cl I 367;

30 XII ma 56 [1]CPl I 368; [2]CPl I 367;

31 XII me 56 [1]CPl I 367; [2]CPl I lxxiv;

1857

1857 [1]T; [2]T; [3]CPl I lxxiv;

[1857 ou 1858] [1]OCPl II 764;

I 57 [1]CPl I 479;

[I 57] [1]CPl I 372;

11 I d 57 [1]OCPl II 1123;

12 I l 57 [1]Feuillerat A 66-67;

15 I j 57 [1]CPl I 364;

20 I ma 57 [1]CPl I 363;

24 I s 57 [1]CPl I 369;

26 I l 57 [1]OCPl II 1233-1234;

29 I j 57 [1]CPl I 369; [2]CPl I 368; [3]Bandy et Pichois 55;

29 I j 57 [1]OCPl I 1177;

31 I s 57 [1]CPl I 369;

[fin I 57] [1]CPl I 369;

II 57 [1]T [2]Delacroix 261-262;

1 II d 57 [1]OCPl II 1123; [2]Richer;

3 II ma 57 [1]B.N N.a. fr. 26268, f. 49-50;

4 II me 57 [1]CPl I 369; [2]CPl I 374;

5 II j 5[7] [1]CPl I 369;

6 II v 57 [1]CPl I 369;

7 II s 57 [1]Flaubert 466; [2]T;

8 II d 57 [1]CPl I 369;

9 II l 57 [1]CPl I 369;

10 II ma 57 [1]CPl I 374; [2]CPl I 375;

11 II me 57 [1]CPl I 375;

12 II j 57 [1]BJ 28;

13 II v 57 [1]CPl I 376;

16 II l 57 [1]CPl I 376;

18 II me 57 [1]CPl I 376;

19 II j 57 [1]T;

20 II v 57 [1]CPl I 377;

21 II s 57 [1]T; [2]T;

25 II me 57 [1]AGP 269;

[entre le 25 II me et le 18 IV s 57] [1]LAB 376; [2]AGP 269;

26 II j 57 [1]AGP 269;

27 II v 57 [1]AGP 269;

28 II s 57 [1]AGP 269;

[env III 57] [1]CPl I 380;

[III 57] [1]OCPl II 1226; [2]Cat. de la vente G.E. Lang, 1926, 2e partie, no.432;

[printemps 57] [1]OCPl I 1253, CPl I 344;

III 57 [1]CPl II 993; [2]T;

1 III d 57 [1]T;

4 III me 57 [1]AGP 269;

5 III j 57 [1]T;

6 III v 57 [1]AGP 269;

[avant le 7 III s 57] [1]CPl I 377;

7 III s 57 [1]CPl I 377; [2]CPl I 379; [3]AGP 269;

[env 7 III s 57] [1]CPl I 377;

8 III d 57 [1]OCPl II 1234; [2]CPl I 377; [3]CatBN57 34; [4]CPl I 372;

[env 8 III d 57] [1]Cat. P. Berès, New-York, No. 3, 1939, no.101; [2]Cat. Heilbrun, *Editions originales...*, No. 107;

9 III l 57 [1]CPl I 379; [2]CPl I 380;

[env 10 III] ma [57] [1]CPl I 381;

11 III me 57 [1]NHE 311; [2]AGP 269;

12 III j 57 [1]AGP 269;

13 III v 57 [1]AGP 269;

14 III s 57 [1]LAB 44; [2]T;

15 III d 57 [1]CPl I 381; [2]T; [2]CPl I 388;

[16 ou 17 III l ou ma 57] [1]CPl I 382;

17 III ma 57 [1]CPl I 383; [2]AGP 269;

18 III me 57 [1]CPl I 383; [2]CPl I 384;

19 III j 57 [1]CPl I 386, 387;

20 III v 57 [1]CPl I 386;

[21 III s 57] [1]CPl I 387;

21 III v 57 [1]AGP 269; [2]LAB 45;

[env 23 III l 57] [1]LAB 403;

23 III l 57 [1]CPl I 388;

24 III ma 57 [1]CPl I 388;

28 III s 57 [1]CPl I 389; [2]T; [3]OCPl I 809;

29 III d 57 [1]CPl I 388; [2]AGP 269;

[env 29 III d 57] [1]Cat. de la vente Vandérem, 1939, No.212;

30 III l 57 [1]CPl I 391;

31 III ma 57 [1]CPl I 923; [2]AGP 269;

[IV 57] [1]Pichois G;

1 IV me 57 [1]T;

[1 ou 2 IV me ou j 57] [1]CPl I 392, 394;

2 IV j 57 [1]CPl I 392; [2]AGP 269;

4 IV s 57 [1]CPl I 392; [2]CPl I 392; [3]AGP 269;

5 IV d 57 [1]AGP 269;

6 IV l 57 [1]CPl I 392;

7 IV ma 57 [1]AGP 269; [2]BJ 29;

8 IV me 57 [1]CPl I 393;

9 IV j 57 [1]I;

14 IV ma 57 [1]CPl I 393; [2]AGP 269;

15 IV me 57 [1]T; [2]CPl II 1025;

16 IV j 57 [1]AGP 269; [2]BJ 29; [3]Crépet U 215n; [4]FM 308;

[16 IV j 57] [1]CPl I 393;

[env 16 IV j 57] [1]CPl I 394;

17 IV v 57 [1]AGP 269; [2]CPl I 393;

18 IV s 57 [1]AGP 269; [2]CPl I 394; [3]CPl I 396;

20 IV l 57 [1]FM42 231;

[env 22 I me 57] [1]CPl I 394;

23 IV j 57 [1]CPl I 396;

24 IV v 57 [1]T;

25 IV s 57 [1]CPl I 394, Kopp xxviii;

26 IV d 57 [1]CPl I 394; [2]T;

27 IV l 57 [1]CPl I 394; [2]Girard 289;

29 IV me 57 [1]T; [2]FMCBP 541;

30 IV j 57 [1]T; [2]T; [3]CPl I 410; [4]CPl I 454; [5]Gautier 196; [6]Lefranc 20; [7]T;

[env 1 V v 57] [1]CPl I 437;

1 V v 57 [1]NHE 314; [2]T;

2 V s 57 [1]CPl I 398; [2]T;

4 V l 57 [1]T;

6 V me 57 [1]CPl I 398;

7 V j 57 [1]T;

8 V v 57 [1]T;

10 V d 57 [1]T;

11 V l 57 [1]OCPl II 1119;

12 V ma 57 [1]T;

[env 14 V j 57] [1]CPl I 399;

14 V j 57 [1]CPl I 399;

16 V s 57 [1]CPl I 400;

17 V d 57 [1]T;

19 V ma 57 [1]CPl I 401;

20 V me 57 [1]CPl I 401; [2]T;

[seconde quinzaine de V 57?] [1]CPl I 401; [2]CPl I 401;

23 V s 57 [1]T;

25 V l 57 [1]Nouvion 172;

[lenv 26 V s 57] [1]CPl I 415;

27 V me 57 [1]T;

30 V s 57 [1]T;

[fin V 57] [1]CPl I 405;

[env 1 VI l 57] [1]OC61 1565; [2]CPl I 402;

3 VI me 57 [1]CPl I 402; [2]CPl I lxxiv; [3]T;

[entre le 3 VI me et le 9 VII j 57] [1]CPl I 402; [2]CPl I 410;

4 VI j 57 [1]CPl I 405; [2]T; [3]CPl I 930;

[env 5 VI j 57] [1]CPl I 930;

6 VI s 57 [1]CPl I 406; [2]OP I 408; [3]T;

10 VI me 57 [1]T;

11 VI j 57 [1]T;

12 VI v 57 [1]CatBN57 61;

13 VI s 57 [1]T; [2]CPl I 406; [3]CPl I 410; [4]OCPl I 907; [5]CatBN57 115; [6]Cat. Ed. Loewy, No. 145, no.9; [7]Cat. Maggs, *Baudelaire-Verlaine-Rimbaud*, No. 11; [8]OP II 292; [9]OC61 1506; [10]CPl I 933; [11]CPl I 935; [12]LAB 186; [13]CatPM 33; [14]Guerquin, Pierre. *Livres anciens, romantiques et modernes...*; Blaizot,/Lefrèvre et Guérin, 1959, no.194: Cat. de la vente aux enchères.

14 VI d 57 [1]T;

15 VI l 57 [1]CPl I 409;

[env 15 VI l 57] [1]CPl I 409; [2]CG VI 75;

[entre le 15 et le 20 VI l-s 57?] [1]CPl I 409;

16 VI ma 57 [1]CG IV 178n; [2]CPl I 437, Lang;

22 VI l 57 [1]CPl I 739;

25 VI j 57 [1]FM 314; [2]OCPl I 809; [3]T;

28 VI d 57 [1]T;

30 VI me 57 [1]CatBN57 63;

VII 57 [1]BJ 32;

1 VII j 57 [1]T;

4 VII s 57 [1]CPl I 936;

5 VII d 57 [1]T;

6 VII l 57 [1]OCPl II 1234; [2]BJ 32; [3]CPl I 412;

7 VII ma 57 [1]FMCBP 399; [2]CatBN57 4;

8 VII me 57 [1]Crépet O 207;

[avant le 9 VII j 57] [1]CPl I 410; [2]CPl I 410;

9 VII j 57 [1]CPl I 410; [2]T;

[env 9 VII j 57] [1]CPl I 414;

11 VII s 57 [1]FM 314; [2]CPl I 413; [3]CPl I 412;

[11 VII s 57?] [1]CPl I 412;

12 VII d 57 [1]CPl I 934; [2]CPl I 414; [3]CPl I 415; [4]CPl I 413; [5]CPl I 937; [6]T; [7]T; [8]T;

13 VII l 57 [1]CPl I 937; [2]Crépet O 208; [3]LAB 150; [4]CPl I 938;

[env 13 VII l 57] [1]Cat.   Bellanger [Nantes] No. 76, no.12;

14 VII ma 57 [1]BJ 33; [2]OP II 292; [3]CPl I 415; [4]FMCBP 544; [5]LAB 45;

[VII-VIII 57] [1]LAB 130;

15 VII me 57 [1]BJ 33; [2]FM 319; [3]OCPl I 1178; [4]T;

[après le 15 VII me 57] [1]FMCBP 401;

16 VII j 57 [1]FM 320; [2]CPl II 1001;

17 VII v 57 [1]CG II 69n; [2]FM 320;

18 VII s 57 [1]LAB 45; [2]T;

19 VII d 57 [1]T;

[env 20 VII l 57] [1]CPl I 415; [2]Champfleury C 138;

20 VII l 57 [1]CPl I 417; [2]LAB 332;

22 VII me 57 [1]T;

23 VII j 57 [1]BJ 34; [2]LAB 75;

[entre le 24 et le 27 VII v-l 57] [1]CPl I 417;

[25 VII] s [57] [1]LAB 45; [2]CPl I 417;

25 VII s 57 [1]T;

27 VII l 57 [1]CPl I 417;

[fin VII 57] [1]CPl I 940;

[fin VII ou début VIII 57] [1]CPl I 419;

[entre VIII et X 57] [1]OC61 1602;

1 VIII s 57 [1]T;

4 VIII ma 57 [1]Charlier 139;

6 VIII j 57 [1]CPl I 419; [2]Charlier 139;

[env 6 VIII j 57] [1]T;

12 VIII me 57 [1]T;

13 VIII j 57 [1]CPl I 421; [2]OP II 292; [3]Charlier 139-140;

14 VIII v 57 [1]LAB 152; [2]T;

16 VIII d 57 [1]CPl I 420; [2]LAB 108; [3]BJ 34; [4]T; [5]T;

17 VIII l 57 [1]CPl I 420; [2]LAB 47; [3]Coll. Spoelberch de Lovenjoul G4249, 12e pièce; [4]CPl I 420; [5]BET 135;

18 VIII ma 57 [1]CPl I 420, 944; [2]CPl I 421;

[env 18 VIII ma 57] [1]CatBN57 65; [2]Cat. de la vente Vandérem, 1939, no.100;

19 VIII me 57 [1]Le Dantec B 39; [2]CPl I 561; [3]Billy A 138;

20 VIII j 57 [1]FM 357-358; [2]CPl I 464; [3]Dufay B 65; [4]Charlier 140;

[après le 20 VIII j 57] [1]LAB 48; [2]CatBN57 62; [3]LAB 22; [4]Marsan A 250; [5]Crépet O 208-209, FMCBP 548-549;

[env 20 VIII j 57] [1]LAB 130;

21 VIII v 57 [1]LAB 130; [2]Nouvion 171; [3]T; [4]CPl I 932; [5]Launay 34;

22 VIII s 57 [1]T;

[entre le 22 VII s et le 17 X s 57] [1]Vicaire;

[env 23 VIII d 57] [1]CPl I 423;

23 VIII d 57 [1]LAB 152; [2]T; [3]Charlier 142; [4]T;

24 VIII l 57 [1]CPl I 423; [2]T;

25 VIII ma 57 [1]CPl I 424; [2]LAB 47 [3]LAB 48;

26 VIII me 57 [1]T;

27 VIII j 57 [1]Dufay B 70-71; [2]CatBN57 65;

[env 29 VIII s 57] [1]CatBN57 66;

29 VIII s 57 [1]Crépet D; [2]CatBN57 66; [3]T; [4]T; [5]T;

30 VIII d 57 [1]LAB 186; [2]CPl I 425; [3]T;

31 VIII l 57 [1]CPl I 425; [2]Le Dantec B 44, Porché 210;

[fin VIII 57] [1]CPl I 424; [2]Crépet O 212;

[IX-XI 57?] [1]CPl I 426;

IX 57 [1]BJ 56;

1 IX ma 57 [1]T; [2]BJ 36;

[après le 31 VIII l 57] [1]LAB 322;

2 IX me 57 [1]Dufay B 21;

[2 IX me 57?] [1]LAB 322;

4 IX v 57 [1]Charlier 142;

[4 IX] v [57] [1]CPl I 27;

[6 IX] d [57] [1]CPl I 427;

8 IX ma 57 [1]CPl I 427; [2]T; [3]T;

[env 10 IX j 57] [1]I (*v.* 3 X s 57);

10 IX j 57 [1]CPl I 428; [2]T;

12 IX s 57 [1]T;

13 IX d 57 [1]CPl I 428;

14 IX l 57 [1]Le Dantec B 48;

15 IX ma 57 [1]T;

19 IX s 57 [1]BJ 37;

20 IX d 57 [1]T;

21 IX l 57 [1]T; [2]T;

24 IX j 57 [1]CPl I 429; [2]T;

25 IX v 57 [1]CPl I 429; [2]LAB 108;

26 IX s 57 [1]LAB 49;

27 IX d 57 [1]T;

28 IX l 57 [1]T; [2]Souffrin 15;

29 IX ma 57 [1]OCPl II 1456;

30 IX me 57 [1]OCPl II 1456;

[automne 57] [1]CPl I 439;

X 57 [1]Goncourt II:165;

[X 57] [1]M.R.-L.R.;

1 X j 57 [1]T; [2]LAB 50;

2 X v 57 [1]CPl I 930;

3 X s 57 [1]T;

[env 7 X me 57] [1]LAB 49;

9 X v 57 [1]CPl I 429;

10 X s 57 [1]CPl I 950;

12 X l 57 [1]LAB 201;

14 X j 57 [1]T;

15 X v 57 [1]CE 508; [2]T;

16 X v [57] [1]LAB 52;

17 X s 57 [1]LAB 52;

18 X d 57 [1]AR 563; [2]CPl I 435;

[env 19 X l 57] [1]LAB 153;

20 X ma 57 [1]BJ 37;

23 X v 57 [1]Pichois G;

24 X s 57 [1]T;

25 X d 57 [1]T;

27 X ma 57 [1]CPl I 432;

XI 57 [1]Wallace A 48;

1 XI d 57 [1]T;

4 XI me 57 [1]T; [2]I;

5 XI j 57 [1]CPl I 431;

[env 5 XI j 57] [1]CPl I 950;

6 XI v 57 [1]CPl I 432;

10 XI ma 57 [1]Crépet O 413n, FMCBP 548-549; [2]T;

11 XI me 57 [1]OCPl I 1183;

[env 15 XI d 57] Crépet V 81;

15 XI d 57 [1]FM42 232; [2]CPl I 433;

16 XI l 57 [1]OCPl I 1183;

17 XI ma 57 [1]CPl I 433;

19 XI j 57 [1]CG II 101n;

21 XI s 57 [1]CG II 101n;

22 XI d 57 [1]T;

25 XI me 57 [1]CG II 101n;

27 XI me 57 [1]CPl I 434; [2]OCPl I 1179; [3]OCPl I 1183;

28 XI s 57 [1]CPl I 434; [2]T;

[fin XI ou début XII 57] [1]LAB 153;

XII 57 [1]Vapereau 538;

[XII 57] [1]CPl I 950; [2]CPl I 440;

9 XII me 57 [1]CPl I 434;

10 XII j 57 [1]T;

12 XII s 57 [1]CG II 101n;

15 XII me 57 [1]CPl I 950;

16 XII me 57 [1]CPl I 950;

17 XII j 57 [1]CPl I 435;

18 XII v 57 [1]CPl I 950;

[env 20 XII d 57] [1]CPl I 366;

25 XII me 57 [1]CPl I 435; [2]CPl I lxxxv;

26 XII s 57 [1]CG VI 75;

[fin XII 57] [1]CPl I 445;

27 XII s 57 [1]T;

29 XII ma 57 [1]CPl I 407;

30 XII me 57 [1]CPl I 437; [2]CPl I 440;

31 XII j 57 [1]CPl I 441; [2]CPl I 959; [3]CPl I 950;

[fin 57] [1]OCPl II xi;

[fin 57?] [1]CPl I 442;

1858

1858 [1]Dufay C 75; [2]Dufay C 236; [3]BDC 248bis; [4]BJ 169-170; [5]T; [6]Gonthier; [7]CPl I lxxiv;

[1857 ou 1858] [1]LAB 203n, OC61 1136;

[1857-1858?] [1]CPl I 442;

I 58 [1]T; [2]OCPl II 1456;

3 I d 58 [1]CPl I 442;

5 I ma 58 [1]CPl I 441; [2]CPl I 950; [3]T;

7 I j 58 [1]CG II 101n;

8 I v 58 [1]CatBN57 67;

[avant le 9 I s 58] [1]CPl I 443;

9 I s 58 [1]LAB 25;

10 I d 58 [1]AR 504, OCPl II 1091;

[env 10 I d 58] [1]CPl I 445;

11 I l 58 [1]CPl I 443; [2]CPl I 445; [3]CPl I 443;

12 I ma 58 [1]CPl I 445;

13 I me 58 [1]CG II 101n;

14 I j 58 [1]Blin A; [2]CG II 101n;

[seconde quinzaine de I 58] [1]Servières 11;

[env 15 I v 58] [1]CatBN57 43;

15 I v 58 [1]Finot 45; [2]T;

16 I s 58 [1]CPl I 446;

18 I l 58 [1]CG IV 178n; [2]CPl I 447;

[env 19 I ma 58] [1]CPl I 447;

20 I me 58 [1]CPl I 447; [2]CPl I 448; [3]CPl I 959; [4]CG II 101n;

21 I j 58 [1]CPl I 959;

[env 21 I j 58] [1]CPl I 963;

22 I v 58 [1]CPl I 449; [2]CPl I lxxxv; [3]CPl I 959;

25 I l 58 [1]CatBN57 67; [2]Taine II:157;

27 ou 27 I me ou j 58 [1]CPl I 450;

28 I j 58 [1]CPl I 950;

30 I d 58 [1]BDC 248bis;

[II 58] [1]Lang;

[début II 58] [1]CPl I 450; [2]Servières 11;

[1 II l 58] [1]OCPl I 810;

4 II j 58 [1]CatBN57 67;

[env 5 II v 58] [1]CPl I 454; [2]CPl I 963;

7 II d 58 [1]Servières 11n;

[première quinzaine de II 58] [1]CPl I 453;

[env 17 II me 58] [1]CPl I 453;

17 II me 58 [1]LAB 115;

[env 18 II j 58] [1]CPl I 453;

19 II v 58 [1]CPl I 450; [2]CPl I 453;

[env 19 II v 58] [1]CPl I 449;

20 II s 58 [1]CPl I 454;

[peu après le 20 II s 58] [1]CPl I 968;

21 II d 58 [1]CPl I 459; [2]CPl I 454;

[env 22 II s 58] [1]CPl I 464;

[22-23 II l-ma 58] [1]CPl I 460;

23 II ma 58 [1]CPl I 470; [2]CPl I 470;

[env 23 II ma 58] [1]CPl I 968;

24 II me 58 [1]CPl I 460;

25 II j 58 [1]CPl I 460; [2]CPl I 466; [3]CPl I 474;

26 II v 58 [1]CPl I 464; [2]CPl I 463; [3]CPl I 460, 470;

27 II s 58 [1]CPl I 464; [2]CPl I 466; [3]CPl I 467; [4]CPl I 468; [5]CPl I 470; [6]CPl I 470; [7]CPl I 472; [8]CPl I 963;

28 II d 58 [1]CPl I 472; [2]CPl I 474; [3]CPl I 964;

[III 58] [1]CPl I 1020;

1 III l 58 [1]CPl I 474;

2 III ma 58 [1]CPl I 474;

[env 2 III ma 58] [1]CPl I 476;

3 III me 58 [1]CPl I 474; [2]CPl I 970; [3]CPl I 950;

4 III j 58 [1]CPl I 476;

5 III v [58] [1]CPl I 479; [2]CPl I 481;

6 III s 58 [1]CPl I 484; [2]CPl I 485;

7 III d 58 [1]CPl I 485; [2]CPl I 487;

8 III l 58 [1]CPl I 489; [2]CPl I 488;

9 III ma 58 [1]CPl I 489; [2]CPl I 950;

10 III me 58 [1]CPl I 485;

11 III j 58 [1]CPl I 489;

13 III s 58 [1]Bandy et Mouquet 76; [2]Vapereau;

[env 13 III j 58] [1]T;

19 III v 58 [1]CPl I 490;

[env 20 III s 58] [1]CPl I 490; [2]CPl I 491;

27 III d 58 CatWTB 24;

1 IV j 58 [1]CPl I 491; [2]T;

6 IV ma 58 [1]CPl I 492;

9 IV v 58 [1]I;

[vers le 10 IV s 58] [1]CPl I 492;

12 IV l 58 [1]CPl I 492;

13 IV ma 58 [1]CPl I 492; [2]CPl I 976;

[env 13 IV ma 58] [1]CatBN57 36; [2]Cat. de la vente Monselet, 1871, no.163; [3]Cat. de la vente Poulet-Malassis, 1878, no.397;

25 IV d 58 [1]CPl I 493;

26 IV l 58 [1]CPl I 493;

29 IV j 58 [1]T;

V 58 [1]BJ 39; [2]CPl I 986;

[V 58] [1]CPl I 1020;

1 V s 58 [1]CPl I 493;

2 V d 58 [1]CPl I 493;

[4 V ma 58] [1]LAB 53;

7 V v 58 [1]BDC 116-118;

[env 10 V l 58] [1]CPl I 494;

[12 ou 13 V me ou j 58] [1]OCPl II 1245;

13 V j 58 [1]CPl I 494, 496; [2]CPl I 977;

14 V v 58 [1]CPl I 496; [2]LAB 53;

15 V l 58 [1]OCPl II 338;

[env 15 V v 58] [1]OCPl II 1245;

16 V d 58 [1]CPl I 497; [2]CPl I 498;

18 V ma 58 [1]CPl I 498;

19 V me 58 [1]CPl I 499;

21 V v 58 [1]CPl I 500;

26 V me 58 [1]CPl I 500;

27 V j 58 [1]CPl I 500;

28 V v 58 [1]CPl I 950;

29 V s 58 [1]Dufay C 57;

6 VI d 58 [1]T;

7 VI l 8 [1]CPl I 950;

9 VI me [1]CPl I 502; [2]CPl I 500;

10 VI j 58 [1]CPl I 502;

11 VI v 58 [1]CPl I 503; [2]CPl I 505;

12 VI s 58 [1]T;

13 VI d 58 [1]T;

14 VI l 58 [1]CPl I 505; [2]CPl I 506;

15 VI ma 58 [1]Crépet J;

20 VI s 58 [1]CPl I 508;

2 VII v 52 [1]CPl I 508;

3 VII s 58 [1]CPl I 509;

4 VII d 58 [1]CPl I 508;

[5 VII l 58] ^{1}CPl I 509;

7 VII me 58 ^{1}Dufay C 57;

9 VII j 58 ^{1}T;

10 VII s 58 ^{1}DICO 105, CPl II 737;

18 [VII] d 58 ^{1}CPl I 509; ^{2}T;

15 VII j 58 ^{1}T;

[env 26 VII ma 58] ^{1}OCPl II 102;

27 VII me 58 ^{1}T; ^{2}FM42 258n;

VIII 58 ^{1}T; ^{2}T;

14 VIII s 58 ^{1}CPl I 510;

15 VIII d 58 ^{1}T; ^{2}CPl I 211;

16 VIII l 58 ^{1}CPl I 511;

[env 17 VIII ma 58] ^{1}CPl I 511;

17 VIII ma 58 ^{1}CPl I 511;

20 VIII v 58 ^{1}T;

22 VIII d 58 ^{1}CPl I 512;

[env 23 VIII l 58] ^{1}CPl I 987;

28 VIII s 58 ^{1}T;

[1 ou 8 IX me ou me 58?] ^{1}CPl I 513;

1 IX me 58 ^{1}T;

2 IX j 58 ^{1}CPl I 513;

8 IX me 58 ^{1}CPl I 513;

10 IX v 58 ^{1}T;

18 IX s 58 ^{1}T;

19 IX d 58 ^{1}FM42 232;

20 IX l 58 ^{1}CPl I 514;

26 IX d 58 ^{1}OCPl II 1360;

29 IX me 58 ^{1}CPl I 515;

30 IX v 58 ^{1}T;

X 58 ^{1}T;

[XI-XI 58] ^{1}Dufay C 197;

1 X v 58 ^{1}Crépet V 168-175;

4 X l 58 ^{1}CPl I 515;

[5 X ma 58] ^{1}CPl I 515;

12 X ma 58 ^{1}CPl I 516;

19 X ma 58 ^{1}CPl I 516;

21 X j 58 ^{1}T;

23 X s 58 ^{1}CPl I 517;

24 X d 58 ^{1}OCPl II 1352;

27 X me 58 ^{1}CPl I 517;

[env 28 X j 58] ^{1}CPl I 991;

29 X v 58 [1]CPl I 518;

31 X d 58 [1]CPl I 518; [2]OCPl II 1352; [3]T;

[env 1 XI l 58] [1]CPl I 519;

[XI 58] [1]CatBN57 35;

1 XI l 58 [1]T; [2]T;

2 XI ma 58 [1]CPl I 519;

3 XI me 58 [1]CPl I 519;

4 XI j 58 [1]I;

[env 5 XI v 58] [1]CPl I 521;

[entre le 5 et le 50 XI v-me 58] [1]CPl I 523;

6 XI s 58 [1]T;

10 XI me 58 [1]CPl I 522; [2]CPl I 523;

11 XI j 58 [1]CPl I 523;

12 XI v 58 [1]CPl I 524;

13 XI s 58 [1]CPl I 524;

15 XI s 58 [1]Eur 243;

17 XI me 58 [1]CPl I 525;

[18?] XI s 58 [1]CPl I 526;

20 XI l 58 [1]Crépet V 121;

26 XI v 58 [1]Crépet S 4n;

27 XI s 58 [1]T; [2]OCPl II 1134;

30 XI ma 58 [1]CPl I 527;

[XII 58 -II 59] [1]CPl I 996;

7 XII ma 58 [1]CPl I 527;

2 XII j 58 [1]CPl I 529; [2]OP I 397;

10 XII v 58 [1]CPl I 529;

11 XII s 58 [1]CPl I 531; [2]CPl I 532;

12 XII d 58 [1]CPl I 529, 532;

[entre le 12 XII d et le 30 XII j 58] [1]CPl I 534; [2]CatBN57 5;

[15 XII me 58] [1]CPl I 533;

[1]16 XII j 58 [1]T;

19 XII d 58 [1]T;

[hiver 58-59] [1]Tabarant C 29;

25 XII s 58 [1]T;

30 XII j 58 [1]CPl I 533; [2]BJ 42;

31 XII v 58 [1]CPl I 534; [2]CPl I 535;

[1858-1859] [1]CPl I 535;

[vers 1859] [1]CatBN57 107;

[début 59] [1]CatBN57 35;

1859

1859 [1]Jl 182; [2]OCPl II 1072; [3]Dufay E; [5]CPl I lxxiv;

[1859?] [1]CPl I 580;

[début 59?] [1]CPl I 535;

[1859-1860] [1]CPl I 647;

[1859-1861] [1]CPl I 648;

I 59 [1]Crépet S 4; [2]OCPl II 1129;

1 I s 59 [1]CPl I 535;

2 I d 59 [1]T;

3 I l 59 [1]CPl I 534;

4 I ma 59 [1]CPl I 533;

6 I j 59 [1]Ziegler D 247;

8 I d 59; [1]CPl I 536;

9 I d 59 [1]T; [2]Ziegler D 247; [3]CPl I 538;

10 I l 59 [1]CPl I 539; [2]Blanc; [3]Marsan A; [4]CPl I 539; [5]LAB 16n;

[env 10 I l 59] [1]Marsan A no.13;

[mi-I 59?] [1]CPl I 540;

[seconde quinzaine de I 59?] [1]CPl I 541;

16 I d 59 [1]OCPl II 1131-1132;

20 I j 59 [1]FM42 232; [2]LAB 16n;

[env 22 I s 59] [1]CPl I 541; [2]CPl I 542;

22 I s 59 [1]CPl I 1003;

23 I d 59 [1]OCPl II 1132;

25 I ma 59 [1]CPl I 1003;

26 I me 59 [1]Dufay C 61; [2]CPl I 541; [3]LAB 56;

27 I j 59 [1]CPl I 542; [2]CPl I 541; [3]CG VI 87;

31 I l 59 [1]LAB 183;

[fin I ou 1 II ma 59] [1]CPl I 543, 1004;

[début II 59] [1]CPl I 558;

1 II ma 59 [1]CPl I 543; [2]CPl I 544; [3]CG II 284n; [4]CPl I 544; [5]CG VI 111; [6]CPl II 990;

[II-III 59] [1]Léger; [2]OCPl II 665;

[env 4 II v 59] [1]LAB 56; [2]OCPl I 98, 1173; [3]CPl I 545;

4 II v 59 [1]LAB 56; [2]CPl I 546;

5 II s 59 [1]T;

9 II [me 59] [1]LAB 69;

10 II j 59 [1]LAB 99; [2]T;

[env 10 II j 59] [1]LAB 16; [2]CG II 274n;

11 II v 59 [1]CPl I 547; [2]CPl I 546;

[env 12 II s 59] [1]CG VI 29;

13 II d 59 [1]CPl I 548;

15 II ma 59 [1]LAB 184; [2]CG VI 29;

16 II me 59 [1]CPl I 549; [2]OCPl I 1018;

[env 20 II d 59] [1]FM42 232;

20 II d 59 [1]CPl I 551; [2]LAB 337;

21 II l 59 [1]CPl I 553;

22 II ma 59 [1]CPl I 1013;

23 II me 59 [1]LAB 336; [2]CPl I 554;

24 II j 59 [1]CPl I 555; [2]LAB 338; [3]CPl I 557; [4]CPl I 557; [5]CPl I 556; [6]CPl I 556;

[env 25 II v 59] [1]CPl I 558, CG II 284-285;

[25 ou 26 II v ou d 59] [1]LAB 17;

27 II d 59 [1]CPl I 558; [2]T;

28 II l 59 [1]CPl I 561; [2]CPl I 560; [3]Pichois G;

1 ou 2 III ma ou me 59 [1]CPl I 562;

4 ou 5 III v ou s 59 [1]CPl I 561;

[début III 59?] [1]CPl I 562, 1017;

5 III s 59 [1]LAB 338;

[7 III l 59] [1]CPl I 562;

10 III j 59 [1]T;

11 III v 59 [1]LAB 69;

12 III s 59 [1]CPl I 563;

13 III d 59 [1]OCPl II 1128; [2]AR 484;

15 III ma 59 [1]FM42 232; [2]Crépet O 16; [3]Parturier et Privat;

17 III j 59 [1]OCPl II 1130;

20 III d 59 [1]HE 389;

25 III v 59 [1]CPl I 563;

[env 25 III v 59] [1]CPl I 1012;

26 III s 59 [1]CPl I 563; [2]CPl I 563;

27 III d 59 [1]Dufay C 197;

[printemps 59] [1]CatBN57 57;

IV 59 [1]Parturier et Privat; [2]Maynial 63; [3]Proust;

1 IV v 59 [1]CPl I 564;

5 IV ma 59 [1]CG II 298n; [2]Crépet T 242;

[env 6 IV me 59?] [1]CPl I 566;

7 IV j 59 [1]CPl I 565;

9 IV s 59 [1]I;

10 IV d 59 [1]FM42 232;

12 IV ma 59 [1]CPl I 529;

14 IV s 59 [1]BJ 65;

15 IV v 59 [1]AR 484; [2]OCPl II 1383;

[mi-IV 59?] [1]CPl I 1020; 15 ou 16 IV v ou s 59 [1]CPl I 564;

[entre le 15 IV v et le 29 IV v 59] [1]CPl I 578;

19 IV ma 59 [1]T;

20 IV me 59 [1]HE 390;

21 IV j 59 [1]CPl I 565;

[env 21-29 IV j-v 59] [1]OCPl II 622;

[24 ou 25 IV d ou l 59] [1]OCPl II 1383;

27 IV me 59 [1]CPl I 1022-1023;

29 IV v 59 [1]CPl I 566;

30 IV s 59 [1]T;

1 V d 59 [1]CPl I 569;

3 V ma 59 [1]CPl I 566; [2]CPl I 572;

4 V me 59 [1]CPl I 571; [2]CPl I 572;

[4-8 V me-d 59] [1]CPl I 572;

7 V s 59 [1]BDC 334; [2]T; [3]CatBN57 44;

8 V d 59 [1]CPl I 572;

14 V s 59 [1]CPl I 573;

[env 15 V d 59] [1]Greaves 215;

16 V l 59 [1]CPl I 575;

19 V j 59 [1]CPl I 1021;

20 V v 59 [1]FM42 232;

[fin V? 59] [1]CPl I 582;

[env 1 VI v 59] [1]CPl I 573;

[env 9 VI j 59] [1]LAB 295;

10 VI v 59 [1]T;

11 VI s 59 [1]T;

13 VI l 59 [1]CPl I 584;

[entre le 13 VI l et le 29 VI me 59] [1]CPl I 584;

[entre le 15 et le 17 VI me-v 59] [1]LAB 294;

[entre le 15 VI me et le 25 VI s 59] [1]LAB 294;

[19 ou 20 VI d ou l 59] [1]LAB 294; [2]CPl I 566;

20 VI l 59 [1]CE 487;

[été 59] [1]Feuillerat A 72;

27 VI l 59 [1]LAB 117; [2]LAB 256;

24 IX s 59 [1]T;

29 VI me 59 [1]CPl I 585;

[fin VI 59] [1]CE 278;

[fin VI ou début VII 59] [1]CPl I 584;

1 VII v 59 [1]T;

2 VII s 59 [1]T;

4 VII l 59 [1]CPl I 587;

9 VII s 59 [1]T;

14 VII j 59 [1]Vapereau 232;

18 VII l 59 [1]Ziegler D 249;

[env 20 VII me 59] [1]CPl I 599;

20 VII me 59 [1]CPl I 588; [2]T;

22 VII v 59 [1]Ziegler D 250;

23 VII s 59 [1]T; [2]CG IV 171n;

24 VII d 59 [1]C.C.;

30 VII s 59 [1]T;

31 VII d 59 [1]CPl I 590;

[fin VIII? 59] [1]CPl I 589;

VIII 59 [1]Astruc 389;

[début VIII 59] [1]CatBN57 5;

1 VIII l 59 [1]T;

4 VIII j 59 [1]CPl I 590;

5 VIII v 59 [1]Feuillerat A 72;

[env 5 VIII v 59] [1]CPl I 591;

7 VIII d 59 [1]CPl I 590; [2]CPl I 590;

9 VIII ma 59 [1]CPl I 592; [2]T;

13 VIII s 59 [1]T;

[env 15 VIII l 59] [1]CPl I 592;

18 VIII j 59 [1]CPl I 1037;

[env 25 VIII j 59] [1]CPl I 592;

27 VIII s 59 [1]CPl I 593;

[entre le 28 VIII d et le 2 IX ma 59] [1]CPl I 593-594;

30 VIII ma 59 [1]Pichois G;

IX 59 [1]CPl II 989; [2]OCPl II 1456;

[début IX 59] [1]Crépet O 214;

[env IX 59] [1]Crépet O 213-214;

1 IX j 59 [1]T;

3 IX s 59 [1]Pichois G;

4 IX d 59 [1]CPl I 594;

5 IX l 59 [1]CPl I 1037; [2]CPl I 1056;

7 IX me 59 [1]LAB 315;

9 IX v 59 [1]Provence A;

[env 15 IX j 59] [1]CPl I 631;

15 IX j 59 [1]FM42 232; [2]Besançon B 266;

17 et 18 IX s et d 59 [1]CPl I 595;

19 IX l 59 [1]CPl I 595;

20 IX ma 59 [1]BDC 279; [2]T;

[22 ou 23 IX j ou v 59] [1]CPl I 1039;

[automne 59] [1]Feuillerat A 72;

[23?] IX v 59 [1]CPl I 596;

25 IX d 59 [1]CPl I 599;

26 IX l 59 [1]Crépet Q 34; [1]CPl I 602;

27 IX ma 59 [1]CPl I 602; [2]CML I 1239;

[27 ou 28 IX ma ou me 59?] [1]CPl I 603;

28 IX me 59 [1]CPl I 602;

29 IX j 59 [1]CPl I 603; [2]LAB 302;

30 IX v 59 [1]LAB 302;

X 59 [1]CPl I 616;

1 X s 59 [1]CPl I 604; [2]Monselet 210;

[2?]]X d 59] [1]Delacroix A III:140, LAB 118;

6 XI j 59 [1]LAB 187;

[9?] [X d 59] [1]CPl I 606;

[env 10 X l 59] [1]CPl I 608;

10 X l 59 [1]CPl I 595; [2]CPl I 607;

[12 X me 59] [1]CPl I 608;

14 X v 59 [1]v. 20 X j 59;

[env 15 X v 59] [1]CPl I 609;

18 X ma 59 [1]LAB 189;

[19 X me 59] [1]CPl I 610;

20 X j 59 [1]T;

[env 20 X j 59] [1]CPl I 611;

29 X s 59 [1]T;

30 X d 59 [1]FM42 232;

31 X l [59] [1]CPl I 611;

XI 59 [1]Parturier et Privat 3; [2]Crépet V 59; [3]CPl I 1004;

[entre le 1 XI ma et le 15 XI j 59] [1]CPl I 614; [2]CPl I 614;

[XI 59?] [1]Pichois A; [2]CPl I 619;

[début XI 59] [1]CPl I 615; [2]CPl I 615;

1 XI ma 59 [1]CPl I 612; [2]CPl I 613; [3]CPl I 613; [4]BJ 42-43; [5]CPl I 1050;

3 XI j 59 [1]CG VI 113;

4 XI v 59 [1]I;

5 XI s 59 [1]CPl II 1012;

6 XI d 59 [1]LAB 289;

7 XI l 59 [1]CPl I 1081;

[première semaine de XI 59] [1]CatBN57 90; [2]Cat. de la vente Vicomte de D., 1930, A-F, no.689; [3]Cat. des Libraires parisiens [Loliée], No. 3, 1955, no.1261; [4]Cat. Loliée No. 20, p. 86; [5]Cat. de la vente Vandérem, 1939, no.101; [6]*Manuscrit Autographe*, No. Spécial, 1927, no.73;

12 XI s 59 [1]T;

[15 XI ma] 59 [1]CPl I 616; [2]CPl I 618;

16 XI me 59 [1]CPl I 618;

19 XI s 59 [1]T;

24 XI j 59 [1]CPl I 619; [2]CPl I 1055;

26 XI s 59 [1]OCPl II 1128; [2]CPl I 620;

27 XI d 59 [1]CPl I 620;

[29 XI ma 59] [1]CPl I 620;

30 XI me 59 [1]FM42 232; [2]OC61 1523; [3]CPl I 621, 1053;

[fin XI 59] [1]Feuillerat A 75;

[fin XI ou début XII 59] [1]CPl I 621;

1 XII j 59 [1]AR 522; [2]CPl I 620;

4 XII d 59 [1]CatPM 34;

5 ou 6 XII l ou ma 59 [1]CPl I 621;

7 XII me 59 [1]CPl I 622, 1055;

8 XII j 59 [1]CPl I 623; [2]Feuillerat A 96;

9 XII v 59 [1]PA 349;

10 XII s [59] [1]CPl I 1060; [2]Crépet Q 36; [3]CPl I 618;

[10 ou 11 XII s ou d 59] [1]CPl I 625;

[11 XII d 59] [1]CPl I 625; [2]CPl I 625;

[11 XII d 59?] [1]CPl I 625;

12 XII l 59 [1]CPl I 616;

13 XII ma 59 [1]LAB 118; [2]CPl I 626; [3]CPl I 627;

[env 13 XII ma 59] [1]CPl I 630;

[13 ou 14 XII ma ou me 59] [1]CPl I 633;

14 XII me 59 [1]CPl I 626; [2]CPl I 629; [3]CPl I 634;

15 XII j 59 [1]CPl I 631, 643; [2]CPl I 631; [3]CPl I 618; [4]CPl I 634; [5]CPl I 631; [6]CPl I 637; [7]CPl I 634; [8]CPl I 637;

16 XII v 59 [1]CPl I 637; [2]CPl I 638; [3]CPl I 638;

17 XII s 59 [1]CPl I 639, 640; [2]CPl I 640; [3]CPl I 639;

18 XII d 59 [1]BJ 43; [2]LAB 189;

[19 XII l 59] [1]CPl I 641; [2]T;

[20 XII ma 59] [1]CPl I 642;

[env 20 XII ma 59] [1]CPl I 642;

21 XII me 59 [1]CPl I 641, 643; [2]CPl I 643;

23 XII v 59 [1]CPl I 643;

24 XII s 59 [1]CPl I 634;

25 XII d 59 [1]Charlier 142;

26 XII l 59 [1]CPl I 643;

27 XII ma 59 [1]CPl I 643;

28 XII me 59 [1]CPl I 643;

29 XII j 59 [1]CPl II 1003;

31 XII s 59 [1]T;

[fin 59] [1]LAB 58; [2]Badesco B I:639-640, LAB 385;

[fin XII 59?] [1]CPl I 646;

[fin 59 ou début 60] [1]CPl I 647;

1860

1860 [1]CML II pl.57; [2]CPl II 1025; [3]OCPl II 1072; [4]CPl I lxxiv; [5]CPl I lxxiv;

[vers 1860] [1]CatBN57 70; [2]CML II pl.58-59; [3]CML II pl.69;

I 60 [1]T;

[début I 60?] CPl I 649;

1 I d 60 [1]CPl I 659; [2]CE 456-457;

[env 2 I l 60] [1]Pichois N;

2 I l 60 [1]Pichois N; [2]CPl I 654;

4 I me 60 [1]CPl I 654;

5 I j [60] [1]CPl I 650; [2]CPl I 652;

[5 I j 60] [1]CPl I 651;

[7 I s 60] [1]CPl I 652

8 I d 60 [1]CPl I 654;

[9 I l 60] [1]CPl I 652;

[avant le 10 I ma 60] [1]LAB 175;

[env 10 I ma 60] [1]CPl I 656; [2]CPl I 657;

[env 12 I j 60] [1]CPl I 658;

13 I v 60 [1]CPl I 658; [2]CPl I 659; [3]CatBN57 120;

15 I d 60 [1]PA 343; [2]CPl I 659; [3]T; [4]DICO 131; [5]CPl II 661;

[seconde quinzaine de II 60] [1]CPl II 642;

17 I ma 60 [1]CPl I 1075;

19 I j 60 [1]Charlier 144-145;

[env 20 I v 60] [1]CPl I 661;

22 I d 60 [1]FM42 232;

25 I me 60 [1]OCPl II 1456;

26 I j 60 [1]T;

27 I v 60 [1]T;

[28 I s 60?] [1]CPl I 662;

[29 I] d [60?] [1]CPl I 662;

30 I l 60 [1]Dufay E;

31 I ma 60 [1]PA 343;

1 II me 60 [1]OCPl II 1456; [2]CPl II 661;

4 II s 60 [1]CPl I 663;

7 II ma 60 [1]CPl I xlvii;

8 II me 60 [1]OCPl II 1456;

9 II j 60 [1]OCPl II 1461;

10 II v 60 [1]Pichois N;

[env 10 II v 60?] [1]CPl I 667;

[env 10 II v 60] [1]CPll I 664;

[12 II d?] 60 [1]CPl I 667;

[13 II l?] 60 [1]CPl I 667;

15 II me 60 [1]T; [2]CPl I 664; [3]CPl II 661;

16 II j 60 [1]CPl I 668;

[env 16 II j 60] [1]CPl I 671;

17 II v 60 [1]CPl I 672; [2]AR 511; [3]HGS 276; [4]Pichois N;

[mi-II 60] [1]CPl I 668;

18 II s 60 [1]CPl I 674;

19 II d 60 [1]CPl I 677;

20 II l 60 [1]T;

21 II me 60 [1]CPl I 1087;

22 II me 60 [1]LAB 357; [2]CPl I 1087;

[env 23 II j 60] [1]CPl I 1087;

23 II j 60 [1]LAB 252; [2]CPl I 679; [3]CPl I 678;

24 II v 60 [1]CPl I 678; [2]LAB 358;

[env 25 II s 60] [1]Nadar 84; [1]CPl I 680;

25 II s 60 [1]CPl I 664; [2]T; [3]LAB 252;

26 II d 60 [1]CPl II 5;

27 II l 60 [1]CPl I 683;

28 II ma 60 [1]CPl I 681; [2]CPl I 680; [3]CPl I 683; [4]CPl I 664; [5]CPl I lxxxvi; [6]CPl I 682;

[28 II ma 60] [1]CPl I 680;

[env 29 II me 60] [1]CPl I 684;

29 II me 60 [1]CPl I 684; [2]T;

[III-IV 60] [1]Greaves 221;

1 III j 60 [1]CPl I 683;

3 III s 60 [1]CPl II 5;

4 III d 60 [1]CPl II 3; [2]CPl II 5; [3]CPl II 6;

5 III l 60 [1]CPl II 5; [2]T;

9 III v 60 [1]CPl II 7; [2]Servières 13;

10 III s 60 [1]DICO 131;

[11 III d 60] [1]CPl II 8; [2]Provence A;

12 III l 60 [1]CPl II 8; [2]Pichois N;

13 III ma 60 [1]CPl II 9 [2]AR 516; [3]Provence A;

[env 14 III me 60?] [1]CPl II 13;

[mi-III 60] [1]CPl II 15; [2]CPl II 13;

[mi-III? 60] [1]CPl II 13;

[mi-III 60?] [1]CPl II 14;

[env 15 III ma 60] [1]CPl II 16, 17;

15 III j 60 [1]T;

20 III ma 60 [1]CPl I 656;

25 III d 60 [1]T; [2]Pichois N;

26 III l 60 [1]CPl II 17;

27 III ma 60 [1]CPl II 17;

28 III me 60 [1]CPl II 19;

[30 III v 60] [1]CPl II 19;

[env 31 III s 60] [1]Nadar 87;

31 III s 60 [1]Nadar 88; [2]B.N. N.a.fr. No.6425; [3]CG IV 178n; [4]T; [6]CPl II 650; [7]CPl I 19;

[fin III 60] [1]OCPl II 1458;

[fin III 60?] [1]CPl II 18;

1 IV d 60 [1]CPl II 19;

[2 IV l 60?] [1]CPl II 19;

[4 IV me 60] [1]CPl II 20;

7 IV s 60 [1]T;

9 IV l 60 [1]I;

[env 10 IV ma 60] [1]CPl II 21;

12 IV j 60 [1]CPl II 19; [2]CPl II 678;

[14 IV] s [60] [1]CPl II 23; [2]CPl II 22;

14 IV s 60 [1]T; [2]T;

[15 IV d 60] [1]CPl II 23;

[19 IV j 60] [1]CPl II 23, 650; [2]CPl II 671;

[19 IV j 60?] [1]CPl II 25;

19 IV j 60 [1]CPl III 24;

[20 IV v 60] [1]CPl II 25;

[env 20 IV v 60] [1]CPl II 26;

21 IV d 60 [1]CPl II 28;

22 IV d 60 [1]CPl II 28;

[22 IV d 60] [1]CPl II 27;

[23 IV l 60] [1]CPl II 30;

[env 23 IV l 60] [1]CPl II 30;

[24 IV ma 60] [1]CPl II 30;

[25 IV me 60] [1]CPl II 32;

27 IV v 60 [1]CPl II 32;

28 IV s 60 [1]CPl II 33, 656; [2]LAB 70; [3]CPl II 33;

29 IV d 60 [1]LAB 191; [2]Hugo 236; [3]CPl II 4, 215; [4]CPl II 33;

[fin IV 60] [1]CPl II 34; [2]CPl II 36; [3]Pichois N;

[V 60?] [1]CPl II 50;

1 V ma 60 [1]CPl II 36; [2]Parturier et Privat 6;

[2 V me 60] [1]CPl II 38;

[3 V j 60] [1]CPl II 36; [2]CPl II 37; [3]CPl II 40;

[4 V v 60] [1]CPl II 38;

6 V d 60 [1]T;

7 V l 60 [1]CPl II 659;

[env 8 V ma 60?] [1]CPl II 39;

[9 V me 60?] [1]CPl II 39;

10 V j 60 [1]CPl II 26; [2]T;

[11 V v 60?] [1]CPl II 40, 660;

11 V v 60 [1]T;

12 V s 60 [1]CPl II 42, 661;

[env 12 V s 60] [1]Pichois N 273;

[13 V d 60?] [1]CPl II 47; [2]CPl II 43;

14 V l 60 [1]LAB 273; [2]CPl II 43;

[mi-V 60?] [1]CPl II 43;

[env 15-20 V ma-d 60] [1]CPl II 46;

[mi-V 60] [1]CPl II 44; [2]CatBN57 92; [3]CPl II 44; [4]CPl II 45;

15 V ma 60 [1]CPl II 45; [2]FM42 232; [3]CML II pl.12-14; [4]CPl II 664; [5]DICO 162;

18 V v 60 [1]CPl II 47; [2]CPl II 48;

19 V s 60 [1]Pichois N;

20 V d 60 [1]CPl II 26; [2]CPl II 49; [3]CPl II 50;

[env 20 V l 60] [1]CPl II 49;

21 [V] l [60] [1]LAB 55;

21 V l 60 [1]CPl II 50;

23 V me 60 [1]CPl II 659; [2]LAB 171;

25 V s 60 [1]CPl II 51

26 V s 60 [1]CPl II 51;

27 V d [60] [1]CPl II 52;

[28 V?] l [60?] [1]CPl II 52;

[29 ou 31 V ma ou j 60] [1]CPl II 52;

[fin V 60] [1]CatBN57 5; [2]CatBN57 92; [3]Cat. des Libraires parisiens, V, 1957, No.2430; [4]Lang; [5]*Manuscrit autographe*, No. Spécial, 1927, p. 74; [6]Cat. Heilbrun, *Editions originales*, 1952, No.111; [7]CatBN57 92; [8]Pichois A;

[VI 60] [1]CPl II 56;

[VI ou VII 60?] [1]CPl II 55;

[début VI 60] [1]Crouzet 112;

1 VI v 60 [1]T; [2]CPl II 661;

2 VI s 60 [1]T;

5 VI ma 60 [1]LAB 361;

11 VI l 60 [1]TP I:202;

14 VI j 60 [1]PA 314;

15 VI v 60 [1]T;

16 VI s 60 [1]T; [2]T;

17 VI d 60 [1]T;

19 VI ma 60 [1]CPl II 671;

[env 19 VI ma 60] [1]Parménié et Bonnier de la Chapelle 340-341; [2]Anonyme B;

[VI 60?] [1]BJ 153-154;

[été 60] [1]Tabarant C 38;

[env 23 VI s 60] [1]CPl II 72;

23 VI s 60 [1]T;

[25 VI] l [60] [1]PA 309-310;

26 VI ma 60 [1]CPl II 53;

[27 VI me 60] [1]CPl II 55;

[dernière semaine de VI 60] [1]CPl II 55;

28 VI j 60 [1]PA 314;

30 VI s 60 [1]T;

[fin VI 60?] [1]CPl II 54; [2]CPl II 56;

[début VII 60?] [2]CPl II 56, 58;

[début VII 60] [1]CPl II 59, 672;

[1 VII d 60] [1]CPl II 55; [2]BJ 45;

3 VII ma 60 [1]LAB 339; [2]LAB 157; [3]CPl II 674;

6 VII v 60 [1]CPl II 60, 674;

[vers le 6 VII v 60] [1]CPl II 59;

[première semaine de VII 60?] [1]CPl II 59;

8 VII d 60 [1]T;

[env 9 VII l 60] [1]CPl II 61;

[9 VII l?] [60] [1]CPl II 61;

[env 12 VII j 60] [1]CPl II 62;

12 VII j 60 [1]LAB 172; [2]CPl II 62; [3]CPl II 62; [4]CPl II 64; [5]BJ 46;

13 VII v 60 [1]CPl II 64;

[env 14 VII s 60] [1]CPl II 66;

14 VII s 60 [1]CPl II 66; [2]LAB 162n; [3]LAB 273;

[14 VII s 60] [1]CPl II 67;

16 VII l 60 [1]LAB 173;

[16 VII l 60] [1]CPl II 66;

17 VII ma 60 [1]BJ 46;

19 VII j 60 [1]Parménié et Bonnier de la Chapelle 340-341;

21 VII s 60 [1]CPl II 68;

[après le 21 VII v 60] [1]Crouzet 113;

27 VII v 60 [1]CPl II 69;

28 VIII v 60 [1]T;

[28 VII] s [60] [1]CPl II 69;

[été 60] [1]Ziegler B 271;

[31 VII?] ma 60 [1]CPl I 69;

31 VII ma 60 [1]BJ 46;

[fin VII 60] [1]CPl II 70;

[VIII 60] [1]CPl II 84;

1 VIII me 60 [1]BJ 46;CPl II 62;

4 VIII s 60 [1]T;

[4 VIII] s [60] [1]CPl II 70, 71, 72;

[env 5 VIII d 60] [1]CPl II 71;

[5 VIII] d [60] [1]CPl II 71;

[5 ou 6 VIII d ou l 60] [1]CPl II 72;

6 VIII l 60 [1]CPl II 72;

7 VIII ma 60 [1]CPl II 72, 74;

8 VIII me 60 [1]CPl II 72; [2]CPl II 682;

9 VIII j 60 [1]LAB 161;

[10 VIII v 60] [1]CPl II 75;

12 VIII d 60 [1]CPl II 75; [2]CPl II 77;

[env 12 VIII d 60] [1]Montauzan;

13 VIII l 60 [1]CPl II 78, 80, 81;

[13 VIII l 60?] [1]LAB 58;

[env 13 VIII l 60?] [1]CPl II 79;

[13? VIII l 60] [1]CPl II 79;

14 VIII ma 60 [1]CPl II 81;

[env 15 VIII me 60] [1]LAB 363; [2]CPl II 80;

15 VIII me 60 [1]CPl II 80;

[15?] VIII me 60 [1]CPl I lxxxi, OCPl II 1551;

16 VIII j 60 [1]CPl II 81, 83;

17 VIII v 60 [1]CPl II 82;

[env 18 VIII s 60] [1]CPl II 82; [2]CPl II 85;

18 VIII s 60 [1]CPl II 82; [2]T;

[env 18 VIII s 60] [1]Crépet V 166; [2]CPl II 83;

[env 21 VIII ma 60] [1]CPl II 83;

[21 VIII ma 60] [1]CPl II 83;

[21 VIII ma 60?] [1]LAB 58;

[22 ou 23 VIII me ou j 60] [1]CPl II 84;

24 VIII v 60 [1]BDC 241;

25 VIII s 60 [1]BDC 279-280;

[env 28 VIII ma 60] [1]Crépet L 451;

28 VIII ma 60 [1]T;

[fin VIII 60] [1]CPl II 84;

29 VIII me 60 [1]Pichois N;

1 IX s 60 [1]CPl 84, 687;

[env 30 VIII j 60] [1]CPl II 92;

30 VIII j 60 [1]Crouzet 140n;

[début IX 60] [1]CPl II 89; [2]CPl II 90;

2 IX d 60 [1]T;

7 IX v 60 [1]CPl II 90;

[env 8 IX s 60] [1]CPl II 90;

8 IX s 60 [1]CPl II 90; [2]T;

13 IX j 60 [1]Pichois G;

14 IX v [60] [1]CPl II 92;

27 IX j 60 [1]CPl II 92; [2]CPl II 94;

30 IX d 60 [1]CPl II 94; [2]T;

[avant X 60] [1]CPl II 95;

X 60 [1]BDC 234; [2]OCPl II 1457, 1462;

[X 60] [1]CPl II 96;

1 X l 60 [1]CPl II 92;

5 X v 60 [1]CPl II 92;

6 X d 60 [1]T;

8 X l [60] [1]CPl II 95;

[env 10 X me 60] [1]CPl II 96;

11 X j 60 [1]CPl II 96; [2]Parturier et Privat 8, CPl II 99, 693;

[automne 60] [1]OCPl I 1093;

12 et 13 X v et s 60 [1]CPl II 689;

13 X s 60 [1]CPl II 99;

[14 X d 60] [1]CPl II 99;

[env 14 X d 60] [1]CPl II 99;

[env 15 X l 60] [1]T;

15 X l 60 [1]CPl II 99; [2]CPl II 100; [3]FM42 232-233; [4]CPl II 292; [5]T;

18 [X j] [60] [1]CPl II 101; [2]CPl II 100;

19 X v 60 [1]CPl II 100, 693;

20 X s 60 [1]T;

21 X d 60 [1]CPl II 101;

25 X j 60 [1]T; [2]Bornecque C 301-302;

27 X s 60 [1]FM42 233; [2]T;

[X-XI 60] [1]CPl II 101;

XI 60 [1]Feuillerat A 78;

[début XI 60] [1]Parturier et Privat 9;

2 XI v 60 [1]DICO pl.186;

3 XI s 60 [1]CPl II 102, 695; [2]T;

[env 3 XI s 60] [1]JI 416;

4 XI d 60 [1]I;

4 ou 5 XI d ou l 60 [1]CPl II 104;

6 XI ma 60 [1]CPl II 105, 694;

[6 XI ma 60] [1]CPl II 103;

8 XI j 60 [1]CPl II 104;

[env 8 XI j 60] [1]Cl II 105;

9 XI v 60 [1]CPl II 689;

10 XI s 60 [1]Lods B; [2]CPl II 104;

13 XI ma 60 [1]Parturier et Privat 11;

[env 13 XI ma 60] [1]Parturier et Privat 11;

15 XI j 60 [1]CPl I xlviii; [2]CatBN57 43;

17 XI s 60 [1]T;

[env 20 XI ma 60] [1]CPl II 105; [2]CPl II 106;

[20 XI] ma [60] [1]CPl II 106, 698;

24 XI s 60 [1]Duflo 599;

[après le 24 XI s 60] [1]Duflo 599;

29 XI j 60 [1]Pichois G;

30 XI v 60 [1]Pichois G; [2]OCPl I 717;

[début XII 60] [1]LAB 395, CPl II 109;

3 XII [l 60] [1]CPl II 108;

[4 XII? ma 60] [1]CPl II 109;

4 ou 5 XII ma ou me 60 [1]CPl II 111;

5 [XII me] 60 [1]CPl II 109; [2]CPl II 111;

6 ou 7 XII j ou v 60 [1]CPl II 109;

[7 XII v 60] [1]CPl II 110;

[env 10 XII ma 60] [1]CPl II 111;

[15 XII] s [60] [1]CPl II 110;

15 XII s 60 [1]T; [2]CPl II 109, 702;

[20 XII j 60] [1]CPl II 111;

[env 21 XII v 60] [1]LAB 253;

21 XII v 60 [1]CPl II 112; [2]LAB 253;

30 XII d 60 [1]LAB 176;

1861

1861 [1]CatBN57 85; [2]CatBN57 35 [3]OC61 1615; [4]OCPl I 1579; [5]CatBN57 85;

[1861] [1]Dr Lucien Graux, *Catalogue de sa bibliothèque. Neuvième partie*, Reims, Vidal-Mégret, 1959, No.17; [2]CatBN57 85;

[vers 1861] [1]CatBN57 108, CML II pl.70; [2]CML II pl.71;

[1861?] CPl II 215;

[1861-1862] [1]CPl II 215; [2]CPl II 215;

[1861-1863?] [1]CPl II 215;

[début 61] [1]JI 114, 238, 416; [2]CPl II 131;

[début I 61] [1]CPl II 114;

1 I me 61 [1]CPl II 113, 704; [2]T;

[2 ou 3 I l ou ma 61] [1]CPl II 117;

4 I v 61 [1]CPl II 115;

[env 5 I s 61] [1]CPl II 115;

[5 I s 61] [1]CPl II 115;

5 I s 61 [1]T;

[5 I s 61] [1]CPl I 116;

[env 5 I s 61] [1]CPl II 115, 17, 705;

6 I d 61 [1]CPl II 117;

[env 7 I l 61] [1]CPl II 119;

7 I l 61 [1]CPl II 119;

9 I me 61 [1]CPl II 129, 706; [2]CPl II 119; [3]CPl II 710;

[10 ou 11 I j ou v 61] [1]LAB 176;

10 I j 61 [1]CPl II 110, 117; [2]LAB 399n; [3]Duflo 601;

11 I v [61] [1]CPl II 121;

12 I s 61 [1]CPl II 124;

[entre le 11 et le 13 I v-d 61] [1]CPl II 124;

[deuxième semaine de I 61?] [1]CPl II 127;

15 I ma 61 [1]T; [2]CPl II 121; [3]T; [4]T;

16 I me 61 [1]CPl II 121; [2]CPl II 123; [3]Duflo 601;

17 I j 61 [1]CPl II 124;

[env 17 I j 61] [1]CPl II 125; [2]CPl II 708-712;

18 I v 61 [1]CPl II 123, 127;

19 I s 61 [1]CPl II 127;

[env 20 I d 61] [1]Pichois N;

[20 I d 61] [1]CPl II 127;

[fin I 61] [1]FMCBP 555; [2]CPl II 711;

28 I l 61 [1]Vapereau 65;

31 I j 61 [1]T;

[fin I ou début II 61] [1]CPl II 128, 713;

[II ou III 61] [1]CPl II 139;

[II 61] [1]CPl II 130; [2]CatBN57 70; [3]Cat. Loliée, 1951, No. 77, No.33; [4]Cat. Maggs Bros. *Baudelaire-Verlaine-Rimbaud*, No. 24; [5] *Times Literary Supplement* (Londres), 31 mars 1961; [6]CPl II 128; [7]CPl II 140; [8]CPl II 130;

[II ou III 61] [1]CPl II 139;

[première semaine de II 61] [1]OCPl I 810;

[début II 61] [1]CPl II 131;

1 II v 61 [1]BJ 48; [2]FM42 233;

3 II d 61 [1]T; [2]Servières 47;

8 II v 61 [1]LAB 70; [2]CPl II 128;

9 II v 61 [1]CPl II 128; [2]Crépet S 13; [3]T;

[env 9 II s 61] [1]CPl II 129;

10 II d 61 [1]CPl II 709;

12 II ma 61 [1]CPl II 702;

15 II v 61 [1]T; [2]T; [2]LAB 396;

17 II d 61 [1]T; [2]CPl II 1034; [3]Servières 47;

18 II l 61 [1]CG III 247n;

[18 ou 19 II l ou ma 61] [1]CPl II 130; [2]Duflo 602;

19 II me 61 [1]Duflo 602;

20 II me 61 [1]Crépet S 13-15; [2]CPl II 130; [3]CPl II 177, 737;

[21 II] j [61] [1]CPl II 130;

22 II v 61 [1]CatBN57 71; [2]CPl II 131; [3]LAB 71;

[env 22 II v 61] [1]CPl II 760;

28 II j 61 [1]T;

[III 61] [1]CPl II 140;

III 61 [1]BJ 49;

[début III 61] [1]CPl II 132, 133;

2 III s 61 [1]T; [2]T;

3 III d 61 [1]T;

[première semaine de III 61] [1]CPl II 140;

10 III d 61 [1]AR 557; [2]T; [3]Wallace B;

[env 10 III d 61] [1]OCPl II 780;

12 III ma 61 [1]T;

13 III me 61 [1]Newman 66; [2]Servières 47;

15 III j 61 [1]T;

17 III s 61 [1]T;

[env 18 III l 61] [1]CPl II 134; [2]CPl II 137; [3]CPl II 134;

18 III d 61 [1]OCPl II 808; [2]Newman 66; [3]CPl II 723;

[après le 18 III l 61] [1]CPl II 132;

19 III ma 61 [1]T;

[env 20 III me 61] [1]CPl II 133; [2]CPl II 134;

20-22 III me-v 61 [1]CPl II 137; [2]CPl II 140;

21 III j 61 [1]LAB 396;

22 III v 61 [1]CPl II 137;

24 III d 61 [1]Newman 66;

25 III l 61 [1]CPl II 134; [2]CPl II 137; [3]T; [4]LAB 399n;

[fin III 61] [1]CPl II 144;

29 III v 61 [1]CPl II 138;

[29 III] v [61] [1]LAB 261;

[30 III s 61] [1]CPl II 139;

[env 31 III d 61] [1]CPl II 144, 720;

31 III d 61 [1]CPl II 139;

[fin III 61] [1]CPl II 138;

[fin III ou début IV 61] [1]LAB 397; [2]CatBN57 88;

[première semaine de IV 61] [1]OCPl II 1469;

1 IV l 61 [1]T; [2]CPl I 140;

2 IV ma 61 [1]CPl II 143, 144;

[3 IV me 61] [1]CPl II 143; [2]CPl II 761;

[4 IV j 61] [1]LAB 208; [2]CPl II 144; [3]CPl II 144;

6 IV l 61 [1]CPl II 761;

7 IV d 61 [1]T;

8 IV l 61 [1]T;

[9 IV] ma [61] [1]CPl II 145;

9 IV ma 61 [1]I;

10 IV me 61 [1]LAB 193; [2]CPl II 134;

[10 IV?] me [61?] [1]CPl II 146;

11 IV j 61 [1]CPl II 145;

13 IV s 61 [1]T;

14 IV d 61 [1]AR 509; [2]Servières 47;

15 IV l 61 [1]LAB 399;

[env 15 IV l 61] [1]CPl II 324;

17 IV me 61 [1]Bonnerot;

21 IV d 61 [1]AR 509;

27 IV s 61 [1]T;

29 IV l 61 [1]CPl II 146;

[fin IV 61] [1]OCPl II 1460; [2]LAB 388;

[fin IV ou début V 61] [1]CPl II 146;

[V 61] [1]Daireaux 73; [2]Cat. de la Vente Vandérem, 1939, No.106;

V? 61 [1]Manet83 506;

[début V 61] [1]OC61 1716; [2]OC61 1279;

1 V me 61 [1]CPl II 73; [2]T; [3]CPl II 709;

[env 1 V me 61] [1]CPl II 148;

2 V j 61 [1]BJ 50; [2]CPl II 149, 150; [3]CPl II 146;

3 V v 61 [1]CPl II 146;

4 V s 61 [1]T;

5 V d 61 [1]CPl II 726, OCPl II 1460; [2]T;

[6 V l 61] [1]CPl II 149; [2]CPl II 150;

[7 V ma 61] [1]LAB 378; [2]CPl II 157; [3]CPl II 158, Cat. de la Vente Malassis, 1878, No.71;

8 V me 61 [1]CPl II 158;

10 V v 61

[1]Verlaine 59;

[env 10 V v 61] [1]CPl II 162;

11 V [s 61] [1]LAB 72;

12 V d 61 [1]BJ 56; [2]T; [3]T;

[env 13 V ma 61] [1]CPl II 147;

14 V ma 61 [1]JI 416;

15 V me 61 [1]T; [2]Parturier 116;

17 V v 61 [1]T;

18 V s 61 [1]CPl II 162, 174, 729-730;

19 V d 61 [1]T; [2]T; [3]T; [4]Crouzet 144;

21 V ma 61 [1]CPl II 162;

[24 V v 61] [1]CPl II 162; [2]CPl II 167;

[env 20–25 V l–s 61] [1]CPl II 166;

[env 25 V s 61?] [1]CPl II 169;

25 V s 61 [1]T;

26 V d 61 [1]T;

[27 V l 61] [1]CPl II 169;

28 V ma 61 [1]CPl II 171;

30 V j 61 [1]CPl II 171; [2]T;

31 V v 61 [1]CPl II 171;

VI 61 [1]Flavien A;

[V 61?] [1]CPl II 172;

[VI ou été 61?] [1]CPl II 173;

[env VI 61] [1]Cat. de la Vente Vendérem, 1939, No.97;

1 VI s 61 [1]T; [2]T;

2 VI d 61 [1]BJ 43; [2]T; [3]T; [4]LAB 104, CPl II 173;

3 VI l 61 [1]LAB 104;

[env 4 VI ma 61] [1]CPl II 173; [2]CPl II 172;

6 VI j 61 [1]CPl II 1158;

9 VI d 61 [1]T;

[env 10 VI l 61] [1]CPl II 173;

14 VI v 61 [1]T;

[env 15 VI s 61] [1]CPl II 174;

15 VI s 61 [2]T; [2]CPl I 174; [3]CPl II 176, 735;

16 VI d 61 [1]T;

[env 19 VI me 61] [1]CPl II 174;

19 VI me 61 [1]CPl II 174; [2]CPl II 174;

21 VI v 61 [1]CPl II 175;

[été 61] [1]JI 113, 128, 415; [2]Pichois H;

29 VI s 61 [1]T;

31 VI d 61 [1]T;

[VII 61 ?] [1]CPl II 176; [2]CPl II 179;

VII 61 [1]JI 415;

1 VII l 61 [1]T;

9 VII ma 61 [1]CPl II 177, 737;

10 VII me 61 [1]CPl II 177;

11 VII j 61 [1]CPl II 178; [2]T;

15 VII l 61 [1]T;

18 VII j 61 [1]T;

19 VII v 61 [1]Mendès 152;

23 VII ma 61 [1]CPl II 180;

[env 25 VII j 61] [1]CPl II 180;

25 VII j 61 [1]CPl II 180; [2]T;

[env 26 VII v 61] [1]CPl II 184;

27 VII s 61 [1]CPl II 184; [2]CPl II 728; [3]CPl II 180;

[env 30 VII ma 61] [1]CPl II 180;

30 VII ma 61 [1]CPl II 180;

[30 ou 31 VII ma ou me 61] [1]CPl II 184;

[VIII 61 ?] [1]CPl II 185;

[VIII 61] [1]JI 112, 238, 414;

1 VIII j 61 [1]LAB 100, EJC 344; [2]T; [3]BJ 53;

2 VIII v 61 [1]T;

[6 VIII ma 61] [1]CPl II 185;

7 VIII me 61 [1]LAB 100; [2]CPl II 74;

[env 8 VIII j 61] [1]CPl II 185; [2]LAB 119–120;

14 VIII me 61 [1]BJ 53;

15 VIII j 61 [1]T;

17 VIII s 61 [1]CPl II 742;

[env 17 VIII s 61] [1]CPl II 186; [2]Job–Lazare 31, 38;

[21 VIII me 61] [1]CPl II 186;

25 VIII d 61 [1]T; [2]T;

27 [VIII] ma [61] ^{1}CPl II 187;

28 VIII me 61 ^{1}CPl II 187;

[IX–début X 61] ^{1}JI 108, 237, 419;

1 IX d 61 ^{1}CPl II 187; ^{2}T; ^{3}T;

2 IX l 61 ^{1}CPl II 187;

11 IX me 61 ^{1}T;

12 IX v 61 ^{1}T;

[mi–IX 61] ^{1}CPl II 187;

14 IX s 61 ^{1}T;

15 IX d 61 ^{1}T; ^{2}T;

18 IX me 61 ^{1}CPl II 1037–1038, LAB 395;

29 IX d 61 ^{1}AR 552; ^{2}T;

[fin IX ou début X 61] ^{1}OCPl II 714;

3 X j 61 ^{1}JI 108; ^{2}Kameya I:65;

6 X ma 61 ^{1}T;

8 X ma 61 ^{1}LAB 119;

15 X me 61 ^{1}T; ^{2}Kopp 179;

20 X d 61 ^{1}BDC 260;

24 X j 61 ^{1}B.N. N.a. fr. 24268;

25 X v 61 ^{1}T;

26 X s 61 ^{1}FMCBP 557;

31 X j 61 ^{1}BDC 262;

[XI 61–II 62] ^{1}OCPl I 1545;

[XI–XIII 61] ^{1}CPl II 200;

[XI 61] ^{1}CPl II 200; ^{2}CPl II 191;

1 XI v 61 ^{1}T; ^{2}AR 433;

4 XI l 61 ^{1}I;

5 XI ma 61 ^{1}CPl II 189;

6 XI me 61 ^{1}CPl II 190; ^{2}CatBN57 72;

7 XI j 61 ^{1}CPl II 190;

10 XI d 61 ^{1}T;

13 XI me 61 ^{1}CPl II 191;

15 XI v 61 ^{1}T;

21 XI j 61 ^{1}CPl II 749;

22 XI v 61 ^{1}OCPl I 1562;

24 XI d 61 ^{1}T; ^{2}T;

25 XI l 61 ^{1}CPl II 754;

30 XI s 61 ^{1}T; ^{2}T;

[env 30 XI s 61] ^{1}CPl II 236;

[XII 61 ?] ^{1}CPl II 213; ^{2}CPl II 194;

[début XII 61] [1]Jl 409;

[XII 61] [1]CPl II 193; [2]CPl II 193, 748;

XII 61–I 62 [1]Fodor;

[XII 61–I 62] [1]Jl 119, 121, 238, 417, 418;

[XII 61–15 X ma 63] [1]Jl 109, 238, 411;

1 XII d 61 [1]BJ 54; [2]T;

2 XII l 61 [1]CPl II 192;

[env 7 XII s 61] [1]Jl 118;

8 XII d 61 [1]T;

11 XII me 61 [1]CPl II 193, 200, 756;

12 XII j 61 [1]CPl II 990; [2]T;

[env 12 XII j 61] [1]CPl II 200, 208; [2]Jl 120;

13 XII v 61 [1]Ziegler B 372, Tabarant B 344;

14 XII s 61 [1]CPl II 754;

15 XII d 61 [1]T; [2]T;

[env at XII d 61] [1]CPl II 195;

[env 16 XII l 61] [1]CPl II 195; [2]CPl II 200, 750–751;

[après le 16 XII l 61] [1]CPl II 200;

[mi–? XII 62] [1]CPl II 200; [2]CPl II 194;

19 XII j 61 [1]T;

[env 20 XII v 61] [1]CPl II 200; [2]CPl II 196;

21 XII s 61 [1]Dufay C 84; [2]T;

22 XII d 61 [1]T;

[env 23 XII l 61] [1]CPl II 197;

23 XII l 61 [1]CPl II 197; [2]Pichois J; [3]CPl II 762;

24 XII ma 61 [1]CPl II 200; [2]T;

25 XII me 61 [1]Crépet L 364; [2]CPl II 200; CPl II 207;

[env 25 XII me 61] [1]CPl II 208;

27 XII v 61 [1]CPl II 209, LAB 355;

[28 XII s 61 ?] [1]CPl II 210;

29 XII d 61 [1]BDC 188; [2]T;

[30 XII l 61] [1]Jl 118;

30 XII l 61 [1]CPl II 210; [2]CPl II 212; [3]CPl II 208;

[fin XII 61] [1]Jl 120;

31 XII ma 61 [1]T;

[31 XII ma 61] [1]Jl 118;

[fin XII 61 ou début I 62] [1]CPl II 214;

1862

1862 [1]Maynial; [2]T; [3]T; [4]T; [5]DICO 48; [6]T; [7]T; [8]Dufay C 38; [9]OCPl II 879; [1011]BJ 172–173; [12]Cat. de l'Exposition Courbet: *Cent Ans de peinture française*, Galerie Charpentier, 1929, No.104; cité, *Catalogue de l'Exposition Gustave Courbet*, 1977, p.92;

[1862–1863 ?] [1]CPl II 280,801;

[début 62] [1]JI 238;

[I 62] [1]CPl II 225; [2]OCPl II 1521;

[I 62 ?] [1]CPl II 226;

[I–II 62 ?] [1]CPl II 227;

1 I me 62 [1]T; [2]CPl II 236;

4 I s 62 [1]T;

5 I d 62 [1]T; [2]CPl II 770;

9 I j 62 [1]T;

12 I d 62 [1]T; [2]CPl II 216, 221;

[env 15 I me 62] [1]CPl II 216;

15 I me 62 [1]T;

17 I v 62 [1]T;

19 I d 62 [1]CPl II 127; [2]T; [3]T;

20 I l 62 [1]OP I 538;

21 I ma 62 [1]T;

23 I j 62 [1]OCPl I 668;

[env 24 I v 62] [1]CPl II 219;

24 I v 62 [1]CPl II 218;

25 I s 62 [1]T; [2]T; [3]Flaubert; [4]Nouvion 158;

26 I d 62 [1]CPl II 221; [2]CPl II 766; [3]T; [4]LAB 340; [5]T; [6]T;

[env 27 I l 62] [1]CPl II 219, 229;

27 I l 62 [1]LAB 382; [2]OP I 543; [3]T; [4]LAB 340;

[entre le 27 et le 30 I l–j 62] [1]OCPl II 188, 1169; [2]CPl II 227;

29 I me 62 [1]CPl II 223, 227;

[env 29 I me 62] [1]CPl II 236, 777;

[entre le 29 et le 30 I me–j 62] [1]CPl II 223;

[env 31 I v 62] [1]CG III 314n;

31 I v 62 [1]CPl II 224; [2]CG III 314n; [3]CPl II 766;

II 62 [1]CatBN57 86;

[II 62 ?] [1]CPl II 225;

[II 62] [1]Boyé B 59;

1 II s 62 [1]Leroy 69; [2]T;

[env 1 II s 62] [1]CPl II 227;

[2 II] d [62] [1]LAB 159;

2 II d 62 [1]BDC 190; [2]T;

[env 2 II d 62] [1]CPl II 230;

[env 3 II l 62] [1]CPl II 227;

3 II l 62 [1]CPl II 770; [2]CPl II 227;

6 II j 62 [1]Raynaud B 233;

[env 6 II j 62] [1]CPl II 230;

9 II d 62 [1]LAB 341;

10 II l 62 [1]CPl II 229; [2]T;

[10 II] l [62] [1]CPl II 230;

12 II me 62 [1]CPl II 231; [2]Goncourt V:52;

15 II s 62 [1]LAB 342; [2]T;

[15–17 II l–l 62] [1]CPl II 231;

16 II d 62 [1]T;

[env 17 II l 62] [1]LAB 159; [2]CPl II 236; [3]CPl II 232;

17 II l 62 [1]CPl II 232, Lettere III:69;

18 II ma 62 [1]CPl II 761;

[20 II j 62] [1]JI 120;

20 II j 62 [1]CPl II 756;

28 II v 62 [1]JI 120;

III 62 [1]Vapereau;

1 III s 62 [1]FM42 234;

[4 III] v [62] [1]CPl I 562;

6 III j 62 [1]T;

8 III s 62 [1]Pichois G; [2]T, BDC 188;

[deuxième semaine de III 62 ?] [1]CPl II 232;

9 III d 62 [1]T;

13 III j 62 [1]Champfleury D 4;

14 III v 62 [1]Crépet O 16; [2]DICO 164;

15 III s 62 [1]CPl II 1880; [2]Crépet O 16; [3]T;

[env 15 III s 62] [1]CPl II 232;

[env 16 III d 62] [1]CPl II 232;

17 III l 62 [1]CPl II 232;

18 III ma 62 [1]Nouvion 157;

29 III me 62 [1]CPl II 235;

22 III s 62 [1]T;

24 III l 62 [1]BDC 191;

[env 29 III l 62] [1]CPl II 236;

29 III s 62 [1]CPl II 236; [2]T; [3]T;

30 III d 62 [1]CPl II 240;

31 III l 62 [1]CPl II 249;

[fin III ou début IV 62 ?] [1]CPl II 240;

IV 62 [1]Goncourt V:104;

1 IV ma 62 [1]OCPl II 1434;

[1 IV ma 62] [1]JI 120;

3 IV j 62 [1]CatBN57 43; [2]CPl II 756;

4 IV v 62 [1]CG IV 84n;

[entre le 4 IV v et le 15 V j 62] [1]CPl II 242;

9 IV me 62 [1]Mondor–Richard 24; [2]I;

12 IV s 62 [1]CatBN57 83;

13 IV d 62 [1]T;

14 IV l 62 [1]Nouvion 19; [2]CPl II 242;

19 IV s 62 [1]T;

20 IV d 62 [1]T;

22 IV ma 62 [1]Nouvion 159;

24 IV j 62 [1]LAB 194;

[25 IV v 62] [1]JI 120;

[deuxième quinzaine de IV 62] [1]T;

27 IV d 62 [1]T; [2]T;

29 IV ma 62 [1]LAB 195;

V 62 [1]OCPl II 1437;

3 V s 62 [1]T;

4 V d 62 [1]T;

11 [V] d 62 [1]CPl II 242;

[12 V l 62] [1]CPl II 242; [2]CPl II 246;

[15 V j 62] [1]JI 120;

[15 V j 62] [1]CPl II 243;

[20 V ma 62] [1]CPl II 246;

[env 24 V s 62] [1]CPl II 246;

24 V s [62] [1]CPl II 246;

25 V d 62 [1]T;

[env 31 V s 62] [1]CPl II 246;

31 V s 62 [1]CPl II 247;

[deuxième quinzaine de V 62] [1]CPl II 778–779;

[VI 62] [1]CPl II 253;

1 VI d 62 [1]T;

[5 VI j 62] [1]JI 120;

[env 6 VI v 62] [1]CPl II 249;

6 VI V 62 [1]CPl II 250;

[env 6 VI v 62] [1]CPl II 271;

8 VI d 62 [1]T;

[première quinzaine de VI 62] [1]T;

15 VI d 62 [1]T;

16 VI l 62 [1]CPl II 1009;

[env 16 VI l 62] [1]CPl II 250;

17 VI ma 62 [1]CPl II 250; [2]Tabarant A 88;

21 VI s 62 [1]CPl II 782;

[été 62] [1]Tabarant A 88;

[été 62 ?] [1]CPl II 252;

28 VI s 62 [1]T;

[env 28 VI s 62] [1]CatBN57 49, T;

[après le 28 VI s 62] [1]OP II 140;

[après VI 62] [1]NWS 225;

1 VII ma 62 [1]CPl II 251; [2]T;

12 VII s 62 [1]HE 390;

13 VII d 62 [1]T;

15 VII ma 62 [1]CPl II 759;

[15 VII ma 62] [1]JI 120;

17 VII j 62 [1]T;

19 VII s 62 [1]HE 390; [2]CPl II 252;

24 VII j 62 [1]T; [2]T;

26 VII s 62 [1]T;

31 VII j 62 [1]CPl I 836; [2]T;

[VIII–IX 62 ?] [1]CPl II 256; [2]CPl II 257;

2 VIII s 62 [1]T; [2]T; [3]T;

4 VIII l 62 [1]CPl II 253;

[été 62 ?] [1]CPl II 252;

10 VIII d 62 [1]T; [2]T;

[10] VIII d 62 [1]CPl II 253;

11 VIII l 62 [1]CPl II 253;

15 VIII v 62 [1]T;

16 VIII s 62 [1]T; [2]CPl II 703;

[env 17 VIII d 62] [1]Job–Lazare 31, 38;

18 VIII l 62 [1]CPl II 255; [2]CPl II 786;

24 VIII d 62 [1]T;

26 VIII ma 62 [1]OCPl II 1305;

27 VIII me 62 [1]OCPl II 1035;

28 VIII j 62 [1]Pichois H; [2]CG IV 108n, CPl II 788–789;

29 VIII v 62 [1]Pichois H;

31 VIII d 62 [1]T; [2]T; [3]T;

[VIII–IX 62] [1]CPl II 257;

1 IX l 62 [1]CPl II 788–789;

2 IX ma 62 [1]CPl II 788, CatBN57 72;

[début IX 62] [1]LAB 105;

6 IX s 62 [1]T, Cecil Lang IV:19n;

[env 6 IX s 62] [1]CPl II 258;

7 IX d 62 [1]LAB 105;

9 IX ma 62 [1]CPl II 258;

[env 11 IX j 62] [1]Martineau 172;

[13 IX] s [62] [1]CPl II 259;

13–20 IX s–s 62 [1]LAB 390, CPl II 281;

[avant le 13 IX d 62] [1]CPl II 1018;

[18 IX s 62] [1]CPl II 259; [2]T; [3]OCPl II 1461;

14 IX d 62 [1]T; [2]LAB 106;

[après le 14 IX d 62] [1]BAAJD Cart. 28, peintres;

[19 ou 26 IX ?] v [62 ?] [1]CPl II 260;

[env 20 IX s 62 ?] [1]CPl II 260;

[env 21 IX d 62] [1]CPl II 261;

21 IX d 62 [1]CPl II 261;

[env 22 IX l 62] [1]CPl II 262;

22 IX l 62 [1]CPl II 261;

24 IX me 62 [1]OCPl I 1320; [2]OCPl II 1306;

[25 IX j 62 ?] [1]CPl II 260;

25 IX j 62 [1]Tabarant A 57;

[27 IX s 62 ?] [1]CPl II 790;

[fin IX 62] [1]Bailly–Herzog II:93; [2]LAB 309;

[avant X 62] [1]CatBN57 57;

1 X me 62 [1]T;

3 X v 62 [1]CPl II 263, 791;

8 X me 62 [1]CPl II 263;

9 X j 62 [1]T;

[9 ou 10 X j ou v 62] [1]CPl II 263;

[10 X v 62] [1]Verlaine 59 I:137;

[env 10 X v 62] [1]Verlaine 59 I:137;

11 X s 62 [1]T;

12 X d 62 [1]T;

16 X j 62 ^{1}CPl II 263;

[env 16 X j 62 ?] ^{1}CPl II 265, CG IV 118;

18 X s 62 ^{1}T;

22 X me 62 ^{1}CPl II 265;

23 X j 62 ^{1}CPl II 792; ^{2}T;

26 X d 62 ^{1}T;

27 X l 62 ^{1}CPl II 784;

1 XI v 62 ^{1}T;

2 XI s 62 ^{1}T;

4 XI l 62 ^{1}I;

9 XI s 62 ^{1}T;

12 XI me 62 ^{1}CPl II 793;

15 XI s 62 ^{1}Bandy B; ^{2}T; ^{3}T;

[seconde quinzaine de XI 62 ?] ^{1}CPl II 268;

16 XI d 62 ^{1}T; ^{2}CPl II 266;

18 XI ma 62 ^{1}CPl II 266;

19 XI me 62 ^{1}Goncourt V:202;

20 XI ma 62 ^{1}T;

23 XI d [62] ^{1}CPl II 268, 794; ^{2}Parturier;

25 XI ma 62 ^{1}T;

29 XI s 62 ^{1}Parturier;

XII 62 ^{1}CPl II 1003;

[XII 62] ^{1}CPl II 796;

[env 4 VIII j 62] ^{1}CPl II 269; ^{2}CPl II 334;

[avant le 4 XII j 62] ^{1}CPl II 269;

4 XII j 62 ^{1}CPl II 269;

[env 6 XII s 62] ^{1}CPl II 270; ^{2}CPl II 272;

6 XII s 62 ^{1}CPl II 270; ^{2}OCPl II 1220;

[après le 6 XII s 62] ^{1}CPl II 271;

8 XII l 62 ^{1}CPl II 793;

[env 12 XII v 62 ?] ^{1}CPl II 271;

[env 13 XII s 62] ^{1}CPl II 272; ^{2}CPl II 271; ^{3}CPl II 272;

13 XII s 62 ^{1}CPl II 171, 183, 609, 612; ^{2}CPl II 272;

[20 XII l 62] ^{1}JI 120;

21 XII d 62 ^{1}T;

[fin 62] ^{1}Marsan No.22; ^{2}CPl II 275;

27 XII s 62 ^{1}T, OCPl II 1431;

28 XII d 62 ^{1}T;

31 XII me 62 ^{1}CPl II lxxiv;

1863

1863 [1]Le Dantec; [2]BJ 75; [3]CML I 1340; [4]CatBN57 85; [5]CatBN57 85; [6]CatBN57 109; [7]CML II pl.75; [8]OCPl II 1072; [9]T 142n; [10]CPl II 702;

[1863 ?] [1]CPl II 282;

[vers 1863–64] [1]CatBN57 83;

1 I j 63 [1]CPl II 281;

2 I v 63 [1]CPl II 282;

3 I s 63 [1]Cat. de la Vente Vendérem, 1939, No.499; [2]CPl II 283;

4 I d 63 [1]CPl II 286;

6 I ma 63 [1]CPl II 286;

7 I me 63 [1]CPl II 286;

8 I j 63 [1]T;

11 I d 63 [1]T;

[11 I d 63] [1]CPl II 283;

[début I 63 ?] [1]CPl II 287;

[13 I ma 63] [1]CPl II 289;

15 I j 63 [1]T;

16 I s 64 [1]T; [2]CatBN57 51; [3]T;

17 I s 63 [1]T; [2]T;

18 I d 63 [1]T ;

22 I j 63 [1]CPl II 290 ;

23 I v 63 [1]Pichois H 269 ;

25 I d 63 [1]T ;

II 63 [1]Tabarant A 53 ;

1 II d 63 [1]T ;

8 II d 63 [1]BJ 62 ; [2]T ; [3]T ;

[15 II d 63] [1]CPl II 291 ;

[16 II l 63] [1]CPl II 291 ; [2]CPl II 371, 859 ;

[env 18 II me 63] [1]CPl II 291 ;

[18 II me 63] [1]CPl II 291 ; [2]CPl II 292 ;

19 II j 63 [1]CPl II 292 ;

20 II v 63 [1]CPl II 292 ;

21 II s 63 [1]HGS 276 ; [2]CPl II 292 ;

22 II d 63 [1]CPl II 292 ;

27 II v 63 [1]LAB 80 ;

[27 ou 28 II v ou s 63] [1]CPl II 292 ;

[1 ou 2 III d ou l 63] [1]CPl II 293 ;

III 63 [1]Hamilton 40 ;

6 III v 63 [1]LAB 81 ; [2]CPl II 293 ;

[7 III v 63] [1]LAB 82 ; [2]CG IV 154n ;

7 III s 63 [1]LAB 82 ;

9 III l 63 [1]Parménié et Bonnier de la Chapelle 409 ;

11 III s 63 [1]T ; [2]CPl II 350 ;

[14 III s 63] [1]CPl II 294 ; [2]Greaves 234 ;

14 III s 63 [1]T ;

15 III d 63 [1]CPl II 294 ;

20 III v 63 [1]CPl II 295 ;

21 III s 63 [1]T ;

[printemps 63] [1]Cecil Lang III:42 ;

26 III j 63 [1]LAB 92 ; [2]CPl II 295 ;

28 III s 63 [1]CPl II 296;

29 III d 63 [1]CPl II 295; [2]L.a.s. BAAJD Cart.28, peintres;

5 IV s 63 [1]T;

9 IV j 63 [1]I; [2]T;

11 IV j 63 [1]Goncourt VI:54;

18 IV s 63 [1]T;

19 IV d 63 [1]T;

22 IV me 63 [1]CPl II 809; [2]CatPM 90; [3]CPl II 809;

[env 22 IV me 63] [1]CPl II 507;

[24–27 IV v–l 63] [1]CPl II 828; Cité, *Catalogue de l'Exposition Gustave Courbet*, 1977, p.92.

V 63 [1]OP II 261;

[entre le 1 V v et le 28 V j 63] [1]NWS 60;

10 V d 63 [1]T; [2]T;

11 V l 63 [1]CPl II 297, 298, 810;

15 V v 63 [1]Tabarant A 95; [2]Ms. obligeamment communiqué par le Department of Fine Art, University of Glasgow, Glasgow, Scotland;

16 V s 63 [1]CG VI 117; [2]Pichois J; [3]T; [4]CPl II 839;

[20 V me 63 ?] [1]BAAJD Cart.28, peintres;

23 V s 63 [1]T;

24 V d 63 [1]Pelpel; [2]T; [3]T;

30 V s 63 [1]T;

31 V d 63 [1]T;

[fin V ou début VI 63] [1]CPl II 299;

1 VI l 63 [1]HGS 215; [2]T; [3]CPl II 526, Vapereau;

[env 3 VI me 63] [1]CPl II 294; [2]CPl II 299;

3 VI me 63 ^{1}CPl II 299;

4 VI j 63 ^{1}CPl II 304;

5 VI v 63 ^{1}CPl II 304;

10 VI me 63 ^{1}T;

14 VI d 63 ^{1}T; ^{2}T;

[18 VI j 63] ^{1}CPl II 306; ^{2}CPl II 814;

20 VI s 63 ^{1}CPl II 307;

[21 ou 22 VI d ou l 63] ^{1}CPl II 308;

21 VI d 63 ^{1}T;

23 VI ma 63 ^{1}Ferran;

4 VII s 63 ^{1}OC61 1281;

[env 6 VII l 63] ^{1}CPl II 308;

6 VII l 63 ^{1}CPl II 308;

7 VII ma 63 ^{1}CPl II 309;

11 VII s 63 ^{1}T;

13 VII l 63 ^{1}Dufay C 91;

19 VII d 63 ^{1}T;

29 II me 63 ^{1}T;

[début VIII 63] ^{1}CPl II 312;

3 VIII l 63 ^{1}CPl II 309; ^{2}CPl II 310;

6 VIII j 63 ^{1}CPl II 816;

7 VIII v 63 ^{1}CPl II 310;

[7] VIII s 63 ^{1}CPl II 311, 818;

10 VIII l [63] ^{1}CPl II 312;

13 VIII j 63 ^{1}Vapereau;

14 VIII v 63 ^{1}CPl II 817;

[env 15 VIII s 63] ^{1}OCPl II 773;

15 VIII s 63 ^{1}CPl II 313; ^{2}T; ^{3}CG IV
172n, CPl II 307, T;

16 VIII d 63 ^{1}CPl II 313;

[env 16 VIII d 63] ^{1}CPl II 313;

17 VIII l 63 ^{1}CPl II 802, CatBN57 109;
^{2}T;

[VIII 63 ?] ^{1}CPl I 313;

19 VIII me 63 ^{1}CPl II 313; ^{2}T;

21 VIII v 63 ^{1}CPl II 314, 820; ^{2}CPl II
818;

24 VIII l 63 ^{1}CPl II 818;

25 VIII ma 63 ^{1}CPl II 812;

26 VIII me 63 ^{1}CPl II 315;

28 VIII v 63 ^{1}CPl II 816;

[fin VIII 63] ^{1}CPl II 315;

30 VIII d 63 [1]CPl II 316;

31 VIII l 63 [1]CPl II 316;

IX 63 [1]T;

[début IX 63 ?] [1]CPl II 317;

2 IX me 63 [1]AR 440;

5 IX s 63 [1]CPl II 316;

6 IX d 63 [1]CPl II 318; [2]T;

[deuxième semaine de IX 63] [1]CPl II 318;

8 IX ma 63 [1]CPl II 316;

[10 IX j 63 ?] [1]CPl II 318;

[11 IX v 63 ?] [1]CPl II 318;

[12 IX s 63 ?] [1]CPl II 318;

13 IX d 63 [1]T;

14 IX l 63 [1]AR 440;

[env 15 IX ma 63] [1]CPl II 319;

15 IX ma 63 [1]CPl II 319;

16 IX me 63 [1]OCPl I 769;

18 IX v 63 [1]Vapereau;

19 IX s 63 [1]CPl II 824;

[19 ou 20 s ou d IX 63] [1]CPl II 320;

[env 26 IX s 63] [1]CPl II 319, 824, CG IV 190n;

30 IX me 63 [1]CPl II 321;

X 63 [1]FM42 572;

1 X j 63 [1]T;

[env 6 X ma 63] [1]CPl II 323;

[X 63 ?] [1]CPl II 323;

6 X ma 63 [1]CPl II 322; [2]CPl II 323;

8 X j 63 [1]CPl II 323;

[avant le 10 X s 63] [1]CPl II 324, 326;

10 X s 63 [1]CPl II 324; [2]CPl II 326, 829; [3]T;

11 X d 63 [1]T;

[env 15 X j 63] [1]CPl II 327;

16 X v 63 [1]Dufay C 104;

[env 26 X l 63] [1]CPl II 327;

26 X l 63 [1]CPl II 818;

27 X ma 63 [1]CPl II 327; [2]CPl II 840;

[28 X] me [63] [1]CPl II 327;

[fin X ou début XI 63] [1]CPl II 327;

[XI 63] [1]CPl II 330;

XI 63 [1]OCPl II 346;

[1 XI d 63] [1]CPl II 328;

[env 3 XI ma 63 ?] [1]OCPl I 1240; [2]CPl II 329;

3 XI ma 63 [1]CPl II 329;

4 XI me 63 [1]I;

7 XI d 63 [1]OC61 1271; [2]T; [3]T, CPl II 376;

10 XI ma 63 [1]CPl II 330;

12 XI j 63 [1]CPl II 330, 831; [2]CPl II 840;

14 XI s 63 [1]T;

[env 15 XI l 63 ?] [1]CPl II 841;

22 XI d 63 [1]T; [2]T;

[troisième semaine de XI 63] [1]CPl II 332;

23 XI l 63 [1]LAB 97;

[avant le 25 XI me 63] [1]CPl II 332;

25 XI me 63 [1]CPl II 332; [2]CPl II 331;

[env 25 XI me 63] [1]Eur 246; [2]CatBN57 36; [3]Cat. Loliée No. 83, p. 53; [4]Cat. de la Vente Poulet–Malassis, 1878, No.397; [5]Cat. Loliée No. 76 p. 78; [6]CPl II 338;

[entre le 25 XI me 63 et IV 64] [1]Cat. Coulet et Faure No. 69, p. 31;

26 XI j 63 [1]AR 453, CPl II 332;

28 XI s 63 [1]T; [2]CPl II 346, 840; [3]T; [4]Goncourt VI:157;

30 XI l 63 [1]CPl II 334;

[env XII 63] [1]Mondor–Richard 97;

1 XII ma 63 [1]T;

2 XII me 63 [1]CPl II 334;

[env 3 XII j 63] [1]CPl II 841;

3 XII j 63 [1]AR 453; [2]CPl II 841;

[env 5 XII s 63] [1]CPl II 336;

5 XII s 63 [1]T; [2]T;

7 XII l 63 [1]CPl II 338;

8 XII ma [63] [1]CPl II 338;

9 XII me 63 [1]Mondor–Richard 96;

10 XII j 63 [1]T; [2]PPP 267;

11 XII v 63 [1]CPl II 338;

12 XII s 63 [1]T; [2]T; [3]CPl II 338;

13 XII d 63 [1]LAB 399n;

14 XII l 63 [1]CPl II 833;

17 XII j 63 [1]CPl II 338;

20 XII d 63 [1]CPl II 340;

22 XII ma 63 [1]CPl II 340;

23 XII me 63 [1]CPl II 341;

26 XII s 63 [1]CPl II 435;

27 XII d 63 [1]T;

[env 28 XII l 63] [1]CPl II 372;

28 XII l 63 [1]CPl II 341;

[env 31 XII j 63] [1]CPl II 341;

31 XII j 63 [1]CPl II 341; [2]CPl I lxxiv;

[fin 63] [1]CPl II 321;

[fin 63 ?] [1]CPl II 344;

1864

1864 [1]T; [2]T; [3]T; [4]T; [5]T; [6]T;

[1864 ou 1865] [1]CML II p. 78;

[1864–1865] [1]CPl II 430, 886; [2]CPl II 429; [3]CPl II 429; [4]CPl II 430;

[1864–1866 ?] [1]AB 236;

[fin 63 ou début 64] [1]CPl II 343;

I 64 [1]Mondor–Richard 103;

1 I v 64 [1]CPl II 344;

[env 7 I j 64] [1]CPl II 841;

[7 I j 64] [1]CPl II 841; [2]CPl II 345;

8 I v 64 [1]CPl II 345;

[env 10 ? I d 64] CPl II 345, Kopp lxii–lxiii;

[env 16 I s 64] [1]DICO 331;

19 I ma 64 [1]Kopp lxii, OCPl II 1338;

30 I s 64 [1]OCPl II 1438;

1 II l 64 [1]T;

4 II j 64 [1]CPl II 346;

6 II s 64 [1]CG VI 102;

7 II d 64 [1]OCPl I 1297–1298;

[env 12 II v 64] [1]CPl II 347;

12 II v 64 [1]CPl II 347;

14 II d 64 [1]CPl II 844;

[env 14 II d 64] [1]CPl II 350;

15 II l 64 [1]T; [2]OCPl II 1451;

19 II v 64 [1]BAAJD Cart. 28, peintres;

21 II d 64 [1]Pichois M1;

22 II l 64 [1]CPl II 348; [2]CPl II 347, 842;

23 II ma 64 [1]CPl II 348; [2]CML I 1280;

[24 II me 64] [1]CPl II 844;

25 II j 64 [1]T;

27 II s 64 [1]Bohan–Artinian 6–7;

[env 29 II l 64] [1]AR 442;

[III 64] [1]CPl II 350; [2]CPl II 351;

1 III ma 64 [1]T; [2]OCPl II 1451;

[2 III me 64] [1]CPl II 350;

3 III j 64 [1]CPl II 350;

5 III s 64 [1]T; [2]T;

19 III s 64 [1]CPl II 853;

[env 22 III ma 64] [1]CPl II 351;

22 III ma 64 [1]CPl II 351;

[env 22 III ma 64 ?] [1]CPl II 352;

28 III l 64 [1]Eur 255;

29 III ma 64 [1]Eur 255; [2]CG IV 241n;

30 III me 64 [1]OP I 218;

[fin III 64] [1]CPl II 364, 855;

[entre le 30 III me et le 14 IV j 64] [1]OP I 218;

IV 64 [1]Mondor–Richard 114; [2]T; [3]T;

[IV 64] [1]CPl II 354; [2]CPl II 521;

1 IV v 64 [1]I (*v.* 2 IV s 64)

[début IV 64] [1]CPl II 352;

[env 1 IV v 64] [1]CPl II 364;

2 IV s 64 [1]T;

3 IV d 64 [1]OP I 547;

[env 3 IV d 64] [1]CPl II 364;

4 IV l 64 [1]OCPl II 1185;

[env 7 IV j 64] [1]Mondor–Richard 114;

9 IV s 64 [1]I; [2]CPl II 352;

11 IV l 64 [1]T; [2]Mondor–Richard 113; [3]T; [4]CPl II 1184;

[env 11 IV l 64] [1]OCPl II 225;

14 IV j 64 [1]T;

15 IV v 64 [1]OCPl II 1184; [2]CPl II 355; [3]CPl II 354;

16 IV s 64 [1]CPl II 847; [2]T;

17 IV d 64 [1]T; [2]Badesco B I:100; [3]Badesco B I:105;

18 IV l 64 [1]CPl II 847;

[mi–IV 64] [1]CPl II 355;

19 IV l 64 [1]Badesco B I:105;

[20 IV ma 64] [1]CPl II 355;

[env 20 IV ma 64] [1]CPl II 771;

21 IV me 64 [1]CPl II 355; [2]Badesco B I:99; [3]OCPl II 771;

[env 23 IV s 64] [1]CPl II 356;

23 IV s 64 [1]CPl II 356; [2]T; [3]OCPl II 1184;

[troisième semaine de IV 64] [1]CPl II 362;

24 IV d 62 [1]CPl II 355, 407, 505; [2]T;

[entre le 24 IV et le 31 XII 64] [1]CatBN57 109;

25 IV l 64 [1]Mondor–Richard 117;

26 IV ma 64 [1]CPl II 402, 874; [2]Adhémar A 52;

28 IV j 65 [1]CPl II 402, 874;

29 IV v 64 [1]T; [2]CPl II 402, 874;

30 IV s 64 [1]BJ 66; [2]CPl II 361; [3]CPl II 362; [4]CPl II 402, 874; [5]CPl II 360;

[fin IV 64 ?] [1]CPl II 360;

1 V d 64 [1]T; [2]CPl II 402, 874;

[après le 1 V d 64] [1]OCPl I 1140;

[début V ? 64] [1]CPl II 378;

2 V l 64 [1]CPl II 361; [2]BJ 66; [3]CPl II 362; [4]CPl II 402, 874;

[env 2 V l 64] [1]CPl II 362;

3 V ma 64 [1]CPl II 361; [2]CPl II 402, 874;

4 V me 64 [1]CPl II 361; [2]CPl II 362, 852; [3]CPl II 402, 874;

5 V j 64 [1]CPl II 362; [2]CPl II 402, 874;

6 V v 64 [1]CPl II 362;

6 V [v 64] [1]CPl II 363; [2]CPl II 402, 874;

[env 6 V v 64] [1]Marsan No.25;

7 V s 64 [1]CPl II 363; [2]Marsan No.25;

[env 8 V d 64] [1]CPl II 364;

[env 10 V ma 64] [1]CPl II 366;

[11 V me 64] [1]CPl II 366; [2]BJ 67; [3]T;

[env 12 V j 64] [1]Charlier 147–148;

12 V j 64 [1]Charlier 147, CPl I liv;

[troisième semaine de V 64] [1]CPl II 371;

15 V d 64 [1]Charlier 153; [2]T;

17 V ma 64 [1]Pichois H 270; [2]CPl II 372;

[18 V me 64] [1]CPl II 367;

20 V v 64 [1]CG IV 248n, Charlier 149n;

21 V s 64 [1]CG IV 248n;

[env 21 V d 64] [1]CPl II 368;

22 V d 64 [1]CPl II 368; [2]Charlier 155–156; [3]CG IV 248n;

23 V l 64 [1]charlier 159; [2]CPl II 371; [3]Charlier 149n;

24 V ma 64 [1]CPl II 376; [2]CPl II 372;

25 V me 64 [1]T;

[env 27 V v 64] [1]CPl II 370;

27 V v 64 [1]CPl II 369; CPl II 370;

29 V d 64 [1]Charlier 157;

[env 31 V ma 64] [1]CPl II 371;

31 V ma 64 [1]CPl II 371; [2]Pichois H 270;

[début VI 64] [1]CPl II 385;

[1 ? VI me 64] [1]CPl II 372, 374;

1 VI me 64 [1]T;

[début VI 64] [1]CPl II 374;

[2.? VI j 64] [1]CPl II 374;

4 VI s 64 [1]T; [2]T; [3]OCPl I 812, T;

[env 5 VI d 64 ?] [1]CPl II 374;

[env 8 VI me 64] [1]CPl II 375;

9 VI j 64 [1]CPl II 854;

[env 10 VI v 64] [1]CPl II 375;

[avant le 11 VI s 64] [1]CPl II 376;

[env 11 VI s 64] [1]CPl II 379; [2]CPl II 376;

11 VI s 64 [1]CPl II 379; [2]CPl II 378; [3]CPl II 376; [4]CPl II 381; [5]T;

12 VI d 64 [1]CPl II 381;

13 VI l 64 [1]CPl II 378, 380, 383, 863;

14 VI ma 64 [1]OCPl I 1515;

[14 ? VI me 64] [1]CPl II 481;

[mi–VI 64] [1]CPl II 466;

15 VI me 64 [1]CPl II 382; [2]CPl II 383; [3]Hamilton 22–23; [4]CPl II 866; [5]T; [6]T; [7]BJ 68;

16 [VI] j [64] [1]CPl II 382; [2]CPl II 382;

16 VI j 64 [1]T; [2]T;

[env 16 VI j 64] [1]CPl II 393;

[17 VI v 64] [1]CG V 271, CPl II 977, 1529;

17 VI v 64 [1]CPl II 383;

18 VI s 64 [1]CPl II 385;

[env 20 VI l 64] [1]CPl II 386; [2]CPl II 458;

23 VI j 64 [1]CPl II 390;

25 VI s 64 [1]CPl II 867; [2]T;

26 VI d 64 [1]CPl II 867; [2]Mondor–Richard 120; [3]AR 533;

[fin VI 64] [1]CPl II 369;

[fin VI 64 ?] [1]CPl II 386, 458;

[VI ou VIi 64] [1]CPl II 387;

2 VII s 64 [1]Kopp 307;

7 VII j 64 [1]CPl II 393;

9 VII s 64 [1]T;

11 VII l 64 [1]CG IV 289;

14 VII j [64] [1]CPl II 387, 868;

15 VII v 64 [1]BJ 68; [2]T; [3]Vapereau; [4]CPl II 486;

18 VII l 64 [1]CPl II 389;

21 VII j 64 [1]CPl II 390;

[été 64] [1]CPl II 390;

22 VII v 64 [1]CPl I 816;

30 VII s 64 [1]T;

31 VII d 64 [1]CPl II 390; [2]CG VI 106, V 191n; [3]Pichois R;

[première semaine de VIII ? 64] [1]CPl II 393;

1 VIII l 64 [1]T;

3 VIII me 64 [1]CPl II 393; [2]BJ 68;

4 VIII j 64 [1]CPl II 393;

7 VIII d 64 [1]T;

8 VIII l [64] [1]CPl II 393; [2]BJ 65–66;

10 VIII me 64 [1]CPl II 393;

13 VIII s 64 [1]T;

14 [VIII] d [64] [1]CPl II 396;

20 VIII s 64 [1]LAB 13;

[env 22 VIII l 64] [1]CPl II 397; [2]CPl II 403;

[22 VIII l] 64 [1]CPL II 397;

[env 25 VIII j 64] [1]CPl II 398; [2]CPl II 403;

26 VIII v 64 [1]CPl II 398; [2]CPl II 400;

[env 30 VIII ma 64] [1]CPl II 400, 403;

30 VIII ma 64 [1]CPl II 402; [2]CPl II 400;

31 VIII me 64 [1]CPl II 402;

2 IX v 64 [1]CPl II 403;

[première semaine de IX 64 ?] [1]CPl II 407;

10 IX s 64 [1]BDC 67–69;

15 IX j 64 [1]T;

17 IX s 64 [1]T; [2]BJ 176–179;

23 IX v 64 [1]CPl II 413; [2]CPl II 400;

IX 64 [1]Parménié et Bonnier de la Chapelle 459;

24 IX s 64 [1]Barral;

25 IX d 64 [1]Barral;

26 IX l 64 [1]Kunel A 21–39; [2]Adhémar A 59;

27 IX ma 64 [1]Kunel A 43–60;

28 IX me 64 [1]Kunel A 63–82;

29 IX j 64 [1]Kunel A 85–92;

30 IX v 64 [1]Kunel A 101–124; [2]CPl II 393;

[X 64] [1]Villiers I:75;

X 64 [1]Villiers I:75; [2]Mondor–Richard 135; [3]Charlier 163, Léger 94;

[début 64] [1]CPl II 406;

1 X s 64 [1]OCPl I 1161; [2]T;

9 X d 64 [1]CPl II 407;

13 X j 64 [1]CPl II 407;

15 X s 64 [1]OC61 1585; [2]CPl II 407;

17 X l 64 [1]CPl II 413;

[env 23 X d 64] [1]CPl I 413;

23 X d 64 [1]CPl II 413;

27 X j 64 [1]CPl II 414;

31 X l 64 [1]CPl II 416;

[fin X 64] [1]CPl II 340; [2]CPl II 402;

1 XI ma 64 [1]CPl II 416; [2]CPl II 420; [3]PPP 267; [4]OCPl II 1339;

[3 XI j 64] [1]CPl II 417;

4 XI v 64 [1]CPl II 419; [2]I;

8 XI ma [64] [1]CPl II 419;

[9 ou 10 XI me ou j 64] [1]LAB 204;

[10 ou 11 XI j ou v 64] [1]LAB 205, CPl II 422;

13 XI d [64] [1]CPl II 420;

13 XI d 64 [1]Pichois A;

[13 XI d 64] [1]LAB 204;

14 XI l 64 [1]CPl II 881–882;

[env 16 XI me 64] [1]CPl II 881;

16 XI me 64 [1]Pichois H 271; [2]T;

17 XI j 64 [1]CPl II 422, 423; [2]Pichois H 271;

[env 18 XI v 64] [1]CPl II 422;

18 XI v 64 [1]CPl II 422;

19 XI s 64 ^{1}CPl II 882;

20 XI d 64 ^{1}CPl II 425;

[env 20 XI d 64] ^{1}LAB 205;

24 XI j 64 ^{1}T;

30 XI me 64 ^{1}OCPl II 347, 1248;

[fin XI ? 64] ^{1}CPl II 423;

[fin XI 64] ^{1}LAB 205;

1 XII v 64 ^{1}T;

2 XII v 64 ^{1}CPl II 424;

3 XII s 64 ^{1}T;

[env 5 XII l 64] ^{1}Mondor–Richard 143;

11 XII d 64 ^{1}T;

[mi–XII 64 ?] ^{1}CPl II 425;

[hiver 64–65] ^{1}Charlier 162;

17 XII s 64 ^{1}T;

[env 18 XII s 64] ^{1}CPl II 425;

18 XII d 64 ^{1}CPl II 425; ^{2}T;

25 XII d 64 ^{1}PPP 267; ^{2}T;

26 XII l 64 ^{1}CPl II 427;

28 XII me 64 ^{1}Blin 40;

29 XII j 64 ^{1}CPl II 427; ^{2}LAB 209;

[fin XII 64] ^{1}CPl II 436;

[fin 64] ^{1}T; ^{2}CPl II 458;

31 XII s 64 ^{1}CPl I lxxiv;

1865

1865 ^{1}CML II pls. 79, 80, 81; ^{2}CatBN57 54; ^{3}CML II pl. 79;

[1864 ou 1865] ^{1}CML II pl. 78;

[fin 64 ou début 65] ^{1}CPl II 431;

[début I 65] ^{1}CPl II 445;

[I 65] ^{1}CPl II 452;

1 I s 65 ^{1}CPl II 432; ^{2}CPl II 434, 435; ^{3}T; ^{4}CPl II 436, 889; ^{5}T; ^{6}LAB 209;

[env 1 I d 65] ^{1}LAB 209, CPl II 436; ^{2}CPl I 346;

2 I l 65 ^{1}CPl II 436, 452;

3 I l 65 ^{1}CPl II 437; ^{2}LAB 209;

4 I me 65 ^{1}LAB 209; ^{2}Blin B 40;

[env 5 I j 65] ^{1}LAB 265;

7 I s 65 ^{1}T;

11 I ma 65 ^{1}Blin B 40;

14 I v 65 ^{1}T; ^{2}T;

[mi–I 65] [1]CPl II 438;

17 I s 65 [1]T;

18 I d 65 [1]Blin B 40;

19 I l 65 [1]T;

[env 20 I v 65] [1]CPl II 438;

20 I v 65 [1]CG V 88n; [2]Vapereau;

21 I s 65 [1]T; [2]T; [3]LAB 212;

22 I d 65 [1]LAB 212;

24 I ma 65 [1]Pichois H 271; [2]CPl II 438;

[env 25 I me 65] [1]LAB 212; [2]LAB 206;

25 I me 65 [1]LAB 213;

26 I j 65 [1]Pichois H 271;

27 I v 65 [1]CPl II 439; [2]CPl II 439; [3]CPl II 440;

[env 28 I s 65] [1]LAB 213;

28 I s 65 [1]T;

[env 29 I d 65] [1]CPl II 440;

30 I l 65 [1]LAB 213;

[fin I 65] [1]CPl II 340; [2]CPl II 445;

[II 65] [1]Mondor–Richard 154; [2]CatBN57 49;

II 65 [1]CatBN57 49; [2]CPl II 586;

[première semaine de II 65] [1]CPl II 458;

1 II me 65 [1]T; [2]CPl I 452; [3]T;

3 II v 65 [1]LAB 214, CPl II 452; [2]CPl II 441; [3]CPl II 447; [4]CPl II 445; [5]CPl II 452;

4 II s 65 [1]CPl II 451;

[env 7 II ma 65] [1]CPl II 456;

8 II me 65 [1]CPl II 452;

10 II v 65 [1]CatLaurin *et al*, No. 196;

[env 10 II v 65] [1]LAB 230;

11 II s 65 [1]CPl II 456; [2]CPl II 458; [3]T;

12 II d 65 [1]CPl II 458; [2]OCPl II 1187;

13 II l 65 [1]LAB 230;

[env 13 II l 65] [1]OCPl II 1187; [2]LAB 265;

14 II ma 65 [1]LAB 230; [2]CPl II 462;

15 II me 65 [1]CPl II 461; [2]CPl II 462; [3]CPl II 463; [4]CPl II 465;

[16 II j 65] [1]LAB 215;

17 II v 65 [1]LAB 215;

18 II s 65 [1]CPl II 466;

[env 20 II l 65] [1]CPl II 466;

20 II l 65 [1]CPl II 468, 901;

21 II ma 65 [1]CPl II 470; [2]LAB 215;

22 II me 65 [1]CPl II 901;

23 II j 65 [1]CPl II 901;

[env 25 II s 65] [1]CPl II 468;

25 II s 65 [1]CPl II 468; [2]CPl II 902;

27 II l 65 [1]DICO 122;

28 II ma 65 [1]Cat. Laurin *et al* No.197;

[III 65] [1]OC61 1287;

[env 1 III me 65] [1]CPl II 469;

[première semaine de III 65 ?] [1]CPl II 472;

[env 9 III j 65] [1]CPl II 470;

9 III j 65 [1]CPl II 470; [2]CPl II 472; [3]T;

11 III s 65 [1]T;

[env 15 III me 65] [1]CPl II 474–478;

15 III me 65 [1]CPl II 482; [2]CPl II 478; [3]CPl II 477; [4]CPl II 474; [5]Cat. de la Vente Malassis, 1878, No.397;

16 III j 65 [1]HGS 236;

[19 III d 65] [1]CPl II 478; [2]Manet83 97, 536;

20 III l 65 [1]Cat. de Vente à l'Hôtel Druot, le 29 mai 1963, 1ère partie, No.36;

[env 21 III ma 65] [1]LAB 232;

22 III me 65 [1]CPl II 531; [2]CPl II 478, 531; [3]CPl II 481;

[env 23 III j 65] [1]CPl II 482; [2]CPl II 482;

25 III s 65 [1]T; [2]CPl II 484;

26 III d 65 [1]CPl II 484; [2]CPl II 482;

27 III l 65 [1]LAB 343;

[env 29 III me 65] [1]LAB 135;

29 III me 65 [1]LAB 135;

[env 30 III j 65] [1]LAB 367;

30 III j 65 [1]LAB 367; [2]CPl II 490;

[env 31 III v 65] [1]LAB 163;

31 III v 65 [1]LAB 163; [2]T;

[fin III 65] [1]Cat. de la Vente à l'Hôtel Druot, le 29 mai, 1968, 1èr partie, No.34;

[IV 65] [1]Plan 695;

IV 65 [1]T;

1 IV s 65 [1]T;

5 IV me 65 [1]Charlier 165;

6 IV j 65 [1]Charlier 144; [2]LAB 135;

8 IV s 65 [1]BJ 72; [2]OCPl I 1292; [3]T;

9 IV d 65 [1]I;

11 IV ma 65 [1]BJ 72; [2]HGS 243;

18 IV ma 65 [1]CPl II 484;

20 IV ma 65 [1]CPl II 907; [2]Zola X:742;

22 IV s 65 [1]T;

[env 22 IV s 65] [1]CPl II 485;

24 IV l 65 [1]CPl II 486; [2]PPP 241;

29 IV s 65 [1]T;

[début V 65] [1]CPl II 486;

4 V j 65 [1]CPl II 486; [2]CPl II 490;

[début V ?] 65 [1]LAB 268;

5 V v 65 [1]CPl II 494;

7 V d 65 [1]CPl I 484;

8 V l 65 [1]CPl II 494;

[8 V l 65] [1]LAB 233;

10 V me 65 [1]CPl II 914;

V j 65 [1]CPl II 496; [2]CPl II 497;

12 V v 65 [1]CPl II 499; [2]CG V 87n; [3]Dufay C 131;

13 V s 65 [1]T;

14 V d 65 [1]Mercié 190;

[19–20 V v–s 65] [1]CPl II 499;

23 V ma 65 [1]T;

24 V me [65] [1]OC61 1570;

[env 24 V me 65] [1]LAB 270;

24 V me 65 [1]CPl II 500;

25 V j 65 [1]CPl II 502; [2]T;

26 V v 65 [1]CPl II 502;

27 V s 65 [1]CPl II 502;

29 V l 65 [1]CPl II 503; [2]T;

30 V ma 65 [1]CPl II 503; [2]CPl II 503;

[VI 65 ?] [1]CPl II 515;

VI 65 [1]T;

1 VI j 65 [1]T; [2]Goncourt VI:89;

2 VI v 65 [1]OCPl I 812; [2]T;

2 [VI] v [65] [1]CPl II 505; [2]CPl II 503;

3 VI s 65 [1]T;

3 VI s [65] [1]CPl II 505;

4 VI d 65 [1]CG V 107n; [2]T;

[env 6 VI ma 65] [1]CPl II 506;

7 VI me 65 [1]T;

10 VI s 65 [1]Mondor–Richard 167n;

12 VI l 65 [1]BDC 196;

15 VI ma 65 [1]BDC 199; [2]T;

[15 ou 22 V ?] j [65] [1]CPl II 506;

21 VI me 65 [1]PPP 267;

24 VI s 65 [1]T; [2]T;

[env 26 VI l 65] [1]CPl II 507;

28 VI me 65 [1]CPl II 508;

VII 65 [1]T;

[VII 65] [1]Mondor–Richard 170;

1 VII s 65 [1]T; [2]CPl I lxxii; [3]BJ 73; [4]T;

[env 1 VII s ?] [1]CPl II 921;

1 VII s [65] [1]CPl II 509;

3 VII l 65 [1]CPl II 921;

4 VII ma 65 [1]CPl II 510;

[nuit du 4–5 VII ma–me 65] [1]CPl II 511; [2]BDC 157–162;

[entre le 4 me et le 15 s VII 65] [1]Crépet R 142;

[entre le 5 et le 6 VII j–me 65] [1]CPl II 513;

5 VII me 65 [1]CPl II 511; [2]CPl II 512;

[6 VII j 65] [1]CPl II 512; [2]CPl II 513; [3]CPl II 512, 923;

7 VII v 65 [1]CPl II 517; [2]CPl II 512, 513;

[env 7 VII v 65 ?] [1]CPl II 533, OCPl I 1036;

8 VII s 65 [1]CPl II 513; [2]T; [3]CPl II 515; [4]FM42 235;

9 VII d 65 [1]CPl II 515, BDC 157–162;

[entre le 10 et le 14 VII l–v 65] [1]CPl II 520;

10 VII l 65 [1]CPl II 921; [2]CPl II 516;

11 VII ma 65 [1]CPl II 517;

[entre le 11 et le 15 VII ma–s 65] [1]LAB 345, CPl II 520, 931; [2]Crépet R 139; [3]CPl II 521;

13 VII j 65 [1]BDC 217;

[mi–VII 65 ?] [1]CPl II 519;

15 VII s 65 [1]CPl II 517;

16 [VII] d [65] [1]CPl II 517; [2]BDC 215–217;

[entre le 16 d et le 31 l VII 65] [1]CPl II 562;

17 [VII] l [65] [1]CPl II 518; [2]HGS 242;

[env 20 VII j 65] [1]CPl II 519;

20 VII j 65 [1]CPl II 925; [2]CPl II 519;

22 VII s 65 [1]CPl II 520, 927;

[env 25 VII ma 65] [1]CPl II 520;

26 VII me 65 [1]CPl II 520;

29 VII s 65 [1]T;

5 VIII s 65 [1]T; [2]T;

7 VIII l 65 [1]LAB 219;

9 VIII me 65 [1]CPl II 524;

10 VIII j 65 [1]T;

12 VIII s 65 [1]CPl II 525;

[avant le 13 VIII s 65] [1]CML II 837–839;

13 VIII s 65 [1]CPl II 525; [2]CML II 837–839; [3]Cat. Ronald Davis, *Editions originales, Autographes littéraires, Varia,* 1967, No.22;

19 VIII s 65 [1]T;

22 VIII me 65 [1]LAB 243;

27 VIII d 65 [1]OCPl II 1476;

28 VIII l 65 [1]OCPl II 956;

30 VIII me 65 [1]Marsan;

IX 65 [1]OCPl II 1473;

1 IX v 65 [1]Villiers;

[2 IX s 65] [1]CPl II 525;

3 IX d 65 [1]CPl II 527; [2]CPl II 525; [3]CPl II 526;

4 IX l 65 [1]LAB 344;

[fin VIII ou début IX 65] [1]LAB 235, DICO 27;

5 IX ma 65 [1]LAB 235;

[env 5 IX ma 65] [1]LAB 244;

9 IX s 65 [1]T;

14 IX j 65 [1]LAB 236;

16 IX s 65 [1]Billy B;

18 IX l 65 [1]T;

24 IX d 65 [1]T;

27 IX me 65 [1]LAB 221, CPl II 529;

[env 28 IX j 65] [1]CPl II 529;

28 IX j 65 [1]CPl II 529;

29 IX v 65 [1]LAB 221;

30 IX s 65 [1]LAB 216, CPl II 531; [2]T;

[fin IX 65] [1]LAB 345, CPl II 532;

X 65 [1]CPl II 1009; [2]T;

[env 1 X d 65] [1]CPl II 531;

1 X d 65 [1]CPl II 531; [2]CPl II 532; [3]BDC 278–279;

[env 3 X ma 65 ?] [1]CPl II 613;

3 X ma 65 [1]LAB 221;

4 ou 5 X me ou j 65 [1]CPl II 533;

9 IX l 65 [1]Plan 696;

12 X j 65 [1]CPl II 533, 933;

13 X s 65 [1]CPl II 533; [2]CPl II 533, 933;

14 X d 65 [1]T;

16 X l 65 [1]CPl II 535;

17 X ma 65 [1]CPl II 943–944;

19 X j 65 [1]Vapereau;

[entre le 19 j et le 28 s X 65] [1]I;

[env 20–25 X v–me 65] [1]CPl II 535;

21 X s 65 [1]T;

23 X l 65 [1]CPl II 536;

[25 ou 26 X me ou j 65] [1]CPl II 536;

[env 25 X j 65] [1]CPl II 536; [2]LAB 237;

25 X j 65 [1]CPl II 545;

26 X j 65 [1]CPl II 536, 539;

28 X s 65 [1]CPl II 539; [2]CPl II 538, 540; [3]OCPl II 1193; [4]T;

29 X d [65] [1]CPl II 539;

[env 1 XI me 65] [1]CPl II 541;

[avant le 2 XI j 65] [1]CPl II 545;

[env 2 XI v 65] [1]CPl II 540;

2 XI j 65 [1]T;

3 XI v 65 [1]CPl II 540; [2]T;

4 XI s 65 [1]FM42 235; [2]T; [3]FM42 235n; [4]T; [5]I;

8 XI me 65 [1]OCPl I 812;

9 XI j 65 [1]T;

[12 XI d 65] [1]CPl II 541;

13 XI l 65 [1]CPl II 541; [2]CPl II 543; [3]CPl II 544;

14 XI ma 65 [1]CPl II 936;

15 XI me 65 [1]CPl II 54, 938;

16 XI j 65 [1]CPl II 545, 939; [2]CPl II 956;

20 XI l 65 [1]T;

26 XI d 65 [1]CPl II 546; [2]CPl II 936;

30 XI d 65 [1]CPl II 546; [2]T;

[XII 65] [1]CPl II 583; [2]CPl II 602; [3]CPl II 586;

[début XII 65] [1]CPl II 555;

1 XII v 65 [1]CPl II 678; [2]CPl II 548, CPl I lxxv;

[env 4 XII l 65] [1]CPl II 551;

[env 6–8 XII me–s 65] [1]CPl II 548;

[env 7 XII j 65] [1]CPl II 575;

11 XII l 65 [1]CPl II 555;

16 XII s 65 [1]T; [2]T; [3]T;

17 XII d 65 [1]CPl II 555, 942;

21 XII j 65 [1]CPl II 548; [2]CPl I lxxv;

22 XII v 65 [1]CPl II 551;

23 XII s 65 [1]CPl II 551; [2]CPl II 956; [3]T;

24 XII d 65 [1]CPl II 548;

25 XII l 65 [1]CPl II 555; [2]CPl II 447;

[env 25 XII l 65] [1]CPl II 555, 557;

26 XII ma 65 [1]CPl II 555;

27 XII me 65 [1]CPl II 555;

30 XII s 65 [1]CPl II 559; [2]CPl II 562; [3]T;

31 XI d 65 [1]CPl I lxxiv;

[fin XII 65] [1]CPl II 560;

[fin 65 ou début 66] [1]LAB 196;

[1865–1866] [1]CPl II 559;

1866

1866 [1]T; [2]Crépet S 116; [3]Crépet S 199; [4]T; [5]T; [6]T:74; [7]T;

1 I l 66 [1]CPl II 562, 945; [2]CPl II 560; [3]CPl II 561;

2 I ma 66 [1]CPl II 564;

3 I me 66 [1]CPl II 564;

5 I v 66 [1]LAB 346;

[6 I s 66] [1]CPl II 565;

7 I d 66 [1]CPl I lxxv;

[7 I d 66 ?] [1]CPl II 586;

[deuxième semaine de I 66 ?] [1]CPl II 565;

[env 11 I j 66] [1]LAB 350; [2]CPl II 565;

11 I j 66 [1]CPl II 957;

12 I v 66 [1]CPl II 565; [2]CPl II 568;

14 I s 66 [1]CPl II 569;

[14 I d 66] [1]CPl II 573;

15 I l 66 [1]CPl II 583;

[env 15 I l 66] [1]LAB 245;

18 I j 66 [1]CPl II 570;

19 I v 66 [1]CPl II 573;

[env 19 I v 66] [1]LAB 246;

[20 I s 66] [1]CPl II 575, Kunel B 184;

[entre le 20 I s et le 2 VII l 66] [1]OC61 1560;

21 I d 66 [1]CPl II 575;

[env 22 I l 66] [1]LAB 246; [2]CPl II 576;

22 [I] l [66] [1]CPl II 567, 578;

[23 I ma 66] [1]CPl II 577;

24 I me 66 [1]LAB 371;

26 I v 66 [1]CG V 238n;

26 [I] v [66] [1]CPl II 578;

28 I d 66 [1]CPl I lxxv;

[env 29 I v 66] [1]CPl II 579;

29 I v 66 [1]CPl II 578;

[env 30 I ma 66] [1]CPl II 579, 589; [2]CPl II 608;

30 I ma 66 [1]CPl II 582; [2]CG V 258n;

2 II v 66 [1]CPl II 593;

3 II s 66 [1]CPl II 582

[env 5 II l 66] [1]LAB 20;

5 II l 66 [1]CPl II 538, 597; [2]CPl II 586;

[env 6 II ma 66] [1]CPl II 947; [2]CPl II 588;

6 II ma 66 [1]CPl II 587; [2]CPl II 589;

[entre le 6 ma et le 16 v II 66] [1]CPl II 598;

[env 7 II me 66] [1]CPl II 592;

[7 II me 66] [1]CPl II 593; [2]CPl II 592;

[env 8 II j 66] [1]CPl II 593;

9 II v 66 [1]CPl II 593;

10 II s [66] [1]CPl II 593;

11 II d 66 [1]CPl II 595;

[env 11 II d 66] [1]CPl II 595;

12 II l 66 [1]CPl II 595;

14 II me 66 [1]CPl II 597; [2]CPl II 598;

[15 II j 66] [1]CPl II 598, 600, 602;

15 II j 66 [1]LAB 348;

[env 15 II v 66] [1]LAB 371; [2]CPl II 598; [3]CG V 261n;

16 II v 66 [1]CPl II 598; [2]CPl II 600; [3]BJ 75; [4]CPl II 608; [5]CPl II 602;

[env 16 II v 66] [1]CPl II 602;

17 II s 66 [1]CPl II 602; [2]BJ 73; [3]CPl II 604;

[env 18 II d 66] [1]CPl II 608;

18 II d 66 [1]CPl II 604; [2]CPl II 605; [3]CPl II 607; [4]CPl II 608; [5]CPl II 612;

[env 18 II d 66] [1]LAB 370;

19 II l 66 [1]CPl II 613; [2]CPl II 615;

20 II ma 66 [1]LAB 371; [2]CPl II 617; [3]CPl II 619;

21 1 II me 66 [1]CPl II 616; [2]CPl II 617; [3]CPl II 619;

[entre le 23 v et le 27 ma II 66] [1]LAB 285;

[env 25 II d 66] [1]CPl II 621; [2]CPl II 622;

26 II l 66 [1]CPl II 621; [2]CPl II 622;

[fin II ou début III 66] [1]OCPl I 812–813; [2]Plan 696; [3]CPl II 624;

III 66 [1]Wallace A 52; [2]Wallace A 52-53; [3]Wallace A 55;

[début III 66] [1]CPl II 625;

3 III s 66 [1]T;

4 III d 66 [1]T;

5 III l 66 [1]CPl II 625; [2]CPl II 626;

8 III j 66 [1]CPl II 974;

10 III s 66 [1]LAB 373; [2]T;

11 III d 66 [1]BJ 76; [2]CPl II 973;

12 III l 66 [1]LAB 197;

14 III me 66 [1]LAB 197;

15 III j 66 [1]T;

[env 15 III j 66] [1]CPl I lvii;

17 III s 66 [1]Mondor–Richard 207n;

18 III d 66 [1]CPl II 629;

[env 20 III ma 66] [1]Mondor–Richard 206n;

20 III ma [66] [1]CPl II 628;

[env 21 III me 66] [1]CPl II 973;

[23–30 III v–v 66] [1]CPl II 629; [2]CPl II 974;

23 III v [66] CPl II 628;

[env 24 III s 66] [1]CPl II 629;

26 III l 66 [1]CPl II 629; [2]CPl I lxxv;

[env 27 III ma 66] [1]LAB 249;

27 III ma [66] [1]LAB 238;

28 III me 66 [1]CPl II 630;

29 III j 66 [1]CPl II 631; [2]CPl II 630; [3]Crépet B 75;

[env 30 III v 66] [1]CPl II 631; [2]CPl I lxxv;

30 III v 66 [1]CPl II 631; [2]CPl II 632; [3]LAB 191, Ruff C 193;

31 III s 66 [1]Pichois F 271; [2]CG V 261n; [3]CPl I lxxv; [4]CPl I liii;

[30 ou 31 III v ou s ? 66] [1]CPl II 633;

[env 31 III s 66] [1]CPl II 974;

IV 66 [1]CPl I lxxv;

[entre début IV et fin VI 66] [1]OCPl II 1011;

[début IV 66] [1]EJC 191;

1 IV d 66 [1]T;

[env 2 IV l 66] [1]Crépet B 74;

3 IV ma 66 [1]Kunel B 163; [2]Adhémar 125;

[4 IV me 66 ?] [1]Crépet B 75;

5 IV j 66 [1]Crépet B 75;

6 IV v 66 [1]Tabarant B 435; [2]EJC 192; [3]T;

7 IV s 66 [1]T; [2]T; [3]Kunel B 163; [4]EJC 191;

8 IV d 66 [1]EJC 191;

9 IV l 66 [1]I; [2]EJC 190–191;

10 IV ma 66 [1]Kunel B 189; [2]EJC 196n;

11 IV me 66 [1]CG V 261n; [2]Tabarant B 436; [3]T; [4]CPl II 633;

12 IV j 66 [1]CPl I lxxv; [2]BJ 76;

13 IV v 66 [1]Tabarant B 436;

[env 13 IV v 66] [1]EJC 59n;

14 IV s 66 [1]BJ 77; [2]EJC 197-199; [3]OCPl II 1460;

[entre le 14 s et le 30 l IV 66] [1]EJC 197; [2]EJC 199;

16 IV l 66 [1]Glatigny; [2]T; [3]T; [4]Tabarant B 436;

17 IV ma 66 [1]Mondor–Richard 106n; [2]BJ 77-78; [3]BJ 78;

18 IV me 66 [1]T; [2]BJ 78;

19 IV j 66 [1]BN N.a.fr. 24289, No.2914; [2]Kunel B 167; [3]EJC 199; [4]CPl I lxxv; [5]T;

21 IV s 66 [1]T; [2]BJ 78, 83; [3]T;

22 IV d 66 [1]T; [2]BJ 83–85; [3]T;

[env 23 IV l 66] [1]Crépet B 75;

27 IV v 66 [1]Pichois

28 IV s 66 [1]T;

29 IV d 66 [1]Mondor–Richard 209n;

[env 30 IV l 66 [1]EJC 197;

30 IV l 66 [1]Kunel B 178;

[fin IV 66] [1]Mondor–Richard 209;

V 66 [1]Mondor–Richard 219n;

[V 66] [1]Crépet B 78–80;

[2 V me 66] [1]Crépet B 76–78;

4 V v 66 [1]Crépet O 205; [2]T;

5 V s 66 [1]BN N.a.fr. 24275 f.514; [2]OP I 388;

7 V l 66 [1]T;

8 V ma 66 [1]T;

11 V v 66 [1]Delattre;

12 V s 66 [1]Pichois H 272;

13 V d 66 [1]BDC 223;

19 V s 66 [1]T;

23 V me 66 [1]Plan 697;

25 V v [66] [1]Crépet B 80–81;

27 V d 66 [1]Pichois F 272; [2]T;

VI 66 [1]FM42 235n;

[début VI 66] [1]Crépet B 81;

1 VI v 66 [1]PPP 268;

2 VI s 66 [1]T;

[env 7 VI j 66] [1]EJC 198n;

7 VI j 66 [1]EJC 198n;

9 VI s 66 [1]T;

12 VI ma 66 [1]BJ 87–88;

13 VI me 66 [1]Lettre inédite, signalée par M. Jean Adhémar: BN Département des Manuscrits, Fonds Nadar; [2]T;

14 VI j 66 [1]BDC 142; [2]North Peat 190–191;

16 VI s 66 [1]North Peat 190–191;

21 I j 66 [1]*Bulletin Pierre Berès*, août–septembre 1964, No. 74–75;

22 VI v 66 [1]T;

23 VI s 66 [1]T;

24 VI d 66 [1]T; [2]T;

27 VI me 66 [1]Le Dantec A; [2]BDC 261;

30 VI s 66 [1]OCPl I 1110; [2]T;

VII 66 [1]T;

[1 ou 2 VII d ou l 66] [1]EJC 200, Crépet R 24;

1–4 VII d–me 66 Crépet B 82; [2]Asselineau 152;

4 VII me 66 [1]EJC 200, Crépet B 81–82;

[env 5 VIII j 66] [1]Crépet R 228;

5 VII j 66 [1]Crépet B 82;

7 VII s 66 [1]BJ 90;

10 VII ma 66 [1]T;

11 VII me 66 [1]EJC 201n; [2]Cat. Ronald Davis, *Editions originales, autographes littéraires, varia*, 1967, No.23;

12 VII j 66 [1]T;

15 VII [d 66] [1]CatBN75 102;

18 VII me 66 [1]Couturier 36;

19 VII j 66 [1]BDC 224;

21 VII s 66 [1]T;

22 VII d 66 [1]Kunel B 189;

23 VII l 66 [1]Auzas 226;

31 VII ma 66 [1]T;

[env 5 VIII d 66] [1]Auzas 226;

5 VIII d 66 [1]T; [2]T;

6 VIII l 66 [1]Auzas 226;

12 VIII d 66 [1]BJ 91–95;

15 VIII me 66 [1]EJC 202;

18 VIII s 66 [1]T;

23 VIII j 66 [1]T;

24 VIII v 66 [1]Dufay E;

25 VIII s 66 [1]Crépet D; [2]BJ 95–96; [3]T; [4]T; [5];

26 VIII d 66 [1]BJ 96;

[env 27 VIII l 66] [1]Crépet R 229;

27 VIII l 66 [1]CatBN57 102; [2]Carriat; [3]Souffrin B;

[env 29 VIII me 66 ?] [1]Auzas 227;

30 VIII j 66 [1]Auzas 227;

11 VIII ma 66 [1]Auzas 227;

19 IX me 66 [1]T;

30 IX s 66 [1]T;

X 66 [1]EJC 202; [2]CPl I lxxv;

6 X s 66 [1]Auzas 227;

13 X s 66 [1]T;

[première quinzaine de X 66] [1]Sagnes;

14 X l 66 [1]T; [2]Sagnes;

16 X ma 66 [1]BN N.a.fr. 24277;

19 X v 66 [1]BN N.a.fr. 24277;

21 X d 66 [1]T;

27 X s 66 [1]CatBN57 102-103; [2]FM42 237n; [3]T;

30 X ma 66 [1]OCPl I 1351;

4 XI d 66 [1]PPP 268; [2]I;

7 XI me 66 [1]T;

10 XI s 66 [1]T;

14 XI me 66 [1]T;

[env 17 XI s 66] [1]BDC 229;

17 XI s 66 [1]BDC 228; [2]T;

[XII 66] [1]FM42 232;

9 XII d 66 [1]Auzas 228;

12 XII me 66 [1]Auzas 228;

22 XII s 66 [1]T; [2]Crouzet 235;

23 XII d 66 [1]da Cal;

24 XII l 66 [1]Crépet E;

25 XII ma 66 [1]T; [2]Crépet E;

30 XII l 66 [1]Mondor–Richard 136n;

31 XII ma 66 [1]CPl I lxxiv;

1867

[I ou II 67] [1]Auzas 230;

I 67 [1]T; [2]Crépet R 155–156; [3]CPl I lxxv;

[début I 67] [1]Auzas 229;

1 I ma 67 [1]FM42 237; [2]T;

5 I s 67 [1]Auzas 229; [2]T;

6 I d 67 [1]T;

10 I j 67 [1]Ziegler B 273;

15 I ma 67 [1]T;

21 I l 67 [1]EJC 204;

24 I j 67 [1]T;

1 II v 67 [1]T;

[env 12 II ma 67] [1]EJC 205;

12 II ma 67 [1]EJC 205;

[env 12 II ma 67] [1]Auzas 229;

13 II me 67 [1]Auzas 229;

15 II v 67 [1]Auzas 230;

24 II d 67 [1]Auzas 230;

25 II l 67 [1]Auzas 230;

28 III j 67 [1]BJ 98;

31 III d 67 [1]Crépet R 156;

9 IV ma 67 [1]I;

14 IV d 67 [1]T;

18 IV j 67 [1]T;

28 IV d 67 [1]BDC 260n;

V 67 [1]Crépet S 197;

14 V ma 67 [1]Mondor–Richard 244;

17 V v 67 [1]Mondor–Richard 250;

18 V s 67 [1]Auzas 231;

19 V d 67 [1]T;

21 V ma 67 [1]Auzas 231;

[env 5 VI me 67] [1]Auzas 231;

7 VI v 67 [1]Crépet R 151;

18 VI me 67 [1]Hemmings–Niess 18;

23 VI d 67 [1]BDC 263;

[été 67] [1]Champfleury C 143;

17 VII me 67 [1]Lacambre 41;

20 VII s 67 [1]Auzas 231;

27 VII s 67 [1]T;

13 VIII ma 67 [1]Crépet P 319;

[mi–VIII 67] [1]EJC 205;

23 VIII v 67 [1]T;

[dernière semaine de VIII 67] [1]Crépet B 155;

31 VIII s 67 [1]CatBN57 103; [2]EJC 106, Crépet A 157; [3]PPP 28; [4]B.N. N.a.fr. 24260 f.294; [5]Adhémar A 91;

1 IX d 67 [1]Crépet B 157; [2]EJC 208;

2 IX l 67 [1]EJC 207; [2]CML I 207; [3]CatBN57 103–104; [4]T, Verlaine72 1350–51;

3 IX ma 67 [1]T; [2]T; [3]BJ 22–102

INDEX CHRONOLOGIQUE

"A + B" [Jacques Chaudesaigues] - 3 VI s 43;

A Baudelaire-Dufays - 14 III s 46;

Abbatucci, Jacques - 20 VII l 57; 27 VII l 57; 29 VIII s 57; [X 57]; 11 XI me 57; 16 XI l 57; 27 XI v 57;

Abbaye, 12 rue de l' - 20 XII l 23;

Abbeville - [19 IV me 43]; [avant le 24 XI v 43]; 24 XI v 43; 1 VII ma 45; 9 VI ma 46;

Abbatucci, Jacques - 20 VII l 57; 27 VII l 57; 29 VIII s 57; [X 57]; 11 XI me 57; 16 XI l 57; 27 XI v 57;

Abbaye, 12 rue de l' - 20 XII l 23;

Abbeville - [19 IV me 43]; [avant le 24 XI v 43]; 24 XI v 43; 1 VII ma 45; 9 VI ma 46;

Abel et Caïn - 7 VII ma 57;

About, Edmond - 1842; [env 20 XII d 57]; 27 II s 58; 1859; [env 31 III s 60]; [env 8 IX s 60]; 25 X j 60; 9 II v 61; [XII 61]; [env 3 XI ma 63?]; [env 11 IV l 64]; [env 15 I l 66]; [15 II j 66];

Abrantès, Laure, duchesse d' - [env 10 VI d 38];

Abrantès, Mme d' - [env 10 VI d 38]; 23 II me 48;

Académie Française - [1 II l 41]; 25 II j 41; 27 II j 45; 4 XII j 56; 17 III j 59; 20 X s 60; 10 VII me 61; 21 XI j 61; 11 XII me 61; 22 XII d 61; 23 XII l 61; 24 XII ma 61; 31 XII ma 61; [1862–1865]; 20 II j 62; 3 IV j 62; 1 IV d 66;

A Celle qui est trop gaie - 1852; 18 VIII ma 57;

A Charles Baudelaire [poème d'Ernest Prarond] - 13 IV me 42;

A Charles Baudelaire [sonnet d'Albert Mérat] - 17 I s 63;

Ackermann - X-XI 35;

Acteur tragique, L' - 27 III ma [66];

A Charles Baudelaire, par Théodore de Banville - III 45;

Actrices galantes de Paris, Les - X 43;

Actualité, L' - 2 VI d 61; 24 XI d 61; [env 1 III me 65];

"Actuellement" - 20 X v 48;

Adèle [rôle d'] - 8 II ma 48;

Adam, Ernest - 8 IX s 60;

Addey - 26 I s 56;

Adèle [nom trouvé dans le *Carnet*] - 14 II ma 65;

"A. de V." - 17 VII j 62;

Aéronaute hollandais - IX 52;

Affaires Criminelles, directeur des - 14 I j 58; 25 I l 58;

A Fifth Memoir with reference to the Law of Storms in India... - 1842;

"A francia költészet 1861-ben" - XII 61;

Afrique - 23 III ma 30; 27 I l 40; 28 VIII j 62;

Agen - 6 [IX] j 32; [env 28 VIII me 38];

Agiotage, L' - X 45; 18 X s 45;

Aguesseau, rue d' - 25 XII me 57; 22 I

v 58;

Aimée - 27 XII me 65; [env 16 II v 66]; 14 IV v 66; 5 VII j 66;

Aimable Faubourien, L' - 4 VI d 48; 8 VI j 48; 11 VI d 48; 15 VI j 48; V 49;

Airs de flûte - 23 VI s 66;

Aïsha [fiancêe de Mahomet] - 23 VII s 59;

A La Belle aux cheveux d'or - 1 VI v 55;

A la morgue - 15 IX j 64; 28 IV s 66;

Alarcon - 1 IX me 58;

Alaux - IV 64; [15 ou 22 V?] j [65?];

Albatros, L' - 19 I v 38; 1843; 1846; [env 4 II v 59]; 4 II v 59; [env 20 II d 59]; [25 ou 26 II v ou d 59]; 10 IV d 59; 2 VIII s 62;

Albatros, L' [de Polydore Bounin] - 19 I v 38;

Albe, duchesse d' - 4 VII me 66;

Albert, Edmond - [1842-1843]; 11 VIII v 54; 23 VIII me 54; 12 VIII s 54; 23 VIII me 54; 4 [X] me 54; 12 I v 55;

Albertus - [fin X 31]; 10 XI d 61;

"Album, L" du *Tintamarre* - 21 I l 44; 21 VII d 44;

Alchimie de la douleur - 15 X l 60;

Alcide - 21 VIII s 41; 15 X v 41; 16 X s 41; 19 X ma 41; 20 X me 41; 22 X v 41; 28 X j 41; 3 XI me 41; 4 XI j 41; 10 XI me 41; 4 XII s 41; 7 XII ma 41; 8 XII me 41; 10 XII s 41; 11 XII s 41; 16 II me [42];

Alençonnaises, nouvelles, poésies diverses - 16 II l 57;

Alfred Rethel, Janmot et Chenavard, ou l'idée dans l'Art - [fin 57];

Alger - 17 VII me 33; [VII 45?]; 16 VIII s 62; 6 IX s 62;

Aline - [fin V 60];

Alliance littéraire, L' - 19 II j 57;

Allix, Jules - 25 X v 50; 26 X d 50;

A Ma Blanchisseuse - 3 IV d 53; 30 III d 56;

A ma chère Jane - [VI 60?];

Almanach - 1793; 1799; 1801; 1811; 1824; 1825; 23 V l 25; 1828; 1829; 14 IX l 35; 7 XI v 45; 27 IX s 51; 20 IX me 54; 29 X s 59; [fin XII 59?]; 27 X s 60; 11 X s 62; [fin 64]; 13 X s 66; 22 XII s 66;

Almanach de 1825 - 1825;

Almanach de 1833 - 23 V l 25;

Almanach de Jean Raisin - 20 IX me 54;

Almanach de la littérature et des beaux-arts - [fin 64];

Almanach impérial - 1801; 1811; ·

Almanach parisien pour 1860 - 29 X s 59;

Almanach parisien pour 1861 - 27 X s 60;

Almanach parisien pour 1863 - 11 X s 62;

Almanach parisien pour 1867 - 22 XII s 66;

Almanach royal de 1824 - 1824;

Almanach royal pour 1845 - 7 XI v 45;

Almanach royal - 1799; 1824; 1828; 7 XI v 45;

Alonnier - 1864;

A Madame Du Barry, signé Privat d'Anglemont - 1 XII d 44;

Amérique, Consulat d' - [env 13 X me 52];

Améro - 21 V v 58;

Améthystes, Les - 24 VIII v 60; 1862;

Ambigu-Comique, théâtre de l' - 27 X l 45; 3 VI d 49; 23 VI s 49;

Amboise, rue d' - 28 II ma 60; 15 VIII me 60;

Ame du vin - IX 44; VI 50; 27 IX s 51; IV 53; 20 IX me 54; 20 V me 57;

Ame perdue - [vers le 6 VII v 60];

American, The - 21 VII s 55;

A mesure que l'homme avance dans la vie - 26 VIII ma 51;

Amic, Auguste - 20 III [s 52];

Amis de la nature, Les - XI 59;

Amour du mensonge, L' - [mi–III 60?]; 15 V ma 60;

Amour et le crane, L' - 1 VI v 55;

Amour et morue - 21 VII d 44;

Amour, L', [de Michelet] - 27 XI s 58; 11 XII s 58;

Amours et la mort de Lucain, Les - [V 46];

Amours et la mort de Lucain, Les - [V 46];

Amours frivoles, Les - 23 XI s [62];

Amsterdam, 22 rue d' - 4 VII l [59]; [début VIII 59];

Amsterdam, 26 rue d' - [XI 61–II 62];

A M. Villemessant - 15 I l 66;

Amyot - 27 XI s 47; [env 1 II d 52]; 1862; 3 II v 65; 13 II l 65; 18 II d 66;

Anastasi, Auguste [paysagiste et lithographe]- 12 VIII me 57;

Ancelle - 29 IX ma 01; 1832; 11 IV me 32; 24 VI l 33; 29 VI v 38; 1840; 14 IV j 42; [été 42?]; 27 VI ma 43; [env 25 IX l 43]; [été 44]; [été 44?]; 21 IX s 44; X 44; 7 XII s 44; 1845; [début 45?]; 29 VI d 45; 30 VI l 45; 4 VII v 45; 1846; [21 ou 22 II s ou d 46]; [X 46?]; 28 III d 47; [avant le 4 XII s 47]; [fin IV ou début V 48]; X 48; [23 XI j 48]; 6 XII me 48; 8 XII v 48; [fin 48]; [env XI 49]; [début XII 49]; [env 4 XII ma 49]; [entre le 4 XII ma et le 14 XII v 49]; 14 XII v 49; 17 XII l 49; [fin 49]; 9 I me 50; 10 I j 50; 12 I s 50; [fin XII 50]; [I 51]; 28 IV l

51; 7 VI s 51; [fin 51]; 1 III l 52; 5 III v 52; 6 III s 52; [deuxième semaine de IV 52]; 17 IV s 52; fin 52; 1853; [seconde quinzaine de III 53]; 27 VI l 53; 24 IX s 53; 26 XII l 53; 27 XII ma 53; 30 XII v 53; 31 XII s 53; 1854; 3 I ma 54; 6 II l 54; 8 III me 54; 9 III j 54; 13 III l 54; 21 VII v 54; 1 VIII ma 54; 14 VIII l 54; 22 X d 54; [env 22 X d 54]; 1 ou 2 XII v ou s 54; 4 XII l [54]; 8 XII v 54; 9 XII s 54; [fin 54]; 29 I s 55; 17 III s 55; [entre le 30 III v et le 2 IV l 55]; 5 IV j 55; 16 VI s 55; 4 X j 55; [XI–XII 55]; 20 XII j 55; 21 XII v 55; 22 XII s 55; 24 XII l 55; [25 XII ma 55]; Le; 9 I me 56; 15 III s 56; 8 V j 56; 5 VII s 56; 21 VII l 56; 22 VII ma 56; [env 27 VIII me 56]; 31 XII me 56; 185; [I 57]; 26 I l 57; 8 II d 57; 9 II l 57; 20 II v 57; 9 VII j 57; [env 18 VIII ma 57]; 20 VIII j 57; 2 X v 57; 17 XII j 57; [env 5 II v 58]; [peu après le 20 II s 58]; 23 II ma 58; [env 23 II ma 58]; 23 II ma 58; 25 II j 58; 26 II v 58; 27 II s 58; 28 II d 58; 1 III l 58; 3 III me 58; 4 III j 58; 5 III v [58]; 6 III s 58; 7 III d 58; 8 III l 58; 9 III ma 58; 11 III j 58; [env 13 IV ma 58]; 2 VII v 52; 4 VII d 58; 1859; 9 I d 59; [fin I ou 1 II ma 59]; 1 II ma 59; 29 VI me 59; 17 XII s 59; 1860; 30 I l 60; [5 ou 6 VIII d ou l 60]; 6 VIII l 60; 7 VIII ma 60; 8 VIII me 60; 3 XI s 60; 21 V ma 61; [env 25 V s 61 ?]; [27 V l 61]; [VIII 61]; [env 12 XII j 61]; [env 29 III l 62]; 11 [V] d 62; [12 V l 62]; [env 31 V s 62]; 31 V s 62; [env 6 VI v 62]; 22 I j 63; [fin V ou début VI 63]; 3 VI me 63; 4 VI j 63; [env 15 X j 63]; [env 3 XII j 63]; 3 XII j 63; [env 7 I j 64]; [7 I j 64]; 12 II v 64; 23 IV s 64; 5 V j 64; 7 V s 64; [env 10 V ma 64]; 27 V v 64; [env 8 VI me 64]; 9 VI j 64; 14 VII j [64]; [env 25 VIII j 64]; 2 IX v 64; [première semaine de IX 64?]; 13 X j 64; 17 X l 64; [env 23 X d 64]; 23 X d 64; 1

XI ma 64; 13 XI d [64]; 14 XI l 64; [env
16 XI me 64]; [env 18 XI v 64]; 18 XI v
64; 19 XI s 64; [fin XI? 64]; [env 18 XII
s 64]; 18 XII d 64; 29 XII j 64; [fin XII
64]; [fin 64]; [fin 64 ou début 65]; [I 65];
1 I d 65; [env 1 I d 65]; 2 I l 65; 27 I v
65; 4 II s 65; 8 II me 65; 11 II s 65; 12 II
d 65; 20 II l 65; [env 25 II s 65]; 25 II s
65; [première semaine de III 65?]; 9 III j
65; 22 III me 65; 18 IV ma 65; 4 V j 65;
30 V ma 65; 2 [VI] v [65]; 28 VI me 65;
1 VII s [65]; [6 VII j 65]; 7 VII v 65; 8
VII s 65; 10 VII l 65; 16 [VII] d [65]; [17]
VII l [65]; 20 VII j 65; 9 VIII me 65; 13
VIII s 65; [2 IX d 65]; 3 IX d 65; 1 X d
65; 13 X s 65; [25 ou 26 X me ou j 65];
[env 25 X j 65]; 26 X j 65; 28 X s 65; 29
X d 65; 30 XI d 65; 1 XII v 65; 21 XII j
65; 24 XII d 65; 25 XII l 65; [env 25 XII
l 65]; 26 XII ma 65; 1 I l 66; 3 I me 66;
7 I d 66; [deuxième semaine de I 66?];
[env 11 I j 66]; 12 I v 66; 14 I s 66; 18
I j 66; 22 [I] l [66]; 28 I d 66; [env 29 I
v 66]; 29 I v 66; [env 30 I s 66]; 30 I ma
66; 2 II v 66; 6 II ma 66; [env 8 II j 66];
12 II l 66; [15 II j 66]; 16 II v 66; [env
18 II d 66]; 18 II d 66; 19 II l 66; 20 II
ma 66; 21 II me 66; 26 II l 66; [fin II ou
début III 66]; 23 III v [66]; 26 III l 66;
[env 30 III v 66]; 30 III v 66; 31 III s 66;
[30 ou 31 III v ou s? 66]; IV 66; [début
IV 66]; 11 IV me 66; 19 IV j 66; [env 30
IV l 66]; [V 66]; 24 VIII v 66; 30 VIII j
66]; 11 VIII ma 66; [I ou II 67]; [début I
67]; 5 I s 67; 15 II v 67; 24 II d 67; 1 IX
d 67; 3 IX ma 67;

Ancelle, Louise-Eugenie - 24 VI l 33; 30
I l 60;

Ancelot, Arsène - [1 II l 41]; 25 II j 41;

Anchald - [env 4 XII j 62];

Andler - 12 VIII me 57; [env 21 VIII ma
60]; [21 VIII ma 60];

Andrieux [pseudonyme d'André Cap-

pelle] - 17 I s 63;

Andromaque, rôle d' - 11 V l 63; 16 V s
63;

Ange du bizarre - 1 X s 59; 17 II v 60;
13 VII v 60; [I 62]; [env 29 I me 62]; [II
62?]; 21 II s 63;

Angélus, L' de Legros - 6 XI me 61;

Anglais mangeur d'opium, L' - [XI 59?];
13 XI d 64; 8 IV s 65;

Angleterre - 13 VI j 16; fin XII 45; 14
III v 51; X 56; 26 XI me 56; [fin 57]; 11
II v 59; 22 IV d 60; [env 17 I j 61]; 25
VII j 61;

Angoulême, 18 rue d' - 22 XII s 55;

Angoulême, duc d' - 17 III v 15; 24 IX
me 23;

Anicet - 25 V j 48; 6 XI d 59;

Anicet-Bourgeois, Auguste - 25 V j 48

Anjou, 17 quai d' - [entre le 19 IV me
43 et le 22 V l 43]; 7 XII j 43; 6 III l 45;

Anjou, 9 quai - 1845;

Anjou, quai d' - [entre le 19 IV me 43
et le 22 V l 43]; 11 VI d [43]; 5 XI d 43;
7 XII j 43; 1845; 6 III l 45; 14 I me 52;

Année comique, L' - 21 III s 63;

Année littéraire et dramatique, L' - 30
IV s 59;

Année littéraire, L' - 30 IV s 59; 1867;

"Anniversaire de la naissance de Shakespeare," [env 11 IV l 64]; 11 VI s 64;

*Annuaire des lettres, des arts et des
théâtres, L'* - 1846; 11 VII s 46;

Antony, personnage dramatique - 27
VII d 56;

Antony, d'A. Dumas - [env 3 III ma 46];
13 VI s 57;

Anvers - 6 V v 64; [avant le 11 VI s 64];
14 VII j [64]; 3 IX ma 67;

Any Where out of the world - [lenv 7 VII
v 65?];

Aperçu historique sur le Conspirateur et le Favori - 4 VI j 57;

Aphrodites, Les - 1 X d 65;

Apollon vainqueur du serpent Python - [fin VIII 63];

Andromaque, rôle d' - 11 V l 63;

Arago, Jacques - 13 VII l 46; 27 IX s 51;

Arany, Jànos - XII 61;

Arban - [début II 58];

Arbre noir, L' - 10 II j 59; [env 25 II v 59];

Archévêque de Paris - [1773]; 24 V j 1781;

Archenbaut - [début IX 1775]; 27 IX v 1793; 1 I me 1794; 23 XI d 1800; 6 IX l 19; 9 IX j 19;

Archenbaut-Defayis - [début IX 1775]; 27 IX v 1793; 1 I me 1794; 23 XI d 1800; 6 IX l 19; 9 IX j 19;

Archives de l'Empire - 2 IX l 61;

Argenson, Marc-René de Voyer, marquis d' - [1848];

Argenteuil - 31 V s 62;

Argus, L' - VIII 45; 19 V l 47; 28 III ma 48; 25 XI me 63; 3 V ma 64;

Aristophane - [env 1845]; 26 XII d 52; [11 III d 60];

Arlequin, pantomime anglaise - [entre le 4 VIII d et le 13 VIII s 42];

Arlincourt, Charles-Victor Prévot, vicomte d' - 1 II me 65;

Armellini, Charles - 1 VI l 63;

Arnauld d'Andilly - 3 I s 46,

Arnauld, Achille - 16 VIII s 62;

Arnault, Alphonse - 9 V v 56;

Arnould, Arthur - 25 X j 60; 3 XI s 60; 1 IV s 65; 1 VI j 65; 1 VII s 65; 14 IV d 67;

Arnould, Antoine - 15 VI me 64; 15 VII v 64;

Arnoux, Nicole - 19 III l 1711; Arondel, Antoine - 26 VIII v 42; 13 IX me 43; 5 XI d 43; 7 XII j 43; 23 XII s 43; 1844; 29 II j [44]; [3 III d 44]; 4 III l 44; 5 III ma 44; 1 IV l 44; [11 IX me 44]; 16 IX l 44; 31 X d 44; 25 XII me 44; 20 II j 45; 6 III l 45; 16 V v 45; 1 VI d 45; 2 VI l 45; 15 VIII v 45; 20 XI j 45; 18 VIII j 53; [fin IV 54]; [V 54]; 21 VII v 54; 28 VII v 54; 1 VIII ma 54; 5 VIII s 54; 13 VIII d 54; 14 VIII l 54; 13 III s 58; [env 13 III j 58]; 11 X j 60; 31 VII j 62; [env 21 IX d 62]; [27 IX s 62?]; 9 IV j 63; [env 6 VII l 63]; 6 VII l 63; 16 IX me 63; 27 X ma 63; 12 XI j 63; [env 15 XI l 63?]; [env 3 XII j 63]; 3 XII j 63; [7 I j 64]; [env 12 II v 64]; [env 23 IV s 64]; 10 VIII me 64; 20 VIII s 64; [env 25 VIII j 64]; 26 VIII v 64; 2 IX v 64;

Arrivée de la diligence, L' - [1864–1865];

Arrondissement de Saint-Denis - 1859;

Arrondissement, 2e - 9 IX j 19;

Arrondissement, IIe - 12 II l 27

"Art enseignant, L'" - 4 II s 60; 9 II v 61;

Art et la vie, L' - 1866;

Art philosophique - [16 IV j 57]; 8 I s 59; [fin VIII 60];

Art romantique - 1 I d 60;

Artan, Louis - 27 IV s 66;

Articles justificatifs pour Charles Baudelaire - 17 VIII l 57;

Artiste, L' - 14 XI ma 43; 16 XI j 43; 28 III j 44; 30 VI d 44; 11 VII d 44; 8 IX l 44; 1 XII d 44; 9 III j 45; 30 III d 45; 4 V d 45; 25 V d 45; 1 VI d 45; 24 VIII d 45; 25 XI ma 45; 4 I v 46; 31 V d 46; 6 IX d 46; 13 XII me 46; X 50; 1 X ma 50; XI 50; 4 VI me 51; 15 IX l 51; [env 15 IX l 51]; 1 III ma 53; 1 V d 53; 15 IV d 55; 2 IX d 55; 21 XII d 56; 11 I d 57; 1 II d 57; 24 III d [57]; 6 V me 57;

10 V d 57; 12 V ma 57; 18 X d 57; [env 18 XI d 57]; [1857-1858?]; [1 ou 8 IX me 58?]; 19 IX d 58; 26 IX d 58; 29 IX me 58; 24 X d 58; 24 X d 58; 31 X d 58; 9 I d 59; 28 II l 59; 13 III d 59; 7 VIII d 59; 1 XII j 59; [fin XII 59?]; [1859-1861]; 30 VIII j [60]; 1 IX s 60; 14 IX v [60]; 8 X l [60]; [env 14 X d 60]; 15 X l 60; [X-XI 60]; [début I 61]; 15 I ma 61; [env 17 I j 61]; [fin I ou début II 61]; [II 61]; 1 II v 61; [en 18 III d 61]; [env 20 III me 61]; 1 V me 61; [env 20 XII v 61]; [fin XII 61 ou début I 62]; 1 II s 62; 1 III s 62; 17 VII j 62; 1 X me 62; 1 XI v 62; 15 XI s 62; [fin VIII 63]; 22 II l 64; 1 XI ma 64; 1 II me 65; 15 VI ma 65; 3 XI v 65; 21 II me 66; 3 IX ma 67;

Artiste, L' inconnu [*Le Guignon*] - [fin 51];

"Arts, les Artistes, et l'Industrie en Angleterre..., Les" - 11 II v 59;

Artus, Amédée - 3 VI d 49;

Aspiration - 10 V v 61;

Assassinat de la rue Morgue - 31 I d 47;

Assassinat du Pont-Rouge, L' - 15 I l 55; V 58; 14 IV s 60; 14 IV s 60; 14 X l 66;

Asselineau, Charles - 12 VIII l 39; [env 15 III s 45]; [env 16 III d 45]; 19 III me 45; 9 IV me 45; 23 IV me 45; 14 V me 45; [été 45]; 14 VI s 45; [fin 45]; 15 II d 46; [env 7 V j 46]; [1848]; [avant le 22 XI j 49]; 1850; [après le 14 VI s 51]; 15 IX l 51; [env 15 IX l 51]; 3 II ma 52; 9 V l 53; 1854; 2 III me 54; [printemps 54?]; 1 VIII ma 54; 8 X d 54; 1855; 12 VI ma 55; [fin VI 55?]; 4 VII me 55; 28 VII v 55; [fin 55?]; 3 I j 56; 13 III j 56; 3 XI l 56; 4 XI ma 56; [XII 56?]; 9 XII ma 56; 18 XII j 56; [XII 56?]; 1 II d 57; 3 II ma 57; 13 II v 57; 7 III s 57; 13 VI s 57; [env 15 VI l 57]; 13 VII l 57; 14 VII ma 57; 17 VIII l 57; [après le 20 VIII j 57]; 23

VIII d 57; 1 IX ma 57; 10 XI ma 57; 30 XII me 57; [env 18 II j 58]; V 58; [5 VII l 58]; [env 26 VII ma 58]; 28 VIII s 58; 10 IX v 58; 18 IX s 58; 20 IX l 58; 29 IX me 58; 9 I d 59; 10 I l 59; 20 I j 59; 1 II ma 59; [env 10 II j 59]; 20 II d 59; 24 II j 59; [25 ou 26 II v ou d 59]; 27 II d 59; 16 XI me 59; [fin XII 59?]; 25 II s 60; [fin V 60]; 2 VI s 60; 29 IX d 61; 24 X j 61; 25 X v 61; [XII 61?]; [env 12 XII j 61]; [mi?-XII 61]; 1862; [1862–1865]; 1 IV ma 62; 2 VIII s 62; [env 11 IX j 62]; [env 20 IX s 62?]; [25 IX j 62?]; [env 16 X j 62?]; 8 VII l 62; 6 I ma 63; [18 II me 63]; [7 III v 63]; 26 X l 63; 30 III me 64; 9 VI j 64; 15 VII v 64; 31 VII d 64; [fin 64 ou début 65]; 10 II v 65; 28 II ma 65; [env 15 III me 65]; 2 VI v 65; [entre le 4 me et le 15 s VII 65]; 11 VII ma 65; [entre le 11 et le 15 VII ma-s 65]; 9 VIII me 65; 30 VIII me 65; [env 5 II l 66]; 5 II l 66; [env 6 II ma 66]; [entre le 6 ma et le 16 v II 66]; [fin II ou début III 66]; 18 III d 66; [4 IV me 66?]; 5 IV j 66; 9 IV l 66; [env 23 IV l 66]; [V 66]; [2 V me 66]; 25 V v [66]; [début VI 66]; 7 VI j 66; [1 ou 2 VII d ou l 66]; 1; 5 VII j 66; [env 5 VIII d 66]; 6 VIII l 66; [env 27 VIII l 66]; 27 VIII l 66; 30 VIII j 66]; 6 X s 66; 14 X l 66; [XII 66]; 9 XII d 66; 12 XII me 66; I 67; [début I 67]; 1 I ma 67; 5 I s 67; 1 II v 67; [env 12 II ma 67]; [env 12 II ma 67]; 13 II me 67; 15 II v 67; 25 II l 67; 18 V s 67; 20 VII s 67; 13 VIII ma 67; [mi–VIII 67]; [derniere semaine de VIII 67]; 31 VIII s 67; 1 IX d 67; 2 IX l 67; 3 IX ma 67;

Assemblée Nationale - 4 VI d 48; 9 VIII me 48; 12 IV s 56; 29 VI s 56;

Assommons les pauvres - [env 7 VII v 65?];

Astruc, Zacharie - 28 I s 54; VIII 59; 24 IX s 59; 16 II j 60; 16 I s 64;

Atelier du peintre, L' - V 44; [XI–XII 54]; I 55; III 55; 6 IV v 55; 15 IV d 55; [env 15 IV d 55]; 2 IX d 55; 1862;

Athénée - 22 IV v 53;

Athènes - 19 VI l 48; 15 II j 49; 3 VI ma 51;

Athenaeum, The - [env 17 I j 61];

Athenaeum français - 10 IX s 53; 23 VI s 55; 7 VII s 55; 19 III me 56; 10 V s 56;

A Théodore de Banville - 1842; [6 VII d 45];

Atlas de la cour royale - 1830;

A Travers Chants - [13 IX s 62];

Attentat de la rue Morgue - 24 X s 57;

Aube spirituelle - [V 53?]; II 55; 1 VI v 55;

Auberge des Adrets - 1 (ou 2) III me (ou j) 48; 23 III j 48;

Au Bord de la Néva... - [15 XII me 58];

Aubigné, Théodore-Agrippa d' - 1 VI v 55; 28 III s 57;

Aubry [libraire] - [entre le 1 XI ma et le 15 XI j 59]; 1 XI ma 59;

Aubryet, Xavier - [19 IV j 60]; 19 VI ma 60; [début VII 60?];

Auch - [env 28 VIII me 38]; Audebrand, Philibert - 3 VIII d 56; 16 VIII d 57; 6 I j 59;

Audience, L' - 7 VIII l 43; [31 VIII j 43]; 7 III j 44;

Audigier, Henri d' - 20 X ma 57; 24 X s 57;

Audinot, Nicolas-Médard - 28 III s 57;

Audouard, Olympe - 25 III l 61; [fin III ou début IV 61];

Auge, Lazare - 30 I l 54; 4 II s 54;

Augier, Emile - 3 II ma 46; 27 XI j 51; [XII 61?]; [mi?–XII 61]; [1862–1865]; 13 XII s 62; 11 III d 66;

Auguez, Paul - [après le 20 VIII j 57];

Augustins, 55 quai des - 1827; 12 III s 59;

Au Lecteur - 1 VI v 55;

Aumale, 3 rue d' - 21 III j 61;

Aumale, duc d' - 12 VII j 38;

Au pays parfumé - 20 X me 41;

A Une Belle Dévote - 13 VII s 50; *A Une Belle Dévote* - 24 VIII d 45; 13 VII s 50; 28 X s 65;

A Une Créole - 25 V d 45;

A Une Femme qui est trop gaie - 9 XII j 52;

A Une Heure du matin - 27 VIII me 62;

A Une Indienne [*A Une Malabaraise*] - 13 XII me 46;

A Une Jeune Saltimbanque - 28 IX d 45; 27 IX j 49;

A Une Madone - 15 XII j 59; [env 20 XII ma 59]; 22 I d 60; [fin III 60?];

A Une Malabaraise - 1840; 1843; 13 XII me 46; 15 XI d 57; 30 VIII j [60]; 14 X d 65; 16 X l 65; 21 X s 65; 31 III s 66;

A Une Mendiante rousse - 1842; III 45; 28 IX d 45; 1852;

A Une Passante - 15 X l 60;

A Une Petite Chanteuse des rues - III 45;

A Une Petite Maîtresse - [vers le 6 VII v 60];

A Un Grand Arbre [de Laprade] - 17-24 II d-d 44;

Aupick, Jacques-Joseph - 1 X me 1735; 16 II me 1782; 28 II s 1789; 12 XI v 1789; 1 IV ma 1791; 15 IX l 1791;

Auriac, Eugène d' - [début IX 60];

Austin's Railway Hotel - [XI 61–II 62]; [entre le 29 et le 30 I me-j 62];

Autard de Bragard - [entre le 1 IX me et le 18 IX s 41]; 20 X me 41; 22 VI l 57; 22 VI v 66;

Autographe, L' - 1 I d 65;

Autran, Joseph - 14 VIII me 61;

Autriche - 18 IV ma 09; 1812; [début V 61];

Autriche - 18 IV ma 09; [début V 61];

Auvergne, 4 rue d' - 25 IV me 32;

Aux Amours eternelles - [env 30 VII ma 61]; [30 ou 31 VII ma ou me 61]; 1 VIII j 61; 7 VIII me 61; 15 VIII j 61; [21 VIII me 61];

Aux Petits Poètes - 19 IV s 62;

Auxerre - [12–13 I j–v 32];

Avec ses vêtements... - 20 IV l 57;

Avenel, Paul - 6 X d 60; 7 VI me 65;

Avenir national - 7 IV s 66; 18 IV j 66; 4 V v 66; [entre le 11 et le 15 VII ma–s 65]; 3 IX ma 67;

Aventure dans les Montagnes rocheuses - [seconde quinzaine de IX 52]; 11 XII s 52; 25 VII ma 54;

Aventure sans pareille d'un certain Hans Pfaal - III 36; 14 III me 55;

Aventures d'Arthur Gordon Pym - 8 V j 56;

Aventures de Mademoiselle Mariette - 14 XI d 47; 19 II s 53; 15 III ma 53;

Aventures de Mandrin - 9 V v 56;

Aventures du temps passé - 14 V l 60; 14 VII fis 60;

Aventurier littéraire, Un - 16 VI s 60;

Avertissement aux propriétaires - 12 II s 42;

Avertisseur, L' - [env 17 VIII s 61]; 15 IX d 61; 12 I d 62; 31 III s 66;

Aveugles, Les - 15 X l 60;

Avocat des pauvres, L' - [avant le 14 XI v 56]; 14 XI v 56;

Avril, mai, juin - 17 I s 63;

Avril. A Mme Joséphine de Fer... - 4 V d 45;

Aymard, Antoine, baron - 29 IV ma 34; 3 VIII v [38];

"A.Z." - 20 II l 65;

Azur, L', poème de Mallarmé - I 64;

Babinet, Jacques - 27 VIII s 59; 16 IX me 63; 6 X ma 63; [XI 63];

Babou, Hippolyte - 24 II ma 24; 10 X j 50; [env 18 IV l 53]; 20 IV me 53; 2 III me 54; 23 VI s 55; 7 VII s 55; [20 III v 57]; 21 VIII v 57; 11 VI v 58; 20 IX l 58; 30 XII j 58; 1 II ma 59; 10 II j 59; [env 10 II j 59]; 20 II d 59; 21 II l 59; 23 II me 59; [env 25 II v 59]; [25 ou 26 II v ou d 59]; 28 II l 59; 5 III s 59; [env IX 59]; 10 X l 59; 20 II l 60; 25 II s 60; 5 III l 60; 2 VI s 60; 8 XI j 60; 1 VIII j 61; 15 XI v 61; [1862–1865]; 2 VIII s 62; 13 XII s 62; 1 IV v 64; 2 IV s 64; [fin 64 ou début 65]; [env 15 III me 65]; 13 VII j 65; 16 [VII] d [65]; 10 VIII j 65; 13 VIII s 65;

Babylone, 36 rue de - 29 XI l 47;

Bac, rue du - 4 V j 1786; [fin 27–début 28]; [X 28]; 16 X v [57]; [env 4 II v 59];

Bacchante [statue] - [III? 48];

Bache (*le violoncelliste fou devenu comédien*) - [avant le 22 XI j 49]; -

Bachelier, comtesse de - 14 V me 56;

Bachelin-Deflorenne - 1866;

Bade, café de - [19 ou 20? s ou d IX 63];

Bagnerres-de-Bigorre - [env 28 VIII me 38];

Bague d'Hannibal, La - 30 XII s 43; 20 XII me 54;

Baillarger, Jules - 2 I ma 66;

Bailliere, éditeur - 1 II s 45; 11 VIII s 55; 9 VIII s 56;

Bailly, Pension - [13 VIII ma 39]; été 42; V 43;

Bal des Variétés - [31 XII j 46];

Balagny, Me [notaire] - 2 IX l 50;

"Balai ivre" [de Delacroix] - 9 XI d 45;

Balsamo -30 III j 65;

Baluchon, le père - 1 X d 65;

Balzac [de Gautier] - 10 X l 59;

Balzac, Honoré de - 15 VI s 39; [VIII 40]; 19 III s 42; [entre le 19 IV me 43 et le 22 V l 43]; XII 44; 4 XI ma 45; 24 XI l 45; 15 IV me 46; 4 X d 46; 11 X d 46; 18 X d 46; [entre le 1 v et le 7 j I 47]; 18 I ma 48; 24 VIII s 50; 11 IV v 51; [fin VII 51]; 29 VII ma 51; 30 VII me 51; 23 VIII s 51; 28 VIII j 51; 30 VIII s 51; 13 IX s 51; 27 XI j 51; 30 I v 52; [env 1 II d 52]; 29 V s 52; III 53; 4 [X] me 54; 18 II d 55; 10 X l 59; 16 I me 61; 30 III j 65; 16 XII s 65; 18 II d 66; 10 IV ma 66;

Balzac, Mme Vve - 11 IV v 51; [fin VII 51]; 30 VII me 51;

Banque de France - 18 VII l 42; 30 I ma 44; 10 II d 44; 31 X d 44; 21 VI s 45; 18 XII v 57; 28 I j 58; 9 III ma 58;

Banquet Shakespeare - 4 IV l 64; 11 IV l 64; 15 IV v 64; 16 IV s 64; 17 IV d 64; 18 IV l 64; 21 IV me 64; 23 IV s 64;

Banquet de Trimalcion - 1862;

Banville, Théodore de - 1842; VII 42; [VIII 42]; 20 IX ma 42; 22 X s 42; [automne 42]; V 44; IX 44; III 45; [été 45]; 30 VI l 45; [6 VII d 45]; 24 XI l 45; 25 XI ma 45; 25 II me 46; 11 III me 46; 14 III s 46; [fin IV 46]; 27 V me 46; 1 VI l 46; 27 IX d 46; 5 XI j 46; XII 46; 17 VIII l 47; XI 48; 2 IX d 49; [avant le 22 XI j 49]; X 50; XI 50; 11 XII j 51; [env 1 II d 52]; 3 II ma 52; 27 X me 52; 19 XII d 52; 26 XII d 52; 15 III ma 53; 15 X s 53; [automne 55]; 28 IX v [55]; 29 IX s [55]; IX 56; 7 X ma 56; [env 29 XII l 56]; 12 I l 57; II 57; 3 II ma 57; 1 III d 57; 21 III s 57; [env 22 IV me 57]; 27 IV l 57; 22 VIII s 57; 26 IX s 57; 28 IX l 57; [avant le 9 I s 58]; 9 I s 58; 28 VIII s 58; 6 I j 59; [env 10 II j 59]; [fin XI 59]; 8 XII j

59; 1860; 10 III s 60; [env 12 V s 60]; 11 VI l 60; 8 VII d 60; XI 60; [20 XI] ma [60]; [env 17 I j 61]; 19 VII v 61; 1 VIII j 61; 29 IX d 61; 1 XII d 61; [env 12 XII j 61]; 15 XII d 61; 1862; [1862–1865]; 5 I d 62; 19 I d 62; 26 I d 62; [entre le 29 et le 30 I me–j 62]; 15 V j 62; 15 VI d 62; 24 VII j 62; 2 VIII s 62; 24 VIII d 62; 31 VIII d 62; 1 X me 62; 17 I s 63; 5 IV s 63; 17 XII j 63; 27 XII d 63; 1864; 25 IV l 64; 1 X s 64; [fin 64 ou début 65]; 10 II v 65; 28 II ma 65; 15 III me 65; 11 IV ma 65; 1 VII s 65; [entre le 4 me et le 15 s VII 65]; 8 VII s 65; 11 VII ma 65; [entre le 11 et le 15 VII ma-s 65]; 5 II l 66; 16 II v 66; 17 II s 66; 18 II d 66; [fin II ou début III 66]; III 66; 10 III s 66; 29 III j 66; 17 IV ma 66; 25 V v [66]; 27 V d 66; 27 VI me 66; 11 VII me 66; 18 VII me 66; 25 VIII s 66; 27 VIII l 66; 14 X l 66; 27 VII s 67; 2 IX l 67; 3 IX ma 67;

Barèges - [fin V 38]; 3 VIII v [38]; [env 18 VIII sa 38]; 23 [VIII] j 38; [env 28 VIII me 38]; 27 VI l 53; 15 VII v 53; [fin IX 53];

Barbès, Armand - 12 V d 39;

Barbanègre, le général - 3 X s 18; 28 VI l 19;

Barbara, Charles - 5 III me 17; I 52; [avant le 15 VII j 52]; 15 VII j 52; 13 III d 53; 15 X s 53; 4 VIII v 54; 15 I l 55; 26 XI l 55; [fin 55?]; 22 III s 56; [env 6 VIII j 57]; V 58; 14 IV s 60; 14 IV s 60; 3 X j 61; 14 X l 66;

Barbey d'Aurevilly, Jules - 30 XII s 43; 27 VII me 53; 24 IX s 53; [avant le 3 VI s 54]; [3 VI? s 54]; [7 VI?] me 54; [mi–IX 54?]; [X 54 ?]; 7 XII j 54; 20 XII me 54; [env 20 XII me 54]; 26 I v 55; 17 III s 55; 26 II ma 56; [env 15 III s 56]; 22 III s 56; 25 III l 56; 27 III j 56; 14 V me 56; [env 26 V l 56]; 3 VI ma 56; 6 VI v 56; 10 VI ma 56; 14 III s 57; 17 III ma

57; 21 III s 57; 28 III s 57; [env 14 V j 57]; 13 VI s 57; 18 VII s 57; [25 VII] s [57]; 27 VII l 57; 17 VIII l 57; [après le 20 VIII j 57]; 25 VIII ma 57; 26 IX s 57; 1 X j 57; [env 7 X me 57]; 16 X v [57]; 17 X s 57; 17 XI ma 57; [4 V ma 58]; [12 ou 13 V me ou j 58]; 14 V v 58; 15 V l 58; [env 15 V v 58]; 13 XI s 58; 17 XI me 58; 26 I me 59; [env 4 II v 59]; 4 II v 59; 22 II ma 59; 24 II j 59; 27 IV me 59; 29 IV v 59; [fin 59]; [19 IV j 60]; 21 [V] l [60]; 19 VI ma 60; [début VII 60?]; 3 VII ma 60; [9 VII l] [60?]; [13 VIII l 60?]; [21 VIII ma 60?]; [env 28 VIII ma 60]; 28 VIII ma 60; [X–XI 60]; [env 17 I j 61]; 25 VII j 61; 1862; [1862–1865]; [VI 62]; 24 VII j 62; 31 VII j 62; [10] VIII d 62; 15 VIII v 62; 13; 1 I j 63; 25 I d 63; 2 XII me 63; 1864; 9 III j 65; [env 15 III me 65]; 2 XI j 65; 13 XI l 65; 15 XI me 65; 7 XI me 66; 10 XI s 66;

Barbier, éditeur - 11 III s 63;

Barbier, Auguste - 9 III s 33; [fin VIII 51]; 19 XII v 51; II 57; [fin VII 59?]; [env 25 VIII j 59]; [env 4 VI ma 61]; 15 VII l 61; 26 I d 62;

Barcarolle [de Pierre Dupont] - [1859–1860];

Barillot - 1864;

Baritault - 3 IX v 41;

Baron, Delphine - 22 VIII ma 54;

Baron, Henri - 12 VIII me 57;

Barque de Don Juan [*Don Juan aux enfers*] - 1846;

Barré, Louis - 15 XI ma 53;

Barral, Georges - 24 IX s 64; 25 IX d 64; 26 IX l 64; 27 IX ma 64; 28 IX me 64; 29 IX j 64; 30 IX v 64;

Barrat - 3 I me 44;

Barriere, Théodore - 1 VI l 46; [avant le 22 XI j 49]; 22 XI j 49; 6 I j 59;

Barrique d'Amontillado, La - 13 IX me

54; [X 54];

Barroilhet, Paul - [fin XI 61];

Barrot, Victorin-Ferdinand - 8 VI me 53; 14 XII v 55;

Barthe [frère de Mme] - [env 3 VIII v 32];

Barthet, Armand - [env 7 V j 46]; 22; 24 II j 48;

Basterot, vicomte de - 18 VIII s 60;

Bastide, Jules - 29 VI j 48;

Bataille de Taillebourg, La [tableau de Delacroix] - 10 III v 37; [17 VII j 38];

Bataille, Charles - 4 IV v 51; 23 X d 53; 1854; 23 V s 57; 9 VII s 59; 15 III j 61; 5 I d 62; 20 IV d 62; 27 IV d 62; 16 XI d 62; 3 VIII me 64;

Bataillon, 105e - 18 IV ma 09;

Batelière, 11 rue - 4 XII j 64;

Batignolles - [env 10 V ma 64];

Batna - 16 VIII s 62;

Bâton, Mme - [env 16 III d 62];

Baud, Jean-Marc - [après le 21 VII v 60]; 1 XII v 65;

Baudard - 1819; 1821;

"Baudelaire à la charogne" [caricature de Nadar] - 1858;

Baudelaire à la pipe de Courbet [eau-forte d'A. Bouvenne] - 1848;

Baudelaire-Asem - 2 IX d 60;

Baudelaire au chapeau [eau-forte de Manet] - 1862;

Baudelaire du Faïs - 11 VII s 46;

Baudelaire, Charles-Alfred - 6 II s 30; 12 II v 30;

Baudelaire, Edmond - 6 XI me 33; 28 XII j 54;

Baudelaire, Joseph - 7 VI j 1779;

Baudelaire, Joseph-François - 7 VI j 1759;

Baudelaire, Mme C.-A. [née Félicité Ducessois] - 1 I me 34;

Baudelaire, Claude-Alphonse - 18 I ma 05; 28 V s 25; 13 II ma 27; [fin 27–début 28]; 1828; 31 X v 28; 1829; 1 IV me 29; 30 IV j 29; 6 VII l 29; 6 II s 30; 9 I l 32; [10 ou 11 I, ma ou me, 32]; [env 25 IV me 32]; 11 IX ma 32; 26 IX me 32; 9 XI v 32; [30 XII d 32]; [env 12 I s 33]; 31 I j 33; 6 XI me 33; [avant le 16 XI s 33]; 1 I me 34; 26 II J 34; 20 X l 34; [été 1835]; 26 II v 36; 23 VI v 37; [5 III l 38]; [31 XII l 38]; 23 [VIII] v [39];[20 XI] me [39]; [seconde quinzaine de XI 39]; [vers 1840]; 28 V j 40; [avant le 8 VIII s 40]; [31 XII] j [40]; [20 I] me [41]; 25 I l 41; [1 II l 41]; 3 II me 41; 19 IV l 41; 30 IV s 41; 4 V ma 41; 19 I ma 42; 2 I v 46; 25 V d 51; 26 V l 51; 13 VI v 51; 16 VI l 51; 1 X j 51; 15 X me 51; 11 XI ma 51; 28 XII j 54; 9 I me 56; 12 I s 56; [IV 57]; 16 VI ma 57; 16 VII j 57; 23 X v 57; [II 58]; 7 V v 58; 28 II l 59; 30 VIII ma 59; 3 IX s 59; [20 IV v 60]; [fin IV 60]; 12 VII j 60; [env 5 VIII d 60]; 29 XI j 60; 30 XI v 60; [mi?–XII 61]; 25 XII me 61; 25 I s 62; 8 III s 62; 18 III ma 62; 14 IV l 62; 22 IV ma 62; 22 IX l 62; 10 VIII l [63]; 8 VIII l [64]; [V 66]; Baudelaire-Dufaŷs - IX 44; 25 V d 45; X 45; 14 III s 46; [V 46]; 16 VI ma 46; 23 VIII d 46; 18 VIII j 53; [fin 63 ou début 64];

Baudelaire-Dufays - X 44;

Baudon-Desforges - 21 VIII ma 38;

Baudrier [banquier] - 28 V v 58;

Baudry [éditeur] - [env 1 II d 52];

Bauer, E. - 6 IV v 66; 18 IV j 66; 8 V ma 66;

Bayard et Sauvage [auteurs dramatiques] - 26 II j 46;

Bayonne - [env 27 III s 52];

Bazar Bonne-Nouvelle - 11 I d 46; 21 I me 46; [fin 57];

Bazin, Adolphe - 21 VIII v 63;

"B.D." - 18 x l 44;

Béatrice, La - 1 VI v 55;

Béatrix, La - XII 44;

Beau Navire, Le - I IV j 58;

Beaudelaire [*sic*] - 10 II ma 1758; 14 I ma 1794; [1803?]; 1811; 28 V d 54; 6 VII me 59; 6 I ma 63;

Beaudelaire [*sic*], Claude - 10 II ma 1758;

Beaujon - 29 VII ma 51;

Beaulieu - 27 I l 62;

Beaumont, Christophe de - 16 VI s 1781;

Beauté, La - 20 IV l 57;

Beautés de la poésie anglaise - 26 III j 63;

Beautés de la ville du soleil et Mr Grandin - 8 II s 51; Beautreillis, rue - 4 X l 58; 27 X me 58; 7 XII ma 58; 4 ou 5 III v ou s 59;

Beautreillis, 22 rue - 4 X l 58; 27 X me 58; 7 XII ma 58; 4 ou 5 III v ou s 59;

Beauvoir, Roger de - [entre le 19 IV me 43 et le 22 V l 43];

Beaux-Arts, 9 rue des - 1858;

Beaux-Arts, Administration des - 15 XI d 57;

Becker [créancier] - [env 21 VIII ma 60]; [21 VIII ma 60];

Bedel, A. - [fin I 32]; V 33;

Bedel, Joseph-Alexandre - V 33;

Belcour, Emile - 10 III d 61;

Belgique déshabillée, La - 30 XII s 65;

Belgrade - XII 61;

Bellaguet, Louis-François - 22 II v 61; [env 22 II v 61]; 9 VII ma 61;

Bellanger, l'abbé - 16 VI s 55;

Bellay, A. de - III 57;

Belle Dorothée, La - 4 XI j 41; [env 20 XII v 61]; 24 IX me 62; 10 VI me 63;

"Belle Mme Daubrun, La" - 18 IX s 52;

Belle aux cheveux d'or, La - 18 VIII ma 47; XI 47; 1 XII me 47; 1 VI v 55;

Bellegarigue, A. - 29 VII j 52; 29 VII v 53; 24 IX s 53; 26 I v 55;

Belleville - 15 XI ma 53; 17 XI j 53; 18 XI v 53; 23 II j 54;

Belloy, Auguste, marquis de - III 56;

Bells, The - 26 III j 63;

Bellune, Henriette de - 24 VI s 54;

Bellyme, président - 19 VIII me 57; Bénédictins de Saint-Maur - 6 X j 1785; Béranger, Jean-Pierre de - [après le 15 VII me 57]; 17 VII v 57; [fin VII ou début VIII 57]; 23 VIII d 57; 1 VI j 65;

Bérardi, Léon - 15 VIII s 63; 16 VIII d 63; [env 16 VIII d 63]; [VIII 63?]; 19 VIII me 63; 13 VI l 64; [env 20 VI l 64]; 27 IX ma 64; [15 ou 22 V?] j [65?];

Bérénice [d'EAP] - 17 IV s 52; 20 IV ma 52; 2 VIII me 54; 28 I d 55;

Bergamotte, La Baronne de [pièce de Saint Yves et Boniface] - 1 XII d 50;

Bergamotte, rôle de - 1 XII d 50;

Berlin - 1861;

Berlioz, Hector - 9 II j 60; [13 IX s 62]; [env 11 IV l 64];

Bernard, Charles de - 19 XII v 45; 4 [X] me 54;

Bernard, Thalès - 10 IX s 53; 10 V s 56;

Bernardin de Saint-Pierre - [env 1 II d 52];

Bernel, C. - 1862;

Berquin, Arnaud - 27 XI j 51;

Berry, duc de - 30 I l 60;

Berryer, Antoine - 15 I l 66;

Berthe - 1 I me 34; [entre le 27 IX s 38 et le 24 III d 39]; 2 XII d 38; 3 XII l 38;

17 XII l 38; 1843; 21 VI s 51; 26 I me 59; 1 III ma 64; [après le 1 V d 64]; 31 III s 66;

Berthelemot, café [Jardin des Tuileries] - 21 VI s 51;

Berthelin [juge] - 26 I me 59;

Berthellemot [confisier] - 1 I me 34;

Bertram - 31 X l [59]; 1 XI ma 59;

Bertrand, Louis, dit Aloysius - XI 42; [début 43]; 15 X me 61; 25 XII me 61;

Berwick-Irlandais, régiment de - 16 II me 1782; 1 IV ma 1791; 19 VII ma 08;

Besançon - 20 I v 65;

Béthune, quai de - [fin II 42]; [fin III ou début IV 42]; 14 IV j 42; [28 V s 42]; [vers 1840]; 22 IX l 62; 8 VIII l [64]; [V 66];

Beuzelin, J.-F. [éditeur] - 1845;

Béthune, quai de - [fin II 42]; [fin III ou début IV 42]; 14 IV j 42; [28 V s 42]; [vers 1840]; 22 IX l 62; 8 VIII l [64]; [V 66];

Bibliographie catholique - VI 61;

Bibliographie de la Belgique - VI 66;

Bibliographie historique et critique - 25 VIII s 66;

Bibliothèque singulière - 1862;

Bibliothèque universelle de Genève - V 52;

Bibliothèque Impériale - 27 III s 52; [début IX 60]; 26 X s 61; 1 VII s 65;

Bichet, F. - [début I 60?]; [env 10 I ma 60]; [31 VII?] ma 60; 7 IX v 60; 21 XII v 60;

Bien loin d'ici - 4 XI j 41; 22 II l 64; 23 II ma 64; 1 III ma 64; [fin 64]; 29 III j 66; 31 III s 66;

Bien public, Le [Bruxelles] - 22 II me 65;

Bienfaits de la lune, Les - 14 VI d 63; [env 7 VII v 65?];

Biéville, Charles - [début III 59?]; [env 11 IV l 64];

Bièvre, marquis de - 28 III s 57;

Bignon, Eugène - 23 III s 50;

Bijoux, Les - 7 VII ma 57;

Bilboquet (Spa) - 22 V d 64; 29 V d 64;

Billault, Auguste - [25 VII] s [57]; 27 VII l 57;

Billet de mille francs - 15 X s 53;

Billion [directeur du théâtre du Cirque] - 11 I l 58;

Bilquin - 3 I j 56;

Biographie universelle - [1861]; 27 IV s 61;

Bishop's Press - 1842;

Black Cat, The - 18-20 IV v-d 51;

Blackwood's Magazine - [env 17 I j 61];

Bladè - [été 50];

Blaisot, Aimé - [env 20 III me 61]; [6 VIII ma 61]; 17 VIII s 61; [IX–début X 61];

Blanc, Edmond- 19 IV l 41; [été 44];

Blanc, F. - 1866;

Blanc, Louis - 20 II l 65; 22 II me 65; [env 25 II s 65];

Blanc, Mme Edmond - 16 XI j 43;

Blanché - 17 XII j 57; 27 X me 58;

Blanchard [éditeur] - [env 1 II d 52]; 24 IX s 53; 21 II s 57;

Blanchard [créancier] - [IV 46?];

Blanche, 2 rue - [fin IX 44];

Blanche, Dr - [début VI 66];

Blanqui, Louis-Auguste - 12 V d 39; [entre le 26 et le 28 II s–l 48]; 28 II l 48; Selo; 1850;

Blaze de Bury, Henri - [20 XI] ma [60]; [XII 61–I 62];

Blois - [env 28 VIII me 38]; 25 VIII s 60;

Blondeau, Amédée - 22 IV d 66;

Blondel, Louise-Julie - 1832;

Blondet, Emile - X 60; 22 IV d 66; 13 V d 66; 26 VIII d 66; 28 IV d 67; 23 VI d 67;

Blot, Alfred - 25 I s 62; 15 I l 66;

Blum, Ernest - 6 I j 59; 25 X j 60;

Bobet, Charles - [fin I 32];

Bocage, Pierre - 13 V l 50;

Bodelaire - 17 X v 28;

Bodmer, Théophile [lithographe allemand] - 12 VIII me 57;

Bodoz [directeur du *Pays*] - [env 4 XII j 62];

Bohémiens en voyage - [fin 51]; 1852; 17 V v 67;

Bohné - [début 61]; [été 61]; [XII 61–I 62];

Boileau, Virgile - 2 III j 48;

Boileau-Despréaux, Nicolas - 29 XII d 61; 27 IV me 64; 22 V d 64;

Boilly, Louis - 10 VII me 61; 25 VII j 61; [1864–1865];

Boirie [auteur dramatique] - 27 VI d 47;

Bois de Boulogne - 12 II l 27; 29 XII j 64;

Boischabot, Jean Carié de - 25 VII s 1789;

Boissard de Boisdenier, Joseph-Fernand - [entre le 19 IV me 43 et le 22 V l 43]; 2 VI l 45; 4 VI me 45;

Bolzano - 21 X j 58;

Bon Dieu, Le - [fin VII ou début VIII 57];

Bon Samaritain, Le - [1861];

Bonaparte, rue - [XII 61–I 62];

Boniface - 1 XII d 50; [env 12 XII j 61];

Bonjour, Abel - VIII 52; [avant le 13 X me 52]; 1854;

Bonne Mort, La - 16 V l 59;

Bonne-Nouvelle, 11 bd - [env 19 V me 52];

Bonne-Nouvelle, 20 bd - [fin 43 ou début 44];

Bonnet de coton - 15 IX j 64;

Bonnet-Rouge, Section du - 28 X l 1793;

Bons Chiens, Les - 21 VI me 65; 28 VI me 65; [env 7 VII v 65?]; 27 X s 66; 4 XI d 66; 31 VIII s 67;

Bonvin, François - 15 III ma 53; [seconde quinzaine de IV 62];

Bordeaux - [env 28 VIII me 38]; [fin V 41]; [début VI 41]; 11 VI v 41; 16 X s 41; 20 X me 41; 4 XI j 41; 16 II me [42]; [17 II j 42]; 13 VIII s 42; [env 25 X ma 42]; [env 27 VIII me 56]; 1 IX d 61;

Borel d'Hauterive, André-Francios-Joseph - 4 [X] me 54;

Borel, Pétrus - 31 XII s 31; 7 IX d 44; 4 [X] me 54; 14 VII j 59; [fin VII 59 ?]; 15 V ma 60; [VI 61?]; 2 VI d 61; 3 VI l 61; [env 4 VI ma 61]; 15 VII l 61; 24 XI d 61; [après VI 62]; 10 VIII d 62; 19 VII d 63; 22 VII d 66;

Borghers, Alphonse - XI 45; [env 1 VII v 53]; 27 VII me 53; 5 IX l 53; 7 IX me 53;

Boschetti, Amina - 1 X s 64; 9 X d 64; 13 V s 65;

Boston - 19 I j 09;

Bouchery, Antoine - 11 XII l 65; 26 XII ma 65;

Boudin, Eugène - [II–III 59];

Bouffes-Parisiennes - 21 XII j 65;

Bouilhet, Louis - 8 VII d 60; 1 IX v 65;

Bouilly, Léonard - 16 XII s 65;

Bouju, Ernest - [V 60?]; 19 III s 64;

Boulevard, Le - [fin XI 61]; 1 XII d 61; 15 XII d 61; 5 I d 62 ; 12 I d 62; 19 I d 62; 26 I d 62; [entre le 29 et le 30 I me–j 62]; 16 II d 62; 13 IV d 62; 20 IV d 62;

27 IV d 62; 4 V d 62; 1 VI d 62; 15 VI d 62; 13 VII d 62; 24 VII j 62; 10 VIII d 62; 24 VIII d 62; 31 VIII d 62; 14 IX d 62; [après le 14 IX d 62]; [fin IX 62]; 1 X me 62; 12 X d 62; 9 XI s 62; 16 XI d 62; 21 XII d 62; 28 XII d 62; 11 I d 63; [début I 63?]; 18 I d 63; 25 I d 63; 1 II d 63; 8 II d 63; 5 IV s 63; 16 V s 63; 24 V d 63; 14 VI d 63; 21 I d 66;

Boulinvilliers - [été 54];

Bouniol, Bathild - 3 II ma 46;

Bouquet d'asters [tableau de Boudin] - [II–III 59];

Bouquet du pauvre, Le - 20 V s 54;

Bourbon, 45 rue de [actuellement rue de Lille] - [X 28];

Bourbonne-les-Bains - [seconde quinzaine de V 39]; [10? VI] l [39]; 31 VII me 39; [env 26 VIII l 39]; [env 1 IX d 39];

Bourbons, les - 25 VII ma 15; 1 IX me 41;

Bourdilliat, Achille - [env 12 II s 59]; 7 IV s 60; X 60; [env 8 XI j 60]; 15 XII s 60; 9 I me 61; [env 9 II s 61]; 10 II d 61;

Bourdin, Gustave - 18 II d 55; 18 III d 55; 5 VII d 57; 11 VII s 57; 10 XII j 57; 6 I j 59; 12 XI j 63; 25 XI me 63; 26 XI j 63; 7 II d 64; 9 VI s 66; 5 VIII d 66;

Bourdon [maître de dessin] - 2 X l 37;

Bourgeois, Eugèeugene - 3 IX d 48;

Bourges - 17 III v 15; 27 IX s 51;

Bourges, Michel de [rédacteur de *La République du peuple*] - 27 IX s 51;

Bourgogne - [12–13 I j–v 32]; 21 VIII v 48;

Bourgogne, rue de - 21 VIII v 48;

Bourgoin, Baron de - 28 VII l 51;

Bourguignon, E. - 26 I j 60;

Bourse, place de la - V ou VI 44; 21 XII v 55;

Boursier, Eugène - [XII 61–15 X ma 63];

Boutailler - 1 X s 59;

Boutron, Antoine-François - 27 [XII] j 32; [23 X] ma [38];

Bouvenne, Agläus - 1848;

Bouzeran, Joseph - [env VII 50]; 2 VIII v 50;

Boverat, Charles - 3 II d 61; 7 IV d 61;

Boyer [auteur de dictionnaire] - [7 II me 6];

Bracquemond, Félix - [vers 1859]; 16 II me 59; 28 XII me 59; [env 2 I l 60]; 2 I l 60; 13 I v 60; 10 II v 60; 17 II v 60; 12 III l 60; 25 III d 60; [env 20 IV v 60]; [env 12 V s 60]; 19 V s 60; 14 VII s 60; [env 20 VIII l 60]; [fin VIII 60]; 29 VIII me 60; 7 IX v 60; 1 I me 61; 7 I l 61; 16 I me 61; 18 I v 61; [env 20 I d 61]; [fin I ou début II 61]; 15 II v 61; [env 20 III me 61]; [V? 61]; [été 61]; 10 VII me 61; 13 III j 62; 4 VIII l 62; 28 VIII j 62; 29 VIII v 62; 2 IX ma 62; 1 XI v 62; 23 I v 63; 15 V v 63; 6 X ma 63; 17 V ma 64; 31 V ma 64; [3 XI j 64]; 17 XI j 64; 29 XII j 64; [env 5 I j 65]; 21 I s 65; 24 I ma 65; 26 I j 65; 14 II ma 65; [entre le 5 et le 6 VII me–j 65]; 28 X s 65; 30 I ma 66; 27 III ma [66]; 31 III s 66; [env 2 IV l 66]; 12 V s 66; 27 V d 66; 2 IX l 67; 3 IX ma 67;

Brasserie Andler - 12 VIII me 57;

Brasserie des Martyrs - 15 IV me 57; [fin 59];

Breilh, R. de - 2 XI d 56;

Bresdin, Rodolphe - 23 I s 47; 18 I ma 48; 27 II d 48; [1861]; 29 IV l 61; [env 1 V me 61];

Breteau [marchand de journaux] - [X 54];

Breton, Ernest - 8 VI me 53;

Bretonne, Rétif de la - 3 I j 56; 28 III s 57; 1 X d 65;

"Bric-à-brac esthétique" - 30 XII ma 56;

Bridgeman, John - 19 V d 55;

Brierre de Boismont, Alexandre - 1 II s 45; 23 XI s 50; 11 VIII s 55; 9 VIII s 56;

Brigade d'infanterie, Deuxième - 18 I s 40; 27 I l 40;

Brisson, Jules - 1862;

Brizeux, Auguste - [28 V s 42]; [env 1 II d 52];

Brochart, Jacques - 4 V d 62;

Broglie, Victor duc de - 11 XII me 61; 6 II j 62; 15 II s 62; 20 II j 62; 15 VII v 64;

Brosses, Charles de - 28 III s 57; 19 II v 58;

Brown, John - [seconde quinzaine de IV 62];

Browning, Robert - 13 VI s 57; [1862-1865]; [entre le 1 V v et le 28 V j 63];

Brucker, Raymond - 17 VIII l 57; 1 I j 63;

Bruges - 6 V v 64; 14 VII j [64];

Brun, Emile - 7 V l 66;

Brun, Jean-Baptiste - [avant le 9 IX s 32]; 15 ou 16 X l ou ma 32;

Bruneau, Marie dite [Marie Daubrun] - 30 IX d 27;

Brunet, Gustave - 3 XII me 44; VIII 45; 11 VI j 46; 19 V l 47; 4 [1861]; 27 IV s 61; 29 III s 62;

Brunier, Charles - 7 V j 46;

Bruno, Antony - [vers 1840]; 8 II ma 48;

Bruun-Neergard - [1809–13];

Bruxelles - VI 48; VI 52; 6 VII l 57; 15 VII me 57; 4 VIII ma 57; 6 VIII j 57; 20 VIII j 57; 25 XII d 59; 19 I j 60; [fin III 60]; [XII 61–15 X ma 63]; [fin 62]; 23 I v 63; 1 VI l 63; [début VIII 63]; [7] VIII s 63; 10 VIII l [63]; 15 VIII s 63; 16 VIII d 63; [fin VIII 63]; 31 VIII l 63; [env 15 IX ma 63]; 15 IX ma 63; [env 26 IX s 63];

8 X j 63; 16 X v 63; [fin X ou début XI 63]; 3 XI ma 63; [troisieme semaine de XI 63]; 25 XI me 63; 17 XII j 63; [env 31 XII j 63]; 19 III s 64; [fin III 64]; 15 IV v 64; [mi–IV 64]; 21 IV me 64; 24 IV d 64; [fin IV 64?]; [après le 1 V d 64]; 6 V v 64; 7 V s 64; [env 8 V d 64]; [env 10 V ma 64]; 22 V d 64; 31 V ma 64; 4 VI s 64; [avant le 11 VI s 64]; 11 VI s 64; [env 16 VI j 64]; [17 VI v 64]; 11 VII l 64; 14 VII j [64]; [été 64]; 31 VII d 64; 10 VIII me 64; [env 30 VIII ma 64]; 31 VIII me 64; 2 IX v 64; 27 IX ma 64; 30 IX v 64; X 64; 1 X s 64; 13 X j 64; 14 XI l 64; 17 XI j 64; [fin XI 64]; [fin 64]; 4 I me 65; 11 I ma 65; 18 I d 65; 19 I l 65; 30 I l 65; 3 II v 65; 8 II me 65; 14 II ma 65; 22 II me 65; 23 II j 65; 22 III me 65; 29 III me 65; 30 V ma 65; [VI 65?]; 4 VI d 65; [entre le 5 et le 6 VII me–j 65]; 15 VII s 65; 16 [VII] d [65]; [17] VII l [65]; 20 VII j 65; 10 VIII j 65; 28 VIII l 65; [2 IX d 65]; 3 IX d 65; 17 X ma 65; 23 X l 65; 26 X j 65; 28 X s 65; [début I 66]; [env 8 II j 66]; 14 II me 66; [fin II ou début III 66]; [env 15 III j 66]; 26 III l 66; 29 III j 66; [début IV 66]; 10 IV ma 66; 14 IV v 66; 22 IV d 66; [env 30 IV l 66]; 7 V l 66; [début VI 66]; 17 VII me 67;

Bruxelles, 29 rue de - 17 VII me 67;

Bruyas, Alfred - [XI–XII 54]; III 55;

Bucharest - [entre le 23 v et le 27 ma II 66];

Buchon, Max - 4 VIII v 54;

Buci, 4 rue de - XI 56;

Buci, Carrefour de - 24 II j 48;

Buffon, Georges Louis Leclerc, comte de - 28 III s 57;

Buisson, Jules - 5 VI me 39; 24 II j 48; 29 IV d 60; III 66;

Bulletin de censure - VII 48; XII 48; 27 I s 49;

Bulletin de l'Ami des arts - 14 XI ma 43; 16 XI j 43; [fin 43 ou début 44]; [V 46];

Bulletin des lois - 25 V l 57; 3 VI me 57;

Bulletin des romanciers - 28 II ma 60;

Bulletin international du livre - 31 xii S 59; 12 vii J 60;

"Buloz à la recherche d'Aurevilly" - 1865;

Buloz, François - 15 VII l [50]; [env 20 XII me 54]; 18 I j 55; 30 V me 55; 1 VI v 55; 13 VI me 55; 11 II me 57; 13 VI s 57; [env 20 VIII l 60]; 11 X j 60; [env 17 I j 61]; [VIII 61]; [IX–début X 61]; [XI 61]; [env 7 XII s 61]; [1862–1865]; [entre le 4 IV v et le 15 V j 62]; [seconde quinzaine de V 62]; 20 III v 63; 1865; [fin 64 ou début 65]; [env 15 III me 65];

Bureaux de la Prêture - 1805;

Burger [Théophile Thoré] - 16 VI j 64;

Burnier, Monsieur - [1864–1865];

Burns, Robert - II 57;

Burty, Philippe - 1 IX j 59; [1861–1862]; 1 VI l 63; 30 I s 64;

Busquet, Alfred - 1 VI l 46; 9 IV me 51; 15 VII j 52; 29 I s 53; 30 V s 57;

Buveur d'absinthe, Le - [hiver 58–59]; IV 59;

Buveurs d'eau, Les - 29 III s 62;

Cabasson - [1864–1865];

Cabinet de l'amateur et de l'antiquaire - VIII 42; IX 42; VIII 44;

Cabinet esthétique - 9 XII ma 56; 18 XII j 56;

Cabinet noir, Le - 25 X s 56; 7 V s 59;

Cadart, Alfred - 1861; [été 61]; [XII 61– I 62]; II 62; V 62; 30 I s 64; 21 VII j 64;

Cadiz - 24 IX me 23;

Cadot [libraire] - [env 1 II d 52];

Caen - 7 VI s 56;

Caen [libraire] - [début VII 60?];

Cagliostro - 13 XII s 62;

Caillard, rôle de Mme Jenny - 6 XI j 45;

Caisse générale des chemins de fer - 17 II d 61;

Calais - [début IV 53]; [XI 53–I 54];

Calcutta - 18 IX s 41; 1842; 13 VIII s 42; [env 25 X ma 42]; [25 X ma 42];

Caldéron - 27 XI s 47; [fin VI 55?];

Calino - [avant le 22 XI j 49];

Calmels, Fortuné - 15 X me 61; 8 II d 63; 28 III j 67;

Calonne, Alphonse de - [env 19 II v 58]; 26 V me 58; 27 V j 58; 11 VI v 58; 3 VII s 58; 17 VIII ma 58; 2 IX j 58; 8 IX me 58; 20 IX l 58; 4 X l 58; [5 X ma 58]; 10 XI me 58; 26 XI v 58; 9 XII j 58; 10 XII v 58; 11 XII s 58; 12 XII d 58; [15 XII me 58]; [1859–1861]; I 59; 1 I s 59; 8 I s 59; 10 I l 59; 27 I j 59; 1 II ma 59; 9 II [me 59]; 11 II v 59; 16 II me 59; 24 II j 59; 11 III v 59; [env 6 IV me 59?]; 7 IV j 59; 1 V d 59; IX 59; [env IX 59]; 2 IX v 59; 25 IX d 59; 1 X s 59; [19 X me 59]; 24 XI j 59; [11 XII d 59?]; 13 XII ma 59; 14 XII me 59; 15 XII j 59; 16 XII v 59; 17 XII s 59; [env 20 XII ma 59]; 21 XII me 59; [fin 59 ou début 60]; [1859–1861]; [début I 60?]; 2 I l 60; 4 I me 60; 5 I j [60]; 8 I d 60; [env 12 I j 60]; 13 I v 60; 4 II s 60; [env 10 II v 60?]; [12 II d?] 60; [13 II l?] 60; 16 II j 60; 9 III v 60; [mi–III 60?]; 28 IV s 60; [3 V j 60]; 15 V ma 60; 16 VI s 60; [31 VII?] ma 60; [13? VIII l 60]; 14 VIII ma 60; 16 VIII j 60; [21 VIII ma 60]; 11 X j 60; [6 XI ma 60]; [env 20 XI ma 60]; 3 XII [l 60]; 4 ou 5 XII ma ou me 60; [env 17 I j 61]; 8 II v 61; 9 II v 61; [18 ou 19 II l ou ma 61]; 20 II me 61; [21 II] j [61]; 22 II v 61; [début III 61]; 2 V j 61; 3 V v 61; 11 V [s 61]; [env 13 V ma 61]; [IX–début X 61]; [fin XI 61]; [début XII 61]; [env 7

XII s 61]; [env 12 XII j 61]; 30 XII l 61; [1862–1865]; [fin 63 ou début 64]; 23 II ma 64; [fin 64 ou début 65]; 15 III me 65; 13 X s 65; [fin II ou début III 66]; 10 III s 66;

Calumet de la paix, Le - [début III 61];

Camp des Insurgés - 23-28 V v-me 48;

Campagne de France - 1814;

Campagnes d'Italie de 1848 et de 1849 - 8 V d 59;

Campan, Vallée de - [env 28 VIII me 38];

Camusat-Busserolles, Charles - 27 VII l 57;

Canard au ballon - 31 I me 55; 2 II v 55; 3 II s 55;

Canning, Sir Stratford - 20 IX j 49; 15 V me 50;

Canning, Sir Stratford - 20 IX j 49;

Cantaloube, Amédée - 1864;

Cantel, Henri - 1853; 23 VII j 57; 1 II ma 59; [env 25 II v 59]; 7 V s 59; 9 VII s 59; 1 VIII j 61;

Capé [relieur] - 13 III l 54; 3 VI s 54; [1864–1865];

Capefigue - 1 VI j 49; 1 III l 52;

Capendu, Ernest - 6 I j 59;

Capitaine Fracasse, Le - 7 XI d 63; 11 VI s 64;

Capitale ridicule, Une - 9 VIII me 65;

Cappelle, André - 17 I s 63;

Caprices d'un régulier - 23 V s 63;

Caractères et récits du temps - 26 II s 53;

Caractéristique des oeuvres de M. Champfleury - IV 59;

Caradja, prince et princesse - 4 V v 49;

Caravane, La [Bohémiens en voyage] - [fin 51];

Carbonnel, Antoine-François - 14 VII d 44;

Cardinne, abbé Jean-Baptiste - 9 VII j 57; [4 VIII] s [60]; 11 X j 60; [II 61]; [III 61]; [3 IV me 61];

Cardon, Alexis - 15 IX j 64;

Cardonville, Adrienne de, rôle d' 23 VI s 49;

Cariatides, Les - VII 42; 20 IX ma 42; 22 X s 42; [été 45]; 27 IV l 57; 1864;

Carillon, Le - 1 I l 55; [env 22 VIII? l 64];

Carjat, Etienne - [vers 1855]; [vers 1861]; [XII 61–I 62]; 1 XII d 61; 1 VI d 62; 13 VII d 62; 1863; 11 I d 63; [début I 63?]; 18 I d 63; 6 X ma 63; 1865;

Carlos - [30 XII d 32]; 17 V v [33]; 23 XI s 33; 4 IX d 59; 3 XI j 59;

Carmouche [auteur dramatique] - 17 VI d 47;

Carné, Louis de - 11 XII me 61; 31 XII ma 61;

Carnaval - 18 I ma 48;

Carnet, le [de Baudelaire] - [début 61]; [été 61]; [VIII 61]; [IX–début X 61]; 3 X j 61; 22 XI v 61; [fin XI 61]; [début XII 61]; [XII 61–I 62]; [XII 61–15 X ma 63]; [env 7 XII s 61]; [env 12 XII j 61]; [fin XII 61]; [début 62]; [I 62]; 16 IX me 63; 14 II ma 65;

Carnot, Lazare-Hippolyte - 27 IX s 51;

Carnot, place [à Lyon] - 2 IV l 32;

Carolus-Duran, Emile-Auguste - [V? 61];

Carolus [pseudonyme] - X 45; [V? 61];

Caroly, les frères - 16 [VII] d [65];

Carpentier-Méricourt [éditeur] - 1830;

Carpentras - 26 II s 48; 15 III me 48; 5 XI s 59;

Carré, Michel - 1 VI l 46; 19 XII v 51;

Carrère [maître d'études] - [env I 39];

Carrol, Jean-Charles - 27 IX s 34;

Carrousel, place du - 12 V d 39; [env 15 III s 45]; 1852; 8 VI d 62;

Carrousel, rue du - [env 15 III s 45];

Carthage - 26 VI ma 60;

Cartier, Léon - 27 III j 56;

Carvalho [directeur du Théâtre-Lyrique] - [seconde quinzaine de I 58];

Casanova de Seingault, Jacques - 3 X ma 65; [4 ou 5 X me ou j 65];

Case de l'Oncle Tom, La - 13 X me 52;

Casino - [mi–III? 60]; [mi–III 60?];

Casino-Cadet - 15 II j 66;

Castagnary, Jules-Antoine - 20 VIII v 58; 1864; 4 XI s 65; 9 XI j 65;

Castel [libraire]- 23 X s 58; [env 20 VIII l 60];

Castille, Hippolyte - 1 VI l 46; 4 X d 46; 11 X d 46; 18 X d 46; 27 XI j 51; 1 VIII ma 54; 11 V d 56;

Catéchisme de la femme amée - [env 3 III ma 46]; 23 V s 46; 23 I s 47; 5 VI s 47;

Catherine de Médicis, rôle de - 20 I d 50;

Catherine d'Overmeire - 19 II d 60; 23 XII l 61;

Catrin [secrétaire de la *Presse*] - [env 22 IX l 62];

Cauchemar - [été 45];

Cause du beau Guillaume, La - 28 VI s 62; [env 28 VI s 62]; [après le 28 VI s 62];

"Causerie" [attribuée à B] - 20 IX d 46; 18 X d 46; 7 XI s 46;

Causerie, La - 9 I d 59; 18 XII d 59; [fin 59]; 1860; 22 I d 60; 3 II d 61; [fin III ou début IV 61]; 7 IV d 61; 12 V d 61; 26 V d 61; 2 VI d 61; 16 VI d 61; 1 IX d 61; 29 IX d 61; 15 XII d 61;

Cauville - 4 VI d 48;

Cauvin, Eugène - 30 VI me 57;

Cavaignac, Louis-Eugène - 25 XI s 48;

Cayla, rôle de la comtesse de - 25 V j 48;

Caylus, Ernest - 27 IX s 51;

Cazalis, Henri - [env XII 63]; I 64; IV 64; [env 7 IV j 64]; 25 IV l 64; [fin IV 66]; 14 V ma 67;

Cazel [éditeur] - [fin II 44];

Cazin [artiste] - 15 V v 63;

Cazotte, Jacques - 20 XI s 52;

"C.C." - 22 V d 64;

Cense, cabaret du père - [été 51?]; 27 V me 57;

Censure, la - 19 IV j 38; 8 VI v 38; [env 10? I d 64];

Cent Jours, Les - 17 XI v 15;

Cercle artistique et littéraire de Bruxelles - [début VIII 63]; 10 VIII l [63]; 6 V v 64; 24 V ma 64; X 64; [hiver 64–65]; 28 XII me 64; 4 I me 65; 11 I ma 65; 18 I d 65; 21 I s 65; 6 IV j 65;

Cerigo - 1 VI d 45; [entre le 9 et le 11 VI s–l 55];

Cernéen, Le - 19 IX d 41; 25 IX s 41; 22 VI v 66;

Césena, Amédée de - 3 VI s 54; 13 VI ma 54;

C'est le Roi barbu qui s'avance... - 21 XII j 65;

Cette Nuit, je songe à Philis... - 2 I ma 66;

Ceyras, Eugène - 13 X s 66;

Cézanne, Paul - 1858;

Chacun la sienne - 26 VIII ma 62;

Chaintré, Clément de - 6 V d 60;

Chaix d'Est-Ange, Gustave - 18 II d 55; 13 VI s 57; 27 VII l 57; [fin VII ou début VIII 57]; 16 VIII d 57; 17 VIII l 57; 18 VIII ma 57; [après le 20 VIII j 57]; 25 VIII ma 57; 27 XI v 57; 12 XII s 57; 13

I me 58; 28 II d 58; 30 I me 61; 22 II v 61; [fin II ou début III 66];

Challemel-Lacour [traducteur] - X 60;

Chambert - 8 IX ma 57;

Chambre des Représentants [en Belgique] - 11 VII l 64;

Chambre des députés - [31 XII l 38]; [début VIII 63];

Chambre double, La - [env 20 XII v 61]; 26 VIII ma 62;

Chambre, 8e - 22 IV me 63;

Champeaux - 30 III me 64;

Champerret, porte de - [fin XI 61];

Champfleury [Husson, Jules dit] - [entre le 20 V ma et le 27 V ma 45]; 27 V ma 45; [été 45?]; 14 III s 46; [env 7 V j 46]; 10 V d 46; 10 X s 46; 30 XI l 46; 23 I s 47; 5 VI s 47; IX 47; 14 XI d 47; 1848; 18 I ma 48; 23 II me 48; 26 II s 48; 27 II d 48; 15 III me 48; 28 III ma 48; 29 III me 48; 28 V d 48; VI 48; 24 II s 49; [automne 49]; [avant le 22 XI j 49]; [1850]; 4 V d 50; [env 9 V j 50?]; 10 V v 50; 21 IX s 50; 6 X [ou XI] d [ou me] 50; 14 II v 51; [IV 51]; 11 IV v 51; 20 IV d 51; [env 3 VI ma 51]; 3 VI ma 51; [été 51?]; 12 VII s 51; 29 VII ma 51; 30 VII me 51; [été 51?]; [11 IX j 51]; [12 IX v 51]; [env 13 IX v 51]; [13 IX v 51]; 11 XII j 51; [env 1 II d 52]; 3 II ma 52; 10 III me 52; 20 III [s 52]; 7 IV me 52; 19 IV l 52; 9 V d 52; 19 [V] me [52]; [env 19 V me 52]; 20 V j 52; [fin V 52?]; 25 V ma 52; 29 V s 52; 29 VII j 52; 19 II s 53; 26 II s 53; 13 III d 53; 15 III ma 53; 16 IV s 53; [avant le 22 IV v 53]; 22 IV v 53; 29 VII v 53; [avant le 13 IX ma 53]; 13 IX ma 53; 15 XII j 53; 13 I v 54; 14 I s 54; 11 III s 54; 20 V s 54; 4 VIII v 54; [vers 1855]; 16 I ma 55; 17 I me 55; 18 I j 55; 2 IX d 55; 11 V d 56; 7 VI s 56; 14 VI s 56; 9 XI d 56; 15 III d 57; [env 23 III l 57]; 23 III l 57; 27 V me 57; 13 VI s

57; [env 20 VII l 57]; [fin 57]; 6 I j 59; 5 II s 59; IV 59; 7 V s 59; 30 VII s 59; IX 59; XI 59; [env 13 XII ma 59]; [env 10 I ma 60]; 27 I v 60; 16 II j 60; 28 II ma 60; 31 III s 60; 7 IV s 60; [19 IV j 60]; 24 VIII v 60; [début XI 60]; 13 XI ma 60; [env 13 XI ma 60]; 16 I me 61; [V? 61]; 2 VI d 61; [VIII 61?]; 18 IX me 61; 20 X d 61; 26 X s 61; 1862; [1862–1865]; 13 III j 62; [env 12 XII v 62?]; 1863; 27 II v 63; [27 ou 28 II v ou s 63]; [1 ou 2 III d ou l 63]; 6 III v 63; [7 III v 63]; 7 III s 63; 22 IV me 63; 19 IX s 63; [19 ou 20? s ou d IX 63]; 12 XII s 63; 30 I s 64; 30 III me 64; 1 IV v 64; 2 IV s 64; 15 VII v 64; 10 IX s 64; [fin 64 ou début 65]; 24 V me [65]; 25 V j 65; 26 V v 65; X 65; 4 XI s 65; 13 XI l 65; 21 XI ma 65; 5 II l 66; [fin II ou début III 66]; III 66; 14 IV v 66; 23 V me 66; 21 VI j 66; 11 VII me 66; 12 VIII d 66; 15 VIII me 66; 27 VIII l 66; [première quinzaine de X 66]; 14 X l 66; 21 I l 67; 18 IV j 67; 28 IV d 67; [été 67]; 17 VII me 67; 2 IX l 67; 3 IX ma 67;

Champrosay - 10 VI d 55; 8 X ma 61;

Chancel, Camille de - 15 XI ma 53;

Chancy, Eugène - 10 III s 66;

Chanson d'après-midi - 15 X l 60; 1 VI s 61;

Chanson du vin, La - IX 44;

Chanson [*Combien dureront nos amours?*] - 20 XI s 47; 4 VI s 64;

Chansonnette [*Dans le joyeux mois de mai...*] - 29 I s 53;

Chansonnette [*M'aimez-vous, dit Fanny...*] - 29 I s 53;

Chansons des rues et des bois - [env 20–25 X v–me 65]; 3 XI v 65; 13 XI l 65; 14 XI ma 65; 15 XI me 65; 16 XI j 65; 26 XI d 65; 8 III j 66;

Chansons populaires de province - 7 IV

s 60;

Chant d'automne - 2 IX v 59; [automne 59]; 30 X d 59; 30 XI me 59; [fin XII 59?]; [19 IV j 60]; 30 VIII j [60];

Chant des ouvriers - 1846; 2 XII s 48;

Chant des soldats - 3 III s 49;

Chant des transportés - 1 XII s 49;

Chants et chansons - [VII–VIII 51]; [fin VIII 51]; 20 IV me 53; 15 V j 56;

Chaotic School, The - [entre le 1 V v et le 28 V j 63];

Chapelle, M. de la - 18 [X j] [60];

Charbonnières - 5 VIII d 32;

Chardin, Achille - 3 X l 36; XII 36; [fin VI? 37]; 17 VIII j 37; 11 VI s 64;

Chardin, Achille - XII 36; 17 VIII j 37; 11 VI s 64;

Charenton - [12–13 I j–v 32]; 1 VI j 65;

Chariot d'enfant - 10 V v 50; 13 V l 50; [18 V] s [50]; 2 VI j 50;

Charisius - 1861;

Charivari - 13 VII v 38; [env 17 XII ma 44]; [18 XII me 44]; 4 IV d 47; 12 III ma 61; 19 V d 61; 24 XII ma 61; 17 I v 62; 23 X j 62; 25 XI s 62; 15 VI me 64; 15 VII v 64; 6 IV v 66; 13 IV v 66; 19 IV j 66;

"Charles Baudelaire respirant un bouquet des *Fleurs du Mal*" - 30 I d 58;

Charlet, Nicolas - [1857 ou 1858]; 12 X l 57; [1857 ou 1858];

Charlotte Corday - 23 III s 50;

Charlotte - 3 IX d 48;

Charpentier [éditeur] - 1845; [fin IV 46]; [env 1 II d 52]; 23 VII s 59; 30 XI me 59; 10 XI s 60; [1862–1865]; 20 VI s 63; [VIII 63 ?]; [fin 64 ou début 65]; 3 II v 65; [env 15 III me 65]; [env 7 VII v 65?];

Charpentier, Gervais - 23 VII s 59; 20 VI s 63; [VIII 63?]; [env 15 III me 65]; [env 7 VII v 65?];

Charras, Jean-Baptiste-Adolphe - 15 IV s 48; 27 IX s 51;

Chasles, Philarète - 31 V s 34; 27 XI s 47; 24 VIII s 50; [IV 51]; 12 IV s 51; [début X 52?]; 3 X d 52; 20 IV d 56; [fin IV 56]; 29 I j 57; 7 III s 57; 13 VI s 57; 31 XII ma 61; [1862–1865]; 26 I d 62; [env 11 IV l 64]; [fin 64 ou début 65]; [env 15 III me 65]; [fin II ou début III 66];

Châtelet, place du - 23 II me 48;

Châtiment de l'Orgueil - VI 50;

Chat Trott, Le - 14 XI d 47; 26 II s 48;

Chat noir, Le- 27 I me 47; 13 XI d 53; 14 XI l 53; 16 XI me 53; 31 VII l 54; 1 VIII ma 54;

Chateaubriand et son groupe littéraire - 3 XII [l 60];

Chateaubriand et son temps - 22 II ma 59;

Chateaubriand, François René de - 1836; 3 II ma 46; 22 IV v 53; 22 II ma 59; 24 II j 59; 3 XII [l 60]; 9 II v 61; [env 29 III l 62]; 29 III s 62; 24 V s [62]; 2 XII me 63; 9 III j 65; 18 II d 66;

Châteauroux - [fin IV ou début V 48];

Chatelain, Ernest, dit le chevalier de - 26 III j 63;

Chatillon, Auguste de - [mi–I 59?]; [env 22 I s 59]; 22 I s 59; 27 I j 59; [env 18 II me 63]; [18 II me 63]; [14 III s 63]; 15 III d 63;

Chats, Les - 14 XI d 47; 15 III me 48; XI 48; 9 IV me 51; 19 II s 53; 25 IV v 53; 26 X s 61; 21 II d 64; 16 IV s 64;

Chaumont, François-Edmond - 10 II ma 1758;

Chaumont, Marie-Charlotte-Dieu, veuve - 10 II ma 1758;

Chaussepied - 30 XII j 58;

Chauvin, Victor - 30 VI s 66;

Chemin de fer du Nord, Hôtel du - 9 VII d 65;

Chemin de fer, café du - 16 II j 60;

Chenavard, Paul - [env 8 III d 57]; [fin 57]; [env 19 II v 58]; 18 II s 60; [env 23 XII l 61]; [1862–1865]; 23 XI l 63; 25 XI me 63; 2 XII me 63; [fin 64 ou début 65]; [fin II ou début III 66];

Chenay, Paul - [env 6 XII s 62]; 6 XII s 62; [fin 62]; 14 V d 65;

Cheneaux, voie des [à Sceaux] - 24 IX s 59;

Chennevières, Philippe de - 5 VI me 39; 4 XI ma 45; [5 XI me 45]; 23 I v 46; 18 I ma 48; 19 X j 48; 12 VII s 51; [VIII 53]; 10 VI s 54; [env 8 III d 57]; 29 IX j 59; [env 31 I v 62]; 31 I v 62; 2 VIII s 62; 11 III s 63; [III 64]; III 66;

Cherche-Midi, 91 rue du - 8 III ma 53; 27 IV l 57;

Cheval de race, Un - 14 II d 64;

Chevalet, Emile - 1858;

Chevalier, Auguste - [env 4 XII j 62]; 4 XII j 62;

Chevassut [Alexandre?] - [env 3 VIII v 32];

Chevelure, La - 20 XI s 47; 24 VIII l 57; 10 XII j 57; [env 4 II v 59]; 20 V v 59; [fin V? 59]; 11 VI s 59; [fin XII 59?]; 1 XI v 61; [env 22 IX l 62]; 24 IX me 62; 21 VI d 63;

Cheveu blanc, Un - 13 III ma 60;

Chevreau, Henri - [automne 42];

Chevreuse, rôle de la duchesse de - 20 X me 52;

Chevrier, François Antoine - 28 III s 57;

Chien et le flacon, Le - 26 VIII ma 62;

Chien-Caillou - 10 X s 46; 30 XI l 46; 23 I s 47; 18 I ma 48;

Chintreuil, Antoine - 15 V v 63;

Choiseul, Charles Raynard Laure Félix, duc de - 13 II ma 27; 31 X v 28;

Choiseul, enfants d'Antoine-Cesar de - [fin VI ou début VII 1785];

Choiseul, passage - [XII 61–I 62];

Choiseul-Praslin - [fin VI ou début VII 1785]; IX 1785; 1791; 28 X l 1793; 14 I ma 1794; 13 II ma 27; 31 X v 28; 6 VII l 29; 28 VI l 41; [nuit du 17–18 VIII ma–me 47]; 24 VIII ma 47; 25 VIII me 47;

Choiseul-Praslin, duchesse de - [nuit du 17–18 VIII ma–me 47];

Choiseul-Praslin, famille - IX 1785; 13 II ma 27; 31 X v 28; 6 VII l 29; 28 VI l 41; 24 VIII ma 47; 25 VIII me 47;

Choix de matières et pièces de vers latins - 11 VI s 64;

Choix de maximes consolantes sur l'amour - 3 III ma 46; [env 3 III ma 46];

Choquet, Dr - 11 IV s 35;

Choux, Jules - 4 VI d 48;

Christ ressuscitant, assisté par les anges - [III 64]; [début IV 64];

Christophe, Ernest - [env 14 VII d 50]; 19 XII j 50; 25 XII me 50; 9 I d 53; 10 II j 59; 11 II v 59; [env 12 II s 59]; 15 II ma 59; 20 II d 59; 16 XI me 59; 10 XII s [59]; 23 II j 60; [4 V v 60]; 28 II ma 60; 5 III l 60; [19 IV j 60]; [4 V v 60];

Chronique de France - 16 XI me 53; 30 IV d 54;

Chronique de Paris - 14 VIII d 36;

Chroniques contemporaines - 23 VII s 59;

Chroniques et légendes des rues de Paris - 25 VI s 64;

Chroniqueurs de Paris - 26 IV d 57; 9 VII j 57;

Chute d'un ange - [fin VII ou début VIII 57];

Chute de la maison d'Usher - 7 II me 55; 9 II v 55; 13 II ma 55;

Châlon [tailleur] - 30 XI v 60 -

Châtelet de Paris - 4 V j 1786;

Châtiment de l'orgueil - VI 50;

Cicerone parisien - 1 XII me 47;

Cigüe, La - 27 XI j 51;

Cimetière Montparnass - 12 II l 27; II 32; 10 V d 46; 30 IV j 57; [entre le 3 VI me et le 9 VII j 57]; 2 IX l 67;

Cinq Académies, les - 17 VIII l 57;

Cirque, théâtre du - 8 IX ma 57; 11 I l 58; 8 XII j 59; [22 IV d 60]; 13 X s 60;

Citoyen de la Côte d'or -

"Civilis" - 1 VII ma 45;

Clément de Ris, Louis, comte de - 1 IV me 29;

Clésinger, Jean-Baptiste - [env 44]; 1846; 1 III l 47; [IV 47]; 10 IV s 47; 19 V l 47; [III? 48];

Cladel, Léon - III 57; [été 61]; [env 30 VII ma 61]; [30 ou 31 VII ma ou me 61]; 1 VIII j 61; 7 VIII me 61; 15 VIII j 61; [21 VIII me 61]; 27 [VIII] ma [61]; [IX–début X 61]; 15 X me 61; [XII 61?]; [XII 61–I 62]; 21 XII s 61; 9 I j 62;

Clairville, Louis-François Nicolaie, dit - 8 XII l 45;

Classe de 1841 - 2 V l 42; 16 VI j 42;

Claudie - 11 I s 51; 4 I d 52;

Claudin, Gustave - 26 VI ma 60; 6 VII v 60; 1 VIII me 60; 12 VIII d 60;

Claveau, Anatole - 15 III j 60;

Clavicules de Salomon - [23 I s 66];

Claye [imprimeur] - [env 4 VI ma 61]; [env 19 VI me 61];

Clemm, Mrs. Maria - 29 VI d 49; 25 VII ma 54; 13 V ma 56;

"Clergeon aux enfers" - [1859?];

Clergier, Albéric - 15 I j 63;

Clichy - 28 XI d 47; [env 13 V ma 61]; 12 XI me 62; 16 XI d 62; [XII 62];

Client ou les Représailles, Le - 6 XI j 45;

Clifton [auteur d'un dictionnaire anglais-français, v. Thunot] - [7 II me 66];

Cloche fêlé, La - 9 IV me 51; IV 53; 1 VI v 55; 2 VIII s 62;

Closerie des genêts, La - 1 VI j 54; [avant le 21 VII v 54];e -

Closerie des lilas - 7 IX ma 47; 20 XI s 47;

Club des Hachichins - 22 XII l 45;

Club des Haschischins [article de Gautier sur le] - 1 II d 46;

Cochinat, Victor - [fin 59]; [fin III ou début IV 61];

Coeur accusateur, Le - 30 IV d 54;

Coeur révélateur, Le - 4 II v 53; 29 VII s 54;

Cogniard, Hippolyte et Théodore - 8 II ma 48;

Cognier, Léon - 2 X l 37;

Cohen, Joseph - [avant le 3 VI s 54]; 3 VI s 54; [7 VI?] me 54; 22 III s 56; 7 VI s 56; 10 I l 59;

Coignard, Hippolyte - 1 II d 46;

Coindard, Charles-Joseph - [6 VII j 65];

Colet, Louise - [env 17 IX d 43]; 21 I l 44; 21 VII d 44; 2 V d 52; 22 X d 54; 28 III s 57; 1 I d 65;

Collart, Mme Léopold - [11 V me 64];

Collart, Mme Léopold et Mlle Marie - 11 VI s 64;

Collignon, Albert - 22 II l 64; [24 II me 64]; 11 IV l 64; 15 IV v 64; [début V? 64]; 11 VI s 64; 26 VI d 64; 1866;

Colloque d'Eiros et Charmion - 3 VII s 47;

Colloque de Monos et Una - 22 I l 55;

Colloque entre Monos et Una - 22 I l 55; 23 I m 55; 24 III l 56;

Colombey, E.-L. - [env 13 VII l 57];

Comédie de la mort - 9 II s 38; 15 IV me 46;

Comédie humaine - 10 II j 59;

Comédie parisienne - 4 V l 57;

Comédien Trianon, Le - 20 V s 54;

Comba, Pierre-Paul - 15 I d 60;

Combe, colonel de la - 12 X l 57;

Comité d'instruction publique de la Convention - 14 I ma 1794;

Comment on paie ses dettes quand on a du génie - 2 IX l 39; [VIII 40]; 24 XI l 45; 23 VIII d 46; 24 VIII l 46; 25 VIII ma 46; 26 VIII me 46;

Commentaires d'un soldat - 15 I d 60; 1 II me 60; 15 II me 60; 12 V s 60; 4 VIII s 60; 23 XII s 65;

Commerce de nouveautés littéraires - 11 VI j 57;

Commerce, Le - [18 XII me 44];

Commerson, Joseph-Jacques - 24 VII v 46; 8 II d 63;

Commission administrative du Sénat - 1799; 1801; [1803?];

Compère Mathieu, Le - [avant le 7 III s 57]; 7 III s 57;

Compiègne - 29 IX ma 01; 1833; 17 VII me 33; 23 VIII ma 36; 24 VIII me 36; 13 VIII d 37; 10 IX d 37;

Composition architecturale [de Kendall] - 1855;

Comptoir d'escompte - [env 20 III me 61];

Comte de Gabalis - 28 VIII me 61;

Concert de Paris - [début II 58];

Concorde, place de la - 22 II ma 48;

Concours géneral - 1778; 1779; 17 VIII me 36; 10 VII l; 16 VIII me 37; 17 VIII

j 37; [17 VII j 38]; 3 VIII v [38]; 10 VIII
v 38; 20 VIII l 38; 23 [VIII] j 38; [env 18
V s 39]; 30 VI s 66;

Condorcet, Marie-Jean-Antoine-Cari-
tat, marquis de - 9 II l 1795; 26 XI s
59;

Condé, rôle de la princesse de - 1 X 1
49;

Confession - IX; 1822; 1828; 4 X s 28;
9 V l 53; 1 VI v 55; [seconde quinzaine
de V 57?]; 9 VII j 57; 3 VI me 63;

Confessions du mangeur d'opium - 9
VII j 57;

Confessions of an English Opium Eater
- - IX-X 21;; 1822; 1828;

Confessions de Jean-Jacques Rousseau
- 3 VI me 63;

Confidences d'un hypochondriaque - 15
I v 58;

Confiteor de l'artiste, Le - [env 20 XII
v 61]; 26 VIII ma 62;

Conseil de famille - 12 II l 27; 6 VII l
29; VI 32; 1838; 4 V ma 41; 14 VI l 41;
[été 44]; 10 VIII s 44; 24 VIII s 44;

Conseils aux jeunes littérateurs - [sec-
onde quinzaine de III 46]; 15 IV me 46;
17 IX j 46; 18 IX v 46; 19 IX s 46;

Considérant, Victor - V 49;

Considération, La - [6 II j 34?]; 6 XI ma
60; [après le 24 XI s 60];

Conspiration, La - 14 I j 58; 13 VI l 59;
2 IX d 60;

Constant [prêteur sur gages] - [15 II d
63]; -

Constant, l'abbé - 1 III s 45; X 45; [après
le 24 XI s 60]; 16 I me 61; 9 II v 61; [18
ou 19 II l ou ma 61]; [15 II d 63]; 4 XII
j 64;

Constantinople - 8 IV s 48; 13 IV j 48;
15 IV s 48; 12 V v 48; 19 VI l 48; 27
VIII j 48; 16 XII s 48; 14 VII s 49; 22

VIII me 49; 22 XI j 49; XII 49; 5 XII me
49; 10 IV me 50; 15 V me 50; 1 VII l 50;
6 XII v 50; 19 III me 51; 30 IV me 51;
1 V j 51; 7 VI s 51; 26 VI j 51; [début
52?]; 10 II j 53;

Constitution - 27 VI v 49;

Constitutionnel - [env 9 V l 1791]; 11 V
s 22; 13 VII l 46; 21; [début X 52?]; 3 X
d 52; [première quinzaine de X 52]; 16
V ma 54; [env 15 VII s 54]; 22 III s 56;
12 V ma 57; 21 VIII v 57; [29 XI ma 59];
[4 IV me 60]; [20 IV v 60]; [fin IV 60];
[mi–V 60]; 12 VII j 60; [13? VIII l 60];
15 VIII me 60; 16 VIII j 60; [21 VIII ma
60]; [22 ou 23 VIII me ou j 60]; 1 X l 60;
[X–XI 60]; 5 [XII me] 60; 10 I j 61; [env
17 I j 61]; 10 II d 61; [1862–1865]; 20 I l
62; [env 24 I v 62]; 3 II l 62; 20 I v 65;
15 II me 65; 28 II ma 65; 24 IV l 65; 4
V j 65; 12 VI l 65; 3 IX ma 67;

Contagion, La - 11 III d 66;

Contemplations, Les - 9 VI me 58; 1 X
s 59; [VI ou été 61?]; 14 IX d 62; 30 III
j 65;

Contemporains, Les - 1 IX ma 57; 8 IX
ma 57;

Contes d'Espagne et d'Italie - 15 V l 58;

*Contes Normands et Histoires bague-
naudières* - 4 XI ma 45;

Contes étranges - 1866;

Contes d'Hoffmann, [article de Gautier
sur les] - I 41;

Contes d'automne - 20 V s 54; 5 II s 59;

"Contes de Champfleury, Les" - IX 47;

Contes de Jacob à ses petits-enfants -
1831; 24 XII s 31; [30 XII d 32];

Contes de Saint-Saintin - 11 III s 63; [III
64];

Contes de printemps - 19 II s 53;

Contes domestiques - 16 IV s 53;

Contes extraordinaires - III 53; V 53;

Contes posthumes d'Hoffmann - 14 VI s 56;

Contes vieux et nouveaux - 19 [V] me [52];

Contes d'Hoffmann - 14 VIII d 36; I 41;

Contes de Champfleury - IX 47; 18 I ma 48;

Convalescence du vieux conteur - [6 II j 34?];

Convention - 13 XI me 1793; 14 I ma 1794; *Conviention de Gastein, La* - 3 X ma 65 - 13 X s 65;

Conversations de Charles Baudelaire avec les anges - 29 VII j 52;

Cooper, James Fenimóre - 13 VII v 60;

Coppenhague [greffier du conseil permanent de révision] - [27 VI me 38];

Coq-Héron, rue - 29 IV d 60;

Coquenard, 33 rue - [début V 46?]; 16 VI ma 46;

"Coquette maigre, La" - 21 II me 66;

Coran - 13 XI d [64];

Corbeau, Le - 13 X me 52; 9 I d 53; 1 III ma 53; 1 V d 53; 16 XII v 53; 29 VII s 54; 20 IV me 59; [entre le 1 XI ma et le 15 XI j 59]; [entre le 29 et le 30 I me–j 62];

Corbeil - 4 XII j 56; [fin I 57]; 19 III v 58; [env 20 III s 58]; I IV j 58; 6 IV ma 58;

Corde, La - 7 II d 64; 1 XI ma 64;

Cordonnerie pour dames, La - 1 XII j 53; 1 I d 54; 15 I d 54;

Cormier, J.-M. - 1 XI d 57;

Corot, Camille - 15 IX l 51;

Corps d'etat-major - 3 X s 18; 12 XII s 18;

Corps d'opérations de la Moselle - 21 VIII me 44;

"Correspondance" du *Tintamarre* - 18 I s 45; 31 VIII d 24;

Correspondances - 1 III s 45; [env 25 II s 65]; 25 II s 65;

Corsaire - [1 II l 41]; 3 VI s 43; 4 III l 44; 7 IX d 44; 27 V ma 45; 10 X v 45; 4 XI ma 45; 24 XI l 45; 25 XI ma 45; 17 I s 46; 21 I me 46; 23 I v 46; 3 II ma 46; 3 III ma 46; 14 III s 46; 24 V d 46; 26 V ma 46; 21 VI d 46; 19 VII d 46; 24 XII j 46; 17 VIII l 47; 9 IX j 47; 14 XI d 47; 18 I ma 48; 4 VI d 48; [avant le 22 XI j 49]; 23 IV d 54; 19 VII d 57; 27 IX d 57; 3 II d 61; 27 I l 62;

Corsaire-Satan - 27 V ma 45; 10 X v 45; 4 XI ma 45; 24 XI l 45; 25 XI ma 45; 17 I s 46; 21 I me 46; 23 I v 46; 3 II ma 46; 3 III ma 46; 14 III s 46; 24 V d 46; 26 V ma 46; 21 VI d 46; 19 VII d 46; 24 XII j 46; 17 VIII l 47; 9 IX j 47; 14 XI d 47; 18 I ma 48; 4 VI d 48; [avant le 22 XI j 49]; 23 IV d 54; 19 VII d 57; 3 II d 61;

Coste [correspondant d'Aupick] - 11 VIII me 46;

Cottage Landor - 2 I v 63; [18 VI j 63]; 16 IX me 63; 22 XII ma 63; 9 X d 64; 27 I v 65; 24 VI s 65;

Coucher du soleil romantique, Le - 12 I d 62; 11 X s 62; [XII 66]; 1 I ma 67;

Coudougnan, Louise - 7 VI j 21; 2 VIII s 28;

"Coupe, La" [café] - [1865–1866];

Couple royal - 31 I v 40; 1 II s 40; 12 VI v 40; 12 IX s 40; 13 IX d 40; 5 III v 41; 6 III s 41;

Coups de plume sincères - 31 XII s 53;

Courbet, Gustave - [vers 1847]; [IV 47]; 22 II ma 48; 23 II me 48; 27 II d 48; 12 V s 49; 21 IX s 50; [XI–XII 54]; [env 20 XII me 54]; I 55; III 55; 6 IV v 55; 15 IV d 55; [env 15 IV d 55]; [env 1 VI v 55]; 2 IX d 55; [fin 55 ?]; 28 VI d 57; 12 VIII me 57; 23 VIII d 57; [II–III 59]; VIII 59; 30 IX v 59; 16 I me 61; 1862; 15 I j 63;

1864; [env 16 I s 64]; X 64; [fin VIII ou début IX 65]; 14 IX j 65; 4 III d 66; 13 VI me 66;

Courrier artistique - 30 IX me 57; 15 VI d 61; 1 IV ma 62; 31 VII d 64;

Courrier de Lyon - 15 III j 32; 2 IX ma 35;

Courrier de Paris - 16 IV j 57; [16 IV j 57]; 15 III ma 59;

Courrier de la librairie - 18 VII s 57;

Courrier des théâtres - 3 XII l 38;

Courrier français - 28 II l 48;

Courtois, Jacques - 9 XI d 45; 30 XI s 45; 26 V ma 46; 3 VIII d 56;

Cousin, Victor - 1842; 31 I ma 54; 15 III me 54; [env 1 VI v 55];

Cousinet - [I–II 44]; 24 II d 44; 1 III v 44; 24 XII me 56; 16 X v [57]; 5 XI j 57; [env 5 XI j 57]; [XII 57]; 15 XII me 57; 31 XII j 57; 5 I ma 58; 28 I j 58; 26 II v 58; 3 III me 58; 9 III ma 58; 26 IV l 58; 28 V v 58; 20 VI s 58; 15 VIII d 58; 16 VIII l 58; [env 4 II v 59]; 19 IV j 60; [20 IV v 60]; [22 IV d 60]; [XII 61–I 62];

Cousinet, Mme - [env 4 II v 59];

Couture, Thomas - IV 59;

Couturier [prêtre] - 7 VI j 21; [19–20 V v–s 65];

Couvercle, Le - 1861; 12 I d 62; 27 XII me 65; 30 VI s 66;

Couvez, Henri - 20 X s 60; IX 63;

Covent Garden - 12 II ma 61;

Crabbe, Prosper - 11 VI s 64; 13 VI l 64; [17] VII l [65]; [4 ou 5 X me ou j 65];

Crapuzot, comtesse de - 11 VII s 63;

Cravant [Yonne] - 6 XI d 59;

Crébillon fils - 18 III me 57; 19 III j 57; [20 III v 57];

Crémieux, Hector - 6 I j 59;

Creil - 2 XII ma 28; [25 IV l 41]; [début V? 41];

Créole couchée - [été 62];

Crépet, Eugène - 1859; [1859–1860]; [fin VII 59?]; 4 VIII j 59; [env 15 VIII l 59]; [env 25 VIII j 59]; 26 IX l 59; 31 X l [59]; [début XI 59]; [1859–1860]; 1860; [env 10 IV ma 60]; [9 V me 60?]; [11 V v 60?]; [13 V d 60?]; [mi–V 60]; 15 V ma 60; 20 V d 60; 21 V l 60; [10 VIII v 60]; [avant X 60]; 4 ou 5 XI d ou l 60; 8 XI j 60; [1861–1862]; 17 I j 61; 18 V s 61; [env 20–25 V l–s 61]; [VI ou été 61?]; 2 VI d 61; [env 19 VI me 61];

Crépet, Mme - [env 19 VI me 61];

Crépuscule du matin, Le - 1843; 1 II d 52; 2 VIII s 62;

Crépuscule du soir, Le - 1 II d 52; 2 VI s 55; 24 VIII l 57; 1 XI v 61; 24 IX me 62; 7 II d 64;

Crépuscules, Les Deux: Le Soir; Le Matin - [fin 53 ou début 54];

Cressonnois, Jules - 1863;

Crimée - 10 I j 61; [18 ou 19 II l ou ma 61]; 18 XII d 64; 18 II s 65;

Critique française - 1862; 15 XI s 62; 15 I j 63; 15 V d 64;

Crocq, Dr Jean - 10 IV ma 66;

Croisset - 12 VII j 60;

Croix de la vallée - 15 I l 66;

Croly, Reverend George - X–XII 35;

Cros, Henry - 15 V v 63;

Crotoy, Le - [VIII 53];

Crouzet [directeur des études au Prytanée militaire] - 17 VIII l 07; 30 VIII me 37;

Crowe, Catherine - 1848; 15 IV v 53; [fin VI 59];

Cuba - XI 51;

Curé de Maubosc, Le - [5 XI me 45];

Cure du docteur Pontalais, Une - 21 XII j 65;

Curnier, [Léonce? Jean-Charles?] - 27 IX s 51;

Cusinier, café [au Quartier latin] - [1848];

Cusset - 2 VII s 64;

Custine, Astolphe, marquis de - 17 I s 35; 16 VIII d 57; [après le 20 VIII j 57]; 25 VIII ma 57; 25 IX v 57; 14 V v 58; 9 II v 61; 2 XII me 63; 22 III me 65; 11 VII ma 65; [entre le 11 et le 15 VII ma-s 65]; 9 VIII me 65; 3 IX d 65;

Cuvillier-Fleury, Alfred-Auguste - 19 VI l 48; 12 XI me 56; [env 17 I j 61]; 11 XII me 61; [1862–1865]; [fin 64 ou début 65]; 26 III d 65;

Cydon - 16 VI s 1781;

Cygne, Le - 1852; 7 XII me 59; 15 XII j 59; 18 XII d 59; [env 20 XII ma 59]; 22 I d 60; [fin III 60?]; 25 VI s 64;

Cythère, gibet de l'Ile de - 4 VI me 51;

Czartoriska, princesse - 26 I me 59;

Czartoriski, princes - [15 XII me 58];

Daigny - 16 [V v 44];

Daily Tribune (New-York) - 9 X ma 49;

Dairnvaell, Mathieu - [env IV 42–1843];

Dalloz, Paul - [env 20 III l 54]; 13 VI s 57; [env 20 V d 60]; 26 VI ma 60; [27 VI me 60];

Damarin, E. - 8 XII l 45;

Damas-Hinard, Albert - 15 XI d 57; 19 XI j 57; 25 I l 58;

Dame Blanche, La [toile de Whistler] - 15 V v 63;

Dame de Montsoreau, La - 30 III j 65;

Damnation - [env 4 II v 59];

Damourette [graveur] - 27 IX s 51;

"Dandies" - [XII 61–15 X ma 63]; 29 III s 62; 2 XII me 63;

"Dandys, dilettantes et virtuoses" - 1 IX d 61; 1 XI v 61;

Dandysme littéraire - 4 II s 60; 2 I v 63;

Dandysme, Le - 20 XII me 54; [env 20 XII me 54]; 17 III s 55; 4 II s 60; 3 XII [l 60]; 9 II v 61; [IX–début X 61]; [début XII 61]; [env 7 XII s 61]; 2 I v 63;

Danemark - [env 11 IV l 64];

Daniel, John M. - 12 I v 44; III 50; 22 II d 52; 21 VII s 55;

Dans ce cabriolet [poéme de Sainte-Beuve] - 15 I l 66;

Dans l'Ile Saint-Louis [poème de Sainte-Beuve] - 5 I l 66;

Danse des morts en 1848 - 16 V l 59;

Danse macabre - 31 XII v 58; 1 I s 59; 1 II ma 59; 9 II [me 59]; 11 II v 59; 16 II me 59; 20 II d 59; 5 III s 59; 15 III ma 59; 1 V d 59; 29 X s 59; [fin XII 59?]; [19 IV j 60]; 30 VIII j [60]; 1 II v 61; 26 I d 62; 1 I l 66; 21 II me 66;

Danube, Hôtel du - 7 VI s 51;

D'après Mortimer - [19 IV j 60]; 30 VIII j [60];

Dardart, Caroline - [18 V] s [50];

D'Arhem, L.R. [Louis Ménard] - 14 IV me 47;

Dariulé, lieutenant-général - 26;

Darjou, Alfred - 10 VII s 58;

Daubrun, Marie - 30 IX d 27; 30 IV d 28; [15-19 III s-me 45]; 22-23 VII m-me 45; 2 X j 45; 7 X me 45; 9 X j 45; 10 X v 45; 19 X d 45; 23 X j 45; 24 X v 45; 2 XI d 45; 3 XI l 45; [5 XI me 45]; 6 XI j 45; 9 XI d 45; 13 XI j 45; 16 XI d 45; 8 XII l 45; 19 XII v 45; fin XII 45; 1846; 4-i5 I v-ma 46; 11 I d 46; [mi-I 46]; 11-16 I d-vi 46; 22-25 I j-d 46; 25 I d 46; 25-29 I d-j 46; 1 II d 46; 10 II ma 46; 12 II j 46; 19 II j 46; 20 II v 46; 21 II s 46; 26 II j 46; 15-19 III d-j 46; [VI 46]; 13 VII l 46; 24 VII v 46; 13 VIII j 46; 23-27 VIII v-j 46; 23 VIII d 46; 26 IX s 46; 1 X j 46; 1-4 X j-d 46; 27 XII d 46; 27 VI d

47; 18 VIII ma 47; 8 II ma 48; 19 II s 48; 2 III j 48; 4 III s 48; 23 III j 48; 25 V j 48; 3 IX d 48; 10 X ma 48; 3 VI d 49; 23 VI s 49; 1 X l 49; 20 I d 50; 25 X v 50; 1 XII d 50; 11 I s 5a; 8 IV ma 51; 19 XII v 51; 21 XII d 51; [début 52?]; 4 I d 52; [fin III 52]; VI 52; 11 IX s 52; 14 IX ma 52; 18 IX s 52; 20 X me 52; 26 XII d 52; 9 I d 53; [début IV 53]; [XI 53-I 54]; 1854; 18 V j 54; [avant le 21 VII v 54]; 21 VIII v 54; 29 VII s 54; 14 VIII l 54; 22 VIII ma 54; 23 VIII me 54; 13 X v 54; 14 X s 54; 16 X l 54; 22 X d 54; 23 X l 54; [début XII 54]; 4 XII l [54]; [fin 54]; 9 I ma 55; [7 IV s 55]; [début VIII 55]; [env 7 VIII ma 55]; 12 VIII d 55; 13 VIII l 55; 14 VIII ma 55; 16 VIII j 55; 17 VIII v 55; 19 VIII d 55; 23 VIII j 55; 29 VIII d 55; [automne 55]; 7 X ma 56; 12 I l 57; [env 10 II j 59]; [été 59]; 5 VIII v 59; 9 IX v 59; [automne 59]; 1 XI ma 59; 6 XI d 59; 30 XI me 59; [fin XI 59]; 15 I d 60; 10 III s 60; [11 III d 60]; 13 III ma 60; 11 VI l 60; XI 60; 1862;

D'Aubrun [v. Daubrun]- 2 X j 45; 24 X v 45; 16 XI d 45; 1846; [VI 46];

Daudé [directeur du théâtre de Montmartre] - fin XII 45; 1 II d 46

Daudet, Alphonse - 25 X j 60;

Daum, Françoise - [env 20 II l 65];

Daumier, Honoré - 1845; 5 II l 49; 14 I me 52; 21 VIII s 52; [vers 1856]; IX 56; [env 29 XII l 56]; [1858–1859?]; [11 III d 60]; 15 VI d 61; [VII 61?]; [1862–1865]; 1863; 30 III me 64; 3 IV d 64; 26 IV ma 64; 26 IX l 64; 25 V j 65; 26 V v 65; X 65; 4 XI s 65;

Dauriac, Philippe - 8 IV s 65; 25 VIII s 66;

"David, Guérin, Girodet" - [début 45?];

David, Louis - [début 45?];

Daziaro [éditeur, marchand d'estampes] - [XII 61–I 62];

Debillemont, J.-L. - [été 51?];

De L'Essence du rire - 20 IV d 51; 8 VII d 55; 1 IX ma 57; [fin 57]; 17 XII j 63;

"De l'amitié littéraire" - 20 II d 59;

De l'Idéal artificiel – Le Haschisch - 30 IX v 58;

"De l'amitié littéraire" - 20 II d 59;

Debucourt, Philibert-Louis - 16 II j 60;

Décembre, Joseph - 1864;

Décret Faucher - 12 X l 51; 27 X l 51; 27 XI j 51;

Dechamps, Alphonse - 3 X ma 65; 13 X s 65;

Dédicace des *Fleurs du Mal*, première - [fin X 31]; 5 V ma 40;

Decomberousse, Alexis - 27 XII d 46;

Défection de Marmont, La - 10 X l 59;

Defré, L.-J. - 14 VII j [64];

Dégringolade, La - [env 12 XII j 61];

Dehaynin, pèr et fils [banquiers] - 24 II d 44;

Déjeuner sur l'herbe - 15 V v 63; 24 V d 63;

Delacroix, Eugène - 11 V s 22; 1824; 10 III v 37; [17 VII j 38]; IV 41; 1842; [fin 43 ou début 44]; II 44; [VII 45?]; 9 XI d 45; 30 XI s 45; II ou III 46; 15 IV me 46; 10 V d 46; 21 IX l 46; 1847; 5 II l 49; [env 3 VI ma 51]; 3 VI ma 51; 3 VI d 55; [env 5 VI ma 55]; 10 VI d 55; 26 VII j 55; 23 IX d 55; 20 XII j 55; 19 I s 56; 27 III j 56; 6 IV d 56; [1857 ou 1858]; II 57; 13 VI s 57; [fin 57]; [1857 ou 1858]; [env 17 II me 58]; 17 II me 58; [env 18 II j 58]; 19 II v 58; 14 V v 58; [printemps 59]; IV 59; 27 VI l 59; 6 VII me 59; 31 VII d 59; 17 et 18 IX s et d 59; [2?] [X d 59]; 10 X l 59; [15 XI ma] 59; [fin XI ou début XII 59]; 13 XII ma 59; [5 I j 60]; 8 IX s 60; 15 VII l 61; [VIII 61]; [env 8 VIII j 61]; 15 IX d 61; 8 X ma 61; 12

II me 62; 1863; 6 I ma 63; 13 VIII j 63; [env 15 VIII s 63]; 17 VIII l 63; 21 VIII v 63; [fin VIII 63]; 31 VIII l 63; 2 IX me 63; 14 IX l 63; 16 IX me 63; 22 XI d 63; 23 XI l 63; 25 XI me 63; 28 XI s 63; [env 5 XII s 63]; 17 XII j 63; 22 XII ma 63; [env 31 XII j 63]; 31 XII j 63; 1864; [fin 63 ou début 64]; 15 II l 64; 21 II d 64; 22 II l 64; 25 II j 64; [env 29 II l 64]; [III 64]; 1 III ma 64; 5 III s 64; 11 IV l 64; 16 IV s 64; 29 IV v 64; 30 IV s 64; 1 V d 64; 2 V l 64; 6 V v 64; [11 V me 64]; 1 VI me 64; 4 VI s 64; 15 VI me 64; [3 XI j 64]; 14 II ma 65;

"De La Caricature et généralement du comique dans les arts" - 20 IV d 51;

"De La Caricature" - [début 45?]; [env 1 II d 52];

Delalain [éditeur] - 15 IV s 37; 11 VI s 64;

De L'Amour - [env 3 III ma 46]; 13 VII s 50; 21 VII d 50; 10 X j 50; 26 VIII ma 51; [env 15 XI d 57]; 17 IV d 64; [env 6 VI ma 65]; 28 X s 65;

Delange [marchand de tableaux] - [été 45?]; [VII 45?]; [env 20 XII me 54];

Delange, Henry - 25 VIII s 60; [1862–1865]; [fin II ou début III 66];

"De La Peinture moderne" - [début 45?];

"De La Poésie en 1865" - 12 VI l 65;

Delaroche, Paul - 10 III v 37; [env 29 VIII s 57]; 29 VIII s 57;

Delarue - 23 XI d 1800; 25 IX s 41; [fin II 42]; été 42; [env 15 III s 45]; [V 46]; 31 I d 47; 27 II d 48; 21 VIII v 48; [été 50]; 12 III v 53; 1856; 6 VI v 56; 24 IV v 57; 24 X s 57; 25 XII me 57; 22 I v 58; [env 4 II v 59]; 15 III ma 59; 14 V s 59; 28 II ma 60; [28 V?] l [60?]; 15 VIII me 60; [env 15 X l 60]; [XII 61–I 62]; 1 I d 65; 21 XII j 65;

Delaruelle - 25 IX s 41;

Delavigne, Casimir - [1 II l 41]; 27 II j 45;

Deldir [La "Sultane Alida..."] - 1 X v 58;

De L'Essence du rire - 20 IV d 51; 20 V s 54; 8 VII d 55; 1 IX ma 57; [fin 57]; [fin XII 59?]; 17 XII j 63;

Delesvaux [magistrat] - 13 VIII j 57;

Delft - [env 22 VIII? l 64];

Delière, Edmond - 7 XII me 59;

Dell'Bricht - 30 IX d 60;

Delorme, Pension - [fin I 32];

Delvau, Alfred - 4 VI d 48; [été 50]; [été 51?]; 20 IX me 54; 15 IV me 57; 20 V me 57; 23 V s 57; 27 V me 57; 6 VI s 57; 12 VII d 57; 15 VII me 57; 12 VIII me 57; 22 VIII s 57; 12 IX s 57; 7 IX me 59; 20 IX ma 59; 12 XI s 59; 8 IX s 60; 15 X l 60; 17 III s 61; 12 XII j 61; 8 III s 62; 21 XI ma 65; 1866;

Delys, Charles - V 58;

Delâtre [imprimeur] - 15 III ma 59;

Demandre - 4 XII d 59;

Demi, Alfred - 9 XII j 58;

Démocratie pacifique, La - [fin 43?]; [18 XII me 44]; 7 V j 46; 27 I me 47; 31 I d 47; 14 IV me 47; 3 VII s 47; 24 IX v 47; 25 IX s 47; 24 XII v 47; 25 XII s 47; 29 II ma 48; 23 V ma 48; 25 V j 48; 27 V s 48;

Démon de l'analogie - 14 IX j 54; [X 54];

De Mot, Emile - [mi-IV 64]; 21 IV me 64;

Denecourt, C.F. [éditeur] - VI 53; [fin 53 ou début 54]; 2 VI s 55; 7 VII s 55;

Dennery, Philippe - 6 XI j 45; 25 V j 48;

Dennery et Mallian - 22-25 I j-d 46;

Denneval - 25 II j 58; 27 II s 58; 3 III me 58; 1 I d 60; 17 I ma 60;

Denouville, Charles-Hippolyte - 29 VI j 43;

Dentu, Charles - 8 VII me 57; 30 XII me 57; 2 IV ma 61; [4 IV j 61]; [fin IV 61]; [6 V l 61]; [IX–début X 61]; [fin XI 61]; [XII 61]; [XII 61–I 62]; 2 XII l 61; [5 VI j 62]; 2 I v 63; 6 I ma 63; 7 I me 63; 21 III s 63; 1864; [IV 64]; 25 VI s 64; 3 II v 65; 3 VI s 65; X 65; 4 XI s 65; 18 I j 66; 18 II d 66; 26 II l 66; [fin II ou début III 66]; 30 III v 66; 1867;

Départ, café-restaurant du - 10 X l 59;

Depierre [professeur de dessin] - 2 IX ma 35;

De Ponton d'Amécourt [magistrat] - 13 VIII j 57;

De profundis clamavi - 9 IV me 51; IV 53; 1 VI v 55;

De Québec á Lima - 18 VIII s 60;

De Quelques Ecrivains nouveaux - XII 52;

De Quelques Préjugés contemporains - 1848;

De Quincey, Thomas - 13 VI s 57; [XI 59?]; 9 XII v 59; 14 XII me 59; 15 XII j 59; I 60; 5 I j [60]; [23 IV l 60]; 27 IV v 60; [3 V j 60]; [fin V 60]; 18 VIII s 60; [1861]; 13 XI d 64; 23 VIII j 66; 23 VIII v 67;

De Rode, Carlos - [1 ou 2? IX j ou v 59]; 4 IX d 59; 27 IX ma 59; 3 XI j 59; 13 XII ma 59; 16 XII v 59; [20 XII ma 59]; [env 10 II v 60]; 23 II j 60; 29 II me 60; [14 IV] s [60]; 20 V d 60;

De Zuid Afrikaan - 7 XII ma 41;

Deray [financier] - 12 I v 44; [fin IV 46]; 31 VII j 62; 23 X j 62; [env 15 XI l 63?]; [env 3 XII j 63];

Dermot, O. - 3 IV d 53;

Derniers Buveurs, Les - 10 XII l 49;

Dernier Jour d'un condamné - [5 XII ma 37];

Deroy, Emile - 29 IX ma 01; 19 I me 20; 11 VI v 41; [IV 42]; 1844; [env 15 III s 45]; [env 16 III d 45]; [été 45]; 20 VI v 45; 1846; II 46; [IV 46?]; 10 V d 46; 4 VI d 48; 2 IX d 49; 16 XI l 57; 27 XI v 57; 20 I me 58; 2 VI v 65;

Deroy, Emile-Isidore - 19 I me 20;

Des Bohémiens et de leur musique en Hongrie - 1861;

"Des Prochaines Elections à l'Académie" - 20 I l 62; [env 24 I v 62]; [entre le 27 et le 30 I l–j 62]; 14 III s 63;

Desaugiers, Marc-Antoine [chansonnier du XVIIIe siècle] - 3 II ma 46;

Desaux, Jules - 24 XI s 60; [après le 24 XI s 60]; [début 61]; 10 I j 61; 16 I me 61; [début II 61]; [18 ou 19 II l ou ma 61]; 19 II me 61; [fin XI 61]; [XII 61–I 62]; [env 7 XII s 61]; [env 12 XII j 61]; [env Noel 61]; 30 XII l 61; 19 I d 62; 12 II me 62; 18 II ma 62; 19 III me 62;

Desbordes-Valmore, Hippolyte - 30 XI me 59;

Desbrosses - [avant le 22 XI j 49];

Descauriet, Auguste - [automne 52];

Descente au Maelstrom - 24 IX v 47; 25 IX s 47; 24 XII v 47; 25 XII s 47;

Descente dans le Maelstrom - IX 46; 5 II l 55; 6 II ma 55; 7 II me 55;

Deschamps, Emile - 3 II ma 57; 13 VI s 57; 14 VII ma 57; [VII–VIII 57]; 13 VIII j 57; 20 VIII j 57; [env 20 VIII j 57]; 21 VIII v 57; [env 23 VIII d 57]; 27 VIII j 57; 1 IX ma 57; 2 IX me 57; [20 XI] ma [60]; 24 X j 61; [env 11 IV l 64]; 9 IX s 65; 19 IV j 66;

Deschamps, Louise - 23 XII l 61; 11 V l 63;

Deschanel, Emile - 21 VIII ma 38; [III 56]; [env 15 III s 56]; 12 II j 57; 7 III s 57; 20 VIII j 57; [première semaine de XI 59]; [env 20 V d 60]; 14 VI j 60; 28 VI j 60; 6 VII v 60; 12 VII j 60; 17 VIII v 60; [env 17 I j 61]; [1862–1865]; 5 III s

64; 15 X s 64; [fin 64 ou début 65]; [env 15 III me 65]; [env 29 III me 65]; 29 III me 65; 6 IV j 65; 16 II v 66; 17 II s 66; [env 18 II d 66]; 18 II d 66; [env 25 II d 66];

Descombes - [9] VI me 41; 3 IX v 41;

Désespéré, Le - 25 I s 62;

Désespoir de la vieille, Le - [env 20 XII v 61]; 26 VIII ma 62;

Deshorties, E.A. - 3 III d 61;

Désir de peindre - [VIII 63?]; 10 X s 63;

Desnoyers, Fernand - 15 XI ma 53; [hiver 53–54?]; [fin 53 ou début 54]; 17 III v 54; 2 VI s 55; 9 XI d 56; 7 II s 57; 6 I j 59; [fin XII 59?]; 6 I ma 63; 22 XII s 66;

Desonnaz, A. - 3 IX ma 67;

Desoye, Mad. - 29 XII j 64; 25 II s 65;

Desroches, Henry [pseud. de la vicomtesse de Saint-Mars] - 10 II d 61;

"Dessins de Victor Hugo, Les" - [après le 28 VI s 62];

Dessous de Paris, Les - 15 X l 60;

Destruction, La - 1 VI v 55;

Deux Anges, Les - 5 X s 44;

Deux Buveurs, Les [toile de Daumier] - [vers 1856];

"Deux Cabarets d'Auteuil, Les" - 16 IV s 53;

Deux Crépuscules, Les - [fin 51]; 1 II d 52; 27 III s 52; [fin 53 ou début 54]; 2 VI s 55;

Deux Filles [dessin de Guys] - [vers 1863–64];

Deux Maya, Les [de Goya] - 14 V s 59;

Deux Rythmes oubliés - [env 14 V j 57];

Deux forçats, Les ou *Le Meunier du Puy-de-Dôme* - 27 VI d 47;

Deux-Portes, rue des - 1856;

Deuxième brigade d'infanterie - 18 I s 40; 27 I l 40;

Deuxième division de l'expédition d'Afrique - 23 III ma 30;

Deuxième Conseil de Tutelle - 31 X v 28;

Devéria, Achille - 29 V s 47; 28 X s 65;

Devallée [censeur du collège Royal à Lyon] - [avant le 9 IX s 32];

Dhormoys, Paul - 8 XI j 60; [env 8 XI j 60];

Diable amoureux, Le - 20 XI s 52;

Diable au corps, Le - 1 X d 65;

Diable aux Iles, Le - 4 XI ma 45;

Diable dans le beffroi, Le - 20 IX me 54; [X 54]; 4 [X] me 54;

Dialogue aux enfers entre Machiavel et Montesquieu - 18 XII d 64;

Diane de Chivry - 7 X me 45; 9 X j 45; 10 X v 45; 19 II s 48;

Diane, rôle de - 7 X me 45; 9 X j 45; 10 X v 45; 19 II s 48;

Dictionnaire des contemporains [de Vapereau] - 1 XI l 58; 29 VI s 61; 16 XII s 65;

Dictionnaire universel, Panthéon littiéraire et encyclopédie illustré - 8 V s 52;

Diderot, Denis - 23 VIII s 23; 9 III j 45; [entre le 20 V ma et le 27 V ma 45]; 30 V s 46; 27 XI j 51; [avant le 8 XI me 54]; 8 XI me 54; [env 13 XII s 62];

Didier, Pierre-Paul [éditeur] - [env 1 II d 52]; 14 VII s 60; [VIII–IX 62?]; 3 II v 65; 18 II d 66;

Dieppe, Hôtel de - [fin VI ou début V 59?]; [début VIII 59]; 1 IV d 60; [19 IV j 60]; [9 VII l] [60?]; 11 I v [61]; 7 V s 64;

Dierx, Léon - 30 XI d 65; 7 XI me 66;

Dijon - [fin VIII 49]; 26 IX me 49; [env XI 49]; 3 XII l 49; [env 4 XII ma 49]; 21 XII v 49; 9 I me 50; 20 III me 50;

Dimanche des enfants, Le - 1846;

Dimanche, Revue de la Semaine - [VIII 40];

Diocèse de Châlons-sur-Marne - 7 IX l 1785;

Diocèse de Sens - 6 X j 1785; 10 VII l 1786;

Diogène - 2 XI d 56; 14 IV s 60; 25 VIII s 60; 8 IX s 60; 6 X d 60; 20 X s 60; 5 I s 61; 17 V v 61; 19 V d 61; 9 VI d 61; 31 VI d 61; 2 VIII v 61; 10 XI d 61; 24 XI d 61; 19 I d 62; 26 I d 62; 24 III l 62; 8 VI d 62; 31 VIII d 62; 10 V d 63; 17 VIII l 63; 11 X d 63;

Diolot - 1854;

Directoire - 14 II ma 65;

Discours sur l'histoire universelle - 29 IV v 59;

Districto d'Evora (Alemtejo) - 6 I d 67;

Divan Lepelletier [ou Lepelletier] - [env 15 IX l 51]; 27 X me 52; 25 II v 53; [vers 1855]; [1858-1859?]; 18 IX s 58; 14 X v 59; 20 X j 59; 27 X s 60; 30 XI d 65;

Divan Lepeletier, Le [poème de Banville sous le pseudonyme de Jean Dupont] - 27 X me 52;

Divan, Le [poème de Banville] - VII 42;

Division criminelle - 21 XI s 57; 25 XI me 57; 13 I me 58;

Division de l'Imprimerie et de la Librairie - [mi–IV 59?];

Division militaire, Première - 11 IV s 35; 9 I s 36; 23 VIII ma 36; 3 [VII] me [39];

Dix Mois de révolution. Sylves politiques [d'Ernest Prarond] - 1864;

Doche, dame Marie-Charlotte-Eugénie de Plunkett, - 24 VII v 46; 13 VIII j 46;

Dollfus, Charles - XII 57; [1862–1865]; 2 II d 62; [fin 64 ou début 65]; 26 III d 65;

Domaine d'Arnheim - 2 I v 63; [18 VI j

63]; 22 XII ma 63; 9 X d 64; 27 I v 65; 16 III j 65;

Dôme, rue du - 11 VII me 66; 24 XII l 66;

Dominique - 3 I s 63;

Dommartin, Léon - 22 V d 64; 29 V d 64; 27 IV s 66;

Dommartin-sous-Hans - 9 V l 1791; [env 9 V l 1791];

Don Juan aux enfers - IV 41; 1843; 1846; 6 IX d 46;

"Don Juan et Catilina" [scénario] - [automne 52];

Dondey-Dupré - 9 V v 45; 17 VIII l 57;

Dondey-Dupré, Mme Vve - 17 VIII l 57;

Dons des fées - 24 IX me 62;

Dorlin (huissier) - 7 XII l 63; 8 XII ma [63];

D'Oroszko, Dr J.-A. - [IV 46?];

Dorothée - 4 XI j 41; 26 II j 46; 10 II s 49; [env 4 II v 59]; 23 VII s 59; 15 XII j 59; [vers le 6 VII v 60]; [env 20 XII v 61]; 24 IX me 62; 10 VI me 63; 20 VI s 63;

Dorothée, rôle de - 26 II j 46; 10 II s 49;

Dorvault (pharmacien) - 22 IV d 60; [24 IV ma 60]; 27 IV v 60; 1 V ma 60;

Douai, rue - [nuit du 4–5 VII ma–me 65];

Douay, Emile - [20 XI] ma [60];

Double Assassinat dans la rue Morgue - 12 X l 46; 25 II d 55; 26 II l 55; 1 III j 55; 2 III v 55; 3 III s 55; 5 III l 55; 6 III ma 55; 7 III me 55; 26 IV ma 64; 27 IV me 64; 28 IV j 64; 29 IV v 64; 30 IV s 64; 1 V d 64; 2 V l 64; 3 V ma 64; 4 V me [64]; 5 V j 64; 31 VIII me 64;

Double Vie, La - 8 X d 54; [env 26 VII ma 58]; 28 VIII s 58; 10 IX v 58; 18 IX s 58; 29 IX me 58; 9 I d 59; 2 VI s 60;

Doucet, Camille - 18 [X j] [60]; 6 XI ma

60; [après le 24 XI s 60]; 10 I j 61; 16 I me 61; 11 XII me 61; 19 VII s 62;

Doudun [poéme de Sainte-Beum] - 15 I l 66;

Dozon, Auguste - 5 VI me 39; [28 V s 42]; 1843; V ou VI 43;

Drack, Jules - 17 II d 61;

Dragon, cour du - [XII 61–I 62];

Drames et les romans honnêtes, Les - 27 III s 52; [fin 57];

Dresde - 15 XII ma 40; 13 VII v 49; [été 61];

Dronsard, Victor-Charles - [env 17 I j 61];

Drouot Hôtel - 13 XII v 61;

Druet des Vaux, Jacques-Mathieu-Louis - 23 XII s 48;

Dubois (ami de Baudelaire) - [1862–1865];

Dubois, Maison de santé - 5 IV ma 59; 29 IV v 59; 3 V ma 59; 4 V me 59; 19 V j 59; 17 III l 62; 11 VII me 66; 5 I s 67; 31 VIII s 67;

Dubois, N.A. - 15 IV s 37;

Dubuisson, imprimerie - 29 IV d 60;

Du Boulet - III 66;

Du Camp, Maxime - XI 50; 6 XII v 50; [fin 51]; [env 21 II s 52]; 21 II s 52; 9 V d 52; 20 V j 52; [été 52]; [avant le 15 VII j 52]; 15 VII j 52; 14 IX ma 52; 16 IX j 52; [automne 52]; 2 I d 53; 3 I l 53; 22 IV v 53; 15 X s 53; [été 54]; 22 VIII ma 54; [été 54]; [env 20 XII me 54]; 18 III ma 56; 1 IV ma 56; 15 XII l 56; 7 III s 57; 6 VIII j 57; 20 I me 58; 23 II me 59; [env 25 III v 59]; 1 IV v 59; [29 XI ma 59]; [fin XI ou début XII 59]; [mi–V 60]; [1862–1865]; 31 I v 62; 11 X d 63; [fin 64 ou début 65]; [fin II ou début III 66]; 11 VII me 66;

Ducessois et Bonaventure, imprimeurs -

20 IV me 50;

Ducessois, Anne-Félicité - 4 VII s 12; 30 IV j 29; 6 II s 30; 1846;

Ducessois, Louis-Théodore - 1804; 1827; [9] VI me 41; [1 ou 8 me 58?];

Duchesne, Alphonse - 11 VI s 59; 9 VIII ma 59; 20 IX ma 59; 17 VI d 60; 8 VII d 60; 25 X j 60; 2 V j 61; 12 XII j 61; 8 III s 62; 10 VIII d 62; 4 V v 66; 12 VI ma 66; [entre le 11 et le 15 VII ma–s 65];

Du Ciel et de ses merveilles... - 28 IX s 50;

Du Comique dans les arts et des caricatures - [été 51?];

Du Dandysme et de G. Brummell - [env 20 XII me 54]; 17 III s 55; l

Ducreux (imprimeur-lithographe te marchand d'estampes) - [début 61]; [III 61]; [fin III 61]; [été 61]; [XII 61–I 62]; [env 12 XII j 61];

Duellum - 19 IX d 58; [fin XII 59?]; [19 IV j 60]; 30 VIII j [60]; 1 IX s 60; 14 IX v [60];

Dufaïs - [V 46]; 11 VII s 46;

Dufaure, Stanislas - 11 XII me 61;

Dufay, Alexandre - [V 46];

Dufay, colonel Marc-Antoine - [25 IV l 41];

Dufour (passager de l'*Alcide*) - [25 IV l 41]; 7 XII ma 41; 10 XII s 41;;

Dufour [ou Dufuer, passager à bord de l'*Alcide*] - 8 XII me 41; 10 XII s 41;

Dufour, Marc-Antoine - 8 XI s 28; [25 IV l 41];

Dufour, Théophile - 27 IX s 51;

Dufour, Théophile - 27 IX s 51;

Dufresne, [Henri?] - 27 VIII j 57;

Du Fays, Caroline Archambault [*sic*]- 8 XI s 28;

"Du Genre fantastique" - X 58;

"Du Haut des Buttes Chaumont" - [env 20 XII v 61];

Du Haut des Buttes Chaumont - [env 20 XII v 61];

Dulamon, Frédéric - 23 VII j 57; 16 VIII d 57; 17 VIII l 57; [1862–1865]; [fin 64 ou début 65]; [fin II ou début III 66];

Dumas et Maquet - 27 X l 45; fin XII 45; 1 X l 49;

Dumas fils, Alexandre - 6 I j 59; [fin XII 64];

Dumas, Alexandre - [env 10 VI d 38]; 27 X l 45; fin XII 45; [env 3 III ma 46]; 15 IV me 46; 18 I ma 48; 1 X l 49; 20 I d 50; 30 III s 50; 27 XI j 51; [env 1 II d 52]; [env IX 54]; 23 II v 55; 13 VI s 57; [env 21–29 IV j–v 59]; [fin XII 64]; 30 III j 65;

Dumay [rédacteur de *L'Aimable Faubourien*] - 4 VI d 48;

Dumay, Mad. - 13 V ma 56;

Dumoulin, éditeur - 28 VII v 55;

Dunan, Mad - [fin XI 61];

D'Un Esprit biscornu... - 28 VII v 55

Dupanloup, Mgr Philippe - 23 XII l 61; 24 III l 62; 2 IX v 64;

Dupaty, magistrat - 13 VIII j 57;

Dupeuty, Désiré-Charles - 25 V j 48;

Duplessis, Paul - [1861?];

Dupont, Abbbé Louis-Joseph - 17 XI j 64; [fin XI? 64];

Dupont, Jean [pseudonyme de Th. de Banville] - 27 X me 52;

Durand Savoyat, Napoléon - 27 IX s 51;

Dupont, Pierre - 21 IV s 21; [vers 1840]; 12 II s 42; [fin II 42]; [automne 42]; 5 X s 44; 18 X l 44; [6 VII d 45]; X 45; 18 X s 45; 24 XI l 45; 25 XI ma 45; 1846; 1 VI l 46; 27 IX d 46; 27 XI s 47; 2 XII s 48; 3 III s 49; 28 IV s 49; [avant le 22 XI j 49]; 1 XII s 49; 23 III s 50; [VII–VIII

51]; 9 VII me 51; 11 VIII ma 51; [fin VIII 51]; 30 VIII s 51; 27 IX s 51; 19 XII d 52; 15 III ma 53; 15 XI ma 53; 15 V j 56; 25 VI j 57; 10 I d 58; [1859–1860]; 31 X l [59]; [début XI 59]; [1859–1860]; [VI 61?]; [env 4 VI ma 61]; [env 10 VI l 61]; 15 VIII j 61; 1 IX d 61; 2 VIII s 62;

Dupuy, Mme [libraire] - 15 XII l 56; 4 II me 57; 10 II ma 57;

Durand, Georges - V 52;

Durand - [avant le 9 VII j 57]; 9 VII j 57;

Durandeau, Emile - 25 VII s 57; 27 III d 58; 15 VII j 58; 1 XII d 61; 15 XII d 61;

Durantin, Armand - VIII 43;

Duranty, Edmond - 13 XI j 56; I IV j 58; 15 III ma 59; IV 59; XI 59; 16 II j 60; 28 II ma 60; 13 III ma 60; [19 IV j 60]; 1 V ma 60; [3 V j 60]; 7 V l 60; 10 V j 60; 15 V ma 60; 23 V me 60; [début VI 60]; [14 VII s 60]; 21 VII s 60; [après le 21 VII v 60]; [28 VII] s [60]; [fin VII 60]; [env 8 IX s 60]; 11 X j 60; 19 X v 60; [début XI 60]; 13 XI ma 60; [env 13 XI ma 60]; [1861–1863?]; [V? 61]; 15 V me 61; 19 V d 61; 26 V d 61; 2 VI d 61; [été 61]; [XII 61–15 X ma 63]; 1862; 28 VI s 62; [env 28 VI s 62]; [après le 28 VI s 62]; 27 VII s 67;

Duras [Léopold?] - [env 13 IX v 51];

Duras, Léopold - 27 IX s 51;

Dureau, A. - 15 VII ma 56;

Du Rire et de la caricature (manuscrit de) - 11 VIII v 54; 12 VIII s 54;

Durosnel, lieutenant-général - 12 XII s 40;

Durozoir, professeur d'histoire - XII 36;

Durrieu, Antoine-Simon, baron - 3 X s 18; 23 [VIII] j 38;

Duruy, Victor - 23 VI ma 63; 3 VIII l 63; 7 VIII v 63; 26 VIII me 63; 19 VIII s 65; 27 VIII l 66;

Dusolier, Alcide - 24 VII j 62; 15 VIII v 62; 31 VIII d 62; 22 IV me 63; 27 IV me 64; 22 V d 64; 9 VII s 64;

Dussieux, [Louis-Etienne?] - 29 IX j 59;

Du Suicide et de la folie-suicide - 11 VIII s 55; 9 VIII s 56;

Dutacq, Armand - [été 51?]; 30 I v 52; 6 II d 53; 7 ou 8 II l ou ma 53; [avant le 3 VI s 54]; 3 VI s 54; [3 VI? s 54]; [7 VI?] me 54; 10 VI s 54; [mi–IX 54?]; [X 54?]; 4 [X] me 54; [env 20 XII me 54]; 7 I d 55; 12 I v 55; 13 I s [55]; 3 II s 55; 30 V me 55; 22 III s 56; [env 8 V j 56]; 7 VI s 56; 11 VII v 56;

Du Thil, Gaston - 25 V me 64;

Dutrey [recteur du Collège Royal] - 7 I l 33;

Duval [?] ["frère" de Jeanne] - 11 X j 60; [env 5 I s 61]; [10 ou 11 I j ou v 61]; 16 I me 61; 17 III l 62;

Duval, Dr - 4 VII me 66; [env 29 VIII me 66?];

Duval, Etienne Paul - 13 II ma 27;

Duval, Jeanne - 22 V v 1789; 25 VII s 1789; 1827; [1838–39]; 8 VI v 38; [entre le 27 IX s 38 et le 24 III d 39]; 2 XII d 38; 3 XII l 38; 17 XII l 38; [entre le 9 IV s 42 et le 27 V v 42]; [28 V s 42]; VII 42; [automne 42]; [fin 42]; 20 VI v 45; 30 VI l 45; [début VII 45?]; [6 VII d 45]; [mi–VII 45]; [début V 48 ?]; 19 X j 48; 9 I me 50; [18 V] s [50]; 7 VI s 51; [mi–VII 51]; 28 VIII j 51; XI 51; 26 III s 53; 15 XI ma 53; 26 XII l 53; 31 XII s 53; 23 II j 54; 16 V ma 54; 1 VIII ma 54; 9 I ma 55; 2 IX d 55; 22 XII s 55; 24 XII l 55; [25 XII ma 55]; 13 III j 56; [env 27 VIII me 56]; 11 IX j 56; 4 XI ma 56; 13 VI s 57; 14 IX l 57; 24 II j 59; 4 ou 5 III v ou s 59; 5 IV ma 59; 29 IV v 59; 3 V ma 59; 4 V me 59; 8 V d 59; 19 V j 59;

29 IX j 59; [env 15 X v 59]; 8 XII j 59; 17 XII s 59; 12 VII j 60; [15 XII] s [60]; [début 61]; [env 5 I s 61]; 16 I me 61; 29 III v 61; 31 III d 61; [6 V l 61]; 21 V ma 61; [été 61]; [IX–début X 61]; 25 XII me 61; [fin XII 61]; [deuxième semaine de III 62?]; [env 15 III s 62]; 17 III l 62; 29 III s 62; [été 62]; [II 65]; II 65; 27 II l 65; [19 III d 65]; [env 13 IV v 66];

Duval, Jeanne-Marie-Marthe - 22 V v 1789; 25 VII s 1789; 15 XI ma 53; 17 XI j 53; 1 XII j 53; 26 XII l 53; 31 XII s 53; 23 II j 54;

Du Vin et du haschisch - 7 III v 51; 8 III s 51; 11 III ma 51; 12 III me 51;

"Eau-forte est à la mode, L'" - [seconde quinzaine de IV 62]; 14 IX d 62;

Eça de Queiroz, J.M. - 21 X d 66; 23 XII d 66;

Echo de Flandres (Gand) - 4 IX v 57;

Echo de la littérature et des Beaux-Arts - VIII 43;

Echo des marchands de vin - XI 48; XII 48;

Echo des théâtres. Littérature. Beaux-Arts, Théâtres, Musique et Mode - 23 VIII d 46; 24 VIII l 46; 25 VIII ma 46; 26 VIII me 46;

Echo du Ventoux - 26 II s 48; 15 III me 48;

Eclair, L' - 22 XI v 33; 19 III me 45; 8 XII l 45; 26 IX s 46; VIII 51; 24 X s 52; 1853; 23 VI s 60; 8 VI d 62; 2 XI j 65;

Ecole Romantique - 9 VI me 58; 1864;

Ecole d'Application - [fin II 42]; 16 XI me 42;

Ecole de Droit - 2 XI s 39; 15 I j 40; 15 IV me 40; 15 VII me 40;

Ecole de Médecine - 23 II me 48; 27 II d 48;

Ecole de Saint-Cyr - I 41; 27 I me 41;

Ecole des Chartes - II 46; XI 46; 21 XII l 46; 16; 18 XI j 47; 25 XI j 47; 12 XII me 49; 10 IV me 50; VII; VII 51; 17 VIII ma 58;

Ecole impériale spéciale - VI 08;

Ecole militaire de Fontainebleau - VI 08;

Ecole militaire de la Flèche - I 07;

Ecole païenne L' - 14 VI s 34; XI 48; 22 I j 52; 27 III s 52; 15 I s 53; [fin 57]; 25 XII ma 66;

Ecole polytechnique - 28 III d 47; 28 XI d 47; 24 II j 48; 3 III v 48; 8 IV s 48; 10 IV l 48; 15 IV s 48;

Ecole vertueuse, L' [*Les Drames et les romans honnêtes*] - [fin 57];

Ecoles de France, Les - 17 IV d 64;

Ecueil de Lovelace, L' - 15 I l 66;

Ecuries d'Artois, 6 rue des - 27 I l 62;

Edgar Allan Poe, Sa Vie et ses ouvrages - XI 49; III 50; 1 III l 52; IX 52;

Edimbourg - 9 XII v 59; 22 IV d 60;

Edinburgh Review - [env 17 I j 61];

Effronté, L' - 15 VII ma 56;

Eglise Saint-Loup - [env 15 III j 66];

Eglise collégiale Notre-Dame - 27 XI me 1782;

Eglise désaffectée de Saint-Benoît - [fin 42];

Eglise de Saint-Honoré d'Eylau - 2 IX l 67;

Eglise de Saint-Louis-d'Antin - 11 IV d 47;

Eglise de Saint-Pancras à Londres - 1 I me 1794;

El Magico prodigio - 27 XI s 47;

Elën - 14 I v 65; [II 65];

Eléonora - 10 III j 59; [entre le 1 XI ma et le 15 XI j 59]; 13 VII v 60; 15 XI v 61;

Elle est bien jeune encore - II 42;

Elmire, rôle d' - 11 IX s 52;

Eloge de M. le général Aupick - 13 III s 58;

Elvève, Charles - 15 VII ma 56;

Emaux et camées - 6 V me 57; 13 VI s 57; 15 VI l 57; I 59; 26 I me 59; 1 II ma 59;

Emerson, Ralph Waldo - [env 1 II d 52];

Essais de philosophie américaine - [env 1 II d 52];

Emon, Jean-Louis - 5 VI ma 38; 8 VI v 38; 12 VI ma 38; 15 VI v 38; [19 VI] ma [38]; [env 17 II l 62]; 24 V s [62]; 1 VII ma 62; 11 VII s 63; 6 VIII l 66;

Emon, Mme Jean-Louis - 9 VII j 57;

Emon, famille - 16 VI ma 57; 16 VII j 57;

Empereur du Maroc - [VIII 60];

Empereur-Joseph, Hôtel de l' - V 43;

Empire chinois, L' - 8 VII s 54;

Empis, Simonis - [début III 59?];

En revenant du convoi [poéme de Sainte-Beume] - 15 I l 66;

Encyclopédie, L' - 3 II ma 46;

Enéide, L' - 26 V v 65;

Enivrez-vous - 7 II d 64;

Ennemi, L' - 6 III me 49; 17 III v 54; 1 VI v 55; 22 XII ma 63;

Ennui, L' [de Brierre de Boismont] - 23 XI s 50;

Enoch Arden - 17 IX s 64;

Ensorcelée, L' - 20 XII me 54; 17 XI ma 57; 13 XI s 58; 17 XI me 58;

Enterrement à Ornans, Un - 21 IX s 50;

Entr'acte, L' - 2 XII d 38; 3 XII l 38; 17 XII l 38; [été 45]; 10 II ma 46; 1? VI me 64; 3 XI v 65;

Entreteneur, L' - [env 4 II v 59];

Epaves, Les - 1840; 7 XI j 61; 29 VIII v

62; 19 I v 66; [env 7 II me 66]; [7 II me 66]; 21 II me 66; [fin II ou début III 66]; [env 23 IV l 66]; 25 V v [66]; VI 66;

Epigraphe pour un livre condamné - [env 17 VIII s 61]; 15 IX d 61; 12 I d 62; 1 I d 65; 31 III s 66;

Epilogue (ode à Paris) - [vers le 6 VII v 60];

Episode d'une course de taureaux [toile de Manet] - [III 64];

Epoca, La - 1 IX me 58;

Epoque, L' - 5 VII j 38; 3 II ma 46; [avant le 15 III d 46]; 15 VI l 46; [XII 46?]; [premiers mois de 48]; 2 IX d 49; 29 VII j 52; 22 VIII ma 54; 15 V l 58; 21 II l 59; [automne 59]; 10 X l 59; 22 II me 60; 11 X j 60; 3 II d 61; 2 VIII s 62; 17 I s 63; 9 IV j 63; 9 III j 65; 31 III v 65; 7 VI me 65; 19 VIII s 65; 18 IX l 65;

"E.R." - 25 II ma 65;

Ermitage, L' - [env 17 VIII ma 58]; [1864–1865];

"Ernest Clouët" [de Swinburne] - [après VI 62];

Eruption volcanique à Baïe - 10 VII l;

Eschyle - [env 10 II v 60];

Escoubous, lac d' - [env 28 VIII me 38];

Escudier, Marie - [avant le 4 XII j 62]; 4 XII j 62;

Escudier, les frères - [20 XI] ma [60];

España - 5 IV ma 40;

Espagne - 1812; 1812; 3 X s 18; 5 V ma 40; 1845; 27 XI s 47; XI 51; 9 I d 53; 26 IX s 57; 15 V l 58; [fin VIII ou début IX 65]; 5 IX ma 65; 14 IX j 65;

"Esprit d'atelier" - [env 1 II d 52];

Esprit des bêtes, ornithologie passionnelle - 11 XII s 52;

Esprit et le style de M. Villemain, L' - 2 I v 63;

Esprit public, L' - [début 46]; 20 II v 46;

21 II s 46; 22 II d 46; [avant le 15 III d 46]; [seconde quinzaine de III 46]; [IV 46 ?]; 15 IV me 46;

Esquiros, Alphonse - 1840; X 45; [IV 48]; [été 51?];

"Esquisse litteraire" [sur B, d'Armand Baschet] - 8 I j 52;

Esquisses à l'eau-forte [d'Alphonse Legros] - 1861; [1864–1865];

Essai d'unité linguistique raisonnée, ou de la philosophie du Verbe dans la Trinité catholique - [env VII 50]; 2 VIII v 50;

"Essai de contrat de règlement pour le *Hibou philosophe*" - [env 1 II d 52];

Essai de critique en province - 1861;

Essai historique, philosophique et pittoresques sur les danses des morts - 25 I s 51;

Essai sur l'époque actuelle - 10 X l 59;

Essai sur la vie et l'oeuvre des Lenain - 4 V d 50;

Essais sur l'histoire l'histoire littéraire française - 11 II s 65;

Essarts, Emmanuel des - 19 IV s 62; 25 V d 62; 13 IX d 63; IV 64; X 64; [env 5 XII l 64]; V 66;

Est-il bon, est-il méchant? - [avant le 8 XI me 54]; 8 XI me 54; 11 XI s 54;

Estève, rôle d' - 30 III s 50; VI 52;

Estaminet de Paris [au Palais-National] - 29 VII l 50;

Estampes, comte d' - [fin II ou début III 66];

Estienne, Joseph d' [pseudonyme de Baudelaire?] - 18 X d 46;;

Estienne, Louis - 15 VII me 57;

Estrapade, 11 rue de l' - 5 VI me 39;

Estudians, Les - 19 II j 46; 20 II v 46; 21 II s 46;

Etat-major de la Garde Nationale - 14 VII d 44;

Etat-major général - 13 V v 42; 21 VIII me 44; II 54;

Etats-Unis, Consul-Général des - [env XI 49?];

Eternel Schamyl, L' - 23 VIII me 54;

Etoile belge, L' - 13 VIII j 57; 23 VIII d 57; 29 IV v 64; 20 V v 64; 23 V l 64; 20 II l 65; [env 25 II s 65]; 13 VIII s 65;

Etoile du Nord, L' - 28 VII v 54;

Etre un lion - 19 II l 55;

Etterbeek - 27 IV s 66;

Etudes sur l'Espagne [Philarète Chasles] - 27 XI s 47;

Etudes sur la littérature du Second Empire - 1861;

Etudes sur la littérature et les moeurs des Anglo-Américains au XIXe siècle - 12 IV s 51;

Etudiants de Paris, Les - [1850–1855];

Eugène Delacroix à l'Exposition du boulevard des Italiens - [3 XI j 64];

Eugène Delacroix, d'après des documents nouveaux - 21 II d 64;

Eugène Delacroix, l'homme et l'artiste... - 1864;

Eugène Delacroix, son oeuvre, ses idées et ses moeurs - 17 XII j 63; [env 29 II l 64];

Eunuque noir, L' - 18 III ma 56;

Eureka - [1853 – 1855?]; [env 19 II v 58]; 7 VIII d 59; 27 VIII s 59; X 59; 1 X s 59; 1 XI ma 59; 3 XI j 59; [15 XI ma] 59; 26 XI s 59; [fin XI ou début XII 59]; 7 XII me 59; 16 XII v 59; [fin 59 ou début 60]; [7 I s 60]; 13 I v 60; [env 10 II v 60]; 29 II me 60; [14 IV] s [60]; 14 IV s 60; 13 VII v 60; [VIII 61]; [début XII 61]; [XII 61–I 62]; [XII 61–15 X ma 63]; [env 7 XII s 61]; 2 I v 63; 31 V d 63; 3 VI me

63; 7 VII ma 63; 6 X ma 63; [XI 63]; XI 63; 12 XI j 63; 25 XI me 63; [env 25 XI me 63]; [entre le 25 XI me 63 et IV 64]; 28 XI s 63; 5 XII s 63; 10 XII j 63; 12 XII s 63; 1 II l 64; 4 XII j 64; [env 22 III ma 64?]; 28 III l 64; 29 III ma 64; 9 IV s 64; 30 III j 65; 31 III v 65;

Eustache, Ange-Jean-Robert - [env 3 XI s 60]; [début 61]; 14 V ma 61;

Evêque de Châlons - 24 V j 1781; V 1782; XII 1782;

Evénement illustré, L' - 20 IV j 65;

Evénement à Jérusalem, Un - 20 III d 59; [entre le 1 XI ma et le 15 XI j 59]; 13 VII v 60;

Evénement, L' - 7 IX ma 41; [31 VIII j 43]; [24 II l] 51; 20 IV d 51; 18 V j 54; 26 IX s 57; 20 III d 59; [entre le 1 XI ma et le 15 XI j 59]; 13 VII v 60; 15 II v 61; 3 VI l 61; [1862–1865]; 31 VIII d 62; 14 VI ma 64; 20 IV j 65; [env 24 V me 65]; 21 XI ma 65; [entre le 23 v et le 27 ma II 66]; 3 IV ma 66; 12 IV j 66; 14 IV v 66; 17 IV ma 66; 28 IV s 66; 7 V l 66; 9 VI s 66; 12 VI ma 66; 14 VI j 66; [entre le 11 et le 15 VII ma–s 65]; 5 VIII d 66; 25 VIII s 66; 14 X l 66;

Every Sunday - VII 66;

Evian - 27 VIII j 57; [I–II 62?];

Evreux - 8 II s 51;

Ex-voto [d'Alphonse Legros] - 6 XI me 61;

Examen de minuit, L' - 1 II d 63; 31 III s 66;

Examiner, The - [env 17 I j 61];

Excentriques, Les - [11 IX j 51]; [12 IX v 51]; [13 IX v 51]; 13 VI ma 54;

"Excitations artificielles" - 27 IV l 57;

Exilé, L' - 10 VII l - 15 VIII ma 37; 22 VIII me 49; [fin VIII 49]; XII 49; 1 VI l 63; 11 VI s 64;

Exposition Martinet - 1 I me 62; 1 IV ma 62; 30 I l 65;

Exposition Universelle de 1855 - - 15 V ma 55; [avant le 26 V d 55]; 25 V s 55; 3 VI d 55; 12 VIII d 55; 2 IX d 55; 15 VI me 64;

Exposition de Londres de 1862 - [été 61]; "Exposition internationale des beaux-arts" - X 64;

"Expositions rétrospectives" - [13 II l?] 60;

Fables [de Prarond] - 17 VIII l 47;

Faculté de Droit de Reims - [automne 1775]; [été 1778];

Faculté de Médecine de Paris - 25 VIII me 47;

Faculté de Théologie à Paris - [X 1781–été 1782]; [X 1782 – été 1783]; [X 1783–été 1784];

Facultés divinatoires d'Auguste Dupin - 7 III me 55;

Faisanderie, 10 rue de la - [été 60];

Fall of the House of Usher - 18-20 IV v-d 51;

Fanchette [femme de chambre] - [avant le 13 VIII ma 39];

Fanfario, La [sic - 4 VI ma 50;

Fanfarlo, La - 1844; 10 VI l 44; XII 44; [XII 46?]; [I 47]; [fin 48]; 27 VI v 49; 28 VI s 49; 29 VI d 49; 30 VI d 49; 7 VII s 49; 4 VI ma 50; 19 VI me 50; 14 X j 57; [X 64]; X 64;

Fanfarnou - 1844;

Fanny [d'Ernest Feydeau] - 14 VI l 58; 11 XII s 58; 30 XII j 58; 2 VI s 60;

Fantôme, Un - [fin III 60?]; X 60; 15 X l 60;

Fantômes parisiens [Les Sept Vieillards] -

Fantaisies d'automne [de Champfleury] - IX 47;

Fantin-Latour, Henri - [V? 61]; [après le 14 IX d 62]; [fin IX 62]; 1863; [printemps 63]; 29 III d 63; [24–27 IV v–l 63]; 15 V v 63; [20 V me 63?]; 17 VIII l 63; 19 II v 64; [III 64]; 22 III ma 64; [11 V me 64]; 1 VI me 64; 4 VI s 64; 21 I s 65; 3 II v 65; 3 IX ma 67;

Faubourg-Saint-Denis, rue du - 5 IV ma 59;

Fauchery, Antoine - [avant le 22 XI j 49]; 8 II d 57; 30 V s 57;

Faure, Achille [éditeur] - 17 I s 63; 9 VII s 64; 13 II l 65; 11 VII ma 65; [entre le 11 et le 15 VII ma-s 65]; 18 II d 66; [fin II ou début III 66]; 3 III s 66;

Faure, Elie - 5 I s 61;

Fauré, Léon - 1844;

Fausse monnaie, La - 1 XI ma 64; 25 XII d 64; 1 VI v 66;

Faust et Marguerite [tableau d'Ary Scheffer] - 3 II ma 46;

Fauvetti, Charles - X 45;

Faux Napoléonisme, Le - 24 IX s 53;

Favre, Jules - [env 11 IV l 64];

Fayard, Mme - [env 18 VI ma 39];

Fées de Paris, Les - 10 II ma 46;

Féline - 24 IX me 62;

Félix, père - [première semaine de IX 64?];-

Fées de Paris, Les - 10 II ma 46;

Femme à deux maris, La - [XI 53–I 54];

Femme à la crinoline, La [de Manet, portrait de Jeanne Duval] - [été 62];

Femme au dix-huitième siècle, La - 27 XII s 62;

Femme piquée par un serpent - 1 III l 47; [IV 47]; 4 IV d 47; 29 V s 47;

Femme-sans-Tête, 6 rue de la - 6 VII d 45; [début VII 45];

Femme sauvage et la petite maîtresse, La - 27 VIII me 62;

Femme sauvage, La - [env 4 II v 59]; 15 XII j 59; [env 20 XII v 61];

Femme turque au parasol - [vers 1855]; 28 XII me 59;

Femmes d'Alger, Les [copie du tableau de Delacroix] - [VII 45?];

Femmes d'Amérique - 24 IX s 53; 26 I v 55;

Femmes damnées - IV 53; [env 1 VI l 57]; 7 VII ma 57; [fin VIII 57];

Fenêtres, Les [de B] - 10 XII j 63;

Ferrari, Joseph - [env 20 IV v 60]; 22 IV d 60; [VIII 60]; 13 VIII l 60; [fin VIII 60]; 9 II v 61;

"Fétés de Bruxelles" - 1 X s 64;

Feuille Hebdomadaire, La (Ile Saint-Denis) - 19 IX d 41; 22 IX me 41; 15 X v 41; 22 X v 41; 3 XI me 41; 10 XI me 41;

Feuillet, Octave - 13 III ma 60; X 60; 11 XII me 61; 3 IV j 62;

Feuilleton d'Aristophane - 26 XII d 52;

Féval, Paul - 15 IV me 46; 18 I ma 48; [env 1 II d 52]; 6 I j 59; [1862–1865]; [fin 64 ou début 65];

Feydeau, Ernest - 14 VI l 58; 15 VI ma 58; 11 XII s 58; 30 XII j 58; 19 II d 60; 26 II d 60; 4 III d 60; [fin V 60]; 2 VI s 60; [fin VI 60?]; [début VII 60?]; [première semaine de VII 60?]; 1 VI s 61; 16 VI d 61; 23 XII l 61; 22 IV s 65;

Féyis, Charles de - 1? VI me 64;

Fifre, Le [de Manet] - 27 III ma [66];

Figaro, Le - 23 IV d 54; 24 IX d 54; 1 X d 54; 15 X d 54; 18 II d 55; 18 III d 55; 24 VI d 55; 23 IX d 55; 4 XI d 55; 18 XI d 55; 30 XII d 55; 9 III d 56; 27 III j 56; 10 IV j 56; 11 V d 56; 27 VII d 56; 9 XI d 56; 13 XI j 56; 5 III j 57; 30 IV j 57; 17 V d 57; 4 VI j 57; 11 VI j 57; 14 VI d 57; 28 VI d 57; 5 VII d 57; 12 VII d 57; 19 VII d 57; 23 VIII d 57; 10 IX j 57; 20

IX d 57; 27 IX d 57; 10 XII j 57; 27 XII d 57; I IV j 58; 29 IV j 58; 6 VI d 58; 9 VI me 58; 13 VI d 58; 9 VII j 58; 9 XII j 58; 16 XII j 58; 2 I d 59; 27 II d 59; 11 VI s 59; 6 VII me 59; 9 VII s 59; 9 VIII ma 59; 13 VIII s 59; 20 IX ma 59; 20 X j 59; 26 I j 60; 5 III l 60; 6 V d 60; 17 VI d 60; 8 VII d 60; 2 IX d 60; 25 X j 60; [env 17 I j 61]; 2 V j 61; 12 V d 61; 19 V d 61; 25 VII j 61; 25 VIII d 61; 20 X d 61; 31 X j 61; 12 XII j 61; 19 XII j 61; 29 XII d 61; [1862–1865]; 9 I j 62; 6 III j 62; 27 IV d 62; 24 VII j 62; 10 VIII d 62; 31 VIII d 62; 9 X j 62; 26 X d 62; 2 XI s 62; 20 XI ma 62; 8 I j 63; 9 IV j 63; 19 IV d 63; 10 V d 63; 24 V d 63; 31 V d 63; 21 VI d 63; 6 IX d 63; 1 X j 63; 12 XI j 63; 25 XI me 63; 26 XI j 63; 28 XI s 63; 30 XI l 63; 3 XII j 63; 7 II d 64; 14 II d 64; [env 14 II d 64]; 25 II j 64; [2 III me 64]; 3 III j 64; 3 IV d 64; [env 11 IV l 64]; 14 IV j 64; 24 IV d 64; 1? VI me 64; 16 VI j 64; 26 VI d 64; 31 VII d 64; 7 VIII d 64; 14 [VIII] d [64]; 24 XI j 64; 1 XII v 64; 25 XII d 64; 19 I l 65; [env 25 I me 65]; 3 II v 65; 15 II me 65; 4 VI d 65; 15 VI ma 65; 13 VII j 65; 16 [VII] d [65]; 10 VIII j 65; 13 VIII s 65; 24 IX d 65; 17 XII d 65; 4 III d 66; 11 III d 66; 15 III j 66; 1 IV d 66; 27 V d 66; 19 VII j 66; 12 VIII d 66; 23 VIII j 66; 24 I j 67; 23 VIII v 67; 31 VIII s 67; 3 IX ma 67;

Fileuse, La - 19 XII v 51; 21 XII d 51;

Fille blanche, La [de Whistler] - 29 III d 63; [20 V me 63?];

Filles de marbre, Les - [XI 53–I 54];

Fillieux [rédacteur de *L'Aimable Faubourien*] - 4 VI d 48;

Fils de Giboyer, Le - 13 XII s 62;

Fin d'un roman [prologue] - 3 IX d 48;

Fin de Don Juan, La - 1853;

Fin de la journée - [automne 60]; 1 I ma

67;

Fin du monde - [env 20 XII v 61];

Fiorentino, Pier Angelo - 27 IX d 46; 28 VII v 54; [première semaine de XI 59]; 11 V l 63;

Fioupou - 29 XII j 64; 21 I s 65;

Firmin-Didot frères [éditeurs] - 29 III s 62; 27 XII s 62;

Fischer [correspondant de Wagner] - 7 II d 58;

Fizelière, Albert de la - 14 XI ma 43; [fin 43 ou début 44]; 7 IX ma 47; 18; 1854; 13 VIII s 59; [env 17 I j 61]; 2 VI d 61; [fin 63 ou début 64]; 30 I s 64; 22 II l 64; 23 II ma 64; 4 III d 66; [entre début IV et fin VI 66];

Flacon, Le - 20 IV l 57; 26 VIII ma 62;

Flahaut - [fin II ou début III 66];

Flambeau vivant, Le - 7 II ma 54; 20 IV l 57;

Flan, Alexandre - 15 VIII s 63;

Flasselière, Gédéon - 26 IX me 49; 21 XII v 49;

Flaubert, Gustave - XI 50; 6 XII v 50; 2 V d 52; 15 XII l 56; 7 II s 57; 13 VII l 57; 14 VIII v 57; 23 VIII d 57; 25 VIII ma 57; [env 19 X l 57]; [fin XI ou début XII 57]; 3 I d 58; 25 I l 58; 1 XI l 58; 6 I j 59; [25 VI] l [60]; 26 VI ma 60; 3 VII ma 60; 12 VII j 60; 15 VIII me 60; [V 61]; 19 VII v 61; [XII 61–I 62]; [1862–1865]; [24 I v 62]; 25 I s 62; 26 I d 62; 31 I v 62; [2 II] d [62]; 3 II l 62; [env 17 II l 62]; [10] VIII d 62; XII 62; 6 XII s 62; [env 13 XII s 62]; 13 XII s 62; 8 I j 63; 19 VII d 63; 17 VIII l 63; [env 25 XI me 63]; [fin 64 ou début 65]; 9 III j 65; [env 30 III j 65]; 30 III j 65; 9 VIII me 65; 1 IX v 65; 3 IX d 65; 18 II d 66; [fin II ou début III 66]; 21 X d 66;

Fleurentin, Mlle [poète] - 19 III ma 61;

Fleurs animées, Les - 22 VII ma; 24 VII

v 46;

Fleurs du Mal - 1837; 1850; [7 IV s 55]; 1 VI v 55; 23 VI s 55; [env 22 IV me 57]; 15 VII me 57; 13 VIII j 57; 17 VIII l 57; [après le 20 VIII j 57]; 30 I d 58; [15 XI ma] 59; 24 II v 60; [vers le 6 VII v 60]; 17 IV d 64; 9 III j 65; 9 IX s 65; 1866; [env 27 III ma 66]; 29 III j 66; 31 III s 66; 31 VIII s 67;

"*Fleurs du mal* jugées par l'auteur lui-même" - 9 III j 65;

Fleurs du bien - 20 XI l 58; 1861;

Fleurus - 16 VI v 15; 11 IV s 35;

Fleury [éditeur] - 4 V d 50;

Laprade, Victor de - 27 I s 44; 17; 17 III j 59; [1861–1862]; 17 IV me 61; 14 VIII me 61; 25 XI l 61; [XII 61–I 62]; 14 XII s 61; [env 23 XII l 61]; 23 XII l 61;

Florian, Jean-Pierre Claris de - [env 1 II d 52];

Foire aux artistes, La - 18 IX s 58;

Foire aux décorations, La - 1 X v 58;

Fontaine [professeur de dessin] - 2 IX ma 35;

Fontaine de Grenelle - 1793;

Fontaine de Jouvence, La [poème de Banville] - V 44;

Fontaine de Jouvence, La [tableau Haussoullier, poème de Banville] - 1844; V 44;

Fontaine de sang, La - [fin 51]; 1852;

Fontainebleau - VI 08; 11 IX ma 32; 26 IX me 32; 12 VII v 33; 6 XI me 33; [ete 1835]; 23 VI v 37; [20 XI] me [39]; 28 V j 40; 31 VIII l 40; 7 IX me 40; [1 XI d 40]; [mi–XI 40]; [31 XII] j [40]; [env 10 V s 44?]; 2 I v 46; 25 V d 51; 26 V l 51; 11 XI ma 51; VI 53; 26 XII ma 54; 29 XII v 54; 2 VI s 55; 12 I s 56; 28 II l 59; [fin IV 60]; 12 VII j 60; 25 I s 62; 22 IV ma 62; 11 [V] d 62; 31 V s 62; 11 VIII l 62;

Fontenay-aux-Roses - [été 51?]; 27 V me 57;

Force, Charles, comte de Montalembert - 27 VIII j 57;

Forey [artiste, élève de Delacroix] - 6 VII me 59;

Forget Me Not... for MDCCCXXXVI - X-XI 35;

Forgues, Emile ["Old Nick"] - IX 46; 12 X l 46; 15 X j 46; 27 IX s 51; 31 VIII me 64;

Fort d'Ivry - 23 VI v 48; Fortunas, rôle de - 17 VII 107; 28 X s 54;

Fortunas, ou le nouveau d'Assas à la prise de l'île sous Dantzick - 17 VIII l 07; 30 VIII me 37; 28 X s 54;

Fossés-Saint-Jacques, 3 rue des - 10 V d 46;

Fou et la Vénus, Le - 26 VIII ma 62;

Foucher, Paul - 11 III d 66;

Foucque, Ferdinand - 4 ou 5 XI d ou l 60; 8 XI j 60; [env 8 XI j 60];

Foulès, R. et F. - [vers 1855];

Fould, Achille - 13 VI s 57; [env 26 V s 57]; 27 VII l 57; 25 XII me 57;

Foule, La [périodique] - 21 IV s 66;

Foules, Les - 1 XI v 61; 27 VIII me 62; Foulès [éditeur] - [vers 1855];

Fournier [Marc ou Edouard] - 10 V d 46; [1862-1865];

Fournier [maître d'étude] - 2 V v [34];

Fournier, Marc - 31 V d 46; [V 54]; 23 VIII me 54;

Fowler, Niles - 24 IV v 57; 13 VI s 57; 27 XI v 57; 28 XI s 57; [23 IV l 60]; 27 IV v 60;

Foy, café de - 8 III l 58;

Foyot-Lacombe, Louise-Julie [mère de Mme A] - 23 XI d 1800;

"Fragment d'une tragédie inédite de

Mlle L. Colet, intitulée "Sappho, ou le Bas-bleu malheureux" - 21 I l 44;

Fraisse, Armand - [20 I] me [41]; 4 V ma 41; 17 XI j 53; 14 VIII v 57; 21 IX l 57; 7 XI l 59; 29 XII j 59; [mi–II 60]; 18 II s 60; [env 25 II s 60]; 28 II ma 60; 12 VII j 60; 8 VIII me 60; 9 VIII j 60; 12 VIII d 60; [env 12 VIII d 60]; [env 17 I j 61]; 23 XII l 61; [1862–1865]; [fin 64 ou début 65]; [env 15 III me 65]; [env 31 III v 65]; 31 III v 65; 9 VIII me 65; [fin II ou début III 66];

Français, François-Louis - 12 VIII me 57;

François [personne non-identifiée] - 24 III v [37];

François le Champi - 25 X v 50;

France - IX 02; 1814; 11 VI l 27; 1 VIII me 27; 31 V d 29; 17 VIII s 33; [21 XI] ma [37]; 19 IV j 38; 21 VIII ma 38; 1 IX me 41; 20 X me 41; 18 VII l 42; 13 VIII s 42; [env 25 X ma 42]; 30 I ma 44; 10 II d 44; 31 X d 44; 15 III s; 21 VI s 45; 22 VII ma; 2 X j 45; 24 X v 45; 24 XI l 45; 4; 4; 11; 22; 15; 23; 1; 4 XII s 47; [entre le 26 et le 28 II s–l 48]; 15 V me 50; 30 VIII s 51; 18 IX s 52; [env 13 X me 52]; [automne 52]; 26 II s 53; 8 VI me 53; 16 XI me 53; 30 IV d 54; [fin VI 55?]; 19 III me 56; 8 VI d 56; [env 27 VIII me 56]; 22 VI l 57; 18 XII v 57; I 58; 28 I j 58; 3 III me 58; 9 III ma 58; 31 X d 58; 18 VIII j 59; [env 20 V d 60]; [début VII 60?]; 14 VII s 60; 17 VII ma 60; 9 VIII j 60; 19 X v 60; [début XI 60]; 13 XI ma 60; 9 I me 61; [env 17 I j 61]; 17 II d 61; [env 18 III d 61]; 19 III ma 61; [env 20 III me 61]; 5 V d 61; 1 IX d 61; 29 IX d 61; 15 XII d 61; 1862; [1862–1865]; 5 VI v 63; IX 63; 22 II l 64; 17 IV d 64; 17 IX s 64; [mi–XII 64 ?]; 18 XII d 64; 8 II me 65; 22 III me 65; 12 V v 65; 30 V ma 65; 3 VI s [65]; 1 VII s 65; 27 VIII d 65; 18 IX l 65; 3 X ma 65; 28 X s 65; [fin II ou début III 66]; 10 IV ma 66; 16 IV l 66; 19 IV j 66; 23 V me 66; 12 VI ma 66; 13 VI me 66; 31 VIII s 67;

France impériale par un non-diplomate, La [*Napoléon, l'empereur et son gouvernement. Etudes parisiennes par un non-diplomate*] - [mi–XII 64?];

France littéraire, artistique, scientifique, La (Lyon) - 14 VII s 60; 9 VIII j 60;

France nouvelle, La - 19 X v 60; [début XI 60]; 13 XI ma 60;

France théâtrale, La - 15 III s; 22 VII ma; 2 X j 45; 24 X v 45; 4; 4; 11; 22; 15; 23; 1;

France, Collège de - 21 VIII ma 38;

France, Emile - 29 IX d 61; 15 XII d 61;

Franciscae meae laudes - 10 V d 57; 4 VI j 57;

Frantzi, Mme 22-25 - I 2 d 46;

Frazer's Magazine - [env 17 I j 61];

Frédéric I - 28 III s 57;

Frédérix, Edmond - 27 X j 64;

Frédérix, Gustave - [1862–1865]; 30 IV s 64; 3 V ma 64; 4 V me [64]; [troisieme semaine de V 64]; [env 11 VI s 64]; [fin 64 ou début 65]; 22 III me 65; 26 III d 65; 20 IV j 65; 24 IV l 65; 26 XI d 65;

Frédérix, Gustave et Edmond - 27 X j 64;

Fréron, Elie - 28 III s 57;

Fririon, Jules-Joseph, baron - 3 X s 18; 24 VI s 20;

Frochot, 4 rue - 1847;

Fromage qui remue, Le - 8 II d 63;

Fromentin, Eugène - 31 XII j 57; [1862–1865]; 3 I s 63; [fin 64 ou début 65]; [fin II ou début III 66];

Fronde, La - 24 IX j 57;

Fuchs, Léon - [été 51?]; 27 V me 57;

Fuenzès - 18 I ma 48;

Funérailles de l'honneur, Les - [fin III 61]; [29 III] v [61]; [env 31 III d 61]; [première semaine de IV 61]; [4 IV j 61]; [7 V ma 61];

Furetière, Antoine - [fin 55?]; 3 I j 56;

Furne [éditeur]- [env 1 II d 52];

Furpille, Eugène - 22 XI d 57;

Fusées et Suggestions - 18 VIII l 62;

Fusées - 1855; 9 VIII s 56; 23 I j 62; 18 VIII l 62;

Gâteau, Le - 24 IX me 62;

Gabourd, Amédée - VI 61;

Gabriac, Alexis de - 1 V j 51;

Gabrielle, rôle de - 9 I d 53;

Gabrielle - 27 XI j 51;

Gaiffe, Adolphe - [env 10 III] ma [57];

Galant Tireur, Le - [env 7 VII v 65?];

Galerie Durand-Ruel - [env IV 46];

Galerie Martinet - [seconde quinzaine de IV 62]; II 63; III 63; II 65; [19 III d 65];

Galerie des Batailles [Versailles] - 10 III v 37;

Galeries Historiques de Versailles - 12 VII j 38;

Galeries des Beaux-Arts - [fin 43 ou début 44]; [fin 63 ou début 64];

Galignani [éditeurs] - 14 XI s 46;

Gallois, Napoléon - 1840; X 43; [3 III d 44]; X 45; 1854; 16 IV l 66; 19 IV j 66;

Gand - 27 XI j 51; 4 I me 54; 13 VII l 57; 4 IX v 57; [fin III 61]; 6 V v 64; 14 VII j [64];

Garcia, Mlle [nièce de la Malibran] - 1860;

Garde Nationale - [env 23 III v 32]; 14 VII d 44;

Garde, 11e voltigueurs de la - 3 I l 14;

Gardet, Edmond - 16 X s 52; 2 III me 54; [env 17 VIII ma 58]; 17 VIII ma 58; 1 II ma 59; [env 10 II j 59]; [25 ou 26 II v ou d 59];

Gare Montparnasse - 10 X l 59;

Gare de Chartres - 31 XII v 58;

Gare du Nord - [nuit du 4–5 VII ma–me 65];

Gare, Café-Restaurant de la - [VI ou VII 60?];

Garipuy, Jules - 21 IV j 59;

Garnier - 13 VII s 50; [env 1 II d 52]; 7 VII v 65; [entre le 10 et le 14 VII l–v 65]; 11 VII ma 65; [entre le 11 et le 15 VII ma-s 65]; 7 VIII l 65; 9 VIII me 65; 12 VIII s 65; [fin VIII ou début IX 65]; 3 IX d 65; 4 IX l 65; 27 IX me 65; 28 IX j 65; 30 IX s 65; [env 3 X ma 65?]; 3 X ma 65; 23 X l 65; 25 X j 65; 28 X s 65; 13 XI l 65; [env 6–8 XII me–s 65]; [deuxième semaine de I 66?]; [env 11 I j 66]; 12 I v 66; 18 I j 66; 29 I v 66; [env 30 I s 66]; 30 I ma 66; 6 II ma 66; 12 II l 66; [15 II j 66]; 16 II v 66; [env 18 II d 66]; 18 II d 66; 19 II l 66; 26 II l 66; 5 III l 66;

Garnier, Auguste et Hippolyte - 9 VIII me 65; 30 IX s 65; 12 I v 66; 18 I j 66;

Garnier, Maison - 7 VIII l 65; 27 IX me 65; [deuxieme semaine de I 66?]; [env 11 I j 66]; 12 II l 66;

Garrulus - 15 XI v 61;

Gaspérini, Auguste de - IX 59; 18 IX me 61;

Gaspard de la nuit - XI 42; [début 43]; 2 XII s 43; 9 II v 61; 25 XII me 61;

Gastineau, Benjamin - 15 XI ma 53; 24 V me 65;

Gaulois, Le - 10 XI ma 57; 31 X d 58;

Gaume [éditeur] - [env 1 II d 52];

Gautier fils - 27 II d 59; 8 V d 59; [18 VI j 63]; [entre le 25 XI me 63 et IV 64];

Gautier, Judith [Judith Walter, dite] - [env 22 III ma 64?]; 28 III l 64; 29 III ma 64; 9 IV s 64;

Gautier, Théophile - 28 VII me 30; [fin X 31]; 17 VIII s 33; 28 XI s 35; I 36; 14 VIII d 36; 10 III v 37; 1838; 9 II s 38; 5 VII j 38; [17 VII j 38]; 27 IX j 38; 26 I s 39; 2 IX l 39; 5 V ma 40; I 41; VIII 42; IX 42; [entre le 19 IV me 43 et le 22 V l 43]; [env VI 43]; 10 VII ma 43; 10 XII d 43; 7 III j 44; 1845; 19 III me 45; 24 XI l 45; 1 II d 46; 7 IV ma 46; 15 IV me 46; 27 IX d 46; 10 IV s 47; 1 IV d 49; 13 VII v 49; 24 VIII s 50; [1851]; 8 IV ma 51; 27 XI j 51; [fin 51]; [env 1 II d 52]; 7 IV me 52; 6 V j 52; [VII 52?]; 1 II ma 53; 5 IX l 53; 26 IX ma 54; 13 X v 54; [vers 1855]; 29 I j 57; II 57; 7 III s 57; 8 III d 57; [1 ou 2 IV me ou j 57]; 25 IV s 57; 6 V me 57; 13 VI s 57; 15 VI l 57; 9 VII j 57; [11 VII s 57?]; 8 IX ma 57; 29 IX ma 57; 30 IX me 57; [1857–1858?]; 3 I d 58; 29 IX me 58; [X–XI 58]; I 59; 6 I j 59; 16 I d 59; 23 I d 59; 31 I l 59; [début II 59]; [début II 59]; 15 II ma 59; 16 II me 59; 24 II j 59; [25 ou 26 II v ou d 59]; 27 II d 59; [4 XII] v [59]; 12 III s 59; 13 III d 59; 17 III j 59; 26 III s 59; 27 III d 59; 21 IV j 59; 29 IV v 59; 1 V d 59; 8 V d 59; 16 V l 59; 2 VII s 59; [fin VII 59?]; 7 VIII d 59; [23?] IX v 59; 30 IX v 59; [9?] [X d 59]; 10 X l 59; [env 10 X l 59]; [19 X me 59]; [entre le 1 XI ma et le 15 XI j 59]; 1 XI ma 59; [première semaine de XI 59]; [15 XI ma] 59; 24 XI j 59; 26 XI s 59; [29 XI ma 59]; [fin XI ou début XII 59]; 4 XII d 59; 13 XII ma 59; 18 XII d 59; 31 XII s 59; [fin VII 60]; 25 X j 60; [env 17 I j 61]; 29 IV l 61; [env 4 VI ma 61]; 15 VII l 61; 25 VII j 61; 10 XI d 61; 11 XII me 61; [env 16 XII l 61]; [1862–1865]; 2 VIII s 62; 4 VIII l 62; [10] VIII d 62; [VIII–IX 62?]; [env 16 X j 62?]; 27 X l 62; 1 XI v 62;

13 XII s 62; 6 I ma 63; 11 I d 63; [entre le 1 V v et le 28 V j 63]; 1 VI l 63; [18 VI j 63]; 3 VIII l 63; 21 VIII v 63; 16 X v 63; [entre le 25 XI me 63 et IV 64]; 17 XII j 63; 1 I v 64; [env 22 III ma 64 ?]; 28 III l 64; 29 III ma 64; 4 IV l 64; 9 IV s 64; [env 11 IV l 64]; 25 IV l 64; [env 8 V d 64]; [11 V me 64]; 11 VI s 64; [fin 64 ou début 65]; [env 15 III me 65]; [env 23 III j 65]; 1 VII s 65; 9 VIII me 65; 22 VIII me 65; 18 II d 66; [entre le 23 v et le 27 ma II 66]; [fin II ou début III 66]; III 66; 10 III s 66; 27 VIII l 66; 7 XI me 66;

Gavarni, Sulpice-Paul Chevalier, dit - 21 X j 52; 10 I j 61; [1862–1865]; 28 XI s 63; 4 XII j 64; [fin 64 ou début 65]; [fin II ou début III 66];

Gazetiers et gazettes - 3 XI s 60;

Gazetta de Portugal - 23 XII d 66;

Gazette de France - 18 IX s 52; [env 20 V d 60]; [début VII 60 ?]; 17 VII ma 60; 9 I me 61; [env 17 I j 61]; [1862–1865]; 16 IV l 66;

Gazette de Paris - 3 VIII d 56; 28 IX d 56; 16 VIII d 57; 14 X j 57; 16 I d 59; 23 I d 59;

Gazette de Portugal - 21 X d 66;

Gazette de la France - 8 VI d 56;

Gazette des Beaux-Arts - 1 IX j 59; 15 I ma 61; 1 VI l 63; 1 VI me 64; 1 XII v 65;

Gazette des Tribunaux - 20 IV me 50; 21 VIII v 57; 1 X v 58; [env 12 VIII d 60];

Gazette des courses - 17 IV d 64; 19 IV l 64;

Gély, Mme - [env 20 XI d 53]; 1 XII j 53; 3 I ma 54;

"G.B." - 3 XII me 44; 11 VI j 46;

Géante, La - 1843; [19 IV me 43]; 17 IV s 52; 20 IV l 57; 2 V s 57; 4 V l 57; 30

VIII j [60]; [entre le 4 IV v et le 15 V j 62];

Genèse d'un poème, La - 1 III ma 53; 29 VII s 54; [7 III l 59]; 20 IV me 59; [entre le 1 XI ma et le 15 XI j 59]; 13 VII v 60;

Geniller [ancien constituant] - 27 IX s 51;

Gennevraye, Louis de la - 5 VI me 39; [20 I] me [41];

Geoffrey, Ch. - [fin 55 ou début 56];

Georgette, Mme - 8 VI d 62;

Gerbé de Thoré [procureur impérial à Fontainebleau] - 25 I s 62;

Germain [d'Edmond About] - [env 20 XII d 57];

Germaine [de Barbey d'Aurevilly] - fin I 46;

Gers, 3e Bataillon de la légion de - 5 VIII ma 17; Gertrude, rôle de - 2 III j 48;

Gervais, Eugène - 18 VII j 61;

Gide et Crépet [éditeurs] - 9 VIII ma 59;

Gift, The - 3 XII me 44;

Gilbert, Nicolas-Joseph-Laurent - 28 III s 57;

Ginguené [directeur géneral de l'instruction publique] - [env 9 Floreal an 6 (1797)];

Girardin, Emile de - 25 X v 50; 7 XI d 63;

Giraud et Dagneau [éditeurs] - [env 1 II d 52];

Giraud, Charles - [vers 1861];

Girodet-Trioson, A.L. - [début 45?]; [seconde quinzaine de V 45]; 29 XII j 64;

Giroud [Magasin] - 1 I me 34;

Glasgow - [vers 1855];

Glatigny, Albert - 12 V s 60; [env 12 V s 60]; 14 V l 60; [mi–V 60]; 1 VI v 60;

17 XI s 60; 17 II d 61; 30 V j 61; 1 VI s 61; [env 17 VIII d 62]; 12 X d 62; 21 XII d 62; 2 VII s 64; [début I 66]; 29 III j 66; 16 IV l 66; 17 IV ma 66;

Globe, Le - [avant le 13 VIII s 65];

Goût du néant - 20 I j 59;

Godefroy, Louis-Stanislas - [XII 46?]; 23 II l 52; 28 VII v 54; 12 XI me 56; 13 ou 14 XI j ou v 56; 7 III s 57;

Godwin, William - [XI 61];

Goepp, Edouard - 16 VIII d 57; [1859–1861]; [mi–I 59?]; [1859–1861]; [env 20 V d 60]; 16 VI s 60; [été 61]; [VIII 61]; [fin XI 61];

Goethe, Wilhelm - 15 IV me 46;

Gogol, Nicolai - [15 XII me 58];

Goinfre, Le - [env 4 II v 59];

Gold Bug, The - XI 45;

Goncourt, Edmond et Jules - X 57; 12 II me 62; IV 62; 19 XI me 62; 27 XII s 62; 11 IV j 63; 28 XI s 63; 30 I s 64; 11 IV l 64; 1 VI j 65;

Gonet, de - [env 20 XII me 54];

Gorotwoth [portraitiste] - 1852;

Görres [écrivain] - [fin IX 62];

Goudall, Louis - 4 XI d 55; 30 XII d 55; 9 I me 56; [env 12 IV s 56]; 11 V d 56; 9 I j 62;

Goudchaux [commis d'Hetzel] - [env 1 IV v 64]; [env 8 V d 64];

Gouffre, Le - 1 III s 62; 22 II l 64; 23 II ma 64; 1 III ma 64; 31 III s 66;

Gough [marchand de vin] - [entre le 29 et le 30 I me–j 62];

Gouzien, Armand - 2 IX l 67;

Government Gazette - 10 XII s 41;

Goya, Francisco - 5 VII j 38; VIII 42; IX 42; 1845; 28 XI s 57; 14 V s 59; [env 15 V d 59]; 27 VIII s 59; [entre le 28 VIII d et le 2 IX ma 59]; 24 V d 63; [1864–1865]; 16 VI j 64; [env 20 VI l 64]; 7 VI

me 65; 14 IX j 65; 4 VII me 66; 21 I l 67;

Goya [de Laurent Matheron] - 28 XI s 57;

Gozlan, Léon - 10 X ma 48; 19 VII v 61; 11 XII me 61;

Grâce de Dieu, La - 6 XI j 45; [mi–I 46];

Grafigny, Françoise d'Issembourg d'-Happoncourt de - - [30?] VII [d] 37;

Graham's Magazine - III 50;

Grand Dictionnaire universel du 19e siècle - 30 IX s 66;

Grand Gymnase - [env 17 XI s 66]; 17 XI s 66;

Grand Journal - [env 25 I me 65]; 4 XI d 66;

Grand Lion, Hôtel du - [1864–1865];

Grand Miroir, Hôtel du - [7] VIII s 63; 27 IX ma 64; 30 IX v 64; [env 30 III v 66]; 3 IV ma 66; 14 IV v 66; 27 IV s 66; [env 30 IV l 66];

Grand Salon Carré du Louvre - 16 XII j 47;

Grand Testament [de Villon] - 15 X s 64;

Grand'Place, la [à Bruxelles] - 2 V l 64;

"Grande Fête du Réalisme" - 1 X s 59;

Grande Loterie, Commission chargée des choix des oeuvres d'art pour la - 12 V s 49;

Grandes Figures d'hier et d'aujourd'hui - 16 I me 61;

Grandeur des Romains [*Considérations sur la grandeur des Romains et sur leur décadence*] - [6 II j 34?];

Grandeur et décadence d'une serin - 18 I ma 48;

Grandeur et décadence de César Birotteau - 24 XI l 45;

Grandguillot, Alcide-Pierre - [29 XI ma 59]; [mi–V 60]; 18 V v 60; 15 VIII me

60; 27 IX j 60; 18 [X j] [60]; [X–XI 60]; [env 20 XI ma 60]; [env 17 I j 61]; [VIII 61]; [env 4 XII j 62];

Grandin, Victor - 8 II s 51;

Grand'Rose, rôle de La - 11 I s 51;

Grands Journaux de France, Les - 1862;

Grange, Eugène - 8 IV ma 51;

Granier de Cassagnac, Adolphe de - 15 IV me 46; 17 VIII l 63; 11 X d 63;

Granville [ville normande] - 21 VII s 60; 13 VIII l 60; 14 VIII ma 60; [15?] VIII me 60;

Grave, Théodore de - 5 I s 67;

Gravelines (Nord) - 28 II s 1789; [mi–1790]; 10 VII d 08; 17 XI v 15; 1819; 1821; 30 IV j 57;

Gray, Thomas - 1849;

Greeley, Horace - 9 X ma 49;

Grenelle, 136 rue de - 1 III l 41; [fin II 42]; [IV 42]; 11 XI v 42;

Grenelle-Saint-Germain, 136 rue de - 1 III l 41; [fin II 42]; 11 XI v 42;

Grenier, Edouard - 14 VIII me 61;

Grenoble - 15 III j 32; [env 23 III v 32]; 2 IV l 32; 25 IV me 32; [26 ou 27 IV j ou v 32];

Gresset, Louis - [6 II j 34?];

Greuze, Jean-Baptiste - 15 XII j 59; [7 I s 60]; 10 VII me 61; 25 VII j 61; [1864–1865];

Greuze, Jean-Baptiste [ouvrages de] - 10 VII me 61;

Grigorev - XI 52;

Grimblot, Mme - 15 I l 66;

Gringoire - 29 VII s 65; 5 VIII s 65; 16 XII s 65; 10 III s 66; 28 IV s 66;

Grisi, Ernesta - 27 II d 59;

Griswold, Rufus - 29 VI d 49; 9 X ma 49; 20 X s 49; III 50; 13 VII v 60;

Gros - [fin VI? 37];

Grosley, Pierre-Jean - 28 III s 57;

Guérard, directeur de Ecole des Chartres - 12 XII me 49;

Guérin [pharmacien] - [20 XI] me [39];

Guérin, Eugénie de - 26 II ma 56; 25 III l 56; 27 III j 56; 14 V me 56;

Guérin, Jean-Baptiste - [début 45?];

Guéranger, dom Prosper - [fin IX 62];

Guéronnière, Arthur de La - 6 II d 53; 3 VI s 54; 4 II s 60;

Guéroult, Adolphe - 16 IX me 63; [env 20 I v 65];

Guernesey - 13 III d 59; [env 19 VI ma 60]; 6 XII s 62; 3 XI v 65;

Guerre [pâtissier] - [I–II 62?];

"Guerre d'Italie en 1859, La" - 1 VI v 60;

Guerre des femmes, La - 1 X l 49;

Guerri, Elisa [v. Niéri] - 1 IV v 59; 16 XI d 62;

Guerton [juge d'instruction] - 26 III j 63;

Guetary - [fin IX 62];

Guibert [vicaire] - 25 VII s 1789;

Guichardet, Alfred - [fin V 60]; 22 XI v 61;

Guichon, Alfred - 23 V me 60; 25 V s 60; 26 V s 60; 12 VII j 60; 13 VII v 60; 16 VII l 60;

Guignet, Adrien - 12 VIII me 57;

Guignon, Le - 15 IV me 46; Selo; [fin 51]; 1852; 1 VI v 55; 29 IV j 58; 26 I j 60; 2 VIII s 62; [env 7 II ma 65];

Guillaume Tell [drame de Virgile Boileau] - 2 III j 48;

Guillemin, Amédée - 1 II l 64;

Guinhaut, Camille - 31 III v 65;

Guitarerro, Le [de Manet] - [V? 61];

Guizot, Guillaume - 23 II me 48; 13 VI s 57; 25 XII me 61; [env 15 I me 62];

[env 11 IV l 64];

Guttinguer, Ulric - 9 I me 61; [env 17 I j 61];

Guyon, rue - [été 62];

Guyot de Fère, François-Fortuné - 26 VII j 55;

Guys, Constantin - [vers 1855]; [15 XI ma] 59; 13 XII ma 59; [env 13 XII ma 59]; 15 XII j 59; 16 XII v 59; [19 XII l 59]; 21 XII me 59; 23 XII v 59; 28 XII me 59; [fin 59]; [5 I j 60]; 8 I d 60; [avant le 10 I ma 60]; 4 II s 60; 16 II j 60; [env 16 II j 60]; 13 III ma 60; [23 IV l 60]; [env 23 IV l 60]; 27 IV v 60; [V 60?]; 15 V ma 60; 16 VIII j 60; [fin VIII 60]; [X–XI 60]; [après le 24 XI s 60]; 30 XII d 60; [début 61]; 10 I j 61; 16 I me 61; [18 ou 19 II l ou ma 61]; 19 II me 61; [début III 61]; [fin IV ou début V 61]; [env 13 V ma 61]; [été 61]; 9 VII ma 61; [VIII 61]; [6 VIII ma 61]; 17 VIII s 61; [env 17 VIII s 61]; [21 VIII me 61]; [IX–début X 61]; 7 XI j 61; [env 30 XI s 61]; [XII 61–I 62]; 2 XII l 61; 30 XII l 61; [fin XII 61 ou début I 62]; [1862–1863?]; [env 15 I me 62]; [env 4 XII j 62]; 27 XII s 62; [vers 1863–64]; 7 I me 63; 3 XI ma 63; 12 XI j 63; 30 XI l 63; 2 XII me 63; [1864–1865]; 4 XII j 64; 29 XII j 64;

"Guys, peintre de moeurs, Monsieur" - 4 II s 60;

Habans, J. - 5 III j 57; 30 IV j 57; 12 VII d 57; 10 IX j 57;

Habitations imaginaires - 19 VIII me 63; 22 XII ma 63; 9 X d 64; 14 II ma 65; 15 II me 65; 9 III j 65;

Haentjens, Alfred-Alphonse - 15 I d 60;

Hainfray, Adélaïde - [début V? 41];

Halévy, Jacques - [II 62];

Halt, Robert [pseudonyme de Charles Vieu] - 21 XII j 65;

Hamel, [Victor-Auguste, comte du?] -

29 IX j 59;

Hammer, Joseph von - 3 VII s 58;

Hanneton, Le - 17 IV d 64; 22 IV d 66; 5 VIII d 66; 18 IV j 67;

Hanquet, Edouard - 18 X l 44;

Harmonie du soir - 20 IV l 57; 1863;

Harpers and Brothers [éditeurs] - [1853 – 1855?];

Harpignies, H. - 15 V v 63;

Haschisch et la volonté, Le - [fin 57];

Hatin, Louis-Eugène - [env 18 III d 61]; 25 VIII s 66;

Haussoulier, William - 1844; V 44;

Hautefeuille, 13 rue - 9 IX j 19;

Hautefeuille, rue - 1817; 9 IX j 19; 10 II s 27; 27 II d 48; 12 V s 49; 1856;

Hauteville House - 6 X j 59; 1862;

Havard, Gustave [éditeur] - 1858;

Havin et Plée [auteurs] - 9 XII ma 56;

Havre, 14 place du - 7 V s 64;

Havre, Le - 30 XII me 57; 19 X ma 58; [18?] XI s 58; 14 V s 59; [14 X d 60]; 7 V s 64;

Hawthorne, Nathaniel - 10 V j 60; 1866;

Heautontimoroumenos - [7 IV s 55]; 10 V d 57; [env 4 II v 59];

Hébert, [Ernest?] - 15 XI s 62;

Hedouin [pseudonyme Karcher] - 13 XI d 64;

Hegel, Friedrich - 3 VI s 54;

Heilbuth [ami de Mme Sabatier] - 4 III d 60;

Heine, Heinrich - 14 VI s 34; 30 V s 46; [24 II l] 51; 15 I s 53; [19 XII l 59]; 12 II d 65; 15 II me 65;

Hémisphére dans une chevelure, Une - 10 XII j 57; [env 22 IX l 62]; 24 IX me 62;

Hello, Ernest - VIII 44; X 58;

Héloïse, fragment autobiographique - I 52;

"Henri Heine et la jeunesse des poètes" - 12 II d 65; 15 II me 65;

Henri III et sa cour - 20 I d 50;

Henri VI, 45 place d' [actuellement place Carnot] - 2 IV l 32;

Hélène, rôle d' - 13 VIII j 46;

Henriette d'Angleterre, rôle d' - 4-8 I v-ma 46;

Henry Murger et la bohème - 1866;

Hermann, père - [première semaine de IX 64?];

Herman Frères [éditeurs] - V ou VI 43;

Herschel, William - III 36;

Hervey, Charles - 14 XI s 46; 15 VIII d 58; 17 VIII ma 58;

Hervilly, Ernest d' - 17 V v 61; 9 XI s 62; 2 IX l 67;

Hetzel, Pierre-Jules - [env 1 II d 52]; [env 19 VI ma 60]; 19 VII j 60; [10 VIII v 60]; 5 [XII me] 60; [env 20 III me 61]; 25 III l 61; 10 IV me 61; 25 XII me 61; [1862–1865]; 18 VIII l 62; [VIII–IX 62?]; [13 IX s 62]; 16 XI d 62; 23 XI s [62]; 13 XII s 62; [13 I ma 63]; 16 I s 64; 9 III l 63; 20 III v 63; 21 III s 63; [fin V ou début VI 63]; 3 VI me 63; 6 X ma 63; 8 X j 63; 29 III ma 64; [env 1 IV v 64]; [env 8 V d 64]; 31 VII d 64; 14 [VIII] d [64]; IX 64; [fin X 64]; [fin 64 ou début 65]; 3 II v 65; [env 15 III me 65]; [env 1 VII s?] 65; 3 VII l 65; 5 VII me 65; [6 VII j 65]; [mi–VII 65?]; 9 VIII me 65; [env 3 X ma 65?]; [env 18 II d 66]; 19 II l 66; [fin II ou début III 66]; 11 VII me 66; 15 VII [d 66];

Heynette de Kesler - [été 51?]; 27 V me 57;

Hiawatha - 20 IV d 56; 29 I j 57; [20 XI] ma [60]; [4 XII? ma 60]; 12 II ma 61; 1863;

Hibou philosophe, Le - 27 IV s 50; 26 XI me 51; [env 1 II d 52]; [env 3 II ma 52];

Hiboux, Les - 9 IV me 51; IV 53; 2 VIII s 62;

Hic et Hec ou l'art de varier les plaisirs de l'amour - [env 6 VI ma 65];

Hic, haec, hoc - [env 6 VI ma 65];

Hignard, Henri - [Hiver 38–39]; 5 VI me 39; 28 VII d 39; 31 VII me 39; 1846;

Hippodrome, place de l' - 31 VIII s 67;

Histoire anecdotique et critique de la presse parisienne - 2 VII s 59; 6 VII me 59;

Histoire anecdotique et critique des 159 journaux parus en l'an de grâce 1856 - 7 II s 57;

Histoire d'une comédienne - [automne 55];

Histoire de Neuilly - 16 VI s 55;

Histoire de la Révolution de 1848 - 14 VII s 49;

Histoire de la raison d'état - [env 20 IV v 60]; [VIII 60]; 13 VIII l 60;

Histoire des Ecoles - [1850–1855];

Histoire des artistes vivants - 24 IX s 53; 19 I s 56; 21 II s 57; [19 ou 20? s ou d IX 63];

Histoire des assassins - 3 VII s 58;

Histoire des bottes de Samuel - 31 V ma 53; 1 VI me 53; 2 VI j 53; 3 VI v 53; 4 VI s 53; 5 VI d 53; 6 VI l 53; 7 VI ma 53; 8 VI me 53;

Histoire des lycées et collèges de Paris - 30 VI s 66;

Histoire dramatique et littéraire de l'année - 14 IX s 61; 1862;

Histoire nationale [de Mgr Namèche] - [première semaine de VIII ? 64];

Histoire politique et littéraire de la Presse en France - [env 18 III d 61];

Histoires de village - 14 VI d 63; 23 VI d 67;

Histoires extraordinaires - 13 X me 52; 10 I l 53; [entre le 4 I et le 7 I me–s 54]; 10 VI s 54; 13 VI ma 54; 15 VII s 54; 25 VII ma 54; 5 VIII s 54; 19 VIII s 54; 26 IX ma 54; [X 54]; 22 X d 54; 12 XII l 54; 1855; 13 I s [55]; 3 II s 55; 13 VI me 55; 3 VIII v 55; 2 X ma 55; 18 XI d 55; 30 XII d 55; II 56; 26 II ma 56; 4 XI ma 56; 6 VI s 57;

Historiettes contemporaines - V 42;

Hitte, général de la [ministre] - 5 XII me 49; 5 VII v 50;

Hoefer, Ferdinand - 29 III s 62;

Hoffmann, E.T.A. - 7 VII d 22; 26 X v 33; 14 VIII d 36; I 41; 4 XI ma 45; 15 IV me 46; 30 V s 46; III 53; 15 IV ma 56; 14 VI s 56;

Hohenlohe, prince de - 17 VI ma 23; 4 VII l 23; 10 VIII v 27; 26 XI l 27; 30 X j 28; 24 III ma 29; 31 V d 29; 11 VI j 29;

Home Journal, The - 13 X s 49; 20 X s 49;

Hommage à Delacroix - 1863; 11 IV l 64; [11 V me 64]; 1 VI me 64;

Hommage à feu Eugène Delacroix - [III 64];

Homme aux Ruysdaels, L' - [XII 46?];

Homme caméléopard, L' - 28 VII v 54;

Homme des foules, L' - 6 II d 53; 7 ou 8 II l ou ma 53; 27 I s 55; 28 I d 55; 2 I d 59; 1 VIII l 59; 9 VIII ma 59;

Homme et la mer, L' - 1 X v 52; IV 53;

Homme qui se cherche, L' - 27 XII d 46;

Hondschoote - 19 VII ma 08;

Honfleur - 8 III ma 53; 7 III ma 55; [été 55?]; 11 VII v 56; 11 IX j 56; 14 IX d 56; 9 X v 56; 16 VI ma 57; 9 VII j 57; 11 I l 58; 17 ou 28 I me ou j 58; 20 II s 58; 26 II v 58; 27 II s 58; 13 IV ma 58; 13 V j 58; 19 V me 58; 9 VI me 58; 10 V j 58; 11 VI v 58; 29 X v 58; 31 X d 58; [18?] XI s 58; 7 XII ma 58; 10 I l 59; [mi-I 59?]; [seconde quinzaine de I 59?]; [env 22 I s 59]; 27 I j 59; 1 II ma 59; [II-III 59]; [env 12 II s 59]; [1 ou 2 III ma ou me 59]; 26 III s 59; 15 ou 16 IV v ou s 59; [24 ou 25 IV d ou l 59]; 29 IV v 59; 13 VI l 59; 29 VI me 59; 24 VII d 59; 7 VIII d 59; 27 VIII s 59; [XI 59?]; [15 XI ma] 59; 16 XI me 59; 24 XI j 59; 27 XI d 59; 1 XII j 59; [11 XII d 59?]; 12 XII l 59; 15 XII j 59; 17 XII s 59; 28 XII me 59; 1 I d 60; [7 I s 60]; 13 I v 60; 15 I d 60; 17 I ma 60; [env 20 I v 60]; 29 II me 60; 1 III j 60; 27 III ma 60; 28 III me 60; [30 III v 60]; [4 IV me 60]; 12 IV j 60; [19 IV j 60]; 19 IV j 60; [22 IV d 60]; [fin IV 60]; [29 ou 31 V ma ou j 60]; 26 VI ma 60; [fin VI 60?]; 12 VII j 60; [4 VIII s [60]; [env 12 VIII d 60]; 14 VIII ma 60; 15 VIII me 60; [env 10 X me 60]; [env 14 X d 60]; 15 X l 60; 18 [X j 60]; 19 X v 60; 21 X d 60; [20 XII j 60]; [1861-1862]; 10 III d 61; [env 15 VI s 60]; 25 VII j 61; [mi?-XII 61]; [env 17 II l 62]; [env 16 III d 62]; [env 24 V s 62]; 24 V s [62]; 31 V s 62; 6 VI s 62; [env 16 VI l 62]; 17 VI ma 62; [10] VIII d 62; 9 IX ma 62; 22 IX l 62; [env 13 XII s 62]; 3 I s 63; 19 II j 63; 20 II v 63; 21 II s 63; 8 X j 63; [env 26 X l 63]; [troisième semaine de IV 64]; 6 V [v 64]; [début VI 64]; [env 11 VI s 64]; 13 X j 64; 3 II v 65; [env 7 II ma 65]; 4 V j 65; 8 V l 65; 27 V s 65; 30 V ma 65; 2 [VI] v [65]; 5 VII me 65; [6 VII j 65]; 7 VII v 65; 9 VII d 65; 13 X s 65; 6 II ma 66; 27 V d 66; [début VI 66]; [env 5 VII j 66]; [30 VIII j 66]; [env 12 II ma 67]; 13 II me 67; 15 II v 67; 24 II d 67; 25 II l 67; [env 5 VI me 67];

Honneur et l'argent, L' - [env III 53];

Hood, Thomas - [IX–début X 61]; 8 IV

s 65;

Hop-Frog - 23 II v 55; 24 II s 55; 25 II d 55;

Hôpital Saint-Louis - 22 VII v 64;

Hôpital de la Charité - [env 10 IX j 57]; 3 X s 57;

Horloge, L' - 8 VII s 54; 24 VIII l 57; 15 X l 60; 1 XI v 61; [env 22 IX l 62]; 24 IX me 62; 1 X me 62;

Horreur sympathique - [printemps 59]; 15 X l 60;

Hospice d'Honfleur - 11 VII v 56;

Hostein, Hippolyte - [XI 54]; [avant le 8 XI me 54]; 8 XI me 54; 11 XI s 54; [env 20 XII me 54]; [fin 54]; 19 IX l 59; 25 IX d 59; 28 XII me 59; 27 IX j 60; 13 X s 60; 18 [X j] [60]; [1862–1865];

Hôtel de Ville - [début de la seconde quinzaine de IV 42]; 1 VIII ma 54;

Hotten [éditeur] - 1866;

Houssiaux, Alexandre - 1 IX l 51; [env 1 II d 52]; 19 XII d 52; [entre le 9 et le 11 VI s–l 55]; 23 XI v 55; II 57; 13 VI s 57;

Houssaye, Arsène - 24 XI l 45; 25 XI ma 45; [IV 48]; X 50; XI 50; 4 VI me 51; [env 1 II d 52]; [24 VII l 54?]; 15 IV d 55; 31 I l 59; 15 II ma 59; [4 XII] v [59]; 15 III ma 59; 1 IX s 60; 14 IX v [60]; [X–XI 60]; [début I 61]; [env 17 I j 61]; [VIII 61]; [début XII 61]; [XII 61–I 62]; [env 7 XII s 61]; [env 12 XII j 61]; [env 20 XII v 61]; 25 XII me 61; [fin XII 61 ou début I 62]; [1862–1865]; [début 62]; 1 II s 62; [4 III] v [62]; [entre le 4 IV v et le 15 V j 62]; 15 V j 62; [été 62?]; [été 62?]; 18 VIII l 62; 26 VIII ma 62; [env 22 IX l 62]; 8 X me 62; [9 ou 10 X j ou v 62]; 16 X j 62; [env 16 X j 62?]; [fin 64 ou début 65]; [env 15 III me 65]; [fin II ou début III 66]; 2 IX l 67; 3 IX ma 67;

Houssaye, Edouard - 15 IV d 55; 31 I l

59; 15 II ma 59; 15 III ma 59; [été 62?]; [été 62?];

Huc, père Evariste Régis - 8 VII s 54;

Hughes, William - 18 X j 52; 28 X j 52; 1854;

Hugo, Adèle - 2 I ma 66; 12 I v 66;

Hugo, Charles - 27 I v 65; 3 II v 65; 17 X ma 65; [env 20–25 X v–me 65];

Hugo, Charles-Victor et François-Victor - 1 VI l 46;

Hugo, François - 27 I v 65;

Hugo, Mme Victor - 21 IV me 64; 4 XI v 64; 14 V d 65; 26 XI d 65; [fin 65 ou début 66]; 5 I v 66; [env 15 II v 66]; 31 III s 66; [env 31 III s 66];

Hugo, Victor - [5 XII ma 37]; 3 VIII v [38]; [hiver 40]; [25 II ma 40]; V 42; 27 II j 45; 27 XI j 51; 14 I s 54; [entre le 9 et le 11 VI s–l 55]; 23 XI v 55; II 57; 13 VI s 57; 14 VI d 57; 9 VI me 58; 13 III d 59; 15 IV v 59; 2 VII s 59; [env 7 VIII d 59 ?]; 7 VIII d 59; 18 VIII j 59; 19 IX l 59; [23?] IX v 59; 27 IX ma 59; 1 X s 59; 6 X j 59; [9?] [X d 59]; [env 10 X l 59]; [env 15 X v 59]; 18 X me 59; 24 XI j 59; 7 XII me 59; 13 XII ma 59; 18 XII d 59; 21 XII me 59; 29 IV d 60; [env 8 V ma 60?]; [9 V me 60?]; [mi–V 60?]; [env 15–20 V ma–d 60]; [mi–V 60]; [env 19 VI ma 60]; 19 VII j 60; [10 VIII v 60]; 8 XI j 60; 10 XI s 60; [1861–1862]; 12 I s [61]; [entre le 11 et le 13 I v–d 61]; 17 I j 61; 10 IV me 61; [VI ou été 61?]; [env 4 VI ma 61]; 15 VI d 61; [env 16 XII l 61]; [1862–1865]; 13 IV d 62; 24 IV j 62; 29 IV ma 62; [VI 62]; [après le 28 VI s 62]; 7 IX d 62; 14 IX d 62; [env 6 XII s 62]; 6 XII s 62; [après le 6 XII s 62]; [fin 62]; [env 25 XI me 63]; 17 XII j 63; 22 XII ma 63; 15 IV v 64; 17 IV d 64; 18 IV l 64; 19 IV l 64; 21 IV me 64; 9 VI j 64; 11 VI s 64; 4 XI v 64; 12 II d 65; 14 V d 65; [entre le 16 d et le 31 l VII 65];

X 65; 28 X s 65; 3 XI v 65; 14 XI ma 65; 26 XI d 65; [fin 65 ou début 66]; 5 I v 66; 6 II ma 66; [env 15 II v 66]; [fin II ou début III 66]; 8 III j 66; 11 III d 66; 31 III s 66; [env 31 III s 66]; 11 IV me 66; 27 VI me 66; 7 XI me 66;

Huriez, Joséphine-Elise - 17 I me 55; 18 I j 55;

Husson, Eugène-Alexandre - [IV 57]; 23 X v 57; 28 II l 59;

Hyenne, Robert - 12 V d 61;

Hymne à la beauté - 15 X l 60;

Hymne à la très chère - 8 V l 54;

Hymne - 15 XI d 57; 30 VIII j [60]; 16 XII s 65; 13 III s 66; *Iambes d'aujourd'hui* - 15 VI d 62;

Iberia - 9 VII me 56;

Idéal, L' - 9 IV me 51; IV 53;

Idéolus - 24 XI v 43;

Ideville, baron Henry d' - 4 VII s 57;

Il Pianto - 9 III s 33;

Il est de chaste mots... - [31 XII] j [40];

Ile Bourbon - 21 VIII s 41; 1 IX me 41; 25 IX s 41; 19 X ma 41; 20 X me 41; 4 XI j 41;

Ile Saint-Louis - [IV 42]; 15 VI me 42; 1845; [1858–1859?]; 15 I l 66;

Ile de Cerigo - 1 VI d 45;

Ile de Cythère - 1 VI d 45; 4 VI me 51;

Ile de la fée - 28 I d 55;

Illuminés, Les [de Nerval] - 20 XI s 52;

Illuminisme américain - [printemps 52?];

Illusions perdues - 15 VI s 39; 24 XI l 45;

Illustrated London News - 10 I j 61;

Illustration, L' - [fin IV 46]; 29 V s 47; 17 IV s 52; 20 IV ma 52; 11 XII s 52; 14 V s 59; [11 III d 60]; [env 20 IV v 60]; [V 60 ?]; [env 20 V d 60]; 12 VII j 60;

9 VIII j 60; [env 17 I j 61]; 2 III s 61; [été 61]; [VII 61?]; [env 30 XI s 61]; [fin XI 61]; 2 XII l 61; [1862–1865]; [env 15 I me 62]; 29 III s 62; [fin III ou début IV 62?]; 1863; 30 XII s 65; 2 I ma 66;

Impénitent, L' [*Don Juan aux enfers*] - 6 IX d 46;

Impératrice, L' - 27 X ma 57; 6 XI v 57; 15 XI d 57; 19 XI j 57;

Imprévu, L' - [seconde quinzaine de IX 55]; [début I 63?]; 25 I d 63;

Imparcial - 15 I ma 67;

Impassible, L' - 17 XI s 60;

Impressions et pensées d'Albert - [VIII 53];

Impressions et visions - 7 V s 59;

Incas Les - 28 III s 57;

Inchbald, Elizabeth - [fin VI? 37];

Incompatibilité - [env 28 VIII me 38];

Indépendance belge, L' - 12 II j 57; 7 III s 57; 4 VIII ma 57; 20 VIII j 57; [env 21–29 IV j–v 59]; 19 I j 60; 9 III v 60; 23 VI s 60; [env 17 I j 61]; [1862–1865]; 15 VIII s 63; [env 16 VIII d 63]; 31 VIII l 63; 1 V d 64; 3 V ma 64; [11 V me 64]; 20 V v 64; 22 V d 64; 15 VI me 64; 16 VI j 64; 25 VI s 64; 26 VI d 64; 12 II d 65; 20 IV j 65; 23 V ma 65; 25 V j 65; [15 ou 22 V?] j [65?]; 21 VI me 65; 28 VI me 65; 30 I ma 66; 5 II l 66; 11 III d 66; 16 IV l 66; 27 X s 66; 3 IX ma 67;

Indicateur Colonial, L' - 16 X s 41; 23 X s 41;

Indicateur, L' [Bordeaux] - 11 VI v 41;

Indiscrétions parisiennes - 14 VI j 66;

Influence des images sur les esprits - 3 VI l 50;

Ingram, Herbert - 10 I j 61;

Innovateur, journal des cordonniers bottiers, L' - 15 XI ma 53; 1 XII j 53; 1 I d 54; 15 I d 54; 31 III v 54;

Institut - [avant le 9 IX s 32]; 6 VII ma 52; 11 II v 59; [XII 61–I 62]; 2 II d 62; 22 XI d 63; 1 I d 65; 19 IV j 66;

Institut Saint-Jean et Sainte-Elisabeth - 3 IV ma 66; 19 IV j 66;

Intermédiaire des chercheurs et des curieux - 15 VI me 64; 15 VII v 64;

Intime et le féerique (Angleterre), L' - [fin 57];

Introduction au Département de l'Orne archéologique et pittoresque - 1845;

Invasion de la Crimée - 18 XII d 64;

Invasion du choléra, L' [gravure de Rethel] - 16 V l 59;

Invitation au voyage - [premiers mois de 48]; 1 VI v 55; 24 VIII l 57; 1 XI v 61; 24 IX me 62; 1863;

Irrémediable, L' - 10 V d 57;

Irréparable, L' - [mi–IV 45?]; 1 VI v 55;

Isabelle II, reine d'Espagne - 5 VIII me 51;

Isis - fin IX 62;

Islamisme - 9 V d 52;

It's Never Too Late to Mend [de Charles Reade] - [après le 21 VII v 60];

Italie - [fin 54]; 24 VI d 55; [début VIII 55]; 19 II v 58; 15 V l 58; 8 V d 59; 25 I me 60; 1 II me 60; 8 II me 60; 9 II j 60; 1 VI v 60; [VIII 60]; [fin VIII 60]; [20 XI] ma [60]; 15 III s 62; 1 VI l 63; [19 ou 20? s ou d IX 63]; [3 XI j 64]; 21 II ma 65;

Italiens, 24 bd des - 21 II ma 65;

Italiens, Salle des - [20 XI] ma [60];

Italiens, bd des - 15 III s 62; [19 ou 20? s ou d IX 63]; [3 XI j 64];

Ivoi, Paul d' - 19 IV ma 59;

Ivresse du chiffonnier, L' - 1852;

Ivrogne, L' - [mi–I 54]; 28 I s 54; 31 I ma 54; 8 III me 54; 18 V j 54; [début IX 54]; 22 X d 54; [avant le 8 XI me 54]; 8

XI me 54; 11 XI s 54; 20 IX ma 59; 28 VIII ma 60; 31 X j 61; 27 VI me 66;

Izambard, Henry - 26 II s 53;

Jackson, Joseph - 28 X l 33; 1844;

Jackson, Richard - 1844;

Jacob, rue - [env 10 IX j 57]; 3 X s 57;

"Jacques Sincère" - 15 III j 66;

Jacquinet [marchand de tableaux] - [1864–1865]; 29 XII j 64; 8 II me 65; 25 II s 65;

Jahyer, Félix - 29 VII s 65;

J'aime ses grands yeux bleus... - 1843; 20 XI s 47;

J'aime ton nom d'Apollonie... - 1 II ma 53;

Jaleau, [coiffeur] - [IV 46?];

Jallais, de - 6 X d 60;

Jambe, La - 8 XI d 54;

James Dixon, ou la funeste ressemblance - 3 XII me 44; 4 XII me 44;

Jamet - 10 I l 59;

Janet, E. [de la *Revue européenne*] - 7 I l 61;

Janin, Jules - 7 V d 1797; 22 XII j 14; 14 XI ma 43; 15 IV me 46; 21 IX l 46; 27 IV s 50; [env 1 II d 52]; XI 52; 24 IX l 55; 6 I j 59; [mi–V 60]; 18 V v 60; [fin V 60]; [env 17 I j 61]; 14 IX s 61; [XII 61?]; [env 12 XII j 61]; [env 16 XII l 61]; [mi ?–XII 61]; 1862; [1862–1865]; 30 I s 64; [fin 64]; 12 II d 65; [env 13 II l 65]; 15 II me 65; 9 III j 65; [fin II ou début III 66]; III 66;

Janin, Rosalie - 7 V d 1797; 22 XII j 14;

Janmot, Louis - 18 II s 60;

Jansénisme, le - 28 III s 57;

Jansson [agent de police belge] - 1 X d 65;

Jaquotot, Me Antoine - 8 XI s 28; [27 VI me 38]; [23 X] ma [38]; 30 IV j 57; [env 21 I j 58]; [env 5 II v 58]; 20 II s 58;

[peu après le 20 II s 58]; 21 II d 58; [env 23 II ma 58]; 25 II j 58; 27 II s 58; 28 II d 58; 2 III ma 58; 3 III me 58; 4 III j 58; 5 III v [58]; 6 III s 58; 10 III me 58; 11 III j 58; [env 20 III s 58]; [vers le 10 IV s 58]; 13 [VII] d 58; 19 VI me 61; 16 VI l 62;

Jaquotot, Mme Antoine - [27 VI me 38]; [23 X] ma [38];

Jarry [rédacteur de *L'Aimable Faubourien*] - 4 VI d 48;

Je n'ai pas oublié... - 12 II l 27; 1843; 11 I l 58;

Je n'ai pas pour maîtresse... - 1840;

Je t'adore à l'égal de la voûte nocture... - 1843; [été 45];

Je te donne ces vers... - 20 IV l 57;

Jean-Jacques Rousseau, rue - [env 7 III s 57]; 24 IV v 57; 31 VIII l 57;

Jeanneton [chanson de Béranger] - [fin VII ou début VIII 57];

Jeannette [chanson de Béranger] - [fin VII ou début VIII 57];

Jeanron, André - [seconde quinzaine de IV 62];

Jenny [servante de Delacroix] - [env 15 VIII s 63];

Jérôme Paturot à la recherche de la meilleure des républiques - 3 VI s 48; 27 XI j 51;

Jet d'eau, Le - IV 53; 8 VII s 65; 31 III s 66;

Jeudis de Mme Charbonneau, Les - 4 IV v 62; [entre le 4 IV v et le 15 V j 62]; [seconde quinzaine de V 62]; [première quinzaine de VI 62];

Jeune Enchanteur, Le - 1846; 20 II v 46; 21 II s 46; 22 II d 46; [fin II 46]; [avant le 15 III d 46]; VII 46;

Jeune France, La - 17 II d 61; 5 V d 61;

Jeunes-France, romans goguenards - 17

VIII s 33;

Jeunesse d'Haydn, La - 25-29 I d-j 46;

"Job, Prométhée, Alceste et Faust" [conférence d'Alexandre Weill] - 18 I d 65;

Jobbe-Duval, Félix - 1 XII v 64;

Joissans [*sic*] - [début IV 45];

Joissant - [IV 46?];

Joly, Anténor - 3 VI s 54; [1862–1865]; 18 XII d 64;

Joly, Maurice - 18 XII d 64; [fin 64 ou début 65];

Joly, Victor - 22 III me 65; 26 III d 65; 4 VI d 65; [env 6 VI ma 65]; 10 VIII j 65;

Jolyet, Charles - 8 IV s 65;

Jolyette, La - 1856;

Jongkind, Barthold - II 62; 14 III v 62; 15 III s 62; [seconde quinzaine de IV 62]; 4 VIII l 62; 15 V v 63; [1864–1865];

Joseph [servant] - [3? XII l 38];

Joseph, fils de Jacob - 9 V d 52;

Jottrand, Dr - [env 15 II v 66];

Jouast [éditeur] - 19 V s 66;

Joubert - [rédacteur de *L'Aimable Faubourien*] - 4 VI d 48;

Joubert, Joseph - 18 V v 60; 14 VII s 60; [mi–XII 64?];

Joubert, rue - 26 XII l 64; 29 XII j 64; 1 I d 65; 21 XII j 65;

Joueur d'orgue, Le - 15 I l 66;

Joueur généreux, Le - [env 20 XII v 61]; [env 10? I d 64]; 7 II d 64; 1 VI v 66;

Jouhannaud [financier] - [5 I s 61]; 6 I 61;

Jour de pluie - 5 VII l 41; 10 VI s 54;

Jourdain, Eliacim - 25 I s 62;

Jourdan, Louis - [fin VIII 60]; 21 VI d 63;

Journal d'Abbeville - 1 VII ma 45; 9 VI ma 46;

Journal d'Alençon - 9 I d 53; 1 III ma 53; 16 XII v 53; 21 V d 54; 28 V d 54; 10 IX d 54; 28 I d 55; 26 IV s 56; 10 XI me 58; 6 XI me 61;

Journal de Bruxelles - 6 VII l 57; 15 VII me 57; 23 II j 65; [17] VII l [65];

Journal de Honfleur - 10 III d 61;

Journal de Paris - 3 IX ma 67;

Journal de l'Office de Publicité - 25 XII d 59;

Journal de la Cordonnerie - 1 X s 53;

Journal des arts - 26 VII j 55;

Journal des baigneurs [Dieppe] - 15 VII l 61; 18 VII j 61; 17 VII j 62; 19 VII d 63;

Journal des beaux-arts - 15 V d 64;

Journal des débats - 18 I s 45; 21 IX l 46; 18 V v 49; 24 VIII s 50; 22 X ma 50; 15 IV v 53; 24 IX l 55; 20 IV d 56; 12 XI me 56; 29 I j 57; 15 XI s 58; 9 II j 60; 14 VI j 60; 28 VI j 60; 6 VII v 60; 12 VII j 60; 17 VIII v 60; [env 17 I j 61]; [1862–1865]; [10] VIII d 62; 15 X s 64; [env 29 III me 65];

Journal des dames et de la mode - 16 II me 59;

Journal des faits - 18; 28 X j 52;

Journal du Loiret - 4 VI d 48; 17;

Journal du dimanche - 4 IV d 47;

Journal général de l'Instruction publique - 27 VIII d 37;

Journal inutile - 27 III d 58; 15 VII j 58;

Journal littéraire - 8 VIII l [64]; 15 II me 65; 29 V l 65;

Journal of the Society of Arts and of the Institutions in Union - 11 II v 59;

Journal pour rire - 9 IV v 52; 21 VIII s 52;

Journal [des Goncourt] - 19 XI me 62;

Jouvin - 6 I j 59; [1862–1865]; [fin 64 ou début 65]; [env 15 III me 65];

Judas, C. - 7 VII s 49;

Judet de Beausejour [capitaine de vaisseau] - 16 X s 41; 19 X ma 41;

Judicis, Louis - 9 V v 56;

Judith, Mlle - [20 XI] ma [60]; [env 13 II l 65]; 14 II ma 65; 18 II s 65;

Juif-errant, Le - 23 VI s 49;

Juliette, rôle de - 2 III j 48;

Julliot, Jean-Baptiste - 13 II ma 27; 31 X v 28;

"Junius" - 12 XII j 61;

Justine - 1 X d 65;

Juvenal - [avant le 16 XI s 33]; 23 XI s 33;

Karlsruhe - [fin III 60];

Karr, Alphonse - 27 IX s 51;

Karski, Ceslaw - 16 V l 59; 30 V j 61;

Kaulbach, Wilhelm von - 18 II s 60; 2 XII me 63;

Kean, ou désordre et génie - 15 IV me 46; 27 XI j 51;

Kendall, Henry Edward - 1855;

Kertbeny, Charles-Marie - [env 21 V s 64];

Kinglake, Alexandre William - 18 XII d 64; 18 II s 65;

Klein, Pierre - 1 IX d 67;

Kossuth, Louis - 22 VIII me 49; 20 IX j 49; XII 49; 5 XII me 49;

Krabbe, Prosper - 26 II s 53;

Kuntz de Rouvaire [anthologiste] - XI 57;

La Fayette - [1848]; 16 II j 60;

La Mésangère, Pierre - 13 II d 59; 16 II me 59; 29 IV v 59;

La Madelène, Henry de - 25 II v 53; 31 V ma 53; [1862–1865]; 17 XI l 62; [3 XI j 64]; 8 XI ma [64]; [9 ou 10 XI me ou j 64]; [10 ou 11 XI j ou v 64]; [13 XI d 64]; [env 20 XI d 64]; [fin XI 64]; [mi–I 65]; [env 25 I me 65]; 27 I v 65; 17 II s 66; 18 II d 66; 17 IV ma 66; 18 IV j 66; 21 IV s 66; 11 VII me 66;

La Madelène, Jules de - [avant le 22 XI j 49]; XI 58; [env 10 II j 59]; 5 XI s 59;

La voilà - 15 I l 66;

Labie [auteur dramatique] - 24 VII v 46;

Labie [notaire, maire de Neuilly] - 4 XI ma 28; 11 IV me 32;11 VI d [43]; 28 III d 47;

Labitte, Charles - 1 VII s 43; 6 VII v 43; [fin V? 45]; 26 II v 58;

Laborde, maréchal de camp - 31 VIII l 40;

Labruyère, rue- [automne 53];

Lac Saint-Mandé, rue du - [début 62];

Lacaussade, Auguste - 13 VI s 57; 1 II ma 59; 1861; [début 61]; [env 17 I j 61]; 9 II v 61; 18 II l 61; 20 II me 61; [début III 61]; III 61; [6 V l 61]; [7 V ma 61]; [env 13 V ma 61]; [env 17 VIII s 61]; [21 VIII me 61]; [IX–début X 61]; 7 XI j 61; [fin XI 61];

Lachambaudie, Pierre - 27 IX s 51;

Laclos, Pierre Choderlos de - 7 IX ma 47; 20 XI s 47; 3 VI d 49; 1 VI j 54; [avant le 21 VII v 54]; 9 XII ma 56; 18 III me 57; 28 III s 57; 31 X l 64;

Lacombe, Francis - 29 IX j 59;

Lacombe, colonel Joseph-Félix - 12 X l 57;

Lacordaire, Jean-Baptiste-Henri - 3 VII ma 60; [9 VII l] [60?]; 21 XI j 61; [env 24 I v 62]; 26 I d 62; [env 27 I l 62]; 3 II l 62; 10 II l 62; 20 II j 62; 3 IX d 65;

Lacroix, Dr [de Mme A] - 12 I v 66;

Lacroix, Jules - 11 XII me 61;

Lacroix, Octave - [avant le 22 IV v 53];

Lacroix, Paul - 1831; 24 XII s 31; [30

XII d 32]; [6 II j 34?];

Lacrosse, baron Joseph - 13 III s 58; [env 13 III j 58];

Ladrange [libraire-éditeur] - 14 VII s 60;

Lafitte, rue - 14 V s 59;

Lafond [Paul?] - 15 I ma 61; 31 I j 61;

Lafont [créancier] - [env 20 XII me 54];

Lafont, André - 9 IV j 63;

Lagardie, Horace de - 10 II l 62;

Lagrange [éditeur] - 3 VI s 54; 1 VI me 64;

Lahure - [éditeur] - [env 13 III j 58];

Laigle [éditeur] - 1845;

Lainé [éditeur] - [env 3 XI j 64];

Laincel, Louis de - 14 VII s 60; 9 VIII j 60; 1861; 19 III ma 61; 15 XI s 62;

"Laiterie du paradoxe" - [été 50]; 20 V me 57;

Lalanne, Ludovic - 19 III me 56; 26 III me 56; 28 III s 57; 25 II s 60;

Lamartine, Alphonse de - [avant le 13 VIII ma 39]; 13 IV j 48; 15 IV s 48; 14 VII s 49; 1 VII l 50; 3 VII me 50; 5 VII v 50; 29 VII l 50; II 57; 9 VI d 61; [après le 16 XII l 61]; 25 XII me 61; [1862–1865]; 2 VIII s 62; 10 III s 66;

Lammenais, abbé Jean-Marie de - V 49;

Landa, Nicasio - 1858;

Lanfrey, Pierre - 1 XII v 65;

Lange, Mlle, rôle de - 13 VII l 46;

Langeron [rédacteur-en-chef du *Citoyen de la Côte d'Or*] - [fin VIII 49]

Langlois, Hyacinthe - 25 I s 51; 24 I s 52;

Lanier [dépositaire de la première édition des *FM*] - 4 VII s 57; 8 VII me 57; 11 VII s 57;

Lanjuinais, Jean-Denis, comte de - [1848];

Lanterne du quartier Latin, La - [1850–1855];

Laon - 4 V d 50;

Laquelle est la vraie? - 14 VI d 63; [env 7 VII v 65?];

Larchey, Lorédan - 6 V me 57; [env 17 I j 61]; 1 II v 61; 15 II v 61; 30 XI s 61; [XII 61–I 62];

Larme du diable, Une - 26 I s 39;

Laroque, Marguerite - [11 III d 60];

Larozerie, Henri de - 13 VI s 57;

Lasègue, Charles - 26 II ma [39]; [10? VI] l [39]; [env 18 VI ma 39]; 16 VII ma 39; [13 VIII ma 39]; 12 II l 66; [entre le 14 s et le 30 l IV 66]; 22 VII d 66;

La Sévère, rôle de - 25 X v 50;

Lassimonie, Ambroise - 5 VIII s 65;

Lastrade [rédacteur de *La République du peuple* - 27 IX s 51;

Laumonier, Edmond - [I 62]; [I 62?]; [II 62?]; [début IX 63?]; 16 IX me 63; [X 63?]; 27 X ma 63;

Laurençot, Charles-Henri-Ladislas -19 XII v 45;

Laurens, Jean-Paul - 15 V v 63;

Laurent-Pichat, Léon - [automne 42]; 18 III ma 56; 15 XII l 56; 7 III s 57; 15 X v 57; 25 III l 61; 25 V s 61;

Laurié [avocat] - [1 II l 41];

Laus Veneris - 1866;

Lausanne - [avant le 22 IV v 53];

Lauters, Mme - [20 XI] ma [60];

Lauzun, Hôtel - 22 XII l 45;

Lavalette [diplomat] - 25 V s 50; 19 III me 51;

Lavieille, Eugène - 2 III me 54; 26 I v 55; [1859–1861];

Le Barbier, Edouard - [env 10? I d 64]; 19 I ma 64; [env 11 IV l 64];

Leblanc [éditeur] - 17 VIII l 07;

Leblon, café - 15 VII me 57;

Lebloys, Ernest - 22-23 I s-d 48; 6 VIII j 57; 5 V s 66;

Lebois [tailleur] - [début IV 45]; VIII 45;

Le Boys des Guays, J.F.E. - 28 IX s 50;

Lebrument [éditeur] - 25 I s 51; 24 I s 52;

Lebrun, Pierre - 30 VIII me 37; 25 XII me 61;

Lecerf [créancier] - 3 II s 55;

Leclère - [XII 61–I 62];

Leclerc [homme politique conservateur] - 28 IV s 50;

Lecomte [huissier] - 17 I ma 60;

Lecomte, Alexandre Jérôme - 28 X l 33; 1 IX l 34;

Lecomte, Jules - 19 XII d 58; [19 XII l 59]; 13 I v 60; 7 XI d 63;

Leconte de Lisle, Charles-Marie - 1846; 13 VI s 57; 6 VII l 57; 11 VII s 57; 17 X s 57; 28 VIII s 58; [fin V 60]; [avant X 60]; [env 17 I j 61]; [II 61]; 10 III d 61; [4 IV j 61]; 17 IV me 61; [env 4 VI ma 61]; 14 VIII me 61; 15 VIII j 61; 1 IX d 61; XII 61; 1 XII d 61; [1862–1865]; 15 VI d 62; 2 VIII s 62; I IX l 62; XII 62; [env 25 XI me 63]; 17 XII j 63; [IV 64]; 30 VII s 64; [fin 64 ou début 65]; 22 VIII me 65; [env 5 IX ma 65]; 18 II d 66; [fin II ou début III 66]; 11 VII me 66; 27 VIII l 66;

Lecou, Victor [libraire] - 15 III j 32; 2 IX ma 35; [annee scolaire 1836–1837]; 23 [VIII] j 38; 3 XII l 38; 5 VI d 41; 14 VII d 44; [début VII 45?]; 28 II l 48; [env 1 II d 52]; 5 III v 52; 20 III [s 52]; [env 27 III s 52]; 8 IV j 52; 13 X me 52; 20 XI s 52; 3 I l 53; 9 I d 53; 10 I l 53; III 53; 26 III s 53; 27 III d 53; V 53; 1 VII v 53; XII 53; 31 XII s 53; 20 V s 54; 16 IV j 57; [16 IV l 57]; 18 VII s 57; 30 IX me 57; 26 II v 58; [env 4 II v 59]; 15 III ma 59; 1861; [première semaine de III 61];

15 VI d 61; 12 I d 62; [été 62]; [VIII–IX 62?]; 11 X s 62; [env 15 VIII s 63]; 31 VII d 64; 27 XII me 65; [env 30 IV l 66]; 30 VI s 66; [XII 66]; 1 I ma 67;

Lécrivain, Alphonse [libraire] - 28 VIII j 62; 11 I d 63; [18 VI j 63];

Lecuyer et Cie [créanciers] - 15 XII me 57; 5 I ma 58; 3 III me 58;

Le Doute et la foi [tableau de Tassaert] - [IV 44?];

Ledoux, Mme Francine - 26 VIII ma 51;

Ledru-Rollin, Alexandre-Auguste - V 49;

Leduc, Léouzon - 6 VII me 59;

Lefébure, André - 9 V d 67;

Lefébure, Ernest - 7 XI me 66;

Lefébure, Eugène - 9 IV me 62; [II 65]; 10 VI s 65; [VII 65]; 17 III s 66; 29 IV d 66; 30 XII l 66; 17 V v 67;

Lefébure, André - 19 V d 67;

Lefebvre d'Aumale - 1 IV me 29; 6 VII l 29;

Le Fils, J. - 29 VIII s 57;

Lefol [éditeur] - 28 X s 54;

Lefrançois [capitaine d'artillerie] - 10 IV me 50;

Lefranc, Auguste - 19 IV j 38; [avant le 22 XI j 49];

Lefranc [lecteur au *Pays*] - 3 VI s; 10 VI s 54; 13 VI ma 54;

Le Gallois, Auguste [éditeur] - 1840; X 43; [3 III d 44]; X 45;

Legault - 21 I ma 62;

Legeay, Alexis-Urbain - 26 X l 35;

Légende des siècles, La - 29 IX j 59; 1 X s 59; 10 X l 59; [env 10 X l 59]; 18 X me 59; 7 XI l 59; 7 XII me 59; [VI ou été 61 ?]; X 65;

Legendre, Adolphe - 10 IV j 56; 4 VI j 57; 20 IX d 57; 20 X d 61;

"Légion" - 15 VI ma 65;

Légion étrangère, La - XII 49;

Légion d'honneur, La - 17 III v 15; 1825; 23 V l 25; 17 X v 28; 14 IX l 35; 7 XI v 45; 16 XI d 45; 24 VIII v 66;

Légion, 4e Bataillon de la 9e - 28 VI v 44;

Le Gothique - [avant le 22 XI j 49];

Legouvé, Ernest - [1862-1865]; 26 I d 62; 3 II l 62; [env 11 IV l 64];

Legros, Alphonse - 15 V ma 60; 1861; [V? 61]; 6 XI me 61; 1862; [seconde quinzaine de IV 62]; 4 VIII l 62; [env 6 XII s 62]; 6 XII s 62; [après le 6 XII s 62]; [fin 62]; 1863; [24–27 IV v–l 63]; 15 V v 63; 10 X s 63; [1864–1865];

Leguillon - [18 XII me 44];

"Le Hachich," [article de Th. Gautier] - 10 VII ma 43;

Lehaene, Alice - 17 X ma 65;

Leipzig - [16 II l 63];

Lelioux, Adrien-François - 1 II ma 59; 29 III s 62;

Lélut, Louis-François - 2 I ma 66;

Le Maréchal, Adolphe - [XI 54]; [avant le 8 XI me 54]; [fin IV 60]; [VI ou VII 60?];

Lemblin, café - [env 16 III d 45];

Lemer, Jeanne [Jeanne Duval] - 30 VI l 45;

Lemer, Julien - [V 46]; 13 VII s 50; 10 X j 50; [3 XI j 64]; 3 II v 65; 4 VII ma 65; 7 VII v 65; [entre le 10 et le 14 VII l–v 65]; 7 VIII l 65; 12 VIII s 65; 27 IX me 65; [env 3 X ma 65?]; 3 X ma 65; 28 X s 65; 13 XI l 65; 1 I l 66; [env 15 II v 66]; 20 II ma 66;

Lemer, Mme [Jeanne Duval] - 22 XII s 55;

Lemercier [escompteur] - [env 5 I s 61]; 6 I d 61; [env 20 III me 61]; [été 61]; [19 ou 26 IX?] v [62?]; [7] VIII s 63; [env 26 VI l 65];

Lemercier de Neuville, L. - 9 I d 59; 19 V d 61; 4 I s 62; 16 II d 62;

Lemerre, Alphonse - 24 I me 66; [env 15 II v 66]; 19 II l 66; 20 II ma 66; 27 X s 66; 3 IX ma 67;

Lemoine, August - 6 XI j 45; Lemud, A. de - [été 45];

Lenain, les frères - 4 V d 50; 14 II v 51;

Lenglet, Amand - 23 X ma 55;

Lenglet, Amand Mme et M. - [3 X l 42]; 4 X ma 42; [début 45?];

Lenglet, Honoré - [env 25 VII v 61];

Lenglet, Mme Amand - [3 X l 42]; [VIII 45?]; 30 VIII s 51;

Léontine [maîtresse de Philoxène Boyer] - 24 III s 54; 24 VI s 54;

Lepage [hôtelier] - 21 VII v 54; 28 VII v 54; 12 VIII s 54; 14 VIII l 54;

Lepage, Mme [hôtelière à Paris] - 7 I d 55;

Lepage, Mme [hôtelière à Bruxelles] - [env 30 III v 66]; 30 III v 66; IV 66; 12 IV j 66;

Le Paulmier, Stephen - 13 XI l 65;

Lepelletier, Edmond - 30 XI d 65;

Lermontov, Mikhail Iourievitch - [15 XII me 58];

Le Roux, Hippolyte - 6 XI j 45; V 49; 27 XI j 51;

Leroux, Pierre - v 49; 27 xi J 51;

Le Roy Ladurie - 23 I ma 44;

Le Roy le Ménestrel - 8 II s 51;

Leroy [propriétaire de B] - [fin X 43?];

Leroy, Ch.-G. - [env 13 XII s 62];

Leroy, Léon - IX 59; 10 III d 61; [fin III ou début IV 61]; 23 X j 62; 25 XI s 62;

Les 365. Annuaire de la littérature et des auteurs contemporains - 1858; - P;

Le Sage, Alain-René - 28 III s 57;

"Les Caprices" de Goya, [article de Gautier sur] - 5 VII j 38;

"Les Excitans" - 14 VI j 60; 28 VI j 60; 12 VII j 60;

"Les Excitants" - 17 VIII v 60; [env 12 V j 64]; 12 V j 64; 20 V v 64; 21 V s 64; [env 21 V s 64]; 22 V d 64; 23 V l 64;

Lesbiennes, Les - X 45; 11 III me 46; 23 I s 47;

Lesclide, Richard - 11 XII j 51;

Lescure, M.-Fr.-A. de - [début VII 60?]; 17 VII ma 60;

Le Sire, Jules - 6 X ma 61;

Lespès, Napoléon, dit Léo - VI 50; 1 X j 63;

"Le Spleen à Paris" - 11 IV l 64;

Lesueur, Anne-Gabrielle [dame Orfila]- 15 VII v 64;

Le Tasse dans la maison des fous [tableau de Delacroix] - 1824;

Le Tasse en prison [de Delacroix] - [fin 43 ou début 44];

Lettre à Colombine - 20 V s 54;

Lettre à M. le Directeur de la Revue française sur le Salon de 1859 - 10 VI v 59;

Lettre sur la musique [de Wagner] - X 60; [fin III ou début IV 61];

Lettres sur les animaux [de Diderot] - [env 13 XII s 62]; -

Lettre volée, La - VIII 45; 7 III me 55; 8 III j 55; 12 III l 55; 14 III me 55; 29 V l 65;

"Lettre-préface à Veuillot" - 15 XII j 59; [19 XII l 59];

"Lettres belges" - 1? VI me 64;

Lettres d'Italie - 19 II v 58;

Lettres d'un mineur en Australie - 8 II d 57;

Lettres de Junius - 8 III s 62;

Lettres péruviennes [*Lettres d'une Péruvienne* de Mme de Grafigny, Françoise] - [30?] VII [d] 37;

Lettres persanes - 28 III s 57;

Lettres satiriques et critiques - 2 VI s 60;

Lettres sur l'art français en 1850 - 12 VII s 51;

Levaillant, François - [6 II j 34?]; 3 VIII l 63;

Levaillant, Jean-Jacques - [env 17 VII ma 38]; [début de la seconde quinzaine de IV 42]; 30 VIII s 51; 22 VIII ma 54

Levaillant, famille - [env 6 II ma 66];

Levavasseur [ou Le Vavasseur], Gustave - 5 VI me 39; 15 XII ma 40;. [1 II l 41]; 9 VI j 42; [13 II l 43]; 24 XI v 43; 1 VII ma 45; [6 VII d 45]; 19 XII d 52; 13 X v 54; [1861–1862]; [VI 61?]; 2 VI d 61; 3 VI l 61; [env 4 VI ma 61]; [env 10 VI l 61]; 1 VIII j 61; [env 31 I v 62]; 31 I v 62; 2 VIII s 62; III 66; 30 X ma 66;

Levaux, Me Charles [avoué] - 20 VI s 58;

Lévêque et Bailly, Pension - 5 VI me 39;

Levieux, Jules - 18 XII d 59;

Lèvres, Les - 1853;

Lévy, Michel - 7 V j 46; 27 IV s 50; [env 1 II d 52]; [env 10 V l 52]; 3 VIII v 55; 2 X ma 55; 18 XI d 55; 26 XI l 55; [fin 55?]; 28 I l 56; 28 II j 56; 10; 19 III me 56; [env 12 IV s 56]; 14 IV l 56; 26 V l 56; 3 VII j 56; [env 27 VIII me 56]; [21 X ma 56]; 29 I j 57; 5 II j 5[7]; 11 II me 57; 7 III s 57; 8 III d 57; 8 III l 58; 13 V j 58; 10 I l 59; 5 II s 59; 7 VIII d 59; 26 XI s 59; 15 XII j 59; [19 XII l 59]; [14 IV] s [60]; [15 IV d 60]; [env 20 IV v 60]; 14 V l 60; 13 VII v 60; 14 VII s 60; 9 I me 61; [env 9 II s 61]; [II 62]; 4 IV v 62; [VIII–IX 62?]; 4 XII j 62; 2 I v 63; 31 V d 63; 7 VII ma 63; 10 VIII l [63]; 25 VIII

ma 63; [début IX 63?]; 5 IX s 63; [env 15 IX ma 63]; 16 IX me 63; [19 ou 20? s ou d IX 63]; 27 X ma 63; [XI 63]; [1 XI d 63]; [env 25 XI me 63]; 8 XII ma [63]; 23 XII me 63; [env 28 XII l 63]; 1864; [env 3 IV d 64]; 7 V s 64; [env 10 V ma 64]; 1? VI me 64; 16 [VI] j [64]; 30 XI me 64; 2 XII v 64; [env 9 III j 65]; 16 III j 65; 26 III d 65; 11 VII ma 65; 23 XII s 65; [fin XII 65]; I 67;

Lhéritier [du *Pays*] - 22 X d 54;

Lherminier - 1 VI l 46;

Liaisons dangereuses, Les - [avant le 7 III s 57]; 7 III s 57; 28 III s 57; 11 V l 57;

Liberté de penser, La - 15 VII s 48;

Liberté, La - 3 IX ma 67;

Librairie Centrale - 21 II ma 65;

Librairie Nouvelle - [env 12 II s 59]; [env 12 VII j 60]; 17 XI s 60;

Liége - 6 V v 64; 14 VII j [64]; 15 III me 65;

Ligeia - 3 II s 55; 4 II d 55;

Ligny, rôle de Mme Hermance de - 24 VII v 46;

Limayrac, Paulin - printemps 45; [fin 45]; 31 XII s 53; 13 VI s 57; 21 VIII v 57; VII 61; [VIII 61];

Limbes, Les - XI 48; XII 48; 24 II s 49; [env XI 49]; [entre le 4 XII ma et le 14 XII v 49]; VI 50; 9 IV me 51; V 52; [env 10 V l 52]; IV 53;

Limbes, Les - [de Georges Durand] - V 52;

Lindet, J. - 10 X s 57; 16 XII me 57;

Lionnerie - 19 II l 55; 22 II j 55;

Lireux, Auguste - 1846; [IV ou V 46]; 11 VII s 46; [XII 46?];

Liste des diverses autorités du gouvernement de la République française, La - [1803?];

Liszt, Franz - 18 V v 49; 22 X ma 50; 7 X v 53; 1861; [env 10 V v 61]; 27 VII s 61; 2 XII me 63; [8 V l 65]; 11 V j 65;

Litanies de Satan - IV 53; II 57; 1 III d 57; 7 VII ma 57; 5 II s 59;

Literary Gazette - [env 17 I j 61];

Literati, The - [1853 – 1855?];

Littré, Emile - 19 VIII s 65;

Livre de recette et de dépense [de la Communauté de Sainte-Barbe] - 20 X l 1783;

Livre noir, Le - 10 X ma 48;

Livre posthume, Mémoires d'un suicidé - 3 I l 53;

Livre, Le [poème de Dozon] - V ou VI 43;

Loéve-Veimars - 26 X v 33;

Lodi, 5 rue de - 29 VI me 59;

Logique subjective de Hegel - 3 VI s 54;

Lohengrin - 18 IX me 50; 19 IX j 50; 22 X ma 50; 29 II me 60; [mi–III ? 60]; [mi–III 60?]; X 60; 3 II d 61;

Lola de Valence [peinture de Manet] - 1861; 1862; [avant X 62];

London Magazine - IX-X 21;

Londres - 27 IX v 1793; 1 I me 1794; X; 1844; 4 IV v 51; 4 VI me 51; 14 VI s 51; VIII 51; 15 X me 51; 24 X s 52; 19 V d 55; 26 I s 56; 26 IV s 56; 24 X s 57; 22 IV d 60; 10 I j 61; [env 17 I j 61]; 12 II ma 61; [été 61]; 10 VII me 61; 25 VII j 61; [1862–1865]; [env 2 II d 62]; [env 6 II j 62]; [après VI 62]; 6 IX s 62; [après le 14 IX d 62]; 1863; 26 III j 63; [24–27 IV v–l 63]; [20 V me 63?]; [avant le 10 X s 63]; 10 X s 63; 22 III ma 64; 20 II l 65; 1866; 14 VI j 66; 16 VI s 66; VII 66;

Longfellow, Henry Wadsworth - Selo; 13 VI s 57; [20 XI] ma [60]; [27 V l 61];

Lorbac, Charles de - 2 VI d 61;

Lortic [relieur] - [après le 20 VIII j 57];

"Lot-et-Charogne" - 25 VIII s 60;

Louandre, Charles-Léopold - 28 III s 57;

Louise, rôle de - 3 VI d 49;

Louis-Le-Grand, 23 rue - [fin III ou début IV 42];

Louis-Philippe, 4 rue - [6 XI ma 60]; [15 XII] s [60]; 30 XII d 60; 1 I me 61;

Louis-Philippe, Roi de France et la Reine - 16 VIII me 37; 11 VI j 40;

Louis-Philippe, roi des Français - 17 V v [33]; 12 VII j 38; 31 I v 40; 1 II s 40; 2 II d 40; 11 VI j 40; 12 VI v 40; 12 IX s 40; 13 IX d 40; 12 X ma 40; 12 XII s 40; 5 III v 41; 6 III s 41; 12 VII l 41; 1 VI j 49; 1 III l 52; 21 XII v 55; [6 XI ma 60]; [15 XII] s [60]; 30 XII d 60; 1 I me 61;

Louis-le-Grand, Collège - 1 III ma 36; 16 VIII ma 36; 17 VIII me 36; 3 X l 36; 7 IV v 37; 10 VII l; 17 VIII j 37; 2 X l 37; 11 VII me 38; 12 VII j 38; 13 VII v 38; 21 VIII ma 38; 23 [VIII] j 38; 8 X l 38; 14 V ma 39;

Louvois, place - 24 IX s 53;

Louvre, Hôtel du - [28 V?] l [60?];

Louvre, Le - 15 III s 45; 16 XII j 47; [XII 58 – II 59]; [28 V?] l [60?]; 1 IX d 61; [III 64];

Lovenjoul, Charles Spoelberch de - [VI ou VII 64]; 13 XI d 64;

Lucain - [V 46]; 7 II ma 54; 1 VI v 60; [XII 65];

Lucas [correspondant d'Alfred Stevens] - 26 IV ma 64; 26 IX l 64;

Luchet, Auguste - 15 XI ma 53;

Lucien S. - 10 I l 59; 20 I j 59; 1 II ma 59; [env 10 II j 59];

Lucrèce [de Prarond] - 25 XI ma 45;

Ludwig [pseudonyme de Rufus Griswold] - 9 X ma 49; 20 X s 49;

Lueur et la Fumée, La - [env 20 XII v

61];

Lune offensée, La - 1 III s 62;

Luquet [éditeur] - 30 I s 64;

Lurois, René - [début XII 49]; 12 I s 50; [env 11 III s 54]; 13 III l 54;

Lussan, Jules de [pseudonyme de Jules Claretie] - 24 XI d 61;

Luxembourg, Jardin du - [VIII 42];

Luzarche, Robert - 7 XI me 66;

Lyon - 21 IV s 21; 20 XI d 31; 21 Xl l 31; 22 XI ma 31; 23 XI ma 31; 25 XI j 31; 30 XI me 31; 1 XII j 31; 3 XII s 31; 7 XII me 31; 9 I l 32; [12–13 I j–v 32]; 16; 1 II me 32; 3 III s 32; 15 III j 32; 2 IV l 32; [26 ou 27 IV j ou v 32]; [3 VII ma 32]; [avant le 9 IX s 32]; 6 [IX] j 32; [env 1 X s 32]; 9 XI v 32; [12 III ma 33]; V 33; 17 V v [33]; [avant le 16 XI s 33]; 22 XI v 33; 1 I me 34; [IV 34]; 5 IV s 34; 6 IV d 34; 9 IV me 34; 10 IV j 34; [été 1835]; [fin VII 35]; 28 VIII v 35; 2 IX ma 35; [mi–fevrier 36]; 1 III ma 36; 18 X l 44; 3 VI ma 51; 26 I l 57; [16 IV j 57]; 14 VIII v 57; 21 IX l 57; 7 XI l 59; 16 II j 60; [mi–II 60]; 18 II s 60; 22 II me 60; 24 II v 60; 12 VII j 60; 14 VII s 60; 8 VIII me 60; 9 VIII j 60; [env 15 VIII me 60]; [env 17 I j 61]; 25 XI l 61; 14 XII s 61; 23 XII l 61; [1862–1865]; 2 I v 63; 23 XI l 63; 31 III v 65;

Mabira, Dr - 4 I me 65; 25 XII ma 66;

Macbeth - 24 VI d 55; 27 VIII j 57;

Machiavel et Condorcet, dialogue philosophique - 26 XI s 59;

Maçons, 19 rue des [actuellement rue Champollion] - [18 V] s [50];

Madelonnettes, Maison d'arrêt, des - [XII 62];

Madame Bovary - 31 XII s 31; 15 XII l 56; 29 I j 57; 7 II s 57; 25 VIII ma 57; 1 X j 57; 18 X d 57; [env 19 X l 57]; [fin XI ou début XII 57]; 13 XII s 62;

"Madame Marie" - [début 52?];

Madame, 41 rue - été 42;

Mademoiselle Bistouri - [env 7 VII v 65?];

Mademoiselle de Maupin - 28 XI s 35; I 36; 27 XI j 51; 8 IX ma 57;

Madier de Montjau, Noël-François - V 49; [env 4 XII ma 49];

Madrid - 20 II j 51; 14 VI s 51; 18 VI me 51; 9 VII me 51; 10 VII j 51; 28 VII l 51; 5 VIII me 51; XI 51; 25 XI ma 51; [env 27 III s 52]; 19 IV l 52; 10 II j 53; [seconde quinzaine de III 53]; 21 IV j 53; 9 VII me 56; P; 1 IX me 58; 14 IX j 65; 15 I ma 67;

Madrigal triste - 15 V me 61; 31 III s 66; 22 XII s 66;

Ma Femme est morte - 1 I l 55; 5 XII s 63;

Magasin de librairie - 10 XI s 60;

Magasin des familles - VI 50; 3 VI l 50; X 52; [env 15 XI d 57];

Magasin des feuilletons - 1854;

Magasin littéraire - VII 46;

Magasin pittoresque - III 36; VIII 45;

Magnancourt - 3 I ma 65;

Magnier, Léon - 20 XI l 58; 1861;

Mahalin, Paul - 14 IV s 60; X 60; 12 XII s 63; 16 XI me 64;

Mahomet - 23 VII s 59; 15 VIII s 63;

Maillard, Firmin - 7 II s 57; 2 VII s 59; 6 VII me 59; 12 V d 61;

Mairie du XIe Arrondissement - 11 VII l 42;

Mairobert - 19 VII j 66;

Maîtresse de Baudelaire [toile de Manet] - [été 62]; [19 III d 65];

Mal et le bien, Le - 1 II ma 59; 9 VII s 59;

Malespine, A. - 3 I ma 65;

Malheur d'Henriette Gérard, Le - 13 III ma 60; 21 VII s 60; [après le 21 VII v 60]; 28 VIII v 60;

Malibran, La - 1860;

Malines - [env 22 VIII? l 64]; 2 IX v 64; [première semaine de IX 64?];

Mallarmé, Stéphane - 22 III s 62; 9 IV me 62; 26 III j 63; 9 XII me 63; I 64; IV 64; [env 7 IV j 64]; 11 IV l 64; 25 IV l 64; 26 VI d 64; [X 64]; X 64; [env 5 XII l 64]; [II 65]; 1 II me 65; 10 VI s 65; 15 VI ma 65; [VII 65]; 17 III s 66; 16 IV l 66; 17 IV ma 66; 29 IV d 66; [fin IV 66]; V 66; 30 XII l 66; 14 V ma 67; 17 V v 67;

Malte - mi-V 48;

Mandrin - 11 III s 54; 9 V v 56;

Manet, Edouard - 3 VI s 54; [4 IX] v [57]; 3 I d 58; [env 1 XI l 58]; [XI 58]; [hiver 58–59]; [vers 1859]; [début 59]; IV 59; [vers 1860]; [été 60]; [été 60]; 1861; [V? 61]; 1862; [1862–1865]; [seconde quinzaine de IV 62]; [été 62]; 4 VIII l 62; [avant le 14 IX d 62]; 25 IX j 62; [avant X 62]; 1863; 4 I d 63; II 63; III 63; [14 III s 63]; 15 III d 63; [printemps 63]; 28 III s 63; 15 V v 63; 24 V d 63; 19 VIII me 63; X 63; 6 X ma 63; [1864–1865]; [1864–1866?]; 7 II d 64; [III 64]; [début IV 64]; [env 27 V v 64]; 27 V v 64; 15 VI me 64; 16 VI j 64; [env 20 VI l 64]; 25 VI s 64; 15 VII v 64; 1 XI ma 64; [3 XI j 64]; 29 XII j 64; 1865; [fin 64 ou début 65]; [env 5 I j 65]; 21 I s 65; 26 I j 65; 30 I l 65; [II 65]; II 65; 3 II v 65; [env 10 II v 65]; 13 II l 65; [env 13 II l 65]; 14 II ma 65; [19 III d 65]; [env 21 III ma 65]; 22 III me 65; [env 23 III j 65]; [fin III 65]; [début V?] 65; [8 V l 65]; 11 V j 65; [env 24 V me 65]; 24 V me 65; 7 VI me 65; 22 VII s 65; 9 VIII me 65; [fin VIII ou début IX 65]; 5 IX ma 65; 14 IX j 65; [env 25 X j 65]; 28 X s 65; 5

II l 66; [fin II ou début III 66]; 27 III ma [66]; 4 VII me 66; 16 X ma 66; 19 X v 66; 25 XII ma 66; 1867; I 67; 21 I l 67; 20 VII s 67; 3 IX ma 67;

Manet, Suzanne - [fin VIII ou début IX 65]; 5 IX ma 65;

Mangeur d'opium, Un - 9 VII j 57; 4 X l 58; 2 IX v 59; [env 20 XII ma 59]; I 60; [début I 60?]; 15 I d 60; [28 I s 60?]; [29 I] d [60?]; 31 I ma 60; 13 XI d 64; 8 IV s 65;

Mann, William Wilberforce - 16 IX j 52;

Manteau, Le - [15 XII me 58]; *Confessions d'un mangeur d'opium* [traduction d'A. de Musset] - 4 X s 28;

Mantz, Paul - 8 IX l 44; 29 IX me 58; 1 VI l 63;

Manuel, Eugène - [automne 42];

Manuscrit trouvé dans une bouteille - 21 I d 55; 22 I l 55;

Maréchal Ney [drame] - 25 V j 48;

Marancey, rôle de Mme de - 19 XII v 45;

Marèze [poème de Sainte-Beuve] - 15 I l 66;

Marais-du-Temple, 25 rue des - [1851–1852]; [mi–VII 51]; 7 IV me 52;

Marais-du-Temple, rue des -

Marat, Jean Paul - [1864–1865];

Maraud, chien à Baudelaire, poète - 30 X ma 66;

Marcelin, Louis - 30 I d 58; [env 4 VI ma 61]; [env 10 VI l 61]; 1 VII l 61; [1862–1863?]; [1862–1865]; 2 VIII s 62; 16 IX me 63; [début X 64]; 9 X d 64; 27 X j 64; [fin 64 ou début 65]; 27 I v 65; [env 10 II v 65]; 13 II l 65; 14 II ma 65; 15 II me 65; 26 III d 65; [fin II ou début III 66];

Marcellus, Lodoïs Demartin du Tyrac, comte de - 22 II ma 59;

Marchand, Charles - 16 II l 57;

Marche des fiançailles de *Lohengrin* - 3 II d 61;

Marcq, Dr Léon - [20 I s 66]; [entre le 20 I s et le 2 VII l 66]; [env 22 I l 66]; 29 I v 66; 27 IV s 66;

Mardel, Marie [Marie Daubrun] - 30 IX d 27;

Margot [chanson de Béranger] - [fin VII ou début VIII 57];

Margotae meae laudes - 4 VI j 57;

Mariage de Victorine - [env 1 II d 52];

Marie-Amélie, reine des Français - 31 I v 40; 1 I s 40; 2 II d 40; 11 VI j 40; 12 VI v 40; 12 IX s 40; 13 IX d 40; 12 X ma 40; 12 XII s 40; 5 III v 41; 6 III s 41; 12 VII l 41; Fontaine, Marie - 25 VII s 1789;

Marie-Jeanne - 22 I j-d 46;

Marin, Hippolyte - 4 VII l [59];

Marion Delorme - [hiver 40];

Maritorne - 21 XII d 62;

Marivaux, Pierre Carlet de Chamblain de - 28 III s 57;

Marly - 14 VIII l 54; 25 X v 61; [fin XI 61];

Marly, 4 passage - [fin XI 61];

Marly-le-Roi - 14 VII l 54; 25 X v 61; [fin XI 61];

Marmier, Xavier - [15 XII me 58];

Marmontel, Jean-François - 28 III s 57;

Marne - 7 VI j 1759; V 1782; XII 1782; 7 IX l 1785; 13 V v 42; 25 V d 51; 26 V l 51;

Marne, Camp d'opérations sur la - 13 V v 42;

Maroc, Hôtel du - [env 10 V me 54]; [env 3 III s 55];

Marquis de Villemer [pseudonyme de Charles Yriarte] - 22 IV d 66;

Marquis du 1er Houzards, Le - 20 VII me 59; [22 IV d 60]; [28 VII] s [60]; 8 X l [60]; 18 [X j] [60]; 1863;

Mars, Victor de - 18 I j 55; [7 IV s 55]; [9 ou 10 IV l ou ma 55]; [env 15 III s 56];

Marseille - [3 VII ma 32]; 19 I v 38; 12 V v 48; mi; 3 VI ma 51;

Martin, Edouard - 1 X s 53;

Martin, Nicolas - 9 I me 61;

Martinet, Louis - 23 VIII me 54; 15 VI d 61; [VII 61?]; 1 I me 62; 15 III s 62; 1 IV ma 62; [seconde quinzaine de IV 62]; [seconde quinzaine de V 62]; II 63; III 63; 30 I l 65; II 65; [19 III d 65];

Martroye, Me [notaire] - 20 VII j 65;

Martyrs ridicules, Les - 1 VIII j 61; 15 X me 61; 24 X j 61; 24 XI d 61; 30 XI s 61; 21 XII s 61; 24 XII ma 61; 9 I j 62; 25 I s 62; 2 II d 62; 19 IV s 62; 25 V d 62; 26 X d 62;

Marx, Adrien - 14 VI ma 64; 14 VI j 66;

Mas-Latrie, Louis de - 25 XI j 47;

Mascagna - 1844;

Masque de la mort rouge - 22 II j 55; 23 II v 55;

Masque, Le - 10 II j 59; 2 IX v 59; 30 XI me 59; [fin XII 59?];

Massenet de Marancour, Léon - 11 VII ma 65; [entre le 11 et le 15 VII ma-s 65]; [env 6–8 XII me–s 65]; [fin II ou début III 66]; 5 III l 66; 10 III s 66;

Massia - 13 XI l 65;

Masson, Gustave - 5 I ma 58; 10 V j 60;

Masson, Michel - 25 XII me 61; 27 XII v 61; [fin XII 61];

Massoni, Charles [général] - [fin VI? 37]; [env 26 II ma 39];

Matheron, Laurent - 28 XI s 57;

Mathieu, Gustave - [env IV 42–1848]; 27 IX s 51; 19 XII d 52; 15 III ma 53; 23 V s 57; [fin VIII 60];

Mathilde, princesse - 27 VII l 57;

Matignon, 4 rue de - [seconde quinzaine de I 58];

Mattei, Marie - 6 V j 52;

Maturin, Charles Robert - 6 VII l 29; 31 X l [59]; [11 V v 60?]; [mi–VI 64]; [env 13 II l 65]; 18 II s 65;

Maubert, 3 place - [IV 46?];

Maubeuge - 12 V s 60;

Maublanc, Gilbert [avocat] - [env 8 VI ma 41];

Maurice, Etienne - 2 IX d 60; 15 V d 64;

Maurice, l'Ile - 1 IX me 41; [entre le 1 IX me et le 18 IX s 41]; 20 X me 41; 22 VI v 66;

Mauricien, Le - 3 IX v 41; 11 IX s 41;

Mauritius Price Current - 7 IX ma 41; 14 X j 41;

Maury [bijoutier] - 25 XII me 57; 22 I v 58;

Mauvais Moine, Le - 26 VI s 42; 1843; 10 I j 50; 9 IV me 51; IV 53;

Mauvais Vitrier, Le - 26 VIII ma 62;

"Max" [Jules Vallès] - [env 6 VIII j 57];

Max, Dr Oscar - 30 IV l 66;

Mayeux - 4 XI s 65;

Mazères, Edmond-Joseph - 31 XII ma 61;

Mazade, Charles de - 15 VI v 60;

Maître François Villon - [1850–1855];

M. Constantin G, – et généralement les peintres de moeurs - 9 II v 61;

Mecklembourg, Chargé d'affaires du - 12 XII s 40;

"Mein herr omnes" - 22 VII me 57;

Mélanges [sic] de Villemain - 23 [VIII] j 38;

Mélanges et raretés - 28 III s 57;

Mélanges tirés d'une petite bibliothèque romantique - [XII 66]; 1 I ma 67; 1 II v 67;

Mellier, Etienne - [XII 57]; 30 XII me 57; 14 V v 58;

Melly - 25 IX s 41;

Melmoth - [mi–VI 64]; [env 13 II l 65]; 14 II ma 65; 15 II me 65; 18 II s 65; [env 20 II l 65]; [env 9 III j 65]; 9 III j 65;

Melvil-Bloncourt, Suzanne - 30 VIII j [60]; [début IX 60];

Ménard, Louis - 5 VI me 39; [vers 1840]; 1846; 3 II ma 46; 14 IV me 47; [env 1 VI v 55]; IX 57; 26 VI d 64; 22 VIII me 65;

M. le Maire de Classy-les-Bois - 18 I ma 48;

Mémoire pour servir à l'identification du théâtre Le Globe - 16 I s 64;

Mémoires d'outre-tombe - 22 IV v 53; [env 29 III l 62]; 29 III s 62; 30 III d 62; 24 V s [62]; [10] VIII d 62;

Mémoires de Casanova - 3 X ma 65; [4 ou 5 X me ou j 65];

Mémoires de Champfleury - 12 VIII d 66;

Mémoires de Lauzun - 29 V s 58; 7 VII me 58; [15 XII me 58]; 30 XII j 58; 10 I l 59; 26 I me 59; 1 II ma 59; [env 10 II j 59]; [entre le 15 et le 17 VI me–v 59];

Mémoires historiques et philosophiques - 23 VIII s 23;

Mémorandum, Le - [env 14 V j 57]; [7 I s 60];

Mémorial bordelais - 5 VI d 41; 11 VI v 41; 16 II me [42]; 19 V l 47; 20 V ma 47; 21 V me 47;

Mendès, Catulle - 20 VIII j 57; [fin VIII 57]; 6 XI v 57; [1861]; 15 II v 61; [fin III ou début IV 61]; 1 V me 61; 19 VII v 61; 23 VII ma 61; [VIII 61]; 27 [VIII] ma [61]; [IX–début X 61]; 1 IX d 61; 29

IX d 61; 23 XI s [62]; 16 I s 64; 1 VI l 63; [env XII 63]; 1 XII ma 63; 27 XII d 63; IV 64; [X 64]; X 64; [nuit du 4–5 VII ma–me 65]; 9 VII d 65; 22 VIII me 65; 3 IX d 65; [env 5 IX ma 65]; [env 15 I l 66]; 19 I v 66; [env 19 I v 66]; 21 I d 66; [env 22 I l 66]; 26 [I] v [66]; [fin II ou début III 66]; [env 27 III ma 66]; 28 III me 66; 29 III j 66;

Mérat, Albert - 27 XII ma 59; 17 I s 63;

Mer de Nice, La - XI 60;

Mercadet le faiseur - 23 VIII s 51; 28 VIII j 51; 30 VIII s 51; 13 IX s 51; 30 I v 52;

Mercier, Sébastien - [env 1 II d 52]; [10] VIII d 62;

Mercure des théâtres - 2 X j 45; 9 X j 45; 19 X d 45; 23 X j 45; 2 XI d 45; 3 XI l 45; [5 XI me 45]; 6 XI j 45; 9 XI d 45; 13 XI j 45; 16 XI d 45; 11 I d 46; 25 I d 46; 1 II d 46; 12 II j 46; 26 II j 46; 1 X j 46;

Mérimée, Prosper - 29 XII d 50; [env 5 I d 51]; 7 I [ma] 51; 10 XI l 56; [avant le 7 III s 57]; 7 III s 57; 13 VI s 57; 4 VIII ma 57; [env 29 VIII s 57]; 29 VIII s 57; 13 V j 58; 25 XII me 61; [1862–1865]; 19 III me 62; 3 VI me 63; [env 6 VI ma 65]; 18 II d 66; [fin II ou début III 66]; 25 VIII s 66; 27 VIII l 66; [première quinzaine de X 66];

Meryon, Charles - 20 II d 59; [25 ou 26 II v ou d 59]; 15 III ma 59; 13 XII ma 59; 21 XII me 59; 8 I d 60; 16 II j 60; 23 II j 60; [env 25 II s 60]; 25 II s 60; 28 II ma 60; 4 III d 60; 9 III v 60; [11 III d 60]; [env 14 III me 60?]; [mi–III? 60]; [env 31 III s 60]; 31 III s 60; 29 IV d 60; [mi–V 60?]; [env 21 XII v 60]; 21 XII v 60; [1861–1862]; [seconde quinzaine de IV 62]; 1 VI l 63; [1864–1865];

Mesmer, Franz - 13 XII s 62; 29 III j 66;

Messager de Paris - 19 IV ma 59;

Messager de l'Assemblée - 7 III v 51; 8 III s 51; 11 III ma 51; 12 III me 51; 18 III ma 51; 19 III me 51; 1 IV ma 51; 9 IV me 51; [IV 51]; 29 VI d 51; IV 53; [env 15 XI d 57];

Messager des théâtres et des arts - 24 II s 49; 22 XI j 49; 19 IV j 66;

Messager, Le - XII 44;

Messine - 3 VI ma 51;

Métamorphoses du vampire, Les - [fin 51]; 1852; 7 VII ma 57;

Méthode de Composition - 20 IV me 59; [entre le 29 et le 30 I me–j 62];

Méthode de critique - 25 V s 55; [fin 57]; 15 VI me 64;

Metternich - [début V 61];

Metz - 17 IX d 54; [X 54]; 4 [X] me 54; 1866;

Metzengerstein - 17 IX d 54; [X 54]; 4 [X] me 54;

Meunier, Isabelle - 27 I me 47; 31 I d 47; 27 VI d 47; 3 VII s 47; 24 IX v 47; 25 IX s 47; 24 XII v 47; 23 V ma 48; 25 V j 48; 27 V s 48; 17; 10 IX s 53;

Meunier, Mme Victor - 10 IX s 53;

Meurice, Mme Paul - 29 IX j 59; [après le 6 XII s 62]; 13 XII s 62; [fin 62]; 3 I ma 65; [env 5 I j 65]; 3 II v 65; 18 II s 65; 11 VII me 66;

Meurice, Paul - [IV 46?]; 23 VIII me 54; [avant le 14 XI v 56]; 14 XI v 56; 15 IV v 59; [fin VI ou début V 59?]; [env 7 VIII d 59 ?]; 29 IX j 59; [9?] [X d 59]; [env 20 X j 59]; 24 XI j 59; 21 XII me 59; [fin VIII 60]; [29 III] v [61]; 29 IV ma 62; [après le 6 XII s 62]; 13 XII s 62; [fin 62]; [env 25 XI me 63]; 22 XII ma 63; 3 I ma 65; [env 5 I j 65]; 3 II v 65; 18 II s 65; 11 VII me 66;

"Meurtre sans exemple dans les fastes de la justice" [*Assassinat dans la rue Morgue* - 11 VI j 46; 12 VI v 46; 13 VI s 46;

Meyerbeer, Giacomo - [env III 53]; 28 VII v 54;

Meynadier [général] - 3 X s 18; 21 VII s 21; 4 VII l 23;

Michaud, Louis - 1861;

Michel-Ange - 21 IV me 64;

Michelet, Jules - 27 XI s 58; 11 XII s 58; 24 V me 65;

Mignot - 22 I s-d 48;

Milan - [fin III 52]; 20 II me 61;

Millaud, Moïse - 26 IV ma 64;

Millaud, Polydore - 3 VI s 54; 10 VI s 54; 10 I l 59; 26 IV ma 64; 31 VIII me 64;

Ministère de l'Intérieur - 12 IV l 58; 13 IV ma 58; [VIII 58]; [mi–IV 59?]; [VI 60]; [env 17 I j 61]; 19 II me 61; [10] VIII d 62;

Ministère de la Maison de l'Empereur - 31 III s 60; 6 VIII j 63; 28 VIII v 63;

Ministre de l'Education publique - 14 V ma 39;

Ministre de la Justice - [IV 57]; 23 X v 57; 11 XI me 57; 16 XI l 57; 19 XI j 57; 21 XI s 57; 27 XI v 57; 30 VIII ma 59; 3 IX s 59; 30 XI v 60;

Ministres, Hôtel des - 26 II v 36;

Minot, Eugène - 1 X d 65;

Miot, général - [fin III 41];

Mirès, passage - [env 15 X l 60];

Mirès, Jules - 1856; 30 IV me 56;

Mirabeau, Honoré-Gabriel Riquetti, comte de - 29 IX j 59; [env 6 VI ma 65]; 1 X d 65;

Mirbel, Lizinka-Aimée-Zoé de - [début V 44]; [env 10 V s 44 ?]; 16 [V v 44]; [avant le 18 V l 44]; [18 V l 44]; [avant le 13 VII s 44]; [été 44?]; 15 I l 66;

Mirecourt, Eugène de - 12 VIII v 53;

Miroir de l'art - 9 XII ma 56;

Misérables, Les - 13 IV d 62; 20 IV d 62; 24 IV j 62; [VI 62]; [10] VIII d 62; [fin 63?];

Mistral, Frédéric - 27 IV me 59; 29 IV v 59;

Mlle Lange - 22-23 VII ma-me 45; 13 VII l 46;

"Mlle Maria" [Marie Dambrau] - 2 X j 45; 10 X v 45; 24 X v 45;

Mlle de la Quintinie - 4 VII s 63;

Moüy, Charles de - [1862–1865]; [fin 64 ou début 65]; 26 III d 65;

Moesta et errabunda - 1 VI v 55;

Molènes, Paul de - 26 II s 53; 23 VII s 59; 15 I d 60; 1 II me 60; 15 II me 60; 12 V s 60; 14 V l 60; 1 VI v 60; 14 VII s 60; 4 VIII s 60; [X–XI 60]; 9 II v 61; III 62; 15 III s 62; 1863; 23 V s 63; 13 IX d 63; 2 XII me 63; 23 XII s 65; 15 I l 66;

Moland, Louis-Emile-Dieudonné - III 66;

Moline de Saint-Yon, Alexandre-Pierre - 9 III ma 41;

Mon Coeur mis à nu - 15 V l 48; 1859; 1 IV l 61; [13 I ma 63]; 3 VI me 63; 4 VI j 63; 5 VI v 63; 7 XI d 63; 3 II v 65; [III 65];

Mon cher, je suis venu chez vous... - [1864–1865]; [17 VI v 64];

Monde des oiseaux, Le - 19 I s 56; 21 I l 56;

Monde illustré - 30 I d 58; 8 XI j 60; [env 17 I j 61]; [1862–1865]; [env 29 I me 62]; 29 III s 62; 12 VII s 62; 19 VII s 62; 26 VII s 62; 2 VIII s 62; [10] VIII d 62; 16 VIII s 62; 18 X s 62; 2 I v 63; 7 I me 63; 21 II s 63; 16 V s 63; 19 IX s 63; [19 ou 20? s ou d IX 63]; 7 XI d 63; 12 XII s 63; 31 VII d 64; 31 VIII me 64; 7 I s 65; 17 I s 65; 21 I s 65; 28 I s 65; 8 IV s 65; 30 XI d 65; 21 IV s 66; 28 IV s 66;

18 VIII s 66; 25 VIII s 66; 17 XI s 66;

Monde littéraire - 20 III d 53; 27 III d 53; 3 IV d 53; 17 IV d 53; [env 18 IV l 53]; 20 IV me 53; [env 13 XII s 62]; 26 II l 66;

Monde tel qu'il est, Le [*Le Monde comme il est*] - 17 I s 35; 11 VII ma 65; [entre le 11 et le 15 VII ma-s 65]; 3 IX d 65;

Moniteur de l'Epicerie, Le - 29 VII j 52; 29 VII v 53;

Moniteur de la mode - 30 V s 46;

Moniteur universel - 11 VI l 27; 1 VIII me 27; 12 VIII l 39; 9 III ma 41; 13 V v 42; 16 XI me 42; 12 XII j 44; 16 XI d 45; 7 IX me 53; 12 VIII ma 56; [1 ou 2 IV me ou j 57]; 7 IV ma 57; 29 IV me 57; 30 IV j 57; 1 V v 57; 7 V j 57; 8 V v 57; 20 II l 60; 11 IV ma 65;

Monnier, Henry - [automne 49]; 21 XII d 51; 10 IX s 64; 4 XI s 65;

Monselet paillard - 4 VI s 64;

Monselet, Charles - 22; 6 XI j 51; 11 XII j 51; 22 I j 52; 3 II ma 52; 10 III me 52; 7 XII j 54; 20 XII me 54; 3 I j 56; [env 15 III s 56]; 8 VI d 56; [20 III v 57]; 4 IV s 57; 23 V s 57; 22 VIII s 57; 14 X j 57; 27 XII d 57; [fin 57?]; [env 13 IV ma 58]; 9 XII j 58; 6 I j 59; [env IX 59]; 20 X j 59; 19 XI s 59; 27 X s 60; [env 17 I j 61]; [1862–1865]; 10 VIII d 62; 6 I ma 63; 11 V l 63; 24 V d 63; 31 V d 63; 21 VI d 63; 4 VI s 64; [fin 64 ou début 65]; [env 15 III me 65]; 24 IV l 65; 4 V j 65; [fin II ou début III 66]; III 66; 3 III s 66; 11 III d 66; 2 VI s 66; 10 VII ma 66; 31 VII ma 66; 19 IX me 66; 25 XII ma 66; 3 IX ma 67;

Monselet père - [env IX 59];

Monsieur Auguste Malassis - 14 II me 66;

Monsieur R^{ard} - [1848];

"Monsieur de Cupidon" [Charles Monselet] - 24 V d 63; 31 V d 63;

Monstre, Le - [23 I s 66]; 26 [I] v [66]; 21 II me 66;

Montégut, Emile - [env 1 II d 52]; 18 I j 55; 1 VI v 55; 15 I v 58; 27 VII me 58; 1 X s 59; 10 X l 59; [1862–1865]; [fin XII 64]; [env 1 I d 65]; 2 I l 65; 1866;

Montépin, Xavier de - 24 VII v 46; 8 IV ma 51;

Montalembert, Charles de - 17 VIII l 57; 27 VIII j 57; 9 VI j 64;

Montesquieu, Charles de Secondat, baron de la Brède et de - [6 II j 34?]; 28 III s 57; 18 XII d 64;

Montesquieu, comte et comtesse de - 12 XII s 40;

Montfaucon de Villars, l'Abbé de - 28 VIII me 61;

Montherot, Mme de - [env 17 II l 62]; [env 16 III d 62];

Montmagny, G. de - 11 IV me 66;

Montmartre - 2 X j 45; 7 X me 45; 10 X v 45; 16 XI d 45; 8 XII l 45; 19 XII v 45; fin XII 45; 4; 4; 11 I d 46; [mi–I 46]; 22; fin I 46; 1 II d 46; 10 II ma 46; 12 II j 46; 1 X j 46; 11 IV d 47; [X 54]; [vers le 6 VII v 60]; [XII 61–15 X ma 63]; 15 II j 66;

Montmartre, 62 faubourg - [XII 61–15 X ma 63];

Montmartre, faubourg - [X 54]; [XII 61–15 X ma 63];

Montparnasse, rue - [derniere semaine de VI 60];

Montpensier, galerie - 24 IV v 57;

Montrouge - [13 IX] s [62]; [19 ou 26 IX?] v [62?];

Montyon, Jean-Baptiste-Antoine, baron de - 27 XI j 51;

Morale du joujou - 20 III d 53; 27 III d

53; 3 IV d 53; 17 IV d 53; 29 VIII d 55; 13 VI s 57; [fin 57]; [fin XII 59?];

"Morale en l'art, La" - 20 II l 60;

Morales, rôle d'Hélène - 5 VIII v 59; 1 XI ma 59;

Mordaunt, rôle de - [env IX 54];

More de Venise, Le [pièce de Vigny] - 2 XI s 62;

Moreau de Tours, Dr Jacques-Joseph - [env 19 II v 58];

Moreau, Hégésippe - 21; 3 X s 57; [début XI 59]; [1861–1862];

Morel, A. [rédacteur de la *République du peuple* - 27 IX s 51;

Morel, Jean - 7 III s 57; 13 VI s 57; [25 ou 26 II v ou d 59]; 1 IV v 59; [fin V? 59]; [env 9 VI j 59]; 10 VI v 59; 27 VI l 59; 25 IX d 59; 1 X s 59; [entre le 1 XI ma et le 15 XI j 59]; 1 XI ma 59; [env 5 I s 61]; [5 I s 61]; 6 I d 61;

Morella - 14 XI l 53; 15 XI ma 53; 18 IX l 54; [X 54]; 4 [X] me 54;

Moret, Eugène - 1 IX d 61;

Morin, Arthur-Jules [général] - [env 17 VII ma 38]; [17 VII j 38];

Morin, Edmond - 18 X s 62;

Morlot, François-Nicolas-Madeleine, cardinal - 11 XII me 61;

Morning Star, The [Londres] - 14 VI j 66; 16 VI s 66;

Morny, Charles-Auguste-Louis-Joseph, duc de - 22 XII s 55;

Mort des amants, La - 9 IV me 51; IV 53;

Mort des artistes, La - 9 IV me 51; IV 53;

Mort des pauvres, La - 1852;

Mort joyeux, Le - 9 IV me 51; IV 53;

Mort ou vivant? - 20 IX me 54; [X 54]; 10 IV j 56;

Moskvitjanin [*Le Moscovite*] - XI 52;

Mosselman, Alfred - 1846; 1847; [printemps 54?]; 8 V l 54; 26 VII s 56; 31 VIII l 57; [4 IX] v [57]; 8 IX ma 57; 10 IX j 57; 3 I d 58; [env 10 I d 58]; [été 60]; 10 I j 67;

Mouette - mi-V 48;

Mouilleron, Adolphe - 12 VIII me 57;

Moulin de Montsouris - [fin II 42];

Mousquetaires, Les - 27 X l 45; fin XII 45; 4; 4; fin I 46; 18 XI v 53; [env IX 54]; 26 IX ma 54;

Moustique - 3 III d 61; 2 VI d 61;

Mouvement des arts. L'Ordre - 21 IX s 50;

Mouÿ, Charles de - 1865;

M. Prudhomme au Salon [de Champfleury] - 18 1 ma 48;

Mouvement, Le - [V 46];

Muller, Clément - 15 III me 65;

Murat, Napoléon-Lucien-Charles, prince - 25 IV l 50; 25 V s 50;

Murders in the rue Morgue, The - 11 VI j 46;

Muse du théâtre, rôle de la - 26 XII d 52;

Musée Royal du Louvre - 15 III s 45;

Musée de Versailles - 11 VII me 38;

Musée classique du Bazar Bonne-Nouvelle - 21 I me 46;

Musée des familles - I 41; IV 64;

Musée du Bazar Bonne-Nouvelle - [fin 57];

Musées perdus et musées créer, lettre esthétique à S.M. Napoléon III - [fin 57];

Musical World - 19 V d 55; 26 IV s 56;

Musique aux Tuileries, La - [été 60]; II 63;

Musset, Alfred de - 1828; 4 X s 28; [env 1 II d 52]; II 57; 11 V l 57; 17 III j 59; [XI 59?]; [env 25 II s 60]; [fin V 60]; 15

XII d 61; 15 VI d 62; 13 XI d 64; 8 IV s 65; 4 III d 66; 10 III s 66; 10 IV ma 66; 27 VII s 67; 23 VIII v 67;

Musset, Paul de - 30 XI me 59;

Mussot [rédacteur de la *République du peuple*] - 27 IX s 51;

Mystère de Marie Roget - 2 I v 63; 6 I ma 63; 7 I me 63; [16 II l 63]; 19 II j 63; 3 VI me 63; [18 VI j 63]; 19 VIII me 63; [env 10 V ma 64]; 24 V ma 64; 31 V ma 64; 1? VI me 64; [14? VI me 64]; 24 I ma 65; 16 III j 65;

Mystères galans des théâtres de Paris - 31 XI d 43; 7; 14; 21 I l 44; 21; 3; 17; [fin II 44]; 2 III s 44; [3 III d 44]; 4 III l 44; 7 III j 44;

Mystique, La - [fin IX 62];

Nacquart, Dr - [fin VII 51]; 30 VIII s 51; 13 VIII j 57;

Nadar - 8 IV s 20; [1838–39]; 1844; [env 17 XII ma 44]; [18 XII me 44]; [fin 45]; 15 II d 46; 1 VI l 46; 28 III ma 48; 29 III me 48; [avant le 22 XI j 49]; [été 50]; 8 II s 51; 4 IV v 51; [après le 14 VI s 51]; 9 IV v 52; 21 VIII s 52; [1853 ou 1854]; 24 VII d 53; 18 IX d 53; 19 IX l 53; [après le 7 X v 53]; [1853 ou 1854]; [env 17 X ma 54]; 17 X ma 54; 1855; 23 IX d 55; 28 IX v [55]; 29 IX s [55]; II 56; 23 V s 57; 13 VI s 57; 12 IX s 57; P; 9 VII j 58; 10 VII s 58; [1859?]; 6 I j 59; 14 V s 59; [env 15 V d 59]; 16 V l 59; [première semaine de XI 59]; [vers 1860]; 21 II me 60; [env 25 II s 60]; 25 II s 60; 28 II ma 60; [III–IV 60]; 12 III l 60; [env 31 III s 60]; 31 III s 60; 15 V ma 60; [vers 1861]; [env 17 I j 61]; [début V 61]; 22 XI v 61; 29 III s 62; [14 III s 63]; [avant le 10 X s 63]; 10 X s 63; [1864–1866?]; 22 III ma 64; [env 30 VIII ma 64]; 30 VIII ma 64; IX 64; 26 IX l 64; 27 IX ma 64; 29 IX j 64; 1865; [1864 ou 1865]; [fin 64 ou début 65]; [fin II ou début III 66]; III 66;

19 IV j 66; 5 V s 66; 13 VI me 66; 16 X ma 66; 19 X v 66; [env 17 XI s 66]; 17 XI s 66; 21 I l 67; V 67; 31 VIII s 67; 3 IX ma 67;

Naigeon jeune, François - 1793;

Naigeon, Jacques-André - 23 VIII s 23;

Naigeon, Jean - 1793; 11 IV me 21; 23 VIII s 23; 13 II ma 27; 31 X v 28; 1 IV me 29; 6 VII l 29; VI 32; [3 VII ma 32]; 27 [XII] j 32;

Nain jaune, Le - V 63; 16 V s 63; 30 V s 63; 11 VII s 63; 29 VII me 63; 15 VIII s 63; 19 VIII me 63; 28 XI s 63; 12 XII s 63; [fin 63?]; 5 III s 64; 2 IV s 64; 11 IV l 64; 27 IV me 64; [11 V me 64]; 25 V me 64; 30 VII s 64; 3 VIII me 64; 8 VIII l [64]; 16 XI me 64; 30 IX s 65; 4 XI s 65; 15 XI me 65; 16 XI j 65; 11 IV me 66; 18 IV j 66; 21 IV s 66; 13 VI me 66; 27 VI me 66; 13 X s 66; 7 XI me 66; 10 XI s 66;

Naissance de Henri IV [tableau d'Eugène Devéria] - 28 III j 44;

Namèche, Mgr - [première semaine de VIII? 64];

Namslauer [banquier] - [fin V ou début VI 63]; 3 VI me 63; 10 VIII l [63];

Namur - 23 V l 64; [env 31 V ma 64]; 11 VI s 64; 14 VII j [64]; [env 18 XII s 64]; 18 XII d 64; [env 22 IV s 65]; 3 II s 66; [env 15 III j 66]; 17 III s 66;

Nantes - 22 V v 1789; 25 VII s 1789; [env 28 VIII me 38]; 18 VIII s 60; 7 XI d 63; 11 VI s 64;

Nanteuil, Célestin - 16 V l 59;

Naples - 12 XII s 40; 3 VI ma 51; 8 VI me 53; 30 III j 65;

Napoléon Bonaparte - 21 XII s 61;

Napoléon III - [fin 57]; [VII 61?]; 15 V v 63; 13 X j 64; 12 II d 65; 25 III s 65; 26 III d 65;

Napoléon III ... par un non-diplomate

[Napoléon, l'empereur et son gouvernement] - 13 X j 64;

Napoléon, l'empereur et son gouvernement - [mi–XII 64?]; [env 18 XII s 64];

Narrative of Arthur Gordon Pym - [1853 – 1855?];

Narrey, Charles - 13 VIII l 55; 14 VIII ma 55;

Natchez, Les - 29 IV v 59;

National Intelligencer, The - 26 VI l 54;

National, Le - 18 XI v 42; 24 XI j 42; [entre le 7 III j et le 19 V d 50]; [18 V] s [50]; 25 V s 50; 27 IX s 51; [18 V] s [50]; 25 V s 50; 29 VII l 50; 4 VI me 51; 27 IX s 51; 26 VI l 54; 12 IV s 56; 1 V j 56; 15 V j 56; 29 VI s 56; 1 VII j 57; 1 VIII s 57; 15 IX ma 57; 20 VII me 59; 23 VII s 59;

Naufrage de Don Juan, Le - IV 41;

Naza, Gilles - [début I 66];

Nefftzer, Auguste - XII 57; [1862–1865]; 26 I d 62; 26 III d 65;

Nelly [passager à bord du *Paquebot des mers du sud*] - 3 IX v 41;

Nerciat, Andréa de - [fin IX 65]; 1 X d 65;

Nerval, Gérard de - 2 IX l 39; 11 IX ma 39; 30 VI d 44; 11 VIII d 44; 1 VI d 45; 24 XI l 45; 27 IX d 46; [entre le 7 III j et le 19 V d 50]; 10 V v 50; [env 13 V l 50]; 13 V l 50; [18 V] s [50]; 25 V s 50; 2 VI j 50; 8 VI s 50; 18 IX me 50; 19 IX j 50; 1 X ma 50; 4 VI me 51; [fin 51]; 3 II ma 52; 20 XI s 52; 26 I v 55; 6 V d 55; 3 VI d 55; 26 I s 56; 31 III s 60; [19 IV j 60]; 16 I me 61; [env 20 III me 61]; 29 XII d 61; 1866;

N'est-ce pas qu'il est doux... - 15 X s 64;

Neuf Sources de Rome, Les - 10 VII l;

Neuilly - 12 II l 27; 11 IV me 32; [avant le 9 IX s 32]; 24 VI l 33; 1840; 14 IV

j 42; [début de la seconde quinzaine de IV 42]; 8 XI ma 42; 30 III j 43; 11 VI d [43]; [avant le 10 VIII s 44]; 6 III l 45; 28 III d 47; [IV 48]; [fin IV ou début V 48]; 21 VIII v 48; [23 XI j 48]; 10 V v 50; 13 XI me 50; 14 XI j 50; 28 IV l 51; 7 VI s 51; 8 VI d 51; 9 VI l 51; 12 VI j 51; 23 VI l 51; 9 VII me 51; 27 III s 52; 19 [V] me [52]; 9 VIII me 53; 30 XII v 53; 31 I ma 54; 6 II l 54; 9 XII s 54; 16 VI s 55; 17 XII j 57; 27 II s 58; 8 III l 58; [début VII 60]; 7 VIII ma 60; 27 IX j 60; [6 XI ma 60]; [7 XII v 60]; [15 XII] s [60]; 30 XII d 60; 1 I me 61; [5 I s 61]; [env 5 I s 61]; [10 ou 11 I j ou v 61]; [6 V l 61]; 21 V ma 61; 4 V j 65; 1 IX d 67;

Neuve Vivienne, rue - [XII 61–I 62];

Neuve, 52bis rue - 13 VI l 64;

Neuve-Bréda, 27 rue - 15 XII d 61;

Neuve-des-Bons-Enfants, rue - 13 VI me 55;

Neuville-au-Pont, La - 7 VI j 1759;

Neveu de Rameau, Le - [env 13 XII s 62];

New-York - 9 X ma 49; 13 X s 49; 20 X s 49; 23 VII me 56;

Newton, rue - 9 III v 60;

Neyt, Bernard - [1864–1865];

Neyt, Charles - [1862–1865]; [1864–1865]; [entre le 24 IV et le 31 XII 64]; 1865; [fin 64 ou début 65]; [env 26 VI l 65];

Ni remords ni regrets - [env 4 II v 59];

Nice - [fin VI? 37]; 25 V j 48; 17 IV s 52; 20 IV ma 52; 2 VIII me 54; 28 I d 55; [début VIII 55]; [env 10 II j 59]; 9 IX v 59; 6 XI d 59; [fin XI 59]; 8 XII j 59; 15 XII j 59; 15 I d 60; 10 III s 60; [11 III d 60]; 13 III ma 60; 11 VI l 60; XI 60;

Nice française [de Théodore de Banville] - 11 VI l 60;

"Nick Polkmar" - 1844;

Nicole, Pierre [préfacier de *Nouveaux Eléments de géométrie* d'Antoine Arnauld - 17 IV v 52;

Nicolet, Jean-Baptiste - 28 III s 57;

Nieri, Elisa - 1 V s 58;

Nieuwerkerke, Alfred-Emilien, comte de - 6 I ma 63;

Night Side of Nature, The - 1848; [fin VI 59];

Nini, rôle de - 8 XII l 45;

Nisard, Charles - [env 30 I s 66]; 30 I ma 66; 6 II ma 66;

Nisard, Désiré - [fin V 60]; 26 I d 62;

Noble Femme au bras fort... - 18 X l 44;

"Nobody" - 14 VI d 63;

Nodier et Taylor [traduction de *Bertram* par] - 1 XI ma 59;

Noël, François - [23? IV d 37?];

Noël, Léon - [avant le 22 XI j 49]; 1852;

Noël, Louis - 10 XI d 61;

Noguez - 4 V ma 41; [env 25 X ma 42];

Noguez [famille] - [env 25 X ma 42];

Nohant - 19 V l 47; 12 VIII d 55; 23 VIII j 55;

Noir, Victor - 3 IX ma 67;

Nord, départment du - 28 II s 1789;
Nord, Le - 29 VIII s 57; [env 17 I j 61]; 6 I ma 63; 5 IV me 65;

Noriac, Jules - 12 VII d 57; [env 12 II s 59]; [1862–1865];

Normandie, Hôtel de - 13 VI me 55;

North American Review, The - X 56; 19 II j 57;

North Peat, Anthony - 14 VI j 66; 16 VI s 66;

Nos Gens de lettres - 9 VII s 64;

Nostalgies galantes - 1 VI s 61;

"Note du traducteur d'*Eureka*" - XI 63;

"Notes intimes" [manuscrit de Champfleury] - 25 V ma 52; 29 VII j 52;

Notes nouvelles sur Edgar Poe - 20 XI s 52; 24 IX s 53; 26 I v 55; 26 I l 57;

Notes on Poems and Reviews [Swinburne] - 1866;

"Notes sur Gérard de Nerval" [de Champfleury] - 31 III s 60; [19 IV j 60];

Notice sur Lazare Bruandet - 28 VII v 55;

"Notice sur les *Contes* de Bonaventure des Périers" [de Poulet-Malassis] - 10 VIII ma 41;

Notices littéraires - 21 VII j 59; 9 VIII ma 59; [env 25 VIII j 59]; 26 IX l 59; [15 XI ma] 59; 26 XI s 59; 15 XII j 59; 16 XII v 59; 24 XII s 59; [env 10 I ma 60]; 26 III l 60; [env 10 IV ma 60]; [11 V v 60?]; 21 V l 60; [4 IV j 61]; 18 V s 61; [env 20–25 V l–s 61]; 2 VI d 61; [env 19 VI me 61]; 19 VI me 61; 23 VII ma 61; 2 VIII s 62;

Notre-Dame de Lorette, 42 rue - [XII 61–15 X ma 63];

Nouveau Mithridate, Le - [env 20 XII v 61];

Nouveaux Lundis, Les - 14 III s 63; 11 VII ma 65; [entre le 11 et le 15 VII ma-s 65];

Nouvel Abrégé chronologique de l'histoire de France - [21 XI] ma [37];

Nouvel Atlas du royaume de France - 11 VI l 27; 1 VIII me 27;

Nouvel Illustré - 2 VI s 66; 10 VII ma 66; 31 VII ma 66; 19 IX me 66;

Nouvelle Biographie génénerale - 29 III s 62;

Nouvelle Galerie des artistes dramatiques vivants... - [fin 55 ou début 56];

Nouvelle Héloïse, La [drame de Delaporte] - 26 IX s 46; 1 52; I 52;

Nouvelle Héloïse [drame] - 26 IX s 46;

Nouvelle Revue de Paris - [fin 51]; 1864; 15 II l 64; 1 VIII l 64; [3 XI j 64]; [9 ou 10 XI me ou j 64]; [13 XI d 64]; [env 20 XI d 64]; [fin XI 64]; 25 XII d 64; [env 1 I d 65]; [mi–I 65]; [env 25 I me 65]; 3 II v 65; 9 III j 65;

Nouvelles Fleurs du Mal - [env 27 III ma 66]; 29 III j 66; 31 III s 66;

Nouvelles Histoires extraordinaires - 3 VIII v 55; 4 XI ma 56; 6 VI s 57;

Nouvelles Semaines littéraires - 18 IV s 63;

Nouvelles choisies d'Edgar Poe [d'Amédée Pichot] - [env 1 VII v 53];

Nouvelles d'Espagne - 9 I d 53;

Nouvelles de Paris - 15 I d 60;

Nouzeilles, Auguste Louis-Ange - V 33;

Novembre [de Flaubert] - 26 VI ma 60; 3 VII ma 60;

Nuits de M. Baudelaire, Les - 25 VII s 57; 28 III d 58; 1 XII d 61; 15 XII d 51;

Nuits du Ramazan [partie du *Voyage en Orient* de Nerval] - [18 V] s [50]; 8 VI s 50;

O'Brien de Thomond, Charlotte, duchesse de Choiseul-Praslin - 28 X l 1793;

Obsession - [env 10 II v 60?]; [env 10 II v 60]; [fin III 60?]; 15 V ma 60;

O'Connell, Mme Frédérique - 27 II v 63; [27 ou 28 II v ou s 63]; [1 ou 2 III d ou l 63]; 6 III v 63; [7 III v 63];

O'Connell, [Auguste C.?] - [env 30 VIII ma 64]; 30 VIII ma 64;

Odéon, galerie de l' - [fin II 44];

Odes et poèmes [de Laprade] - 27 I s 44; 17-24 II d-d 44;

Odes funambulesques - IX 56; [env 29 XII l 56]; II 57; 14 III s 57; 17 III ma 57; 21 III s 57; [env 16 IV j 57]; [env 22 IV me 57]; 5 II s 59; 22 III s 62; 18 II d 66;

Oeuvre et la vie d'Eugène Delacroix, L' - 2 IX me 63; 14 IX l 63; 22 XI d 63;

Oeuvres choisies de Gresset - [6 II j 34?];

Oeuvres d'Henri Heine - 14 VI s 34;

Oeuvres et les hommes, Les - 1862; 1864;

Offenbach, Jacques - 21 XII j 65;

Oger, Eugène - 7 III s 57;

Oies de Noël, Les [de Champfleury] - 13 IX ma 53; 29 XII j 64;

Oise, Préfet de l' - 26 IV s 56;

Oiseaux de proie, Les - 13 X v 54; 16 X l 54; 23 X l 54;

Olivier, M. et Mme Théodore - 27 [XII] j 32; 7 IV me 52; 17 IV s 52; [seconde quinzaine de III 53];

Olivier, Mme Théodore - [env 19 VI 38?]; [19 VI] ma [38]; [après le 13 VIII ma 39]; 27 III s 52; 17 IV s 52;

Olivier, Théodore - 30 VIII s 51; 18 IV d 52;

Ollivier, Emile - I 58; IX 59; 30 III j 65;

Ombre d'Eric, L' - printemps 45; [fin 45];

Ombre - 5 VIII s 54; 10 IX d 54;

"O.N." [*Old Nick*: Emile-Daurand Forgues] - IX 46;

On ne passe pas - [XI 53–I 54];

Opéra - 13 V v 42; 21 VIII me 44; [automne 52]; [env III 53]; [X 54]; X 60; [début XII 60]; 5 [XII me] 60; 15 XII s 60; 15 II v 61; [env 10 III d 61]; 13 III me 61; 18 III l 61; 24 III d 61; [fin III ou début IV 61]; [9 IV] ma [61]; 18 IX me 61; 30 I ma 66; 5 II l 66; 14 II me 66; 15 II j 66;

Opéra Comique - 28 VII v 54; [entre le 23 v et le 27 ma II 66];

Opéra, passage de l' - [X 54];

Oper und Drama - 19 V d 55; 26 IV s 56;

Opinion nationale, L' - [début VII 60?];
[env 17 I j 61]; [1862–1865]; 30 VIII d
63; 31 VIII l 63; 2 IX me 63; 14 IX l 63;
[2? VI j 64]; 18 VII l 64; 31 VII d 64; 31
VIII me 64; 27 X j 64; [env 1 I d 65]; 3
I ma 65; 22 I d 65;

Opinions littéraires [*L'Art romantique*]
- 1 I d 60; [env 10 I ma 60]; 18 II d 66;

Opium - IX; 1822; 1828; 4 X s 28; 27 IX
j 38; 18 III me 57; 9 VII j 57; 11 I l 58;
19 V me 58; 4 X l 58; B ecrit a P; 1 II
ma 59; 9 II [me 59]; 16 II me 59; 11 III
v 59; [env 6 IV me 59?]; 7 IV j 59; 29
IV v 59; 1 V d 59; 2 IX v 59; [XI 59?];
[15 XI ma] 59; 24 XI j 59; 26 XI s 59;
13 XII ma 59; [env 20 XII ma 59]; I 60;
[début I 60?]; [7 I s 60]; [9 I l 60]; [env
10 I ma 60]; 15 I d 60; [env 20 I v 60];
[28 I s 60?]; [29 I] d [60?]; 31 I ma 60;
[env 12 VIII d 60]; [VIII–IX 62?]; 9 X j
62; 13 XI d 64; 8 IV s 65; [XII 65]; 22
XII v 65; 26 XII ma 65; [env 16 II v 66];

Orangerie de Versailles - 12 VII j 38;

Oreille, Ferdinand - 30 I l 60;

Oreille, Virginie - 30 I l 60;

Orfila, Anne-Gabrielle - 9 VII j 57; 15
VII v 64;

Orfila, Dr Mathieu - 25 VIII me 47; 11
III j 53; 12 III v 53;

Orfila, famille de Mathieu - 27 [XII] j
32;

Orgueil [*Châtiment de l'Orgueil?*] - [env
4 II v 59];

"Origines de la science moderne" - 28
XII me 64; 4 I me 65;

Orléans - 5 III me 17; [env 28 VIII me
38];

Orléans, évêque d' [Mgr Dupanloup] -
23 XII l 61;

Orléans, 15, cité d' - [début 52?];

Orléans, 24 quai [aujourd'hui le 32] -
[IV 42];

Orléans, Ferdinand, duc d' - 29 XI ma
31; 3 XII s 31; V 33; 23 VIII ma 36;
10 IX d 37; 13 VII me 42; 4 VI me 51;
[début 52?];

Orléans, princes d' - 4 VI me 51;

Orléans, duc d' - 29 XI ma 31; 3 XII s
31; 23 VIII ma 36; 10 IX d 37; 13 VII
me 42;

Orne, Préfecture de l' - 29 IV me 57; 12
VI v 57; 13 VI s 57;

Orphéon, L' - 1 VI v 60;

Orsini, Felice - 14 I j 58; 13 III s 58; [env
4 II v 59];

Ortigue, Joseph-Louis d' - [fin III ou
début IV 61];

Othello... [suite de quinze esquisses à
l'eau-forte de Chasseriau] - VIII 44;

Othon, 1er, roi de Grèce - [VI 48];

Oubliés du XIXe siècle, Les - 15 X me
61;

Oubliés et les dédaignés, Les - 4 IV s 57;

Oudinot de la Faverie - 23 VI v 48;

Oudinot, 16 rue - 14 V me 56;

Oudinot, Victor, duc de Reggio - 31 VIII
l 40;

Ouest, Chemin de fer de l' - [13? VIII l
60];

Ourliac, Edmond - 2 IX l 39; 24 XI l 45;
15 IV me 46; 31 VII l 48; [env 1 II d 52];
14 V me 56; [II 62];

Outre de la volupté, L' [*Les Métamorphoses du vampire*] - [fin 51];

Ovide chez les Scythes [de Delacroix] -
[printemps 59];

Pagnerre, Charles-Antoine - 14 IX s 61;
1862; 15 IV v 64;

Payens innocents, Les [d'Hippolyte
Babou] - 10 X l 59; -

Pajol, Claude-Pierre - 17 V v 39; [avant
le 8 VIII s 40];

Palais Mazarin - 23 XII l 61;

Palais Royal - 24 IV v 57;

Palais des Beaux-Arts - 15 V ma 55; 15 IV v 59;

Palais des Champs-Elysées - 15 V v 63;

Palis [copiste] - [env XI 49]; [entre le 4 XII ma et le 14 XII v 49]; 1850; 10 I j 50; 5 I d 62;

Palissot, Emile - 5 I d 62;

Pamphlet, Le - 1862;

Panckoucke, Charles - 1 IV me 29;

Panis [régisseur] - 21 XII v 55;

Panoramas, passage des - [automne 57];

Pantéleia - 16 I s 64;

Panthéon Nadar - [1853 ou 1854]; 24 VII d 53; [1853 ou 1854]; 12 IX s 57; P; 9 VII j 58;

"Panurge" - 25 VII s 57;

Pape et la Pologne, Le - 9 VI j 64;

Papety, Dominique - 3 II ma 46;

Papillon, Le - 10 I j 61; 10 III d 61; 25 III l 61; [fin III ou début IV 61]; 25 I s 62; 25 V d 62; 13 IX d 63; [env 3 XI ma 63 ?]; 13 XII d 63;

Paquebot des mers du sud - 15 V v 41; 1 VI me 41; 11 VI v 41; [env 9 VIII l 41]; 1 IX me 41; 3 IX v 41; 7 IX ma 41; 11 IX s 41; 18 IX s 41; 19 IX d 41; 22 IX me 41; 25 IX s 41; 14 X j 41; 19 X ma 41; 1842; 13 VIII s 42; [env 25 X ma 42]; [25 X ma 42];

Paradis artificiels, Les - 9 XII me 57; 31 VIII s 67;

Paradis des gens de lettres, Le - 25 X v 61; 1862;

Parfum exotique - 24 IX me 62;

Parfum, Le - 15 X l 60;

Pâris, le diâcre - 13 XII s 62;

Paris pendant la Révolution - 3 V s 62; [10] VIII d 62;

Paris-Magazine - 14 IV d 67;

Paris [quotidien] - 21 X j 52; 27 X me 52; 29 X me 52; 29 I s 53; 25 II v 53; 31 V ma 53; 1 VI me 53; 2 VI j 53; 3 VI v 53; 4 VI s 53; 5 VI d 53; 6 VI l 53; 7 VI ma 53; 8 VI me 53; 13 XI d 53; 14 XI l 53; 15 XI ma 53; 8 XII j 53;

Parnasse contemporain - [env 15 I l 66]; 19 I v 66; [env 19 I v 66]; 5 II l 66; 15 II j 66; 20 II ma 66; [env 27 III ma 66]; 29 III j 66; 31 III s 66; 30 VI s 66; 27 X s 66; 14 XI me 66; 23 XII d 66;

Parnasse satyrique du XIXe siècle - 16 X v 63; [fin III 64]; 4 VI s 64; 2 VI v 65; 8 XI me 65; 1866; 2 I ma 66;

Parquet - 7 VII ma 57; 17 VII v 57; 29 VIII s 57; 18 X d 57; 25 XI me 57;

Pascal [artiste] - 24 V me [65];

Pasquin - 17 IV d 64;

Passepartout [Nice] - 15 I d 60; 10 III s 60;

Passy - 16 I me 61; 15 VII v 64; 31 VIII s 67;

Pasteur ou l'Evangile, Le -

Patin [examinateur] - 12 VIII l 39;

Patin, Henri - [XII 61–I 62]; [env 15 XII d 61];

Patrie, La - 8 IV s 48; 10 IV l 48; 15 IV s 48; 10 X j 50; 20 X ma 57; 24 X s 57; [env 17 I j 61]; 11 XII l 65; 26 XII ma 65;

Pauchet [secrétaire de *L'Opinion nationale* - [2? VI j 64]; 18 VII l 64; 31 VIII me 64; 27 X j 64;

Paul et Virginie - 28 III s 57;

Paulier [éditeur] - 11 III me 46; 1864;

Pauline, rôle de - 8 XII l 45;

Pauly, Alphonse - 1861;

Pauvre Belgique - [1?] VI me 64; 14 VII j [64]; 17 XII s 64; 3 II v 65; 26 III d 65; 24 IV l 65; 4 VI d 65; 11 VII ma 65; [entre le 11 et le 15 VII ma-s 65]; 9 VIII me 65; 27 VIII d 65; 30 IX s 65; 13 X s 65; [avant le 2 XI j 65]; 13 XI l 65; 26 XI d 65; [début XII 65]; 30 XII s 65; [env 11 I j 66]; 12 I v 66; 18 I j 66; 22 [I] l [66]; [env 30 I s 66]; 30 I ma 66; 18 II d 66; 26 II l 66; 30 III v 66;

Pauvre Trompette - 5 VI s 47; 18 I ma 48;

Pauvres Saltimbanques, Les [de Banville] - 15 X s 53;

Pays, Le - [été 51?]; 28 VIII j 51; 30 VIII s 51; 13 IX s 51; 30 I v 52; 23 II l 52; 6 II d 53; 27 VII me 53; 24 IX s 53; [avant le 3 VI s 54]; 3 VI s 54; [7 VI?] me 54; 10 VI s 54; 13 VI ma 54; 13 VII v 54; 15 VII s 54; 21 VII v 54; [24 VII l 54?]; 24 VII l 54; 25 VII ma 54; 26 VII me 54; 27 VII j 54; 28 VII v 54; 29 VII s 54; 30 VII d 54; 31 VII l 54; 1 VIII ma 54; 2 VIII me 54; 3 VIII j 54; 4 VIII v 54; 5 VIII s 54; [env 5 VIII s 54]; 10 VIII j 54; 14 VIII l 54; 19 VIII s 54; [mi–IX 54?]; 13 IX me 54; 14 IX j 54; 17 IX d 54; 18 IX l 54; 20 IX me 54; 26 IX ma 54; 29 IX v 54; [X 54]; [X 54?]; 4 [X] me 54; [env 14 X s 54]; 22 X d 54; 23 X l 54; 4 XII l [54]; 7 XII j 54; 11 XII l 54; 12 XII l 54; 20 XII me 54; 23 XII s 54; 7 I d 55; 13 I s [55]; 21 I d 55; 22 I l 55; 23 I m 55; 26 I v 55; 27 I s 55; 28 I d 55; 31 I me 55; 2 II v 55; 3 II s 55; 4 II d 55; 5 II l 55; 6 II ma 55; 7 II me 55; 9 II v 55; 13 II ma 55; 14 II me 55; 15 II j 55; 18 II d 55; 19 II l 55; 22 II j 55; 23 II v 55; 24 II s 55; 25 II d 55; 26 II l 55; 1 III j 55; 2 III v 55; 3 III s 55; 5 III l 55; 6 III ma 55; 7 III me 55; 8 III j 55; 12 III l 55; 14 III me 55; 15 III j 55; 20 III ma 55; 22 III j 55; 27 III ma 55; 31 III s 55; 1 IV d 55; 2 IV l 55; 5 IV j 55; 8 IV d 55; 14 IV s 55; 17 IV ma 55; 20 IV v 55; 25 V s 55; 30 V me 55; 2 VI s 55; 3 VI d 55; [env 5 VI ma 55]; 9 VI s 55; 10 VI d 55; 12 VIII d 55; 25 II l 56; 26

II ma 56; 22 III s 56; 30 IV me 56; [env 8 V j 56]; 8 V j 56; 14 V me 56; 6 VI v 56; 10 VI ma 56; [env 5 VII s 56]; 11 VII v 56; 14 III s 57; 21 III s 57; 13 VI s 57; 14 VII ma 57; [25 VII] s [57]; 27 VII l 57; 1 X j 57; 26 I me 59; 22 II ma 59; 27 IV me 59; 29 IV v 59; [19 IV j 60]; 19 VI ma 60; [début VII 60?]; 3 VII ma 60; 28 VIII ma 60; [env 17 I j 61]; VII 61; [fin XI 61]; [1862–1865]; [env 4 XII j 62]; [avant le 4 XII j 62]; 4 XII j 62; 3 XI ma 63; 30 XI l 63; 2 XII me 63; 14 XII l 63; [VI ou VII 64];; 15 II me 65; 3 IX ma 67;

Paysage parisien [*Paysage*] - 15 XI d 57;

Paysages et habitations imaginaires - 22 XII ma 63;

Paysans, chants rustiques, Les - 1846;

Peau de chagrin, La - 24 XI l 45;

Peaucellier [huissier] - 16 V v 45;

Pechin Gourdin et compagnie - 16 XII me 57; 18 XII v 57;

Pechméja, Ange - [entre le 23 v et le 27 ma II 66]; [23–30 III v–v 66]; 4 V v 66;

Peillon, Félix - 20 X me 52;

Peintre de la vie moderne - 4 XII j 62; 2 I v 63; [env 16 VIII d 63]; 19 VIII me 63; 10 XI ma 63; 25 XI me 63; 26 XI j 63; 3 XII j 63; [env 5 XII s 63]; 17 XII j 63; 23 IV s 64;

Peintres et aquafortistes - [seconde quinzaine de IV 62]; 14 IX d 62; [après le 14 IX d 62]; [fin IX 62];

Peintres idéalistes [*L'Art philosophique*] - 8 I s 59;

Peintres qui pensent - 23 XII l 61;

Peintres raisonneurs - 18 III me 57; 27 IV l 57;

Peintres, statuaires et caricaturistes - 8 VII d 55;

Peinture didactique - 2 I v 63; 2 XII me 63; 9 III j 65;

Peinture flamande, La - 19 I j 60;

"Peintures murales d'Eugène Delacroix à Saint-Sulpice" - [env 8 VIII j 61]; 15 IX d 61; 8 X ma 61;

Pelez, Raymond - [fin IV 46];

Pellerin, Eugène - 24 II j 59; 12 XI j 63;

Pelletan, Eugène - 29 XII d 50; 16 I l 54; 17 III v 54;

Pelletier, Jules - 13 VI s 57;

Pelloquet, Th. - 27 IX s 51; 16 I d 59; 23 I d 59;

Pelpel, Jules - 9 VI d 61; 2 VIII v 61; 10 V d 63;

Pène, Henry de - 29 VIII s 57; 9 III v 60; 23 VI s 60;

Penguilly-L'Haridon, Octave - 16 V l 59; 22 IV d 60;

Pensée nouvelle, La - 19 V d 67;

Pensées et lettres de Joubert - [mi–XII 64?];

Perducet, Nicolas - 8 XII v 43; 16 IX l 44; 16 V v 45; 4 VI me 45; 21 VI s 45; 4 VII v 45; [V 54]; 15 IV me 57;

Pérégrinations en Orient [d'Eusèbe de Salles] - 15 VIII s 63;

Pérignon, Mme Pierre, née Louise Coudougnan - 2 VIII s 28;

Pérignon, Paul et Alfred - 27 [XII] j 32;

Pérignon, Pierre - 1 IV d 1759; [début IX 1775]; [automne 1775]; [été 1778]; 7 VI j 21; 2 VIII s 28;

Pérignon, Pierre-François - 24 VI s 1777;

Perret, Paul - 30 VIII j [60]; [fin XI 61];

Perrin [Louis?] - 26 I l 57;

Perrin, Chez [restaurant] - [env 9 V j 50?]; 21 VI j 66;

Perron, Dr - 9 V d 52;

Perrot [éditeur] - 14 VII s 49; Persan - 28 III s 57; [début 62];

Perrot, A. - 1830;

Perrot, V.M. - 1 VIII me 27;

Perrot, Victor - 1 VI l 46;

Perte d'auréole - [env 7 VII v 65?];

Petersbourg - 9 V d 52; IX 52; [env 17 VIII ma 58]; 17 VIII ma 58; 27 II d 59;

Petit Journal, Le - 3 II l 62; [entre le 4 IV v et le 15 V j 62]; 26 IV ma 64; 27 IV me 64; 28 IV j 64; 29 IV v 64; 30 IV s 64; 1 V d 64; 2 V l 64; 3 V ma 64; 4 V me [64]; 5 V j 64; B envoie a Mme A la; 31 VIII me 64;

Petit Oranger, ballade parisienne, Le [d'Ernest d'Hervilly] - 9 XI s 62;

Petit-Lion-Saint-Sulpice, rue du - [env 9 V j 50?]; 21 VI j 66;

Petite Discussion avec une momie - 4 XII l [54]; 11 XII l 54; 12 XII l 54;

Petite Revue anecdotique, La - 1 I ma 67; 1 II v 67;

Petite Revue, La - X 45; 15 XI s 62; 14 XI s 63; 28 XI s 63; 5 XII s 63; 10 XII j 63; 4 VI s 64; 17 IX s 64; 3 XII s 64; 17 XII s 64; 21 I s 65; 25 II s 65; [env 1 III me 65]; 11 III s 65; 22 III me 65; 8 IV s 65; 22 IV s 65; 29 IV s 65; 13 V s 65; 2 VI v 65; 24 VI s 65; 1 VII s 65; 8 VII s 65; 9 IX s 65; 14 X d 65; 16 X l 65; [entre le 19 j et le 28 s X 65]; 21 X s 65; 28 X s 65; 4 XI s 65; 16 XII s 65; 7 IV s 66; 14 IV v 66; 21 IV s 66; 5 V s 66; 7 VII s 66; 21 VII s 66; 25 VIII s 66; 27 X s 66; 30 X ma 66; 1 I ma 67; 1 II v 67;

Petites Vieilles, Les - 16 II me 59; 15 IX j 59; 27 IX ma 59; 2 VIII s 62; 1863;

Petits Manèges d'une femme vertueuse - XII 44;

Petits Poèmes en prose - 25 IV s 57; 16 X j 62; 23 X j 62;

Petits Poèmes lycanthropes - 1 VI v 66;

Pétrarque - [env 3 III ma 46];

Pétrone - 1862; 31 X l 64;

Peyriac-Minervois (Aude) - 24 II ma 24;

Phares, Les - 5 VII j 38; 1845; 19 I s 56; 19 V s 66;

Pharmacienne, La [de Sollohoub] - [15 XII me 58];

Pharsale, La - [env 1845]; 7 II ma 54; [11 III d 60]; 1 VI v 60; [XII 65];

Philibert, Hippolyte - 15 VI d 62; 8 VIII l [64];

Philoméla - 23 XI s [62]; 16 I s 64; 1 XII ma 63; IV 64;

Philopoemen aux Jeux néméns - 7 IV v 37;

Philosophie de l'ameublement - [seconde quinzaine de IX 52]; X 52; 27 III d 53; 21 V d 54; 28 V d 54; 14 IX j 54; [X 54]; 22 XII ma 63; 9 X d 64; 27 X j 64; 27 I v 65;

Philosophie du Salon de 1857 - 20 VIII v 58;

Physiognomies littéraires de ce temps - 29 V s 52;

Physiologie des écrivains - 5 III s 64;

Physiologie du rire - [env 10 V l 52];

Picart, Louis-Nicolas - 7 IX l 1785; [début I 1799];

Pichon, baron Jérôme - 26 VIII v 42; [3 III d 44]; 4 III l 44; [fin IX 44]; 26 I me 59;

Pichot, Amédée - XI 45; [première quinzaine de X 51]; IX 52; 15 IV v 53; [env 1 VII v 53]; III 61; [XII 61–I 62]; [env 12 XII j 61]; [1862–1865]; [fin 64 ou début 65]; [env 15 III me 65];

Picqué, Camille - [env 21 V s 64];

Piddington, Henry - 1842;

Piérot-Deseilligny, Jules - 18 IV j 39;

"Pierre Dufays" - 23 I s 47;

Pierre Dupont [notice de B sur] - 27 XI s 47; 23 III s 50; 9 VII me 51; 11 VIII

ma 51; [début XI 59];

Pierrot valet de la mort - 27 IX d 46;

Piétri [préfet de police] - 22 XII s 55; 27 VII l 57; [fin VII 57]; 15 XI d 57;

Pigalle - 13 X me 52; 26 III s 53; 18 VIII j 53; XII 53; [mardi gras 54]; 15; 23 II j 54; [env 10 V me 54]; [env 13 XII ma 59];

Pigalle, 46 rue - [18 V] s [50];

Pigalle, 60 rue - 13 X me 52; 26 III s 53; 18 VIII j 53; [mardi gras 54]; 23 II j 54; [env 10 V me 54];

Pigalle, place - [env 13 XII ma 59];

Pigeaire, Dr - 27 III s 52; 19 [V] me [52]; 20 V j 52;

Pilati [compositeur] - 10 X ma 48;

Pile ou face ["*La Conspiration*"] - 13 VI l 59;

Pillet [imprimeur] - 21 II s 52; 29 I d 54;

Pimodan, Hôtel - 26 VIII v 42; [entre le 19 IV me 43 et le 22 V l 43]; 5 XI d 43; [été 45]; [VII 45?]; [automne 49]; 11 X j 60; 10 IX s 64; 21 VI j 66;

Pinard, Ernest - 18 III d 55; 13 VIII j 57; 17 VIII l 57; [après le 20 VIII j 57]; 21 VIII v 57; [fin VIII 57]; [1862–1865]; [fin II ou début III 66];

Pincebourde, René - 13 VI s 57; [première quinzaine de II 58]; 19 II v 58; [1 ou 2? IX j ou v 59]; 27 IX ma 59; [27 ou 28 IX ma ou me 59?]; 13 XII ma 59; 15 XII j 59; 22 IV d 60; [env 20 V d 60]; 27 V d [60]; [début VII 60?]; 18 VIII s 60; [avant X 60]; 15 XI s 62; [env 15 IX ma 63]; 14 XI s 63; 19 III s 64; 17 XII s 64; [VI 65?]; [env 25 VI d 65]; 1 VII s 65; 4 VII ma 65; 7 VII v 65; 8 VII s 65; 10 VII l 65; 16 X l 65; 21 X s 65; 25 VIII s 66; 30 X ma 66;

Piogey, Dr - [début VII 60?]; [env 6 II ma 66]; 15 II j 66; [env 23 IV l 66]; 2 IX l 67; 3 IX ma 67;

Piot, Eugène - 5 V ma 40; [env 20 IV ma 64]; 21 IV me 64; 24 IV d 64;

"Pipe d'opium, La" - 27 IX j 38;

Pirates de la savane, Les - 5 VIII v 59; 1 XI ma 59;

Pissaro, Camille - 15 V v 63;

Place de Paris - 26; 11 XI v 42;

Place de Paris, Hôtel de la - 28 XI d 47;

Place de Santoña - 24 IX me 23;

Place de l'Estrapade et la rue des Fossés-Saint-Jacques - été 42;

Place-Lafond [propriétaire quai de Béthume] - [fin III ou début IV 42];

Plaidoyer d'un fou - 29 VII s 54;

Plaine, La [poème de Sainte-Beuve] - 15 I l 66;

Plaintes d'un Icare, Les - 28 XII d 62; 31 III s 66;

Plaisance - [fin II 42];

Planard, Emile de - [env 3 XI ma 63?];

Planche, Gustave - 1 III l 47; 25 I s 51; 12 VII s 51; [env 1 II d 52]; 21 IX l 57; 1861;

Planet, Louis de - 30 III d 45;

Plassan, Henri - 16 VIII d 57; 14 X j 57;

Platel, Félix [v. Etienne Poll] - 12 VII d 57; 1 VIII l 59; 31 III s 60;

Plessis-Sorbonne, collège du - [X 1778–été 1779];

Plessis-de-Roye [arrdissement de Compiègne] - 29 IX ma 01;

Plouvier, Edouard - 6 I j 59;

Pluviôse irrité - 9 IV me 51; IV 53;

"Pochades, paradoxes et fantaisies" - 10 XII d 43;

Poème du haschisch - 20 IX me 54; 18 VIII ma 57;

Poème(s) en prose - 2 VI s 55; 25 IV s 57; 24 VIII l 57; 10 XI me 58; 9 II v 61; IX-début X 61; [début XII 61; [XII 61-15 X ma 63]; [env 7 XI s 61]; [env 16 XII l 61]; [env 20 XII v 61]; 25 XII me 61; [fin XII 61 ou début I 62]; [début 62]; [1862-1863?]; [I 62]; [II 62?]; 29 III s 62; [entre le 4 IV v et le 15 V j 62]; 18 VIII l 62; 26 VIII ma 62; 27 VIII me 62; 31 VIII d 62; [VIII IX 62?]; 22 IX l 62; 24 IX me 62; [fin IX me 62]; 1 X me 62; 8 X me 62; [9 ou 10 X j ou v 62]; 16 X j 62; [env 16 X j 62?]; 23 X j 62; 12 XII s 62; 2 I v 63; 6 I ma 63; 7 I me 63; 20 III v 63;10 VI me 63; 14 VI d 63; 20 VI s 63; [VIII 63?]; 19 VIII me 63; 16 IX me 63; 10 X s 63; 28 XI s 63; 10 XII j 63; [env 10? I d 64]; 7 II d 64; 14 II d 64; [env 14 II d 64]; 22 II l 64; 23 II ma 64; [après le 1 V d 64]; 1 XI ma 64; [3 XI j 64]; [9 ou 10 XI me ou j 64]; [10 ou 11 XI j ou v 64]; [env 20 XI d 64]; [fin XI 64]; 25 XII d 64; [mi-I 64]; [env 25 I me 64]; 27 I v 65; 3 II v 65; 15 II me 65; 9 III j 65; 24 IV l 65; 4 V j 65; 30 V ma 65; [env 7 VII v 65?]; 9 V III me 65; [env 3 X ma 65?]; 30 XI d 65; [6 I s 66]; 30 I ma 66; 1 VI v 66; *Poèmes et paysages* - III 61; 7 XI j 61;

Poèmes nocturnes - 25 IV s 57; 9 VII j 57; 24 VIII l 57; 9 II v 61;

"Poésie à l'heure qu'il est, La" - 15 V l 58;

Poésies complètes de Théophile Gautier - 5 V ma 40;

Poésies parisiennes - 19 IV s 62;

Poésies [premier volume de vers de Gautier] - 28 VII me 30;

Poètes contemporains [de Leconte de Lisle] - 30 VII s 64;

Poètes d'hier et ceux de demain - XI 57;

Poètes de l'amour, Les - 13 VII s 50; 21 VII d 50; 10 X j 50; [env 15 XI d 57]; 28 X s 65;

Poètes et la poésie en France, La - 1 IX d 61;

Poètes français, Les - 1859; 30 XI me 59; [mi–V 60]; 6 VI j 61; [VIII 61?]; 1862; 24 VII j 62; 2 VIII s 62; 24 VIII d 62; 31 VIII d 62; [VIII–IX 62?]; [début IX 62]; [env 6 IX s 62]; 15 XI s 62; [env 13 XII s 62]; 13 XII s 62; 1863; X 65;

Poètes récents, Les - 19 XII d 52;

"Poétique de la France aux XIXe siècle, La" - IX 63;

Poetical Works [de Poe] - [env 8 III me 54]; 8 III me 54; 26 I s 56;

Poison, Le - 20 IV l 57;

Poissonnier, bd - 1850

Polet de Faveaux [beau-père de Rops] - 1 I l 66;

Polichinelle à Paris - 1 III d 57; 25 VI j 57; 30 VIII d 57; 10 I d 58; 2 VI d 61;

Polkeuses, Les - 1844;

Poll, Etienne [pseudonyme de Félix Platel] - 12 VII d 57;

Pologne - 29 III me 48; 9 VI j 64;

Pommier, Amédée - [19 IV j 60]; 19 VI ma 60; [début VII 60?];

Ponnat, baron de - 26 II l 66;

Ponroy, Arthur - 12 VIII d 55;

Ponsard, Francis - 23 III s 50; [env III 53]; 4 XII j 56; 24 IX j 57; [XII 61?]; [mi?–XII 61]; [1862–1865]; 26 I d 62; 3 II l 62;

Ponson du Terrail, Pierre-Alexis, vicomte de - [début XI 59]; 6 XI d 59;

Pont-Neuf - 23 II me 48;

Pontin, Marc - 11 VII s 63;

Pontmartin, Armand de - 12 IV s 56; 7 III s 57; 13 VI s 57; 6 VII l 57; 15 VII me 57; 19 IX s 57; 18 VIII s 60; [env 17 I j 61]; 1 VIII j 61; 14 VIII me 61; 1 IX d 61; XII 61; [1862–1865]; 3 II l 62; 4 IV v 62; [entre le 4 IV v et le 15 V j 62]; [seconde quinzaine de V 62]; [première quinzaine de VI 62]; 18 IV s 63; 19 IV d

63; [fin 64 ou début 65]; 26 III d 65;

Porée [tailleur] - 1 XII ma [46]; [XII 61–I 62];

Port-Louis [dans l'Ile Maurice] - 1 IX me 41;

Port-Royal - [avant le 22 IV v 53];

Porte Saint-Martin, théâtre de la - [entre le 27 IX s 38 et le 24 III d 39]; 2 XII d 38; 17 XII l 38; 27 VI d 47; 18 VIII ma 47; 1 XII me 47; 8 II ma 48; 19 II s 48; 1 (ou 2) III me (ou j) 48; 2 III j 48; 4 III s 48; 23 III j 48; 25 V j 48; 3 IX d 48; 10 X ma 48; 10 II s 49; 25 X v 50; 1 XII d 50; 11 I s 51; 8 IV ma 51; 19 VII s 51; [V 54]; 22 VIII ma 54; 23 VIII me 54; [début IX 54]; [29 III] v [61]; 4 IV l 64;

Portefeuille, Le - 21 VI d 46; 25 IV l 50; 8 VII d 55; 15 VII d 55; 12 VIII d 55; 29 VIII d 55; [VI ou VII 64]; 18 IV ma 65; 27 VI d 47; 18 VIII ma 47; 1 XII me 47; 8 II ma 48; 19 II s 48; 1 (ou 2) III me (ou j) 48; 2 III j 48; 4 III s 48; 23 III j 48; 25 V j 48; 3 IX d 48; 10 X ma 48; 10 II s 49; 25 X v 50; 1 XII d 50; 11 I s 51; 8 IV ma 51; 19 VII s 51; [V 54]; 22 VIII ma 54; 23 VIII me 54; [début IX 54]; [29 III] v [61]; [première semaine de IV 61]; 4 IV l 64;

Portrait de Charles Baudelaire [gravure d'Hébert] - 15 XI s 62;

Portrait ovale, Le - 28 I d 55;

Portraits après décès - 3 III s 66;

Portraits de maîtresses - [env 7 VII v 65?];

Position délicate, Une [comédie-vaudeville] - 19 XII v 45;

Possédé, Le - [env 5 XI v 58]; 10 XI me 58; 11 XI j 58; 20 I j 59;

Postes, directeur des - 24 IV v 57;

Pot-de-fer, rue du - 12 VIII l 39;

Pothey [Charles *Potey*] - 25 VII s 57; 3 IX ma 67;

Potron, Charles - 11 I d 46;

Potter [éditeur] - [env 1 II d 52];

Pougens - [env 7 V j 46];

Poujol [auteur dramatique] - 27 VI d 47;

Poulet-Malassis et De Broise, maison - 26 IV s 56; XI 56; 13 VI s 57; 8 VII me 57; 28 IX l 57; 13 IV ma 58; VIII 58; 18 IX s 58; [15 XII me 58]; I 59; 10 V j 60; 25 V s 60; [début IX 60]; [env 8 IX s 60]; 12 et 13 X v et s 60; 9 XI v 60; [5 I s 61]; 5 I s 61; 15 I ma 61; 31 I j 61; [24 V v 61];

Poulet-Malassis, Edouard - 30 VIII j 60; 9 XI v 60; 16 VIII s 62;

Poulet-Malassis, père - 25 III l 50; Poulet-Malassis, Mme Vve - 30 III s 50; 26 I v 55;

Poupart-Davyl [imprimeur] - 28 VIII j 62; 12 XI me 62; 18 XI ma 62; [seconde quinzaine de XI 62?]; 8 VII l 62; 3 I s 63; 26 III j 63; 22 IV me 63;

Pour Joseph Citrouillard - 10 II d 56;

Pour s'excuser de ne pas accompagner un ami à Namur - 29 IV s 65;

Pourtonet [créancier?] - [IX–début X 61];

Pradier, Jean-Jacques, dit James - 4 VI v 52;

Prarond, Ernest - 5 VI me 39; 5 VII l 41; [entre le 1 IX me et le 18 IX s 41]; [fin II 42]; III 42; 13 IV me 42; 9 VI j 42; 15 VI me 42; été 42; 5 X me 42; 1843; [début 43]; [11 II s 43]; [13 II l 43]; [19 IV me 43]; V 43; V ou VI 43; 6 VII v 43; 7 VII s 43; [avant le 24 XI v 43]; 24 XI v 43; 2 XII s 43; V ou VI 44; 25 XI ma 45; 17 VIII l 47; XII 52; 19 XII d 52; [VIII 53]; 12 I s 56; XI 57; 2 VIII s 62; 1864; 23 VI s 66; III 66; 29 III j 66;

Préault, Antoine-Augustin - 1840; 27 IX d 46; 13 VI s 57; [1862–1865];

Précurseur, Le [Anvers] - 3 IX ma 67;

Premières Etudes de philosophie - 29 I d 54; 31 I ma 54;

Premier Conseil de Tutelle - 13 II ma 27;

Présent, Le - VII 57; 23 VII j 57; [env 6 VIII j 57]; 16 VIII d 57; 24 VIII d 57; 1 X j 57; 15 X v 57; 15 XI d 57;

Presbytère, Le [de Nicolas Martin] - 9 I me 61;

Presse théâtrale et musicale, La - 14 IV d 61; 21 IV d 61; 5 V d 61; 12 V d 61; 8 XII d 61; 5 V d 61;

Presse, La - III 36; 23 VIII ma 36; 24 VIII me 36; 10 III v 37; 13 VIII d 37; 10 IX d 37; 1838; 5 VII j 38; [17 VII j 38]; 27 IX j 38; 11 IX ma 39; 26; 27 I l 40; 1 II s 40; 2 II d 40; 12 VI v 40; 31 VIII l 40; 7 IX me 40; 13 IX d 40; 12 X ma 40; 12 XII s 40; 2 II ma 41; 6 III s 41; 8 III l 41; 5 IV d 41; 12 VII l 41; 10 VII ma 43; 10 XII d 43; 19 III me 45; [avant le 15 III d 46]; 7 IV ma 46; 10 IV s 47; 22 II ma 48; 28 V d 48; 13 X v 48; 10 XII l 49; 3 VI l 50; 4 VI ma 50; 18 IX me 50; 19 IX j 50; 25 X v 50; 26 X d 50; 29 XII d 50; 8 IV ma 51; 21 X j 52; 26 II s 53; 5 IX l 53; 21 VII v 54; 11 VII s 57; 20 I me 58; 10 I l 59; 2 VII s 59; 6 VII me 59; 4 II s 60; 17 II v 60; 28 II ma 60; 26 III l 60; [mi–V 60]; 13 VII v 60; [début I 61]; [env 17 I j 61]; [env 18 III d 61]; 18 III l 61; 14 IV d 61; 21 IV d 61; [env 1 V me 61]; 5 V d 61; 12 V d 61; [fin XI 61]; 8 XII d 61; 25 XII me 61; [fin XII 61 ou début I 62]; [1862–1865]; [I 62]; [II 62?]; 29 III s 62; [10] VIII d 62; 18 VIII l 62; 26 VIII ma 62; 27 VIII me 62; 22 IX l 62; [env 22 IX l 62]; 24 IX me 62; 8 X me 62; [env 16 X j 62?]; 7 XI d 63; 15 II me 65; 6 IV v 66; 18 IV j 66; 8 V ma 66; 25 VIII s 66; 31 VIII s 67;

Presse parisienne, La - 26 II s 53; 2 VII s 59; 6 VII me 59;

Prétendant malgache, Le - [XII 46?];

Prière d'un païen - [env 17 VIII s 61]; [3 II l 62]; 21 I d 66;

Prieto, Juan - 15 I ma 67;

Primavères - 19 V s 66;

Princesse Brambilla, La - 18 VIII ma 57;

Privat d'Anglemont, Alexandre - 5 VI me 39; [1840]; [VIII 42]; 1843; 1 XII d 44; 4 V d 45; [début VII 45?]; [6 VII d 45]; 28 IX d 45; 4 I v 46; 27 IX d 46; 15 XI d 46; 24 XII j 46; 7 IX ma 47; 9 IX j 47; 20 XI s 47; 27 IX j 49; [été 50]; 6 VI s 57; [env 10 IX j 57]; 3 X s 57; 6 I j 59; 19 VII ma 59; 22 VII v 59; 9 VIII ma 59; 13 VIII s 59; 2 III s 61; 22 XI v 61;

Prométhée délivré [Louis Ménard] - 3 II ma 46;

Promayer [*v.* Promayet] - [été 51?];

Promayet [musicien] - 22 II ma 48; 23 II me 48; 27 V me 57; 12 VIII me 57;

Propos de Labienus [d'E. Rogeard] - [env 11 I j 66];

Proserpine - [1859?];

Prosper [*v.* Jeanne Duval] - [env 10 V ma 64];

Prost - 8 VI s 50;

Proudhon, Pierre-Joseph - 12 II s 42; 4 VI d 48; 5 VII me 48; 8 VII s 48; 9 VIII me 48; 16; 20 VIII d 48; 21 VIII v 48; [21 ou 22 VIII v ou s 48]; V 49; 24 V j 49; [fin VIII 51]; 27 XI j 51; II 57; 1 III d 57; 5 II s 59; [fin VI 64?]; 14 VII j [64]; 20 I v 65; [première semaine de II 65]; 4 II s 65; 12 II d 65; 25 II s 65; [env 1 III me 65]; 11 III s 65; 22 III me 65; 13 XI l 65; 30 XI d 65; 2 I ma 66; 5 I v 66; 10 III s 66;

Proust, Antonin - IV 59;

Provence, 24 rue de - [début 46]; 13 XII me 46;

Prudhomme au Salon, M. [de Champfleury] - 18 I ma 48;

Prusse d... [fragment de nom] - 9 VI j 42;

Prytanée militaire - IX 02; 17 VIII l 07;

Puisque Réalisme il y a - 16 IV s 53; 20 V s 54; 2 IX d 55;

Puissance de la parole - 5 VIII s 54;

Puits et la pendule, Le - 16 IX j 52; [seconde quinzaine de IX 52]; 1 X v 52; 2 X s 52; 3 VIII j 54; 4 VIII v 54;

Purloined Letter, The - 19 V l 47;

Puyramant, Charles de - 3 II d 61;

Pyat, Félix - V 49;

Quarterly Review - [env 17 I j 61];

Quartier des Quatre Nations - 23 VI s 66;

Quatre Poèmes d'opéra - X 60; [début XII 60]; 5 [XII me] 60; 15 XII s 60;

Quatre Bêtes en une - 28 VII v 54;

Que diras-tu ce soir... - 16 II j 54; 14 IV s 60; 14 IV s 60;

Quelques Caricaturistes étrangers - IX 42; 1845; 15 X v 57; 26 IX d 58;

Quelques Caricaturistes français - [1857 ou 1858]; 1 X j 57; 12 X l 57; 20 X ma 57; 24 X s 57; [fin 57]; [1857 ou 1858]; 24 X d 58; 31 X d 58;

Quérard, Joseph-Marie - 28 III s 57;

Quinet, Edgar - 3 II ma 46;

Quotidienne, La - 3 XII me 44; 4 XII me 44; 11 VI j 46; 12 VI v 46; 13 VI s 46;

Rabelais, Le - [été 51?]; 20 V me 57; 23 V s 57; 27 V me 57; 30 V s 57; 3 VI me 57; 6 VI s 57; 10 VI me 57; 13 VI s 57; [env 9 VII j 57]; 12 VII d 57; 15 VII me 57; 22 VII me 57; 25 VII s 57; 12 VIII me 57; 22 VIII s 57; 26 VIII me 57; 29

VIII s 57; 12 IX s 57; 21 IX l 57; 3 X s 57; 14 X j 57; 24 X s 57; 4 XI me 57;

Rabou, Charles - 25 X s 56; 7 V s 59; 25 X j 60; 2 VIII s 62;

Rachel [Elisa-Rachel Félix, dite] - X 43;

"Raffinés" - 2 XII me 63;

Rambler, Eugène [pseudonyme de Théophile Silvestre] - 25 II j 64;

Rameau, rue - 24 IX s 53;

Ramey, Claude - 11 IV me 21; 13 II ma 27; 31 X v 28; 1 IV me 29; 6 VII l 29; 1838;

Ramey, Claude - 11 IV me 21; 13 II ma 27; 31 X v 28; 6 VII l 29; 1838;

Ramon [poème de Sainte-Beuve] - 15 I l 66;

Rançon, La - 1852; 15 XI d 57; 30 VIII j [60]; 16 XII s 65; 31 III s 66;

Rapetti, Louis-Nicolas - 17 VIII l 57; [env 15 XI d 57]; 15 XI d 57; 10 X l 59; 2 IX l 61;

Ratisbonne, Louis - 13 VI s 57;

Raven and other poems, The - [1853 – 1855?];

Raven, The - [1853 – 1855?]; [printemps 54?]; 4 III d 60; 26 III j 63; 28 III s 63; 7 VI me 65;

Ravenel, Jean - 7 VI me 65;

Ravisé [ou Raviset, créancier?] - 12 II l 27; [début 61]; [IX–début X 61]; [fin XI 61]; [début XII 61]; [XII 61–I 62]; [env 7 XII s 61];

Raymon [de Mario Uchard] - [XI 61]; 30 XI s 61;

Reade, Charles - [après le 21 VII v 60];

Réalisme, Le - 15 III d 57;

Réalisme, Grande Fête du -1 X s 59;

Réalisme, Pavillon du - 28 VI j 55;

Rebelle, Le - 1843; [env 17 VIII s 61]; 15 IX d 61; 12 I d 62; 31 III s 66;

"Recherche du bonheur, La" [article de Montégut] - 2 I l 65;

"Réclames-Balzac, Les" - [VIII 40];

Recueil de distributions de prix du Concours généneral - 1778; 1779;-

Recueillement - 1 I me 61; 1 XI v 61; 12 I d 62; 11 X s 62; 31 III s 66;

Reculot [secrétaire d'ambassade] - 6 III me 49;

Rédemption [d'Octave Feuillet] - X 60;

Redfield - III 50; [première quinzaine de X 51]; 15 X me 51; [env 1853]; [1853 – 1855?]; 4 II v 53; 19 II j 57; 13 VII v 60;

Redgrave, Richard - 6 IV v 55;

Réflexions sur mes contemporains - [VIII–IX 62?]; 9 III j 65;

Réflexions sur quelques-uns de mes contemporains - 9 III s 33; [env 20 III me 61]; 15 VI d 61; 10 VII me 61; 15 VIII j 61; 3 II v 65; 12 I v 66; 30 I ma 66;

Réforme absolue du savoir humain, La - 24 IX s 53; 4 II s 54;

Régiment de Ligne, 105e de - 24 III ma 09;

Régiment de ligne, 46e - 24 IX s 14;

Régiment de ligne, 88e - 1 IV ma 1791; 15 IX l 1791;

Régiment, 141e - 12 IV l 13;

Regnault, Jean-Baptiste, baron - [17 VII j 38]; [1864–1865];

"Reine Pomaré, La" - 10 IV s 47;

Reisebilder - 14 VI s 34; 15 I s 53;

Religieuse de Toulouse, La - 27 IV s 50; [env 1 II d 52];

Religion, la philosophie, les sciences éclairant l'Europe - 19 III me 45;

Reliquiae [d'Eugénie de Guérin] - 26 II ma 56; 25 III l 56; 27 III j 56; 14 V me 56;

Remords posthume - 1 VI v 55;

René, Amédée - 7 VI s 56;

Renard - [1864–1865];

Renaud, Armand - 1 VIII l 64; 7 XI me 66;

Rendez-vous, Le [poème de Sainte-Beuve] - 2 VIII s 62;

Renduel [éditeur] - 26 X v 33; 14 VI s 34;

Reniement de Saint Pierre, Le - 1840; [fin 51]; 1 X v 52; 2 X s 52; IV 53; 2 VI s 60;

Report of the Anniversary Dinner of the Royal Literary Fund - 11 V v 66;

Représentant de l'Indre, Le - 19 X j 48; 20 X v 48;

Représentant du peuple, Le - 5 VII me 48; 8 VII s 48; 16; 20 VIII d 48; [21 ou 22 VIII v ou s 48];

République, 95 av. de la [à Neuilly] - 10 V v 50;

République, 18 av. de la [à Neuilly] - 21 VIII v 48;

République à Vincennes, La [pamphlet de P-M] - 1848;

République du peuple, La - 27 IX s 51;

République française, La - 4 III s 48; 23 III j 48;

Reschid Pascha - 12 V v 48;

Ressources de Quinola, Les - 19 III s 42;

Résurrection du Christ, La [d'Eugène Devéria] - 28 III j 44;

Retchezken - XI 48;

Rethel, Alfred - [fin 57]; [env 19 II v 58]; B ecrit a P; 14 V s 59; 16 V l 59; 18 II s 60; 2 XII me 63;

Rétif de la Bretonne - 3 I j 56; 28 III s 57; 1 X d 65;

Rêve de bonheur [tableau de Dominique Papety] - 3 II ma 46;

Rêve d'un curieux - 12 III l 60; [entre le 10 X s et le 2 VII l 66];

Révélation magnétique - 15 VII s 48; 30 VII d 54;

Réveil, Le - 14 V v 58; 15 V l 58; [env 15 V v 58];

Réversibilité - 3 V ma 53; 1 VI v 55; 2 VIII s 62;

Rêve parisien - 1855; 13 III ma 60; 15 V ma 60;

Revert, Charles - 15 V me 61;

Rêves d'amour [de Scribe et Biéville] - [début III 59?];

Rêveurs et les râleurs, Les - 19 IX s 63;-

Revillon, Tony - 2 I d 59; 6 V d 60; 29 VII me 63;

Revue, La - 1 II me 65;

Revue Germanique, La - XII 57; [1862–1865];

Revue Jean Raisin - 15 XI me 54; 1 I l 55;

Revue Nationale et Etrangère - 25 I s 62; 10 II l 62; 10 VI me 63; [18 VI j 63]; 20 VI s 63; 10 X s 63; 10 XII j 63; [env 7 VII v 65?];

Revue anecdotique - IV 55; [seconde quinzaine de IX 55]; 15 IV ma 56; 1 IV me 57; 16 IV j 57; 6 V me 57; 9 VII j 57; [env 9 VII j 57]; 1 XI l 58; 1 XI ma 59; [seconde quinzaine de II 60]; 15 II me 60; 29 II me 60; [env 15 X l 60]; 15 I ma 61; [env 17 I j 61]; 31 I j 61; 1 II v 61; 15 II v 61; 30 V j 61; 30 XI s 61; 15 XII d 61; 31 XII ma 61; 1 I me 62; 15 I me 62; [entre le 27 et le 30 I l–j 62]; 3 II l 62; 15 II s 62; 15 III s 62; [entre le 4 IV v et le 15 V j 62]; [seconde quinzaine de IV 62]; [seconde quinzaine de V 62]; [première quinzaine de VI 62]; 1 VII ma 62; 24 VII j 62; 31 VII j 62; 15 VIII v 62; 31 VIII d 62; 15 XI s 62; 19 III s 64; 1 I ma 67; 1 II v 67;

Revue artistique et littéraire - 1861;

Revue bibliographique - 30 IX d 60;

Revue britannique - XI 45; IX 46; IX 52; 19 X ma 52; [début VII 60?]; [env 17 I j 61]; III 61; [1862–1865]; [10] VIII d 62;

Revue cosmopolite - 28 III j 67;

Revue critique des journaux publiés depuis la révolution de février jusqu'à la fin de décembre [de Jean Wallon] - 27 I s 49;

Revue de Belgique - XI 48;

Revue de Paris - [été 44]; [été 44?]; 15 V j 45; VI 48; X 51; [fin 51]; [env 21 II s 52]; 22 II d 52; 1 III l 52; 1 IV j 52; [printemps 52?]; 2 V d 52; [env 10 V l 52]; 1 X v 52; 2 X s 52; 1 II ma 53; 26 III s 53; [printemps 53]; 15 X s 53; 16 I l 54; 31 I ma 54; 15 III me 54; [env 5 VIII s 54]; 11 VIII v 54; 15 I l 55; 1 IV ma 56; 15 XII l 56; 6 VIII j 57; 15 X v 57; [env 15 XI d 57]; 15 I v 58; 20 I me 58; [1862–1865]; 1864; 15 II l 64; 1 VIII l 64; [3 XI j 64]; [9 ou 10 XI me ou j 64]; [13 XI d 64]; [env 20 XI d 64]; [fin XI 64]; 25 XII d 64; [env 1 I d 65]; [mi–I 65]; [env 25 I me 65]; 3 II v 65; 10 II v 65; 9 III j 65;

Revue de Paris [Bruxelles] - VI 48;

Revue de l'Orne - 10 VIII ma 41;

Revue de l'instruction publique - 25 X j 60;

Revue de poche - 25 XII ma 66; 3 IX ma 67;

Revue des Deux Mondes - 1 VII s 43; VIII 43; [début 45?]; printemps 45; 1 II d 46; 15 X j 46; 1 VI j 49; [env 1 II d 52]; 1 III l 52; 18 I j 55; [7 IV s 55]; 30 V me 55; 1 VI v 55; [env 1 VI v 55]; 12 VI ma 55; 13 VI me 55; 23 VI s 55; 4 VII me 55; 4 XI d 55; 1 IV ma 56; 22 VII ma 56; 15 III d 57; 23 III l 57; 24 III ma [57]; 13 VI s 57; 9 VII j 57; [env 15 XI d 57]; 15 I v 58; 15 I d 60; 1 II me 60; 15 II me 60; 1 VI v 60; 15 VI v 60; [fin VI 60?]; 11 X j 60; [env 17 I j

61]; 10 VII me 61; 25 VII j 61; 1 VIII j 61; 14 VIII me 61; 1 IX d 61; [XI 61]; [fin XI 61]; [début XII 61]; [env 7 XII s 61]; [1862–1865]; [fin VIII 63]; 2 I l 65; 23 XII s 65;

Revue du XIXe siècle - 1 VI v 66; I 67; 1 I ma 67;

Revue et gazette des théâtres - 3 XII l 38; 13 VIII j 46;

Revue européenne - 10 XI ma 57; 9 VI me 58; [1859–1861]; I 59; 27 I j 59; 1 II ma 59; 4 II v 59; IX 59; [1859–1861]; [env 20 V d 60]; [1 VII d 60]; 6 VII v 60; 12 VII j 60; 8 XI j 60; 1 I me 61; [env 17 I j 61]; 9 II v 61; 18 II l 61; 20 II me 61; 22 II v 61; [début III 61]; [env 20 III me 61]; [3 IV me 61]; [4 IV j 61]; 10 VII me 61; 25 VII j 61; [6 VIII ma 61]; [env 17 VIII s 61]; 15 IX d 61; 1 XI v 61; [fin XI 61]; [XII 61]; 1 XII d 61; 12 XII j 61; 25 XII me 61; 30 XII l 61;

Revue fantaisiste - [1861]; 15 II v 61; 15 III j 61; [fin III ou début IV 61]; 1 V me 61; 15 V me 61; 18 V s 61; 1 VI s 61; 2 VI d 61; 3 VI l 61; 15 VI d 61; 1 VII l 61; 15 VII l 61; 23 VII ma 61; 25 VII j 61; [env 30 VII ma 61]; 1 VIII j 61; 15 VIII j 61; 1 IX d 61; 15 IX d 61; 8 X ma 61; 15 X me 61; 1 XI v 61; 15 XI v 61; 15 XII d 61; 25 XII me 61; 30 XII l 61; 8 X me 62; [9 ou 10 X j ou v 62]; 21 I d 66;

Revue française - III 56; V 56; 15 X me 56; III 57; 7 III s 57; 24 III ma [57]; 16 IV j 57; 20 IV l 57; 30 IV j 57; 17 V d 57; 1 IX ma 57; [env 15 XI d 57]; V 58; 20 VIII v 58; 20 IX l 58; X 58; 30 XII j 58; 10 I l 59; 20 I j 59; 1 II ma 59; 10 II j 59; 20 II d 59; [25 ou 26 II v ou d 59]; [7 III l 59]; 10 III j 59; 20 III d 59; 1 IV v 59; 7 IV j 59; 10 IV d 59; 19 IV ma 59; 20 IV me 59; 20 V v 59; 10 VI v 59; 20 VI l 59; 27 VI l 59; 29 VI me 59;

1 VII v 59; 9 VII s 59; [env 20 VII me 59]; 20 VII me 59; 25 IX d 59; 27 IX ma 59; 1 X s 59; [env 15 X v 59]; [entre le 1 XI ma et le 15 XI j 59]; 1 XI ma 59; [fin XII 59?]; 13 VII v 60; [1862–1865]; IV 64; [env 5 IX ma 65];

Revue indépendante - [fin IV 46]; 15 XI s 62;

Revue internationale [Genève] - 1 VIII l 59;

Revue libérale - [env 10? I d 64];

Revue littéraire de l'Orne, prospectus de la - 1844;

Revue littéraire - 16 VIII d 57;

Revue moderne - 1 IV s 65; 1 VI j 65; 1 VII s 65;

Revue nationale - 23 VII s 59; 10 XI s 60; [1862–1865]; 25 I s 62; 10 II l 62; 10 VI me 63; [18 VI j 63]; 20 VI s 63; 10 X s 63; 22 XI d 63; 10 XII j 63; [env 7 VII v 65?]; 31 VIII s 67;

Revue nouvelle - [avant le 15 III d 46]; [IV 46?]; 1 XII ma 63; 5 XII s 63; 1 II l 64; 22 II l 64; 1 III ma 64; [IV 64]; 15 IV v 64; [début V? 64]; 21 I d 66;

Revue suisse - VIII 58; 20 VII me 59;

Reymond, William - 1861;

Reynard, L. - 7 IX me 59;

Reynaud, Jacques [pseudonyme] - 31 X d 58;

Reynolds, Sir Joshua - 16 II j 60;

Rhapsodies [de Petrus Borel] - 31 XII s 31; -

Rhône, La - 22 XI v 33; [fin VII 35];

Ribau [secrétaire de rédaction du *Pays*] - 4 XII j 62;

Ribeyre, Félix - 1862;

Ribot, Théodule - [seconde quinzaine de IV 62]; 4 VIII l 62;

Ricard, Gustave - XII 50; 8 IV ma 51;

Ricard, Xavier de - 9 XI j 65; 7 XI me 66;

Richard, Jules - 27 V me 57; 19 VIII s 65; 18 IX l 65;

"Richard Wagner et *Tannhäuser* à Paris" - 1 IV l 61;

Riche, café - X 57; 8 IX s 60;

Richelieu, rue - 23 XI d 1800; [env 15 X l 60];

Richelieu [drame] - 20 X me 52;

Richomme, Charles - 1846;

Richter, Jean-Paul - 31 V s 34;

Ricourt, Achille - 1830; XII 50; 1852; 23 XII l 61; [fin VIII 63];

Rigaut [ami de C.A. Baudelaire] - [mi–XI 40];

Rigolboche, La [danseuse] - 25 X j 60;

Rinn, Jacob-Wilhelm - X 37; [5 XII ma 37]; 7 XII j 37; [env 10 VI d 38]; [17 VII j 38]; 21 VIII ma 38;

Rispal, A. - 29 VI d 51;

Riton [maître d'études] - XII 36; VI 38;

Rive gauche, La - 27 VIII d 65;

Rivière, Henri - 19 XII d 58; 15 III j 60;

Rivoli, 22 rue de - 29 XII j 64;

Rivoli, rue de - [entre le 29 et le 30 I me–j 62]; 29 XII j 64;

Roberge [professeur] - 17 VIII me 36;

Robert, Mme Clémentine - 26 IX ma 54;

Robert, Victor - 19 III me 45;

Robespierre, Maxilmilien de - [1864–1865];

Robinson Crusoë - [9] VI me 41;

Roche, Edmond - 27 XII d 46; 17 VI d 60;

Rochefort - [env 28 VIII me 38];

Rochefort, Henri - 12 III ma 61; 30 V s 63; 1 XII v 65;

Rochejaquelein, Mme de la - [env 29 VIII s 57]; 29 VIII s 57;

Rochelle - [env 28 VIII me 38];

Rodet, Alexis - 8 XII d 61;

Roehn, Jean-Alphonse - 1 III ma 36;

Roger, Gustave-Hippolyte - [20 XI] ma [60];

Roger, Paul - 16 XI me 53; 30 IV d 64;

Roguet, Christophe-Michel, comte - 23 XI ma 31; 29 XI ma 31;

Roi Lear, Le - 8 IX ma 57; 10 IX j 57;

Roi Peste, Le - 23 I m 55; 26 I v 55; 27 I s 55;

Roi de Bohème et ses sept châteaux, Le - [env 20 X j 59];

Roi de Rome, 10 bd du - 21 V ma 67;

Roi des Belges - 17 XII d 65;

"Roi des Bohêmes, Le" [article de Barbey d'Aurevilly] - [4 V ma 58]; [12 ou 13 V me ou j 58]; 14 V v 58; 15 V l 58;

Roméo [d'Emile Deschamps] - 27 VIII j 57;

Roman bourgeois - [fin 55?]; 3 I j 56;

Roman d'un jeune homme pauvre - [11 III d 60];

Roman d'une nuit - 19 VII v 61;

Roman de la momie - [1 ou 2 IV me ou j 57]; 25 IV s 57; 27 IV l 57; 6 V me 57;

Roqueplan, Nestor - 3 X d 52; [première quinzaine de X 52]; [automne 52]; [env III 53]; 26 IV d 57; [1862–1865]; 11 V l 63; [fin 64 ou début 65]; [env 15 III me 65]; [fin II ou début III 66];

Rose et Colas - [entre le 27 IX s 38 et le 24 III d 39]; 17 XII l 38;

Rosemel, vice-amiral de - 12 XII s 40;

Rosez, Jules - [VI ou VII 64]; 3 X ma 65;

Rosier, Joseph-Bernard - 29 I d 54; [VIII 61];

Rossetti, Dante Gabriel - [1862–1865]; 1866;

Rossignol, Léon - 8 II d 63; 22 XI d 63; 27 XII d 63; 11 XII d 64; 18 XII d 64; 1 I d 65;

Rostand, Eugène - 1866;

Rotonde, café de la - 23 II me 48;

Rotschild, famille - [23? IV d 37?];

Rouen - 25 I s 51; 24 I s 52; [env 12 VIII d 60]; 15 VIII me 60;

Rouillon [nom de jeune fille de Mme Poulet-Malassis] - 16 III me 25; [vers le 6 VII v 60]; [env 1 III me 65];

Rouland fils, Gustave - 13 VI s 57;

Rouland, Gustave - [fin V 57?]; 4 VI j 57; [env 22 I s 59]; 27 I j 59; 14 XII s 61;

Rouquet, Miquel - 22 III me 65; [env 20 VII j 65]; 20 VII j 65; [env 1 X d 65]; 1 X d 65; [25 ou 26 X me ou j 65];

Rousseau, Jean - 27 VII d 56; 17 V d 57; 14 VI d 57; 28 VI d 57; 23 VIII d 57; 29 IV j 58; 6 VI d 58; 13 VI d 58; 27 IX ma 64; 25 XII d 64; 19 I l 65;

Rousseau, Jean-Baptiste - 28 III s 57;

Rousseau, Jean-Jacques - [env 7 III s 57]; 24 IV v 57; [env 12 VIII d 60];

Rousseau, rue Jean-Jacques - 31 VIII l 57;

Routledge [éditeur des oeuvres de Poe] - [seconde quinzaine de IX 52];

Rouvière, Philibert - 21 IX l 46; 19 VII s 51; 18 V j 54; 20 V s 54; [env IX 54]; [IX–X 54?]; 26 IX ma 54; 29 IX v 54; 22 X d 54; 23 X l 54; [avant le 8 XI me 54]; 8 XI me 54; [env 7 VIII ma 55]; 8 VIII j 55; 15 IX s 55; 24 IX l 55; [fin 55 ou début 56]; 9 I me 56; 10 V s 56; 8 IX ma 57; 1 XII j 59; [fin XII 59?]; [env 31 III d 61]; 31 X j 61; 6 XI me 61; 19 X j 65; [entre le 19 j et le 28 s X 65]; 28 X s 65; 3 XI v 65; 27 III ma [66]; 27 VI me 66;

Royal Academy [de Londres] - 1844;

Royal, Collège [de Lyon] - [fin I 32]; 7 VIII ma 32; 23 VIII j 32; [env 1 X s 32]; 15 ou 16 X l ou ma 32; 7 I l 33; 15 I me 33; V 33; 17 V v [33]; 30 VI d 33; 12 VII v 33; 31 VIII s 33; 28 X l 33; [avant le 16 XI s 33]; 16 XI s 33; 31 I s 34; 26 III me 34; 12 IV s 34; 13 IV d 34; 18 IV v 34; 27; 30 IV me [34]; 1 IX l 34; 27 IX s 34; 21 XII d [34]; 28 VIII v 35; 2 IX ma 35; 26 X l 35;

Royan - [env 28 VIII me 38]; 11 VI v 41; [fin II 46]; [début 52 ?]; 21 II d 58; [début II 59]; 5 [XII me] 60; [env 15 II v 66]; 18 III d 66;

Royer, Alphonse - 28 I s 54; 29 I s 55; [env 26 V s 57]; 16 XI l 57; 27 XI v 57; 20 I me 58; 9 II v 61; [env Noel 61];

Royer, P.H.E. de [ministre de la Justice] - 16 XI l 57;

Rozier, Jules - [fin XI 61]; [XII 61]; [fin XII 61 ou début I 62]; [20 V ma 62]; 31 V s 62; 19 VII s 62; [env 20 IX s 62?]; [25 IX j 62?]; [env 25 XI me 63]; Rubens, Peter Paul - 3 II v 65;

Ruffin, S. - 14 X j 57;

Rumigny, Marie-Théodore de Gueulluy, comte de - 27 I l 40;

Russie, La - 29 VI j 48; [X–XI 58]; [début II 59]; [début II 59]; [25 ou 26 II v ou d 59]; 27 III d 59;

Sabatier, Aglaé-Apollonie - 7 IV d 22; [entre le 19 IV me 43 et le 22 V l 43]; 1844; [env 44]; 1846; 1847; [IV 47]; [III? 48]; 1850; XII 50; [1851]; 8 IV ma 51; 9 XII j 52; 1 II ma 53; 3 V ma 53; [V 53?]; 9 V l 53; [IX – XI 57?]; 7 II ma 54; 16 II j 54; 8 V l 54; 20 XII me 54; [III 57]; 13 VI s 57; 18 VIII ma 57; 19 VIII me 57; 24 VIII l 57; 30 VIII d 57; 31 VIII l 57; [IX–XI 57?]; [après le 31 VIII l 57]; [2 IX me 57?]; [4 IX] v [57]; [6 IX] d [57]; 8 IX ma 57; 10 IX j 57; 13 IX d 57; 14 IX l 57; 24 IX j 57; 25 IX v 57; 17 XI ma 57;

[fin XII 57]; 3 I d 58; [env 10 I d 58]; 11 I l 58; 12 I ma 58; 22 I v 58; 25 IV d 58; 1 V s 58; 2 V d 58; 23 II me 59; [env 25 III v 59]; 27 III d 59; [première semaine de XI 59]; 26 II d 60; 3 III s 60; 4 III d 60; [été 60]; 13 XII v 61; 11 IV l 64;

Sacy, Samuel Silvestre de - 17 VIII v 60; [1862–1865]; 26 I d 62; 3 II l 62;

Saguet, Cabaret de la mère - [fin II 42];

Saint Jacques, Cour de - 4 VI me 51;

Saint-Albin, Hortensius Rousselin-Corbeau de - 29 IX j 59; 16 VIII s 62;

Saint-Alme, Lepoittevin de - [5 XI me 45]; 4 VI d 48; 24 IX d 54; 1 X d 54; 15 X d 54; 19 VII d 57;

Saint-Amand, Jean-Amand Lacoste, dit - 23 III j 48;

Saint-André-des-Arts, 30 place [actuellement 17, rue du Bac] - [fin 27–début 28];

Saint-André-des-Arts, 45 rue - 12 III v 53;

Saint-André-des-Arts, 58 rue - 1828;

Saint-André-des-Arts, rue - 1828; 1829; [été 50]; 12 III v 53;

Saint-Brieuc - [fin 59];

Saint-Cloud - 27 VIII d 37;

Saint-Cyr - VI 08; 17 X l 08; 18 IV ma 09; 30 VIII me 37; 3 VIII v [38]; I 41; 27 I me 41; 28 X s 54; [X 57]; [mi–V 60]; 9 VIII j 60; 25 XII me 61; 30 IX s 65;

Saint-Cyr-au-Mont d'Or - 9 VIII j 60;

Saint-Denis [à l'Ile Bourbon] - 21 VIII s 41; 18 IX s 41; 19 IX d 41; 22 IX me 41; 15 X v 41; 28 X j 41; 7 XII ma 41; 10 XII s 41; 1859;

Saint-Denis, Chapelle - 27 XI me 1782;

Saint-Denis, chapelle - 27 XI me 1782;

Saint-Denis, quartier - 23 II me 48;

Saint-Domingue - 5 IV ma 59;

Saint-Edme, B. - [V 46];

Saint-Etienne-du-Mont, église de - 6 II s 30; 10 V d 46;

Saint-Félix, Jules de - [env 18 VIII s 60];

Saint-Germain [près de Paris] - fin I 46;

Saint-Germain, bd - 1856;

Saint-Germain, faubourg - 20 XII me 54;

Saint-Honoré de Passy - 31 VIII s 67;

Saint-Hyacinthe-Saint-Honoré, 6 rue - 9 IX j 19;

Saint-Jacques, 135 rue - [fin II 44];

Saint-Jacques, faubourg - [fin II 42];

Saint-Jacques, rue - [fin II 44]; 15 III ma 59;

Saint-Jean-de-Luz - 26 IX s 57;

Saint-Jean-des-Vignes (Saône et Loire) - 30 IX d 27;

Saint-Josse-ten-Noode - 17 X ma 65;

Saint-Lazare, rue - [III–IV 60];

Saint-Louis, Ordre de - 12 XI v 1789; 17 X v 28; 29 X me 28;

Saint-Louis, collège - 12 V d 39; 14 V ma 39; [IV 42];

Saint-Louis, hôpital - 22 VII v 64;

Saint-Louis, l'Ile - 15 VI me 42; [19 IV me 43]; 1845; 11 IV d 47; [23 XI j 48]; [1858–1859?]; 15 I l 66;

Saint-Louis-en-l'Ile, 15 rue - [23 XI j 48];

Saint-Marc Girardin, Marc Girardin, dit - 26 I d 62; 3 II l 62; [env 11 IV l 64];

Saint-Mars, vicomtesse de - 10 II d 61;

Saint-Martin, J. - 14 XI me 66;

Saint-Nicolas du Chardonnet, église de - 16 VI s 1781;

Saint-Petersbourg - 9 V d 52; IX 52; 27 II d 59;

Saint-Pierre de Ferrieres-en-Gâtinais, abbaye de - 6 X j 1785; 4 V j 1786; 23 VI v 1786;

Saint-Priest, Alexis de - 1 VI j 49; 1 III l 52;

Saint-Sulpice, église de - 7 VI j 21; 23 II me 48; [env 9 V j 50 ?]; 15 XII l 56; [env 8 VIII j 61]; 15 IX d 61; 8 X ma 61; 21 VI j 66;

Saint-Sulpice, 24 rue - 15 XII l 56;

Saint-Sulpice, place - 23 II me 48;

Saint-Thomas-d'Aquin, église de - 8 XI s 28;

Saint-Valry, Gaston de - 28 IX d 56; [VII–VIII 57]; [env 20 VIII j 57]; 21 VIII v 57;

Saint-Victor, Paul de - 26 IX ma 54; 29 IX v 54; 14 X s 54; [env 14 X s 54]; 22 X d 54; 23 X l 54; 23 XI v 55; [env 26 V l 56]; 26 V l 56; 13 VI s 57; [mi–V 60]; [env 17 I j 61]; 18 III l 61; [env 1 V me 61]; [env VI 61]; [1862–1865]; 11 V l 63; 2 I ma 66;

Sainte-Beuve, Charles-Augustin - 17 I s 35; 3 VIII v [38]; [début 43]; 6 VII v 43; 7 VII s 43; [fin 44 ou début 45]; 27 II j 45; [entre le 1 v et le 7 j I 47]; [env 5 I d 51]; 7 I [ma] 51; 21; [env 1 II d 52]; 5 VII l 52; 6 VII ma 52; [début X 52?]; 3 X d 52; [avant le 22 IV v 53]; 22 IV v 53; [env 10 III v 54]; [env 15 III me 54?]; [env 20 III l 54]; 20 III l 54; 19 III me 56; 24 III l 56; 26 III me 56; 7 III s 57; 8 III d 57; 9 III l 57; 11 III me 57; 11 V l 57; 13 VI s 57; 20 VII l 57; 4 VIII ma 57; 18 VIII ma 57; 19 VIII me 57; 14 V v 58; 18 V ma 58; 14 VI l 58; 14 VIII s 58; 2 XI ma 58; 30 XII j 58; 1 II ma 59; 20 II d 59; 21 II l 59; 23 II me 59; 24 II j 59; 28 II l 59; 5 III s 59; 20 II l 60; 25 II s 60; 28 II ma 60; 5 III l 60; [env 20 V d 60]; [27 VI me 60]; [derniere semaine de VI 60]; [1 VII d 60]; 3 VII ma 60; 6 VII v 60; [env 13 VIII l 60?]; [13? VIII l 60]; 3 XII [l 60]; [env 17 I j 61]; [env 18 III d 61]; [env 18 III l 61]; 13 IV s 61;

[XII 61–I 62]; 11 XII me 61; [env 16 XII l 61]; 23 XII l 61; [1862–1865]; 20 I l 62; 21 I ma 62; [env 24 I v 62]; [24 I v 62]; 26 I d 62; 27 I l 62; [entre le 27 et le 30 I l–j 62]; [entre le 29 et le 30 I me–j 62]; [2 II] d [62]; 2 II d 62; [env 3 II l 62]; 3 II l 62; 9 II d 62; 10 II l 62; 15 II s 62; 19 III me 62; [seconde quinzaine de V 62]; 2 VIII s 62; [10] VIII d 62; 15 XI s 62; XII 62; 1863; 14 III s 63; 11 V l 63; 3 VI me 63; [fin 64 ou début 65]; 20 I v 65; 15 III me 65; 20 III l 65; 27 III l 65; 30 III j 65; 24 IV l 65; 4 V j 65; 5 V v 65; 12 VI l 65; [entre le 11 et le 15 VII ma–s 65]; 11 VII ma 65; 7 VIII l 65; 9 VIII me 65; 3 IX d 65; 4 IX l 65; 16 IX s 65; [fin IX 65]; 1 X d 65; 13 XI l 65; 30 XI d 65; 30 XII s 65; 2 I ma 66; 5 I v 66; [6 I s 66]; [env 11 I j 66]; 11 I j 66; 12 I v 66; [env 14 I d 66]; 15 I l 66; 19 I v 66; 22 [I] l [66]; 24 I me 66; 30 I ma 66; 5 II l 66; 14 II me 66; 15 II j 66; 16 II v 66; [fin II ou début III 66]; III 66; 10 III s 66; [entre le 11 et le 15 VII ma–s 65]; 11 VII me 66; 12 VII j 66; 27 VIII l 66; 7 XI me 66; 21 I l 67;

Sainte Blandine dans la fosse aux lions [tableau de Guillemet] - 30 V s 63;

Sainte-Anne, 18 rue - 7 IV ma 18;

Sainte-Barbe, Collège de - [1773]; [X 1778–été 1779]; 16 X j 1783; 20 X l 1783; XI; 13 XII s 1783; X 1784; 17 X d 1784; [fin VI ou début VII 1785]; IX 1785;

Sainte-Catherine-des-Marais, rue - 15 XII ma 40; 1 III l 41;

Sainte-Croix, paroisse de, à Nantes - 25 VII s 1789;

Sainte-Hélène - 15 XII ma 40;

Sainte-Menehould - 1 IV d 1759; 7 VI j 1759; [début IX 1775]; 24 VI s 1777;

Saisons, Les [d'Auguste Brizeux] - [28 V s 42];

Sakontala - [env 11 IX j 62];

Saliz, Pierre-Louis - 4 V ma 41; 5 VI d 41; [9] VI me 41; 9 VIII l 41; 1 IX me 41; 14 X j 41; 19 X ma 41; 13 VIII s 42;

Salles, Eusèbe de - [env 11 IX j 62]; 15 VIII s 63;

Salles, Isidore - [VIII 58]; [mi–IV 59?];

Salmis de cadavres à la Baudelaire - 19 V d 61;

Salmis de nouvelles - 9 V d 52;

Salon - 11 V s 22; IV 41; [IV 44?]; VIII 44; 9 III j 45; 15 III s 45; [env 15 III s 45]; [env 16 III d 45]; 19 III me 45; 30 III d 45; 9 IV me 45; [mi–IV 45?]; 23 IV me 45; 8 V j 45; 9 V v 45; 14 V me 45; [seconde quinzaine de V 45]; 15 V j 45; [entre le 20 V ma et le 27 V ma 45]; 24 V s 45; 27 V ma 45; [fin V? 45]; 14 VI s 45; 1 VII ma 45; [6 VII d 45]; 20 VII d 45; 3 I s 46; II 46; 11 III me 46; [avant le 15 III d 46]; [seconde quinzaine de III 46]; 16 III l 46; [IV 46?]; [env 28 IV s 46]; [fin IV 46]; [V 46]; l V v 46; 7 V j 46; [env 7 V j 46]; 9 V s 46; 10 V d 46; 23 V s 46; 24; 30 V s 46; 31 V d 46; 9 VI ma 46; 21 VI d 46; 20; 22 XI d 46; [IV 47]; 14 IV me 47; 16 XII j 47; 18 I ma 48; [III? 48]; XII 50; 8 IV ma 51; [env 10 V l 52]; [printemps 53]; 23 IX d 55; 28 VI d 57; [fin 57]; 20 VIII v 58; [printemps 59]; IV 59; 1 IV v 59; 15 ou 16 IV v ou s 59; [entre le 15 IV v et le 29 IV v 59]; [env 21–29 IV j–v 59]; 29 IV v 59; 16 V l 59; [env 9 VI j 59]; 10 VI v 59; 20 VI l 59; 27 VI l 59; 1 VII v 59; 20 VII me 59; 24 IX s 59; 27 IX ma 59; [9?] [X d 59]; 13 XII ma 59; [fin XII 59?]; 23 II j 60; 22 IV d 60; 29 IV d 60; [mi–V 60?]; [env 17 I j 61]; 1 V me 61; [env 1 V me 61]; 19 V d 61; 19 IV s 62; 15 V v 63; 24 V d 63; 30 V s 63; 10 X s 63; 19 II v 64; [III 64]; [début IV 64]; 13 VI l 64; 15 VI me 64; [VI ou VII 64]; 15 VII v 64; X 64; [env 21 III ma 65]; [env 23 III j 65];

[8 V l 65]; [env 24 V me 65]; 1 XII v 65; 27 III ma [66]; 22 XII s 66;

Salon caricatural - [fin IV 46]; 9 V s 46;

Salon de 1759 [de Diderot] - 9 III j 45;

Salon de 1845 [d'Asselineau] - 19 III me 45; 9 IV me 45; 23 IV me 45; 14 V me 45; 14 VI s 45;

Salon de 1845 [de Baudelaire] - 28 III j 44; VIII 44; 15 III s 45; 19 III me 45; [mi-IV 45?]; 8 V j 45; 9 V v 45; [seconde quinzaine de VI 45]; 15 V j 45; [entre le 20 V ma et le 27 V ma 45]; 24 V s 45; 27 V ma 45; [fin V? 45]; 1 VII ma 45; [6 VII d 45]; 20 VII d 45; 11 II me 46; 22 XII s 66;

Salon de 1845 [de Levavasseur] - [6 VII d 45];

Salon de 1850 - XII 50; 8 IV ma 51;

Salon de 1855 [de Nadar] - 23 IX d 55;

Salon des Refusés - 15 V v 63;

Salon des caricaturistes [ouvrage projeté de B] - [env 10 V l 52];

Salon, Jury du - II 46; [IV 47]; IV 59; 24 V d 63; [env 23 III j 65];

Salornay, Léon de - 26 VIII me 57;

Salut public, Le - 27 II d 48; 1 (ou 2) III me (ou j) 48; 28 V d 48; VI 48; VII 48; 24 II s 49; 26 II s 53; 14 VIII v 57; 21 IX l 57; 7 XI l 59; 16 II j 60; [mi-II 60]; 18 II s 60; 8 VIII me 60; [env 17 I j 61]; [1862–1865]; 31 III v 65; 9 VIII me 65; 25 VIII s 66;

Salvandy, Narcisse-Achille [ministre de l'instruction publique] - 12 VII j 38;

Salvator Rosa [drame de Ferdinand Dugué] - 19 VII s 51;

Samson [éditeur américain de Poe] - 13 VII v 60;

Samson, Prosper - 24 X s 57;

Samuèle - [fin IX 62];

Sancho, Le - 4 VI d 65; 14 XI ma 65;

Sand, George - 23 VIII j 55; 15 IX s 55; 24 IX l 55; 4 VII s 63;21 XII j 65;

Sand, Solange - 19 V l 47;

Sandeau, Jules - [XII 61–I 62]; [1862–1865]; [24 I v 62]; 25 I s 62; 26 I d 62; 31 I v 62; [env 1 II s 62]; [2 II] d [62]; 3 II l 62; [entre le 4 IV v et le 15 V j 62]; 27 VIII l 66;

Sandemoy, H. de - 24 I j 67;

Sanglante Enigme, Une - 12 X l 46;

Sanglier des Ardennes, le - 29 VII s 54;

Sans-Gêne, Le - 9 III d 62;en -

Saône - 30 IX d 27;

Sappho [d'Arsène Houssaye] - 24 XI l 45; 25 XI ma 45; X 50; XI 50;

Sappho [parodie par Baudelaire, Vitu et Banville] - 21 I l 44; 24 XI l 45; 25 XI ma 45; 17 I s 46; X 50; XI 50;

Sarah, dite Louchette - 1840;

Sarrans jeune, Bernard - 27 IX s 51;

Sartain [graveur américain] - 13 VII v 60;

Sasonoff [Sazono*v*, Nicolas-Ivanovitch] - 2 III me 54; 7 III s 57; 30 XII j 58; 1 II ma 59; [env 10 II j 59]; [23 IV l 60];

Satan, Le - 7 IX d 44;

Satyricon, Le - 31 X l 64;

Sauton, Georges - 3 IX ma 67;

Sauvage, Lydis - [XII 61];

Sauvage, Thomas-Marie-François - 26 II j 46;

Sauvan, Antoine - 19 III s 64; 12 V v 65;

Savant endormi, Le [d'Alphonse Gros] - 15 V ma 60;

Saxe - 1813;

Scarabée d'or, Le - XI 45; 23 V ma 48; 25 V j 48; 27 V s 48; 17; 28 X j 52; 7 IX me 53; 15 VII d 55; 12 IV s 56;

Sceaux - 26 V l 51; 1 X j 51; 15 X me 51; [X 57]; 12 XII s 57; 20 I me 58; 4 II j 58; 24 IX s 59; 13 IX j 60; 29 XI j 60; 22 II v 61;

Schanfara [personnage de *Sylvie*, roman d'Ernest Feydeau] - 1 VI s 61;

Schanne, Alexandre - 10 III me 52; 19 VII d 57;

Scheffer, Ary - [17 VII j 38]; 3 II ma 46;

Scherry, Marie Emilie - 3 X j 61;

Schiller, Frédéric - 1 VIII ma 54; [fin VI 55?];

Schoelcher, Victor - 27 IX s 51;

Schoenhals, général - 8 V d 59;

Scholl, Aurélien - VIII 51; 24 X s 52; 23 V s 57; 18 IX s 58; 31 X j 61; 19 XII j 61; 6 III j 62; 24 VII j 62; 15 VIII v 62; 31 VIII d 62; V 63; 16 V s 63; 28 XI s 63; [fin 63?]; 13 VI me 66; 27 VI me 66;

Schoman - 13 VII v 49;

Schwartz [banquier] - 4 I v 61; [5 I s 61]; [env 20 III me 61]; 25 III l 61; 27 [VIII] ma [61];

Scieur de long - 28 I s 54;

Scribe, Eugène - 28 VII v 54; [début III 59?]; 20 II me 61; 11 XII me 61; 22 XII d 61; 31 XII ma 61; 6 II j 62; 3 IV j 62; 16 II v 66;

Scribe, rue - 16 II v 66;

Scudéry, Madeleine de - 4 XI ma 45;

Scudo, Paul - [env 10 III d 61];

Second Théâtre Français - 20 X me 52;

Seconde Page, La - 1866;

Secret politique de Napoléon, Le - 24 IX s 53;

Sedaine, Michel-Jean - [env 1 II d 52]; 28 III s 57;

Sédixier, Armand [pseudonyme de Joseph Bossi Federigotti] - [env 9 VI j 57]; 3 X s 57;

Seghers [chef d'orchestre belge] - 24 XI d 50;

Séguy, Charles - 19 V s 66;

Seine, 27 rue de - 19 VII d 55; 29 VIII d 55; 22 XII s 55;

Seine, 3 rue de [à Neuilly] - 12 II l 27;

Seine, 57 rue de - [env 10 V me 54]; [avant le 8 XI me 54]; 8 XI me 54; 18 I j 55; [env 3 III s 55];

Séjas - 25 XII d 59;

Select Works of Edgar Allan Poe, with Memoir - [16 II l 63];

Semaine de Cusset, La - 2 VII s 64;

Semaine théâtrale, La - 6 XI j 51; 27 XI j 51; 8 I j 52; 22 I j 52; 1 II d 52;

Semaine, La - 4 X d 46; 11 X d 46; 4 VI ma 50; 19 VI me 50;

Sémaphore de Marseille, Le - 19 I v 38;

Sémonville, marquis de - 1 IV me 29;

Semper eadem - [mi–III 60?]; 15 V ma 60;

Sénac de Meilhan - 28 III s 57;

Senneville, L. de [Louis Ménard] - [6 VII d 45]; 3 II ma 46;

Sénonais, Le [Sens] - 22 III s 62;

Sens - 22 III s 62;

Sensations de Josquin - 15 III d 57; 23 III l 57; 7 V s 59;

Sentinelle de l'Armée - 26-27 XII j-v 39;

Sepp, Dr Jean-Népomucène - [fin IX 62];

Sept Vieillards, Les - [fin V? 59]; 15 IX j 59; 27 IX ma 59; 15 I ma 61;

Sept [titre envisagé par B] - [env 4 II v 59];

Séraphita - 30 III j 65;

Sergent, Elisa - 10 IV s 47; 11 IV d 47;

Servais [créancier, doreur] - [23 XI j 48];

Servante au grand coeur, La - 1843; 11 I l 58;

Shakespeare - 4 XII j 56; [7 I s 60]; [env 15 III ma 60]; 4 IV l 64; 11 IV l 64; [env 11 IV l 64]; 14 IV j 64; 15 IV v 64; 16

IV s 64; 17 IV d 64; 18 IV l 64; 21 IV me 64; 23 IV s 64; 11 VI s 64; 6 IV j 65;

Shelley, Percy Bysshe - 30 III j 65;

Siècle, Le - 2 IX l 39; 3 II ma 46; 16 I l 54; [V 54]; 22 II me 60; [env 17 I j 61]; 23 XII l 61; 27 I l 62; [15–17 II s–l 62]; 21 IV s 66;

Siècle, Le - 2 IX l 39; 16 I l 54; 17 III v 54; [V 54]; 22 II me 60; 27 I l 62; [env 23 II ma 60; [env 17 I j 61]; 23 XII l 61; 30 XII l 61; [1862-1865]; 27 I l 62; 15 -17 II s-l 62; 21 IV s 66;

Siècle, épître à Chateaubriand, Le - 3 II ma 46;

Sicotière, Louis de la - 27 IX me 48; 22 IV me 63;

Silhouette, La - 1 VI d 45; 20 VII d 45; 28 IX d 45; 9 XI d 45; 30 XI s 45; 10 V d 46; 24 V d 46; 21 VI d 46; 1 IV d 49; 2 IX d 49; 27 IX j 49; 21 VII d 50;

Silvestre, Théophile - 10 III me 52; 24 IX s 53; 19 I s 56; 21 II s 57; 17 II me 58; 11 II v 59; 25 VIII d 61; 1 I j 63; 8 I j 63; [19 ou 20? s ou d IX 63]; 21 II d 64; 25 II j 64; 16 IV s 64; 24 XII l 66; 25 XII ma 66; 3 IX ma 67;

Siméon [créancier] - [IV 46?];

Simon, E. - 10 II d 56; 27 X j 64;

Simon, Jules - 25 V ma 52;

Simon, Pierre [pseudonyme de Condorcet] - 9 II l 1795;

Simon-Raçon [Raçon, Simon] - [env 20 XI ma 60]; 5 [XII me] 60; 18 VI s 64; 18 VII l 64; 27 X j 64;

Simple Histoire d'un rentier, d'un lampiste et d'une horloge - 18 I ma 48;

Simple Story [de Mrs. Elizabeth Inchbald] - [fin VI? 37];

Singe, rue du [à Bruxelles] - [1864–1865];

Sisina - 1 I s 59; [env 4 II v 59]; 4 II v 59; [env 20 II d 59]; 10 IV d 59;

Sixième Chambre correctionnelle - 20 VIII j 57;

Sloman, H. - 3 VI s 54;

Smithon [graveur anglais] - 12 VIII me 57;

Société Générale de Librairie - 3 II s 55;

Société Hachette - 1852;

Société Républicaine Centrale - [entre le 26 et le 28 II s–l 48]; 28 II l 48;

Société Sainte-Cécile - 24 XI d 50;

Société de Jésus, la - 14 VII j [64];

Société des Aquafortistes - V 62; 4 VIII l 62; 27 X l 62;

Société des Jeunes artistes - 3 II d 61; 17 II d 61;

Société et les gouvernements de l'Europe, depuis la chute de Louis-Philippe..., La - 1 VI j 49; 1 III l 52;

Soirées de Saint-Pétersbourg - 9 V d 52;

Soixante-Six Suggestions - 18 VIII l 62;

Solar, Félix - [été 51?]; 18 I j 55; [env 20 V d 60];

Solesmes - 13; [fin IX 62]; 1 I j 63;

Solitude, La - 2 VI s 55; 24 VIII l 57; 1 XI v 61; 24 IX me 62; 25 XII d 64;

Sollohoub, Vladimir-Alexandrowitch, comte - [15 XII me 58];

Song of Hiawatha - 20 IV d 56; 29 I j 57;

Songeon, Lucius-Nestor - [6 II j 34?]; [1834 ou 1835]; [20 I] me [41]; 1844; 1 VI l 46; [1859?];

Sonnet à mon ami C.B. - V ou VI 43;

Sonnet à Mad[ame] G. - 15 I l 66;

Sonnet burlesque - 1 VI d 45; 1 IV d 49; 24 VI s 65; [env 26 VI l 65]; 1 VII s 65; 5 V s 66;

Sonnet cavalier - 19 VII d 46; 7 IX ma 47;

Sonnet d'automne - 2 IX v 59; 30 XI me 59; [fin XII 59?]; [19 IV j 60];

Sonnet: A Charles Baudelaire ["Comme un torrent..."] - 26 IX l 42;

Sonnet: A Mme Anna B... - 9 IX j 47;

Sonnet: A Mon Ami C.B. [d'Ernest Prarond] - 5 X me 42;

Sonnets humoristiques - 11 XII s 58; 29 XII j 59; 23 II j 60; 28 II ma 60;

Sophie de Bussières, rôle de - 22-25 I j-d 46;

Sorel, Albert - 10 III d 61;

Souffrances d'un houzard, Les - 26 II s 53;

Souffrances d'un inventeur [la partie III des *Illusions perdues*] - 24 XI l 45;

Soulacroix - 7 I l 33;

Soulary, Joséphin - 11 XII s 58; 29 XII j 59; 22 II me 60; 23 II j 60; 24 II v 60; 28 II ma 60; 5 VI ma 60; 12 VII j 60; 12 VIII d 60; [env 15 VIII me 60]; [II 61]; 23 XII l 61; [1862–1865]; 22 VIII me 65; 1 IX v 65; [fin II ou début III 66];

Soulas, Bonaventure - 16 XII j 58;

Soulié, Frédéric - 1844; V 44; 7 X me 45; 19 II s 48; 3 VI d 49; 24 XII d 53; 1 VI j 54;

Soult, Jean de Dieu, dit Nicolas, maréchal - 29 XI ma 31; [XII 58 – II 59];

Soupe et les nuages, La - [après le 1 V d 64]; [env 7 VII v 65 ?];

Souper avec Satan - [env 20 XII v 61];

Soutain [artiste] - [été 61];

South African Commercial Advertiser - 8 XII me 41; 11 XII s 41;

Southern Literary Messenger - XI 49; III 50; 26 VI l 54;

Souvenirs de M. A. Bedloe, Les - 11 XII s 52; 25 VII ma 54; 26 VII me 54;

"Souvenirs de Paris" [parus dans *L'Echo...*] - 28 III d 47;

"Souvenirs de l'Archipel" [de Gérard de Nerval] - 1 VI d 45;

Souvenirs et portraits de jeunesse - 1863;

Souvenirs sur le Prytanée de Saint-Cyr - 28 X s 54;

Souverain [banquier] - [env 1 II d 52]; 4 I v 61;

Souvestre et Bourgeois [auteurs dramatiques] - 13 VIII j 46; 10 II s 49;

Souvestre, Emile - 3 IX d 48;

Spectateur, Le - 27 IX d 46; 19 IX s 57; 20 I me 58;

Spectator, The [Londres] - [env 17 I j 61]; [1862–1865]; [après VI 62]; 6 IX s 62; [24–27 IV v–l 63]; [env 3 VI me 63]; 10 X s 63;

Spleen de Paris [les *Petits Poèmes en prose*] - 9 III l 63; 20 III v 63; [fin V ou début VI 63]; 5 VI v 63; [env 16 VIII d 63]; 8 X j 63; 7 II d 64; 22 II l 64; [fin X 64]; 12 I v 66; 19 II l 66;

"Spleen et Idéal" - [13 II l 43]; 10 II ma 57; 27 IV l 57;

Spleen, Le [*De profundis clamavi*] - 1 VI v 55;

Spleen [d'Aurélien Scholl] - VIII 51; 24 X s 52;

Spleen [poèmes intitulés] - 25 IV s 57;

Spleen [titre] - [env 4 II v 59];

Squelette laboureur, Le - 15 XII j 59; 22 I d 60; [fin III 60?]; 27 X s 60;

Squelette, Le [*Danse macabre*] - 31 XII v 58;

Staal [illustrateur] - 12 VIII me 57;

Stalactites, Les - V 44; IX 44; III 45; 25 II me 46; 11 III me 46; XII 46; 28 IX l 57;

Stalactites, préface des - 25 II me 46;

Stances de Kirke White [poème de Sainte-Beuve] - 15 I l 66;

Standish et Espagnol [collections d'art] - 21 XII v 55;

Stanzas written in dejection, near Naples [Shelley] - 30 III j 65;

Stations du Salon, Les 14 - 24 IX s 59;

Statue, La [opéra d'Ernest Reyer] - [9 IV] ma [61]; [10 IV?] me [61?]; 11 IV j 61;

Stendhal - [fin 44 ou début 45]; 30 V s 46; 26 VIII ma 51; 10 XI l 56; 18 II d 66;

Sterne, Laurence - [30?] VII [d] 37; 13 VI l 64;

Stevens, Alfred - [fin 63]; 26 IV ma 64; 26 IX l 64; 13 VIII s 65; [env 28 IX j 65]; 25 X j 65; 3 IV ma 66; 11 IV me 66;

Stevens, Arthur - 15 VIII s 63; 30 IX me 63; [20 IV ma 64]; 21 IV me 64; 11 VI s 64; [14? VI me 64]; 30 VIII ma 64; 8 IV s 65; 1 X d 65; [23–30 III v–v 66]; 31 III s 66; 3 IV ma 66; [1 ou 2 VII d ou l 66];

Stevens, Mme et Mlle - 11 VI s 64;

Stoepel, Robert - [20 XI] ma [60]; 3 XII [l 60]; [4 XII? ma 60]; 5 [XII me] 60; 12 II ma 61; [6 V l 61]; 8 V me 61; 21 V ma 61; [27 V l 61]; 28 V ma 61; 1863;

Stoltz, Rosine - 1842; 25 XII d 64;

Stryge, Le [gravure de Méryon] - 4 III d 60;

Suchet fils [éditeur] - 11 VI l 60;

Sue, Eugène - 17 I s 35; 3 VIII v [38]; 15 IV me 46; 23 VI s 49; 28 IV s 50; 15 V me 50; [env 1 II d 52];

Suisse, La - [avant le 22 IV v 53]; 27 VIII j 57; VIII 58; 20 VII me 59; 30 VIII j 66];

Sultan de Turquie - 27 VIII j 48; début V 50; 26 IV s 51;

"Sultane, La" [Alida Deldir] - 1 X v 58;

Supersac, Auguste - 1 VI l 46;

Sur Le Tasse en prison d'Eugène Delacroix - 1842; II 44; 1 III ma a 64;

Sur Le Tasse en prison - 1824; 1842; [env 10 X v 62]; 22 II l 64; 23 II ma 64; [24 II me 64];

"Sur M. Courbet. Lettre à Mme Sand" - 2 IX d 55;

Sur le Trou du cercueil - III 42;

Sur les Fleurs du Mal - A quelques censeurs [d'Emile Deschamps] - 13 VIII j 57;

Sur les Fleurs du Mal de Ch. Baudelaire [de J. Soulary] - 24 II v 60;

Sur les débuts d'Amina Boschetti - 1 X s 64; 9 X d 64;

Swedenborg, Emmanuel - 28 IX s 50;

Swift, Jonathan - [11 IX v 63?];

Swinburne, Algernon - [1862–1865]; [après VI 62]; 6 IX s 62; [printemps 63]; [24–27 IV v–l 63]; [entre le 1 V v et le 28 V j 63]; [env 3 VI me 63]; 10 X s 63; [env 22 III ma 64]; 22 III ma 64; 1866; 11 V v 66;

Sydney - 15 X v 41; 22 X v 41; 3 XI me 41;

Sylphide, La - 11 VIII ma 51;

Sylves [titre suggéré] - 21 I d 66;

Sylvie [d'Ernest Feydeau] - 1 VI s 61; 16 VI d 61;

Symphonie littéraire [de Mallarmé] - 11 IV l 64; 1 II me 65;

Système de mon oncle, Le - 19 IV j 38; 8 VI v 38; 2 XII d 38; 3 XII l 38; 17 XII l 38;

Système du docteur Goudron et du professeur Plume - [env 29 I me 62]; 27 X j 64; 7 I s 65; 17 I s 65; 21 I s 65; 28 I s 65;

Szepirodalmi - XII 61;

Tableaux de voyage [de Henri Heine] - 14 VI s 34;

Tableaux parisiens - [fin V? 59];

Tables synoptiques sur le droit romain - 28 V s 25; -

Tablettes d'un rimeur - 16 VIII s 62;

Taboureau, Philippe - 16 VI s 1781;

Tabourey, café - [début 43]; [env 17 III me 52];

Taconnet, Maison - 7 V s 64;

Talbot, Mathieu - 28 II s 1789; 13 VI j 16;

Tales of the Grotesque and Arabesque - [1853 – 1855?];

Tales [d'Edgar Allan Poe] - 19 XI ma 1793; 30 XI me 31; 1 XII j 31; 12 IV s 34; 15 X j 46; V 52; [1853 – 1855?]; 4 VII s 57; 3 X s 57; 7 XII ma 58; 15 VIII me 60; 2 IX d 60;

Tamise, la - [après le 14 IX d 62];

Tannhäuser au Venusberg - [III 64];

Tannhäuser - 18 V v 49; 13 VII v 49; 24 XI d 50; 4 XII j 56; 29 IX ma 57; 30 IX me 57; [seconde quinzaine de I 58]; [début II 58]; 7 II d 58; 9 II j 60; 13 III ma 60; 17 VI d 60; X 60; 15 II v 61; [début III 61]; 13 III me 61; 15 III j 61; 18 III l 61; [après le 18 III l 61]; 24 III d 61; [première semaine de IV 61]; 8 IV l 61; 14 IV d 61; [env 15 IV l 61]; 21 IV d 61; [fin IV 61]; 4 V s 61; 2 VI d 61; 11 VII j 61; 27 VII s 61; [env 16 XII l 61]; 6 IX s 62; [avant le 4 XII j 62]; 4 XII j 62; 10 X s 63; [III 64]; 1866; 14 IV v 66; 15 VIII me 66;

Tarbes - [env 28 VIII me 38];

Tardieu, Auguste-Ambroise - 25 VIII me 47; 11 III j 53; 1864;

Taverne Saint Austin [*sic*] - [entre le 29 et le 30 I me–j 62];

Taverne du Globe - [env 20 VI l 64];

Techener [éditeur] - 26 III s 59;

Télégraphe, Le - 6 VIII j 57;

Télémaque - 9 XI v 32;

Temple de Gnide, Le - 28 III s 57;

Temple, 28 bd du - 24 III s 54;

Temple, bd du - 23 II me 48;

Templier, Emile-François - 6 VII v 55; 10 VII ma 55;

Ténèbres - 15 X l 60;

Tennyson, Alfred, lord - 13 VI s 57; [1862–1865]; 17 IX s 64;

Tentation de Saint Antoine, La [de Flaubert] - 21 XII d 56; 11 I d 57; 1 II d 57; 18 X d 57; 26 VI ma 60; 19 VII d 63;

Tentation, La [d'Auguste Barbier] - [env 25 VIII j 59];

Tentations, Les - 23 VII s 59; [env 22 IX l 62]; 24 IX me 62; 10 VI me 63; 20 VI s 63;

"Tête à la Baudelaire" -

Texier, Edmond - 16 IV j 57; [16 IV j 57]; [début 61]; [II 61]; [VIII 61]; [IX–début X 61]; [fin XI 61]; [env 12 XII j 61]; 23 XII l 61; 30 XII l 61; [fin XII 61 ou début I 62]; [1862–1865]; 27 I l 62; [env 17 II l 62]; 11 X d 63;

Théâtre de la Gaˆé - 19 XII v 51; 4 I d 52; 18 V j 54; 1 VI j 54; [avant le 21 VII v 54]; 21 VII v 54; 29 VII s 54; 26 IX ma 54; 13 X v 54; 16 X l 54; [XI 54]; [fin 54]; 9 V v 56; [avant le 14 XI v 56]; [V 58]; 5 VII v 59; 1 XI ma 59;

Théâtre de l'Odéon - 13 XII me 15; [fin II 42]; 19 III s 42; [fin II 44]; [été 45]; 13 V l 50; 11 IX s 52; 26 XII d 52; 9 I d 53; II 53; 26 III s 53; 1 IV v 53; 28 I s 54; 31 I ma 54; 8 III me 54; 18 V j 54; [env 7 VIII ma 55]; 13 VIII l 55; 15 IX s 55; 27 VIII j 57; 27 II d 59; 11 V l 63; 3 VI me 63; 11 III d 66;

Théâtre de la Porte Saint-Martin - 27 VI d 47; 18 VII ma 47; 1 XII ve 47; 8 II ma 48; 19 II s 48; 1 (ou 2) III me (ou j) 48; 2 III j 48; 4 III s 48; 23 III j 48; 25 V j 48; 3 IX d 48; 10 X ma 48; 10 II s 49; 25 X v 50;1 XII d 50; 11 I s 51; 8 VI ma 51; 19 VII s 51; [V 54]; 22 VIII ma 54; 23 VIII me 54; [début IX 54]; [29 III] v [61]; [première samaine de IV 61]; 4 IV l 64;

Théâtre de la Porte-Saint-Antoine - [entre le 27 IX s 38 et le 24 III d 39]; 17 XII l 38;

Théâtre des Funambules - 27 IX d 46;

Théâtre des Variétés - [entre le 4 VIII d et le 13 VIII s 42]; 22 XI j 49;

Théâtre des marionnettes - [env 8 IX s 60]; 15 V me 61; 19 V d 61; 26 V d 61; 29 XI s 62;

Théâtre du Boulevard - II 53; III 53;

Théâtre du Cirque - 8 IX ma 57; 11 II l 58; 8 XII j 59; [22 IV d 60]; 13 X s 60;

Théâtre du Panthéon - 9 VII l 38; [fin 42]; 7 VIII l 43; [31 VIII j 43];

Théâtre du Vaudeville - 15-19 III s-me 45; 1 II d 46; 15-19 III d-j 46; 13 VII l 46; 24 VII v 46; 26 IX s 46; 27 XII d 46;

Théâtre du Vaudeville - 1 II d 46; 13 VII l 46;

Théâtre français - 20 X me 52; [env 10 VIII j 53]; [env 13 II l 65];

Théâtre-Italien - 24 VI d 55;

Théâtre-Lyrique - [seconde quinzaine de I 58];

Théâtre Montmartre - 7 X me 45;

Thackeray's Cornhill Magazine - [env 17 I j 61];

Theatres of Paris - 14 XI s 46;

Theocritae quae extant... - [vers 1855];

Théophile Gautier - 28 VII me 30; [fin X 31]; 17 VIII s 33; 28 XI s 35; 26 I s

39; 5 V ma 40; 16 I d 59; 17 III j 59;

Théorie mathématique de l'économie politique, La - 24 IX s 53; 4 II s 54;

Théot, Mlle Céleste - [10? VI] l [39]; 12 VIII l 39; *Théophile Gautier* [de B] - I 59;

Therapia - 24 V j 49; 3 VII me 50;

Thérèse, rôle de - 27 VI d 47;

Thérond, E. - 15 VI l 57; I 59;

Thésée et Hippolyte [tableau de Guérin] - [fin XII 57 Thibaud [troupe théâtrale] - [fin XI 59]; 8 XII j 59;

Thiboust, Lambert - 6 I j 59;

Thierry, Edouard - 12 VIII ma 56; 11 III me 57; 7 IV ma 57; 13 VI s 57; 12 VII d 57; 13 VII l 57; 14 VII ma 57; 17 VIII l 57;

Thiers, Louis-Adolphe - 11 V s 22; II 57; 25 XII me 61; 15 I l 66;

Thomas Perkins [navire américain] - [env 9 VIII l 41];

Thomas, André - 3 II ma 52; Thomas [restaurateur] - 19 VI d 53;

Thomas, Frédéric - 11 XII j 51; - 19 VI d 53; 28 V ma 61;

Thompson, John R. - XI 49; 22 II d 52; 26 VI l 54;

Thoré, Théophile - V 49; 15 VI me 64; 16 VI j 64; [env 20 VI l 64]; 25 VI s 64; [fin VI 64?];

Thouvenel, Edouard-Antoine - 19 VI l 48; 13 X v 48; 25 XI s 48; 16 XII s 48; 16 I ma 49; 15 II j 49; 6 III me 49; 5 IV j 49; 15 VI ma 49; 24 V j 49; 25 IV l 50; 5 V l 50; 15 V me 50; 25 V s 50; 18 II me 51; 26 VI j 51; 25 XI ma 51; [début 52?]; 24 X me 55;

Thunot [auteur de dictionnaire] - [7 II me 66];

Thyrse, Le - 10 XII j 63;

Tillot, Pl. - 17 III v 54;

Times, The [Londres] - [env 17 I j 61];

Tintamarre, Le - [env 17 IX d 43]; 31 XI d 43; [entre le 3 XI v et le 9 XII s 43]; 7; 14; 21 I l 44; 21; 3; 17; 21 VII d 44; 18 I s 45; 31 VIII d; 24; 20 IX d 46; 11 X d 46; 18 X d 46; 25 X d 46; 7 XI s 46; 22 XI d 46; 20 XII d 46; 27 XII d 46; 7 III d 47; 21 III d 47; 28 III d 47; 3 IV d 53; 24 VII d 53; 10 II d 56; 30 III d 56; 6 X ma 61; 29 XII d 61; 8 II d 63; 22 XI d 63; 27 XII d 63; 11 XII d 64; 18 XII d 64; 1 I d 65;

Tir et le cimetière, Le - [env 7 VII v 65?];

Tirlet, Catherine-Louise-Apolline - 1843;

Tirlet, Eugène - 1 I me 34;

Tirlet, Laure et Eugénie - 27 [XII] j 32;

Tirlet, M. et Mme - 27 [XII] j 32;

Tirlet, Mme - 12 V d 39;

Tirlet, vicomte - 1 IV me 29; 16 VI l 51;

Tisserant, Hippolyte - [fin 53?]; [mi–I 54]; 28 I s 54; 29 I d 54; 31 I ma 54; 18 V j 54;

Tisseur, Jean - 18 II s 60;

Titan [de Jean-Paul Richter] - 31 V s 34;

To My Mother - 25 II l 56;

Tombeau vivant, Le [*Le Mauvais Moine*] - 10 I j 50;

Tonneau de la haine, Le - 9 IV me 51; IV 53; 1 VI v 55;

Tony [huissier au Sénat, créancier] - [env 4 XI ma 56];

Torlot [créancier] - [début 61]; [IX–début X 61]; [fin XI 61]; [début XII 61]; [XII 61–I 62]; [env 7 XII s 61]; [env 12 XII j 61]; [30 XII l 61]; [fin XII 61]; [1 IV ma 62];

Torquato Tasso [poème de Verlaine] - [env 10 X v 62];

Tortoni - 10 III d 61;

Toubin, Charles - 22 II ma 48; 23 II me 48; 24 II j 48; 27 II d 48; 28 III ma 48; 29 III me 48; [avant le 22 XI j 49]; 26 II s 53;

Toubon [libraire] - 28 VIII j 62; 11 I d 63; [18 VI j 63];

Toulouse - 23 [VIII] j 38; 27 IV s 50; [env 1 II d 52];

Tour d'argent [restaurant] - [fin II 42];

Tour-d'Auvergne, 19 rue de la - 1846; [VI 46];

Tournachon, Adrien - [après le 7 X v 53];

Tournachon, Mme Victor - 21 II me 60; 22 II me 60; [env 23 II j 60]; 28 II ma 60;

Tourniquets, Les - 4 I s 62;

Tournon, 11 rue de - V 43;

Tournon, 35 rue de - V 43;

Tournon, 7 rue de - 1 XII ma [46];

Tours - 12 X l 57;

Tous imberbes alors... - [fin 44 ou début 45];

Toussenel, Alphonse - 11 XII s 52; 19 I s 56; 21 I l 56;

Tout à l'heure, je viens d'entendre... - [Hiver 38–39];

Tout entière - 20 IV l 57;

Tragiques, Les - 1 VI v 55; 28 III s 57;

Tramont, Charles de - 17 III v 54; [V 54];

Trapadoux, Marc - 22-23 I s-d 48; 29 XI j 49; [début XII 49]; [fin XII 49?]; 12 I s 50; 22 IV v 53;

Travail, journal socialiste, Le - 26 IX me 49;

Travailleurs de la mer, Les - 8 III j 66; 11 III d 66; 12 III l 66; 14 III me 66; 20 III ma [66]; [env 21 III me 66]; [23–30 III v–v 66];

Traversière, 15bis rue - [XII 61–15 X ma 63];

Traviès, Charles-Joseph de Villers - [vers 1855]; 12 VIII me 57;

Trébutien, Guillaume-Stanislas - 26 II ma 56; 25 III l 56; 27 III j 56; 25 VIII ma 57;

Trésor royal - 7 IV ma 18;

Tréteaux de Monselet, Les - 19 XI s 59;

Trévise, 6bis rue de - [VII 45?]; 4 XI s 65;

Trévoux - 29 XI ma 31;

Trianons, Les - [env 6 VI v 62];

Tribades, Les - IV 53;

Triboulet - 15 IV me 57; 2 V s 57;

Tribunal Civil de première Instance - [avant le 10 VIII s 44]; 10 VIII s 44;

Tribune Nationale, La - 26 II s 48; 12 III d 48; 10 IV l 48; 6 VI ma 48;

Tribune dramatique, La - 7 IX ma 47;

Trinquons, Satan - [env 4 II v 59];

Tripon [relieur] - 30 XII s 43;

Tristan et Iseut - X 60;

Tristesses de la lune - 10 I j 50;

Trois Harmonies, Les [de l'Abbé Constant] - 1 III s 45;

Trolley [Mme, soeur de Me Ancelle] - 27 VI l 53; 24 IX s 53; 22 X d 54; [env 22 X d 54]; 23 X l 54; 1 ou 2 XII v ou s 54; 4 XII l [54]; 6 VI v 56;

Tronchet, rue - [28 V?] l [60?];

Trône, place du - X 64;

Troubat, Jules - 4 IX l 65; 13 XI l 65; 11 I j 66; 5 II l 66; 14 II me 66; 15 II j 66; [env 15 II v 66]; [env 18 II d 66]; 19 II l 66; 20 II ma 66; [fin II ou début III 66]; 5 III l 66; 10 III s 66; 9 IV l 66; 10 IV ma 66; 21 I l 67; 12 II ma 67;

Troussel [huissier à Honfleur] - [11 XII d 59]; [2 IV l 60?];

Tu mettrais l'univers entier... - 1840;

Tu te révoltes [poème de Sainte-Beuve] - 15 I l 66;

Tuileries - 28 VII d 39; 21 VI s 51; [été 60]; 19 V d 61; 26 V d 61; 2 VI d 61; 29 XI s 62; II 63;

Tunique de Nessus, La - [1850–1855];

Turgan, Julien - 4 I me 54; [env 20 III l 54]; [entre le 25 II me et le 18 IV s 57]; [avant le 7 III s 57]; 7 III s 57; [env 16 IV j 57]; [env 9 VII j 57]; 13 VII l 57; 9 XII me 57; 26 VI ma 60;

Turlot, café - 27 II d 48;

Turquie, La - 29 VI j 48; 22 XI j 49; 25 IV l 50; début V 50; 26 IV s 51;

Typographes et gens de lettres - 1864;

Uccle - 4 V me [64]; 5 V j 64;

Ulbach, Louis - [automne 42]; 11 VIII v 54; 18 III ma 56; 18 II s 60; [env 17 I j 61]; 2 XII me 63; *Une Vieille Maîtresse* - 20 XII me 54; 17 XI ma 57;

Un Hémisphère dans une chevelure - 10 XII j 57; [env 22 IX l 62]; 24 IX me 62;

Un Héros de notre temps [de Lermontov] - [15 XII me 58];

Union des arts, nouvelles des beaux-arts, des lettres et des théâtres, L' - 30 I s 64; 1 X s 64;

Univers, L' - 3 VI d 55; 3 IX ma 67;

Université de Bruxelles - 10 IV ma 66;

Université de Paris - [X 1778–été 1779]; 1779; 4 VIII s 1781; 6 X j 1785;

Un Livre n'aurait pas suffi... - 13 VIII s 59;

Unparalleled Adventures of One Hans Pfaall - IX 52;

Un Plaisant - 26 VIII ma 62;

Un Soir d'octobre - [10 X v 62];

Un Soutien du Valet de Trèfle - [1 II l 41];

Un Souvenir de jeunesse d'un juré du Calvados - 4 XI ma 45; [5 XI me 45];

"Un Travailleur" - 22 XII d 61;

Un Voyage à Cythère - 30 VI d 44; 11 VIII d 44; [fin 51]; 1852; 1 VI v 55; [entre le 9 et le 11 VI s-l 55]; 15 X s 64;

Urbain Grandier [drame] - 30 III s 50;

Uleyspiegel - 28 III s 57;

Un Aventurier littéraire - 16 VI s 60;

Une Charogne - 1843; IV 53; 20 IX ma 59; 25 VIII s 60; 4 I s 62; 15 V d 64; 1 II me 65;

Une Gravure fantastique [de Mortimer] - 15 XI d 57;

Une Martyre - 1842;

Une Mort héroïque - [VIII 63?]; 10 X s 63; 1 XI ma 64;

Une Nuit que j'étais près d'une affreuse Juive - 1843;

"Une Réforme à l'Académie" - [entre le 27 et le 30 I l–j 62]; 3 II l 62;

Une Religion au cinquième - 18 I ma 48;

Une Confidence - 11 I d 46; 61];

Union, L' - [env 20 V d 60]; [début VII 60?]; [env 17 I j 61];16 IV l 66; 19 IV j 66;

Vacquerie, Auguste - 1 VI l 46; 15 III s 56; [9?] [X d 59]; [fin III 61]; [première semaine de IV 61]; [4 IV j 61]; [7 V ma 61]; 15 IV v 64; 24 VI s 65; 8 VII s 65; 5 V s 66;

Vaillant, Jean-Baptiste-Philibert, maréchal - 3 VIII l 63;

Vaisseau fantôme, Le - X 60;

Vaïsse, Marc-Antoine [procureur-général] - [fin VIII 57];

Valère [domestique] - 3 VI me 57;

Valade, Léon - [deuxième semaine de III 62?]; 17 I s 63;

Valentin aîné - [env 5 XI j 57]; [XII 57]; 15 XII me 57; 31 XII j 57; 5 I ma 58; 3 III me 58;

Valette, Charles - 12 V d 61; 26 V d 61; 16 VI d 61; 5 III s 64;

Vallée, Oscar [avocat] - [env 18 VIII ma 57];

Vallès, Jules - [6 XI l 37]; [env 6 VIII j 57]; 8 IX ma 57; 9 X j 62; [fin V ou début VI 63];

Valmore, H. - 27 VI l 59; 30 XI me 59;

Valois [ami républicain de B et de Nadar?] - [18 XII me 44];

Valois, rue de - 15 XI d 57;

Valpin, rôle de Mme de - 10 X ma 48;

Vampire, Le - 6 V j 52; 1 VI v 55;

Van Praet [ministre de la maison du roi des Belges] - 13 VI l 64;

Van Schaendel, père et fils [de Champfleury] - 18 I ma 48;

Van Swiéten - [env 4 II v 59];

Vandenberg, G.- 15 VI me 64;

Vaneau, rue - [19 IV me 43];

Vapereau, Louis-Gustave - 1 XI l 58; 30 IV s 59; 29 VI s 61; 16 XII s 65; 1867; 14 IV d 67;

Variétés sur les Français peints par eux-mêmes - 2 IX l 39; 11 IX ma 39;

Vassé, château de - 5 IX ma 65;

Vaudeville turc en trois journées, mêlé d'orientales - 2 IX d 60;

Vaudin, J.-F. - 3 XI s 60;

Veillée pittoresque - 10 XII l 49; I ou II 50;

Veillée, La [poème de Sainte-Beuve] - 2 VIII s 62; 15 I l 66;

Veillées littéraires illustrées - [fin 48]; 7 VII s 49; 4 VI ma 50;

Vélasquez - 14 IX j 65;

Vendôme, place - [mi-VII 45]; II 46; [X 46?]; 22 IV v 53; 29 XII j 64;

Vendôme, 7 place de - II 46;

"Vente de la collection de M. E. Piot" - 24 IV d 64;

Vénus et Psyche [tableau de Courbet] - X 64;

Verboeckhoven [éditeur] - 15 IX ma 63; 17 XII j 63; [env 31 XII j 63]; [11 V me 64]; 16 [VI] j [64]; 23 VI j 64; [env 13 II l 65]; 18 II s 65;

Verdun, Robert Pons de - 9 I me 61;

Vérité sur le cas de M. Valdemar, La [premier titre de *Mort ou vivant?* - 20 IX me 54; 26 IX ma 54; 4 [X] me 54; 10 IV j 56; 21 X j 58; 12 III ma 61;

Véritable service dans des formes exceptionnelles - [env 12 XII j 61];

Vérité sur toute chose, La - X 45;

Verlaine, Paul - 10 V v 61; [10 X v 62]; [env 10 X v 62]; 2 XI j 65; 16 XI j 65; 20 XI l 65; 23 XII s 65; 30 XII s 65; 5 I v 66; 5 III l 66; 7 XI me 66; 30 XII l 66; 2 IX l 67; 3 IX ma 67;

Vermersch, Eugène - 5 VIII d 66; 18 IV j 67; 2 IX l 67;

Vermorel, A. [pseudonyme de Jules Drack] - 17 II d 61;

Vernet, Horace - [17 VII j 38]; 10 I j 61;

Verneuil, 794 rue de - 1793;

Verney [compositeur] - 1 X l 49;

Véron, Louis-Désiré - 5 VII j 38; V 52; [début X 52?]; 3 X d 52; [première quinzaine de X 52]; 16 X s 52; 19 X ma 52; [vers 1855]; [XII 61–I 62]; [env 7 XII s 61]; [env 12 XII j 61]; [1862–1865]; 17 I v 62; 21 III s 63; [fin 64 ou début 65]; 23 V ma 65; 25 V j 65;

Véron, Pierre - 28 IV s 66; 18 VI s 66;

Vernier, Valery - 1 V me 61;

Vers pour le portrait de M. Honoré Daumier - X 65;

Verrières, Léonie, rôle de - 27 XII d 46;

Versailles - 10 III v 37; 22 III me [37]; 16 VIII me 37; 11 VII me 38; 12 VII j 38; 13 VII v 38; [17 VII j 38]; 3 V ma 53; 8 V d 53; 9 V l 53; 11; 14 V s 53; 28 X s 54; [env 6 VI v 62]; [entre le 30 III me et le 14 IV j 64]; [env 11 IV l 64];

Verteuil, Jules - [env 10 VIII j 53]; 12 VIII v 53; 22 VII s 54; 16 VI j 64;

Vervoort [président du Cercle artistique et littéraire de Bruxelles] - [début VIII 63]; 10 VIII l [63]; [fin VIII 63]; 15 IX ma 63; [env 26 IX s 63]; [fin X ou début XI 63];

Verwée [peintre] - 13 VIII s 65;

Veuillot, Louis - 29 VII v 53; 6 V d 55; 3 VI d 55; II 57; 28 III s 57; 13 VI s 57; [entre le 15 et le 20 VI l–s 57]; [après le 15 VII me 57]; 15 V l 58; [env 15 V v 58]; 15 XII j 59; [19 XII l 59]; [env 9 VII l 60]; [9 VII l] [60?]; [1862–1865]; 3 IX ma 67;

Veuves, Les - [entre VIII et X 57]; 1 XI v 61; 27 VIII me 62; 24 IX d 65;

Viard, Jules - 1 VI l 46; 21 XII v 49; 20 III me 50; 27 III d 53; 23 IV d 54; 24 IX d 54; 1 X d 54; 15 X d 54; 1860; 27 IV d 62;

Viardot, Pauline - 1860;

Victoria I, reine d'Angleterre - 20 II j 51;

Vidal, Vincent [?] - 7 IV ma 46;

Vie Orientale, La [*Voyage en Orient*] - 4 VI me 51;

Vie antérieure, La - 1 VI v 55;

Vie d'Hoffmann - 26 X v 33;

Vie de Bohème, La [pièce d'Henry Murger] - 22 XI j 49;

Vie de César - 12 II d 65;

Vie de Jésus - [fin IX 62];

Vie de Sainte Thérèse - 3 I s 46;

"Vie des coulisses, La" - [env 1 II d 52];

Vie en détail, La - [env 12 II s 59];

Vie et pensées de Joseph Delorme - 13 IV s 61;

Vie et pensées de Joseph Delorme - 13 IV s 61; 15 III me 65; 9 VIII me 65; 15 I l 66;

Vie militaire, La [titre d'un recueil de nouvelles projeté] - 6 II d 53;

Vie parisienne, La - [1862–1863?]; [1862–1865]; 19 IV s 62; 23 IV s 64; 4 VI s 64; 2 VII s 64; 31 VII d 64; 10 VIII me 64; 13 VIII s 64; 10 IX s 64; [début X 64]; 1 X s 64; 27 X j 64; 14 II ma 65; [env 24 V me 65]; 24 VI s 65;

Vie, poésies et pensées de Joseph Delorme - 13 IV s 61; 15 III me 65; 9 VIII me 65; 15 I l 66;

Vieille Fille et vieux garçon - 8 XII l 45;

Vieille-Lanterne, rue de la - 26 I v 55;

Viel Castel, Horace, comte de - 22 II l 64;

Viennet, Guillaume - [après le 16 XII l 61]; 25 XII me 61;

Vierges folles, Les - 1840;

Vies des plus excellents peintres, Les - 26 VI s 42;

Vieux Saltimbanque, Le - 1 XI v 61; 27 VIII me 62;

Vignes folles, Les - 17 XI s 60; 17 II d 61; 30 V j 61;

Vigny, Alfred, comte de - 3 II ma 52; 22 X d 54; [XII 61–I 62]; [env 15 XII d 61]; [env 16 XII l 61]; 24 XII ma 61; 30 XII l 61; [I–II 62?]; 5 I d 62; 12 I d 62; 19 I d 62; 26 I d 62; 27 I l 62; [entre le 27 et le 30 I l–j 62]; 29 I me 62; [entre le 29 et le 30 I me–j 62]; 2 XI s 62; 18 IX v 63; 18 II d 66;

Vigreux, Alfred - 10 V d 63; 2 IV s 64;

Villemessant, Jean-Hippolyte de - [fin II ou début III 66];

Villemot, Auguste - 24 VI d 55; 6 I j 59;

Villeneuve-la-Guyard - 1 II me 32;

Villers-sur-mer - [début IX 62];

Villhermosa, Casa - 28 VII l 51;

Villiers de l'Isle-Adam, Auguste de - [fin 59]; [fin IV 61]; [V 61]; [env 7 XII s 61]; 13; [fin IX 62]; 1 I j 63; 1 XII ma 63; 5 XII s 63; 14 I v 65; [II 65]; 1 IX v 65;

Villiers, rôle de la marquise de - 8 IV ma 51;

Villot, Frédéric - 1847;

Vincent de Paul, saint - IV 62;

"Vincent" [Victor Joly] - 4 VI d 65;

Vincent, Charles - 20 IV me 53; 15 XI ma 53; 1 XII j 53; 1 I d 54; 15 I d 54; 31 III v 54;

Vin de l'Assassin, Le - 1843; XI 48; [fin 53?]; 7 VII ma 57; 24 XI d 61;

Vin des chiffonniers, Le - 1843; 1852; IV 53; 15 XI me 54; [seconde quinzaine de V 57?]; 30 VIII d 57;

Vingt avril, Le [poème de Banville] - 11 VI l 60;

Violette - 10 III d 61;

Viollet-le-Duc, Eugène-Emmanuel - 27 XI j 51;

Vision de Sainte Thérèse brûlée d'une douleur spirituelle - [tableau de Louis de Planet] 30 III d 45;

Viterne, M. de [lieutenant-colonel d'é-tat-major] - [env 17 VII ma 38];

Vitet, Ludovic - [1862–1865];

Vitu, Auguste - [début IV 45]; [6 VII d 45]; 20 VII d 45; X 45; 25 XI ma 45; [fin IV 46]; 10 V d 46; 27 V me 46; 1 VI l 46; 20; 27 IX d 46; 22 XI d 46; 4 VI d 48; 2 IX d 49; [avant le 22 XI j 49]; X 50; XI 50; 9 VI s 55; 19 VII d 55; [20

XI] ma [60]; [env 17 I j 61]; [VIII 61]; [1862–1865]; [fin 64 ou début 65]; 5 VII me 65; [6 VII j 65]; [fin II ou début III 66]; 3 IX ma 67;

Vivienne, 2 rue - [1 II l 41];

Vocation de Saint-Antoine, La [ouvrage de Legros]- 6 XI me 61; -

Vocations, Les - [env 10? I d 64]; 14 II d 64; 2 VII s 64;

Vogue, La - 5 I s 67;

Voisenon, abbé de - 5 I v 66; [6 I s 66]; 16 II v 66;

Voix, La - [début III 61]; 29 III v 61; 1 III s 62; 31 III s 66;

Vol à la duchesse, Le - 5 IV s 51; 8 IV ma 51; 9 IV me 51;

Vollon, A. - 15 V v 63;

Voltaire, 19 quai - [9 VI l 56]; 22 VII ma 56; 8 II d 57; 24 IV v 57;

Voltaire, Hôtel - [9 VI l 56]; 22 VII ma 56; 9 XII ma 56; 25 II j 58; 12 XII d 58;

Voltaire, café - 15 VI me 42; *Vos Cheveux sont-ils blonds...* - 4 I v 46; 5 XI j 46; 24 XII j 46; 20 XI s 47;

Vote universel, Le - [1850–1855];

Vous avez chère soeur... - [vers 1840];

Voyage à Cythère [de Gérard de Nerval] - 30 VI d 44; 11 VIII d 44;

Voyage en Espagne [de Th. Gautier] - 1845;

Voyage sentimental [de Laurence Sterne] - [30?] VII [d] 37;

Voyage, Le - [env 4 II v 59]; 4 II v 59; [env 20 II d 59]; [25 ou 26 II v ou d 59]; 5 III s 59; [env 25 III v 59]; 7 IV j 59; 10 IV d 59;

Un Voyage à Cythère - 30 VI d 44; 11 VIII d 44; [fin 51]; 1852; 1 VI v 55; [entre le 9 et le 11 VI s–l 55]; 15 X s 64;

Voyages, Les [de Levaillant] - [6 II j 34?];

Voyageurs, Les [autre titre du *Voyage*] - 4 II v 59;

Vragne, Dr - 21 VII s 66;

Vues de Hollande [ouvrage de Jongkind] - II 62; 14 III v 62;

Vues de Paris [gravures de Méryon] - 23 II j 60; [env 25 II s 60]; 25 II s 60; 28 II ma 60; 4 III d 60; [env 21 XII v 60];

W.M. Swinburne's Poems and Ballads - 1866;

Wagner, Richard - 13 VII v 49; 11 50; 1 10 ma 50; 7 X v 53; [après le 7 X v 53]; 21 X v 53; 10 V d 55; 26 IV s 56; 4 XII j 56; I 58; [seconde quinzaine de I 58]; 7 II d 58; IX 59; 15 IX j 59; [seconde quinzaine de II 60]; 25 I me 60; 27 I v 60; 1 II me 60; 6 II me 60; 9 II j 60; [env 10 II v 60]; 15 II me 60; 16 II j 60; 17 II v 60; [28 II ma 60]; 29 II me 60; [III-IV 60]; 4 III d 60; 9 III v 60; [fin III 60]; [fin IV 60]; [début VII 60?]; [28 VII] s [60]; [31 VII?] ma 60; X 60; [X-XI 60]; [env 8 XI j 60]; [début XII 60]; 5 [XII me] 60; 15 XII s 60; [1861]; 16 I me 61; 10 II d 61; 15 II v 61; 17 II d 61; 10 III d 61; [env 10 III d 61]; 13 III me 61; 18 III l 61; [env 20 III me 61]; 21 III j 61; 25 III l 61; [fin III ou début IV 61]; [première semaine de IV 61]; 1 IV l 61; 2 IV ma 61; [3 IV me 61]; [4 IV j 61]; 8 IV l 61; 14 IV d 61; 15 IV l 61; [env 15 IV l 61]; 21 IV d 61; [fin IV 61]; [V 61]; [début V 61]; 1 V me 61; [env 1 V me 61]; 4 V s 61; 5 V d 61; [7 V ma 61]; [env 10 V v 61]; 12 V d 61; [env 13 V ma 61]; 15 V me 61; 19 V d 61; 2 VI d 61; 11 VII j 61; 27 VII s 61; 18 IX me 61; [XII 61]; [env 16 XII l 61]; 1 II s 62; 6 IX s 62; [13 IX s 62]; [avant le 4 XII j 62]; 4 XII j 62; 8 II d 63; 10 X s 63; 17 XII j 63; 17 X ma 65; 1866; 14 IV v 66; 15 VIII me 66; 21 I l 67;

Wagon de deuxième classe, Le [de Daumier] - 26 IX l 64;

Wailly, Léon de - 9 I d 53; 16 XII v 53; [env 20 V d 60]; [début VII 60?]; 12 VII j 60; [env 17 I j 61]; 2 III s 61;

Walewski,   Alexandre-Florian-Joseph Colonna, comte - 20 II j 51; 14 VI s 51; 13 VI s 57; [VII 61?]; 18 II ma 62; 23 XI s [62];

Walewski, comte Alexandre - 20 II j 51; 14 VI s 51;

Wallace, Richard - 1844;

Wallon, H. - 3 VI s 54;

Wallon, Jean - VII 48; XII 48; 27 I s 49; 24 II s 49; [avant le 22 XI j 49]; 29 VII l 50; 2 VIII v 50; 18 IX me 50; 20 IX v 50; 29 I d 54; 30 I l 54; 31 I ma 54; 15 III me 54; 3 VI s 54; [env 23 III l 57]; 23 III l 57; 29 III d 57; [env 29 III d 57]; [env 10 II j 59]; [25 ou 26 II v ou d 59]; [fin XII 61 ou début I 62]; III 66; 3 IX ma 67;

Wallon, Mme Jean - 23 III l 57; 29 III d 57; [env 29 III d 57];

Wante [oncle d'Aupick] - 7 IV ma 18;

Warens, Louise Eléonore de la Tour du Pil, baronne de - 15 IV me 46;

Watripon, Antonio - 5 VI me 39; [1850–1855]; [été 50]; 19 XII j 50; 25 XII me 50; 8 V s 52; [env 10 V l 52]; VII 57; 16 VIII d 57; 30 VIII d 57; 22 VII v 64;

Watteville, Adolphe du Grabe, baron de - 6 VII l 57; 11 VII s 57;

Wattier, Charles-Emile - 14 II v 51;

Weber, Carl-Maria von - 19 I s 56;

Weill, Alexandre - 10 V d 46; [env 9 II s 61]; 14 VI d 63; 28 XII me 64; 4 I me 65; 11 I ma 65; 18 I d 65; 3 VI s 65; 23 VI d 67;

Weimar - 18 IX me 50; 1 X ma 50; 22 X ma 50;

Weiss, Jean-Jacques - I 58; 8 I v 58; 25

I l 58; 19 II v 58; 11 II s 65;

Westminster Review - [env 17 I j 61];

Whistler, James McNeill - [1862–1865]; [seconde quinzaine de IV 62]; [après le 14 IX d 62]; [fin IX 62]; [printemps 63]; 29 III d 63; [24–27 IV v–l 63]; 15 V v 63; [20 V me 63?]; 10 X s 63; 19 II v 64;

Wiesbaden - 29 IX ma 57; 30 IX me 57;

Wiley and Putnam [éditeurs] - 15 X j 46; [1853 – 1855?];

Wilkin, Charles J. - 3 X l 36;

William Wilson - 3 XII me 44; 14 II me 55; 15 II j 55; 18 II d 55; 19 II l 55;

Willis, N.P. - 13 X s 49; 20 X s 49; III 50; 13 V ma 56; 13 VI s 57;

Winter, Henri - 7 XI me 66;

Wiseman, cardinal - 20 II l 65; 22 II me 65; [env 25 II s 65]; 25 II s 65;

Woestyn, Eugène - 22 VII ma; 6 I j 59;

Woestyne, Ivan de - 17 XII d 65;

Wolff, Albert - 19 V d 61; 24 XII ma 61; 26 X d 62; 2 XI s 62; 11 IV l 64; [11 V me 64];

Wronski, Hoëné - 9 VIII me 53; 24 IX s 53; 30 I l 54; 4 II s 54;

Wronski, Mme - 4 II s 54;

Yeux de Berthe, Les - 1843; 1 III ma 64; [après le 1 V d 64]; 31 III s 66;

Yeux des pauvres, Les - 24 IX me 62; 2 VII s 64; 25 XII d 64;

York, Hôtel d' - 15; 23 II j 54;

Young Enchanter, The - X-XI 35;;

Ypres - 12 II l 27; II 46; 22 XII s 55; [fin XI 61]; 27 IX ma 64;

Yriarte, Charles - [env XI 49?]; [1862–1865]; 18 X s 62; 16 V s 63; 31 VIII me 64; 27 X j 64; [fin 64 ou début 65]; [env 15 III me 65]; 13 X s 65; [fin II ou début III 66]; 1 IV d 66; 21 IV s 66; 22 IV d 66; 17 XI s 66;

Zédé, Amédée - 8 XI s 28; 16 II me [42];

Zampa - 28 IV s 66;

Zaza [rôle de] - 8 XII l 45;

Zimmer - [29 XI ma 59];

Zinse - 3 VIII v [38];

Zola, Emile - [1862–1865]; 20 IV j 65; 24 IX d 65; 25 VIII s 66; 1867; I 67;

Zorzo - [fin III 61];

Zurich - 21 X v 53;

TABLE

Lettre préface de W.T. Bandy

Avant-propos I

Introduction III

Chronologie 1

Sigles et bibliographie 479

Références 506

Index chronologique 624

Table 731

ACHEVÉ D'IMPRIMER
EN AVRIL 1987
PAR L'IMPRIMERIE
DE LA MANUTENTION
A MAYENNE